HANS KÜNG

Erlebte Menschlichkeit

Hans Küng

Erlebte Menschlichkeit

Erinnerungen

Mit 48 Abbildungen

Piper München Zürich

Mehr über unsere Autoren und Bücher:
www.piper.de

FSC
www.fsc.org
MIX
Papier aus verantwortungsvollen Quellen
FSC® C014496

ISBN 978-3-492-05601-4

Gesetzt aus der Bembo
Satz: Dr. Stephan Schlensog, Tübingen
Druck und Bindung: GGP Media GmbH, Pößneck
Printed in Germany

Inhalt

IX. Meine Welt der Religionen Chinas 403

X. Das Projekt Weltethos: ein Ethos für die Menschheit 442

Den Menschen, die mich getragen haben,
in Dankbarkeit gewidmet

Rechenschaft. Meine letzten drei Jahrzehnte

Das Leben geht weiter – aber wie!? So hatte ich mich vor drei Jahrzehnten nach den dunkelsten Wochen meines Lebens selber gefragt. Und kann es heute in einem Wort sagen: *besser* als damals vorauszusehen!

Der erste Band meiner Lebenserinnerungen, »Erkämpfte Freiheit«, schildert den Zeitraum von 1928 bis 1968 mit dem Zweiten Vatikanischen Konzil als theologischem und kirchengeschichtlichem Höhepunkt. Der zweite Band unter dem Titel »Umstrittene Wahrheit« stellt die Jahre von 1968 bis 1980 dar und erreicht den Tiefpunkt im Entzug meiner kirchlichen Lehrbefugnis. Wie beim ersten und zweiten handelt es sich auch in meinem dritten und letzten Band, der die Zeit von 1980 bis heute behandelt, nicht einfach um »Memoiren« im üblichen Sinn, sondern um Erzählung und Reflexion zugleich: um Zeit-, Kirchen-, Theologie- und Religionsgeschichte, erlebt von einem Zeitzeugen und Theologen. Erlebte Menschlichkeit mit all ihren Licht- und Schattenseiten.

Aber wie die ungeheure Stofffülle bewältigen und ordnen? Sollte ich chronologisch oder systematisch vorgehen? Ich entschloss mich zu einer thematischen Bündelung in einzelne Kapitel – allerdings auf dem Hintergrund des chronologischen Ablaufs der Ereignisse. So bemühte ich mich, die in Memoiren notwendige Ich-Bezogenheit durch eine starke Sach-Bezogenheit auszugleichen. Ich betreibe kein »Name-dropping«, sondern möglichst umfassende zeitgeschichtliche Dokumentation. Ich befolge den Ratschlag des großen »Homme de Lettres« Walter Jens, meines Freundes, der am 9. Juni 2013 verstorben ist: »Du darfst in deiner Autobiographie über alles schreiben, nur muss es immer einen Bezug zu dir haben«.

Für mich ist es eine erneut spannende, konfliktreiche und ergebnisreiche Geschichte, bei der ich oft, statt breit zu erzählen, zuspitzen, statt Details zu addieren, resümieren muss. Meine persönliche Erinnerungsgeschichte lässt sich nun einmal von der Geschichte der kirchen- und weltpolitischen Kontroversen nicht trennen, und die Darstellung der großen Gedankengänge lässt sich oft an kleinen Abläufen treffend illustrieren. Anekdoten dienen dabei nicht nur der Auflockerung und Erheiterung, sondern oft auch der Erhellung des Grundsätzlichen. Auf diese Weise wird mancher Leser sich darüber freuen, Weltreligionen, Weltgeschichte und Weltpolitik in einem kennenzulernen. Und so hoffe ich denn, dass viele Leser die Ausdauer haben, das notgedrungen umfangreiche Buch ganz zu lesen, auch wenn ich verstehen kann, dass der eine oder andere aus den zwölf Kapiteln zunächst dasjenige auswählt, das ihn oder sie am meisten interessiert.

Der Entzug der kirchlichen Lehrbefugnis unmittelbar vor dem Weihnachtsfest 1979 war für mich eine zutiefst deprimierende Erfahrung. Doch bedeutete sie zugleich den Beginn eines neuen Lebensabschnitts. Ich konnte eine ganze Reihe neuer Themen in den Blick nehmen, die nicht nur die Kirche, sondern die Menschheit bewegen: Frau und Christentum, Theologie und Literatur, Religion und Musik, Religion und Naturwissenschaft, den Dialog der Religionen und Kulturen, den Beitrag der Religionen für den Weltfrieden und die Notwendigkeit eines gemeinsamen Menschheits- oder Weltethos.

All diese Arbeit konnte selbstverständlich nicht nur am Schreibtisch geleistet werden, so wichtig die akademische und publizistische Tätigkeit in diesem Kontext auch war. Sie führte zu ungezählten Reisen weltweit und zu zahllosen Begegnungen mit bedeutenden und weniger bedeutenden Zeitgenossen aus Religion, Politik, Wirtschaft, Kultur, Wissenschaft und Gesellschaft und hatte mit Universitäten ebenso zu tun wie mit Einblicken in die konkrete Lebenswelt, mit der UNESCO ebenso wie mit den Vereinten Nationen, mit dem Weltwirtschaftsforum in Davos ebenso wie mit dem Parlament der Weltreligionen in Chicago. Sie fiel in eine Periode, in der sich die Welt in bisweilen dramatischer Weise neu orientierte und ordnete. Und so muss ich beim Erzählen meiner Lebensgeschichte immer auch die welthistorischen Entwicklungen im Auge behalten. Doch bei allen Irrungen und Wirrungen hat sich mein grundsätzlicher Standpunkt, der eines aufgeklärten, ökumenisch offenen und gesellschaftskritischen Christen, nicht geändert. Ich habe diese meine ganzheitliche Weltsicht unterdessen in einer Synthese meiner Spiritualität dargelegt unter dem Titel »Was ich glaube« (2009).

Natürlich wird man sich beim Lesen der Kapitelüberschrift *»Rechenschaft«* fragen, vor wem ich denn da Rechenschaft ablegen will. Schulde ich denn überhaupt jemandem Rechenschaft? Über mein privates, persönliches Leben jedenfalls nur dem Einen, von dem im Römerbrief des

Apostels Paulus die Rede ist: »Es wird also jeder für sich selber Rechenschaft ablegen müssen – vor Gott« (Röm 14,12). Doch habe ich ja nun auch immer als öffentliche Person gelebt und gewirkt, war oft ein »umstrittener« Theologe, wurde von meiner eigenen Kirchenleitung mehrfach zur Rechenschaft gezogen, ja gezwungen und verkörperte für viele einen alternativen Weg des Katholischseins. So habe ich begreiflicherweise ein Interesse daran, dass die amtskirchliche Sicht nicht das Monopol besitzt über die Geschichtsschreibung und die öffentliche Meinung.

Aber letztlich sehe ich meine letzten drei Jahrzehnte in einem durchaus positiven Licht. Ich habe viel *Menschlichkeit* im wahrsten Sinne des Wortes *erfahren* und durfte mich, gegen alle Formen von Unmenschlichkeit, einsetzen *für mehr Menschlichkeit in der Menschheit*: für die Einheit der christlichen Kirchen, für den Frieden der Religionen, für die Gemeinschaft der Nationen. Und es macht mir schlicht Freude zu berichten, wie sehr vieles sich in meinem Leben und Wirken bei allen Kämpfen hoffnungsvoll entwickelt hat. Dass ich diese Rechenschaft über 33 Jahre noch abschließen kann, konnte ich nicht vorhersagen und ist für mich eine unverdiente Gnade.

Doch zur Menschlichkeit gehört auch Sterblichkeit. Auch dieser möchte ich mich in diesem meinem letzten Band, und besonders im Epilog, stellen: auch hier die Wahrheit in Wahrhaftigkeit!

Tübingen, im Juli 2013

I. Zu neuen Ufern

»Seit Beginn Ihres Pontifikats und besonders seit der Erklärung der Glaubenskongregation vom 18. Dezember 1979 habe ich ja direkt wie indirekt immer wieder dem Wunsch nach einem klärenden Gespräch mit Ihnen Ausdruck verliehen und die Möglichkeit zu lernen wahrhaftig nie ausgeschlossen. Ich bin und bleibe zu einem solchen Gespräch bereit, wann und wo immer Sie es wünschen.«

Handschreiben an Papst Johannes Paul II. aus Sursee/Schweiz vom 25. August 1980

Nach der großen Konfrontation mit Rom und dem deutschen Episkopat vom 18. Dezember 1979 bis zum 10. April 1980 um meine kirchliche Lehrbefugnis, um meinen Lehrstuhl und das Institut für Ökumenische Forschung, drängt sich mir auf: Es wäre sinnlos, täglich Tränen zu vergießen, weil der gegenwärtige Papst mich nicht schätzt und mich nie einer Antwort würdigt. Auch mein »streng persönliches« Handschreiben an den Papst vom 25. August 1980, geschrieben in meinem Schweizer Seehaus, blieb unbeantwortet: Bis zum Tod dieses Papstes im Jahr 2005 wird es nie zu einem persönlichen Briefwechsel oder gar Gespräch kommen – ganze 25 Jahre lang. Doch ein Weiteres kommt hinzu: Meinen Namen in der theologischen Wissenschaft möchte ich keinesfalls auf das Etikett »Unfehlbar?« reduziert wissen; »Papstkritiker« und »Kirchenkritiker« war und wird nicht mein Beruf. Nein, es gilt zu neuen Ufern aufzubrechen! Gewiss, die Verbindung mit der alten Heimat lasse ich nie abreißen. Aber lieber als mich auf die Probleme des römisch-katholischen »Binnengewässers« zu fixieren, will ich mich jetzt noch mehr als früher hinauswagen auf die »Weltmeere« der Religionen und Kulturen.

Kräfte sammeln: ein »Ketzerschicksal«?

Ich setze ein, wo ich im zweiten Band meiner »Erinnerungen« aufgehört hatte: im Jahr 1980. Endlich kann ich einen wohlverdienten Erholungsaufenthalt auf der Insel *Kreta* antreten – die monatelangen Auseinandersetzungen hatten doch an meinen Kräften gezehrt. Welche Freude: im Monat Mai – nach den Erfahrungen meiner sieben römischen Studienjahre der klimatisch angenehmste Monat: warm, aber nicht heiß! – für drei Wochen auf dieser Insel im Süden des Ägäischen Meeres! Schon am

Morgen vor dem Frühstück hinausschwimmen in die Bucht, tagsüber noch mehrmals. Auch Wasserski wieder einmal üben. Vor allem aber an der Sonne in aller Ruhe lesen, was ich will, und nicht, was ich muss. »Nichts Schönres unter der Sonne, als unter der Sonne zu sein« (Ingeborg Bachmann).

Nur wenige Bücher habe ich mitgenommen, darunter auch – doch dies war wohl ein Fehler – ein kenntnisreiches, im Jahr zuvor erschienenes Buch mit dem Titel *»Ketzerschicksale.* Christliche Denker aus neun Jahrhunderten« (Berlin 1979). Autor ist der hochkompetente, damals bereits 84-jährige Kirchenhistoriker Eduard Winter, der selber leidvolle Erfahrungen mit der römischen Machtkirche durchstehen musste. Er hatte mir dieses Buch – gleichsam sein geistiges Testament – zugeschickt. In einem großen Bogen behandelt er darin die Schicksale offen oder verdeckt »ketzerischer« Denker vom 12. bis zum 20. Jahrhundert, die der Wahrheit mehr gehorchten als der kirchlichen und weltlichen Macht und dafür zu leiden hatten: von Joachim von Fiore über Nikolaus von Kues, Kopernikus, Kepler, Pascal und Leibniz bis zu Anton Günther, Franz Brentano und Herman Schell. Für mich zumeist bekannte Gestalten, aber hier speziell gesehen in ihrem Widerspruch zu herrschenden Lehren und Auffassungen.

Ein bewegendes Buch, das mich ermutigen sollte, mich aber oft niederdrückte. Konnte ich doch den Gedanken nicht verscheuchen: Wirst du vielleicht auch noch als »Ketzer« – ursprünglich eine ehrende Selbstbezeichnung der südfranzösischen »Katharer« (griech.: »die Reinen«) – in die Geschichte eingehen? Zuallermeist wollten ja die in diesem Buch behandelten »eigenständigen Denker nicht als Häretiker gelten, zum einen, weil sie sich nicht als Gegner der Kirche fühlten, sondern eine bessere Kirche erstrebten, zum anderen, weil sie wussten, was die Abstempelung als Ketzer für sie zur Folge hatte – Diffamierung, ja physische Vernichtung«, so Eduard Winter in seiner Einleitung. Aber, frage ich mich, stimmt denn das von ihm seinem Buch vorangestellte Wort wirklich: »Das *Allerstärkste* auf Erden ist eben doch der *Gedanke*. Ihm die Bahn zu verschließen, gelingt auf die Dauer keiner Gewalt und keiner List!«?

Das Wort stammt von dem an der Schwelle zum 20. Jahrhundert berühmtesten katholischen Theologen Deutschlands, dem Würzburger Dogmatikprofessor Herman Schell (1850–1906). Er hatte die in vielen Auflagen erschienenen Schriften »Der Katholicismus als Princip des Fortschritts« (1897) und »Die neue Zeit und der alte Glaube« (1898) geschrieben. Programmschriften des deutschen Reformkatholizismus, die schon unmittelbar vor Weihnachten desselben Jahres, am 15. Dezember

1898, von Rom auf den »Index der verbotenen Bücher« gesetzt werden! Und Schell? Er unterwirft sich, um seinen Lehrstuhl zu behalten, bleibt aber vehementen Angriffen römisch gesinnter »Antimodernisten« ausgesetzt. Die Korrespondenz mit seinem Lehrer und Freund, dem Philosophen FRANZ BRENTANO, der wegen des Unfehlbarkeitsdogmas (1870) am Karfreitag 1873 in einer Unterredung mit dem Würzburger Bischof auf geistliches Amt, Professur und Kirchenmitgliedschaft verzichtet hatte, spricht Bände. Und zwar über das schon damals fatale Dilemma vieler Katholiken, zwischen römisch-katholischem Glauben und dem Ethos der Moderne, zwischen Kirchlichkeit und Wissenschaftlichkeit, zwischen kirchlichem Gehorsam und geprüftem Gewissen. Unter dem fanatischen Antimodernistenpapst PIUS X. (bei dessen höchst anfechtbarer Heiligsprechung durch den zusehends ebenfalls antimodernen Pius XII. 1954 in Rom bin ich als Student zugegen) verstärkt sich auch auf Schell der Druck noch einmal massiv. Schon am 6. Dezember 1905 muss er sich zum zweiten Mal vor dem Bischof kategorisch auf den »integralen« Katholizismus, wie ihn Pius X. verstand, verpflichten; seine Erklärung wird zurechtgestutzt und prompt im bischöflichen Amtsblatt veröffentlicht. Schell ist jetzt ein gebrochener Mann. All die persönlichen Anfeindungen und offiziellen Diffamierungen haben seinem Herzen zugesetzt. Am 13. Mai 1906 wird er 56-jährig von seinem Leid durch den Tod erlöst … Das Schicksal eines Reformtheologen, das mich erschüttert. Häretiker sein in dieser Kirche kann lebensgefährlich sein.

Aber, so darf ich mir nun auch sagen: Glücklicherweise leben wir nicht mehr in der Zeit des Bündnisses von Thron und Altar, von Herrscherhaus und Kirche, sondern in einem freiheitlich-demokratischen Rechtsstaat, und ich habe in meinen theologischen Positionen nicht nur Bibel und große katholische Tradition, sondern auch das Vatikanum II (1962–65) hinter mir – den Kontrapunkt zum Unfehlbarkeitskonzil Vatikanum I (1869–70). So bleibt denn meine Grundstimmung auch nach der Lektüre all der »Ketzerschicksale« frohgemut. Das letzte Photo meines zweiten Memoirenbandes »Umstrittene Wahrheit« zeigt mich auf Kreta entspannt lächelnd mit dem eben erhaltenen Dokumentationsband »Der Fall Küng« in der Hand. Bildunterschrift: »Überstanden!«

Mein Leben – Labyrinth oder Drachenkampf?

Begleitet von MARIANNE SAUR, die sich in für sie völlig unerwartet schwieriger Zeit in unserem Condominium (Bd. 2, Kap. III: Entscheidungen für Haushalt und Sekretariat) souverän bewährt hatte, und ihrer Freundin HEDE JACOBY treffen wir in der kretischen Hauptstadt Heraklion mit meinem Tübinger Kollegen HERBERT HAAG und seiner Gruppe »Biblische Reisen« zusammen. Haag ist Herausgeber des ersten katholischen historisch-kritischen »Bibellexikons« (1968). Im Artikel »Kreta« habe ich lesen können: »Die wissenschaftliche Erforschung Kretas begann 1900 mit der Ausgrabung von Knossos durch den Engländer J. A. Evans, wodurch der Palast des Minos und eine bisher unbekannte, in Vasen, Wandmalereien und architektonischen Formen sich offenbarende Kultur von hohem Alter und großer Vollkommenheit ans Tageslicht kam.« Schon lange wollte ich diese Insel kennenlernen, deren Kultur im 3./2. Jahrtausend v. Chr. aufgrund der Handelsbeziehungen mit dem Ägäischen Raum und vor allem mit Ägypten einen Schlüssel darstellt zum besseren Verständnis der mir schon vertrauteren ägyptischen und griechisch-römischen Kultur. Und so besuchen auch wir auf Fahrten quer durch die Insel die Ausgrabungen fürstlicher Paläste in Knossos und Phaistos und manches mehr.

Mich interessiert dabei besonders die in die griechische Mythologie eingegangene geheimnisvolle Erzählung von König Minos und dem menschengestaltigen, menschenfressenden Minotaurus (Stier-Mann). Ihm waren die Athener mit dem Opfer von sieben Jünglingen und sieben Jungfrauen tributpflichtig, bis ihn der athenische Held THESEUS tötete. Doch Theseus fand aus dem verwirrenden Labyrinth des Minotaurus nur heraus durch einen Faden, den ihm die Königstochter Ariadne als Wollknäuel zugesteckt hatte. Ist es nicht verständlich, dass mir im römischen Kontext ein »Papst Theseus I.« einfällt? Mit diesem Spottnamen betitelten wir im päpstlichen Collegium Germanicum wegen seiner oft allzu einfachen theologischen »Thesen« den Sozialwissenschaftler Professor Joseph Höffner, einen Germaniker, später Erzbischof von Köln und Kardinal, einer meiner Hauptgegner in der gerade hinter mir liegenden großen Konfrontation.

Als eine Art christliches Gegenbild zu Theseus könnte man den auch auf Kreta hochverehrten heiligen GEORGIOS ansehen, der den Drachen getötet haben soll, dieses Mischwesen aus Vogel, Schlange, Krokodil und Löwe (kein Dinosaurier!). Die historische Forschung hat den Drachen als eine Erfindung aus dem Zweistromland schon des 5. vorchristlichen Jahrtausends entlarvt und den heiligen Georg als einen seit dem 4. Jahrhundert n. Chr. im östlichen Mittelmeer verehrten wundertätigen Offizier, der in Westeuropa zum ersten Mal im 11. Jahrhundert auf dem Siegel des Bamberger Domkapitels zusammen mit einem Drachen erscheint. So ist durch die Jahrhunderte die Legende von jenem Ritter St. Georg entstanden und gewachsen, der den Drachen getötet und so die Stadt und die zum Fraß geforderte Königstochter befreit haben soll.

Also St. Georg ähnlich wie Theseus eine legendäre, *mythische Gestalt*, was die Liturgiekommission des Vatikanum II veranlasste, das Georgsfest aus dem allgemeinen Festkalender der katholischen Kirche zu streichen. Das hat mir und vermutlich auch meinem Kollegen auf dem Konzil, Joseph Ratzinger, gar nicht gefallen, der ja ebenfalls einen Bruder namens Georg hat; St. Georg ist überdies Stadtpatron meiner Heimatstadt Sursee. Die kleinen Beispiele werfen die grundsätzliche Frage auf, wie heutzutage Mythen behandelt werden sollen. Sie sollten, wo sie für die Menschen eine Bedeutung haben, nicht einfach eliminiert, allerdings auch nicht historisch aufgefasst, sondern vernünftig für unsere Zeit interpretiert werden. Nur so ist ein einfühlsamer Umgang mit dem volkstümlichen, poetischen Erbe der Völker und Religionen und auch mit der Bibel gegeben. Im Prinzip wäre damit wohl auch Joseph Ratzinger einverstanden, nur dass er solche interpretierende »Entmythologisierung« kaum auf die Christologie und erst recht nicht auf das päpstliche und bischöfliche Privileg der Unfehlbarkeit anwenden möchte.

In den Wochen des Übergangs zu einem neuen Lebensabschnitt hatte ich viel Zeit, um über mein Leben nachzudenken. Ich denke zurück an das viele, das mir positiv wie negativ zugestoßen ist und was ich selber angestoßen habe. Und ich versuche vorauszudenken, wie das alles wohl weitergehen wird. Ob ich mich nicht auf den Kampf mit einem Drachen eingelassen habe, den ich nie und nimmer gewinnen kann? Oder habe ich mich schlicht verlaufen in einem Labyrinth, einem Irrgarten, in welchem mir kein Faden einer Ariadne den Ausweg weist? Wie immer: Zur Orientierung hilft mir eine Bilanzierung des ganzen Streits, der inzwischen für die deutsche Öffentlichkeit in einer Retrospektive detailliert und gründlich dokumentiert wurde.

Eine Dokumentation mit Appell an den Papst

Herbert Haag und Norbert Greinacher, die beiden treuesten Kollegen in meiner früheren Katholisch-Theologischen Fakultät, zeichnen, wie am Ende meines zweiten Memoirenbandes berichtet, als Herausgeber eines 546 Seiten starken Bandes »Der Fall Küng«. Er enthält die Dokumente der Vorgeschichte und des Lehrbefugnisentzugs, die Stellungnahmen von Gruppen und Institutionen, von theologischen Fakultäten und Fachbereichen und wichtigen Einzelpersonen. Ich habe dafür bisher großenteils unveröffentlichte Dokumente und Stellungnahmen, Briefe und Reden samt Kommentar zur Verfügung gestellt. Ich gestehe: In der Phase der Erschöpfung hat mir die Lektüre von Hunderten von Stellungnahmen und all der Briefe zu meiner Unterstützung neue Kraft geschenkt. Ich denke nicht daran, diese Menschen zu enttäuschen – weder durch Revokation noch durch Resignation.

Doch wären die Erstellung dieser Dokumentation, die Übersetzung fremdsprachiger Dokumente und die ganze mühselige Redaktions- und Korrekturarbeit nicht möglich gewesen ohne die intensive Mitarbeit besonders von Dr. KARL-JOSEF KUSCHEL, Dr. URS BAUMANN und Dr. MARGRET GENTNER. Mein Stellvertreter im Institut, der Akademische Rat Dr. HERMANN HÄRING, hatte unterdessen, davon wird noch die Rede sein, einen ehrenvollen Ruf auf den Lehrstuhl für Dogmatik an der Katholischen Fakultät Nijmegen erhalten – zuerst als Kollege, dann als Nachfolger des berühmten flämisch-holländischen Theologen EDWARD SCHILLEBEECKX!

In ihrem Schlusswort zeigen sich die Herausgeber ungewöhnlich beeindruckt von der Zahl der Stimmen zu meinen Gunsten, von der Überzeugungskraft der Argumente und der Gewichtigkeit der Fakten. In einer Art Zwischenbilanz weisen sie auf die verheerenden Folgen des »Falls Küng« hin und machen seine verschiedenen Dimensionen erneut deutlich: die pastorale, die theologische, die ökumenische, die politische, die kirchengeschichtliche und die verfassungsrechtliche Dimension. Dies alles bildet die Grundlage für ihre Schlussfolgerung: »Wer diese Dokumentation von Anfang bis Ende unvoreingenommen studiert, wird um die Feststellung nicht herumkommen: Hans Küng ist durch seine Kirche Unrecht geschehen. Die kirchenrechtlichen Bestimmungen wurden auf flagrante Weise verletzt. Das Vorgehen spricht den Prinzipien der christlichen Brüderlichkeit Hohn. Die von Küng vorgetragenen theologischen Sachfragen wurden entweder nicht erkannt oder besserwisserisch beantwortet.«[1] Was da 1980 formuliert wurde, gilt auch noch 30 Jahre später.

Aufgrund der dargelegten Fakten und Entwicklungen machen sich die Herausgeber am Ende zu »Sprecher[n] des in diesem Buch und allenthalben artikulierten Protestes« und appellieren direkt an den für den Lehrentzug verantwortlichen Papst JOHANNES PAUL II.: »Heiliger Vater! Greifen Sie den Fall ohne Verzögerung wieder auf! Setzen Sie eine unvoreingenommene Kommission von Bischöfen und Theologen ein, welche die aufgeworfenen theologischen Fragen sachgerecht und ohne Zeitdruck prüft! Wir appellieren an Ihre Verantwortung und an Ihr Gewissen: Machen Sie geschehenes Unrecht wieder gut! Überlassen Sie die Rehabilitierung Küngs nicht der Geschichte! Setzen Sie Ihre persönliche Tat zum Segen für die Kirche!«[2]

Dieses Nachwort trägt das Datum vom 24. April 1980. Schon am 12. Mai stellen die beiden Herausgeber ihre Dokumentation der Öffentlichkeit vor. Der wie immer höchst effiziente Piper Verlag hat mir vorher schon ein Vorausexemplar nach Kreta geschickt. Es macht mich froh, aber nicht übermütig. Denn:

Keine Illusionen: ein Papstbrief

Die große Konfrontation habe ich durchgestanden, die Auseinandersetzung mit dem römischen System aber keineswegs überstanden. Trotz des Verlusts der kirchlichen Lehrbefugnis habe ich mir Lehrstuhl und Institut für Ökumenische Forschung bewahrt; meine Kaltstellung ist misslungen; die römischen und deutschen Gegner haben meine akademische »Entmachtung« nicht erreicht. Dass aber Papst Wojtyła den Appell der Herausgeber der Dokumentation hören, eine Kommission von Bischöfen und Theologen einsetzen und das mir offensichtlich angetane Unrecht wiedergutmachen würde, halte ich für unwahrscheinlich. Und bald wird deutlich: Dieser Papst, der auf großen kostspieligen Reisen überall Friede, Gerechtigkeit und Menschenrechte verkündigt, mir aber seit seinem Amtsantritt jegliches rechtliche Gehör verweigert, wird auch in Zukunft dieselbe Einstellung praktizieren.

Allerdings fühlt man sich nach Erscheinen der Dokumentation in Rom in der Defensive – vor allem angesichts des kommenden Besuchs des Papstes in Deutschland. Deshalb schickt der Papst schon am 22. Mai 1980 – einen Tag vor meiner Rückkehr aus Kreta – ein ausführliches Schreiben nach Deutschland. Nein, nicht an mich, auch nicht an die Herausgeber der Dokumentation, sondern an meinen Hauptgegner, »Theseus I.«, den Kölner Kardinal Joseph Höffner, und an die Deutsche Bischofskonferenz. Ein zweifellos bis ins Detail abgesprochener (vielleicht sogar in Deutschland entworfener) Brief. Er zeigt weder in der Sache noch bezüglich der Revision des Verfahrens Entgegenkommen, sondern versucht – raffiniert oder plump, wie man will – die noch immer nicht überzeugte breitere Öffentlichkeit von der Berechtigung der Inquisitionsmaßnahmen gegen mich zu überzeugen. Der Ton salbungsvoll: des Papstes Brief sei »von der Liebe zu diesem unserem Bruder bestimmt« (ich hatte bisher kaum etwas von dieser Brüderlichkeit und Liebe gemerkt). Er bitte Gott um eine »Begegnung in der Wahrheit« (natürlich wie sie der Papst versteht) »besonders mit jenem Menschen, unserem Bruder, der als katholischer Theologe, der er sein und bleiben möchte, eine besondere Verantwortung für die von der Kirche bezeugte und verkündete Wahrheit mit uns teilen muss«. Ich frage mich nur: Warum bittet der Papst ›Gott‹ und führt diese Begegnung mit mir, seinem »Bruder«, nicht selber herbei?

Doch immerhin – dieser Brief ist ein »Zeichen« des Papstes in meinem Fall. Ignorieren konnte er mich (will sagen: die durch mich vertretene Sache) offenbar nicht. Ich entschließe mich zu einem Zeichen meinerseits: zu dem bereits als Motto zu diesem Kapitel zitierten handgeschriebenen Brief aus meiner Schweizer Heimat vom 25. August 1980. Ich danke dem Papst für seine Worte: »Auch in den vergangenen, für mich sehr schwierigen Monaten habe ich diese besondere Verantwortung stets voll und ganz bejaht. Und allein diese Verantwortung ist es, die meine theologische Arbeit bestimmt und auch für die Zukunft bestimmen soll.« Es habe mich auch außerordentlich bedrückt zu erfahren, »wie sehr durch diesen Konflikt die Spannungen in unserer Kirche zugenommen haben, die ökumenische Verständigung mit den anderen Kirchen belastet wird, das Verhältnis zwischen Theologie und Lehramt sich verschlechtert hat und so in Kirche und Christenheit schwerer Schaden entstanden ist, den sicher keine Seite gewollt hat. Schon aus diesem Grund ist mir an einer Verständigung und Versöhnung gelegen.«

Und da der Papstbrief an die Deutsche Bischofskonferenz »in der Öffentlichkeit als eine Geste der Verständigungsbereitschaft und ein Schritt des Entgegenkommens verstanden worden ist, der zu einem persönlichen Gespräch in brüderlichem Geist führen könne«, würde ich um ein solches Gespräch bitten, wann und wo immer er es wünsche: »Auch wenn eine solche persönliche Begegnung gewiss nicht auf Anhieb alle die von vielen Menschen als bedrückend empfundenen Probleme zu lösen vermag, dürfte es doch Ausdruck der echten Dialogbereitschaft sein. Es würde bestimmt dem gegenseitigen Verstehen und der ›Begegnung in der Wahrheit‹ [dienen], wie sie vom Evangelium selber gefordert und so von der Kirche zu bezeugen und zu verkünden ist.« Und da der Papst so nachdrücklich von der Liebe besonders zu »jenem Menschen, unserem Bruder« redet, mein Appell: »Ein solches Gespräch könnte zugleich zeigen, dass selbst bei ernsten Auseinandersetzungen in unserer Kirche die Liebe Christi Richtmaß bleibt und von daher unnötige Polarisierungen abgebaut werden können.« Der Brief endet mit den Worten: »Für Ihre so wichtige Hirtenaufgabe im Dienst an unserer katholischen Kirche und an der gesamten Christenheit wünsche ich Ihnen von Herzen Gottes Segen.«

Aber auch diesbezüglich mache ich mir keine Illusionen: Wie vermutet will der Papst aus Polen, dem ich in meinem persönlichen Schreiben sogar meine private Telefonnummer in der Schweiz angegeben habe, gar nicht ernsthaft ein Gespräch, und seine schönen Worte waren weniger für »einen Menschen«, seinen »Bruder«, als für die breite Öffentlichkeit bestimmt. So erweist sich denn dieser Papstbrief an den deutschen Episkopat als das, was ich von vornherein vermutet hatte: ein typischer Fall von kurialem »Windowdressing«, auf Deutsch »Schaufensterdekoration«, beziehungsweise »Schönfärberei« zur Beruhigung des deutschen Kirchenvolkes vor dem Papstbesuch, der als große Jubelveranstaltung geplant ist.

Daher bin ich dankbar, dass mich schon zwei Tage nach dem Papstschreiben an die Bischofskonferenz, am 24. Mai, Professor LEONARD SWIDLER, seit meiner ersten US-Vortragsreise 1963 ein Freund, in Tübingen aufsucht, zusammen mit dem jüdischen Gelehrten Professor ZALMAN SCHACHTER (ebenfalls Temple University Philadelphia), der einen Vortrag hält über »Das jüdisch-christliche Gespräch. Der Beitrag eines Kabbalisten«. Wir verbinden damit einen Besuch der berühmten kabbalistischen Lehrtafel in der evangelischen Kirche von Bad Teinach bei Calw.

Leonard Swidler übernimmt mit seiner sprachkundigen Frau Arlene und einem Team die Aufgabe, für den englischsprachigen Raum eine schließlich 627 Seiten zählende Dokumentation herauszugeben, die der große New Yorker Verlag Doubleday, der meine Bücher »Christ sein« und »Existiert Gott?« publiziert hatte, 1981 in die Öffentlichkeit bringt unter dem Titel: *»Küng in Conflict«*. Diese umfasst nicht nur die von Herbert Haag und Norbert Greinacher, sondern auch die von Walter Jens 1978 veröffentlichte Dokumentation »Um nichts als die Wahrheit. Deutsche Bischofskonferenz contra Hans Küng«. Ein, wie es auf der Umschlagseite heißt, »historischer Insider-Bericht über die 12-jährige Schlacht mit der Kirchenhierarchie, die weltweite Auswirkung hatte«. Eine riesige Übersetzungs- und Editionsarbeit, für die ich Len Swidler und seiner Frau bis heute dankbar bin. Doch – ich erhalte auch von ganz anderer Seite Unterstützung.

Ein Helfer in der Not: Karl Klasen

Oft habe ich das alte deutsche Sprichwort zitiert: »Freunde in der Not gehen Tausend auf ein Lot«: Freunde in der Not sind extrem rar! Jedenfalls habe ich in den vergangenen Auseinandersetzungen im römisch-katholischen Establishment viele Freunde verloren, nicht an der katholischen Basis, aber natürlich unter Kardinälen und Bischöfen, auch unter katholischen Theologen, die mich in Zukunft kaum noch zu zitieren wagen, ja selbst bei manchen evangelischen Kollegen, die sich stillschweigend anpassen und um meinen Namen samt Œuvre einen weiten Bogen machen.

Aber ich habe auch viele Freunde behalten und neue Freunde dazugewonnen. Universitätspräsident ADOLF THEIS hat recht bekommen mit seiner Warnung an meine Gegner in der Katholisch-Theologischen Fakultät vor der entscheidenden Abstimmung: Wenn ihr Kollege auszöge, genösse er dennoch so viel Respekt, dass es ihm auch außerhalb seiner Fakultät an mächtiger Unterstützung nicht mangeln würde. Ein Bluff, dachte ich in diesem Moment höchst skeptisch, wer soll denn in solcher Not schon helfen können – und wollen?

Aber schon mit dem Datum vom 30. April 1980 erhalte ich einen persönlich gehaltenen Brief von einem hoch angesehenen Mann der Bundesrepublik, den ich bisher nur aus den Medien kenne: Dr. KARL KLASEN, 1970–77 Präsident der Deutschen Bundesbank. Mein Buch »Existiert Gott?«, schreibt er, sei für seine Frau und ihn »ein ganz großer Gewinn« gewesen: »Wenige Bücher haben uns soviel gegeben wie dieses hervorragende Werk. Kaum jemand wird Ihre Ausführungen so gründlich gelesen haben wie ich, denn ich habe sie vorgelesen. Das mussten wir selbstverständlich über einen längeren Zeitraum erstrecken, aber es hat unsere Freude keineswegs beeinträchtigt.«

Hier zeigt sich wieder einmal, was *ein einziges Buch* bewirken kann. Und wie sehr sie unrecht hatten, jene Medienmanipulatoren, die vor der bischöflichen Nacht- und Nebelaktion des 18. Dezember 1979 »Küng mit eigenen Waffen schlagen« wollten und damit nicht Bücher, sondern einseitige Vorinformationen an die Presse meinten, um so die Öffentlichkeit für sich einzunehmen (Bd. 2, Kap. XI: Die Generalattacke: betrübliche Komplizenschaft). Nein, meine »Waffen«, wenn man schon so militärisch reden will, sind meine Bücher und meine sonstigen wissenschaftlichen Publikationen.

Ab jetzt also wird Dr. Klasen aufgrund der Lektüre von »Existiert Gott?« in manchen Fragen mein Ratgeber und »Türöffner«: für die Volkswagen-Stiftung (Projekt »Frau und Christentum«) und die Bosch-Stiftung (Projekt »Kein Weltfriede ohne Religionsfriede«), wovon noch zu berichten sein wird. Schon am 15. Juni 1980 besuchen mich Dr. Klasen und seine Frau in Tübingen. Und am 17.–19. Juli desselben Jahres mache ich auf der Rückfahrt von den Salzburger Festspielen mit großartigen Aufführungen von Offenbachs »Hoffmanns Erzählungen« (mit Placido Domingo) und Mozarts »Zauberflöte« (unter der Leitung von James Levine und in der Inszenierung von Jean-Pierre Ponnelle) in St. Moritz Station, wo Karl und Ilse Klasen ein Apartment besitzen. Auf Spaziergängen am Silser See oder bei einem Ausflug auf Muottas Muragl über Pontresina haben wir reichlich Gelegenheit, nicht nur über Gott und die Welt, sondern auch über meine Zukunftspläne zu sprechen.

Karl Klasen, lutherischer Konfession, ist gegenüber der katholischen Kirchenleitung kritisch, wie er mir schon in seinem Brief geschrieben hatte: »Die Behandlung, die Sie seitens Ihrer Kirchenoberen erfahren haben, ist uns unverständlich, weil nach unserer Auffassung in letzter Zeit kaum jemand durch literarische Arbeit so wirkungsvoll für den katholischen Glauben geworben hat wie Sie. Ihren Kampf gegen diese Kurzsichtigkeit haben wir mit großem Interesse und Anteilnahme für Sie verfolgt.« Und schon beim ersten Gespräch in Tübingen sagt mir Karl Klasen: »Lassen Sie sich ja nicht beirren, sondern gehen Sie Ihren Weg ruhig weiter. Die Geschichte wird Ihnen recht geben.« Dieser Ratschlag ist zwar nicht immer leicht zu befolgen, denn die Schwierigkeiten bleiben selbstverständlich nicht aus. Im Nachhinein aber lässt sich deutlich erkennen, dass Dr. Klasen recht hatte.

Aber Karl Klasen und seine Frau Ilse werden auch selber aktiv. Sie laden eine handverlesene Gesellschaft in ihr großes Hamburger Haus an der Alster für Samstag, 4. Juli 1981 um 12 Uhr ein, zu einem Vortrag von mir über das Thema »Die Religion in der heutigen Gesellschaft« mit anschließendem Empfang. Und anlässlich des Vortrags findet »im kleinen Kreis« von rund 30 stadtbekannten Persönlichkeiten um 20 Uhr ein festliches Abendessen (»dunkler Anzug, langes Kleid«) statt. So sitze ich denn erstmals neben dem damaligen Bundeskanzler HELMUT SCHMIDT und mir gegenüber neben Dr. Klasen der amerikanische Botschafter und frühere Chef des Federal Reserve Board, ARTHUR BURNS. Auf diese Weise bin ich nun in die Hamburger Society eingeführt.

Und so mache ich zunehmend die Erfahrung, dass der Verlust von Freunden innerhalb der römisch-katholischen Kirchenmauern bei Weitem wettgemacht wird durch Freunde »extra muros«. Allerdings helfen mir auch in der katholischen Theologie viele gewichtige Freunde.

Unterstützung durch loyale Opposition in der Kirche

Vom 27. Mai bis 1. Juni 1980 findet im holländischen Noordwijkerhout die Jahresversammlung unserer Internationalen Zeitschrift für Theologie *»Concilium«* statt. Am Ende des Zweiten Vatikanischen Konzils 1965 war sie noch in Rom gestartet worden: aufgrund einer Initiative unseres holländischen Verlegers PAUL BRAND und von Anfang an von KARL RAHNER, EDWARD SCHILLEBEECKX, YVES CONGAR und mir (später die vier theologischen Mitglieder des Stiftungsrates) vorangetrieben. Aber sofort war sie hinter den Kulissen von der römischen Kurie, die ein »Paramagisterium« befürchtete, unter Druck gesetzt worden, sich einer bischöflichen Zensur oder einem Aufpasser des Sanctum Officium zu unterwerfen (»Nur über meine Leiche«, hatte ich erklärt). Aber wir hatten zusammengestanden und uns behaupten können (vgl. Bd. 1, Kap. VIII: Pro und contra »Concilium«).

Inzwischen hat diese Zeitschrift, die damals noch mit zehn Nummern jährlich in sieben Ausgaben (holländisch, deutsch, französisch, englisch, spanisch, portugiesisch, italienisch) erscheint, alle Schwierigkeiten überwunden. Allerdings hatten sich die auf dem Weg in die römische Hierarchie begriffenen Theologen (Joseph Ratzinger, Karl Lehmann, Walter Kasper ...) einer nach dem anderen mit verschiedenen Begründungen von uns abgesetzt. HANS URS VON BALTHASAR gründet mit HENRI DE LUBAC und JOSEPH RATZINGER sogar mit »Communio« ein »Concilium« kopierendes Gegenorgan, das von der Hierarchie und der konservativen italienischen Bewegung »Comunione e Liberazione« unterstützt wird. »Concilium« hat dagegen schon früh auch neuen theologischen Strömungen wie der lateinamerikanischen Befreiungstheologie (Gustavo Gutiérrez, Leonardo Boff) und der feministischen Theologie (Elisabeth Schüssler-Fiorenza) eine theologische Heimat gewährt. Allerdings ist aus der Zeitschrift des konziliaren Mainstreams aufgrund der kurialen Restauration des mittelalterlich-gegenreformatorisch-antimodernen Systems faktisch immer mehr eine Zeitschrift der *loyalen Opposition in der Kirche* geworden.

Im Februar 1980 hatten die Mitglieder des Direktionskomitees von »Concilium« eine Erklärung veröffentlicht: »Wir sehen keinen begründeten Anlass, unseren Kollegen Hans Küng nicht mehr als katholischen Theologen zu betrachten. Wir wollen daher auf eine Revision der Verurteilung drängen. Wir fordern außerdem, dass die kirchliche Verfahrensweise endlich die allgemein geltenden Menschenrechte berücksichtigt.«[3]

Aber, frage ich mich vor dieser Zusammenkunft in Noordwijk, wie würden mich meine Kollegen nach der großen Konfrontation mit Rom aufnehmen? Die Assoziierung mit meinem Namen konnte ja durchaus vom einen oder anderen in seiner manchmal auch schwierigen Situation als Belastung empfunden werden. Dafür hätte ich durchaus Verständnis. Leider nimmt jetzt sogar ein Karl Rahner aufgrund des Unfehlbarkeitsstreites nicht mehr an unserer Jahresversammlung teil, bleibt aber Mitglied.

Doch ich bin erleichtert und erfreut: Ich werde von allen mit großer Herzlichkeit und Umarmungen aufgenommen. Es werden wie immer die bevorstehenden Nummern diskutiert und geplant. In ungetrübter Gemeinsamkeit machen wir am 31. Mai einen Ausflug nach Haarlem und ins Frans-Hals-Museum und besuchen anschließend Amsterdam.

Schulterschluss mit »politischer Theologie«?

Seitdem ich ihn persönlich kenne, bemühe ich mich um ein gutes Einvernehmen mit Johann Baptist Metz, der sich jetzt gerne »Vater der politischen Theologie« nennen lässt. Ist er in guter Stimmung, ist die Zusammenarbeit mit ihm angenehm. Ja, wir können oft herzlich miteinander lachen, besonders wenn wir abends zusammensitzen. Er war nun mit meiner ausdrücklichen Unterstützung für den ausgeschiedenen Karl Rahner in den Stiftungsrat von »Concilium« nachgerückt.

Unsere nach dem Tod Pauls VI. im August 1978 in der Weltpresse publizierte Erklärung zur Papstwahl hatte Metz ursprünglich mitgetragen, dann aber freilich zusammen mit Rahner durch eine eigene kurze Erklärung konterkariert (Bd. 2, Kap. X: Welchen Papst brauchen wir?). In Sitzungen kann er manchmal ausgesprochen schwierig sein. Aber was soll's? Der Schulterschluss gerade mit ihm scheint mir wichtig. Die gesellschaftskritischen Grundintentionen der »politischen Theologie« teile ich und hatte sie schon in »Christ sein« (1974) im Kapitel über »Die gesellschaftliche Relevanz« (Kap. D III,1) gewürdigt, obgleich mir das Etikett »politische Theologie« (vom Hofbischof Kaiser Konstantins, Eusebios, eingeführt und wieder vom Wegbereiter des Nationalsozialismus, Carl Schmitt, gebraucht) missverständlich erscheint und ich auch die Neigungen mancher »politischer« Theologen zum Marxismus nicht teile.

Eine große öffentliche Bewährungsprobe besteht die Zusammenarbeit zwischen Johann Baptist Metz und mir zu meiner großen Freude wenige Tage nach der Jahresversammlung in Holland: auf dem *Katholikentag in Berlin* (5.-8. Juni 1980). Im überfüllten Auditorium Maximum der Freien Universität, wo 1968 die studentischen Revolutionäre agiert hatten, werden wir beide schon beim Eintritt jubelnd begrüßt. Rund 5000 vor allem junge Zuhörer und Zuhörerinnen, auch in der weiten Eingangshalle, auf den Treppen und Podesten. Für mich ist es der erste große öffentliche Auftritt nach der Konfrontation mit Rom. Auch jetzt liegt wieder so etwas wie revolutionäre Luft im Raum. Viele Christen beider oder auch keiner Konfession haben die römische Willkürherrschaft satt. Aber es ist gar nicht leicht, die höchst verschiedenen Erwartungen zu erfüllen.

Mir geht es in erster Linie darum, die Impulse der rund 20 sehr unterschiedlichen Gruppen und Initiativen der kirchlichen Basis, die sich in den Auseinandersetzungen um Papst und Unfehlbarkeit zu Wort gemeldet hatten, aufzunehmen und den »Katholikentag von unten« und später auch die Initiative »Kirche von unten« theologisch zu unterstützen. Ich muss ein Interesse daran haben, dass sich eine lose organisierte, möglichst effektive, jedenfalls solidarische innerkirchliche Opposition bildet. Ich sehe dafür legitime theologische Grundlagen und kann auf all das zurückgreifen, was ich schon im Buch »Die Kirche« über die *charismatische Struktur der Kirche* geschrieben habe, die jegliche Ämterstruktur umgreift. In der Kirche des Ursprungs gab es nun einmal keine »Oberkirche«, gab es keine kirchliche »Obrigkeit«, keine »Hierarchie«, »Heilige Herrschaft«. In der Kirche des Ursprungs herrschte die Freiheit der Christenmenschen, mit all ihren verschiedenen Charismen und Diensten, eine grundsätzliche Gleichheit vor Gott und eine Geschwisterlichkeit untereinander.

Auf dieser vom Neuen Testament her begründeten theologischen Basis entwickle ich dann *strategische Leitlinien* für eine Basiskirche und mache deutlich: Christliche Basisgruppen sind nicht von vornherein gegen Autorität, aber sie erwarten, dass diese Autorität vom Evangelium selber gedeckt ist und nicht nur vom Kirchenrecht oder der traditionellen Praxis des Gemeindeestablishments. Sie sind nicht von vornherein gegen kirchliche Institutionen, aber sie erwarten, dass die Institutionen ihnen den nötigen Freiraum zur eigenen Entfaltung und Erfüllung ihrer besonderen Aufgaben gewähren. Sie wollen in der Kirche bleiben, aber sie hoffen darauf, dass die Amtskirche flexibel genug ist, um sie zumindest zu tolerieren, wenn sie sie schon nicht fördern will.

Schließlich nehme ich Stellung zum Verhältnis unserer Kirche von unten zur *lateinamerikanischen Befreiungstheologie und -praxis*. Einerseits dürfte in der Kirche von unten weithin Übereinstimmung darin bestehen, dass das Modell der lateinamerikanischen Basisgemeinden nicht problemlos in die religiöse Landschaft der hochindustrialisierten Staaten des Westens und der Bundesrepublik im Besonderen übernommen werden kann.

Andererseits dürfte aber auch weithin Übereinstimmung darüber bestehen, dass gerade von den lateinamerikanischen Basisgemeinden starke Impulse ausgehen, um die »Betreuungskirche« und »Servicekirche« hinter uns zu lassen und das Christsein und Kirchesein entschiedener in die eigene Verantwortung zu nehmen.

Schließlich versäume ich auch nicht, auf die *ökumenische Tragweite der Kirche von unten* hinzuweisen: Gut evangelisch ist die katholische Leitvorstellung einer Basis-, Initiativ- und Gemeindekirche, in der Freiheit, Partnerschaft, Kollegialität, Solidarität, Brüderlichkeit und Schwesterlichkeit herrschen sollen. Eine Kirche, in der mehr überzeugt als befohlen, mehr gehandelt als gepredigt, mehr hilfreich miteinander umgegangen als bürokratisch selbstherrlich gegen andere vorgegangen wird: kurz, eine alternative christliche Praxis geübt wird. Nur zwischen Gott und Mensch, Gott und Kirche darf bildhaft von Oben und Unten als unendlicher Differenz geredet werden. Aber in der Kirche selber soll das Oben und Unten durch ein Miteinander und Füreinander ersetzt werden. Es gilt zu arbeiten für eine Kirche des Volkes, in der das Volk nicht mehr Objekt der Bevormundung, sondern Subjekt seiner eigenen Geschichte vor Gott geworden ist.[4]

Über vier Stunden dauert die ganze Berliner Veranstaltung – ohne Fanatismus, ohne Aggressionen, vielmehr ein großer Konsens zwischen Publikum und Podium. Viele möchten sich engagieren, haben wieder Hoffnung geschöpft … Ich fühle mich gestärkt.

Zersplitterung der Reformkräfte

Leider wird die Einheit der »Initiative Kirche von unten« (IKvu) schon bald infrage gestellt, besonders durch die Gruppe um Johann Baptist Metz, der den gemeinsamen Brief der Initiative an den Papst anlässlich seines Deutschlandbesuchs nicht unterschreibt, sondern stattdessen eine Erklärung über die katholische Nachrichtenagentur verbreiten lässt, die viele befremdet. Gerne profiliert er sich als »politischer« Theologe durch Herabsetzung der »liberal-bürgerlichen« Theologie, mit der er vorwiegend mich meint. Auf dem Delegiertentreffen der IKvu in Mülheim am 13./14. Februar 1981 kommt es zur Auseinandersetzung, wo ich ihm dies vorhalte. Doch plädiere ich gleichzeitig dafür, die verschiedenen Positionen als unterschiedliche Sichten im gemeinsamen Bemühen um die Reform von Kirche und Gesellschaft zu betrachten. Ich gebe auch zu, dass es durchaus revolutionäre Ausnahmesituationen geben kann wie in Nicaragua, wo man sich gegen eine blutige Diktatur wie die der Somoza-Familie mit der Waffe zur Wehr setzen darf.

Einige Monate später hält KARL-JOSEF KUSCHEL ganz in meinem Sinn ein eindringliches Plädoyer gegen falsche Flügelkämpfe in der Kirche von unten: »Keine falschen Fronten!« (»Publik-Forum« vom 21.8.1981). Wir bleiben dabei: Wir unterstützen die berechtigten Anliegen der Befreiungstheologie und der politischen Theologie. Aber wir klagen gleichzeitig die Christenrechte in der Kirche ein und bekennen uns zu den neuen theologischen Reformanstößen.

Denn die Lage der katholischen Kirche ist erheblich kritischer, als dies von außen den Anschein hat. Sie hat sich seit meiner Analyse von 1972 (Bd. 2, Kap. VI: Hat die Kirche ihre Seele verloren?) eher verschlimmert als verbessert. Rom konnte jeden Reformfortschritt verhindern, sodass man weltweit die innerkirchlich drängenden Probleme vor sich herschiebt: Geburtenregelung und Ehemoral, Zölibatsfrage, Mischehe, Abendmahlsgemeinschaft, Neuordnung der Bischofs- und der Papstwahl. Die Folgen der Reformverschleppung aber sind erschreckend: Auszug Zehntausender Priester aus dem kirchlichen Dienst und katastrophaler Nachwuchsmangel; zugleich abnehmende Teilnahme am Sonntagsgottesdienst, Krise der katholischen Schulen, Zeitschriften, Verlage, Vereine; überhaupt Mangel an Inspiration und Phantasie zur konstruktiven Lösung der gegenwärtigen Probleme. Und hinter alldem ein grundlegender Mangel an konstruktiver geistlicher Führung in Rom (»spiritual leadership« – das Gegenteil von »geistlicher Diktatur«). Das Resultat ist eine betrübliche Einbuße an öffentlicher Glaubwürdigkeit.

Johann Baptist Metz aber ist zu meinem großen Bedauern im Begriff, die Reformanliegen in der Kirche aufzugeben – zugunsten einer recht einseitigen Fixierung auf eine »Theologie des Leidens«. Seine Neue Politische Theologie, wie er sie inzwischen nennt, tritt auf der Stelle. Und seine Distanzierung von der Reformbewegung wird schließlich Jahre später auch äußerlich besiegelt durch das Kommen des Präfekten der Inquisitionsbehörde, Kardinal Ratzinger, zu Metz' 70. Geburtstag (1998) in Münster – unter der Bedingung, dass nur von Gott und nicht von der Reform der Kirche geredet werden dürfe! Das hat dort selbst Anhänger von Metz zum Protest herausgefordert. Tatsächlich macht sich eine solche politische Theologie unglaubwürdig. Und der christliche Marxismus, der sich an Lateinamerika und Kuba orientiert, sollte mit dem Fall der Berliner Mauer 1989 ein Ende finden.

Im Jahr 1980 war mir übrigens ein Einreisevisum in die Philippinen, wo ich Vorträge zu Grundfragen des christlichen Glaubens halten sollte, versagt worden aufgrund einer Intervention des Kardinals von Manila, JAIME SIN, beziehungsweise des päpstlichen Nuntius. Wiewohl kein »politischer Theologe«, bin ich offensichtlich »politisch gefährlich« – für das römische System. Nun ist es für mich keine Frage: Die katholische Kirche ist eine multinationale Organisation, und die Auseinandersetzung um die Reform dieser Kirche entwickelt sich seit dem Zweiten Vatikanischen Konzil weltweit. Und insofern ist es verständlich, dass in den päpstlichen Nuntiaturen (schon auf dem Konzil »Denunziaturen« genannt), die über das römische System wachen, die roten Lampen aufleuchten, wo immer ich auftauche. Man kann freilich meine Vorträge außer in raren Fällen wie eben in der philippinischen Diktatur von Präsident Ferdinand Marcos oder später in Mexiko nicht verhindern. Aber überall wissen die Bischöfe, dass ich im Vatikan nicht »persona grata« bin und sie sich im Gegensatz zur Konzilszeit meine Vorträge besser nicht anhören.

Akzeptanz an der Basis

Über mangelnde Akzeptanz an der katholischen, ja ökumenischen Basis hatte ich mich nie zu beklagen. Dass die Vortragssäle normalerweise voll sind, verdanke ich freilich nicht, wie kollegialer Neid bisweilen verlauten lässt, den Kontroversen mit Rom; dies erlebte ich schon als junger Doktor und Professor der Theologie vor dem Konzil. Grundlage dafür bilden vielmehr meine Theologie und die konsequente Aufnahme vieler Anliegen des Kirchenvolkes, doch ohne dies gegenüber dem Evangelium zum absoluten Kriterium zu machen. Gegen Populismus und Opportunismus in Politik, Kirche und Gesellschaft habe ich eine ausgesprochene Abneigung. Aber dem Populus Dei, dem Volk Gottes im weitesten Sinn des Wortes, fühle ich mich in meiner Arbeit verpflichtet.

Besonders gefreut hat mich die Solidarität von Künstlern. Rund ein Dutzend Luzerner stellen 1980 ihre Werke im Rathaus Sursee aus. Anlässlich der Vernissage am 24. Juni überreicht mir der Maler GODI HIRSCHI, der die Aktion begründet hatte, eine Mappe ihrer Werke. Auch das Radio berichtet von ermutigenden Anlässen wie diesem: Die der Freiheit der Kunst Verpflichteten setzen sich hörbar und sichtbar für die Freiheit eines Theologen ein.

Ebenfalls im Juni 1980 wird an der Paulus-Akademie in Zürich, wo man freier ist als in den katholischen Akademien Deutschlands, eine Tagung abgehalten zum Thema »Theologie und Kirche – vom Konflikt zum Dialog«. Der katholische Luzerner Professor DIETRICH WIEDERKEHR und der evangelische Zürcher Professor HANS GEISSER ziehen Konsequenzen aus dem »Fall Küng«. Die Tagungsteilnehmer berichten in einzelnen Beiträgen, »wie sie am Fall Küng Kirche erlebt« haben. Dabei wird immer deutlicher, dass die Kirche das Monopol auf Religion verloren hat. Mein Mitbruder aus dem Collegium Germanicum, Dr. ANTON CADOTSCH, jetzt Sekretär der Schweizerischen Bischofskonferenz, bemüht sich um Vermittlung.

Meinen *Publikationen* haben die Verurteilungen durch das kirchliche Lehramt jedenfalls in keiner Weise geschadet, im Gegenteil. Der Piper Verlag nutzt die Gunst der Stunde und wirbt im großen Stil mit Photo: »Bilden Sie sich selbst ein Urteil: jetzt Hans Küng lesen!« In einem Kommentar zum »Rollenwandel des religiösen Buches« in der Herder-Korrespondenz liest man: »Die Kooperation zwischen dem Piper Verlag und Hans Küng macht fast schon Kirchengeschichte.«[5] Sicher ist, dass ich meine Bücher in einem katholischen Verlag, selbst im mächtigen Herder Verlag, auf keinen Fall hätte neu herausgeben können. Rechtzeitig hatte ich, wie berichtet (Bd. 2, Kap. VIII), den Verlag gewechselt. Neun Monate stand »Christ sein« auf der Bestsellerliste des »Spiegel«, 19 Wochen an zweiter oder dritter Stelle unmittelbar hinter Solschenizyns »Archipel Gulag«. Nicht erfolgreich war nur eine gekürzte Ausgabe von »Christ sein«, die gegenüber der gleichzeitig erscheinenden Taschenbuchausgabe des ungekürzten Buches keine Chance hatte. Doch wie steht es mit meinen Vorlesungen?

Neubegründung des Studium generale

Natürlich ist es etwas völlig anderes, für einen Einzelvortrag ein volles Haus zu bekommen, als an der eigenen Universität auf Dauer einen großen Hörsaal zu füllen. Und dies natürlich besonders jetzt, da ich, in keine Fakultät mehr eingebunden, keine Pflichthörer mehr habe, die bei mir Examen machen müssen. Ja, mir fehlen auch die selbstverständlichen Kommunikationsmittel einer Fakultät: Ankündigung im Vorlesungsverzeichnis, Anschlag am Schwarzen Brett, Vorlesungskommentar der studentischen Fachschaft.

Doch es kommt zu einer Entwicklung, die an der Universität Tübingen Geschichte machen wird: Am Ende des Sommersemesters 1980 kündigen Professor WALTER JENS und ich zusammen mit Universitätspräsident ADOLF THEIS in einer Pressekonferenz die Wiederbelebung des Studium generale – Vorlesungen für Hörer aller Fakultäten und ein allgemeines

Publikum – im Wintersemester 1980/81 an. Walter Jens hatte unmittelbar zuvor die Berufung auf eine Lessing-Professur in seiner Vaterstadt Hamburg abgelehnt, nachdem es dort großes politisches Gerangel um diese Entscheidung gegeben hatte. In Tübingen Jubel: »Dank des hanseatischen Debakels die Chance für Tübingen: Jens und Küng schlagen Bresche: Auferstehung des Studium generale«. So die Schlagzeilen des »Schwäbischen Tagblatts« vom 23. Juli 1980, und die ganze deutsche Presse berichtet von diesen erfreulichen neuen Entwicklungen.

Doch soll ich im Wintersemester zunächst allein beginnen. Walter Jens wird erst im folgenden Semester mitmachen können, und andere Kollegen werden folgen. Meine Sorge: es könnte ja durchaus sein, dass in der ersten Vorlesung das Auditorium Maximum voll wird, schon weil manche aus Neugier den Vielgequälten sozusagen »besichtigen« oder auch »einfach einmal hören« möchten. Und es könnte sich dann die Hörerschaft wie in vielen Vorlesungen ausdünnen. Das Kalkül der Gegenseite könnte dann doch noch aufgehen und die römische Inquisitionsmaßnahme ihr Ziel erreichen, dass ich nämlich mit wenigen Hörern als »graue Universitätsmaus« mein akademisches Leben zu fristen hätte.

Solche Perspektiven lassen mich freilich nicht resignieren, wohl aber meine Kräfte anstrengen, mit meinem Team reiflich über die notwendigen Maßnahmen nachdenken und entsprechend tätig werden – Neuerungen, die Schule machen:

– Bei der stets verständnisvollen und hilfsbereiten Universitätsverwaltung erreichen wir zum großen Ärger der Katholisch-Theologischen Fakultät, dass unser Institut für Ökumenische Forschung mit Personal und Lehrveranstaltungen im offiziellen Vorlesungsverzeichnis der Universität aufgeführt wird, und zwar nicht etwa als Appendix zur Katholisch-Theologischen Fakultät, sondern als fakultätsunabhängiges Universitätsinstitut auf eigenen Seiten mit ebenso großem Titel wie die Fakultäten.

– Um mit anderen Vorlesungen nicht zu kollidieren, führe ich, bisher nicht üblich, eine regelmäßige Abendvorlesung von 20.15 Uhr bis 21.45 Uhr ein; den Pedellen der Universität bin ich dankbar für ihr Entgegenkommen.

– Auch will ich das Thema jeder einzelnen Vorlesung schon vor Semesterbeginn bekanntgeben, damit den Hörern die Gesamtkonzeption von vornherein klar ist und sie wissen, was sie zu erwarten haben.

– Damit diese Vorlesungsreihe auch bekannt wird, lassen wir das ganze Programm (und das ist erst recht ungewöhnlich) auf große gelbe Plakate drucken, die an verschiedenen Stellen der Universität und auch in einzelnen Pfarreien ausgehängt werden.

Dies alles trägt dazu bei, dass das vorgesehene Auditorium Maximum nicht nur voll ist, sondern überfüllt. Es kommen rund 1000 Zuhörer und Zuhörerinnen. Die Vorlesung muss in den Festsaal gegenüber verlegt werden. Der gute Zuspruch wird die 13 Vorlesungen hindurch anhalten, und die Lokalzeitung wird regelmäßig sachlich darüber berichten. Mit diesen öffentlichen Vorlesungen ist das Studium generale an der Universität Tübingen neu begründet. Es hat sich auch bereits eine Arbeitsgruppe aus Professoren für die weitere Planung gebildet, die für ihr Brainstorming auch Wein und belegte Brote serviert bekommen – dieses Privileg hatte ich zur Auflockerung der Atmosphäre gewünscht und ist der Gruppe bis auf den heutigen Tag erhalten geblieben. Das Studium generale soll Themen von allgemeiner Bedeutung für Mensch und Gesellschaft fachübergreifend zur Sprache bringen oder – wie es der Mitbegründer Walter Jens formuliert – Fragen der Wissenschaft in verbindlich-verständlicher Form als Fragen des Lebens darstellen.

Aber worüber soll ich nun gerade als Theologe reden? Der Titel meiner neuen Vorlesungsreihe ist nüchtern: »Ökumenische Theologie. Perspektiven für einen Konsens der Zukunft«. Aber dahinter verbirgt sich eine Vision, die sich im nächsten Jahrzehnt ständig verdeutlichen und verdichten und schließlich mit »Projekt Weltethos« einen eigenen Namen bekommen wird. Behutsam lasse ich mich auf neue Themen ein.

Kampf um die öffentliche Meinung

Die breit angelegte päpstlich-bischöfliche Inquisitionsaktion gegen mich – Höhepunkt jenes »Kanzelwort« der deutschen Bischöfe vom 7. Januar 1980 mit einer Auflage von 3,5 Millionen, in allen Kirchen Deutschlands zu verlesen – sollte mich nicht nur an der Universität marginalisieren und in katholischer Kirche und Ökumene isolieren, sondern sollte mich auch in der Öffentlichkeit überhaupt »unschädlich« machen. Ich musste deshalb alles tun, um auch in der breiteren Öffentlichkeit diese mein Wirken gefährdende Diskreditierung zu konterkarieren.

1980/81 halte ich an verschiedenen deutschen Universitäten große öffentliche Vorträge.[6] Aber politisch für mich wichtiger – angesichts meiner anhaltenden Ausgrenzung durch die kirchliche Hierarchie des Bistums Rottenburg-Stuttgart – ist ein großer Auftritt in der alten Reichsstadt Reutlingen, dem Wirtschaftszentrum unserer Region. Schon längst vor der großen Konfrontation mit Rom hatte mich der Präsident der Industrie- und Handelskammer Reutlingen, Dr. Eberhard Benz, mein rotarischer Freund, gefragt, ob ich für das 125-jährige Jubiläum der Kammer die Festrede halten wolle. Ich habe sofort zugesagt und bin nun gespannt, ob er nach all den öffentlichen Diskussionen um meine Position mich nicht doch bitten wird, aus Opportunitätsgründen auf diesen »Galaauftritt« zu verzichten. Aber erfreulicherweise war davon selbst in den schwierigsten Wochen keine Rede. Ein Lob der Zivilcourage!

Und so trete ich am 22. Oktober 1980 in der großen Friedrich-List-Halle der Stadt Reutlingen nach all den Grußworten und Klängen des Symphonieorchesters vor der rund 600köpfigen Prominenz aus Wirtschaft und Politik ans Rednerpult und spreche über das ungewöhnliche Thema »Ökonomie und Gottesfrage«[7]. Ein ganzes Jahrzehnt vor der Globalisierungsdebatte habe ich dabei, ausgehend von der Situation der Wirtschaft, für die Anwendung ethischer Werte auch in der Wirtschaft geworben. Die buchstäblich »enorme«, weil alle bisherigen Normen übersteigende Aufgabe, »vor der die Menschheit heute und mit ihr wir alle stehen«, sei es, sage ich, »eine gerechtere, friedlichere, freiere, kurz: humanere Welt heraufzuführen«. Dabei sei davon auszugehen, dass schon hinsichtlich der Marktwirtschaft heutzutage »Glaubenszweifel weit verbreitet« seien. Und dies nicht zu Unrecht, denn wenn das ganze System überhaupt funktionieren solle, scheine der Glaubenssatz vom Markt dringend ergänzungsbedürftig zu sein durch einen zweiten, einschränkenden: »Wer *nur* an den Markt glaubt, ist abergläubisch!« Der Markt sei um des Menschen willen da, nicht umgekehrt. Und eines sei er gewiss nicht: unfehlbar! Es sei ein gewaltiger Irrtum zu meinen, die Ursachen für die Mängel der gegenwärtigen gesellschaftlichen Ordnung seien nur technischer Art: »Wer die Weltprobleme allein von einem wirtschaftlichen Standpunkt betrachtet, der wird die heutige Krise nicht überwinden helfen. Er verschärft sie! Geht es doch nicht nur um eine ökonomisch-technologische, sondern zugleich um eine ideologische, besser: geistige Krise.« Bei der Bewältigung dieser Krise könne man von der »ethisch-religiösen Dimension« nicht absehen. Dies habe sich nicht nur in Iran und in Polen, sondern auch in westlichen Industrieländern gezeigt, wo man allzu leicht meinte, die Religion durch Wirtschaft und Wissenschaft ersetzen zu können.

Ohne moralisierende Schwärmerei oder ideologische Verkrampftheit will ich so den Festgästen diese theologisch-politischen Zusammenhänge mittels fünf praktikablen Stichworten verdeutlichen: Menschlichkeit, Brüderlichkeit, Wahrhaftigkeit, Zukunftsorientiertheit und Sinnhaftigkeit. Wenn es einen Gott gibt, so meine These, lassen sich diese Maximen unwiderleglich begründen, dann lässt sich etwa als »kategorischer Imperativ«

vertreten, dass nicht nur die Politiker, sondern auch die Industrie- und Gewerkschaftsführer dem Volk nicht heuchlerische Versprechungen machen dürfen.

Es ist für mich im Kampf um die öffentliche Meinung wichtig, dass diese Rede, in der die katholische Hierarchie durch sichtbare Abwesenheit glänzt, mit großem Beifall aufgenommen wird und ein weites positives Presseecho hat. Denn von Seiten der Amtskirche tut man weiterhin alles, um mir den Weg zu kirchlichen Institutionen zu versperren. Katholische Akademien dürfen mich nicht mehr einladen. Katholische Kirchengemeinden machen sich unbeliebt, wenn sie mich zu einem Vortrag bitten. Und doch ist die katholische Stadtpfarrkirche von Ulm an der Donau übervoll, als ich dort auf Einladung eines mutigen Pfarrers und Pfarrgemeinderates am 1. Adventssonntag 1980 die Eucharistie feiere und über den Anfang des Markusevangeliums predige. Aber sonst: lieber die Gefahr leerer Kirchen als die Gefahr kirchlicher »Irrlehren«!?

Und ein zweites für diese Zeit typisches Ereignis: Im selben Dezember 1980 laden mich das katholische und evangelische Bildungswerk der baden-württembergischen Landeshauptstadt Stuttgart zu einem Vortrag im großen »Hospitalhof« ein. Doch der katholische Veranstalter muss seine Einladung rückgängig machen, auf Weisung jenes Bischofs Georg Moser von Rottenburg, der sich ständig mit dem lauten oder stillen Vorwurf konfrontiert sieht, warum er sich von Rom zum Entzug meiner kirchlichen Lehrbefugnis drängen ließ, und der sich gerne vom Täter zum Opfer macht. Doch ist auch dieser Saal in Stuttgart trotz allem übervoll, und ich werde oft durch Beifall unterbrochen.[8]

Unterdessen nimmt das Wintersemester 1980/81 in Tübingen seinen Lauf. Trotz der Propaganda von Seiten der Amtskirche ist mein Seminar gut besucht. Anhand von bekannten katholischen und evangelischen Autoren behandeln wir in ökumenischer Gemeinsamkeit die Bedeutung des Neuen Testaments für die heutige systematische Theologie. Ich selber aber beschäftige mich innerlich schon längst nicht mehr in erster Linie mit Kirchenfragen.

Konfrontiert mit der wieder ständig wachsenden römischen Verengung bin ich froh, dass ich mich an der Problematik der römisch-katholischen Kirche und ihres Systems mit einem angeblich unfehlbaren Papst nicht festgebissen habe. Vielmehr kann ich jetzt, auf die neue Phase gut vorbereitet, meinen ökumenischen Wirkungskreis ständig vertiefen und ausweiten. Zu den ewig selben Problemen Roms habe ich ja in aller Ausführlichkeit und Wissenschaftlichkeit gesagt, was ich zu sagen hatte; sie langweilen mich, weil eine praktische Realisierung der dringend notwendigen Reformen von Rom mit allen Mitteln blockiert und die Ökumene bewusst verhindert wird. Intellektuell herausfordernd, geistig faszinierend und zukunftsträchtig sind für mich ganz andere, neue Probleme, die direkt anzugehen ich jetzt, gut vorbereitet, die Zeit und Kraft habe. Der neue Horizont nicht nur von Weltökonomie, sondern auch von Weltpolitik fesselt mich mehr und mehr.

Der neue welthistorische Horizont

Ich spreche bewusst nicht nur von einem weltpolitischen, sondern von einem welthistorischen Horizont. Von Herkunft und Erziehung bin ich gewohnt, die historische Dimension in allen Bereichen nicht, wie ich es besonders in Amerika erlebte, zu vernachlässigen, sondern zu reflektieren und so die Einsicht in die Vergangenheit für die Bewältigung der Gegenwart fruchtbar zu machen. In diesem Zusammenhang faszinieren mich zwei Staatsmänner, mit denen ich später auch persönlich zu tun bekomme und die in den 1970er- und 80er-Jahren für zwei verschiedene weltpolitische Konzepte stehen. Da ist der »Realpolitiker« HENRY KISSINGER, von 1969 bis 1977 Sicherheitsberater und Außenminister unter den US-Präsidenten Nixon und Ford und Friedensnobelpreisträger für das Friedensabkommen in Vietnam 1973. Und als Gegenpol der »Idealist« JIMMY CARTER, Präsident der Vereinigten Staaten von 1977 bis 1981, 2002 für seine internationale Vermittlungstätigkeit mit dem Friedensnobelpreis geehrt. Ich werde auf die beiden Persönlichkeiten und Konzeptionen zurückkommen.

In den 1980er-Jahren war es nicht mehr zu übersehen, dass die Welt in eine neue Epoche, eine neue Gesamtkonstellation, ein neues »Paradigma«, wie ich zu sagen pflege, eingetreten ist. Und zwar nicht erst mit dem Jahr 1968, dem »Jahr der Entscheidungen« (ich habe es im zweiten Band meiner Erinnerungen ausführlich beschrieben und analysiert), sondern, mit mehr historischer Tiefenschärfe gesehen, schon ab 1914: der Erste Weltkrieg als das Ende der bisher so optimistischen europäischen Moderne.

Bekanntlich hatte die Menschheit in der europäischen Neuzeit eine Fülle verschiedener Erfahrungen gemacht, die unser Verständnis von Mensch, Gesellschaft, Kosmos und auch Gott von Grund auf verändert haben. Im Zeichen der Leitideen Vernunft, Fortschritt und Nation war es zu vier folgenreichen revolutionären Entwicklungen gekommen: im 17./18. Jahrhundert zuerst die naturwissenschaftliche und philosophische Revolution, dann die Kulturrevolution der Aufklärung, die politisch kulminierte in der Amerikanischen und Französischen Revolution, und schließlich im 19. Jahrhundert die industrielle Revolution Alles in allem hatte sich ein *aufgeklärt-modernes Paradigma* durchgesetzt, das sich grundlegend unterschied sowohl vom mittelalterlichen römisch-katholischen als auch vom darauffolgenden reformatorisch-protestantischen Paradigma des 16./17. Jahrhunderts.

Es war für mich seit Langem klar, dass die Errungenschaften der Moderne auch in der neuen nach-modernen Weltepoche nach dem Zweiten Weltkrieg nicht rückgängig gemacht werden können und dürfen. Auch Theologie, Kirche, Religion haben – bei aller berechtigten Kritik an Rationalismus, Nationalismus, Liberalismus und Sozialismus – die modernen Errungenschaften zu akzeptieren: Dies gilt für die bleibenden Ergebnisse der modernen Naturwissenschaft, Philosophie und der modernen Demokratie ebenso wie die der Human- und Sozialwissenschaften, und schließlich auch die der modernen Religionskritik, Bibelauslegung und Geschichtsforschung.

Doch andererseits lässt sich nicht übersehen, dass die Menschheit sich seit dem gesamtkulturellen Umbruch im Zusammenhang der beiden Weltkriege mitten im Übergang zu einer neuen Gesamtkonstellation befindet, die sich von der typisch modernen unterscheidet und die ich zunächst einmal das »postmoderne«, dann aber (um nicht mit der Ideologie des damals modischen »Postmodernismus« verwechselt zu werden) das *»nach-moderne« Paradigma* nenne. Zu Beginn der 1980er-Jahre kann ich dieses zeitgenössische Paradigma wie folgt knapp skizzieren:

– Verglichen mit 1918 und erst recht 1945 hat sich die weltpolitische Konstellation völlig verändert: Das eurozentrische Zeitalter des Kolonialismus und Imperialismus wurde abgelöst durch eine polyzentrische Welt.

– Die modernen Freiheitsbewegungen, die sich bereits im 19. Jahrhundert ankündigten und zwischen den Kriegen erstarkten, sind nach dem Zweiten Weltkrieg auf breiter Basis durchgebrochen: Der Kampf richtet sich nicht nur gegen Kolonialismus und Imperialismus, sondern auch gegen Rassismus, Sexismus und ungerechte soziale Strukturen, um so Frauen, Farbigen und der Dritten Welt mehr Gerechtigkeit widerfahren zu lassen.

– Die Mächte der Neuzeit – Wissenschaft, Technologie und Industrie – sind wegen zahlloser verheerender Folgen vielfach fragwürdig geworden. Um der Menschlichkeit des Menschen willen und um der Bewohnbarkeit der Erde willen müssen sie sich neu in Verantwortung an ethischen Maßstäben ausrichten.

– Manche alternative Bewegungen – von der Umweltbewegung bis zur Friedensbewegung – scheinen in mancher Hinsicht eine weniger materialistische und mehr holistische, gesamtheitliche Weltsicht anzukündigen.
– Der von vielen verehrte große Gott der Moderne, »Fortschritt« genannt, wurde als falscher Gott entlarvt, seine Doppelgesichtigkeit wurde angesichts katastrophaler negativer »Nebeneffekte« offenbar, und der Ruf nach dem wahren Gott ist wieder laut geworden, und dies nicht nur im Christentum, sondern auch im Islam.

Die neue welthistorische Konstellation stellt *für jede Theologie eine ungeheure Herausforderung* dar, besonders aber für die römische, die heutzutage noch nicht einmal die Desiderate der Moderne (Naturwissenschaft, Demokratie, Menschenrechte, Toleranz …) voll integriert hat und jetzt auch noch den Anforderungen des neuen nach-modernen Paradigmas genügen sollte. Die kritischen Desiderate der Moderne dürfen gerade in der Theologie keinesfalls übergangen werden: Allzu gerne (und wenig ehrlich) reichen manchmal Vertreter des mittelalterlich-gegenreformatorisch-antimodernistischen Paradigmas in ihrer Vernunft- und Aufklärungskritik den Vertretern des nach-modernen Paradigmas die Hand! Doch die »Aufklärung« darf nicht rückgängig gemacht beziehungsweise übersprungen werden. Sie muss vielmehr vollendet werden: durch eine über ihre Leistungsfähigkeit und Grenzen aufgeklärte Aufklärung, welche Religion nicht mehr wie in der Moderne zunehmend ignoriert, verdrängt oder gar unterdrückt, sondern auf neue Weise kritisch integriert.

Wenn nicht alles täuscht, stehen wir seit den 80er-Jahren mitten im Prozess der *Wiederentdeckung von Religion weltweit* – nicht zu verwechseln mit dem politischen Konservatismus eines Präsident Reagan oder einer Premierministerin Thatcher, die in den 80er-Jahren den wuchernden Sozialstaat zugunsten der individuellen Initiative zurückdrängen wollten, die aber zugleich jene verhängnisvolle Deregulierung der Bankenwelt einleiteten, die in unseren Tagen beinahe zum Kollaps des Weltfinanzsystems geführt hat. Es geht dabei nicht nur um die Rolle des Staates und der individuellen Freiheit, sondern um die Frage nach der Qualität des Lebens überhaupt, welche die Ökonomie übersteigt und zu tun hat mit einem sozialen Erwachen: der Emanzipation der Frauen, der Stärkung der Nachbarschaftlichkeit, des zivilen sozialen Engagements, der Gemeinschaft. Religion hatte sich ja in den oft widersprüchlichen Entwicklungen der Moderne als resistenter erwiesen, als Kulturdiagnostiker aller religionskritischen Schattierungen wahrhaben wollten. Die Theologie aber hat in der neuen geistesgeschichtlichen Situation nur dann eine Chance, wenn sie für die neue Welt-Zeit eine zeitgemäße realistische

Vision entwickelt, die besonders von der jungen Generation, welche viele traditionelle Dogmen, Moralgebote, Strukturen nicht mehr kennt oder nicht mehr anerkennt, verstanden werden kann.

So mache ich denn als Theologe unter erschwerten Bedingungen weiter, sogar mit gesteigerter Energie. Aber was treibt mich eigentlich an?

Was mich antreibt

So werde ich vor allem von Journalisten gefragt. Ja, was treibt mich an, immer wieder in Neuland vorzustoßen? Ich sage dann immer: Ich habe »die Träume meiner Jugend nicht verraten« (Schiller). Seit Jahrzehnten bin ich nun schon an der Universität, habe jedoch nie Wissenschaft im »Elfenbeinturm« getrieben, sondern immer Menschen im Blick gehabt, für die ich arbeite: meine Studenten zuerst, aber auch meine Leser und Zuhörer in der Nähe und in der Ferne. Als ich schon früh mich aufgrund meiner christlichen Glaubensüberzeugung zum Studium der Theologie entschloss, standen mir vor allem junge Menschen vor Augen. Dieser seelsorgliche, *»pastorale« Impuls* einer »Theologie für die Menschen« (Bd. 1, Kap. IX: Bei Paul VI.) bleibt Hauptmotivation meines Schaffens.

Natürlich ist ein solcher Impuls auch anderen Theologen eigen. Mit der weiteren Ausdehnung meines christlichen Interesses und Wirkkreises weit über die Kirchen hinaus war allerdings wie von selbst ein weiterer hinzugekommen, was ich etwas hochgestochen als *»humanitären« Impuls* bezeichnen könnte. Ich meine damit: Ohne je meine christliche Grundüberzeugung aufzugeben, ließ ich mich zunehmend auf die großen Anliegen der »Menschheit« mit ihren verschiedenen Religionen und Kulturen ein, dabei immer deutlicher »Menschlichkeit« als Ziel und Norm.

Doch kommt bei alldem ein wichtiger *»psychologischer« Impuls* hinzu, der mir hilft, so viele Jahrzehnte durchzuhalten. Es bereitet mir einfach Freude, immer weitere Bereiche und Felder, Länder, Religionen und Kulturen kennenzulernen. Aber auch ihre Heiligen Schriften und ihre Denker, um Meisterdenker in Person und Werk miteinander ins Gespräch zu bringen. Nicht nur die großen Theologen von Origenes und Thomas von Aquin über Luther und Calvin bis zu Schleiermacher und Karl Barth, sondern auch die großen Philosophen insbesondere der Neuzeit: von Descartes und Pascal über Hegel, Feuerbach und Marx bis zu Nietzsche, Freud, Sartre und Popper. Schließlich immer mehr auch die bedeutenden geistigen Repräsentanten anderer Religionen wie Moses Maimonides oder Moses Mendelssohn im Judentum, al-Gazzali oder Ibn

Haldun im Islam, oder später im Hinduismus Shankara oder im Buddhismus Nagarjuna …

Wie viel hätte man doch erreichen können, wenn ich auf meinem Weg die kreative Unterstützung auch nur einiger meiner kenntnisreichen Kollegen der beiden theologischen Fakultäten erhalten hätte! Man sollte hier nicht von vornherein Desinteresse oder »invidia clericalis vel academica«, klerikalen oder akademischen Neid, vermuten, zumal ich ja mit einigen Kollegen herzliche persönliche Beziehungen unterhalten habe. Aber sich einzulassen auf andere Religionen und andere Fachgebiete erfordert nun einmal außergewöhnliche intellektuelle Anstrengungen und bisweilen auch die Bereitschaft, auf diesem Weg Konflikte in Kauf zu nehmen.

Dabei hatte ich ungezählte Autoren zu studieren oder zu konsultieren. Meinen Lesern muss ich so in meinen Büchern – ich habe ja nie beabsichtigt, Bestseller zu schreiben – einiges abverlangen. Als Autor sei ich nicht nur unbequem und unkompliziert, sondern aufgrund der unerschöpflichen Mühe des Suchens, Studierens, Analysierens und Vermittelns »vor allem anstrengend«. So schrieb in einem Kurzporträt vor meinem 80. Geburtstag mein Schüler, Kollege und Freund Karl-Josef Kuschel und fügte hinzu: »Mühe? Nein, es ist die schiere Lust an der systematischen Erkenntnis, die das Denken von Küng vorantreibt, das Vergnügen am geordneten Denken in der wirren Vielfalt der Phänomene, welches das Erbe von einst immer wieder als Auftrag für heute begreift. Von seinem Medienimage her mag Küng als ein Kurzstreckenläufer des Zeitgeschmacks erscheinen. Von seinem wissenschaftlichen Werk her ist er ein Langstreckenläufer des Geistes, ein Mann mit langem Atem, konsequentem konzeptionellem Denkvermögen und ungewöhnlicher kreativer Arbeitskraft.«

Ich weiß nicht, welche Anforderungen auf meinem Denkweg größer waren, die des Anfangs oder die des Endes. Jedes Jahrzehnt hat seine eigenen brennenden Fragen. Jedenfalls eröffnen sich mir schon in den 1980er-Jahren noch ganz andere Dringlichkeiten und Möglichkeiten.

Für kritische und selbstkritische Rationalität

Im Jahr 1979 stand ich unerwarteterweise unter kritischem Beschuss von zwei entgegengesetzten Seiten: von römischen Infallibilisten rechts und von Kritischen Rationalisten links. Unmittelbar vor der großen Konfrontation mit Rom wegen der päpstlichen Unfehlbarkeit wird eine Schrift gegen »Existiert Gott?« veröffentlicht: vom Sozialwissenschaftler HANS ALBERT. Vielfach als Statthalter von Sir KARL R. POPPER in Deutschland apostrophiert, hat er dessen Kritischen Rationalismus auf sozialwissenschaftlichem und wissenschaftstheoretischem Gebiet weiterentwickelt.

Ich habe in »Existiert Gott?« die Anliegen des Kritischen Rationalismus nachweisbar ernst genommen. Im Sommersemester 1977 hatte ich mit dem Philosophen LUDGER OEING-HANHOFF noch im Rahmen der Katholisch-Theologischen Fakultät ein eigenes Seminar über »Wissenschaftstheorie und Theologie« durchgeführt. Es könne der Theologie nur helfen, so habe ich in meinem Buch ausgeführt, wenn sie sich darum bemühe, die Probleme möglichst eindeutig zu formulieren, sich über ihre spezifischen Methoden Klarheit zu verschaffen, Begriffe zu präzisieren und die verschiedenen vorgeschlagenen Lösungsversuche kritisch zu untersuchen. Kurz, wenn die Theologie zumindest an der Universität Anspruch auf Wissenschaftlichkeit erheben will, muss sie nicht irrational oder nur emotional, sondern *rational*, das heißt kritisch und in intellektueller Verantwortung betrieben werden.

Doch andererseits meine ich mich dagegen wehren zu müssen, dass moderne Naturwissenschaftler und Philosophen ihre Resultate illegitimerweise generalisieren, sodass für einen Gottesglauben kein Platz mehr bleibt und dieser praktisch weithin durch Wissenschaftsglauben ersetzt wird. Ein *Ja* also *zur kritischen Rationalität*, aber ein *Nein zu einem ideologischen Rationalismus*, der das Rationale verabsolutiert und so selber dogmatisch und intolerant werden kann. Darüber sollte man vernünftig diskutieren können.

Der Rationalist Hans Albert nun, höre ich später von ihm, sieht mein Buch gleich nach Erscheinen in einer Münchner Buchhandlung und kauft es sofort; meine Fundamentalkritik des Kritischen Rationalismus erregt ihn aufs Höchste. Er beginnt dagegen anzuschreiben, und das Resultat ist das Buch, dessen Titel er in Anlehnung an Karl Marx formuliert: *»Das Elend der Theologie. Kritische Auseinandersetzung mit Hans Küng«* (Hamburg 1979). Ich bin gespannt, wie er diese kritische Auseinandersetzung durchführt.

Am 26. Mai 1981 empfängt sein Lehrmeister KARL POPPER im Festsaal der Universität Tübingen den Leopold-Lucas-Preis und hält einen Vortrag über »Duldsamkeit und intellektuelle Verantwortung«[9]. Dieser jährlich verliehene Preis trägt den Namen des unter der Naziherrschaft umgekommenen Rabbiners Dr. Leopold Lucas und wurde von dessen Sohn gestiftet. Im Anschluss an die Preisverleihung findet im benachbarten Bebenhausen ein festliches Abendessen statt, und mir gegenüber sitzt

Hans Albert in Person. Wir unterhalten uns glänzend und lachen nicht wenig. Er hätte sein Buch wohl anders geschrieben, meint er schließlich, wenn er mich zuvor persönlich gekannt hätte.

In der Tat: Hätte Hans Albert sein Buch nur nicht so übereilt geschrieben! So wurde es mehr eine breit kommentierende Rezension als eine an den neuralgischen Punkten präzis argumentierende Auseinandersetzung. Manches erscheint eher von Emotionalität statt von Rationalität angetrieben, alles in der überlegen ironischen Attitüde des Wissenden. So erweist sich der Kritiker von »Existiert Gott?« wenig fähig, meine Auffassung auch nur sachgemäß darzustellen. Und auf all das soll ich jetzt sachgemäß antworten, soll von vorn bis hinten unrichtige oder schiefe Interpretationen richtigstellen und meine wissenschaftliche Arbeit unterbrechen? Ein höchst undankbares Geschäft, wie ich es vor nicht allzu langer Zeit im großen Band »Fehlbar? Eine Bilanz« (1973) mit hohem Aufwand an Zeit und Denkarbeit betrieben hatte, um auf alle echten und unechten Schwierigkeiten der Unfehlbarkeitsapologeten detailliert zu antworten.

Anfrage an den Kritischen Rationalismus

Allzu oft rennt der Kritische Rationalist offene Türen ein. Mir blieb ja stets bewusst, dass gerade in Europa und Nordamerika viele Menschen – aus welchen Gründen auch immer – nicht religiös sind: Skeptiker, Agnostiker, Atheisten, Rationalisten aller Art. Ich meinerseits bin alles andere als ein religiöser Schwarmgeist, Traumtänzer, Enthusiast, bin allerdings auch kein Rationalist. Natürlich hat Albert recht, dass der Mensch angesichts der Frage »Existiert Gott?« – psychologisch gesehen – mehrere »Optionen« hat: Er kann ihr ausweichen, sie hinausschieben oder schlicht verdrängen. Aber grundsätzlich philosophisch gesehen – so argumentierte ich in meinem Buch im Anschluss an Pascal und Sartre – gibt es nur die eine Alternative: Der Mensch hat sich zu entscheiden – ohne intellektuellen Zwang, aber auch ohne strikten rationalen Beweis – für ein Ja oder ein Nein zu Gott. Entweder der Mensch wagt ein (vor der Vernunft verantwortbares und deshalb durchaus vernünftiges) Vertrauen auf eine Erste-Letzte Wirklichkeit, oder eben nicht. Beides ein Wagnis, beides ein Risiko. Auch wer nicht wählt, trifft eine Wahl. Stimmenthaltung angesichts dieser Grundfrage bedeutet Vertrauensverweigerung. Faktisch, wenn auch vielleicht nicht gewollt, ein Misstrauensvotum gegenüber Gott.

So habe ich die mir gestellte Grundfrage nach der Vernünftigkeit des Gottesglaubens in meinem Buch beantwortet. Hans Albert aber beantwortet meine *Gegenfrage* nach der *Vernünftigkeit der Vernunft* leider nicht. Es ist offensichtlich: Er hat die Basis seines Kritischen Rationalismus nicht genügend kritisch reflektiert. Setzt er doch einfach voraus, ohne es zu beweisen, dass die menschliche Vernunft im Prinzip vernünftig funktioniert! Es ist vor allem diese meine kritische Anfrage, die den Kritischen Rationalisten nervös gemacht hat. In seinem Buch antwortet er denn auch nur mit einem Verdikt: Warum soll das »ein Rückfall in den Klassischen Rationalismus« sein?! Dazu ein dogmatisch anmutendes Frageverbot. Die wenig rationale Antwort eines Rationalisten.

Dabei hat der Schüler Hans Albert seinen Lehrmeister KARL POPPER gegen sich. Diesen konnte ich nämlich dafür zitieren, dass ein *»Glauben an die Vernunft«* (für mich ein »Grundvertrauen«) Voraussetzung für Wissenschaft ist. Dieses Vernunftvertrauen aber kann nach Popper nicht logisch begründet werden: keine »äußere Rationalität«. Es darf aber nach meiner Überzeugung auch nicht nur postuliert, sondern muss rational verantwortet werden. Seine »innere Rationalität«, so habe ich dargelegt, geht dem Menschen nämlich auf im Vollzug des Denkens selbst. Alberts Rationalismus erscheint mir dagegen als unkritischer »Schleichweg« zur Rationalität der menschlichen Ratio.

Doch dies alles wollte ich nicht erneut darlegen. Und so verzichtete ich auf eine großangelegte Antwort auf Alberts Buch und begnügte mich mit einer ausführlichen Anmerkung in meinem bald darauf erscheinenden »Ewiges Leben?« (Kap. IV, Anmerkung 4). Dabei gebe ich meiner Hoffnung Ausdruck auf eine etwas mehr selbstkritisch fortgesetzte »Diskussion im Geiste gegenseitigen Verständnisses«. Eine solche könnte vielleicht zeigen, dass »theologisches und kritisch-rationalistisches Verhältnis zur Wirklichkeit in der Weise des vertrauenden Sicheinlassens auf diese Wirklichkeit, die unverfügbar bleibt, doch stärker konvergieren, als Alberts Buch es wahrhaben will«.

Doch meine Hoffnung geht nicht in Erfüllung. Hans Albert bleibt bei seiner harschen Kritik und kann es nicht lassen, auch in Zukunft gegen mich zu polemisieren. Schade, auch angesichts der Tatsache, dass ich nun am Ende desselben Jahres 1979 in die große Konfrontation mit den Vertretern kirchlicher Unfehlbarkeit hineingezogen werde, und dies gerade wegen meiner rationalen (nicht-rationalistischen) Kritik an bestimmten Dogmen und Morallehren.

Dass mir persönlich auf diesem Weg gerade von meiner früheren Katholisch-Theologischen Fakultät noch weitere Mühsal bereitet würde, konnte ich freilich nicht ahnen. Von diesem »piccolo mondo chiuso«, dieser »kleinen geschlossenen Welt«, muss ich jetzt nach allem globalen Ausblick leider auch berichten.

Hässliche Nachhutgefechte: Wer darf prüfen?

Durch den in letzter Minute erreichten »Tübinger Kompromiss« vom April 1980 habe ich mir ja nach dreimonatiger Auseinandersetzung das Recht erkämpft, als Mitglied des Promotions- und Habilitationsausschusses der Katholisch-Theologischen Fakultät an der Promotion und Habilitation meiner Schüler mitwirken zu können. Selbstverständlich gehört dazu auch das Recht, meine Kandidaten zu prüfen. Es war auch die Auffassung von Universitätspräsident Theis, dass meine generelle Mitwirkung an den von mir betreuten Arbeiten nach meiner Bestellung zum Gutachter auch das volle Stimmrecht, das jedem Gutachter an der Universität zukommt, einschließe. Dieser Auffassung hatte damals niemand widersprochen. Von einer Einschränkung meines Prüfungsrechts war nie die Rede.

Aber einmal mehr wollen sich die kirchlichen Autoritäten mit dieser fairen Lösung nicht abfinden; sie möchten meinen Einfluss in der Universität in jedem Fall minimieren: Ich könne, wendet der Bischof von Rottenburg bei meinem nächsten Promotionsverfahren überraschenderweise ein, für die Prüfung meiner eigenen Kandidaten nicht als Prüfer tätig sein. Ob der Bischof selber oder Rom oder Mitglieder der Fakultät die Akteure sind, den erreichten Kompromiss zu hintertreiben, weiß ich wie immer bei solchen undurchsichtigen »kirchlichen« Manövern nicht. Jedenfalls war diese Frage des Prüfungsrechts den kirchlichen Autoritäten wichtig genug, um erneut eine große Auseinandersetzung zu initiieren.

In jener »historischen« Fakultätssitzung unter Anwesenheit von Universitätspräsident Theis vom 25. März 1980, in welcher die Ausgliederung meines Lehrstuhls und Instituts beschlossen wurde, war in die Habilitationsordnung der Katholisch-Theologischen Fakultät der ergänzende Satz aufgenommen worden: »Der Direktor des Instituts für Ökumenische Forschung der Universität Tübingen ist den Mitgliedern der Fakultät in diesem Verfahren gleichgestellt bei Arbeiten, die von ihm betreut werden.« Aber jetzt beruft man sich plötzlich auf eine Besprechung zwischen dem Wissenschaftsminister Helmut Engler in Stuttgart und dem Bischof von Rottenburg vom 21. April 1980, von der bezeichnenderweise nichts Schriftliches vorliegt. Und man beruft sich auf eine bisher ebenfalls nicht bekannte Stellungnahme des kirchenfreundlichen Freiburger Staatskirchenrechtlers ALEXANDER HOLLERBACH. Ob ich will oder nicht: Im Interesse meiner Schüler bin ich gezwungen, erneut meinen Rechtsanwalt Dr. DIETER BAHLS aus Heidelberg einzuschalten, der sich zunächst um Akteneinsicht bemühen muss.

Die Katholisch-Theologische Fakultät, jetzt ganz bischofshörig, fasst am 29. Oktober 1982 den Beschluss, ich dürfe bei Promotions- und Habilitationsverfahren meiner Schüler nur mit beratender Stimme mitwirken. Auf meinen Einspruch hin kommt es zu langwierigen Verhandlungen. Wissenschaftsminister Helmut Engler kommt eigens von Stuttgart nach Tübingen und hält hier mit dem Universitätspräsidenten und der gesamten Katholisch-Theologischen Fakultät eine Sitzung. Aber ich, der Hauptbetroffene, bleibe ausgeschlossen! Ein schlechter Stil, der von schlechtem Gewissen zeugt.

So habe ich denn schließlich keine andere Wahl, als an den Großen Senat der Universität Tübingen zu appellieren, meine Rechtsstellung gegenüber der Katholisch-Theologischen Fakultät und dem Bischof zu wahren. Deshalb findet am 11. November 1982 eine Sitzung des Großen Senats statt, in welchem die ordentlichen Professoren aller Fakultäten Sitz und Stimme haben, von denen sich dann auch recht viele zu Wort melden, die meisten zu meinen Gunsten. Die Atmosphäre ist höchst angespannt, und es kommt dabei zu einem heftigen Schlagabtausch zwischen mir und dem evangelischen Staatskirchenrechtler, der wie die meisten Staatskirchenrechtler die Position der Hierarchie verteidigt (vgl. Bd. 2, Kap. XII: Kirchenfromme Staatskirchenrechtler).

Einen wenig überzeugenden Eindruck hinterlässt auch das Votum des Dekans der Evangelisch-Theologischen Fakultät. Als Protestant würde er selbstverständlich die akademische Lehr- und Forschungsfreiheit verteidigen, erklärt er selbstbewusst. Aber er windet sich so lange, bis schließlich doch das Verständnis für die Position der Katholisch-Theologischen Fakultät das Übergewicht bekommt. Gerade für den Dekan einer Evangelischen Fakultät finde ich dies beschämend: »Das war kein Heldenstück, Octavio«, Schillers Wallenstein-Wort über den Verrat des Octavio Piccolomini, fällt mir ein.

Am Ende kommt es zu einem Senatsbeschluss, in welchem meine jetzige rechtliche Stellung als Hochschullehrer für unbefriedigend erklärt wird und die Katholisch-Theologische Fakultät aufgefordert wird, im Rahmen der rechtlichen Möglichkeit um eine Verbesserung meiner Rechtsstellung bemüht zu sein. Darauf fasst diese Fakultät am 19. November 1982 einen Beschluss, in welchem ihr früherer Beschluss vom 29. Oktober »präzisiert« wird: Danach werde ich nun vom Anfang bis zum Ende des gesamten Verfahrens mit beratender Stimme hinzugezogen, kann der Abnahme des Rigorosums beiwohnen und schließlich auch an der abschließenden Gewichtung der mündlichen und schriftlichen Note, die zur Promotionsnote führt – für die akademische Zukunft meiner Schüler höchst relevant –, teilnehmen. Um dem Streit ein Ende zu bereiten, erkläre ich schließlich am 25. Mai 1983 durch meinen bevollmächtigten Anwalt dem Minister, dass ich unter Aufrechterhaltung meiner rechtlichen Bedenken aufgrund der nun erfolgten Beschlüsse von Senat und Fakultät von weiteren Schritten in dieser Angelegenheit absehe. »Sapienti sat« – dem Verständigen genügt's! Dass mich diese ganzen hässlichen Vorgänge, die sich über mehrere Wochen hinziehen, erneut persönlich arg strapazieren und mir oft den Schlaf rauben, bedarf keiner Erläuterung.

Sippenhaft

Die getroffenen Beschlüsse kommen den berechtigten Interessen meiner Schüler und meiner im Tübinger Kompromiss ausgearbeiteten Rechtsstellung entgegen. Ein Modus Vivendi ist immerhin gefunden, und in der Praxis bemüht sich dann doch jeder Prüfer unter meiner wachsamen »Aufsicht« um faire Prüfung und Notengebung. Allerdings sind damit die Probleme für meine Schüler noch keineswegs beendet.

»Sippenhaft«, eine Haftung der Angehörigen für Delikte des Täters, die diesem zur Last gelegt werden: im mittelalterlichen Recht war sie gestattet, noch im Nationalsozialismus und in Militärdiktaturen wurde sie geübt, aber in jedem modernen Rechtsstaat ist sie unzulässig. Doch in der Kirche wird eine Art Sippenhaft verdeckt noch immer praktiziert, wenn es darum geht, unbequeme junge Wissenschaftler von Lehrstühlen fernzuhalten. Dies geschieht auch mit meinen Schülern, wenn sie sich nicht von mir distanzieren.

Es lohnt sich kaum, von denen zu reden, die sich in einem Artikel von mir abgesetzt oder sich im Geheimen gegen mich erklärt haben, um akademisch Karriere zu machen. Wohl aber will ich berichten vom Schicksal meiner drei engsten Mitarbeiter in unserem Institut für Ökumenische Forschung. Aus zwei Gründen: Zum einen wird hier manifest, *wie das römische System* gegen unbeugsame nonkonformistische Theologen ganz konkret *funktioniert* (vgl. Bd. 2, Kap. VII: Ein Denunziations- und Überwachungssystem). Diese weltweit, doch meist im Geheimen geübten Inquisitionspraktiken werden zumeist nicht bekannt; die wenigsten

Theologen haben die Möglichkeit, sich mit Erfolg zu wehren und gar die Öffentlichkeit für sich zu mobilisieren. In Deutschland ist für die Gewährung der kirchlichen Lehrbefugnis an staatlichen theologischen Fakultäten nach dem von der Hitler-Regierung 1933 mit dem Heiligen Stuhl abgeschlossenen »Reichskonkordat« eindeutig der Ortsbischof (»ordinarius loci«) zuständig. Doch es gelang der römischen Kurie nach dem Zweiten Weltkrieg durch einseitige Verfügungen und gefällige »Interpretationen«, ihren Einfluss auf Lehrstuhlbesetzungen in Deutschland bei gefügigen staatlichen Organen immer mehr auszuweiten, und dies in doppelter Hinsicht: Einerseits muss jetzt jeder deutsche Bischof vor Erteilung eines »nihil obstat« bei der römischen Studienkongregation anfragen, die ihrerseits diese Anfrage an die Glaubenskongregation weitergibt. Seither wird faktisch im Palazzo del Sant'Uffizio über die deutschen katholischen Lehrstühle entschieden! Andererseits werden die Barrieren für eine Universitätskarriere immer mehr nach vorn verschoben: Nicht nur für Professoren, sondern auch für Privatdozenten wird die Zustimmung des Bischöflichen Ordinariats beziehungsweise Roms verlangt, und bei Nicht-Priestern werden die Normen noch willkürlich verschärft.

Zum anderen möchte ich meinen drei Kollegen und Freunden, die in schwierigster Zeit Standfestigkeit bewiesen und mir durch all die Jahrzehnte ihre Treue bewahrt haben, öffentlich meine *Dankbarkeit*, die nach einem deutschen Sprichwort »dünn gesät« sei, zum Ausdruck bringen. Wie viel mussten doch alle drei meinetwegen – nein, um der gemeinsamen Sache willen – durchstehen, nicht zuletzt von Fakultätskollegen, aber auch in der kirchlichen Öffentlichkeit durch ihre Ächtung als »Küng-Schüler«. Da ließ sich ja nicht alles mit Humor und Spott über den »Schwefelgeruch der Ketzer« wegstecken. Ging es doch bei den drei hoch qualifizierten Nachwuchswissenschaftlern um ihre ganze berufliche Zukunft und das Schicksal ihrer Familien.

Theologenschicksale: Hermann Häring, Urs Baumann, Karl-Josef Kuschel

Mein Dank gilt zuerst Dr. Hermann Häring: Nach einer Dissertation über die Ekklesiologie der Bultmann-Schule (1970) verfasst er eine Habilitationsschrift über die Problematik des Bösen (1978) und bittet daher am 2. April 1978 den zuständigen Bischof von Rottenburg, Georg Moser, um seine Zustimmung zur Eröffnung des Habilitationsverfahrens. Daraus entwickelt sich ein peinliches Verzögerungsmanöver, das volle 18 Monate andauert und erst am 9. Oktober 1979 seinen Abschluss findet. Zunächst erhält Häring, obwohl die Zeit drängt, vom Bischof überhaupt keine Antwort. Am 17. Mai 1978 antwortet er endlich – aber wie? Er brauche Zeit, um Härings Theologie genauer zu studieren, und bitte um eine Publikationsliste! Dann findet er angeblich zunächst keine Zeit zum Studium, das nun offenkundig in eine inquisitorische Überprüfung übergeht.

Doch unterdessen hat ein neues Hochschulgesetz Habilitation und Ernennung zum Privatdozenten (Befugnis zur Vorlesungstätigkeit) entkoppelt, sodass Dr. Häring im Juni 1978 trotz bischöflicher Verzögerung von der Katholisch-Theologischen Fakultät, der ich in dieser Zeit noch angehöre, habilitiert wird. Aber am 11. Juli 1978 teilt der Bischof der Fakultät mit, vor der Erteilung des »nihil obstat« zu einer Privatdozentur müsse er bei einem Gremium der Bischofskonferenz ein Gutachten einholen, da es sich bei Häring um einen Nicht-Priester handle; später stellt sich heraus, dass dieses Gutachten von den Kardinälen Höffner, Ratzinger und Volk erstellt wird – nicht gerade Küng-Freunde. Im Blick darauf führen Bischof Moser, der Generalvikar und der Domdekan am 10. Februar 1979 ohne alle Vorinformationen ein strenges, fast zweieinhalbstündiges Gespräch mit Dr. Häring: über Fragen der Christologie (Konzil von Chalkedon), Vollmacht kirchlichen Redens, Papsttum, Priestertum und Ökumene. Zum Schluss ermahnt der Bischof Dr. Häring, eine »selbstständige« (will sagen: von Küng unabhängige) Theologie zu entwickeln. Ein Protokoll wird erstellt, und darüber hinaus muss Häring noch zu Händen des Bischofs am 17. März 1979 eine Erklärung von sechs Seiten schicken.

Mitte Juni 1979 jedoch erfährt Häring, die Gutachter-Kardinäle Höffner, Ratzinger und Volk seien zu einem negativen Ergebnis gekommen und Rom habe sich dem negativen Gutachten angeschlossen, sodass eine Zulassung Härings zur Privatdozentur nicht infrage komme. Bischof Moser gelingt es indessen mithilfe eines freundlichen Gutachtens von Professor Walter Kasper, die Glaubenskongregation zu einem Kompromiss zu bewegen, der für Häring freilich ungünstig ist: zwar Zulassung zur Privatdozentur, aber eine Professur wird faktisch ausgeschlossen. Im Grunde also ein Lehrstuhlverbot, welches denn auch faktisch Folgen haben wird: Trotz überragender Fähigkeiten und bedeutender Publikationen Härings wagt es keine einzige der fünf deutschsprachigen Fakultäten, bei denen er sich in den kommenden Jahren bewirbt, ihn auch nur auf die Liste zu setzen – von einer Berufung ganz zu schweigen. Es kommt vor, dass ein Bischof sogar schon vorher diesbezüglich bei Fakultät oder Kultusministerium interveniert.

Kann noch deutlicher demonstriert werden, von welchem Angstkomplex die übermächtigen römischen und deutschen Machthaber in der Kirche besessen sind – angesichts eines einzigen jungen Theologen? Doch Hermann Häring hat Glück. Am 24. Januar 1980 – mitten in den Auseinandersetzungen um meine kirchliche Lehrbefugnis – kann er in Tübingen seine Antrittsvorlesung zum Thema »Erlösung – wovon?« halten. Im Frühjahr darauf bewirbt er sich auf Anregung unseres Freundes Professor EDWARD SCHILLEBEECKX in den Niederlanden: für einen Dogmatiklehrstuhl an der Katholischen Universität Nijmegen (Nachfolge von Piet Schoonenberg). Der zuständige Erzbischof von Utrecht, Kardinal JOHANNES WILLEBRANDS, beweist in diesem Fall Mut: Nach einem Gespräch mit Häring gibt er seine Zustimmung, da er ja über eine kirchliche Lehrbefugnis schon verfüge und man in den Niederlanden den Unterschied zwischen Privatdozent und Professor nicht kenne.

Natürlich legen Rom und der päpstliche Nuntius sofort Beschwerde ein und verlangen vom Primas der Niederlande die Rücknahme der Berufung Härings, obwohl das rechtlich kaum möglich ist. Doch Willebrands, ein ehemaliger Kurienkardinal, reagiert »modo Romano«: Er lässt die vorgegebenen Termine schlicht verstreichen und erklärt schließlich, er habe den entscheidenden Brief von Rom gar nicht erhalten. An Häring schreibt er, er werde sich um eine Kopie dieses Briefes bemühen, da es nicht klar sei, welche Forderungen Rom an Professor Häring stelle. Doch diese Kopie erhält Häring nie. Ab April 1981 kann er unbehelligt an der Universität Nijmegen arbeiten. Nach der Emeritierung von Edward Schillebeeckx (1983) fällt ihm faktisch auch dessen Lehrstuhl zu. So wirkt nun Häring 25 Jahre an der Universität Nijmegen als hoch angesehener Lehrer der Theologie, und einige Jahre auch als Dekan der Fakultät – bis zu seiner Emeritierung (2005), nach der er mit seiner Frau Inge in sein geliebtes Tübingen zurückkehrt. 1998 hatte er eine Einführung in meine Theologie vorgelegt: »Hans Küng. Grenzen durchbrechen«, eine der besten Gesamtdarstellungen meines Denkwegs bis zum Ende der 90er-Jahre.

Eine erste Erkenntnis: Wer aufgrund der staatskirchenrechtlichen Verhältnisse in Deutschland als Theologe nicht wirken kann, kann auch an einer ausländischen Universität »selig« werden. Das erinnert mich daran, dass mir Dr. CHRISTOPH BLOCHER, der spätere konservative schweizerische Justizminister, ein Pastorensohn, angeboten hatte, für mich einen Lehrstuhl an der Universität Zürich zu erwirken, falls ich nicht in Tübingen bleiben könne.

Mein Dank gebührt zweitens Dr. URS BAUMANN: Er war schon 1969 in Tübingen mit einer kritischen Arbeit über die Erbsündenlehre promoviert worden und hatte dann einige Jahre als Laientheologe in seiner Schweizer Heimat in der praktischen Seelsorge gewirkt. Zurück in Tübingen, arbeitet mein Schüler an einer Habilitationsschrift über die dogmenkritische Frage »Die Ehe – ein Sakrament?«. Als er die gründlich recherchierte, umfangreiche Arbeit im Februar 1986 – also nach meiner großen Konfrontation mit Rom – bei der Fakultät einreicht, werde ich mit den beiden Vertretern des Faches Dogmatik zum Gutachter bestellt.

Im Herbst 1986 aber, zu Beginn des Wintersemesters, teilt mir der Dekan mit, der Kollege WALTER KASPER, der im Fall Härings sich als sehr hilfreich erwies, lehne Baumanns Arbeit rundweg ab und Kollege PETER HÜNERMANN wolle nicht das Zünglein an der Waage spielen. Kaspers Kritik galt weniger einzelnen Aussagen als der von ihm vermissten »katholischen Axiomatik«. Dahinter verbirgt sich nichts anderes als der alte römisch-katholische »Integralismus«, der die ernsthafte Hinterfragung eines Dogmas nicht zulässt.

Ich versuche den für meinen Schüler schädlichen offenen Konflikt in der Fakultät zu vermeiden und schlage eine persönliche Unterredung mit Kasper und Hünermann im Dekanat der Katholisch-Theologischen Fakultät vor. Einige Missverständnisse lassen sich aufklären, andere Punkte für die Veröffentlichung korrigieren. Schließlich stimme ich um meines Kandidaten willen zu, dass Dr. Baumann seine Arbeit zurückzieht und sie im Licht der Gutachten der beiden Dogmatiker überarbeitet. Schon im Februar 1987 reicht Urs Baumann die korrigierte Arbeit erneut ein, und am Ende des Sommersemesters 1987 steht sein Habilitationsverfahren vor dem Abschluss. Doch bis zuletzt bleiben die Verhandlungen spannend. Denn Professor Kasper wehrt sich heftig gegen eine Lehrbefugnis (»Venia Legendi«) für das Fach Dogmatik; nur einer Habilitation für das Fach »Ökumenische Theologie« will er zustimmen. Die beiden Herren Dogmatiker wollen auf ihrem Feld Alleinherrscher sein und zugleich eine Berufung von Dr. Baumann auf einen Lehrstuhl für Dogmatik von vornherein blockieren. Immerhin wird Urs Baumann jetzt zum Dr. theol. habil. promoviert und kann den Antrag zur Ernennung zum Privatdozenten stellen. Doch dafür braucht er wie schon Hermann Häring das kirchliche »nihil obstat«.

Bischof GEORG MOSER aber legt Baumanns Antrag auf Eis – eine beliebte Methode kirchlicher Repression. Erst nach Mosers Tod erteilt ihm der zum Bistumsverweser eingesetzte Weihbischof Franz JOSEF KUHNLE mit dem Datum vom 31. Mai 1988 die Lehrerlaubnis. Am 29. Oktober 1989 – weit über zwei Jahre sind seit der Einreichung der Arbeit verflossen – kann Privatdozent Dr. Urs Baumann endlich in einem überfüllten Hörsaal seine öffentliche Antrittsvorlesung halten. Nach Lehrstuhlvertretungen und der Auszeichnung mit zwei Preisen wird er 1993 zum außerplanmäßigen Professor für Ökumenische Theologie ernannt – auch für mich persönlich eine große Genugtuung.

Doch wird in der Folge jegliche Berufung von Professor Baumann auf einen Lehrstuhl im deutschen Sprachraum durch kirchliche Manöver verhindert. In der Katholisch-Theologischen Fakultät von Linz (Österreich) steht Baumann 1989 an erster Stelle der Berufungsliste und verhandelt schon mit seinem künftigen Assistenten und über die Einrichtung der Bibliothek. Doch da verzögert sich das Verfahren: Rom weist die Liste zurück und lässt die Fakultät wissen, dass man allenfalls dem drittplatzierten Priester die Lehrerlaubnis erteilen würde. In der Folge werden die österreichischen Bischöfe angewiesen, Lehrstühle für Dogmatik nur noch mit Priestern zu besetzen. Und hinter den Kulissen hat auch Walter Kasper – jetzt Bischof von Rottenburg – vehement gegen Baumanns Berufung agitiert. Am 9. April 1993 wird Urs Baumann ohne Begründung aus Linz mitgeteilt, der Lehrstuhl sei mit dem polnischen Priester Dr. Józef Niewiadomski besetzt worden, der, wissenschaftlich erheblich schlechter ausgewiesen, an dritter Stelle stand.

Ähnliche Schikanen muss Professor Baumann in der Folgezeit auch an der Universität Fribourg/Schweiz erdulden. Von der Berufungskommission wird er auf den aussichtslosen vierten Platz gesetzt, wiewohl ihn der Fakultätsrat für die erste Stelle favorisiert. Schließlich wird ihm die Hünermann-Schülerin Barbara Hallensleben vorgezogen. Auch von der Technischen Universität Dresden wird er 1993 zur Bewerbung aufgefordert. Aber vom Ministerium wird ein anderer Kollege ernannt.

Geradezu schamlos aber treibt es jene Theologische Fakultät, aus der der Luzerner Urs Baumann hervorgegangen war; diese Luzerner Fakultät hatte ja auch mich, obwohl ebenfalls Bürger des Kantons Luzern, in all den Jahrzehnten kein einziges Mal zu einer Lehrveranstaltung eingeladen und ist offensichtlich auch meinem Schüler Baumann nicht hold. Ja, sie schämt sich nicht, bei der Besetzung des Dogmatik-Lehrstuhls 1988 dem habilitierten Privatdozenten Dr. Urs Baumann in einer (an deutschen Universitäten verpönten) »Hausberufung« den erheblich weniger qualifizierten, nicht-habilitierten, aber bereits in der Fakultät einsitzenden Dr. Kurt Koch vorzuziehen. Als 1992 ein anderer Lehrstuhl, für Praktische Theologie, ausgeschrieben wird, bewirbt sich Baumann auch für diesen Lehrstuhl – mit Hinweis auf seine vielsemestrigen Lehrstuhl-Vertretungen in Religionspädagogik und Praktischer Theologie. Seine

Stärke ist ja gerade die pastorale Erfahrung und Praxisbezogenheit seiner Theologie. Als man ihm in der Fakultät einen »guten Pfarrer« vorziehen will, schreibe ich nicht nur an den Bischof von Basel, OTTO WÜST, sondern (mit Kopien an die anderen Mitglieder der Kantonsregierung) auch an die zuständige kantonale Erziehungsministerin BRIGITTE MÜRNER-GILLI, die daraufhin von der Fakultät eine Stellungnahme anfordert. Aber berufen wird schließlich doch der Pfarrer Dr. HANS-JÖRG VOGEL, der aber schon 1994 zum Bischof von Basel gewählt wird, so dass der Lehrstuhl einmal mehr frei wird; der Bischofsstuhl freilich wird auch bald wieder frei, weil Vogel sich zu einem Kind und dessen Mutter bekennt und deshalb zurücktreten muss. Die Luzerner Fakultät aber übergeht den Luzerner Urs Baumann erneut und beruft lieber einen in der Theologenwelt unbekannten Deutschen.

Aller Protest gegen das Übergehen von Urs Baumann hat nichts genützt. Er bleibt in Tübingen, wird dort nach dem Abschied Hermann Härings Akademischer Rat und erhält, wie schon berichtet, 1993 den Professorentitel. Zum Bischof von Basel wird jetzt der strebsame statt Baumann berufene Professor Kurt Koch gewählt, der sich – und das macht die Provinzposse perfekt – in einem Brief an mich (6. 3. 1996) heftig beschwert gegen meine »Einmischung« in das Berufungsverfahren für Praktische Theologie. Noch mehr hat ihn vermutlich geärgert, dass ich die von einer Nuntiatur erhaltenen Kriterien für Bischofskandidaten veröffentlicht hatte, nach welchen jeder von der Bischofskandidatenliste gestrichen wird, der sich für Empfängnisverhütung durch die Pille oder gegen das Zölibatsgesetz oder für die Frauenordination ausspricht. Der sich bisher fortschrittlich gebärdende Kurt Koch – ein Wendehals par excellence, der es schließlich bis zum Kurienkardinal bringt – hatte rechtzeitig einen Artikel in der »Neuen Zürcher Zeitung« veröffentlicht, in dem er mit viel Rabulistik schließlich die Beibehaltung des Zölibatsgesetzes rechtfertigt. Mir aber drängt sich eine *zweite* Einsicht auf: Alle sachlichen Argumente können nicht nur an der römischen Mauer der Intoleranz, sondern auch an provinzieller Enge und lokaler Eifersüchtelei selbst in der Schweizerischen Eidgenossenschaft abprallen.

Meinen Dank schulde ich drittens Dr. KARL-JOSEF KUSCHEL: Er hatte nach seiner Dissertation über »Jesus in der deutschsprachigen Gegenwartsliteratur« für seine Habilitation auf meinen Rat hin nicht, wie von anderer Seite empfohlen, eine relativ leichte Arbeit über Romano Guardini geschrieben. Vielmehr wählte er, um sich in Exegese und systematische Theologie gründlich einzuarbeiten, ein zentrales Thema christlicher Theologie: die Präexistenz Christi. Seine Habilitationsschrift »Geboren vor aller Zeit? Der Streit um Christi Ursprung« ist gründlich recherchiert und analysiert: historisch (Dreiecksgespräch Harnack – Barth – Bultmann), exegetisch (AT – NT) und schließlich theologisch-systematisch (in Auseinandersetzung mit der Gegenwartstheologie) – im Druck umfasst die Arbeit rund 830 Seiten.

1989 reicht Dr. Kuschel diese Schrift bei der Fakultät ein; mit mir als hinzugezogenem Gutachter werden der Alttestamentler Walter Gross und der Dogmatiker Peter Hünermann als Gutachter der Fakultät gewählt. Ihr Ergebnis: Während der Exeget entschieden für die Annahme der Arbeit eintritt, argumentiert der Dogmatiker mit allen Mitteln für eine Ablehnung. Ich mache mir die Mühe und suche meinen Kollegen Peter Hünermann, der in einem Dorf ein gutes Stück außerhalb Tübingens wohnt, eigens auf. Zu unserer Studienzeit im Germanicum hatten wir uns gemeinsam in einem Zirkel für eine kritisch-konstruktive Theologie eingesetzt – jetzt aber weist er alle meine Argumente ab. Für mich ist klar, auch Dr. Kuschels akademische Karriere soll gestoppt werden. Dieser Eindruck wird später noch bestätigt durch die Intrige, die derselbe Kollege inszeniert, um die Aufnahme Kuschels in den neu zu gründenden Rotary Club Reutlingen-Tübingen Süd zu hintertreiben. Nach meiner Intervention allerdings vergebens.

Eine langwierige Diskussion im Habilitationsausschuss der Fakultät ist indessen unvermeidbar. Aber – zur Ehre der Fakultät sei es gesagt – diese endet mit einer eindeutigen Niederlage Hünermanns (zwei Stimmen contra Kuschel, aber 14 pro). 1990 wird Kuschel zum Privatdozenten ernannt. Doch dreimal bewirbt er sich vergebens für eine Professur in Dogmatik: In Graz steht er auf Platz 1, aber es wird ihm der drittplazierte Priester vorgezogen. In Wien kommt er schon gar nicht auf die Liste, in Münster immerhin auf Platz 2. Deswegen kann er in Tübingen schon nach vier Jahren (1994) zum außerplanmäßigen Professor ernannt werden. Damit ist auch für ihn eines meiner Ziele für meine bravourösen »drei Musketiere« erreicht: Auch er besitzt damit den nun einmal wichtigen Professorentitel.

Aber ein Lehrstuhl für Karl-Josef Kuschel stößt weiterhin auf den unüberwindlichen Widerstand Roms. Der Ministerpräsident von Baden-Württemberg, Erwin Teufel, ein aufrechter, vom Konzil geprägter Katholik, gewährt Karl-Josef Kuschel und mir das außerordentliche Privileg eines Gesprächs zusammen mit dem Wissenschaftsminister. Ich bräuchte ihm meinen Schüler nicht zu empfehlen, er habe seine Veröffentlichungen selber gelesen und sei höchst positiv beeindruckt, sagt Erwin Teufel schon zur Eröffnung des Gesprächs. Er gibt Karl-Josef Kuschel im Namen der Landesregierung das Versprechen, dass er nach meiner Emeritierung einen C3-Lehrstuhl erhalten wird. Aber auch dafür ist leider die Zustimmung Roms notwendig. Ich setze mich telephonisch mit Bischof WALTER KASPER in Verbindung und bitte ihn um seine Hilfe. Aber seine Antwort tönt schmallippig und wenig interessiert: »Das wird schwierig …«. Nach der wissenschaftlichen Qualifikation fragt er nicht einmal. Auch er macht die römische Sippenhaft mit.

Angesichts dieser politischen Situation richtet der Ministerpräsident für Professor Kuschel die Stelle eines *Akademischen Direktors* ein: Im Gegensatz zum »Akademischen Rat« ist der »Akademische Direktor« nicht weisungsgebunden; er kann seine Forschung und Lehre völlig nach seinen eigenen Plänen gestalten und hat insofern einen ähnlichen Status wie ich selber. Karl-Josef Kuschel macht daraus das Beste. Er kann durch brillante Vorlesungen für sich in den nächsten Jahren ein Optimum und Maximum erreichen: Er lehrt zwar keinen Prüfungsstoff und hat so keine Pflichthörer, gewinnt aber mehr Hörer als die allermeisten seiner Kollegen in ihren Pflichtvorlesungen. Es ist grotesk: Die Kirche schlägt in Kuschels Fall sogar das Angebot des Staates für einen Lehrstuhl aus, nur weil ein Küng-Schüler »untragbar« sei. Für mich folgt daraus eine *dritte* Erkenntnis: Ein junger hochbegabter und intensiv arbeitender Professor kann selbst ohne Lehrstuhl einen ausgezeichneten Lehrerfolg haben und ein beachtliches Œuvre schaffen. Ein Grund, erinnere ich mich, warum vor der Nazizeit relativ viele deutsche Juden den Nobelpreis erhielten, war: Sie waren durch die Ordinarien von den Lehrstühlen ferngehalten worden und konnten so unbelastet auf einem Spezialgebiet außerordentliche Leistungen erbringen.

Für seine Leistungen auf den Grenzgebieten Theologie – Literatur und interreligiöser Dialog erhält Karl-Josef Kuschel 1997 von der Theologischen Fakultät der schwedischen Universität Lund ein Ehrendoktorat, das ihn vor allen Lehrstuhlinhabern seiner Fakultät auszeichnet. Zum 60. Geburtstag 2008 geben zwei seiner Schüler eine eindrucksvolle Festschrift heraus unter dem Titel »Herzstücke. Texte, die das Leben ändern« mit Beiträgen von Freunden und Kollegen aus aller Welt und natürlich auch von mir. Im Band »Hans Küng – eine Nahaufnahme« ist die große Rede abgedruckt, die Karl-Josef Kuschel zu meinem 80. Geburtstag 2008 gehalten hat. Sein 2011 veröffentlichtes Buch »Leben ist Brückenschlagen. Vordenker des interreligiösen Dialogs« enthält auch ein umfangreiches Kapitel über meinen Denkweg, eine der besten Einführungen in meine über Jahrzehnte gewachsene Theologie der Religionen.

Durch all die Jahrzehnte hatte ich Karl-Josef Kuschel maximal gefördert. Mit der Gründung der Stiftung Weltethos 1995 wurde er deren Vizepräsident, und ich bestimmte ihn auch satzungsgemäß schon früh zu meinem Nachfolger als Präsidenten. Mit den Jahren stellte sich freilich mehr und mehr heraus, dass das Anforderungsprofil an die Rolle eines Stiftungspräsidenten komplex ist – zumal bei einer Stiftung wie der unseren, die ihre Handlungsfelder auch international mehr und mehr ausweitete. Karl-Josef Kuschels Engagement für die Stiftung hatte indes seine Grenzen. Und aufgrund seiner Neigung und Eignung wie seiner familiären Situation beschloss er schließlich, seinen eigenen Weg zu gehen. 2010 erklärte er zu meinem und unser aller großen Bedauern seinen Rücktritt vom Posten des Vizepräsidenten und aus dem Vorstand. Er wolle sich in Zukunft intensiver auf seine Familie, seine akademische Arbeit und seine Publikationen auf dem Grenzgebiet von Theologie und Literatur sowie auf dem Feld des interreligiösen Dialogs konzentrieren. Der Stiftung Weltethos bleibt er ständig als wissenschaftlicher Berater verbunden und wird 2012 ins Kuratorium berufen. Wie Hermann Häring hat auch er das Manuskript dieses Memoirenbandes sehr genau gelesen und viele wertvolle Verbesserungen vorgeschlagen.

Der Ungeist der Inquisition weht weiter – weltweit

Die Sippenhaft dauert, zumindest in erzkonservativen Kreisen, bis heute an. Alle meine Schüler – und es gibt ja neben den dreien trotz kirchlichen Boykotts noch einige mehr – stehen in der Dialektik von kirchlicher Anfeindung und Diskreditierung einerseits und wissenschaftlicher Anerkennung und öffentlicher Bewunderung andererseits. Und werden sie auch von manchen Autoritäten in der katholischen Kirche nicht geliebt, so werden sie doch aufgrund ihrer intellektuellen Schärfe und theologischen Kenntnisse geachtet. Im katholischen Kirchenvolk und Klerus aber fehlt es ihnen ohnehin nicht an Rückhalt. So bleiben denn meine drei Schüler, Kollegen und Freunde trotz der römischen Hierarchie in der katholischen Kirchengemeinschaft verwurzelt.

Wie viele loyale katholische Männer und Frauen mögen in dieser römisch-katholischen Kirche unter repressiven inquisitorischen Maßnahmen gelitten haben! Einige Fälle werden bekannt, mehr bleiben unbekannt. Joseph Ratzingers Autobiographie bricht bezeichnenderweise ab mit seinem Eintritt in die Hierarchie und sagt über seine Jahrzehnte in der »Glaubenskongregation« kein einziges Wort. Wenn ich daran denke, was mir in rund 30 Jahren des Regimes Wojtyła-Ratzinger schriftlich mitgeteilt wurde oder mündlich zu Ohren kam, müsste ich ungezählte Seiten füllen: römische oder bischöfliche Mahnungen, Warnungen, Drohungen, Vorladungen, Versetzungen, Absetzungen, »Bußschweigen«, Entzug der kirchlichen Lehrbefugnis, Entzug der Predigtbefugnis, Suspension vom priesterlichen Amt …

Der »National Catholic Reporter« (NCR), das hervorragende Organ der kritischen Katholiken der USA, veröffentlicht am 28. September 2007 einen »Special Report: Theology Censure«. Hier ist eine Liste der »Zielscheiben« (*targets*), um nicht zu sagen »Opfer«, von »28 Jahren päpstlicher Disziplinierung« unter Johannes Paul II. aufgeführt, die zwar »keine vollständige, aber eine substantielle Repräsentation« der Bestraften zu sein beansprucht. Darunter fallen berühmte Namen, denen ich schon in den ersten beiden Erinnerungsbänden meine Aufmerksamkeit geschenkt habe: der französische Moraltheologe Jacques Pohier OP, der belgisch-holländische Dogmatikprofessor Edward Schillebeeckx OP, der deutsche Dogmatikprofessor Karl Rahner SJ, der amerikanische Moraltheologe Charles Curran und, als einziger Konservativer, der traditionalistische Erzbischof Marcel Lefebvre.

Dazu kommen auf der NCR-Liste der Erzbischof von Seattle/USA, Raymond Hunthausen (wegen liturgischer »Missbräuche«), und der Bischof von Évreux/Frankreich, Jacques Gaillot (wegen seines Einsatzes für Randgruppen), sowie die Befreiungstheologen Ernesto Cardenal (Nicaragua), Leonardo Boff OFM (Brasilien) und Jon Sobrino SJ (El Salvador). Dann die um eine kulturell verwurzelte (»inkulturierte«) Theologie bemühten Theologen Tissa Balasuriya (Sri Lanka), Jacques Dupuis SJ (Gregoriana, Rom) und Anthony de Mello SJ (Indien, mehrere Jahre nach seinem Tod verurteilt). Auf der Liste stehen aber auch die amerikanischen Homosexuellen-Seelsorger Robert Nugent und Schwester Jeannine Gramick sowie Dr. John McNeill SJ (wegen seiner Veröffentlichungen über Homosexualität). Weiter auch die Ordensfrauen Mary Agnes Mansour (Sister of Mercy, USA), Elizabeth Morancy und Arlene Violet (ebenfalls Sister of Mercy/USA), die gezwungen wurden, sich zwischen ihrer Führungsposition im sozialen oder politischen Bereich und dem Ordensleben zu entscheiden, und aus ihrem Orden austraten. Aber auch Barbara Ferraro und Patricia Hussey (Sister of Notre Dame de Namur) und Ivone Gebara (Brasilien), wegen ihrer Opposition gegen die römische Haltung zur Abtreibung sanktioniert. Schließlich der amerikanische Dominikaner Matthew Fox (wegen Erbsündenlehre, Sexualität und »Pantheismus« aus dem Orden ausgeschlossen), der amerikanische Jesuit Robert Haight (wegen abweichender Christologie) … und kein

Ende. Fünf Jahre später wäre noch der Name von Schwester Margaret Farley hinzuzufügen, wiederum eine Sister of Mercy/USA, die wegen ihrer menschenfreundlichen Sexualethik in ihrem preisgekrönten Buch »Just Love« 2012 von der Glaubenskongregation gemaßregelt wird.

Dieser »Special Report« wird veröffentlicht mit einem kommentierenden Artikel von Robert McClory (Chicago) unter dem Titel »Anti-Modernism's 100-year legacy«: Genau vor 100 Jahren war nämlich Pius' X. Enzyklika »Pascendi Dominici gregis« (»Die Herde des Herrn zu weiden«) erschienen. Dieser Papst konnte in der modernen Wissenschaft, Philosophie und Literaturkritik nicht den geringsten positiven Wert entdecken. Er fasste alle entsprechenden Bemühungen mit dem diskriminierenden Etikett »Modernismus« zusammen und verurteilte ihre Repräsentanten: Gleichzeitig approbierte Pius X. die geheime Denunziantenorganisation »Sodalitium Pianum« (von seinem Nachfolger Benedikt XV. fallen gelassen), oktroyierte dem gesamten katholischen Klerus einen Antimodernisteneid auf und führte gegen »Modernisten« eine richtiggehende Säuberung durch. »Das Erbe des Konflikts, besonders die vom Vatikan angewendeten Methoden, um ihn auszutragen«, lautet der NCR-Kommentar, »können uns heute unheimlich vertraut erscheinen«.

Das Schlimmste aber ist, dass dieser Ungeist der Inquisition sich nicht nur von Rom aus auf der gesamtkirchlichen Ebene, sondern auch in manchen Diözesen breitmacht. Nicht wenige Bischöfe (und Ordensobere) versuchen ihre Theologen und Seelsorger vor Disziplinarmaßnahmen zu schützen, andere aber betreiben sie in eigener Regie. Zwei Fälle in Deutschland gehen mir besonders nahe, da ich sowohl die Personen als auch ihre konfliktreiche Problematik gut kenne.

Konfliktfelder Staat–Kirche und Tiefenpsychologie–Bibelauslegung

Zuerst der Fall Horst Herrmann: In den 60er-Jahren ist er in Tübingen einer unserer Studenten, und ich bin erstaunt, dass er gerade im Kirchenrecht promovieren will. 1970 wird er Professor für Kirchenrecht an der Universität Münster. Doch schon fünf Jahre später wird ihm nach Auseinandersetzungen um seine Forschung und Lehre die kirchliche Lehrbefugnis entzogen. 1974 veröffentlicht er das Buch »Ein unmoralisches Verhältnis. Bemerkungen eines Betroffenen zur Lage von Staat und Kirche in der Bundesrepublik Deutschland«, 1975 »Die sieben Todsünden der Kirche« und 1990 »Die Kirche und unser Geld«. In Letzterem kritisiert er die Finanzierung der deutschen Kirche mit Millionen DM finanzieller Zuwendungen an Erzbischöfe und Bischöfe (als Entschädigung für Enteignungen der Kirche in napoleonischen Zeiten) und für kirchlich geführte Krankenanstalten, Pflegeheime und Kindergärten. Zugleich fordert er die Abschaffung der vom Staat eingezogenen und direkt an die Bischöfe abgeführten Kirchensteuer.

1981 kehrt der Kirchenrechtler seiner Kirche den Rücken und wird Professor für Soziologie. Im Streit um den neuen Erzbischof von Köln 1989 (Nachfolger Kardinal Höffners), wo Johannes Paul II. das verbriefte Wahlrecht des Kölner Domkapitels glatt überspielt zugunsten seines Favoriten, des notorisch reaktionären Kardinal Meisner, sieht Horst Herrmann eine Verletzung des Konkordats durch den Vatikan.

Nun habe ich ja in »Umstrittene Wahrheit« (Kap. XII: Kirchenfromme Staatskirchenrechtler) von der missbräuchlichen Handhabung der konkordatären Bestimmungen berichtet. Im Fall eines Prozesses vor dem Bundesverfassungsgericht in Karlsruhe hätte ich in aller Öffentlichkeit sicher auch das bald nach der »Machtergreifung« mit Hitler abgeschlossene »Reichskonkordat« infrage gestellt. Aber ein Jahrzehnt nach dem »Fall Küng« müsste gerade der Kirchenrechtler Herrmann sich darüber im Klaren sein, dass das bestehende Verhältnis von Staat und Kirche von keiner der beiden großen Parteien angetastet wird. Und was die Abschaffung der Kirchensteuer betrifft, so muss man ja auch an unsere Seelsorger denken. Die ärmlichen Verhältnisse, in denen diese bei der vollständigen Trennung von Kirche und Staat etwa in Frankreich leben, sind auch kein Ideal. Selbst das amerikanische System völliger Freiwilligkeit hat seine Nachteile, insbesondere die Abhängigkeit von bestimmten Geldgebern.

Herrmann ist nicht der Erste. Manche Anliegen zur Staat-Kirche-Problematik werden schon vorher vom Wiener Theologen Hubertus Mynarek (geb. 1929) vertreten. Er hatte mich nach 1968 um Unterstützung für seine Bewerbung auf einen Lehrstuhl der Katholisch-Theologischen Fakultät Tübingen gebeten, wird aber nicht an die erste Stelle gesetzt. Im Jahr 1972 verfasst er einen Offenen Brief an Papst Paul VI., in welchem er die Aufhebung des Zölibats und die Demokratisierung der Kirche fordert. Im selben Jahr tritt er aus der Kirche aus und heiratet. Woraufhin die Kirche ihm die Lehrbefugnis entzieht und der österreichische Staat ihn zwangspensioniert. 1978 veröffentlicht er das Buch »Eros und Klerus. Vom Elend des Zölibats«. In den darauffolgenden Jahrzehnten geht er sowohl politisch wie religiös sehr verschlungene Pfade; noch 2009 kandidiert er in Bad Sobernheim für Die Linke bei einer

Kommunalwahl. Ihm war mein Verbleiben in der katholischen Kirche ein ständiger Stachel, da er überzeugt war, dass eine Reform der Kirche von unten nicht möglich ist. Insofern hat es mich nicht überrascht, dass er im Jahre 2012 auf mein Buch »Ist die Kirche noch zu retten?« ein Gegenbuch veröffentlicht hat unter dem Titel »Warum auch Hans Küng die Kirche nicht retten kann. Eine Analyse seiner Irrtümer« (Marburg 2012). Irrtümer hat er kaum nachgewiesen, nur interpretiert er die ganze Entwicklung anders.

In der Sache scheint mir Folgendes realistischer: nicht die vollständige Trennung von Staat und Kirche, wie Herrmann und Mynarek sie fordern, sondern nach guter Vorbereitung die Einführung des Schweizer Systems auch in Deutschland. In der Schweiz gehen Steuern statt an den (finanziell dominanten) Bischof an die jeweilige Kirch- oder Stadtgemeinde vor Ort, die über die Höhe der Steuer selber befinden kann, in jedem Fall aber einen bestimmten Prozentsatz an den Bischof abführen muss. Das wäre angewandtes Subsidiaritätsprinzip, auf das man ansonsten innerkirchlich mit Recht stolz ist. Aber in der jetzt entstandenen Debatte ist die Atmosphäre wenig günstig für solche Reformvorschläge. Es gibt ja auch noch andere kontroverse Fragen.

Der zweite Konfliktfall ist der um Eugen Drewermann: Schon vor vielen Jahrzehnten hatte ich mich als Student der Philosophie eingehend mit meinem Landsmann Carl Gustav Jung beschäftigt, der zu Freuds großem Konkurrenten in der Psychotherapie wurde, mit Religion mehr anzufangen wusste als Freud und sich gerade auch mit den christlichen Glaubenssymbolen beschäftigte. Beispiel Jungfrauengeburt: das Bild vom göttlichen, heilenden, rettenden Kind als ein Archetyp, ein Urmuster der Seele. So kann ich nur zustimmen, als der Theologe und Psychotherapeut Eugen Drewermann, seit 1979 Privatdozent in Paderborn, die biblischen Erzählungen und besonders die Kindheitsgeschichte Jesu auf der Linie Jungs mithilfe der Tiefenpsychologie und der Religionsgeschichte manchen Zeitgenossen verständlicher zu machen versucht, um ihnen von Angst und Verzweiflung zum Vertrauen und zur Selbstfindung zu verhelfen.

Ich war ja selber auch schon lehramtlich getadelt worden, weil ich in »Christ sein« (1974) den ganzen historisch-kritischen Befund der Bibel bezüglich der Jungfrauengeburt ausgebreitet hatte und diese nicht als historisch-biologisches Ereignis, sondern als zumindest damals sinnträchtiges Symbol aufgefasst habe: Ursprung, Bedeutung und Geschick Jesu lässt sich nicht aus dem innerweltlichen Geschichtsablauf verstehen, sondern soll aus dem Handeln Gottes abgeleitet werden.

Aber Eugen Drewermann geht weiter mit seiner tiefenpsychologisch inspirierten Bibelauslegung: Im Menschen selber, wenn er nur auf sein eigenes Wesen höre, sei das Wunder der jungfräulichen Geburt begründet; in seiner eigenen Seele finde er die anfangs verachtete, für hurenhaft gehaltene Mutter Jesu, die sich auf die Engelsbotschaft hin am Ende als Madonna zu erkennen gibt. In seiner Seelenlandschaft finde der Mensch Josef, die Magier, Herodes, ja sogar Jesus, den Messias und Gottessohn. Ein jeder Mensch habe vor Gott die Berufung, in sich selber ein »Messias Gottes«, ein »Mann aus Nazaret« zu werden.[10]

Bei solcher vorrangig tiefenpsychologischen Bibelauslegung habe ich nun doch, wiewohl ich grundsätzlich die Ergänzung der historisch-kritischen Methode bejahe, meine Rückfragen: Ist die Bibel in erster Linie Mythos und nicht Geschichte? Darf der Theologe das Geschichtliche der Evangelien als irrelevant vernachlässigen oder gar eliminieren? Vereinnahmt man nicht alle Texte und Personen psychologisch, wenn sie ihr Ureigenes kaum noch sagen dürfen? Mir erscheint in solcher tiefenpsychologischen Auslegung die einmalige und unverwechselbare historische Gestalt Jesu allzu sehr in meine seelische Befindlichkeit hinein absorbiert zu sein: Soll ich mir am Ende selber der »Messias« sein?

Aber wie auch immer: diese Fragen bedürfen der Diskussion und nicht der Inquisition. Man kann doch nicht übersehen, dass Eugen Drewermann mit seinen Büchern und Vorträgen sehr viele Menschen erreicht und deshalb unsere Solidarität verdient. Seine psychoanalytische Studie *»Kleriker. Ein Psychogramm«*, schon 1989 veröffentlicht, deckte die offiziell verschwiegenen dunklen Seiten des Zölibats auf, welcher der psychischen Gesundheit der katholischen Priester schadet.

So beschließt denn die von mir präsidierte Herbert Haag-Stiftung, Eugen Drewermann für das Jahr 1992 den *Preis für »Freiheit in der Kirche«* zu verleihen, von dem noch die Rede sein wird. An jenem festlichen Abend macht mich Eugen Drewermann (Vegetarier, Pulloverträger, Pazifist) sowohl beim Abendessen in meinem Haus wie dann auch im übervollen Festsaal der Universität Tübingen deutlich auf den Unterschied zu meiner Grundeinstellung aufmerksam: Er glaube nicht mehr an eine Reform der römisch-katholischen Kirche. Und während ich vor der großen Konfrontation 1979/80 stets den »Ernstfall«, in welchem ich meine eigene Haut zu Markte tragen soll, zu vermeiden suchte, scheint sich Drewermann nach einer Art Martyrium beinahe zu sehnen. Ich mache ihn, der mir allzu gewiss auf seine große Popularität zu vertrauen scheint, darauf aufmerksam, dass sich ihm mit dem Tag der kirchlichen Verurteilung zahllose bisher offene Türen in katholischen und evangelischen Institutionen (Gemeinden, Akademien, Vereine . .) schließen werden.

Und tatsächlich greift die Kirchenleitung bald durch, Schlag auf Schlag: Der zuständige Erzbischof von Paderborn, JOHANNES DEGENHARDT, entzieht Drewermann im Oktober 1991 die kirchliche Lehrbefugnis, im Januar 1992 die Predigtbefugnis, im März 1992 erfolgt die Suspendierung vom priesterlichen Amt – alles wegen von der Kirchenleitung abweichender Ansichten in Fragen der Bibelauslegung und Morallehre. Viele in Deutschland und auch ich sind empört, können ihm aber nicht helfen. Meine Voraussage trifft leider ein, wenngleich Drewermann Lehrbeauftragter an der Universität Paderborn, Schriftsteller, Redner und Psychotherapeut bleibt. Am 20. Juni 2005, an seinem 65. Geburtstag, kündigt Eugen Drewermann schließlich seinen Austritt aus der römisch-katholischen Kirche an, die für ihn ein unmenschliches System darstellt. Verständlich, aber für die Reformkräfte wenig hilfreich.

Es wären noch viele Namen zu nennen. Aber aus meiner Schweizer Heimat möchte ich abschließend doch noch einen besonders hervorheben, den Franziskaner JOSEF IMBACH. Er war Professor für Fundamentaltheologie an der Theologischen Fakultät San Bonaventura in Rom und machte sich durch die Publikation zahlreicher Bücher bekannt. 2002 aber erhält er ein weltweites Lehrverbot für alle katholisch-theologischen Fakultäten. Das Fass zum Überlaufen hatte vermutlich ein kritischer Artikel über Ratzinger, den damaligen Chef der Glaubenskongregation, gebracht, mit dem Titel »Josef [Imbach] versus Joseph [Ratzinger]«. Ich werde später noch auf Imbach zu sprechen kommen.

Doch ich kann ja nicht übersehen: Immer mehr kreative Geister, aber auch einfache Leute fragen sich, ob man angesichts all der Gegenentwicklungen zu den großen Intentionen des Zweiten Vatikanischen Konzils nicht besser aus dieser offensichtlich reformunfähigen Kirche austreten solle. Unsere »Kirchenfürsten« geben zu solchen Gedanken immer wieder neuen Anlass. Doch ich bleibe in der katholischen Kirchengemeinschaft verwurzelt, hierarchiekritisch und ohne meine frühere Kritik an den Festlegungen von 1870 zurückzunehmen, doch mit uneingeschränkter ökumenischer Offenheit. Ich denke nach wie vor nicht daran, die Kirche Jesu Christi mit der Hierarchie oder gar mit dem Vatikan zu verwechseln, der da so wenig segensreich in die Geschicke unserer Katholisch-Theologischen Fakultät eingegriffen hat.

»Dem Ketzer folgt der Katzenjammer«

So betitelt die »Süddeutsche Zeitung« vom 7./8. November 1981 – fast zwei Jahre nach meinem Missioentzug – einen Beitrag ihres Tübinger Redaktionsmitglieds WULF REIMER über »die schwierige Suche nach einem Nachfolger von Hans Küng«. Vonseiten der Kirche war Druck auf die Regierung in Stuttgart ausgeübt worden, dass man nach meinem Auszug aus der Katholisch-Theologischen Fakultät samt Lehrstuhl und Institut dort einen Ersatz-Lehrstuhl einzurichten habe. Dies schien vielen rechtlich keineswegs geboten, denn seit der Gründung der Fakultät hatte es immer nur einen einzigen Lehrstuhl für Dogmatik gegeben, bis für mich 1963 wegen drohender Wegberufung nach Münster auch in Tübingen ein zweiter Lehrstuhl für Dogmatik geschaffen wurde. Aber die Regierung gibt nach und sagt einen neuen Lehrstuhl zu.

Die Fakultät erstellt nun eine Berufungsliste, auf deren erstem Platz der Freiburger Dogmatikprofessor KARL LEHMANN steht, einstimmig erkoren. Gerüchte machen die Runde: Bischof Moser wünsche Lehmann, Mitglied der Glaubenskommission, als »orthodoxes Bollwerk« gegen Küng, was vom Bischof natürlich prompt dementiert wird. Kultusminister Engler will die Berufung wegen der delikaten Diskussion selber einleiten und führt ein erstes Gespräch mit Lehmann. In Tübingen macht man sich bereits Gedanken, wie man unsere Institutsbibliothek aufteilen und Lehmann ein aussichtsreiches Angebot an Räumen und Bibliotheksetat meines Instituts machen könnte. Aber das war die Rechnung ohne den Wirt gemacht, was Karl Lehmann anlässlich eines Besuchs in Tübingen sehr rasch erkennt.

Ich hatte Karl Lehmann als Doktoranden im Collegium Germanicum während des Zweiten Vatikanischen Konzils (1962–65) kennen und dann als Assistent von Karl Rahner und bei der Zeitschrift »Concilium« schätzen gelernt. Er ist ein wohlinformierter und kommunikativer Theologe ohne Berührungsängste. Ich rechne es ihm hoch an, dass er mich anlässlich seines Tübinger Besuchs aufsucht und wir die Lage freundschaftlich besprechen können. Ich muss ihm klarmachen, was ich schon vorher der Fakultät erklärt hatte: dass ich die ungeschmälerte Position meines Instituts für Ökumenische Forschung – mir vertraglich durch die Erhaltungszusage vom Stuttgarter Ministerium zugesichert – mit Zähnen und Klauen verteidigen würde. An eine Aufteilung der Räume und der Bibliothek sei nicht zu denken.

Karl Lehmann ist klug genug, daraufhin seine Tübinger Pläne aufzugeben. Jetzt noch mit dem Universitätspräsidenten zu verhandeln erscheint ihm zu Recht als überflüssig, was man ihm in Tübingen übel nimmt. Aber es war ja ohnehin nicht gerade ehrenvoll, diesen zweiten Lehrstuhl für Dogmatik mit der Hypothek des Falles Küng zu übernehmen. Früher nannte man das eine »Strafprofessur«.

So lässt denn Professor Lehmann Stuttgart und Tübingen über die Katholische Nachrichten-Agentur kurz und bündig Bescheid geben: »Ich kann dem Ruf nicht Folge leisten, weil er mir im Hinblick auf Mitarbeiter und Sachmittel – von fehlenden Räumen ganz abgesehen – auf der ganzen Linie knapp die Hälfte dessen anbietet, was mir für meine Tätigkeit an der Universität Freiburg seit zehn Jahren zur Verfügung steht« (»Süddeutsche Zeitung« vom 7./8. November 1981). »Chance vertan«: In der Tübinger Fakultät und im Präsidialamt herrscht Betroffenheit, ja Empörung. Die Presse spricht von einem »Scherbenhaufen« und einer »Uni-Posse«, die sich nicht wiederholen dürfe. Ich selber höre vom »Katzenjammer« übers Telefon; ich bin zu dieser Zeit schon längst in Chicago.

Der Ruf ergeht nun an den Zweitplazierten der Liste: Professor PETER HÜNERMANN aus Münster/Westfalen. Auch gegen ihn hatte ich nichts einzuwenden. Im Collegium Germanicum war er, wie gesagt, mit mir in einem Zirkel für kritisch-konstruktive Theologie, der aber von der Kollegsleitung wegen »häretischer« Tendenzen verboten worden war (vgl. Bd. 1, Kap. III: Ein Versammlungsverbot). Er gilt als »Homo spiritualis«, der sich für Charles de Foucaulds »Kleine Brüder und Schwestern Jesu« einsetzte. Leider entpuppt er sich aber vor allem als »Homo politicus«, der mit der Miene freundlicher Liberalität eine harte römische Linie vertritt und nach meinem Missioentzug beim beunruhigten Klerus und Studenten »klärende« Vorträge für die Position des Lehramtes hält. Er nimmt den Ruf an, und ich heiße ihn freundlich willkommen. Doch verhält er sich in der Folge leider wenig freundschaftlich und versucht unter anderem die Habilitation meines Schülers Kuschel zu verhindern – scheitert aber damit kläglich.

Hünermann gibt dann 1991 »Denzingers Enchiridion« der kirchlichen Lehrdokumente von 1854 im Dienst von römischer Schultheologie, Herrschaftsmacht und Wahrheitsmonopol neu heraus und dediziert mir zu meinem 65. Geburtstag ein Exemplar »in freundschaftlicher Verbundenheit«. Ich mache Stichproben und bin erstaunt: In dieser 37. Auflage des »Denzinger« wird nicht nur der kompromittierende »Dictatus Papae« Gregors VII. (11. Jh.), des ersten absolutistischen Papstes, unterschlagen, es finden sich auch jene wichtigen kirchlichen Dokumente nicht, welche die exegetisch und historisch unbegründeten absoluten Machtansprüche des römischen Bischofs konterkarieren: so etwa Kanon 28 des ökumenischen Konzils von Chalkedon 451, der einen Primat für die Kirche Konstantinopels als des Zweiten Rom beansprucht, und ebenso das Dekret des Konzils von Konstanz 1414–18, welches die Oberhoheit des ökumenischen Konzils in der Kirche auch über den Papst definiert. Für die epochale Figur Gregors VII. zitiert der neue Denzinger/Hünermann nur 17 Zeilen eines Glaubensbekenntnisses, für Johannes Paul II. aber bis 1988 bereits rund 80 Seiten. Auf über zwei Kilogramm ist so die Last des amtlichen römisch-katholischen »Glaubens« angewachsen.

Ich bewahre Peter Hünermann meinerseits aufgrund unserer sieben gemeinsamen römischen Studienjahre die »freundschaftliche Verbundenheit«, reduziere sie dann aber auf akademische Höflichkeit, als Hünermann auch noch meine anlässlich meines 65. Geburtstags von der gesamten Katholisch-Theologischen Fakultät geforderte Rehabilitation in aller Öffentlichkeit ablehnt. Dass Hünermann sich in Wojtyłas Spätzeit als Reformtheologe zu profilieren sucht und – zwei Jahrzehnte zu spät – eine Reform der Glaubenskongregation fordert, kann mich kaum beeindrucken.

So beraubt denn mein unfreiwilliges Ausscheiden, zusammen mit dem schon früher erfolgten freiwilligen Ausscheiden des Kirchenrechtlers Johannes Neumann, mit der Emeritierung des Alttestamentlers Herbert Haag und der des Moraltheologen Alfons Auer, die Katholisch-Theologische Fakultät der meisten ihrer prägenden Köpfe. Ich aber kann die Tübinger Ereignisse des Herbstes 1981 ruhig aus der Ferne betrachten, da ich für die Dauer des Wintersemesters eine Gastprofessur an der University of Chicago angenommen und für das Frühjahr eine Studienreise nach Japan und zu weiteren Stationen in Ostasien geplant habe.

Von den genannten Theologen hat vielleicht keiner so viele Spuren hinterlassen wie mein Tübinger Kollege von der Alttestamentlichen Exegese, HERBERT HAAG. Kreativ und provokativ hat er gewirkt durch seine zahlreichen historisch-kritischen Arbeiten, durch Entmythologisierung der mit der geschlechtlichen Zeugung verquickten »Erbsünde«, den »Abschied vom Teufel« und schließlich durch die Forderung einer am Neuen Testament orientierten Kirchenreform. Bleibende Spuren aber auch durch die von ihm gegründete Stiftung, die seinen Namen für viele in der katholischen Kirche bis heute lebendig erhalten hat.

Herbert Haag-Stiftung »Für Freiheit in der Kirche«

Als Landsleute und Freunde haben wir des Öfteren auch über persönliche Probleme gesprochen. Im Jahr 1960 war er, 13 Jahre älter als ich, mit mir nach Tübingen berufen worden, 1980 war für ihn bereits die Emeritierung fällig. Seine Abschiedsvorlesung am 4. Februar 1980 fiel mitten in meine Konfrontation mit Rom, just an dem Tag, als sich sieben Mitglieder (von zwölf) der Katholisch-Theologischen Fakultät in einer öffentlichen Erklärung gegen mein Verbleiben in der Fakultät aussprechen (Bd. 2, Kap. XII: Der Verrat der Sieben). Herbert erweist sich als mein treuester Tübinger Freund. Und so bedauere ich außerordentlich, dass er sich nach seiner Emeritierung nach Luzern zurückzieht. Wir halten aber weiter engen Kontakt.

In den frühen 1980er-Jahren offenbart er mir eines Tages: Er verfüge über ein ansehnliches Vermögen und frage sich, was damit nach seinem Tod geschehen solle. Ich überlege nicht lange: »Gründe eine Stiftung, eine Herbert Haag-Stiftung ›Für Freiheit in der Kirche‹.« Mir war und ist der Kampf für die Freiheit in der Kirche von zentraler Bedeutung. Und ich machte bei all den Turbulenzen die Erfahrung, dass die Hierarchen zur Verteidigung ihrer Privilegien gegen Reformer beträchtliche Geldmittel zur Verfügung haben. In der großen Konfrontation 1979/80 waren gegen mich Hunderttausende von DM eingesetzt worden für Dokumentationen, Broschüren, Hirtenbriefe einzelner Bischöfe und das Kanzelwort des gesamten Episkopats (Bd. 2, Kap. XII: 3,5 Millionen Kanzelworte). Wie dankbar wäre mancher Theologe, Seelsorger oder Laie angesichts von Schwierigkeiten mit Rom und Bischöfen für eine publizistische und eventuell auch finanzielle Unterstützung.

In Luzern klärt Herbert Haag bald alle juristischen und finanziellen Fragen. Schon 1985 kann die Stiftung in aller Form gegründet werden. Seine Intention hat der Stifter verschiedentlich wie folgt ausgedrückt: »Die gegenwärtige Krise in der Kirche ist in ihrer Verfassung begründet, die unvermeidlich zur Unfreiheit der Gläubigen führen muss. Dies steht im offenen Widerspruch zur Botschaft Jesu, der ein Evangelium der Freiheit verkündete. Die Herbert Haag-Stiftung wird diese nicht herbeiführen, aber sie möchte dafür wenigstens Zeichen setzen.«

Nach der Satzung steht diese Stiftung »im Dienst eines aufgeschlossenen und ökumenisch gesinnten Glaubens«: Sie zeichnet durch Preise Personen und Institutionen aus, die sich durch freie Meinungsäußerung oder durch mutiges Handeln in der Christenheit exponiert haben. Der Preis besteht in einem Geldbetrag zur Förderung der Aktivitäten des

Preisträgers oder der Preisträgerin und einer Medaille, die von der niederländischen Künstlerin Inka Klinckhard gestaltet wurde, die Herbert Haag durch mich kennengelernt hatte. Sie zeigt auf der einen Seite einen in die Freiheit fliegenden Vogel, auf der Rückseite steht das Psalmwort: »Das Netz ist zerrissen und wir sind frei« (Ps 124,7b) mit der Inschrift »Herbert Haag-Preis für Freiheit in der Kirche«.

Auf Wunsch meines Freundes übernehme ich die Präsidentschaft dieser Stiftung. Sie ist unser gemeinsames großes Unternehmen. Die ersten Preisverleihungen können unter Mitwirkung unseres Instituts für Ökumenische Forschung im Festsaal der Universität Tübingen stattfinden, später zumeist im Hotel Schweizerhof in Luzern und zweimal in Wien. Der erste Preisträger ist 1985 der brasilianische Befreiungstheologe Professor Leonardo Boff.

Die Präsidentschaft der Herbert Haag-Stiftung hat mir viel Arbeit gebracht. Doch blicke ich auf die Jahre 1985 bis 2013 zurück, als ich die Präsidentschaft an Dr. Erwin Koller abgebe, darf ich mich freuen, wie viele engagierte Männer und Frauen, Medien, Initiativen und Institutionen wir auszeichnen konnten. Es ist eine lange Ehrenliste bekannter und weniger bekannter Zeitgenossen, die ich im Anmerkungsteil vollständig wiedergebe.[11]

Im August 2001 wird Herbert Haag mit hohem Fieber in das Kantonsspital Luzern eingeliefert. Ich selber bin kurz vorher in meinem Seehaus, nur gut 20 Kilometer entfernt, eingetroffen und kann ihn mehrfach besuchen. Er wird gut umsorgt von Ärzten, Schwestern und einer jungen brasilianischen Betreuerin, Cristina Casagrande. Am Samstag, dem 18. August, überrascht er mich, den er seinen besten Freund nennt, am Telefon mit der klaren und deutlichen Aussage: »Ich werde heute sterben.« Die Frage, ob er denn keine lebensverlängernden Mittel mehr wünsche, verneint er sehr entschieden. Als ich dann zu ihm komme, sagt er auch nach wiederholter Rückfrage immer dasselbe: »Ich werde heute sterben.« Und er lehnt entschieden mit Wort und Gestik die Medikamente ab. Unter uns Theologen und Christenmenschen, sage ich schließlich, sei es ohne viele Worte klar, dass es angesichts des Todes jetzt nicht mehr auf unsere Werke ankäme, auch nicht die theologischen, erfreulicherweise aber auch nicht auf unsere Verfehlungen. Wir dürften uns begnügen mit dem Satz des Zöllners aus dem Evangelium: »Gott, sei mir armem Sünder gnädig!«

Ich sehe, wie dankbar und froh er ist für meinen Zuspruch, dann auch für die Absolution in der üblichen Form, das Bruder-Klaus-Gebet (»Nimm mich mir und gib mich ganz zu eigen Dir«) und schließlich den

Segen auf Stirn, Mund und Brust. Er dankt für das, was er eine »schöne Feier« nennt. Er muss dann zwar gegen seinen Willen noch fünf Tage auf den Tod warten. Aber am Donnerstag, dem 23. August 2001 – wenige Stunden nachdem ich ihm nochmals versprochen habe, mich für seine Stiftung, um die er sich Sorgen macht, weiterhin einzusetzen – schläft er friedlich ein. Die Beerdigung findet am 27. August in der Hofkirche Luzern statt. Seine letzte Ruhestätte findet er in deren Garten, wo auch Hans Urs von Balthasar und andere Luzerner Berühmtheiten begraben sind.

Noch am selben Tag muss ich um 14 Uhr am Flughafen Zürich/Kloten sein für einen Flug nach Salzburg. Ich bin von der österreichischen Außenministerin Benita Ferrero-Waldner zu einem Candle-Light-Dinner und einem Symposion mit Kofi Annan auf Schloss Fuschl eingeladen. Es findet am folgenden Tag in einem auserwählten Kreis statt. Kofi Annan ändert unmittelbar vor dem Essen die Tischordnung und bittet mich, mich an seine Seite zu setzen.

Der Hintergrund: mein Einsatz für eine Vision eines Friedens unter den Religionen als eine Voraussetzung für den Frieden der Nationen. Diese Vision hat sich seit 1980 in meiner neuen Freiheit herausgebildet.

II. Eine realistische Vision

»Spero unitatem ecclesiarum
Spero pacem religionum
Spero communitatem nationum«

»Wer Visionen hat, soll zum Psychiater gehen!« Ein bekanntes bissiges Wort des deutschen Bundeskanzlers HELMUT SCHMIDT (1974–82), gemünzt auf entrüstungsbereite Weltenretter und Moralprediger. Selbstverständlich meine ich mit »Vision« (lat.: *visio* = das Schauen) – in der Psychiatrie tatsächlich für Halluzination gebraucht – nicht die Erscheinung unsichtbarer Objekte (Gott, Engel, Verstorbene ...), wie sie mystische Visionäre haben. Auch nicht die Sozialutopie, das Nirgendwo (griech.: *ou* = nicht, *topos* = Ort) einer idealen sozialistischen Zukunftsgesellschaft, wie sie von der Sowjetunion enttäuschte Spätmarxisten pflegen. Allzu einfach ist es, die schlechte Situation der Gegenwart zu beschreiben und ihr dann eine nirgendwo existierende gute Welt entgegenzustellen. Doch mit visionslosen politischen oder pastoralen Konzepten und hilflosen strukturellen Scheinlösungen ist uns auch nicht geholfen. So wenig wie Helmut Schmidt liebe ich schwärmerische Zukunftsvorstellungen ohne realen Bezug zur Gegenwart, klug ausgedachte, aber praktisch undurchführbare Pläne, hehre Ideen ohne Erdung. Trotz allem erscheint es mir (und ihm, wie ich ihn später kennenlernte) gerade in der heutigen Zeit wichtig, eine in der Gegenwart angelegte realistische, und das heißt eine *argumentativ begründete Vision oder Gesamtschau* zu haben. Sie könnten in unserem post-utopischen Zeitalter auch Führungskräften in Politik, Wirtschaft und Kultur eine Grundorientierung bieten für die Gegenwart im Blick auf eine ungewisse Zukunft.

Mir geht es jetzt, in meiner ersten fakultätsunabhängigen Vorlesungsreihe des Studium generale im Wintersemester 1980/81, um eine entschiedene Horizonterweiterung: von der christlichen Ökumene über die Ökumene der Religionen zur Weltökumene. Doch sicher: auch eine solche universale Vision ist immer standortbestimmt.

Eine Standortbestimmung

Wenn ich auf der nach zwei Seiten offenen Terrasse des kleinen Hauses in meiner Schweizer Heimat arbeite, dann habe ich bei günstigem Wetter eine wunderbare »Gesamtschau«, ein »Panorama«, einen »Rundblick«: auf den je nach Lichtverhältnissen immer wieder anders sich zeigenden Sempachersee unmittelbar vor mir, dahinter die majestätische zentralschweizerische Alpenkette zwischen Rigi und Pilatus und dem immer schneebedeckten Titlis. Rechts und links vom See und hinter mir sanfte grüne Hügel – Seiten- und Endmoränen des früheren Reussgletschers – mit wenigen Dörfern und Kirchtürmen. Ein Anblick, an dem ich mich nicht sattsehen kann. Diesen meinen Standort finde ich einzigartig, aber ich will nicht übertreiben. Denn auch andere Standorte gibt es, die eine ähnlich schöne Sicht auf dieselbe See-, Hügel- und Alpenlandschaft freigeben.

So will ich denn auch meinen geistigen Standort nicht verabsolutieren. Dieselbe Vision, die sich mir eröffnet, kann, ja soll sich auch anderen eröffnen, mögen sie auch in einer anderen Kirche, einer anderen Kultur oder Religion beheimatet sein. Glücklicherweise sind die drei großen christlichen Konfessionen nicht durch Abgrundtiefen voneinander getrennt, wie die drei Kirchtürme an unserem See suggerieren könnten. Glücklicherweise stehen auch die Weltreligionen und die großen Kulturen nicht so unbeweglich und versteinert nebeneinander, dass man sie mit verschiedenen Bergmassiven oder Gipfeln vergleichen könnte. Später werde ich sie vielmehr als Stromsysteme verstehen, die durch die Länder und Zeiten fließen und zu ihrer geistigen Erfassung eines neuen wissenschaftlichen Instrumentariums bedürfen.

Was also ist jetzt – als fakultätsunabhängiger Professor genieße ich eine einzigartige Freiheit – mein geistiger Standort? Wenn man nicht zu jenen Denkern, Politikern, Publizisten gehören will, die einfach immer die letzte Welle reiten, um ständig »up to date« zu sein, muss man seinen Standort grundsätzlich zu bestimmen suchen. In meiner ersten Vorlesung in diesem weiteren universitären Rahmen, am 16. Oktober 1980, drücke ich zuerst meine tiefe Dankbarkeit aus all denen, die mir in meiner schwierigsten Zeit ein geistiges Überleben ermöglicht haben, stelle jedoch zugleich unmissverständlich fest: Es soll an unserem Institut für Ökumenische Forschung *keine Theologie gegen irgendjemanden*, vielmehr soll noch intensiver und effizienter als zuvor ökumenische Theologie, also *Theologie für die Ökumene* getrieben werden. Wir beanspruchen kein Monopol, möchten aber gerne Vortrupp, Pioniere sein für eine ökumenische Theologie der katholischen wie der evangelischen Fakultät und für ihre wachsende ökumenische Integration. Für eine solche ist es – nach fast einem halben Jahrtausend Spaltung zwischen römisch-katholischer und reformatorischen Kirchen – angesichts der bedrohlichen Lage der Welt wahrhaftig an der Zeit.

Mein Engagement hat somit eine doppelte Dimension: das Verwurzeltsein in der eigenen Kirche und die grundsätzliche Offenheit für andere. Dass ich nach wie vor als *katholischer Theologe* wirken will, hatte ich in den Monaten der Auseinandersetzungen mit Rom immer wieder neu betont. Auch nach allem, was geschehen ist, fühle ich mich weder außerhalb noch am Rand, sondern mitten in dieser Kirche, die wesentlich mehr ist als ihre abgehobene Hierarchie. Überwältigend war ja die Unterstützung aus der katholischen Kirchengemeinschaft, sodass mich selbst dieser Missioentzug an der Zugehörigkeit zu dieser Kirche nie irre werden ließ. Im Übrigen gesteht mir selbst die vatikanische Glaubensbehörde zu, dass ich als Katholik Mitglied und Priester der katholischen Kirche mit allen Vollmachten und zugleich Theologe geblieben bin. Wie aber soll sich ein Katholik und Theologe anders nennen als eben – katholischer Theologe? Zwar ohne römische Lehrapprobation, dafür aber, nach der Überzeugung vieler, mit ökumenischer Legitimität.

Der Missioentzug hat so meine ökumenische Offenheit gefördert und hat mir weit über die katholische Kirchengemeinschaft hinaus Respekt und manche Sympathie verschafft. Jetzt fühle ich mich erst recht verpflichtet, mich für die Vertiefung und Ausweitung der Ökumene einzusetzen. Angesichts der römischen Verengung, die sich schon aufgrund einer erst zweijährigen Amtstätigkeit Johannes Pauls II. für die Ökumene ergeben hat, ist dies auch bitter notwendig.

Es ist mir also von Anfang an klar, dass ich meine Vision in einem zunehmend schwierigen Umfeld zu vertreten habe. Schon in meiner ersten Vorlesung gebe ich 1980 eine ungeschminkte Lagebeschreibung: von der römisch-katholischen Kirche zuerst, dann aber auch von der evangelischen Kirche besonders in Deutschland und schließlich vom Ökumenischen Rat der Kirchen in Genf.

Veränderung der kirchlichen Großwetterlage

Das antiökumenische Dokument »Dominus Iesus« der römischen Glaubenskongregation unter Kardinal Joseph Ratzinger vom Juli 2000 über die römisch-katholische Kirche als die einzig wahre Kirche, das nicht nur die Protestanten, sondern auch viele Katholiken entsetzt hat, ist ein Dokument des perspektiv- und visionslosen Stillstands. Es war weithin durch das Dekret derselben Kongregation vom 18. Dezember 1979 gegen mich antizipiert worden. *Verurteilt* wurden schon damals *drei zentrale ökumenische Desiderate:*

– die ökumenische Aufarbeitung der Unfehlbarkeits- und Primatsproblematik,

– die Anerkennung protestantischer und anglikanischer Ämter und Abendmahlsfeiern,

– die Möglichkeit eines übergreifenden ökumenischen Verständnisses der Eucharistie.

Mit Wehmut erinnere ich mich angesichts der neuen restaurativen Politik des polnischen Papstes an die 1960er-Jahre:

Da war doch ein italienischer Papst, der weniger von der Ökumene redete als für die Ökumene handelte und der die unter seinem Vorgänger abgesetzten, verbannten oder sonstwie gemaßregelten Theologen nach Rom berief: JOHANNES XXIII.

Da nahm ich doch an einem ökumenischen Konzil teil, das anders als spätere römische Synoden nicht nur die sattsam bekannte römische Lehre wiederholte, sondern Anliegen von Reformation und Aufklärung realisierte und Hoffnungen weckte auf eine Überwindung der mehr als 450 Jahre andauernden katholisch-protestantischen Kirchenspaltung und der doppelt so langen westlich-östlichen: das *Vatikanum II*.

Da kam damals auf meine Einladung hin der römische Kurienkardinal AUGUSTIN BEA, Präsident des neuen vatikanischen Einheitssekretariates, an die Universität Tübingen, würdigte im Festsaal die ökumenischen Verdienste der katholischen Tübinger Theologenschule und diskutierte mit katholischen und evangelischen Professoren.

Da öffneten die Professoren der Evangelisch-Theologischen Fakultät ihre Arbeitsgemeinschaft für die Kollegen der katholischen Schwesterfakultät.

Da fing man an, gemeinsam Seminare zu halten, gegenseitig Seminarscheine anzuerkennen, ökumenische Gottesdienste zu feiern und die Integration der beiden großen Bibliotheken zu planen. Alles in allem ein ökumenisches Klima, das sich gerade im ursprünglich protestantischen Tübingen als äußerst fruchtbar erwies.

Nun aber in den 1980er-Jahren hat sich die *Großwetterlage erneut verändert*: Ein stationäres ökumenisches Tief hat sich von Rom aus über die Alpen, ja weite Gebiete der Christenheit ausgebreitet. Unter Papst PAUL VI. hatte das ökumenische Barometer noch lange auf »veränderlich«

gestanden. Starke kuriale Gegenströmungen hatten indes schon seit dem Konzil die ökumenischen Erneuerungsbewegungen zu bremsen versucht und in den oberen Regionen zum Stillstand gebracht. Kurienkardinäle jetzt zwar anderer Nationalität, aber nicht anderer Mentalität verstärkten eher die Romanität als die Ökumenizität. Das Sanctum Officium der Inquisition änderte wieder einmal den Namen, ein wenig auch die Methoden, aber kaum den Geist und das Ziel.

Anfangs kommen noch kritische Stimmen aus dem Episkopat wie Kardinal Suenens (Mechelen-Brüssel), Kardinal Lercaro (Bologna), die kanadischen und holländischen Bischöfe, aber sie verstummen bald, da sie im übrigen Episkopat, besonders im deutschen und französischen, keine Unterstützung finden. Die Kurie nutzt den von ihr erzwungenen Kompromisscharakter bestimmter Konzilstexte über Kollegialität und päpstlichen Primat, über Geburtenregelung und Gewissensentscheidung, um sie nach rückwärts zu interpretieren. Und vor allem: drängende Fragen wie Empfängnisverhütung, Zölibatsgesetz, Ehescheidung und andere ökumenisch relevante Fragen, die auf dem Konzil nicht diskutiert werden durften, werden nach dem Konzil – mit schamloser Berufung auf ebendieses Konzil – negativ entschieden (Bd. 2, Kap. I: Römische Provokationen). Statt selber etwas für ökumenische Verständigung zu tun, fordert man die Gläubigen immer wieder zum Gebet auf und die Gelehrten zu weiteren Studien. Ansonsten übt man sich in folgenlosen ökumenischen Besuchen und Gesten, Höflichkeiten und Allgemeinplätzen.

Die Folge dieser verhängnisvollen nachkonziliaren Entwicklung: eine *Polarisierung* an der Basis der katholischen Kirche, wie man sie zur Zeit der epochalen Wende unter Johannes XXIII. nicht gekannt hatte. Immerhin, noch unter PAUL VI. wird die Volkssprache schließlich doch auch im Kern (Kanon) der Eucharistiefeier eingeführt, wird die Dispensenpraxis vom Zölibatsgesetz erleichtert, werden auch in der Vereinfachung hierarchischer Ornate, Titel und Zeremonien kleine Fortschritte erzielt. Manches war offengeblieben, unentschieden. Dieses oder jenes möge sein Nachfolger entscheiden, ist oft die Devise dieses zaudernden und sich selber gegenüber skeptischen Montini-Papstes. Er leidet sichtlich unter den allzu hohen Ansprüchen dieses Amtes. Diese sollten seinen unmittelbaren Nachfolger JOHANNES PAUL I. schon nach kurzer Zeit erdrücken (Bd. 2, Kap. X: Der 33-Tage-Papst). Durch den Amtsantritt JOHANNES PAULS II. aber entsteht eine neue Lage.

Katholische Vergangenheitsbewältigung unumgänglich

»Was ist mit Gottes geliebter Kirche passiert?« Wie der Wiener Psychotherapeut und Seelsorger Dr. RICHARD PICKER[1] fragen sich heute nicht nur Katholiken: Wie konnte es so weit kommen, vom expandierenden Hoch der Konzilszeit in den 1960er-Jahren, als die ganze Welt auf eine kreative Erneuerung der katholischen Kirche und eine ökumenische Verständigung der christlichen Kirchen hoffte, zum stationären ökumenischen Tief der nachkonziliaren Zeit? Viele Christen, frustriert, resigniert oder rebellierend und protestierend, leiden unter dieser Situation. Und da legt der genannte Psychotherapeut es »allen engagierten Christenmenschen dringend nahe«, meine ersten beiden Erinnerungsbände zu studieren: »Denn selten ist es geglückt, die erregende Geschichte rund um das 2. Vatikanische Konzil bis in die Gegenwart so glaubwürdig präzise und einleuchtend darzustellen.«

In den oberen Rängen der Kirchenhierarchie übt man angesichts der frustrierenden Entwicklung der Kirche in nachkonziliarer Zeit lieber die Kunst des Vergessens und Verdrängens. Aber nicht Vergessen und Verdrängen befreien, sondern Erinnern und Anerkennen. Und genau darum geht es mir in meinen »Erinnerungen«: nicht um die moralische Aburteilung von Personen in Hierarchie und Theologie, sondern um die kritische Analyse als engagierter Mitakteur derjenigen Strukturen, Institutionen und Personen, welche diese Geschichte bestimmten und die bis heute wirken.

Es geht mir also um eine *Aufarbeitung der Vergangenheit*. Eine Verabschiedung oder Vergleichgültigung der Vergangenheit, der Kirchenhierarchie genehm, ist unmöglich und unverantwortlich. Denn die Vergangenheit bleibt ein Stück Gegenwart. Und meine Aufgabe als Theologe und Teilnehmer am Geschehen ist die kritische Aufarbeitung der neuesten Geschichte der katholischen Kirche. Dadurch können die Ursachen dieser Entwicklung analysiert und daraus Lehren gezogen werden.

Ob mir dies gelungen ist? Wer von vornherein auf der Seite meiner Gegner in Hierarchie und Theologie steht, hat, sofern man sich überhaupt äußert, bemängelt, dass ich allzu direkt, unbefangen und undiplomatisch die neueste Geschichte der katholischen Kirche erzähle, wie sie sich mir als Mitbeteiligtem und Theologen aufgrund genauer Kenntnisse der Fakten und Akten präsentiert. Dass ich dabei Ross und Reiter nenne und die Namen der Urheber bestimmter Aktionen und Intrigen von rechts und links nicht verschweige, hat man mir fälschlicherweise als Rachsucht oder Egozentrik ausgelegt. Das war voraussehbar und unvermeidlich, wenn ich historisch genau arbeiten wollte.

Hören wir lieber einen unverdächtigen und zugleich hochkompetenten Zeitzeugen, Dr. Hans Maier, der als Professor der Politikwissenschaft, früherer bayerischer Kultusminister und ehemaliger Präsident des Zentralkomitees der deutschen Katholiken als Repräsentant des katholischen Establishments der Bundesrepublik Deutschland gelten darf. Er schreibt in seinem Artikel über meinen zweiten Erinnerungsband: »Auf den mehr als 700 Seiten begegnet ihnen [Fachhistorikern und Theologen, aber auch Neugierigen und Interessierten] eine kaum überschaubare Fülle von Personen, Orten, Begebenheiten. Fast tausend Namen umfasst allein das Personenregister. Die biographische Sorgfalt, die Achtsamkeit selbst aufs Kleine und Kleinste lässt sich – zumal in einer Autobiographie – kaum noch steigern. Zur gewohnten Präzision und Schärfe der Argumentation kommt die Akribie der Aktenführung hinzu, aus der sich Küngs Biographik zu großen Teilen speist: Abläufe und Konflikte, vor allem das Verfahren der Glaubenskongregation gegen Küng, werden minutiös geschildert – manchmal fast wie in einem Gerichtsprotokoll. Gewiss, es fehlt ›die andere Seite‹, es fehlen, von Bruchstücken abgesehen, die vatikanischen und bischöflichen Quellen zum ›Gegenlesen‹. Doch bis sie vorliegen – wenn überhaupt –, kann es lange dauern – und bis dahin dürfte Küngs Sicht der Dinge mit ihrer Fülle von Details unangefochten die historische Szene beherrschen. (Auch in der Forschung gilt der Satz: Wer zu spät kommt, den bestraft das Leben).«[2]

Hans Maier, der sogar Verständnis für das Geschick eines Theologen durchschimmern lässt, der »zwar ein evangelischer Katholik, nicht aber ein katholischer Protestant« und jedenfalls »kein Einzelkämpfer« sein will, bringt das Problem auf den Punkt: »Keiner fragt als Theologe so direkt, so unbefangen, so undiplomatisch, so intellektuell zugespitzt wie Küng. Keiner beharrt so nachdrücklich darauf, dass seine Fragen ernstgenommen, dass sie diskutiert und beantwortet werden. Kein Wunder, dass der Streit immer mehr eskaliert, dass es am Ende zwischen dem Theologen und dem kirchlichen Amt um Biegen und Brechen geht. Ist es ein Streit um die Wahrheit, fragt Küng, oder geht es am Ende nur um die Macht – die Machtverteilung in der nachkonziliaren Kirche?« Ich bin Hans Maier für diese offenen Worte dankbar.

Dialektik von Strukturen und Personen

Nein, ich bin nicht autoritäts- und erst recht nicht papstfixiert. Ich denke nicht daran, die angesprochenen Probleme auf das Papsttum zu verengen, gar den Konflikt, in dem ich persönlich stehe, zu generalisieren. Aber jeder realistische Beobachter der Christenheit kann die reale Bedeutung des Papsttums für die katholische Kirche, wie sie nun einmal geworden ist, nicht übersehen. Ohne den Papst ist die »römisch-katholische« Kirche so wenig ökumenisch handlungsfähig wie die amerikanische Demokratie ohne ihren Präsidenten. Dabei sind die Vollmachten des Chefs der amerikanischen Exekutive in der Verfassung sehr eingeschränkt (durch den Kongress und das Oberste Gericht) – im Vergleich zum Papst. Dem hat ja das Vatikanum I (1870) die absolute Jurisdiktionsgewalt über jede Kirche und jeden einzelnen Christen und eine unfehlbare Lehrautorität zugeschrieben, sodass in ihm ohne alle Gewaltenteilung die oberste legislative, exekutive und judikative Gewalt zusammenfallen. Wer Genaueres über dieses System wissen will, lese es nach in den leider noch ganz und gar aktuellen Büchern »Unfehlbar? Eine Anfrage« (1970) und »Fehlbar? Eine Bilanz« (1973).

Eine gewisse Personalisierung der innerkirchlichen Probleme lässt sich hier kaum vermeiden. Historiker haben ja viel darüber diskutiert: Machen Menschen, Männer und Frauen, Geschichte – oder umgekehrt? Heutige Historiographie ist mehr als je zuvor Sozialgeschichte, sie ist nicht in erster Linie an den »welthistorischen Individualitäten« (Hegel) orientiert, sondern an strukturellen Bedingungen und gesellschaftlichem Wandel. Doch die Diskussion unter den Historikern hat ergeben, dass die in einem bestimmten Rahmen handelnden Menschen nicht vernachlässigt werden dürfen. Kurz, in der konkreten Geschichte gibt es eine Dialektik von Strukturen (Institutionen, Organisationen) und Personen!

Für die Interpretation der kirchlichen Zeitgeschichte bedeutet dies: Papst Wojtyła (und sein Nachfolger Ratzinger) sind *Produkte* – um nicht zu sagen Opfer – des absolutistischen Herrschaftssystems, das durch die Päpste des 11. Jahrhunderts durchgesetzt wurde. Insofern darf der restaurativ-reaktionäre Kurs der heutigen Päpste nicht einfach ihrer persönlichen Unwilligkeit, Macht abzugeben, zugeschrieben werden.

Aber zugleich sind die Päpste nach heutigem Kirchenrecht noch immer *Herren* dieses mittelalterlichen Herrschaftssystems. Sie können es (wie Johannes XXIII.) verändern. Sie könnten es sogar (wie von Reformern gewünscht) zum Wohl der katholischen Kirchengemeinschaft abschaffen. Das heißt: Sie könnten der vom Konzil angestrebten, mehr von der Bibel inspirierten, kollegial-demokratischen Kirchenordnung zum Durchbruch verhelfen. Sie könnten eine Grundsatzdiskussion über das Unfehlbarkeitsproblem mit all seinen ökumenischen Konsequenzen in Gang setzen. Sie könnten, aber tun es nicht. Über die persönliche

Schuld bei alledem ist hier nicht zu urteilen, über die persönliche Verantwortung sehr wohl.

Der Papst der Restauration: Karol Wojtyła

Im zweiten Band meiner Erinnerungen unter dem Titel »Umstrittene Wahrheit« habe ich ausführlich dargelegt

– wie ich die Wahl des Papstes aus Polen, Karol Wojtyła, durchaus begrüßt habe, aber wie auch die lateinamerikanischen Befreiungstheologen schon bald feststellen mussten, dass Johannes Paul II. »kein Papst des Dialogs« ist (Bd. 2, Kap. X: Das Drei-Päpste-Jahr 1978);

– wie ich mich daher nach dem ersten Jahr dieses Pontifikats im Oktober 1979 zu einer weltweit publizierten kritischen, aber durchaus fairen Zwischenbilanz verpflichtet sah, wie man aber in Rom zwei Monate später mein Geleitwort zu August Bernhard Haslers Buch »Wie der Papst unfehlbar wurde« zum Anlass für eine vorweihnachtliche Nacht- und Nebelaktion zum Entzug meiner kirchlichen Lehrbefugnis nutzte (Bd. 2, Kap. XI: Die große Konfrontation);

– wie dann aber in einer viermonatigen Auseinandersetzung meine Lehrtätigkeit an der Universität Tübingen in einem freieren Rahmen ohne Bindung an eine Fakultät errungen werden konnte (Bd. 2, Kap. XII: Roma locuta – causa non finita).

Mit Johannes Paul II. Wojtyła war die »montinianische« Periode (nach Paul VI. Montini) des Zögerns, der Zurückhaltung, des vorsichtigen Taktierens zu Ende. Aufgrund seiner ersten Enzyklika »Redemptor hominis« (1979) hatte ich noch Hoffnung, der neue Pontifikat dieser in vielem außergewöhnlichen Persönlichkeit stünde unter dem Zeichen eines neu aufgegriffenen christlichen Humanismus, einer neuen Öffnung zur Welt, eines neuen Dialogs mit den christlichen Schwesterkirchen. Und wie sehr hätte ich mich gefreut, wenn päpstlichen Worten, wie zu Zeiten von Johannes XXIII., Taten gefolgt wären!

Aber auch manche, die meine erste Zwischenbilanz »Ein Jahr Johannes Paul II.« 1979 allzu kritisch fanden, sehen sie im Nachhinein voll bestätigt. Selbstverständlich leugne ich nicht den persönlichen Charme, die Faszination und Publikumswirksamkeit dieses Papstes, die an Pius IX., Pius X. und Pius XII. erinnern. Sie werden jetzt aber durch die schauspielerischen Fähigkeiten des polnischen Papstes und das professionell eingesetzte neue Medium Fernsehen zu einem unevangelischen Personenkult unerhörten Ausmaßes gesteigert. Mir sympathisch sind seine gewisse Weltoffenheit und Sportlichkeit, nicht zu tadeln seine Betriebsamkeit und Reisefreudigkeit, voll zu bejahen selbstverständlich alle sozialen und humanitären Appelle an die Erste, Zweite und Dritte Welt für Frieden, Freiheit, Gerechtigkeit, Menschenwürde und Menschenrechte …

Aber immer weniger zu übersehen ist die fatale *Diskrepanz zwischen* einer im sozialen fortschrittlichen *Außenpolitik,* die auch die damals noch herrschenden kommunistischen Regime in Osteuropa zu erschüttern hilft, und einer – theologisch wie praktisch – rückschrittlichen *Innenpolitik.* In seiner polnischen Heimat hat dieser Papst weder unter dem Naziregime noch unter dem Kommunismus eine echte Demokratie kennengelernt, und bewusst-unbewusst überträgt er bestimmte antiwestliche Überzeugungen und ein polnisches Modell von Einheitskirche auf die katholische Weltkirche.

Schon am Anfang der 1980er-Jahre ist kein Zweifel mehr möglich: Unter diesem Pontifex hat innerkirchlich eine *Epoche der Restauration* begonnen, die innerkirchlich wie ökumenisch verheerende Auswirkungen haben dürfte. Ein Signal dafür ist die Berufung JOSEPH RATZINGERS zum Präfekten der Glaubenskongregation im Jahr 1981. Vehement wird jetzt wieder eine eng-katholische Identität gefordert und gefördert, wird auf lehrmäßige Rechtgläubigkeit gepocht und werden Primat und Unfehlbarkeit betont. In dem nach dem Konzil revidierten »neuen« (alten) Codex Iuris Canonici, 1983 von Johannes Paul II. promulgiert, wird dem Papst wieder ganz undifferenziert »die höchste, volle, unmittelbare und universale ordentliche Gewalt, die er immer frei ausüben kann« (Kanon 331) zugeschrieben. Nicht unähnlich den totalitären Systemen vertritt dieser Papst wieder *totalitäre Wahrheits- und institutionelle Alleinvertretungsansprüche.*

Und wo bleiben die Forderungen des Zweiten Vatikanischen Konzils nach Kollegialität und Pluralität, nach Dialog und Hierarchie der Wahrheiten? Sie werden unbekümmert ignoriert, bestenfalls theoretisch respektiert, praktisch aber überspielt. Menschenrechte, in der Welt gepredigt, werden in der Kirche unterdrückt, die der Frauen und der Priester ganz besonders. Ja, in der römischen Kurie gilt das Vatikanum II nicht mehr als Beginn eines neuen Aufbruchs, den man mit allen Mitteln unterstützen und weiterführen muss, vielmehr als äußerste Möglichkeit einer innerkirchlichen Öffnung, deren angeblich fatale Wirkungsgeschichte so rasch wie möglich zu beenden ist. Aber wie? Durch römische Personal- und Lehramtspolitik: indem man weltweit über den Willen der Ortskirchen hinweg nur noch streng römisch gesinnte Bischöfe ernennt und sie mit dem unbedingten Gehorsamseid auf den Papst auf die Parteilinie einschwört. Und indem man gleichzeitig die Konzilstexte selektiv zu seinen Gunsten zitiert, wo nötig uminterpretiert und Gegenläufiges einfach übergeht. Indem man so gegen die großen Intentionen des Konzils sofort einen Prozess der Reklerikalisierung und Reromanisierung einleitet: ein Zurückbinden der Laien und besonders der Frauen, aber auch der Bischöfe.

So können der im Konzil oft getadelte römische Zentralismus, Klerikalismus, Triumphalismus und Marianismus in alten und neuen Formen fröhliche Urständ feiern – jetzt auch noch mit Unterstützung von Printmedien und Fernsehen. Natürlich hat das Folgen für diejenigen, die mit diesem unzeitgemäßen Restaurationskurs nicht einverstanden sind und sich gegen diese vorgestrige römisch-zentralistische Wahrheitsidee und institutionelle Alleinvertretungspose stellen. Wie wird das alles weitergehen?

Repression auf der ganzen Linie

Wie schon im längst überwunden geglaubten Antimodernismus des 20. Jahrhunderts (1967 war der von Pius X. eingeführte Antimodernisteneid für alle Geistlichen von Paul VI. erfreulicherweise abgeschafft worden) werden erneut integralistische Parolen ausgegeben: »die integrale, unverkürzte Wahrheit des katholischen Glaubens«, »vollkommene Übereinstimmung mit der katholischen Hierarchie«, »Rückkehr zur alten Lehre und Disziplin« … Und solche Parolen finden auch bei konservativen Politikern und Publizisten selbst außerhalb der katholischen Kirche Zuspruch, wenngleich diese sich solch strenger Dogmatik, Moral und Disziplin persönlich zumeist nicht einmal im Traum zu unterwerfen gedenken. Solcher römische »Integralismus« mit all seinen Verdächtigungen und Verleumdungen, seinen Lügen und Zwangsmaßnahmen hat freilich wenig zu tun mit »Integrität«, die sich vom lateinischen »integer = unberührt« herleitet und unbescholten, unbestechlich, moralisch einwandfrei meint. Über vatikanische Finanzskandale und klerikale Sexskandale werden bald zahllose Publikationen erscheinen.

Karol Wojtyła gilt schon als Erzbischof von Krakau als schlechter Administrator; er studiert ungern Akten und zieht – neben Schriftstellerei – öffentliches Auftreten und spektakuläre Reisen vor. Auch als Papst vernachlässigt er – nicht zuletzt oft zum geheimen Ärger des fleißigen neuen Präfekten der Glaubenskongregation, Joseph Ratzinger – das Aktenstudium. Doch während der Papst reist, regiert in Rom die Kurie.

Und vor allem die Glaubenskongregation, das alte Sanctum Officium, in welchem die Spitzen der Kurie unter höchster Geheimhaltungsstufe allwöchentlich tagen: Ein restauratives Dokument ums andere – zur Regulierung von Doktrin, von Liturgie und von Moral und Disziplin – verlässt im Namen des Papstes den Vatikan. Dabei werden einige Kategorien von Katholiken besonders anvisiert.

Die *»aufrührerischen« Frauen* insbesondere. Die Forderungen nach Frauenordination oder Diakoninnenweihe, Ordensschwestern ohne Ordenstracht, Mädchen als Ministrantinnen haben das Missfallen und die Ängste der zölibatären Eminenzen, Exzellenzen und ihrer Konsultoren (alles ausschließlich Männer) erregt und alte römische Vorurteile gegen Frauen (Eva seit je die Verführerin des Mannes!) bestätigt. Besonders gut gebildete und selbstbewusst auftretende (amerikanische) Ordensfrauen gehen dem Papst auf die Nerven.

Dann die *»rebellischen« Theologen.* Viele werden offen, und noch mehr im Geheimen, gemaßregelt. Nicht verwunderlich, dass sich wieder Angst und Schweigen ausbreiten und nur noch Mutige protestieren. Priester, Ordensleute, Seminaristen, die zeitaufgeschlossenen Jesuiten besonders, werden zur Ordnung gerufen. Schon zu Beginn des Wojtyła-Pontifikats wird Pauls VI. liberale Dispenspraxis vom Zölibatsgesetz beendet; Wojtyła möchte vor allem den sich nach Frankreich und England absetzenden und dort heiratenden polnischen Priestern den Ausweg versperren. Ein allgemeiner Laisierungsstopp wird deshalb verhängt gegen Priester, die heiraten wollen. Wenn sie trotzdem heiraten, sind sie eo ipso (latae sententiae) exkommuniziert. Schlimmer als nichtlaisierten Klerikern ergeht es aber jenen Frauen und Kindern von Priestern, die im Amt bleiben dürfen, wenn sie sich nicht zu Frau und Kind bekennen. Der angebliche Wesensunterschied zwischen geweihten und nichtgeweihten Christen, zwischen Klerus und Laien wird neu betont.

Auch die *»politisierten« Basisgemeinden.* Zahlreich sind sie vor allem in Lateinamerika, aber auch in manchen europäischen Ländern. Mit Freuden habe ich eine Einladung angenommen, vor dem 8. Nationalkongress der italienischen Basisgemeinden in Florenz zu sprechen. In dem von Michelangelos David »bewachten« Palazzo Vecchio in Florenz finden sich zu meinem Vortrag am 1. Mai 1987 rund 2000 Personen aus 300 Basisgemeinden ein. Das Kongressthema ist die »Laizität in Gesellschaft, Staat und Kirche«. Ich spreche über »Die Lage der katholischen Kirche in der Welt von heute: Analysen und Prospektiven«. Danach nehme ich in dem überfüllten Saal an einer Podiumsdiskussion teil mit so prominenten Persönlichkeiten des italienischen öffentlichen Lebens wie der bedeutende Reformkommunist und langjährige Parlamentsabgeordnete PIETRO INGRAO und der bekannte Theologe und Friedensaktivist ERNESTO BALDUCCI. Man hat sich in diesen Tagen besonders aufgeregt über die lächelnde Begegnung von Papst Wojtyła mit dem chilenischen Diktator und Menschenrechtsverletzer AUGUSTO PINOCHET. Und es ist mir ein Anliegen, die vielfach von der päpstlichen Politik bedrängten Basisgemeinden zu ermutigen und zu inspirieren.

Schließlich die im Konzil für den Vatikan allzu *»selbstbewusst« gewordenen Bischöfe*: Sie müssen wieder ganz auf römische Linie gebracht werden: »acies ordinata« – »eine geordnete Schlachtordnung«. Romhörige Bischöfe sind zu fördern und befördern, romkritische Bischöfe zu domestizieren. Schon 1972 ist dies selbst im Fall des führenden Reformers Kardinal Suenens gelungen (vgl. Bd. 2, Kap. VII: Die Wende des Reformkardinals Suenens). Nichtkonforme Kandidaten für das Bischofsamt sind nach klaren kurialen Richtlinien (»pro Zölibat«, »contra Empfängnisverhütung und Frauenordination« ...) in den Nuntiaturen von vornherein von den Kandidatenlisten zu streichen. Und für die ganze katholische Welt wird ebenfalls Anfang der 1970er-Jahre ein Exempel statuiert: Der fortschrittliche holländische Episkopat wird zunächst durch oktroyierte Ernennungen reaktionärer Bischöfe gespalten, der Kardinalprimas nach Rom zitiert und schließlich der gesamte Episkopat in einer mehrwöchigen Geheim- und Scheinsynode im Vatikan – nicht in den Niederlanden! – total auf römischen Kurs getrimmt (vgl. Bd. 2, Kap. II: Wie Rom eine Kirche bändigt). Eine blühende Kirche welkt – Zeichen für die mehr und mehr winterliche römisch-katholische Kirche.

Allen Protesten aus Kirchenvolk und Klerus zum Trotz bewegt sich die römische Kurie auf der Linie der Repression und wird bei ihren kirchlichen Sanktionen und ihrer gesellschaftlichen Bewusstseinsmanipulation unterstützt von ihren Nuntien und willfährigen Bischöfen und Prälaten in aller Welt, von den deutschen, wie es sich in meinem Fall zeigte, ganz besonders. So gilt manchen Katholiken durchaus konstruktive Kritik am Papst jetzt wieder als Majestätsbeleidigung, ja Lästerung des »Stellvertreters Christi«, gar »Gottes«. Wer sich als Theologe für mich einsetzt, muss sich vorsehen. Der gescheite und tapfere spanische Jesuit Professor Dr. MANUEL FRAIJÓ, immerhin Ratzinger-Schüler, hatte zwei Artikel zu meinen Gunsten in spanischen Zeitschriften geschrieben. Daraufhin erhält der Rektor der Jesuitenuniversität Comillas (Madrid) in Rom von der Glaubenskongregation die Weisung, die Ernennung Fraijós zum ordentlichen Professor nur zu vollziehen, wenn er sich von mir distanziere. Der Rektor: Es würde reichen, wenn Fraijó schreibe, er »hätte es aus Freundschaft gemacht, wäre aber nicht mit mir einverstanden« (13. 5. 1980). Fraijó weist dies zurück, tritt später aus dem Jesuitenorden aus und beginnt eine glänzende Karriere als Professor der Philosophie an einer säkularen Universität.

Anderes Beispiel: mein Schüler Dr. WOLFGANG GRAMER, Priester der Diözese Rottenburg, ein hervorragender Organist, der in Tübingen »magna cum laude« über die Musiktheorie Theodor W. Adornos promoviert hatte. Er wagt etwas Ungeheuerliches. Einen (nicht nur von ihm) als parteiisch (für die CDU) empfundenen Hirtenbrief der Deutschen Bischofskonferenz zur Bundestagswahl 1980 verliest er auf der Kanzel seiner Bonifatiuskirche in Böblingen nicht. Und er begründet seine Weigerung auch noch im deutschen Fernsehen in der Hoffnung, die katholische Kirche werde die Freiheit seiner Entscheidung tolerieren. Doch weit gefehlt: Empörung in der Bischofskonferenz und besonders im Bischöflichen Ordinariat Rottenburg, wo man sofort Sanktionen beschließt. Den bevorstehenden Papstbesuch freilich will man nicht stören. Doch schon im ersten Gottesdienst nach dem Papstbesuch am 24. November 1980 muss der beliebte Pfarrer seiner Gemeinde ankündigen, dass er sie im Frühjahr 1981 verlassen und künftig als Krankenhauspfarrer tätig sein werde. Aus der Erklärung des Kirchengemeinderates geht hervor, dass Pfarrer Gramer sich schon früher durch sein Engagement für die Ökumene und in der Auseinandersetzung um Hans Küng nach Auffassung der bischöflichen Behörde »am Rand des für die Kirche Tragbaren« bewegt habe. Vermutlich hatte es schon kein oberhirtliches Wohlgefallen hervorgerufen, als der junge Pfarrer Gramer mich als Primizprediger eingeladen hatte und wir seither Freunde waren. Doch ein Dr. Wolfgang Gramer lässt sich durch die Strafmaßnahmen nicht von seinem Kurs abbringen; er gehört zu den Unbeugsamen. Aber später wird er die Seelsorgearbeit in einer Gemeinde Argentiniens der im Bistum Rottenburg vorziehen.

Natürlich gibt es auch zahlreiche »Wendehälse«: Bekannt der in meinem ersten Band erwähnte Amerikaner MICHAEL NOVAK, der mir im Vatikanum II bei der Publikation von Konzilsreden behilflich war, jetzt aber, vom »rechten« Enterprise Institute in Washington angeheuert, eine gehässige Titelgeschichte gegen mich im »New York Sunday Times Magazine« schreibt. Erschüttert aber hat mich der Fall von Dr. CHRISTOPH WEBER. Nachdem ich diesem Düsseldorfer Kirchenhistoriker im Jahr 2007 den zweiten Band meiner Memoiren zugesandt habe (in dankbarer Erinnerung an seine Absage einer Gastvorlesung an der Katholisch-Theologischen Fakultät nach dem Verrat der Sieben: Bd. 2, Kap. XII:

»Kriecherei, Unterwürfigkeit, schleimige Verschleierung«), antwortet Weber mir (23. 9. 2007), er sei damals wegen seiner Entscheidung bei den katholischen Historikern endgültig in Ungnade gefallen und ohne jede Chance auf einen Lehrstuhl geblieben; mit 62 Jahren habe er sich pensionieren lassen. Wie viele mir unbekannte stille Helden mag es geben, die für ihre Solidarität und Ehrlichkeit teuer bezahlen mussten (ich verweise nochmals auf die lange Liste des »National Catholic Reporter«).

Gegen alle Dementis Roms und der Bischöfe macht daher schon zu Beginn der 1980er-Jahre die Rede vom »Einfrieren des Konzils« die Runde: Klagen über die Erfolglosigkeit der deutschen, der schweizer und der österreichischen Synode, Klagen über den Rückzug ins römisch-katholische Ghetto, Klagen über die Unterdrückung der neuen schöpferischen Freiheit und Freude in der Kirche und Klagen über den ökumenischen Stillstand in der römisch-katholischen Hierarchie …

Meinerseits frage ich mich, wie lange wohl diese römisch-katholische Restauration andauern wird. Jene politische Restauration in Europa nach der Französischen Revolution dauerte drei, vier Jahrzehnte: vom Wiener Kongress 1814/15 bis zu den Revolutionen von 1830 und 1848. Aber im heutigen römisch-katholischen System mit einer »Revolution« zu rechnen wäre illusorisch. Da lässt man lieber den Dingen in Rom und anderswo ihren Lauf. Und tritt aus der Kirche aus, real oder mental.

Der Papst und die katholische Jugend

»Ein Festival der verpassten Chancen«: so überschreibt das wichtige Schweizer Wochenblatt »Weltwoche« vom 26. November 1980 seinen Bericht von der ersten *Deutschlandreise Johannes Pauls II.* »Trotz Publikumserfolg – die Bilanz des Papst-Besuches ist negativ. Äußerlich betrachtet nahm der Deutschland-Besuch des Papstes Johannes Paul II. gigantische Ausmaße an. Und doch überwiegt die Skepsis, denn viel Substantielles hat diese Reise nicht gebracht – im Gegenteil … Was nützte, so musste gefragt werden, die schillernde Verpackung, wenn die Botschaft, die antiquierte, bleibt?« Zwar habe bei der suggestiven Inszenierung der Hauptdarsteller, Johannes Paul II., mit fester Stimme und gewinnendem Lächeln ein telegenes Spektakel zum pastoralen Spiel ohne Grenzen auszuweiten vermocht. Aber auf Grundfragen katholischer Religiosität, wie sie vor allem die junge Generation quälen, habe dieser Papst keine Antwort. Dies zeigt sich schlagartig, als am Ende in München eine junge Frau die von gewitzten Programmmachern inszenierte und durchgepaukte gigantische

Show durchbricht und gegen das Protokoll, das keine einzige Frage an den Papst gestattet, einige Fragen an ihn richtet.

So spricht Barbara Engl als Vertreterin der katholischen Jugend: »Heiliger Vater, Sie haben in Ihrer Predigt schon viel von den Dingen gesprochen, die uns bewegen. Für Jugendliche ist aber die Kirche in der Bundesrepublik Deutschland oft schwer zu verstehen. Sie haben den Eindruck, dass sie ängstlich an den bestehenden Verhältnissen festhält, dass sie wieder mehr die Unterschiede zwischen den beiden großen Konfessionen betont, statt die Gemeinsamkeit herauszustellen, dass sie zu den Fragen der Jugendlichen zu Freundschaft, Sexualität und Partnerschaft zu sehr mit Verboten reagiert, dass ihr Suchen nach Verständnis und Gesprächsbereitschaft zu wenig Antwort findet. Viele können nicht verstehen, warum die Kirche trotz des Priestermangels so unumstößlich am Zölibat festhält. Eine Menge Jugendseelsorger fehlen uns heute, viele fragen, ob nicht eine stärkere Beteiligung der Frau am Kirchenrecht möglich ist.

Wir gestehen dabei gerne ein, dass uns das Evangelium oft überfordert. Aber Ängstlichkeit und Kleinmut brauchen uns nicht zu bedrücken, da uns Christus Leben in Fülle, das Reich Gottes, verheißen hat. Um auf die vielen Fragen und Probleme in der Kirche, der Gesellschaft und der Welt eingehen zu können, brauchen die Jungen das Vertrauen der Kirche und der Amtsträger in der Kirche. Sie brauchen glaubwürdige Gesprächspartner und Menschen, die sie mit ihren Wünschen und Ängsten und Hoffnungen und mit ihrem Engagement ernst nehmen.

Die Jugendlichen wünschen sich eine katholische, das heißt, eine weltumspannende, weite Kirche und sie sind bereit, daran mitzuwirken. Wir wünschen Ihnen, Heiliger Vater, jugendliche Kräfte für Ihre Arbeit in unserer gemeinsamen Kirche.«[3]

Nach Ansicht von Barbara Engl wird von ihr zum Ausdruck gebracht, was die gesamte deutsche katholische Jugend denkt: »Diese Probleme haben wir in der Hauptversammlung des Bundes der deutschen katholischen Jugend erörtert. Erst kürzlich ging es da um Freundschaft, Sex und Partnerschaft.« Doch meint sie weiter: »Mit einem Teil der Geistlichkeit ist es sehr schwierig, solche Dinge überhaupt zu besprechen. Aber es gibt Jugendseelsorger, die da ganz auf unserer Linie liegen.« Angemerkt sei, dass Barbara Engl, der ich einen Blumenstrauß schicke, anschließend sehr zu leiden hat wegen ihrer mutigen Aktion, die offensichtlich vom Erzbischof von München, Kardinal Joseph Ratzinger, approbiert worden war, was dieser aber anschließend bestreitet. Wichtiger: Johannes Paul II. hat eine Hauptverantwortung dafür, dass die katholische Kirche die Jugend in erschreckendem Maß verliert, was aber kaschiert wird durch die papstschwärmerischen Jugendlichen der neuen konservativen Movimenti spanischer und italienischer Herkunft.

Die Medien auf die Probe gestellt

Abgesehen von der Rede von Barbara Engl hat das deutsche Fernsehen weithin »Hofberichterstattung« betrieben – alles ausgerichtet auf die triumphale Schauseite ohne den Hintergrund der kirchlichen Krise. Nicht zuletzt wegen meiner Medienkritik werde ich für den 15. Dezember 1980 nach Köln in den Westdeutschen Rundfunk eingeladen in die streitbare Talkshow »Ich stelle mich« unter der Moderation des scharfzüngigen CLAUS HINRICH CASDORFF.

Es ist genau ein Jahr nach dem Erlass des päpstlichen Dekrets zum Entzug meiner Lehrbefugnis. Anderthalb Stunden habe ich mich jetzt den Fragen der Journalisten und des Publikums zu stellen. Dazu kommt als »Überraschungsgast« – nachdem in ganz Deutschland kein Bischof für diese Konfrontation gefunden werden konnte – der als konservativer Polemiker bekannte, 2006 verstorbene Dominikanerpater BASILIUS STREITHOFEN. Er bringt keine Analysen und Argumente vor, fordert mich stattdessen mit verletzender Arroganz zur Demut, zur Buße und zum zeitweiligen Rückzug in ein Kloster auf. Auch Fragen eines Psychologen fehlen nicht. Zum Beispiel: »Wenn Sie wählen könnten: Würden Sie zum Zoll, zur Feuerwehr oder zur Armee gehen?« Ich wähle entschlossen die Feuerwehr, sozusagen als »theologischer Feuermelder«.

Doch zum Schluss der spannenden Befragung hatte man sich einen Überraschungsgag ausgedacht – eine kleine Rache für meine Medienkritik: Ich möge es doch »diesen lammfrommen (man meinte: papstfrommen) Journalisten einmal zeigen«. Zwei Minuten hätte ich Zeit, eine Probe abzuliefern: für die abendliche »Tagesschau«, die meistgesehene Fernsehsendung Deutschlands, den üblichen Kommentar, im Nachhinein zum Papstbesuch! Ein Vorhang geht auf hinter mir, und da ist schon die ganze Staffage für die »Tagesschau«. »Bitte, nehmen Sie Platz.« Klappe – und los geht's! Ich habe keine Sekunde Zeit zur Vorbereitung und beginne spontan: »Ja, meine Damen und Herren, ich gehöre zu den ganz wenigen Fernsehjournalisten, denen man überhaupt nicht einmal Zeit gibt, sich vorzubereiten. Ich möchte aber trotzdem hier diesen kurzen Kommentar abgeben.«

Und so fahre ich fort, wie es zwei Tage später (17. 12. 1980) in der »Welt« in vollem Wortlaut abgedruckt wird: »Ich glaube, es war niemand hier, der nicht diesen Besuch des Papstes in Deutschland mit großer Anteilnahme gesehen hat. Ich glaube auch, dass man hier etwas gespürt hat in einem Mann, wie man es bei deutschen Kirchenfürsten – wie man sie früher nannte – eigentlich selten spüren konnte: nämlich jemand, der etwas ausstrahlt, jemand, der etwas zu sagen hat, jemand, der ganz präsent ist, jemand, der auch offensichtlich menschenfreundlich ist und auch vieles gesagt hat, was – glaube ich – alle von uns unterschreiben könnten.

Ich würde gar nichts dagegen sagen, ich habe mich nur gefragt, ob wohl alle Menschen in diesem Lande sich ganz verstanden gefühlt haben. Ob sie nicht erwartet hätten, dass der Papst statt eine Kommission einzusetzen für ökumenische Dinge, dass er – nachdem wir ja schon so viele Kommissionen hatten – nicht vielleicht doch mal ein gutes Wort sagen würde dafür, dass doch nicht alle evangelischen Abendmahlsfeiern seit der Reformation ungültige Abendmahlsfeiern gewesen sein können.

Ich hätte mir denken können, dass er – wenn ihn auch die deutschen Gesprächspartner rechtzeitig darauf aufmerksam gemacht hätten – auch etwas hätte sagen können zu der ungeheuren Priesternot, die wir haben, die ja im Grunde nur eine Not ist an unverheirateten Priestern. Er hätte etwas sagen können zur Not der Gemeinden. Er hätte etwas sagen können zu all dem, was gerade unsere junge Generation bewegt, dass die Kirche sehr oft in Fragen der Sexualität, der Partnerschaft, der Freundschaft kein Verständnis zu haben scheint.

Ich würde das alles nicht dem Heiligen Vater ankreiden, aber ich glaube, es wäre Aufgabe der deutschen Partner gewesen, ihn auf diese Fragen so vorzubereiten, dass er in seiner Menschenfreundlichkeit hätte eine menschenfreundliche und christliche Antwort geben können.«

Der Moderator hatte natürlich damit gerechnet, dass ich, da man mir keine Uhr hingestellt hatte, die zwei Minuten überziehen würde. Doch – auf die Sekunde schließe ich. »Genial!«, war Casdorffs spontaner Ausruf, und das Publikum klatschte heftig. Die Zeitungskommentare der Presse zu der weit beachteten Sendung waren – wenn man von der ultrakonservativen »Bildpost« aus Lippstadt (mit erfreulich geringer Auflage) absieht – positiv. Doch ein Kommentator meinte dennoch anmerken zu müssen: »Da ist gewiss auch Eitelkeit im Spiel, wenn er (Küng) vom Papst unmittelbar gehört werden will.« Wirklich?

Mehr als 33 Jahre später kann man zwei Beobachtungen machen: Erstens, es hat mir trotz der päpstlichen Strafaktion an persönlichem Wohlwollen gegenüber dem Papst nicht gefehlt; ich werde auch später seine positiven Leistungen nicht verkennen. Und zweitens, alle damals angesprochenen Probleme sind noch immer nicht gelöst; ich werde sie deshalb immer wieder in Erinnerung rufen müssen.

Ökumenisch folgenlose Papstreisen

Das ökumenische Bewusstsein an der Basis bei Katholiken und Evangelischen ist nach wie vor stark. Da empfindet man es im Kontrast zur römisch-katholischen Hierarchie weithin als anachronistisch, in getrennten Kirchen sich gegenseitig zu »exkommunizieren«, statt miteinander zu kommunizieren – und dies angesichts der ungeheuren Nöte der Ersten, Zweiten und Dritten Welt.

Doch dieser wieder betont römisch gesinnte Papst spricht zwar ständig von ökumenischer Verständigung, aber selbstverständlich (freilich meist unausgesprochen) zu römischen Bedingungen, nämlich unter der Voraussetzung der Anerkennung der päpstlichen Oberhoheit in Leitung und Lehre. Deshalb nimmt der Papst die anderen Kirchen und ihre Führer meist nur am Rande zur Kenntnis: Statisten zur triumphalen päpstlichen Selbstdarstellung! Mehr eine päpstliche Pflichtübung als eine echte ökumenische Begegnung. Die würde ja einen Dialog auf Augenhöhe erfordern. Zwar besucht dieser Papst 2006 den *ökumenischen Patriarchen von Konstantinopel*, dem »Zweiten Rom«. Aber statt ökumenischer Taten wird wieder einmal eine ökumenische Kommission gebildet, die sich mit den Sakramenten, bisher weithin mit den Orthodoxen gemeinsam, beschäftigen soll. Die eigentlich kirchentrennende Frage aber – Herrschaftsprimat und Unfehlbarkeit für das römische Papstamt – bleibt ausgeklammert. Römische Beschäftigungstherapie und Beruhigungspillen.

Noch enttäuschender verlaufen die ersten Begegnungen Johannes Pauls II. mit *protestantischen Kirchenführern* auf seinen Reisen. Sie haben die ökumenische Atmosphäre gerade in Polen, Irland und den Vereinigten Staaten nicht nur nicht verbessert, sondern erheblich verschlechtert. Statt ökumenischer Dialoge päpstliche Monologe. Kritische Herausforderungen, wie in den USA und in Frankreich erfolgt, werden einfach nicht zur Kenntnis genommen. Oft hat der andauernd nach allen Seiten Beifall heischende Papst nicht einmal Zeit, die anderen Kirchenführer auch nur anzuhören. In Irland etwa (September 1979) mussten die Presbyterianer die vorbereitete Ansprache dem päpstlichen Sekretär übergeben und bekamen erst fünf Monate später eine Antwort. In Amerika kam es zu ähnlichen Peinlichkeiten, Folgen römischer Arroganz und Ineffizienz.

Vor dem ersten *Deutschlandbesuch* des Papstes 1980 führen entwürdigende wochenlange Vorverhandlungen schließlich zur Genehmigung von 60 Minuten Audienz für die evangelischen Kirchenführer. Mit welchem Resultat? Auch hier wieder nur eine neue Kommission. Was manche »kirchliche« wie »liberale« Jubeljournalisten als ökumenisches Ereignis feiern, erweist sich bald als eine ökumenische Vernebelungsaktion. Hatten doch in den letzten anderthalb Jahrzehnten wahrhaftig schon genügend ökumenische Kommissionen getagt, sogar eine lutherisch-römische Kommission mit offiziellem Status, die 1971 das hervorragende »Malta-Papier« verabschiedete, das dann freilich – da die Ergebnisse den römischen Machtansprüchen nicht entsprachen – im Vatikan sogleich in der Schublade verschwand. Seither nenne ich das eine Politik der Schubladisierung. Man lässt in Rom machen – und verschwinden! Dabei wäre es ein wirkliches ökumenisches Ereignis gewesen, wenn ein Papst bei seinem ersten Besuch gerade im Lande Martin Luthers mit Berufung auf die bisher geleisteten Kommissionsarbeiten – darunter das Memorandum unserer ökumenischen Universitätsinstitute vom Jahre 1973 – die Anerkennung der protestantischen Ämter und Abendmahlsfeiern verkündet hätte. Oder wenn er etwas Hilfreiches gesagt hätte zu Fragen wie konfessionsverschiedene Ehe oder religiöse Kindererziehung oder ökumenischer Religionsunterricht. Fragen, die für Millionen Menschen belastend sind. Doch nichts von alledem.

Aber wer nun erwartet hatte, die evangelischen Kirchenführer würden diese Streitfragen dem Papst gegenüber unpolemisch, aber mit lutherischem Freimut ansprechen, sah sich getäuscht: Statt freundlich klare evangelisch begründete Forderungen zu stellen, üben sich die protestantischen Kirchenführer in Diplomatie und Schweigen. Nur ja den »Löwen« nicht reizen. Als würde solche Offenheit die ökumenische Zusammenarbeit behindern und gar blockieren. Schon länger habe ich den Eindruck: Protestantische Bischöfe überlassen heutzutage den reformatorischen Protest gerne Reformkatholiken. Statt auch nur in einem Punkt zu protestieren, lassen sie sich lieber mit dem Papst photographieren. Ja, einzelne lutherische Bischöfe legen sich heutzutage jenes steife Kollar (Kragen) römischer Kleriker zu, das unsereiner sieben Jahre in Rom getragen hat – später froh darüber, dass dieses Symbol klerikaler Verkalkung mit dem Konzil im katholischen Klerus weithin außer Brauch kam. Verhinderte Kardinäle? Paradoxerweise scheint dieses Kollar (womöglich noch mit violettem oder rotem Lätzchen) heutzutage für einen lutherischen Bischof, der Minderwertigkeitsgefühle gegenüber katholischen Prälaten zu haben scheint, ein sichtbares Zeichen gültiger Weihe zu sein, wiewohl gerade diese von Rom konstant bestritten wird. Im Juli 2000 wird die Nichtanerkennung ihrer Ämter diesen protestantischen Leisetretern durch die Erklärung »Dominus Iesus« der Glaubenskongregation mit päpstlicher Approbation ohne näheren Anlass und ohne ernsthafte Begründung bestätigt. Für mich ist dies wie für viele Evangelische und Katholiken eine eklatante Desavouierung der unevangelischen Anbiederung protestantischer Kirchenführer. Wie von katholischen Bischöfen erhielt ich auch von evangelischen kaum Unterstützung; sporadische Begegnungen blieben oberflächlich.

Doch um der kirchlichen Ordnung und eines faulen ökumenischen Friedens willen, aus Konfliktangst und Sorge um Veränderungen im eigenen konfessionellen Lager betreibt man von amtskirchlicher evangelischer Seite weiterhin eine unheilige Allianz mit den katholischen Bischofskollegen: eine verhängnisvolle ökumenische Schweigespirale zum Schutz des beidseitigen konfessionellen Status quo – zulasten der betroffenen Menschen und Gemeinden. Ein »Alibi-Ökumenismus«, wie der dänische Lutheraner Prof. PETER HØJEN formuliert, in welchem die Kirchenbürokratien auf beiden Seiten allein und unbekümmert um das Volk über die zu beachtenden konfessionellen Grenzen – etwa in der Frage der eucharistischen Gastfreundschaft – zu befinden beanspruchen. Meist in vertraulichen Absprachen werden ökumenische Betätigungsfelder, insbesondere für gemeinsame soziale Proklamationen, Aktionen und Pressionen gesucht, gilt es doch, gemeinsame, nicht zuletzt finanzielle Interessen gegenüber dem Staat und einer zunehmend säkularisierten Gesellschaft durchzusetzen. Zugleich verhindert man jedoch auf beiden Seiten, dass die Christen und Gemeinden in den entscheidenden Bereichen, nämlich im christlichen Glauben und Leben, Gottesdienst und Religionsunterricht wirklich zusammenkommen. Mit einer gemeinsamen ökumenischen Bibelübersetzung scheint das Reservoir mutiger ökumenischer Annäherungsversuche erschöpft zu sein, und auch sie wird später von beiden Seiten wieder infrage gestellt.

Folgenschwere bischöfliche Fehlbesetzungen

Wollte man von all den Bischofsernennungen unter dem Pontifikat Johannes Pauls II. schreiben, die sich als Fehlbesetzungen erwiesen, müsste man ein dickes Buch verfassen. Waren doch die Kriterien der Auswahl nicht in erster Linie administrative Qualität, pastorale Kompetenz, theologische Bildung und menschliche Ausstrahlung, sondern römische

Linientreue, »Gehorsam« genannt. Der Kandidat musste von vornherein gegen Empfängnisverhütung und Frauenordination und zugleich für Zölibat und genaue Dogmentreue Stellung genommen haben.

Auf diese Weise wurden viele harmlos-mediokre Personen den fähigeren, aber unbequemen vorgezogen. Die kritische französische Zeitschrift »Golias« hat mit nicht geringen Mühen durch Gläubigenbefragungen eine Evaluation der Bischöfe Frankreichs durchgeführt und veröffentlicht, die wenig schmeichelhaft ausfiel. Da sehnt man sich in Frankreich nach den großen Kardinälen der Jahrhundertmitte zurück: Suhard, Gerlier, Liénart; Letzterer hatte mir für die französische Ausgabe von »Konzil und Wiedervereinigung« das Vorwort geschrieben.

Aber noch schlimmer steht es im deutschen Sprachraum – ganz zu schweigen vom holländischen mit dem schon früher berichteten Fall Bischof Gijsen. Dabei war es noch das geringere Übel, dass für den (politisch wie finanziell gewichtigen) Erzbischofsitz von Köln gegen den Willen des Domkapitels und unter Missachtung der Wahlordnung der als konservativ bekannte Wojtyła-Freund und Berliner Erzbischof Joachim Meisner nach wochenlangen Querelen dem Erzbistum schlicht oktroyiert wurde. Bis heute hat er die Herzen der Kölner und des Kölner Klerus nicht gewinnen können, wiewohl er auch Papst Benedikt bei seinem Besuch in Köln wie ein Höfling umschwänzelte und sich wichtig machte.

Schlimmer ist der Fall seines Kollegen auf dem wichtigsten Bischofsstuhl von Österreich und Vorsitzenden der Bischofskonferenz: Kardinal Hans Hermann Groër, den Papst Wojtyła als frommen, marianisch gesinnten Wallfahrtsseelsorger zum Erzbischof von Wien gemacht hat. Wegen weit zurückliegender sexueller Vergehen an Minderjährigen, die erst 1995 aufgedeckt wurden, muss er schließlich angesichts der ständig angeschwollenen Opposition im selben Jahr das Amt aufgeben und sich in ein Kloster zurückziehen. Welch eine Schande für ein so stolzes katholisches Land wie Österreich, das zur Konzilszeit in Kardinal Franz König einen so überzeugenden Repräsentanten besaß. Die Affäre Groër gibt an der Basis den Impuls zum KirchenVolksBegehren der Initiative »Wir sind Kirche«, die für ihre Reformforderungen allein in Österreich 500.000 Unterschriften sammelte.

Schwerwiegend ist auch der Fall des Bischofs Wolfgang Haas, der unter Missachtung schweizerischer Freiheitsrechte zum Bischof der Diözese Chur gemacht wird, zu der auch die größte Schweizer Stadt Zürich gehört. Durch seinen autoritären Führungsstil, seine dogmatische Amtsausübung und vatikantreuen Personalentscheidungen macht er sich derart unbeliebt, dass die Zürcher Kantonalsynode die finanzielle Unterstützung für ihn streicht. Das ist die Sprache, die auch der Vatikan versteht, der aber dann die Angelegenheit mit der immer mehr um sich greifenden Amtswillkür regelt. Man will den unfähigen Haas nicht einfach absetzen, sondern verfährt nach dem traditionellen römischen Prinzip »Promoveatur ut amoveatur – er möge befördert, um abgeschoben zu werden«.

Doch wer hätte es für möglich gehalten: Man schafft für den im Fürstentum Liechtenstein geborenen Haas – natürlich in geheimer Kooperation mit dem erzkonservativen Fürstenhaus – 1997 ein neues Bistum, nein, sogar ein Erzbistum Vaduz, und dies für insgesamt 35.000 Einwohner, von denen etwa 80 Prozent noch formal Katholiken sind. Diese sind fast durchgängig gegen ein eigenes Erzbistum, losgelöst vom uralten schweizerischen Bistum Chur. Und die Folgen sind denn auch typisch für dieses autoritäre kirchliche Willkürregime: Der neue Erzbischof zerschneidet rasch die hergebrachten Bande zwischen Kirche und Gläubigen, errichtet eine stark hierarchische Führung und sperrt sich gegen die Schaffung von Kirchengemeinderäten. Es kommt faktisch zum Schisma: Ein katholischer Verein Offene Kirche nimmt mittlerweile auch pastorale Aufgaben wahr. Und die liechtensteinischen Kirchen bleiben mehrheitlich leer. Nur wenn der Erzbischof selber die Messe liest, werden mit Bussen konservative Katholiken aus den umliegenden Ländern herangekarrt. So ruiniert man eine Kirche.

Eine weitere unglückliche Bischofsernennung betraf mein Schweizer Heimatbistum Basel, wo der bis dahin fortschrittliche Theologieprofessor Kurt Koch 1995 durch das Domkapitel zum Bischof gewählt wurde. Kurt Koch hatte anlässlich der Verleihung des Kulturpreises der Innerschweiz 1991 eine beeindruckende Laudatio auf mich gehalten, die in der Forderung kulminierte: »… die katholische Rehabilitation des Christenmenschen Hans Küng und seines theologischen Werkes noch zu seinen Lebzeiten …« Aber sofort mit der Wahl und der gegen alle Traditionen in Rom vorgenommenen Bischofsweihe änderte sich seine Einstellung grundlegend, und aus dem fortschrittlichen Theologen wurde ein reaktionärer Bischof. Von meiner Rehabilitation keine Rede mehr, im Gegenteil. Seine Amtszeit war von großen Kontroversen, auch über das schweizerische Staatskirchenrecht, überschattet. So waren denn viele froh, dass er überraschenderweise im Juli 2010 seinen Rücktritt als Bischof von Basel ankündigte, einen Posten in der römischen Kurie übernahm und als Präsident des Sekretariats für die Einheit der Christen natürlich bald zum Kardinal befördert wurde – für viele höhere Kleriker das Höchste der Gefühle. Ihm habe ich ein kleines Kapitel im Buch

»Ist die Kirche noch zu retten?« gewidmet unter dem Titel: »Wie man ›modo Romano‹ Karriere machen kann«. Koch ist dafür ein nicht nur für Schweizer Demokraten fatales Beispiel.

Schließlich der Skandal um den Bischof von St. Pölten, KURT KRENN. Dieser, kurz nach mir im Collegium Germanicum, hat sich schon früh bei Papst Wojtyła dadurch beliebt gemacht, dass er ein Seminar über seine Bücher abgehalten hat und es ihn auch wissen ließ. Daher wurde er vom Papst zum Essen eingeladen: »Herr Professor, ich habe viel von Ihnen zu lernen«, verbreitete Krenn anschließend als Ausspruch des Papstes. 1991 wird der Karrierist, wie zu erwarten, Bischof von St. Pölten mit der Aussicht, schließlich Erzbischof von Wien zu werden. Sein Priesterseminar wird ein Zentrum für konservative Seminaristen. Doch bald gibt es Berichte über homosexuelle Handlungen von Seminaristen und Vorgesetzten. Auf einem Computer findet man pornographische Photos. Dieser Skandal führt schließlich nach langen Auseinandersetzungen zur Ablösung des unbedingt romtreuen Krenn; man hätte ihm ein anderes Alter gewünscht als eines in Verachtung und Vereinsamung. Sein Nachfolger enthebt 2004 Regens und Subregens des Seminars von allen Funktionen. Beide appellieren an den Vatikan, aber nach Sichtung aller Dokumente bestätigt dieser 2008 schließlich doch die Absetzung; die beiden Missetäter sollen »nach einer Zeit der Besinnung« in einer anderen Diözese eine andere »geeignete Tätigkeit« übernehmen. Aber – genug der Skandalgeschichten, die man leicht aus anderen Ländern ergänzen könnte. Wie geht es mit der Ökumene weiter?

Ein symptomatisches Reformationsfest: Augsburg 1981

Kennzeichen für die ökumenische Schieflage ist die *450-Jahrfeier der reformatorischen Confessio Augustana 1981* in Augsburg. Mit vielen Vorschusslorbeeren bedacht und hohen ökumenischen Erwartungen befrachtet, produziert sie wenig Zukunftsweisendes und viel Rückwärtsgewandtes. Große ökumenische Reden und Grußadressen, die für die praktische Verständigung nichts bringen. Man hat mal wieder gemeinsam gesungen. Dabei war man auf dem *ökumenischen Pfingsttreffen in Augsburg zehn Jahre früher, 1971*, erheblich weiter: »Von unten« hatten damals Tausende katholische und evangelische Christen die gemeinsame Feier des Abendmahles oder der Eucharistie gefordert und auch geübt. Damals ein Schock vor allem für die römisch-katholische Hierarchie. So etwas durfte nicht wieder passieren!

Still und brav kollaborieren seither die Hierarchen der Evangelischen Kirche in Deutschland (EKD) mit ihren römisch-katholischen Kollegen, um gegen die weit überwiegende Volksmeinung und gegen alle theologischen Memoranden solche »schlimmen« ökumenischen Entwicklungen in Zukunft zu verhindern. Im Augsburger Jubiläum von 1981 deshalb kein Wort von Abendmahlsgemeinschaft, wie sie sich nach allen Meinungsumfragen im deutschen Sprachraum eine ständig wachsende Mehrheit des Volkes wünscht. Einer der Gründe, warum so viele Gläubige, besonders in konfessionsverschiedenen Ehen, beiden Konfessionskirchen davonlaufen.

Nach dem »Pfingstwunder« von Augburg 1971 verhindert die römisch-katholische Hierarchie mit stillschweigender Zustimmung der evangelischen ein weiteres ökumenisches Treffen. Nach sage und schreibe erst 32 Jahren lässt man 2003 in *Berlin* wieder einen *»Ökumenischen Kirchentag«* zu. Doch ausdrücklich verbieten die Kirchenleitungen erneut jegliche für Angehörige anderer Konfession offenstehende Kommunion. Und der einzige katholische Priester, der auf dem Kirchentag (wie ungezählte Pfarrer in ihren Gemeinden) zu seinem katholischen Gottesdienst auch Evangelische einlädt, mein früherer Assistent Dr. GOTTHOLD HASENHÜTTL, Dogmatikprofessor in Saarbrücken, wird vom Trierer Bischof Reinhard Marx in völlig überzogener, unchristlicher Weise mit dem Entzug der Lehrbefugnis und dann sogar mit der Suspension von seinen priesterlichen Amtsvollmachten bestraft (Bd. 2, Kap. VI: Forderung der Abendmahlsgemeinschaft). Alle Empörung, alle Proteste von Katholiken wie Evangelischen lässt man ins Leere laufen. Da kommt manch einem in Blick auf die Kirchenregimente in Deutschland Heinrich Heines Wort in den Sinn: »Denk' ich an Deutschland in der Nacht, dann bin ich um den Schlaf gebracht« (1843). Ist es, fragt man sich da bange, vielleicht in der weltweiten Ökumene, etwa im Ökumenischen Rat der Kirchen in Genf, etwas heller?

Ökumenische Stagnation in Genf

Als ökumenischer Theologe habe ich in Unzweideutigkeit nach allen Seiten hin offen zu reden: Leider steht nicht nur in Rom und in Augsburg, sondern auch in Genf ökumenisch nicht alles zum Besten. Das Zweite Vatikanische Konzil hatte auch im Ökumenischen Rat der Kirchen (ÖRK) belebend, inspirierend und aktivierend gewirkt. Doch die *nachkonziliare römische Stagnation* war *Frost* für diesen ökumenischen Frühling auch in Genf. Hinzu kommen im ÖRK auch noch personelle und finanzielle Probleme, kommen seit 1968 *Spannungen* zwischen den mehr theologisch-kirchlichen und den mehr politisch-gesellschaftlich Orientierten, zwischen den westlichen Industrienationen und den Entwicklungsländern, zwischen östlich-orthodoxen und westlich-protestantischen Kirchen, eine »versöhnte Unversöhntheit« zwischen den großen konfessionellen Weltbünden.

Der Ökumenische Rat selber, der viel vom Vatikan gelernt zu haben scheint, kümmert sich in der neueren Periode zwar wie Martha im Evangelium um gar viele Dinge, ohne sich jedoch mit adäquater Energie für das ursprüngliche Ziel, die Einheit der Christenheit, einzusetzen. Symptomatisch hier die Abwertung der früher zentralen Kommission für Glauben und Kirchenverfassung durch die Entlassung ihres langjährigen Sekretärs und Inspirators, des Baslers Dr. LUKAS VISCHER. Zugleich scheint die gemeinsame theologische Kommission des ÖRK und des römischen Einheitssekretariats zur Passivität verurteilt zu sein; der gemeinsame Ausschuss »Für Gesellschaft, Entwicklung und Frieden« (SODEPAX) stellt seine Arbeit sogar lautlos ein.

Es ist ein Jammer: Die katholische Kirche, als die mit Abstand zahlenmäßig größte und zugleich bestens organisierte, hätte die Möglichkeit, dem Ökumenischen Rat inspirierend und vermittelnd (gerade zwischen protestantischen und östlich-orthodoxen Kirchen) Hilfestellung zu leisten. Leider muss ich das Gegenteil feststellen: Rom betreibt offen und versteckt eine Obstruktionspolitik, die in Genf die ökumenische Stagnation fördert und für die Zukunft nicht viel Gutes verheißt. An der Einheit des Ökumenischen Rates ist man im Vatikan nicht wirklich interessiert.

Es wird sich zeigen: Die *erste* Europäische Ökumenische Versammlung im Mai 1989 im evangelischen Basel, veranstaltet von der Konferenz Europäischer Kirchen (KEK) und dem Katholischen Rat der Europäischen Bischofskonferenzen, wird ein großer Erfolg und hat eine ausgezeichnete Grundsatzerklärung für Frieden, Gerechtigkeit und Bewahrung der Schöpfung hervorgebracht. Auch die *zweite* Europäische Ökumenische Versammlung 1997 im katholischen Graz zeigt sich offen für eine Botschaft für eine Einheit der Kirchen, den Frieden der Religionen und die Gemeinschaft der Nationen, auch wenn es zu keiner klaren Formulierung eines Aktionsprogramms – etwa bezüglich der von mir vorgeschlagenen Gründung eines »Rates der Religionen« in allen größeren Städten – kommt. Aber die *dritte* Europäische Ökumenische Versammlung, 5.–9. September 2007 in Sibiu (Hermannstadt), im orthodoxen Rumänien, leidet bereits stark unter der ökumenischen Flaute. Sie vermeidet zwar den befürchteten großen Krach zwischen Orthodoxen und Protestanten, doch einigt sie sich nur auf eine allzu allgemeine Schlussbotschaft und bringt nicht den geringsten Fortschritt in den strittigen Fragen.

Doch was mir besonders schlimm scheint: Von führenden Kirchenvertretern wird dieser selbst produzierte ökumenische Stillstand hingenommen, ja gerechtfertigt. Wenn es richtig berichtet wurde[4]: Kardinal WALTER KASPER, Präsident des Päpstlichen Rates zur Förderung der Einheit der Christen, mein früherer Assistent, der als Tübinger Professor das bereits erwähnte zukunftsweisende Malta-Papier 1971 mitunterschrieben, es aber auf der hierarchischen Karriereleiter offensichtlich vergessen hat, und der für die Blockade der ökumenischen Verständigung unter den beiden Päpsten Wojtyła und Ratzinger die Mitverantwortung trägt, erklärt 2007, dass sich der Weg, mit theologischen Gesprächen über die Gräben hinweg zu einer Annäherung und zu einem Konsens zu kommen, erschöpft habe: »Wir kommen nicht mehr viel weiter.« Und in derselben ökumenischen Konferenz sieht der damalige Ratsvorsitzende der EKD, der Berliner Bischof WOLFGANG HUBER, wie immer sich an Rom anschmiegend, die bisherigen Bestrebungen nach Annäherungen und Übereinkunft ebenfalls an ihr Ende gekommen und hebt ab in eine nebulöse »spirituelle« Utopie: »Ich glaube, das Modell der Ökumene müsste eine Ökumene der Spiritualität, des wechselseitigen Respektes und des gemeinsamen Handelns sein.«[5] Was mich betrifft, so wende ich mich nicht gegen Bemühungen um eine erneuerte Spiritualität, aber sie darf nicht zum Ersatz für Strukturreformen, Abendmahlsgemeinschaft, eine wechselseitige Anerkennung der Kirchen werden.

Doch bleibt die römische Position wie eh und je: Ökumenische Reden, Kommissionen und Meetings ja, aber keine gegenseitige Anerkennung der Ämter, kein gemeinsames Abendmahl der Gläubigen, keine Diskussion des römischen Primats- und Unfehlbarkeitsanspruchs und keine Lösung der damit verbundenen kontroversen praktischen Fragen. Und das soll also nun das künftige Modell der Ökumene sein? Wie soll es da in der ökumenischen Arbeit weitergehen?

Das Dilemma der Anglikaner

Der römische Restaurationskurs hat vielleicht am meisten der weltweiten Anglican Communion Schaden zugefügt, die vor allem durch ihre Loyalität zu ihrem Primas, dem Erzbischof von Canterbury, zusammengehalten wird. Mit ihr könnte Rom die Communio, die Kircheneinheit, am leichtesten herstellen. Denn die anglikanische Kirche könnte aufgrund ihrer Geschichte einen Pastoralprimat des Bischofs von Rom, des Papstes, erneut anerkennen, wenn dieser der Church of England und den anderen Gliedkirchen der Anglican Communion weitgehende Autonomie, vor allem in der Wahl ihrer Bischöfe, der Beibehaltung der Priesterehe und der eigenen Liturgie gewährte. Das würde von Rom allerdings einen Verzicht auf den nicht im Neuen Testament und der alten katholischen Tradition des ersten Jahrtausends, sondern im mittelalterlichen Kirchenrecht begründeten Macht- und Rechtsanspruch voraussetzen.

Dass im Geist des Konzilspapstes Johannes XXIII. ein solcher Machtverzicht möglich und ratsam wäre, habe ich schon in meinem nach dem Konzil 1967 veröffentlichten Buch »Die Kirche« ausführlich dargelegt und die englische Ausgabe dem ökumenisch gesinnten Erzbischof von Canterbury, Dr. MICHAEL RAMSEY (1961-74), gewidmet. Dies wurde in der anglikanischen Kirche allgemein mit Wohlwollen aufgenommen. In der Folge hat die offizielle Anglikanisch/Römisch-katholische Internationale Kommission (ARCIC) in diesem Geist Einigungsdokumente erarbeitet, die eine Wiedervereinigung der beiden Kirchen ermöglicht hätten. Doch auch diese verschwanden ohne positive Antwort in den Schubladen des Vatikans: »Zu viel Küng-Theologie«, hieß es dort, natürlich inoffiziell.

Im Anschluss an die Jahresversammlung unserer Internationalen Zeitschrift für Theologie »Concilium« in Cambridge werde ich am 24. Juli 1980 vom neuen Erzbischof von Canterbury, Dr. ROBERT RUNCIE (1980–91), in dessen Londoner Residenz, den Lambeth Palace, eingeladen. Es geschieht dies im Blick auf den ersten Besuch eines Papstes in Großbritannien seit der Spaltung im 16. Jahrhundert. Sie war bekanntlich von König Heinrich VIII. und seinem Wunsch nach Annullierung seiner ersten Ehe provoziert und unglücklicherweise durch die Exkommunikation des Königs durch Papst Paul III. (1537) und Königin Elisabeths I. durch Papst Pius V. (1570) definitiv vollzogen worden. Der Primas fragt mich um Rat: »Halten Sie es für möglich, dass Johannes Paul II. in der Kathedrale von Canterbury an einer anglikanischen Eucharistiefeier teilnehmen wird?« Meine Antwort konnte nur lauten: »Forget it, Your Grace, das wird er nie tun.« Doch der Erzbischof: »Es geht doch nur um eine rein passive Assistenz ohne Konzelebration.« Ich antworte: »Nein, dies wird er nicht tun, weil dies die faktische Anerkennung der Gültigkeit der anglikanischen Weihen und Eucharistiefeiern bedeuten würde.« Diese Gültigkeit wird bekanntlich seit der historisch freilich höchst zweifelhaften Bulle Leos XIII. »Apostolicae curae« (1896) von Rom wegen Formmangels und fehlender Apostolischer Sukzession infrage gestellt.

Der Primas fragt weiter: »Wozu würden Sie denn raten?« Mein Rat: »Lassen Sie doch Johannes Paul II. ganz persönlich und diskret (unter Umständen durch ein Mitglied der königlichen Familie) wissen, dass Sie ihn sehr gerne in Canterbury empfangen würden, aber nur wenn er bei dieser Gelegenheit offiziell auf die Konsenspapiere der gemeinsamen Kommission ARCIC eine konstruktive Antwort gibt.«

Es ist klar: Für Rom ist die gegenseitige Anerkennung der kirchlichen Ämter, für die ich mich mit vielen anderen immer wieder neu eingesetzt habe, eine Machtfrage (vgl. Bd. 2, Kap.VI: Apostolische Sukzession – eine Machtfrage ersten Ranges). Die spezielle römische Doktrin gibt nämlich die Möglichkeit, alle anglikanischen und protestantischen Pfarrer und Bischöfe als von vornherein nicht gültig ordiniert abzuqualifizieren und ihren Kirchen deshalb die Abendmahlsgemeinschaft zu verweigern – ungeachtet aller ökumenischer Impulse des Vatikanum II und aller Konsensdokumente zwischen den Kirchen. Statt sich zu öffnen, versteift sich der Vatikan erneut auf theologisch veraltete Rechtspositionen.

Was immer da hinter den Kulissen abgelaufen ist: Dr. Runcie verzichtet auf eine anglikanische Eucharistiefeier. Er empfängt den Papst feierlich in der Kathedrale von Canterbury: Man umarmt sich protokollgemäß und hält freundliche Ansprachen samt Gebet. Dies alles, obwohl der Primas weiß, dass dieser Papst ihn nicht einmal für einen gültig geweihten Priester hält und über die gegenseitige Anerkennung der Ämter und die erwünschte Abendmahlsgemeinschaft kein Wort verliert. Mir erscheint die ganze Zeremonie als eine pseudoökumenische Farce. Für den Papst ein Medienerfolg und für den Primas eher eine Verschärfung des Dilemmas der anglikanischen Kirche: römisch oder ökumenisch?

Immer mehr wird diese Kirche jetzt mit römischem Druck einer verhängnisvollen Zerreißprobe ausgesetzt: Rechts der katholisierende Flügel, der bei Einführung der (von Rom ohne neutestamentliche Grundlage verworfenen) Frauenordination mit Abspaltung und Anschluss an Rom droht. Links der liberale Flügel. Er hat sich neben der Frauenordination die (vom Apostel Paulus verurteilte) praktizierte Homosexualität kompromisslos zum innerkirchlichen Kampfprogramm erkoren. So wird in den USA die Wahl eines bekennenden schwulen Pfarrers zum Bischof der Diözese New Hampshire durchgesetzt – und dies trotz der drohenden Spaltung sowohl in der Diözese wie in der weltweiten anglikanischen Gemeinschaft. Für Rom natürlich ein weiterer Grund, auf die »Rückkehr« von Hunderten anglikanischer Geistlicher in den Schoß der »einzig wahren Kirche« nicht nur zu hoffen, sondern auch für sie zu werben. Faktisch sind es nur ein paar Dutzend, als der Vatikan im

Jahr 2011 unter BENEDIKT XVI. für übertrittswillige Anglikaner ein erstes katholisches Personal-Ordinariat unter einem früheren anglikanischen Bischof einrichtet, wovon im Kapitel XI die Rede sein wird. Man will in Canterbury offenkundig nicht sehen, dass man ohne eine ökumenische Kursänderung in Rom kaum einen gemeinsamen Weg finden und durchhalten wird.

Dialog mit der östlichen Orthodoxie ohne Ergebnisse

Zu Beginn von Ratzingers Pontifikat hatte es allgemein geheißen, dieser Papst würde statt des Dialogs mit den Protestanten den mit der östlichen Orthodoxie suchen. Aber nachdem der Besuch von Papst Benedikt in Konstantinopel im Jahr 2006 wegen der römischen Machterhaltungsstrategie statt ökumenischer Ergebnisse nur eine neue Kommission erbracht hatte, die bisher auch resultatlos blieb, verspürt man im Moskauer Patriarchat wenig Lust, den Papst nach Russland einzuladen, nur damit er sich dort »päpstlich« präsentieren und profilieren kann. So kommt es denn weder mit Konstantinopel noch mit Moskau zu einem ernsthaften Dialog. Die Einsetzung von römisch-katholischen Bischöfen in Gebieten mit minimaler Katholikenzahl wie Sibirien belastet darüber hinaus die Beziehungen zwischen Rom und Moskau bis heute.

Für den römischen »Weltkatechismus« mit all seinen vatikanischen Dogmen über Maria und den Papst sowie den römischen Speziallehren zur Sexualmoral war in Russland im Prozess der Abwendung vom Kommunismus ohnehin kaum Bedarf. Für eine zeitgemäße Theologie freilich durchaus. Für meine Bücher bestand ja schon unter der kommunistischen Diktatur unter wachen Russen großes Interesse. Vor allem »Christ sein« und »Existiert Gott?« wollten bestimmte Kreise in Moskau unbedingt auf Russisch herausbringen. Ich erteilte nicht nur die Übersetzungsrechte, sondern wandte auch große Summen auf für Papier, Übersetzung und Druck der beiden Bücher und ihr Erscheinen im illegalen, aber effektiv funktionierenden »Samisdat«.

Auch kümmere ich mich, wie berichtet, um das Schicksal eines jungen theologisch interessierten Russen, EVGENIJ BARABANOW, der aufgrund seiner religiösen Überzeugung Schwierigkeiten mit dem KGB hat. Ich schlage ihn der Katholisch-Theologischen Fakultät der Universität Tübingen für ein Doktorat honoris causa vor (Bd. 2, Kap. IX: Ehrenpromotion eines sowjetischen Dissidenten). Trotz des Protestes der Sowjetbotschaft in Bonn nimmt die Fakultät im Zusammenhang der

500-Jahr-Feier der Universität 1977 die Promotion vor, zusammen mit denen des berühmten Physikers und Philosophen CARL FRIEDRICH VON WEIZSÄCKER, des ökumenisch gesinnten Benediktinerabts LAURENTIUS KLEIN und des sozial engagierten Bischofs ADRIANO HIPOLITO von Nova Iguaçu/Brasilien.

Ich kümmere mich in der Folge auch um die Übersetzung und Publikation zweier origineller Aufsätze Barabanows. Auch darf er während seines Aufenthalts in Tübingen zusammen mit seiner zweiten Frau Ludmila (die erste hatte er mit zwei Kindern in Moskau zurückgelassen) in meinem Hause wohnen. Ein festliches Abendessen zu seinen Ehren mit einem Dutzend Gästen litt allerdings unter der einstündigen Verspätung der Ehrengäste, die einkaufen waren. Professor LUDOLF MÜLLER, ein von mir oft konsultierter hochgebildeter Slawist, der sich seit Jahrzehnten um die Übersetzung und Interpretation russischer Literatur (vor allem Dostojewski und Solowjow) kümmert, rettet die peinliche Situation mit der Erklärung, Russen kämen regelmäßig zu spät. Aber meine große Hoffnung, Barabanow würde sich in die deutsche Theologie einleben, erfüllt sich nicht, da er die deutsche Sprache nicht lernen kann oder will. Er verliert schließlich den Kontakt mit mir. Eine gescheiterte Hoffnung.

Anders verhält es sich mit dem bedeutenden Prediger, Schriftsteller und Reformator ALEXANDER MEN (Bd. 2, Kap. V: Bleibende Hochachtung vor der orthodoxen Kirche). Ich habe ihn nach der Wende auf einer katholischen Akademietagung in Weingarten kennengelernt. Er setzt sich in Russland für eine zeitgemäße Verkündigung sowie für soziale und politische Reformen ein. Wir verstehen uns sofort. Ich schicke ihm nach der Tagung mein Buch »Ewiges Leben?« nach Moskau und erhalte kurz darauf als Antwort die Schreckensnachricht, Alexander sei am 9. Mai 1990 auf dem Weg zum morgendlichen Gottesdienst, vermutlich von Agenten des Geheimdienstes, mit einer Axt erschlagen worden. Eine zweite gescheiterte Hoffnung.

Die russisch-orthodoxe Kirche versteift sich in der Folgezeit und besonders nach dem Zusammenbruch des Sowjetkommunismus leider immer mehr im Traditionalismus. Rom aber verpasst die Chance, ihrer russischen Schwesterkirche zu helfen, sich in der modernen Zeit zurechtzufinden. Ja, Rom, das selber ständig Probleme mit der Moderne hat, verstärkt noch die konservative Tendenz und macht in Fragen wie Frauenordination und Sexualmoral faktisch gemeinsame Front mit den Orthodoxen gegen die anglikanische Gemeinschaft und die evangelischen Kirchen.

Immerhin dürfen nach der großen Wende meine Bücher in Russland übersetzt und veröffentlicht werden. Ich verdanke es Prof. ALEXEI BODROW vom St Andrew's Biblical Theological College in Moskau, dass nun ein Buch nach dem anderen erscheinen darf, so zum Beispiel im Jahr 2013 »Was ich glaube« und »Freud und die Zukunft der Religion«; bereits 2012 »Die Kirche«. In der Beurteilung der Lage der Christenheit in Ost und West sind wir beide weithin gleicher Meinung.

Sieben Strategien gegen den fortdauernden Rückwärtskurs

Was tun Katholiken in der katholischen Kirche angesichts dieser unerfreulichen Lage? Natürlich gibt es in dieser Zeit römisch-katholischer Restauration, wenn man mit ihr nicht einverstanden ist, verschiedene Strategien geistigen Überlebens, für jeden Christenmenschen Mann oder Frau, und so auch für jeden Theologen. Millionen Katholiken sind nicht einverstanden mit diesem Kurs. Auf diese Situation lassen sich sieben höchst unterschiedliche Reaktionen beobachten, von denen für mich die ersten vier freilich nicht infrage kommen:

1. Man kann aus der Kirche *austreten*, wie dies schon sehr früh zu meinem größten Bedauern Englands damals bekanntester katholischer Theologe Charles Davis getan hat (Bd. 2, Kap. I: Radikale Antwort: Kirchenaustritt). In Deutschland sind seit dem Amtsantritt Johannes Pauls II. 1978 drei Millionen Mitglieder aus der römisch-katholischen Kirche ausgetreten (nicht nur wegen der Kirchensteuer), und der katholische Anteil ging – allerdings auch infolge der Wiedervereinigung – von 43,6 Prozent (1978) auf 31,4 Prozent (2004) zurück. Brasilien, ein Land mit 195 Millionen Einwohnern, darunter 164 Millionen Katholiken, verzeichnet die stärkste Abkehr zu protestantischen Freikirchen. Gab es 1980 noch 90 Prozent Katholiken, sind es 2011 nur mehr 64 Prozent.

2. Man kann das *Schisma* einer ganzen Gruppe herbeiführen, wie dies von rechts aus der reaktionäre Alt-Erzbischof Marcel Lefebvre (1988 exkommuniziert) und seine traditionalistische Priesterbruderschaft des Heiligen Pius X. getan haben (Bd. 2, Kap. VIII: Gegen eine Spaltung der Kirche), was freilich bisher keine einzige reformerische Gruppe getan hat.

3. Man kann in die *innere Emigration* gehen und schweigen. Viele frühere Reformgesinnte haben frustriert aufgegeben. Sie bleiben zwar in der Kirche, aber engagieren sich nicht mehr: »Ist doch alles umsonst, dieses System lässt sich nicht reformieren!« So fehlt es überall immer mehr an profilierten Leuten, die Widerstand leisten.

4. Man kann sich *äußerlich anpassen*, aber privat ganz anders denken. Das tun viele, die sich mit dem »Genossen Trend« verbinden. Das tun von der Kirche abhängige Geschäftsleute, vor allem aber konformistische Politiker, die auf gute Beziehungen mit der Kirche Wert legen und auf Kirchentagen und bei Papstmanifestationen gerne in der ersten Reihe sitzen, aber ihre Einwände gegen offizielle Dogmen oder Moral bestenfalls privat äußern.

Es lassen sich jedoch drei weitere Reaktionen beobachten, die mir alle gewichtig und im Prinzip gerechtfertigt erscheinen:

1. Man kann sich auf Gemeindeebene *engagieren* und unbekümmert um Papst und Bischof sich mit dem Seelsorger und der Gemeinde vor Ort identifizieren oder, wie es immer mehr von Männern und besonders von Frauen getan wird, anstelle des fehlenden Pfarrers agieren.

2. Man kann *öffentlich protestieren* und energisch von der Kirchenleitung einen Wandel fordern. Nicht austreten, auftreten ist die Devise! Doch ist das kritische Potential angesichts des massiven Widerstandes des in Deutschland durch Staatskirchenrecht und Kirchensteuer abgesicherten römisch-katholischen Establishments immer schwächer geworden.

3. Man kann über die entstandene Lage *wissenschaftlich reflektieren* und publizieren und so die einzelnen Kirchenmitglieder und Gemeinden geistig orientieren und inspirieren. Das tun jene Theologen, die sich nicht resigniert zurückgezogen oder sich bequem im akademischen Elfenbeinturm eingerichtet haben, sondern ihre Aufgabe als Lehrer der Kirche wahrnehmen (vgl. 1 Kor 12,28 f.). Meine besondere Aufgabe als Lehrer der Theologie ist vor allem die zuletzt genannte. Doch stellt sich da für mich wie für jeden Theologen die Frage:

Sollen Theologen schweigen?

Soll auch ich zu diesem insgesamt höchst unerfreulichen Restaurationsprozess nicht einfach *schweigen*? Aber: »Qui tacet, consentire videtur!« Immerhin ein Satz aus den päpstlichen Dekretalen: »Wer schweigt, scheint zuzustimmen«! Aus vielfältiger Erfahrung weiß ich nur zu gut, dass viele katholische Theologen, die angesichts der Übermacht von Papst und Episkopat ein offenes Wort nicht wagen, keineswegs zustimmen. Ihnen würde ich gerne zurufen: »Qui dissentit, loquatur – wer nicht zustimmt, möge reden!« Oder wenn sie nur im Kollegen- oder Freundeskreis frank und frei reden: »Was man euch ins Ohr flüstert, das verkündet von den Dächern.« (Mt 10,27)

Oder sollen wir als Theologen die Segel einziehen und uns wie bestimmte Kirchenführer treiben lassen, nur weil gerade Flaute herrscht? Sollen wir deswegen auch noch das Rudern aufgeben und verzweifeln? Oder einfach im kirchenamtlichen Mainstream mitschwimmen? Nein, die Theologie hat in der Christenheit ihre eigene Würde und Verantwortung. Und gerade in Zeiten der Bedrängnis, des Stillstandes, der Resignation kommt alles darauf an, dass wir die Hoffnung nicht aufgeben, dass wir trotz allem nüchtern die Ansätze für eine weitere positive ökumenische Entwicklung wahrnehmen und fördern, dass wir weiterdenken, in unseren Veröffentlichungen Stellung beziehen und alle ihren Mann, ihre Frau stellen. Je nach Temperament jeder auf seine Weise: eher sanft und leise oder laut und deutlich.

Gewiss, die Nachfolge der alt- und neutestamentlichen *Propheten* sollte kein Professor ohne Not in Anspruch nehmen. Zum Propheten kann man sich glücklicherweise in keiner theologischen Fakultät promovieren oder habilitieren lassen; und wer könnte schon, wissend um die beinahe unerträgliche Last prophetischer Aufgaben, eine solche Berufung auch nur anstreben wollen ... Biblisch gesprochen ist es weder die Nachfolge der Apostel noch die der Propheten, wohl aber die Nachfolge der *Lehrer*, der Didaskaloi, der Doctores, die Theologen beanspruchen dürfen. Und mit Paulus dürfen sie dann durchaus provozierend fragen: »Sind denn etwa *alle* Lehrer?« (1 Kor 12,29). Paulus meint, nein, und sagt: »Es gibt verschiedene Charismen, Gnadengaben.« (1 Kor 12,4). Und so hat »Gott in der Kirche die einen als Apostel eingesetzt, die anderen als Propheten, die dritten als Lehrer.« (1 Kor 12,28). Die Theologie gründet anders als die Prophetie nicht unmittelbar auf Offenbarung, sondern auf Überlieferung. Sie ist weniger direkte Anrede für die konkrete Situation als vielmehr grundsätzliche Auslegung und Belehrung; sie geschieht weniger intuitiv-appellativ als explikativ-systematisch. Natürlich sind im Konkreten die Übergänge zwischen dem Propheten und dem Professor fließend, und es kann Situationen geben, wo ein Professor in eine prophetische Rolle hineingedrängt wird.

»Weh mir, wenn ich das Evangelium nicht verkünde!«, sagt der Apostel Paulus im Ersten Korintherbrief (9,16). »Weh mir, wenn ich die Wahrheit des Evangeliums nicht lehre!«, sollten sich die Lehrer in der Christenheit sagen. Oder werden etwa gerade heute wieder kritische Theologen in der römisch-katholischen Kirche schweigen müssen, wie noch angesichts der Antimodernismushetze unter Pius X. zu Beginn des 20. Jahrhunderts oder angesichts der Kampagne gegen die »Nouvelle Théologie« unter Pius XII. um die Mitte des 20. Jahrhunderts? So oft haben sie in der

Geschichte der Kirche – und nicht nur in dieser Kirche – geschwiegen. So oft wurden sie zum Schweigen gebracht. Sollen also wieder nur die Hoftheologen das Sagen haben, deren vornehme Funktion seit Kaiser Konstantins und des Hofbischofs Eusebios Zeiten es war, ihren hohen Herren die Argumente, Texte, Ideologien zu liefern? Nein, ein »Doctores taceant in Ecclesia – die Lehrer mögen schweigen in der Kirche« (entsprechend dem allerdings unechten Pauluswort 1 Kor 14,34: »Die Frauen mögen schweigen in der Gemeindeversammlung«) darf es nie wieder geben.

Nicht konformistisch, sondern kritisch haben Theologen zu sein: kritisch gegenüber sich selbst, aber auch gegenüber ihrer eigenen Tradition und Kirche. Denn was sind die Folgen für eine Kirche, in der die Theologen schweigen? Dann macht sich niemand mehr in intellektueller Redlichkeit die Mühe kritischer Unterscheidung: um immer wieder die *gute* Tradition (es gibt doch auch eine schlechte), die *authentische* Lehre (es gibt auch eine falsche), die *ursprüngliche* christliche Botschaft (es gibt auch eine nicht-ursprüngliche) herauszuarbeiten; um die Wahrheit des Evangeliums aus dem Dort und Damals immer wieder neu ins Hier und Heute zu übersetzen. Theologie soll und darf doch sein in der Christenheit: die *denkende Rechenschaft über die Wahrheit des christlichen Glaubens*. Und Verpflichtung des christlichen Theologen ist es, die *christliche Wahrheit in Wahrhaftigkeit* zu suchen (Bd. 1, Kap. III: Durchbruch zur Gewissensfreiheit). Und dies unter Umständen auch gegen die Repression der eigenen Kirchenleitung.

Ratzingers Inquisitionsbehörde und der Widerstand

Im Jahr 1981 wird Kardinal Joseph Ratzinger von München nach Rom berufen: als Präfekt des Sanctum Officium der Inquisition, jetzt Kongregation für die Glaubenslehre genannt. Ein historisch bemerkenswerter Vorgang. Die deutsche katholische Universitätstheologie zeigte ja im Allgemeinen wenig Sympathie für den römischen Doktrinalismus. Und gerade zur Münchner Fakultät hatte ein Jahrhundert zuvor der scharfsinnigste Gegner einer Definition von päpstlicher Unfehlbarkeit und Primat, Ignaz von Döllinger (1799–1890), gehört, der wohl gelehrteste Theologe und Kirchenhistoriker im Deutschland des 19. Jahrhunderts. Man hat die Parallelen und die Unterschiede zu meiner Position analysiert (vgl. Bd. 2, Kap. IV: Das altkatholische Schisma ließe sich beenden). Ich habe immer den Standpunkt vertreten, dass das »altkatholische Schisma«

beendet werden könnte, wenn eine konstruktive Lösung der Primats- und Unfehlbarkeitsfrage für Rom akzeptabel wäre – unter einem neuen Papst. Aber unter dem polnischen Papst stehen die Zeichen schlecht, und der Einzug des deutschen Kardinals Ratzinger in den Palazzo del Sant' Uffizio wird von reformorientierten Katholiken allenthalben als ein schlechtes Vorzeichen angesehen.

Über diese fast ein Vierteljahrhundert dauernde Lebensperiode bis zu seiner Papstwahl 2005 sagt also Joseph Ratzinger in seiner Autobiographie kein einziges Wort: Warum dieses Verschweigen? In der Tat unterstützt er in jeder erdenklichen Weise den konservativ-restaurativen Kurs Johannes Pauls II. und wird damit mein mächtigster Gegenspieler, dem der ganze riesige Apparat des größten religiösen Multis der Welt zur Verfügung steht. Dass die »Servizi« der Kurie mit den modernen Kommunikationsmitteln »svelti«, sehr »rasch«, geworden sind, hatte mir, wie berichtet, schon Kardinal Montini, unter Pius XII. Substitut im Staatssekretariat, vor seiner Papstwahl erklärt. Und wie dem Kardinalstaatssekretär so steht auch dem Chef der Glaubensbehörde der gesamte kuriale Apparat zur Verfügung. Bei ihm treffen ja täglich Denunziationen aus aller Welt ein. Und ihm ist es ein Leichtes, direkt an jede der päpstlichen Nuntiaturen in aller Welt zu gelangen, um den Repräsentanten des Papstes zu einer Intervention bei einer Bischofskonferenz, bei einer Regierung oder eben auch gegen einen Einzelnen zu veranlassen. Er kann auch jeden der fast 5000 Bischöfe in aller Welt direkt anschreiben, um gegen ihn oder gegen einen seiner Theologen, Seelsorger oder Ordensleute vorzugehen – alles geräuschlos und von der Öffentlichkeit völlig unbeobachtet, oft ausdrücklich »sub secreto«, unter der hohen Geheimhaltungsstufe des Sanctum Officium. Dort aber ist inzwischen die Administration modernisiert worden. Mithilfe des Computers lassen sich all die Denunziationen und Pressemeldungen leichter verarbeiten. Noch immer gibt es das zweigeteilte System der Archivierung nach Sachgebieten oder nach Personen. Wehe, wenn einer schon eine Protokollnummer in diesem Archiv erhalten hat – meine ist bekanntlich Nr. 399/57i aus dem Jahr meiner Doktordissertation 1957 (in der Indexabteilung) –, dann wird alles dort abgelegt, was aus welchem Erdteil auch immer gegen ihn (selten für ihn) gemeldet wird. So zum Beispiel im Jahr 1981 die Verhinderung meiner Einreise in die Philippinen auf Intervention des päpstlichen Nuntius.

Angesichts des von Kardinal Ratzinger unterstützten konservativ-restaurativen Kurses von Papst Wojtyła, der trotz aufwendiger und umjubelter Auslandsreisen die zunehmende Entfremdung vieler Katholiken von ihrer Kirche nicht verhindern, aber auch die ernsthaften ökumenischen Bestrebungen an der Basis nicht unterdrücken kann, gilt es für mich persönlich erst recht, die ökumenische Theologie zu vertiefen, ja auszuweiten.

Horizonterweiterung der ökumenischen Theologie notwendig

Schon ein Jahrzehnt vor dem Globalisierungsprozess der 1990er-Jahre war mir klar: Es ist eine Theologie in ökumenischem Geist gefordert, die den *ganzen Globus* im Blick hat und so *global, universal* nach zwei Richtungen voranzutreiben ist – sowohl ad intra (nach innen) in der Christenheit wie ad extra (nach außen) in der Weltgesellschaft.

Was aber heißt für mich *ökumenische Theologie nach innen*? Gegen alle defätistischen Parolen unbeweglicher Kirchenmänner, man käme in der Verständigung bezüglich der klassischen Streitfragen nicht weiter, sollten wir uns bemühen, in den Kirchen noch intensiver den schon seit Langem erreichten Diskussionsstand im ökumenischen Gespräch zu rezipieren, zu realisieren und zu propagieren. Aufgrund vieler Publikationen und ökumenischer Kommissionen lässt sich belegen: Auch wenn Rom es bisher nicht wahrhaben will, dürfen die klassischen Streitfragen Schrift und Tradition, Rechtfertigung und Sakramente im Prinzip als nicht mehr kirchentrennend angesehen werden. Die nach wie vor (vor allem wegen der römischen Machtansprüche) umstrittenen Fragen betreffen »nur« die Kirchenverfassung, die Kirchenämter und ihre »Apostolische Sukzession« und natürlich das Papsttum.

Wir sollten uns also auf die verbliebenen Kontroversfragen der Reformationszeit, aber auch des östlich-westlichen Schismas konzentrieren. Die vier neuen vatikanischen Dogmen – päpstlicher Primat und Unfehlbarkeit (1870), Mariens Unbefleckte Empfängnis (1854) und leibliche Aufnahme in den Himmel (1950) – bedürfen besonders sorgfältiger Diskussion. Dabei sollten noch stärker die uns in deutschsprachigen Ländern ferner stehenden Fragen sowohl der östlichen Orthodoxie als auch der protestantischen Freikirchen ernst genommen werden. Vor diesem gesamtchristlichen Horizont behandle ich deshalb schon in meiner ersten Vorlesungsreihe 1980/81 folgende Themen eines Ökumenismus ad intra: »Zur Freiheit eines Christenmenschen«, »Kirche von oben – Kirche von unten«, »Petrusamt – Unfehlbarkeit«, »Abendmahl und Interkommunion«, »An einen Sohn Gottes glauben«, »Die Herausforderung des christlichen Ostens«.

Aber »Ökumene« heißt der ganze »bewohnte Erdkreis« und nicht nur die Christenheit. Es stellen sich hier die schwierigen Fragen einer nicht nur zwischenkirchlichen, christlichen Ökumene, sondern auch die einer außerkirchlichen, außerchristlichen *Weltökumene*.

Was also heißt für mich *ökumenische Theologie nach außen*? Dass wir uns immer mehr auf die Weltökumene mit ihren verschiedenen Regionen und Religionen, Philosophien und Wissenschaften ausrichten. Nach außen sehen sich christliche Kirchen und Theologien vor gemeinsame Fragen gestellt, die sie überzeugend nur gemeinsam zu beantworten vermögen. In meiner Vorlesungsreihe behandle ich deshalb wichtige Fragen eines Ökumenismus ad extra: vor allem »Theologie, Politik und Gesellschaft«, »Ökumene mit den Juden?«, »Eine Ökumene der Weltreligionen?«, »Ein ökumenisches Christsein«.

So gewinnt, hoffe ich Anfang der 1980er-Jahre, langsam eine ökumenische Theologie Gestalt, der man die konfessionelle Vergangenheit noch ruhig anmerken darf, die aber – der gemeinsamen christlichen Sache verpflichtet – auf eine ökumenische Zukunft ausgerichtet ist, indem sie andere religiöse und nicht-religiöse Positionen der Gegenwart selbstverständlich miteinbezieht.

Dies alles – und das ist der Untertitel meiner Vorlesungen 1980/81 – als »Perspektiven für einen Konsens der Zukunft«. Eine christliche Theologie ist heute gefordert, die – gerade weil sie sich den zentralen theologischen Fragen widmet – offen ist für die ganze Welt, die konkreten Fragen, Nöte und Hoffnungen aller heutigen Menschen. Doch ist das nicht eine Illusion?

Zukunftschancen einer Vision: Minus- und Pluspunkte

So oft bin ich schon gefragt worden: »Glauben Sie denn wirklich, dass Sie (und Ihre Freunde) sich mit Ihren Ideen durchsetzen können in diesem autoritären römischen System?« Ja, nur zu gut kenne ich dieses System und habe Verständnis für solche Fragen. Immer habe ich Gewicht darauf gelegt, dass ich Professor und nicht Prophet und erst recht nicht Wahrsager bin und dass Prognosen im Bereich Religion nicht weniger schwierig sind als auf den Finanzmärkten und in der Weltpolitik, wo sich auch Experten wegen wechselnder Zeitumstände öfters irren. Aber selbstverständlich habe ich mir viele Gedanken gemacht über die *Zukunftschancen* meiner Vision. Sie weist, was die katholische Kirche betrifft, Minus- und Pluspunkte auf, die zur Abschätzung der Chancen zugleich in Betracht zu ziehen sind.

Einerseits die *Minuspunkte*:

– Papst und Kurie werden unter den gegenwärtigen Bedingungen weiterhin alles daransetzen, um ihre absolutistische Machtstellung in der römisch-katholischen Kirche zu bewahren, und werden ihren Machtbereich auch auf die autokephalen orthodoxen Kirchen des Ostens auszuweiten versuchen.

– Die verschiedenen nationalen Bischofskonferenzen werden aufgrund der Auswahlkriterien für Bischöfe im Allgemeinen der vatikanischen Linie folgen, auch wenn sich ihr Klerus immer mehr ausdünnt und die Kirchenflucht der Gläubigen allenthalben weitergeht.

– Statt Erneuerung betreibt man Kosmetik: Bei der Papstmanifestation mit Benedikt XVI. im österreichischen Mariazell werden später (2007) für alle anwesenden Bischöfe von einer Modedesignerin gegen alle liturgischen Vorschriften grellblaue Gewänder (mit gelben Streifen) entworfen, um über das Fernsehen der ganzen Welt eine erneuerte Kirche zu präsentieren; doch statt Zuwendung zum katholischen Glauben ernteten sie Spott: papageienhaft gekleidet hätten sie ohne eigene Gedanken dem Papst nachgeplappert, und es habe nur die Schminke auf dem Gesicht gefehlt, um das Papstwort »Die Kirche ist jung!« wahr erscheinen zu lassen.

– Die Pfarrei-Zusammenlegungen zu Seelsorge-Einheiten wegen des gravierenden Priestermangels sind offensichtlich eine Scheinlösung, die den überforderten Seelsorger noch mehr von den Menschen entfernen; doch mit solchen pastoralen »Neuordnungen« täuschen die Bischöfe vergebens über den vom Zölibatszwang verursachten Kollaps der seit Jahrhunderten aufgebauten Gemeindestrukturen hinweg.

– »Opus Dei«, »Legionäre Christi« und ähnliche mehr oder weniger geheime Gruppierungen werden die römische Macht finanziell, publizistisch und politisch abzusichern und zu stärken versuchen.

– Die neuen charismatischen Bewegungen werden von Rom als die neue jugendliche Basis der Kirche gehätschelt und durch konservative Geldgeber gefördert, und dies besonders in Regionen, die keine kritische Theologie kennen; selten allerdings dienen sie dem Aufbau der zusammenbrechenden Gemeinden.

– Die konservativen römisch-katholischen Kreise werden sich unter Umständen zur Rettung des »integralen« christlichen Glaubens mit protestantischen evangelikalen Gruppierungen verbinden, sodass man von einem fundamentalistischen, »evangelikalen Katholizismus« reden wird.

Andererseits die *Pluspunkte:*

– Diese neuen charismatischen Bewegungen lassen den Großteil der Jugendlichen und der Katholiken kalt. Sie bleiben eine kleine Minderheit, die den Zusammenbruch der Gemeinden, das Absterben des zölibatären Priestertums und den von der Säkularisierung geförderten Gläubigenschwund nicht aufhalten können.

– Alle Meinungsumfragen in den Industrienationen zeigen große Mehrheiten für weitere Reformen in kirchlicher Lehre (etwa bezüglich Geburtenregelung) und Praxis (etwa Eucharistiegemeinschaft). Die besonders von Rom hochgehaltenen traditionellen Lehrdifferenzen zwischen den Kirchen, ja die traditionelle theologische Sprache überhaupt, werden kaum noch verstanden.

– Der Zusammenbruch der regulären Seelsorge (Personalabbau, Auflösung von Pfarreien, Schließung von Kirchen) ist auf die Dauer weder durch kontraproduktive Pfarreifusionen noch durch Importpriester aus Polen, Afrika und Indien mit all ihren kulturellen und besonders sprachlichen Integrationsschwierigkeiten zu verschleiern.

– Die Macht des Papstes ist trotz seiner absolutistischen Machtansprüche faktisch vielfach beschränkt und kann sich, so klagt man in der Kurie, nach unten vielfach nicht mehr durchsetzen. Es fehlt an Glaubwürdigkeit. Auch Katholiken haben gelernt, nach ihrem Gewissen zu leben.

– Die katholische Kirche wird trotz päpstlicher Prachtdemonstrationen und Medienpräsenz noch mehr an realem öffentlichem Einfluss in Staat und Gesellschaft verlieren, wie sich dies besonders dramatisch in katholischen Ländern wie Spanien, Irland und Polen – von Frankreich ganz zu schweigen – zeigt.

– Trotz aller negativen Entwicklungen lässt sich der Geist des Vatikanum II nicht wieder in die römische Flasche zurückzwängen, und die reformorientierten Katholiken werden nicht aussterben, sondern weiterhin in vielen Pfarreien die Mehrheit bilden.

– »Von unten« lässt sich für einen guten Seelsorger mit einem Laienteam von Frauen und Männern durchaus auch ohne die Unterstützung »von oben« ein gesundes Gemeindeleben aufbauen: durch auch emotional ansprechende verständliche Liturgie, schrift- und zeitgemäße Verkündigung, spezielle Laiendienste für verschiedene Gruppen und Anliegen.

– Die Vision von Kirche vor Ort, welche die Polarisierung zwischen Konservativen und Fortschrittlichen zu überwinden und auch mit nichtkatholischen Gemeinden freundliche Beziehungen und praktische Zusammenarbeit zu unterhalten vermag, ist keine Illusion.

Nein, wir Reformbereiten und Ökumenischgesinnten stehen nicht auf verlorenem Posten – aber wir brauchen viel, viel Geduld. Nicht in der Form des trägen kurialen ›Pensiamo in secoli – wir denken in Jahrhunderten‹, sondern mit dem langen Atem und der starken Energie derer, die wissen, dass der Weg unüberschaubar und jedenfalls mühselig ist, aber um des Zieles willen das Gehen lohnt.

Als meine Hoffnungsvision stellt sich in den folgenden Jahren immer deutlicher heraus:

Spero unitatem ecclesiarum: Trotz aller römischen Restaurationsversuche und protestantischen und orthodoxen Reaktionen hoffe ich nach wie vor auf eine Einheit (in Vielfalt!) der Kirchen.

Spero pacem religionum: Trotz aller von beiden Seiten provozierten Spannungen und Auseinandersetzungen vor allem zwischen Christentum und Islam hoffe ich im Großen und Kleinen auf einen Frieden (nicht eine Einheit!) der Religionen.

Spero communitatem nationum: Trotz aller Rückfälle in das alte Paradigma politischer wie militärischer Konfrontation hoffe ich beständig auf eine wahre Gemeinschaft der Nationen (und nicht nur der EU).

Diese dreidimensionale Formulierung – ich liebe die knappe lateinische Version – fand ich schon in den 1980er-Jahren. Aber unterdessen konnte ich eine ganze Reihe von Vorstößen zur Realisierung und Aktualisierung dieses Programms unternehmen.

III. Vorstöße ins Neuland

»Was zurückliegt, vergesse ich und strecke mich aus nach dem, was vor mir liegt. Ich richte meinen Lauf auf das Ziel aus, um den Siegespreis zu erringen ...«

Paulus an die Gemeinde von Philippi, 3, 13f.

Wer »zu neuen Ufern« segelt, hofft auf »Land in Sicht«. Tatsächlich geht es ja in meiner neuen theologischen Phase um Vorstöße in neues Land, das es zu entdecken, zu erforschen, zu gewinnen gilt. Doch schon immer hatte es das *Neue* schwer in den Religionen, auch im Christentum. »Erneuerer« werden allzu oft gleichgesetzt mit Ketzern, Häretikern, und gelten lange Zeit als Feinde des wahren Glaubens, der Kirche und oft auch des Staates. Verführt durch den Teufel und den eigenen Zweifel, so die offizielle Ideologie, seien diese »Ungläubigen«, hartnäckig in Stolz und Starrsinn verharrend, zu Recht dem Verdammungsurteil verfallen, seien mit allen Mitteln zu verfolgen, zu diffamieren und zu liquidieren – wenn auch in neuerer Zeit nicht mehr physisch, so doch moralisch.

Doch will ich mich in diesem Kapitel nicht erneut mit der »Ketzergeschichte« katholischer und teilweise auch protestantischer Provenienz befassen. Mich interessiert – und dies ist das *erste Problemfeld*, dem ich mich zuwende – die *Wissenschaftstheorie*, die Wissenschaft von der Wissenschaft, und hier als Leitfrage: wie in der Naturwissenschaft, wo das Neue oft auch verdächtig ist, und in der Theologie »Neues« entsteht. Mit dieser Problematik habe ich mich im Rahmen der Paradigmentheorie eingehend für das Studium generale beschäftigt, und darüber gedenke ich 1980 auch in einem sehr großen Rahmen in den USA zu reden.

Eine Amerikareise und ein peinliches Versehen

Seit meiner Vortragsreise kreuz und quer durch die Vereinigten Staaten nach der ersten Konzilssession im Jahr 1963, die im Weißen Haus ihren Höhepunkt hatte und mein Amerikabild auf Dauer geprägt hat, bin ich auch ganz besonders an der Zusammenarbeit von amerikanischer und deutscher Theologie interessiert; in der weltoffenen Kennedy-Zeit fiel sie natürlich viel leichter als 40 Jahre später unter der nationalistischen Präsidentschaft von Bush jun.

Viele Gründe sprechen für diese Zusammenarbeit: schon ganz allgemein die überragende Bedeutung der westlichen Führungsmacht USA mit ihren großen Errungenschaften in Demokratie, Wissenschaft und Technologie; dann die wertvollen geistigen Impulse gerade auch für die Theologie, die immer wieder von den Vereinigten Staaten ausgingen, etwa für die theologische Reflexion auf die Bürgerrechtsbewegung, die Frauenbewegung, die ökumenische und die ökologische Bewegung; dazu kommen die vielen persönlich-kollegialen Beziehungen und die heutzutage selbstverständliche Verständigung in der englischen Sprache.

Für mich geht es nach der römischen Intervention darum, mein »good standing« in Amerika zu wahren und zu festigen und gleichzeitig dort so viel wie möglich zu lernen. Und so nehme ich schon während meines ersten Semesters im neuen unabhängigen Status 1980 die Einladung an, an der American Academy of Religion, dem alljährlichen größten nationalen Kongress für Religionswissenschaft, Philosophie, Theologie und biblische Studien, der dieses Jahr in Dallas/Texas abgehalten werden soll, einen Vortrag vor dem Plenum zu halten: eine »Centennial Lecture« anlässlich des 100-jährigen Jubiläums der Society of Biblical Literature.

Am 4. November 1980 fliege ich, begleitet von meinem Assistenten Karl-Josef Kuschel, zuerst nach San Francisco. In Berkeley an der Pacific School of Religion, wo man mir 1966 den ersten Doctor of Divinity ehrenhalber verliehen hatte, halte ich am 5. November eine Grundsatzrede über meinen jetzigen Standpunkt: *»Where I Stand«*. Einleitend weise ich darauf hin, dass ich, als ich unter Johannes XXIII. zum ersten Mal in Berkeley war, in der katholischen Kirche auf der Seite der Reformmehrheit stand. Jetzt sei ich zwar noch in derselben Kirche, aber Angehöriger (vielleicht) einer Minderheit – in jedem Fall Mitglied der loyalen Opposition Seiner Heiligkeit. Und ich weise dann wie schon in Tübingen darauf hin, wie sich die Situation verändert hat: »Rom ist nicht nur mehr römisch geworden – paradoxerweise unter einem polnischen Papst –, sondern meine Theologie ist auch katholisch geblieben. Mit einer beträchtlichen Zustimmung von meiner eigenen Kirche habe ich keinen Zweifel daran gelassen bezüglich meines Bleibens jetzt wie früher in dieser meiner katholischen Kirche und bezüglich meiner Entschlossenheit, für ihre Erneuerung zu kämpfen.«

Und dann spreche ich es ganz deutlich aus: »Ich habe keine Absicht, die katholische Kirche einem eher konservativen Clan vatikanischer Hoftheologen und kurialer Bürokraten und ihrer deutschen Verbündeten zu überlassen. Ich sage uneingeschränkt ›Ja‹ zu einer wahrhaft katholischen Kirche, aber entschieden ›Nein‹ zu jeder Art römischer Repression. Ich werde jederzeit nach Rom gehen für ehrliche Diskussionen unter ehrlichen Verfahrensregeln, aber ich werde mich nie der römischen Inquisition unterwerfen.«

In der Einführung hatte mich der Präsident der Pacific School of Religion, Dr. McCarter, vorgestellt als den, der 1966 mit einem »Honorary Degree« ausgezeichnet worden sei, und gesagt, dass sich die Pacific School of Religion geehrt fühle, »einen hervorragenden Gelehrten, einen warmherzigen Menschen und einen Kirchenmann zu präsentieren, dessen Vision die von Martin Luther und von Papst Johannes XXIII. widerspiegle«. Ich werde mit meiner Rede verstanden und mit großem Applaus dafür bedacht, dass ich noch entschiedener als bisher für Reformen in meiner Kirche und für die Verwirklichung der christlichen Ökumene arbeiten will.

Schon am nächsten Tag (6. 11.) fliege ich nach Los Angeles und halte um 13 Uhr an der University of California (UCLA) meinen Vortrag über »Science and the Problem of God«. Noch am selben Abend fliege ich weiter nach *Dallas*. Die ganze Reise über beschäftigt und bedrückt mich indes ein unbegreifliches Versehen, das mir bei meiner Reisevorbereitung in Tübingen unterlaufen war – nicht aus Nachlässigkeit, sondern eher aus Gründlichkeit. Ich muss ja auf solche Reisen mit vielen öffentlichen Auftritten vor großen und kleinen Gremien, vor theologisch oder allgemein interessiertem Publikum, stets mehrere Manuskripte mitnehmen. Diese werden regelmäßig von Father Edward Quinn in Sheffield in perfektes Englisch übersetzt. Dann lege ich sie alle auf einen Stapel. Die Tage unmittelbar vor der Abreise waren wie so oft hektisch, und am letzten Tag war es spät geworden. Da wollte ich den stets hilfsbereiten Karl-Josef Kuschel nicht noch dazu drängen, mit mir all die Manuskripte noch einmal einer letzten Kontrolle zu unterziehen. Ich war der festen Überzeugung, dass ich alle wichtigen Manuskripte beisammenhatte, und zwar zur Sicherheit im Doppel, je ein Exemplar im Koffer und ein Exemplar im Handgepäck …

Nach dem Start in Stuttgart nehme ich meine Manuskripte aus der Aktentasche. Da läuft es mir eiskalt über den Rücken: Ich muss das Dallas-Manuskript vergessen haben! Schon beim Umsteigen in Frankfurt telefoniere ich nach Tübingen, aber man findet nichts. Man verspricht mir, alles zu tun, um das Manuskript womöglich nach Dallas zu schicken. Aber es gibt noch kein Fax und kein E-Mail. Und als ich in San

Francisco ankomme, erlischt im Hotel auch die letzte Hoffnung, eine Kopie des Manuskripts fände sich im Koffer. Doch das Allerschlimmste: Man findet in Tübingen schließlich ein deutsches, aber kein englisches Manuskript. Jetzt plötzlich dämmert mir: Vor mehreren Wochen hatte ich dieses deutsche Manuskript bereit gemacht, hatte es aber so wichtig genommen, dass ich an ihm noch Korrekturen anbringen wollte, bevor ich es an den Übersetzer schicken würde. Doch völlig absorbiert durch meine ersten Studium-generale-Vorlesungen, die sich genau mit der in Dallas zu behandelnden Problematik des Paradigmenwechsels beschäftigten, war mir vor der Abreise gar nicht eingefallen, dass ich noch nicht über eine englische Übersetzung dieses einen Manuskripts verfügte.

Jetzt aber in Dallas meine Rede über die komplexen Fragen des Paradigmenwechsels vor einem Publikum von weit mehr als 1000 Gelehrten auf Englisch zu improvisieren? Dies erscheint mir völlig unmöglich. Eine Situation zum Verzweifeln. Noch nie ist mir Derartiges passiert. Sie lässt mir keine andere Wahl, als in Dallas vor dem viel mehr philosophisch und allgemein wissenschaftlich orientierten Publikum den theologischen Vortrag »To what we still can cling (Woran wir uns halten können)« zu halten. Auf diese Weise kann ich zumindest deutlich machen, dass ich mich durch den Verlust der Lehrbefugnis nicht abhalten lasse, loyal und kritisch zugleich, noch immer klar die zentrale Wahrheit der christlichen Botschaft zu vertreten.

Großer Beifall, aber ich bin mir darüber im Klaren, dass ich durch dieses verständliche, aber unverzeihliche Versehen eine große Chance verpasst habe. Man macht mir Komplimente, ich hätte einen »klassischen« Vortrag gehalten, aber man hat eben doch etwas anderes, Neues erwartet. Zweifellos hätte es meine Kolleginnen und Kollegen mehr interessiert, wie ich die an den Umbrüchen in Physik, Chemie und Biologie demonstrierte Paradigmentheorie von Thomas Kuhn auf die Geschichte von Kirche und Religion übertragen würde. Doch diese einzigartige Gelegenheit, vor einem aus ganz Nordamerika versammelten wissenschaftlichen Auditorium über diese Problematik zu reden, habe ich nun einmal verpasst. Damit muss ich mich abfinden. Meine amerikanische Lecture Tour hatte ohnehin noch einen anderen Zweck.

»Existiert Gott?« – ein Bucherfolg auch auf Englisch

In der Zwischenzeit hat nämlich mein bewährter Übersetzer Edward Quinn das Riesenwerk »Existiert Gott?« ins Englische übersetzt: Es sind in der englischen Ausgabe immerhin 839 Seiten. Der amerikanische Verlag Doubleday bringt das Buch groß heraus. Der Werbetext ist meiner Einleitung entnommen: »Existiert Gott? Es soll hier mit offenen Karten gespielt werden. Die Antwort wird heißen: Ja, Gott existiert. Und man kann auch als Mensch des 20. Jahrhunderts durchaus vernünftig an Gott, sogar an den christlichen Gott glauben. Und vielleicht heute wieder leichter als vor ein paar Jahrzehnten oder gar Jahrhunderten. Denn nach so vielen Krisen hat sich erstaunlich vieles geklärt, und viele Schwierigkeiten gegen den Gottesglauben haben sich erledigt – auch wenn es manchen noch nicht bewusst ist.«

»Wissenschaft und Gottesglaube – Science and the Problem of God« ist der Titel meines Vortrags, den ich nun an verschiedenen wichtigen Universitäten halte. Im Anschluss an Dallas habe ich zum ersten Mal Gelegenheit, an den aufstrebenden Universitäten des Südens zu sprechen, an der Vanderbilt University in Nashville, der Hauptstadt von Tennessee (9./10. 11. 1980), und an der Emory University in Atlanta, der aufstrebenden Hauptstadt von Georgia (11. 11.). Überall sind die Auditorien voll, und an Beifall fehlt es nie, sodass sich die leicht übertriebenen Meldungen über die Agenturen – was politisch nicht unwichtig ist – bis nach Deutschland verirren und hier zeigen, dass ich nach der römischen Strafaktion auch in Amerika nicht »weg vom Fenster« bin: »Amerika hörte Küng. Sie strömen zu Tausenden«, »K. als USA-Attraktion«, »K. will Katholiken vor Rom retten«, »K. referiert in den USA vor überfüllten Häusern«, »K.: starkes Echo in Amerika«. Da alle diese Auftritte auch immer mit Banketten (und Dinner Speeches) sowie zusätzlichen Pflichten, aber auch mit Pressekonferenzen und Radiogesprächen angefüllt waren, war ich nicht nur stets voll ausgelastet, sondern konnte auch meine »message« weit über die Vortragssäle hinaus in Amerika verbreiten.

Von Atlanta geht es weiter zu mir schon gut bekannten, aber umso wichtigeren wissenschaftlichen Zentren, wo ich ebenfalls zumeist über die Frage »Wissenschaft und Gottesfrage« spreche – neben Kolloquien über die aktuelle Lage der katholischen Kirche und der Ökumene: zuerst in Harvard University (12. 11. 1980), dann in Yale University (13. 11.), schließlich im Union Theological Seminary in New York (14. 11.). Hier freue ich mich nicht nur über die mir gut bekannten Kollegen von früher und über eine gut besuchte Pressekonferenz, sondern auch dass Präsident Kennedys einzige Tochter Caroline Kennedy, zusammen mit ihrem Onkel Sargent Shriver Kennedy, bei der Lecture anwesend ist; leider kann ich sie nur kurz begrüßen. Schon am nächsten Tag (15. 11.)

bin ich – auf Wunsch meines Freundes Leonard Swidler – für einen Tag in Philadelphia an der Temple University.

Ein großes Erlebnis ist für mich schließlich der Sonntagsgottesdienst am 16. November 1980 in der New York Riverside Church, wo ich schon so oft gesprochen hatte, zusammen mit dem in der ganzen Nation bekannten, in der Bürgerrechtsbewegung stark engagierten Hauptpastor der Kirche, WILLIAM SLOANE COFFIN, begleitet von einem mitreißend singenden Chor und dem von Kindern und Jugendlichen präzis einsetzenden feierlichen Spiel von Handglocken. So fröhlich, erfrischend, ermutigend müsste Gottesdienst eigentlich immer sein. Weil von meinen Gegnern immer wieder mein Christusglaube angezweifelt wird, halte ich die Predigt über »Jesus – Gottes Sohn« – allerdings auf streng biblischer Basis.

Für den späten Nachmittag will ich die Einladung der katholischen Gemeinde von St. Joseph in Greenwich Village nicht ablehnen, mit ihr die Eucharistie zu feiern: eine starke Ermutigung für mich als katholischen Theologen und Priester. Auch hier eine festliche Feier mit Orgel, Flöten und Trompeten. Doch der Gottesdienst wird lang und die Zeit knapp. Beinahe verpasse ich den Transatlantik-Flug nach London. Doch der ortskundige Vikar, der mich zum Kennedy Airport fährt, verlässt die verstopfte Autobahn kühn an günstiger, aber verbotener Stelle und bringt mich über große Boulevards mit freilich vielen, vielen roten Ampeln schließlich doch noch rechtzeitig zum Flughafen. Gott sei Dank. Ein Verpassen des Nachtfluges nach *London* wäre eine kleine Katastrophe gewesen.

Was führt Redner und Zuhörermassen zusammen?

In England erwartet mich nach nur wenigen Stunden Schlaf in der Touristenklasse ein reichlich verrücktes Programm: Presse- und Radiogespräche, dann Mittagessen mit meiner liebenswürdigen und effizienten Verlegerin Lady PRISCILLA COLLINS, die alles getan hat, um einen guten Start der englischen Ausgabe von »Existiert Gott?« zu garantieren. Dann Fahrt im Zug nach *Cambridge*. Dort habe ich in der überfüllten Universitätskirche Great St. Mary's, wo der berühmte Theologe JOHN HENRY NEWMAN, der später zur katholischen Kirche konvertierte, gewirkt hatte, meinen Vortrag zu halten. Seit 20 Jahren, sagt man mir, seien nicht mehr so viele Leute in der Kirche gewesen. Und das zum höchst elementaren Thema: »Does God exist?«. Noch wichtiger ist der Anlass am nächsten Tag, dem 18. November. Die große *St. Paul's Cathedral in London* zu füllen ist nicht einfach. Aber 2000 Personen kommen, Durchschnittsalter 35, und hören gespannt zu.

Die in England erscheinende katholische Zeitschrift »The Tablet« fragt sich im Nachhinein, wie es denn zu einem solchen Zustrom von Leuten, Männern und Frauen, älteren und jüngeren, gekommen sei. Ihre Analyse ist genau und lohnt eine längere Dokumentation: ›Wie kamen der Redner und diese Zuhörermassen zusammen? Es könnte sein, dass sie folgende Dinge gemeinsam haben: Unzufriedenheit mit anerkannten Formeln; Misstrauen gegenüber Indoktrinierung als Mittel religiösen Wachstums; das Bedürfnis, die Forderungen der Religion als aus ihnen selbst kommend zu erfahren; Desillusionierung über vieles in der Kirchengeschichte der Vergangenheit und Hoffnung trotz aller üblen Vorzeichen heutzutage. – An diesem Punkt unterscheiden sich die Massen und der einsame Redner, aber ergänzen einander auch. Die Massen sind sprachlos; er sicher nicht. Der bloße Umfang seiner literarischen Produktion könnte der eines Massenschriftstellers trotzen. Aber sein Schrifttum basiert auf tiefgründiger Forschung und ist so knifflig wie eine Operation in Transplantationschirurgie, denn es pflanzt eine neue Terminologie auf alte Denksysteme. Für einiges aus seinem Werk wurde er vom Heiligen Offizium (jetzt bekannt als Heilige Kongregation für die Glaubenslehre) verurteilt, und es wurde ihm verboten, als offizieller katholischer Theologe zu lehren. Niemand kann dagegen etwas haben innerhalb der Logik der Situation, und so etwas ist auch schon früher geschehen – unter anderen wurden Thomas von Aquin und Johannes vom Kreuz durch die Autoritäten in der einen oder anderen Form verurteilt. Diese Verurteilung bedeutet mit den Worten, wie sie von der Deutschen Bischofskonferenz wiederholt wurden: ›Er kann nicht länger als katholischer Theologe betrachtet werden noch als solcher eine Lehrtätigkeit ausüben.‹ Die Bischöfe fügten hinzu, dass die Zensurmaßnahme Prof. Küng nicht aus der Kirche ausschließe: ›Er bleibt Priester‹.«

Schon am nächsten Tag fliege ich erleichtert von London nach Stuttgart zurück und stehe am Tag darauf wieder, als wäre in der Zwischenzeit nichts geschehen, in Tübingen am Katheder, um meine Vorlesung über »Die Freiheit eines Christenmenschen« zu halten (20. 11. 1980). Nein, ich habe meine primären Pflichten in Tübingen, trotz aller großen Reisen, nie vernachlässigt. Am 16. 12. 1980 geht's im Zug nach Frankfurt. Dort treffe ich Dr. Karl Klasen mit Dr. Stein von der Firma Bosch, der auch die Bosch-Stiftung vertritt. Gegenstand des wichtigen Gesprächs ist mein großes Forschungsprojekt, von dem noch ausführlich die Rede sein wird und für das ich mir Finanzierung durch die Bosch-

Stiftung erhoffe. Zwei Tage später (18. 12.) halte ich planmäßig meine achte Vorlesung im Zyklus über die ökumenische Theologie, die nicht nur wegen des bevorstehenden Weihnachtsfestes, sondern auch wegen der offiziellen Diffamierung meiner Christologie der Frage gewidmet ist: *»An einen Sohn Gottes glauben?«*

Ich scheue mich nicht, zu dieser hochtheologischen Frage am nächsten Tag (19. 12.) auch in Zürich im Efficiency Club zu sprechen. Es geht hier nicht etwa um die Effizienz in der Theologie an sich, aber indirekt um die Frage, wie man heutzutage Theologie effizient betreiben kann. Mit einer von oben, sozusagen im Himmel der Dreifaltigkeit einsetzenden Dogmatik, wie sie in der Konfrontation die Hierarchen von mir erwarteten, wäre ich bei der Beantwortung dieser schwierigen Frage nicht nur bei Juden und Muslimen, sondern heutzutage auch bei Christen auf Schwierigkeiten gestoßen. Aber vom Neuen Testament her, verstanden im jüdischen Kontext, lässt sich auch einem weltlichen Publikum durchaus erklären, warum auf die geschichtliche Gestalt Jesus von Nazaret nach der Erfahrung seiner Auferweckung das Psalmwort angewendet wurde: »Es sprach der Herr zu meinem Herrn (dem König von Israel am Tage der Thronbesteigung): ›Mein Sohn‹ bist du; heute habe ich dich gezeugt!« (Apg 13,33, vgl. Ps 2,7).

Doch wie froh bin ich, dass ich am 20. Dezember 1980 von Zürich direkt in die Berge, in mein geliebtes Lech, fahren darf – ohne wie ein Jahr zuvor auf der Skipiste die Unglücksbotschaft von einem römischen Bannstrahl und eine überstürzte Rückfahrt nach Tübingen fürchten zu müssen. Im Gegenteil: der Himmel meint es gnädig mit uns. Wir werden in Lech eingeschneit: Statt am 4. Januar kann ich erst am 9. Januar zurückfahren. Doch jetzt geht es mit voller Kraft an die Realisierung neuer Projekte. Es sind allesamt Pilotprojekte.

Pilotprojekt I: Paradigmenwechsel in der Theologie

Die große Konfrontation 1979/80 hat klar gezeigt: Es geht in den gegenwärtigen, noch keineswegs beendeten Auseinandersetzungen in der Christenheit nicht nur um eine einzelne theologische Doktrin, sondern um die Theologie überhaupt. Schon der neue Anspruch von Papst (Vatikanum I) und jetzt auch Episkopat (Vatikanum II) auf Unfehlbarkeit berührt ja das Ganze von Theologie und Kirche. Es geht also nicht nur um die Theorie, sondern um die Praxis der Theologie: wie, auf welcher Grundlage und nach welchen Kriterien Theologie betrieben werden soll.

Die letzten Jahre haben es mir – und nicht nur mir – klargemacht: Jeder Theologe wird in diesen Auseinandersetzungen vor bestimmte Entscheidungen gestellt, was für eine Theologie er betreiben soll. Will er:

– eine konformistische, opportunistische oder will er eine *wahrhaftige* Theologie, die eine ehrliche Rechenschaft vom christlichen Glauben gibt und die christliche Wahrheit in Redlichkeit sucht?

– eine obrigkeitshörige, autoritätsfromme oder aber eine wirklich *freie* Theologie, die ihre Aufgabe trotz aller Behinderungen durch administrative Maßnahmen und Sanktionen erfüllt und ihre begründeten Überzeugungen nach bestem Wissen und Gewissen ausspricht und auch publiziert?

– eine vergangenheitsorientierte, traditionalistische oder aber eine *kritische* Theologie, die zukunftsgerichtet zu unterscheiden weiß zwischen evangeliumsgemäßen und evangeliumswidrigen kirchlichen Lehren und Praktiken?

– eine abgeschottete, konfessionalistische oder aber eine *ökumenische* Theologie, die in einer anderen Theologie oder Kirche nicht mehr den Gegner, sondern den Partner sieht und statt auf Trennung auf Verständigung aus ist?

Mir ist klar: ein solches theologisches Unternehmen ist heutzutage mehr denn je spannungsgeladen, und ich spürte und spüre sie am eigenen Leib, diese *Spannungen*: zwischen dem pastoralen Lehramt der Kirchenleitungen und dem wissenschaftlichen Lehramt der Theologen, zwischen Bewahrung und Übersetzung, Identität und Relevanz der christlichen Botschaft, zwischen Sachgemäßheit und Zeitgemäßheit der Verkündigung, zwischen Tradition und Situation, Binnensprache und Außensprache, Text und Kontext. Hier liegt auch die Spannung zwischen Joseph Ratzinger und mir begründet.

Aber in der gegenwärtigen Phase der Theologie und Kirchengeschichte geht es nicht nur um auszuhaltende Spannungen; dies wäre eine allzu statische Sicht der heftigen Kontroversen und Konflikte. Es geht vielmehr um Entwicklungen und Neuorientierungen, ja um *Umbrüche und Umwälzungen*, in denen nicht nur Altes neu auszusagen, sondern *Neues* anzusagen ist, das mit Altem oft nicht mehr vermittelbar ist. Umbrüche, in denen wie etwa in der kopernikanischen Revolution oder in der protestantischen Reformation eine frühere durch eine neue *Gesamtkonstellation* ersetzt wird. Das sind Gedanken, die ich mir im Reflektieren des wissenschaftstheoretischen Problemfeldes überlege, zuerst in Tübingen, aber bald erneut und noch intensiver in Chicago.

In Chicago Theologie und Religionswissenschaft vereint

Wichtiger als viele Einzelvorträge in den USA wird für mich das Gastsemester an der *University of Chicago*, seit ihrer Gründung 1857 eine der bedeutendsten Bildungsstätten der Vereinigten Staaten. Schon früh im Jahr 1980 bin ich für das Herbstsemester vom 1. Oktober bis zum 10. Dezember 1981 eingeladen worden.

Nachdem ich 1968 ein Semester an der Ostküste, in New York, verbracht hatte, ist es mir sehr willkommen, den Mittleren Westen, das »Heartland« Amerikas, besser kennenzulernen und damit eine der dynamischsten Städte des Kontinents, Chicago am Südwestufer des Michigansees. Die *Divinity School* der University of Chicago genießt einen exzellenten Ruf und ist für mich attraktiver und dynamischer als andere, weil hier Theologie und Religionswissenschaft unter dem Dach einer einzigen Fakultät vereint sind. So lerne ich ausgezeichnete Kenner des Hinduismus (Wendy O'Flaherty), des Buddhismus (John M. Reynolds) und der chinesischen Religion (Anthony C. Yu) kennen. Es herrscht ein reger geistiger Austausch auf diesem Campus, der eine kleine Stadt für sich inmitten einer von Schwarzen bewohnten Umgebung bildet. Ich werde oft eingeladen von Kollegen, die mehrheitlich auf dem Campus wohnen, besonders von David Tracy, dem bedeutendsten katholischen Systematiker der USA, mit mir von »Concilium« her befreundet, und von unserem gemeinsamen Freund Andrew Greeley, dem Theologen, Soziologen und schließlich höchst erfolgreichen Romancier, der jetzt ein Apartment auf dem 30. oder 40. Stockwerk des John-Hancock-Wolkenkratzers bewohnt mit einem atemberaubenden Blick über die ganze City.

Besonders freut mich das persönliche Gespräch mit dem »great old man« der Geschichte und Phänomenologie der Religionen, Mircea Eliade. Seine vielbändige »Geschichte der religiösen Ideen«, zuerst auf Französisch erschienen[1], ist ein Standardwerk. Wie kein Zweiter symbolisiert er mit seinem Wissen den ungeheuren Strom einer vieltausendjährigen Entwicklung der Menschheit. Er ist ein wahrer Polyhistor der Religionen, der nicht nur die Welt der Stammesreligionen kennt, sondern auch die der Hochreligionen: Hinduismus, Buddhismus, Konfuzianismus und natürlich Judentum, Christentum und Islam.

Leider konnte Eliade die Übereinstimmungen und Unterschiede nicht mehr systematisieren. Und leider ist auch jener große systematische Theologe nicht mehr am Leben, der wie Eliade zu Beginn der 60er-Jahre an der University of Chicago lehrte und den ich 1965 anlässlich eines Symposions in Montreal hätte treffen sollen: Paul Tillich. Wie kaum ein anderer Theologe ließ sich Tillich von Eliades Werk herausfordern und gestaltete mit ihm zwei volle akademische Jahre lang ein gemeinsames Seminar. Am 12. Oktober 1965 hatte Tillich an der Universität einen großen Vortrag gehalten zum Thema: »Die Bedeutung der Religionsgeschichte für den systematischen Theologen«. ›Glänzend‹ und ›bewegend‹ zugleich hatte Eliade diesen Vortrag genannt. Denn Tillich – selber ein immenses eigenes Œuvre im Rücken – lässt seine erstaunliche Bereitschaft erkennen, dass er – hätte er noch Zeit – seine systematische Theologie neu schreiben würde, jetzt im Dialog mit der ganzen Geschichte der Religionen. Doch Paul Tillich hat dafür keine Zeit, es war seine letzte Vorlesung gewesen, zehn Tage später ist er tot.

Ich werde später versuchen, das Vermächtnis beider, Eliades historische Darstellung und Tillichs systematischen Vergleich fundamentaler Prinzipien und Leitideen, zu verbinden. Und dies im Rahmen einer Paradigmentheorie, über die ich in meiner Tübinger Vorlesungsreihe im Wintersemester 1980/81 zwei Vorlesungen gehalten habe und die ich jetzt im Herbstsemester 1981 hier in Chicago ausführlicher behandeln werde. Dabei werde ich meine Aufmerksamkeit weniger auf die zahllosen Modulationen und Modifikationen in der Geschichte der betreffenden Religionen richten. Vielmehr will ich auf die – bis heute sich auswirkenden – welthistorischen Weichenstellungen achten: auf die epochemachenden Umbrüche und die daraus entstandenen und bis heute wirksamen kulturell-religiösen Konstellationen oder Paradigmen. Für diese jetzt intensiv einsetzende Riesenarbeit finde ich unter den Theologen an der University of Chicago mehr Verständnis als in Tübingen. Es ist mir bewusst, dass ich für das bessere Verstehen der großen religiösen Traditionen noch gewaltige Anstrengungen unternehmen muss, freilich ohne wichtige andere Bereiche zu vernachlässigen.

Wie Neues entsteht in Naturwissenschaft und Theologie

Die Paradigmentheorie hilft nicht nur, andere Religionen, sondern auch die eigene besser zu verstehen. Lange Zeit hatte ich Mühe, in Begriffe zu fassen, warum die Verständigung zwischen Vertretern der traditionellen römisch-katholischen Theologie und denen einer neuen zeitgenössischen Theologie manchmal beinahe unmöglich erscheint. Wir leben doch in derselben Kirche und glauben an den einen Gott und den einen Jesus Christus. Und doch, habe ich das Gefühl, leben wir in verschiedenen Welten und verstehen von daher das, was Kirche, Gott und Christus bedeuten, völlig verschieden. Deutlich wurde mir dies besonders während des vierstündigen Verhörs vor Vertretern der Deutschen Bischofskonferenz am 22. Januar 1977 in Stuttgart-Hohenheim: den Kardinälen Höffner und Volk, Bischof Moser und dem damaligen Sekretär der Bischofskonferenz, Prälat Homeyer. Selbst mit den anwesenden Theologieprofessoren Karl Lehmann und Otto Semmelroth (anstelle von Ratzinger) erschien eine Verständigung schwierig (vgl. Bd. 2, Kap. IX: Unterschiedliche geistige Welten).

Und so hatte mir denn schon in den 1970er-Jahren sofort eingeleuchtet, was der amerikanische Physiker und Wissenschaftstheoretiker THOMAS S. KUHN von der Harvard University über die Schwierigkeit der Verständigung schrieb zwischen denen in der Welt der Naturwissenschaften, die wie Ptolemäus Sonne, Mond und Sterne um die Erde kreisen sahen, und denen, die wie Kopernikus glaubten, ein heliozentrisches System nachgewiesen zu haben. Offensichtlich geht es hier nicht nur um zwei verschiedene astronomische Theorien, sondern um zwei unterschiedliche Denk- und Sprachwelten, ja um zwei unterschiedliche *Grundkonstellationen oder Paradigmen,* wie Thomas S. Kuhn das griechische Wort »Paradigma« definiert: »an entire constellation of beliefs, values, technics, and so on, shared by the members of a given community – eine Gesamtkonstellation (oder Gesamtzusammenhang) von Überzeugungen, Werten und Verfahrensweisen und so weiter, die von den Mitgliedern einer gegebenen Gemeinschaft geteilt werden.«[2]

Mit diesen Erfahrungen im Hintergrund behandle ich 1981 nun auch in Chicago die Frage: Wie kommt es zu Neuem, zu echtem Fortschritt in der Wissenschaft? Diese wissenschaftstheoretische Frage fordert mir – um auf die Höhe der gegenwärtigen Diskussionslage zu kommen – ein langes, schwieriges Studium ab. Der antimetaphysische *Logische Positivismus* der 1920er-Jahre war zwar schon überwunden worden von KARL POPPER, der aufweist, dass eine positive »Verifikation« (Bewahrheitung) auch naturwissenschaftlicher Sätze und Theorien (etwa dass alles Kupfer in der Welt Elektrizität leite) gar nicht möglich ist. Aber auch der *Kritische Rationalismus* Poppers, der durch kontinuierliche »Falsifikation« (Widerlegung) die »Logik der Forschung« (so der Titel seines Buches von 1935) auf den Begriff bringen wollte, erwies sich als ungenügend. Denn eine derart abstrakte Logik und Sprachanalyse vernachlässigt offensichtlich die konkrete Geschichte und die gesellschaftliche Gruppe, das menschliche Subjekt in aller Wissenschaftsforschung. Anstelle von Logik allein braucht es dringend eine Wissenschaftstheorie im Verbund mit Wissenschaftsgeschichte und Wissenschaftssoziologie.

Und genau dies leistete in einer dritten Phase der wissenschaftstheoretischen Diskussion THOMAS S. KUHN in seiner historisch-hermeneutischen Analyse der *»Struktur wissenschaftlicher Revolutionen«* (1962). In den grundlegenden wissenschaftlichen Neuerungen geht es ihm zufolge nicht nur um Einzelkorrekturen des geltenden Systems, sondern um die Ablösung eines wissenschaftlichen Erklärungsmodells durch ein neues: in der Astronomie etwa sukzessive das ptolemäische, das kopernikanische, das newtonsche, das einsteinsche Makromodell oder Paradigma. Schon früh kam mir die Idee, dass doch auch in der Geschichte der Theologie eine sukzessive Ablösung von Theologien feststellbar ist: des juden-christlichen, dann des griechisch-hellenistischen, weiter des lateinisch-mittelalterlichen und des reformatorischen und schließlich des aufgeklärt-modernen Erklärungsmodells. Allerdings bedurfte diese meine vage Idee der genauen systematischen Analyse, die ohne genaue Kenntnis der Theologiegeschichte nicht zu leisten war. Wichtig wurde für mich ein Vergleich theologischer Leitfiguren wie der Alexandriner Origenes, der afrikanische Lateiner Augustin, der europäisch-mittelalterliche Scholastiker Thomas von Aquin, der deutsche Reformator Luther, der moderne Theologe Schleiermacher und der nach-moderne Systematiker Karl Barth. Genau all diesen Fragen nachzugehen hatte ich nun Zeit und Lust, in Tübingen wie in Chicago.

Aufgrund der kuhnschen Theorie lassen sich für die Naturwissenschaft wie für die Theologie folgende fünf Beobachtungen machen:

1. In der Praxis akzeptieren Studenten bestimmte Erklärungsmodelle weniger aufgrund von strengen Beweisen als aufgrund der Autorität des Lehrbuches und des Lehrers. Ähnlich wie in der Naturwissenschaft gibt es in der Theologie eine *Normalwissenschaft*, die sich mit dem Lösen der verbliebenen Probleme beschäftigt. Diese Normalwissenschaft der »Rätsellöser« will nun einmal ihr Paradigma bestätigt sehen, will es präzisieren, absichern, ausbauen. Aber gerade deshalb setzt sie grundlegenden Veränderungen entschiedenen Widerstand entgegen, arbeitet unter Umständen auch mit Diskreditierung oder reagiert mit komplettem Verschweigen.

2. In der Naturwissenschaft wie in der Theologie geht es nicht nur um organische Entwicklung, sondern um das wachsende *Bewusstsein einer Krise*. Sie ist Ausgangslage für einen einschneidenden Wandel bestimmter Grundannahmen und führt – meistens nach einer Periode der Unsicherheit – in der Regel zum Durchbruch eines neuen Deutungsmodells oder Paradigmas.

3. In der Naturwissenschaft wie in der Theologie ist die Ablösung des alten Paradigmas jedoch erst möglich, wenn ein glaubwürdiges Nach-

folgemodell, ein »Paradigmenkandidat«, bereitsteht. Es geht ja dabei nicht nur um eine Kurskorrektur, sondern um einen *Kurswechsel*: ein Vorgang, der sich als *wissenschaftliche Umwälzung* (»scientific revolution«) bezeichnen lässt. Zu beobachten ist eine grundlegende Umgestaltung der betreffenden Wissenschaft, ihrer Begriffe, Methoden, Kriterien, mit oft erheblichen gesellschaftlichen Konsequenzen (die Theologie Augustins und die lutherische Reformation sind Beispiele in der Geschichte der christlichen Theologie). Die Theologie erhält eine neue Gestalt, und dies oft bis ins Literarische hinein.

4. Weder in der Naturwissenschaft noch in der Theologie ist ein fundamentaler Wandel ohne Widerstände, Kampf und persönliche Opfer möglich. Neben den »objektiven«, wissenschaftlichen Faktoren spielen nämlich immer auch »subjektive«, individuelle wie gesellschaftliche, eben *außerwissenschaftliche Faktoren* eine Rolle: Herkunft, Persönlichkeit, Milieu, Nationalität der Beteiligten sind ebenso wichtig wie die Konsequenz, Transparenz, Effizienz, auch Einfachheit und Eleganz des neuen Modells. Es geht deshalb bei einem Paradigmenwechsel oft um eine persönliche *»Conversio«*, die rational nicht zu erzwingen ist. Die Vertreter des alten und des neuen Paradigmas leben nämlich in verschiedenen Welten, in unterschiedlichen Denk- und Sprachwelten. Oft können sie einander kaum verstehen, da sie ihre eigenen Problemlisten, Prioritäten, Normen und Definitionen haben. Deshalb hat in der Theologie wie in der Naturwissenschaft ein neues Modell am Anfang oft nur wenige, meist jüngere Befürworter.

5. In der Theologie wie in der Naturwissenschaft gibt es *drei Auswege* aus der Krise: Das vorgeschlagene neue Paradigma wird ins alte absorbiert, oder die Entscheidung wird verschoben und das neue Paradigma »auf Eis gelegt«, oder aber das neue Paradigma wird akzeptiert, und mit der Zeit verfestigt sich die Innovation zur Tradition.

Doch ist dies alles nur eine Seite der Problematik: die Parallelen. Im Gegenzug arbeite ich nun auch den wesentlichen *Unterschied* zwischen der Entwicklung der Naturwissenschaft und der Theologie heraus: Theologie ist – ähnlich wie die Rechts- oder Geschichtswissenschaft – ganz anders als die Naturwissenschaft an der *Kontinuität* interessiert. Das *ursprüngliche Glaubenszeugnis von Jesus Christus* bildet für christliche Theologie nun einmal die nicht ablösbare *Basis*. Sie ist für den Theologen so etwas wie für den Staatsrechtler die Verfassung. Und insofern ist die christliche Theologie nicht nur wie die Naturwissenschaft gegenwarts- und zukunftsbezogen. Sie ist auch ursprungsbezogen.

Von daher lassen sich die genannten fünf Analogien genau differenzieren, was hier jedoch nicht ausgeführt werden kann. Nur muss stets darauf Gewicht gelegt werden, dass für jedes neue Paradigma christlicher Theologie immer *zwei Konstanten* bestehen bleiben: Einerseits ist die gegenwärtige *Erfahrungswelt* als *Horizont* ernst zu nehmen, andererseits bleibt die *christliche Botschaft* der unabdingbare *Maßstab*.

Was ich hier in schematischen Umrissen trocken skizziert habe, hat natürlich zahlreiche inhaltliche Implikationen und praktische Konsequenzen, die von Kundigen zu diskutieren sind. Dies bringt mich nun auf den kühnen Gedanken, die Theologen von Chicago mit den Theologen der Internationalen Zeitschrift »Concilium« zusammenzuführen zu einem Symposion, und zwar in Tübingen. Thema: »Ein neues Paradigma von Theologie?«

Die Troika Tübingen – Chicago – »Concilium«

Unter den Theologen der Chicago Divinity School finde ich gerade für diese Thematik hervorragende Gesprächspartner: neben dem kommunikativen Dean FRANKLIN GAMWELL für die Wissenschaftstheorie STEPHEN TOULMIN, für Kirchen- und Zeitgeschichte MARTIN MARTY, GERALD BRAUER und BRIAN GERRISH und für die Fragen der Systematischen Theologie LANGDON GILKEY, ANN CARR und, schon erwähnt, DAVID TRACY.

Meine Kollegen in Chicago finden es interessant, die halbe Fakultät über den Atlantik zu einem Kolloquium in Europa fliegen zu lassen. Und ich meinerseits bin sicher, dass ich auch meine Freunde von »Concilium«, vor allem meine Kollegen in der Stiftung, EDWARD SCHILLEBEECKX, JOHANN BAPTIST METZ und CLAUDE GEFFRÉ, von dieser Idee überzeugen kann. Alles in allem – mit den prominenten Tübinger Theologen EBERHARD JÜNGEL und JÜRGEN MOLTMANN und meinen jüngeren Kollegen im Institut HERMANN HÄRING, URS BAUMANN und KARL-JOSEF KUSCHEL – wahrhaftig die Crème de la Crème der internationalen Theologie. Das Symposion wird auf die Zeit vom 23.–26. Mai 1983 angesetzt

In Tübingen ist man in den beiden theologischen Fakultäten von diesem praktisch fertig ausgearbeiteten Plan völlig überrascht. Und auch gute Freunde fragen mich verblüfft, wie ich denn als einzelner Professor dazu käme, die prominentesten Theologen aus aller Welt einzuladen – es kamen noch hinzu LEONARDO BOFF (Brasilien), JOHN COBB (Claremont/Kalifornien), M. DHAVAMONY (Indien/Rom), GUSTAVO GUTIÉRREZ (Lima), JÜRGEN HABERMAS (Starnberg/München), WERNER JEANROND (Dublin), SCHUBERT OGDEN (Dallas), PAUL RICŒUR (Paris/Chicago) und einige andere, insgesamt rund 70 Personen. Aber, ist meine Antwort, ich nütze ja schließlich nur meine neue Freiheit als fakultätsunabhängiger Direktor des Instituts für Ökumenische Forschung, dem ich auf diese Weise natürlich auch Profil geben will, um diese Initiative zu starten. Um Erlaubnis brauche ich, der ich sozusagen mein eigener Dekan bin, niemanden zu fragen. Langweilige, allzu oft von Einzelinteressen bestimmte Diskussionen in Fakultätssitzungen kann ich vermeiden.

Aber Voraussetzung sind natürlich persönliche Beziehungen: Ich kenne praktisch alle einzuladenden Theologen persönlich und genieße das nötige Vertrauen. Zweitens vermag ich mit meinen Freunden in Chicago für die Kosten – beträchtliche Reisespesen (Flugtickets) und Unterkunft – die notwendigen Sponsoren zu finden: die Rockefeller Foundation, die Deutsche Forschungsgemeinschaft und die Universität Tübingen. Und schließlich sind wir fähig, die notwendige Kongresslogistik zu entwickeln: Mit den begeisterten, hocheffizienten Mitarbeiterinnen und Mitarbeitern verfügen wir im Institut für Ökumenische Forschung über einen zwar kleinen, aber idealen Stab für Vorbereitung, Durchführung und für die Publikation der Beiträge.

Es ist sicher besonders unseren amerikanischen Gästen zu verdanken, dass die Diskussionen über die Referate und Korreferate ebenso offen und direkt wie freundschaftlich, jedenfalls ohne deutsche akademische Betulichkeit, verlaufen. Und den Tübinger Gastgebern ist es zu verdanken, dass die Abendveranstaltungen mit Speis und Trank zu einem Erlebnis eigener Art werden: am ersten Abend in einem urigen Restaurant der Altstadt, dann in meinem Haus eine schwäbische Mahlzeit, und schließlich am dritten Abend ein feierliches Bankett im früheren Zisterzienser-Kloster und nachmaligen königlichen Jagdschloss Bebenhausen. Bei dieser Gelegenheit überreicht mir der Dekan der Divinity School feierlich ein Dankesgeschenk: die offizielle Krawatte der University of Chicago, die ich bis heute in Ehren halte.

Ich weiß nicht, ob ich für diese denkwürdige »theology by airlift« (Martin Marty) am meisten gearbeitet habe. Aber fast sicher bin ich, dass ich davon am meisten gelernt habe. Nicht nur bei der Aus- und Überarbeitung des Grundlagenpapiers, sondern auch beim Studium der einzelnen Referate und nicht zuletzt aus den wertvollen historischen Beiträgen über den Paradigmenwechsel von Origenes zu Augustin (Charles Kannengiesser, Paris), die Paradigmen von Thomas und Luther (Stephan Pfürtner, Marburg) und das Paradigma der modernen Theologie (Brian Gerrish, Chicago).

Die Persistenz und Konkurrenz früherer Paradigmen

Besonders Martin Marty, der auch das Wort von der »Troika Tübingen – Chicago – ›Concilium‹« geprägt hat, und mit ihm Langdon Gilkey und Johann Baptist Metz überzeugten mich davon, dass wir im 20. Jahrhundert einen neuen Paradigmenwechsel von der Moderne zur *Nach-Moderne* anzunehmen haben (den Terminus ›Postmoderne‹ vermeide ich zunehmend, um nicht mit der französischen literarischen Strömung des »Postmodernismus« verwechselt zu werden). Historische Tatsache ist nun einmal: Mit den beiden Weltkriegen und ihren Folgen sind die Leitwerte der Moderne – Fortschritt, Vernunft und Nation – zutiefst in Misskredit geraten. Zugleich haben neue Bewegungen – die Bürgerrechtsbewegung, die Friedensbewegung, die Frauenbewegung, die ökumenische und die ökologische Bewegung – ein neues Zeitalter eingeläutet. Dies alles wird durch die Reflexionen und Diskussionen auf unserem Symposion bestätigt.

Des Weiteren aber fällt mir schon vor dem Symposion beim graphischen Skizzieren eines Schemas der verschiedenen Paradigmenwechsel des Christentums auf, wie sich von jeder epochalen Konstellation – wenn man von der ursprünglichen judenchristlichen (P I) und ihrem nur wenig beachteten Bezug zum Islam absieht – eine Linie hinunter bis in unser 20. Jahrhundert ziehen lässt: Zuerst vom altkirchlich-hellenistischen Paradigma (P II) zum heutigen orthodoxen Traditionalismus. Dann vom mittelalterlichen römisch-katholischen Paradigma (P III) zum römisch-katholischen Autoritarismus und Papalismus. Dann vom reformatorischen Paradigma (P IV) zum protestantischen Biblizismus und schließlich vom neuzeitlich-aufgeklärten Paradigma zum modernen Liberalismus ... Ich nehme mir später die Zeit, Durchhalten und Widerstreit, Persistenz und Konkurrenz früherer Paradigmen im religiösen Bereich (nicht existent in der Naturwissenschaft!) genau zu analysieren und durchzudenken. Leider kann Professor Thomas S. Kuhn – ich hatte ihn eigens in Harvard besucht, um ihn einzuladen – aus gesundheitlichen Gründen nicht teilnehmen. Er hatte in der Tat einen pessimistischen Eindruck auf mich gemacht, war er doch mit seiner Theorie bei den »normalen« Wissenschaftstheoretikern auf viel unverständige Kritik gestoßen. David Tracy und ich aber sorgen dafür, dass das ganze Symposion mit all seinen Vorbereitungspapieren, Referaten, Korreferaten und Bilanzen in schönen Bänden dokumentiert wird: »Theologie – wohin?« und »Das neue Paradigma von Theologie« (Zürich/Gütersloh 1984 und 1986).

Natürlich konnte ich amüsiert feststellen, wer unter den Kollegen sich ernsthaft mit der Paradigmentheorie auseinandergesetzt hatte und wer nur seine übliche Theologie darbot. Es gibt Theologen, die das Wort »Paradigma« nicht über die Lippen bringen. Aber dieses zunächst stark angefochtene Wort »Paradigma«, beziehungsweise »Paradigmenwechsel«, hat sich schließlich schon deshalb durchgesetzt, weil es keine besseren Termini gab, um die epochalen geistigen Umbrüche auf den Begriff zu bringen. Und die Zusammenfassungen, die Karl-Josef Kuschel, Martin Marty, David Tracy und ich nachträglich ausgearbeitet haben, zeigen deutlich, wie die unter uns ausgetragenen Differenzen nur möglich waren, weil sie auf einem soliden Boden der Gemeinsamkeit ausgetragen wurden.

Zwei Jahrzehnte später, in einer Festschrift zum 65. Geburtstag meines früheren Assistenten, des späteren Professors für evangelische Kirchengeschichte Friedhelm Krüger (Münster 2001), fasse ich die Paradigmentheorie in einem knappen Aufsatz »Über den Nutzen der Paradigmenanalyse für eine Geschichte des Christentums« zusammen: als »eine Einladung« an die Kirchenhistoriker! Nicht etwa um traditionelle Methoden der Kirchengeschichtsschreibung durch eine neue zu ersetzen, wohl aber um das Instrumentarium zu erweitern durch eine historisch-systematische Betrachtungsweise, die manche neue Zusammenhänge entdecken und Vergangenheit wie Zukunft in einem neuen Licht sehen lässt. Meines Wissens hat diese Einladung kaum einer aus der Historiker-Zunft aufgenommen. Dies betrübt mich nicht allzu sehr. Vermutlich braucht es auch dafür eine neue Generation von Wissenschaftlern. Und ich selber hatte ja bereits in meinem Band »Das Christentum. Wesen und Geschichte« (1995) die Chance wahrgenommen, auf über 800 Seiten die verschiedenen Paradigmen des Christentums in ihrer genauen Entwicklung darzustellen.[3]

Ein Problemfeld jedoch, das im Tübinger Symposion besonders von Ann Carr (Chicago) und von Elisabeth Schüssler-Fiorenza (Notre Dame) mehrfach als wichtige Dimension des neuen Paradigmas nachdrücklich zur Sprache gebracht wurde, wird für mich jetzt ein zweites Feld der Forschung sein: das neue Bewusstsein der *Frau* von ihrer Identität, Gleichberechtigung und Würde und die Integration der Frauengeschichte in die Geschichte selbst. Schon längst vor dem Tübinger Symposion über das neue Paradigma von Theologie hatte ich eine Initiative in diese Richtung eingeleitet.

Pilotprojekt II: Frau und Christentum

Ich sehe die beiden Damen noch vor mir sitzen, und ihr Wunsch ist bescheiden: Dr. Elisabeth Moltmann-Wendel, Theologin, Autorin, Ehefrau des bekannten Theologen Jürgen Moltmann und Mutter von vier Kindern, die aber jetzt die Zeit für einen Wiedereinstieg in die theologische Wissenschaft als gekommen ansieht, und Bernadette Brooten, B. A., eine begabte Studentin aus Idaho, die mir in Oregon von einem Rahner-Schüler nachdrücklich empfohlen worden war, schon reiche Erfahrungen mit »Women's Studies« in den USA hat und in Harvard ein theologisches Doktorat erwirbt (1982). Beide Frauen haben den Wunsch, im evangelischen oder katholischen Seminar eine kleine Ecke für feministische Literatur zur Verfügung gestellt zu bekommen – und stoßen an beiden Orten auf taube Ohren und faule Ausflüchte.

Diesen Wunsch kann ich selbstverständlich sofort erfüllen: In unserem Institut für Ökumenische Forschung soll eine kleine Abteilung für feministische Literatur aufgebaut werden. Mir ist schon lange klar, dass die theologische Frauenforschung auch in der Bundesrepublik, wo sie noch weithin unbekannt ist, der Förderung bedarf. Die prononcierte Fragestellung »Frau und Christentum« wäre auch mir noch im Zweiten Vatikanischen Konzil, vor 20 Jahren eröffnet, nicht in den Sinn gekommen. Für die Frauenfrage waren die Theologen, war auch das Konzil blind. Die »Frau« als grundsätzliche Infragestellung der Weise, Theologie zu treiben und Kirche zu verstehen und zu praktizieren, war uns damals – auch mir persönlich – noch nicht einmal ein Problem.

Ich war allerdings hocherfreut, als der Konzilsmoderator Kardinal Léon-Joseph Suenens, Primas von Belgien, in den von mir verfertigten Entwurf einer Konzilsrede über die Charismen in der Kirche selber den Satz einfügte: »Es mögen als Zuhörer (auditores) auch Frauen eingeladen werden, welche, wenn ich nicht irre (ni fallor), die Hälfte der Menschheit ausmachen.« Tosender Beifall in der Aula, und in der Folge werden dann auch einige »gut katholische« Frauen eingeladen. Zu sagen hatten sie allerdings nichts. Auch nicht zu den Fragen, die man gemeinhin mit der Frauenfrage identifiziert: Geburtenregelung, Zölibat, Zulassung der wiederverheirateten Geschiedenen zu den Sakramenten, Frauenordination ... Alle diese Fragen durften auf Weisung Papst Pauls VI. im Konzil nicht diskutiert werden; sie alle wurden nach dem Konzil von Rom autoritär (meist mit Berufung auf dieses Konzil) negativ entschieden.

Aber wie es so oft der Fall ist: Die Kirche kann das Rad der Zeit nicht anhalten. Davon war auch die Katholisch-Theologische Fakultät

Tübingen überzeugt und veröffentlichte im Jahr 1976 in ihrer »Theologischen Quartalschrift« eine ganze Nummer über die Frau in der Kirche; ich steuerte dazu meine 16 programmatischen »Thesen zur Stellung der Frau in Kirche und Gesellschaft« bei, die in der Folgezeit immer wieder abgedruckt wurden (Bd. 2, Kap. VIII: Für eine Aufwertung der Frau).

Unkonventionelle Forschung

Angesichts dieser Lage Elisabeth Moltmann-Wendel und Bernadette Brooten nur den Platz für eine feministische Büchersammlung zur Verfügung zu stellen scheint mir nicht genug. Da keine einzige theologische Fakultät in der Bundesrepublik, weder katholische noch evangelische, sich der Frauenforschung annehmen will, sehe ich hier eine Chance für unser Institut für Ökumenische Forschung, zur ersten Institution für theologische Frauenforschung in Deutschland zu werden. So schlage ich denn im selben Gespräch meinen beiden Gesprächspartnerinnen vor, ein groß angelegtes Forschungsprogramm zu lancieren und die dafür notwendigen beträchtlichen Mittel bei einer Stiftung, etwa der Stiftung Volkswagenwerk, zu beantragen. Es sollte ein Projekt sein, das wie die ganze Arbeit an unserem Institut zwei Pole hat: die christlichen Ursprünge und die Probleme der Gegenwart. So sollte sich auch dieses neue Forschungsprojekt auf zwei Forschungsschwerpunkte konzentrieren: einmal die Frauenfrage in den Anfängen des Christentums und andererseits die Frauenfrage in der Christenheit des 20. Jahrhunderts.

Die beiden Frauen stimmen begeistert zu. Frau Brooten will selber das erste der beiden Projekte bearbeiten, Frau Moltmann-Wendel erklärt sich bereit, als theologische Beraterin des Gesamtprojekts zu fungieren. Für das zweite Teilprojekt werden wir durch Ausschreibung eine geeignete promovierte Wissenschaftlerin finden. Beide Forscherinnen haben die Freiheit, ihr eigenes Teilprojekt genauer zu definieren und einen Forschungsplan und eine Disposition ihrer Arbeit für die Antragstellung zu formulieren. Sie sollen die Ergebnisse selbstverständlich unter eigenem Namen veröffentlichen. Neben den beiden Projektbearbeiterinnen sollen zwei geprüfte wissenschaftliche Hilfskräfte beantragt werden, die selbst eine Promotion im Bereich theologischer Frauenforschung anstreben. Zu ihrer aller Unterstützung soll außerdem halbtags eine Sekretärin zur Verfügung stehen.

So reiche ich denn die gut überlegten und genau formulierten Anträge bei der Stiftung Volkswagenwerk ein. Dort gerät man ein wenig in Verlegenheit, in welcher Sparte das Projekt überhaupt behandelt werden soll. Es ist so ungewöhnlich, dass man es schließlich unter der Rubrik »Unkonventionelle Forschung« laufen lässt. In den Auswahlgremien der Volkswagen-Stiftung wird es intensiv diskutiert – wie üblich ohne den Antragsteller. Aber wir haben in Dr. KARL KLASEN, dem Vizepräsidenten des Kuratoriums der Stiftung Volkswagenwerk, einen klugen und geschickten Fürsprecher; ohne ihn wäre mein Antrag möglicherweise am energischen Einspruch einer bekannten Politikerin, die statt eines theologischen Projekts ein politisches gefördert haben wollte, gescheitert.

So aber wird von der Stiftung Volkswagenwerk am 6. Juli 1981 zunächst das Teilprojekt I bewilligt, nach dem Willen von Bernadette Brooten formuliert: »Sexualität, Ehe und Alternativen zur Ehe in den ersten vier Jahrhunderten«. Für eine Laufzeit von vier Jahren wird der Betrag von DM 430.000 bewilligt (Hilfskraftgelder eingeschlossen). Am 5. April 1982 wird auch das Teilprojekt II bewilligt: »Christin sein im 20. Jahrhundert – exemplarische Lebensläufe«; für eine Laufzeit von drei Jahren werden weitere DM 300.000 bewilligt. Alles in allem eine höchst respektable Leistung der Stiftung Volkswagenwerk.

Als ich anderthalb Jahrzehnte später bei meiner Emeritierung vom Rektor, dem Anglisten HANS-WERNER LUDWIG, feierlich verabschiedet werde, rühmt er als ein Charakteristikum meiner Tätigkeit an der Universität Tübingen: »to think big«. In der Tat. »Groß« aber nie im Sinne von Größenwahn; ich hielt mein Institut im Vergleich zu anderen bewusst klein, insofern »think small«. Aber sehr wohl im Blick auf nicht kleinkarierte, sondern großzügig geplante Projekte. Und dazu gehören jetzt auch die Berufung eines wissenschaftlichen Beirates und eine würdige Eröffnungsfeier für unser Projekt »Frau und Christentum«.

Forschung von Frauen über Frauen

Es war eine keineswegs selbstverständliche Grundentscheidung, nur Frauen an diesem Projekt mitarbeiten zu lassen. Man kann ja der Meinung sein, es sollten gerade auch Männer in der theologischen Frauenforschung tätig sein. Aber zwei Argumente leuchten mir ein: Erstens sind Frauen im konventionellen Wissenschaftsbetrieb benachteiligt; zweitens und vor allem sollen in unserem Projekt Frauen selbst über Belange von Frauen forschen. Natürlich bedeutet dies für mich kein Abschieben der Verantwortung: Mir selbst obliegt nicht nur die Antragstellung der beiden Projekte, sondern auch die Verantwortung für die Gesamtausrichtung, die ordnungsgemäße Durchführung und die wissenschaftliche Qualität. Für das zweite Teilprojekt haben wir nach Ausschreibung und gründlicher Abklärung die evangelische Kirchenhistorikerin Dr. LEONORE SIEGELE-WENSCHKEWITZ gewonnen.

Doch ist mir bewusst, dass wir des Rates und der öffentlichen Unterstützung für unser »unkonventionelles« Forschungsprojekt bedürfen. Deshalb berufe ich, gut beraten von Elisabeth Moltmann-Wendel und Bernadette Brooten, einen hochkarätigen *wissenschaftlichen Beirat* von zwölf Frauen und zwölf Männern ein. So wollen wir auch dem weitverbreiteten Vorurteil begegnen, in der Frauenforschung werde von Frauen von vornherein parteiisch und dilettantisch gearbeitet.

Für die internationale Repräsentanz sind für uns neben mehreren deutschen Spezialistinnen wichtig die bekannten Frauenforscherinnen Dr. KARI BØRRESEN (Oslo), Dr. CONSTANCE BUCHANAN (Harvard), Dr. JANE DOUGLASS (Claremont/Kalifornien), Dr. CATHARINA HALKES (Nijmegen), Rev. Dr. CONSTANCE PARVEY (Ökumenischer Rat der Kirchen, Genf), Dr. HELGE PROSS (Siegen), Schriftstellerin LUISE RINSER (Rom), Dr. ELISABETH SCHÜSSLER-FIORENZA (Notre Dame/USA). Doch selbstverständlich sorge ich im Beirat auch für Repräsentanz der beiden Tübinger theologischen Fakultäten: die Professoren WOLFGANG BARTHOLOMÄUS, NORBERT GREINACHER, DIETMAR MIETH und JÜRGEN MOLTMANN, dazu der Pädagoge ANDREAS FLITNER, der Historiker AUGUST NITSCHKE und als bester Kenner der Frauenfrage bei den Kirchenvätern Professor KLAUS THRAEDE (Regensburg). Aus der Schweiz kommen hinzu die Kirchenhistoriker ANDREAS LINDT und der Patrologe ALFRED SCHINDLER, aus den USA meine Freunde LANGDON GILKEY (Chicago), JAMES ROBINSON (Claremont) und LEONARD SWIDLER (Philadelphia).

Die meisten Beiratsmitglieder sind bei der festlichen *Eröffnungsveranstaltung* im Festsaal der Universität Tübingen am 15. Juni 1982 präsent. Da kann ich in meiner Einleitung begründen, warum wir dieses Projekt gerade in unserem Institut gestartet haben: Seine Bedeutung sowohl für den Ökumenismus ad intra (für die Christenheit) wie den Ökumenismus ad extra (für die Weltgesellschaft überhaupt) ist mit den Händen zu greifen. Anschließend legen die beiden Projektarbeiterinnen Bernadette Brooten und Leonore Siegele-Wenschkewitz dar, wie sie ihr Thema verstehen und behandeln wollen; beide hinterlassen einen vorzüglichen Eindruck. Die Festrede hält eine führende Repräsentantin der amerikanischen theologischen Frauenforschung, die deutsch-amerikanische Professorin Elisabeth Schüssler-Fiorenza, über das Thema: »Christentum – patriarchalisch oder emanzipatorisch?« Das Schlusswort spricht die verdiente holländische Professorin Catharina Halkes, ab 1983 erste Inhaberin eines (Stiftungs-)Lehrstuhls für Feminismus und Christentum. Ein Empfang im Foyer schließt den glanzvollen Eröffnungsakt ab, der unser Projekt weit über die Universität Tübingen hinaus bekannt macht.

Am Tag darauf findet eine *Arbeitstagung* statt mit über 100 Teilnehmern und vor allem Teilnehmerinnen aus ganz Deutschland. Sie dient dem interessanten Erfahrungsaustausch aller, die an einer ähnlichen Thematik arbeiten. Viel Dank habe ich bei dieser Gelegenheit nicht erwartet, allerdings auch nicht ressentimentgeladene Statements, wie ich denn als Mann ein solches Projekt für Frauen leiten könne. Natürlich möchte ich ungern darauf hinweisen, dass ohne mein hohes persönliches Engagement dieses Forschungsprojekt nie initiiert worden wäre und dass schon seine Vorbereitung nicht unerhebliche Zeit und Kraft beanspruchte. Doch andere Frauen springen mir bei, und so erledigt sich auch der lächerliche Vorwurf, dass wir im schönen Saal des Großen Senats tagen, an dessen Wänden in Öl gemalte Porträts der früheren Rektoren hängen – in alter Zeit nun einmal leider allesamt Männer. Was ich damals noch nicht ahnen konnte: Wäre das Frauenprojekt auf die von Anfang an beteiligten Frauen angewiesen geblieben, hätte es trotz des vielversprechenden Beginns auf halbem Weg eingestellt werden müssen.

Enttäuschung über Enttäuschung

Als Universitätspräsident Adolf Theis in der allerersten Planungsphase des Frauenprojekts im kleinen Kreis in mein Haus zum Essen eingeladen ist, fragt er mich nebenbei: »Haben Sie sich auch wirklich überlegt, worauf Sie sich da einlassen, wenn Sie mit lauter Frauen ein solches Projekt durchziehen wollen?« Meine Antwort: »Ich habe bisher mit Frauen und mit Schwäbinnen insbesondere keine schlechte Erfahrung gemacht«, und ich dachte an die Frauen bei mir im Haus und im Sekretariat. »Hoffentlich werden Sie nicht enttäuscht …«, meint er. Leider bekam er recht: Ich wurde enttäuscht, freilich nicht von allen. Und ich möchte auch gleich diejenige nennen, die mir in der Folgezeit am treuesten und kundigsten zur Seite steht: Dr. Elisabeth Moltmann-Wendel, früher als die meisten anderen in Deutschland in der Frauenforschung initiativ tätig, aber allen feministischen Übertreibungen abgeneigt und offiziell theologische Beraterin des Gesamtprojekts. Sie hilft mir, die schwierigen Probleme, die unerwarteterweise auftauchen, zu bewältigen.

Eine *erste* Enttäuschung: Die Projektbearbeiterin von Teilprojekt II, Dr. Leonore Siegele-Wenschkewitz, die am 15. Juni ihr Projekt in festlichem Rahmen der Öffentlichkeit vorgestellt hatte, kündigt mir ohne jegliche »Vorwarnung« ihre Mitarbeit auf – sozusagen als Weihnachtsüberraschung am 23. Dezember 1982. Hinter meinem Rücken hatte sie sich um die Stelle einer Studienleiterin der Evangelischen Akademie Arnoldshain beworben und diese erhalten.

In aller Eile wird nun eine Ersatzkandidatin gesucht. Unsere Wahl fällt auf die evangelische Historikerin Dr. DORIS KAUFMANN, keine Theologin, aber mit Erfahrung in der Frauenforschung. Allerdings muss ich in Kauf nehmen, dass sie die Thematik der Christinnen im 20. Jahrhundert auf die evangelischen Frauenverbände einengt, die vor den Jahren des Nationalsozialismus ihre große Zeit hatten. Zu einer Parallelarbeit über die katholischen Frauenverbände wird es nicht kommen, da die vorgesehene Bewerberin ihre schon länger vorbereitete Promotion schließlich doch nicht abschließt.

Eine *zweite* Enttäuschung: Die Bearbeiterin des Teilprojekts I, Dr. BERNADETTE BROOTEN, konzentriert sich zunächst auf die umstrittene Frage nach dem Recht jüdischer Frauen auf Scheidung zur Zeit Jesu und vertritt gegen die herrschende Meinung die These, dass auch Frauen im Judentum die Scheidung hatten beantragen können. Doch sie stößt mit ihren Interpretationen auf begründeten Widerstand führender Fachleute, etwa des angesehenen Zürcher Exegeten EDUARD SCHWEIZER, der mein Buch »Christ sein« so positiv besprochen hatte. Allzu optimistisch war sie über das Ziel hinausgeschossen beim Bestreben, den üblichen apologetischen (christlichen) Standpunkt zu überwinden, eine (angebliche) jüdische Frauenfeindlichkeit gegen eine christliche Frauenfreundlichkeit auszuspielen. Offensichtlich kommt unsere feministische Theologin an diesem Punkt nicht weiter, es fehlt ihr an historischen Belegen. Und nicht zuletzt wegen dieser Verlegenheit konzentriert sie sich nun immer mehr auf die Behandlung eines einzigen Verses im Römerbrief des Apostels Paulus (1,26), der die praktizierte Homosexualität verurteilt.

Schon früh tragen Elisabeth Moltmann und Doris Kaufmann ihrer Kollegin erhebliche Bedenken vor, die von der VW-Stiftung genehmigte Thematik willkürlich auf diesen einen Punkt »Homosexualität« einzuschränken. Dass auch die Frage lesbischer Beziehungen im Rahmen eines Projekts zur Sexualität zu untersuchen sei, ist nie strittig. Aber es ist wissenschaftlich unverantwortbar, die umfassende Frage nach der Rolle der Frauen im Urchristentum faktisch auf die Frage nach den Lesbierinnen und eine einzige Schriftstelle zu reduzieren und von ihr her alle

Paulus-Briefe »interpretieren« zu wollen. Dagegen muss ich schließlich als verantwortlicher Projektleiter förmlich Einspruch erheben. Von allen möglichen Seiten und mit verschiedenen vernünftigen Kompromissvorschlägen versucht man Frau Brooten zum Einlenken zu bewegen. Doch sie erweist sich als völlig beratungsresistent.

Angesichts der jetzt drohenden Kündigung wendet sie sich lieber an das Rechtsamt der Universität, und man kann in dem Schlussbericht zu unserem Forschungsprojekt zu Händen der Volkswagen-Stiftung nachlesen, welches juristische Hin und Her die Folge war – bis Frau Brooten schließlich zu unserer völligen Überraschung (und Erleichterung) am 23. November 1984 von sich aus ihren Arbeitsvertrag kündigt, freilich mit der fadenscheinigen Begründung, die von der Universität und von mir geteilte Auffassung von Forschungsfreiheit entspräche nicht den Bedingungen, unter denen sie das Projekt übernommen habe. Sie bleibt auf ihr spezielles Thema fixiert, doch erst ein Dutzend Jahre später wird sie endlich ein Buch über die frühen christlichen Antworten auf die weibliche Homoerotik veröffentlichen unter dem Titel »Love Between Women«.

Eine *dritte* Enttäuschung: Die Hilfskräfte unseres Frauenprojekts, von mir und Frau Moltmann genau orientiert, identifizieren sich allesamt nicht mit uns, sondern mit Frau Brooten, die eine Begabung besitzt, bei Frauen Empathie und Sympathie für sich zu wecken. Unerfreulicherweise inszeniert die Amerikanerin in der Lokalpresse und weit über Tübingen hinaus eine hässliche Medienkampagne, die vor allem mithilfe einer feministischen Streitschrift mit dem bezeichnenden Namen »Schlangenbrut« vorangetrieben wird. Das Tübinger »Schwäbische Tagblatt« versagt mir unter windigen Vorwänden eine Antwort auf die hässlichen Angriffe. Mir wird vorgeworfen, grundsätzlich gegen Lesbierinnen zu sein, wiewohl ich Bernadette Brooten auch dann in unserem Projekt behielt, als ich schon vor einiger Zeit aus Claremont/Kalifornien gehört hatte, dass sie dort wegen lesbischer Beziehungen zu einer Studentin von ihren Lehrverpflichtungen entbunden worden sei. Erst nach Brootens definitiver Rückkehr in die USA im Sommer 1985 bleiben unserem Institut für Ökumenische Forschung weitere Unruhen dieser Art erspart.

Eine *vierte* Enttäuschung: Über die Illoyalität der wissenschaftlichen Hilfskräfte hinaus muss ich nun auch noch die Erfahrung machen, dass keine einzige der für das Projekt eingestellten Doktorandinnen eine Dissertation abschließt. Dass das Teilprojekt I nicht total ins Wasser fällt, habe ich meiner langjährigen wissenschaftlichen Mitarbeiterin Dr. theol. Anne

Jensen zu verdanken. Sie übernimmt, nachdem sich keine geeignete Nachfolgerin gefunden hat, das Projekt und verbindet es mit ihrem Habilitationsverfahren.

Das Projekt ist jetzt wieder ausgerichtet auf die ersten vier christlichen Jahrhunderte als Ganzes, besonders auf die Frau in den vier maßgebenden alten Kirchengeschichten (verfasst von Eusebios, Sokrates, Sozomenos und Theodoret), auf die Rolle der Märtyrerinnen, Prophetinnen und Lehrerinnen. Frau Jensen weist eindrucksvoll nach, wie sich in den ersten Jahrhunderten des Christentums die Bemühungen verstärkten, öffentliche Aktivitäten von Frauen in der Kirche einzuschränken. Und wenn man sich fragt, was die Frauenemanzipation verhindert habe, beschreibt sie vor allem drei Faktoren: die Durchsetzung hierarchischer Strukturen gegen die ursprüngliche Gleichheit aller Glaubenden; weiter die Sexualfeindlichkeit, die ein allgemeines spätantikes Phänomen ist, aber in der Christenheit eine besondere Ausprägung erhält; schließlich die Bildung, die auch für Frauen im Hellenismus ein Ideal ist, aber in der Christenheit zunehmend vernachlässigt wird. Das trägt dazu bei, Frauen vor allem als »Leib« wahrzunehmen. Alles recht komplexe Vorgänge, hier nicht nachzuzeichnen, die aber deutlich machen, dass das reale Christentum der Frauenemanzipation, der es zum Teil vorangeholfen hat, doch in vielen Fällen entgegenstand. Die Arbeit Anne Jensens, 1991 habilitiert, erscheint unter dem Titel »Gottes selbstbewusste Töchter. Frauenemanzipation im frühen Christentum?« (Freiburg 1992). Sie selber wird nach mehreren Gastdozenturen und zweijährigem Ringen um die Erteilung des römischen »nihil obstat« schließlich an die Karl-Franzens-Universität Graz berufen auf einen Lehrstuhl für Ostkirchliche Orthodoxie und Patrologie, den sie bis zu ihrer Emeritierung innehat. In Graz ist sie auch am 13. 8. 2008 gestorben.

Aufs Ganze gesehen wird so das von der Stiftung Volkswagenwerk geförderte Projekt doch zu einem großen Erfolg. Und dies nicht nur durch die unmittelbaren Forschungsergebnisse über die Frau in den christlichen Ursprüngen und in der kirchlichen Gegenwart: Ungezählte junge Akademikerinnen haben durch unser Projekt Kontakt mit der theologischen Frauenforschung bekommen. Das demonstriert die fast endlose Liste von Veranstaltungen, die ich selber im Sommersemester 1981 zusammen mit der damaligen Diplomtheologin Anne Jensen eingeleitet hatte in einem Seminar, das die religionskritischen Bücher der früheren Katholikin Mary Daly »The Church and the Second Sex« und »Beyond God the Father« kritisch untersuchte. Das Projekt mit seinem ganzen personellen wie finanziellen Aufwand hat sich gelohnt, wie ich in unserem Schlussbericht an die Stiftung Volkswagenwerk, der fast 100 Seiten umfasst, darlegen kann.

Für mich persönlich sind das Voraussetzungen dafür, dass ich später in meinem großen Band »Das Christentum. Wesen und Geschichte« (1994) in jedem der fünf epochalen Paradigmen einen ausführlichen Abschnitt über die Position der Frau erarbeiten kann. Als Mann sollte ich mich schließlich doch als fähig erweisen, ein kleines, aber wohlstrukturiertes und informationsreiches Buch über »Die Frau im Christentum« (2001) zu veröffentlichen. Ich bin erstaunt, wie weit dieses Buch herumkommt, sogar auf einer Vortragsreise in Brasilien im Oktober 2007 reicht man es mir immer wieder zum Signieren. Und die Organisatoren meiner Reise sind völlig überrascht, wie begeistert etwa die Nonnen des Colégio Nossa Senhora da Assunção reagieren, als sie von meinem kurzen Besuch in ihrer Schule auf dem Weg vom Flughafen in die Stadt Curitiba (Hauptstadt des Bundesstaates Paraná) hören. Die Schüler und Schülerinnen begrüßen mich mit Gesang und selbst gemachten Symbolen der Weltreligionen, die sie in feierlicher Prozession hereinbringen und im Kreis auf den Boden legen. In der Tat habe ich mich schon in meinen Thesen von 1976 zur Stellung der Frau in Kirche und Gesellschaft besonders für die Ordensfrauen eingesetzt (Bd. 2, Kap. VIII: Für eine Aufwertung der Frau) und für sie 1983 mit Kardinal Ratzinger gestritten (Bd. 2, Ausblick: »Ihnen geht's ja gut«).

Wichtig war mir, in meinem Buch »Die Frau im Christentum« in einer Art »Ehrentafel« all der Frauen und Männer zu gedenken, die 1981 unser Pilotprojekt »Frau und Christentum« im Beirat unterstützt haben. Und in einer zweiten, mir noch wichtigeren Ehrentafel habe ich in Dankbarkeit auch die Namen (samt Dienstjahren) meiner persönlichen Sekretärinnen (ab 1961) und unserer Institutssekretärinnen (seit 1964) hinzugefügt, die ich allesamt in bester Erinnerung behalte, und sie, soviel ich weiß, mich auch.

Eine Frau als Papst?

Zwei herausragende Vertreterinnen der feministischen Theologie und Frauenforschung sollten meiner Meinung nach eine besondere Ehrung erfahren. Am 25. Juni 1997 erhalten in Luzern die katholische Professorin Dr. Elisabeth Gössmann (Tokio) und die evangelische Theologin Dr. Elisabeth Moltmann-Wendel (Tübingen) den mit insgesamt 12.000 Schweizer Franken dotierten Herbert-Haag-Preis »Für Freiheit in der Kirche«. Der Stiftungsgründer, der frühere Tübinger Alttestamentler Professor Herbert Haag, und ich als Stiftungspräsident hatten freilich Mühe, diesen Vorschlag im Stiftungsvorstand durchzusetzen. Heftiger Widerstand kam paradoxerweise gerade von einer an sich sympathischen Luzernerin, die aber von einem mit ihr befreundeten und erst seit Kurzem dem Vorstand angehörenden Rechtsanwalt aufgestachelt worden war: Elisabeth Moltmann-Wendel werde ja nur wegen ihres berühmten Mannes ausgezeichnet. Dabei hat gerade sie im Gegensatz zu manchen radikalen Feministinnen ein beachtliches literarisches Œuvre aufzuweisen. Sie ist eine der Wegbereiterinnen der feministischen Theologie in Europa und gehört vor allem durch ihre biblischen Arbeiten zu den international bekanntesten europäischen Theologinnen. Und wenn schon, war ein weiteres Gegenargument, dann solle nur eine der beiden Frauen ausgezeichnet werden, wie man ja auch immer nur einen einzigen Mann auszeichne. Das war nachweisbar falsch. Erfreulicherweise verlassen die beiden so wenig kooperativen Personen bald den Vorstand, und ich kann den Medien mitteilen: »Diese zwei Theologinnen (Gössmann und Moltmann) wurden in beiden christlichen Kirchen angefeindet. Den vielen Schwierigkeiten zum Trotz haben sie sich ausdauernd und erfolgreich für die Freiheit der Frauen in den Kirchen eingesetzt, in der Wissenschaft ebenso wie in der Öffentlichkeit.«

Hervorragende Laudationes halten beim Festakt zwei katholische Theologinnen: die Bibelwissenschaftlerin Prof. Helen Schüngel-Straumann aus Kassel (für Elisabeth Gössmann) und Dr. Doris Strahm aus Basel (für Elisabeth Moltmann-Wendel). Die beiden Preisträgerinnen äußern sich anschließend selber in ihren bewegenden Ansprachen über »Frauenerfahrungen mit der Kirche«. Im Vergleich zu Elisabeth Moltmann, die für ihre feministisch-theologische Arbeit in ihrer Familie eine starke Stütze hatte und auf eine weitere akademische Karriere nicht angewiesen war, hatte es Elisabeth Gössmann schwer: Ihre Veröffentlichungen unterscheiden sich von der Erfahrungs- und Bekenntnisliteratur, die in der feministischen Theologie verständlicherweise einen breiten Raum einnimmt, durch ihren streng wissenschaftlichen Charakter. Als ausgezeichnete Historikerin hatte sie eine ganze Reihe von herausragenden Studien vorgelegt, war mehrmals auf Listen für einen Lehrstuhl gestanden, ihre Berufung aber war stets am Widerstand der kirchlichen Autoritäten und deren akademischer Helfer und Helfershelfer (und -innen!) gescheitert. Nun also erhält auch sie unseren Preis: Neben 6000 Schweizer Franken besteht er aus jener schönen Bronzemedaille der mit mir befreundeten holländischen Künstlerin Inka Klinckhard mit der für

Frauenforscherinnen besonders sinnvollen Darstellung eines Vogels, der sich aus dem Netz befreit: »Das Netz ist zerrissen, und wir sind frei« (Ps 124,7).

Unter den zahlreichen Untersuchungen Elisabeth Gössmanns fasziniert mich bis heute am meisten diejenige mit dem Titel *»Mulier Papa. Der Skandal eines weiblichen Papstes«*. Es handelt sich um die Rezeptionsgeschichte der berühmten Gestalt der Päpstin Johanna, für die Gössmann eine jahrhundertelange, mehrere Tausend Seiten in Latein und verschiedenen Volkssprachen füllende Diskussion aufgearbeitet hat. Sie versucht die immer wieder auftauchende Frage zu beantworten, ob es wirklich einen weiblichen Papst gegeben habe und worin der Skandal denn genau bestand.

Nun war ja tatsächlich durch die Jahrhunderte die Geschichte von einer Johanna, »Frau Jutte«, erzählt worden, die als Mann verkleidet in Athen studiert haben und ihrer großen Gelehrsamkeit wegen 855 zum Papst gewählt worden sein soll. Aber während einer Prozession sei sie niedergekommen und gestorben. Bis ins 15. Jahrhundert wurde die Päpstin allgemein als historisches Faktum genommen, doch seit der Reformation wird um ihre Historizität heftig gestritten.

Heute steht fest: Es handelt sich um eine Legende, die vermutlich auf eine antike Priesterstatue mit Knaben in Rom zurückgeht, die aufgrund einer in der Nähe gefundenen Inschrift als Päpstin mit Kind gedeutet wurde. Erste Hinweise auf diese Legende gibt es tatsächlich erst seit dem 12./13. Jahrhundert. Vor allem von Dominikanern und Franziskanern, aber auch von Schriftstellern wie Boccaccio und Petrarca wurde sie verbreitet. Doch so verschieden ihre Interpretationen auch sind, allesamt stimmen sie überein in der negativen Wertung: Eine Päpstin ist, beziehungsweise wäre schrecklich! Der Skandal lag im Frausein!

Man darf ja nicht vergessen, dass es lange Zeit eine kirchliche Gesetzgebung gab, die nicht nur die Priesterweihe für Frauen verbot, sondern es sogar als fluchwürdig verdammte, dass Äbtissinnen ihre Nonnen segnen und ihre Beichte hören, ja sich vermessen, das Evangelium zu lesen und öffentlich zu predigen. Nicht einmal die heiligen Gefäße sollten sie berühren oder den Altar mit Weihrauch versehen. Ja, nach dieser Auffassung ist das gesamte weibliche Geschlecht zum ordinierten Amt unfähig. Und noch am Ende des 20. Jahrhunderts hat der Vatikan weibliche Ministranten verboten, scheiterte aber am heftigen Widerstand der katholischen Bevölkerung und ihrer Seelsorger.

Vor diesem Hintergrund kann man verstehen, dass eine Frau auf dem Papstthron geradezu als »Missgeburt« oder »Monstrum« bezeichnet werden kann. Mit allen möglichen Schimpfworten wird sie bedacht, ja, durch all die Jahrhunderte wird sie in allen Parteien, ob Dominikaner oder Franziskaner, ob Säkulare oder auch Lutheraner, als Schande für die Kirche angesehen. Diese frauenfeindliche Begründungs- und Legitimationspraxis der Tradition müsste nach Elisabeth Gössmann, die noch bei Joseph Ratzinger Theologie studiert hatte, kritisch aufgearbeitet werden, wenn man die umstrittenen Fragen des Eheverbots für Priester und der Frauenordination endlich positiv beantworten wolle. Doch wie konnte man noch 2010 auf einer offenen Podiumsdiskussion in der Tübinger St. Johannes-Pfarrei hören: »Die katholische Kirche ist eine von Frauen getragene und von Männern in Frauenkleidern geleitete Institution.«

Neuere Untersuchungen bestätigen die grundlegende Studie Elisabeth Gössmanns. So die beiden Mediaevisten Klaus Herbers (Erlangen) und Max Kerner (Aachen): »Die Päpstin Johanna des 9. Jahrhunderts gibt es nicht, aber sie existierte und existiert als Wunsch- oder Gegenbild, fasste Kritik an der Kurie, an männlicher Dominanz, an Entscheidungen der römischen Kirche zusammen, in ihrer Person bündelten sich auch Vorstellungen von weiblichen Fähigkeiten. Insofern sind eine Biographie ihrer Legende oder die zahlreichen mythologischen Überhöhungen dazu angetan, die Bedürfnisse und die sich wandelnden Sehnsüchte und Kritikpunkte zu verdeutlichen.«[4]

Pilotprojekt III: Theologie und Literatur

Ich hatte schon immer eine Leidenschaft für die deutschsprachige Literatur, und zugleich zu wenig Zeit, um ihr zu frönen. Der Unterricht in Literaturgeschichte, den ich am Gymnasium in Luzern genoss, besaß außerordentliche Qualität, führte in die verschiedenen Epochen und Tendenzen ein und stellte uns auch die repräsentativen Figuren der Prosa, des Dramas und der Lyrik vor Augen. Und die ersten »Gesammelten Werke«, die ich mir nach und nach abhungerte (statt das von meinem Papa für das Mittagessen in Luzern erhaltene Geld in einem Restaurant auszugeben), waren drei Bände der Werke Friedrich Schillers (von mir als Kaufdatum markiert: »Feb. 1944«).

Meine Bibliothek der Klassiker deutscher Literatur, für die ich so als Sechzehnjähriger den Grundstein legte, ist im Lauf der Jahre wie die der Klassiker der Philosophie und Theologie ziemlich umfassend geworden, sodass ich nur für Spezialliteratur auf andere Bibliotheken angewiesen bin. Doch bilden die Literaten bei mir keine eigene Abteilung, sondern sind chronologisch in die verschiedenen Epochen der Philosophie-, Theologie- und Geistesgeschichte eingeordnet, später noch erweitert durch die großen Klassiker auch anderer Völker: die griechischen Tragödien, die französischen Dramatiker, Shakespeares Dramen, die Romane Tolstois und Dostojewskis und die zeitgenössischen Schriftsteller. Aber in meiner Gymnasialzeit besaß für mich die Arbeit in der katholischen Jugendbewegung doch das Übergewicht. Und während manche meiner Klassenkameraden schon mit Kenntnissen von Thomas Manns Werken glänzten, opferte ich einen Großteil meiner Freizeit für Gruppenstunden, Geländespiele, Ferienlager … Und habe es nicht bedauert.

In meinen römischen Philosophiejahren lese ich natürlich mit mehr Vergnügen die Dramen JEAN-PAUL SARTRES als sein philosophisches Hauptwerk »L'être et le néant (Das Sein und das Nichts)«. Doch meine Studien standen unter dem Wort: »Erst die Arbeit und dann das Vergnügen«. Und mich durch das gewaltige Œuvre eines KARL BARTH oder eines HEGEL hindurchzukämpfen war geistige Schwerstarbeit durch mehrere Jahre. Während mir Karl Barths Deutsch im Vergleich zu dem sterilen neuscholastischen Latein römischer Vorlesungen und Lehrbücher ausgesprochen Vergnügen bereitete, so Hegels Philosophendeutsch oft Kopfschmerzen. Wer meint, dies sei ein Scherz, lese einmal seine »Phänomenologie des Geistes« von der großartigen Vorrede »Vom wissenschaftlichen Erkennen« bis zu den letzten Seiten über »Das absolute Wissen«. Die Sprache der deutschen Philosophen (und Theologen) – gemessen an Meistern der Sprache (und ihrer verschiedenen Genera bis hin zur Polemik) wie LESSING und HEINE, von Franzosen und Engländern ganz zu schweigen – ist wenig geschliffen, unnötig kompliziert, oft spröde und manchmal gar langweilig; SCHOPENHAUER und NIETZSCHE sind unter den Philosophen die großen Ausnahmen. Beide sind auch glänzende Stilisten.

Vor diesem Hintergrund wird man leicht verstehen, warum ich in meiner neuen Tübinger Freiheit große Lust verspüre, meiner frühen Leidenschaft nachzugehen und jetzt, sozusagen im Zenit des Lebens mit viel geschichtlichem Wissen im Gepäck, mich neu der Literatur zuzuwenden: ein drittes neues Problemfeld nach und neben Wissenschaftstheorie und Frauenforschung.

Jesus in der deutschsprachigen Literatur der Gegenwart

Immer war ich darauf bedacht, meine Grenzen zu kennen und, wo ich sie überwinden wollte, die Hilfe anderer zu suchen. Es war mir völlig klar, dass ich, wenn ich mich ernsthaft mit Literatur nicht nur privat beschäftigen, sondern im Hörsaal auseinandersetzen wollte, eines Helfers und eines Partners bedürfte. Beides wurde mir geschenkt.

Eine der schönsten Erfahrungen eines akademischen Lehrers, besonders wenn er sich in ständigen öffentlichen Auseinandersetzungen befindet, ist es, wenn er das geistige Wachsen eines Schülers beobachten kann, der sich vom »Lehrling« über den »Gesellen« langsam zum »Meister« entwickelt. Diese Freude erlebe ich mit KARL-JOSEF KUSCHEL, der als »typischer 68er« nach Tübingen gekommen war, sich dann aber in unserem Institut als wissenschaftliche Hilfskraft hervorragend bewährt und ein sehr gutes Examen in Theologie und Germanistik absolviert. Daher halte ich ihn auch für fähig, Doktorand bei mir zu werden und ein höchst anspruchsvolles Thema zu bearbeiten: »Jesus in der deutschsprachigen Gegenwartsliteratur«. In der neuesten, sehr breit gefächerten Gegenwartsliteratur kenne ich mich jedoch relativ wenig aus. Da bin ich zur Betreuung auf einen Partner angewiesen. WALTER JENS, Professor für Allgemeine Rhetorik, ist als Literat und Literaturwissenschaftler eine außerordentliche Gestalt. Gerne ist er bereit, mit mir zusammen die Betreuung dieser Dissertation zu übernehmen.

Karl-Josef Kuschel wird so schon in den letzten Phasen von »Christ sein« mein enger Mitarbeiter; ohne die Anregungen von Walter Jens und die Informationen von Karl-Josef Kuschel, auf dessen Dissertation ich damals schon hinweisen konnte, hätte ich den Abschnitt über den »Jesus der Literaten« in »Christ sein« nicht so konkret und detailliert abfassen können. Oft beneide ich ihn, da er sich, wie ich ihm manchmal scherzhaft sage, mit »Belletristik« vergnügen dürfe, während ich mich mit Dogmatik und Dogmenkritik abrackern müsse. Meinem entschieden pazifistisch eingestellten Schüler helfe ich durch ein Gutachten, dass er vom Militärdienst befreit wird und stattdessen als Zivildienstleistender in der »Sophienpflege«, einer evangelischen Einrichtung für Jugendhilfe in der Nähe von Tübingen, wertvolle pädagogische Erfahrungen sammeln kann. Er ist aber leistungsfähig genug, nach Dienstschluss noch zu mir zu kommen, um das von mir Geschriebene durchzusehen und im Übrigen seine eigene Dissertation voranzutreiben.

Kuschel geht darin der Frage nach, welche Mittel, Formen, Techniken und Stile es gibt, um das, was Jesus von Nazaret bedeutet, in weltliche

Sprache zu übersetzen. Die literaturwissenschaftliche Methode, die er gebraucht, und die historisch-kritische, auf der mein Jesus-Bild beruht, ergänzen sich dabei glücklich. Denn es ist klar: Maßstab für »Christ sein« heute kann weder einfach der Christus des Dogmas noch der Christus der Schwärmer, aber auch nicht der Christus der Literaten sein, sondern nur der wirkliche, geschichtliche Jesus Christus, dessen entscheidendes Profil die historisch-kritische Exegese klar herausgearbeitet hat. Kuschel zeigt nun auf, wie Jesus bei Autoren wie Frisch, Dürrenmatt, Böll, Hochhuth, Jens und anderen eine zentrale Rolle spielt und um welche Themenkreise und Fixpunkte im Leben Jesu (Geburt, Passion, Auferstehung) sie in ihren entsprechenden Werken kreisen. Es wird deutlich, dass nach heutigen Kriterien manche Texte, die Jesus von der gegenwärtigen Wirklichkeit her deuten, viel eher als »christliche Literatur« bezeichnet werden können als etwa die früheren, teilweise kitschigen Jesus-Romane.

Karl-Josef Kuschel konnte seine Dissertation glücklicherweise noch 1978 abschließen, von der Fakultät aufgrund der Gutachten von Jens und mir mit einem »summa cum laude« belobigt – alles gerade noch ein Jahr vor der großen Konfrontation mit Rom. Und noch im selben Jahr wird die Arbeit in der von Eberhard Jüngel, Walter Kasper, Jürgen Moltmann und mir herausgegebenen Reihe »Ökumenische Theologie« veröffentlicht. Sie legt das Fundament dafür, dass Kuschel nun bald zum besten Kenner des Grenzgebietes Theologie und Literatur in Deutschland avanciert. Unter dem Titel: »Der andere Jesus« veröffentlicht er 1983 ein »Lesebuch moderner literarischer Texte« und 1999 sogar ein großes Buch über »Jesus im Spiegel der Weltliteratur«, eine beeindruckende Jahrhundertbilanz in Texten und Einführungen, die eine erstaunliche Vielfalt von Autoren auch französischer, englischer, spanischer, italienischer und russischer Sprache bietet. Furchtlos veröffentlicht er aber auch schon im Jahr 1980 ein Buch über den Papst mit dem Titel »Stellvertreter Christi? Der Papst in der zeitgenössischen Literatur«, wo er in Auseinandersetzung mit der kritisch-utopischen Papstliteratur unserer Tage konkret aufzeigt, wie der Papst ein glaubwürdiger Repräsentant der Sache Jesu im ökumenischen Geist sein könnte. Sein könnte.

Religiöse Werke der Weltliteratur

Mit Walter Jens, den ich als Kollegen seit Jahren kannte und schätzte, komme ich näher zusammen, wie im 2. Band berichtet, als ich ihm meinen Abschnitt über den »Jesus der Literaten« zu lesen gebe und er, davon begeistert, unbedingt das ganze große Manuskript von »Christ sein« lesen will. Tatsächlich liest er alle vorausgegangenen und nachfolgenden Kapitel und gibt mir mannigfache Anregungen.

In der neuen Periode meines Wirkens reift so in mir der Plan, mit Walter Jens eine Studium-generale-Vorlesung über religiöse Werke der Weltliteratur zu halten. Marianne Saur und andere im Haus sind sofort spontan dafür, aber unser Fachmann Karl-Josef Kuschel entschieden dagegen: Ich könne doch mit dem Literaten Jens und seiner Formulierungskunst auf keinen Fall konkurrieren. Nun wollte ich ja gar nicht mit Jens »konkurrieren«. Denn das Dümmste wäre, ihn stilistisch nachahmen zu wollen. Ich hatte ja seit Langem meinen eigenen Stil der Wissenschaftsprosa, der vor allem auf Klarheit, Eleganz und Verständlichkeit und so auf echte Kommunikation aus ist. Jens kritisierte bisweilen, ich würde zu viel in Hauptsätzen reden, und tatsächlich habe ich immer wieder die beim ersten Niederschreiben geborenen Satzmonster mitleidlos zerschnitten. Ich habe nicht die Absicht, für diese Dialogvorlesungen literarisch zu glänzen, meine Sätze kunstvoll zu drechseln und komplizierte Perioden aus ineinandergeschachtelten Haupt- und Gliedsätzen zu konstruieren. Ich möchte nicht nobelpreisverdächtig schreiben, sondern in erster Linie verstanden werden und überzeugen. Bisweilen durchaus eine dramatische Rhetorik, aber keine cicerionianische Eloquenz, das Ideal eines Pius XII. Pacelli.

Unsere gemeinsame Vorlesung findet also im Wintersemester 1984/85 statt. Zusammen bilden Jens und ich ein sozusagen perfektes Duo: Er fesselt und ergötzt unsere Zuhörerschaft mit glänzenden Charakterisierungen unserer Autoren und originellen Einsichten in deren Werk und Person, arbeitet mit vielen Zitaten, Anekdoten und Assoziationen, was auch für die spätere Drucklegung seiner Essays keine Zwischentitel gestattet. Aber das Publikum ist mir immer dankbar, wenn ich zuvor relativ nüchtern und doch fesselnd die große literarische Gestalt in ihrer Zeit zu sehen versuche und ihr Werk systematisch analysiere und auf unsere Zeit hin interpretiere. Dies schafft eine eigene Spannung und bildet eine gute Grundlage für Jens' mehr persönliche Interpretationen und Reflexionen. Ich sage ihm manchmal in der Sprache des Eiskunstlaufs: »Ich laufe die Pflicht mit den vorgeschriebenen Figuren. Du tanzt die Kür mit kunstvollen Sprüngen, Drehungen und Pirouetten!«

Wir hatten uns auf acht Schriftsteller der Weltliteratur und ihr Hauptwerk geeinigt – alle gesehen im Aufbruch und in der Krise der Moderne. Unsere Vorlesungen[5] sollen verstanden werden als »Erkundungen auf einem weithin noch unerschlossenen Gebiet und den Charakter einer überblicksartigen Landvermessung haben«, wie wir es in unserem gemeinsamen Vorwort zur Veröffentlichung beschreiben: »Dabei wurde so verfahren, dass bestimmte Bereiche und Epochen jeweils, exemplarisch, mit Hilfe einer ›Führ-Figur‹, diese Figur wiederum mit Hilfe der Beschreibung eines einzelnen Werks verdeutlicht wurde. Makro- und Mikro-Analyse, historischer Überblick und Detail-Deutung, Aufweis der großen Linien und Bezeichnung signifikanter Einzelheiten hatten einander zu ergänzen, wobei dem Theologen im Allgemeinen der Blick vom Olymp, dem Literaturwissenschaftler die – nicht minder ergiebige – Froschperspektive vorbehalten blieb. (Gelegentlicher Rollentausch nicht nur gestattet, sondern erwünscht.)«[6]

Also acht Doppelvorlesungen mit folgenden Themen: Religion im Aufbruch der Moderne: BLAISE PASCAL; Religion im Bann der Reformation: ANDREAS GRYPHIUS; Religion im Prozess der Aufklärung: GOTTHOLD EPHRAIM LESSING; Religion als Versöhnung von Antike und Christentum: FRIEDRICH HÖLDERLIN; Religion im Spiegel der romantischen Poesie: NOVALIS; Religion als Widerspruch zum Bestehenden: SØREN KIERKEGAARD; Religion im Widerstreit der Religionslosigkeit: FJODOR MICHAILOWITSCH DOSTOJEWSKI; Religion im Zusammenbruch der Moderne: FRANZ KAFKA.

Unsere Vorlesungsreihe wird zu einem riesigen Erfolg. Der Festsaal reicht nicht aus, um die Hörer zu fassen. Eine Übertragung in das Auditorium maximum wird nötig. Der zuständige Pedell fühlt sich beinahe überfordert: »Welch ein Rummel«, lässt er sich vernehmen, »und das Schlimmste: In acht Tagen kommen die beiden Kerle wieder!«

Ein Tübinger Theologie-Literatur-Symposion

Wie oft bin ich gefragt worden: »Wie schafft ihr dies alles? Solche Veranstaltungen, Vorlesungen, Kolloquien, Symposien – wie bringt ihr dies alles zusammen: das Wissen, die Leute und das Geld?« Antwort: »In erster Linie braucht es Köpfe! Mit Geld allein hat man noch keine Köpfe. Aber Köpfe können mit einigen Mühen das notwendige Geld zusammenbringen. Und sie können vor allem andere kreative Köpfe ansprechen.«

Und so war es auch in diesem Fall: Nach dem großen Erfolg der Studium-generale-Vorlesung über religiöse Werke der Weltliteratur setzen sich Walter Jens, Karl-Josef Kuschel und ich zusammen und planen ein *Symposion*, welches das Gespräch zwischen Theologie und Literatur noch mehr in Bewegung bringen soll. Dieses Mal wenden wir uns an die Fritz

Thyssen Stiftung. Die Kosten sind beträchtlich, doch brauchen wir mit einer Ausnahme keine Teilnehmer über den Atlantik zu transportieren. Erfreulicherweise genehmigt die Fritz Thyssen Stiftung unseren Antrag. Und wir erhalten auch Unterstützung durch das Wissenschaftsministerium des Landes Baden-Württemberg und den Universitätsbund Tübingen. So kann das Symposion »Theologie und Literatur« über »Möglichkeiten und Grenzen eines Dialogs im 20. Jahrhundert« für den 7.–9. Mai 1984nach Tübingen einberufen werden: namhafte Schriftsteller, Literaturwissenschaftler und Theologen, insgesamt 57 Personen.[7]

Uns, die wir dieses Symposion einberufen haben, so formulierte ich in meiner Einführungsrede, geht es nicht nur allgemein um das Phänomen Religion in der Literatur, sondern durchaus zugespitzt um das Verhältnis Theologie – Literatur, beziehungsweise Theologen – Literaten. Uns treibt die Frage um: Wie muss sich Theologie (und Kirche) im Spiegel der Literatur wahrnehmen? Welche Rolle wird die Religion im Allgemeinen und die Theologie im Besonderen spielen bei der Bewältigung der tief greifenden, lang wirkenden Veränderungen, die unsere Welt durchmacht? Theologie sucht gerade in dem so sensiblen Raum der Literatur nach Möglichkeiten, ihre eigenen Defizite und Deformationen zu diagnostizieren, aber auch neue Formen des Umgangs mit Religion zu entdecken.

Es sollte auf unserem Symposion um eine gegenseitige Herausforderung von Theologie und Literatur gehen. Unübersehbar ist ja, dass die Auseinandersetzung mit religiösen Erfahrungen und Problemen in zeitgenössischer Literatur auch dann weiterging, als die traditionelle »christliche Literatur« untergegangen war. Was ist konkret gemeint? Die Theologen sollen dabei gewiss ihr Eigenes einbringen, aber sie müssen auch immer wieder gewarnt werden von literaturwissenschaftlichen Methodikern wie literarischen Praktikern, literarische Texte religiös oder christlich gegen die Intentionen der Autoren zu vereinnahmen. Die Schriftsteller aber sollen durchaus ihrem eigenen ästhetischen Gewissen folgen. Doch zugleich sollten sie sich noch eindringlicher bewusst machen, wie ethisch-religiöse Themen auf der Höhe heutigen ästhetischen wie theologischen Problembewusstseins sprachlich verarbeitet werden müssten.

Wir setzen am ersten Tag originell ein mit einer Exkursion: »Auf den Spuren des Pfarrers und Poeten Eduard Mörike«. Zunächst nach Cleversulzbach, wo PETER HÄRTLING eine kritische Laudatio auf den Pfarrer Mörike hält. Weiter in das berühmte Deutsche Literaturarchiv in Marbach, willkommen geheißen vom Direktor Professor BERNHARD ZELLER und mit einer Eröffnungsrede von Walter Jens.

In der ersten Arbeitseinheit am folgenden Tag werden Texte gelesen: von PETER HÄRTLING aus der Bundesrepublik, GÜNTER DE BRUYN aus der DDR, GERTRUD FUSSENEGGER aus Österreich und KURT MARTI aus der Schweiz. In der zweiten Arbeitseinheit dann die literaturwissenschaftlichen Probleme, Methoden und Analysen: mit WALTHER KILLY und THEODORE ZIOLKOWSKI (Princeton) sowie Korreferaten von WILFRIED BARNER und DIETMAR MIETH. Am Abend eine öffentliche Podiumsdiskussion über die Frage: »Ist ›Gott‹ heute literarisch darstellbar?«, mit den Schriftstellern INGEBORG DREWITZ, ADOLF MUSCHG und EVA ZELLER, dem Literaturwissenschaftler JÜRGEN SCHRÖDER und den Theologen HUBERTUS HALBFAS und HEINZ ZAHRNT. In der dritten Arbeitseinheit schließlich folgen die spezifisch theologischen Probleme; sie wird bestritten von KLAUS JEZIORKOWSKI und KARL-JOSEF KUSCHEL mit Korreferaten von PAUL KONRAD KURZ und mir.

Wieweit unser Symposion dem von mir formulierten kühnen Ziel gedient hat, ist schwer abzuschätzen. Das Programm wurde jedenfalls allgemein als äußerst interessant und fruchtbar angesehen. Die Themen wurden lebendig und kontrovers diskutiert. Alles ist dokumentiert in dem von Jens, Kuschel und mir herausgegebenen Sammelband.[8]

Im Jahre 1989 wagen wir noch einmal eine Serie von drei Doppelvorlesungen – mit gleichem Erfolg. Sie sind drei deutschen Nobelpreisträgern gewidmet: THOMAS MANN, HERMANN HESSE und HEINRICH BÖLL. Alle drei waren Gegner brutaler, inhumaner und dem Geist der Aufklärung feindlicher Gesellschaftsordnungen, alle drei entschlossen, selbst in düsterer Zeit die Humanität zu verteidigen: *»Anwälte der Humanität«* (Veröffentlichung München 1989). Im Mittelpunkt unserer Betrachtungen stehen also nicht so sehr literarische Kriterien. Vielmehr fragen wir danach, wie Religiosität und Christentum aufscheinen im Leben und Werk dieser Männer und wie sich politische Moralität in ästhetischer Form zum Ausdruck bringen lässt. Mich beschäftigt vor allem die Thematik »Thomas Mann und die Frage der Religion«, »Hermann Hesse und die Herausforderung der Weltreligionen«, »Heinrich Böll und die Sehnsucht nach Humanität«.

Selbstverständlich beschränkte sich mein kulturelles Interesse nie nur auf das Gebiet der Literatur. Auch für die darstellenden Künste interessierte ich mich schon seit meiner Luzerner Gymnasialzeit brennend.

In der Engelsburg

Es war also kein Zufall, dass mich der Bildhauer OTTO HERBERT HAJEK als Präsident des Deutschen Künstlerbundes zur Eröffnungsrede der Jahresausstellung 1979 in Stuttgart eingeladen hatte (Bd. 2, Kap. X: Moderne Kunst und Sinnfrage). Das war unmittelbar vor dem Entzug meiner kirchlichen Lehrbefugnis.

Jetzt, nach dem Missioentzug, tritt Hajek mit einer neuen herausfordernden Aufgabe an mich heran: Ich solle für seine große Kunstausstellung in Rom im *Castel Sant'Angelo*, an historischer Stätte, direkt beim Vatikan, die Eröffnungsrede halten. Dieses Bauwerk heißt »Engelsburg«, weil der Erzengel Michael hier Papst Gregor dem Großen 590 bei einer Pestprozession erschienen sein soll (die krönende Engelsstatue stammt erst aus dem 18. Jh.). Ursprünglich war dieses gewaltige kreisrunde Monument von Kaiser Hadrian im 2. Jahrhundert als sein Grabmal gebaut worden, war lange Begräbnisstätte der römischen Kaiser und wurde in der Völkerwanderungszeit zur Festung ausgebaut. So diente es schließlich den Päpsten als Kastell und Fluchtburg, seit 1277 durch einen gedeckten Gang mit dem Vatikan verbunden. Heute befindet es sich in Staatsbesitz, sonst hätte ich hier wohl nicht reden dürfen.

Es ist für mich selbstverständlich, dass ich diese ehrenvolle und interessante Einladung annehme. Am 18. Juni 1981 halte ich meine Eröffnungsrede – abwechselnd in Deutsch und Italienisch – in Anwesenheit des baden-württembergischen Wissenschaftsministers Professor HELMUT ENGLER, der in der großen Konfrontation eher auf der Seite der kirchlichen Autoritäten gestanden hatte. Es liegt für mich nahe, dass ich ausgehe von dem historischen Ort, an dem ich spreche. Gibt es doch wenige Plätze im heiligen Rom, an denen der Personenkult des »Heiligen Vaters« so problematisch erscheint und die Heiligkeit dieser Väter durch die Geschichte selber in so dramatischer Form entmythologisiert wird wie gerade hier, im Castel Sant'Angelo. »Hier herrschte im düsteren 10. Jahrhundert die mächtige Adelige Marozia Senatrix«, erkläre ich der Festversammlung, »sie war die Geliebte des Papstes Sergius III., die Mörderin des Papstes Johannes VIII., den sie in der Engelsburg gefangen hielt, und die Mutter von Papst Johannes XI.« Dann füge ich hinzu: Dies alles geschah in einer Zeit, »als die Päpste noch nicht unfehlbar waren«.

Das Gesicht des Ministers wird immer verschlossener und starrer, aber an der Rede hindern kann er mich nicht. Im Folgenden hole ich dann viel grundsätzlicher aus. Ich wende mich – hier nicht auszuführen – gegen den *Traditionalismus* in Kunst wie Theologie, wo die Tradition zum

Gott geworden ist: als ob eine bestimmte Kunst oder Theologie der Vergangenheit von vornherein die qualitativ bessere sei. Aber ich wende mich auch gegen den *Modernismus*, wo der Fortschritt zum Gott geworden ist: als ob jede Revolte auch schon eine große Erneuerung wäre und die jeweils neueste Kunst oder Theologie nicht nur die erstbeste, sondern die erste und die beste überhaupt sei. Nein, weder Traditionalität noch »Novität« kann in Kunst und Theologie oberstes Gesetz sein.

Doch ist Rom ohnehin nicht der Ort, von wo aus man zu neuen Ufern vorstößt. Und es sind ja auch nicht nur die darstellenden Künste, die mich faszinieren, sondern vielleicht noch mehr jene Kunst, die sich am vergeistigsten präsentieren kann: die Musik.

Pilotprojekt IV: Religion und Musik

Hier ging es für mich wirklich um ein neues Ufer. Doch dieses Projekt wurde von mir nicht geplant, sondern wächst mir sozusagen zu und entwickelt sich in Etappen, wobei ich mir am Ende wegen vieler anderer Projekte versagen muss, es durch eine umfassende Darstellung zu einem Abschluss zu bringen – zum Beispiel durch eine Vorlesungsreihe über die Religiosität der großen Meister von Bach bis Strawinsky. Aber mit drei musikalischen Genies kann ich mich eingehend beschäftigen, nicht einfach weil es meine »Lieblingskomponisten« wären (solche habe ich viele), sondern weil sie mir durch fremden Vorschlag und natürlich auch eigene Entscheidung zukommen: Mozart, Wagner und Bruckner, die nun allerdings in höchst unterschiedlicher Weise für das Verhältnis zur Religion exemplarisch sind.

Trotz aller Beschäftigung mit Musik habe ich mir freilich nie eingebildet, Musikwissenschaftler zu sein. Doch eines war ich von Jugend auf: ein leidenschaftlicher Musikliebhaber und engagierter Musikhörer, der sich jedoch sein »Repertoire« durch viele Jahre als Autodidakt erarbeiten musste. Mitbekommen von meinen Eltern habe ich natürliche Musikalität und ein gutes musikalisches Gedächtnis. Aber wie ich schon in meinem ersten Memoirenband berichtet habe, verkaufte mein Großvater im Zorn kurzerhand sein Klavier, nachdem seine drei Söhne und seine Tochter zwar allesamt Klavierunterricht genossen hatten, aber kaum je spielen wollten. So erhielt ich keinen regelmäßigen Klavierunterricht und vergnügte mich später mit dilettantischer Liedbegleitung auf Klavier oder Handharmonika. Aber ich entwickelte mein »Hör-Repertoire« von Volksmusik und Wiener Operette zur Oper, zur Symphonik und schließlich zur Kammermusik. Entsprechend wuchs meine Plattensammlung.

Musik begleitet, wo immer es möglich ist, meinen Lebensweg und Tageslauf. Nicht nur aus der Religion, sondern auch aus der Musik beziehe ich innere Kraft, schöpferische Phantasie und disziplinierte Ausdauer. Aber über Musik zu schreiben und öffentlich zu reden ist etwas völlig anderes. Es bedeutet eine künstlerisch-intellektuelle Herausforderung eigener Art. Doch hoffe ich, wenn herausgefordert, einige Perspektiven und Details ans Licht bringen zu können, die vielleicht nur der Theologe so hervorzuheben vermag.

In meiner Sturm-und-Drang-Zeit ziehe ich Beethoven allen anderen vor, später abgelöst durch Mozart. Zu RICHARD WAGNER aber ist mein Verhältnis wie das vieler Zeitgenossen eher gespalten. Die raffiniert instrumentierten klangmächtigen Ouvertüren von Wagners zweiter, reifer Schaffensperiode – »Der fliegende Holländer«, »Tannhäuser«, »Lohengrin« – begeistern mich immer wieder, den Matrosen- und den Spinnerinnenchor des »Holländers«, den Pilgergesang aus »Tannhäuser«, den Brautchor des »Lohengrin« und vor allem die Chöre der »Meistersinger« finde ich bis heute hinreißend. Doch die durchkomponierten Opern der dritten Periode mit ihrer dramatisch inspirierten »unendlichen Melodie« und ihren verschiedenen Leitmotiven erscheinen mir langatmig und ermüdend.

Aber Walter und Inge Jens berichten mir und Marianne Saur immer wieder begeistert von Bayreuth und ihrer Freundschaft mit dem Festspielleiter WOLFGANG WAGNER und seiner zweiten Frau GUDRUN, welche die Fäden der Festspielorganisation fest in ihren Händen hat. Sie motivieren uns schließlich doch zum Besuch der Bayreuther Festspiele; eine intensive Beschäftigung mit Richard Wagner lohne sich gerade auch für einen Theologen. Karten, auf die andere jahrelang warten müssen, bekommen wir durch Vermittlung unserer Freunde ohne Schwierigkeiten. Und so nehmen wir denn im August 1981 zu viert an einer Aufführung des »Holländers« durch HARRY KUPFER teil. Eine überzeugende Inszenierung. Kupfer bietet kein »Regietheater«, bei dem sich der Regisseur als Hauptperson profiliert, sondern eine psychologisch feine Neuinterpretation, in welcher Sentas Traum die Rahmenhandlung bildet. Dazu kommen die von Wolfgang Wagner selber echt fränkisch-fröhlich inszenierten »Meistersinger« und eine begeistert aufgenommene Neuinszenierung JEAN-PIERRE PONNELLES von »Tristan und Isolde« mit DANIEL BARENBOIM als musikalischem Leiter, den ich kurz begrüßen darf. Ein reines Kunst-Erlebnis. Doch ich ahne schon, dass Wolfgang Wagner von mir früher oder später einen Beitrag zur Musik Richard Wagners erwartet.

Richard Wagner: »Parsifal«

Am 22. Februar 1982 erhalte ich eine telefonische Anfrage von Wolfgang Wagner, ich möge zur Jahrhundertfeier der ersten Aufführung von Wagners Spätwerk »Parsifal« (1882) einen großen Aufsatz für das viel beachtete Programmheft der Festspiele von 1982 schreiben. Ich komme in Verlegenheit, weiß ich doch sofort, welch hohe künstlerisch-intellektuelle Herausforderung das wäre, zu bewältigen neben meinem sonstigen Arbeitspensum. Aber die Einladung ausschlagen? Mit nicht geringer Mühe arbeite ich mich nun in Libretto, Literatur und Musik dieses »Bühnenweihfestspieles« ein, um als Theologe Richard Wagners Verhältnis zur Religion – angesichts der Vielzahl widersprüchlicher Interpretationen – zu klären.

Die professionelle Theologie hat die Auseinandersetzung mit dem Phänomen Richard Wagner weithin gescheut und bietet wenig Hilfe. Selbst Barth und Tillich haben sich mit dieser musikalischen Jahrhundertgestalt nicht auseinandergesetzt, und in den großen theologischen Lexika, selbst in der 37-bändigen »Theologischen Realenzyklopädie« sucht man das Stichwort »Wagner, Richard« vergebens. Auch zu »Parsifal« findet man kaum etwas. Dabei ist ja nun gerade die zentrale Streitfrage: Ist »Parsifal« ein Bühnenweihfestspiel aus christlichem Geist oder etwas völlig anderes? Hat hier die Kunst die Religion ersetzt oder kongenial interpretiert?

Immerhin hatte sich nach dem Missbrauch Wagners und Bayreuths für die Zwecke des Nationalsozialismus und den späteren unromantischen Inszenierungen von Wagners Enkeln Wieland und Wolfgang dies eine geklärt: Mit der Aufwertung der Kunst zur Religion ist es endgültig vorbei. Eine Kunstreligion, eine Bayreuther Gegen-Kirche und eine Wagner-Apotheose gibt es nicht mehr. Niemand versteigt sich heute noch zur Behauptung, Komponisten könnten Priester ersetzen, das Opernhaus die Kirche, die Oper die Liturgie, die Mythen die religiöse Ur-Kunde, die Ästhetik die Offenbarung, kurz: die Kunst die Religion. Auch Wagners »Parsifal« bietet keine Ersatzreligion zur Überhöhung der bürgerlichen Kultur.

Und doch will der »Parsifal« nach Wagners dokumentierter Absicht durchaus wahrer Religion Ausdruck verleihen. Und im Gegensatz zur Liebes-Religion von »Tristan und Isolde« (1857–59), die das Ausleben des Begehrens, Rücksichtslosigkeit des Triebes, Totalität der Hingabe verkündet, wird im »Parsifal« eine herbe Verzichts-Religion präsentiert, welche die geschlechtliche Askese als Akt sittlicher Reinheit verherrlicht.

Dies steht nun freilich nicht nur im Widerspruch zu Wagners gelebter Künstlerwirklichkeit, sondern auch zur Botschaft Jesu von Nazarets, dem Wagner schon im Revolutionsjahr 1848 einen 50-seitigen Dramenentwurf gewidmet hatte. Dieser Jesus hat nach den neutestamentlichen Quellen kein mönchisches Lebensideal vertreten und keinen Gegensatz zwischen Agape (schenkende Liebe, Triebverzicht) und Eros (begehrende Liebe, triebhafte Sexualität) konstruiert.

Wagner hat sich bis ins letzte Detail über Jesu Abendmahl und den römischen Messritus orientiert, hat allerdings auch, durch Schopenhauer vermittelt, buddhistisches Gedankengut (Wiedergeburt, Mitleid selbst mit den Tieren) anklingen lassen. Im Zentrum des Musikdramas aber steht eindeutig nicht etwa die Wiedergeburt, sondern die Erlösung. Der Mensch ist erlösungsbedürftig und erlösungsfähig: darum geht es im »Parsifal«. Ich setze mich in meinem Aufsatz mit den vielen verschiedenen Interpretationen auseinander, brauche aber hier meine Analyse, die später in mein kleines Buch über »Musik und Religion« (2006) eingegangen ist, nicht zu wiederholen. Ich halte daran fest: Richard Wagner war gewiss kein gläubiger Christ, und schon gar kein Katholik; an manchen Anliegen des atheistisch-humanistischen Religionskritikers Ludwig Feuerbach hält er auch in seiner Spätphase fest. Aber er hat sich am Ende doch ernsthaft bemüht, ein wahrhaft christliches Erlösungsdrama zu schreiben, wie dies Friedrich Nietzsche mit seiner Instinktsicherheit sofort entdeckte – und radikal ablehnte.

Aber was wird man in Bayreuth zu meiner Interpretation sagen? Wolfgang Wagner lässt mir am 7. Juli 1982 durch seinen musikwissenschaftlichen Assistenten Dr. Oswald Georg Bauer mitteilen: »Die Einsichten in das Werk, die Sie vermitteln konnten, und die Rückschlüsse, die Sie aus diesen Einsichten gezogen haben, gehen weit über das hinaus, was Fachwissenschaftler der Musik oder des Theaters bis jetzt zu diesem Werk sagen konnten. – Ihr Beitrag hat hier im internen Kreis derer, die ihn bis jetzt schon gelesen haben, sehr fruchtbare Diskussionen angeregt, und wir sind eigentlich der Meinung, dass es sich bei Ihren Gedanken um *die* Interpretation heute handelt.« Am 18. November desselben Jahres halte ich in Bayreuths großer Stadthalle einen öffentlichen Vortrag zum Thema »Zukunft für Religion?«.

Wir sind in den nächsten Jahren oft zu viert in Bayreuth und erleben alle großen Wagner-Opern mit. Zugleich haben wir die Ehre, in schon Richard Wagners privatem Speisezimmer im Festspielhaus zwischen dem zweiten und dritten Akt einen Imbiss mit Wolfgang und Gudrun Wagner und einigen wenigen Festspielgästen einzunehmen oder anschließend in

Wagners Residenz am Grünen Hügel beim Empfang der Künstler dabei zu sein. Auf diese Weise habe ich auch Daniel Barenboim und Georg Solti und manche Sänger und Sängerinnen persönlich begrüßen können. Aber ich erinnere mich auch gerne an die Spaziergänge mit dem Ehepaar Jens durch die umliegenden Wiesen in den langen Pausen und nicht zuletzt an manchen geistreichen Austausch mit dem Literaturkritiker Marcel Reich-Ranicki, auch ein Wagner-Bewunderer, ansonsten bekannt durch seine bissigen Kommentare.

Im Jahr 1983 sind wir – wieder zu viert – eingeladen vom 23. bis 28. August, um die Neuinszenierung des ganzen Rings der Nibelungen mitzuerleben: »Das Rheingold«, »Die Walküre«, »Siegfried« und »Götterdämmerung«. Wahrlich, ein geniales Gesamtkunstwerk, das einem, will man Text und Musik verstehen, einiges an Vorbereitung abfordert. Die als allzu statisch empfundene Regie von Peter Hall wird durchwegs kritisch aufgenommen, mit Begeisterung aber die hoch differenzierte musikalische Leitung durch Sir Georg Solti.

Was ist der Sinn der »Götterdämmerung«?

Wolfgang Wagner hatte mich gefragt, ob ich ihm nicht einen ebenso grundsätzlichen Artikel zu Wagners »Ring des Nibelungen«, genauer zu dem letzten, schwer verständlichen Teil, der *»Götterdämmerung«,* schreiben wolle. Die Aufgabe ist ebenso schwierig wie reizvoll: Der musikalische Schluss der »Götterdämmerung« ist zwar überwältigend, ihr inhaltlicher Sinn aber bleibt dunkel und höchst umstritten. Richard Wagner, der zunächst nur eine Heldenoper über »Siegfrieds Tod« schreiben will, ist damals ein politischer Revolutionär, der ganz unter dem Einfluss des atheistischen Philosophen Ludwig Feuerbach steht.

Das bezeugt seine Schrift »Die Kunst und die Revolution« von 1849. Hinter der von Wagner selber konstruierten germanischen Mythologie, die uns heute wenig interessant erscheint, verbergen sich sozialistische und radikal-demokratische Ideen von Staat, Privateigentum und Ehe, die ganz auf persönliche Freiheit und freie Liebe ausgerichtet sind. Am Ende der »Götterdämmerung« ist nicht nur der Untergang der bürgerlichen Gesellschaft, sondern auch der Untergang der Götter angekündigt: nach dieser Entgötterung (statt Siegfrieds Vergötterung) scheint Gott auch für Wagner tot zu sein. Freilich geißelt er auch die bürgerlichen Ersatzformen, die in das »religiöse Vakuum« vorgedrungen seien: den Gott der Industrie, den Erwerb, das Geld, den Ruhm.

Später aber distanziert sich Wagner deutlich vom Atheismus Feuerbachs. In seiner drei Jahrzehnte später erschienenen Abhandlung »Religion und Kunst« (1880) bekennt er sich zu einer »wahrhaftigen Religion«, aus der die Kraft zur Erneuerung des Menschen kommen könne, der als »Raubtier« in Gewalttätigkeit, Machtbesessenheit, Besitzgier und Kriegslüsternheit sich selbst bedroht.

Die viel diskutierte Frage nun: Was kommt nach der »Götterdämmerung«, die ja keinen Hoffnungsstreifen, wie ihn manche Interpreten festzustellen meinen, aufscheinen lässt? Nach all den Studien beantwortet sich für mich diese Frage überraschend einfach, und meine Antwort ist nicht nur chronologisch, sondern höchst sachlich zu verstehen: Nach der »Götterdämmerung« kommt – der »Parsifal«! Nicht die »Götterdämmerung«, erst der »Parsifal« ist das große Erlösungsdrama Richard Wagners.

So hat mir denn die intensive Beschäftigung mit Text und Musik Wagners tiefen Einblick in die Ambivalenz der Moderne geboten. Ein Wagnerianer aber bin ich deshalb nicht geworden. Doch haben Walter Jens und ich der Universität vorgeschlagen, WOLFGANG WAGNER – zusammen mit dem Bildhauer OTTO HERBERT HAJEK und dem Schriftsteller PETER HÄRTLING – zum Ehrensenator der Universität Tübingen zu machen. Uns geht es also nicht einfach um den Komponisten Wagner, sondern um eine stärkere Verbindung der Universität nicht nur wie üblich zur Wirtschaft und zur Politik, sondern auch zu den Künsten. So findet am 25. April 1988 im Festsaal der Universität ein akademischer Festakt über »Universität und Künste« statt, bei dem den dreien vom Rektor der Universität die Ehrensenatorenwürde verliehen wird. In den folgenden Wochen organisieren Walter Jens und ich drei Werkstatt-Gespräche mit Wolfgang Wagner (2. Mai), Peter Härtling (16. Mai) und Otto Herbert Hajek (6. Juni), an denen auch andere Professoren der Universität teilnehmen. Dies alles findet statt im Rahmen des Studium generale; dessen Hauptanlässe sind drei Doppelvorlesungen von Walter Jens und mir unter dem Titel »Plädoyers für Humanität: Thomas Mann – Hermann Hesse – Heinrich Böll«.

Wir erhalten die Verbindung mit den Wagners aufrecht, wenn ich auch später nur noch selten nach Bayreuth kommen kann, weil der Weg von der Zentralschweiz nach Bayreuth im Ferienmonat August mich doch zwei Tagereisen kostet. Tief betroffen muss ich dann am 28. November 2007 zur Kenntnis nehmen, dass GUDRUN WAGNER, die auch in künstlerischen Fragen zunehmend ein gewichtiges Wort mitsprach, 63-jährig unerwartet stirbt. »Ihr plötzlicher Tod ist für uns unbegreiflich«, heißt es lapidar auf der von Wolfgang Wagner, jetzt 88 Jahre alt, und ihrer Tochter

Katharina unterzeichneten Todesanzeige. Am 21. März 2010 stirbt auch er.

Gefreut hat mich, dass Nike Wagner, eine Urenkelin Richards und Nichte Wolfgangs – ich hatte sie anlässlich ihres Eröffnungsvortrags zum Lucerne Festival 2011 kennengelernt –, einen zentralen Text aus meinem Wagner-Kapitel in ihre Anthologie »Über Wagner« (2013) aufgenommen hat mit der Anmerkung: »Wollte man ihn (Küng) mit Wagner vergleichen, so hätten wir zwei streitbare, furchtlose Neuerer: Küng durch seine Frage nach der päpstlichen ›Unfehlbarkeit‹ und seine Kritik des Zölibats, durch seinen Einsatz für die Ökumene und die Gleichberechtigung der Frauen in der Kirche, Wagner durch seine Revolutionierung des Opernschaffens. Dem Künstler ging es freilich um sein Werk, der Kirchenmann kämpft für die anderen.«

Indessen hatte ich mich intensiv auch einem anderen musikalischen Meister zugewandt, der mir nicht weniger Freude bereitet:

Eine Festrede für Mozart

Nach einem anstrengenden Tübinger Semester mit Studium generale und einer Nahostreise hoffe ich, Ende Juli und August 1990 in meinem Seehaus einige ruhige Wochen zu verbringen, zur physischen und psychischen Erholung und vor allem zur ungestörten Lektüre. Auch an regnerischen Tagen schwimme ich zweimal, an schönen sogar dreimal in den See hinaus. Doch schon bald nach meiner Ankunft am Sempachersee – am sonnigen 25. Juli 1990 – meldet sich am Telefon, während ich weit draußen im See bin, aus München Generalintendant August Everding: Es sei dringend, er werde in ungefähr einer halben Stunde noch einmal anrufen. Was er wohl will, mein Jahrgangsgenosse und wie ich Autor des Piper Verlags? Vor einiger Zeit hatte sich das halbe Dutzend der 1928er unter den Piper-Autoren anlässlich eines kleinen Verlagsfestes zu unserem 60. Geburtstag getroffen. Der geistig quirlige Everding ist wohl Deutschlands bekanntester Theaterleiter und Regisseur. Er steht nicht nur den staatlichen Theatern Münchens vor, sondern inszeniert Opern auch auf anderen deutschen und internationalen Bühnen.

Eine halbe Stunde später kommt Everding am Telefon rasch zur Sache: »Sie müssen mir unbedingt Anfang des Jahres 1991 anlässlich der Wiedereröffnung des Prinzregententheaters zum 200. Todesjahr Mozarts die Festrede halten.« Meine Antwort: »Das kommt nicht infrage, ich bin weder Musiker noch Musikwissenschaftler.« Er: »Gerade deshalb! Ich will keine konventionelle Mozart-Rede hören, Ihnen wird, wie ich Sie kenne, bestimmt etwas Originelles einfallen!« »Und wenn auch – ich habe schlicht keine Zeit, dies und jenes sind meine Projekte der allernächsten Zukunft …« »Nun gut, aber bitte, bitte sagen Sie jetzt nicht definitiv Nein; ich fliege morgen nach New York zur Metropolitan Opera und bin in einer Woche zurück, und so haben Sie Zeit zum Überlegen.« »Einverstanden unter der Bedingung, dass ich dann nochmals Nein sagen darf.«

Aber natürlich geht mir das Ganze durch den Kopf, und gegen Abend, da ich wieder in »meinen« See hinausschwimme, kreisen meine Gedanken um diesen Vorschlag, und es kommt mir der Einfall: Du kennst doch persönlich zwei berühmte engagierte Mozart-Hörer, die schon anlässlich des 200. Geburtstages von Mozart 1956 interessanter über ihn gesprochen und geschrieben haben als manche Musikforscher. Zwischen denen könnte ich meinen Platz finden. Everding ruft nach einer Woche wieder an und ist hell begeistert, als ich ihm eine Zusage gebe und meine Idee verrate.

Spuren der Transzendenz

Allerdings habe ich mir die Messlatte mit diesen beiden Mozart-Verehrern von hohem Reflexionsniveau und formaler Brillanz, die sich übrigens gegenseitig in Sachen Mozart kaum zur Kenntnis nehmen, sehr hoch angelegt. Der eine ist der Basler Theologieprofessor Karl Barth, von dem in diesen Erinnerungen schon oft die Rede war und der als einziger der großen Theologen des 20. Jahrhunderts Mozarts ungeheueres Werk auch theologisch zu deuten wagte. Der andere aber ist der vielleicht musikalisch sensibelste deutsche Schriftsteller unserer Tage, Wolfgang Hildesheimer, der das vielfach übermalte ursprüngliche Bild des Menschen und Künstlers Mozart freizulegen versucht. Ihn hatte ich beim Ehepaar Jens kennengelernt und hatte ihn auch in meinem Haus zu Gast. So zögerte ich nicht, ihn schon Anfang August 1990 an seinem Wohnort, einem Dorf auf der Alpensüdseite, anzurufen, um einen Besuchstermin zu erbitten. Am 6. August fahre ich über Julier- und Bernina-Pass nach Poschiavo (Puschlav) und lade ihn und seine Frau zu einem fröhlichen Abendessen ein. Bei gutem Wein diskutieren wir bis tief in die Nacht hinein über Mozart und vieles andere mehr.

Das alles bedeutet für mich: Meine ganzen Ferienwochen sind jetzt Mozart gewidmet. Ich höre viel Musik und lese viel und habe mein Konzept klar: Ich sehe mich in der Mitte zwischen jenen beiden höchst kundigen Mozart-Verehrern, dem Theologen protestantischer und dem Agnostiker jüdischer Herkunft. Nur eines habe ich beiden voraus: dass ich wie Mozart – *katholisch* bin. Merkwürdigerweise hat man diese katholische Sozialisation Mozarts bisher kaum thematisiert: Barth hat sie notgedrungen am Rande zur Kenntnis genommen, Hildesheimer aber gesteht Mozarts katholisches Erbe nur widerwillig zu; er sei nur »vordergründig« katholisch gewesen. Nun ist ja des jungen Mozart Streit mit dem Salzburger Fürsterzbischof Hieronymus Colloredo allgemein bekannt, aber dies ist nur eine Seite der Medaille.

In der Art eines literarischen »Divertimento teologico« entwickle ich meinen Vortrag in sieben »Sätzen«, orchestriert durch zahlreiche biographische Details, Zitate aus Mozarts Briefen und Hinweise auf seine geistlichen und weltlichen Werke, sieben Themen, die ich hier nicht auszuführen brauche: (1) Katholisch?, (2) Religiös?, (3) Göttlich?, (4) Das Menschlich-Allzumenschliche, (5) Das Geheimnis, (6) Glückseligkeit, (7) Finale. Leicht lässt sich aufzeigen, dass Mozart zwar kein »kirchenfester« Katholisch-Konservativer ist, wohl aber ein kritisch-aufgeklärter Katholik. Hildesheimer indes überträgt zu viel von seiner religiösen Skepsis auf den in seinem katholischen Glauben durchaus verwurzelten Mozart. Aber der Dogmatiker Barth examiniert – in seinem von ihm berichteten echten Traum – Mozart umsonst in Bezug auf irgendwelche Dogmen und fragt ihn leider nicht nach seiner (ganz und gar katholischen) religiösen Erfahrung. Barth wie Hildesheimer sind keine Verklärer des »göttlichen Meisters«, aber auch keine Verniedlicher Mozarts zum »Menschen wie du und ich«. Beide sprechen von Mozarts Geheimnis, das sich einer letzten Durchschaubarkeit und rationalen Ergründung entzieht. Diesem Geheimnis hat sich Barths primär am Werk interessierte theologische Interpretation weiter angenähert als Hildesheimers psychoanalytische. Mozarts Musik enthält freilich keine Glaubensbotschaft wie die Bachs, ist kein Lebensbekenntnis wie die Beethovens oder Bruckners, ist erst recht keine Programmmusik wie die von Liszt oder Wagner. Mozart will selbst in seinen Opern nicht dozieren oder moralisieren. Er will zunächst einfach Musik zu Gehör bringen, will unter Ausnützung aller melodischen und harmonischen Möglichkeiten mit »Expression« musizieren.

Und doch war Musik, so kann ich aufzeigen, nicht sein Ein und Alles. Nie verleugnet Mozart seinen auch freimaurerisch aufgeklärten katholischen Glauben, der ihn in einem Brief an seinen todkranken Vater Leopold vom 4. April 1787, nur vier Jahre vor seinem eigenen Sterben, schreiben lässt: »Da der Tod – genau zu nehmen – der wahre Endzweck unseres Lebens ist, so habe ich mich seit ein paar Jahren mit diesem wahren, besten Freunde des Menschen so bekannt gemacht, dass sein Bild nicht allein nichts Schreckendes mehr für mich hat, sondern recht viel Beruhigendes und Tröstendes! Und ich danke meinem Gott, dass er mir das Glück gegönnt hat, mir die Gelegenheit – Sie verstehen mich – zu verschaffen, ihn als den Schlüssel zu unserer wahren Glückseligkeit kennen zu lernen.«[9]

Ich meinerseits gestehe dankbar, dass schon das eine Klarinettenkonzert KV 622, dieses letzte, exakt zwei Monate vor seinem Tod vollendete Orchesterwerk Mozarts von unüberbietbarer Schönheit, Intensität und Verinnerlichung, aller düsteren und resignativen Züge bar, mich als Doktoranden der Theologie vor 35 Jahren in einem Pariser Dachzimmer, wo es nur ein Dutzend Schallplatten gab, fast täglich neu erfreut, gestärkt, getröstet, kurz mir ein kleines Stück Glückseligkeit vermittelt hat. Und ich gebe es nun an meine Zuhörer in München weiter, dass doch jeder, jede von ihnen beim Hören von Mozarts Musik solche kleine Augenblicke der »Glückseligkeit« irgendwann einmal empfunden hat oder hoffentlich empfinden wird. Ein sensibler, hörbereiter Mensch vermag aus dem reinen, ganz verinnerlichten und uns doch umfangenden wortlosen Klang etwa des Adagios des Klarinettenkonzerts in sich noch etwas ganz anderes zu vernehmen: den Klang des Schönen in seiner Unendlichkeit, ja den Klang des einen Unendlichen, das uns übersteigt und für das »schön« kein Wort ist. Chiffren also, Spuren der Transzendenz! Man muss sie nicht, man kann sie wahrnehmen, einen Beweis oder Zwang gibt es hier nicht.

Dieses Klarinettenkonzert ertönt anschließend im Prinzregententheater, und es wird, immer zusammen mit meinem Vortrag, später auch noch in der Katholischen Akademie Freiburg/Br., dann anlässlich der Internationalen Musikfestwochen in Luzern, auch zur Eröffnung eines ORF-Mozart-Symposions in Salzburg und schließlich bei einem Mozart-Konzert des Collegium Musicum an der Universität Tübingen erklingen.

Schon für den 3./4. März 1989 hatte ich eine Einladung des Schweizer Fernsehens angenommen: zu einer theologischen Meditation über *Mozarts Krönungsmesse*, konzipiert von meinem Freund Erwin Koller, dirigiert von Armin Brunner. Sie soll während einer vom Fernsehen aus dem Basler Münster übertragenen konzertanten Aufführung dieser Messe vorgetragen werden.[10] Unter dem Titel »Opium des Volkes?« habe ich sie vor zeitgeschichtlichem Horizont von Aufklärung und Französischer Revolution interpretiert und habe im »Kyrie« die aufgeklärte Gläubigkeit in den Mittelpunkt gestellt, im »Gloria« das strahlende Gotteslob, im »Credo« das dramatische Bekenntnis, im »Sanctus« das uralte »Dreimalheilig« und im »Agnus Dei« die Bitte um den Frieden. Eine eindrucksvolle Wiederholung der Krönungsmesse mit Kommentar findet am 25. August 1991 im prachtvollen Klangraum der Jesuitenkirche Luzern statt unter der musikalischen Leitung von Prof. ALOIS KOCH, Direktor der Musikhochschule Luzern.

Armin Brunner verdanke ich auch einen wunderbaren musikalisch-literarischen Festabend der Herbert-Haag-Stiftung zu meinem 80. Geburtstag im Luzerner Unionssaal (8. 6. 2008). Mit drei unterschiedlichen Musikgruppen gestaltet er eine musikalische Zeitreise durch mein Leben, begleitet von Texten aus meinen Werken, die von der berühmten Schauspielerin MARIA BECKER eindrucksvoll vorgetragen werden. An Armin Brunners eigenem 80. Geburtstag wiederum nehme ich als 85-jähriger im Theater »Rigiblick« Zürich teil (31.1.2013). In seiner Laudatio betont unser gemeinsamer Freund Dr. Erwin Koller unsere »tiefgründigen Wahlverwandtschaften«: »Euch verbindet eine große Leidenschaft für die Musik, verbunden mit einer fundierten Kenntnis und Auseinandersetzung mit den Geheimnissen, die sie birgt. Und noch etwas: Ihr seid beide immer wieder in der Öffentlichkeit hingestanden und habt den Takt angegeben und klar gesagt, wo's langgehen muss.«

Bruckners Symphonik des Glaubens

Nicht nur Mozarts Symphonien und die Haydns, Beethovens und Schuberts, sondern auch die der Romantik (Schumann, Brahms, Mendelssohn) habe ich mir im Laufe der Jahre immer wieder angehört, die Bruckners jedoch eher selten. Doch unserem sehr aktiven Universitätsmusikdirektor ALEXANDER ŠUMSKI will ich mich nicht verweigern, als er mich einlädt zu einem Symposion über Bruckners monumentale 8. Symphonie am 31. Januar 1989 – zusammen mit dem Bruckner-Spezialisten Professor CONSTANTIN FLOROS (Universität Hamburg) und dem Tübinger Musikwissenschaftler Professor MANFRED HERMANN SCHMID.

Mit ANTON BRUCKNER (1824-1896) mich eingehender zu beschäftigen reizt mich. Dieser nonkonformistische Komponist lebte in einer Zeit kirchlicher Restauration. Neogotik, Neoscholastik und Neogregorianik geben innerkirchlich den Ton an. Im deutschen Sprachraum propagieren römisch orientierte Musikrestauratoren gegen die »verweltlichte«, vom Orchester begleitete Kirchenmusik der Wiener Klassik als höchstes Vorbild für alle Kirchenmusik den angeblich altrömischen (faktisch aber fränkisch-mittelalterlichen) »gregorianischen« Gesang. Er soll von Papst Gregor dem Großen erfunden worden sein, was ebenfalls eine Legende ist. In dieser für Zukunftsweisendes wenig günstigen Atmosphäre geht Bruckner als der eigenwilligste Kirchenmusiker der zweiten Hälfte des 19. Jahrhunderts seinen ganz eigenen Weg und schafft mit seinen drei großen Messen und seinem »Te Deum« unvergängliche Werke der sakralen Musik.

Doch ich habe mich ja nun auf den Symphoniker Bruckner und seine 8. Symphonie zu konzentrieren. Glücklicherweise besitze ich die Schallplattenedition des damals bedeutendsten Bruckner-Dirigenten EUGEN JOCHUM, den ich bei den Internationalen Musikfestwochen Luzern bei einem Abendessen im Anschluss an sein Konzert persönlich kennenlernen durfte. Mich interessiert zunächst die wohlbekannte Diskrepanz zwischen dem unsicheren, oft hilflosen Menschen und dem hochdifferenzierten musikalischen Genie Bruckner, und noch mehr die zwischen seinem schlichten persönlichen katholischen Glauben und seiner äußerst komplexen Musik.

Tatsächlich ist Anton Bruckner – für die völlig säkularisierte Musikwelt des späten 19. Jahrhunderts ganz untypisch – von einem ungebrochenen, ja kindlichen christlichen Glauben beseelt. Doch ist er nicht, wie oft behauptet, ein musikalischer Mystiker und auch kein Komponist »absoluter« Musik. Wohl aber komponiert Bruckner auch dann, wenn er Nicht-Religiöses vertont, immer als religiöser Mensch, dem alle Musik letztlich von Gottes Gnade »geschenkt« ist. Musik ist für ihn Sprache des Herzens, und sein Herz glaubt zutiefst innerlich; oft betet er beim Komponieren: »Mein lieber Gott!« Bruckner ist also ein religiös fundierter Symphoniker, der seine Musik als Gottes-Dienst betrachtet. Und das heißt: Als Musiker ist Bruckner so wenig wie Bach eine gespaltene Existenz.

An der Schwelle zur Moderne

Zugleich aber versuche ich nun auch deutlich zu machen, wie Anton Bruckner an einer Epochenschwelle der Musikgeschichte komponiert, die zu überschreiten geradewegs in die Problematik der Musik der Gegenwart führt. Auch in der Musikgeschichte, so habe ich mir langsam Klarheit verschafft, haben ja epochale Paradigmenwechsel stattgefunden: etwa im 16. Jahrhundert von den mittelalterlichen Kirchentonarten zu den modernen Tonarten oder im 18. Jahrhundert von der barocken

Polyphonie Bachs und Händels zum sogenannten »empfindsamen« Stil zu Vorklassik, Klassik und Romantik, wo Musik Ausdruck der persönlichen Empfindung, Gefühlsbewegung und Stimmung wird, die im Hörer ein Mitempfinden und Mitfühlen dieser Seelenvorgänge hervorruft. Auch Anton Bruckner komponiert eine hochmoderne »Ausdrucksmusik« mit viel romantischem Pathos und melodisch-harmonischer Komplexität.

Doch in diesem modernen Paradigma scheint die romantische Symphonie Bruckners (zusammen mit der seines jüngeren Zeit- und Weggenossen Gustav Mahler) den Höhe- und zugleich den Endpunkt zu bilden, wie auch in der Oper nach Wagner ein Weitergehen auf diesem Weg kaum noch möglich ist. Ein neuer Paradigmenwechsel ist fällig, ein Wechsel der Gesamtkonstellation bei allen bleibenden und konstanten Elementen. Aber die große Frage: Bleiben denn bei diesem Paradigmenwechsel nach Bruckner, besonders in der Revolution ARNOLD SCHÖNBERGS und seiner Zwölftonmusik, diese Konstanten abendländischer Musik noch erhalten? Werden hier nicht der Grundton als musikalischer Schwerpunkt und das Prinzip der Tonart aufgegeben und damit Tonalität und Konsonanz zugunsten von Atonalität und Dissonanz?

THOMAS MANN hat in seinem Roman »Doktor Faustus« diese Problematik des modernen Musiklebens scharfsinnig behandelt in der Gestalt des Musikers Adrian Leverkühn, der einen Pakt mit dem Teufel schließt, um die eigene große Produktionskrise zu überwinden. Und so gestatte ich mir in meinem Bruckner-Vortrag im Anschluss an Thomas Mann einige kritische Fragen, die nicht auf eine Restauration der Romantik, wohl aber auf eine Rückbesinnung auf die große abendländische Tradition zielen. Ich frage mich: Können junge Komponisten, die durch das Feuer der Atonalität hindurchgegangen sind, nicht vielleicht wieder eine gemeinsame Sprache, einen neuen, anderen Sinn für das Tonale eine Synthese der möglichen Klänge finden – ohne alle Schuldogmen, ohne Verbote von reinen Dur-Klängen und anderen Zwangsvorschriften? Oder sollten sich Gebundenheit und Formenstrenge auf der einen Seite und freier Affekt, Sensitivität, Gefühl, Stimmung auf der anderen nicht mehr finden können? Das sind nicht alles falsche Hoffnungen, Illusionen. Hat die Avantgarde heute – ich nenne absichtlich keine Namen – die früheren Gegensätze, auch die zwischen Dissonanz und Konsonanz, nicht hinter sich gelassen?

Meine Gesprächspartner beim Symposion im Jahr 1989 haben keinen Einwand gegen meine Bruckner-Interpretation, aber auf meine Anfrage an die Musik der Gegenwart gehen sie nicht ein. Doch habe ich meine Hoffnung auf eine neue Synthese und meine Sehnsucht nach Erleben von Klang, von Melodie nicht aufgegeben. Sie schließt für mich schon damals eine Art »Weltmusik« ein, die afrikanische, indische und fernöstliche Traditionen aufnehmen kann.

Aus dieser Hoffnung heraus rege ich 2006 eine »Weltethos-Komposition« an, ein Auftragswerk der Stiftung Weltethos. Ich werde im Kapitel X über das Weltethos ausführlicher auf dieses außergewöhnliche Projekt eingehen.

Pilotprojekt V: Religion und Naturwissenschaft

Dieses Projekt vollzog sich in mehreren Phasen. Schon in den 1970er-Jahren hatte ich mich intensiv der Frage »Existiert Gott?« zugewendet und für diese »Antwort auf die Gottesfrage der Neuzeit« (1978) den neuesten Forschungsstand der Astrophysik wie der Mikrobiologie im Hinblick auf Kosmologie und Entwicklungstheorie studiert.

Evolutionstheorie und Schöpfungsbericht

Es war für mich nicht einfach: Für die Astrophysik setzte ich mich eingehend mit der Relativitätstheorie von Albert Einstein auseinander und verglich die Ergebnisse mit den Aussagen des biblischen Schöpfungsberichts. Zugleich beschäftigte ich mich mit den neuesten Ergebnissen der Mikrobiologie, vor allem mit den Nobelpreisträgern Jacques Monod (»Zufall und Notwendigkeit. Philosophische Fragen der modernen Biologie«, dt. 1971) und Manfred Eigen, den ich persönlich kennenlernte und für meine Antwort auf Monod zurate zog. Auf diese Weise war es mir möglich, die Ergebnisse der Evolutionstheorie mit der Sicht der Bibel zu vergleichen. Ich habe mir von daher zum Prinzip gemacht, immer zuerst die allgemein akzeptierten Forschungsergebnisse der Naturwissenschaft unvoreingenommen zur Kenntnis zu nehmen und dann erst zu sehen, wie mit ihnen die Daten der biblischen Offenbarung in Einklang gebracht werden können.[11] Auf diese Weise habe ich mir eine gute Basis verschafft für die Diskussion mit Naturwissenschaftlern, mit denen ich nie einen ernsthaften Dissens feststellte.[12] Statt eines Konfrontations- oder Integrationsmodells vertrete ich für den Dialog ein Komplementaritätsmodell.

Im Jahr 1994 konnte ich auf dieser Basis mit meinen Tübinger Kollegen vom Physikalischen Institut, den Professoren Amand Fässler,

Friedrich Gönnenwein, Herbert Müther, Herbert Pfister, Friedemann Rex, Günther Staudt und Karl Wildermuth, in einem Semester-Kolloquium über »Unser Kosmos. Naturwissenschaftliche und philosophisch-theologische Aspekte« meine Auffassungen testen und sie am Ende in 22 Thesen zusammenfassen.

Doch erst nachdem ich meine Trilogie zur religiösen Situation der Zeit – »Das Judentum« (1991), »Das Christentum« (1994), »Der Islam« (2004) – abgeschlossen hatte, kann ich eine neue Phase des Dialogs einleiten: Die Einladung der ehrwürdigen Deutschen Gesellschaft der Naturforscher und Ärzte, auf ihrer Jahresversammlung in Passau am 19. September 2004 den Festvortrag »Zum Ursprung des Kosmos« zu halten, ist für mich der herausfordernde Anlass, mich neu mit den Grundfragen der Kosmologie und danach der Biologie und Anthropologie zu befassen – die dritte Phase des Pilotprojekts Religion und Naturwissenschaft.

Der Anfang aller Dinge

Für das Jahr 2005 arbeite ich die ganze Problematik erneut gründlich durch und erweitere sie für eine Vorlesungsreihe im Studium generale:

1. *Eine vereinheitlichte Theorie für alles?* Im Zusammenhang der Quantentheorie stelle ich die Suche nach einer Weltformel als große Hoffnung dar, die aber mit einer großen Enttäuschung endete: Sie konnte nämlich nicht gefunden werden, wie ich vor allem in Auseinandersetzung mit dem britischen Physiker Stephen Hawking herausarbeite.

2. *Gott als Anfang?* Bei der Frage nach dem Anfang der Anfänge frage ich vor allem empirisch nach dem Woher des Urknalls und der allgemein anerkannten Naturkonstanten. Nachdem die Physik die Ursache des Urknalls und den Ursprung der kosmischen Ordnungsprinzipien nicht erklären kann, ist man auf Auskünfte der Religion verwiesen. Diese lassen sich freilich nicht mathematisch-naturwissenschaftlich beweisen oder widerlegen, sondern können nur in einem vernünftigen Akt des Glaubens angenommen oder eben verworfen werden.

3. *Weltschöpfung oder Evolution?* Ich setze mich hier mit den Fortschrittsideologien von Comte, Teilhard de Chardin und Whitehead auseinander. Ohne Harmonisierung oder Vermischung der wissenschaftlichen Daten und der Ergebnisse der Bibelexegese kann ich auf den Sinn des Schöpfungsglaubens kommen, der nicht im Widerspruch zu den Ergebnissen der naturwissenschaftlichen Evolutionstheorie zu stehen braucht.

4. *Leben im Kosmos?* Auf Monods Frage nach Zufall oder Notwendigkeit lautet Manfred Eigens Antwort: Naturgesetze steuern den Zufall, machen aber Gott nicht überflüssig. Spannend ist dabei vor allem die Frage nach dem Anthropischen Prinzip, mit welchem man zu erklären versucht, warum die Evolution des gesamten Kosmos von 13,7 Milliarden Jahren in der Hervorbringung des Homo sapiens zu kulminieren scheint.

5. *Der Anfang der Menschheit.* Bei der darwinschen Grundidee, der Entwicklung des Menschen aus dem Tierreich, die praktisch kaum noch von vernünftigen Menschen bestritten wird, konzentriere ich mich vor allem auf die psychische Entwicklung des Menschen und das Verhältnis von Gehirn und Geist. Ich nehme selbstverständlich eine bestimmte Determinierung allen Denkens durch physikalisch-chemische Gehirnprozesse an, vertrete aber die Auffassung, dass die Willensfreiheit nicht als eine Illusion erklärt werden könne. Bei dieser Gelegenheit kann ich auch den Anfängen des menschlichen Ethos nachgehen und bei den Naturvölkern eine Art Ur-Ethos feststellen, das faktisch als Basis eines durch die Jahrtausende entwickelten Welt-Ethos dient.

6. In einem Epilog referiere ich schließlich die physikalischen Hypothesen vom *Ende aller Dinge*. Sie vergleiche ich mit apokalyptischen Visionen der Bibel, um von daher den Sinn der biblischen Visionen zu klären.

Wie komplex diese Fragen in Wirklichkeit sind, kann man in meinem 2005 veröffentlichten Buch »*Der Anfang aller Dinge*. Naturwissenschaft und Religion« nachlesen. Im Jahr 2006 schließlich findet vom 6. bis 8. Juli auf der Grundlage seiner Themen ein Interdisziplinäres Symposion über »Naturwissenschaft und Religion« mit hochrangigen Fachleuten aus Deutschland und der Schweiz im Schloss von Tübingen statt. Es wird moderiert von Prof. Rolf Emmermann, Vorstandsvorsitzender des GeoForschungsZentrums Potsdam, und versammelt prominente Vertreter der verschiedensten Naturwissenschaften und der Theologie.[13] Unangenehm war nur, dass das Symposion, an welchem auch Exministerpräsident Erwin Teufel als Kurator der Stiftung Weltethos teilnimmt, gestört wird durch eine Protestdemonstration von rund 300 Studierenden gegen Studiengebühren. Erwin Teufel ist aber bereit, mit den Studierenden am folgenden Morgen über ihre Anliegen zu diskutieren.

Eine besondere Herausforderung bildet für mich die Einladung der John Templeton Foundation in den Yosemite National Park in Kalifornien, wo vom 18. bis 22. April 2007 ein Symposion über die »Top-Down Causation and Volition« mit führenden Spezialisten der Hirnforschung stattfindet. Es gelingt mir, diese Biologen mit einem Vortrag »The Controversy over Brain Research« zu provozieren, über die Grenzen der Hirnforschung nachzudenken und die Willensfreiheit in einem weiten Kontext zu würdigen.[14]

Gerne hätte ich mich noch mehr mit Fragen der Naturwissenschaft beschäftigt, aber dies war ja nun nicht mein einziges und auch nicht mein wichtigstes Projekt. Ich habe am Anfang an Diskussionen des neu gegründeten Zentrums für Ethik in den Wissenschaften an der Universität Tübingen teilgenommen, musste aber feststellen, dass man sich hier rasch auf Einzelfragen vor allem der Bioethik konzentrierte, in die ich mich mit enormem Aufwand hätte einarbeiten müssen. Ich verfolge aber die in den Medien veröffentlichten Ergebnisse der Naturwissenschaft auch weiterhin mit Leidenschaft und Bewunderung.

Alle Vorstöße ins Neuland bereiteten mir Freude, auch wenn sie mit mannigfachen Mühen und manchmal auch Enttäuschungen verbunden waren. »Ich habe mit Verwunderung beobachtet, wie Sie im Lauf des Abends zu so verschiedenartigen Themen kundig Stellung bezogen haben«, sagte mir beim Verlassen des Hauses Jens einmal unser beider Nachbar und Kollege, der Politikwissenschaftler THEODOR ESCHENBURG.[15] Ja, das ist natürlich nicht nur eine Frage der Intelligenz, sondern das Resultat von viel Lektüre und vielen Gesprächen. Bisweilen höre ich gerne nur zu, wenn Themen besprochen werden, in denen ich mich nicht (oder noch nicht) auskenne. Ich habe mir großen Respekt bewahrt vor denen, die auf ihrem Gebiet unendlich viel mehr wissen als ich. Doch wich ich keiner Diskussion aus, habe sie vielmehr in vielen Fällen gesucht. Anlässlich meiner Emeritierung haben wir im Institut für Ökumenische Forschung einen gedruckten Bericht »Drei Jahrzehnte Lehre und Forschung für die Ökumene 1964–1996« erstellt. Darin findet sich gleich am Anfang ein Verzeichnis all derer, die wir als Gastprofessoren, Gastreferenten und Lehrbeauftragte aus dem In- und Ausland eingeladen hatten. Ich war selber erstaunt, mit wie vielen Kollegen ich in dieser Zeit Kontakt hatte: Es waren genau 180. Langsam bildet sich bei mir auf empirischer Basis ein gewisser Überblick über wichtige Probleme heraus, und langsam wird mir deutlich, was mein besonderer Blickwinkel sein soll: eine möglichst universale Sicht der Religionen und Kulturen.

IV. Mein amerikanisches Jahrzehnt

»Hans Küng, one of the world's most important religious figures, is hero for some and heretic to others.«
»Hans Küng, eine der wichtigsten religiösen Figuren der Welt, ist für die einen ein Held und für andere ein Häretiker.«

»Chicago Tribune Magazine« vom 29. November 1981

In den Jahren der Präsidentschaft von George W. Bush (2001–09), die ich oft wegen ihres militärisch-aggressiven Exzeptionalismus und Imperialismus kritisierte, wurde ich manchmal des »Antiamerikanismus« angeklagt. Ein völliger Unsinn. Ich habe vielmehr allen Grund, Amerika, genauer den USA und Kanada, herzlich dankbar zu sein für alles, was ich nicht nur ab dem Jahr meiner Begegnung mit Präsident Kennedy (1963) in den folgenden 70er-, sondern auch in den 80er-Jahren empfangen habe an liebenswürdiger Aufnahme, wissenschaftlicher Information und Zusammenarbeit sowie öffentlicher Anerkennung.

Mehrere Gastsemester habe ich im Jahrzehnt 1981–90 in Nordamerika erlebt und in ungezählten Städten des Nordens und Südens, Ostens und Westens Vorträge gehalten. Was sind es doch für riesige Distanzen zwischen New York und Honolulu oder zwischen Bismarck/North Dakota und Puerto Rico in der Karibik. Ich war stets stolz darauf, wenn Amerikaner mir sagten, ich würde ja Amerika besser kennen als viele Amerikaner, von denen viele von der Ostküste nie zur Westküste oder von der Westküste nie zur Ostküste dieses riesigen Kontinents vorgedrungen sind und ein Großteil derer im Norden nie den »tiefen Süden« gesehen hat und umgekehrt. Aber auch abgesehen von allen Reisen und den damit verbundenen zahllosen Gesprächen höre ich in den USA regelmäßig die hervorragenden Informationen des Public Broadcasting Service (PBS) und lese täglich die »New York Times«. Auch in Europa orientiere ich mich ständig über Amerika und abonniere später die ausgezeichnete »Global Edition« der »Times«: die »International Herald Tribune«. So bin ich manchmal besser über amerikanische Probleme und ihre Hintergründe informiert als Leser amerikanischer Provinzblätter. Ja, ich hätte durchaus den Amerikanern ein Amerikaner werden können.

Amerika lockt

Vor dem Hintergrund der Tübinger Situation kann man verstehen, dass für mich die durch den neuen Status gegebene Möglichkeit, jedes vierte Semester an einer anderen Universität zu verbringen, ganz neue Horizonte eröffnet. Zwar habe ich vor meinem Abflug nach Chicago Anfang Oktober 1981 in Tübingen eine vorsichtig positive Zwischenbilanz gezogen: »Nach eineinhalb Jahren intensiver Forschungs- und Lehrtätigkeit in unserem Institut für Ökumenische Forschung kann ich erleichtert feststellen, dass wir mit unserem neuen Status gut leben können. Wir haben mehr Freiheit denn je und nutzen sie zur Intensivierung unserer Forschungs- und Lehrtätigkeit« (»Süddeutsche Zeitung« vom 7./8. 11. 1981).

Wiewohl ich in meinen Tübinger Lehrveranstaltungen keine Pflichthörer habe – wer kommt, kommt freiwillig –, ist die Zahl meiner Hörer erheblich gewachsen. Meine Vorlesungsreihen »Ökumenische Theologie – Perspektiven für einen Konsens der Zukunft« und »Ewiges Leben? Das Leben nach dem Tod als medizinisch-philosophisch-theologisches Problem« mussten vom Auditorium maximum in den noch größeren Festsaal verlegt werden. So kann ich als katholischer Theologe in evangelischem Geist für eine ökumenische Theologie weiterarbeiten.

Aber es wirkt nun in Tübingen doch alarmierend, als das amerikanische Nachrichtenmagazin »Newsweek« am 31. August 1981 verrät, was von den Presseagenturen auch in Deutschland rasch verbreitet wird: »Michigan woos (umwirbt) Hans Küng«. Ich hätte einen Ruf an die University of Michigan erhalten, die bedeutendste Staatsuniversität des Mittleren Westens, in Tübingens Partnerstadt Ann Arbor.

In der Tat betreibt hier der bedeutende und einflussreiche Alttestamentler und Archäologe David Noel Freedman mit Macht das Projekt, das Religious Studies Program mit der Unterstützung des Präsidenten Harold Shapiro und des Deans Peter Steiner zu einem Religious Studies Department auszubauen und mich dabei als »Anchor Person« zu berufen, der auch die weiteren Mitglieder für das neue Department vorschlagen kann. Ein wahrhaft verlockender Vorschlag: aus dem manchmal doch etwas provinziellen Tübingen hinaus in die weite Welt Amerikas, die noch immer ungeahnte Möglichkeiten bereithält.

»Wird Küng ein Ami?«, titelt der Chefredakteur des »Schwäbischen Tagblatts«, Christoph Müller, am 25. August 1981. Keine einfache Wahl: Hatte ich doch meine Tätigkeit in den USA seit meiner ersten Vortragsreise im Jahr 1963 stark ausgebaut, habe unter den amerikanischen Theologen viele gute Freunde, werde in die American Academy of Religion und später in den amerikanischen PEN Club aufgenommen. Andererseits reizen und befriedigen mich die Arbeit in unserem jetzt fakultätsunabhängig operierenden Tübinger Institut für Ökumenische Forschung und die einzigartige Zusammenarbeit mit dem Rhetorikprofessor WALTER JENS im Studium generale außerordentlich. Und man spürt in weiteren Pressekommentaren (»Schwäbisches Tagblatt« vom 1.9.1981) leise Empörung heraus, wenn es da heißt: Der Universitätspräsident kann Küng »immerhin in die moralische (Bleibe-)Pflicht nehmen, denn das Land Baden-Württemberg hatte nicht Kosten und nicht Mühen gescheut, dem um seine kirchliche Lehrbefugnis Gebrachten eine eigene ökumenische Forschungsstätte an der Tübinger Uni zu Füßen zu legen, damit er dort ungestört und unbeirrt im Windschatten des römisch-katholischen Bannstrahls weiterarbeiten kann. Und die 55.000 Dollar (bei wieder fallendem Dollar-Kurs!), auf die ist Bestsellerautor Hans Küng ja, weiß Gott, nicht unbedingt angewiesen ...« Nein, weiß Gott, vom Honorar mache ich meine Entscheidung bestimmt nicht abhängig. Aber eine »ökumenische Forschungsstätte« war mir keineswegs nach dem römischen »Bannstrahl« »zu Füßen gelegt« worden; das Institut brachte ich mit, dessen Direktor ich seit 1964 war und auch künftig bleibt.

Aber jetzt will ich zuerst einmal am 1. Oktober 1981 meine Lehrtätigkeit an der University of Chicago aufnehmen und weitere Erfahrungen sammeln. Dann werde ich die näheren Bedingungen des Angebots von Ann Arbor erfahren und darüber verhandeln. Erst nach meiner Rückkehr aus Asien im Frühjahr 1982 werde ich Gespräche mit dem Stuttgarter Wissenschaftsministerium aufnehmen und mich dann schließlich entscheiden müssen.

University of Chicago: Was ein Gastprofessor zu tun hat

Die University of Chicago gehört zu den angesehensten Universitäten der USA. Mit fast 150 Universitätsgebäuden südlich vom Stadtzentrum beim Michigansee zeichnet sie sich durch viele international anerkannte Gelehrte und ein günstiges Zahlenverhältnis von Lehrenden und Studierenden aus. In der Divinity School, die mehr Professoren der Theologie und der Religionswissenschaft ausgebildet hat als jede andere Fakultät der USA, bin ich hochwillkommen. Nur selten trügen neue Professoren Namen, die »household words« seien, so werde ich im Bulletin des Deans FRANKLIN GAMWELL angekündigt. Ich muss in meinem Wörterbuch nachschauen: ein »Haushaltswort«? Gemeint ist ein »geläufiger Name«, ein »Begriff«. Das sei ich im »Haus des Vatikans«, in den Bischofshäusern Deutschlands und in den Medienhäusern Amerikas.

Aber in der University of Chicago setzt man vor allem auf meine wissenschaftlichen Qualifikationen und meine Publikationen, vor allem das neuestens auf Englisch erschienene »Does God Exist?«. Dieses wird Textbuch für mein *Seminar* – dreistündig am Donnerstag: Hier sollen die Studenten lernen, sich mit dem Verhältnis Vernunft und Glaube anhand von Gestalten wie Descartes und Pascal und mit dem neuzeitlichen Gottesverständnis anhand der Philosophie Hegels auseinanderzusetzen, um sich dann kritisch dem humanistischen Atheismus Feuerbachs dem sozialistischen von Marx und dem psychoanalytischen von Freud zu stellen und sich schließlich mit Nietzsches Nihilismus zu konfrontieren. Aber davon ausgehend ist dann auch der konstruktive Aufstieg zu reflektieren: statt des Nihilismus das Wagnis eines Ja zur Wirklichkeit, statt des Atheismus ein Ja zu Gott und statt einer unbekannten oder ambivalenten Gottheit ein Ja zum christlichen Gott.

Meine vierstündigen Vorlesungen (Mittwoch und Donnerstag vormittags) sind – ganz anders als in Tübingen – für verhältnismäßig wenige Elite-Studenten bestimmt, die ich in eine neuartige »ökumenische Theologie« einführe. Ich vergleiche zuerst die Paradigmenwechsel in Theologie und Naturwissenschaft (I) und entwickle so die Voraussetzungen für ein neues Paradigma. Weiter entwickle ich dann die beiden Konstanten einer wahrhaftigen, freien und kritischen ökumenischen Theologie, die zugleich katholisch und evangelisch, traditionell und zeitgemäß, christozentrisch und universal ausgerichtet, theoretisch-wissenschaftlich und praktisch-pastoral sein soll (II). Des Weiteren präzisiere ich die beiden Konstanten oder Pole einer solchen Theologie: die Erfahrungswelt von heute als der ständig präsente Horizont und die christliche Botschaft als das bleibende Zentrum (III), was aber heute einen historisch-kritischen Zugang und eine Rückbesinnung auf den Jesus der Geschichte erfordert. Dabei müssen die verschiedenartigen biblischen Zeugnisse ernst genommen und verschiedene Methoden angewendet werden (IV). Von dort her sind dann die Rolle der Tradition und ihre Paradigmenwechsel zu verstehen. Solch eine ökumenische Theologie bedeutet heutzutage eine Herausforderung für protestantischen Biblizismus, aber auch orthodoxen Traditionalismus und katholischen Autoritarismus. Ihre positiven methodischen Leitprinzipien fasse ich in der Schlussvorlesung kurz zusammen (V).

Zu Seminar und Vorlesungen kommen noch drei große *öffentliche Vorträge*, jeweils am Freitag um 15 Uhr: die Hiram W. Thomas Lectures in der Rockefeller Memorial Chapel. Die Themen: »Wo ich stehe« –

»Was ist die Bedeutung der Religion für die Gesellschaft?« – »Was ist der christliche Glaube?«.

So habe ich ein volles, aber keineswegs überfülltes Programm. Es macht mir jedenfalls Freude, denn ich bin auf alle Themen durch meine Publikationen und entsprechende Übersetzungen gut vorbereitet. In CHRISTOPH STAUDER steht mir ein guter Assistent zur Seite. Da ich auf dem Campus wohne, verliere ich keine Zeit mit Fahrten. Ich habe ein kleines schönes Zimmer im Quadrangle Club, dem Gästehaus der Universität, wo alle Fakultätsmitglieder, die wie die Studenten zu 75 Prozent auf dem Campus »in walking distance« wohnen, auch die Mahlzeiten einnehmen können. Zur Divinity School wie zur Rockefeller Chapel brauche ich nur wenige Schritte zu gehen.

Die Aufnahme durch meine Kollegen und Kolleginnen ist sehr herzlich, seien es die Vertreter der verschiedenen theologischen Disziplinen, seien es die Vertreter der Religionswissenschaft, etwa die Spezialisten des Hinduismus, Buddhismus oder der chinesischen Religionen. Ich werde öfters auch privat eingeladen – abgesehen vom großen Diner bei der Präsidentin der University of Chicago, HANNA H. GREY, Historikerin, mit der ich mich glänzend über die italienische Renaissance unterhalten kann.

Nach allen Seiten kann ich so anregende Gespräche führen, die mir nicht zuletzt für das mir bevorstehende vertiefte Studium der Weltreligionen wichtig sind. Mehrere Namen des Professorenkollegiums der Divinity School sind von mir schon im Zusammenhang des Tübinger Symposions über ein neues Paradigma von Theologie genannt worden: GERALD BRAUER, MARTIN MARTY, STEPHEN TOULMIN ... Mir am nächsten steht vom Fach und von der Interessenlage her mein Freund DAVID TRACY, dessen höchst komplexes Buch »The Analogical Imagination« ich eingehend studiere. Sein Assistent ist WERNER JEANROND, ebenfalls ein interessanter Gesprächspartner. Ich mache auch weitere wichtige Fakultätsanlässe mit: ein Faculty Retreat in einem Spiritual Center der Karmeliten über »Religion and Public Life« oder eine dreitägige Konferenz zu Ehren des Prozessphilosophen und Theologen CHARLES HARTSHORNE, der Gott als Teilhabe an der kosmischen Evolution auf der Linie von Alfred North Whitehead verstehen will.

Mich interessiert jedoch noch mehr, was mir der große, universal gebildete Religionswissenschaftler MIRCEA ELIADE zu sagen hat, der seit einigen Jahren an der Divinity School lehrt und besonderen Kontakt mit dem leider früh verstorbenen weltberühmten systematischen Theologen Paul Tillich hatte. Dieser hegte ja, wie bereits erwähnt, nach Seminaren mit Eliade die Absicht, seine systematische Theologie im Licht der Weltreligionen noch einmal neu zu schreiben. In der letzten Vorlesung vor seinem Tod hat er davon Zeugnis abgelegt. Ein solches Unternehmen liegt auch meinen Intentionen nahe, wiewohl ich es sicher ganz anders anpacken werde.

Aber dies ist nur ein Beispiel dafür, wie fruchtbar für mich der Aufenthalt an der University of Chicago ist. Mir passt dieses Milieu an einer auf Forschung ausgerichteten Universität, die schon früh auf einen eigenen Fußballclub verzichtet hat, dafür aber ständig mehrere Nobelpreisträger in ihrem Lehrkörper aufweist.

Bin ich wirklich »angekommen«?

Die Divinity School ist natürlich daran interessiert, dass ich in den Medien in der richtigen Weise mit meinen positiven Intentionen zu Wort komme. Schon am ersten Sonntag des Semesters, genauer des »Fall Term«, am 11. Oktober 1981, halte ich in der großen neugotischen Rockefeller Chapel die Predigt über das brisante Thema: »An einen Sohn Gottes glauben?«; am Tag darauf eine Pressekonferenz, gefolgt von Einzelgesprächen mit »religion writers« den ganzen Tag über. Das Presseecho ist sehr positiv. Aber natürlich kann man nicht verschweigen, dass es auch Widerstände gegen mich gibt, die von Rom aus überall, wo ich hinkomme, aktiviert werden.

Das viel gelesene »Chicago Tribune Magazine« vom 29. November 1981 bringt einen mehrseitigen sympathisch-sachlichen Artikel von seinem Religionsredakteur BRUCE BUURSMA mit einem ganzseitigen Photo mit der Unterschrift, die diesem Kapitel als Motto voransteht: »Hans Küng: ein Held für die einen und ein Häretiker für andere«. Unter dem Obertitel: »Hans Küng: weiterkämpfend als des Vatikans loyale Opposition« lautet dann der Leittext: »Der bekannte Schweizer Theologe, der dieses Semester an der University of Chicago lehrt, wurde von den kirchlichen Autoritäten zensuriert wegen seines kühnen Eintretens für Reformen in der katholischen Lehre und Praxis. Nicht zum Schweigen gebracht und ungebeugt und noch immer weltweite Popularität genießend, nimmt er weiterhin kein Blatt vor den Mund – als Katholik und Theologe«. Und der Verfasser zitiert den amerikanischen Jesuiten ELMER O'BRIEN, der von diesem Katholiken und Theologen sagte: »Er taucht tief. Aber er denkt so klar wie ein Franzose und spricht mit der Direktheit eines Amerikaners.«

Bei meinem Publikum an der University of Chicago bin ich also »angekommen«. Professor LANGDON GILKEY, ein in Amerika hoch angesehener Theologe, hält bei meinem zweiten öffentlichen Vortrag in der Rockefeller Chapel die Einleitung. Dabei lobt er mich nicht nur als Vorkämpfer für die Integrität der Theologie und die akademische Freiheit, sondern auch als zeitgemäßen Interpreten der alten Tradition, der tief in der eigenen römisch-katholischen Gemeinschaft verwurzelt bleibe. Und mich freut besonders die gleichzeitige Heraushebung zweier Grundhaltungen: Glaube und Mut. »Er besitzt auch … Intelligenz (brains) – eine Gabe, die nicht ganz so selten und kostbar ist wie Mut, aber hilfreich in akademischen Bestrebungen. Vielleicht am verblüffendsten für seine Kollegen (die ja auch gerne ihre Bücher verkaufen): er hat eine unheimliche, aber unbestreitbare Fähigkeit, seine Überlegungen einem erstaunlich breiten und empfänglichen Publikum zu kommunizieren, wie dies die immensen Verkaufszahlen seiner Werke anzeigen.«

Hochinformativ sind für mich die Gespräche, die ich zumeist im Quadrangle Club führen kann: etwa mit der Kennerin der altorientalischen Sprachen ERICA RAINER vom berühmten Oriental Institute nebenan, mit dem französischen Philosophen PAUL RICŒUR über Fragen der Hermeneutik, mit dem italienischen Historiker ARNALDO MOMIGLIANO aus Pisa über das Judentum in Italien, aber auch mit dem Schriftsteller NORMAN MAILER und dem Journalisten GARY WILL beim Theologen und Psychotherapeuten EUGENE KENNEDY und seiner Frau, schließlich auch mit dem polnischen Philosophen LESZEK KOŁAKOWSKI, bis 1968 Professor in Warschau, dann aus der kommunistischen Partei ausgeschlossen und daher Professor an verschiedenen westlichen Universitäten, zurzeit ebenfalls in Chicago. Er hat eben sein dreibändiges Hauptwerk »Die Hauptströmungen des Marxismus. Entstehung, Entwicklung, Zerfall« (1977–79) fertiggestellt und wendet sich nun immer mehr der Religion zu. Erstaunlich dabei nur, wie dieser Vertreter eines »liberalen« Marxismus, jetzt »Konvertit« und glühender Anhänger des polnischen Papstes, die Inquisitionsmaßnahmen dieses Papstes zu verharmlosen trachtet und mich als Abweichler zu diskreditieren sucht.

Ja, es stimmt: Ich komme in den USA an mit meinen Vorlesungen, Vorträgen und Büchern. Aber das andere kann ich auch nicht verkennen: Leider erreiche ich aufgrund einer systematischen Obstruktionspolitik der Hierarchie nicht mehr solch große katholische Auditorien wie bei meiner ersten Vortragsreise vor fast 20 Jahren. Die katholische Kirche, die nach der Pastoralkonstitution des Konzils »Ecclesia in mundo huius temporis – Kirche in der Welt von heute« (1965) sein wollte, wird wieder mehr und mehr eine Welt für sich, die sich besser dünkt als die Welt da draußen. Mit JOHANNES PAUL II. und seinen Lehrdokumenten wie Personalentscheidungen hat sich der Wind gedreht – in Richtung innerkirchliche Restauration.

Eine domestizierte amerikanische Kirche

Bei meinem ersten Vortrag in Chicago 1963 vor 5000 Zuhörern in McCormick Place kannte die Begeisterung für konziliare Erneuerung und ökumenische Verständigung keine Grenzen. Als Erzbischof beliebt war damals Kardinal ALBERT MEYER, deutscher Abstammung, der zu den Führern der fortschrittlichen Konzilsmehrheit gehörte und dessen Sympathie ich genoss. Aber jetzt (1981) steht an der Spitze der reichen Erzdiözese einer dieser reaktionären Skandalbischöfe, Kardinal JOHN CODY, irischer Herkunft, mit dem viele Priester im Streit liegen und den prominente Katholiken der zweckentfremdeten Verwendung von Kirchengeldern (angeblich für eine Geliebte) beschuldigen. Mein Freund ANDREW GREELEY, schon seit einiger Zeit als Bestseller-Romancier tätig, widmet ihm den Schlüsselroman mit dem genial zweideutigen Titel »The Cardinal Sins«, was sowohl verbal verstanden werden kann (»der Kardinal sündigt«) als auch substantivisch (»die Kardinalsünden«, also Hauptsünden). Immer mehr hat sich unter Codys Regime der reformfeindliche Geist der römischen Restauration ausgebreitet. Der Prozess gegen ihn vor der Chicago Grand Jury findet aber nicht statt, da der Kardinal 1982 einer Herzattacke erliegt.

Unter demselben Titel hätte Andrew Greeley etwas später auch über eines anderen Kardinals Sünden einen »Roman vrai« schreiben können: über den ebenfalls gerichtlich belangten stockkonservativen Erzbischof von Boston, Kardinal BERNARD FRANCIS LAW. Er wird 1973 Nachfolger des beliebten Kardinals RICHARD CUSHING, der mich 1963 persönlich bei meinem ersten Vortrag in den Vereinigten Staaten einem Publikum von 3000 Zuhörern vorgestellt hatte und mein Buch »Strukturen der Kirche« an seinen Klerus verteilen ließ. Law aber wird ebenfalls von der amerikanischen Justiz verfolgt, weil er jahrelang die haarsträubenden Pädophilievergehen von Klerikern vertuscht hat. Deshalb muss er 2002 ins römische Exil gehen. Aber in ein »dolce esilio«, wie die Kurialen sagen, denn er wird sogleich zum Erzpriester der Basilica Santa Maria Maggiore, eine der vier römischen Hauptkirchen (der allerreinsten Jungfrau Maria gewidmet!), befördert und neben anderem zum Mitglied der Bischofs-,

Klerus-, Ordens- und Bildungskongregation gemacht. Die heilige römische Kurie kennt kaum Scham, sagt man in Amerika. Immerhin: Kardinal Law ist der einzige amerikanische Bischof, der wegen befürchteten öffentlichen Skandals nicht an der Begegnung von BENEDIKT XVI. mit dem amerikanischen Episkopat im April 2008 in Washington teilnehmen darf. Dafür wird er von Benedikt XVI. sofort nach dessen Rückkehr entschädigt durch des Papstes Teilnahme an Laws feierlichem Rosenkranzgebet in der Basilika, an dem – welch wundersames Zusammentreffen! – auch der zum dritten Mal zum Premierminister gewählte skandalumwitterte SILVIO BERLUSCONI teilnimmt. Von einem ähnlichen gemeinsamen Gebet mit dessen Vorgänger ROMANO PRODI, einem unbedingt integren Katholiken im Geist des Vatikanums II, ist nichts berichtet. Die »unheiligen Allianzen« des Vatikan werden immer wieder sichtbar.

In der restaurativen kirchlichen Situation der Ära Wojtyła ist es nicht erstaunlich, dass man im Bischöflichen Ordinariat der Erzdiözese Chicago über mein Kommen nicht begeistert ist. Die Kirchenzeitung »The Chicago Catholic« begrüßt mich mit einem wenig freundlichen Artikel (16. 10. 1981): Ich hätte als Autor und Professor die Freiheit zu sagen, was ich wolle, könne aber nicht als katholischer Theologe sprechen. Der Klerus indessen schweigt zum Fall Cody. Das römische Repressionssystem funktioniert wieder wie vor dem Konzil. Über 100 Einladungen zu Vorträgen erhalte ich in meiner Chicago-Zeit. Nur eine einzige stammt von einer katholischen Institution, von der relativ unabhängigen University of Notre Dame. Und auch dort verteilt man vor dem Vortragssaal die Erklärung der römischen Glaubenskongregation vom 15. Dezember 1979 gegen mich mit der Schlagzeile: »Es kann keinen Zweifel geben, dass Father Hans Küng gegen Lehren der Kirche verstieß«, und gerne zitiert man Karl Rahners Wort gegen mich, er könne mit mir nur wie mit einem »liberalen Protestanten« reden.

Die scharfsinnigste Analyse der gegenwärtigen kirchenpolitischen Situation stammt vom bereits erwähnten ANDREW GREELEY, als Professor am National Opinion Research Center der University of Chicago ein stets mit Statistiken aufwartender hervorragender Kenner der Lage der katholischen Kirche (Beispiel: 95 Prozent der Katholiken zwischen 14 und 29 Jahren sind für künstliche Geburtenregelung). Der Himmel wisse, schreibt er nun in einer seiner weitverbreiteten Kolumnen, dass es nicht leicht sei, die University of Chicago zu beeindrucken. Meine Popularität während dieses Semesters an der University sei alles andere als selbstverständlich. Eine konservative, skeptische, blasierte Gemeinschaft sei darauf eingestellt gewesen, den umstrittenen Schweizer Gelehrten nicht gerade zu mögen. Das Gerücht gehe ihm voraus, er sei ein Radikaler, eine Primadonna, ein Mann, mit dem schwer zusammenzuarbeiten sei. Die University of Chicago aber liebe keinerlei Radikale und auch nur bei ihr selbst gewachsene Primadonnen. Doch: »Küngs Charme, Bemühen um die Studenten, Offenheit für die Kollegen und solide Wissenschaftlichkeit bedeuteten, meine ich, eine erfreuliche Überraschung. Ebenso die totale Orthodoxie seiner neuesten Werke über die Existenz Gottes und die Tatsache eines ewigen Lebens. Die Hyde-Park-Gelehrten waren vorbereitet auf große Scharen in seinen öffentlichen Vorträgen und seinen Vorlesungen im Hörsaal. Aber sie waren nicht darauf vorbereitet, Küng zu mögen und zu bewundern, gar von ihm zu lernen.«

Wie wunderbar wäre es doch, folgert Greeley, wenn die katholische Kirche Anteil haben könnte an diesem Erfolg eines katholischen Theologen an der University of Chicago. »Wenn er kein Katholik ist, was ist er dann? Ich habe niemals jemand Katholischeren gehört«, zitiert Greeley ein Mitglied des Lehrkörpers. Aber so würde sich nun einmal »the irony and the tragedy« von Hans Küng fortsetzen. Für die meisten nicht-katholischen Gelehrten sei das Faktum seines Katholischseins selbstverständlich. Aber innerhalb der Kirche bestritten ihm Rom und viele Katholiken den Namen Katholik. Dabei sei er doch im Grunde ein konservativer Theologe.

Greeleys Schlussfolgerung: »Hans Küngs Probleme sind politisch, nicht theologisch. Weil er ein populärer und charismatischer Leader mit einer großen Gefolgschaft ist, weil seine Bücher Bestseller sind, weil er das Versagen der katholischen Kirche mit unverblümten und deutlichen Worten kritisiert, wird er wahrgenommen als eine Bedrohung des Machtmonopols in der Kirche, wie es durch die römische Kurie aufgebaut (hoarded) wurde.«

Zu diesem Bild passt, dass hoch qualifizierte, aber kritische Leute in der katholischen Kirche zunehmend nicht mehr Karriere machen können. Bischofskandidaten jedenfalls werden nach ganz bestimmten Regeln der theologischen wie praktischen Linientreue gesiebt, sodass der Episkopat schon vom Nachwuchs her immer konformistischer wird. Dem hervorragenden Kardinal John Dearden von Detroit, langjähriger Präsident der Amerikanischen Bischofskonferenz, ein echter »Konvertit« des Vatikanums II, folgt 1981 ganz im Sinn von Johannes Paul II. der wenig beliebte polnisch-konservative Erzbischof Edmund Casimir Szoka, später eine zwielichtige Figur in der Finanzverwaltung des Vatikanstaates. Er versucht meine Rede in Ann Arbor durch Abzug der katholischen Mitglieder aus dem Leitungsteam der »Ecumenical School for Ministry« zu verhindern.

Umgekehrt kommt es auch vor, dass immer wieder hoch qualifizierte Persönlichkeiten ihren Posten in einer katholischen Institution aufgeben müssen. So der angesehene Präsident der Catholic University of America, Edmund Pellegrino, der am 14. Oktober 1981 seinen Rücktritt vom Amt bekannt gibt, das er erst drei Jahre zuvor übernommen hatte; ich werde auf einer Chinareise mit ihm zusammen sein.

Zu alldem passt schließlich auch, dass die hervorragende literarische und liberale katholische Zeitschrift »The Critic«, die während ihrer 40 Jahre zeitweise eine Auflage von 30.000 Exemplaren erreichte, auf 2000 Abonnenten abgesunken ist und ebenfalls im Oktober 1981 ihr Erscheinen einstellt. In der letzten Ausgabe sieht der Chefredakteur Joel Wells die Schuld bei einer wachsenden Abkehr gut gebildeter Katholiken vom ernsthaften intellektuellen Interesse an der Kirche. Ich kann dem nur zustimmen. Und Herausgeber Dan Herr, der alles getan hatte, um seine Zeitschrift zu retten, stellt mit irischer Ironie fest: »Wenn ich die Gefühle einiger Leser bereits gereizt oder verletzt habe, so war es nicht ohne Absicht« (16.10.1981).

Man will offensichtlich überall wieder eine römisch domestizierte, gezähmte Kirche: die Bischöfe wieder gehorsame Befehlsempfänger Roms, der Klerus widerspruchslos auf der römischen Parteilinie, die Laien untertänig und gefügig, über allem thronend »Seine Heiligkeit«, der Papst. Von einer vom Konzil geforderten Kollegialität, Dialogbereitschaft und ökumenischen Haltung ist keine Rede mehr.

Die Folgen dieses Systems sind verheerend. Vom schon damals vertuschten Sexualmissbrauch Jugendlicher durch Priester ist noch kaum die Rede. Rund 20 Jahre lang ignoriert Johannes Paul II. diese Krise, obwohl sich die Fälle häufen. Einen der schlimmsten Knabenschänder, P. Marcial Maciel, Gründer der »Legionäre Christi«, der seine eigenen Seminaristen missbraucht und mit zwei Frauen liiert ist, betrachtet der Papst als seinen persönlichen Freund und nimmt ihn gegen alle Kritik in Schutz. Noch im Jahr 2002 erklärt Kardinal Joseph Ratzinger, der jeden Freitag die zahlreichen neuen Missbrauchsfälle vorgelegt bekommt (»unsere Freitagsbuße«), das sei ein amerikanisches Problem und statistisch unbedeutend. Unterdessen sind eine ganze Reihe unfähiger, aber regimekonformer Bischöfe ernannt worden. Ich denke etwa an Eduard K. Braxton, der mir als sympathischer junger schwarzer Priester in Harvard aufgefallen war. Er wird später Bischof von Belleville/Illinois und errichtet dort ein tyrannisches Regime, sodass schließlich die Hälfte seiner Priester in einem in den Medien veröffentlichten großen Brief seine Demission fordert (»National Catholic Reporter« vom 2.5.2008). Aber überall gibt es auch kritische Gruppen von Katholiken, die sich zusammenfinden, um gegen tyrannische Bischöfe zu reagieren.

Eine reformwillige Opposition

Ein grelles Licht auf die gegenwärtige Situation wirft schon im November 1981 das fünfjährige Jubiläum des von Chicago ausgegangenen *»Call to Action«*, einer katholischen Erneuerungsbewegung, die sogar von den Bischöfen mitinitiiert worden war. In der neu entstandenen Situation wird sie wider Willen zu einem Sammelbecken für die reformwillige Opposition. Ich kann deshalb nicht Nein sagen, als man mich darum bittet, für das fünfjährige Jubiläum die Eucharistiefeier mit Predigt und die Festrede zu halten. Sie muss denn auch wegen der Ankündigung aus einem kleineren Saal in einen größeren verlegt werden, wo immerhin rund 2000 Menschen aus verschiedenen katholischen Organisationen zusammenkommen und mit mir zuerst froh die Eucharistie feiern, dann ein gemeinsames Dinner haben und schließlich meinen einstündigen Abendvortrag über »Kirche von oben und Kirche von unten« anhören mit einer anschließenden Fragerunde.

Die Mehrzahl der Zuhörerinnen und Zuhörer sind allerdings Laien; im Klerus hat sich wieder Angst ausgebreitet, und viele wagen nicht, an solchen Anlässen teilzunehmen. Natürlich setze ich mich ein für die Ideale des Konzils und wende mich gegen den wieder medial geförderten Personenkult und die wachsende Servilität der Bischofskonferenzen gegenüber Rom, von wo alle Reformen in der Kirche blockiert werden. Im »National Catholic Reporter« vom 20. 11. 1981 liest man einen Bericht, der wie folgt endet: »Es war eine alte Botschaft, aber der häufige Applaus und die Standing Ovations, die Küng erhielt, zeigten an, dass viele Chicago-Katholiken sie ernst nehmen. Man war sogar versucht zu vermuten, dass das Aggiornamento die ganze Zeit weitergegangen ist, trotz aller gegensätzlichen Zeichen. Es braucht nur ein wenig länger und kommt aus einer anderen Richtung, als man dies 1963 erwartet hatte.«

Die Abschreckungspolitik der kirchlichen Hierarchie hindert mich selbstverständlich nicht, überall im Lande, freilich kaum in katholischen Institutionen, Vorträge zu halten. Und ich könnte vieles erzählen von all den Vortragsreisen, die ich an den vorlesungsfreien Tagen und besonders am Wochenende mache – schon vor meiner Lehrtätigkeit an der Ecumenical School for Ministry von Chicago: in Detroit (4. 10. 1981) und an der University of Western Michigan in Kalamazoo (5./6. 10. 1981), wo ich in RUDI SIEWERTH, der von der politischen Theologie herkommt, einen interessanten Gesprächspartner finde, später auch in Pittsburgh, wo man mir am Theological Seminary auch gerne einen Lehrstuhl zur Verfügung stellen möchte (19./20.10.).

Später halte ich Vorträge auch in Harrisburg, wo ich für den Pennsylvania Council of Churches rede, und in Gettysburg, wo ich das berühmte Schlachtfeld besuche, auf dessen Soldatenfriedhof nach dem Sieg der Nordtruppen im amerikanischen Bürgerkrieg Präsident Abraham Lincoln am 19. November 1863 seine ganz kurze, aber historische Ansprache hielt: Demokratie als »Regierung des Volkes durch das Volk und für das Volk«. Schon am 26. Oktober kommen aus Ann Arbor Dean PETER STEINER und Professor DAVID NOEL FREEDMAN, um meine Pläne für die University of Michigan zu diskutieren. Ich erkläre mich im Prinzip bereit, für das Wintersemester 1983 an die University of Michigan zu kommen.[1]

Nach dem Trimester in Chicago beginne ich meine dritte Reise um die Welt. Am 10. Dezember geht es zunächst nur nach *Denver*/Colorado, wo es am Ostfuß der Rocky Mountains auf 1600 Meter Höhe schon erheblich kühler ist. In meinem Vortrag dort kann ich Erzbischof JAMES CASEY loben für das erheblich offenere und ökumenische Klima in Denver im Vergleich zu Chicago.

Schon am nächsten Tag geht es weiter in das sonnige *Phoenix*, die Hauptstadt von Arizona, wo ich am Freitag, 11. Dezember 1981 nach mehreren anderen Verpflichtungen meinen öffentlichen Vortrag halte. Und was mir selten passiert: Ich habe das Wochenende frei und kann am Samstag zusammen mit Dr. ROGER JOHNSON, Seelsorger am Good Samaritan Hospital, in einem Privatflugzeug zum Gran Canyon fliegen. Schon aus der Höhe zeigt sich eine Landschaft von gewaltiger Majestät. Hinuntersteigen rund 1600 Meter steil in die Tiefe, zu Fuß oder auf dem Maultier, können wir natürlich nicht. Dafür gönnen wir uns einen grandiosen Helikopterflug durch das sechs bis 29 Kilometer breite Tal: in rötlich bis bläulich und gelblich schimmernden Farben und Schattenspiel, mit gestuften Steilhängen und bizarren Formen ein unvergleichliches Naturwunder. Und schließlich fliegen wir hinunter bis auf den Grund zum Colorado River auf einen engen Landeplatz. Auf einem kleinen Fußweg marschieren wir von dort zu einer Baptistenkirche, wo am Sonntag ein Gottesdienst stattfindet. Aber es macht mich traurig zu sehen, wie die indianischen Ureinwohner, dezimiert durch Mord, Krankheit und Alkohol, nur noch Schatten ihrer selbst sind. Noch am Abend geht es mit Helikopter und Flugzeug zurück nach Phoenix.

Von dort fliege ich schließlich nach Kalifornien, zum kleinen Flughafen von Ontario bei Los Angeles. Zielpunkt ist *Claremont* mit seinen Colleges, wo meinem Vortrag »Wissenschaft und Gottesglaube« wiederum 1000 Personen beiwohnen. Die Verbindung mit der School of Theology und ihrem ausgezeichneten Institute for Antiquity and Christianity unter der Leitung des führenden Gnosis-Forschers JAMES ROBINSON hatte die bereits erwähnte amerikanische Doktorandin Bernadette Brooten hergestellt, die in unserem Institut für Ökumenische Forschung in ihrer ersten Phase mit Dr. Karl-Josef Kuschel die umfangreiche Bibliographie zur Unfehlbarkeitsdebatte für den Band »Fehlbar? Eine Bilanz« (1973) mühevoll zusammengestellt hat. Eine große Freude bereitet es mir, dass Dr. Kuschel zusammen mit Marianne Saur ebenfalls in Claremont eintrifft. Wir benutzen die Gelegenheit, die phantastische Crystal Cathedral zu besuchen, wo sich jeden Sonntag für ein weitverbreitetes TV-Programm eine riesige Menge von Gläubigen zu einem festlichen Gottesdienst zusammenfindet. Ich fühle mich sehr wohl in Claremont und könnte mir denken, dass ich das Angebot, hier ein Gastsemester zu verbringen, annehmen werde.

Zusammen steigen wir dann wieder ins Flugzeug, um in einer guten Stunde in *San Francisco* zu landen, wo dieses Jahr im Hilton Hotel das große Meeting der American Academy of Religion (14.–22. 12.) stattfindet. Unter der sympathischen Leitung von Professor DOUGLAS KNIGHT von der Vanderbilt University diskutiere ich hier mit den Professoren FRANCIS FIORENZA (Catholic University of America) und ROBERT SCHARLEMANN (University of Virginia) über mein Buch »Existiert Gott?«. Wie üblich viele Begegnungen mit alten und neuen Freunden, Gespräche, Kolloquien und vor allem Empfänge.

Ich bin froh, dass wir am 22. Dezember nach *Hawaii* fliegen können und nach fünfeinhalb Stunden Flug in Honolulu ankommen, um sofort umzusteigen in ein Flugzeug nach der kleineren Insel Maui, die nur 30 Flugminuten von der Hauptinsel Oahu entfernt ist. Dort kann ich ausruhen und mich auf das nicht ganz einfache Symposion über Paradigmenwechsel und Buddhismus vorbereiten. Ein guter Moment, innezuhalten und zurückzublicken auf mein Gastsemester in Chicago.

»Leader of the loyal opposition«?

Ich erlebte in Chicago und andernorts viel freudige Zustimmung, meist mit rund 1000 Zuhörern und am Ende Standing Ovations. Hauptgrund ist sicher, dass ich durchaus substanzielle theologische Kost biete: über das Wesen des Christentums und der Kirche und ihre Funktion heute, über die bleibenden Konstanten christlichen Glaubens und Lebens. Aber wenn ich dann die Berichte in den Lokalzeitungen anschaue, dann konzentrieren sie sich regelmäßig auf die Variablen und berichten von dem, was die Öffentlichkeit gerne hören beziehungsweise getan haben möchte. Und dies betrifft nun einmal die Reformforderungen nach der Revision der Enzyklika »Humanae vitae« über die Geburtenregelung, die Aufhebung des Zölibatsgesetzes, die Zulassung der wiederverheirateten Geschiedenen zu den Sakramenten, die Abendmahlsgemeinschaft ... und den Ärger über den Widerstand der römischen Kurie gegen alle Reformen.

Am Ende der drei Monate kann ich mit dem Ergebnis meiner Lehrtätigkeit in Chicago und in den USA überhaupt höchst zufrieden sein. Wie in Tübingen und in Deutschland konnte ich auch in den USA meine Position halten und zahlreiche Menschen überzeugen. Meine römisch gesinnten Gegner freilich konnte ich nicht bekehren. Da konnte ich so oft wie möglich betonen, ich sei ein loyaler Katholik – die römische Gegenpropaganda ist zu stark, und viele Katholiken sind daher voreingenommen. Noch einmal, am Tag meines Abschieds von Chicago, am 10. Dezember, werde ich zur national verbreiteten Phil-Donahue-TV-Show eingeladen. Hier werde ich über das Telefon ganz direkt gefragt: »Are you a heretic?« Meine Antwort: »Nein, ich bin kein Häretiker, sondern ein loyaler Katholik«, und ich füge hinzu, dass es nicht nur mein Recht, sondern meine Pflicht als katholischer Theologe sei, meine gut begründete Kritik an bestimmten Zuständen in der Kirche zu äußern, stellvertretend für viele. Aber auch der Moderator PHIL DONAHUE selber, ein loyaler Katholik irischer Herkunft, wird nachher in Leserzuschriften scharf angegriffen, weil er bestimmte kritische Fragen an die katholische Kirchenleitung zuließ und auch selber deutlich zum Ausdruck brachte, dass er mit bestimmten Auffassungen des römischen Lehramtes nicht übereinstimmt.

Immer wieder mache ich deutlich, dass es mir darum geht, die Katholiken nicht zu trennen, sondern zusammenzuführen. Aber aufgrund des wachsenden römischen Widerstandes gegen die vom Vatikanum II eingeleiteten Reformen hat sich immer mehr eine »loyale Opposition in der Kirche« gebildet. Und obwohl ich mich dagegen wehre, die Rolle eines »leaders of the loyal opposition« zu übernehmen, fühle ich mich doch immer mehr in sie hineingedrängt.

Der Religionsredakteur der »New York Times«, KENNETH BRIGGS, der bei der Donahue-Show anwesend ist, schreibt dazu unter dem Titel

»Küng's Views Meet Positive Response in US« (13. 12. 1981): »Ob mit ihm einverstanden oder nicht, Katholiken und Nichtkatholiken strömten zusammen, um seine Plädoyers für eine demokratischere, flexiblere Kirche zu hören. Er ist möglicherweise die weltgrößte theologische Attraktion, ein Apostel einer nonkonformistischen Sicht und ein populärer Autor, der dem Kampf einer wichtigen Bewegung wie kein anderer eine Stimme verleiht. Ich bin jedenfalls überzeugt, dass der Geist der Reform, wie er vom Zweiten Vatikanischen Konzil hervorgerufen wurde, nicht ausstirbt, auch wenn man ihn heute nur noch wenig in der Hierarchie, wohl aber an der starken Basis in Amerika spürt.« Und ich werde mit den Worten zitiert: »Viele von uns fühlen sich, nicht aufgrund eigenen Wollens, als eine Art loyale Opposition in der Kirche, die ohne Illusionen, aber mit der Bereitschaft zum Dialog zu wirken versucht für mehr Aufrichtigkeit, Ehrlichkeit, Pluralismus und Toleranz innerhalb der katholischen Kirche.« Und ich bin bewegt davon, in all den Wochen gesehen zu haben, wie viele Amerikaner mit höchst unterschiedlichem kirchlichen Hintergrund einen gemeinsamen Glauben zum Ausdruck bringen: »Die meisten Leute schauen aus nach Konstanten, nach Glaubensüberzeugungen, auf die sie sich verlassen können mitten im Fluss des Lebens.«

Die an mich gerichteten Fragen hängen meist auch damit zusammen, dass sich am 16. Oktober 1981 zum dritten Mal die Wahl von Karol Wojtyła zum Papst jährt. Da komme ich natürlich nicht darum herum, kritische Fragen zu seiner Amtsausübung zu beantworten. Das hatte ich ja schon am ersten Jahrestag getan, damals noch in der Hoffnung, dass der polnische Pontifex seinen reformfeindlichen Kurs korrigieren könnte. Er aber hatte darauf mit dem Entzug meiner kirchlichen Lehrbefugnis geantwortet. Ich kann mich jetzt in meiner anfänglichen Kritik nur bestärkt fühlen und stelle fest, dass mir heute viele zustimmen, die damals noch nicht meiner Meinung waren. Triumphale Medienereignisse eines Papstes, der seit seiner negativen Münchner Erfahrung keine Fragen und unzensierte Statements mehr zulässt – für die Gemeinden kaum positive Ergebnisse. Natürlich will ich bestimmte Erfolge dieses Pontifikats nicht in Abrede stellen. Und eines kann man nicht bestreiten: Karol Wojtyła versteht es, Menschen für sich einzunehmen.

Professionelle Kommunikatoren: Wojtyła – Reagan

Manche kritische Fragen an meine Adresse hingen auch damit zusammen, dass sich das politische Klima in den USA Ende 1980/Anfang 1981 merklich veränderte. Am 4. November 1980 war der rechtsorientierte frühere Filmschauspieler und Gouverneur von Kalifornien RONALD REAGAN zum Präsidenten der Vereinigten Staaten gewählt worden. Ich war am selben Tag von Stuttgart nach San Francisco geflogen und verfolgte am Abend die Wahl am Radio – zutiefst enttäuscht über die Abwahl JIMMY CARTERS, dem – trotz schlechter Wirtschaftslage und dem Debakel mit der Geiselnahme von 52 Diplomaten und Botschaftsangestellten in Teheran im November 1979 – eine glücklichere zweite Amtszeit prognostiziert war.

Nun regiert also im Weißen Haus wie im Vatikan ein Konservativer. Vom vorausgegangenen Gespräch mit dem bedeutenden deutsch-amerikanischen Historiker FRITZ STERN (Columbia University) in Tübingen, schon bald nach der Wahl Karol Wojtyłas, früher ebenfalls Schauspieler, habe ich schon berichtet (Bd. 2, Kap. X: Verräterische Photos). Meine Frage damals: »What does the United States need – Was brauchen die Vereinigten Staaten? An actor – einen Schauspieler!« Einen Präsidenten, der wie der neu gewählte Papst KAROL WOJTYŁA eine reaktionäre Lehre und Politik mit dem Charisma des großen Kommunikators seinem Publikum verkaufen kann. »Du wärest ein großer Darsteller geworden, wenn Du beim Theater geblieben wärest«, davon berichtet Johannes Paul II. stolz selber in seinen »Erinnerungen und Gedanken« (Augsburg 2004, S. 101). Er verfügt jetzt nicht mehr nur über die »Bretter, die die Welt bedeuten« (Schiller), sondern über die Welt, die Theaterbühne für seine Darstellung ist.

Der Anregung Fritz Sterns zu folgen, einen Artikel »What does the US need?« für die angesehene Zeitschrift »Foreign Affairs« zu schreiben, schien mir damals nicht opportun, aber meine »Prophezeiung« ging mit der Wahl Ronald Reagans in Erfüllung. Wie die katholische Kirche verfügen jetzt auch die USA über einen professionellen Kommunikator, dessen öffentliche Auftritte in den Medien peinlich genau wie ein Bühnenstück oder eine Filmsequenz vorbereitet werden, dessen Reden meist andere verfassen und dessen Macht durch die Massenmedien weltweit ausstrahlt. Wenngleich das große Publikum mit manchen Auffassungen des einen wie des anderen nicht einverstanden ist, so schätzt man doch das gewinnende Auftreten der beiden charismatischen Persönlichkeiten, die beide für relativ simple konservative Lehren einstehen: sei es ein starkes Amerika oder eine starke römisch-katholische Kirche. Der eine begründet seine Hochrüstungspolitik mit dem »evil empire« Sowjetunion, der andere – ebenso dualistisch – polemisiert ständig gegen die »Kultur des Todes«. Er meint, die »Kultur des Lebens« zu vertreten: durch das Verbot von Pille und Kondomen sowie durch rigorose Ablehnung jeglicher künstlichen Befruchtung, Abtreibung und Sterbehilfe.

Schaut man nun aus der Perspektive der zweiten Dekade des 3. Jahrtausends zurück auf die Amtsführung der beiden großen Kommunikatoren, so fällt die Bilanz bei allen positiven Impulsen doch sehr enttäuschend aus: Sowohl Präsident RONALD REAGAN wie Papst JOHANNES PAUL II. waren *trotz ihrer medialen Ausstrahlung nur bedingt erfolgreich*:

1. Nicht erreichte Ziele: Reagan hat zentrale Ziele seiner Präsidentschaft – Ausgabenreduktion, Steuererleichterungen, Verschlankung der Regierung – nicht erreicht, weil alles verbunden war mit massiver kostspieliger Hochrüstung. Dies bezeichnete George Bush sen., damals Mitbewerber für die Präsidentschaftskandidatur, als »voodoo economics«. – Wojtyła hat seinen Kampf gegen Pille und Empfängnisverhütung, gegen zivile Ehescheidung und Abtreibung selbst in seiner polnischen Heimat verloren. Sein Verbot einer Diskussion über Zölibat und Frauenordination wurde schlicht nicht beachtet.

2. Fatale Entwicklungen: Was der renommierte Historiker von Reagans Präsidentschaft, MICHAEL SCHALLER (University of Arizona), in seiner sehr fairen Analyse »Ronald Reagan« (Oxford/New York 2011) als negative Bilanz festhält, gilt analog auch für Wojtyła: Reagan initiierte in manchen Feldern der Gesellschaft einen Wandlungsprozess, der das Verhältnis zwischen den amerikanischen Bürgern und ihren herrschenden Institutionen nach wie vor bestimmt: zwar keine »Reagan Revolution«, aber eine anhaltende »Reagan Evolution« (S. X). – Es gab auch keine »Wojtyła-Revolution«, aber eine anhaltende »Wojtyła-Restauration«. Und wie die »Reagan Evolution« am Ursprung der gegenwärtigen finanziellen, wirtschaftlichen, politischen und ideologischen Krise des angestrebten »American Empire« steht, so die Wojtyła-Restauration am Ursprung der Glaubwürdigkeits- und Führungskrise des päpstlichen Imperium Romanum im zu re-christianisierenden Europa.

3. Konservative Grundhaltung: Karol Wojtyła und Ronald Reagan, so verschieden sie in Herkunft und Charakter waren, verband vieles: neben dem schauspielerischen Talent vor allem die konservative Grundhaltung, dem katholischen Polen von Haus aus mitgegeben, dem ursprünglichen New-Deal-Demokraten und Vertreter der Schauspielergewerkschaft Reagan zugewachsen durch seine Konversion zu den vermögenden

Republikanern Kaliforniens. Beide vertraten – der Papst grundsätzlich-dogmatisch, der Präsident pragmatisch-taktisch – eine rigorose Sexualmoral. Wojtyła hatte schon als Kardinal in Rom für die Position der »Pillen«-Enzyklika »Humanae Vitae« intrigiert und sie als Papst, statt sie zu revidieren, vielfach bestätigt. Reagan bekannte sich als Kandidat und Präsident zu den »traditional family values«. Wie der Papst ignorierte der Präsident die sich rasch ausbreitende Aids-Epidemie und gestattete für Schulkinder allein sexuelle Abstinenz zur Verhütung.

4. Diskrepanz zwischen Worten und Taten: Reagan unternahm zum Ärger vieler Evangelikaler keine großen Anstrengungen, um die Forderungen der rigorosen Sexualmoral durch die Gesetzgebung des Kongresses zu bringen oder eine Verfassungsänderung zu erreichen; sein eigenes Familienleben war alles andere als vorbildlich. – Wojtyła hat die Menschenrechte in der Welt gepriesen, sie aber in der Kirche verweigert: Die Freiheit der theologischen Forschung wurde unterdrückt, der Eintritt von Frauen in höhere kirchliche Ämter verhindert. In seinen Verlautbarungen setzte sich der Papst für die Armen ein, versuchte aber durch kirchliche Dokumente und Bischofsernennungen die sich für die Armen praktisch einsetzende Befreiungstheologie und Iglesia popular zu vernichten. Seine vier aufwendigen Triumphreisen durch Mexiko ließ er sich bezahlen von Msg. Maciel, dem lasterhaften Gründer der »Legionäre Christi«, beziehungsweise von dessen beiden reichen Geliebten. Bis zu seinem Tod hielt er die schützende Hand über diesen »zölibatären« Bigamisten und Schänder der eigenen Seminaristen. Auch gab er sich als Freund Afrikas, wurde aber wegen seiner Ablehnung von Pille und Kondom sowie seiner Parole in Kenia »Wachset und mehret euch« als ein Hauptverantwortlicher für die Bevölkerungsexplosion und Ausbreitung von Aids scharf kritisiert.

5. Arrangement mit Diktatoren und Tyrannen: Reagan unterstützte Diktaturen wie die von Marcos auf den Philippinen und von Duvalier auf Haiti und bekämpfte mit illegalen und unmoralischen Methoden (Iran-Contragate) die Revolution in Nicaragua gegen das diktatorische Regime des grausamen Somoza-Clans. – Wojtyła streckte in Chile dem Diktator General Augusto Pinochet, an dessen Händen das Blut von ungezählten Menschen klebte, sehr freundlich die Hand entgegen und unterstützte auch in Argentinien das grausame Militärregime, das seine Opfer sogar aus Flugzeugen ins Meer werfen ließ. Dagegen drohte er dem vor ihm knienden Befreiungstheologen Ernesto Cardenal in Nicaragua in aller Öffentlichkeit mit beiden erhobenen Zeigefingern – ein Bild, das um die Welt ging. Reagan, der den Papst im Vatikan und auf einem geheimnisvollen Treffen in Alaska traf, verfolgte als glühender Antikommunist dieselbe Politik gegen die Befreiungstheologie in Lateinamerika; als ausgezeichneter Verbindungsmann zwischen ihm und dem Vatikan fungierte der CIA-Chef, der konservative Katholik WILLIAM CASEY.

6. Überschätzter Beitrag zur Überwindung des Ost-West-Konflikts: Die Wahl eines polnischen Bischofs zum Papst 1978 veränderte die Situation im Ostblock, aber politisch wirksam wurde dies erst durch den Amtsantritt von MICHAIL GORBATSCHOW 1985, der zur Verbesserung der Beziehungen zwischen Washington und Moskau und 1988 zur Aufhebung des Kriegsrechts in Polen führte. Beigetragen hatte dazu auch Papst Wojtyłas jahrelange Unterstützung der regimekritischen Gewerkschaft Solidarność, von 1980 bis 1990 unter Führung von LECH WAŁESA. Doch nicht zu vergessen ist dabei die Rolle der Dissidenten vor allem in Polen, der ČSSR und der DDR. – Nicht Reagans Hochrüstung und Ankündigung des (von Moskaus Experten als von vornherein als ineffizient eingestuften) Raketenabwehrsystems im All (SDI) hat eine Änderung der sowjetischen Politik erzwungen, sondern die innenpolitischen Probleme der Sowjetunion, das marode Wirtschaftssystem im Ostblock, die Ressourcenverschleuderung durch die militärische Hochrüstung und schließlich die Implosion des ganzen diktatorialen Sowjetimperiums.

7. Unglückliche Endphase: Reagan, von seinen bisherigen engsten Mitarbeitern verlassen, zeigte Schwächen, politisches Stolpern und möglicherweise frühe Symptome von Alzheimer. Mehr Geldgier als präsidiale Würde legte er zum Missfallen vieler Amerikaner an den Tag, als er sogleich nach seinem Rücktritt gegen ein Millionen-Dollar-Honorar die Einladung in eine japanische Firma annahm, ihr aber dafür nur einige Minuten schenkte. – Wojtyła überließ die Kirchenleitung in seinen letzten Jahren zunehmend Kurialen – vor allem seinem Privatsekretär Stanislaw Dziwisz –, die Kriminelle wie Msg. Maciel oder den Kinderschänder-Kardinal Groër (Wien) und ungeeignete Bischöfe protegierten. Statt in Anlehnung an die vom Konzil beschlossene Altersgrenze für Bischöfe (75 Jahre) selber freiwillig rechtzeitig zurückzutreten, wollte er an Amt und Macht unbedingt festhalten und auch noch sein Sterben für die mediale Öffentlichkeit zelebrieren. Was manche Papstbewunderer als heroisch ansahen, empfanden andere Menschen als peinlich. Hätte es sich um einen Staatschef gehandelt, hätte man schon längst seinen Rücktritt verlangt und durchgesetzt. Es ist seinem Nachfolger Benedikt XVI. hoch anzurechnen, dass er beim Nachlassen seiner Kräfte das Verantwortungsgefühl und den Mut aufbrachte, am 28. Februar 2013 von seinem Amt zurückzutreten.

Verhängnisvolles Erbe des polnischen Papstes und des US-Präsidenten

Schon aufgrund ihres Antikommunismus hatten sich Präsident Reagan und Johannes Paul II. bestens verstanden. Gemeinsam ist Präsident wie Papst ein Erbe, das bei allen positiven Erfolgen bedenkliche negative Aspekte zeigt, wie es sich mir vor allem in meinen beiden Gastsemestern in Houston/Texas 1987 und 1989 manifestierte:

Wojtyła ist zusammen mit seinem Chefideologen Kardinal Ratzinger verantwortlich für den in unseren Tagen sichtbaren Niedergang der katholischen Kirche. Er konnte die Mehrheit der Katholiken in den entwickelten Ländern nicht mehr von seinen rigoristischen Positionen überzeugen. Wohl aber vermochte er durch eine autoritäre Personalpolitik und die Ernennung vatikankonformer, oft unfähiger, ja moralisch zweifelhafter Bischöfe einen servilen Episkopat und zunehmend totalitäre Kirchenstrukturen zu schaffen, die keinen Dissens und keine Opposition zulassen wollen. Wojtyła ist durch seine Abschaffung der von Paul VI. eingeführten einfachen Dispenspraxis vom Zölibat und durch die weltweite systematische Vertuschung der massiven sexuellen Übergriffe im Klerus verantwortlich für den katastrophalen Vertrauenszerfall der katholischen Kirche und, besonders in den fortgeschrittenen Demokratien des Westens, für den Auszug Hunderttausender aus der katholischen Kirche und der inneren Emigration von Millionen.

Der US-Präsident vereint in sich zwar nicht alle legislative, exekutive und judikative Gewalt wie der absolutistisch regierende Papst, aber er besitzt neben der höchsten exekutiven Gewalt auch ein Vetorecht gegenüber der Legislative und entscheidenden Einfluss auf die Judikative. Durch die Ernennung von 400 zumeist konservativen Bundesrichtern (»Federal Judges«), alle auf Lebenszeit, und besonders durch vier Ernennungen in den Obersten Gerichtshof (»Supreme Court«) und eines neuen Obersten Richters (»Chief Justice«) kam es in den USA seit Reagan allgemein zu einer konservativen Ausrichtung der Justiz im Straf- wie im Zivilrecht, besonders was Rassen-, Alters- und Geschlechterdiskriminierung und die Religion im öffentlichen Leben betrifft. Auch aufgrund seiner übertriebenen Deregulierung des Finanzwesens steht Reagan am Anfang des nationalen und weltpolitischen Niedergangs der Vereinigten Staaten mit seinen mutwilligen Kriegen.

Angemerkt sei zum Schluss dieses Vergleichs, dass Papst Wojtyła noch sehr viel direkter als Reagan die Wahl seines Nachfolgers beeinflusste, indem er Kardinal Ratzinger, den schon mächtigen Chef der Glaubensinquisition, auch noch zum Dekan des Kardinalskollegiums machte. Als solcher leitete dieser 2005 die Totenfeier für Johannes Paul II. (in der ersten Reihe die Familie des Kriegspräsidenten George W. Bush), aber auch die neu eingeführten streng geheimen Versammlungen der Kardinäle zur Lage der Kirche und zur Vorbereitung der Wahl und hielt zu allem noch, was viele als Wahlrede verstanden haben, zur Eröffnung des Konklave am 18. April 2005 eine berühmt-berüchtigte Predigt gegen die »Diktatur des Relativismus«. Auch in diesem Fall war die Öffentlichkeit überrascht, dass er zum Papst gewählt wurde.

Unter Freunden

Aber um ein Missverständnis meiner Kritik an Präsident und Papst zu vermeiden, sei klar gesagt, was schon in der Einleitung zu diesem Kapitel IV angedeutet wurde: Wie meine Grundeinstellung zur katholischen Kirche nicht abhängig ist von meiner Einstellung zu bestimmten Päpsten, so ist meine Grundeinstellung zu Amerika nicht abhängig von der Einstellung zu bestimmten Präsidenten. Wie immer, ich bin zutiefst dankbar für die sechs Gastsemester und für ungezählte Gastvorträge in den USA und Kanada: Sie haben mir für vieles in Weltpolitik und Weltwirtschaft und bezüglich Weltreligionen und Weltethos die Augen geöffnet.

Auch menschlich fühlte ich mich überall gut aufgehoben. An meine Gastsemester in Amerika habe ich nur angenehme Erinnerungen. Ich fühlte mich wohl, ob nun in New York oder in Chicago, in Toronto oder in Houston. Und ich darf gar nicht anfangen all das Gute aufzuzählen, das mir bei meinen längeren Amerika-Aufenthalten geschenkt wurde: Überall besaß ich ein schönes Apartment, meist mit einer kleinen Küche, in der ich mich selber verpflegen konnte. Zahlreich die guten Kontakte aller Art: Einladungen zum Essen, zu Konzerten oder zu Ausflügen. Überall wurde ich, da ich kein Auto besaß, abgeholt und wieder nach Hause gebracht. Alles wurde mir so leicht wie möglich gemacht.

Der Umgang an den amerikanischen Universitäten schien mir einfacher und natürlicher zu sein als sehr oft an deutschen. Am Union Theological Seminary in New York im Frühjahr 1968 stand ich unter besonderer Obhut des Präsidenten John Bennett. An der University of Chicago im Herbst 1981 wohnte ich im Fakultätsklub Quadrangle Club inmitten des Campus und hatte besondere Beziehungen zu meinen Freunden Andrew Greeley und David Tracy. In Ann Arbor, an der University of Michigan, im Herbst 1983 wurde alles bestens organisiert von meinem Freund Professor David Noel Freedman, zusammen mit seiner (und meiner) ausgezeichneten Sekretärin Astrid Beck.

Und dann *Kanada*: An der University of Toronto im Herbst 1985 war ich umsorgt von meinen Freunden Julia Ching und ihrem Mann Will Oxtoby, und ich erinnere mich noch besonders an die wunderbare Fahrt zu den Niagara Falls und anschließend den malerischen Niagara River entlang zurück nach Toronto. Von dieser zentral gelegenen Stadt aus mit ihren glänzenden Flugverbindungen über den ganzen Kontinent kann ich im Zusammenhang meiner Vorträge das riesige Kanada mit seinen landschaftlichen Schönheiten kennenlernen. Es geht zuerst in den Süden der USA: Brite University in Fort Worth/Dallas, Rice University/Houston und Greenville/South Carolina (2.–6. Oktober 1985). Dann in den Westen Kanadas: Regina/Saskatchewan und an die Pazifikküste nach Vancouver/British Columbia, auf dem Rückweg nach Calgary und zusammen mit meiner Tübinger Sekretärin, Eleonore Henn, die mich hier besucht, ein schöner Ausflug in die Rocky Mountains zum Lake Louise (15.–20. Oktober 1985). Später nach St. Louis/Missouri und Portland/Oregon (23.–26. Oktober 1985). Und dann auch nach Osten bis an die Atlantikküste: nach Halifax und von dort auf die Insel Cape Breton (6.–8. November). Schließlich geht es noch einmal in den Süden der Vereinigten Staaten: Albuquerque/New Mexico, Phoenix und Tucson/Arizona. Aber auch von den Universitäten in der Nähe erhalte ich Einladungen: Hamilton, York University, Scarborough und natürlich Toronto selbst.

In den beiden Semestern in Houston/Texas im Herbst 1987 und im Frühjahr 1989 fühlte ich mich besonders wohl an der kleinen elitären Rice University, wo sich Prof. Niels Nielsen und seine Frau Erika um alles kümmerten. Mit ihnen machte ich nicht nur einen Ausflug in die Hafenstadt Galveston am Golf von Mexiko, sondern auch an einem Wochenende sogar ins ferne Puerto Rico. Von Nordamerika aus konnte ich auch leicht die Weltreise nach Westen unternehmen, die mir so entscheidend dazu verholfen hat, die asiatischen Regionen, Kulturen und Religionen besser kennenzulernen. In meinen Semestern an der Rice University in Houston/Texas konnte ich aber auch ein anderes großes Projekt planen.

Einzigartige Chance: »Spurensuche«

In den 1980er-Jahren, meinem »amerikanischen Jahrzehnt«, begann auch ein wissenschaftlich-publizistisches Unternehmen, das erst im nächsten Jahrzehnt realisiert werden konnte. Seit ich den genialen Musiker und Humanisten Sir Yehudi Menuhin in einer achtteiligen Fernsehserie der Canadian Broadcasting Corporation (CBC) mit dem Titel »The Music of Man« (1975) erlebt hatte, wollte mir der Gedanke nicht mehr aus dem Kopf: Wie Menuhin in begeisternder Weise durch das Reich der Musik zu führen verstand, so ähnlich müsste man auch versuchen durch das Reich der Religionen zu führen.

Ungleich schwieriger, das war mir klar, würde es zweifellos werden, zuerst das Reich der Religionen einigermaßen zu verstehen und es auch noch filmisch darzustellen. Yehudi Menuhin brauchte ja nur seine Violine oder seinen Taktstock in die Hand zu nehmen und war so fähig, selbst Unwissende und vielleicht Unmusikalische für die faszinierende Welt der Musik zu gewinnen. Aber wie sollte ich Ohr und Herz öffnen können für die noch viel geheimnisvollere Welt der Religionen? Dafür, dessen war ich mir bewusst, musste ich noch unendlich viel lernen, lesen, reisen, Gespräche und Begegnungen, religiöse Symbole, Mythen und Rituale in aller Welt erleben. Ohne das nötige Erfahrungswissen bleibt alles Buchwissen gerade über Religion abstrakt

Nun hatte ich ja schon im Sommersemester 1982 wie berichtet, an der Universität Tübingen im Studium generale neuartige Dialogvorlesungen mit Fachgelehrten des Islam, des Hinduismus, Buddhismus und später auch der chinesischen Religion gehalten und ließ mich 1984 auf eine Anfrage der BBC ein: Als Autor und Präsentator sollte ich eine große Fernseh-Dokumentationsserie über einen zeitgemäßen christlichen Glauben gestalten. Ein solches Angebot gerade der BBC aus Zeitgründen negativ zu beantworten schien mir unvertretbar. Und so arbeitete ich ein Grundkonzept für die zuständige Redaktion aus, das deren Zustimmung fand, aber dann schließlich auf höchster Ebene – wegen der vorauszusehenden enormen Kosten – abgelehnt wurde. Letztlich zu meinem Glück. Denn wie hätte ich ein solches gewaltiges TV-Projekt neben meinen Tübinger Lehrverpflichtungen vollenden können?

In meinem Gastsemester 1987 an der kleinen, aber feinen Rice University in Houston/Texas nützte ich die Zeit, um mir einige Sendungen der berühmten Fernsehserie des fernsehgewandten Joseph Campbell, gelehrter Autor von drei Bänden »The Masks of God« (1959–64), anzusehen: vorzüglich gestaltete Diskussionen mit dem früheren Präsidentensprecher Bill Moyers über die Transformationen des Mythos durch die Zeiten. Alles höchst informativ, solide und sympathisch präsentiert, aber letztlich unbefriedigend. Mehr als Campbell war ich an der realen Geschichte der Religionen interessiert, wollte nicht nur alle möglichen Mythen, Symbole und Riten vergleichen, sondern bei aller uneingeschränkten Offenheit für andere Religionen zugleich meinen eigenen (christlichen) Standpunkt zum Ausdruck bringen. Und lieber als massenhaft fremdes Filmmaterial einspielen wollte ich selber Filme mit einer Crew wo immer möglich vor Ort drehen.

Einige Jahre später, kurz nach dem Parlament der Weltreligionen, am 11. September 1993, erzählte ich diese Geschichte im Haus des damaligen Fernsehdirektors des Süddeutschen Rundfunks, Dr. Hans Heiner Boelte. Der erklärte spontan: »Das machen wir!«. »Wir«, ein öffentlicher und nicht irgendein Privatsender. Dem damaligen Süddeutschen Rundfunk (SDR, heute SWR) bin ich äußerst dankbar, dass er die schließlich sechs Millionen DM an Kosten für eine Originalproduktion nicht scheute, bei der ein ganzes Fernsehteam viele Wochen in den verschiedenen Kontinenten zu filmen hatte. Mit Ausnahme von Mekka und Medina lauter Originalaufnahmen vor Ort und überall meine persönlichen Statements. Erfreulicherweise kommt es schon frühzeitig zu einer Zusammenarbeit zwischen SDR und der Schweizerischen Fernsehanstalt SRG, vertreten von Dr. Erwin Koller.

Bis auf den heutigen Tag empfinde ich tiefe Dankbarkeit gegenüber den Verantwortlichen, die mir diese einzigartige Chance geboten haben. Nicht als Reiseschriftsteller oder Fernsehjournalist sollte ich mit einem Filmteam durch die Welt reisen, sondern als Theologe, Philosoph und Religionswissenschaftler die Religionen in den verschiedenen Regionen in Wort und Bild zu erfassen versuchen. Welche Chance, aber auch welche Mühen.

Eine Riesenaufgabe

Die Realisation von Kriminalfilmen, oft als Serien produziert, stellt andere Anforderungen als die Realisation der von mir geplanten Filme über Weltreligionen. Sie bedeuteten aufgrund ihrer Konzeption eine besondere Herausforderung an die beteiligte Crew. Bei einem Krimi schreibt der Autor seine Story, und es ist dann der Regisseur, der daraus sein »Kunstwerk« macht.

Ich aber wollte für die sieben verschiedenen Religionen ein Gesamtkonzept verwirklichen, das sich auf meine zum Teil vielhundertseitigen Studien gründete, die ich – im Dialog mit entsprechenden Fachgelehrten oder allein – veröffentlicht hatte. Diese bildeten für mich die Grundlage für ein erstes Drehbuch, und ich nahm an, dass Regisseur und Kameramann dieses Konzept genau studieren würden. Aber das war nur bedingt der Fall. Denn der Regisseur ging davon aus, dass (wie bei einem Krimi) der Autor nur eine Vorlage für den Film liefern würde und der Regisseur mit dem Kameramann der eigentliche »Realisator« sei, der den Film nach seinem Gusto gestalten könne. In diesen unterschiedlichen Grundeinstellungen aber lag erhebliches Konfliktpotential, wie ich bald merken sollte.

Der erste Regisseur, ein origineller Schweizer, versteifte sich auf die These, er könne keine Gebäude, etwa das Abrahamgrab in Hebron, filmen, er sei nur an Menschen interessiert, etwa an den dieses Grab bewachenden israelischen Soldaten und muslimischen Besuchern. Als dem Fernsehdirektor von dieser Diskussion berichtet wurde, entschied er kurzerhand, dieser Regisseur komme nicht infrage, da seien die Konflikte vorprogrammiert: Ich sei am besten mein eigener Regisseur, der wüsste, was zu drehen sei. Dies brachte er freilich nicht mit derselben Deutlichkeit dem zuständigen Redakteur Uwe Bork gegenüber zum Ausdruck und den beiden in der Folge eingestellten hoch qualifizierten Regisseuren: Wolfgang Rommel für Stammesreligionen, Hinduismus, chinesische Religion und Islam sowie Dietrich Lehmstedt für Buddhismus, Judentum und Christentum. Sie mussten sich gleichfalls daran gewöhnen, dass ich nicht lediglich zu ihren Bildsequenzen Kommentare zu verfassen gedachte, sondern dass sie – mit weiten Spielräumen – die Bildsequenzen für mein Drehbuch aufzunehmen hatten. Natürlich war ich stets auf Zusammenarbeit aus und war dankbar für jeden guten Vorschlag. So beugte ich mich bisweilen auch den Wünschen des eigenwilligen Kameramanns Ottmar Schnepp, der zum Beispiel in den Mittagsstunden grundsätzlich keine Filmaufnahmen machen wollte, weil da wegen des Lichts nur »Postkartenaufnahmen« möglich seien. Es gab also manche Diskussionen, die aber zuallermeist in freundschaftlichem Geist geführt wurden und jedenfalls zu optimalen Ergebnissen führten, für die ich meinem Team zutiefst dankbar bleibe.

Zweierlei wollte ich jedenfalls von vornherein nicht: Ich wollte erstens keine große Reportage liefern, die schlicht schildert, wie sich heute die Lage der Religionen in den verschiedenen Ländern darstellt. Wohl aber wollte ich eine *aktuelle Darstellung*, die bei jeder Religion von der Gegenwart ausgeht, diese auf dem Weg durch die Jahrhunderte ständig vor Augen hat und am Schluss wieder zur Gegenwart zurückkehrt. Zweitens wollte und konnte ich auch keine umfassende Geschichtsschreibung bieten, die neueste Forschungsergebnisse einschließen sollte. Wohl aber wollte ich eine *historisch-systematische Gesamtschau* bieten, bei der im engen Rahmen von gut 50 Minuten bei jeder Weltreligion die geschichtlichen Epochen gesichtet und deren große Paradigmen und Paradigmenwechsel dargestellt werden sollten. Denn nur aus den Konstellationen der Vergangenheit heraus, die sich vielfach nebeneinander durchhalten, lässt sich die Gegenwart verstehen.

Mein hochgestecktes Ziel war also, eine seriöse und vielfach überprüfte Information zu bieten, zugleich angesichts der Unübersichtlichkeit der Religionenvielfalt eine hilfreiche Orientierung, um so schließlich zu einer neuen Einstellung zu Religion und Religionen zu motivieren. Die mir auch aus leidvoller persönlicher Erfahrung allzu gut bekannten negativen Seiten der Religionen wollte ich nicht verschweigen, aber ihr aggressives und repressives Potential ist wohlbekannt und brauchte in meinen Filmen nicht ausgewalzt zu werden. Mehr war ich an der positiven Funktion der Religionen interessiert: Warum sind Milliarden von Menschen in allen Erdteilen religiös? Was ist der Ursprung und das Wesen dieser religiösen Phänomene, die in allen Völkern und zu allen Zeiten zu finden sind? Welche Entwicklungen haben die großen Religionen durchgemacht, und was sind dabei besonders ihre ethischen Konstanten, die für ungezählte Menschen sich tagtäglich auswirken? Wo ist Trennendes, und wo liegt vor allem Gemeinsames? Was ist der Beitrag der Religionen zu einem erst langsam ins Bewusstsein der Menschheit tretenden Menschheitsethos?

Eine weitere Phase der Vorbereitung bildete die Erkundungsreise der Regisseure zu den zuvor zwischen mir und der Redaktion ausgehandelten Drehorten, von denen mir viele bekannt waren; einige meiner Wünsche (etwa Sri Lanka und Burma) konnten aus Zeit- und Kostengründen nicht berücksichtigt werden. Der mündliche Kundschafterbericht der Regisseure, dokumentiert mit Photos, diente mir als Vorlage, dann in Abstimmung mit Redakteur und Regisseur eine Kurzfassung des Drehbuchs zu erstellen, welches mehr auf die einzelnen Drehplätze einging. Und schließlich folgten die Drehreisen mit dem ganzen Team: neben Redakteur, Regisseur und Kameramann der Tonmeister (Roland Engele) und der Kameraassistent (Andreas Schäfauer oder Kathrin Gulde).

Was sich als schwieriger herausstellte, als ich zunächst annahm, waren meine fünf oder sechs Statements, die in jedem Film vorkamen: kompakte und präzise, ein- bis zweiminütige Statements an Ort und Stelle, was wegen der oft widrigen Umstände (Straßenlärm, schlechtes Wetter, Zuschauer ...) und wegen des Verzichts auf einen Teleprompter oder auf Texttafeln oft nicht einfach war. Die Statements hatte ich schon zu Hause vorbereitet, oft auch im Flugzeug korrigiert und schließlich unmittelbar vor der Aufnahme bis aufs letzte Wort genau formuliert. Auswendig vorgetragen sollten sie doch zugleich spontan wirken.

Die langen Flüge nützte ich stets zur Vorbereitung der nächsten Etappe. Eine unschätzbare Hilfe war es für mich, dass die Stiftung Weltethos Schweiz es finanziell ermöglichte, dass der Diplomtheologe STEPHAN SCHLENSOG – seit 1989 wissenschaftlicher Mitarbeiter an unserem Forschungsprojekt »Kein Weltfriede ohne Religionsfriede« und seit 1995 Geschäftsführer der Stiftung Weltethos – mich auf all diesen vielen Reisen beratend und unterstützend begleiten konnte. Zahllos unsere Gespräche – auf den Flügen zu und zwischen den Drehorten und vor allem vor Ort –, in denen wir inhaltliche, konzeptionelle und ästhetische Details diskutierten. Prof. KARL-JOSEF KUSCHEL war zwar bei allen Planungen in Tübingen dabei, konnte allerdings aus beruflichen und familiären Gründen auf die Drehreisen nicht mitkommen. Aber Stephan Schlensog war nun als Photograph auch für die Bilddokumentation des Projekts in einem Buch zuständig; die allermeisten außerordentlich eindrucksvollen Photos sind ihm zu verdanken. Er wurde schließlich verantwortlich für die hervorragende Gestaltung dieses Bandes in Layout und Satz: »Spurensuche. Die Weltreligionen auf dem Weg« (München 1999).

Aber auch meine Aufgabe war mit der Drehreise noch keineswegs erfüllt. Im Stuttgarter Studio wurde nun vom Regisseur und vom Cutter (Hans-Joachim Stelse) eine Rohfassung des Films hergestellt, die wir eingehend besprachen; schließlich eine Reinfassung in etwa auf Sendelänge, die auch wieder begutachtet wurde. Erst dann wurde von mir in enger Zusammenarbeit mit Stephan Schlensog der Sprechtext erstellt, der buchstäblich Sekunde um Sekunde den Bildern angepasst werden musste, was für jeden einzelnen Film bis zu fünf Arbeitstage kostete. Dann erfolgte im Studio die Sprachaufnahme, bei der ich auch gerne Vorschläge des Redakteurs, des Regisseurs und des Cutters berücksichtigte. Erst später konnte aufgrund des Sprechtextes zum Film die Buchfassung erstellt werden, in welche die gesamten Materialien der ursprünglichen Langfassung eingearbeitet wurden.

Nun werden sich manche im Rückblick auf mein »amerikanisches Jahrzehnt« fragen, ob denn bei all den Vorträgen, Vorlesungen und Reisen überhaupt noch Zeit blieb für wissenschaftliche Publikationen. Meine

Antwort: Durchaus, ich sah mich durch die Ereignisse gerade zu neuen Überlegungen herausgefordert.

Theologie im Aufbruch

Lange und mühsam war mein theologischer Denkweg, nicht viele Theologen sind ihn mitgegangen. Einfacher ist es in der Tat, sich in einem vorbereiteten Sessel einzurichten und sich auf eine historische oder systematische Spezialfrage zu konzentrieren oder auf irgendeinen unserer großen theologischen Vorfahren.

Ich hingegen musste meinen Weg durch die Auseinandersetzungen mit verschiedenen christlichen und nichtchristlichen Traditionen gehen, um zu einer wahrhaft ökumenischen Theologie zu gelangen, wie schon in der ersten Vorlesung nach dem Missioentzug angekündigt: ein Weg einerseits »ad intra«, nach innen auf die christlichen Kirchen konzentriert, andererseits »ad extra«, nach außen auf die Weltreligionen ausgerichtet.

Eine ständige Reflexion auf die Verstehensprinzipien, die »Hermeneutik« christlicher Theologie war mir in der Praxis selbstverständlich. Doch hat mich rein abstraktes Reflektieren über eine gelehrte Methoden- und Verstehenslehre, eben eine wissenschaftliche Hermeneutik, so wichtig sie auch sein mag, nie sonderlich interessiert. Zu lange und zu komplex waren oft die Vorüberlegungen, bis man zu den theologischen Inhalten vorstieß. »Meine« Hermeneutik – bei allen Kontroversen letztlich doch um innerkatholischen und ökumenischen Konsens bemüht – war vielmehr hineinverwoben in den theologischen Arbeitsprozess und hatte sich immer neu am konkreten theologisch-philosophischen Material theoretisch wie praktisch zu bewähren.

Schließlich aber wollte ich doch meine theologische Methode dokumentieren und rechtfertigen, und so habe ich eine Art theologische Hermeneutik dargelegt unter dem Titel *»Theologie im Aufbruch«* (1987). Im ersten Teil wurden die »klassischen Konflikte« seit der Reformationszeit aufgearbeitet (Schrift und Tradition, Kirche und Dogma), im zweiten Teil die Prinzipien und Paradigmen christlicher Theologie aufgezeigt und im dritten Fragen im Horizont der Weltreligionen behandelt und dabei eine erste Paradigmenanalyse des Buddhismus skizziert. So bietet dieses Buch, wie im Untertitel vermerkt, »eine ökumenische Grundlegung« in einer Zeit des Übergangs von der Moderne zu einer – freilich nicht erst in unseren Tagen einsetzenden – Nach-Moderne.

Nach den für meinen Lebensweg bedrohlichen Auseinandersetzungen mit Rom, die im Tiefsten in einem anderen Paradigma und einer anderen Verhältnisbestimmung von Exegese und Dogmatik gründen, empfinde ich es als besonderes Zeichen der Ermutigung, dass mir 1984/85 drei renommierte Universitäten die Ehrendoktorwürde verleihen: die University of Cambridge/England (D.D.), die University of Michigan/USA (L.H.D.) und die University of Toronto/Kanada (LL.D.). Ihnen widme ich dieses Buch, das 1988 auch auf Englisch erschien unter dem Titel »Theology for the Third Millennium. An Ecumenical View«.

Inzwischen war ich im großen Stil in die Thematik Christentum und Weltreligionen eingestiegen. Diese hatte sich für mich schon mit dem Zweiten Vatikanischen Konzil und jenem wissenschaftlichen Symposion in Bombay 1964 eröffnet und dann eine Entfaltung gefunden in den Büchern »Christ sein« (1974: Die Herausforderung der Weltreligionen) und »Existiert Gott?« (1978: Der Gott der nichtchristlichen Religionen). Alle meine früheren Erfahrungen fließen nun ein und werden geklärt in meinen Dialogvorlesungen über Christentum und Weltreligionen, die ich seit dem Sommersemester 1982 in Tübingen halte. Sie bilden für mich die Grundlage für meine (natürlich englischsprachigen) Vorlesungen an der University of Michigan in Ann Arbor und später an der University of Toronto.

Ein gewagtes Dialogexperiment

Es war ein kühner Plan, der sich nur gut überlegt und sorgfältig vorbereitet realisieren ließ: je vier Dialogvorlesungen über Islam, Hinduismus und Buddhismus! Bisher war es nicht üblich, dass zwei Professoren verschiedener Disziplinen mehrere Vorlesungen im Dialog halten: In jeweils zwei Stunden Referat – Korreferat – Diskussion. Und dies nicht in einem exklusiven Spezialistenkreis, sondern im »Studium generale« vor einem großen Zuhörerkreis von Professoren, Studenten und allgemeinem Publikum. Solche Vorlesungen müssen auf hohem wissenschaftlichem Niveau und doch allgemein verständlich sein. Viele Professoren wagen sich an ein solches Unternehmen gar nicht heran

Besonders problematisch erschien ein solcher Dialog zweifellos zwischen einem Theologen und einem Religionswissenschaftler. Im Nachhinein höre ich denn auch, ein Religionswissenschaftler – früher Theologe! – habe in der Fakultät grundsätzlich Einspruch erhoben gegen ein solches Unternehmen: Der Dialog eines Vertreters der Religionswissenschaft mit einem Vertreter der christlichen Theologie sei geradezu unmöglich, da der Erste voraussetzungsfrei arbeite, der Zweite aber dogmatisch gebunden.

Dies schien mir ein überholter Standpunkt zu sein. Im frühen 20. Jahrhundert hatte sich der von mir verehrte protestantische Theologe Karl Barth zu Recht gegen die Einebnung und Auflösung der Theologie in Religionswissenschaft zur Wehr gesetzt. Aber die Abkapselung der Theologie von der Religionswissenschaft, wie von manchen »Barthianern« vertreten, lässt sich auf die Dauer in der pluralistischen Welt nach dem Zweiten Weltkrieg nicht aufrechterhalten. Und ich selber dürfte ja auch gezeigt haben, dass man eine Theologie treiben kann, die auf den christlichen Glaubensurkunden von Bibel und Tradition aufruht und die doch frei ist, in aller unvoreingenommenen Loyalität Bibel-, Dogmen- und Kirchenkritik zu üben.

Umgekehrt ist es sicher nicht nur meine Erfahrung, dass Religionswissenschaftler keineswegs immer völlig »neutral«, »objektiv«, »vorurteilsfrei« sind. Jede Erkenntnis ist nun einmal von »Interessen« geleitet. Und nicht zuletzt Extheologen können uneingestandene Interessen, so etwas wie eine »hidden agenda«, haben, die sie bisweilen in hämischen Leserbriefen vertreten. Doch nicht immer versteht derjenige eine Religion, die nun einmal im Herzen der Menschen eingeschrieben ist, am besten, dem sie keine Herzensangelegenheit ist.

Der Dialog zwischen einem *selbstkritischen Theologen* und einem *selbstkritischen Religionswissenschaftler* ist also durchaus sinnvoll. Nach zahlreichen Dialogen mit gläubigen Vertretern der betreffenden Religionen scheint es mir jedenfalls höchst fruchtbar, mit hochrangigen Vertretern der Islamkunde, der Indologie und der Buddhologie (mit Judentum und chinesischer Religion beschäftigte ich mich später) einen öffentlichen Dialog zu wagen. Freilich ist mir bewusst, dass nicht jeder Fachvertreter zu einem solchen Dialog fähig und bereit ist. Da sind nun einmal mehr als nur Spezialkenntnisse erforderlich.

Unvergleichliche Chance des Lernens

Um dieses Experiment nicht falsch einzufädeln und gar scheitern zu lassen, führe ich zuerst ein vertrauliches »Erkundungsgespräch« mit einem unserer angesehensten Religionswissenschaftler, dem Ägyptologen Helmut Brunner und seiner Frau Emma Brunner-Traut, ebenfalls Ägyptologin, die beide in Tübingen leben. Im Februar 1980, inmitten meiner großen Konfrontation mit Rom, hatten beide Brunners eine kleine Gruppe aus der Katholisch-Theologischen Fakultät durch Ägypten geführt; in Tübingen wohnen sie auf unserem Hügel gleich um die Ecke. Professor Brunner findet meinen Plan sinnvoll und ermutigt mich, mit den betreffenden Kollegen der Religionswissenschaft Kontakt aufzunehmen.

Schlüsselfigur für dieses Dialogunternehmen ist für mich Professor JOSEF VAN ESS, ein »Stern erster Größe« in der Islamkunde. Wie ich später von kundigen Muslimen bestätigt bekomme, ist er der weltweit führende Erforscher der klassischen islamischen Theologie. Er arbeitet an einer sechsbändigen Geschichte des religiösen Denkens im Islam, die er in Kürze zu veröffentlichen gedenkt unter dem Titel »Theologie und Gesellschaft im 2./3. Jahrhundert Hidschra« (Berlin 1991–97). Doch ist mir bekannt, dass es van Ess vor Kurzem abgelehnt hat, einen Beitrag zu einer Islamnummer der »Theologischen Quartalschrift« beizusteuern, die von den Professoren der Katholisch-Theologischen Fakultät, der ich jetzt freilich nicht mehr angehöre, herausgegeben wird.

Kurzerhand rufe ich meinen Kollegen van Ess an, erkläre ihm mein Projekt und frage ihn, ob er Zeit und Lust habe zu vier Dialogvorlesungen über den Islam im Studium generale. Seine Antwort kommt prompt: »Mit *Ihnen* mache ich das!« Damit war zu meiner Erleichterung und Freude die Basis gelegt, um auch mit dem Tübinger Indologen Professor HEINRICH VON STIETENCRON und dem Göttinger Buddhologen Professor HEINZ BECHERT (Tübingen verfügt über keine eigene Buddhologie) Gespräche zu führen; aber darüber später.

Es ist mir klar, dass diese Dialoge mit den drei Fachgelehrten höchste Ansprüche an mich als christlichen Partner stellen werden. Und zugleich gestehe ich, wenig Ahnung zu haben, wie ich auf alle mir gestellten Fragen antworten soll. Und dies angesichts eines zweifellos kritischen, zumeist akademisch gebildeten Publikums, das ebenso überzeugte Christen wie Gläubige anderer Religionen, aber auch Nicht-Religiöse sowie allerlei Neugierige und Sinnsuchende umfassen wird. Wie allen gleichzeitig gerecht werden?

Doch erfreulicherweise fehlt mir ein gesundes theologisches Selbstbewusstsein keineswegs. Es gründet in einem bereits 35 Jahre lang geübten kritischen und selbstkritischen Studieren; ich hatte meine »Hausaufgaben« in christlicher Theologie gemacht, und da dürfte mir doch, so hoffe ich, etwas einfallen zu den auftretenden Fragen.

Mit Selbstbewusstsein muss sich aber die fachliche Bescheidenheit paaren, die weiß, was sie nicht weiß. Ich werde meine Fachkollegen nicht über ihre Materie belehren wollen, sondern darf mich darauf verlassen, dass sie als Gelehrte von Format sich in den meisten Fragen ihres Faches unendlich viel besser auskennen, als ich dies je erreichen könnte. So weiß ich denn, dass mir vor und in diesem Sommersemester 1982 geistige Schwerstarbeit bevorsteht. Doch freue ich mich darauf. Habe ich doch die unvergleichliche Chance, noch einmal von Grund auf neu zu lernen, was es ist um Ursprung und Wesen, Glaubensinhalte und Glaubenspraxis der verschiedenen Religionen. Dies wird mir eine solide Basis sein für kommende schwierigere Dialoge mit Angehörigen der anderen Religionen. In Amerika werde ich meine Antworten auf Englisch ausarbeiten und vortragen können.

Die Vorlesungen werden leicht überarbeitet in unserem Band »Christentum und Weltreligionen« (München 1984) veröffentlicht, manche aber für die einzelnen Religionen auch als Taschenbücher, die wiederum in andere Sprachen übersetzt werden. Wer am meisten aus dem ganzen Dialog gelernt hat, bin ich selber. Ich brauche für die Vorbereitung meiner Antworten stets meine ganze Zeit und habe alles noch durch persönliche Gespräche vertieft.

Es fehlten jetzt außer dem Judentum nur noch die chinesischen Religionen. Und dies hole ich nach mit meiner Freundin, der namhaften chinesischen Religionswissenschaftlerin Professor JULIA CHING aus Schanghai von der University of Toronto, die ich schon im August 1971 auf meiner zweiten Weltreise in der australischen Hauptstadt Canberra kennen und hoch schätzen gelernt hatte und mit der ich von da an verbunden blieb (Bd. 2, Kap. V: Bei den Antipoden). Mit ihr war ich 1978 in Peking, hielt dort meinen ersten Vortrag an der kommunistischen Akademie der Sozialwissenschaften und besuchte zum ersten Mal den Geburtsort des Konfuzius, Qufu (Bd. 2, Kap. X: China nach Mao). Von der Reise quer durch China bis Tibet, mit Julia und ihrem Mann, Professor Willard Oxtoby, wird noch die Rede sein.

Auf diese Weise hatte ich nun die großen Religionen zum ersten Mal gründlich behandelt: sowohl die nahöstlichen Ursprungs, die prophetischen Religionen Judentum (vgl. Kap. VI), Christentum und Islam (vgl. Kap. V), wie die mystischen Religionen indischen Ursprungs, Hinduismus und Buddhismus, und nun schließlich die Weisheitsreligionen Chinas, Konfuzianismus und Daoismus. Ihre Unterschiede drängten sich mir geradezu auf, aber auf einige Konvergenzen konnte ich doch schon damals hinweisen.

Für viele beängstigend ist das kaum überschaubare Miteinander, Durcheinander und Gegeneinander der verschiedenen Religionen, Konfessionen und Gruppierungen. Und über alle wichtigen Personen, Lehren und Riten, all die vielen Entwicklungen und Umbrüche ist unendlich viel geschrieben worden. Hier sich ein Orientierungswissen zu erwerben ist nicht einfach, und ihm galt mein ganzes Bemühen. Ich wollte mir so etwas wie eine *geistige Landkarte* verschaffen, die aber nicht einfach unterschiedlich eingefärbte Territorien wiederzugeben versucht, sondern auch die religiösen Stromsysteme, die ihre eigene Genesis und Morphologie und doch auch gleichzeitig einen internationalen und transkulturellen Charakter haben. Jede der großen Religionen muss als sich lebendig entwickelnde Wirklichkeit verstanden werden, die verschiedene Grundkonstellationen oder Paradigmen durchgemacht hat mit ganz bestimmten Konstanten und Variablen.

Mir scheint es indes wichtig, bei aller uneingeschränkten Offenheit gegenüber anderen Religionen die Verwurzelung im eigenen Glauben nicht aufzugeben.

Zur Dialogbereitschaft gehört Standfestigkeit

Nie wäre ich auf die Idee gekommen, meinen jüdischen oder muslimischen Gesprächspartnern zuzumuten, dass sie um des Dialogs willen ihre grundlegende Orientierung an der Tora oder am Koran aufgeben müssten. Und umgekehrt würde wohl auch niemand von mir als Christen verlangen wollen, dass ich meine grundlegende Orientierung an Jesus Christus aufgebe.

Das aber erwartet die mir theologisch und kirchenpolitisch nahestehende Gruppe, die eine »pluralistische Religionsphilosophie oder Religionstheologie« vertritt. Ihr Inspirator ist der Brite John Hick, unterstützt in den USA von dem katholischen Theologen Paul Knitter. Nie werde ich vergessen, dass schon im August 1971, als sich die römischen Wolken über meinem Haupt zusammenzogen, gerade Paul Knitter und Leonard Swidler mit dem evangelischen Theologen Bernd Jaspert eine ökumenische Solidaritätserklärung mit schließlich 325 Unterschriften vor allem von Theologieprofessoren organisierten, die von der Glaubenskongregation ein faires Verfahren und vor allem eine uneingeschränkte Akteneinsicht für mich als Angeklagten verlangten. Und sicher hat John Hick, der stets liebenswürdige, aber auch unnachgiebige Gesprächspartner, recht, wenn er mir versichert, wir wollten doch beide dasselbe und stünden einander sehr nahe.

In der Tat, ich hatte John Hicks Buch über Tod und Ewiges Leben (»Death and Eternal Life«, London 1976) mit Begeisterung gelesen und vielen der von ihm festgestellten Konvergenzen zugestimmt. Und Paul Knitter habe ich Gelegenheit zu einem Gastvortrag über seine Theologie an der Universität Tübingen geboten und anschließend zu einem öffentlichen Dialog mit meinen Kollegen EBERHARD JÜNGEL und JÜRGEN MOLTMANN. Alles meine Freunde, aber an einem zentralen Punkt sehe ich mich doch mehr auf der Seite meiner beiden evangelischen Kollegen: im Glauben an Jesus Christus, den ich sicher *nicht als »ab-solut«*, als »losgelöst« von den anderen Religionen betrachte, wohl *aber als relational,* in Verbindung mit ihnen.

Meine Auffassung ist: Von Teilnehmern am Religionsdialog zu verlangen, zunächst einmal die eigene Glaubensüberzeugung aufzugeben und von der Normativität der eigenen Tradition abzusehen, um von der prinzipiellen Gleich-Gültigkeit der verschiedenen Heilswege und der verschiedenen »Christusse« – Mose, Jesus, Muhammad, Buddha, Krishna und Konfuzius – auszugehen, erscheint mir unhistorisch und unrealistisch.

Unhistorisch: Man vernachlässigt in einer solchen Sicht die historischen Abhängigkeiten, etwa von Jesus und Moses, oder von Muhammad und Jesus. Und man nimmt nicht ernst, dass die verschiedenen Leitfiguren innerhalb ihrer Religion einen völlig unterschiedlichen Stellenwert einnehmen: Grundverschieden ist die Stellung Mose im Judentum, Jesu im Christentum und Muhammads im Islam, aber auch die Krishnas im Hinduismus und Buddhas im Buddhismus.

Unrealistisch: Nie wird in den christlichen Kirchen die vom Neuen Testament her geforderte Glaubensüberzeugung von dem mit Jesus gegebenen normativen und definitiven Wort Gottes und Christus aufgegeben werden zugunsten einer Gleichstellung Jesu Christi mit anderen Offenbarungsträgern und Heilsbringern. Das älteste Glaubensbekenntnis der Christenheit bei Paulus »Kyrios Jesus = Herr ist Jesus« kann nicht ersetzt werden durch »Kyrios Kaisar« oder »Kyrios Gautama« …

Die »pluralistische Religionstheologie« John Hicks und anderer hat es leider dem Glaubensinquisitor Kardinal JOSEPH RATZINGER allzu leicht gemacht, sich in der Erklärung der Glaubenskongregation »Dominus Iesus« gegen sie zu wenden. Ich selbst habe nie einen »Absolutheitsanspruch« des Christentums verteidigt, wohl aber den Glauben an Jesus, der für die Glaubenden »der Weg, die Wahrheit und das Leben« ist. Ich lehne Ratzingers römischen »Glaubensabsolutismus« ab, bin aber auch nicht bereit, den »Glaubensrelativismus« der Pluralisten zu akzeptieren. Die Aufforderung von Paul Knitter, den »Rubikon« zu überschreiten, lehnte ich ab mit der Begründung, dass es sich hier nur um den »alten

Rhein« handle, der zum Liberalismus des 19. Jahrhunderts zurückführen würde, von dem sich schon Karl Barth zu Recht abgewandt hatte.

Gerne hätte ich John Hick bei der englischen Erstaufführung unserer Weltethos-Komposition in Birmingham am 21. Juni 2012 dabeigehabt. Er wäre sicher mit Freude dabei gewesen. Aber er war im selben Jahr schon am 9. Februar im Alter von 90 Jahren verstorben.

Kein Weltfrieden ohne Religionsfrieden!

Nun ist es schon bald ein halbes Jahrhundert her, dass mir im April 1967 anlässlich der Jahrhundertfeier der American University in Beirut, damals die bedeutendste Lehrstätte des Nahen Ostens, zum ersten Mal die *hochpolitische Bedeutung des interreligiösen Dialogs* klar wurde. Noch herrschte Frieden zwischen dem politisch dominanten christlichen und dem ständig wachsenden muslimischen Bevölkerungsteil. Hätte man damals in Beirut interreligiösen Dialog gewagt, hätte dies auch den politischen Dialog befördern können: Aber »trop tôt, zu früh« sei dies, sagte mir der Kongresspräsident und langjährige libanesische Außenminister Charles Malik. Doch eine gerechtere, faire Teilung der politischen Macht hätte den bald drohenden Bürgerkrieg in der »Schweiz des Nahen Ostens« verhindern können: Durch einen ernsthaften religiösen Dialog hätte man die Basis legen können für eine vernünftige und gerechte Korrektur der politischen Machtbalance zwischen den beiden großen Bevölkerungsgruppen. Das aber ist damals und auch später nicht geschehen, und die Folge waren Bürgerkriege und eine Zerstörung der Insel des Friedens. Diese Einsicht hat mich in den folgenden Jahren geleitet, immer mehr die politischen Dimensionen des interreligiösen Dialogs auszumessen.

Schon 1984 zog ich – ein Jahrzehnt vor Samuel Huntingtons undifferenzierter Hypothese vom »Clash of Civilizations« – die gegenteilige Schlussfolgerung. Mein Schlusswort im Buch »Christentum und Weltreligionen« war betitelt »Kein Weltfrieden ohne Religionsfrieden!«, und das Fazit, das ich aus all den Religionsdialogen zog, drückt meine schon früh geäußerte realistische Vision präzis aus:

»Interreligiöser ökumenischer Dialog ist heute alles andere als die Spezialität einiger weltfremder religiöser Ireniker, sondern hat heute zum erstenmal in der Geschichte den Charakter eines auch weltpolitisch vordringlichen Desiderats; er kann helfen: unsere Erde bewohnbarer, weil friedlicher und versöhnter, zu machen.

Kein Frieden unter den Völkern dieser Welt ohne einen Frieden unter den Weltreligionen!

Kein Frieden unter den Weltreligionen ohne einen Frieden unter den christlichen Kirchen!

Die Kirchenökumene ist integraler Teil der Weltökumene: Der Ökumenismus ad intra, auf die Christenheit konzentriert, und der Ökumenismus ad extra, auf die gesamte bewohnte Erde ausgerichtet, sind interdependent! Frieden ist unteilbar: er fängt im Inneren an!«

Meine Vision beginnt Gestalt anzunehmen. Und sie weitet sich aus.

Fünfmal um die Welt

Es war mir geschenkt, schon in jungen Jahren weite Reisen unternehmen zu können. Schon unmittelbar nach dem Zweiten Weltkrieg als Gymnasiast quer durch das zerstörte Deutschland, auch durch das befreite Frankreich nach Paris und vom Jura bis zur Côte d'Azur, schließlich mehrere Wochen in England. Dann die sieben Jahre Studien in Rom und die zwei in Paris mit längeren Studienaufenthalten in Madrid, London und Amsterdam. Natürlich hatte ich Lust auf Reisen, um möglichst viel von der Welt kennenzulernen. Aber dass mir das ermöglicht wurde, verdanke ich meinen großzügigen Eltern, meinem Schweizer Pass und einer wachsenden Zahl von Einladungen zu Vorträgen. Erste Auslöser dafür waren meine mit einem rühmenden Geleitwort von Karl Barth versehene Doktordissertation »Rechtfertigung. Die Lehre Karl Barths und eine katholische Besinnung« (1957) und das Buch »Konzil und Wiedervereinigung. Erneuerung als Ruf in die Einheit« (1960).

Seit 1960, meinem 32. Lebensjahr, bin ich Professor an der Universität Tübingen. Von hier aus startete ich meine Reisen und kehrte auch hierher wieder zurück: Teilnahme am Zweiten Vatikanischen Konzil in Rom (1962–65) und im Kennedy-Jahr 1963 eine sechswöchige Vortragsreise durch die Vereinigten Staaten von Ost nach West und von Nord nach Süd. Im Jahr darauf (1964) folgte die erste Reise um die Welt. Ich reiste nicht als Globetrotter oder Weltenbummler, sondern als Theologe, der die Religionen und Konfessionen, Regionen und Kulturen, Städte und Landschaften, Land und Leute nicht nur aus Büchern kennenlernen wollte, sondern aus der unmittelbaren Begegnung. Viele Menschen, die ich gerade im Zusammenhang von Vorträgen kennenlernte, halfen mir beim Verstehen dieser Völker und Länder oft mehr als manche lange Abhandlung.

Unter »Weltreisen« verstehe ich hier also nicht einfach Reisen in die »große weite Welt«, wie ich sie natürlich auch für Vorträge etwa in Skandinavien, in Israel oder in arabischen Ländern, in China, Afrika, Südamerika und Nordamerika unternahm. Ich meine damit vielmehr wirklich *Reisen rund um die Welt*. Und weil ich in den folgenden Kapiteln dieses Buches immer wieder auf diese Reisen zurückkommen muss, habe ich hier zur Orientierung die verschiedenen Weltreisen kurz aufgelistet, eine Art kleiner »Reiseatlas«, damit der Leser die große Zahl der Orts- und Zeitangaben besser in einen Gesamtzusammenhang einordnen kann.

Für die *erste Weltreise* (1964) hatte ich nur 25 Tage zur Verfügung; heute wäre aufgrund der ständigen Verspätungen und scharfen Sicherheitskontrollen im Luftverkehr eine solch straffe Planung kaum möglich (vgl. Bd. 1, Kap. IX: Eine Reise um die Welt). Meine Stationen: Teheran – New Delhi – Agra – Jaipur – Benares/Varanasi – Kalkutta – Kathmandu – Bangkok – Hongkong – Tokio – Washington – Chicago – New York – Stuttgart.

Für die *zweite Weltreise* (1971) stand mir aufgrund eines mir gewährten Forschungssemesters ein halbes Jahr zur Verfügung. In meinen »Erinnerungen« (Bd. 2, Kap. V: Welt-Reise und Welt-Theologie) habe ich von meinen Erlebnissen ausführlich berichtet: Auf erheblichen »Umwegen« gelangte ich zu unseren australischen Antipoden: zuerst ins kommunistische und christlich-orthodoxe Russland, dann ins damals noch friedliche muslimische Afghanistan, weiter ins Zentrum der Sikhs, das indische Amritsar, von dort über Delhi in den hinduistischen Süden Indiens und von da ins buddhistische Sri Lanka. Dann über Singapur in das tolerant-islamische Indonesien und schließlich zur Halbzeit Ankunft in Australien; einer Einladung in das Trinity College/University of Melbourne hatte ich ein Flugticket »Around the World« zu verdanken und so die Mitfinanzierung dieser Reise. Weiter ging es auf der anderen Seite der Erdkugel in das landschaftlich so vielfältige Neuseeland und nach Neukaledonien mit der Île des Pins und dann über die Südseeinseln Fidschi, Samoa und Tahiti in die USA und nach mehreren Vorträgen dort zurück nach Europa.

Die *dritte Weltreise* (1981/82): Im Anschluss an das Gastsemester an der University of Chicago im Herbst 1981 zu einem Internationalen Symposion über den »Paradigmenwechsel in den Religionen« an der University of Hawaii, weiter dann nach Japan, nach Tokio, Nagoya und Kyoto, schließlich nach Korea, Taiwan, Bombay und von dort zurück nach Europa.

Die *vierte Weltreise* (1983/84): Im Anschluss an das Gastsemester an der University of Michigan in Ann Arbor ging es im Herbst 1983 erneut nach Hawaii zur »East-West Religions Encounter Conference«. Von dort in das Südseekönigreich Tonga und über die Inseln nach dem australischen Brisbane und weiter zu den Steinzeitmenschen in Papua-Neuguinea. Dann über Bangkok nach Süd- und Nordthailand (Chiang Mai) und nach Burma (Rangun, Pagan, Mandalay). Weiter nach Nepal und über Delhi nach Pakistan (Lahore, Islamabad, Rawalpindi, Karatschi) und schließlich über Dubai zurück nach Europa.

Die *fünfte Weltreise* (1987): Dieses Mal von Frankfurt aus über den Nordpol nach Alaska und nach einem Helikopter-Rundflug über Anchorage weiter nach Japan zum Zen-Symposion in Kyoto. Anschließend eine Studienreise durch die wichtigsten Städte Japans, gesponsert von der Japan Foundation. Von da nach Taipeh und Hongkong und so nach China – Schanghai, Hangzhou, Wushi, Nanking, Peking, Chengdu – und von dort nach Tibet. Von Lhasa aus Rückflug nach Chengdu und weiter nach Kunming (Yunnan), Guilin und schließlich nach Hongkong, von wo der Rückflug nach Zürich und Stuttgart erfolgte.

Ob ich denn zwischen den vielen Reisen nicht auch Ruhepausen eingeschaltet hätte, werde ich manchmal gefragt. Selbstverständlich, nicht nur in den Skiwochen, sondern auch in den Sommerferien, beides allerdings stets verbunden mit viel Lesen. Besonders die Zeit zwischen Ende Juli und Anfang September verbringe ich normalerweise in meiner Schweizer Heimat, im Seehaus. Dort habe ich im Treppenaufgang schon in den 1960er-Jahren eine große Weltkarte auf Sperrholz aufziehen lassen, wo ich alle besuchten Punkte dieser Welt mit verschiedenfarbigen Stecknadeln markiere. Die meisten natürlich zwischen Schottland und Sizilien, Spanien und Polen, aber viele auch in allen großen Weltregionen, mit Ausnahme von Sibirien, weil ich dorthin nie eine Vortragseinladung erhalten habe und folglich nur bis Perm am Ural vorgedrungen bin. Die zunehmend unsicheren Flugreisen in Russland machten mir auch wenig Lust, dies nachzuholen. So begnügte ich mich denn damit, auf den Rückflügen von Japan, Korea oder China immer wieder einen Blick nach unten zu richten auf das sibirische Tief- oder Bergland und auf die Flüsse, die nach Norden ins Polarmeer münden, aber oft gefroren und nur als silbrige oder dunkle Streifen erkennbar sind.

Reiselust und Heimweh

Meine Reiselust war noch längst nicht erschöpft. Aber am Ende meines »amerikanischen Jahrzehnts« war ich doch zur Überzeugung gelangt, dass ich nicht auf Dauer in Amerika ansässig sein möchte. Mein geheimer Traum von einem Lehrstuhl in Kalifornien, etwa in Claremont bei Los Angeles mit einem Haus am Pazifik, war letztlich unrealistisch. Mit der wachsenden Zahl meiner Publikationen und sonstigen Verpflichtungen war die Korrespondenz derart angeschwollen, dass ich sie weder aus der transatlantischen Distanz noch aus der Nähe nach meiner Rückkehr leicht bewältigen konnte.

Doch ging es mir persönlich noch um etwas anderes. Nicht umsonst trägt der erste Abschnitt des ersten Kapitels des ersten Bandes meiner »Lebenserinnerungen« den Titel »Heimat?«. Darin lege ich dar, dass mein Verhältnis zu meiner Heimat, der Schweiz, bis heute kritischer ist als das der Katholisch-Konservativen, aber zugleich konservativer als das der links-intellektuellen Kritiker. Es ist bei allen Kämpfen unverkrampft geblieben. Und ich gestehe gerne, dass ich auf meinen Reisen in die weite Welt und den monatelangen Auslandsaufenthalten auch immer wieder Heimweh nach meiner Heimat hatte. Nach Land, Natur, Familie, Freunden, Gemeinwesen … Es ist eben ein ganzes Wurzelgeflecht: historische, natürliche, kulturelle, geistige, familiäre Wurzeln, die mich nicht loslassen.

»Heimweh«? Das Wort ist seit dem 17. Jahrhundert bezeugt, stammt ursprünglich aus der Schweiz und wurde wohl im Blick auf die vielen Schweizer Soldaten in fremden Diensten als »Morbus helveticus« bezeichnet. Die Franzosen sollen das Spiel eines populären Schweizer Hirtenliedes (»Kuhreihen«, »Ranz des vaches«) bei Todesstrafe verboten haben, da es die Soldaten zur Desertion verleite. Ich verstehe selbstverständlich Heimweh nicht als eine Krankheit (»Nostalgie« ist wohl eine medizinische Übersetzung des deutschen Wortes), wohl aber als ein starkes Sehnsuchtsgefühl, das sich bei mir auch auf meine zweite Heimat Tübingen im benachbarten Schwabenländle ausdehnte.

So war ich denn stets froh, wieder in die Heimat zurückkehren zu können. »Wo gehn wir denn hin?«, heißt es im letzten Werk des Romantikers Novalis. Und die Antwort ist: »Immer nach Hause«. Meine Sehnsucht war die ganze Zeit nicht romantisch auf überirdischen Frieden, die Blaue Blume, das Unendliche und damit auf eine letzte Heimat gerichtet. Nein, meine Sehnsucht bezog sich durchaus auf meine schöne irdische Heimat und auf meine Lieben zu Hause

Bei den großen Auseinandersetzungen, die ich nicht nur mit meiner Kirche, sondern auch mit den Religionen der Welt auszutragen hatte, war mir dieser persönliche Bezug immer wichtiger geworden.

V. Meine Welt des Islam

»Der Papst würdigte positiv das Bemühen von Professor Küng, im Dialog der Religionen wie in der Begegnung mit der säkularen Vernunft zu einer erneuerten Anerkennung der wesentlichen moralischen Werte der Menschheit beizutragen.«

Gemeinsames Pressekommuniqué von Papst Benedikt XVI und Hans Küng nach ihrem Gespräch in Castel Gandolfo am 26. 9. 2005

Nach den Vorstößen in die neuen Problemfelder der Wissenschafts- und Paradigmentheorie, der Frauenforschung und der Grenzgebiete von Theologie und Literatur sowie Religion und Musik will ich mich nun in den 1980er-Jahren hauptsächlich der Welt der Religionen – für die ich mich schon seit Jahrzehnten interessiere – zuwenden. Doch hier geht es nun wirklich jeweils um Welten! Wie soll ich mir da genügend Überblick und Einsicht verschaffen, um zum Dialog mit ihnen fähig zu werden? Wie soll ich diese verwirrende Vielfalt der Religionen, Konfessionen und Denominationen, der religiösen Sekten, Gruppen und Bewegungen, dieses kaum überschaubare Miteinander, Durcheinander und Gegeneinander verstehen und für mich geistig ordnen? Ein jahre-, vielleicht jahrzehntelanges Bemühen, nicht nur am Schreibtisch, sondern auch vor Ort steht mir bevor, um mit der Zeit eine Zusammenschau, eine Synopse zu wagen.

Schon im ersten Teil meines Buches »Christ sein« (1974) hatte ich mir eine erste »Tour d'Horizon« der Weltreligionen gestattet. Doch tat ich dies bewusst in säkularem Kontext, in der Auseinandersetzung mit dem modernen Atheismus, dem ich dann den Großteil meines anschließenden Buches »Existiert Gott?« (1978) und des Buches »Ewiges Leben?« (1982) gewidmet habe. Mit dieser ersten Trilogie über die christliche Religion in den 1970er-Jahren war ich, so schien mir, optimal auf die Diskussion mit den anderen Weltreligionen vorbereitet: nicht in der üblichen apologetischen Abwehr, sondern als Antwort auf die Herausforderung der anderen Weltreligionen, begleitet freilich von Rückfragen. So konnte ich in den 80er-Jahren meine Beschäftigung mit den Weltreligionen durch wissenschaftliche Dialoge mit Judentum und Islam, aber auch Hinduismus, Buddhismus und chinesischer Religion beginnen und schließlich in den 90er-Jahren und im ersten Jahrzehnt des neuen Jahrhunderts mit einer zweiten Trilogie, diesmal über die drei abrahamischen Religionen, und der siebenteiligen Fernsehserie »Spurensuche« über die sieben Weltreligionen abschließen.

Erfahrungen mit dem vielgestaltigen Islam

Religionen kann man schwerlich nur aus Büchern kennenlernen. Sie sind lebendige Organismen, die erfahren werden wollen. Eine gründliche Kenntnis von Religion bedarf beider: der Erfahrung *und* der Reflexion, der Reisen wie der Lektüre. Doch gerade die Welt des Islam, um die es in diesem Kapitel geht, ist riesig. Viele Reisen sind zu machen zwischen Marokko und Malaysia, Usbekistan und Mosambik, wenn man diese Welt nicht nur aus Büchern kennen will. Und kennenlernen will ich sie, so gut das einem einzelnen Menschen in beschränkter Lebenszeit möglich ist.

Meine ersten Erfahrungen mit dem Islam datieren aus den 1950er- und 1960er-Jahren, wie in den ersten beiden Erinnerungsbänden berichtet. Und ich habe mir Mühe gegeben, dem lebendigen Islam (wie dem lebendigen Judentum) nicht nur mit großer Neugierde, sondern auch mit innerer Offenheit und Sympathie zu begegnen. Gehöre ich doch nicht zu jenen Menschen, die über den Globus trotten und überall das Essen weniger gut finden als zu Hause.

Natürlich habe auch ich meine kritischen Fragen an den Islam, doch versuche ich mein Vor-Verständnis von der Wirklichkeit her zu korrigieren und es sich nicht zum bleibenden Vor-Urteil verfestigen zu lassen. Gerne spreche ich mit Leuten direkt, wo sprachliche Verständigung möglich ist; Berührungsängste kenne ich nicht. Und ich freue mich, wo immer ein zunächst ernstes oder emotionsloses Gesicht sich durch ein Lächeln völlig verändert. In westlichen Medien werden ja mit Vorliebe nicht lächelnde, sondern finstere, wütende und schreiende muslimische Gesichter gezeigt.

So lebt denn meine Dialogarbeit immer auch aus Erinnerungen, natürlich nicht nur an Personen, sondern auch an Monumente und Institutionen, Städte und Landschaften. Hier sei nur kurz berichtet, was mir von jenen ersten Erfahrungen mit dem Islam wichtig geblieben ist.

1955 – Tunesien und Algerien: damals noch Territorien des französischen Kolonialreiches. In Erinnerung bleiben mir: spielende Prinzen und Prinzessinnen in Karthago vor dem Palais des Beis von Tunis und im Bau befindliche Erweiterungsbauten mit prächtigen Deckenstuckaturen. Bis zur arabischen Eroberung im 7. Jahrhundert war Karthago ein Zentrum der Christenheit. Hier haben die Kirchenlehrer Tertullian, Cyprian und Augustin sowie die späteren Päpste Viktor, Miltiades und Gelasius gewirkt. Diese einst mächtige afrikanische Kirche ging mit der Islamisierung unter. Inzwischen ist auch die im 19. Jahrhundert initiierte christliche Islammission definitiv gescheitert, und der dafür eigens gegründete Orden der »Weißen Väter« (in der Kleidung den Muslimen angepasst) zieht seine Mitglieder zugunsten der Mission unter den Schwarzen in Westafrika aus Nordafrika ab. Zu kompliziert scheinen die christlichen Dogmen von Dreieinigkeit und Menschwerdung Gottes gegenüber dem klaren muslimischen Glauben an den einen Gott und seinen (letzten) Propheten Muhammad; zu wenig flexibel ist die christliche Sexual- und Familienmoral angesichts der zum Teil schon vorislamischen Sitten der Stammesgesellschaft. Als ich fast 40 Jahre später (1994) von Marokko her nach Karthago zurückkomme, ist aus dem Palast des Beis der des Staatspräsidenten geworden und aus der neogotischen Kathedrale auf dem Berg ein staatliches Museum. Bei meinem ersten Besuch 1955 zählte man knapp 300.000 Christen, 1994 noch 30.000.

1958 – Kleinasien: Biblische Studienreise zu den Wirkstätten des Apostels Paulus. Kurzer Aufenthalt in den früher ebenfalls christlichen, jetzt aber türkisch-muslimischen Städten Smyrna, Pergamon und Ephesus. Der Islam wird freilich selbst im Marienort Ephesus von uns gar nicht zur Kenntnis genommen, wiewohl doch auch der Koran, insbesondere in den Suren 19 und 3, viele schöne Verse über die Jungfrau Maria und sogar die Jungfrauengeburt Jesu enthält. Allerdings ist das 431 in Ephesus aufgrund eines Handstreichs des alexandrinischen Patriarchen Kyrill definierte Dogma, Maria sei nicht nur die Mutter Jesu Christi (griech.: *Christó-tokos*), sondern auch »Gottes-Gebärerin« (*Theó-tokos*) für Muslime (wie für Juden) ein Greuel. Der Patriarch von Antiochien und erst recht Repräsentanten der Judenchristenheit, wären einige von ihnen dabei gewesen, hätten heftigen Widerspruch eingelegt gegen die Formulierungen des monophysitischen Patriarchen Kyrill von Alexandria. Standen sie doch in ihrer Hochschätzung der Person Jesu dem späteren Islam vielleicht näher als dem hellenistischen Christentum des 5. Jahrhunderts.

1962–65 – Zweites Vatikanisches Konzil: Kontakte mit den in muslimischen Ländern lebenden, doch mit Rom unierten Bischöfen arabischer Abstammung, den Melkiten und Maroniten. Zu Recht drängen diese auf eine der Konzilserklärung über die Juden entsprechenden Erklärung über die Muslime und erreichen sie schließlich auch (1964): Die katholische Kirche »betrachtet auch die Muslime mit Hochachtung, die den alleinigen Gott anbeten ..., der zu den Menschen gesprochen hat ...«, so in der »Religionenerklärung« (»Nostra aetate« Nr. 3) des Konzils. Von solcher Hochachtung sind mehr als 60 Jahre nach dem Vatikanum II auch jene evangelischen Kirchenführer in Deutschland und anderswo noch weit entfernt, die ihren Kirchen in Abwehrhaltung gegenüber dem Islam ein betont protestantisches (nicht gemeinsames christliches) Profil zu verpassen versuchen.

1963 – Erste Reise um die Welt (Bd. 1, Kap. IX): Ich erhalte einen ersten unauslöschlichen Eindruck von der großen muslimischen Kultur der Vergangenheit, besonders von der Mogul-Architektur in Indien: die Jama-Moschee und die Perlenmoschee in Delhi, der Tadsch Mahal in Agra und die noch erhaltenen Bauten Akbars des Großen (1542–1605) in Fatehpur Sikri, der mit einer ungewöhnlich toleranten Politik einen »Frieden für alle« anstrebte.

1967 – Beirut/Libanon: Schon berichtet habe ich über das 100-jährige Jubiläum der American University of Beirut, das mich die politische Relevanz des interreligiösen Dialogs erkennen lässt, der auch die vermittelnde Position des Libanon gegenüber Israel stärken könnte.

1967 – Jerusalem: Bei meinem ersten Besuch in der Stadt der drei abrahamischen Religionen konnte ich mir (nicht zuletzt beim Übertritt am Mandelbaumtor zum palästinensischen, damals noch jordanischen Teil) von den Schwierigkeiten des Zusammenlebens von Arabern und Juden einen konkreten Eindruck verschaffen. Wenige Wochen später, am 5. Juni 1967, führte Israel den Sechstagekrieg, der zur fatalen bleibenden Besetzung auch des arabischen Teils Jerusalems, des ganzen Westjordanlands und des Gazastreifens führte. Vor allem der Traum eines Großisrael in den Grenzen des Davidischen Königreichs verhindert bis heute einen Friedensschluss, wie er im September 1978 zwischen Ägypten und dem Judenstaat aufgrund der unermüdlichen Bemühungen des amerikanischen Präsidenten Jimmy Carter und des schließlichen Rückzugs Israels aus dem Sinai zustande kam und bis heute von Dauer ist.

1971 – Zweite Reise um die Welt (Bd. 2, Kap. V): Mir wird immer deutlicher, dass es trotz aller Gemeinsamkeiten der muslimischen Umma nicht »den Islam« gibt und wie falsch die westlichen Vorstellungen von einem einzigen islamischen Block sind. In *Taschkent*, der Hauptstadt Usbekistans, bekomme ich eine lebendige Anschauung davon, dass der zentralasiatische Islam nach wie vor eine religiöse und politische Macht darstellt. Sie wird von den sowjetischen Machthabern respektiert, wenngleich wie die russisch-orthodoxe Kirche kontrolliert. Dann *Afghanistan*, zu 99 Prozent muslimisch, damals ein noch friedliches, aber innenpolitisch schon instabiles Land. In Kabul kann sich niemand vorstellen, dass nach zwei von Großbritannien katastrophal verlorenen Kriegen eine verblendete Sowjetführung und noch später eine ebenso verblendete US-Führung einen Krieg in diesem schwer zugänglichen, gebirgigen Land führen würde. Allerdings wird mir in einem langen Gespräch mit einem muslimischen Gelehrten auch schmerzlich klar, dass dieser, wie er sagt, auswandern müsste, falls er seine mir gegenüber geäußerte private Auffassung auch öffentlich verträte: Der Koran, Wort des ewigen Gottes, sei auch Wort des Propheten Muhammad und müsse also auch geschichtlich verstanden werden. In *Indonesien* schließlich lerne ich auf dieser Reise und auch später einen toleranten Islam kennen: Während sich der Islam des Nahen und Mittleren Ostens, Indiens und Nordafrikas in der Folge militärischer Eroberungen ausbreitete, verbreitete er sich in Südostasien durch Händler, Gelehrte und Mystiker friedlich.

Alle diese frühen Erfahrungen des lebendigen Islam fließen ein und werden geklärt in meinen Dialogvorlesungen über Christentum und Weltreligionen in den 1980er-Jahren. Ich übergehe dabei nicht die unbequemen muslimischen Fragen an das Christentum:

Der Islam ein Heilsweg? Muhammad ein Prophet?

»Weltreligionen im Gespräch«: So werden im Jahr 1982 auf großen gelben Plakaten unsere zwölf Dialogvorlesungen angekündigt. Jede einzelne mit genauem Datum und Thema, jeweils Montag (oder Mittwoch) von 20 Uhr bis 22 Uhr. Und der Erfolg der Dialogserie ist überwältigend: stets ist der größte Vorlesungssaal der Universität voll oder übervoll, manchmal wird noch übertragen in einen zweiten Hörsaal. An die 1000 Zuhörer verfolgen mit Spannung Referat, Korreferat und Diskussion. Die ersten vier Vorlesungen sind dem Islam gewidmet. Professor JOSEF VAN ESS versteht es glänzend, an jedem der vier Abende in seiner kurz bemessenen Zeit präzis und informativ in einen der großen Fragenkomplexe einzuführen. Seine Aufgabe kommt mir leichter vor als meine. Nicht nur weil er für viele Hörer Neues über den Islam berichten kann, während ich mich mit altbekannten christlichen Lehren und Dogmen abmühen muss, sondern auch weil er unser Auditorium oft mit seiner ihm eigenen Ironie zu erheitern vermag, wo sich mir in meinen christlichen Antworten eher theologischer Ernst aufdrängt. Nachdem ich in der Vorbereitungsphase, wie abgesprochen, seine vier Exposés gelesen hatte, ist mir klar, dass es wenig sinnvoll wäre, mit theologischen Aperçus punktuell zu antworten. Ich muss vielmehr versuchen, für meine »christlichen Antworten« in großen Bögen eigene Zusammenhänge zu schaffen.

Schon der erste Abend präsentiert mir höchst unbequeme Grundlagenfragen, welche die traditionelle christliche Dogmatik meist umgeht oder sie zweideutig und manchmal auch eindeutig negativ beantwortet. Ich hatte mir Antworten auf diese Fragen zum Teil schon in meinen römischen Studienjahren neu überlegt.

Die *erste* Grundlagenfrage: Kann auch der *Islam für die Menschen ein Weg zum ewigen Heil* sein? Meine Antwort ist ein eindeutiges Ja. Bis zum Konzil hat die katholische Kirche das Dogma vertreten: »Außerhalb der römisch-katholischen Kirche kein Heil.« Jetzt aber kann ich mich auf das Zweite Vatikanische Konzil berufen. Dieses gibt in der Konstitution über die Kirche Art. 16 auf diese Frage eine Antwort, die dem Ökumenischen Rat der Kirchen, in der Frage des Heils außerhalb der Christenheit bis heute uneins, meilenweit voraus ist: »Diejenigen Menschen, die das Evangelium Christi und seiner Kirche ohne ihre Schuld nicht kennen, Gott jedoch aufrichtigen Herzens suchen und seinen im Gewissensgebot erkannten Willen in Taten unter dem Wirken seiner Gnade zu erfüllen trachten, können das ewige Heil erlangen.« Und was nun besonders die Muslime betrifft, heißt es im selben Artikel 16 der Konstitution über die Kirche: »Der Heilswille umfasst aber auch die, welche den Schöpfer anerkennen, unter ihnen besonders die Muslime, die sich zum Glauben Abrahams bekennen und mit uns den einen Gott anbeten, den Barmherzigen, der die Menschen am Jüngsten Tag richten wird.«

Die *zweite* Grundlagenfrage, die das Vatikanum II aus Verlegenheit leider übergangen hat: War *Muhammad wirklich ein Prophet?* Ich antworte auf diese Frage unzweideutig mit einem Ja. Muhammad, der des Öfteren im Koran »Warner« genannt wird (Sure 17,105; 25,56; 33,45) und sich einmal selber so bezeichnet (Sure 46,9), wollte nichts als Sprachrohr Gottes sein und *Gottes* Wort, nicht sein eigenes, verkünden. Und auch Christen können nicht bestreiten, dass es offensichtliche Parallelen zwischen Muhammad und den Propheten Israels gibt und dass ihm Hunderte Millionen Menschen in Arabien und in aller Welt den Glauben an den einen Gott Abrahams verdanken. Ein Prophet muss ja nicht notwendig ein großer Heiliger sein; schließlich wird auch der alttestamentliche Prophet Elija mit Gewalttaten in Verbindung gebracht. Vor allem wissen viele Christen nicht, dass es dem Neuen Testament zufolge auch Propheten nach Christus gibt und sie in den paulinischen Gemeinden sogar die zweite Stelle nach den Aposteln einnehmen, nachzulesen im ersten Korintherbrief (12,28). Auch Muhammad beruft sich auf Jesus und die Propheten Israels und den einen »Gott«. Und das arabische Wort für »Gott« ist »Allah«. Auch die Millionen christlicher Araber haben für Gott kein anderes Wort als »Allah«! Damit sind freilich längst nicht alle theologischen Probleme gelöst. Besonders schwierig ist die *dritte* Grundlagenfrage:

Der Koran – Wort Gottes?

Können aus christlicher Sicht zumindest Muslime in der Nachfolge ihres Propheten den *Koran als Wort Gottes* anerkennen? Trotz aller offenkundigen Bedenken antworte ich auch auf diese Frage ebenfalls mit einem unzweideutigen Ja. Muhammad hat nach seinem Selbstverständnis seine Botschaft nicht einfach aus sich selber, es ist nicht einfach sein Wort, sondern Gottes Wort. Schon in Auseinandersetzung mit Karl Barth habe ich immer auf die universalen Perspektiven sowohl der Hebräischen Bibel (von den ersten Seiten des Buches Genesis angefangen) als auch des Neuen Testaments (besonders im Römerbrief, in der Apostelgeschichte, im Johannesprolog) hingewiesen: Es gibt »Licht«, »Offenbarung« auch außerhalb der Bibel.

Das alles heißt natürlich nicht, dass der Koran Wort für Wort inspiriert sein muss, wie man das lange Zeit fälschlicherweise auch von der Bibel angenommen hat. Müsste man nicht vielmehr – das ist ehrlicherweise meine kritische Rückfrage an die Muslime (und ich erinnere mich an das Gespräch in Afghanistan) – die *Geschichtlichkeit* dieser Botschaft, wie sie im 7. Jahrhundert nach Christus geoffenbart wurde, ebenso ernst nehmen wie die Geschichtlichkeit der biblischen Bücher? Müsste man sich also nicht, wie bei der Bibel geschehen, auch an eine historisch-kritische Exegese des Korans wagen?

Doch Vorsicht: die drei hier holzschnittartig formulierten Antworten werden samt Rückfragen in der Vorlesung differenziert präsentiert und für die Drucklegung überarbeitet und ergänzt, wie interessierte Leser dies in dem zwei Jahre später veröffentlichten Buch »Christentum und Weltreligionen« (1984) nachlesen können.

Und so ging es an den folgenden drei Abenden über den Islam weiter in den Exposés und den Antworten zu den Problemkomplexen Staat, Recht und Kultur (Sunniten und Schiiten); zu Gottesbild und islamischer Mystik, Menschenbild und Gesellschaft; zu Islam und den anderen

Religionen, zur Stellung Jesu im Koran. Josef van Ess und ich dürfen für uns in Anspruch nehmen, keine »heißen« Fragen ausgespart zu haben. In allen meinen Antworten strebe ich ein Doppeltes an: in erster Linie christliche Selbstkritik im Spiegel des Islam, dann aber auch Kritik am Islam im Licht der christlichen Botschaft, wobei ich darauf bedacht bin, stets nur Gleiches mit Gleichem zu vergleichen.

Konvergenzen und Divergenzen sind deutlich geworden. Für manche sind meine Antworten noch zu »christlich«, für andere zu wenig »christlich«, für die einen zu offen, zu nachgiebig, pluralistisch, für andere zu eng, zu abgegrenzt, zu selbstbezogen. Sie zeichnen sich jedenfalls vor anderen Beiträgen zum Dialog dadurch aus, dass sie nicht die Schuldogmatik der Normaltheologie widerspiegeln, sondern in einer zeitgemäßen historisch-kritischen Exegese und Dogmengeschichte gründen, die von den christlichen Dogmatikern zumeist vernachlässigt werden – alles im Rahmen eines zeitgenössischen Paradigmas von Theologie. Aber zugleich tritt mir mehr und mehr der weltpolitische Horizont des interreligiösen Dialogs vor Augen.

Dialog statt Clash

»Kein Weltfrieden ohne Religionsfrieden!« So überschreibe ich schon mein Schlusswort zu unseren Dialogvorlesungen von 1982, die für mich so etwas wie eine Zwischenbilanz meiner bisherigen Dialogbemühungen darstellen. Sie bilden aber zugleich die Basis für meine praktischen Dialoge in diesem Jahrzehnt.

Ich habe es stets bedauert, dass Samuel Huntington – ich hatte ihn nur einmal im Harvard Faculty Club kurz begrüßen können und war später mit ihm auf einem Podium am Weltwirtschaftsforum in Davos zusammen – die neueste Entwicklung nicht zur Kenntnis genommen hat. Zehn Jahre nach der Veröffentlichung meiner Dialogvorlesungen hat er zwar als erster prominenter Politikwissenschaftler die religiöse Dimension der Weltkonflikte wahrgenommen, doch die Religionen und besonders den Islam nur unter dem Gesichtspunkt des »Clash«, des »Zusammenpralls«, beschrieben. Sein später viel zitierter Artikel in der Zeitschrift »Foreign Affairs« war anfangs klugerweise mit einem Fragezeichen versehen: *»A Clash of Civilizations?«* (1993). Doch nachher in seinem Buch »The Clash of Civilizations and the Remaking of World Order« (1996) als fraglose These propagiert, hat die »Clash«-Behauptung amerikanischen und anderen Kriegstreibern zur Rechtfertigung für ihre aggressive Politik im Golf- und Afghanistankrieg gedient und wurde dadurch zu einer »Selffulfilling Prophecy«. Dabei war doch schon zehn Jahre früher klar – und ich weise hin auf den Konflikt zwischen Indien und Pakistan, den Krieg zwischen Irak und Iran und natürlich den Nahostkonflikt mit seinen bereits fünf zerstörerischen Kriegen –: Ohne Frieden zwischen den Religionen wird es keinen Frieden zwischen den Nationen geben!

Doch nicht nur die Politiker und Militärs, sondern auch die Religionsführer haben eine Mitverantwortung für den Frieden. Denn die fanatischsten, grausamsten politischen Kämpfe sind ja die von den Religionen eingefärbten, inspirierten und legitimierten. Oft sind es Konflikte in ein und derselben Religion, in ein und demselben Kulturkreis. Die Religionen und ihre Führer können gewiss nicht alle Konflikte dieser Welt lösen und auch nur selten verhindern; diese haben ja zumeist wirtschaftliche, politische und militärische Ursachen. Aber die Religionen können das Maß an Feindschaft, Hass und Unversöhnlichkeit verringern, indem sie erstens ganz konkret für Verständigung und Versöhnung zwischen den verfeindeten Völkern eintreten (Beispiel: die Evangelische Kirche in Deutschland für die Versöhnung mit Polen) und indem sie zweitens zumindest diejenigen Konflikte aus der Welt schaffen, deren Ursachen sie selber sind und deren Brisanz sie mitverschuldet haben (Beispiel: Katholiken und Protestanten in Nordirland und in den deutschsprachigen Ländern). Nicht nur gegen den Krieg und für den Frieden reden sollen die Religionen, sondern auch für den Frieden handeln.

Schon ein Jahrzehnt bevor das Wort »Globalisierung« populär wird, steht für mich fest: Friedensbedrohung und Friedensregulierung haben längst die Dimension regionaler Einzelkonflikte gesprengt und sind Probleme globaler Weltinnenpolitik geworden. Mit anderen Worten: Frieden in der Ökumene (der ganzen bewohnten Erde) oder Zerstörung der Ökumene selbst – das ist heute die Alternative. Und deshalb soll man eben gerade keinen »Clash« herbeireden, sondern für den *»Dialog der Zivilisationen und Religionen«* eintreten, und dies nicht nur am Schreibtisch, sondern überall dort, wo sich eine Gelegenheit bietet. Im selben Jahr 1984, da unsere Dialogvorlesungen über Christentum und Weltreligionen im Druck erscheinen, unternehme ich meine vierte Reise um die Welt, deren letzte Station eines der bedeutendsten, aber künftig auch konfliktreichsten Länder des Islam ist: Pakistan.

Praktizierter interreligiöser Dialog: Pakistan

Meine programmatische These vom Frieden und Dialog der Religionen als einer Voraussetzung für den Frieden zwischen den Nationen ist zusammen mit meinem bereicherten Wissen über den Islam eine gute Grundlage, um praktische Gelegenheiten des Dialogs wahrzunehmen, wo immer sie sich bieten. Höchst aufschlussreich ist für mich der kurze Aufenthalt in *Pakistan* am Ende dieser vierten Reise um die Welt, von der noch die Rede sein wird. Von Nepals Hauptstadt Kathmandu kommend, erreiche ich in Delhi rennend und schreiend nur mit knapper Not den Anschlussflug nach Lahore in Pakistan. Am 16. Februar 1984 treffe ich, dieses Mal in Begleitung von Marianne Saur, hier ein auf demselben Flughafen, auf welchem ich 1971 anlässlich der zweiten Weltreise, von Afghanistan kommend, im Flugzeug einen einstündigen schweißtreibenden Aufenthalt zu überstehen hatte.

Zum Abendessen sind wir eingeladen vom Direktor des modernen Hotels Hilton, einem Schweizer namens Heinz Schwander. Wir werden groß mit einem Photographen empfangen, und ich freue mich schon darauf, nach vielen Wochen wieder einmal ein Glas Wein trinken zu dürfen. Welche Enttäuschung, als ich zu wählen habe zwischen Orangensaft und Coca-Cola. Dafür hilft mir Direktor Schwander persönlich, für meine Mitarbeiter schöne handgeknüpfte Teppiche auszusuchen; einer von ihnen ziert zusammen mit einem Afghan bis heute mein Wohnzimmer.

Ein sehr intensives Programm ist mir für Pakistan vorbereitet worden, und zwar von einer pakistanischen Muslimin und engagierten Islamwissenschaftlerin, Riffat Hassan, die in Durham (England) ihren Ph. D. erwarb und in Louisville an der Universität von Kentucky Religionswissenschaft lehrt. Zugleich ist sie eine der ersten muslimischen Feministinnen. Sie hatte mich – durch die Vermittlung meines Freundes Professor Leonard Swidler – am 6. Mai 1982 in Tübingen besucht. Riffat zeigt uns die eindrucksvolle Moschee Badschahi, eine der größten Pakistans, mit dem Vorplatz für viele Tausende von Gläubigen.

Der Direktor des Goethe-Instituts, Dr. Schreiber, zeigt sich ausgesprochen nervös; er habe kaum geschlafen, wisse man doch nicht, was beim Vortrag eines christlichen Theologen passieren werde, sagt er. Ich spreche nämlich am 17. Februar 1984 vor der Islamic Philosophical Association of Pakistan im vollen Saal des Goethe-Instituts über den christlichen-muslimischen Dialog. Und es passiert – nichts. Im Gegenteil: ich werde mit großer Hochachtung begrüßt und vorgestellt. Meine

Darlegungen werden mit Sympathie aufgenommen. Und in der Presse gibt es ausführliche freundliche Berichte von den muslimischen Professoren TARIQ AHSAN und KHWAJA MASUD, in dessen Haus in Rawalpindi ich zum Dinner eingeladen werde. Ich erkenne, welche Möglichkeiten sich gerade hier in Pakistan bieten würden, wenn man den Dialog pflegte, statt (mit US-Unterstützung) Aufrüstung und Militarisierung zu befördern und das Land (wie später unter US-Präsident Bush jun.) wegen der US-Invasion von Afghanistan in eine Zerreißprobe zwischen den demokratischen und fundamentalistischen Kräften zu stürzen. Ich führte auch Gespräche im Department of Philosophy der Punjab University und im Institute of Islamic Culture.

Zum Mittagessen sind wir eingeladen im Haus von Professor RAFIULLAH SHEHAB, einem der bekanntesten Gelehrten Pakistans, der mich über die geistige Lage bestens orientiert. Ich wundere mich nur, dass ich weder seine Frau noch seine Töchter zu Gesicht bekomme. Ich kann nun besser verstehen, warum Riffat, die mich nachher mit ihrer Tochter in ihrem Haus empfängt, gerade über die Rolle der Frau im Koran arbeitet, die darin noch viel weniger Einschränkungen unterworfen ist als in der späteren Rechtsordnung, der Scharia. Die Stellung der Frau im Islam wird immer wieder Gegenstand meiner Gespräche sein.

Gerne benütze ich die Gelegenheit, in einer anderen großen Moschee an einem der größten Feste des Jahres zu Ehren eines Heiligen teilzunehmen. Es ist ein faszinierendes Erlebnis, wie da vor einer Menschenmenge von Tausenden mit rhythmischem Gesang und Schreiten die Reliquien des Heiligen durch die Moschee getragen werden. Mit bloßen Füßen so lange auf kaltem Steinboden zu stehen bereitet mir allerdings kein Vergnügen und trägt vermutlich die Schuld daran, dass ich am nächsten Abend in der pakistanischen Hauptstadt *Islamabad* nach einem schönen Bankett beim Schweizer Botschafter WIPFLI meine Rede vor zahlreichen Diplomaten abbrechen muss; mit einem Schüttelfrost wirft es mich aufs Bett. Glücklicherweise hatte ich meinen Vortrag im Christian Study Centre im benachbarten *Rawalpindi* und einen höchst freundlichen Dialog mit Gelehrten der Quaid-i-Azam University und der Islamischen Universität von Islamabad schon hinter mich gebracht.

Anschließend bin ich immerhin fähig, nach Süden in Pakistans größte Stadt zu fliegen: *Karatschi,* am Westrand des Indusdeltas und am Arabischen Meer gelegen. Bei dem in Karatschi ansässigen Muslimischen Weltkongress (World Muslim Congress) werde ich mit allen Ehren empfangen und mit zahlreichen Broschüren und Büchern versehen. Ich lebe vor allem von Tee, kann aber doch ein informatives Gespräch mit dem bekannten Rechtsanwalt Khalid Ishaque führen über islamisches und modernes Recht und die Konfliktfälle, die sich da bieten. Die abendliche Party in seiner privaten Residenz zeigt mir eine recht mondäne islamische Gesellschaft, in welcher elegante Damen in großer Garderobe und selbstverständlich ohne Schleier völlig gleichberechtigt sich bewegen und diskutieren – freilich faktisch schon bald Männer und Frauen getrennt.

Doch bin ich froh, als ich schließlich – nachdem ich mir am Flughafen mit dem Schlachtruf »international ticket« eine Bahn durch die dichte Menschenmenge erkämpft hatte – im Flugzeug auf dem Weg ins arabische *Dubai* am Persischen Golf sitze. Die Zeit dort verbringe ich in meinem Hotelzimmer und wage mich auch gegen alle meine Gewohnheiten kaum an die Sonne. Immerhin bin ich anschließend erholt genug, um den Flug nach Deutschland anzutreten, wo ich am 27. Februar 1984 eintreffe.

Dr. Riffat Hassan gründet später in Lahore mit Unterstützung der Regierung das Iqbal Institute for Islamic Research. Im Geist des toleranten großen Denkers und Dichters Muhammad Iqbal, des geistigen Vaters des neuen Staates Pakistan, will sie das universalistische Gesicht des Islam zeigen, die ethischen Werte, die der Islam mit anderen Religionen und anderen großen Traditionen der Welt gemeinsam hat. Die Erfahrungen bei Religionsdialogen können indes sehr unterschiedlich sein.

»Blasphemie« (Harvard) – »Clash« (Schloss Windsor) – »family dinner« (Lech)

Am 16. Oktober desselben Jahres 1984 halte ich eine Vorlesung über »Christentum und Islam« an der *Harvard Divinity School*. Dort erlebe ich, wie rasch sich bei einem solchen Vortrag eine gefährliche Situation entwickeln kann. Als ich nämlich meine Rückfrage stelle, ob der Koran als Gottes Wort nicht auch Wort des Propheten und folglich geschichtliches Menschenwort sei, meldet sich der Philosophieprofessor Seyyed Hossein Nasr, ein iranischer Muslim, mit dem pathetischen Ausruf: »Das ist Blasphemie!« Ein solcher Ruf von einem angesehenen Gelehrten – er musste aus dem Iran Khomeinis emigrieren – erstaunt mich; er könnte im falschen Publikum für Aufruhr sorgen.

Es gelingt mir, die Diskussion in weniger emotionale Bahnen zu lenken: Wir haben doch bis heute im Christentum mit dem Gotteswort der Bibel ähnliche Probleme, obwohl in den biblischen Schriften der menschliche Autor immer wieder in den Vordergrund tritt. Und in

Harvard – wie auch anschließend mit demselben Vortrag am 17./18. Oktober an der Temple University in Philadelphia mit WILFRED CANTWELL SMITH, RAIMON PANIKKAR und JOHN COBB[1] oder am 1. November in Zürich in der großen Aula der ETH – muss ich nicht mit gewaltsamen Reaktionen rechnen, wie sie in der islamischen Welt erst später drohen. Allerdings hatte ich es einige Jahre früher auch in der Schweizer Stadt St. Gallen vor großem Publikum erlebt, wie ein frommer römischer Katholik während meines Vortrags plötzlich in den Saal schrie: »Das ist Häresie!« Doch – angesichts meines Lächelns – ohne ein großes Echo auszulösen.

Vom 15. bis 18. November 1984 bin ich eingeladen ins *Schloss Windsor* bei London, wo zum ersten Mal eine Konferenz von Christen, Muslimen und Juden stattfindet. Und da ereignet sich nun glücklicherweise ein nur verbaler »Clash«. Der von mir hoch geschätzte Rabbiner JONATHAN MAGONET, Professor am Leo Baeck College in London, im muslimisch-jüdischen Dialog damals noch wenig erfahren, meint einen überzeugenden Beitrag zu liefern, wenn er schlicht ganz persönlich das Leid schildert, was es bedeutet, heutzutage Jude zu sein. Mich bewegt seine in ruhiger Leidenschaft vorgetragene Rede, aber ich bemerke auch sofort die zunehmend gefährliche Unruhe im Auditorium. Offensichtlich fordert er zunehmend den Zorn der Araber heraus, die sich gerade in Palästina von der israelischen Besatzungspolitik aufs Schlimmste unterdrückt sehen mit zahllosen leidvollen Folgen für das ganze Volk: die jüdischen Täter als Opfer? Es kommt zum »Clash«: Die Proteste sind so heftig, dass der Moderator der Versammlung, der Kronprinz von Jordanien, HASSAN BIN TALAL, die Sitzung abbricht.

Anschließend rede ich mit meinem Freund Jonathan und erkläre ihm, dass seine Intervention missverstanden werden musste und er am besten am nächsten Morgen eine kurze Erklärung abgeben solle. Der Moderator Prinz Hassan, den ich nachher spreche, ist sehr damit einverstanden, und so wird am nächsten Tag der Konflikt mindestens äußerlich beigelegt. Aber ich merke schon, wie vorsichtig man gerade dann argumentieren muss, wenn der israelisch-arabische Konflikt ins Spiel kommt – übrigens gegenüber Juden ebenso wie gegenüber Muslimen. Immer mehr geht mir auf, welcher Schaden für das Judentum überhaupt dadurch entsteht, dass die Israelis nach dem Sechstagekrieg 1967 aus einer Position der Stärke heraus nicht den Frieden, sondern offen oder verdeckt die dauernde Besetzung des palästinensischen Landes (»Großisrael«) anstreben.

Am Ende dieses großen Jahres des Dialogs, den ich in Pakistan begonnen hatte, mit den Tübinger Dialogvorlesungen durch wissenschaftliche

Reflexion überprüft und für mich neu fundiert und in den USA und England durchgeprobt hatte, steht ein erfreuliches Ereignis. Ich verbringe die Weihnachtstage wie üblich in der Stille von *Lech am Arlberg*. Da ruft mich Kronprinz Hassan von Jordanien, der auch regelmäßig in Lech Ski fährt, an und fragt mich, ob ich Lust hätte zu einem »family dinner« mit Königin Beatrix der Niederlande und Prinzgemahl Claus, dem indischen Botschafter in Wien und dem Vizepräsidenten Indiens Dr. Singh. »Sehr gerne, es ist eine große Ehre für mich, aber was heißt ›family dinner‹?« Prinz Hassans Antwort: »No tie! (Ohne Krawatte!)«.

So ziehe ich denn am 28. Dezember 1984 meinen feineren Skipullover an, wie es in Lecher Sporthotels auch abends durchaus üblich ist, und begrüße mit Freuden Königin Beatrix, die auf einem einfachen langen Kleid nur eine große kostbare Brosche trägt. Zu meinem Befremden stelle ich fest, dass ich jetzt der Einzige bin, der nur in einem Pullover und nicht in einem Sakko erscheint. Etwas später sage ich Prinz Claus, dass mich der Ausdruck »family dinner« bezüglich der Etikette offensichtlich irregeführt hätte. Darauf Prinz Claus: »Wir haben doch alle nur den Sakko angezogen, weil Professor Küng kommt.« Und zieht prompt seinen Sakko aus, ein Signal auch für die übrigen Herren. Der Abend verläuft fröhlich, und gerne unterhalte ich mich in dieser Runde über Fragen des interreligiösen Dialogs, aber beim Kaffee auch mit Königin Beatrix über die Erziehung ihrer Kinder. Als ich meine, auch sie als Mutter hätte wohl dieselben Probleme wie alle Mütter, erwidert sie: »Eher noch mehr, meine Kinder meinen, sie seien schlechter gestellt als andere in Holland, weil sie pünktlich nach Hause müssten und überhaupt ständig Disziplin an den Tag legen sollten.«

Mit Bestürzung habe ich im Jahr 2012 vom schweren Skiunfall ihres Sohnes Friso erfahren, der auch anderthalb Jahre später noch im künstlichen Koma liegt – eine ungeheure Belastung für seine Frau und für seine Mutter, die Königin, die 2013 mit 75 Jahren den Thron an ihren Sohn Willem Alexander abgibt.

Erste interreligiöse Gespräche in der Khomeini-Ära: Teheran

Schon im November 1964 war ich zum ersten Mal kurz in Teheran und habe das Persien des Schahs Mohammad Reza Pahlavi kennengelernt: Ein Land, das mithilfe der Ölquellen wirtschaftlich-industriell prosperiert, politisch-sozial aber immer autoritärer und volksfremder wird. Der junge Schah hatte 1953 mithilfe eines CIA-Putsches – ein erster großer Fehler der Iran-Politik der USA – den damals gewählten populären Ministerpräsidenten MOHAMMAD MOSSADEGH (wegen dessen Politik der Verstaatlichung der Ölquellen) gestürzt.

Doch im Nationalmuseum mit seinen Schätzen persischer Kunst aus drei Jahrtausenden wäre mir nicht eingefallen, dieser Schah, Sohn eines Generals und Emporkömmlings, würde auf die Idee kommen, hinter die islamische Zeitrechnung zurückzugehen und für sein Regime mit einer von ihm ausgeklügelten Zeitrechnung an den persischen Großkönig Kyros den Großen (559–530 v. Chr.!) und die Zeit der Achämeniden anzuknüpfen. Doch 1971 nach der Geburt seines Sohnes Kyros (!) Reza lässt sich dieser Größenwahnsinnige im alten Persepolis doch allen Ernstes zum Großkönig krönen, und zwar anlässlich der Feier des völlig fiktiven 2500-jährigen Bestehens der iranischen Monarchie. Die Empörung der schiitischen Mullahs und der mit ihnen verbündeten Basaris (Basarkaufleute) ist gewaltig.

Doch keine zehn Jahre später, im Jahr 1979, wird der diktatorisch regierende, von den USA gestützte und von westlichen Entwicklungsstrategen und Entwicklungspolitikern gehätschelte Schah aus dem Land gejagt. Aus seinem Exil in Frankreich kehrt zurück das Haupt der zu einem riesigen Strom angewachsenen revolutionären islamischen Bewegung, Ajatollah RUHOLLAH KHOMEINI. Für ihn sind die USA zum »Großen Satan« geworden, zugleich aber hält er auch zum atheistischen Sowjetsystem Distanz. Und statt der schon weit fortgeschrittenen Säkularisierung nach türkischem Muster folgt jetzt eine grundlegende Islamisierung der iranischen Gesellschaft. Nach einer Volksabstimmung kommt es zur Proklamation einer Islamischen Republik, die wesentlich von der schiitischen Geistlichkeit getragen ist. Opponenten, aber auch die aufgeklärten universalistischen Bahai, werden rücksichtslos verfolgt. Zustände wie während der Französischen Revolution mit Tausenden von Verhaftungen und Hinrichtungen.

Tiefpunkt der Beziehungen mit den USA ist die Geiselaffäre, in der Mitarbeiter der amerikanischen Botschaft in Teheran von revolutionären Kräften viele Monate gefangen gehalten werden. Nach gescheiterter CIA-Befreiungsaktion 1980 trägt diese Affäre wesentlich zum Wahlerfolg von RONALD REAGAN gegen den amtierenden Präsidenten JIMMY CARTER bei. Später sollte aufgedeckt werden, dass die Geiselbefreiung bis nach der Wahl durch Reagan-Leute absichtlich verzögert worden war, von Leuten, die auch den Iran-Contra-Skandal inszenierten: den Verkauf amerikanischer Waffen an Iran zur Bezahlung der nicaraguanischen Konterrevolution. Aber im September 1980 greift der allzu siegesgewisse irakische

Diktator SADDAM HUSSEIN Iran an, unterstützt von den USA und anderen westlichen Staaten unter Einsatz konventioneller wie chemischer Waffen. Verhandlungsführer mit Saddam aufseiten der USA ist ausgerechnet DONALD RUMSFELD, der Mann, der später (2002/03) als Verteidigungsminister von Präsident Bush jun. einer der Hauptkriegstreiber gegen Saddam und den Irak werden wird!

Ich verfolge diese ganze Entwicklung mit großer Aufmerksamkeit. Sie leitet nicht mehr und nicht weniger als die *Rückkehr des Islam auf die Weltbühne* ein. Aber wie man auf eine Mäßigung der Französischen Revolution hoffen konnte, so auch auf eine der Islamischen Revolution. In Teheran bemüht sich als einer der wenigen der Direktor des deutschen Kulturinstituts (Goethe-Institut), Dr. VANDENRATH, darum, wieder Fäden der Beziehung zwischen Iran und dem Westen zu knüpfen. In zähen Verhandlungen gelingt es ihm, ein Symposion von iranischen und deutschen Gelehrten zu organisieren – über das von Professor JOSEF VAN ESS vorgeschlagene neutrale Thema »Happiness«. Schon am 7. März 1984 ist es so weit, dass er auch mich zu diesem Symposion einladen kann. Rund 15 deutsche Professoren sagen zu.

Doch der Krieg des US-Freundes Saddam Hussein gegen Iran zur Korrektur des Grenzverlaufes am Schatt el-Arab und zur Gewinnung neuer Ölquellen wird heftiger. Seit 1982 fallen Bomben auf Teheran und andere iranische Städte. Zivilcourage aber ist anscheinend nicht gerade die erste Professorentugend: Meine Kollegen sagen daraufhin ihre Teilnahme am Symposion in Teheran ab. Als Einziger bleibe ich bei meiner Zusage, allerdings unter der Bedingung, dass ich nicht über »Happiness«, sondern über das Verhältnis »Christentum – Islam« reden dürfe. Dies wird sofort akzeptiert. Und mein Kollege van Ess sagt mir spontan: »Dann komme ich mit; ohne Farsi, die Sprache Irans, sind Sie verloren.« Selbstverständlich bin ich hocherfreut über diese Begleitung wie auch über die Teilnahme an den Sitzungen des in Deutschland lehrenden Iraners Professor ABDOLDJAVAD FALATURI.

Am 6. März 1985 merken van Ess und ich schon in Frankfurt beim Einstieg in eine Maschine der Iran Air, dass wir in eine andere Welt kommen. Wir sind offenkundig die beiden einzigen Nicht-Iraner in dem engbestuhlten Flugzeug, das keine Business Class aufweist. Wir fliegen über den Balkan, die Türkei und das Zweistromland, wo ich zwar nicht die Ruinen des babylonisch-assyrischen Ninive, wohl aber die Quellflüsse von Euphrat und Tigris zu entdecken versuche, bis wir dann in Teheran, der Stadt am Südabfall des Elbursgebirges, ankommen. Vor der Landung legt sich die einzige elegante iranische Dame neben uns das

Als Professor fakultätsunabhängig seit 1980

Mit meinen Schwestern Rita, Beatrice, Margrit, Irene (Marlis fehlt) in Sursee

Ferien am Sempachersee mit Großneffen und Großnichten

Mit Marianne Saur, Schwester Rita und Schwager Bruno vor meinem Seehaus

Mit Adolf Ogi, Schweizer Bundespräsident 1993 und 2000, vor der Bundeshauptstadt Bern

Tempi passati: Collegium Germanicum Rom.
Ausritt vor der Sommervilla San Pastore (1950er-Jahre)

Tempi passati: mit katholischen Professoren bei der
Fronleichnamsprozession in Tübingen (1960er-Jahre)

Tempi passati: Vatikanum II (1962–65): im Gespräch mit Konzilsberatern Joseph Ratzinger und Josef Neuner SJ

»Es würde mir schon gefallen, so viel Theologie zu wissen, wie Ratzinger oder Hans Küng« (»El País«, Madrid, 8. 7. 2006)

Taufe des Sohnes einer Mitarbeiterin der Stiftung Weltethos,
Tübingen St. Johannes, 25. 11. 2011

Drei Tübinger Ehrenbürger: mit Rhetoriker und Schriftsteller Walter Jens
und Biomedizinerin und Nobelpreisträgerin Christiane Nüsslein-Volhard
Tübingen Rathaus, 1. 12. 2002

Mit CDU-Vorsitzender Angela Merkel auf dem
94. Deutschen Katholikentag in Hamburg, 3. 6. 2000

Mit dem Kollegen und Freund Jürgen Moltmann auf dem
Zweiten Ökumenischen Kirchentag in München, 13. 5. 2010

1990 Bücher mit Folgen 1997

2005 Weltoffene Spiritualität 2009

Kopftuch um. Sie »muss«, wie sie mir auf meine Frage hin antwortet. Wie ich wohl aufgenommen würde, frage ich meinen Kollegen van Ess. Da bräuchte ich mir keine Sorge zu machen, meint er. Als gläubiger Christ würde ich mit Respekt behandelt und als Theologe erst recht. Er als Religionswissenschaftler (die nach Auffassung fundamentalistischer Iraner »an nichts glauben«) habe mehr Probleme als ich. In der großen Ankunftshalle des Teheraner Flughafens aber herrscht das totale Chaos; es dauert wohl eine Stunde, bis wir die uns Abholenden und unsere Koffer aufzufinden vermögen.

Khomeinis Tochter

Wir sind im Hilton Hotel untergebracht, in welchem aber kaum ein Amerikaner zu sehen ist und der übliche gute Service fehlt. Doch sind wir froh, bald ins Bett steigen zu dürfen. Am nächsten Vormittag besuchen wir das Zentrum Teherans, den Basar und ein Heiligengrab. Am Nachmittag erfolgt die Eröffnung unseres Symposions durch Dr. Borudscherdi, Schwiegersohn des Revolutionsführers Khomeini. Es folgt ein Referat des liberalen Ajatollah Ahmadi, eines Spezialisten für Erziehungsfragen. Für einen Abendimbiss sind wir in der deutschen Botschaft. Doch am nächsten Tag – der 8. März 1985 ist ein Freitag – wird es für mich ernst.

Ich finde mich ohne lange Vorstellung vor einer Versammlung von wohl vier bis fünf Dutzend hochgestellten Mullahs. Und komme mir vor wie vor einem guten Jahrzehnt in Boston bei meiner ersten Pressekonferenz in den Vereinigten Staaten. Meine Stärke ist, so sehe ich dies im Nachhinein, dass ich von meiner Botschaft – ob es nun damals die Erneuerung der katholischen Kirche und Wiedervereinigung der christlichen Kirchen war oder jetzt der Friede zwischen den Religionen und Nationen ist – völlig überzeugt bin und sie ohne Angst klar, verständlich und überzeugend vortrage. Doch wie ich wohl hier im fremden Teheran am besten beginne? Dass ich schon vor Jahren in Teheran war und seither ein schöner Afghan-Teppich meine Wohnung schmückt, dürfte wenig Eindruck machen. Aber als ich sage, ich sei als überzeugter christlicher Theologe nach Teheran gekommen, geht ein Nicken durch die Reihen der Turbanträger. Und als ich hinzufüge, ich sei gekommen, um den Islam besser kennenzulernen, wird ihr Nicken noch deutlicher.

Dies wird für mein ganzes Leben die Bestätigung meiner Grundhaltung im interreligiösen Dialog sein. Ich will nicht von einem übergeordneten »neutralen« Standpunkt aus alles beurteilen, sondern will Offenheit und Wahrheitsgewissen, Pluralität und Identität, Dialogfähigkeit und Standfestigkeit verbinden. Diese Grundhaltung ermöglicht es mir, beim Gegebenen anzusetzen und es dem Prozess des Gesprächs zu überlassen, was dabei als Resultat herauskommt. Ich lerne die verschiedenen Traditionen, Ur-Kunden und Heilsträger in ihrem eigenen Stellenwert ernst zu nehmen. Vor allem kann ich auch meinen Gesprächspartnern von vornherein ihren Glaubensstandpunkt zugestehen und von ihnen zunächst nur die unbedingte Bereitschaft, zu hören und zu lernen, erwarten.

Ich rede, ständig konsekutiv ins Persische übersetzt, im Sinn meiner Tübinger Vorlesungen über die christliche Auffassung vom Islam und über den Frieden zwischen den Religionen als Voraussetzung für den Frieden zwischen den Nationen. Meine kritischen und selbstkritischen Ausführungen werden gut aufgenommen. Ich setze mich anschließend in die zweite Reihe, neben einen muslimischen Gelehrten, der sich leicht verspätet hingesetzt hatte und der durch den schwarzen Turban als aus der Familie des Propheten stammend ausgezeichnet ist. Ich frage ihn nach seinem Namen, verstehe ihn aber nicht. Nachher sagt man mir, das sei der Minister für »Ershad«, für islamische Führung oder Kultur, MOHAMMAD KHATAMI; ich werde noch von ihm hören.

In der hintersten Reihe des Saales sitzen auch einige Frauen, wie jetzt üblich ganz in Schwarz, das Haupt mit dem Tschador, dem Schleier, bedeckt. Am Ende huschen sie rasch an mir vorbei, doch mit einem freundlichen Lächeln auf dem Gesicht. Ich spreche anschließend mit Khomeinis Schwiegersohn, Dr. Borudscherdi. Er sagt mir, seine Frau, Imam *Khomeinis Tochter*, habe alles mit angehört. »Ich würde gern mit ihr sprechen, wenn dies möglich ist«, sage ich. »Selbstverständlich ist dies möglich. Sie befindet sich gerade im Zimmer nebenan.«

Wir gehen hin, und Khomeinis Tochter kommt mir entgegen, ihren Tschador nicht mehr unter dem Kinn geschlossen, sondern lose auf die Schultern fallend. Ich habe es selten erfahren, dass ein Frauengesicht so aufgeleuchtet hat, als sie mich plötzlich erblickt. Sie kommt mir ein paar Schritte entgegen; ich weiß, dass man in Iran einer Frau nicht die Hand reicht, und verbeuge mich leicht. »I liked very much what you said about Islam – mir hat sehr gefallen, was Sie über den Islam sagten«, sagt sie in gutem Englisch. Ich danke für diese Anerkennung: »Sie können daraus ersehen, dass es christliche Theologen gibt, die durchaus gut vom Islam reden, und berichten Sie dies doch bitte Ihrem Vater, wenn Sie ihn sehen.« – »Ich werde ihn noch heute Abend sehen und ihm alles erzählen.« Natürlich weiß ich nicht, welche Folgen so eine Begegnung hat –

vielleicht keine? Jedenfalls hat dies alles mein Ansehen als Dialogpartner gefestigt, und ich werde demnächst eingeladen, bei einem Staatsbesuch in Teheran für einen weiteren Dialog dabei zu sein. Über die behandelten Probleme und unterschiedlichen Positionen berichte ich im Anschluss an diese erste Iran-Reise in »Die Zeit« vom 29.3.1985.

Saddam Husseins Bombe: Isfahan

Nach dem Abendessen diskutieren wir mit den Iranern noch bis tief in die Nacht, wobei mir als besonders kenntnisreich und scharfsinnig ABDOLKARIM SOROUSH auffällt. Mich hat beeindruckt, wie er in seinem Referat am Nachmittag über DSCHALAL AD-DIN RUMI, Begründer des islamischen Ordens der tanzenden Derwische, auswendig ganze Gedichte dieses bedeutendsten Vertreters der persisch-islamischen Mystik (13. Jh.) vorträgt. Von seinen Doppelversen, welche die Sehnsucht nach der Vereinigung mit Gott ausdrücken, verstand ich kein einziges Wort. Aber die sprachliche Schönheit und der hinreißende Rhythmus ließen mich ihnen wie Musikstücken lauschen.

Nebenbei angemerkt: Obwohl Rumis Poesie das Wort Wein nicht fremd ist, erhalten wir in all den Tagen keinen Wein kredenzt und müssen uns mit alkoholfreiem Bier begnügen. So diskutieren wir denn mehr als nüchtern, aber immer freundlich unter anderem auch über den Fall Galilei, wobei Soroush den Papst (beziehungsweise Khomeini), der nicht einfach unrecht gehabt habe, verteidigt, ich aber Galilei, der zweifellos recht hatte. Auch in der deutschen Botschaft unterhalten wir uns bei selbstfabriziertem Wein gutgelaunt. Nur beim Schweizer Botschafter wird mir bei einem privaten Abendessen hervorragender französischer Rotwein serviert; bei jedem Umzug eines Botschaftsangehörigen würde man die Gelegenheit zum Weinimport benützen. Statt deutschem Legalismus eidgenössischer Pragmatismus?

Besonders freut es mich, dass ich mit meinem Kollegen van Ess am nächsten Tag nach *Isfahan* fliegen darf: unter den Safawiden im 17./18. Jahrhundert Irans Hauptstadt, von Schah ABBAS I. in der wüstenhaften Hochebene (1500 Meter über dem Meeresspiegel) prachtvoll ausgebaut, rund um den großartigen weiträumigen rechteckigen Parade- oder Festplatz (*maidan*) Schah-Moschee und Medrese. Und dabei geschieht es: Wir stehen am hellen Vormittag um etwa 11 Uhr auf dem großen Platz – und da plötzlich von ganz nahe der ohrenbetäubende Knall einer Bombe mit einer aufsteigenden riesigen schwarzen Rauchwolke! Die Iraker bombardieren Isfahan! Ein Schrecken, aber er hält sich in Grenzen und hindert mich nicht daran, kurz darauf am selben Platz eine jener schönen persischen Miniaturen zu kaufen. Ich glaube mich in Gottes Hand und kann in Deutschland ebenso gut wie in Iran mein Leben verlieren. So dachte ich schon, als ich mich zu dieser Iranreise entschloss.

Aber manchmal ist das Risiko an einem bestimmten Ort eben doch etwas größer. Jedenfalls rennen wir am Abend, von Familie SCHARIFZADEH zum Abendessen eingeladen, aus unserem Auto sofort hinaus unter den betonierten Stellplatz, als der ganze Himmel von Leuchtmunition und Geknatter erfüllt ist. Im Gespräch höre ich viel Kritisches über das Innenleben der Islamischen Republik, und zwei Teenager der Familie machen mir deutlich, dass sich gegenüber der islamischen Indoktrinierung eine ähnliche emotionale Abwehrhaltung herausbilden kann wie manchmal in deutschen Landen gegenüber dem kirchlichen Religionsunterricht.

Wir fahren auch hinaus zur berühmten 33-Bogen-Brücke, die zum christlichen Armenierviertel mit seiner Erlöserkathedrale führt. Ich kann ein langes Gespräch mit dem armenischen Metropoliten führen, der mich über die Geschichte der armenischen Gemeinde in Iran unterrichtet und dessen großes Haus voll ist von Bildern und Fotos aller möglichen armenischen Heiligtümer. Es gibt ja in Armenien seit dem 3./4. Jahrhundert Christen, die sich auch nach der Eroberung Armeniens durch die Araber 641 halten können. Der armenische Metropolit erzählt mir, dass sie auch unter dem gegenwärtigen Regime in Iran keine wesentlichen Schwierigkeiten hätten, da sie nicht missionarisch tätig seien. Immerhin eine erfreuliche Nachricht über muslimische Religionsfreiheit.

Eine interessante Abrundung dieser kurzen, aber intensiven Reise in Iran bildet der Besuch von *Yazd*, einer traditionsreichen Handels- und Oasenstadt im inneriranischen Wüstenbecken. Mehr als die uns nun schon gut bekannten schönen Moscheen und Minarette interessiert mich hier der indisch geprägte Feuertempel der zoroastrischen Gemeinde, Anhänger des Zarathustra, der um 800 v. Chr. einen ethisch orientierten Dualismus lehrte. Auf den Hügeln der Umgebung sind die »Türme des Schweigens« zu sehen, die früher den Zoroastriern zur Luftbestattung der Verstorbenen dienten. Bei unserer Rückkehr nach Teheran aber erwartet mich eine interessante Botschaft.

Eintreten für die Bahais

Minister MOHAMMAD KHATAMI lässt mich nach meiner Rückkehr von Isfahan und Yazd wissen, er möchte mit mir im Ministerium ein Gespräch führen. Eine große Ehre, keine Frage. Auf der Fahrt dorthin in einem Wagen der deutschen Botschaft, zusammen mit Professor van Ess, ermahnt mich der Botschaftsrat, der zurzeit den abwesenden Botschafter vertritt, ich möge mich doch ja vorsichtig äußern; noch vor wenigen Tagen habe es ein Attentat auf die Limousine des Botschafters gegeben. Doch ich antworte: »Ich komme aus dem Lande Wilhelm Tells und bin gewohnt, offen und deutlich zu reden.« Worüber ich denn reden wolle? »Zum Beispiel über die Bahais, die in Iran verfolgt werden.« Er schlägt die Hände über dem Kopf zusammen. Das sei ja nun ein besonders ungeeignetes Thema. »Seien Sie ganz unbesorgt«, beruhige ich ihn, »es wird nichts passieren.«

Professor van Ess und ich werden um 11 Uhr von Minister Khatami in seinem geräumigen prächtigen Dienstzimmer höchst freundlich aufgenommen und wir berühren alle möglichen Themen. Zwei Stunden dauert das Gespräch. Erst gegen Ende frage ich, ob ich denn auch ein unbequemes Thema zur Sprache bringen dürfe. »Selbstverständlich«, ist die Antwort. Ich: »Es schadet dem Ansehen Irans und dem Ansehen des Islam außerordentlich, dass in Iran ungeachtet aller internationalen Proteste die Bahais verfolgt, gefoltert, ja hingerichtet werden.« Die Anhänger dieser humanistisch-aufklärerischen Religionsgemeinschaft mit weltweit nicht mehr als drei Millionen Anhängern befinden sich in der neuen Islamischen Republik in der Tat in einer höchst prekären Lage. Ihr Gründer BAHA ULLAH (1817–92), als »Herrlichkeit Gottes« verkündet, war aus Persien ausgewiesen worden und hat sein eigenes Offenbarungsbuch hinterlassen. Ein flagranter Widerspruch zum Islam, der nun einmal seinen Koran als letzte und definitive Offenbarung Gottes betrachtet. Khatami bleibt ruhig: Es gäbe bei den revolutionären Sittenwächtern auch manche junge Leute, die sich nicht ganz unter Kontrolle hätten. Ich merke: Offensichtlich gibt es in der iranischen Führung durchaus verschiedene Einschätzungen.

Doch ich insistiere: Die Anhänger der Bahai-Religion treten ein für Gleichheit und Liebe aller Menschen ohne Ansehen von Rasse, Nation, Religion und Geschlecht, für sozialen Fortschritt und Frieden in der Welt. Ich hätte in Haifa das »Universale Haus der Gerechtigkeit«, den Sitz des neunköpfigen Leitungsgremiums der Bahai, gesehen. Aber aus dem Faktum, dass dieses historische Hauptquartier heutzutage im Staat

Israel liege, dürfe keinesfalls geschlossen werden, die Bahais seien verkappte Spione der USA oder Israels. Khatami verspricht mir, sich für die Verfolgten einzusetzen und besonders für den Vater einer persischen Bekannten von mir, der dann auch tatsächlich bald freikommt. Als wir uns verabschiedet haben, sagt mir mein Kollege im Gang: »Sie hätten auch in die Diplomatie gehen können.« Ein Kompliment für einen wie mich, der in Deutschland regelmäßig wegen allzu undiplomatischer Rede kritisiert wird.

Als Mohammad Khatami am 23. Mai 1997 zum Präsidenten der Islamischen Republik Iran gewählt wird, verbinden sich damit große Hoffnungen auf Reform und Verständigung mit dem Westen. Im von ihm angeregten UN-Jahr des Dialogs der Kulturen (2001) leitet er in der UN-Vollversammlung mit einer programmatischen Rede eine zweitägige Diskussion über diese Thematik ein, die von der EU unterstützt, aber von den USA unter Präsident George W. Bush sabotiert wird. In der Tat will er vor allem die Beziehungen mit den USA normalisieren. Durch die Schweiz übermittelt er im Jahr 2003 eine entsprechende Offerte an die Regierung Bush. Khatami wäre sogar im Gegenzug bereit, die Unterstützung von Hamas und Hisbollah einzustellen und eine Normalisierung der Beziehungen auch zu Israel einzuleiten. Die Bush-Administration aber lehnt diese großzügige Offerte ab. Stattdessen betreibt man die Dämonisierung Irans weiter (»Achse des Bösen«) und versagt Khatami die auch innenpolitisch notwendige Unterstützung.

Statt das Palästina-Problem als das Zentralproblem für den Frieden im Nahen Osten anzusehen, versuchen nun die USA und Israel bis heute den Iran als das Hauptproblem hinzustellen. Die Folge dieser Politik ist am 3. August 2005 die Wahl des Hardliners Mahmud Ahmadinedschad zum Präsidenten der Iranischen Republik, der sich mit wüsten Drohungen gegenüber Israel populär zu machen versucht.

Dialogerfahrungen in Kanada: Toronto

Für mich höchst wertvoll, reich an neuen Kenntnissen von Personen und Universitäten und an Einsichten, sind in Zukunft die jedes vierte Semester möglich gewordenen Gastsemester in Amerika. Immer wieder bietet sich so auch die Gelegenheit, mein Verständnis von Christentum und Islam zu testen. Dies auch in Kanada. Meine Freunde, die Religionswissenschaftler Julia Ching und ihr Mann Willard Oxtoby, haben sich an ihrer Universität Toronto mächtig für meine Gastprofessur eingesetzt. Am 7. September 1985 fliege ich nach Toronto, wo ich die nächsten 13 Wochen verbringen werde.

Toronto – eine schöne und im Verhältnis zu manchen Städten der USA außerordentlich saubere Stadt, in der ich mich wohlfühle. Ich wohne sehr bequem auf dem Campus, im modern eingerichteten Massey College, geleitet vom sympathischen Master PAT HUME, zusammen mit Studenten verschiedener Fachbereiche. Doch die Freundschaft mit Julia und Will, die nicht allzu weit vom Campus entfernt wohnen, ist für mich sowohl wissenschaftlich-akademisch als auch menschlich-sozial von größter Bedeutung. Helfen sie mir doch, mich in Universität und Stadt zurechtzufinden, neue Verbindungen zu knüpfen und andere Religionen besser zu verstehen. Zudem wird mir in der Person der deutsch-amerikanischen IRENE DENBOK eine hervorragende Sekretärin zur Verfügung gestellt, die sich vor allem mit der Post abzumühen und die Reisen zu organisieren hat.

Für meine Vorlesungen vor einem großen Auditorium kann ich selbstverständlich auf meine Tübinger Erfahrungen zurückgreifen, nur dass ich jetzt die zwölf Vorlesungen über »Christentum und Weltreligionen« allein zu gestalten habe. Ich habe mir meine Teile von meinem nimmermüden ausgezeichneten Übersetzer EDWARD QUINN ins Englische übersetzen lassen. Doch zugleich benütze ich die Gelegenheit, um den ganzen Stoff nochmals durchzudenken und zu ergänzen. Dies gilt besonders für die ersten vier Vorlesungen über den Islam. Im Jahr 1985 kündigt sich erst von ferne jene Islamophobie an, die mit dem 11. September 2001 in Amerika ihren Höhepunkt erreicht und ein mit dem früheren Antisemitismus, besser Antijudaismus, vergleichbares hysterisches Ausmaß annimmt.

In Toronto habe ich das Glück, mit jenem kanadischen Religionswissenschaftler und Islamkenner zusammenzukommen, mit dem Julia und Will schon seit Längerem befreundet sind, und der für viele Religionswissenschaftler Nordamerikas faktisch so etwas wie ein Lehrmeister wurde: WILFRED CANTWELL SMITH (1916–2000). Ich lerne ihn schon am Tag nach meiner Ankunft bei einem Abendessen kennen. Er, der zunächst viele Jahre als Missionar in Pakistan wirkte, hat als Erster den Grundsatz verkündet, der Islam müsse von Christen so verstanden werden, wie ihn die Muslime selber verstehen.[2] Er hat auch schon 1963 die Frage nach dem Koran als Wort Gottes oder Wort Muhammads scharfsinnig analysiert. Er machte deutlich, dass beide Antworten, die merkwürdigerweise beide von gleichermaßen intelligenten, kritischen und durchaus redlichen Muslimen gegeben würden, deutlich auf einem nicht hinterfragten dogmatischen *Vor-Verständnis* (»pre-conviction«) beruhen. Die jeweils gegenteilige Auffassung muss so entweder als Unglaube erscheinen (für Muslime, wenn Christen den göttlichen Ursprung des Korans leugnen) – oder aber als Aberglaube (für Christen, wenn Muslime den göttlichen Ursprung des Korans bejahen).

Unser Freund und Kollege Will Oxtoby wirft ein: »You get out what you put in – was einer zuerst hineinlegt, das bekommt er dann heraus!« Wer somit den Koran von vornherein für das Wort Gottes hält, wird sich bei der Lektüre immer wieder bestätigt sehen – und umgekehrt. Doch mit einem solchen Widerspruch, der auf die Dauer intellektuell nicht befriedigt, kann ich mich nicht abfinden. Und ich habe ja schon in meinen Tübinger Vorlesungen auf diese »unbequeme Frage«, wie oben angedeutet, eine differenzierte positive Antwort gegeben, die ich jetzt auch in Toronto vorlege. Man muss schlicht auch die positiven Aussagen der Hebräischen Bibel und des Neuen Testaments über die Nichtjuden und Nichtchristen ernst nehmen, wie dies ja auch in den Texten des Vatikanums II geschehen ist. Muhammad hat seine Botschaft nicht einfach aus sich selber, sondern beruft sich zu Recht auf Gott, wenngleich dies nicht heißen muss, dass der Koran direkt Wort für Wort von Gott nicht nur inspiriert, sondern diktiert worden sei.

Es ist für mich ein ausgesprochenes intellektuelles Vergnügen, mit einem kanadischen Gelehrten vom Format und der Menschlichkeit eines Wilfred C. Smith ein Seminar durchführen zu dürfen über verschiedene »Modelle des interreligiösen Dialogs«, zuerst mehrere Sitzungen über das Modell von Cantwell Smith, dann aber auch das von RAIMON PANIKKAR und anderen. Alles unter Beteiligung von aufgeweckten Studenten und manchmal auch Professoren.

Wilfred C. Smith beeindruckt mich nicht nur durch seine intimen Kenntnisse des Islam, sondern auch durch seine Zusammenschau der Religionen. Er spricht gerne von der »einen religiösen Geschichte der Menschheit«[3]. Und er liebt es darzulegen, wie etwa der Rosenkranz von Indien aus den Weg durch die verschiedenen Religionen gegangen ist und wie andererseits der Buddha als Bodhisattva zum christlichen Heiligen Josaphat geworden ist: Bodhisattva, manichäisch Bodisaf, arabisch Yudasaf, georgisch Jodasaph, griechisch Joasaph, lateinisch Josaphat. So sieht sich Wilfred auf dem Weg »Towards a World Theology« (London 1981).

Nun scheint es mir freilich in streng historischer Sicht angemessener, statt von der »einen religiösen Geschichte der Menschheit« von zwei oder drei großen *religiösen Stromsystemen* zu sprechen und diese genau zu analysieren: Judentum, Christentum und Islam jedenfalls sind ein solches nahöstliches Stromsystem semitischen Ursprungs. Und auch darin unterscheide ich mich von Cantwell Smith: In diesen Strömen können in Zeitenwenden epochale Gestalten auftreten wie Jesus von Nazaret oder auch der Prophet Muhammad. Sie sind in der Lage, den Strom in eine andere Richtung zu lenken.

Im Übrigen nutze ich, nachdem ich mich in Toronto eingelebt habe, die Wochenenden, um in verschiedenen Städten Amerikas Vorträge zu halten, nicht in erster Linie über den Islam, sondern auch über die viele Menschen umtreibende Frage: »Where is Christianity going? – Wohin geht die Christenheit?« Oder aber über die Frage: »Gibt es nur eine einzige wahre Religion?« Von Toronto aus mit seinen exzellenten Flugverbindungen reise ich in alle Himmelsrichtungen. Alles wird am 15. Dezember 1985 schließlich gekrönt durch die Verleihung eines Ehrendoktorats im Rahmen der großen Commencement-Feier der University of Michigan in Ann Arbor. Von da aus fliege ich direkt nach Deutschland zurück. Am 16. Dezember halte ich in dankbarer Stimmung in meinem Tübinger Haus mit den Meinen eine Weihnachtsfeier mit nicht weniger als 25 Personen.

Diskussion über den Gottessohn: Nigeria

Den Islam in Nordafrika, bei Arabern und Berbern, hatte ich schon kennengelernt. Aber noch einmal ganz anders zeigt sich der Islam in Schwarzafrika. Eine Einladung in die Republik Südafrika ist für mich der Anlass, eine sechswöchige Informationsreise durch das subsaharische Afrika zu planen, von der noch die Rede sein wird. Hier sei nur von einer bezeichnenden Erfahrung in *Nigeria* erzählt.

Am 10. Januar 1986 war ich in Nigerias Hauptstadt *Lagos* eingetroffen und werde vom Schweizer Botschafter ANTON GREBER am Flughafen abgeholt. Ich hatte schon vorher gegenüber dem Direktor des Goethe-Instituts Interesse angemeldet, ein Gespräch mit Vertretern des Islam zu führen, der etwa die Hälfte der Bevölkerung des Landes ausmacht. Und tatsächlich empfängt mich am Rand von Lagos eine kleine Gruppe repräsentativer Muslime, von denen der Imam zwar der Vorbeter, aber sonst der Unwichtigste zu sein scheint. Ihr Sprecher ist vielmehr ein großer schwergewichtiger Reeder, offenbar ein reicher und daher sehr selbstbewusster Mann.

Die Begrüßung ist freundlich, dann aber legt der Reeder los, auf Englisch. Es sei für sie als Muslime höchst schwierig, ja unmöglich zu akzeptieren, dass Gott zugleich einer und doch drei sei. Dies entwickelt er lang und breit. Es ist klar, hätte ich die traditionelle dogmatische Antwort gegeben, Gott sei nun einmal »einer in der Natur«, dies aber zugleich in »drei Personen«, hätte er dies erst recht als irrational abgewiesen. So spricht er denn und redet sich immer mehr in Eifer hinein, wie unsinnig es doch darüber hinaus sei, dass Gott einen selbst gezeugten Sohn habe, der Mensch werde.

Ich höre ihm die ganze Zeit ruhig und freundlich zu. Nach ungefähr einer Viertelstunde schließlich unterbreche ich seinen feurigen Redefluss: Ob ich vielleicht auch etwas sagen dürfe? Er sofort ganz freundlich: »Of course, please speak!« Sofort sind alle ganz Ohr. Und dann frage ich: »Wenn ich nun als überzeugter Christ an Vater, Sohn und Geist glaube, bin ich dann für Sie einfach dumm, oder bin ich bösartig – am I stupid or malicious?« Doch sofort heftig ein freundlicher Protest: »Nein, weder das eine noch das andere.« Ich wiederum: »Wollen Sie dann vielleicht von mir hören, wie ich Jesus als Gottessohn verstehe?« Neugierig und skeptisch zugleich antworten sie: »Gewiss, lasst uns hören!«

Und so vollzieht sich folgender Dialog, den ich einleite mit der Frage: »Die Juden sind doch auch nicht weniger Monotheisten als ihr Muslime?« – »Oh, gewiss sind sie Monotheisten.« – »Aber nun sprechen auch die Juden von einem Sohn Gottes!« – »Wirklich, wo denn?« – »Zum Beispiel im Psalm 2,7, wo in einem Thronbesteigungsritual Gott zum König von Israel spricht: ›Mein Sohn bist du; ich habe dich heute gezeugt.‹«

Doch sofort füge ich hinzu: »Dies dürfen Sie allerdings nicht missverstehen: ›Zeugen‹ meint hier nicht eine physisch-sexuelle Zeugung wie etwa beim ägyptischen Gott-König oder bei hellenistischen Göttersöhnen. ›Zeugen‹ meint hier vielmehr ›erhöhen‹, ›inthronisieren‹, auf den Thron ›einsetzen‹ als seinen Stellvertreter.« Und genau dieser Psalmvers wird angewendet auf die Erweckung Jesu vom Tod: Eine Erhöhung Jesu, wie sie ja auch von den Muslimen gläubig angenommen wird. Und ich zitiere nun auch Psalm 110,1, wo König David, der Psalmsänger, spricht von seinem zukünftigen »Sohn«, der auch zugleich sein »Herr« ist: »Es spricht der Herr (Gott) zu meinem Herrn (dem König und Messias): Setze dich zu meiner Rechten.« Dieser hat jetzt Throngemeinschaft mit seinem Gott und Vater. »Und sehen Sie: Genau diesen Text wendet der Apostel Petrus in seiner Pfingstrede (Apostelgeschichte 2,33–36) an, um die Frage zu beantworten, wo denn der zum Leben Erweckte jetzt sei: Er ›sitzt zur Rechten Gottes‹ – als sein Stellvertreter, Freund, ›Sohn‹« (vgl. auch Apg 13,33).

So fahre ich als Christ noch eine Zeit lang fort und erkläre, dass Jesus selber sich den Evangelien zufolge nie Gott genannt habe, im Gegenteil: »Was nennst du mich gut? Niemand ist gut als Gott allein.« (Mk 10,18) Aber Jesus hatte, und das können Muslime durchaus verstehen, eine innige Gotteserfahrung, Gottesverbundenheit und Gottesunmittelbarkeit, aus der er lebte, verkündete und handelte. Und er hat Gott als den Vater aller Menschen anzusehen gelehrt (im Gebet »Vater unser«), ja er hat Gott selber als Vater angeredet (»Abba, lieber Vater«). Also gab es einen sachlichen Grund und eine innere Logik dafür, dass er, der Gott seinen »Vater« genannt hatte, von seinen gläubigen Anhängern nachher ausdrücklich sein »Sohn« genannt wird. So steht es auch in einem der ältesten christlichen Glaubensbekenntnisse, in der Einleitung zum Brief des Apostels Paulus an die Gemeinde von Rom: Jesus Christus, »eingesetzt zum Sohn Gottes in Macht seit der Auferstehung von den Toten« (Röm 1,4). Das »Heute habe ich dich gezeugt«, bezieht sich also nicht auf das Weihnachtsfest, das Fest der Niederkunft, sondern auf Ostern, das Fest der Auferweckung, welches nicht umsonst das Hauptfest der Christenheit wurde.

Aber, fragen mich nun die Muslime: »Wie verhält es sich dann mit der Trinität?« Meine Antwort gebe ich so einfach wie möglich: »Gott ist der unsichtbare Vater *über* uns; Jesus, der Sohn des Menschen, Gott *mit* uns; der Heilige Geist aus Gottes Kraft und Liebe *in* uns.« Jetzt steht der Reeder auf und reicht mir feierlich die Hand: »Das ist das allererste Mal, dass ich von alldem etwas verstehe, ich danke Ihnen.« In Freundschaft nehmen wir alle voneinander Abschied.

Hier ist deutlich geworden, was ich unter einem ehrlichen und verständnisvollen Dialog verstehe: Ich bin nicht zum Missionar geworden, der schließlich einen Muslim zur christlichen Taufe geführt hätte. Aber ich bin auf die Fragen meiner Gesprächspartner eingegangen, habe sie beantwortet, und so eine Grundlage für eine Verständigung geschaffen zwischen den Angehörigen zweier Religionen, die sich bisher gegenseitig der Ignoranz und Arroganz angeklagt haben. So bleibt mir dieser Dialog in Lagos/Nigeria haften als ein Hoffnungszeichen, dass auch über schwierigste theologische Streitfragen eine Verständigung nicht von vornherein ausgeschlossen ist. Wie schade, denke ich mir, dass unsere Bischöfe, die in der Mehrzahl in Rom studiert haben, von der römischen Kirchenleitung so dumm und uninformiert gehalten werden. Gerade jetzt wäre doch ein verständiger, theologisch fundierter Dialog mit den Muslimen bitter nötig.

Worüber man reden sollte

Beim Studium der neuesten historischen Forschung war mir zu meinem Erstaunen aufgegangen: In Muhammads Jesus-Verständnis kann man Überlieferungen der in der hellenistischen Kirche verdrängten, verachteten, vergessenen *Judenchristenheit* entdecken. Und diese Judenchristen haben ihrerseits in der jungen Christenheit zentrale jüdische Anliegen wachgehalten. Vom *urchristlichen* Gemeinde-Paradigma zum *urislamischen* Gemeinde-Paradigma gibt es also durchaus historische Bezüge, die allerdings noch genauer zu erforschen wären.

Das heißt: *Jesus von Nazaret*, ursprünglich verstanden, und der *Prophet Muhammad* sind sich näher, als man das normalerweise denkt. Denn Muhammad selber tritt ja auf als Zeuge für Jesus, für einen Jesus freilich, nicht wie ihn die hellenistischen Heidenchristen verstehen, sondern eher wie ihn Jesu erste Jünger, die bekanntlich Juden waren, verstanden haben könnten. Vielleicht sollte man also doch statt nur in Antithesen mehr in Synthesen denken: statt nur die Alternative Jesus *oder* Muhammad zu sehen, vielleicht doch Jesus *und* Muhammad. Man möge in meinem Buch über den Islam nachlesen, was mir da Anfang der 80er-Jahre aufging: wie Muslime Jesus sehen könnten, und umgekehrt, wie Christen Muhammad sehen könnten. Nur kurz angedeutet:

Seit jeher betrachten ja *Muslime* Jesus als den größten Propheten und Botschafter Gottes, der als »Knecht Gottes« von Gott besonders ausgezeichnet wurde von seiner Geburt bis zu seiner Erhöhung zu Gott und der mit dem, was er verkündete, für Muhammad eine bleibende Bedeutung hat. Natürlich ist für Muslime nach wie vor Muhammad und der von ihm gebrachte Koran die entscheidende Richtlinie für Glauben und Handeln. Aber wenn Jesus im Koran schon »Wort Gottes« und »Träger des Evangeliums« genannt wird, müssten die Muslime dann nicht doch dieses Evangelium umfassender, von den neutestamentlichen Schriften her, zu verstehen suchen?

Und was die *Christen* betrifft, so betrachten ja heutzutage viele Christen Muhammad als einen für viele Völker dieser Erde bedeutenden Propheten, der schon zu seinen Lebzeiten mit reichem Erfolg gesegnet war. Natürlich bleiben für Christen nach wie vor Jesus Christus und die von ihm verkündete frohe Botschaft entscheidender Maßstab für Glauben und Handeln, definitives Wort Gottes. Aber müssten Christen, die ja dem Neuen Testament zufolge weitere Propheten kennen, diesen Muhammad nicht ernster nehmen? Müssten sie die Mahnung des Korans nicht berücksichtigen: dass der eine unvergleichliche Gott ganz und gar im Zentrum des Glaubens zu stehen hat? Dass eine Beigesellung weiterer Götter oder Göttinnen nicht infrage kommt? Dass Glaube und Leben, Orthodoxie und Orthopraxie bis in die Politik hinein zusammengehören?

So verstanden wäre Muhammad immer wieder ein *prophetisches Korrektiv* für Christen im Namen des einen und gleichen Gottes. Er wäre der prophetische Warner, als der er sich selber verstanden hat: »Ich folge nur dem, was mir eingegeben wird, ich bin nichts als ein deutlicher Warner« (Sure 46,9). Die Christus-Aussagen der hellenistischen Konzilien von Nikaia bis Chalkedon brauche ich deshalb nicht zu verwerfen, aber ich sollte sie in den historischen Kontext einordnen und dabei wissen: Letztlich geht es sowohl für Muslime wie für Christen um eine Glaubensentscheidung, die aber jeder vor sich selber und anderen vernünftig zu verantworten hat. Als Christ kann ich dabei der Überzeugung sein, dass ich, wenn ich für mein Leben und Sterben diesen Jesus als den Christus gewählt habe, seinen Nachfolger Muhammad, insofern dieser sich auf ein und denselben Gott und Jesus beruft, mitgewählt habe.

So habe ich als Christ auch noch eine klarere Basis für einen Dialog mit Muslimen: Dessen Ziel kann ja *nicht* die *Mission* im traditionellen Stil sein, weder die der Muslime durch die Christen noch heute die der Christen durch die Muslime. Wohl aber ist das *Zeugnis* des eigenen Glaubens unverzichtbar, das der Muslime gegenüber den Christen und das der Christen gegenüber den Muslimen. Hätte man dies alles gerade in Nigeria beachtet, hätten die sich schon früh abzeichnenden Spannungen abgebaut werden können.

Erwachender Islam

1986 ist die islamische Welt noch relativ ruhig. Doch ist es keine Frage dass eine neue Zeit angebrochen ist: nicht nur mit der Gründung des ersten muslimischen Staates Pakistan, sondern auch mit der Unabhängigkeit von Ländern wie Tansania, Kenia und Mosambik. Diese schafft den notwendigen Freiraum für eine neue Entwicklung auch der Religion, sodass schließlich weit über 50 Nationen der Organisation der Islamischen Konferenz (OIC) angeschlossen sind. Nach allen unerfüllten Verheißungen des arabischen Nationalismus, des Panarabismus und des arabischen Sozialismus haben ab 1973 militärisch-ökonomische Erfolge – nach den arabisch-israelischen Kriegen und dem Ölembargo – und vor allem 1979 der Sieg Ajatollah Khomeinis über den Schah und die

Demütigung der USA zu einem gesteigerten muslimischen Selbst- und Machtbewusstsein beigetragen.

Als ich 1987 auf einer Reise quer durch das riesige *China* am 12. April in das von Peking 2700 Kilometer entfernte *Kunming* komme, sind die Kollegen dort bass erstaunt, dass wir nie etwas gehört haben vom Aufstand so vieler Muslime in dieser Stadt gegen das kommunistische Regime, der mit Waffengewalt niedergeworfen worden war. In Peking aber ist pro forma eine Moschee offen, die man ohne Schwierigkeiten besuchen kann. Wie in der Sowjetunion, so geht man auch in China mit den Muslimen pfleglich um; es empfiehlt sich nicht, sie innenpolitisch zu Feinden zu machen.

In der Folge habe ich mich um eine vertiefte Kenntnis auch des westlichen arabischen Islam bemüht, des *muslimischen Spanien*. So bei einer Autoreise im Juni 1986 durch al-Andalus, wie die Muslime Andalusien nennen. Hier ist Sevilla die Hauptstadt, die von 712 bis 1248 unter muslimischer Herrschaft stand, wovon noch das Minarett und der große Uhrturm (»Torre del Oro«, Goldturm), der Orangenbaumhof und der Alcázar zeugen. Dann Córdoba, lange Zeit mit seiner Omaijadenmoschee das bedeutendste Kulturzentrum des westlichen Islam, wo auch zahlreiche Schriften der Griechen ins Arabische übersetzt wurden. Und schließlich im andalusischen Bergland Granada mit dem ummauerten Schlossberg Alhambra und dem Palacio del Generalife, Meisterwerke der islamischen Architektur und Gartenbaukunst. Anlässlich eines späteren Vortrags an der Universität von Granada hatte ich das Privileg, schon früh in der Morgensonne vor der offiziellen Öffnung allein die wunderbaren Stätten nochmals in Ruhe besichtigen zu können. Ich kann mir vorstellen, wie zahlreiche Muslime aus Nordafrika, die jetzt als Touristen hierherkommen, die architektonischen Kunstwerke ihrer Vorfahren mit stiller Wehmut betrachten, ähnlich wie Christen in Konstantinopel/Istanbul die Hagia Sophia und Kirchen anderswo in den ursprünglich christlichen Stammlanden.

Vom 11. bis 15. Februar 1987 nehme ich an einem *Abrahamischen Kolloquium in Córdoba* teil, das vom französischen Philosophen Roger Garaudy organisiert wird. Die Verbindung der drei prophetischen Religionen Judentum, Christentum und Islam ist durchgängiges Thema; ich referiere über »Eine wahre Religion oder viele?«. Garaudy war lange Zeit Politbüromitglied der Kommunistischen Partei Frankreichs gewesen, bevor er Reformkommunist und vorübergehend Christ wurde, um am Ende einer langen spirituellen Reise zum Islam zu konvertieren. Er hatte mich am 2. Juli 1984 in Tübingen besucht, und wir wagten einen öffentlichen Dialog an der Universität, der, auf Französisch, höchst konstruktiv ablief. Schon früh hatte Garaudy einen »Dialog der Zivilisationen« gefordert, hatte zugleich die Selbstgerechtigkeit und Blindheit des christlichen Westens kritisiert und einen idealisierten Islam präsentiert. Den sterbenden westlichen Zivilisationen wird »die Verheißung des Islam«[4] verkündet. Merkwürdige Metamorphosen im Leben dieses Mannes. Diskreditiert hat sich Garaudy leider in späteren Jahren durch antisemitische Äußerungen.

Aber ich möchte sein Anliegen einer abrahamischen Ökumene weitertragen. Schon im ersten Band meiner Trilogie, dem über das Judentum (1991), habe ich am Anfang die Bedeutung Abrahams für die drei Weltreligionen semitischen Ursprungs deutlich gemacht, um so den »Trialog« (ein philologisch problematischer Neologismus) voranzubringen. Abraham ist für alle drei prophetischen Religionen der Stammvater, der Ur-Repräsentant des Monotheismus. Er ist Archetyp der prophetischen Religionen: der glaubende Mensch »vor« Gott, der Freund Gottes. Doch setzen die drei Religionen unterschiedliche Schwerpunkte in ihrem Verständnis Abrahams:

Für das jüdische Volk ist Abraham das Vorbild des treuen Gesetzesgehorsams, der ideale Jude. Für Christen ist er Vorbild unerschütterlicher Glaubenstreue, der Ankünder Christi. Und für die Muslime ist er das Vorbild bedingungsloser Hingabe an Gott (»Islam«), der erste Muslim.

Doch allen Unterschieden zum Trotz haben Judentum, Christentum und Islam gemeinsam: semitischen Ursprung in der Sprache, Glaube an ein und denselben Gott Abrahams; eine nicht in kosmischen Zyklen denkende, sondern zielgerichtete Geschichtsschau; die prophetische Verkündigung, die in der Heiligen Schrift niedergelegte normative Offenbarung; das in des einen Gottes Willen begründete Grundethos einer elementaren Humanität.

Wie man damals noch ohne Angst Vorträge über Islam und Christentum halten konnte, zeigt im folgenden Jahr 1988 eine Reise nach *Algerien*, wo ich am 19. November eintreffe. Ich kann mich völlig unbeschwert auf dem Campus der Universität von Algier bewegen und schließlich vor Hunderten von Studenten über Islam, Dialog der Religionen und Weltfrieden sprechen. In der Diskussion melden sich schließlich einige islambegeisterte Studenten, aber ich beantworte ihre Fragen in sachlicher Freundlichkeit und fühle mich keinen Moment bedroht. Ich treffe hier auch einen anderen bekannten Konvertiten, Murad Wilfried Hofmann, dessen Übertritt zum Islam in Deutschland Aufmerksamkeit erregte, weil dieser juristisch und philosophisch gebildete Mann deutscher Botschafter in Marokko und Algerien ist. Für ihn, der mit einer Türkin, einer Frau von großer Schönheit, verheiratet ist, stellt anders als für Garaudy nicht der Sufismus, sondern der klassische sunnitische Islam eine ideale, lebendige, lebenswerte Religion dar. Islam – die zukunftsträchtige Alternative zwischen westlicher Welt und Kommunismus, ja auch die Alternative zur postindustriellen westlichen Gesellschaft.[5] Ihm verdanke ich eine kenntnisreiche und wohlwollende Besprechung meines Buches über den Islam in »The Muslim World Book Review« (28:2, 2008).

Mit dem Direktor des Goethe-Instituts Algier, Herrn Rathke, und seiner Frau fahre ich dann für drei Tage in die *Sahara*, in einen ziemlich steinigen Teil der Wüste, hin und zurück 670 Kilometer bis zur Oase Ghardaia, die zu ihrem Schutz vor Wind und Sand weiter unten im Tale liegt. Hier hat sich das muslimische Leben noch relativ wenig verändert. Wir fahren in einem Jeep noch weiter in die Wüste hinein. Es scheint eine Landschaft ohne Grenzen zu sein, in der man sich verlieren kann: Die Täler gleichen sich, Wegweiser gibt es nicht, man erkennt Sandpisten, doch die Orientierung ist nicht einfach. Ich bin froh, dass wir nach einigem Suchen den Rückweg zur Oase finden. Sehr befriedigt kehre ich schließlich nach Algier zurück, kann dort auch den katholischen Erzbischof und die Weißen Väter besuchen und werde freundlich aufgenommen.

Die Lage der Weißen Väter ist seit meinem ersten Besuch in Afrika 1955 nicht leichter geworden. Einerseits ist der Islam sowohl politisch wie religiös aktiver geworden, andererseits hat sich die Lage in der katholischen Kirche verfestigt, sodass die Dialogarbeit der Weißen Väter nicht immer die nötige Unterstützung gefunden hat.

Diskussion in Teheran über die Stellung der Frau

Schon am Tag nach meiner Rückkehr nach Deutschland geht es wieder in ein islamisches Land, dieses Mal erneut nach Iran. Der deutsche Außenminister Hans-Dietrich Genscher hat mich gebeten, ihn auf seiner Staatsreise nach Teheran zu begleiten. Ich könne parallel zu seinen politischen Verhandlungen Gespräche mit den religiösen Autoritäten führen. Nun haben Staatsreisen den Vorteil, dass sie rasch abgewickelt werden, man fliegt in einer Regierungsmaschine ohne Pass- und Zollprobleme, wird überall von einem Ort zum anderen chauffiert. So habe ich diese Einladung gerne angenommen. Am 27. November 1988 fliegt die Delegation von Köln/Bonn in fünf Stunden nach Teheran. Professor JOSEF VAN ESS und Dr. KARL-JOSEF KUSCHEL waren parallel vom Direktor des Goethe-Instituts nach Teheran eingeladen worden und sind beim Dialog im Institut für Philosophie dabei.

Hier finden nun Gespräche mit einer Gruppe von rund 20 Mullahs statt, die jeweils drei Stunden dauern und, da man auf jedes Wort aufpassen muss, recht anstrengend sind. Natürlich sprechen wir zunächst über Probleme, bei denen eher ein Konsens zu erreichen ist. Ein besonderes Interesse zeigen die islamischen Gottesgelehrten für die Fragen der Hermeneutik, also der Verstehenslehre. Ist es doch keine Frage, dass die christliche Theologie im zeitgemäßen Verständnis der Bibel, von Impulsen der Reformation und der Aufklärung angetrieben, erheblich größere Fortschritte gemacht hat als die islamische Theologie im zeitgemäßen Verständnis des Korans. Allzu früh hatte sie ja im Mittelalter die Philosophie verabschiedet (allerdings nicht in Iran), blieb so selber im Mittelalter stecken und bemühte sich nur wenig um die Übersetzung der Botschaft aus dem 7. Jahrhundert in die Welt des 20. Jahrhunderts.

Erst in der vierten Sitzung greife ich mit großer Behutsamkeit eine besonders heikle Frage auf: die Stellung der *Frau*. Doch rede ich zuerst von den Problemen mit der eigenen christlichen Tradition: wie es möglich ist, etwa die Passage im fünften Kapitel des Epheserbriefes vom Verhältnis von Mann und Frau, die ein patriarchales System als Hintergrund hat, für die heutige Zeit zu interpretieren: »Ihr Frauen, ordnet euch euren Männern unter … der Mann ist das Haupt der Frau« (Eph 5,22 f). Das heiße doch, diese Schriftpassage zu interpretieren entsprechend der in der Neuzeit erkannten, formulierten und sogar von der UNO proklamierten Menschenrechte für die Frau.

Das Problem spitze ich zu auf die klassische Kontroversfrage, die sich geradezu scholastisch in Kategorien von *Vernunft* (modern inkarniert in den universalen Menschenrechten) und *Offenbarung* (Koran) präzisieren lässt anhand des berühmt-berüchtigten Verses 34 der Sure 4. In diesem Koranvers sind dem Mann faktisch drei Stufen der »Zähmung einer Widerspenstigen« gestattet: zuerst Gespräche, dann Meiden des Ehebettes, schließlich Schläge. Das islamische Strafrecht geht sogar noch erheblich über den Koran hinaus und befiehlt geradezu, Ehebrecherinnen und Ehebrecher auszupeitschen.

Meine Frage präzis gestellt: Was gibt den Ausschlag im Fall eines Widerspruches zwischen Vernunft (das Menschenrecht der Frau auf körperliche Integrität) und Offenbarung (vom Koran gestattete Körperstrafe), die Vernunft oder die Offenbarung? Sofort setzt unter den iranischen Gelehrten eine intensive Diskussion in Farsi, also ihrer Landessprache, ein. Und es ist das einzige Mal, dass ich länger auf eine Antwort warten muss. Erst nach zehn oder 15 Minuten intensiver Auseinandersetzung hat man sich auf eine Antwort geeinigt, und ein Sprecher der Gruppe antwortet: Im Fall eines solchen Widerspruchs muss neu überlegt werden, wie die betreffende Aussage der Offenbarung zu interpretieren ist. Mit anderen Worten: es werden nicht etwa die Menschenrechte der Frau in Zweifel gezogen, sondern die traditionelle Interpretation der Offenbarung. Ein erstaunliches Resultat, das man in Diskussionen mit Muslimen selten so deutlich zu hören bekommt.

Nach kritischen Auseinandersetzungen spreche ich nachher gerne die Person an, bei der ich am meisten Widerstand erwarte. Ob das nicht vielleicht Ayatollah Khomeinis Schwiegersohn ist? Doch ich täusche mich. Dr. Borudscherdi bedauert sehr, dass seine Frau nicht bei dieser Sitzung dabei sein konnte; als Präsidentin des Iranischen Frauenverbandes müsse sie heute Pflichten in einer anderen iranischen Stadt wahrnehmen. »Aber Sie müssen wiederkommen«, fügt er hinzu, »und dann müssen Sie besonders zu den Frauen sprechen.«

Aber ich werde nicht so bald wiederkommen. Die Fronten zwischen Iran und den USA verhärten sich wieder. Erneut erfolgen mehrere Todesurteile über Regimegegner. Unter diesen Umständen kann ich es nicht verantworten, in Teheran weitere friedliche Dialoge zu führen. Nach einiger Zeit höre ich auch, Mohammad Khatami und gemäßigte Kräfte hätten stark an Einfluss verloren. Und doch ist das noch nicht das Ende der Entwicklungen.

Im Jahr 1997 wird Khatami überraschend zum Staatspräsidenten gewählt – vor allem mit den Stimmen der Frauen und der Jugend! 2001 wird er für weitere vier Jahre wiedergewählt. Neue Perspektiven für den Dialog der Kulturen und der Religionen eröffnen sich damit – zunächst. Doch leider nutzt er die geballte Kraft des Volkes nicht und wird auch von den USA nicht entsprechend unterstützt, um ein demokratisches Regime durchzusetzen. Mitte Juli 2000 kommt er auf Einladung des damaligen Bundespräsidenten JOHANNES RAU zum Staatsbesuch nach Deutschland. Am 12. Juli diskutiere ich mit ihm und Professor van Ess auf einem Podium in dem von einem Überaufgebot von Polizei abgeriegelten Stadtschloss von Weimar über »Dialog der Zivilisationen«. Auch hier schneide ich die Bahai-Frage an. Als ich insistiere, sagt Khatami: »Der große Gelehrte Hans Küng spricht wie ein Außenminister!« Ich: »Keineswegs, ich rede wie ein Theologe und nicht wie ein Außenminister«. Er: »Gut so, als Außenminister wären Sie mir auch zu schade!« Großes

Gelächter im handverlesenen deutsch-iranischen Publikum. Nachher begibt man sich gemeinsam zum neu errichteten Erinnerungsdenkmal für den großen persischen Dichter Hafiz (14. Jh.) und seinen Dialogpartner Goethe (»West-östlicher Divan«, 1819), das für diesen Anlass errichtet worden war.

Gerade ein Jahr zuvor hatte ich eine sehr beeindruckende Begegnung, bei der mir die Schwierigkeiten vieler Frauen in islamischen Ländern drastisch vor Augen geführt wurden: mein *Auftritt mit Waris Dirie auf der Frankfurter Buchmesse 1999*. Das 13-jährige Nomadenmädchen aus Somalia war geflohen, um der Zwangsverheiratung zu entgehen, und zwar zu Fuß in die Hauptstadt Mogadischu. Dank der Vermittlung ihrer Großmutter kommt sie nach London. Ständig auf der Flucht vor ihrer drohenden Abschiebung, wird die hochgewachsene Schönheit schließlich von einem Starphotographen entdeckt und avanciert in New York zum gefragten Topmodel. Erst in London ist ihr aufgegangen, dass das schmerzhafte Ritual der genitalen Verstümmelung von Frauen, das auch sie erleiden musste, keineswegs allgemein üblich ist. Ich bewundere die schöne Frau, mit welcher Verve sie sich am 14. Oktober 1999 auf der Frankfurter Buchmesse nach meinem Referat einsetzt für die körperliche Unverletzlichkeit der Frau. Durch ihre Bestseller-Autobiographie »Wüstenblume«, die später auch verfilmt wird, kämpft sie gegen diese Beschneidung an. Sie legt auch mir gegenüber deutlich dar, dass die Beschneidung von Frauen weder im Koran noch in der Bibel vorkommt. In der Tat ist es ein uralter Brauch, der in Afrika und im Nahen Osten zum Teil verbreitet ist. Er ist vor-islamischen Ursprungs und nicht vom Islam vorgeschrieben. Es wäre zu überprüfen, ob sich dies nicht auch mit der Zwangsverheiratung und ähnlichem so verhält.

Paradigmenwechsel im Islam

Selbstverständlich habe ich in all den Jahren die weitere religionswissenschaftliche Forschung nicht vernachlässigt. Für das Sommersemester 1986 hatte ich eine »Theologie für den Frieden« angekündigt. Und nachdem ich schon seit Langem die Paradigmenwechsel im Christentum erarbeitet und mir auch einen Überblick über die Paradigmenwechsel im Judentum verschafft habe, wage ich mich zum ersten Mal an die schwierige Thematik der Paradigmenwechsel im Islam.

Wie im römischen Katholizismus so herrscht auch im Islam vielfach die Überzeugung, dass hier keine wesentlichen Umbrüche stattgefunden hätten. Doch lässt ein Blick in die Geschichte des Islam seit 622 einige der Umbrüche leicht erkennen. Aber ganz einfach ist es doch nicht, die einzelnen epochalen Konstellationen des Islam nachzuzeichnen. Ich frage deshalb meinen Kollegen van Ess, ob er mir nicht kurz die hauptsächlichen Paradigmenwechsel skizzieren könne. Doch zu meinem Erstaunen sagt er mir: »Das müssen Sie schon selber machen. Ich stecke da zu sehr im Wald der Forschung, als dass ich so leicht die großen epochalen Konstellationen unterscheiden könnte.« Wenn ich mein Schema erstellt hätte, würde er es gerne überprüfen.

So setze ich mich denn erneut hin und studiere noch genauer die Geschichte des Islam und sehe mich mit der Zeit in der Lage, ein Schema dieser epochemachenden Konstellationen aufzuzeichnen, die sich unterschwellig und oft durchaus sichtbar bis heute erhalten haben. Jedenfalls hatte mein Kollege van Ess nachher nur eine einzige, allerdings gewichtige Korrektur anzubringen: zwischen dem Propheten und den vier rechtgeleiteten Kalifen solle ich besser keinen Paradigmenwechsel postulieren; sie würden allesamt in derselben Gesamtkonstellation der Urgemeinde von Mekka und Medina operieren.

Mir selber ging später in meinem Studium der Geschichte des Islam auf, dass nach dem Mongolensturm und mit dem Ende des Kalifats von Bagdad (1258) ein weiteres Paradigma sich abzeichnet, welches ich nach seinen beherrschenden Gruppierungen das Ulama-Sufi-Paradigma nenne. So ergeben sich denn merkwürdigerweise auch im Islam wie schon im Judentum und Christentum – ohne Spekulationen, auf rein empirischer Basis! – *sechs Paradigmen*: 1. das urislamische Gemeinde-Paradigma (Mekka-Medina: 622–661), 2. das arabische Reichs-Paradigma (der Omaijaden in Damaskus: 661–750), 3. das klassisch-islamische Weltreligions-Paradigma (der Abbasiden in Bagdad: 750–1258), 4. das Ulama-Sufi-Paradigma (13.–18. Jh.), 5. das Modernisierungs-Paradigma im 19./20. Jahrhundert und schließlich 6. das zeitgenössische (nachmoderne?) Paradigma.

Doch es sollte nach den Bänden über das Judentum (1991) und das Christentum (1994) noch zehn Jahre dauern, bis ich den Ertrag meiner historisch-systematischen Untersuchungen gedruckt vorlegen konnte im dritten Band meiner Trilogie »Zur religiösen Situation der Zeit«: »Der Islam. Geschichte, Gegenwart, Zukunft« (2004). Auf der Frankfurter Buchmesse stelle ich am 6. Oktober 2004 mein Buch vor, verbunden mit einem öffentlichen Dialog mit meinem Freund Ahmed Kamal Aboulmagd, Professor der Rechtswissenschaften an der Universität Kairo. Der Arabische Pavillon ist überfüllt von meist arabischem Publikum; der

Messeschwerpunkt dieses Jahres ist nämlich die arabische Welt. Vorgestellt werden wir von IBRAHIM EL MOALLEM, Präsident der Arabischen Verleger-Union. Wir stimmen in der Diskussion darin überein, dass Muslime wie Christen vor der zentralen Frage stünden, wie sie aus dem Mittelalter kommend mit der Moderne fertigwürden, dass aber beide Religionen jedenfalls in wesentlichen Aussagen des Ethos übereinstimmten. Im Jahr 2007 erscheint eine Nahost-Ausgabe meines Buches in englischer Sprache bei der American University in Cairo Press, veranlasst von dem mit mir befreundeten amerikanischen Verleger WERNER MARK LINZ, mit dem ich schon früher gut zusammengearbeitet habe. Bei dieser Gelegenheit überrascht mich Ibrahim el Moallem mit einer kleinen Sammlung auf Arabisch einiger meiner Vorträge oder Aufsätze über Islam und Weltethos: »Shared Ethical Values of Religion«.

Anlässlich der Veröffentlichung dieses Buches organisiert der Verlag in Kairo vom 30. November bis 4. Dezember 2007 ein höchst intensives Programm für mich. Es beginnt mit einem Interview für die führende ägyptische Zeitung »Al-Ahram« und einem Empfang beim Schweizer Botschafter. In den nächsten Tagen folgt: ein Gespräch mit dem mir schon lange bekannten Religionsminister Professor MAHMOUD ZAKZOUK über die religiöse Lage in Ägypten. Dann ein öffentlicher Vortrag an der Amerikanischen Universität Kairo »Challenges to Islam, Christianity, and Judaism in Today's Global Crises«. Am nächsten Tag ein Seminar für die Studenten. Interessant für mich ist dann vor allem ein »Interfaith Colloquium« zum Buch »Der Islam«, an welchem über 50 Professoren und Fachleute teilnahmen. Bei allen Veranstaltungen treffe ich auf großes Wohlwollen und habe keine nennenswerten Schwierigkeiten. Das Presseecho sowohl in englischer wie arabischer Sprache ist aufgrund der vielen Interviews, die ich gewähre, überwältigend.

Noch am 4. Dezember fliege ich von Kairo nach *Damaskus* weiter, wo das dortige Goethe-Institut und der syrische Verlag Dar al-Fikr für mich einen Vortrag im großen Saal der Al-Assad-Bibliothek organisiert haben. Mein Partner im Dialog ist der, wie man mir sagte, bedeutendste muslimische Gelehrte Syriens, Scheich RAMADAN AL-BUTI. Al-Buti wollte vor mir reden und holt ziemlich weit aus, indem er aufzeigt, wie sehr der Islam für den Frieden engagiert sei. Aber plötzlich kommt er auf Israel zu sprechen, und da wird seine Stimmung wenig friedlich. Er polemisiert mit aller Macht nicht nur gegen die israelische Politik, sondern den Staat Israel überhaupt und schreckt auch vor falschen Verdächtigungen nicht zurück. Mir ist es peinlich, neben ihm auf dem Podium zu sitzen, streng beobachtet von ungefähr 700 Zuhörern, von denen viele sogar auf den Treppen sitzen. Die Stimmung heizt sich auf, und ich überlege mir ständig, wie ich auf diese Polemik antworten soll: Gehe ich darüber hinweg, wird man mich der Feigheit anklagen, ich hätte Israel nicht zu verteidigen gewagt; gehe ich aber direkt darauf ein, ist ein Eklat unvermeidlich und die Folgen in der angespannten Situation unübersehbar. Da hilft mir meine Paradigmenanalyse: Ich kann ruhig und sachlich deutlich machen, dass die Geschichte Israels verschiedene Konstellationen aufweist, wie das Christentum und der Islam, und dass man folglich differenziert urteilen muss. Auf diese Weise ist es mir möglich, die gegenwärtige Konfliktsituation von der Geschichte her verständlich zu machen und für den Frieden zu werben, ohne unaufrichtig zu sein, und ich erhalte dafür nachhaltigen Beifall. Ich bin heilfroh, das ganze Abenteuer überstanden zu haben. Noch in derselben Nacht, am 6. Dezember um 3 Uhr, fliege ich von Damaskus nach Kairo und nach ein paar Stunden weiter über Paris nach Stuttgart.

Bei meinem kurzen Aufenthalt in Syrien konnte ich noch keine spürbaren revolutionären Bewegungen feststellen, aber vier Jahre später kommt es im Verlauf des Arabischen Frühlings auch in Syrien zum Konflikt zwischen dem herrschenden diktatorischen Regime des Alawiten Baschar al-Assad und verschiedenen Oppositionsgruppen, der dann tragischerweise zum Bürgerkrieg führt. Das Land ist 2013 in einem schon zwei Jahre dauernden Selbstzerstörungsprozess begriffen, der ausweglos zu sein scheint.

Eine sehr schöne Anerkennung erhalte ich, nicht nur für mein Buch, sondern für mein Lebenswerk im christlich-muslimischen Dialog und zwar an der Georgetown University, Washington D.C. Dort werde ich am 18. November 2008 mit dem zum ersten Mal verliehenen »Prince Alwaleed Bin Talal Award« geehrt. Mein damit verbundener Vortrag: »Challenges to Islam, Christianity and Judaism in Today's Global Crisis«. Ich bin vor allem Professor John Esposito dankbar, dem Gründungsdirektor des Prince Alwaleed Bin Talal Center for Muslim-Christian Understanding. Er hätte den Preis auch selber verdient, hat er doch sein ganzes Leben dieser Aufgabe gewidmet.

Zwischen Mittelalter und Moderne: Saudi-Arabien

Nach Mekka und Medina kann ich als Nicht-Muslim leider nicht reisen. Umso wichtiger war für mich eine Einladung nach Saudi-Arabien vom 12. bis 16. Mai 1990. Sie kam auf Vermittlung des ägyptischen Professors

Elsayed Elshahed zustande, der mich in Tübingen verschiedentlich besucht hatte und mir eine Einladung des King Faisal Center for Research and Islamic Studies in der Hauptstadt Riad zukommen lässt. Ich werde am Flughafen Riad höchst freundlich empfangen, stelle aber zu meinem Schrecken fest, dass mein Koffer nicht mitgekommen ist. Tatsächlich folgt mir dieser immer einen Tag zu spät auf der ganzen Reise, die mich noch nach Dschidda, Amman und Jerusalem führt. Zum Glück entschließe ich mich schon in Riad, mir einen neuen Anzug und einiges mehr zuzulegen. Mein Koffer, erfreulicherweise ungeöffnet, holt mich erst in Tübingen wieder ein.

Am Montag, den 14. Mai 1990, treffen wir uns am Morgen im Islamic Studies Department der King Saud University zu einem ersten Kennenlernen. Der Kontakt wird erleichtert durch meine Eingangserklärung, ich sei weder als Missionar noch als Orientalist nach Arabien gekommen, sondern als Gelehrter und am Frieden zwischen den Religionen interessierter Christ. Anschließend folgt ein Mittagessen beim deutschen Botschafter, an dem auch mein Gastgeber, Dr. Zaid al-Hussain, der Generalsekretär des King Faisal Center for Research and Islamic Studies, teilnimmt. Am Nachmittag zeigen mir die saudischen Gastgeber den rekonstruierten Empfangspalast des alten Riad und den großartigen modernen königlichen Empfangspalast. Doch bald fällt mir auf, wie der mich begleitende Dr. al-Hussain im Auto eifrig Telefongespräche auf Arabisch führt. Erst später wird mir klar: Es geht um meinen für denselben Abend angekündigten öffentlichen Vortrag über »Das ursprüngliche Christentum zwischen den Evangelien und dem Koran«. Nach stundenlangem Hin und Her fällt die Entscheidung: Der Vortrag muss abgesagt werden.

Dies ist nicht gegen mich gerichtet, sondern geschieht aus Furcht vor Protesten und möglicher Unruhe im Saal. Man bringt mir das schonend bei: Der Vortrag finde stattdessen im privaten Rahmen statt. Etwa 30 Personen versammeln sich in einem großen Wohnzimmer und stellen mir Fragen, die ich nicht in erster Linie erwartet habe: nicht zur aktuellen Situation oder zum Verhältnis zwischen Muslimen und Christen, sondern hochdogmatische Fragen zur Trinität, zur Inkarnation, zur Kirche usw. Alles verläuft in größter Freundlichkeit, und ich verbringe danach eine ruhige Nacht.

Am nächsten Tag geht es im Flugzeug nach Dschidda am Roten Meer, wo ich nach einer Fahrt am wunderbaren Strand entlang eine Unterredung mit dem Generalsekretär der Muslimischen Weltliga, Dr. Abdullah Naseef, habe. Ich versuche ihn auf das gemeinsame Ethos von

Islam und Christentum anzusprechen, ohne feststellbare Wirkung. Einen netten familiären Aspekt erhält mein Aufenthalt dadurch, dass in meinem Hotel mein Neffe Beat in leitender Stellung tätig ist. Er erzählt mir unter anderem, dass in diesem Hotel zeitweise feuchtfröhliche Feste mit den königlichen Prinzen gefeiert würden. Deren Paläste bekomme ich freilich nur von außen zu sehen. Tags darauf fliege ich weiter nach Amman, wo mich Kronprinz HASSAN BIN TALAL in seinen Palast zum Essen einlädt; wie immer tauschen wir unsere Erfahrungen aus und können viele Gemeinsamkeiten in unserem Einsatz für den interreligiösen Dialog feststellen. Meine Reise endet in Jerusalem, worüber ich im folgenden Kapitel über das Judentum berichten werde.

Eine ähnliche Enttäuschung wie in Riad erlebe ich am 7. September 1990 in Bamberg: Da sollte auf Initiative von Dr. ABDULLAH AT-TURKI, Rektor der Ibn Saud Islamic University (Riad), eine Arbeitsgemeinschaft für wissenschaftliche Islamforschung gegründet werden. Von deutscher Seite nehmen unter anderem die bekannten Islamologen FRITZ STEPPAT, ROTRAUD WIELANDT und ANGELIKA NEUWIRTH teil. Professor Elshahed stellt das Projekt vor. Wir verabschieden uns freundlich, aber von den saudischen Partnern haben wir nie mehr etwas gehört. Offenkundig war auch dieses Unternehmen auf Weisung von oben abgeblasen worden.

Islam mit mystischem Hintergrund: Indonesien

Ein sehr viel freundlicheres Gesicht als in Iran zeigt der Islam in jenen Gebieten, die nicht aufgrund einer militärischen Eroberung islamisch wurden, sondern aufgrund einer missionarischen Durchdringung. Das betrifft neben Teilen Indiens und Schwarzafrikas vor allem Indonesien. Dort haben einzelne *Sufis* (Asketen oder Mystiker), die aber nach wie vor ihren Beruf ausüben und Familien haben, missionarisch gewirkt, oft aber auch ganze Sufigemeinschaften, die unter einem Scheich als geistlichem Führer ordensmäßig organisiert sind, mit Ordensregeln, Ordensoberen, Ordenstracht. Oft ist es ein ganzes Netzwerk mit Sufizentren, die sozialkaritativ und missionarisch tätig sind.

Ich hatte Indonesien schon 1971 besucht (vgl. Bd. 2, Kap. V: Indonesien: toleranter Islam), aber es hat sich vor allem in den letzten zwei Jahrzehnten gewaltig verändert. Im Jahr 2010 hatte ich mich auf Anregung des Eidgenössischen Departements für auswärtige Angelegenheiten (EDA) für öffentliche Vorträge und Dialogveranstaltungen in Indonesien verpflichtet (25. April – 2. Mai). Die charmante und politisch aufgeschlossene schweizerische Außenministerin MICHELINE CALMY-REY hatte mich schon anlässlich ihrer Laudatio für meinen »Lew Kopelew Preis für Frieden und Menschenrechte« am 3. Dezember 2006 in Köln, wohin sie eigens im Regierungsflugzeug angeflogen kam, um diesen Dienst gebeten.

Mein Besuch in Indonesien wird in exzellenter Weise vom schweizerischen Botschafter HEINZ WALKER-NEDERKOORN und seinem engagierten Assistenten GEORG STEIN vorbereitet. Ich freue mich nach Yogyakarta und Jakarta zurückzukehren, die sich beide unterdessen zu großen Städten entwickelt haben. In Jakarta, begleitet von Dr. Stephan Schlensog, halte ich zwei öffentliche Vorlesungen und Vorträge vor zahlreichem und gemischtem Publikum aus der Diplomatie und den Religionsgemeinschaften. Im zweiten Vortrag vor Professoren und Studierenden der State Islamic University (UIN) ist die Reaktion des Publikums wie auch das Presse-Echo – trotz meiner auch mitunter kritischen Äußerungen – überaus positiv.

Herausragend ist ein Besuch beim indonesischen Religionsminister, wo wir uns intensiv über die multireligiöse Situation Indonesiens austauschen und über die Möglichkeiten der Weltethos-Thematik im schulischen Bereich sprechen. Die Verantwortlichen dort zeigen sich sehr interessiert. Aufschlussreich sind auch mehrere Gespräche mit Vertretern islamischer Gruppen und NGOs. Besonders gefreut hat mich die überaus freundliche Aufnahme meines Vortrags und lebhafte Diskussion in einer der großen eher traditionellen Koranschulen mit Internat (Pesantren Community). Interessant ist vor allem die große Bandbreite von theologischen und religionspolitischen Fragestellungen, die unter den Muslimen Indonesiens diskutiert werden.

Der zweite Teil der Reise führt uns nach Yogyakarta, der bedeutendsten Universitätsstadt Indonesiens. Auch dort halte ich einen gut besuchten öffentlichen Vortrag an der Gadjah Mada University; ferner haben wir ein Gespräch mit dem Vizegouverneur (in Vertretung des erkrankten Sultans) und führen Gespräche mit anderen Gelehrten. Schade nur, dass der frühere Staatspräsident ABDURRAHMAN WAHID inzwischen gestorben war; ich erinnere mich noch gut an das Gespräch und ein schönes Abendessen mit ihm in Amman auf Einladung des Kronprinzen Hassan von Jordanien.

Erfreulicherweise reicht es noch zu meinem zweiten Besuch des Borobudur, dem großartigsten buddhistischen Bauwerk in Indonesien. Zurück in Jakarta findet die Reise ihren guten Abschluss mit einem erneuten

Abendessen in der Schweizer Botschaft, an dem auch wichtige Publizisten und herausragende Vertreter von NGOs teilnahmen. Dort lerne ich Abdurrahmans sympathische Tochter Jenny Wahid kennen, die eine große und einflussreiche Stiftung leitet und sehr großes Interesse an der Weltethos-Thematik zeigt. Umso bedauerlicher ist, dass nach unserer Abreise von Indonesien dort nicht viel für das Weltethos geschieht. Der vorgesehene Repräsentant tut trotz großer Versprechungen wenig, und wir in der Stiftung sind mit vielen anderen Dingen überbeschäftigt. Wir müssen wohl auf eine neue Gelegenheit warten, um das Projekt Weltethos in Indonesien voranzubringen.

Welch großes Interesse das Thema »Islam« allenthalben findet, zeigt das Beispiel einer besonders ehrenvollen Einladung nach London im Jahr 2008: Mein alter Freund Norman St John, Lord of Fawsley, der schon Jahrzehnte zuvor meinen Vortrag an der London School of Economics moderiert hatte, lädt mich für den 16. Juni 2008 zu einem Vortrag vor einer Gruppe des Britischen Oberhauses ins Portcullis House des Parlaments ein. Als Thema wählte ich »Islam – Challenges and Hopes«. Leider war dies auch das letzte Mal, dass ich meinen Freund Norman gesehen habe; er starb drei Jahre darauf.

Auf dem Weg in die Moderne: Oman

Wie das Judentum und das Christentum ist heutzutage auch der Islam aufgrund der modernen Entwicklung konfrontiert mit seinem eigenen mittelalterlichen Paradigma. Wie hält er es mit dem mittelalterlichen Recht, der mittelalterlichen Theologie, der mittelalterlichen Gesellschaftsordnung? Und wie verhält er sich zu den modernen Errungenschaften?

Vor welch riesigen Herausforderungen gerade arabische Länder stehen, konnte ich studieren am Sultanat Oman im Osten der Arabischen Halbinsel. Bis zur Mitte des 20. Jahrhunderts war dieses Land vielleicht das abgeschlossenste und rückständigste in der Welt des Islam: Nur gut 20 Kilometer Asphaltstraße, die Stadttore der Hauptstadt Maskat nachts geschlossen, mittelalterliches Strafrecht … Schon in den 90er-Jahren hatte ich das Land zum ersten Mal kennengelernt und gestaunt über das, was ich sah und hörte: ein ständig wachsendes Netz von Straßen und Autobahnen, von Schulen und Krankenhäusern, schöne öffentliche Gebäude und Privathäuser. Anders als im angrenzenden Saudi-Arabien dürfen in Oman Frauen Auto fahren, im Symphonieorchester mitspielen, alle möglichen Positionen und auch hohe Staatsstellen besetzen. Oman verdankt diese erstaunliche Modernisierung nach Maß der Weisheit und Tatkraft seines aufgeklärten und allgemein beliebten Herrschers, Sultan Qabus bin Said. Dieser hatte 1970 seinen traditionalistischen Vater abgelöst und gezeigt, wozu ein arabisches Land fähig ist. Selbstverständlich kann Oman beim gegenwärtigen Stand der Demokratisierung nicht stehen bleiben. Das Bedürfnis nach besserer Partizipation des Volkes in den politischen Einrichtungen und der Gleichberechtigung der Frauen ist auch hier weit verbreitet.

Ich reise gerne nach Oman, nicht nur weil das Land mit seinen Gebirgen, Wüsten und Stränden landschaftlich sehr eindrucksvoll ist, sondern auch weil die Menschen außerordentlich liebenswürdig sind. Das hat auch mit ihrer Religion zu tun: Sie sind Muslime eigener und durchaus sympathischer Art. Sie sind weder Sunniten noch Schiiten, sondern gehören zur dritten Gruppe, den Charidschiten, die wieder neu auf den Koran, als den für alle Muslime unverrückbaren Maßstab zurückkommen wollen. Ihr wichtigster Zweig sind die *Ibaditen*, vielfach Kaufleute, die den Fernhandel von Nordafrika bis nach Oman und Indien in den Händen haben. Ihnen ist das Ideal der Gleichheit wichtig, und die Frauen haben bei ihnen seit jeher verhältnismäßig viel Einfluss. Sie verabscheuen den Hass gegenüber den anderen Gruppen und sind bekannt dafür, dass sie einen Muslim, der sich zur Flucht gewandt hat, nicht verfolgen. Frühe Entwicklungen zu einer Praxis der Gewaltlosigkeit sind sichtbar und zeigen sich auch heute in einer friedlichen Außenpolitik nach allen Seiten. Und in einem besonderen Interesse am interreligiösen Dialog.

Als man im Religionsministerium vernimmt, ich sei in Oman, lädt mich Scheich Abdullah bin Mohammed Al-Salmi, Minister für Stiftungen und religiöse Angelegenheiten, ein. Er und sein Neffe Dr. Abdulrahman Al-Salmi, Herausgeber der Kulturzeitschrift »Al-Tasamoh« (»Toleranz«), und ich werden rasch Freunde. Es ist für mich ein großes Privileg, im großen Hotel Al Bustan vor hohen omanischen Würdenträgern, darunter der Mufti und mehrere Minister, einen Vortrag zu halten über den Religionsfrieden als Voraussetzung des Weltfriedens. Später spreche ich verschiedentlich auch in der großen Sultan-Qabus-Moschee in Maskat. Überall dient Professor Redwan Sayed aus Beirut als kundiger Übersetzer und Interpret. Mehrfach bin ich auch privat in das Haus des Ministers eingeladen und habe umgekehrt ihn zu Gast in meinem Haus in Tübingen. Einen Höhepunkt unserer Beziehungen bildet zweifellos ein wissenschaftlicher Kongress an der Universität Tübingen 2011, organisiert von meinem Kollegen Heinz Gaube, der seit seiner Emeritierung hauptsächlich als Forscher in Oman lebt. Er hat es erreicht, dass mehrere Dutzend Spezialisten aus aller Welt in Tübingen zusammenkommen, welche die Wirkung Omans nach außen und die Sicht der Außenwelt auf Oman und die Ibaditen behandeln.

Der »Arabische Frühling«: Tunesien

Im November 1998 bin ich wieder einmal in Tunesien – dieses Mal im Rahmen des Projekts »Spurensuche« für Aufnahmen unseres Films über den Islam. Wir hatten vorher in Marseille gedreht, und die Crew war direkt von Marseille nach Tunis geflogen. Ich selber muss zwischendurch als Sondergast von Bundespräsident ROMAN HERZOG am Staatsbesuch in Israel und Jordanien teilnehmen und fliege deshalb nach Berlin zurück.

Beim Flug von Berlin nach Amman löst die Meldung Verwunderung in der Präsidentenmaschine aus, dass unserem Filmteam auf dem Flughafen in Tunis alle Geräte beschlagnahmt worden seien. Am 16./17. November 1998 besuchen wir Beerscheba und Jerusalem und treffen bei Jericho mit Palästinenserpräsident JASSIR ARAFAT zusammen, bevor wir nach Amman weiterfahren. Doch nehme ich schon am 18. November ein Flugzeug von Amman nach Tunis, wo ich mein etwas deprimiertes Team wiederfinde. Geduldige diplomatische Verhandlungen, die ich frohgemut auf Französisch mit dem Chef des tunesischen Sicherheitsdienstes führe, verschaffen uns schließlich doch die Dreherlaubnis in Tunesien: in Tunis selbst, dann in Monastir sowie in Douz in der Sahara. Aber ich kann jetzt besser verstehen, warum so viele Tunesier sich beklagen über die autoritär-totalitäre Dauerherrschaft von Präsident Ben Ali (seit 1987). Immerhin kann ich an der Académie tunisienne des sciences, des lettres et des arts (Beit al-Hikma) am 26. November 1998 einen Vortrag halten zum Thema »Projet d'éthique planétaire«.

An diese schwierige Geschichte erinnere ich mich, als in Tunis im Jahr 2011 die Revolte der Jugend ausbricht, in der Folge der Selbstverbrennung des MOHAMED BOUAZIZI, eines Studenten, der sein Geld als Gemüsehändler verdienen muss, aber von der Polizei misshandelt und in den Tod getrieben wird. Mithilfe des Internets und der sozialen Netzwerke beginnt auf diese Weise der »Arabische Frühling« in Tunesien, aber auch in Ägypten und Libyen. Autoritäre Herrscher wie Ben Ali, Mubarak und Gaddafi hatten das Vertrauen des Volkes verloren und müssen für ihre undemokratische und oft grausame Herrschaft teuer bezahlen. Gaddafi wird von Aufständischen umgebracht, Mubarak steht vor Gericht, und

Ben Ali, der nach Saudi-Arabien floh, wird mehrfach in Abwesenheit verurteilt. Aber auch die neu durch demokratische Wahlen an die Macht Gekommenen können das Vertrauen des Volkes schnell wieder verlieren, wie sich dies im Juli 2013 in Ägypten bei der dramatischen Absetzung des islamistischen Präsidenten MOHAMMED MURSI zeigt.

Lange Zeit hat man behauptet, Islam und Demokratie würden sich gegenseitig ausschließen. Die Menschenrechte werden in der Tat mit Berufung auf das islamische Gesetz vor allem Frauen und Nichtmuslimen vorenthalten. Aber es gibt in der islamischen Welt auch positive Entwicklungen. Ich hatte schon lange auf einen Wandel gewartet, nicht zuletzt aufgrund meiner Erfahrungen in der Türkei.

Das Laboratorium für islamische Demokratie: Türkei

Die ganze islamische Welt verfolgt schon seit Langem mit großer Spannung die Entwicklung in diesem strategisch wichtigen Land, wo nach dem Ersten Weltkrieg der Islam eine radikale Reform zu überstehen hatte, wo aber nach dem Zusammenbruch des Sowjetsystems auch die Grenzen der kemalistischen Säkularisierung sichtbar werden. Ich habe sowohl der meines Erachtens unumgänglichen Revolution unter KEMAL ATATÜRK wie auch dem Umschwung unter RECEP TAYYIP ERDOĞAN in meinem Islambuch ausführliche positive Kapitel gewidmet.

Meine Bestürzung ist deshalb groß, als ich im Juni 2013 – ich lege gerade letzte Hand an das Manuskript dieses Bandes – über die Medien miterlebe, wie hilflos und stur Erdoğan mit der Protestbewegung in der Türkei umgeht. Die berechtigten Forderungen hunderttausender Bürger nach mehr Demokratie und weniger autoritärem Regieren setzt er fatalerweise mit »Terrorismus« gleich. Wirtschaftlich hat Erdoğan zweifellos sehr viel für das Land erreicht, doch politisch wird sein Demokratiedefizit im Augenblick der Bewährung nur allzu offenbar. Hoffen wir, dass er nicht tragischerweise zum Totengräber seines eigenen Experiments wird!

Gerne habe ich auch Einladungen zu Vorträgen in der Türkei angenommen. Eine besondere Ehre bedeutete für mich die Einladung der Stadtverwaltung von Istanbul, wo ich am 17. Februar 2007 vor prominentem Publikum einen Vortrag über Bedeutung und Wirkung des Projekts Weltethos halte. Ich finde dabei besonders viel Verständnis beim zuständigen Minister für religiöse Angelegenheiten Prof. MEHMET AYDIN und bei Prof. KENAN GÜRSOY, mit denen ich lange Gespräche führe.

Ich konnte bei diesen Vorträgen und Gesprächen auch berichten, wie mein Islam-Film seinen krönenden Abschluss gerade hier in Istanbul nimmt: mit großartigen Aufnahmen der Bosporus-Brücke aus dem Helikopter. Damals hatte ich bei der Auffahrt zur Brücke mein Statement zu sprechen, weil man nur von dort die ganze Brücke sieht. Und da war die Polizei von Istanbul so freundlich, für kurze Zeit den Verkehr anzuhalten, damit ich ungestört mein zweiminütiges Statement sprechen konnte. Es ist allerdings sehr schwierig, einen bis aufs Wort vorbereiteten Text ohne Manuskript und Teleprompter so präzis zu sprechen, dass er noch spontan wirkt – und zwar in einem Zug bis zum Ende. Der Verkehr wird also von der Polizei angehalten, ich spreche mein Statement, alles gelingt gut – bis zum letzten Satz, da verliere ich den Faden. Welche Enttäuschung! Der Verkehr muss wieder fließen, aber nach zehn Minuten hält die Polizei erneut den Verkehr an, ich halte das Statement noch einmal und diesmal gelingt es bis zum Ende. Spontan klatscht diesmal auch meine von Fernsehabenteuern hartgesottene Crew Beifall.

In meinem Statement fragte ich: »Was wird die Zukunft sein für den Islam hier und in anderen Ländern, wer werden die Erben sein dieser 1300-jährigen Religion und Kultur?
– Werden es die *Modernisten* und *Säkularisten* sein, die meinen auf Islam, Religion überhaupt verzichten zu können?
– Oder aber die *Traditionalisten* und *Fundamentalisten*, die mit einer genauen Befolgung der religiösen Schriften meinen diesen Gesellschaften wieder ein neues geistig-moralisches Fundament geben zu können?«

Meine Hoffnung war und ist, »dass sich weder die einen noch die anderen voll durchsetzen. Sondern dass diejenigen wieder größeres Gewicht bekommen, die die Substanz des Islam *bewahren* wollen, aber zugleich die Botschaft des Korans *in die heutige Zeit* hinein zu *übersetzen* versuchen. Also weder ein gottloser Säkularismus noch ein weltfremder Fundamentalismus. Vielmehr eine Religion, die gerade dem Menschen von heute wieder einen Sinnhorizont, ethische Maßstäbe und eine geistige Heimat zu vermitteln vermag. Eine Religion jedenfalls, die nicht trennt und spaltet, sondern eine Religion, die verbindet und versöhnt.«

Was ich an der Bosporus-Brücke über Islam und Christentum sagte, gilt auch für alle anderen Religionen: »Was unsere Zeit vor allem braucht, sind *Brückenbauer*, Brückenbauer im Großen und im Kleinen. Brückenbauer, die bei allen Schwierigkeiten, Gegensätzen, Konfrontationen doch das *Gemeinsame* sehen: das Gemeinsame vor allem in den ethischen Werten und Haltungen. Die sich zu diesen gemeinsamen ethischen Werten und Maßstäben bekennen – und sie auch zu leben versuchen.«

Voraussetzung für einen echten Dialog ist gegenseitige Information. Und Information führt normalerweise zur gegenseitigen Herausforderung. Und diese Herausforderung führt, wenn sie in der richtigen Weise aufgenommen wird, schließlich zur gegenseitigen Transformation. Dialog als gegenseitige Information, Herausforderung und Transformation: Dies gilt auch – und hier stellen sich noch ganz andere Fragen – für den Dialog mit der Welt des Judentums.

Szenenwechsel.

VI. Meine Welt des Judentums

»In Jerusalem war ich Zeuge eindrucksvoller Bemühungen um gegenseitiges Verständnis und die Koexistenz von Juden, Christen und Muslimen. Jede Gruppe war bestrebt, alle anderen zu verstehen und gleichzeitig der eigenen Identität treu zu bleiben. Ich muss zugeben, dass dies keine Massenbewegung war. Bemühungen dieser Art waren ziemlich begrenzt und bekamen keine großen Schlagzeilen. Doch allein dass es sie gab, beweist, dass eine solche Verständigung möglich ist.«

Friedenspreisträger Teddy Kollek, Bürgermeister von Jerusalem (1965–93)

Das Judentum ist für mich als christlichen Theologen so grundlegend, dass ich es in meinem Buch »Christ sein« (1974) nicht einfach in den Horizont der Weltreligionen einordnete. Ist mir doch bewusst, dass das Judentum den Wurzelboden darstellt, aus dem das Christentum gewachsen ist. Denn Jesus, seine Familie, seine Jünger, seine Gebete, seine Bibel, sein Gottesdienst waren allesamt jüdisch. Und jüdisch war die Urgemeinde. Ohne Judentum kein Christentum. Doch ist mir auch klar: Zwischen Juden und Christen hat beinahe von Anfang an Feindschaft geherrscht. Aber diese Einsichten in das Verhältnis von Judentum und Christentum sind mir keineswegs von Jugend auf bewusst. Ich erinnere mich:

Erfahrungen mit dem lebendigen Judentum

Mein ursprüngliches Verhältnis zum Judentum war völlig unproblematisch gewesen. Wie im ersten Erinnerungsband berichtet, ist mein Großvater mit unserem jüdischen Nachbarn am Rathausplatz gegenüber, dem Tuch- und Kleiderhändler Siegmund Heimann, befreundet, und mein Vater mit dessen Sohn Leo, wie auch – bereits in der dritten Generation – meine Schwester und mein Schwager in Sursee mit dessen Sohn Kurt Heimann, der auch mir zum Freund wurde.

1942–48 – Kantonales Gymnasium Luzern: Selbstverständlich und unkompliziert war auch mein Verhältnis zu meinen beiden Klassenkameraden jüdischen Glaubens in Luzern, Michael Lepek und Saly Ungar. Von uns allen ohne Ausnahme werden sie freundlich behandelt; in meiner ganzen Gymnasialzeit kann ich mich an keine antisemitische Bemerkung erinnern. Der eine der beiden wurde Arzt, der andere Apotheker.

Aber über unseren verschiedenen Glauben haben wir damals wie auch später auf Klassenzusammenkünften nie gesprochen. Vom Ausmaß der Judenvernichtung im Nazideutschland hört man in der schweizerischen Bevölkerung erst gegen Ende des Krieges; der hoch geheim inszenierte Holocaust überstieg unser Vorstellungsvermögen, und erst die veröffentlichten Photos und genauen Berichte nach Kriegsende zeigten auch uns die Wirklichkeit dieser Katastrophe. Wie weit die Kirchen eine Mitschuld trifft an diesem größten aller Verbrechen gegen die Menschlichkeit, ist mir damals nicht bewusst.

1960 – »Konzil und Wiedervereinigung«: In meinem Buch zur Vorbereitung des Zweiten Vatikanischen Konzils hatte ich mich ganz und gar auf die innerkirchliche Erneuerung und die katholisch-protestantische Verständigung konzentriert und dem Verhältnis zum Judentum keine eigene Aufmerksamkeit gewidmet. Das ruft nach der Veröffentlichung der amerikanischen Ausgabe die heftige Kritik eines Rabbiners aus Chicago namens ARNOLD JACOB WOLF auf den Plan: Ich hätte das Vierte Laterankonzil 1215 als Reformkonzil gelobt, aber seine (mir in der Tat damals noch nicht bekannten) antijüdischen Maßnahmen mit Stillschweigen übergangen. Ob ich den ökumenischen Frieden zwischen Katholiken und Evangelischen »auf der Leiche des Juden« aufbauen wolle? Eine völlig unbegründete Unterstellung, aber eine überdeutliche Herausforderung, mich der Frage Kirche und Judentum eigens zu stellen.

1963 – Erste Vortragsreise durch die USA: Ich stehe mit 35 Jahren noch am Anfang meines Weges in der Theologie und habe mir zum Prinzip gemacht, mich nicht öffentlich zu Fragen zu äußern, die ich nicht gründlich studiert habe. Dazu gehört neben den Mariendogmen auch das Verhältnis der Kirche zum Judentum. Daher weiche ich diesbezüglichen Fragen möglichst aus. Doch sobald ich Zeit habe, studiere ich das Verhältnis Kirche und Judentum, und zu meinem großen Entsetzen erkenne ich hier – vor allem seit dem Hochmittelalter und den Kreuzzügen – eine *Geschichte von Blut und Tränen*: furchtbare Judenschlächtereien in Frankreich, im Rheinland, in Böhmen und in Palästina. Dann die Ausweisung der Juden aus England, Frankreich, Spanien, Portugal und die Vernichtung von 300 jüdischen Gemeinden im Deutschen Reich 1348/49. Schließlich die Pogrome der Neuzeit, besonders in Osteuropa Und alles bisher in der Menschheitsgeschichte Dagewesene überbietend die Schoah.

1964 – Blockade des Judendekrets im Konzil: In der dritten Konzilssession erhalte ich gegen Abend des 9. Oktober 1964 die vertrauliche Information, Papst Paul VI. habe unter Druck kurialer und anderer Kreise entschieden, die Erklärungen über die Juden und über die Religionsfreiheit im Konzil zu blockieren. Ich helfe am Tag darauf in Zusammenarbeit mit Joseph Ratzinger und Karl Rahner, gewichtige Kardinäle zu einem Protestschreiben an den Papst zu animieren, und informiere unter Missachtung der gebotenen Geheimhaltung die Weltpresse. Unsere Aktion hat Erfolg, die Judenerklärung bleibt – wie die Erklärung über Religionsfreiheit – auf der Tagesordnung des Konzils (Bd. 1, Kap. IX: Kampf um die Judenerklärung).

1965 – Schlussabstimmung über die Erklärung »Nostra aetate«: In der letzten Session des Zweiten Vatikanischen Konzils kommt es am 28. Oktober 1965 zur feierlichen Abstimmung über diese Erklärung, in der die Kirche erstmals in der Geschichte mit der Autorität eines Konzils ihr Verhältnis zu den nichtchristlichen Religionen darlegt: 2312 Bischöfe sind dafür und nur noch 88 dagegen (darunter sicher der harte Kern der Kurie). Eine epochale Wende gegenüber dem Judentum ist erreicht: Die Juden seien nicht verflucht, sondern blieben Gottes auserwähltes Volk. Jesu Tod könne weder allen damaligen und erst recht nicht allen heutigen Juden angerechnet werden. Die Kirche beklagt alle Erscheinungen des Antisemitismus und verwirft jede Diskriminierung aufgrund von Rasse, Hautfarbe, Stand und Religion und bekennt sich zur Brüderlichkeit aller Menschen unter dem einen Gott, dem Vater.

1966 – kirchlicher Antijudaismus als Voraussetzung des nationalsozialistischen Antisemitismus: Unterdessen hatte ich die entsetzliche Geschichte der Judenverfolgungen eingehend studiert und in meinen Kommentaren zur Judenerklärung wiederholt den Satz gebraucht: »Der nationalsozialistische Antisemitismus wäre nicht möglich gewesen ohne den Jahrhunderte langen Antijudaismus der christlichen Kirchen« (auch der lutherischen). Dies trägt mir den ersten geharnischten schriftlichen Tadel des damaligen Vorsitzenden der Deutschen Bischofskonferenz, Kardinal Julius Döpfner, ein. Ich antworte ihm mit einem ruhigen, aber bestimmten Brief. Leider kann ich gerade diese Korrespondenz in meinem Archiv nicht finden. Aber wichtiger ist vielleicht: Ich lege der Antwort an den Kardinal zur Begründung dieses Satzes das bereits fertiggestellte Kapitel C I,3 meines in Kürze erscheinenden Buches »Die Kirche« bei, in welchem ich die vielhundertjährige, unbeschreiblich entsetzliche Leidens- und Todesgeschichte dokumentiere, die im nazistischen Millionenmord am Judenvolk monströs kulminierte. Vonseiten des Vorsitzenden der Bischofskonferenz keine Antwort, aber auch keine Wiederholung seiner Mahnung.

1967 – zum ersten Mal in Jerusalem: Ich werde in einer Hotelhalle von einer jungen Schweizer Jüdin angesprochen: Was wir Christen denn eigentlich an diesem Christus Besonderes fänden, dessen Name sie hier in ihrer heiligen Stadt allüberall belästige und beunruhige. Es ging mir in diesem Moment auf, dass die konventionelle christliche Antwort, dieser Christus sei nun einmal nicht nur ein jüdischer Prophet, sondern der ewige Gottessohn, die zweite Person der Dreieinigkeit, das Gespräch beenden musste, bevor es begonnen hatte. Ich war zugegebenermaßen ein wenig hilflos und versuchte während einer halben Stunde zu entwickeln, was ich heute eine Christologie nicht »von oben«, vom Himmel hoch, von der Ewigkeit des Gottessohnes her, sondern »von unten«, von der jüdischen Erde, vom Juden Jesus von Nazaret her, nennen würde.

1967 – das Buch »Die Kirche« wird veröffentlicht: Es enthält ein langes Kapitel über den Jesus der Geschichte und macht deutlich, was Jesus eigentlich wollte, was die christliche Botschaft ist und was diese Botschaft von Jesus als dem Christus für die heutige Zeit bedeutet. Es war für mich eine faszinierende Erfahrung, die Gestalt Jesu von Nazaret zum ersten Mal von ihrem jüdischen Kontext her, zugleich in historischer Distanz und geschichtlicher Relevanz, dem heutigen Menschen wieder nahezubringen. Zum Jesus der Geschichte in scharfem Kontrast steht die furchtbare Geschichte des »christlichen« Antisemitismus, wie im Kapitel »Die Kirche und die Juden« ausführlich dargelegt. Immer deutlicher wird mir aber auch bewusst – nicht zuletzt in Auseinandersetzung mit der Gottesfrage (»Existiert Gott?«, 1978) –, dass der Dialog zwischen Christen und Juden zu einem »Trialog« zwischen Juden, Christen und Muslimen werden sollte.

1974 – jüdische und christliche Theologen versammelt: Das war ungewöhnlich in der christlichen Theologie, aber in der Internationalen Zeitschrift für Theologie »Concilium« konnte man es wagen: Als Direktoren der Sektion Ökumenismus gaben WALTER KASPER und ich das Heft 10 des Jahres 1974 über »Christen und Juden« heraus, in dem jedes Thema von einem jüdischen und einem christlichen Theologen behandelt wird. Programmatisch formuliere ich die Einleitung: »Vom Antisemitismus zur theologischen Begegnung«. Es ehrt die jüdischen und christlichen Kollegen, die diese frühe theologische Begegnung mitmachten.[1]

1978 – biblische Studienreise durch Israel: Vom 23. September bis 7. Oktober mit der Katholisch-Theologischen Fakultät drei Tage im Süden (Beerscheba, Negev, Totes Meer, Qumran), sieben in Jerusalem und Umgebung (Jericho, Betlehem) und schließlich drei in Galiläa (See Gennesaret, Nazaret, Kapernaum). Von unserem Kollegen und exzellenten Palästina-Kenner HERBERT HAAG erhalten wir hervorragende Einführungen in die biblischen Stätten und die archäologischen Ausgrabungen, aber natürlich auch in jüdisches Leben und die politische Situation.

1979 – Vortragsreise in Israel: Vom 5. bis 9. Mai auf Einladung der »Gesellschaft Schweiz – Israel«; als Verbindungsmann diente deren Vizevorsitzender Dr. YAKOV BACH. Vorträge in einem eher säkularen Kontext: »Wissenschaft und Gottesfrage« an der Universität Haifa (6. 5.) und auf Einladung und unter Vorsitz des großen Gelehrten GERSCHOM SCHOLEM in der Van Leer Foundation in Jerusalem, gemeinsam mit der Israelischen Akademie der Wissenschaften (7. 5.). Aber auch Zusammentreffen mit israelischen Persönlichkeiten beim Empfang in der Schweizer Botschaft in Tel Aviv und ein langes Gespräch über die politische Situation mit einem kundigen Diplomaten im israelischen Außenministerium in Jerusalem. Die Unterzeichnung des ägyptisch-israelischen Friedensvertrags am 26. März 1979 macht Hoffnung auf eine Verständigung auch mit den Palästinensern. Dazu Gespräche mit Professoren an der Hebräischen Universität. Für die jüdisch-christlich-muslimische Dialoggruppe Rainbow Club im Ökumenischen Institut von Tantur bei Betlehem halte ich ein Impulsreferat zum Thema »The attitude towards the Jewish People from a Christian ecumenical perspective« (8. 5.).

Dass meine Vorträge von aufgeschlossenen intellektuellen Kreisen in Israel mit großer Offenheit aufgenommen wurden, zeigte ein langer Artikel des berühmten Gelehrten SCHALOM BEN-CHORIN in der deutschsprachigen Zeitung »Israel Nachrichten« vom 18. Mai 1979. Er endet mit der Feststellung, dass weder die Spitzen der christlichen noch der jüdischen Hierarchie unter den Zuhörern waren: »Das offizielle Establishment der Religionen in Jerusalem hält ängstlich am Status quo fest und weicht Beunruhigungen aus. Küng aber ist ein geistiger Unruhestifter – und dafür sind wir ihm dankbar.« Ich konnte nicht ahnen, dass mir schon ein halbes Jahr später die kirchliche Lehrbefugnis entzogen wird (Dezember 1979 – Januar 1980).

1980 – Studium-generale-Vorlesung: In meiner ersten Vorlesungsreihe nach der großen Konfrontation mit Rom, im Wintersemester 1980, zur Thematik »Ökumenische Theologie. Perspektiven eines Konsenses der Zukunft« widme ich die zehnte Vorlesung der Frage »Ökumene mit den Juden?«. Das Judentum soll nicht nur als historische Größe, sondern auch als gegenwärtig gültige, lebendige Religion für Millionen Menschen ernst genommen werden. Dabei möchte ich den neuen Konsens herausarbeiten, der sich zumindest in Deutschland zwischen Katholiken und Protestanten gebildet hat und der seinen Niederschlag findet in den beiden Denkschriften, welche vom Rat der Evangelischen Kirche in Deutschland 1975 und von den deutschen katholischen Bischöfen im April 1980 veröffentlicht wurden. Christen und Juden müssen sich neu auf die gemeinsamen Wurzeln besinnen, über die wir früher weder mit unseren jüdischen Klassenkameraden noch mit unseren jüdischen Nachbarn gesprochen haben. Die Grundfrage: Was eint und was trennt mich als Christen von meinen jüdischen Mitmenschen?

Was uns eint

Die gemeinsamen Wurzeln finden wir kaum – wie manche christliche Theologen meinen, die Dreieinigkeit und Menschwerdung Gottes auch Juden verständlich machen wollen – in der jüdischen mystischen Geheimlehre »Kabbala« (ursprünglich »Überlieferung«); sie verspricht einen Zugang zu den Geheimnissen der Gottheit. Zwar hatte ich bei meinem vorangegangenen Jerusalem-Aufenthalt auch ein Gespräch mit dem führenden jüdischen Kabbala-Forscher Gershom Scholem geführt (7. 5. 1979). Gerade er hat jedoch deutlich gemacht, dass es sich bei der Kabbala um eine jüdische Form der Gnosis handelt. Sie hatte ihren Höhepunkt vom 14. bis 17. Jahrhundert in einer Messiaserwartung, die aber enttäuscht wurde, sodass die kabbalistische Bewegung kein neues jüdisches Paradigma heraufführte, sondern unterging, von Überbleibseln im osteuropäischen Chassidismus abgesehen. Auch der amerikanische Kabbala-Forscher Zalman Schachter, der mich, wie im Kapitel I berichtet, in Tübingen 1980 besucht, bestärkt mich indirekt in der Überzeugung, dass wir uns für den Dialog statt auf die mittelalterlich-kabbalistischen Quellen besser auf die ursprünglichen biblischen Wurzeln besinnen sollten. Ich fasse hier die Gemeinsamkeiten knapp zusammen, die heutzutage schon jedes Christenkind in Familie und Schule in einfacher Form lernen sollte:

Erste gemeinsame Wurzel: Der *Glaube an den einen Gott*, den Schöpfer und Erlöser der Welt und des Menschen, was eine Absage an alle vergöttlichten Weltmächte und Scheingottheiten besagt.

Zweite gemeinsame Wurzel: die *Heilige Schrift*. Juden und Christen gründen ihren Glauben auf die gemeinsame »Schrift«, die Hebräische Bibel oder das »Alte Testament«, auf das auch das »Neue Testament« der Christen bezogen ist.

Dritte gemeinsame Wurzel: das *Volk Gottes*. Juden und Christen verstehen sich beide als Volk Gottes, was keine Erwählung aufgrund besonderer Verdienste, sondern aufgrund seiner Gnade bedeutet und eine besondere Verantwortung zur Folge hat.

Vierte gemeinsame Wurzel: der *Gottesdienst.* Juden und Christen sprechen ihren Glauben im Gottesdienst aus, in dem sich vielfältige Gemeinsamkeiten finden. Viele Feste stehen in einem beziehungsreichen Zusammenhang, Pessach und Ostern beispielsweise. Das »Vater unser« ist wesentlich aus jüdischem Glaubensbewusstsein heraus formuliert, das »Magnificat« (Lk 1,46–55) und das »Benedictus« (Lk 1,68–79) sind ganz durchsetzt mit Worten aus der Hebräischen Bibel und haben dort Vorbilder. Bis in kleinste liturgische Formulierungen hinein, in »Amen«, »Halleluja« und »Herr Gott Zebaot«, zeigt sich die Gemeinsamkeit.

Fünfte gemeinsame Wurzel: *Gerechtigkeit und Liebe.* Es ist ein leider immer noch in manchen Kreisen verbreitetes übles Klischee, die jüdische Religion als Religion der Furcht und Gesetzlichkeit zu bezeichnen. Doch die Forderungen nach Gottes- und Nächstenliebe und Gerechtigkeit gerade für die Schwachen sind auch ihre Charakteristika.

Sechste gemeinsame Wurzel: *Geschichte und Vollendung.* Juden und Christen leben auch in der Trennung aus der gemeinsamen Geschichte Gottes mit seinem Volk, deren Vollendung sie erwarten. Die Geschichte der Welt bewegt sich nicht im Kreis, ist nicht ewige Wiederkehr des Gleichen, ist vielmehr zielgerichtet: eine Bewegung aus dem Unheil ins Heil. Letzter Sinn, letztes Ziel aller Geschichte ist das Heil Gottes für alle Menschen.

Aber sosehr der Glaube von Juden und Christen gemeinsame Wurzeln hat, so sind doch ihre Wege im Laufe der Jahrhunderte immer weiter auseinandergegangen. Was trennt mich denn als Christen noch heute von meinen jüdischen Mitmenschen?

Was uns trennt

Ich hebe die *Hauptdifferenz* deutlich hervor: Es ist zweifellos der *Glaube an Jesus als Messias,* griechisch *als den Christus.* Durch diesen Glauben gerieten die ersten Christen in Gegensatz zu anderen jüdischen Gruppen, traten jedoch zunächst nicht aus dem Judentum heraus. Mit Jesus ist für sie das Reich Gottes schon angebrochen, aber noch keineswegs vollendet. Aufgrund von Jesu grausamem Geschick erhielt der zuvor anders gedeutete Messiastitel eine neue Interpretation und meinte nun einen gewalt- und wehrlosen, deshalb verkannten, verfolgten, verratenen und schließlich leidenden und sterbenden »Gottesknecht«. Dieser gekreuzigte

Messias oder Christus vor allem ist es, der zwischen Juden und Christen steht.

Die auf diesen Christus bezogene *Auslegung der Schrift und die Entfaltung des Glaubens* an ihn führen zu einer zweiten Differenz. Die Christen beginnen die gemeinsame Heilige Schrift anders zu lesen: vor allem die Verheißungen der Propheten, aber auch die verschiedenen Messiastitel, Messiasvorstellungen und Erlösungserwartungen. Im Zusammenhang der von Paulus vorangetriebenen Aufnahme von Heiden in die christliche Gemeinde verliert die jüdische Gesetzesordnung (»Halacha«) für Christen ihre rechtfertigende Bedeutung.

Die aus Juden und Heiden bestehende christliche Gemeinde versteht sich zunehmend als *Volk Gottes* – hier zeigt sich eine dritte Differenz – und gerät dadurch in einen Konflikt mit dem gleichen Anspruch des jüdischen Volkes. Für die Christen waren nicht mehr die Zugehörigkeit zum jüdischen Volk und das Religionsgesetz, sondern der Glaube an Jesus Christus als den Gekreuzigten und Auferweckten ausschlaggebend.

Von diesen Grundlagen her kam es zu einer völlig *unterschiedlichen Entfaltung der Eigenart von Judentum und Christentum* – eine vierte Differenz: im Judentum das Bemühen um genaue Festlegung der Gebote Gottes und ihre minutiöse Einhaltung, im Christentum eine systematische Entfaltung der Glaubensaussagen durch die Aufnahme griechisch-hellenistischer Ideen und Vorstellungen und eine Dogmatisierung der offiziellen Christologie. Dass Jesus »gleichen Wesens mit Gott, dem Vater« sei und die langsam sich entfaltende Dreieinigkeitslehre – ein Gott in drei Seinsweisen oder Personen – erschienen den Juden (wie später auch den Muslimen) als klarer Verstoß gegen das erste Gebot, keinen Gott neben dem einen wahren Gott anzuerkennen.

Im Laufe der Jahrhunderte kam es nun – und das ist eine fünfte Differenz – zu einer *fortschreitenden Entfremdung zwischen Juden und Christen*, die sich bis zur offenen Feindschaft steigern sollte. Zuerst kam es zur Verfluchung der christlichen Ketzer (»Nazaräer«) durch jüdische Gemeinden und auch zu einzelnen Verfolgungen von Christen. Aber schwerwiegender ist: Nach der »konstantinischen Wende« im 4. Jahrhundert kommt es durch die christliche Staatsmacht zur wachsenden Unterdrückung und Verfolgung der Juden, die im Mittelalter ihren Höhepunkt erreicht.

Doch mir liegt daran, dass wir uns im jüdisch-christlichen Gespräch nicht auf diese Differenzen versteifen, sondern weiter vorankommen. Deshalb möchte ich als Drittes hervorheben:

Was uns zusammenführen könnte

Wir kommen als christliche Kirchen im Gespräch mit den Juden nur weiter, wenn wir als Christen *unsere Schuld* an der grauenhaften Geschichte mit den Juden *unzweideutig eingestehen*. Nach Auschwitz gibt es für die Kirchen als Institutionen nichts mehr zu beschönigen oder zu individualisieren! Gewiss: der nazistische Antijudaismus war das Werk gottloser antichristlicher Verbrecher, unterstützt jedoch vom Schweigen großer Teile der Kirchen. Keine der antijüdischen Maßnahmen des Nazismus – Kennzeichnung durch den gelben Stern, Berufsverbote, Mischeheverbot, Plünderungen, Vertreibungen, Konzentrationslager, Hinmetzelungen, Verbrennungen – war neu; dies alles gab es schon im »christlichen« Mittelalter und in der »christlichen« Reformationszeit (die wüsten antijüdischen Hetztiraden Luthers!). Neu waren jedoch im 20. Jahrhundert die rassistische Begründung und die grauenvolle organisatorische Gründlichkeit, technische Perfektion und furchtbare Industrialisierung des Mordens und sein Umfang.

Doch sei mir die Bemerkung gestattet: Es gilt in dieser Schuldfrage ebenfalls zu bedenken, dass jetzt – über sechs Jahrzehnte nach dem Zweiten Weltkrieg – Generationen von Deutschen (und auch von Israelis!) herangewachsen sind, die sicherlich an der Gesamtverantwortung des Volkes mitzutragen haben, die aber in jener Zeit des Grauens noch nicht geboren oder politisch noch nicht mündig waren. Ist es da politisch richtig, die Notwendigkeit der Erinnerung der Deutschen (und anderer Staaten) zu instrumentalisieren, vor allem um die unbedingte Unterstützung einer hochproblematischen israelischen Außenpolitik gegenüber den Palästinensern und den Arabern zu erreichen? Kann gute Außenpolitik auf Dauer auf einer historischen Schuld aufgebaut werden?

Einen zweiten wichtigen Schritt vorwärts würde auch die *Anerkennung des Staates Israel* durch die arabischen Staaten bedeuten. Nach der jüngsten furchtbaren Katastrophe des Judenvolkes ist das Wiedererstehen des Staates Israel – für die allermeisten Christen unerwartet! – das wichtigste Ereignis der jüdischen Geschichte seit der Zerstörung Jerusalems und des zweiten Tempels durch die Römer im Jahre 70 nach Christi Geburt. Diese Auferstehung des tot geglaubten Israel hat jene antijüdische christliche Theologie und Mythologie gründlich erschüttert, die in den Juden Verfluchte und zur Zerstreuung Verdammte sah (»Ahasver«, der »Ewige Jude«), als ob durch Jesus Christus die alttestamentlichen Landverheißungen je aufgehoben worden wären. Erfordert ist heute nicht ein diplomatisch-distanziertes Ignorieren des Staates Israel, aber auch kein unkritisches Sich-Identifizieren mit dessen konkreter Politik, vielmehr eine kritische Solidarität, gerade auch dort, wo wie im Palästinenser-Problem und in der Jerusalem-Frage offensichtlich Recht gegen Recht steht.

Der Glaube Jesu und der Glaube an Jesus

Für eine Verständigung ist drittens *theologische Selbstkritik Voraussetzung*. Meine Beobachtung ist: Selbst dialogbereite christliche Theologen verfolgen im Gespräch mit Juden öfters eine apologetische Tendenz, die Selbstkritik vermissen lässt. Sie geben sich alle erdenkliche Mühe, um gerade die von den Juden bestrittenen hellenistisch definierten Dogmen wie Menschwerdung Gottes, Wesenseinheit Jesu mit Gott und Dreieinigkeit, wenn schon nicht in der Hebräischen Bibel, so doch wenigstens bei irgendeinem der Rabbinen oder gar in der Kabbala, der jüdischen Mystik, zu entdecken. Wäre es aber umgekehrt nicht viel sachgemäßer, dass man unter christlichen Theologen ernst machte mit der Einsicht: Die späteren kirchlichen Dogmen sind selber im Licht gerade der jüdischen Überlieferung und der Hebräischen Bibel zu überprüfen? Schließlich waren Jesus selbst und seine ersten Jünger allesamt Juden, und christliche Dogmen dürften jedenfalls nicht gerade für sie, die ersten Christen, unverständlich bleiben. Angesichts einer solch selbstkritischen Position dürfte auch ein anspruchsvoller jüdischer Gesprächspartner bereit sein, das traditionell-jüdische Misstrauen, die Skepsis und oft gar Gehässigkeit gegenüber Jesus von Nazaret abzubauen. Doch dabei ist wichtig:

Zu unterscheiden sind der *Glaube Jesu und der Glaube an Jesus*. Oft zitiert man von christlicher Seite das Wort des großen jüdischen Religionsphilosophen Martin Buber von Jesus als seinem »großen Bruder«. Und ausführlich hat sich SCHALOM BEN-CHORIN, mit dem ich in Tübingen ein langes Gespräch führen konnte, mit der Gestalt Jesu auseinandergesetzt und mit Berufung auf Buber festgestellt: »Jesus ist für mich der ewige Bruder, nicht nur der Menschenbruder, sondern mein jüdischer Bruder. Ich spüre seine brüderliche Hand, die mich fasst, damit ich ihm nachfolge … Sein Glaube, sein bedingungsloser Glaube, das schlechthinnige Vertrauen auf Gott, den Vater, die Bereitschaft sich ganz unter den Willen Gottes zu demütigen, das ist die Haltung, die uns in Jesus vorgelebt wird und die uns – Juden und Christen – verbinden kann.«[2]

Ein beeindruckendes Zitat eines bedeutenden jüdischen Publizisten Aber nachgerade peinlich, und ärgerlich für Ben-Chorin, ist der Tatbestand, dass die bereits erwähnte Erklärung der deutschen Bischöfe von 1980 zwar diese Sätze zitiert, aber seine nachfolgenden entscheidenden Sätze glatt unterschlägt, sodass der Sinn des Zitats entstellt erscheint. Die weggelassenen Sätze, die das zentrale Problem überhaupt erst deutlich machen, lauten: »Es ist *nicht* die Hand des Messias, diese mit den Wundmalen gezeichnete Hand. Es ist bestimmt *keine göttliche*, sondern eine *menschliche* Hand, in deren Linien das tiefste Leid eingegraben ist. Der Glaube Jesu einigt uns, aber der Glaube an Jesus trennt uns.«[3]

Wenn uns aber sogar nach den dialogfreundlichsten jüdischen Theologen weniger der Glaube Jesu selber, sondern der Glaube *an* Jesus trennt, dann wird sofort deutlich, wie problematisch es ist, im christlich- jüdischen Dialog einfach vom Glauben an Jesus Christus auszugehen und eine *Christologie von oben* zu entwickeln. Die Bischöfe benennen denn auch in der schon zitierten Erklärung den entscheidenden Punkt, wenn sie sagen: »Der christliche Glaube an Jesus Christus, dem gemäß der gekreuzigte und auferstandene Jesus Christus nicht nur als der verheißene Messias, sondern darüber hinaus als der wesensgleiche Sohn Gottes bejaht und verkündigt wird, erscheint vielen Juden als etwas radikal Unjüdisches; sie empfinden ihn als etwas dem strengen Monotheismus, wie er besonders im ›Schema Israel‹ für den frommen Juden täglich zur Sprache kommt, absolut Widersprechendes, wenn nicht gar als Blasphemie« (S. 21). Doch sucht man bei denselben Bischöfen eine Antwort auf diese zentrale Schwierigkeit vergebens. Kein Wort, außer der resignierenden Empfehlung: »Dafür« (dass solcher Glaube an Jesus Christus den Juden als unjüdisch, widersprüchlich, blasphemisch vorkommt) »muss der Christ Verständnis haben, auch wenn er selbst in der Lehre von der Gottessohnschaft Jesu keinen Widerspruch zum Monotheismus sieht« (S. 21 f.). Ist das alles?

Dies darf, meine ich, nicht das letzte Wort sein. Wenn das Gespräch über Jesus »von oben« offensichtlich schwierig, auf diese Weise vielleicht gar unmöglich ist, dann ist ein anderer Ansatz vonnöten. Dies würde bedeuten, dass wir auch als Christen versuchen müssten, *Jesus aus der Perspektive der jüdischen Zeitgenossen Jesu* zu betrachten. Auch wir sollten wieder wie die Jünger damals – gleichsam voraussetzungslos – die Frage stellen: Wer ist dieser? Denn auch die jüdischen Jünger Jesu hatten zunächst einmal von dem jüdischen Menschen Jesus von Nazaret auszugehen und nicht bereits von einem offenkundigen Messias oder gar »wesensgleichen« Gottessohn, einer Vorstellung, welche hellenistische philosophische Kategorien voraussetzt! Nur so haben die Jünger damals überhaupt die Frage nach dem Verhältnis Jesu zu Gott stellen können.

Und dieses Verhältnis besteht für sie auch später nicht in einer simplen Identifikation mit Gott, als ob Jesus Gott schlechthin, der Vater, wäre.

Woraus folgt: Der Jude könnte dem Christen vielleicht sogar helfen, jene zentralen neutestamentlichen Aussagen über Jesus und insbesondere Ehrentitel wie Gottessohn, besser zu verstehen, die einen eminent hebräischen Hintergrund haben. Dies ist jedenfalls meine aufgrund vieler Studien und Gespräche gewachsene Überzeugung: Wenn wir vom jüdischen Menschen Jesus ausgehen, dann werden wir mit einem unvoreingenommenen Juden *ein nicht geringes Stück Weg gemeinsam* gehen können.

Als christlicher Theologe in der Synagoge

Es ist mir das Glück beschieden, dass mir das Judentum nicht nur in meiner Schweizer Jugend in menschlich sympathischen Repräsentanten begegnet ist, sondern dass ich auch in meinem späteren wissenschaftlichen Leben, besonders während meiner Gastsemester in Amerika, mit nicht nur sympathischen, sondern auch anspruchsvollen und bereichernden jüdischen Persönlichkeiten zusammenkommen kann

So während meines Gastsemesters an der University of Toronto im Herbst 1985: Ich werde von Senior Rabbi Dow Marmur eingeladen, in seiner großen und schönen Synagoge, dem Holy Blossom Temple, einen Vortrag zu halten (am 20. Oktober 1999 konnte ich abermals dort sprechen). Ich kenne den zuvor in Großbritannien wirkenden Rabbiner schon von seinem Buch »Jenseits des Überlebens. Reflexionen über die Zukunft des Judentums« her[4]. Mich beeindruckt die Haltung dieses Rabbiners, weil er die Anliegen der so unterschiedlichen Hauptrichtungen des gegenwärtigen Judentums angemessen und sinnvoll in ein Ganzes einzuordnen versteht und diese Haltung auch praktiziert.

Es leuchtet mir ein: Mit den *Orthodoxen* ist die große jüdische Tradition ernst zu nehmen, wenngleich ohne fundamentalistischen Standpunkt und legalistischen Extremismus. Zugleich aber hat man mit den *Liberalen* offen zu sein für die Einflüsse der nichtjüdischen Welt, ohne jedoch in eine Art Unitarismus abzugleiten. Also aufs Ganze gesehen ein Weg der Mitte, aber nicht der Mittelmäßigkeit. Leidenschaftlich engagiert sich ja Rabbi Marmur in seiner Synagoge für jüdische Erziehung und anerkennt auch die Bedeutung des Zionismus und des Staates Israel für das Gesamtjudentum.

Mein Vortrag »Is there one true religion?« wird sehr interessiert aufgenommen. Und beim anschließenden Essen lerne ich unter den vielen interessanten Persönlichkeiten des kanadischen Judentums auch den hochverdienten Rabbiner deutscher Abstammung W. Gunther Plaut kennen, der sich eingehend mit den europäischen Wurzeln und der Entwicklung des amerikanischen Reformjudentums beschäftigt hat. Mir schenkt er zu meiner Freude seine vor Kurzem erschienene modern kommentierte englische Ausgabe der Tora, hinter der eine Riesenarbeit steckt[5]: Zur selben Problematik spreche ich auch am 14. September 1987 im Jewish Theological Seminary in New York, anlässlich der 100-Jahr-Feier dieser ältesten Rabbinerlehranstalt des konservativen Judentums – für mich als den einzigen Christen eine große Auszeichnung.

Ein beeindruckendes Erlebnis habe ich während meines Gastsemesters an der Rice University in Houston/Texas im Herbst 1987. Hier mache ich die Bekanntschaft von Rabbi Sam Karff, einer Persönlichkeit des Judentums von nationaler Bedeutung. Mehrere Jahre war er Präsident der Central Conference of American Rabbis. Auch doziert er an der Eliteuniversität Rice, und wir verstehen uns so gut, dass er mich einlädt, in seiner schon 1854 gegründeten Synagoge Beth Israel beim feierlichen, mit Orgel und Gesang gestalteten Sabbatgottesdienst zu predigen. So sitze ich am 27. November 1987 vorne beim Rabbiner und bete alle Gebete mit. Einen Widerspruch zu meinem christlichen Glauben kann ich dabei nicht entdecken. Bei den Psalmen, die ja auch in den christlichen Kirchen gebetet werden, ist das offenkundig. Aber auch andere Gebete kann ich mitvollziehen, wobei ich etwa den Begriff »Tora« für mich – wie manche Juden auch – mehr im Sinn eines »geistigen Gesetzes« verstehe und »Israel« weniger im Sinn eines Landes oder Staates. Nach dem Apostel Paulus ist ja der »Bund Gottes mit seinem Volk« Israel auch nach Christus nicht gekündigt (Röm 9,4; 11,29). Es berührt mich sehr, dass ich auch eine »Torah Consecration Ceremony« miterleben darf, durch welche einige Jungen und Mädchen vollwertige Mitglieder der Gemeinde werden.

Die Gemeinde lauscht meiner Predigt mit großer Aufmerksamkeit, und ich habe nachher beim Empfang noch Gelegenheit zum Austausch. Als mich Sam schließlich in seinem Auto auf unseren Campus zurückfährt, erzähle ich ihm voller Freude, wie ich alles mit Überzeugung hätte mitvollziehen können. Dies freut auch ihn, doch bemerkt er ernst: »Hans, umgekehrt gilt das nicht.« Er könne wegen der christologischen Ausrichtung »durch unseren Herrn Jesus Christus« und wegen der zahlreichen trinitarischen Formeln christliche Gebete nicht einfach mitbeten. Dafür habe ich Verständnis, und ich werde nie verstehen können, warum zum Beispiel beim Besuch eines israelischen Staatspräsidenten in einem deutschen KZ ein Psalm gebetet wird, bei dem der christliche Amtsträger die (nicht in der Bibel stehende) trinitarische Schlussformel (»Ehre sei dem Vater, dem Sohne und dem Heiligen Geist ...«) unbedingt hinzufügen muss. Falsches Bekennertum oder schlicht Ignoranz und Dummheit? Wie ein Psalm ließe sich vielleicht beim gemeinsamen Gebet von Christen und Juden auch das »Vater unser« beten, da seine wesentlichen Bestandteile auf die Hebräische Bibel zurückgehen.

Mit wem in die Ferien gehen?

Natürlich treffe ich bei all diesen Begegnungen nicht nur mit Rabbinern und Wissenschaftlern zusammen, sondern auch mit vielen jüdischen Bürgern und Bürgerinnen. Gerne denke ich an die Gastfreundschaft von RALPH und TONY WYMAN in der Villenvorstadt Greenwich/Connecticut bei New York zurück. Sie habe ich kennengelernt durch den schon genannten bedeutenden Alttestamentler Professor DAVID NOEL FREEDMAN, Herausgeber des vielbändigen Kommentars zu den einzelnen Büchern der Hebräischen Bibel »The Anchor Bible«, der hauptverantwortlich ist für meine Einladung an die University of Michigan, und seine Mitarbeiterin ASTRID BECK, meine Sekretärin in Ann Arbor; beide bleiben mir freundschaftlich verbunden und besuchen mich regelmäßig in der Schweiz.

Gedenken aber will ich auch zweier lieber Freunde aus Phoenix/Arizona: JOHN UND LORRAINE FRANK. John ist Chef einer angesehenen Anwaltskanzlei und das Muster eines sozial engagierten jüdischen Juristen, der sich einsetzt für die Minderheiten und die Schwachen in der Gesellschaft. Am 2. Oktober 1984 besucht er mich in Tübingen und beschenkt mich nachher mit einem Exemplar der neuen 32-bändigen »Encyclopaedia Britannica«. Während drei Tagen bin ich Gast bei den beiden am Fuß des Camelback Mountain, des Wahrzeichens von Phoenix. Ihr schönes Haus ist nicht von einem mühsam bewässerten Rasen umgeben, sondern ganz der Gegend angemessen von Sand und Kakteen. Wir tauschen immer wieder Briefe aus ...

Solche Bekanntschaften erinnern mich an ein Abendessen mit einem Rabbiner und einem sehr römisch wirkenden Monsignore anlässlich von Vorträgen in Portland/Oregon. Mit wem würdest du lieber in die Ferien gehen, stelle ich mir im Stillen als Testfrage – mit dem Rabbiner oder mit dem Monsignore? Keine Frage: mit dem Rabbiner. Dieses Phänomen werde ich später im Rahmen meiner Paradigmentheorie leichter erklären können: Besser als Menschen der gleichen Religion, die aber in verschiedenen Paradigmen leben, verstehen sich Menschen verschiedener Religion, die im selben (modern/nach-modernen) Paradigma leben und so die Welt mit ähnlich justierten Augen und Sinnen wahrnehmen!

So etwas wie »Ferien mit Rabbiner« erlebe ich 1991, als ich mich für Vorträge vom 10. bis 17. März in *Kalifornien* aufhalte. Eine Einladung für jüdisches Publikum aus Hollywood nehme ich sofort an. Ich freue mich, in dieses Land mit Sonne, Palmen und azurblauem Meer zurückzukehren, und vor so vielen jüdischen Gemeinden reden zu dürfen, empfinde ich als ein Privileg.

Alles sollte beginnen mit einem Vortrag in der Synagoge Valley Beth Shalom bei Los Angeles über »Das Verhältnis von Juden und Christen«. Ich bereite alles gut vor und bin am 9. März rechtzeitig am Flughafen Stuttgart. Doch die böse Überraschung: »Ihr Pass ist abgelaufen, wir können Sie nicht reisen lassen«, so die Dame am Check-in. Zu meinem noch anwesenden Fahrer Hans Aichele sage ich: »Zurück nach Tübingen, wo ich einen zweiten Pass habe« (wegen sich oft überschneidender Visumsgesuche). Nach einer Viertelstunde Rückfahrt suche ich meine Aktentasche: Doch sie ist offenkundig am Check-in liegen geblieben! Also rasch umgedreht und zurück zum Flughafen, wo ich die Aktentasche am selben Ort finde. Jetzt wieder mit Tempo nach Tübingen. Ich renne die Treppen hinauf und suche, suche, aber finde meinen zweiten Pass nicht. Deshalb wieder runter zum Auto: »Zum Flug in Stuttgart reicht es nicht mehr, wir fahren direkt nach Zürich zum Anschlussflug, so rasch wie möglich!« Ich versuche im Übrigen ruhig zu bleiben, aber der Gedanke quält mich, dass ich unter Umständen eine vielhundertköpfige Menge von Zuhörerinnen und Zuhörern auf ihren Referenten warten lasse, und der kommt nicht. Ich telefoniere nach Zürich, am Swissair-Schalter ist man orientiert, man verweist mich an die Fremdenpolizei gleich nebenan: Dort ist man gerne bereit, einem bekannten Mitbürger seinen Pass mit einer beschränkten Verlängerung zu versehen. Gott sei Dank. Rein ins Flugzeug, und dann zehn Stunden Flug zur Entspannung.

In Beverly Hills bin ich im berühmten Beverly Hilton Hotel am Sunset Boulevard untergebracht. Am 10. März werde ich dort abgeholt von Rabbi Jack Shechter. Mein Vortrag in Valley Beth Shalom zum delikaten Thema: »After the Holocaust, Re-Emergence of State of Israel, Unification of Germany: The Relationship Between Jews and Christians« wird sehr freundlich aufgenommen. Am nächsten Tag (11.3.) derselbe Vortrag im Sinai Temple in Beverly Hills. Im weiteren Verlauf der Vortragsreihe sprechen New Yorks Bürgermeister EDWARD KOCH und der Präsident des Jüdischen Weltkongresses, EDGAR BRONFMAN.

Am 12. 3. fährt mich ROBERT BLAIR KAISER, mein alter Freund aus Konzilszeiten, von Los Angeles zum Vortrag nach Long Beach, zur California State University. Am selben Abend halte ich einen Vortrag in der Gemeinde »Ner Tamid« in Palos Verdes. Am 13. 3. fliege ich von Los Angeles nach San Diego. Hier habe ich ein Dinner mit Rabbi MARTIN LEVIN und einen Vortrag an der Synagoge Beth El. Tags darauf Flug von San Diego nach Palm Springs. Hier nach dem Essen mit Rabbi JOEL HURWITZ mein Vortrag im Temple Isaiah. Am 15. 3. fahren mich mein Freund Professor DAVID NOEL FREEDMAN von der University of Michigan und meine dortige Sekretärin ASTRID BECK nach San Diego zurück. Auf der Fahrt durch die kahlen rotbraunen Hügel sehe ich zum ersten Mal etwa zwei Dutzend weißer Windräder auf einem der Hügel – ganz dekorativ, aber auf dem Tübinger Österberg oder auf der Schwäbischen Alb möchte ich bei aller Sympathie zu den Grünen lieber keine solchen Räder sehen und hören. Dann an der University of California in San Diego zuerst ein Luncheon mit der Fakultät, dann Kolloquium mit den Studenten, Pressekonferenz und nach dem Dinner ein Vortrag ›No Peace Among the Nations without Peace Among the Religions‹. Am 16. 3. noch weitere Gespräche.

Am 17. 3. Flug von San Diego nach New York. WERNER MARK LINZ, mein Verleger, empfängt mich. Ich nehme an den Candlelight Vespers in der Cathedral of St. John the Divine teil. Anschließend folgt mein Vortrag über das Weltethos-Thema: »*Global Responsibility*. In Search of a New World Ethic«. Das ist auch der englische Titel meines Buches »Projekt Weltethos«. Doch kann sich das neue Wort ›World Ethic‹ im Englischen nicht durchsetzen, sodass ich mich auf das Synonym »Global Ethic« festlege.

Am 18. 3. fliege ich von New York direkt nach Zürich, wo ich am 19. 3. 1991, also an meinem 63. Geburtstag, morgens ankomme. Weiter geht's im Auto nach Basel zu einem Vortrag beim Schweizerischen Bankverein über »Europa – 700 Jahre Eidgenossenschaft«. Anschließend lasse ich mich noch zurückfahren nach Tübingen.

Eine Riesentour, die abenteuerlich begonnen hat, ist pannenfrei beendet worden. Ich verdanke das wesentlich den verschiedenen Rabbinern, die mich überall liebenswürdig aufgenommen und ständig begleitet haben. Bei Reformrabbinern oder konservativen Rabbinern gibt es ja keine Probleme mit Speisevorschriften und anderen Einschränkungen. So hat sich denn meine Einsicht aus St. Louis bestätigt: Mit manchen dieser Rabbiner fühle ich mich wohler als mit romhörigen Monsignori.

Besser verstandene jüdische Geschichte

Anlässlich eines Vortrags an der Washington University in St. Louis/Missouri, im Jahr 1985 während meines Gastsemesters in Toronto, lerne ich einen gelehrten jüdischen Historiker kennen, dem ich eine positivere Sicht der Geschichte des europäischen Judentums verdanke: Professor PETER RIESENBERG. Ich höre ihm aufmerksam zu. Die Verfolgung des Judentums, erläutert er mir, sei kein Dauerzustand gewesen, sei vielmehr immer bestimmten sozioökonomischen Faktoren zu verdanken. So seien Juden bis zu den Kreuzzügen in relativ großer Zahl wohlhabend, gar reich gewesen, und dies alles aufgrund ihrer Leistungen nicht nur auf ökonomisch-finanziellem Gebiet, sondern auch in Regierung, Wissenschaft und Kultur.

Woraus folgt: Neben der furchtbaren Leidensgeschichte der Juden seit dem hohen Mittelalter dürfe ihre *bewunderungswürdige Erfolgsgeschichte* durch all die Jahrhunderte längst vor der Gründung des Staates Israel nicht übersehen werden. Manche Aussagen früherer jüdischer Historiker, die unter dem Eindruck des Holocausts die vorausgegangenen Verfolgungen generalisieren und heroisieren, seien zu ergänzen und zu korrigieren. Gerade die Zeit von 430 (Augustins Tod inmitten der Völkerwanderung) bis 1096 (Beginn der Kreuzzüge) sei schon vom großen jüdischen Historiker BERNHARD BLUMENKRANZ (Paris) mit der Überschrift versehen worden: »Die Beziehungen guter Nachbarschaft«.

Riesenberg überzeugt mich, dass die Geschichte des Judentums von der hellenistischen Zeit bis zur italienischen Renaissance im Gesamtkontext des Schicksals vieler nationaler und religiöser Minderheiten gesehen werden müsse. Seine Absicht sei selbstverständlich nicht, »jüdisches Leiden oder auch die konstruktive Rolle zu bestreiten, die das Gedächtnis und selbst die Übertreibung dieses Leidens in den vergangenen 2000 Jahren jüdischer Geschichte gespielt haben«; seine Absicht sei vielmehr, »zeitgenössische Juden bewusster und sogar stolzer zu machen, als sie es waren, auf ihre lange Geschichte erfolgreicher Adaptation, Überlebens und Kreativität in aller Welt. Inmitten jeglicher Art von Gesellschaft haben sie weithin die eigene Identität und den eigenen Geist bewahrt, und sie haben auch zu vielen nichtjüdischen Zivilisationen Beiträge geleistet, während sie ihre eigene vorangebracht haben.«[6]

Wichtige Einsichten in die neueste jüdische Geschichte hat mir ein anderer amerikanischer Historiker deutsch-jüdischer Herkunft vermittelt: Fritz Stern, den ich, wie berichtet, von meinem Gastsemester am Union Theological Seminary in New York 1968 her kenne. Zusammen mit dem Soziologen Ralf Dahrendorf haben wir in seiner Wohnung ganz in unserer Nähe bis 2 Uhr morgens diskutiert. In Tübingen hat er mich später einmal besucht, und wir haben über Präsident Reagan und Papst Wojtyła gesprochen (vgl. Kap. IV). Im Jahr 1987 hält Fritz Stern vor dem Deutschen Bundestag die Gedenkrede zum 17. Juni (Volksaufstand in der DDR 1953). Er hat das »Drama der deutschen Geschichte« besser analysiert als die meisten deutschen Historiker.[7] Besonders habe ich es geschätzt, dass mit ihm nicht ein Theologe, sondern ein Historiker auf die fatalen Folgen einer totalen Säkularisierung und damit einer stillschweigenden Anerkennung des »Todes Gottes« (Nietzsche) hinwies – ein *säkularer Ersatzglauben* an die Nation für Deutsche wie für Juden! *Juden* entfremdete diese Ersatzreligion ihrer eigenen traditionellen Identität: Sie ließ sie, als Hitler sie auch noch des Deutschtums, also ihrer Nationalität beraubte, moralisch hilflos und wehrlos zurück. *Deutsche* aber machten die Identifikation des Göttlichen mit Nation (Volk, Staat) und bestehender Ordnung (Universität, Kunst) und die Entwertung dieser Glaubenssurrogate nach 1918 anfällig für den »Heilsbringer« Hitler und sein »Tausendjähriges Reich« von 1933. Nur zu viele glaubten jetzt an des »Führers« mystifizierend verschleiernde Reden von Vorsehung, Wundern, Mythos, Geheimnis, Autorität ... Die wenigen, die widerstanden, hatten andere, moralische und religiöse, Maßstäbe.

Fritz Stern hat mehr zur Selbstbesinnung der Deutschen und zur Versöhnung zwischen Deutschen und Juden getan als manche, die den Holocaust zu oft durchsichtigen politischen Zwecken instrumentalisieren. Als er mich in Tübingen besucht, kreist unser Gespräch freilich fast ausschließlich um Papst Johannes Paul II. Stern bittet mich, wie er selber schreibt, im Einverständnis mit William Bundy um einen Artikel für »Foreign Affairs«. Ich hätte ihm »prompt« entgegnet: »Ja, falls ich in dem Artikel sowohl über den Papst als auch über Reagan schreiben kann« (F. Stern, »Fünf Deutschland und ein Leben«, München 2007, S. 545). In der Tat sehe ich, wie in Kapitel IV berichtet, manche Parallelen zwischen diesen beiden höchst konservativen Männern, die beide als Schauspieler begonnen haben, durch ihre Medienpräsenz wirken und so fähig sind, in sympathisch fortschrittlichem Gewand eine vielfach reaktionäre Politik akzeptabel zu machen.

Ein nicht weniger interessanter Gesprächspartner in Deutschland ist mir der Historiker MICHAEL WOLFFSOHN, der einzige Israeli als Professor an einer deutschen Universität, nämlich an der Bundeswehrhochschule in München. Er hat leider den Lehrstuhl für Neuere Geschichte in Tübingen im Wettbewerb der Gelehrten nicht bekommen, den er meines Erachtens verdient hätte. Doch ich hatte mehr als einmal Gelegenheit, mit ihm fruchtbare Gespräche zu führen. Mir sind seine Auffassungen besonders deshalb wichtig, weil er in einer scharfsinnigen Analyse über den Holocaust zwar die nationale Schuldverflochtenheit für alle Deutschen bejaht, aber gleichzeitig Stellung nimmt gegen den Holocaust als Instrument eines »Antigermanismus«: Die Deutschen dürften nicht wie die Juden, die rund 2000 Jahre lang als Christusmörder gebrandmarkt wurden, jetzt auf Jahrhunderte mit der Schuld am Judenmord behaftet bleiben. Und das Schlagwort »Auschwitz« dürfe nicht als Totschlagargument benutzt werden, um jede Kritik an einer Regierung des Staates Israel und deren antipalästinensischer Politik zu unterbinden.

Juden im Dienst der Versöhnung

Am 7. Juni 1984 erhält Fritz Stern an der Universität Tübingen den Leopold-Lucas-Preis. Der mit 50.000 DM dotierte Preis ist vom Sohn des in Theresienstadt ermordeten bedeutenden Rabbiners Dr. LEOPOLD LUCAS, Generalkonsul FRANZ D. LUCAS (London), gestiftet worden und wird jährlich an Geisteswissenschaftler vergeben, die sich um die Versöhnung zwischen den Völkern bemühen. Der Enkel Dr. FRANK LUCAS führt das große Werk weiter.

Mit einem weiteren der zahlreichen Juden, die sich dieser Versöhnungsarbeit widmen, mache ich Bekanntschaft: dem in Deutschland geborenen Rabbiner ALBERT H. FRIEDLANDER, Direktor des Leo Baeck College in London. Er hat in den 1980er-Jahren zum Unbehagen seiner Londoner Gemeinde einen längeren Studienaufenthalt statt in Jerusalem in Deutschland gemacht, dabei freilich seine schrecklichen Erlebnisse im Holocaust in keiner Weise verschwiegen.[8] Viele Jahre lang ist Friedlander regelmäßiger Redner bei Deutschen Evangelischen Kirchentagen.

In den Vereinigten Staaten lerne ich EDITH EVA EGER (La Jolla/Kalifornien) kennen, die mit 16 Jahren Auschwitz überlebt hatte. Sie benützt die damaligen schrecklichen Erfahrungen in positiver Weise, um Menschen psychotherapeutisch zu helfen, in schwierigen Situationen zu überleben. Sie bestärkt mich in der Überzeugung: Der notwendigen

Erinnerung an den Holocaust angemessener, der Opfer des Holocausts würdiger und zur Bekämpfung des Antisemitismus wirksamer als allzu viele Holocaust-Gedenkstätten wäre es, Tempel des Friedens und der Versöhnung – zum gemeinsamen Gedenken, Bitten und Gesprächen – zu schaffen mit der Perspektive auf einen lebendigen Neubeginn. Ich bin stolz darauf, dass mir vom »Temple of Understanding« – so der Name einer weltweiten Organisation aus Juden, Christen, Muslimen und Angehörigen anderer Religionen zur interreligiösen Verständigung mit Sitz in New York – beim Parlament der Weltreligionen in Barcelona 2004 der Jahrespreis verliehen wird.

Alle diese für mich wegweisenden Gespräche halten mich natürlich nicht von meiner wissenschaftlichen Tätigkeit ab. Vielmehr regen sie mich an, die wissenschaftliche Erforschung des Judentums voranzutreiben, die sich schließlich in einer großen Synthese über das Judentum in Vergangenheit, Gegenwart und Zukunft niederschlagen wird. Denn anders als Joseph Ratzinger, für den das Judentum nur als Wurzelboden für ein das Judentum überbietendes Christentum und nicht als paralleler Heilsweg akzeptabel ist, ist für mich das Judentum eine gültige und lebendig gebliebene Religion, die nicht nur eine Vergangenheit, sondern auch eine Gegenwart und eine Zukunft hat.

Doch nur wenn wir wissen, warum es so gekommen ist (»die Paradigmen der Vergangenheit«), können wir verstehen, wie es um uns steht (»die Herausforderungen der Gegenwart«), können wir vermuten, wohin sich alles wendet (»die Möglichkeiten der Zukunft«). Also die noch gegenwärtige Vergangenheit – die vorübergehende Gegenwart – die schon gegenwärtige Zukunft: Das Woher bestimmt noch weithin das Wo, und das Wo das Wohin (»Projekt Weltethos«, S. 165).

Paradigmenwechsel im Judentum

An der Rice University habe ich im Herbst 1987 und dann wieder im Frühjahr 1989 hervorragende Gesprächspartner nicht nur in der Person des Rabbiners Samuel Karff, sondern auch des christlichen Bibelwissenschaftlers Don C. Benjamin. Wie schon David Noel Freedman in Ann Arbor hilft dieser Neutestamentler mir, dem systematischen Theologen, mich in der gerade in Amerika vorangetriebenen exegetischen Forschung zurechtzufinden. So kann ich zum Beispiel den Forschungsstand in einer so umstrittenen Frage wie dem historischen Hintergrund der Landnahme Kanaans durch israelitische Stämme sichten. Hier in Houston studiere ich, wann immer ich Zeit habe, intensiv soziologisch orientierte Literatur wie zum Beispiel NORMAN K. GOTTWALDS monumentale Geschichte der Hebräischen Bibel, die mir ganz neue Aspekte auch der Geschichte Israels überhaupt eröffnet.[9]

Mir ist dies alles wichtig, weil ich in Tübingen schon im Sommersemester 1986 im Rahmen meiner Studium-generale-Reihe »Eine Theologie für den Frieden« – nach der Eröffnungsvorlesung »Christenheit wohin?« – am 28. April die zweite Vorlesung über den *»Paradigmenwechsel im Judentum«* zu halten gedenke. Dabei versuche ich eine historisch-systematische Analyse der Geschichte des Judentums zu entwickeln. Keine Mühe wird mir in den folgenden Jahren zu viel sein, um in einem multidisziplinären Zugang die epochemachenden Umbrüche und die daraus folgenden, bis heute wirksamen kulturell-religiösen Konstellationen oder Paradigmen der über 3000-jährigen Geschichte des Judentums auf neuestem Forschungsstand zu analysieren und zu profilieren.

So hoffe ich, das sich Verändernde und das Bleibende zu sichten, die Variablen wie die Konstanten herauszuarbeiten. Gerade auf diese neue Weise will ich einen Beitrag zu einer Theologie des Friedens leisten. Das heißt, einerseits das Judentum in seinen Grundlagen, seiner Entwicklung und seinen Zukunftschancen im Übergang zu einer neuen Weltepoche zu verstehen, andererseits auch die Möglichkeiten einer wachsenden gegenseitigen Verständigung auszuloten: zwischen Juden und Juden, zwischen Juden und Christen, und vielleicht auch zwischen Juden, Christen und Muslimen.

Wenn ich mir nach einem Vierteljahrhundert das von mir konzipierte Schema der Paradigmenwechsel aus dem Jahr 1986 wieder anschaue, erkenne ich mit Freuden, dass ich seither an der Grundstruktur kaum etwas zu ändern hatte. Ich setze ein mit dem Stämmeparadigma der vorstaatlichen Zeit (Paradigma I: 12.–11. Jh.). Dann behandle ich das von König David um das Jahr 1000 eingeführte Reichs-Paradigma der monarchischen Zeit (P II: 1000–586). Dieses wird nach dem Reichsuntergang und dem Babylonischen Exil (586–538) abgelöst von einem Theokratie-Paradigma, das ohne König von einer priesterlichen Hierarchie im neu gebauten Tempel dominiert wird (P III: 538–70. n. Chr.). Nach dem Untergang Jerusalems, dieses zweiten Tempels und seiner Priesterschaft im jüdisch-römischen Krieg des Jahres 70 n. Chr., folgt das rabbinisch-synagogale Paradigma des Mittelalters: ein Judentum ohne König, Priester und Tempel (P IV: 2.–18. Jh.). Erst spät in der europäischen Neuzeit wird es für viele in Westeuropa abgelöst vom Assimilations-Paradigma der Moderne (P V: 18.–20. Jh.). Diesem folgt schließlich, nach der Katastrophe des Holocausts und der Neugründung des Staates Israel, das letzte, nach-moderne Paradigma (P VI).

Wie bereits erwähnt, begründe ich in dem oben genannten Buch »Theologie im Aufbruch. Eine ökumenische Grundlegung« (1987) ausführlich die differenzierte Übertragbarkeit der Paradigmentheorie Thomas S. Kuhns (»The Structure of Scientific Revolutions«) von der Geschichte der Naturwissenschaft auf die der Religionen und stelle so meine historisch-theologische Hermeneutik dar. Doch schon bald reift in mir der Plan, drei große Studien über die abrahamischen Religionen in Geschichte und Gegenwart zu schreiben.

Dieses auf drei Bände angelegte Unternehmen über Judentum, Christentum und Islam unter dem Titel »Kein Weltfriede ohne Religionsfrieden« wird in dankenswerter Weise von der Robert-Bosch-Jubiläumsstiftung durch einen eigenen Assistenten unterstützt. In der Ausarbeitung wird es sehr viel umfangreicher, tiefgreifender und damit auch zeitraubender, als am Anfang angenommen; der dritte Band über den Islam kann erst 2004 publiziert werden. Ich weiß genug, um zu wissen, wie viel ich nicht weiß. Und so benütze ich jede Gelegenheit, mich besser zu orientieren, und ergreife gerne die Initiative für eigene wissenschaftliche Veranstaltungen, die dem jüdisch-christlichen Dialog voranhelfen sollen.

Wissenschaftliche Symposien und Gespräche

Vom 8. bis 10. Juli 1988 reist unser Doktorandenkolloquium nach *Luzern*, um dort mit dem jüdischen Gelehrten Dr. Simon Lauer und dem höchst kenntnisreichen christlichen Judaisten Professor Clemens Thoma (der einzige Kollege der dortigen Katholischen Fakultät, der am Kontakt mit uns interessiert ist) zusammenzutreffen. Thoma ist Leiter des Instituts für Jüdisch-Christliche Forschung, und wir diskutieren vor allem hermeneutische Grundlagen, Möglichkeiten und Grenzen einer Erneuerung im Judentum sowie über Schwierigkeiten im jüdisch-christlichen Dialog.

Einen denkwürdigen, uns alle begeisternden Abschluss dieser Arbeitstagung bereitet uns mein alter Freund aus Tübingen, inzwischen als Emeritus in Luzern ansässig, der Alttestamentler Professor Herbert Haag, mir als Herausgeber des historisch-kritischen Bibellexikons ein solider Berater in allen biblischen Spezialfragen, der mit Juden wie Arabern im Nahen Osten gute Beziehungen pflegt. Uns lädt er großzügig ins Hotel

Montana über Luzern zu einem Abendessen ein, und von der Terrasse aus können wir das phantastische Feuerwerk des Seenachtsfestes auf dem Vierwaldstättersee bestaunen. Dass wir am Tag darauf noch über den See auf den Bürgenstock fahren und einen auf der Karte eingezeichneten, aber reichlich abenteuerlichen Fußweg zum Abstieg wählen, wird besonders unseren Damen in Erinnerung bleiben, die mit ihren eleganten, aber wenig geländegängigen Schuhen ihre liebe Mühe haben, was aber unser aller frohe Stimmung auf der Heimfahrt nicht stört.

In Deutschland haben wir aufgrund der nazistischen Judenverfolgung nur wenige kompetente jüdische Gesprächspartner. Der bekannteste und aktivste unter ihnen ist Dr. PINCHAS LAPIDE, 1922 in Wien geboren, 1938 in Palästina eingewandert, Offizier in der »Jüdischen Brigade« der englischen Armee im Zweiten Weltkrieg und dann als Diplomat viele Jahre im Dienst des israelischen Außenministeriums; 1965–71 Leiter des Staatlichen Presseamtes in Jerusalem, dann Abteilungsleiter und Senior Lecturer an der Bar-Ilan-Universität. Seit 1969 lebt er in der Bundesrepublik Deutschland. Pinchas Lapide: ein überzeugter und aufgeschlossener jüdischer Theologe, der sich höchst intensiv um die Verständigung mit den Christen bemüht. Dabei verfügt er nicht nur über ausgezeichnete Kenntnisse des Judentums, sondern auch über vorzügliche Deutschkenntnisse und eine markante Sprache.

Schon am 25. August 1975 hatte ich mit ihm am Südwestfunk eine Radiodiskussion gehalten über den entscheidenden Kontroverspunkt, den man in den neueren jüdisch-christlichen Dialogen meist ausspart, weil man keine Verständigungsmöglichkeit sieht: den Juden Jesus von Nazaret, der zwischen Juden und Christen steht. Für mich ein großes Wagnis, das ich nur eingehen kann aufgrund der mit dem Buch »Christ sein« unmittelbar zuvor abgeschlossenen historisch-kritischen Studien über Jesus. Der Dialog wird von uns beiden mit hohem Engagement geführt, und es gibt weder einen Sieger noch einen Besiegten, allerdings auch nicht das unbefriedigende »Open End« so vieler ähnlicher Diskussionen. Vielmehr zeigt sich hier auf der Basis der historisch-kritischen Forschung ein Weg, auf dem weiterzuschreiten für beide Seiten sich lohnt, wenn man mehr als eine Stunde Zeit hat. Es zeigt sich Hoffnung. Und so haben wir diesen »jüdisch-christlichen Dialog« unter dem Titel *»Jesus im Widerstreit«*[10] im folgenden Jahr auch veröffentlicht.

Ich bleibe mit Pinchas Lapide in Verbindung. Vom 22. bis 24. Oktober 1982 halten wir mit ihm und seiner Frau den Arbeitskreis unseres Instituts in Worms. Thematik: »Die Bergpredigt aus jüdischer Sicht«. Arbeitssitzungen interessanterweise im »Schlösschen«, wo Luther 1521 vor Kaiser Karl V. stand. Wir diskutieren zuerst über die Seligpreisungen, dann über die sogenannten Antithesen, weiter über die Ur-Intention der Feindesliebe, schließlich über das Vaterunser. Wir besuchen zusammen auch Judenfriedhof und Synagoge. Dann eine Sabbatfeier und ein Abendessen im Haus meiner Schülerin lic. theol. ADELE WEIRICH mit echter Liebfrauenmilch (der echte Wein dieses Namens muss im Schatten des Wormser Liebfrauendoms gewachsen sein).

Ich weiß nicht, wie viele Vorträge ich zum besseren gegenseitigen Verstehen von Juden und Christen gehalten habe. Als ich von der Gesellschaft für Christlich-Jüdische Zusammenarbeit in Düsseldorf angefragt werde, dort am 1. Oktober 1988 zu Lapides 65. Geburtstag den Festvortrag zu halten, sage ich selbstverständlich zu. Für das Sommersemester 1989 lade ich Pinchas Lapide zu Dialogvorlesungen im Studium generale an der Universität Tübingen ein. In vier Doppelvorlesungen wird für unsere konzentriert zuhörende große Hörerschaft das Gemeinsame wie das Unterscheidende sehr schön deutlich. Doch in einem zentralen Punkt zeigt sich ein bleibender Dissens:

Jesus – ein liberaler Pharisäer?

Es scheint ein Topos der gegenwärtigen Debatte um den »Nazarener aus jüdischer Sicht« zu sein: Jesu Verkündigung stände nirgendwo mit dem mosaischen Gesetz in Konflikt, ja Jesu Gesetzesverständnis liege durchaus auf einer damals bekannten Linie pharisäischer Toraverschärfung, die angesichts vielfacher Verflachung und Veräußerlichung des Gesetzes auf eine Vertiefung und Verinnerlichung zielte. So meint schon SCHALOM BEN-CHORIN in Zusammenhang mit der Bergpredigt: »Er (Jesus) stellt der kasuistischen Verflachung des Gesetzes durch gewisse Schulen der Pharisäer die Urabsicht des Gesetzes gegenüber.«[11]

Doch gerade in dieser Frage, mache ich gegenüber PINCHAS LAPIDE deutlich, gilt es in aller Behutsamkeit und Sachlichkeit zu differenzieren. Jesu Verkündigung darf nicht vom jüdischen Wurzelboden isoliert, darf aber auch nicht in ihn eingeebnet werden. Denn hier drängt sich ja nun doch eine entscheidende Frage auf: Hätte Jesus nur – wie die Propheten unter Anerkennung der Autorität Moses – zurückgerufen zur wahren Beobachtung des Gesetzes, hätte er nur wie die Rabbinen, die Gesetzesgelehrten, die Theologen seiner Zeit, aufgerufen, das Gesetz besser zu befolgen, wäre es dann zu jenem Konflikt gekommen, der schon im ersten Evangelium (nach Markus) *von Anfang an ein Konflikt um das Gesetz* war? Nach der Heilung eines behinderten Mannes am Sabbat »fassten sie den Beschluss, ihn umzubringen« (Mk 3,6). Es geht also um einen Konflikt auf Leben und Tod! Warum hätte sonst er, der doch kein politischer Revolutionär war, so grausam liquidiert werden müssen?

Zugegeben: Jesus hatte nicht die Absicht, das Gesetz abzuschaffen. Doch er scheint sich auch nicht gescheut zu haben, sich in entscheidenden Punkten über das Gesetz hinwegzusetzen. Und zwar nicht nur über die Tradition, die mündliche Überlieferung der »Alten«, die »Halacha«, sondern auch über die Heilige Schrift selbst, die »Tora«. Die Verbindlichkeit der mündlichen Überlieferung scheint er überhaupt stark relativiert zu haben: In Wort und Tat verstieß er sowohl gegen die kultischen Reinheitsvorschriften als auch gegen die Fastenvorschriften, insbesondere aber gegen die Sabbatvorschriften. Direkt gegen das mosaische Gesetz stand Jesus im Verbot der Ehescheidung, im Verbot des Schwörens, im Verbot der Vergeltung, im Gebot der Feindesliebe.

Diese Kritik Jesu am jüdischen Religionsgesetz wollte ich nicht verharmlost sehen: Der Nazarener hat das Gesetz nicht nur an bestimmten Punkten anders interpretiert; das taten auch die Pharisäer. Er hat das Gesetz auch nicht nur an bestimmten Punkten verschärft oder radikalisiert; das tat auch der »Lehrer der Gerechtigkeit« in den Qumran-Schriften. Nein, er, der durchaus gesetzestreu lebte, hat sich in Freiheit über das Gesetz hinweggesetzt und hat den *Menschen zum Maß* des Sabbats und des Gesetzes erklärt. Sowohl das »Ich aber sage euch« in den Antithesen der Bergpredigt als auch das sonst von niemandem am Anfang des Satzes gebrauchte »Amen« gibt der Relativierung geheiligter Traditionen und Institutionen durch Jesus exakten Ausdruck. Sie lässt in den Evangelien sofort die Frage nach der Autorität aufkommen, die hier in Anspruch genommen wird und die über die Autorität eines Gesetzestheologen und auch eines Propheten weit hinaus zu gehen scheint, sodass ihm nach allen Berichten auf Initiative der religiösen jüdischen Autoritäten von den Römern der Prozess gemacht wurde.

Die Gesetzesfrage ist eine Grundfrage religiösen Selbstverständnisses, die ich jedoch an alle Vertreter einer religiösen Gesetzlichkeit richte: an die des römischen Katholizismus nicht weniger als an die der jüdischen Orthodoxie. Es ist dies in der Folge auch eine politische Frage, die sich bis auf den heutigen Tag in der Gestaltung des öffentlichen Lebens im Staat Israel auswirkt, besonders im Streit zwischen liberalen und orthodoxen Juden um die Einhaltung des Sabbats: Kommt Gottes Wille in der exakten Beobachtung des Gesetzes zum Ausdruck oder im Tun des Willens Gottes?

Nein, ein typischer Pharisäer mit »Freude am Gebot« und kasuistischer Auslegung war Jesus nicht. Seine ganze Verkündigung hatte ihre eigene Stoßrichtung: Er verpflichtet weder neu auf die alte Gesetzesordnung, noch gibt er ein neues Gesetz, das alle Lebensbereiche umfasst. Stattdessen ruft er mit einfachen, befreienden Appellen den Einzelnen zum Gehorsam gegen Gott und zum Dienst am Nächsten auf, der das ganze Leben umfassen soll. Gerade die Bergpredigt zielt ja mit ihren Appellen nicht auf eine gesetzliche Fixierung des göttlichen Willens und des menschlichen Tuns, sondern auf das, was sich aller Gesetzlichkeit entzieht: ein »Mehr«, das auf das Ganze des Menschen zielt, das Unbedingte, Übergesetzliche.

Und so kann ich Pinchas Lapide nicht zustimmen, wenn er die ganze Schuld an Jesu Verhaftung, Verurteilung und Hinrichtung der römischen Besatzungsmacht zuschieben will, sosehr diese auch beteiligt war. Denn es ist ursprünglich der Konflikt mit dem Gesetz und so mit dem jüdischen Establishment, der in Jesu Kreuzestod kulminiert. Für damals konnte der Tod Jesu nichts anderes bedeuten als: Das Gesetz hat gesiegt! Als Gekreuzigter erschien Jesus als Gottverfluchter. Und die Konsequenz, gerade diesen Gekreuzigten – im Horizont der jüdischen Auferweckungshoffnung – als Lebendigen zu verkündigen, machte und macht den eigentlichen Skandal der christlichen Verkündigung aus.

Von daher stellt sich die Frage nach der Orientierungsnorm: das Gesetz oder der Wille Gottes und das Wohl des Menschen –, die dem Buchstaben des Gesetzes übergeordnet sind: Der Sabbat ist um des Menschen willen da und nicht der Mensch um des Sabbats willen! Eine Frage, die heute im biblischen und aktuellen Kontext in der Diskussion mit den Juden neu aufzugreifen wäre.

Doch darf auf keinen Fall die Verwicklung jüdischer und römischer Autoritäten zu einer Kollektivschuld des damaligen Judenvolkes und gar des heutigen Judenvolkes gemacht werden, was unendlich viel Leid über dieses Volk gebracht hat und unter dem Naziregime nur wenige deutsche Juden überleben ließ.

Jüdische Bekannte und Freunde

Am 7. Dezember 1990 halten wir an der Universität Tübingen auch ein Kolloquium mit dem 1907 in Köln geborenen und nach dem Krieg aus der Emigration nach Deutschland zurückgekehrten Literaturwissenschaftler Hans Mayer. Marxistisch orientiert, war er 1948–63 Professor in Leipzig, dann aber vom totalitären kommunistischen Regime der

DDR enttäuscht, nach Lehrtätigkeit an der TU Hannover seit 1975 Honorarprofessor in Tübingen. Aufgrund seiner soziologisch-historisch angelegten Werke in der Literaturwissenschaft eine nationale Größe. Da er am selben 19. März wie ich seinen Geburtstag feiert, habe ich ihn auch zu meinem 70. Geburtstag zum Festessen ins Schloss Bebenhausen eingeladen. Ich finde es sehr wichtig, dass wir das Gespräch auch mit völlig säkularisierten Juden führen, wie ich dies ja schon früher mit dem marxistischen Philosophen ERNST BLOCH praktiziert habe.

Doch würde ich andere wichtige jüdische Persönlichkeiten sträflich übergehen, wenn ich meine Begegnungen mit ihnen nicht wenigstens kurz und dankbar erwähnen würde. Da ist in erster Linie der schon in meinem zweiten Erinnerungsband erwähnte MARCEL REICH-RANICKI, Deutschlands bedeutendster Literaturkritiker, mit dem ich in Begleitung von Walter und Inge Jens öfters in Bayreuth den Wagner-Festspielen beigewohnt habe und der mehr als einmal auch in meinem Haus zu Gast war. »Jude sein ist immer gut!«, ist eines seiner Lieblingsworte. Ein Bestseller wurde seine Autobiographie: »Mein Leben« (1999). Über seinen späteren Konflikt mit Walter Jens, durch einen einseitigen »Spiegel«-Artikel von dessen Sohn Tilman provoziert, bin ich sehr unglücklich.

Ich habe schon davon berichtet, welch wichtige Rolle der große jüdische Musiker und Humanist YEHUDI MENUHIN für mein Filmprojekt über die »Weltreligionen auf dem Weg« gespielt hat (vgl. Kap. IV: Einzigartige Chance: »Spurensuche«). Nie hatte ich daran gedacht, dass ich ihm einmal freundschaftlich verbunden sein würde. Das hängt zweifellos mit seinem großen Interesse für die Weltreligionen und seiner Begeisterung für das Projekt Weltethos zusammen. Auf meine Bitte um einen Beitrag im Sammelband »Ja zum Weltethos. Perspektiven für die Suche nach Orientierung« (1995) schreibt er statt eines Aufsatzes ein sehr persönliches Gebet, das von seiner universal orientierten Religiosität zeugt; es endet mit den Sätzen:

»Gewähre mir die Erleuchtung, die Du für die Menschheit vorgesehen hast. Ermutige mich, zu verehren und solch lebendigen Beispielen zu folgen, die Deinen Geist bewahren – den Geist in uns und jenseits von uns allen, den Geist des Einen und des Vielen – die Erleuchtung Christi, des Buddha, des Laotse und der Propheten, Weisen, Philosophen, Dichter, Schriftsteller, Maler, Bildhauer und aller Geschöpfe und Künstler, und all der selbstlosen Menschen, der Heiligen und der Mütter, der Bekannten und Unbekannten, der Hohen und der Niedrigen, Männer – Frauen – Kinder aller Zeiten und aller Orten –, deren Geist und Beispiel bei und in uns allen bleiben werden für alle Zeit.«

Später schreibt er das Geleitwort zur englischen Ausgabe des von Helmut Schmidt und mir herausgegebenen Buches mit den beiden Erklärungen zu einem Weltethos (»A Global Ethic and Global Responsibilities. Two Declarations«, 1998).

Am 21. August 1992 fahre ich mit meiner Schwester Rita, Schwager Bruno und Marianne Saur nach Gstaad, um dort an zwei Konzerten teilzunehmen, denen ein von Yehudi Menuhin gegebener Empfang im Dorf vorausgeht. Es ist mir eine besondere Ehre, am 31. August 1996 von Yehudi Menuhin nach Gstaad eingeladen zu werden, wo er die Gstaader Musikfestwochen leitet. Wiederum mit Rita, Bruno und Marianne bin ich vor dem Konzert zu einem Drink in sein großes Chalet gebeten, und wir nehmen danach mit Begeisterung an seinem Konzert teil. Drei Jahre später lädt er mich nach Freiburg im Breisgau zu einem gemeinsamen Mittagessen und zum abendlichen Konzert ein. Daraus wird leider nichts, weil Yehudi Menuhin am 12. März 1999 unerwartet verstirbt. Mich tröstet nur ein Brief vom 7. März, der wohl einer der letzten sein dürfte, die er vor seiner schweren Erkrankung geschrieben hat. In meinem Kondolenzbrief an Lady Diana Menuhin würdige ich ihn als »die große Gestalt, die sich wo immer möglich einsetzte für humane Belange« und als einen, »der sich als einer der Allerersten für mein Anliegen eines globalen Ethos, ein Weltethos engagierte«.

Keiner meiner jüdischen Freunde hat sich für das Projekt Weltethos so intensiv eingesetzt wie Sir Sigmund Sternberg. 1921 in Ungarn geboren und 1939 vor den Nazis nach Großbritannien emigriert, hat er als erfolgreicher Unternehmer sich nicht nur für die jüdische Gemeinde in London, sondern auch für den interreligiösen Dialog mit viel Zeit, Geld und großer Energie engagiert. Er gründet in London die Sternberg Foundation (1968) und das Sternberg Center for Judaism (1981), damals Europas größtes jüdisches Kulturzentrum. 1997 ruft er das Three Faiths Forum für den Dialog zwischen Juden, Christen und Muslimen ins Leben. Wir lernen uns 1993 im Zusammenhang des Parlaments der Weltreligionen in Chicago kennen. Er engagiert sich sehr im International Council of Christians and Jews und verleiht mir 1998 in London dessen Interfaith Gold Medal, die ich aus der Hand von Lord Yehudi Menuhin empfangen darf. Ich wiederum hatte die Ehre, dieselbe Medaille ebenfalls in London etwas später dem Financier und Philanthropen Sir John Templeton zu überreichen.

»Sir Sigy« hat verschiedentlich Pressekonferenzen für mich in London arrangiert, bei denen meine Bücher vorgestellt werden. Besonders erinnere ich mich an eine solche Veranstaltung in der schönen Jerusalem

Chamber in Westminster Abbey, die normalerweise für die Öffentlichkeit nicht zugänglich ist. Es hat mich sehr gefreut, dass Sigy und seine liebenswürdige Frau Hazel mich in Tübingen besucht haben.

Das Erscheinen der englischen Ausgabe von »Das Judentum« in London am 25. März 1992 gestaltet sich als ein großes Medienereignis. Ich stelle das Buch in einer Pressekonferenz vor, die vom Bischof von Durham DAVID JENKINS, moderiert wird, und gebe in den nächsten drei Tagen zahllose Interviews für die verschiedensten Medien. Wichtig ist am selben Tag ein Vortrag in der berühmten Kirche St. James am Piccadilly Circus über »Weltfriede als Herausforderung für Juden, Christen und Muslime«. Einen weiteren Vortrag halte ich darauf beim Council of Christians and Jews über das Gottesverständnis nach dem Holocaust. Erfreulich ist, dass ich im Haus meines Verlegers und Übersetzers, Dr. JOHN BOWDEN, mit maßgeblichen Persönlichkeiten des interreligiösen Dialogs zusammenkommen kann. Andererseits sorgt Sir Sigmund Sternberg für interessante Kontakte mit jüdischen und anderen Persönlichkeiten. Ein Gespräch mit Dr. GEORGE CAREY, dem Erzbischof von Canterbury, im Lambeth Palace wird auch noch eingeschoben. So kann ich, von vielen Seiten unterstützt, in vier Tagen durch mein neues Buch maximale Werbung für den christlich-jüdischen Dialog machen.

Einen häufigen Austausch von Publikationen habe ich mit dem gelehrten amerikanischen Judaisten und Religionswissenschaftler JACOB NEUSNER, der mich nach verschiedenen Treffen in Amerika am 21. Juni 1991 in Tübingen besucht. Neusner hat Hunderte von Veröffentlichungen über die Tora, den Talmud und andere jüdische Schriften geschrieben oder herausgegeben. Er hat sich aber auch kritisch-konstruktiv mit dem Neuen Testament beschäftigt und Beiträge zum jüdisch-christlichen Dialog geliefert. Besonders bekannt wurde sein Buch »Ein Rabbi spricht mit Jesus: ein jüdisch-christlicher Dialog« (München 1997), ein Buch, das viel Sympathie für Jesus zeigt, aber von Benedikt XVI. zu Unrecht für die in seinem Jesus-Buch vertretene Christologie in Anspruch genommen wird.

Besonders wertvoll ist für mich der Kontakt mit MICHAEL BLUMENTHAL. Im Jahre 1926 in Oranienburg bei Berlin geboren, war er 1938 mehrere Monate im KZ, bevor er dann mit seiner Familie zuerst nach Schanghai und dann nach USA auswandern kann. Sprachbegabt und hochgebildet wird er Wirtschaftsprofessor, dann wirtschaftspolitischer Berater der Präsidenten Kennedy und Johnson und schließlich Finanzminister unter Präsident Carter. Als Direktor des Jüdischen Museums in Berlin, des größten in Europa, besucht er mich in meinem Haus, und wir verstehen uns bestens. Dennoch haben wir bei zwei Gelegenheiten die »Klingen gekreuzt«: Bei einer Tagung der Dräger-Stiftung in Berlin (14. 3. 1997) kritisiere ich in meinem Referat das unethische Verhalten der amerikanischen Banken, was ihn auf den Plan ruft, wobei mich aber anschließend HORST KÖHLER verteidigt.

Das zweite Mal ist bei einer Sitzung des InterAction Council in Jordanien am Toten Meer (2006), wo Michael Blumenthal an einem Tag die aggressive Politik der Bush-Administration kritisiert, am nächsten Tag aber die aggressive Politik des Staates Israel gegenüber den Palästinensern verteidigt, was ich widersprüchlich finde. Als dann der frühere jordanische Ministerpräsident HAZZA' AL-MAJALI den Bau der Mauer zwischen den beiden Völkern als tolerabel ansieht, solange sie auf dem Gebiet Israels stehe, schalte ich mich erneut ein und kritisiere die Mauer nach dem Fall der Berliner Mauer als einen Rückfall in barbarische Zeiten. Blumenthal ist über meine Intervention schockiert, kommt aber sofort nach der Sitzung auf mich zu und lädt mich freundlich ein zum Galaessen, das einmal im Jahr im Jüdischen Museum in Berlin mit dem Bundespräsidenten, der Bundeskanzlerin und vielen hochgestellten Persönlichkeiten stattfindet. Ich finde seine Reaktion nobel und nehme diese Einladung gerne an. Dort erhalte ich den Ehrenplatz neben dem Präsidenten des Zentralrats der Juden in Deutschland, PAUL SPIEGEL, und seinem Stellvertreter, Dr. SALOMON KORN. Es zeichnet Repräsentanten des Judentums immer wieder aus, dass sie zu einer kritischen Auseinandersetzung fähig und sehr gut vorgebildet sind, was im Gespräch mit Muslimen leider oft fehlt.

Mit deutschen Rabbinern bin ich verschiedentlich öffentlich aufgetreten. Ich habe gute Erinnerungen an Landesrabbiner Dr. h.c. JOEL BERGER in Stuttgart, und erst recht an seinen Nachfolger, den Schweizer NETANEL WURMSER, der anlässlich der großen Ausstellung der Stiftung Weltethos »Weltreligionen – Weltfrieden – Weltethos« in der Kunsthalle Tübingen 2002 mein angenehmer Gesprächspartner ist. Bei derselben Ausstellung nimmt auch die erste Rabbinerin der Schweiz, BEA WYLER, zusammen mit der lutherischen Bischöfin MARIA JEPSEN und der Muslimin SIBA SHAKIB an einer Podiumsdiskussion über die Probleme der Frauen in den drei Religionen teil.

Am nächsten aber steht mir zweifellos der Rabbiner Dr. WALTER HOMOLKA, Rektor des Abraham Geiger Kollegs in Potsdam, Deutschlands erstem (liberalem) Rabbiner-Seminar nach dem Holocaust, und Honorarprofessor an der Philosophischen Fakultät der Universität Potsdam. Er hält für mich am 28. November 2008 in Düsseldorf die Laudatio bei der Verleihung des Heinrich-Heine-Preises »Für Zivilcourage« durch den Heinrich-Heine-Freundeskreis. Mit ihm zusammen bin ich auch auf dem Evangelischen Kirchentag aufgetreten. Vor allem haben wir zusammen den Band *»Weltethos aus den Quellen des Judentums«* (Freiburg 2008) herausgegeben. In ihm werden Kerntexte aus drei Jahrtausenden jüdischer Weisheit, von der Bibel bis zur Gegenwart, aufgeführt und der Bezug zur Weltethos-Erklärung des Parlaments der Weltreligionen in Chicago 1993 hergestellt.

Jüdische Ehrungen

Ich habe das »Unerschrockene Wort«, das mir 1999 den Preis der Martin-Luther-Städte einträgt, nicht nur zwischen den christlichen Kirchen praktiziert, sondern auch unter den Religionen. Ich habe immer nicht nur die positiven, sondern auch die Schattenseiten der Religionen hervorgehoben. Ein Wort, das ich gern als Widmung in ein Buch schreibe, lautet: »Die Wahrheit in Wahrhaftigkeit!« Gerade das katholische Lehramt, das sich als Hüter der Wahrheit versteht, zeichnet sich oft durch Unwahrhaftigkeit aus. Man sieht die Wahrheit nur bei sich und nicht bei anderen und sieht die Unwahrheit nur bei anderen und nicht bei sich. Und allzu oft steht die theoretische Wahrheit im Widerspruch zum praktischen Verhalten.

Auch habe ich in meinem Schreiben und Reden über das Judentum versucht, stets wahrhaftig zu bleiben: Selbstkritisch gegenüber der eigenen Position, wo nötig, auch jüdische Positionen hinterfragend, aber immer gerecht und fair, und möglichst im Blick auf problematische Seiten auch der beiden anderen abrahamischen Religionen.

Aufrichtig dankbar bin ich dafür, dass man mir von jüdischer Seite meine Kritik, weil ehrlich und freundlich, nicht übel genommen und mich erst recht nicht etwa – wie andere Personen – des Antisemitismus geziehen hat. Im Gegenteil: Ich habe sehr viel Anerkennung erfahren, nicht nur von Einzelnen, sondern auch von Institutionen, die mich im Dialog ermutigt hat. Schon im Jahr 2000 erhalte ich von der zentralen Institution des Reformjudentums in den USA, dem Hebrew Union College – Jewish Institute of Religion in Cincinnati, den *Ehrendoktor der Humanwissenschaften* (L.H.D.). In meiner Dankesrede sage ich: »Ich bin hierhergekommen als christlicher Theologe, der über das Judentum ein Buch geschrieben hat, das für Nichtjuden und für manche Juden unbequem ist. Ihr Ehrendoktorat ermutigt mich sehr, meinen Weg eines ehrlichen jüdisch-christlichen Dialogs weiterzugehen, der nur *ein* Kriterium kennt: die Wahrheit in Wahrhaftigkeit! Sicher haben manche von Ihnen die Erfahrung gemacht, dass es viel leichter ist, mit aufgeklärten Menschen einer anderen Religion zu reden als mit unaufgeklärten Menschen der eigenen Religion.«

Eine ganz besondere Ehre aber ist für mich die Verleihung des *Abraham-Geiger-Preises* am 18. Juli 2009 in Potsdam durch das bereits erwähnte Rabbiner-Kolleg. Es bedeutete für mich als christlichen Theologen eine starke Ermutigung, gelobt zu werden für mein Werk »Das Judentum«, das »eine der hervorragendsten Monographien über das Judentum als Weltreligion« darstelle, aber darüber hinaus auch für meine ganze ökumenische Tätigkeit gerade im Dienst eines Weltethos. Das Projekt Weltethos komme der Forderung des Judentums nahe, jede Religion zu respektieren, solange sie einen Grundwertekanon vertritt, der das menschliche Zusammenleben und die Menschenrechte fördert und schützt.

In meiner Berliner Dankesrede habe ich an alle drei prophetischen abrahamischen Religionen auch eine differenzierte kritische Frage gestellt, wo sie in ihrer Religion entweder in völlig säkularistischer Weise alles relativieren oder aber in ultraorthodoxer Haltung alles bewahren wollen. Ich scheute mich auch nicht, wie säkularisierte Christen und Muslime, so auch säkularisierte Juden zu kritisieren, die »eine moderne Ersatzreligion bekundet haben: der Staat Israel und die Berufung auf den Holocaust«. »Das könne zwar säkularisierten Juden eine jüdische Identität und Solidarität verschaffen, scheine aber nicht selten auch die brutalen Maßnahmen der israelischen Armee gegen die Palästinenser in den besetzten Gebieten zu rechtfertigen.« Hier habe ich dann anschließend für den Dialog der Kulturen und Frieden zwischen den Religionen als eine Voraussetzung für den Frieden zwischen den Nationen plädiert. Ich bin sehr berührt davon, dass beim anschließenden Bankett viele der aus der ganzen Welt zusammengekommenen Rabbiner zu mir an den Tisch kommen, um sich das von mir und Walter Homolka gemeinsam verfasste Buch signieren zu lassen. Alle Reaktionen auf meine kritische Rede sind ausgesprochen freundlich.

Besonders freuten mich die nachträglichen Glückwünsche von Dr. h.c. Charlotte Knobloch, Präsidentin des Zentralrats der Juden in Deutschland: »Es gibt nur wenige Menschen, die über eine so lange Zeit hinweg so überzeugend und engagiert wie Sie für einen wirklichen interreligiösen Dialog eingetreten sind. Sie haben durch Offenheit und genaueste Quellenkenntnis stets sinnvolle Kritik ermöglicht, getragen von der Vision, dass wir alle auf einen gemeinsamen ethischen Nenner zusammenfinden mögen. Ihr Mut, auch ›Unbequemlichkeiten‹ auszusprechen, ohne vor den Konsequenzen zu scheuen, beeindruckt und berührt mich sehr.«

Keine unschuldige Nation

Nach dem Menschheitsverbrechen des Holocausts, dessen Einzigartigkeit nie infrage gestellt werden darf, fand ich es als Schweizer Bürger, seit 1960 in der Bundesrepublik Deutschland ansässig, bewundernswert, wie man in diesem Land die antisemitische Vergangenheit zunehmend schonungslos aufarbeitet. Erst später wird auch in der *Schweiz* die NS-Vergangenheit kritisch thematisiert, wo ich persönlich zwar nie einen Nazifreund und Judenhasser kennengelernt habe und während des Zweiten Weltkriegs etwa 60.000 Flüchtlingen, darunter große Persönlichkeiten aus deutscher Literatur, Kunst und Kultur, Schutz geboten wurde. Aber aus Angst vor Hitlers Zorn und einer ständig drohenden Invasion hatte man ab 1942 eine höchst restriktive Asylpolitik betrieben. 9751 Flüchtlinge mit dem »J-Stempel« im Pass waren zurückgewiesen und Ungezählte von vornherein abgeschreckt worden. Gefälligkeiten der Schweizer Nationalbank im Finanztransfer und der Zollbehörden bezüglich deutscher Rüstungstransporte nach Italien werden erst nach dem Krieg bekannt. Somit kein Anlass zu schweizerischer Selbstgefälligkeit und Selbstgerechtigkeit.

Aber auch in den *USA* stelle ich fest, wie lange selbst dort die Mitschuld an der Katastrophe des jüdischen Volkes ignoriert und verdrängt worden war. Erst 1984 alarmiert der jüdische Autor David S. Wyman mit seinen reich dokumentierten Untersuchungen unter dem Titel »The Abandonment of the Jews« (in der deutschen Ausgabe »Das unerwünschte Volk«, 1986) die amerikanische Öffentlichkeit. Wyman weist auf, wie amerikanische Regierung und Kongress, aber auch Medien, Kirchen und Gewerkschaften angesichts der nazistischen Verfolgungs- und Ausrottungsmaßnahmen in den 30er- und 40er-Jahren versagt haben: aus politischem Opportunismus, allgemeiner Einwanderungsfeindlichkeit und traditionellem Antisemitismus. Selbst die jüdischen Hilfsorganisationen der USA waren erst relativ spät in Aktion getreten. Als ich Jahrzehnte später immer mehr Holocaust-Denkmäler in amerikanischen Städten entstehen sehe, kann ich jene Amerikaner verstehen, die darin späte Satisfaktionsmaßnahmen aufgrund schlechten Gewissens und zugleich politische Unterstützungsaktionen für Israel sehen. Auch *südamerikanische*

Staaten, auch *Großbritannien*, *Kanada* und *Australien* hatten damals keine jüdischen Flüchtlinge aufnehmen wollen.

Merkwürdige Entdeckungen mache ich bei einer Informationsfahrt durch *Polen* im August 1990. Schon vorher war mir bekannt, dass auch im Vorkriegs-Polen der religiös begründete Antijudaismus, ja der rassistische Antisemitismus, tief verwurzelt war. 1936 hatte der Primas von Polen, Kardinal AUGUST HLOND, einen Hirtenbrief veröffentlicht, der antisemitische Passagen enthielt, die vom Nazipropagandaminister Joseph Goebbels hätten stammen können. Auch andere Hirtenbriefe und Stellungnahmen von polnischen Bischöfen hatte es gegeben, die vor dem bedrohlichen Einfluss der Juden warnten.

Bei meinem Besuch im Stadtmuseum von Warschau stelle ich fest: Auf der riesigen Stadtkarte wird mit keinem Zeichen auf das frühere Judenviertel hingewiesen. Dabei gab es in Polen 1939 rund 3,5 Millionen Juden, in Warschau war es fast ein Drittel der Bevölkerung, aber ihre Existenz und Geschichte wird in diesem Museum verschwiegen. Ich besuche den Vorsitzenden des Jüdischen Koordinationskomitees in Polen, Dr. PAWEŁ WILDSTEIN, in seinem armseligen Quartier und vernehme von ihm, dass heute nur noch 8000 bis 10.000 Juden in Polen leben und ihre Situation alles andere als rosig ist.

Auch nach dem Krieg war der Antijudaismus in Polen so stark wie eh und je gewesen. Gerade in Krakau und Kielce kommt es 1945/46 zu Pogromen, allein in Kielce sind es über 40 Ermordete, ohne dass kirchliche Autoritäten dagegen öffentlich Stellung bezogen hätten. Eine Massenflucht von ungefähr 80.000 polnischen Juden nach Westen ist die Folge. Auch der im Pogromjahr 1946 in Krakau zum Priester geweihte KAROL WOJTYŁA, später Erzbischof und Papst, hat zwar bei der UNO-Versammlung 1979 dramatisch, aber recht allgemein »Auschwitz« beschworen (ich besuche auf meiner Informationsfahrt das nur 50 Kilometer westlich von Krakau gelegene Vernichtungslager der Nazis, in welchem auch Polen als Aufseher beschäftigt worden waren). Doch zu diesen furchtbaren Ereignissen in seiner Heimat hat der polnische Papst auf all seinen »Pilgerfahrten« nie Stellung genommen. Dies erinnert an Papst Pius XII., der aus kirchenpolitischen Gründen jede öffentliche Stellungnahme zum deutschen Überfall auf Polen (1939) wie zu dem (ihm seit 1942 bekannten) Holocaust verweigerte – »ein christliches Trauerspiel«, wie dies ROLF HOCHHUTH im Untertitel zu seinem Drama »Der Stellvertreter« (1963) völlig zu Recht qualifizierte.

Eine von der polnischen Kirche nicht aufgearbeitete Schuld: Noch 2007 verurteilte der jahrzehntelange einflussreiche Sekretär Papst Wojtyłas, jetzt Kardinal von Krakau, Stanisław Dziwisz, das Buch des aus Warschau stammenden amerikanischen Soziologen und Historikers Jan Tomasz Gross »Angst – Geschichte eines moralischen Niederganges«: Dies sei ein Angriff auf die Ehre der polnischen Nation. Dabei beschreibt und analysiert Gross sachlich die Mordtaten, denen Holocaust-Überlebende in den ersten beiden Nachkriegsjahren in Polen zum Opfer fielen. Der überwiegende Teil der polnischen Gesellschaft habe schon während des Krieges vor der Judenvernichtung die Augen verschlossen, ja sie insgeheim gebilligt. Viele Polen seien so Profiteure der deutschen Verbrechen geworden; sie hätten das Eigentum der Juden übernommen. Die Angst, dieses den Holocaust-Überlebenden wieder überlassen zu müssen, sei das Hauptmotiv für die Verbrechenswelle nach dem Krieg gewesen. Es ist ein hoffnungsvolles Zeichen, dass in dem von dem Buch »Angst« ausgelösten Medienschlagabtausch gewichtige Zeitungen und Zeitschriften sich vor den Autor des Buches stellten, gegen den die Staatsanwaltschaft Krakau eine Untersuchung eingeleitet hatte. Und in neuester Zeit hat man sich intensiv mit dem Judentum in Warschau beschäftigt und 2013 ein Museum der Geschichte der polnischen Juden eröffnet.

Wie in Polen ist Gewissenserforschung und Reue jedoch von allen betroffenen Ländern gefordert. Für mich aber bleibt es jedenfalls bei der Einsicht: Wie keine unschuldige Religion, so gibt es auch keine unschuldige Nation.

Der tragische Konflikt Israel-Palästinenser

Der historischen Dimension großer Konflikte bin ich mir stets bewusst: Fast 1900 Jahre hat es gedauert, bis es wieder einen jüdischen Staat in Palästina geben konnte. Und so habe ich es ausdrücklich begrüßt, dass das Judentum – nach der Assimilation und dem Antisemitismus in der europäischen Moderne – mit der Staatsgründung in die Nach-Moderne eingetreten ist. Das heißt: das Zentrum des jüdischen Lebens wird aus Europa wieder ins »verheißene Land« des Anfangs zurückverlegt. Das Volk Israel erhält dadurch wieder die Möglichkeit zu staatlicher Selbstorganisation und politischer Selbstbestimmung. Keine Frage, dass das gesamte Judentum auch der Diaspora dadurch eine neue geistige Ausrichtung erfährt.

Aber der tragische Konflikt seit der Staatsgründung besteht darin: Palästina war nie, wie von Zionisten behauptet, »ein Land ohne Volk«. Und deshalb stehen sich seither zwei Völker gegenüber – das jüdische und das arabisch-palästinensische –, welche beide das seit 3000 beziehungsweise in den letzten 1000 Jahren tief eingewurzelte Bewusstsein haben, dass ihnen – und ihnen allein – dieses Land rechtmäßig gehört. Wer sich um ein gerechtes Urteil bemüht, wird beides sehen. Der 15. Mai 1948, der *Tag der Staatsgründung für die Juden*, ist *für die Palästinenser »en-Nakba«, »die Katastrophe«*.

Doch schon 1947/48 hatten es beide Parteien in der Hand, ihren je eigenen Staat zu gründen: einen jüdischen und einen arabischen, verpflichtet zu gegenseitiger Anerkennung und politisch-wirtschaftlicher Kooperation. Und es ist nicht zu leugnen, dass es damals vor allem die Araber sind, die sich einer Staatsgründung verweigern, irregeführt durch die Illusion, den vermeintlich schwachen Judenstaat schon bald nach der Gründung wieder beseitigen zu können. Damit aber kommen sie dem israelischen Staatsgründer David Ben-Gurion ungewollt entgegen, der seinerseits – auch dies steht historisch fest – auf ein »Großisrael«, also auf ein Israel mit Einschluss des Westjordanlandes und Gazas hinarbeitet. Zugleich liefern die Araber durch den von ihnen initiierten Krieg (15. Mai 1948 – 24. Februar 1949) den israelischen Truppen den Vorwand, die angstvolle Flucht und Vertreibung von 850.000 Palästinensern aus ihren angestammten Gebieten in die angrenzenden arabischen Staaten zu befördern. Aber wenn für die ersten zwei Jahrzehnte des Konflikts die Hauptverantwortung für das Nichtzustandekommen einer friedlichen Lösung bei den Arabern liegt, dann nach dem *Sechstagekrieg von 1967* (5.–11. Juni) zweifellos bei den Israelis, jetzt die stärkste Militärmacht des Nahen Ostens, welche eine ausgleichende Lösung des Konflikts immer wieder planmäßig hintertreiben.

1967 besuche ich, wie berichtet, das erste Mal Jerusalem, wenige Wochen vor dem Sechstagekrieg. Seither stehen ganz Jerusalem und das Westjordanland unter israelischer Besatzung. Zu dieser Zeit stehe ich noch ganz auf der Seite des bedrohten Israel. 1978 aber bin ich vom 23. September bis 7. Oktober auf einer Studienreise mit der Katholischen Fakultät Tübingen erneut in Israel: Inzwischen hat sich die politische Lage grundlegend geändert.

Ein Jahrzehnt nach dem Sechstagekrieg ist der Konflikt mit der früheren Bevölkerung dieses Landes, den Palästinensern, noch immer nicht geregelt. Zwei Völker erheben (begründeten) Anspruch auf ein und dasselbe Land. Israel hat 1967 die *historische Chance verpasst*, aus einer Position der Stärke heraus im Austausch gegen die besetzten Gebiete einen wirklichen Frieden zu erreichen und an der Errichtung eines friedlichen unabhängigen arabischen Staates Palästina mitzuarbeiten. Damit ist Israel zur Besatzungsmacht geworden, ab jetzt hauptverantwortlich für das Ausbleiben des Friedens im Nahen Osten. Der Jom-Kippur-Krieg vom 6. bis 25. Oktober 1973, mit einem erfolgreichen Überraschungsangriff von Ägypten und Syrien begonnen, wird durch einen unter dem Druck der USA erreichten Waffenstillstand gestoppt, der dann 1974 zu einem Truppenentflechtungsabkommen mit Ägypten und Syrien führt. Vor allem wegen der Spannungen aufgrund der umstrittenen jüdischen Siedlungen in den besetzten Gebieten aber wird die Arbeitspartei-Regierung abgewählt und durch die des konservativ-nationalen Likud-Blocks mit dem früheren Terroristen MENACHEM BEGIN als Ministerpräsident ersetzt.

Im November 1977 aber ergreift der ägyptische Präsident ANWAR AS-SADAT eine kühne Initiative: Er besucht für drei Tage Jerusalem – in der Hoffnung auf eine Rückgabe aller besetzten Gebiete um eines Friedens mit den Arabern willen. Doch dies wird von Begin abgelehnt. Nur durch Einschaltung der Amerikaner kommt es, drei Jahrzehnte nach der Staatsgründung, am 17. September 1978 zum *Camp-David-Abkommen* zwischen Ägypten und Israel. Es ist das Verdienst des amerikanischen Präsidenten JIMMY CARTER, eines überzeugten Christen. Am 26. März 1979 endlich schließt Israel, wiederum durch persönlichen Einsatz Jimmy Carters, mit Ägypten einen Friedensvertrag, der zum Rückzug Israels aus dem Sinai führt. Aber die Hauptfrage, die Palästinenser-Frage, wird nicht in die Lösung einbezogen, und so kommt es noch immer nicht zu einem umfassenden Frieden.

Die militärische Lage im Nahen Osten bleibt unstabil, und Israel erfüllt kaum eines der vertraglich zugesicherten Versprechen bezüglich der palästinensischen Autonomie. Die Terroraktionen, jetzt der Palästinenser, gehen weiter, und nach einem palästinensischen Busüberfall bei Tel Aviv mit 45 Todesopfern besetzen die israelischen Streitkräfte wider alles Völkerrecht den ganzen Libanon (15. März bis 13. Juni 1978), in dessen Hauptstadt Beirut sich das Hauptquartier der Palästinensischen Befreiungsorganisation (PLO) befindet. Präsident Sadat aber wird am 6. Oktober 1981 von einem islamischen Fundamentalisten ermordet. Und was wird die Zukunft bringen?

Es ist zunächst der österreichische Bundeskanzler BRUNO KREISKY, selber jüdischer Herkunft, der mir während meines Skiurlaubs in einem langen Abendgespräch zu zweit am Silvesterabend 1978 in der »Post« in Lech am Arlberg deutlich macht, ich dürfe die brisante Situation im Nahen Osten nicht allein aus israelischer Perspektive sehen, sondern müsse auch die Araber verstehen lernen (Bd. 2, Kap. IX: Bundeskanzler Kreisky).

Versöhnung statt Gewaltherrschaft

Noch mehr lerne ich anlässlich eines erneuten Besuchs in Jerusalem am 31. Oktober 1990 vom berühmten jüdischen Gelehrten deutscher Herkunft JESCHAJAHU LEIBOWITZ, Professor an der Hebräischen Universität. Er hatte sich vor 40 Jahren als überzeugter Zionist in Israel angesiedelt und im Unabhängigkeitskrieg mitgekämpft, aber schon nach dem Sechstagekrieg begonnen, vor der sich anbahnenden gefährlichen Entwicklung zu warnen. Jetzt sagt er mir: »Der Sechstagekrieg war eine historische Katastrophe des Staates Israel.« »Warum?«, frage ich. Weil Israel, zuvor in Selbstverteidigung begriffen, seither die Hauptverantwortung dafür trage, dass es im Nahen Osten keinen Frieden gebe. »Tatsächlich sind wir es doch, die nicht zu Verhandlung und Teilung bereit sind.«[12] Ob das je eine israelische Regierung einsehen und eingestehen wird, frage ich mich im Jahr 2009 nach dem verbrecherischen Gazakrieg (13 tote Israelis, 1300 tote Palästinenser), der den Staat Israel auch bei seinen Freunden unglaubwürdig gemacht hat.

Schon früh sieht Leibowitz die verheerende Auswirkung der Besetzung palästinensischer Gebiete (noch immer vom laut verkündeten oder im Geheimen gehegten Traum eines Großisrael getragen) voraus: die Aufrichtung und Erhaltung einer *Gewaltherrschaft über das palästinensische Volk*. Konkret erwähnt er: lange Zeit Leugnung der Existenzberechtigung des palästinensischen Volkes, Herrschaft des israelischen Geheimdienstes, Missbrauch der Armee und der israelischen Jugend zur Besetzung fremden Landes. Und als Folge von alledem wachsender Verlust des internationalen Ansehens und zugleich der inneren Glaubwürdigkeit.

Ich muss gestehen: Diese verhängnisvolle Entwicklung des Staates Israel hat meine (und wahrhaftig nicht nur meine) Einstellung zur offiziellen Politik des Staates Israel grundlegend gewandelt: Zwar stehe ich nach wie vor entschieden für die Existenz des Staates Israel in sicheren Grenzen ein. Aber meine früher beinahe uneingeschränkte Bejahung der jeweiligen israelischen Regierungspolitik ist einer kritischen Einstellung gewichen, welche die Nationwerdung der Palästinenser und ihr nationales Selbstbestimmungsrecht ganz und gar ernst nimmt, ohne auch ihre Mitschuld an der verfahrenen Lage zu leugnen.

Immer mehr erscheint es mir als eine Tragödie von geradezu biblischem Ausmaß, dass dieses jüdische Staatsvolk, das zuvor mehr als jedes andere unter der Gewaltherrschaft eines »Herrenvolkes« gelitten hat, nun selber zu einer mitleidlosen Besatzungsmacht geworden ist, die, wie der frühere US-Präsident Jimmy Carter, Vermittler des Friedens zwischen

Israel und Ägypten, feststellt, eine »Apartheidpolitik« betreibt. Zu Beginn des 21. Jahrhunderts wird diese sogar der ganzen Welt demonstriert durch eine Mauer nach kommunistischem Vorbild. Solche politisch völlig unsensible militärische »Sicherheitspolitik« hat Israel jedoch politisch, wirtschaftlich, militärisch und moralisch geschwächt. Und zugleich hat sie das (von den meisten Israelis bewusst ignorierte) unbeschreibliche Elend der Palästinenser ständig vergößert und hat nach den beiden vergeblichen Intifadas schließlich die sich steigernden Raketenangriffe und verzweifelten Selbstmordattentate der Palästinenser provoziert. Diese terroristischen Akte der Palästinenser sind Reaktion auf die Unterjochung und den Staatsterror Israels mit Flugzeugen, Panzern, Bulldozern und gezielten Morden – und nicht umgekehrt. Was den Terror nicht rechtfertigt – auf keiner Seite.

Doch auch Juden in aller Welt realisieren immer mehr: Militärische Gewalt, weder von der einen noch von der anderen Seite, kann dieses Problem nicht lösen. Im Jahre 2009 zählt die palästinensische Minderheit im Staat Israel bereits 22 Prozent der Bevölkerung – Tendenz steigend. Im größeren Israel (mit den besetzten Gebieten) aber besitzen die Palästinenser bereits jetzt die Mehrheit. Immer mehr steht deshalb Israel vor dem Dilemma, entweder eine multiethnische demokratische Gesellschaft oder ein nationaler jüdischer Sicherheitsstaat zu werden. Und zweierlei sollte dabei klar sein: Weder kann die israelische Militärpolitik die Palästinenser auf Dauer unter Kontrolle halten, noch können die Palästinenser die Rückkehr in ihre Wohngebiete vor 1948 erzwingen.

Doch was ist möglich und wünschenswert? Es könnten sich die Israelis aus den meisten besetzten Gebieten zurückziehen und einige Gebiete abtauschen und könnten zugleich durch Reparationszahlungen (wie Deutschland nach dem Zweiten Weltkrieg) das Unrecht an den vertriebenen oder unterdrückten Palästinensern wiedergutmachen: statt Milliarden für Rüstung zu verschleudern, ein Marshallplan für die Palästinenser und den Nahen Osten überhaupt! Oder ist die Hoffnung aufzugeben, dass die »Road Map« von UNO, USA, EU und Russland endlich realisiert wird? Es wäre zu hoffen, dass mehr jüdische Persönlichkeiten auch in den USA und in der EU sich wie der große Dirigent Daniel Barenboim mit seinem West-Eastern Divan Orchestra für die Versöhnung zwischen Israelis und Palästinensern einsetzen.

Umstritten: Geltung des Gesetzes und Status von Jerusalem

Für mich jedenfalls steht schon lange fest, dass eine Theologie der Versöhnung zwischen den drei abrahamischen Religionen die politische Versöhnung gerade zwischen Juden und Muslimen unterstützen muss. Ich führe dafür zwei Beispiele an:

Im Mai 1990 bin ich auf der Rückreise von Riad und Dschidda und nach einem Besuch bei Kronprinz Hassan von Jordanien erneut in Jerusalem. Am 18. Mai 1990 treffe ich mich mit Prof. EMIL FACKENHEIM zum Mittagessen. Er ist ein Spezialist für deutsche Philosophie, war im KZ Sachsenhausen, danach in Kanada als Emigrant und lehrt jetzt an der Hebrew University. Er betrachtet den Holocaust als einen Kontinuitätsbruch epochalen Ausmaßes für das Judentum. Doch kämpft er leidenschaftlich dafür, dass die Theologie nicht durch eine Holocaustologie ersetzt wird: Juden sollen am Glauben an Gott festhalten, um so Hitler und seinen Schergen nicht nachträglich zum Sieg zu verhelfen, dem von den Nazis gewollten Sieg von Nihilismus und Zynismus über die Würde des jüdischen Menschen.

Am Abend desselben Tages begehe ich mit dem Jerusalemer Bürgermeister TEDDY KOLLEK, seiner Frau und dem sympathischen orthodoxen Rabbi DAVID HARTMAN die Pessachfeier – eine große Ehre für einen christlichen Gast. Ich sagte ihm bei dieser Gelegenheit: Wenn Israel einmal einen Premierminister von der wachsenden Einsicht und Toleranz des gegenwärtigen Bürgermeisters Kollek hätte, dann wäre man über den Berg und könnte eine versöhnliche Lösung auch für das schwierige Problem des Status von Jerusalem finden.

Vom 9. bis 13. Januar 1993 bin ich erneut in Jerusalem, dieses Mal für eine internationale theologische Konferenz unter der Schirmherrschaft von Teddy Kollek, auf Einladung David Hartmans und seiner Shalom Hartman Foundation for Advanced Jewish Studies. Wiewohl im orthodoxen Milieu New Yorks aufgewachsen und ausgebildet, verbindet er sein Bemühen um eine jüdische Identität in Israel und in der Diaspora mit dem Bemühen um eine mehr pluralistische, tolerante und aufgeklärte israelische Gesellschaft. In seiner Gesetzestheologie (»A Living Covenant«) verbindet er Gottes unumstößliches Gebot mit der intellektuellen Freiheit, das Gesetz zu interpretieren. Ich finde mich deshalb ermutigt, in meinem Vortrag ein hochdiffiziles Thema aufzugreifen, das selten behandelt wird: *»Paulus und das Gesetz«*. Ich mache deutlich, dass Paulus die Tora als Sittengesetz und die Gebote des Dekalogs durchaus akzeptiert, dass er aber mit absolut gesetzten Geboten des Zeremonialgesetzes grundsätzliche Schwierigkeiten hat. Meine Ausführungen werden von den jüdischen Teilnehmern, die allerdings mit paulinischer Theologie wenig vertraut sind, freundlich aufgenommen.

Auf Schwierigkeiten stoße ich mit meinem zweiten Vortrag in einem öffentlichen Symposion über *Jerusalem*, wo ich zum aktuellen Status von Jerusalem Stellung nehme. In der ersten Reihe sitzt neben David Hartman TEDDY KOLLEK: In Wien aufgewachsen, lebt er seit 1935 in Israel und war von 1965 bis 1993 Bürgermeister von Jerusalem. Er machte aus Jerusalem eine moderne Stadt und engagierte sich stark für ein friedliches Nebeneinander der Religionen in der »Heiligen Stadt«. Die Lösung des Problems Jerusalem sehe ich auf der Linie des großen Streites um Rom zwischen dem Papst und dem jungen italienischen Königreich im 19. Jahrhundert. Die Lösung bestand damals darin, dass Rom eine Stadt unter einer Verwaltung blieb, aber mit zwei Flaggen, zwei Souveränitäten oder Oberhoheiten, der päpstlichen und der italienischen. So sollte es auch in Jerusalem möglich sein: in der einen Stadt und der einen Verwaltung zwei Flaggen und zwei Souveränitäten. Die Regierungszentren beider Nationen aber wären außerhalb der symbolisch bedeutsamen Jerusalemer Altstadt und ihrer Mauern: Die israelische bliebe im jüdischen Viertel, wo sie zurzeit ist, die palästinensische würde im arabischen Neu-Jerusalem entstehen oder aber in Ramallah.

Meine Rede erregte an diesem Punkt Teddy Kollek, sodass er sich gleich zu Wort meldete und betonte, Jerusalem müsse jüdisch bleiben. Dieser Dissens konnte nicht weiter besprochen werden, hat aber Teddy Kollek nicht daran gehindert, beim Projekt Weltethos mitzumachen und für das Buch »Ja zum Weltethos« (1995) einen schönen Beitrag zu schreiben mit dem Titel: »Eine Antwort aus Jerusalem zum Projekt eines Weltethos«.

Eine Friedensvision für den Nahen Osten

Am 2. Februar 1991 halte ich beim Weltwirtschaftsforum (WEF) in Davos einen Vortrag mit dem Titel »Eine Friedensvision für den Nahen Osten – Die Verantwortung von Juden, Christen und Muslimen«. Vor dem Hintergrund des seit August 1990 herrschenden Golfkriegs bin ich überzeugt, dass es keinen Frieden im Nahen Osten gibt, wenn die abrahamische Ökumene nicht weltpolitisch wirksam gemacht werden kann und Juden, Christen und Muslime den frommen Fanatikern in ihrem eigenen Lager wehren. Was können sie tun?

Positiv ausgedrückt:

– Aufgrund der *Hebräischen Bibel* und des *Neuen Testaments* sollten sich *Juden und Christen* gemeinsam einsetzen für die Würde der arabischen und islamischen Völker, die nicht die letzten Kolonien auf dieser Erde sein wollen.

– Aufgrund von *Koran* und *Neuem Testament* sollten sich *Muslime und Christen* gemeinsam engagieren für das Lebensrecht des jüdischen Volkes, das mehr als alle anderen Völker in den letzten 2000 Jahren gelitten hat und beinahe ausgerottet worden wäre.

– Aufgrund von *Hebräischer Bibel* und *Koran* sollten sich *Juden und Muslime* gemeinsam einsetzen für die bedrohte Freiheit der Christengemeinden in manchen Ländern des Nahen und Mittleren Ostens.

– Also ein gemeinsames Engagement also aller drei Religionen für Frieden, Gerechtigkeit und Freiheit, für Menschenwürde, für Menschenrechte und die Erhaltung der Schöpfung, in Zusammenarbeit selbstverständlich auch mit den Völkern der *indischen*, *chinesischen* oder *japanischen* Tradition.

Am Ende des Davoser Vortrags mache ich darauf aufmerksam, dass sich die Religionen schlicht auf ihr eigenes Programm besinnen sollten, in dem das Wort Frieden – in der Hebräischen Bibel »*schalom*«, im Koran »*salam*« und im Neuen Testament »*eirene*«, oder lateinisch »*pax*« – eine so große Rolle spielt:

– »Suche Frieden und jage ihm nach!«, hören wir aus den Psalmen (Ps 34,15). »Und sie werden ihre Schwerter zu Pflugscharen schmieden«, ist die Friedensvision des Propheten Jesaja: »Kein Volk wird wider das andere das Schwert erheben, und sie werden den Krieg nicht mehr lernen« (Jes 2,4).

– »Selig, die Frieden stiften; denn sie werden Söhne Gottes genannt werden«, heißt es in der Bergpredigt (Mt 5,9). Und der Apostel Paulus: »Vergeltet niemandem Böses mit Bösem!« (Röm 12,17).

– Und der Koran, bei aller Aufforderung, gegen die ungläubigen Feinde zu rüsten, fordert: »Und wenn sie (die Feinde) sich dem Frieden zuneigen, dann neige auch du dich ihm zu und vertrau auf Gott« (Sure 8,61). Und: »Wenn sie (die Ungläubigen) sich von euch fernhalten und nicht gegen euch kämpfen und euch Frieden anbieten, dann erlaubt euch Gott nicht, gegen sie vorzugehen« (Sure 4,90).

Es war mir eine Freude zu sehen, dass mein Schüler Karl-Josef Kuschel sich in Forschung und Lehre besonders für den »Trialog« zwischen den drei abrahamischen Religionen mit Leidenschaft eingesetzt hat: Sein großes Werk »Juden, Christen, Muslime. Herkunft und Zukunft« (Düsseldorf 2007) stellt eine »Summa« seiner Bemühungen dar.

Dies ist mein Desiderat für die Zukunft: Keine Synagoge, Kirche oder Moschee sollte es mehr geben, die nicht für die religiöse Verständigung einen Beitrag leistet. In allen Synagogen, Kirchen und Moscheen sollte für den Frieden nicht nur gebetet, sondern aktiv geworben und gearbeitet werden. Alles eine reine Utopie, ein Nirgendwo? Nein, eine Vision, die mit Phantasie, Mut und unermüdlichem tatkräftigen Einsatz realisiert werden kann – wenn nicht wieder eine welthistorische Chance verpasst wird. Und eine solche war 1989 gegeben – eine andere wurde im Jahr 2000 verpasst.

Nur ein fairer Friede kann Angst nehmen

Das erste Camp-David-Abkommen vom 17. September 1978, das Präsident Jimmy Carter mit dem ägyptischen Staatspräsidenten Anwar as-Sadat und dem israelischen Premierminister Menachem Begin aushandelte, hatte Bestand, weil es von beiden Seiten als fair angesehen wurde. Das zweite Camp-David-Abkommen, das Präsident Bill Clinton im Sommer 2000 zwischen dem israelischen Premierminister Ehud Barak und dem Palästinenserpräsidenten Jassir Arafat aushandeln wollte, kam nicht zustande, weil es von beiden Seiten als unfair angesehen wurde.

Ich würde dem palästinensischen wie dem israelischen Staatsmann zunächst guten Willen zum Frieden zubilligen. Ich lerne (als Sondergast beim Staatsbesuch von Bundespräsident Roman Herzog), wie berichtet, Jassir Arafat am 17. November 1998 in Jericho kennen – und empfinde beinahe so etwas wie Mitleid mit dem alt gewordenen Vorkämpfer des palästinensischen Volkes. Den früheren israelischen Generalstabschef und jetzigen Premierminister Ehud Barak kann ich (als Sondergast beim Staatsbesuch von Bundespräsident Johannes Rau) am 17. Mai 1999 in Jerusalem begrüßen und darf mir in meinem Status die freundliche Bitte erlauben: »Sie waren ein tapferer General, Herr Premierminister, jetzt, hoffe ich, werden Sie ein tapferer Kämpfer für den Frieden sein.« Und seine Frau würde ihn sicher dabei unterstützen. Beide lächeln.

Aber Baraks Friedensplan präsentiert ein zerstückeltes palästinensisches Staatsgebiet – inakzeptabel für Arafat. Dieser versteift sich in der Defensive auf das Recht aller Palästinenser auf Rückkehr in ihre früheren Wohngebiete – natürlich inakzeptabel für Barak. Seither gibt es keine ernsthaften Friedensbemühungen mehr.

Doch ich habe schon von fairen Lösungsvorschlägen zu den anstehenden Problemen berichtet. Nochmals: Ich verstehe die Sorge der Israeli um ihre eigene Sicherheit. Ihre Angst vor einer Atombombe auf Tel Aviv ist berechtigt. Doch diese Angst kann nicht besiegt werden durch Präventivangriffe auf andere Staaten, beispielsweise auf Iran. Mit anderen Worten: Nur ein fairer Friede und die Zusammenarbeit zweier selbstständiger Staaten können die Angst nehmen.

Allerdings setzt dies von beiden Seiten die stärkere Beachtung gemeinsamer ethischer Standards voraus. Und ich zitiere gern zum Abschluss dieses Kapitels das Statement, das ich am 25. Juni 1998 an dem Platz in Tel Aviv abgab, wo 1995 der friedenswillige israelische Premierminister JITZCHAK RABIN ermordet wurde: Meine Hoffnung ist, dass »das Judentum sein ganzes gewaltiges *religiöses und ethisches Erbe* in diese neue Weltepoche« einbringe: »Denn es gibt es kaum ein anderes Volk, das etwas so Substanzielles und Markantes für ein kommendes *gemeinsames Menschheitsethos* zu bieten hat wie gerade das Judentum mit seinen *Zehn Geboten*.

Diese sind, wie der deutsche Schriftsteller Thomas Mann nach den Schrecken des Nationalsozialismus erklärt hat, die Grundweisung und der Fels des Menschenanstandes, ja das A und O des Menschenbenehmens. Und dieses ›A und O des Menschenbenehmens‹ muss in der Zeit der Globalisierung gerade auch für Weltpolitik und Weltwirtschaft gelten. Ohne ein Weltethos droht die Weltpolitik und die Weltwirtschaft in einem Weltchaos zu enden.«

Szenenwechsel:

VII. Die Welt der Ozeanier, Afrikaner und Indios

»Wir können es nicht akzeptieren, dass die Kirche ihre Verantwortung für die Vernichtung unserer Kultur und unserer Identität nicht anerkennt.«

Luis Evelis Andrade, Direktor der Organisation der Ureinwohner Kolumbiens, als Reaktion auf die Behauptung Papst Benedikts XVI. (in Aparecida/Brasilien am 13. Mai 2007), »die Stämme hätten die Ankunft der Priester im Zuge der spanischen Eroberung still herbeigesehnt«.

Ich sehe ihn noch vor mir, den nackten dunkelhäutigen Mann, nur umgürtet mit Grasbüscheln vorn und hinten, wie er offensichtlich zu Geschäften in die moderne Bank eilt. Es war am 26. Januar 1984 in Mount Hagen, im Hochland von Papua-Neuguinea im südwestlichen Pazifik, wo es erst seit 1936 einen Polizeiposten, inzwischen aber ein Verwaltungszentrum mit gut 15.000 Einwohnern gibt, von denen manche noch in der Steinzeit leben. Doch was für eine Zumutung für die Ureinwohner hier: Eine Entwicklung, für die die europäische Menschheit Jahrtausende gebraucht hat, sollen diese Menschen in einem Lebensalter nachvollziehen? Über den riesigen Kontrast zwischen Steinzeit und Atomzeitalter geben sich die Weißen oft keine Rechenschaft.

Die Geisterwelt von Neuguinea

Es war für mich nicht leicht, traditionell lebende Ureinwohner kennenzulernen. Natürlich wurden mir in den USA verschiedentlich einzelne Männer und Frauen – neuerdings mit einem gewissen Stolz – als »Ureinwohner« oder »indigenous people« des amerikanischen Kontinents vorgestellt; doch schienen mir diese Einzelnen kaum die alte indianische Kultur zu repräsentieren. Ebenso wenig Indianersiedlungen wie ein Dorf bei Santa Fe in New Mexico oder – wie in Kap. IV berichtet – eine Indianersiedlung im Grand Canyon in Arizona. Dort war alles so stark modernisiert, dass kaum noch traditionelle Lebensweisen durchschienen. Denselben Eindruck hatte ich auch von den zahlreicheren Ureinwohnern auf den Hawaii-Inseln, im Allgemeinen polynesischer Herkunft. Deswegen war es mir so wichtig, Papua-Neuguinea kennenzulernen, wo sich damals auch der internationale Tourismus noch kaum entwickelt hatte.

Nach einem dreistündigen Flug war ich, begleitet von Marianne Saur, am 22. Januar 1984, von Brisbane an der australischen Ostküste kommend, in Port Moresby an der Ostküste Neuguineas eingetroffen. Erst 1873 war dieser Platz von Captain JOHN MORESBY, einem britischen Marineoffizier, erkundet worden. Aber im Zweiten Weltkrieg diente er als alliierte Operationsbasis und war deshalb starken japanischen Angriffen ausgesetzt. Seit der 1975 erlangten Unabhängigkeit von Australien ist Port Moresby die Hauptstadt Papua-Neuguineas mit einem Regierungsviertel und sogar einem Nationalmuseum. Die Westhälfte der 2100 Kilometer langen und von parallelen Gebirgsketten durchzogenen Insel Neuguinea wurde allerdings von Indonesien beansprucht und ist seit 1963 als »Irian Jaya« unter indonesischer Herrschaft. Im Nordosten hatte sich zusammen mit den Bismarckinseln von 1884 bis zur Besetzung durch die Australier im Ersten Weltkrieg eine Kolonie Deutsch-Neuguinea gebildet.

Nach Abwicklung der Einreiseformalitäten fliegen wir sofort weiter in einem kleinen Flugzeug quer über die Insel nach Madang an der Nordküste. Dort gibt es bereits ein kleines hübsches Touristenhotel in tropischer Landschaft mit einem schönen Blick auf den freilich recht unbedeutenden Hafen. Überall im Hotel und dem interessant angelegten Hotelgarten Masken und Geister abwehrende Stelen, die uns gleich von Anfang an mit Neuguineas Geisterwelt – auch draußen auf dem Land mit zahllosen Geisterhäusern bezeugt – in Berührung bringen

Am nächsten Tag geht es mit Benjamin, einem freundlichen Einheimischen, in einem kleinen Geländewagen über ungeteerte Straßen quer durch die hügelige Provinz Simbu in das nur aus verstreuten Hütten bestehende Dorf Minj. Da ist zu beobachten, wie diese Ureinwohner nun nicht mehr nur von Jagd- und Sammelwirtschaft leben, sondern auch von Ackerbau und Schweinehaltung; gerade Schweine (und Schweinekiefer an den Bäumen) sind Zeichen des Wohlstandes und werden etwa bei Hochzeiten in großen Mengen verzehrt. Seit rund 10.000 Jahren, seit der großen Umwälzung der Jungsteinzeit, gibt es ja neben Jägern, Fischern und Sammlern immer mehr auch sesshafte Ackerbauern und Viehzüchter – Menschen, die auf ihren festen Wohnplätzen Dorfkulturen entwickelten. Im Gegensatz zu den großen Häuptlingsstämmen in den polynesischen Gesellschaften weiter östlich im Pazifischen Ozean finden sich im melanesischen Neuguinea noch immer nur zahllose kleine Gesellschaften und Sprachgruppen.

Besuch auf einem Markt. Unser Fahrer und Führer Benjamin führt uns auch zu neuen Kaffee- und Teeplantagen, wo seine Schwester arbeitet. Interessanter aber ist für mich der Besuch bei seiner Mutter, die in einer strohbedeckten Hütte mit drei Abteilungen lebt: ein Teil für Küche und Wohnen, in der Mitte die Tiere, hauptsächlich Schweine, und schließlich die Schlafstelle, in diesem Fall nur für die Frauen. Die in dieser Gesellschaft zweifellos dominierenden Männer, so können wir feststellen, haben eine eigene Hütte, in die aber die jungen Männer erst bei Geschlechtsreife und nach einem Initiationsritus eintreten dürfen. Alles erscheint hier geordnet, das Eigentum wie die Geschlechterbeziehung.

Auf der weiteren Fahrt treffen wir auch auf eine Missionsstation sympathischer katholischer Ordensschwestern aus der Schweiz, die sich ganz dem Schulunterricht widmen. Am nächsten Tag fahren wir mit Benjamin durch die Landschaft und begegnen einem alten Häuptling, der uns stolz seine fünf Frauen zeigt und Marianne Saur anbietet, als sechste in seine Familie aufgenommen zu werden. Dies wird zwar lachend abgelehnt, macht uns aber nachdenklich. Schon damals fragte ich mich, ob die christliche Mission gut daran tut, grundsätzlich und rigide die Einehe durchsetzen zu wollen. Sollte etwa der alte Mann vier Frauen in die Ungesichertheit entlassen, um nur eine als Ehepartnerin zu behalten? Immerhin hatten auch die Stammväter Israels nach altorientalischer Sitte mehrere Frauen. Das stellt das Ideal der Einehe ja nicht infrage, wohl aber überstürzte Methoden der Inkulturation des Christentums.

Im Gespräch mit dem alten Häuptling stelle ich fest, dass dieser noch von den drei Brüdern Michael, Patrick und James Leahy weiß, die in den 1930er-Jahren als erste Weiße ins Hochland gekommen waren, und zwar nicht als Anthropologen oder Missionare, sondern als Goldsucher. Wenige Wochen zuvor hatten wir in New York das Glück, einen Film mit dem Titel »First Contact« zu sehen: der erste Kontakt von Weißen mit der etwa eine Million Menschen zählenden Urbevölkerung im Hochland von Papua-Neuguinea. Die Leahys hatten erfreulicherweise eine Filmkamera mitgenommen, und der Film zeigt, wie die drei zuerst von den »Eingeborenen« sehr freundlich aufgenommen worden waren. Aber dann war es zu einem ungeheuren Kulturschock gekommen. Als die Ureinwohner aus dem mitgebrachten Grammophon plötzlich Operngesänge von der Schallplatte hören, zeigen sie alle Zeichen des Schreckens: Sie nehmen an, ihre eigenen Toten seien in der Person dieser Weißen als Geister zurückgekommen! Ihre Ehrfurcht vor den Ahnen ist groß, die Geisterwelt ist für sie eine Realität. Die dem Film hinzugefügten Kommentare der beiden noch lebenden Leahys einerseits und der Stammesangehörigen andererseits zeigen uns, dass der durch die weiße Invasion ausgelöste Kulturschock noch keineswegs überwunden ist.

Am nächsten Tag fahren wir mit dem Auto weiter nach Wabag, wo ich auch den katholischen Bischof besuche, der mich voller Freude aufnimmt und gleich aus dem Büchergestell triumphierend das Buch »Christ sein« herausholt. Nachts in der Lodge bewachen uns mit Federn geschmückte Einheimische. Wenn man sie nicht gekannt hätte, hätte man beinahe Angst bekommen können. Ihre Gesichter sind meist bemalt, die Augen zusammengekniffen wie die von Jägern, die ständig nach Feinden Ausschau halten müssen. Bei den Fahrten über Land aber müssen wir verschiedentlich die Autofenster schließen, da Gefahr besteht, von vergifteten Pfeilen bestimmter Stammesangehöriger getroffen zu werden, die untereinander oder auch der Weißen Feind sind.

Am nächsten Tag haben wir Gelegenheit, statt einer stundenlangen Autofahrt in relativ kurzer Zeit mit einem Missionsflugzeug nach Mount Hagen zu fliegen. Hier werden wir bestens betreut von dort arbeitenden Feldforschern wie PETER VAN FLEET und DIANE BELL. Mit ihnen und anderen kann ich Fragen diskutieren, die mich schon seit Langem beschäftigen. An der University of Michigan war ich nämlich befreundet mit einem hervorragenden Spezialisten, ROY (SKIP) RAPPAPORT, Ritenforscher und Begründer einer ökologischen Anthropologie; er starb 1997. So wurde ich auf Autoren wie Spencer, Gillen, Strehlow und den führenden Experten auf dem Gebiet des Körperschmucks (Self-Decoration), ANDREW STRATHERN (Einführung zu Malcolm Kirks großartigem Fotoband »Man as Art: New Guinea«, 1981), aufmerksam.

Wir haben im Januar 1984 Glück mit dem Wetter. Diese Insel unmittelbar südlich des Äquators, fast doppelt so groß wie Frankreich, ist eher ein Regen- als ein Sonnenland. Und das Leben in den Bergen, geprägt von Handarbeit und Ackerbau, ist hart und verlangt nach Ausgleich. Die Papuas verschaffen ihn sich durch Rituale, Körperbemalung und Festlichkeiten, etwa für Fruchtbarkeitsriten, Initiationen, Versöhnungsfeiern, Totengedächtnis … Jetzt, als wir im Lande sind, gibt es leider kein großes Fest, an dem oft Hunderte bunt bemalter und tanzender Menschen teilnehmen.

Aber unser Führer Benjamin hat Beziehungen zu einer Stammesgruppe, die uns gestattet, als Fremde bei einem »Sing-Sing« dabei zu sein, einer Art Tanzzeremonie von etwa 20 Männern und Frauen. Sie tanzen mit den Füßen stampfend nach dem Rhythmus der Trommel, dabei oft tierähnliche Laute ausstoßend. Nicht nur Gesicht und Brüste, ihren ganzen Körper haben sie üppig bemalt in intensivem Weiß, Schwarz, Rot oder Gelb, mit Asche, Schweinefett, Öl, Blättern und Gräsern. Dazu Schmuck aus Muscheln, Knochen, Federn, Pelzen und buntem Tuch. Alles für uns höchst fremd und unverständlich. Nach der Erklärung von Andrew und Marilyn Strathern handelt es sich hier nicht um kosmetische Kunst oder simple Körperbemalung, vielmehr wollen die Tanzenden durch ihre Kostümierung und Körperbemalung für sich und die eigene Gruppe Stärke und Macht demonstrieren. Paradiesvogelfedern und Schnäbel von Kasuaren (flugunfähigen Straußenvögeln) und Ähnliches mehr – nach der Feier sorgfältig aufbewahrt – sollten den Eindruck noch verstärken. Der letzte Sinn dieses Selbstschmuckes aber ist generell schwierig festzustellen und muss von Gruppe zu Gruppe unterschiedlich betrachtet werden.

Wichtiger ist für mich die Einsicht, dass es offensichtlich auch auf dem entlegenen Hochland von Neuguinea keine Gesellschaft, keine Dorfgemeinschaft, keinen Familienverband gibt ohne ein bestimmtes Instrumentarium an Normen, Gesetzen und Bestimmungen, die das menschliche Zusammenleben regeln. Ein einsamer, auf der Landstraße marschierender Neuguineer, der neben seinem Lendengürtel nur ein Steinbeil trägt, erinnert mich zum Beispiel daran, wie nicht nur der Schutz des Lebens, sondern auch der Schutz des Eigentums und schließlich auch der Schutz der geschlechtlichen Beziehungen selbst für diese »steinzeitlichen« Gesellschaften von grundlegender Bedeutung ist. Diese Einsicht lässt mich später von einem *Ur-Ethos* sprechen mit vier Grundpfeilern (nicht morden, stehlen, falsches Zeugnis geben, Sexualität missbrauchen), *nicht* aber von einer *Ur-Religion*.

Umstrittene Anfänge der Religion

Ein Wort, das mir schon als Schüler in der Zeitung auffiel, mit dem ich zunächst aber wenig anzufangen wusste, war »Anthropos-Institut«. In der Tat handelte es sich um ein Institut an der Universität Fribourg, in welchem P. Wilhelm Schmidt SVD als Ethnologe den Ursprüngen des »Anthropos«, des »Homo sapiens«, eben des »Menschen«, wie er heute existiert, nachspürte: ihm und seiner Religion. In seinen zwölf Bänden mit dem Titel »Der Ursprung der Gottesidee« (1912–55) wollte er beweisen, dass zumindest in gewissen Stämmen der Glaube sich nicht an bestimmte Geister oder Götter, sondern an einen »Hochgott« (Ur- oder Allvater) richtet.

Diese Arbeit war gerichtet gegen das Evolutionsschema von Forschern wie E. B. Tylor über »Primitive Culture« (1871), der meinte, überall eine Entwicklung der Religion vom Seelen- oder Geisterglauben über den polytheistischen Götterglauben zum monotheistischen Gottesglauben beweisen zu können. Im Hintergrund stand das schon von Hegel und Comte her gegebene geschichtsphilosophische Dreitaktschema: Magie (Zauber) – Religion – Wissenschaft. Was dann von dem Ethnologen J. G. FRAZER mit ungeheuer vielen Fakten angefüllt wurde, während SIGMUND FREUD in »Totem und Tabu« (1913) in diesem Schema seine psychoanalytische Deutung vom Ursprung der Religion phantasievoll ausbreitete: Religion gründe in einem Ödipuskomplex, in der zu sühnenden Ermordung des Vaters der Urhorde. Eine These, die, wie ich im Zusammenhang meiner Freud-Studien feststellte, in keiner Weise verifiziert ist und letztlich auch keine große Gefolgschaft findet.

Später finde ich heraus, was das Resultat der Debatte über den Ursprung der Religion ist: Historisch eindeutig lässt sich weder eine Degenerationstheorie von einem monotheistischen Höhenanfang her noch die Evolutionstheorie von einem animistischen Tiefenanfang her beweisen. Heute besteht unter Forschern Übereinstimmung: Phänomene und Phasen durchdringen einander. Von den neuen Anthropologen lerne ich: Mehr als von Phasen und Epochen (einem »Nacheinander«) spricht man jetzt von Schichten und Strukturen (einem »Übereinander«), die sich in ganz verschiedenen Entwicklungsstufen, Phasen oder Epochen finden können.

Und was ist nun die zunächst gesuchte *»Urreligion«* des Menschen? Auch diese Frage hat sich geklärt: Sie ist *nicht zu finden*. Religion zeigt sich überall in jeweils anderen Formen. Zu vielfältig und vielschichtig ist die ganze Entwicklung. Überdies sind die zeitgenössischen »Naturvölker« nicht Urvölker. Auch sie haben alle eine lange, wenngleich ungeschriebene Geschichte hinter sich. Deshalb findet sich in religionsgeschichtlichen Handbüchern kaum mehr ein Kapitel über die Urreligion, sondern nur noch mehrere Kapitel über indigene Religionen, konkret die australische, nordamerikanische, afrikanische und polynesische Religion.

Über *Polynesien* konnte ich schon auf meiner ersten Reise durch die Südsee von West nach Ost im Herbst 1971 viele Erfahrungen sammeln, in Neukaledonien, Fidschi, Samoa und Tahiti (Bd 2, Kap. V: Zauber der Südsee). Die Reise nach Neuguinea, 13 Jahre später, führt mich wiederum durch die Südsee, dieses Mal von Ost (USA) nach West (Australien). Unvergessen bleibt mir vor allem der fünftägige Aufenthalt im Königreich *Tonga* (14.–18. 1. 1984). Hier hatte sich das Christentum, mehrheitlich methodistischer Ausprägung, schon seit 100 Jahren etabliert. Ich besuche die katholische Kirche ebenso wie den Mormonentempel und predige am Sonntag in der voll besetzten methodistischen Centenary Church.

Um die Erhaltung der alten Kultur Tongas bemüht sich vor allem Prof. FUTA HELU, der auf der Hauptinsel das Atenisi Institute gegründet hat. Auf Vermittlung des Tübinger Tonga-Experten HANS JÖRG HÄMMERLING hatte er mir in Tübingen in polynesischer Tracht einen Besuch abgestattet. An seinem Institut kann ich jetzt am Abend als Ehrengast an einer Vorführung traditioneller Tänze teilnehmen. Eine besondere Ehre aber ist für mich der Empfang beim Vizekönig in Vertretung des erkrankten Königs TAUFA'AHAU TUPOU IV. Anschließend bin ich eingeladen zu einem frohen und höchst üppigen königlichen Hochzeitsessen und habe auch meinerseits eine ausführliche Tischrede zu halten. Die Aufnahme ist außerordentlich herzlich. Als Gipfel der Zeremonie wird mir gegen Schluss ein gebratenes Spanferkel mit einer Riesenmelone und Früchten überreicht, was ich alles an meinen Freund Futa Helu weitergebe. Zum Abschluss darf ich einen schönen Ausflug auf die private kleine Insel Oneata machen, wo man sich das ursprüngliche Leben der Polynesier sehr gut vorstellen kann.

Von Tonga ist der Weg nach Neuguinea – über Fidschi und Brisbane – zwar weit, aber relativ einfach. Doch an dieser Stelle muss ich nun Polynesien endgültig hinter mir lassen und mich *Afrika* zuwenden. Vorbeisegelnde portugiesische Seefahrer hatten schon 1545 von Neuguinea als »Ilha dos Papuas = Insel der Kraushaarigen« gesprochen, was auf die Völkergruppe der Melanesier (im Unterschied zu den Polynesiern) hinweist. Holländische Forscher fügten »Neuguinea« hinzu, weil sie das Land an das afrikanische Guinea erinnerte, obwohl zu den dortigen Stämmen der Haussa und Yoruba keinerlei genetische Beziehung besteht. Ich aber hatte Gelegenheit, wenige Jahre später das afrikanische Nigeria zu besuchen und mich über diesen Kontinent Afrika vor Ort zu informieren.

Afrika – die Wiege der Menschheit

Afrika: ein gigantischer Kontinent, der Welt zweitgrößter, in dem die USA, Indien und China leicht zusammen Platz hätten, in dem sich verschiedene Religionen mit ihren je verschiedenen Paradigmen in verwirrender Weise überlagern. Er stellt für eine Theologie des Friedens unter den Religionen eine unvergleichliche Herausforderung dar. Afrika: ein Drittel der Landfläche der Erde. Fast 8000 Kilometer hatte ich später auf meiner Reise von Europa aus zu durchfliegen von Nord nach Süd, von Frankfurt bis Kapstadt. Und nur 500 Kilometer weniger sind es von West nach Ost, von Dakar bis zum strategisch wichtigen Horn von Afrika.

Doch ist Afrika so wenig eine Einheit wie Europa oder Nordamerika; die einzelnen Länder sind höchst verschieden.

Afrika war der erste außereuropäische Kontinent, den ich besuchen durfte. Aber was ich im Frühjahr 1955 als Student auf meiner Reise nach Tunesien und Algerien kennenlernte (Bd. 1, Kap. III: »Wenn ich einen eliminieren könnte«), war nur der nördliche mediterrane Saum dieses Kontinents. Dabei durfte ich auch die größte Wüste der Welt, die Sahara, erleben, die ihre eigene wechselhafte Geschichte zwischen grüner Vegetation und Dürre hat. Aber was hat sich doch alles schon in den 50 Jahren verändert, seit ich zum ersten Mal dort war.

Afrika ist geologisch gesehen ein sehr alter Kontinent, an welchem sich wie auf keinem zweiten die geologische Geschichte unserer Erde studieren lässt. Afrika ist darüber hinaus historisch gesehen ein uralter Wohnraum von Menschen. Die Anfänge der Menschheit im biologischen Sinn und die Anfänge der menschlichen Kultur lassen sich an allerältesten Überresten nachweisen. Ja, nach dem gegenwärtigen paläontologischen Erkenntnisstand darf man vermuten: Der Ursprung der Menschheit liegt überhaupt in Afrika, vielleicht im großen afrikanisch-syrischen Grabenbruch, dem Rift Valley, das ich einmal von Kenia aus überflogen habe. Im Morgengrauen der Prähistorie tritt hier der Mensch in der Gestalt des Homo habilis auf, der sich Kieselsteine als Werkzeuge behaut; das war vor mehr als zwei Millionen Jahren im östlichen Afrika. Er entwickelt sich weiter zum Homo sapiens, dem heutigen Menschen.

Selbst bei den sogenannten afrikanischen »Naturvölkern« geht es nicht etwa bloß um Naturgeschichte, in der sich mit raffinierten Methoden Phasen und Perioden aus Schichten und Strukturen ablesen ließen. Nein, es geht auch bei den »vorgeschichtlichen« (weil nicht schriftlich festgehaltenen) Naturreligionen um *Menschheitsgeschichte*, wobei wir freilich das Leben, das Denken und die Religion jener Menschen der Frühzeit nur aus höchst spärlichen und schwer zu interpretierenden Dokumenten wie Knochen, Werkzeugen, Grabfunden und Felszeichnungen rekonstruieren können.

Afrikas dynamische Geschichte

Afrika hat in der alten und mittleren Steinzeit mit der Entwicklung der übrigen Kontinente durchaus Schritt gehalten. Das belegen immer mehr verfeinerte Steinwerkzeuge und später auch Felszeichnungen. Aber: ab ungefähr 6000 v. Chr. schnitten eine Klimaveränderung großen Stils und die Austrocknung der *Sahara* Schwarzafrika fast völlig von der Mittelmeerregion ab. Fragt man die Nomaden der Sahara, in der ähnliche, aber nicht datierbare Geröllwerkzeuge gefunden wurden, wem sie denn die steinernen Pfeilspitzen, Faustkeile, Reibplatten, all die vorgeschichtlichen Gegenstände und Felsbilder zuschreiben, geben sie als Antwort: *»den Menschen des Morgens«*. Diese lebten teilweise noch in einer Zeit, da die Sahara ein mediterranes Klima und eine reiche Vegetation aufwies.

Heute aber ist die Sahara die spektakulärste Wüste der Erde, bedrohlich durch extreme Wasserknappheit, durch Sand, Wind und Temperaturunterschiede von mehr als 50 Grad Celsius zwischen Tag und Nacht. Geblieben sind von den »Menschen des Morgens« vor allem Felszeichnungen von großer Schönheit und Kunstfertigkeit, nachzulesen im »Bericht über ein verlorenes Paradies«, so der Untertitel zu einer eindrucksvollen Dokumentation »Zehntausend Jahre Sahara« (1984). In diesem Band berichten die Sahara-Forscher Henri Hugot und Maximilien Bruggmann von jenen afrikanischen Künstlern verschiedener Herkunft, die am Beginn der Jungsteinzeit auftauchten und für ihre Darstellungen großflächige Felswände bevorzugten. Doch mit dem Aufhören der Niederschläge war der allesdurchdringende, alles verwüstende Sand gekommen, die grausame Krankheit der Sahara, die diese Kulturen von dem Augenblick an veränderte, als die Religionen begannen, ihre wesentliche Aufgabe in der vorbeugenden Beschwörung der immer geringeren Fruchtbarkeit zu sehen. Ich habe es selber schon 1955 auf der Fahrt von Tunis in die Sahara-Oase Tozeur erfahren, als plötzlich alle Fenster des Autobusses geschlossen werden mussten: Kein Schneesturm kann unseren Augen so zusetzen wie ein Sturm aus Myriaden von Sandkörnern.

So schwierig die Tausende von *Felszeichnungen* der »Menschen des Morgens« zu deuten sind und so wenig wir von den Glaubensformen der vorgeschichtlichen Afrikaner wissen: man geht – bei der Allgegenwärtigkeit der Magie in der Jungsteinzeit – kaum fehl in der Annahme, dass gerade die anspruchsvolleren künstlerischen Formen über die bloße Funktionalität hinaus symbolische und magische Bedeutung haben. Woraus folgt, dass »die Angst vor der Trockenheit, die sich in der Beschwörung der Fruchtbarkeit äußerte, Grundlage eines ersten religiösen Kultes ist, wenn man den Begriff Religion auf diese ersten tastenden Versuche, die unbekannten und die weltregierenden Mächte gnädig zu stimmen, anwenden darf« (»Zehntausend Jahre Sahara«, S. 119).

Schon früh habe ich mir auch den prachtvollen Bildband von André Leroi-Gourhan »Prähistorische Kunst« (1971) zugelegt. Die weitere Entwicklung dieser frühen Kulturen – wie weit es etwa schon damals in den verschiedenen Gebieten zum Übergang zu Viehzucht und Ackerbau, zu Dorfanlagen und Sippen- wie Stammesverbänden kam – braucht uns hier nicht zu beschäftigen. Das Gesagte reicht aus, um die *hohe Kultur- und Entwicklungsfähigkeit* auch der schwarzafrikanischen Völker schon für die Frühzeit zu belegen und den Eindruck des Statisch-Stagnierenden dieser Kultur zu zerstreuen. Der Eindruck historischer Passivität der schwarzafrikanischen Völker täuscht also; auch die Geschichte Afrikas manifestiert, wie wir noch weiter sehen werden, eine progressive Dynamik.

Doch lange Zeit ist Afrika – viel mehr als Asien und Amerika – selbst für Historiker der unbekannte, dunkle Kontinent, dem man mit Ignoranz und Arroganz begegnet und von dem man sich phantastische Vorstellungen macht. Jahrhundertelang ist der ganze Kontinent (mit Ausnahme nur sehr weniger Länder) in den Händen europäischer Kolonialmächte, bis in die Neuzeit hinein ausgebeutet vor allem durch Sklavenhandel. Doch die Leidensgeschichte Afrikas wird bis nach dem Zweiten Weltkrieg vielfach von uns Europäern nicht als solche wahrgenommen. Das ändert sich erst im Zuge der Entkolonialisierung nach 1945, als Afrika zunehmend politisch-wirtschaftlich wichtig wird, nicht zuletzt als Terrain für Stellvertreterkriege der beiden Supermächte USA und UdSSR: Durch Massenmedien, Tourismus und afrikanische Studenten in Europa bricht danach eine enorme Fülle an Informationen zu den rund 50 in kurzer Zeit unabhängig gewordenen Staaten über uns Europäer herein. Die anfängliche Afrikabegeisterung schlägt allerdings vielfach in Afrikamüdigkeit um. Heute reizt der rohstoffreiche Kontinent nicht mehr zum militärischen Intervenieren, sondern vielmehr zum ökonomischen Investieren. Chinesen haben dies in den letzten Jahren wirksamer praktiziert als Europäer und Amerikaner, deren Verhalten viele Afrikaner enttäuscht hat.

Afrika: ein Kontinent mit schon damals über 400 Millionen Menschen verschiedener klimatischer Zonen, Rassen, Sprachen und Ethnien. Und doch – anders als in Indien, das ähnlich reich ist an Menschen, Sprachen und Völkern: *nirgendwo* in Afrika ist *eine universale Hochreligion* ursprünglich beheimatet, nirgendwo eine autochthone Buchreligion entstanden, nirgendwo ein religiöses Dokument, auf welchem sich eine Religion hätte gründen können – abgesehen von der regional begrenzten Hochreligion Ägyptens. Stattdessen scheint sich die traditionelle afrikanische Religiosität auf »Naturreligionen« oder »Stammesreligionen« beschränkt zu haben, die aus der Prähistorie bis in unsere Gegenwart reichen. Von verschiedenen, archäologisch, schriftlich oder historisch dokumentierbaren Paradigmen, wie wir sie im Zusammenhang von Judentum, Christentum und Islam entwickelt haben, wird man innerhalb der afrikanischen Religionen nicht reden können.

Afrika – lese ich in Hegels »Philosophie der Weltgeschichte« – sei also »kein geschichtlicher Weltteil«, weil er »keine Bewegung und keine Entwicklung aufzuweisen« habe. Hegel in Ehren, aber das Gegenteil ist wahr und heute auch erwiesen. Jedoch noch ist Europäern viel zu wenig bewusst: Als unsere germanischen Vorfahren noch in urgesellschaftlichen Zuständen lebten und unter primitivsten Bedingungen weit entfernt von unseren heutigen Wohngebieten ihr Leben fristeten, da hat es in Afrika schon hoch entwickelte Kulturen und Staaten gegeben, die eine Geschichte durchgemacht hatten. Auch das Niltal gehört zu Afrika!

Ägypten – eine frühgeschichtliche Hochkultur

Im Februar 1980 ist mein großer Wunsch endlich in Erfüllung gegangen: das alte Ägypten kennenzulernen – auf einer schon lang zuvor vereinbarten Studienreise mit meinen Kollegen der Katholisch-Theologischen Fakultät, und das in der Endphase des Kampfes um meine kirchliche Lehrbefugnis (Bd. 2, Kap. XII: Nicht das Ende). Das alte Ägypten mit seinen Pyramiden, Tempeln, Gräbern, sonstigen Monumenten und dem überreichen Kairo-Museum, der Flug ins oberägyptische Assuan am ersten »Katarakt« (Granitschwelle) des Nil und dem Nasser-Staudamm sowie zu der auf einer Nachbarinsel hochwassersicher wieder aufgebauten Tempelanlage von Philä. Und von dort in einem Autobus zu den alten Tempelstätten von Luxor und Theben, dann nach Dendera, Abydos und Karnak: alles einzigartige, unvergessliche Erlebnisse. Wer wäre nicht fasziniert von dieser Hochkultur, die sich da seit den ersten beiden Dynastien (etwa 3000 bis 2780 v. Chr.) entwickelt hat, durch Stelen, Täfelchen und Siegel bezeugt, und der wir die Erfindung der Schrift und Formung des historischen Bewusstseins verdanken?

Natürlich stellen sich auf einer solchen Reise – abgesehen von allen archäologischen und kunstgeschichtlichen Fragen – an nachdenkliche Christenmenschen, nicht nur Theologen, auch sehr herausfordernde theologische Fragen. Unser glänzender Reiseführer, Professor Helmut Brunner, ein Tübinger Kollege und führender Ägyptologe seiner Zeit, zögert auch nie, sie uns zu stellen und die Diskussion anzuregen über Fragen, die mich auch in der Folgezeit beschäftigen sollten:

Wer war eigentlich *»Mose«*: ein Mann mit ägyptischem Namen, in Ägypten geboren, aber vermutlich Semit, der in der Wüstensiedlung

Midian (im heutigen Saudi-Arabien) eine Frau heiratete und dort auch seine entscheidende Begegnung mit dem Gott Jahwe hatte – was war seine Funktion und Stellung?

Oder wie hat sich der *»Monotheismus«* entwickelt: War Mose wirklich schon ein Vertreter eines exklusiven Monotheismus, wie ihn später biblische Redakteure vertreten, und stand dieser vielleicht in Beziehung zum Monotheismus des Pharao Echnaton (Amenophis IV.) im 14. Jahrhundert v. Chr.?

Oder die Frage, die mehr und mehr auch Theologen und Theologinnen beschäftigt, nach der *»weiblichen Gottheit«*: Wir fahren in einem wunderbar altertümlichen Segelboot von Assuan auf die Nilinsel Elephantine, die nach dort ausgegrabenen hebräischen und aramäischen Urkunden im 5. Jahrhundert v. Chr. zweifellos eine jüdische Kolonie unter persischer Herrschaft war. Dort wurde ein Relief gefunden, das einen Gott und eine Göttin zeigt. Eine Partnerin für Jahwe? Die Bedeutung dieses Fundes, für Feministinnen sehr wichtig, ist für die Religion Gesamtisraels nach wie vor umstritten, aber wegen der auf Elephantine bezeugten Gleichberechtigung der Frau etwa bei der Ehescheidung ist er immerhin signifikant.

Schließlich sprechen wir über die Frage der *»Jungfrauengeburt«*: Vor dem großen Relief im Tempel von Luxor erzählt uns Helmut Brunner, wie nach altägyptischer Auffassung schon der Pharao als Gottkönig wunderbar gezeugt wird: aus dem Geistgott Amon-Re in der Gestalt des regierenden Königs und der jungfräulichen Königin. Seine Frau EMMA BRUNNER-TRAUT, ebenfalls ausgezeichnete Ägyptologin, hat in einem schönen Aufsatz über »Pharao und Jesus als Söhne Gottes« aufgezeigt, dass so gut wie alle Episoden der Geburtsgeschichte Jesu im Neuen Testament, der Weihnachtsgeschichte, in Ägypten nachweisbar sind. Was folgt daraus für den christlichen Glauben?

Ich bin gebeten, am Abend desselben 23. Februar 1980 in Luxor eine sonntägliche Eucharistiefeier für unsere mehrheitlich theologische Reisegruppe zu halten: für mich, der ich in diesen Wochen durch Rom in meiner kirchlichen wie universitären Existenz bedroht bin, ein bewegendes Ereignis. Meine Predigt geht aus von jenem Relief und dem biblischen Befund, dass die beiden Großevangelien von Mattäus und Lukas für die Geburtsgeschichten Jesu eine »ätiologische« Legende oder Sage benützt haben könnten (das älteste Evangelium von Markus und das letzte von Johannes enthalten sie nicht), um im Nachhinein eine Begründung (griech.: »aitía«) der Gottessohnschaft zu liefern. Das heißt nun aber: Das Bekenntnis zur Gottessohnschaft Jesu ist nach dem Neuen

Testament nicht an die Bejahung einer (biologisch verstandenen) Jungfrauengeburt gebunden.

Aber bei allen hochinteressanten religiösen Phänomenen im alten Ägypten – das heutige arabische Ägypten lerne ich später genauer kennen –, Ägypten ist nicht typisch für Afrika. Auch sind die christlichen Nachkommen der Ägypter des Altertums, die *»Kopten«* (vom griechisch-arabischen Wort für »Ägypter«), eine in Ägypten leider nicht immer vornehm behandelte Minderheit, wiewohl sie auf dem Land noch manche alte ägyptische Sitten und Gebräuche bewahrt haben. Ich habe bei einem späteren Besuch Kontakt mit ihnen. Entsetzt registriere ich, dass es in Kairo und Alexandria 2011/12 zu schweren Konflikten zwischen ägyptischen Muslimen und Kopten kommt; im Zusammenhang mit der Revolution dann aber auch erfreulicherweise zu gemeinsamen Aktionen, denen allerdings neue Konflikte folgen.

Besonders interessiert mich in diesem afrikanischen Kontext das traditionsreiche eigenständige Land im Südosten von Ägypten: Äthiopien, dessen Geschichte uns große Rätsel aufgibt. Sechs Jahre nach meiner Ägyptenreise kann ich, assistiert von Marianne Saur, dieses Land kennenlernen und zwar im Rahmen einer siebenwöchigen Studien- und Vortragsreise durch das *subsaharische Afrika* (10. Januar bis 8. März 1986): Nigeria – Äthiopien – Sambia – Mosambik – Republik Südafrika – Namibia – Simbabwe – Tansania – Kenia – Zaire. Es amüsiert mich, dass ich ausgerechnet beim Flug über die Sahara am 10. Januar 1986 in der »International Herald Tribune« einen ganzseitigen Artikel von KENNETH WOODWARD über »Tübingen, Medieval and Forever Young« lesen kann, der sogar einen freundlichen Hinweis auf meine Vorlesungen enthält.

Äthiopien: ein untergründiges judenchristliches Paradigma?

Im Jahr 1986 fliegen wir also von Nigeria, im Westen des Kontinents, nach Äthiopien im Osten. Welches Glück, dass wir in Addis Abeba (»neue Blume« = neue Hauptstadt) pünktlich zum größten Fest des Jahres, der Epiphanie, eintreffen! Voller Staunen sehe ich dort in und um die Dreifaltigkeitskirche – trotz des herrschenden marxistisch-leninistischen Systems von MENGISTU HAILE MARIAM (der 1974 Kaiser Haile Selassie gestürzt hatte) – Zehntausende betender Gläubigen.

Gewundert hat mich nicht so sehr dieser öffentliche Gottesdienst ganz in der Nähe eines überdimensionalen Lenin-Denkmals. Erstaunt hat mich in erster Linie die Zeremonie, die im Mittelpunkt der Feier steht: die Verehrung des vom Klerus durch das Volk getragenen, aber mit kostbarem Tuch bedeckten *Tabots*, der *Bundeslade* des Mose mit den Zehn Geboten, auf der Rückseite als Ergänzung sechs aus Mt 25 entnommene Gebote des Neuen Testaments, die nach der Überlieferung Jesus selbst in den Urtabot eingeritzt haben soll. Man erklärt mir: Jede orthodoxe Kirche Äthiopiens (rund 13.000 an der Zahl) hat einen Tabot, der die unabdingbare Voraussetzung ist für die Feier der Liturgie. Denn auf einem Tabot – ihm ist die jeweilige Kirche geweiht – wird die Eucharistie vollzogen. An großen Feiertagen wird er in Prozessionen dreimal um die Kirche getragen und besonders von den Frauen mit hohem afrikanischem Zungenjubilieren, dem Gezwitscher eines riesigen Vogelschwarmes gleich, enthusiastisch begrüßt.

Doch dies ist nur eines der vielen Zeichen für das, was mir das Eigenartige und so gar nicht Griechische oder Lateinische dieses Christentums auszumachen scheint: In Äthiopien werden von den Priestern nicht nur immer wieder die Psalmen gesungen, sondern wird auch vor der Bundeslade unter Trommel- und Trompetenbegleitung *getanzt*, und es werden besondere Fasten- und Speisevorschriften beachtet, vor allem das Verbot des Schweinefleischessens.

Kurz: In Äthiopien scheint mir hinter der Fassade eines alexandrinisch-griechischen Christentums, das erst in den letzten 150 Jahren seine Macht auch über die ursprünglichen semitischen Stämme auszudehnen vermochte, ein *Judenchristentum* eigener Art zu begegnen. Dies würde erklären, dass die Liturgie in der altäthiopischen Kirchen- und Literatursprache, dem Ge'ez, gefeiert wird, das eine semitische Sprache ist, deren Ursprünge im Südarabischen liegen. Sabäisch-semitisch ist die gesamte alte Schriftkultur Äthiopiens. Ge'ez ist schon die Sprache des *Reiches von Aksum*, jener Stadt in Nordäthiopien westlich des Roten Meeres, in der sich nach äthiopischer Überlieferung noch heute, und zwar im Allerheiligsten der Kirche der Heiligen Maria von Zion, der Urtabot, die *echte Bundeslade* mit den Gesetzestafeln des Mose aus dem Tempel von Jerusalem, befinden soll.

Ich wundere mich: die israelitische Bundeslade in Afrika? Der äthiopischen Überlieferung zufolge hatte die Königin von Saba mit König Salomon von Juda (ca. 1000 v. Chr.) einen Sohn: Menelik, der erste König von Äthiopien. Dieser soll später bei einem Besuch in Jerusalem die Gesetzeslade des Mose entführt und auf einer Insel des Tanasees, des größten Sees von Äthiopien, vergraben haben, bis sie 600 Jahre später nach Aksum überführt worden sei. Aksum aber ist jenes Reich, das im ersten Jahrtausend vor Christus, sabäischen Inschriften zufolge, von südarabischen Kolonisten begründet wurde und ab 100 n. Chr. ein halbes Jahrtausend lang eine solche Blütezeit erlebte, dass es eine zeitlang unter die vier wichtigsten Reiche der Welt gezählt wurde. Die vorchristliche Periode Aksums gilt den Äthiopiern als die Zeit des Alten Testaments.

Für mich aber ist wichtig, was sich keinesfalls bestreiten lässt: Sowohl in der Legende wie in der Historie zeigen zahlreiche Linien von Äthiopien über das nahe Arabien hin nach Jerusalem. Aus ältester Zeit finden sich in Äthiopien bis auf den heutigen Tag auch *jüdische Gemeinden* (Juden = *Falasha*, mit Verzweigungen in den USA und Westindien), die vor urdenklicher Zeit hierhergekommen waren. Da frage ich mich: Hat es in Aksum und in Äthiopien vielleicht schon *vor* der Ankunft jener zwei schiffbrüchigen Laien aus Syrien, Frumentius und Ädesius, die im 4. Jahrhundert ohne priesterliche Ordination die äthiopische Kirche begründet haben sollen, so etwas wie ein vorhellenistisches Christentum gegeben, das letztlich *judenchristliche Wurzeln* hat?

Diese historische Frage liegt natürlich außerhalb des Horizonts der ganz von der griechisch-alexandrinischen (»monophysitischen«) Tradition bestimmten orthodoxen Autoritäten, die ich in Äthiopien treffe. Von einem Judenchristentum hatten sie keine Vorstellung. Doch in FRIEDRICH HEYERS Standardwerk »Die Kirche Äthiopiens« (1971) lese ich nach meiner Reise: »Die zahlreichen judaisierenden Züge der äthiopischen Orthodoxie müssen ein mit den Falasha gemeinsames vorchristliches Erbe sein oder aus späterem Austausch stammen.« Karawanenwege von West nach Ost gab es jedenfalls viele, und wie die äthiopische Küste von Südarabien aus besiedelt wurde, so herrschte bisweilen das äthiopische Aksum über einen Teil der Arabischen Halbinsel. Aus dem Bericht des Rufinus geht hervor, dass schon vor der Duldung des christlichen Kultus in Äthiopien eine kleine christliche Gemeinde bestanden hat.

Auf eine höchst aufschlussreiche Bestätigung der Vermutung eines untergründigen, *überlagerten judenchristlichen Paradigmas* in Äthiopien stoße ich dann in einem Buch des Harvard-Professors EPHRAIM ISAAC mit dem zunächst rätselhaften Titel »A New Text-Critical Introduction to Mashafa Berhan« (1973). Aus dem bedeutenden äthiopischen »Buch des Lichtes« (15. Jh.) schließt der Gelehrte, dass es noch im 13. Jahrhundert in Äthiopien zwei Fraktionen gegeben habe: die Partei der judaisierenden Christenheit und ihre Opposition, die Partei der koptischen Monophysiten, die beanspruchten, authentisch »orthodox« zu sein. Heute bestimmt eine durch und durch monophysitische Theologie und Liturgie das ganze Leben der Kirche Äthiopiens.

Durch Vermittlung des angesehenen Schweizer Botschafters Dr. Franz Birrer in Addis Abeba, dessen Äthiopisch sprechende Frau etwa 20 wichtige Frauen der Hauptstadt zum Kaffee mit mir eingeladen hatte, werde ich 1986 vom Patriarchen, Abuna (Bischof) Tekle Haimanot, und seiner ganzen Entourage feierlich und freundlich im Patriarchat empfangen. Ich habe Verständnis für seine sehr prekäre Lage unter dem gegenwärtigen sozialistischen Regime in Äthiopien: Christentum und Königtum waren ja hier jahrhundertelang, in gut byzantinischer Harmonie, Verkörperungen des »heiligen Reiches«. Zweifellos hatte die orthodoxe äthiopische Kirche nicht wenig zur Stabilisierung des feudalen Regimes nach innen und außen beigetragen, besonders seitdem sie durch Kaiser Menelik II. (1889–1913) fest in dem Staatsverband verankert und zur tragenden Säule, ja zum Garanten des staatlichen Machtanspruches des Kaiserhauses geworden war. Aber, diese Frage stellt sich natürlich auch, hatten die Verfestigung der Kirche im hellenistisch-äthiopischen Paradigma und die konservative Erstarrung des Kaisertums nicht langfristig auch fatale Folgen?

Zwar war Äthiopien in der Neuzeit der einzige afrikanische Staat, der nie eine europäische Kolonie wurde. Ja, die Kirche Äthiopiens blieb bis ins 20. Jahrhundert Symbol einer von Mission und Kolonialismus unabhängigen autochthonen schwarzafrikanischen christlichen Kirche; sie hatte noch 1895 kräftig mitgeholfen, die waffentechnisch überlegenen Italiener vernichtend zu schlagen. Aber die zunehmende Stagnation in Kirche und Staat – verbunden mit der Isolation der Kirche nach außen – führt jene Umwälzung herauf, die der Krise der russisch-orthodoxen Kirche nicht unähnlich ist: Im Jahr 1974 kommt es in Äthiopien zu einem Staatsstreich durch linke Offiziere und zum Sturz des Kaisers Haile Selassie. Dieser Putsch hatte für die Kirche ähnliche Folgen wie die russische Revolution: Verlust regelmäßigen Einkommens infolge der Enteignung der Kirchengüter und finanzielle Abhängigkeit vom Staat; Inhaftierung und rätselhaftes Verschwinden des politisch rechts engagierten Patriarchen, Abuna Theophilos; Einfluss der Militärregierung auf die Personalpolitik der orthodoxen Kirche, die zur Wahl eines neuen Patriarchen führt, neben dem der vom Staat bestimmte, stets regierungsfreundliche Generalsekretär der orthodoxen Kirche die eigentliche Macht ausübt.

Auf diese Weise wird die äthiopische Kirche plötzlich mit der Moderne konfrontiert. Die neue sozialistische Regierung gewährt umgehend volle Glaubensfreiheit. So hatte ich denn Gelegenheit zu Vorträgen und eingehenden Gesprächen mit den Häuptern der verschiedenen Kirchen:

mit dem Erzbischof der griechisch-orthodoxen Kirche, dem päpstlichen Pro-Nuntius, dem Präses der lutherischen Kirche, dem Repräsentanten der anglikanischen Kirche, den Vorstehern von neuen Kirchen …

Die Religionsfreiheit ermöglicht freilich auch die weitere Verbreitung des Islam. Rangierte um 1990 die muslimische Bevölkerung mit 40 Prozent noch nach der christlich-orthodoxen (rund 45 Prozent), so umfasst die islamische Bevölkerungsgruppe 2011 45–50 Prozent und die der äthiopisch-orthodoxen Christen nach gewissen Schätzungen nur noch 35–40 Prozent (dazu 12 Prozent Animisten) – ein Symbol vielleicht für die Entwicklung in Afrika überhaupt?

Konfrontation oder Begegnung zwischen Christentum und Islam?

Dass der Islam seit dem 7./8. Jahrhundert auch in Afrika mit ungeheurer Dynamik offensiv vorgegangen ist, beweisen nicht nur die rasche militärische Eroberung und die folgende Islamisierung und Arabisierung Nordafrikas. Seit dem 11. Jahrhundert setzt sich dieser *Prozess der Islamisierung*, freilich sehr viel langsamer und meist auch friedlicher, südlich der Sahara fort. Dies geschieht in der Regel auf *drei Wegen*: nilaufwärts in das Gebiet des Sudan, gestoppt freilich durch die natürliche Bergfeste Äthiopien; zweitens mittels Karawanenhandel, aber auch Kriegszügen quer durch die Sahara zum Rand des Urwaldgürtels; schließlich durch Seehandel und Emigration über das Rote Meer nach Eritrea und die ostafrikanische Küste entlang bis zu den Inseln Sansibar und Madagaskar im Indischen Ozean.[1]

Seit meiner ersten Afrikareise 1955 und erneut auf der großen Informationsreise, die ich am 10. Januar 1986 in *Nigeria* starte frage ich mich: Warum fällt die *Erfolgsbilanz des Islam* in Afrika so viel besser aus als die der christlichen Kirchen, die es an Missionsanstrengungen wahrhaftig nicht haben fehlen lassen? Von zehn Schwarzafrikanern, die sich von ihrer traditionellen Religion abwenden, heißt es, würden drei Christen und sieben Muslime. Die Antwort mancher christlicher Autoritäten Afrikas überzeugt mich nicht: Dies sei nur den Ölmillionen aus Saudi-Arabien, den Golfemiraten und Libyen zuzuschreiben, die im subsaharischen Afrika den Bau von Moscheen, Koranschulen und islamischen Missions- und Kulturzentren ermöglichen. Man vergisst auf christlicher Seite allzu leicht, dass bis auf den heutigen Tag ungezählte Millionen Dollar an Unterstützung aus Europa und Amerika zu den christlichen Kirchen nach Afrika fließen, von denen die allerwenigsten die (etwa von der chinesischen Regierung von den Kirchen geforderten) »drei Selbst« erfüllen: Selbstfinanzierung, Selbstverwaltung und Selbstverbreitung, die auch für die afrikanischen Kirchen wünschenswert wären.

Auch wenn man die Macht des Erdöls, dieses »Geschenkes Allahs«, durchaus nicht unterschätzen sollte, sind meinen Erfahrungen zufolge für die Erfolgsbilanz des Islam vor allem auch religiös-theologische Gründe entscheidend. Schon damals in Nigeria – heute mit 140 Millionen Einwohnern Afrikas volkreichster Staat, davon die Hälfte Muslime – stelle ich konkret fest:

– Den Neubekehrten erscheint der *islamische Glaube* (an den einen Gott und seinen Propheten) *elementarer und verständlicher* als der christliche: Keine so schwer zu verstehenden (»geheimnisvollen«) Inhalte wie Dreifaltigkeit, Menschwerdung Gottes und Erlösertod am Kreuz werden ihnen zugemutet. Das kann ich, wie berichtet, in Lagos bei einer intensiven Diskussion mit führenden nigerianischen Muslimen feststellen (vgl. Kap.V: »Diskussion über den Gottessohn: Nigeria«).

– Manchen Afrikanern erscheinen auch die *Grundregeln islamischen Handelns vernünftiger*: keine radikalen Forderungen von Nächsten-, gar Feindesliebe. Dafür verständliche und angepasste Gebote wie tägliche Gebete in Richtung Mekka, alljährlich ein Fastenmonat, einmal im Leben eine Wallfahrt nach Mekka und im Übrigen kein Alkohol und Schweinefleisch.

– Besonders erscheint die *Sexualmoral verständnisvoller*: Was christliche Missionare als schwere Sünde brandmarken, was aber noch Israels Erzväter praktiziert haben und in Afrika in vielen Stammesgesellschaften seit Menschengedenken Sitte ist, das erlaubt der Islam: die Vielehe. Im Übrigen würden, so denkt die große muslimische Mehrheit in Nigerias Norden, die einfachen und verständlichen Regeln der Scharia der Willkür der Herrschenden besser Schranken setzen als das komplizierte und die Herrschenden begünstigende demokratische Rechtsverfahren. Doch seit dem Jahr 2011 sind auch die grausamen und menschenverachtenden Auswüchse des Scharia-Strafrechts in Nordnigeria offenbar geworden, das weitgehend auch Nichtmuslimen aufgezwungen wurde.

Damals jedenfalls wird mir immer klarer: Der Islam scheint vielen Menschen gerade auch im Norden Nigerias überzeugender als das Christentum, weil er *afrikanischer* ist! Zugleich wird mir deutlich: Für die Verbreitung des muslimischen Glaubens braucht es nicht die gebildeten »Ulama« oder einen mit angeblich übersinnlichen Kräften begabten Marabut. Gerade in Schwarzafrika zeigt sich: Jeder einfache Händler oder

Wanderarbeiter kann als Missionar tätig sein – wie es die aus Laien bestehenden, sehr aktiven religiösen Bruderschaften oder Sufi-Orden sichtbar machen, die oft nicht nur Familien und Sippen, sondern ganze Stämme umfassen, ja in durchaus friedensstiftender Weise sogar mehrere Stämme verbinden.

Meine Überzeugung festigt sich: Das Christentum wird diese Herausforderung nur dann bestehen, wenn es seine traditionelle Verkündigung und kirchliche Praxis im Licht der christlichen Ursprünge kritisch überprüft, und zwar im Blick auf das, was für ein afrikanisches Christsein heute unbedingt notwendig ist. Es muss unterschieden werden zwischen Wesentlichem und Nebensächlichem, Zentralem und Peripherem. Meine Hinweise auf das in Äthiopien noch untergründig vorliegende judenchristliche Paradigma wollen auf die in Afrika leider alles überlagernde Hellenisierung, Latinisierung und Europäisierung aufmerksam machen. Keine Frage: dies alles hat ein authentisches afrikanisches Christentum eher verhindert, während der Islam sich je nach Region in oft recht verschiedener Weise afrikanisiert hat. Eine Ausnahme bilden allerdings die Pfingstkirchen und unabhängigen Kirchen, deren Zahl und Einfluss in der Bevölkerung vieler afrikanischer Länder in den letzten Jahrzehnten enorm gestiegen sind.

Und bezüglich der Frage der *Polygamie*: Wäre vielleicht in der christlichen Kirche in afrikanischem Kontext nicht ein Unterschied zu machen zwischen der gewiss auch hier zu verkündigenden *Idealforderung* der Einehe, deren Durchsetzung aber schon im Judentum Jahrhunderte gebraucht hat – und die in Europa und Amerika heute oft durch die »sukzessive Vielehe« umgangen wird –, und der *Realforderung* einer gerechten und liebevollen Behandlung der Ehefrauen im Verband einer nun einmal traditionell-polygamen Struktur? Man hat mir wie in Polynesien so auch in Afrika klargemacht, dass eine unmittelbare Auflösung der Polygamie praktisch der Verstoßung der vorher legitimen Ehefrauen samt ihren Kindern, ja einer Auflösung der gesamten für afrikanische Verhältnisse grundlegenden Familien- und Sippenstruktur gleichkäme. Allerdings, daran möchte ich festhalten: Für die Rechte der auch in Afrika oft erschreckend unterprivilegierten, ja grausam behandelten Frauen einzutreten ist der Kirchen strenge Pflicht. Aufgeklärte Afrikanerinnen, die entschieden um der Würde der Frau willen die Einehe fördern, sind energisch zu unterstützen, und ein Hinzuheiraten einer zweiten Frau ist heute abzulehnen. Die traditionellen Stammesstrukturen aber sollten, wo sie noch bestehen, geschont werden.

Afrikas große Jahrhunderte

Ein gutes Jahrzehnt nach jener mehrwöchigen Informationsreise fliege ich am 13. September 1997 wieder nach Afrika – diesmal mit einem vierköpfigen Filmteam des Süddeutschen Rundfunks und assistiert von Stephan Schlensog, dem Geschäftsführer der Stiftung Weltethos – zu Dreharbeiten für die Serie »Spurensuche« über die »Weltreligionen auf dem Weg«. Faktisch ist dies der Beginn eines Unternehmens, das sich im Lauf der Jahre zu einem Multimediaprojekt entwickeln sollte. Kein leichter Start, wie sich bald zeigt. Nur ganz allmählich erschließt sich uns – trotz bester Vorbereitung – die traditionelle afrikanische Religiosität mit ihrem Glauben an Ahnen-, Wander- und Stammesgeister, mit ihrem Vertrauen in Heiler und Geistmedien und mit ihren bis heute archaischen Praktiken.

Die wenigsten aber wissen, dass Schwarzafrika eine bewundernswerte Hochkultur hervorgebracht hat, deren Zeugnisse uns zunächst interessieren. Von Simbabwes Hauptstadt Harare geht es direkt zum größten und eindrucksvollsten Kulturmonument südlich der Sahara: *Groß-Simbabwe*, die alte Hauptstadt mit riesigen Steinbauten und einem konischen Turm mit Burg, die im 15. Jahrhundert von 12.000 bis 20.000 Menschen bewohnt wurde. Seit 1986 wird es von der UNESCO als Weltkulturerbe anerkannt. Wir streifen lange durch die imponierende Anlage und am nächsten Tag auch durch den früheren Stadtbereich, um für die Tag- und Nachtaufnahmen die besten Drehplätze zu finden.

Mich interessiert zunächst die Frage: *Wer* hat die »dzimba dza mabwe – Häuser aus Stein« oder »dzimba woye – ehrwürdigen Häuser« gebaut? Seit die Portugiesen im 16. Jahrhundert als erste Europäer auf Goldsuche ins Landesinnere vordrangen, hat man darüber gerätselt und gestritten: die Königin von Saba? So meinte man lange Zeit ohne geschichtliche Belege. Oder die Phönizier oder arabische Baumeister oder semitische Kolonisten? Jedenfalls nicht *Schwarzafrikaner*! Doch gerade dies haben (allerdings erst 1950) der Archäologe David Randall McIver und (1973 definitiv) der Archäologe Peter Garlake bewiesen: Tatsächlich waren es Schwarzafrikaner! Vor allem durch Goldhandel reich geworden, bauten sie im 14. Jahrhundert Groß-Simbabwe, das im 15. Jahrhundert seine Blütezeit erreichte.

Das europäische Fehlurteil hing zusammen mit einem noch heute verbreiteten Vorurteil: Vor Missionierung und Kolonialisierung seien die Schwarzafrikaner »Wilde« gewesen. Dies hat sich als völlig falsch erwiesen. Ganz abgesehen von den alten Kulturen Ägyptens, Nubiens und Äthiopiens, haben sich auch die schwarzafrikanischen Völker entwickelt.

Allerdings ohne Schrift, aber doch schließlich mit einer Kultur, die sich in mancher Hinsicht mit unserem Mittelalter vergleichen lässt. Die ungeheuere Naturschranke quer durch den Kontinent bildete damals die Sahara, die nur auf beschwerlichen und gefährlichen Karawanenwegen zu durchqueren war. Trotzdem befanden sich im europäischen Hochmittelalter auch die afrikanischen Völker in einer kulturellen Aufwärtsbewegung, sodass JOSEPH KI-ZERBO, der als erster Schwarzafrikaner eine umfassende *»Geschichte Schwarzafrikas«* (1981) schrieb, nicht ohne Grund von »Schwarzafrikas großen Jahrhunderten« spricht.

Nach einer Phase der Wanderbewegungen und des Austauschs mit der Außenwelt durch die Araber schienen die schwarzafrikanischen Länder ein gewisses Gleichgewicht erlangt zu haben. Zur Zeit der ersten kühnen portugiesischen Expeditionen im 15. Jahrhundert jedenfalls hat es *schwarze Königreiche* gegeben mit differenzierter Sozialstruktur, ausgeklügelter Machtbalance zwischen unterschiedlichen Interessengruppen sowie beachtlicher Kunst und Kultur. Es waren dies mehr oder weniger zentralisierte Herrschaftssysteme, aber selten Einmannregierungen. Man hat sie (bei allen Unterschieden) mit den frühen mittelalterlichen Staaten Europas verglichen: am Golf von Guinea die Königreiche Oyo (Yoruba) und Benin, im Westsudan die Reiche Mali und Gao, im Zentralsudan die Haussa-Staaten und Kanem-Bornu, in Zentralafrika das Kongoreich, an der ostafrikanischen Küste mehrere Stadtstaaten und später in Simbabwe das Monomotapa-Reich. Dieses nahm die Bevölkerung von Groß-Simbabwe auf, als diese ihre Stadt kampflos verließ – aber warum? Das ist die große Frage: wegen Dürre, wegen ausgebeuteter Natur oder vielleicht doch eher wegen einer Krise des Goldhandels? Wir wissen es nicht – der große Nachteil einer bedeutsamen, aber schriftlosen Kultur.

So frage ich mich, wann es zur Stagnation der schwarzafrikanischen Völker gekommen ist. Als am Ende des 15. Jahrhunderts der Portugiese VASCO DA GAMA über Ostafrika (Mombasa/Malindi) den Seeweg nach Indien fand, war das ein Fanal einer neuen Epoche für Afrika. Im 16. Jahrhundert aber wird durch die Europäer die innerafrikanische Entwicklung in West- und Ostafrika jäh unterbrochen. Erst ab dieser Zeit kommt es zur *Stagnation und Verelendung der schwarzafrikanischen Völker*: erstens durch den riesigen *Sklavenhandel* sowohl der Araber wie privilegierter europäischer Handelsgesellschaften mithilfe afrikanischer Potentaten besonders an der afrikanischen Westküste zwischen der Senegalmündung und Nordangola (bis etwa 1800), zweitens durch den *Kolonialimperialismus* der europäischen Mächte selbst, die ganz Afrika im 19./20. Jahrhundert territorial wie einen Kuchen unter sich verteilten und ausbeuteten.

Mit den »Wilden« und »Heiden« Afrikas haben die »Christen« Europas, aber auch Arabiens Muslime einen gewinnbringenden Handel aufgezogen, der ihnen selber – trotz aller erbitterten Rivalitäten um diesen lukrativen Markt – wirtschaftliche Prosperität bringt, den afrikanischen Völkern aber Elend und Erniedrigung. Im 15./16. Jahrhundert sind es vor allem die Portugiesen (für Brasilien und die spanischen Kolonien in Amerika), im 17./18. Jahrhundert die Engländer, Holländer und Franzosen, aber auch Dänen, Schweden, Brandenburger, die zusammen mit ihren afrikanischen Zwischenhändlern an der westafrikanischen Gold- und Sklavenküste immer neue Menschenraubgebiete erschließen – und dies in den allermeisten Fällen mit Duldung, ja Unterstützung der christlichen Kirchen.

Das Versagen der Kirchen

Das heißt: Wer nach Afrika reist, muss sich mit einem entsetzlich düsteren Kapitel europäisch-afrikanischer Geschichte auseinandersetzen. Und überall sind hier die europäischen Kirchen eng mit den politischen Mächten verflochten. Sie tragen eine entscheidende Mitverantwortung und Mitschuld. Ging es doch in den (im 15./16. Jh. soeben von den Arabern befreiten!) iberischen Staaten Spanien und Portugal zunächst einmal um die Fortsetzung der religiös-politischen Kreuzzugsidee. Gegen die Muslime, die alle kostspieligen mittelöstlichen Handelswege nach Indien und China beherrschten, sollte ein neuer direkter, billiger Seeweg rund um Afrika gefunden werden. So wird denn die ganze *Kolonisierung und Missionierung* in enger Zusammenarbeit von Krone und Kirche, Handelsgesellschaften und Orden, Kolonisatoren und Missionaren durchgeführt. Sie wird abgesegnet von päpstlichen Bullen und Erlässen: Papst Nikolaus V. hatte schon 1452 »die Neger« unter die »Feinde des Christentums« eingestuft. Und Alexander VI. Borgia legte 1493 mit einer Demarkationslinie die kolonialen Hoheitsgebiete Spaniens und Portugals fest.

Gewiss, vereinzelt wird die *Sklaverei* aus christlichen und humanitären Gründen abgelehnt. Aber erst im Zuge der europäischen Aufklärung und der Einforderung der vom Naturrecht abgeleiteten Menschenrechte (zuerst von den Quäkern in Pennsylvania!) kommt es zur Zurückdrängung dieses grauenhaften Menschenhandels. Erste *Verbote* der Sklaverei erfolgen in Dänemark 1792, in der französischen Karibik 1794 und in Großbritannien 1807. Das katholische Portugal dagegen folgt erst 1875! In den Vereinigten Staaten braucht es einen Bürgerkrieg, um die Sklaverei 1865 endgültig abzuschaffen. Vor Kriegsausbruch (1860) zählt man bei einer Gesamtbevölkerung von zwölf Millionen rund vier Millionen Sklaven. Bald jedoch bekommt man Angst vor den zu vielen – jetzt freien und fortpflanzungsfreudigen – Sklaven. Es kommt zu großen Rücktransporten nach Afrika: von Kanada/England nach Sierra Leone (gegen den Widerstand der Einheimischen in »Freetown«) und von den Vereinigten Staaten nach »Liberia« (»Monrovia«, die neue Hauptstadt, benannt nach dem amerikanischen Präsidenten Monroe). Liberia, dieser Sklavenstaat, war von Äthiopien abgesehen der erste vom Westen anerkannte freie Staat Afrikas.

Schlimm finde ich bis heute: Nachdem im 19. Jahrhundert immerhin der *Verkauf* afrikanischer Menschen beendet werden kann, geht deren *Ausbeutung* weiter. Wird früher Afrika der Afrikaner beraubt, wird dann umgekehrt den Afrikanern Afrika geraubt. Nach einer Periode der kolonialistischen Handels-, Flotten- und Militärstützpunkte an der Küste und des transatlantischen Sklavenhandels kommt es im 19./20. Jahrhundert zur Errichtung von Flächenkolonien und geschlossenen afrikanischen Kolonialimperien. Der europäische Kolonialismus entwickelt sich zum Imperialismus.

Ein Symbol: Da steht er vor mir, überlebensgroß in Bronze gegossen, auf einem hohen Sockel, mit der Inschrift: »Dem Missionar, Abenteurer und Entdecker DAVID LIVINGSTONE«. Er hatte als erster Europäer 1855 die riesigen Victoriafälle, an denen ich im Lauf meiner Filmreise 1997 staunend stehe, entdeckt und nach der damaligen britischen Königin Victoria benannt. Sein Denkmal an der Grenze zwischen Sambia und Simbabwe wird unmittelbar an dem Ort gesetzt, wo der niederstürzende Sambesi den größten Wasservorhang dieser Erde entfaltet. Nicht ohne Spannung lese ich von den mit unsagbaren Entbehrungen erkauften Pionierleistungen dieses Schotten, der lange als verschollen galt und den der amerikanische Journalist und Afrikareisende H. M. STANLEY schließlich in Burundi ausfindig macht. Legendär die lapidare, gut britische Begrüßung des lange Gesuchten: »Mr. Livingstone, I presume«!

Von *Europa* aus gesehen, ist die zweite Hälfte des 19. Jahrhunderts eine Epoche heroischer, ständig gefährdeter europäischer Entdecker und Erforscher. Sie erforschen die geheimnisvollen Quellgebiete des Sambesi, des Niger, des Nils, das zentrale und östliche Afrika. Große Namen: MUNGO PARK, die Gebrüder LANDER, der gelehrte Deutsche HEINRICH BARTH und eben DAVID LIVINGSTONE. Doch machen wir uns nichts vor: Die von den heroischen Entdeckern und Erforschern beschafften Informationen werden von Militärs und Abenteurern, Kaufleuten und Geschäftemachern benutzt. Und denen ist kein Mittel schäbig genug – von Täuschung und erpressten »Schutzverträgen« über Schnaps, Glasperlen und Waffen bis zu rohester Gewalt und hemmungslosen Massakern –, um Afrika unter die Herrschaft irgendeines europäischen »Imperiums« zu bringen.

Doch klage ich keine Einzelpersonen an: Jedermann in Europa – mit wenigen Ausnahmen – denkt damals *imperialistisch* und will beim fieberhaften Wettlauf um »Schutzgebiete« (Protektorate) und »Kolonien« dabei sein. Entweder »erwirbt« oder »kauft« man sie sich schlicht vertraglich. Oder man erzwingt, erkämpft und besetzt sie. Als publizistisch wirksame *Motive* für die kolonialistische Unterwerfung und Ausbeutung propagiert man: Erforschung des geheimnisvollen Kontinents, Unterdrückung des Sklavenhandels, Verhinderung der (durch die ausgeweiteten Sklavenjagden geförderten) Stammeskriege, Zivilisierung der »Wilden«. Und dies heißt damals nicht nur für die Kirchen: *Christianisierung und Europäisierung* der »Heiden«!

Gewiss: Humanität mag bei Einzelnen eine Rolle gespielt haben, und erst seit dieser Zeit haben wir Europäer von Afrika geographisch, geologisch, klimatisch, ökonomisch und ethnographisch nähere Kenntnisse, die der wirtschaftlichen Erschließung und Entwicklung zugutekamen. Aber leider: Hinter all der Neugier steht doch die Goldgier, stehen – man braucht nicht Marxist zu sein, um diese marxsche Erkenntnis hier verifiziert zu finden – nackte Wirtschaftsinteressen der ersten Industriestaaten England, Frankreich und schließlich auch Kaiser-Deutschlands. Diese brauchen mitten in der industriellen Revolution nicht mehr in erster Linie Menschen auf amerikanischen Plantagen, sie brauchen Rohstoffe in den eigenen Fabriken sowie Plantagen- und Minenarbeiter in Afrika selbst. Am Rande vermerkt: Die ersten kolonisatorisch aktiven katholischen Mächte, Spanien und Portugal, verharren, reich und satt geworden, im mittelalterlichen gegenreformatorisch-antimodernen Paradigma und verpassen so den Anschluss an die Moderne, was erneut auf die vielfältige Mitverantwortung der Kirche verweist.

Die Ambivalenz der neuzeitlichen Mission

Mir kommt eine Fahrt mit unserer Filmcrew durch den Busch in *Simbabwe* bei Fort Victoria in den Sinn: plötzlich ein verwitterter Wegweiser: »Gokomere«. Ich überlege nur kurz: In meiner Jugendzeit erhielt doch meine Mutter Briefe aus Salisbury, Fort Victoria und schließlich Gokomere – von ihrem Bruder, der dort die Missionsstation der Schweizer

Missionsgesellschaft Bethlehem gegründet und geleitet hatte. Sofort lasse ich das Auto wenden, und wir schwenken nach »Gokomere« ab. Da kommen uns schon bald Scharen adrett blau gekleideter Jungen und Mädchen entgegen, die uns mit frohen Gesichtern begrüßen ... Welch eine Fügung!

Und welch eine Entdeckung: Die Saat meines Onkels P. ALOIS GUT, in unserer Familie häufig zu Gast, war aufgegangen. Ich treffe denn auch in den weitläufigen Baulichkeiten noch zwei Schweizer Missionare aus seiner Zeit, die ihren Lebensabend offensichtlich lieber hier verbringen als in ihrer Schweizer Zentrale Immensee und sich nicht wenig freuen, einen bekannten Landsmann leibhaftig vor sich zu sehen. Der lange Zeit als Kandidat für den neuen Bischofssitz in der Hauptstadt Salisbury (heute Harare) gehandelte Onkel Alois aber war nach Einsetzung eines anderen Schweizers in die Heimat zurückgekehrt. Zunehmend verbittert und pessimistisch im Blick auf Kirche und Welt nach dem Zweiten Vatikanischen Konzil, hatte er verschiedentlich versucht, seine Schwester gegen ihren Sohn, mich also, einzunehmen, bis ich allen Briefkontakt mit ihm abbrach. Aber seine Missionsarbeit habe ich in einem Filmstatement in der Provinzhauptstadt Bulawayo in breiterem Kontext gewürdigt, in deren Nähe der zweifelhafte Begründer von Rhodesien, CECIL RHODES, Sohn eines amerikanischen Geistlichen, begraben liegt, auf dem spektakulären Aussichtspunkt »View of the World«.

Kein Zweifel: wie mein Onkel, so haben zahllose Missionare sich subjektiv ehrlich und äußerst hingebungsvoll nicht nur um die Glaubensverkündigung, sondern um den konkreten afrikanischen Menschen mit Seele *und* Leib gekümmert und sich mit dem Aufbau des Schul-, Bildungs-, Wohlfahrts- und Gesundheitswesens bleibende Verdienste erworben. Aber ob sie es wollten oder nicht: Sie, die selber entweder vom katholischen Mittelalter oder von der protestantischen Reformation (bzw. Erweckungsbewegung) geprägt waren, hatten im 19. Jahrhundert den modernen Industriestaaten den Weg zur vollständigen Unterwerfung Afrikas geebnet: nicht zuletzt durch ihre Landpolitik und Landabgaben, ihre eigenen großen Plantagen und Betriebe, Missionshandelsgesellschaften und gar Missionsschiffe. Und wenngleich einzelne Missionare auch immer wieder mutig gegen die brutale Unterdrückung durch die vorrückenden Kolonialmächte protestierten, ordneten sich doch alle Initiativen der Missionen auf ökonomischem, politischem und vor allem geistig-kulturellem Gebiet der Zielsetzung der Kolonialmächte unter.

Blicke ich auf die Geschichte dieses Kontinents in der europäischen Neuzeit zurück, kann ich jenen Kollegen aus Kongo sehr wohl verstehen, der mir einmal – nach einem miserablen Vortrag eines jungen weißen Religionswissenschaftlers über grausame afrikanische Stammessitten – erklärte: »Es gibt keinen Kontinent auf diesem Globus, der so gedemütigt und ausgebeutet worden ist wie Afrika: durch Sklaverei, Kolonialismus und durch Apartheid.« Doch entwickeln sich schon früh Gegenkräfte, Bewegungen, die sich gerade in Südafrika ausgebreitet haben und in denen sich ein neues afrikanisches Selbst- und Sendungsbewusstsein ausdrückt.

Die unabhängigen afrikanischen Kirchen

1880 hatten die Europäer noch kaum ein Zehntel Afrikas in Besitz, aber schon 20 Jahre später war ganz Afrika (mit Ausnahme von Äthiopien, Liberia und, bis 1912, Marokko) ihr Eigentum. Natürlich geschah dies alles gegen den erbitterten *Widerstand der Schwarzen*: Diese hatten schon im 19. Jahrhundert – wiederum besonders in Südafrika und in Deutsch-Südwestafrika – begonnen, auch eine *neue afrikanische Art von Christentum* zu etablieren. Hier – nicht in Lateinamerika – finden sich die ersten *Anfänge christlicher Befreiungspraxis und Befreiungstheologie*. Auch marxistisch orientierte Afrikahistoriker erkennen an, dass schon die alten religiösen Überlieferungen einen wichtigen Wertfaktor darstellen für die Selbstbewahrung des afrikanischen Menschen unter kolonialen Bedingungen. Diese teils politischen, teils unpolitischen religiösen Bewegungen bilden den Ausgangspunkt sowohl des antikolonialen Widerstandes wie eigenständiger christlicher Kirchen: mit Kirchenführern vom Häuptlingstyp, Prophetentyp oder vereinzelt auch Messiastyp auf den Farmen, in den Städten oder in den Reservaten, oft mit Frauen als örtlichen Führern.

Das heißt: Angesichts der mit dem kolonialen Machtapparat verflochtenen europäischen Missionskirchen und ihres Unverständnisses für afrikanische Eigenart, Psychologie, Sprache, Kultur, Bräuche und Eigenverantwortung entschließen sich viele schwarze Christen, oft ausgebeutete Bauern, aus religiösen Gründen zum Protest. Unter der Führung von Häuptlingen, Geistlichen, Lehrern oder Arbeitern beginnen sie sich selbstständig zu machen. In Absetzung zu den ausländischen Missionen, die ihnen einen falschen Gott, einen Gott der Unterdrückung und Ausbeutung, zu verkünden schienen, werden unabhängige afrikanische Kirchen nicht nur gefordert, sondern auch gegründet: *»African Independent Churches«*, in denen die Afrikaner sie selber sein können und in denen sie ihre eigenen Propheten haben.

Von den Weißen zwar von Anfang an als »Sekten« verunglimpft, hatten sie – nach Vorläufern schon im 19. Jahrhundert – vor allem seit dem 20. Jahrhundert einen ungeheuren Zuspruch. In der Zwischenkriegszeit zählen sie bereits nach Hunderten und ihre Anhänger nach Millionen. In Südafrika allein gibt es zur Zeit meiner Vortragsreise 4000–5000 Bewegungen, zu denen 30–40 Prozent der schwarzen Bevölkerung gehört haben dürften. Von Nigeria bis Südafrika beobachte ich am Wochenende größere oder kleinere Gruppen meist weiß gekleideter Gläubiger, die zum Gottesdienst am Meer, an einer Straßenkreuzung oder in einem Versammlungsort eilen. Ich habe selber verschiedentlich, etwa in der schwarzen Elendsstadt Soweto bei Johannesburg, an einem charismatischen Gottesdienst teilgenommen, an einem weiteren bei einer großen Straßenkreuzung vor Harare, immer höchst freundlich begrüßt. In diesen Versammlungen fühlen sich die Schwarzen offenkundig besser zu Hause als in den steifen, normierten Gottesdiensten der Missionskirchen. Hier können sie ihre eigenen melodiösen und rhythmischen Lieder singen, können beim Gesang ihren Körper bewegen und rhythmisch in die Hände klatschen. »Die Europäer beten steif wie Statuen«, sagten sie mir.

Lange bevor Theologen darüber reflektierten, hatte es hier eine ungeschriebene, aber in afrikanischen Gesängen und Tänzen, Predigten und Liturgien gelebte Schwarze Theologie gegeben, eine – von Genf, Canterbury, Rom unabhängige – *»Black Theology«*, in der Afrikaner ihre eigene Sprache gefunden hatten. Sie verbindet sich später mit den Rufen nach *»Black Consciousness«* und schließlich auch *»Black Power«*. Schwarze Afrikaner sehen sich vielfach biblisch als auserwähltes Volk auf dem Weg aus der Knechtschaft ins Gelobte Land: der *neue Staat* und der politische Führer als der *Messias*. Das ist der Grund dafür, dass der afrikanische Nationalismus ebenso im marxistischen wie im religiösen Gewand auftreten kann und Afrika bis heute weithin ein außerordentlich religiöser Kontinent bleibt.

Apartheid – Überbleibsel der kolonialistisch-imperialistischen Moderne

Meine Afrikareise von 1986 – ein gutes Jahrzehnt vor den Dreharbeiten in Simbabwe – führt mich auch in die Republik Südafrika. Auf der Reise von Äthiopien dorthin lege ich einen viertägigen Zwischenaufenthalt in *Sambia* ein. In unserem Hotel in der Hauptstadt Lusaka als einziger Weißer auf dem großen Stockwerk kann ich ein wenig mitempfinden, wie sich Afrikaner in europäischen Ländern fühlen mögen. Auch in Sambia Begegnungen mit Repräsentanten der christlichen Kirchen, viele Gespräche und ein Abendvortrag im Theological College. Am Morgen hinaus in den Busch, um die imponierende soziale und religiöse Arbeit von Immenseer Missionaren aus der Schweiz vor Ort kennenzulernen. Ein höchst beeindruckender Einsatz.

25 Jahre später (im Juni 2011) erhalte ich einen Situationsbericht von einer Schweizer Krankenschwester, die damals in Lusaka arbeitete: Alles sei nicht besser, sondern schlimmer geworden. Nicht nur die Armut und der Mangel an jeder Erziehung und an Schulen in den Slums, sondern sogar schlicht das Überleben: »HIV-Aids ist allgegenwärtig!« Und wer ist der Hauptschuldige? Der Schwester zufolge der Papst und mit ihm die katholische Hierarchie, die alles tut, um Pille und Kondome zu verhindern. Das von der Schweiz finanzierte Aids-Hospiz zum Beispiel »hat gute Medikamente, aber gibt strikt keine Kondome ab, nicht einmal an junge Mütter mit fiebrigen Augen und einem Baby auf dem Rücken … Rom müsste das Kondom sofort entstigmatisieren«, schreibt mir die Schwester. Das rührt mich tief, und erneut kommt Zorn in mir auf über ein unbelehrbares Lehramt.

An den Fronten der Kirche gibt es in aller Welt zahlreiche tapfere Männer und Frauen, welche die Probleme genau sehen. Einen der mutigsten Menschen treffe ich in Kapstadt, den jungen katholischen Pfarrer STEFAN HIPPLER. Er sagt mir: Wenn die katholische Kirche, die in Südafrika 3,3 Millionen Mitglieder hat und damit sieben Prozent der Bevölkerung anspricht, offen den Gebrauch von Kondomen propagieren würde, könnte das einiges bewegen. Tapfer ist dort auch Bischof KEVIN DOWLING, der in seinem Bistum Rustenburg offen für Kondome wirbt. Verständlich angesichts der 1000 Aids-Toten und rund 600 Neuinfektionen täglich; nach UN-Angaben ist in Südafrika jeder Fünfte HIV-positiv.

Aufgeschlossenen jungen reformierten Geistlichen aus Südafrika – vor allem ANDRÉ VAN NIEKERK und NICO GRÖTZINGER, die mich in Tübingen besucht hatten – verdanke ich es, dass ich 1986 dorthin eingeladen werde und damit eine mehrwöchige Studien- und Vortragsreise durch das ganze subsaharische Afrika verbinden kann. Ich hatte schon vorher die Situation aufgrund verschiedener Publikationen gründlich studiert und mehrere aktuelle Vorträge vorbereitet: »Where Are the Church and Theology Going?« – »Is There One True Religion?« und »The Role of a Christian in a Situation of Confrontation?« Oder auch schlicht: »Why Am I a Christian?« Ich hatte stets ein volles Programm zu erfüllen: neben den Vorträgen noch zahllose Diskussionen im Anschluss oder beim Essen, Pressekonferenzen, Interviews, viele gelehrte Unterhaltungen mit Theologen, Meetings in allen möglichen größeren oder kleineren Gruppen oder mit wichtigen Persönlichkeiten vor Ort. Vor allem führe ich hier eine offene und freundliche Diskussion mit der Leitung der etablierten Dutch Reformed Church und deren neuem General Moderator JOHAN HEYNS, einem Professor der systematischen Theologie. Viel verdanke ich auch hier den Botschaften der Bundesrepublik Deutschland und der Schweiz, den Goethe-Instituten und kirchlichen Organisationen in den betreffenden Ländern, die mir wertvolle Kontakte ermöglichen und mir auch sonst in jeder Hinsicht behilflich sind.

In der Republik Südafrika komme ich freilich in eine höchst angespannte politische Situation, strebt doch die Auseinandersetzung um die *Apartheid* ihrem Höhepunkt zu. Dass es sich bei dem perfekt ins kapitalistische Wirtschaftssystem eingefügten Sklavenhandel und dem nachfolgenden Kolonialimperialismus des Westens um typische negative Folgeerscheinungen des modernen Paradigmas handelt, mag noch offenkundig sein. Dass es sich aber bei der – erst nach dem Wahlsieg der Nationalpartei 1948 durch mehrere Gesetze eingeführten und mit großräumigen Zwangsumsiedlungen verbundenen – südafrikanischen *Apartheid = Rassentrennung* zwischen Weißen, Schwarzen und »Farbigen« (bis zum Verbot der Ehe, gar des Geschlechtsverkehrs) weiterhin um Ausläufer des modernen Paradigmas handelt, ist uns in Europa lange zu wenig bewusst. Was vor 1914 kaum viel Aufsehen gemacht hätte, was zwischen den Weltkriegen schlicht als Faschismus bezeichnet worden wäre, wurde nach 1945 nun doch – ein weiteres Symptom des Paradigmenwechsels zur Nachmoderne! – von immer mehr Menschen auch weißer Hautfarbe als absolut untragbar angesehen und führte zu mehreren Verurteilungen durch die UNO sowie schon 1961 zum Ausschluss Südafrikas aus dem British Commonwealth.

Zwar sagt man mir in Südafrika manchmal beschwichtigend, in Afrika, Asien oder Lateinamerika würde man kaum eine Großstadt finden, die im Gefolge von Verarmung, Landflucht und Urbanisierung nicht durch zwanghaft akkumuliertes Elend gezeichnet wäre. Aber: in Südafrika geht es nicht bloß um diese Art von Elend. In Südafrika geht es um ein mit typisch modernen Mitteln *effektiv organisiertes, gezielt in Zonen verwaltetes und raffiniert von der Wirtschaft ausgebeutetes Massenelend*. Apartheid ist ein wohldurchdachtes System von Gesetzen und Maßnahmen, das auf einer angeblich wissenschaftlich begründeten und sozialpolitisch gerechtfertigten *Grundhaltung* beruht, wie man sie ähnlich lange in den USA und

Israel (gegenüber den Palästinensern) antrifft: die Grundhaltung rassischer Überlegenheit, weißer Vorurteile und weißen Egoismus.

Ich muss gestehen, dass auch ich die Situation in Südafrika früher nicht genügend ernst genommen hatte. Bevor ich im Land bin, besonders in den schwarzen Elendsstädten wie Mamelodi (bei Pretoria) oder Soweto (bei Johannesburg), welche die allermeisten weißen Südafrikaner ebenso meiden wie Israelis die Palästinensergebiete, teile ich die Meinung, als Theologe müsse man Weißen wie Schwarzen schlicht Gewaltlosigkeit verkünden. Aber die Wirklichkeit sieht anders aus: Wer als Theologe und Christ für Versöhnung und Frieden plädiert, darf die völlig unterschiedlichen Ausgangsbedingungen von Weißen und Schwarzen nicht übersehen. Wem ein Löwe an die Gurgel fährt, dem darf man nicht Gewaltlosigkeit predigen wollen. Und wer für Einheit, Versöhnung und Frieden eintritt, muss bedenken: Es gibt keine Einheit von Unterdrückten und Unterdrückern, Ausbeutern und Ausgebeuteten; keine Versöhnung zwischen Gerechtigkeit und Ungerechtigkeit, Gut und Böse.

In meinen Vorträgen beziehe ich immer sehr gründlich und klar zur kritischen Lage in der katholischen Kirche Stellung, aber auch immer deutlicher zur kritischen Lage in Südafrika. Es sorgt ziemlich für Aufsehen, dass ich in der Justice Hall des Ökumenischen Zentrums von Durban sehr deutliche Worte finde: »Rebel theologian Küng puts a challenge to SA (South Africa)«, lautete die Schlagzeile in »Weekly Mail« vom 7. Februar 1986. Die Zeitung berichtet von meinen Erfahrungen in den schwarzen Townships und davon, wie schockiert ich von den dortigen Zuständen bin: »Kein menschliches Wesen sollte so leben müssen, wie diese Leute leben. Es ist ein großer Schock. Die Apartheid muss weg. Sie ist absolut und grundsätzlich inakzeptabel.« Allerdings wird auch betont, dass ich Gewalt ebenso aufseiten der Schwarzen verurteile: »Wenn Gewalt falsch ist, dann muss ich dagegen protestieren, woher immer sie kommt. Und es ist leichter für einen Marxisten als für einen Christen, Gewalt zu rechtfertigen und zu praktizieren. Und ich kann nicht glauben, dass man sich auf Jesus von Nazaret als eine gewaltbereite Person beziehen kann.«

Im Verlauf meiner Reise rede ich immer deutlicher. Und in einer meiner drei Reden vor großem Publikum am 3., 4. und 5. Februar 1986 an der Universität in *Kapstadt*, das halbjährlich mit Pretoria als Hauptstadt alterniert, fordere ich erneut, was auch viele Weiße sehnlichst wünschen: ein wahrhaft freies, demokratisches, nichtrassistisches Südafrika. Und dies verlange die schlichte Abschaffung der Apartheid, und zwar jetzt, allerdings auf friedlichem Weg. Ich sei viel zu optimistisch, meint jedoch anschließend der deutsche Botschafter: Eine Abschaffung der Apartheid ginge hier keinesfalls ohne ein Blutbad vonstatten; zur Not würden die Weißen gegen die Schwarzen sogar die Atombombe einsetzen, deren Besitz sie verheimlichen.

Ich bleibe bei meiner Auffassung. Sie stützt sich vor allem auf zwei Faktoren. Ein Erstes: Es wird *Druck von außen* erfolgen, Wirtschaftssanktionen – und effizienter als Handelssanktionen (die durch Geheimkanäle umgangen werden können) sind Finanzsanktionen der Banken –, wie sie vom Südafrikanischen Kirchenrat und auch von der großen Mehrheit der opferbereiten schwarzen Bevölkerung gewünscht werden. Nur der Kursverlust der südafrikanischen Währung Rand um 70 Prozent in zehn Jahren brachte die Regierung in entscheidende Bedrängnis.

Ich schreibe deshalb von Johannesburg aus aufgrund meiner bisherigen Erfahrungen einen eindringlichen längeren Brief an den Präsidenten der schweizerischen Nationalbank, Dr. Fritz Leutwiler, mir vom Weltwirtschaftsforum her bekannt, der für das internationale Bankenkonsortium in London mit der südafrikanischen Regierung verhandelte. Ich bitte ihn nachdrücklich, den Druck zu verschärfen, falls nicht eine entscheidende Änderung der Politik eintrete. Seine Antwort ist zustimmend. Ob er sich bei den Finanzverhandlungen tatsächlich für die Menschenrechte in Südafrika eingesetzt hat, ist mir nicht bekannt.

Ein Zweites ist nicht weniger wichtig: Es gibt in Südafrika ein *Netzwerk von Führern christlicher Kirchen*, das Schwarze und Weiße, Katholiken und Protestanten, Laien und Amtsträger vereinigt und das diesen friedlichen Übergang begleitet und verantwortet. Ich habe die führenden Exponenten kennengelernt:

Zuerst den anglikanischen Erzbischof von Kapstadt, Desmond Tutu, Friedensnobelpreisträger 1984, einen charismatischen religiösen Führer und aufrüttelnden Redner; ich treffe ihn in Kapstadt beim Mittagessen, um die Lage offen zu besprechen. 23 Jahre nach meinem Besuch, 2009, hält er auf Einladung der Stiftung Weltethos die 8. Weltethos-Rede an der Universität Tübingen.

Dann den Generalsekretär des Südafrikanischen Kirchenrates, Dr. C. F. Beyers Naudé, der, von manchen Buren als Renegat angesehen, bei Weißen wie bei Schwarzen hohes Ansehen genießt. Ich besuche ihn in seinem Haus, wo ihn die Regierung unter Hausarrest gestellt hatte. Auch er formt meine Auffassung mit. Ich darf ihm 1988 an der Universität Tübingen den Herbert-Haag-Preis für »Freiheit in der Kirche« verleihen.

Schließlich Denis Hurley, römisch-katholischer Erzbischof von Durban, den ich vom Konzil her als aufgeschlossenen Mann kenne und mit dem ich jetzt den Kontakt erneuere.

Der beste Kardinal, den Afrika nie hatte

DENIS HURLEY hatte wie ich – aber mehr als ein Jahrzehnt vor mir – sieben Jahre in Rom an der Gregoriana studiert und war durch die kirchliche Soziallehre verändert in seine südafrikanische Heimat zurückgekommen. 1915 geboren, war er mit 31 Jahren der jüngste Bischof der Weltkirche geworden, und als er sich 1991 zurückzog, war er länger im Amt gewesen als jeder andere Bischof.

Schon 1951 hatte Hurley als Vorsitzender der Südafrikanischen Katholischen Bischofskonferenz eine Serie von Hirtenbriefen veröffentlicht, in welchen er die Apartheid als »Blasphemie« und »Übel schlechthin« angeprangert hatte. Er setzt sich aktiv für die Abschaffung der Apartheid ein und nimmt – zum Missfallen vieler Weißer – mit dem anglikanischen Erzbischof von Kapstadt an Demonstrationsmärschen teil. So ist er in ständiger Konfrontation mit der Regierung und trifft sich 1983 in London im Geheimen sogar mit dem Präsidenten des African National Congress (ANC) OLIVER TAMBO. Ich lerne Denis Hurley in den 1960er-Jahren auf dem Zweiten Vatikanischen Konzil kennen. Wir sind auf derselben Wellenlänge, und dies auch bezüglich der Reform der Kirche. Er hält engen Kontakt mit den führenden Theologen, und als ein Mann von gewaltiger Energie und anerkannter Integrität setzt er sich konsequent in Rom wie in seiner Heimat für die Verwirklichung von Reformen ein.

So freut er sich denn sehr über meinen Besuch in Durban, und es ist für ihn selbstverständlich, dass ich mit Marianne Saur bei ihm in der Residenz wohnen darf. Er teilt meine Sorgen über die wachsende antikonziliare Einstellung der Kurie, die ja auch politisch bezüglich Südafrika reaktionär eingestellt ist. Noch während der letzten Amtszeit von Erzbischof Hurley als Präsident der Bischofskonferenz wiederholt der Apostolische Delegat die Worte JOHANNES PAULS II., die vor ihm auch der letzte Premierminister des Apartheid-Systems, P.W. BOTHA, zitiert hatte: »Es ist nicht an den Hirten der Kirche, direkt in die politische Konstruktion und Organisation des gesellschaftlichen Lebens einzugreifen.« Darauf antwortete Hurley klipp und klar: »Wir können uns nicht von unserer Verpflichtung dispensieren, Gerechtigkeit und Liebe zu predigen, und dies nicht nur für individuelle Begegnungen, sondern auch für die Begegnungen zwischen den großen menschlichen Gemeinschaften.«

Hurley ist einer der bedeutendsten prophetischen Kirchenführer im 20. Jahrhundert, zugleich ein sehr bescheidener Mann. Kardinal wird er trotzdem oder gerade deshalb nicht. Denn er war schon gegen die

Pillenenzyklika und für einen verheirateten Klerus gewesen und schließlich auch für die Ordination der Frau. Gegen Ende seines Lebens, am 15. Dezember 2002, nimmt er in der anglikanischen Kirche von Durban an der Ordination zweier Frauen teil. Dort wird er gepriesen als »The best Cardinal Africa never had – der beste Kardinal, den Afrika niemals hatte«. So berichtet Paddy Kearney in ihrer Biographie »Guardian of the Light. Denis Hurley: Renewing the Church, Opposing Apartheid« (New York 2009).

Wenn ich so diesen einen afrikanischen Bischof besonders lobe, will ich aber die anderen hervorragenden Bischöfe Afrikas nicht verschweigen, die ich besonders während des Konzils kennenlerne: den Generalsekretär der englischsprachigen Bischofskonferenz und den Generalsekretär der französischsprachigen Bischofskonferenz und viele ihrer Kollegen. Später kann ich auf meiner Afrikareise ein verständnisvolles Gespräch mit Kardinal Joseph-albert Malula von Kinshasa/Kongo führen. Und mit dem ersten afrikanischen Kurienkardinal, dem Nigerianer Francis Arinze, hatte ich verschiedentlich freundliche Begegnungen, zuletzt noch auf der »Weltkonferenz der Religionen für den Frieden« in Amman 1999. Dort aber enttäuscht er nicht nur mich, weil er die schein-ökumenische Konzeption des Vatikans völlig unkritisch vorträgt. Er wird lange als erster afrikanischer Papst gehandelt, wäre aber zweifellos eine große Enttäuschung geworden.

1985/86 hatte es bei Unruhen in Südafrika circa 1800 Tote und zahllose oft völlig willkürliche Verhaftungen gegeben. In der Township Sharpeville, südlich von Johannesburg, wo am 21. März 1960 das größte Massaker mit 69 erschossenen friedlich protestierenden Schwarzen verübt worden war, erhalte ich von Zeitzeugen einen realistischen Bericht: Die Folgen sind damals ein Verbot des African National Congress (ANC), Unruhen im ganzen Land, internationale Proteste und Ausschluss Südafrikas aus dem Commonwealth. Bis heute wird in Südafrika des 21. März als »Tag der Menschenrechte« gedacht.

Ich gestehe, dass auch in mir etwas später höchst mulmige Gefühle hochkommen, als ich mit einem Schwarzen im Auto an einem Sonntagvormittag in Soweto von einer katholischen Kirche, wo ich die Eucharistie gefeiert hatte, auf dem Weg bin zum Gottesdienst in einer kleinen unabhängigen afrikanischen Kirche: Eine wenig freundliche Polizeipatrouille mit einem vergitterten Gefangenenauto stoppt uns. Ich besitze nicht den geforderten Sonderausweis, sondern nur meinen Schweizer Pass, behaupte aber wiederholt, was ich gehört hatte: Ein katholischer Priester könne sich für den Gottesdienst in Soweto frei bewegen. Ich bin mir bewusst, dass ich bei einer Verhaftung zunächst kaum auffindbar gewesen wäre, und bin froh, dass ich die Polizisten schließlich überreden kann, mich weiterfahren zu lassen. Und noch mehr erleichtert ist unser schwarzer Fahrer, dem die Knie zittern.

Doch schon drei Jahre nach meiner Reise wird nach dem reaktionären P.W. Botha ein neuer Staatspräsident, F. W. DE KLERK, gewählt. Dieser leitet 1989 die Wende der Innenpolitik ein: neue Verfassung, Freilassung des ANC-Führers NELSON MANDELA (seit 27 Jahren im Gefängnis), Ende der weißen Vorherrschaft. 1994 Wahl Mandelas zum Staatspräsidenten und auf Vorschlag und unter der Leitung Erzbischof Desmond Tutus statt eines »Kriegsverbrecherprozesses« wie in Nürnberg eine »Wahrheits- und Versöhnungskommission«, wo jeder freikommt, der ein ehrliches vollständiges Geständnis ablegt. Auf diese Weise geschieht eine gründliche Aufdeckung der zahllosen Verbrechen zwischen 1960 und 1993, aufgrund der Aussagen von 21.000 Personen und 2000 Vernehmungen. Ein guter Beginn, aber die Zukunft des Landes ist damit noch nicht gesichert.

Ein Versagen auch des Marxismus: Mosambik

Immer wieder habe ich erfahren, wie tief in vielen Schwarzafrikanern das Trauma von der christlich-europäischen Kolonialisierung und Missionierung durch eine Moderne sitzt, die mit der Abschaffung des Apartheid-Systems zu Ende ging. Auch die afrikanischen Eliten hatte in den 1980er-Jahren Enttäuschung über viele moderne westliche Wertvorstellungen und Erfolgsversprechungen erfasst. Enttäuschung über das Erlahmen der europäischen religiösen Impulse, aber auch über das Versagen des realen Marxismus. Mit seinem programmatischen Atheismus und seiner praktischen Menschenverachtung stand dieser ohnehin in klarem Gegensatz zum Islam. Aber darüber hinaus hat er marxistisch orientierte Staaten wie Äthiopien, Angola und Mosambik in eine katastrophale Wirtschaftslage hineingeführt, sodass sich diese schließlich doch wieder dem Westen zuwenden mussten.

Ich mache diese Erfahrung auf meiner Afrikareise 1986 besonders in *Mosambik*, dem Land im Südosten Afrikas am Indischen Ozean, das heute 20 Millionen Einwohner zählt. Die Menschen in der Hauptstadt Maputo, einer Millionenstadt, wissen noch um jene Zeiten, als ihr mittelalterlich geprägtes afrikanisches Land zum ersten Mal mit den kommenden Kolonialherren konfrontiert worden war. Portugal ist im 15. Jahrhundert die fortgeschrittenste europäische Seemacht. Es ist der Portugiese Vasco da Gama, der am Ende des Jahrhunderts über Mosambik und Mombasa/ Malindi (im heutigen Kenia) mithilfe eines muslimischen Lotsen aus dem indischen Gujarat den Seeweg nach Indien findet. Die Portugiesen dringen in ihrer Gier nach Gold entlang des Sambesi immer mehr ins Landesinnere vor, konzentrieren sich aber im Übrigen vor allem auf den Sklavenhandel. Die Verbindung mit Angola im Westen zu einem geschlossenen Kolonialreich aber scheitert am Widerstand der Briten. Mosambik ist auch nach den beiden Weltkriegen unter der reichlich ausbeuterischen portugiesischen Herrschaft verblieben.

Seit 1964 aber kämpft die Freiheitsbewegung FRELIMO mit Waffengewalt gegen die Kolonialmacht. Erfolg hat sie jedoch erst, als 1974 im Mutterland Portugal die »Nelkenrevolution« das diktatoriale katholische Salazar-Regime gestürzt hatte. Am 25. Juni 1975 kann die Unabhängigkeit Mosambiks erklärt werden. Der neue Staat pflegt von Anfang an sehr enge Beziehungen mit den Ostblockstaaten, die die Freiheitskämpfer in Mosambik bisher unterstützt hatten und jetzt Hunderte von Militärberatern senden. Präsident SAMORA MACHEL regiert mit harter Hand, bis er 1986 bei einem mysteriösen Flugzeugabsturz ums Leben kommt und ihm der gemäßigtere JOAQUIM CHISSANO nachfolgt.

Doch was muss ich ein Jahrzehnt nach der Unabhängigkeitserklärung im Lande feststellen? Ein weithin heruntergewirtschaftetes Land! Ich werde sehr freundlich aufgenommen im Haus des deutschen Botschafters Dr. WILFRIED NÖLLE und von den Repräsentanten der christlichen Kirchen, vor allem vom anglikanischen Bischof DINIS SENGULANE. Nur von den katholischen (teils noch portugiesischen) Autoritäten lässt keine sich blicken, außer drei italienischen Pfarrern, die ich zufällig treffe und die sich hocherfreut mit mir fotografieren lassen. Die Hierarchie und der »niedere Klerus« denken und leben oft auf sehr verschiedenen Ebenen. Gut betreut werde ich von Rev. FILIPE BANZE, Generalsekretär des Christenrats von Mosambik.

Auf Mosambiks ungeteerten Straßen sieht man wenige Autos; viele Menschen sind noch zu Fuß unterwegs. Auf der Fahrt zum ökumenischen Seminar von Ricatla, weit außerhalb von Maputo, fallen uns zwei farbenprächtig in Rot und Gelb gekleidete junge Mütter mit ihren Babys auf dem Arm auf. Marianne Saur will sie unbedingt fotografieren, merkt aber nicht, dass wir vom nahen Polizeiposten aus beobachtet und sofort gestellt werden. Es folgt eine recht langwierige Verhandlung, und auch ein Geldschein über den Schalter hilft nichts. Aber dann sage ich feierlich: »Sir, I ask you to forgive me!«, »Ich bitte Sie um Vergebung!« Sofort ändert sich das strenge Gesicht des kontrollierenden Offiziers. Dass sich ein Weißer bei einem Schwarzen in aller Form entschuldigt, ist offensichtlich ein außerordentliches Ereignis. »Okay«, sagt er gnädig lächelnd. Wir werden sofort mit freundlichsten Beteuerungen freigelassen.

Im ökumenischen Zentrum im Busch dann, wo manche junge Schwarze mit ihren Familien studieren, bekomme ich einen Eindruck von der übergroßen Armut des Landes: kein Wasser, kein Strom, auch keine Tiere mehr. Man fährt nach Swasiland, um Material für Reparaturen zu bekommen. Der Direktor des Zentrums, Dr. SIMAO CHAMANGO, tut mit seiner Französisch sprechenden Frau sein Bestes, um unseren Aufenthalt so angenehm wie möglich zu gestalten. Am Abend, wieder in Maputo, lernen wir beim Empfang in der Botschaft auch viele der sehr engagierten Entwicklungshelfer kennen – unter anderen Dr. ERFRIED ADAM (Friedrich-Ebert-Stiftung) –, von denen ich über die wenig erfreuliche Lage im sozialistischen Mosambik recht realistische Auskünfte erhalte.

In der Tat ist Mosambik durch Nationalisierung der Industrie und Kollektivierung der Landwirtschaft völlig heruntergekommen und wird nun noch durch Bürgerkrieg und Hunger völlig zerrüttet. Der Bürgerkrieg von 1980 bis 1992 zwischen der herrschenden FRELIMO und der vom Apartheidstaat Südafrika unterstützten RENAMO kostet über 900.000 Menschen das Leben. Es ging uns unter den portugiesischen Kolonialherren schlecht, sagt man mir, jetzt aber geht es uns katastrophal. Endlich kommen unter Vermittlung der katholischen Gemeinschaft Sant' Egidio Friedensverhandlungen zustande, und aus der »Volksrepublik Mosambik« wird schließlich die »Republik Mosambik«, die beträchtliche Hilfe aus den USA und Europa erhält.

Friedliche Machtübergabe: Namibia

Glücklicherweise konstruktiver verläuft die Entwicklung im westlichsten Teil des südlichen Afrika, in *Namibia* am Atlantik. Nur viele farbenprächtig gekleidete Hererofrauen erinnern an die Zeit vor dem furchtbaren Vernichtungsfeldzug des kaiserlich-deutschen Heeres in Deutsch-Südwestafrika 1905 (von den ursprünglich 60.000–80.000 Hereros lebten nur noch 16.000; auch die Nama oder Hottentotten waren um 35–50 Prozent dezimiert worden).

In der gepflegten Hauptstadt Windhuk treffen wir am 13. Februar ein, freundlich empfangen von DANIE BOTHA. Interessiert mustern wir die deutschsprachigen Straßen- und Geschäftenamen (wir wohnen im Hotel

»Fürstenhof«, ganz in der Nähe der deutsch-lutherischen Christuskirche). Dies alles erinnert an die deutsche Kolonie Südwestafrika aus Bismarcks Zeiten. 1986 spricht noch immer etwa ein Drittel der weißen Bevölkerung Deutsch, die übrigen meistens Afrikaans. Noch immer steht das Land unter dem Mandat Südafrikas. Freundlich zum Mittagessen eingeladen werden wir vom Generaladministrator DE VRIES, bei dem wir natürlich die offizielle südafrikanische Version der Lage in diesem aufstrebenden Land erfahren.

Nach dem Ersten Weltkrieg war Südafrika als Mandatsmacht eingesetzt worden. Die Aufforderungen der Vereinten Nationen seit 1946, das Land in die Unabhängigkeit zu entlassen, werden von Südafrika ignoriert. Das Land wird nach der Wüste Namib, die den gesamten Küstenraum einnimmt, »Namibia« genannt, um so allen seinen verschiedenen Völkern gerecht zu werden. Seit den 1960er-Jahren aber gibt es auch in Namibia eine Freiheitsbewegung, die SWAPO (South West African People's Organization), deren bewaffneter Arm von Angola aus mit sowjetischer Unterstützung Krieg gegen Südafrika führte.

Mir ist die direkte Information wichtig: Ich höre viele Stimmen im Zusammenhang meiner Vorträge in der methodistischen und lutherischen Kirche und an der neu gegründeten Akademie. Meine eingehenden Gespräche mit den in schönen traditionellen bunten Hemden sehr höflich auftretenden SWAPO-Repräsentanten zeigen mir die volle Berechtigung ihrer Anliegen. Aber erst zwei Jahre nach unserem Besuch (1988) erklärt sich Südafrika bereit, die Besatzung aufzugeben. Die südafrikanischen Streitkräfte ziehen sich 1989 zurück, und im November 1989 finden die ersten freien Wahlen statt. Am 21. März 1990 erhält Namibia die Unabhängigkeit. Die SWAPO als stärkste Partei stellt von da an Präsident und Regierung Namibias und hütet sich vor marxistischen Experimenten, insbesondere vor massenhaften Enteignungen. Der Fall des Eisernen Vorhangs 1989 bedeutet ohnehin das Ende jener ideologischen, finanziellen und bisweilen auch militärischen Unterstützung, welche die Ostblockstaaten den afrikanischen Ländern zukommen ließen.

Während sich die politische, wirtschaftliche und soziale Situation in manchen afrikanischen Ländern langsam verbessert, gibt es auch Beispiele eines dramatischen Abstieges. So stellt sich denn die grundlegende Frage nach der afrikanischen Leadership.

Afrikas gefährdete Zukunft: Mugabe

Afrika – ein Kontinent mit bezaubernden Landschaften, aber auch zugleich reichen Bodenschätzen aller Art, die immer wieder Konflikte zwischen Stämmen, Ethnien, Ländern, Schwarzen und Weißen produzierten. Für die Zukunft von Afrika wird alles darauf ankommen, wie die Afrikaner selber mit ihren großen Schätzen umgehen. Und dafür hätten vor allem die Regierungen zu sorgen durch das, was man Good Governance nennt. Aber da gibt es in manchen afrikanischen Staaten ein Auf und Ab.

Simbabwe ist ein typischer Fall von afrikanischer Entwicklung und Verwicklung. Als ich 1986 zum ersten Mal in diesem Lande war, befand sich alles im Aufschwung. Ich wurde vom sympathischen Staatspräsidenten CANAAN BANANA, einem methodistischen Geistlichen, empfangen, der seit der Unabhängigkeit fünf Jahre zuvor im Amt war und eine neue Amtszeit antrat. Es schien alles in guter Ordnung zu sein. Doch er stolperte über einen Sexskandal mit Abhängigen. Sein Nachfolger wird der Katholik ROBERT MUGABE, der sich zum Marxismus-Leninismus bekennt, aber zunächst in gemäßigter Weise traditionelle afrikanische Gesellschaftsformen und marktwirtschaftliche Wirtschaftsweisen mit sozialistischen Vorstellungen zu verbinden trachtet. Doch setzt er immer mehr eine Einparteienherrschaft durch, die sich langsam zu einer gewalttätigen Diktatur mit verhängnisvollen innen- und außenpolitischen und sozialen Folgen entwickelt. Ich bestärke die Kirchen in ihrer Rolle im nationalen Versöhnungsprozess und verteidige in den Medien Amnesty International gegen Anklagen der Regierung. Auf Einladung der Zimbabwe-German Society unter Leitung von VOLKER WILD halte ich einen Vortrag an der Universität von Harare. Er führt uns auch zur großen Freiluftwerkstatt eines bekannten Bildhauers, und ich erwerbe eine ausdrucksstarke sitzende Basaltfigur »Mann mit Kopfschmerzen«, die nach Deutschland geschickt wird und seither unverwüstlich den Balkon unseres Hauses ziert.

Als ich im Jahr 1997 mit unserer Filmcrew für die »Spurensuche« nach Simbabwe zurückkehre, hat sich die Situation gewaltig verschlechtert. Im Jahr zuvor war es nach Preissteigerungen in der Hauptstadt Harare zu Plünderungen und Unruhen gekommen, dann zu einem Generalstreik als Protest gegen Steuererhöhungen. Die wirtschaftliche Entwicklung stagniert und verschlimmert sich nach der Aufforderung an über 800 erfolgreiche weiße Großfarmer, binnen zwei Wochen ihren Besitz zu räumen. Wie wird es in Afrika weitergehen?, frage ich mich.

Es ist nicht mehr zu übersehen: Nicht nur Simbabwe, sondern weithin das subsaharische Afrika überhaupt bleibt auch noch im 21. Jahrhundert, was den wirtschaftlichen und sozialen Fortschritt angeht, weit hinter anderen Entwicklungsregionen, etwa den ostasiatischen Entwicklungsländern, zurück: Armut, Kindersterblichkeit, Unterernährung, Malaria, Aids, Tuberkulose … Dazu kommen noch Naturkatastrophen wie Dürren und Überschwemmungen, aber vor allem auch Kriege, Misswirtschaft und Korruption. Allgemein sehen Fachleute in der Verbesserung der Regierungsführung (Good Governance) den zentralen Ansatzpunkt für eine Verbesserung der Verhältnisse, und in einigen Ländern wie Ghana oder Botswana geht es jedenfalls im ersten Jahrzehnt des 21. Jahrhunderts deutlich aufwärts.

Ich möchte jedenfalls die Hoffnung nicht aufgeben, die ich 1997 auf einem Hügel über Harare in meinem Statement für den Fernsehfilm über die Stammesreligionen ausgedrückt habe: »*Schwarzafrika* ist mit seinen 750 Millionen (2011 etwas über einer Milliarde) Einwohnern – trotz aller immensen Probleme – *ein Kontinent mit Zukunft*, der auf Entwicklung und Investitionen geradezu wartet. Als ich zehn Jahre zuvor in Simbabwe war, da war Harare noch eine verschlafene Provinzstadt. Heute ist es die Metropole eines Landes mit beträchtlichen wirtschaftlichen Möglichkeiten. Dass indes die alte Stammeskultur sich rasch auflösen wird, dass die traditionelle afrikanische Religiosität ihre Bedeutung völlig verliert, das erwartet hier niemand. Afrikanisches Denken, afrikanische Religiosität wird uns vielmehr auch in Zukunft etwas zu sagen haben.«

Eine prophetische Rolle ist in dieser epochalen Übergangssituation gerade von den christlichen Kirchen gefordert. Erfreulicherweise haben die katholischen Bischöfe Afrikas schließlich doch anlässlich einer Synode im Vatikan im Oktober 2009 ein deutliches Wort zur Lage ihres Kontinents gewagt. Sie wenden sich nicht nur gegen die kriminelle Umweltzerstörung, die Intoleranz zwischen Religionen und Konfessionen und die Kriege zwischen Volksgruppen. Sie wenden sich auch deutlich an die katholischen Politiker in Afrika mit klaren Anspielungen auf den autoritären Regenten Mugabe. Die Bischöfe verlangen, dass Staatsmänner, die christliche Lehren in ihrer öffentlichen Tätigkeit nicht umsetzen, wieder die öffentliche Arena verlassen und aufhören, »zum Ruin des Volkes beizutragen«. Die zweifellos noch immer feststellbaren Folgen von Sklaverei und Kolonialismus dürften nach so vielen Jahrzehnten nicht noch länger als Vorwand für eigene Passivität missbraucht werden.

Der afrikanische Kontinent ist nach wie vor massiv bedroht durch Überbevölkerung. Leider waren aber auch noch 2009 die unter vatikanischer Oberaufsicht tagenden Bischöfe blind für die verhängnisvollen Auswirkungen der rasanten Bevölkerungsexplosion auf Armut, Schulbildung und Frauenwürde. Ganz auf römischer Linie polemisieren manche von ihnen gegen dringend notwendige familienplanerische Maßnahmen. Sie lehnen beim Thema Aids erneut die Kondome ab, welche die Immunschwächekrankheit angeblich doch nicht verhindern könnten. Dafür empfehlen sie in illusionärer Weise Keuschheit und eheliche Treue als einzige Mittel gegen die Ausbreitung von Aids.

Auf meiner Afrikareise 1986 werde ich in Begleitung von Kirchenleuten in Kenias Hauptstadt Nairobi durch einen unübersehbar großen und schrecklichen Slum geführt: primitive Hütten, viel Dreck und Gestank, keine sanitären Einrichtungen. Unzählige Kinder, kaum bekleidet, krabbeln auf dem Lehmboden herum, Kinder ohne Zukunft. Wie kann man denn angesichts dieses ganzen Elends noch wie Papst Johannes Paul II. im selben Nairobi predigen: »Wachset und mehret Euch!«? Ein Papst, der die Möglichkeit einer humanen Verkündigung verpasst, macht sich mitschuldig an der Überbevölkerung und dem daraus sich ergebenden Elend. Da hilft es auch wenig, wenn des polnischen Papstes deutscher Nachfolger den Kondomgebrauch in Einzelfällen Homosexuellen zugesteht. Auch in der Kirche gibt es offensichtlich »Autokraten« (Selbst- oder Alleinherrscher), die meinen, auf niemanden hören zu müssen, jedermann aber belehren zu können.

Demokratie setzt sich durch: Nyerere

Zu meiner Freude wird als Vorbild für afrikanische Staatsmänner immer wieder jener Mann genannt, den ich wegen seiner moralischen Integrität und Bescheidenheit hoch schätzte und auch persönlich kennenlernen durfte: Julius Nyerere, Staatspräsident von Tansania, ein Häuptlingssohn und Lehrer, der in Edinburgh studiert hatte. Er führt Tanganjika und Sansibar zur Vereinigten Republik von Tansania zusammen. Er verfolgt eine Politik von »Sozialismus und Eigenständigkeit« (»Ujamaa«). Allerdings macht er nicht sehr erfolgreiche Konzessionen an den Zeitgeist, als er eine sozialistische Form der Landwirtschaft mit den traditionellen Lebens- und Arbeitsweisen der afrikanischen Großfamilie zu verbinden trachtet. Doch bleibt er ein wichtiger Wortführer der blockfreien Dritten Welt, der die antikolonialen Befreiungsbewegungen unterstützt, aber sein Land vom Einfluss der Sowjetunion frei hält.

Als ich am 19. Februar 1986 in der faktischen Hauptstadt Tansanias, Daressalam am Indischen Ozean, eintreffe und im Goethe-Institut vor rund 500 Zuhörern – darunter viele Geistliche und Ordensschwestern –

einen Vortrag über »Christianity and Islam« halte, überrascht mich die deutsche Botschafterin, CHRISTEL STEFFLER, mit einer Einladung Präsident Nyereres zu einem Gespräch. Dies freut mich außerordentlich, hat aber einen Haken: Nyerere hält sich in seiner Residenz in der neuen Hauptstadt *Dodoma* im Zentrum des Landes auf – etwa 500 Autokilometer entfernt. Das ist bei meinem engen Zeitplan und den schon eingegangenen Verpflichtungen keinesfalls zu schaffen. Doch die ehrenvolle Einladung des Staatspräsidenten ablehnen? Das wäre eine Beleidigung, die ich mir nicht leisten könne, erklärt mir die Botschafterin. Ich müsse eben ein Flugzeug chartern. Dafür aber hat die Botschaft kein Geld. Und so kratze ich denn meine Dollars, D-Mark und Travellerschecks zusammen. Am 23. Februar 1986 stehen wir um 4 Uhr auf und starten mit einer Cessna noch in der Dunkelheit, um rechtzeitig in Dodoma mit dem Staatspräsidenten nach dem Gottesdienst – es ist Sonntag – das Frühstück einnehmen zu können.

Ich habe diese besonderen Anstrengungen nicht bereut. Nyerere hat den Bischofssekretär und vier italienische Ordensschwestern mitgebracht. Ein Treffen in freundschaftlicher Atmosphäre. Nyerere zeigt mir die Bücher von mir, die er in seiner Bibliothek hat. Wir tauschen uns aus über die Lage von Kirche und Welt. Über die nachkonziliare römische Entwicklung unter dem polnischen Pontifex ist auch er nicht glücklich. Ich erzähle dem geistig sehr wachen Staatsmann den damals in Europa zirkulierenden Witz über den Papst, der zur eigenen Erleuchtung von Gott persönlich habe wissen wollen, wie es in der Kirche Gottes weitergehen werde. Drei Fragen durfte er stellen. Die erste: »Wird zu meinen Lebzeiten das Zölibatsgesetz abgeschafft?« Antwort von oben: »Nein.« Die zweite: »Wird zu meinen Lebzeiten die Frauenordination eingeführt?« Antwort: »Nein.« Die dritte: »Wird es noch einmal einen polnischen Papst geben?« Antwort Gottes: »Zu meinen Lebzeiten nein!« Noch nie habe ich einen Menschen so herzhaft und zugleich so andauernd lachen hören wie diesen afrikanischen Staatspräsidenten, sekundiert von seinem mitlachenden Pfarrer, dessen Bischof im Nachbardorf ich anschließend am Nachmittag besuche.

Längere Zeit unterhalten wir uns über das Verhältnis von Christen (ca. 45 Prozent) und Muslimen (ca. 25 Prozent, dazu 20 Prozent Animisten) im neuen Staat Tansania. Nyerere ist ein Muster von Toleranz und hat für seine Kinder auch eine Anheirat von Muslimen gestattet. Er gibt mir zu bedenken, dass *Sansibar* lange Zeit Residenzstadt des Sultans von Oman war und die halbautonome Inselregion noch immer eine muslimische Mehrheit besitzt. Das interessiert mich sehr, habe ich doch dasselbe gecharterte Flugzeug auch für den Halbstundenflug nach der Insel Sansibar benützt, um auch diesen Ausflug in meiner knappen Zeit unterzubringen. Dort abgeholt von einem kundigen, auf Restauration spezialisierten deutschen Architekten, sind wir durch die recht verwahrlost wirkende Altstadt mit ihren zahlreichen Moscheen gewandert, haben den am Boden ausgebreiteten, alle Düfte des Orients ausstrahlenden Markt besucht und an den massiven hohen Steinhäusern die reich geschnitzten Eingangstüren bewundert. Auch kann uns der Architekt ein mit deutscher Hilfe vollständig restauriertes Prachthaus von oben bis unten zeigen. Aber alles in allem: eine Insel, die mehr von der großen Vergangenheit als von einer erfolgreichen Gegenwart lebt. Auch den dortigen Bischof BERNARD NGAVILIAU besuche ich und werde wie immer sehr freundlich aufgenommen.

Noch am Tag des Fluges nach Dodoma muss ich von Daressalam weiterfliegen in Kenias Hauptstadt *Nairobi*. Dort, gut betreut vom Goethe-Institut, halte ich am 24. Februar 1986 einen Vortrag am Goethe-Institut und am 26. Februar an der Kenyatta University über »Wohin geht die Christenheit?«. Und schließlich am 27. Februar an der University of Nairobi über »Gibt es eine wahre Religion?«. Überall übervolle Säle, keine Opposition, viel Beifall. Der Leiter des Goethe-Instituts schreibt über meinen Besuch zusammenfassend: »Es war nahezu eine Sternstunde.« Ich empfinde dies ebenso.

Nachher aber konnten wir uns für zwei Tage in einem kenianischen *Nationalpark* in die Mara Serena Lodge im Schatten des Mount Kenya zurückziehen, um auszuruhen und die wild lebenden Tiere zu beobachten: ein Affe auf der Fensterbank, in der Ebene Löwen, Giraffen und Zebras in Scharen, am Fluss Nilpferde. Auch die eindrucksvollen kriegerischen Tänze der Massai konnten wir bewundern. Zur Abwechslung einmal ein Bild von Afrika, wie es in den Tourismusprospekten präsentiert wird.

Doch habe ich überall in Afrika viele unvergleichliche *Naturerlebnisse* in der vielfältigen Landschaft erfahren, stets hilfreich begleitet von liebenswürdigen schwarzen oder weißen Menschen, die ich hier gerne alle namentlich erwähnen würde, dabei aber an kein Ende käme. Ich denke etwa an die Fahrt in Nigeria von Lagos durch den subtropischen Regenwald nach Ife, Ibadan und Ilorin und dabei die Begegnung mit einem eindrucksvollen traditionellen Medizinmann, aber auch mit einem jungen Dominikaner, der außer sich vor Freude ist, als er an seiner Türe den Theologen leibhaftig vor sich sieht, den er bisher nur aus Büchern kannte. Oder in Südafrika, im Auto geführt von unseren südafrikanischen Freunden ANDRÉ VAN NIEKERK und NICO GRÖTZINGER, die Fahrt von

Durban über die spektakuläre »Garden Route« die Küste entlang bis hinunter nach Port Elizabeth – mit einem sehr schönen Abend unterwegs im Addo Elephant National Park, wo man ganze Familien von Elefanten über die Straße ziehen sieht. Oder der Aufenthalt in der idyllischen Universitätsstadt Stellenbosch inmitten der Weinberge, bei einem guten Glas Wein mit den Kollegen nach den akademischen Verpflichtungen. Dann der Ballonflug in Kenia, um auf der weiten Ebene die Tiere zu erspähen und – nach einer halb geglückten Landung – ein Picknick in der Wüste zu halten. »Are you the famous guy?«, kam ein anderer Ballonfahrer auf mich zu, er wolle mich kennenlernen.

Unsere Afrika-Reise endet mit einem Besuch in *Zaire* vom 5. bis 7. März 1986. Unter der diktatorischen Herrschaft MOBUTUS sind nur Vorträge im kleinen Rahmen möglich: an der Evangelisch-Theologischen Fakultät und am Goethe-Institut. Allerdings habe ich ein freundliches Gespräch mit Kardinal JOSEPH-ALBERT MALULA über die Lage der Kirche und nehme an einem großen Empfang an der deutschen Botschaft teil. Aber ich gestehe ehrlich, dass ich nach all den anstrengenden Wochen in Afrika froh bin, im Flugzeug nach Zürich auf den mächtigen Kongostrom hinunterzuschauen im Wissen, dass alles gut überstanden ist und ich zwar müde, aber gesund in die Heimat zurückkehre.

Klar, dass ich mir kurz nach dieser Reise in Sydney Pollacks Film »Jenseits von Afrika« (Originaltitel besser: »Out of Africa«; mit Meryl Streep, Robert Redford und Klaus Maria Brandauer) das Schicksal der dänischen Autorin Karen Blixen mit leidenschaftlicher Anteilnahme anschaue. Aber was ist das Schicksal einer eigenwilligen Weißen gegenüber dem Schicksal einer ganzen Rasse?

Im Jahr 2013 stellt man in verschiedenen Staaten Afrikas erhebliche Fortschritte in Wirtschaft, Staatsführung und Bildung fest. Aber auch die Afrikanische Union (AU) kann in diesem Jahr ihr 50-jähriges Jubiläum in hoffnungsvoller Stimmung feiern. Nicht nur dass der afrikanische Staatenbund, bisher eher ein »Papiertiger«, seine Präsenz am Hauptsitz in Addis Abeba mit dem mit 100 Metern höchsten Gebäude (von den Chinesen finanziert!) sichtbar machen kann, sondern auch weil durch die Intervention der AU die Salafisten aus Mogadischu, der Hauptstadt Somalias, vertrieben werden konnten und die AU auch einen neuen Krieg zwischen Nord- und Südsudan verhindert hat.

Afrika liegt noch immer weit hinter dem anderen großen Entwicklungskontinent Südamerika zurück, aber es holt auf.

Lateinamerika: das Problem der Inkulturation des Christentums

Zum Abschluss dieses Kapitels, das ich mit den Ureinwohnern Neuguineas begonnen hatte und in dem ich ausführlich von meinen Erfahrungen im weniger bekannten Afrika berichtet habe, möchte ich meinen Blick auf die *Ureinwohner Amerikas* lenken. Gegen Ende der letzten Eiszeit (vor ca. 20.000 Jahren) waren sie von Asien über die damals noch geschlossene Landbrücke der Beringstraße in den amerikanischen Kontinent eingewandert. Seit CHRISTOPH KOLUMBUS, der bei seiner Entdeckung Amerikas 1492 meinte, in Indien angekommen zu sein, werden sie »Indios«, »Indians«, »Indianer« genannt. Im Lauf der Jahrtausende haben sie eine Vielfalt von Sprachen und Kulturen entwickelt. Doch leider nur noch Überbleibsel ihrer Hochkulturen habe ich auf meiner ersten Lateinamerika-Reise 1978 – Venezuela, Peru, Bolivien, Chile, Argentinien, Brasilien – kennenlernen dürfen (vgl. Bd. 2, Kap. X: Lateinamerikanische Erfahrungen).

Ich habe mich zwar nie wie bestimmte »politische Theologen« ausschließlich auf Lateinamerika konzentriert, mich aber sehr wohl für diesen Kontinent intensiv interessiert. Dabei ging es mir nicht nur um allgemeine moralische, soziale oder politische Postulate, sondern um ein vertieftes Verständnis der vielschichtigen Realität dieses Kontinents. Im Rahmen einer Studium-generale-Vorlesungsreihe über Lateinamerika habe ich am 21. Oktober 1991 eine Vorlesung über »Lateinamerika als Herausforderung. Zum Problem der Inkulturation des Christentums« gehalten. Dabei habe ich herausgearbeitet, wie in Lateinamerika die spanisch-portugiesische Christianisierung im 15./16. Jahrhundert das mittelalterlich-katholische Paradigma und die englisch-amerikanischen Missionierungen im 17. Jahrhundert das reformatorisch-protestantische Paradigma der einheimischen Bevölkerung aufgezwungen haben: In Reaktion darauf wurde seit dem 18. Jahrhundert das neuzeitlich-aufklärerische Paradigma vor allem unter den Gebildeten verbreitet. Meine große Frage: Warum hat sich bis heute kein ursprünglich indianisches Paradigma des Christentums entwickelt?

Große Unterstützung finde ich für meine Lateinamerika-Studien bei den bedeutenden Geographen unserer Universität, Prof. HERBERT WILHELMY (gest. 2003), der über universale geographische Kenntnisse verfügt, und seinem Nachfolger Prof. GERD KOHLHEPP, der sich besonders mit der Wirtschafts- und Sozialgeographie beschäftigt und als Spezialist für Brasilien auch für internationale Organisationen als Berater tätig ist. Gerne nehme ich, solang es mir zeitlich möglich ist, an der universitären

Arbeitsgemeinschaft für Lateinamerika teil, wo mir zahlreiche fundierte Kenntnisse – etwa zum Problem der Armut oder der Überbevölkerung – vermittelt werden. Mit Gerd Kohlhepp unterhalte ich mich bis heute immer wieder gern über die neuesten Entwicklungen auf diesem großen Kontinent.

Trauriges Schicksal der indianischen Kultur

Südamerika – ein Kontinent gewaltiger landschaftlicher, kultureller und sozialer *Kontraste*! Schon *landschaftlich*, wenn ich nur an die außerordentlichen Höhenunterschiede denke, die auch unserem Reisequartett – Marianne Saur, meine Schwester Rita und mein Schwager Bruno – zu schaffen machen. Von Venezuelas Hauptstadt *Caracas*, unserer ersten Reisestation, fliegen wir 1978 nach Kolumbiens Hauptstadt *Bogotá*, die auf einer Hochebene 2650 Meter ü. M. liegt. Wir treffen an einem sonnigen Spätnachmittag (25.10.1978) dort ein, in recht unbeschwerter Stimmung. Statt klugerweise auszuruhen, beschließen wir, ein Folklorerestaurant zum Abendessen aufzusuchen. Die Höhendifferenz meinen wir, angesichts unserer Ski-Erfahrungen, wo wir uns oft auf 3000 Meter, am Kleinen Matterhorn gar 4000 Meter bewegen, leicht bewältigen zu können.

Aber weit gefehlt! Essen, Wein, Musik mit einer kolumbianischen Tanzgruppe, alles prima. Doch plötzlich ist meinem Schwager Bruno übel. Mein dummer Rat: ein Magenbitter Fernet-Branca. Der hilft nun gar nicht. Bruno will an die frische Luft, taumelt auf dem Weg und fällt. Ein typischer Höhenkollaps mit Bewusstlosigkeit, verursacht durch niederen Luftdruck, geringen Sauerstoffgehalt der Luft und dadurch Sauerstoffverarmung des Blutes. Meine Schwester Rita eilt zu Hilfe, einen Höhentod fürchtend. Aber als Bruno die Augen wieder öffnet, verliert auch sie das Bewusstsein. Beide werden vom Personal an die frische Luft befördert. Zuckerwasser flößt man ihnen ein. Ich begleite sie und sehe plötzlich Marianne von den Kellnern auf einem Stuhl bewusstlos herausgetragen, aber ruhig sitzend wie eine regierende Fürstin. Ich allein bleibe »standfest«. Als unsere Beine uns wieder tragen, gehen wir ruhig ins Hotel zurück und suchen angesichts von Nachwirkungen den Hotelarzt auf. Wir sind jetzt vorgewarnt und auf einer weiteren Reiseetappe vorsichtiger, als wir von der peruanischen Hauptstadt Lima am Pazifik hinauf nach *Cusco*, der früheren Hauptstadt der Azteken und dem heutigen Zentrum des peruanischen Andenhochlandes (fast 3500 m ü. M.) fliegen. Probleme bekommen wir nicht mehr, fühlen aber auch keinen

Ehrgeiz, vom Altiplano aus auch noch die schneebedeckten Kordilleren zu besteigen, die über 6000 Meter hoch sind.

Kontraste landschaftlich, Kontraste aber auch *kulturell*: Wir brauchen nur aus der modernen Riesenstadt *La Paz*, der Hauptstadt Boliviens, hinauszufahren in ein Dorf wie Pisaq und dort den Markt zu besuchen, um hier eine ethnisch noch einigermaßen intakte indianische Kultur anzutreffen: von den malerischen Kleidern, verschiedenen Formen von Hüten, vor sich, hinter sich und unter sich Kinder ... Verbunden mit den kulturellen schließlich die ungeheuren *sozialen* Kontraste. Schon in Caracas machen wir die Erfahrung: Zwischen Flughafen und Stadt sieht ein endloser Hang mit kleinen Lichtern in der Nacht romantisch aus, erweist sich aber am Tag als eines der vielen Elendsviertel der Stadt (hier Ranchitos genannt), in denen schon damals rund 200.000 Menschen leben. Dies wiederholt sich faktisch in allen großen Städten Lateinamerikas, die wir besuchen. Besonders deutlich später dann in Rio de Janeiro der ungeheure Kontrast zwischen den wohlhabenden Vierteln an den Stränden Ipanema und Copacabana und den darüber liegenden Elendsvierteln, hier »Favelas« (»Favela« = »Kletterpflanze«) genannt. Sie waren infolge der Zuwanderung nach den Sklavenbefreiungen gegen Ende des 19. Jahrhunderts angewachsen und haben sich schon bis 1973 mit etwa 300.000 Bewohnern immer weiter und weiter ausgedehnt. Man sagt, ein Drittel der Bevölkerung von Rio wohne heute in Favelas.

Da nun gleich hinter unserem Hotel sich eine Favela ausbreitet, steigen wir trotz Warnungen den steilen steinigen Fußweg hinauf in das unabsehbare Elendsviertel aus Kistenbrettern, Wellblech, Kanistern und anderen Baumaterialien. Und werden sogleich von einer großen Schar lachender Jugendlicher freudig umringt; meine blonde Schwester ist sicher von besonderer Attraktivität. Aber mit meinen spanischen Sprachkenntnissen kann ich mich mit diesen Portugiesisch sprechenden Jungen nur relativ schlecht unterhalten. Und eingedenk der Gefahren in diesen oft von Anführern von Drogenkartellen dominierten Vierteln und einer Stimmung in der Menge, die sich plötzlich aus irgendeinem Grund wenden kann, verabschieden wir uns bald wieder, von freundlichem Beifall begleitet. Doch wir seien »crazy« gewesen, da hinaufzusteigen, sagt man uns nachher im Hotel. Später habe ich mich, von dortigen Freunden begleitet, in den Elendsvierteln frei ohne Angst bewegt.

Täglich erinnern mich in meiner Wohnung kleine Souvenirs an die *Indio-Kultur*: Da stehen in meinem Büchergestell, naturgetreu aus Messing gegossen, Lama, Alpaka und Vikunja, die drei klassischen Kamelarten Südamerikas. Sie erinnern mich an die quicklebendigen Indiokinder auf den

Bahnhöfen während der elfstündigen Fahrt durch die weite Hochebene des Altiplano (rund 4000 m ü. M.) von Cusco nach Puno beim Titicacasee. Und da hängt ein kleiner Wandteppich aus Naturleinen, von Indiofrauen in Pisaq geschmackvoll bestickt in Erdfarben: Szenen aus dem Landleben, wie man sie noch heute erleben kann. Noch mehr freut mich das schön geformte und bemalte (vielleicht kultische) Trinkgefäß in der Gestalt eines Puma aus der Tiahuanaco-Kultur (zwischen 600 und 1000 n. Chr.) am Ufer des Titicacasees (selbst wenn es eine Fälschung wäre, hätten sich die vielen Dollars gelohnt). Schließlich eine nur sieben Zentimeter lange vergoldete Nachbildung eines königlichen Bootes (Original im Goldmuseum von Bogotá, der größten Sammlung vorkolumbianischer Goldgegenstände), mit ganz flach gegossenen Figuren, denen drahtartige Gliedmaßen und Schmuck aufgesetzt sind – alles Zeugnis für die schon früh hochentwickelte Technik der Goldverarbeitung.

Unbegreiflich, dass die vorkolumbianischen Kulturen von den spanischen und portugiesischen *Conquistadores* fast ganz zerstört worden sind! Wenn ich nur an die vielen Kostbarkeiten des Anthropologischen Museums in Mexiko-Stadt denke oder an die imponierende Ruinenstadt der Inkas am Abhang des Machu Picchu, oder an die Maya-Tempel auf der mexikanischen Halbinsel Yucatán in Chichén Itzá und Uxmal; diese bekomme ich im Februar 1993 auf einer Studienreise zu sehen. Die spanische und portugiesische Conquista unterbrach die Entwicklung der alten indianischen Kulturen und degradierte die Ureinwohner zu Arbeitskräften der sie schamlos ausbeutenden Kolonisatoren. Freilich war die iberische Politik aufgeschlossener als die spätere angelsächsische für die Bildung von Mischkulturen, die zu einer Verschmelzung von europäischen und indianischen Formen in Religion, Musik, Tracht und Kunsthandwerk führte. Dieses indianisch-spanische Kulturerbe ist auf dem Lande immer noch lebendig, unterliegt aber in den riesigen Städten zunehmend einer uniformierenden Einheitskultur.

Doch von einem »encuentro de dos culturas«, einer »Begegnung zweier Kulturen«, sollte man nicht reden. Auch wenn man angesichts der kriegerischen Reiche der Azteken und der Inkas (gerade Letzteres mit despotisch-totalitären Zügen) nicht an den Mythos von den guten, friedlichen, gewaltlosen »Wilden« glaubt und wenn man auch das Auftreten der Spanier und Portugiesen nicht von vornherein nur unter dem Gesichtspunkt einer »schwarzen Legende« beurteilt, so wird man heute doch um das Eingeständnis nicht herumkommen: Die spanisch-portugiesische Eroberung, mit der die christliche Missionierung nun einmal Hand in Hand ging, bedeutete für die lateinamerikanischen Indianerkulturen einen ungeheuren Schock, eine gewaltsame Zerstörung, Versklavung, Verelendung, kurz, eine schlechthinnige *Katastrophe*, für welche mit den Conquistadores auch die Missionare, mit dem Staat auch die Kirche, mit den katholischen Königen auch die Päpste Verantwortung tragen. Die reichen Golddekorationen in spanischen Kirchen und an der Decke der römischen Basilika Santa Maria Maggiore erinnern daran.

Kein indianisches Paradigma des Christentums

Es muss vielen Indios wie Hohn in den Ohren geklungen haben, als Papst BENEDIKT XVI. auf seiner Lateinamerikareise 2007 feierlich verkündete, ihre Vorfahren hätten eine »stille Sehnsucht« nach den christlichen Eroberern gefühlt (Rede im brasilianischen Wallfahrtsort Aparecida, 13. Mai 2007, auf die das Motto dieses Kapitels VII Bezug nimmt). Hat er die Fakten nicht gewusst, oder wollte er sie nicht wissen? Schon auf der Insel Hispaniola (heute Haiti und Dominikanische Republik) waren damals den Angaben des kolonisationskritischen Dominikaners BARTOLOMÉ DE LAS CASAS und anderer zufolge nach dem Auftreten der Europäer zahllose Indianer gestorben: durch Unterernährung, Verzweiflung, Selbstmord ganzer Familien oder durch Ansteckung an neuen, von den Fremden eingeschleppten Krankheiten, von all den willkürlichen Massakern nicht zu reden. In den vier Jahren nach der »Entdeckung« (bis 1496 also) waren auf der Insel schon 33 Prozent der Indianer umgekommen, ja in den ersten 20 Kolonialjahren sogar 90 Prozent, sodass die indianische Rasse auf dieser Insel in wenigen Jahrzehnten völlig verschwand.

Aber nicht nur von der Karibik, sondern vom ganzen lateinamerikanischen Kontinent gilt: Hier überall geschieht *Bekehrung durch Eroberung*, und zwar durch Eroberung der Sprache, des Kultes, und vor allem des reichlich vorhandenen Goldes wegen, das zunächst das Hauptmotiv der europäischen Expeditionen ist. Es kommt zu einer »Entdeckung« Amerikas durch Europäer, ja, aber nicht zu einer Entdeckung der Amerikaner! Und während etwa im europäischen Frühmittelalter die Missionierung der Germanen – gewaltlos etwa in Britannien und in Skandinavien – zumindest teilweise auch eine Germanisierung des Christentums einschloss, was so zu einem eigenständigen mittelalterlichen Paradigma des Christentums führt, so findet in Lateinamerika gerade *keine Indianisierung des Christentums* statt. Die unterworfenen Völker, von deren Kultur man nichts versteht, deren Mythen und Riten als Teufelswerk gelten und denen man mit ihrer Religion weithin auch ihre Kultur genommen hat, sind anders als die germanischen Völker nur die passiven Instrumente für die von den europäischen Eroberern geplante und durchgeführte Konstruktion der Christenheit in Lateinamerika.

Es hat auch Gegenzeichen gegeben: die »pueblos hospitales« des Bischofs VASCO DE QUIROGA (ca. 1470–1565) für Indios in Mexiko und die »Reduktionen« der Jesuiten, vor allem in Paraguay 1609–1767. Hier will man eine andere, vom Staat unabhängige indianische »Christenheit«. Aber gerade sie kann sich geschichtlich nicht durchsetzen; diese hoffnungsvollen Ansätze scheitern an der Mentalität der Kolonisten und der imperialistischen Kolonialpolitik der Krone, aber auch an der Mehrheit der Missionare. Vereinzelte Bemühungen um die indianischen Sprachen und Kulturen wie später einige recht armselige synkretistische indianische Bewegungen sind kein Gegenargument gegen die These: Von einem spezifisch indianischen Paradigma des Christentums und in diesem Sinne von einer »cristiandad indiana«, einer *»indianischen Christenheit«*, kann *keine Rede* sein! Bisher spricht man denn auch ehrlicher von einer »cristiandad ibero-americana« oder »latino-americana«! Meine Erfahrungen in Südamerika werden bestätigt von HANS-JÜRGEN PRIEN, dem Verfasser der umfassendsten Geschichte des Christentums in Lateinamerika[2], der das entsprechende Kapitel überschreibt: »Mission als Hispanisierung: Das Scheitern einer indianischen Kirche«! Ist es da so erstaunlich, dass viele Indios (in Spanisch-Amerika) und auch Schwarze (in Brasilien) sich wieder auf die verschütteten ureigenen Traditionen besinnen, die nur im Gewand christlicher Bräuche überlebten?!

Der Zusammenhang zwischen *Befreiung in der Gesellschaft und Befreiung in der Kirche* ist mir schon in meiner »theologischen Jugend« eindrücklich zum Bewusstsein gebracht worden durch ein »Lehrstück«, in welchem ich 1952 – gerade mal 24 Jahre alt – eine der Hauptrollen zu spielen hatte. In unserem Collegium Germanicum, von Jesuiten geleitet, mussten wir als Alumnen einer päpstlichen Stiftung zwar alle einen Eid schwören, nicht in die Gesellschaft Jesu einzutreten. Aber natürlich waren wir fasziniert von dem international höchst erfolgreichen Bühnenstück des Österreichers FRITZ HOCHWÄLDER über den Untergang des indianischen Jesuitenstaates in Paraguay: *»Das heilige Experiment«* (vgl. Bd. 1, Kap. III: Durchbruch zur Gewissensfreiheit). In ihm hatte man mir die Rolle des spanischen Visitators Don Pedro de Miura übertragen, der den königlichen Befehl im Geiste der Staats- und Kirchenräson durchsetzt.

Mit ungewöhnlich dramatischer Wucht wird hier der Gewissenskonflikt der die Indios schützenden Jesuiten dargestellt, die auf Geheiß des spanischen Königs und des Papstes ihre Enklave sozialer Gerechtigkeit für die Indios den neuen weißen Herren des Landes aus Spanien abtreten sollten. Schon hatten sich die Jesuitenpatres auf den Widerstand geeinigt, da eröffnet dem Provinzial der als Berater des Visitators verkleidete Legat des Ordensgenerals den strikten Befehl, das königliche Dekret durchzuführen und den Indianerstaat aufzugeben. Und es zeichneten sich schon damals in der Kommunität des Germanicums bestimmte Fronten ab, wer für unbedingten Gehorsam und wer für Widerstand des Gewissens war. Pikant zu wissen, dass GEORG ZUR, der die Rolle des verkleideten Legaten des Ordensgenerals spielte, später in der päpstlichen Diplomatie aufsteigt: zuerst als Präsident der Pontificia Academia Ecclesiastica (Diplomatenakademie) und später sogar als Nuntius in Österreich.

Ich spiele die Rolle des zynischen Visitators mit Verve und wünsche für meinen dramatischen Auftritt als Begleitmusik eine Passage aus Strawinskys »Feuervogel«. Aber innerlich fühle ich mich auf der Seite des Jesuitenprovinzials Fernandez, der am Gewissenskonflikt zwischen Rettung des Indianerstaates und Gehorsam gegenüber Jesuitengeneral und Papst zerbricht. Der Provinzial stirbt, die Anführer der Revolte gegen den Visitator werden erschossen, die Patres deportiert. »Weil ihr recht habt, müsst ihr vernichtet werden!«, das war der zynischste Satz, den ich auszusprechen hatte.

Wie immer man diesen ganzen Konflikt beurteilt: Die »schwarze Legende« von der spanisch-portugiesischen Eroberung Lateinamerikas kann jedenfalls nicht durch eine »rosa Legende« aufgehoben werden, welche die spanisch-portugiesische Präsenz in Lateinamerika einfach als zivilisatorische Leistung verherrlicht. Es genügt auch nicht, dass Papst und Bischöfe – bezüglich der Indianer ähnlich wie in der Beziehung zu den Juden – verharmlosend einige Irrtümer, Sünden und Fehlentwicklungen zugeben und sie vor allem dem Staat zuschieben. Es genügt auch nicht, sich für die Kirche auf die wenigen zu berufen, welche sich selbstlos wie ANTONIO DE MONTESINOS und BARTOLOMÉ DE LAS CASAS, beide Dominikaner, schon damals in Lateinamerika wie in Spanien für die Rechte der Indianer und gewaltlose Mission eingesetzt haben, aber auf massiven Widerstand von Staat und Kirche stießen, wie man weiß. All die relativ autonomen »Missionen« und »Reduktionen« – sie existieren bald nicht mehr. Und der spätere Bischof Las Casas ist in Spanien und Lateinamerika bis heute umstritten, weil sein »Kurzgefasster Bericht von der Verwüstung der westindischen Länder« von 1542 wider Willen zum »antispanischen Geschichtsbild« der »schwarzen Legende« Anlass gegeben habe. Dabei schreibt er, dass die Deutschen in Venezuela noch grausamer gewütet hätten als andere Kolonisatoren.

Nein, angesichts des Rückgangs der Urbevölkerung Mexikos von 25 Millionen auf eine Million innerhalb eines Jahrhunderts und ganz ähnlicher Entwicklungen in ganz Lateinamerika, wo heute noch etwa 10 Prozent der Einwohner Indios sind (in Mexiko und Guatemala, in den Anden und im Amazonasbecken), wird man dem Historiker TZVETAN TODOROV kaum widersprechen können, wenn er schreibt: »Wenn das Wort Völkermord jemals wirklich zutreffend verwandt worden ist, dann zweifellos in diesem Fall. Es handelt sich dabei … nicht nur in relativen Zahlen (Vernichtung in einer Größenordnung von 90 Prozent und mehr) um einen Rekord, sondern auch in absoluten, da wir es mit einer Dezimierung der Gesamtbevölkerung um schätzungsweise 80 Millionen Menschen zu tun haben. Keines der großen Massaker des 20. Jahrhunderts kann mit diesem Blutbad verglichen werden. Man wird verstehen, wie vergeblich die Bemühungen mancher Autoren sind, die sogenannte ›schwarze Legende‹ zu widerlegen, die Spanien für diesen Völkermord verantwortlich gemacht und damit seinem Ruf schwer geschadet hat.«[3]

Ich füge hinzu: Verantwortlich ist neben Spanien eine Kirche, die sich vom absolutistischen Staat willig als Instrument und moralischer Stabilisator gebrauchen ließ. Trotz aller auch positiven Leistungen Einzelner trägt die Kirche aufgrund ihrer Zwangsmissionierung eine schwere Mitschuld. Diese gewaltsame Eroberung, Ausbeutung, Missionierung und auch Ausrottung heute vonseiten der Kirche in einen »demographischen Kollaps« (»colapso demografico«) umzudeuten, vergleichbar dem Rückgang der europäischen Bevölkerung um ein Drittel durch die Pest im 14. Jahrhundert, ist eine zynisch klingende Verharmlosung, die dem tatsächlichen historischen Sachverhalt hohnspricht.

Ein Schuldbekenntnis der Kirche fällig

Wenn es auch in Lateinamerika nicht wie im Holocaust um eine von der höchsten politischen Autorität angeordnete, systematisch organisierte und hoch technisiert durchgeführte Ausrottung eines ganzen Volkes samt Frauen und Kindern ging und wenn auch in der Tat vielleicht die Hälfte der einheimischen Bevölkerung durch die zahlreichen von den Europäern eingeschleppten Krankheiten den Tod fand, so wird man doch in jedem Fall von einem ungeheuren *Genozid* sprechen müssen. Auch angesichts aller aufopfernden Taten mancher Priester und Bischöfe: ein Völkermord, an dem die offizielle Kirche – trotz der Einsprüche einzelner Theologen, mancher Missionare und trotz zahlreicher Gegenaktionen besonders aus den Orden – eine historische Mitschuld trägt. Selbst Naturrechtstheologen an der Universität Salamanca, die wie die Krone für die Verbesserung der Behandlung der Indios eintraten, rechtfertigten den Krieg gegen Indios, die nicht viel besser als Vieh und wilde Tiere seien. Und bis heute werden die Indianer mancherorts weithin auch vom Staat eher als unmündige Kinder denn als vollgültige Menschen behandelt.

Im Hinblick auf einen Neubeginn im 3. Jahrtausend erfordert die Schuld gegenüber den Indios (ähnlich wie gegenüber den Juden) nicht »historische« Verschleierungen und apologetische Entschuldigungen, sondern – in gemeinsamer Trauer mit den Betroffenen – ein *unzweideutiges offizielles Schuldbekenntnis* und eine ehrliche Bitte um Vergebung. Um diese haben sich aber auch anlässlich der 500-Jahr-Feier der Evangelisierung Lateinamerikas in Santo Domingo im Oktober 1992 Papst JOHANNES PAUL II. und der südamerikanische Episkopat herumgedrückt.

An sich sollte es ähnlich wie auf der zweiten Vollversammlung der lateinamerikanischen Bischöfe in *Medellín* (1968) und der dritten in *Puebla* (1979) auch auf dieser vierten Vollversammlung von *Santo Domingo* (1992) um die religiös-politische Stellung der Kirche in der Welt gehen, jetzt aber unter völlig neuen kirchlich-politischen Vorzeichen. Viele fürchteten, dass das von Rom und den permanenten Organen der CELAM, der Bischofskonferenz von Lateinamerika, vorbereitete Dokument unter dem Titel »Nueva evangelización – promoción humana – cultura cristiana« – also Neuevangelisierung zur Förderung des Menschen mit dem Ziel einer christlichen Kultur – vor allem dazu dienen sollte, die entscheidenden neuen Aussagen von Medellín zu domestizieren, die gut 25 Jahre zuvor eine historische Wende in der lateinamerikanischen Kirche eingeleitet hatten. Ist doch »Medellín« ein mächtiges, für viele gefährliches Symbol für die Abkehr der katholischen Kirche von der traditionellen Politik des Bundes mit den Mächtigen in Politik und Wirtschaft zugunsten einer neuen Entscheidung für die Machtlosen, einer vorrangigen Option für die Armen. Und in der Tat hatte die lateinamerikanische katholische Kirche in Medellín zum ersten Mal offiziell zur Kenntnis genommen, was sie vorher nicht sehen wollte: Die Lage von Millionen von Menschen beruht auf einer Situation der Ausbeutung und der Unterdrückung, die überall in Lateinamerika in den Städten wie auf dem Land strukturelles abgrundtiefes Massenelend erzeugt.

Bleibende Aktualität der Befreiungstheologie?

Meine Erkundung Lateinamerikas setzt sich später fort: Während meines Semesters an der Rice University in Houston/Texas besuche ich 1987 in der Folge mehrere Orte in Zentralamerika: Im zu 90 Prozent katholischen *San Salvador*, Hauptstadt von El Salvador, der am dichtesten bevölkerten Republik Zentralamerikas (rund sechs Millionen Einwohner), gehe ich in Begleitung des verantwortlichen Seelsorgers, des Jesuitenpaters Daniel Sanchez, hinab an den Fluss der armen Leute, in das Elendsviertel La Chacra (etwa 20.000 Menschen), um dort mit einer großen Gemeinde begeistert betender und singender Männer und Frauen, Jungen und Alten, den Gottesdienst zu feiern. Ich fahre auch hinaus aufs Land in eine andere »iglesia popular«, Volkskirche, die sich in der freien Natur versammelt.

Ich habe schon erzählt, wie ich von Anfang an Sympathie hatte für die lateinamerikanische Befreiungstheologie, wie sie auf dem Internationalen Theologischen Kongress 1970, von unserer Zeitschrift »Concilium« organisiert, durch ihren Hauptinspirator, den Peruaner Gustavo Gutiérrez, überzeugend und mit großem Beifall vertreten worden war (vgl. Bd. 2, Kap. X: Die Theologie der Befreiung). Wir werden Freunde. Und wenn ich auch meine Ablehnung marxistischer Lösungen (bei aller Anerkennung marxistischer Analysen der Gesellschaft) deutlich zum Ausdruck bringe und auch mehr Einsatz für Befreiung innerhalb der katholischen Kirche anmahne, so bestand und besteht für mich doch kein Zweifel, dass ein *Einsatz für Befreiung* anderer auch in der katholischen Kirche notwendig ist. Wir sollten uns einsetzen – gegen grausame politisch-soziale Systeme – für ausgebeutete Bevölkerungsschichten, verachtete und bedrohte Kulturen und besonders diskriminierte Völker, darunter vor allem die Indios. Dies versuchte in seinem Heimatland Haiti der Befreiungstheologe Jean-Bernard Aristide, der mich am 28. Juni 1990 in Tübingen besucht, aber nachher als gewählter Staatspräsident (1994–96) leider politisch versagt.

Mitten in meiner Konfrontation mit dem Vatikan um meine kirchliche Lehrbefugnis wird am 24. März 1980 der Erzbischof von San Salvador, Oscar Romero, der sich vom traditionell gesinnten Bischof zum Vorkämpfer der Befreiung in Lateinamerika bekehrt hatte, direkt aus einem Auto durch die Kirchentür hindurch erschossen, während er am Altar steht. So wenig wie mein anderer Freund aus der Konzilszeit, der charismatische, sozial eingestellte brasilianische Erzbischof Helder Camara, hatte Romero von Rom die nötige Unterstützung erhalten. Kinderschän-

»Spurensuche«: ein umfangreiches Multimedia-Projekt

Im Gespräch mit dem buddhistischen Abt Hirata in Kyoto

Im Gespräch mit einem indischen Sadhu am Ganges

Am Uluru in Australien bei den Dreharbeiten zum Film »Stammesreligionen«

Auf dem heiligen Berg Taishan in China

Arabische Festung in Monastir (Tunesien)

Jerusalem: Stadt der drei Religionen

New York: Hauptquartier der UN

London: Verleihung der Interfaith Gold Medallion. Scheich Zaki Badawi, Lord Yehudi Menuhin, Sir Sigmund und Hazel Sternberg, 20. 10. 1998

Wien: mit Kardinal Franz König bei der Eröffnung der Weltethos-Ausstellung, 13. 3. 2001

Beim 3. Parlament der Weltreligionen, Kapstadt 1999

Lusaka/Sambia 1986: nach dem Gottesdienst

Mit dem Dalai Lama an der Universität Tübingen, 16. 6. 1988

Mit dem buddhistischen Reformmönch Buddhadhasa in Thailand, 1. 2. 1984

Zweite Konferenz über Weltethos und traditionelle chinesische Ethik,
Peking , 10.–14. 10. 2001

Mitglieder der von Kofi Annan berufenen »Group of Eminent Persons«, 8. 11. 2001:
Giandomenico Picco (Italien), Hans Küng (Schweiz), Javad Zarif (Iran), Kofi Annan,
Kamal Aboulmagd (Ägypten), Nadine Gordimer (Südafrika), Sergey Kapitza (Russland)

der und deren Protektoren sowie andere Parteigänger werden von Papst Wojtyła zu Kardinälen gemacht und als solche im Kirchenamt gehalten, während man selbst ideologiefreie Befreiungstheologen als »Kommunistenfreunde« denunzieren darf. Bei unseren Dreharbeiten zur »Spurensuche« stehe ich an Romeros nüchternem Grab in der Unterkirche der Kathedrale von San Salvador und stelle später fest, wie jeder Märtyrerkult von vornherein verhindert werden sollte. Prompt wird denn auch bei den massenhaften Selig- und Heiligsprechungen des polnischen Papstes dieser echte Märtyrer nicht berücksichtigt. Schon allein der jahrelange Kampf von Wojtyła und Ratzinger gegen die Befreiungstheologie und die »iglesia popular« desavouiert jede Heiligsprechung dieser Päpste. Dafür habe ich in meiner Filmreihe »Spurensuche« den Film über das Christentum mit einer Sequenz über das Elendsviertel »La Chacra« und meinem Statement am Ort der Ermordung von Erzbischof Romero beginnen lassen. Unter dem neuen Papst Franziskus, so berichtet der Vatikan, wird der Seligsprechungsprozess von Bischof Romero erfreulicherweise wiederaufgenommen.

Völlig zutreffend ist die Analyse des bis heute kämpferischen brasilianischen Befreiungstheologen, meines Freundes Leonardo Boff im Jahr 2012: »Während seiner Zeit als Leiter der Glaubenskongregation hat Ratzinger mehr als hundert Theologen verurteilt. Und als Papst wurde die Bewegung für ihn erst recht eine Obsession. Er hat fast alle Bastionen der Befreiungstheologie geschleift und nur Konservative seiner Denkschule in wichtigen Positionen verankert. Aber wir Befreiungstheologen haben eher gewonnen als verloren. Doch die Befreiungstheologie hat tief in die Politik und das Leben der Menschen hineingewirkt …«[4]

Angesichts der Unbußfertigkeit der römisch-katholischen Kirche ist es kein Wunder, dass die revolutionären Kräfte und auch viele Indios sich von der katholischen Kirche abwenden. Ein spektakulärer Akt findet schon1985 beim Besuch von Papst Johannes Paul II in den bolivianischen Anden statt: Máximo Flores von der Indianerbewegung Kollasuyo, Emmo Valerino von der Indianerpartei der Aymaras und Ramiro Raynaga von der Indianerbewegung Túpac Katari, einem Stamm der Quechuas, übergeben dem Papst einen Brief. Darin schreiben sie: »Wir Indianer der Anden und Amerikas haben beschlossen, dass wir Ihnen anlässlich Ihres Besuchs Ihre Bibel zurückgeben. Denn im Laufe von fünf Jahrhunderten hat sie uns weder Liebe noch Frieden, noch Gerechtigkeit gebracht. Nehmen Sie also bitte die Bibel wieder und geben sie diese unsern Unterdrückern zurück Jene brauchen die darin enthaltenen Moralvorschriften mehr als wir. Denn seit Christoph Kolumbus hier gelandet ist, hat man uns eine Kultur, eine Sprache, eine Religion und eine Rangordnung von Werten aufgezwungen, die allesamt europäisch sind« (mitgeteilt von Leonardo Boff).

Die Nachkommen der Mayas, Azteken und Inkas bilden ja in Guatemala, Kolumbien und Bolivien noch immer die Bevölkerungsmehrheit. Und so ist es kein Zufall, dass zu Beginn des 21. Jahrhunderts zum ersten Mal in der Geschichte dieses Kontinents in freier demokratischer Wahl ein Indio zum Präsidenten eines Landes gewählt wurde: Evo Morales Ayma in Bolivien. Doch die Zukunft Boliviens und des ganzen südamerikanischen Kontinents bleibt ungewiss. Ob der im März 2013 gewählte erste lateinamerikanische Papst Jorge Mario Bergoglio eine Wende bringen wird? Sein erster Besuch als Papst Franziskus in seinem Heimatkontinent soll jedenfalls ohne den üblichen Pomp erfolgen und besonders auch den Armen in den Favelas zugute kommen.

Szenenwechsel.

VIII. Meine Welt der Religionen Indiens

»Das Eins-Seiende benennen die Dichter vielfach«

Rigveda I, 164.46

Es gibt wohl kaum einen Ort in Indien, an dem man Religiosität so intensiv erlebt wie in der heiligen Stadt Varanasi/Benares, der Stadt des Gottes Shiva. Tagsüber drängen sich hier Tausende von Männern und Frauen an den Ghats, den berühmten Badetreppen, um ein reinigendes Bad im heiligen Fluss Ganges zu nehmen. Aber besonders beeindruckt hat mich dieser Ort bei Nacht, wenn dort oft bis zu 50 Leichen eingeäschert werden. Denn in dieser heiligen Stadt wird nicht nur das Leben, sondern auch das Sterben zelebriert. An den Ganges kommen ungezählte Inder, um die Asche ihrer Verwandten in den Fluss zu streuen, aber auch Tausende, um dort zu sterben, am Manikarnika-Ghat ihren Leib den Flammen anzuvertrauen, damit die Seele, aus dem Körper befreit, ihren Weg zu einer neuen Wiederverkörperung antreten kann.

Der Umgang mit Verstorbenen

Manche Fremde mag der selbstverständliche Umgang der Hindus mit ihren Verstorbenen verwundern, manchen die nachts unter freiem Himmel vollzogene Verbrennungszeremonie düster und schaurig vorkommen. Interessiert beobachte ich die Angehörigen, in farbige Tücher gehüllt die Frauen, in weiße die Männer. Für sie muss es durchaus trostreich sein, hier den zuvor zur Reinigung in das schwarz glitzernde Wasser des Ganges getauchten und dann auf den Scheiterhaufen gelegten Leichnam zuerst umrunden zu dürfen und mitzuerleben, wenn schließlich der Ehepartner oder der älteste Sohn den Holzstoß entzündet. Warum dies alles gerade in Varanasi? Weil es hier Gott Shiva selber sein soll, der den Sterbenden ein Mantra, ein erlösendes Wort, ins Ohr flüstert, damit sie direkt die endgültige Befreiung erlangen – also ohne weitere Wiedergeburt!

In der Einstellung zu Leben und Sterben unterscheiden sich Menschen in den prophetischen Religionen von denen in den Religionen Indiens fundamental: Für Juden, Christen und Muslime spielt sich das Leben linear ab, auf einer Linie von der Wiege bis zur Bahre, und in diesem einen und einzigen irdischen Leben entscheidet sich alles – im Blick auf ein ewiges himmlisches Leben. Für Hindus, aber auch für Buddhisten und Jains, Angehörige der beiden indischen Reformreligionen, gilt der Glaube nicht nur an den ewigen Kreislauf der Natur, sondern auch an die zyklische Wiederverkörperung des Verstorbenen, an die »Seelenwanderung«. Doch begegne ich auch immer wieder Nicht-Indern, auf die sie eine Faszination ausübt, wobei diese freilich oft übersehen, dass Hindus ja nicht an einen simplen ewigen Kreislauf glauben, sondern auf eine spiralförmige Entwicklung zu immer besseren Wiederverkörperungen hoffen, um am Ende »Moksha«, Befreiung, Erlösung, zu erlangen, in den kosmischen Urgrund Brahman einzugehen und nicht mehr inkarniert zu werden.

Wie immer: westliche Touristen, Geschäftsleute, Politiker müssten, wenn sie Inder wirklich verstehen wollen, nicht nur über Begrüßungs-, Essens- und Umgangsformen orientiert sein, sondern auch über die Tiefenstruktur indischen Lebens, Glaubens und Handelns. Ich gestehe, dass mir der Zugang zum Hinduismus erheblich schwerer fiel als der zum Judentum und zum Islam. Zwar habe ich aus meinen eigenen Erfahrungen mit dem »Volkskatholizismus« Verständnis für das, was man »Volkshinduismus« nennen könnte: die vielen Götter, Bilder und Statuen samt Öllämpchen, Blumenschmuck, Räucherwerk, Weihwasser, Musik, Prozessionen, Feste …, aber so manches an dieser Religion bleibt mir bis heute fremd. So beispielsweise jene Frage, die ich mir schon sehr früh stellte:

Heilige Kühe?

»Heilige Kuh« ist für uns im Westen sprichwörtlicher Ausdruck für etwas Unantastbares, etwas was nicht angegriffen, etwas Unverständliches, woran nicht gerüttelt werden darf – jedenfalls nichts Vernünftiges, rational zu Bejahendes. Der Ausdruck geht bekanntlich auf die indische Vorstellung von der Kuh als heiligem Tier, ja geradezu göttlichem Wesen zurück – für den Durchschnittseuropäer schwierig nachzuvollziehen. Auch mich berührt es anfänglich seltsam, wenn nicht peinlich, als ich (es war meiner Erinnerung nach auf meiner ersten Indienreise 1964 in Jaipur im »Palast der Winde«) einen durchaus gut gebildeten Inder ganz selbstverständlich von der Kuh als vergöttlichtem Wesen sprechen höre und er dies auf meine Nachfrage hin auch noch für sich persönlich energisch bestätigt.

Später lerne ich, dass sich schon in Indiens alten Heiligen Schriften – etwa anderthalb Jahrtausende v. Chr. – die Aussage findet, die Kuh, Verkörperung der Mutter Erde und Quelle der Milch und neuen Lebens, solle nicht getötet werden. Überhaupt wird in der indischen Tradition das Gebot des Nicht-Verletzens (»a-himsa«) sehr früh auch auf Tiere ausgedehnt; entsprechend ernähren sich viele gläubige Hindus vegetarisch. Besonders konsequent gilt dies in den indischen Reformbewegungen Buddhismus und Jainismus. Aber die Kuh genießt seit jeher besondere Verehrung. Nicht von ungefähr wird Krishna, die überaus populäre Erscheinungsform des Gottes Vishnu, als Kuhhirte dargestellt. Viele Bedürfnisse des täglichen Lebens werden ja auch von einer Kuh befriedigt: Milch und Butter als Grundnahrungsmittel, Kuhdung als Brennstoff und Baumaterial, das Fell zur Bekleidung, Butterschmalz als Brennstoff für Lampen und als rituelle Opferspeise, Milch und Joghurt als wichtiger Bestandteil religiöser Zeremonien. So wird die Kuh im Lauf einer jahrhundertelangen Entwicklung immer mehr in den Mittelpunkt der religiösen Vorstellung gerückt bis hin zum Verbot der Kuhtötung. Die Kuh dient Indern geradezu als *Paradebeispiel für die Gewaltlosigkeit*. Sogar zu Revolten kann es führen, wenn Behörden die Kühe von den Straßen und Plätzen fernhalten wollen.

Umgekehrt gilt für manche westliche Kolonialbeamte, Politiker und Gelehrte: Für sie ist die »heilige Kuh« ein *Paradebeispiel für eine rückständige Religion*, die große Bevölkerungsmassen zu irrationalen und ökonomisch kontraproduktiven Verhaltensformen und Institutionen (bis hin zu Heimen für die Pflege alter und kranker Kühe) zu motivieren vermag. Später ist es für Marxisten und Maoisten ein Beleg für ihre These, dass Religion nichts als schierer Aberglaube sei.

Mit der Wende des Westens zur Ökologie zeichnet sich nun freilich ein besseres gegenseitiges Verstehen ab. Viele Inder sehen die Kuh heutzutage als unverletzliches Symbol von Mütterlichkeit und kreatürlicher Sanftmut, die zwar nicht zu vergöttlichen, aber doch – so selbst Mahatma Gandhi in seiner Schrift »How to Serve the Cow« – zu verehren sei. Andererseits haben wir im Westen gemerkt, dass eine sozial-ökonomische und eine religiös-ökologische Betrachtungsweise sich durchaus ergänzen und stützen können. So verbindet denn auch die Weltethos-Erklärung von 1993 die westliche Hochschätzung der menschlichen Person mit der indischen Hochschätzung der übrigen Lebewesen. »Die menschliche

Person ist unendlich kostbar und unbedingt zu schützen. Aber auch das Leben der Tiere und Pflanzen, die mit uns diesen Planeten bewohnen, verdient Schutz, Schonung und Pflege. Hemmungslose Ausbeutung der natürlichen Lebensgrundlagen, rücksichtslose Zerstörung der Biosphäre, Militarisierung des Kosmos sind ein Frevel« (WEE III, 1 D).

Doch es war auch für mich ein langer Weg von meiner ersten Indienreise 1964 bis zu dieser Formulierung drei Jahrzehnte später. Ja das christliche Europa überhaupt braucht viele Jahrhunderte, um zu einem tieferen Verständnis indischer Geistigkeit und Religiosität zu gelangen. Damit war Selbstkritik verbunden:

Kein christliches Wahrheits- und Heilsmonopol

Zu Indien verfügen wir erst seit der europäischen Neuzeit über wissenschaftlich brauchbare Informationen. Im nahöstlich-prophetischen Religionssystem wusste man nur wenig Gesichertes über das indisch-mystische. Es waren im 16./17. Jahrhundert besonders die in Asien wirkenden *Jesuiten*, die seriöse Information nach Europa sandten. Über Indien erfuhr man nach Franz Xaver vor allem von Roberto de Nobili. So wie der andere italienische Jesuit Matteo Ricci sich in China wie ein chinesischer Gelehrter kleidete und benahm und sich das Mandarin-Chinesisch aneignete, kleidete sich de Nobili im indischen Madurai als Sannyasi, lebte wie ein Hindu-Asket und studierte Tamil, Telugu und Sanskrit. Die ersten Sanskrit-Grammatiken stammten von Jesuiten, und wie sie leisteten auch spätere christliche Missionare philologische Pionierarbeit in der Erforschung indischer Sprache und Religion.

Dass ich schon im November 1964 Indien kennenlernen durfte, verdanke ich ebenfalls einem Jesuiten, der aus dem österreichischen Vorarlberg stammt: P. Josef Neuner. Seit meiner römischen Studienzeit ist er mir bekannt als Herausgeber des Standardwerks katholischer Theologenausbildung »Der Glaube der Kirche in den Urkunden der Lehrverkündigung« (seit 1938 immer wieder aufgelegt). Von 1939 bis 1946 in einem britischen Lager in Indien interniert, hatte Neuner Sanskrit erlernt und die Bhagavadgita und die Upanishaden studiert. Seit 1948 hatte er Theologie am damals neu gegründeten De Nobili College in Puna unterrichtet. Er war mit mir theologischer Peritus (Experte) beim Zweiten Vatikanischen Konzil, und er war es gewesen, der mich in der zweiten Session 1963 zu meiner großen Überraschung und Freude nach Indien zu einem großen Symposion von etwa 200 katholischen Theologen zur

Diskussion der neuen vom Konzil beeinflussten Problemlage nach Bombay eingeladen hatte – unmittelbar vor dem Eucharistischen Weltkongress und dem Besuch Papst PAULS VI. Ich habe davon berichtet (Bd. 1, Kap. IX: Indien – Christenheit als Minderheit), wie schon mein Vortrag vor der Indischen Bischofskonferenz beim Konzil gut aufgenommen worden war und ich daraufhin vom Erzbischof von Bombay, Kardinal VALERIAN GRACIAS, in aller Form nach Bombay eingeladen wurde, um über »Die Weltreligionen in Gottes Heilsplan« zu sprechen.

Das Schicksal der ersten Jesuitenmissionare will mir seither nicht aus dem Kopf: Sowohl Ricci wie de Nobili wollten die christliche Verkündigung und Liturgie der chinesischen oder indischen Mentalität und Kultur anpassen. *Inkulturation* oder *Indigenisierung* nennt man das heute. Ganz in der Nachfolge des Apostels Paulus, der ausdrücklich den Hebräern ein Hebräer und den Griechen ein Grieche sein wollte (1 Kor 9,19–23), hatten diese klugen und hoch motivierten Männer versucht, das Christentum in diesen fremden Welten zu inkulturieren. Wer weiß, wie es in China und Indien mit dem Christentum weitergegangen wäre, wenn ihre Nachfolger nicht gestoppt worden wären. Gestoppt von anderen konkurrierenden Orden und von Rom, wo man schließlich die Anpassungsstrategie der Jesuiten an die Chinesen und Inder als eine Bedrohung der römisch-lateinischen Machtposition ansieht. Und so hatte die römische Inquisition nach mehrfachem Einschreiten 1742 unter Papst BENEDIKT XIV. »definitiv« den Gebrauch der chinesischen Gottesnamen und Riten verboten, zwei Jahre später auch der indischen (malabarischen). Wie schon im Fall Galilei hatte sich das römische Lehramt als unbelehrbar erwiesen und trägt für das Scheitern der christlichen Mission in China und Indien die Hauptverantwortung. Als rund 350 Jahre nach Riccis Tod Papst PIUS XII. 1940 jene »definitiven« Dekrete gegen die chinesischen und indischen Gottesnamen und Riten im Sinne Riccis und de Nobilis revidiert, kommt er 350 Jahre zu spät. Nicht das Christentum Roms, sondern der Kommunismus Mao Zedongs steht vor seinem definitiven Sieg.

In meinem Vortrag in Bombay 1964 vergleiche ich zunächst die tolerante Auffassung des renommierten indischen Religionsphilosophen SARVEPALLI RADHAKRISHNAN, Indiens erstem Staatspräsidenten, mit der rigorosen katholischen Formulierung des Dogmas »Außerhalb der katholischen Kirche kein Heil« durch Papst BONIFAZ VIII. (1302) der allein die dem Papst unterworfene »Kreatur« zum ewigen Heil zulassen will. Gegen diesen mittelalterlichen Monopolanspruch der »allein selig machenden« katholischen Kirche auf Wahrheit und Heil nehme ich Stellung und berufe mich auf die universale Heilsperspektive der Hebräischen Bibel im Buch Genesis und des Neuen Testaments bei Paulus und in der Apostelgeschichte. Wie wir sahen: Das Zweite Vatikanische Konzil hat die Möglichkeit der Erlangung des Heils für jeden Menschen, katholisch oder nicht, in der Konstitution über die Kirche ausdrücklich betont. In der wesentlich von Josef Neuner mit inspirierten Erklärung »Nostra aetate« über das Verhältnis der Kirche zu den nichtchristlichen Religionen wird dies voll und ganz bestätigt. Meines Erachtens muss deshalb nicht nur den einzelnen Nichtchristen, sondern auch den Weltreligionen als solchen – trotz all ihrer Ambivalenz – eine Funktion im Heilsplan Gottes zugeschrieben werden.

Schon 1965, zum Ende des Konzils, erschien mein Bombay-Vortrag als »Theologische Meditation« unter dem Titel *»Christenheit als Minderheit«*. Doch Joseph Ratzinger, mit mir Konzilstheologe, begeht den katastrophalen Fehler, im Jahr 2000 als oberster Glaubenshüter und vatikanischer Chefideologe, in der Erklärung »Dominus Iesus« die katholische Kirche erneut im mittelalterlichen Stil als »perfekte« Größe mit absolutem Wahrheitsanspruch und Heilsmonopol den unvollkommenen, »defizitären« Weltreligionen entgegenzusetzen (und dabei auch den evangelischen Kirchen das Kirchesein abzusprechen).

Ich habe mir immer gedacht: Hätte mein Kollege, statt mit Vorliebe im geschützten Bayern und Rom zu weilen, sich mehr in der weiten Welt umgesehen und wäre er auch später als Glaubenswächter nicht einfach im klerikalen Milieu von Bischofshaus zu Bischofshaus weitergereicht worden, sondern hätte sich etwa in Indien unter die 1,2 Milliarden Menschen begeben, von denen 80,5 Prozent Hindus und 13,4 Prozent Muslime sind, die Christen aber nur 2,3 Prozent ausmachen[1], dann hätte er existenziell erfahren können, dass die römisch-katholische Kirche im Blick auf die Gesamtmenschheit nur als kleine Minderheit erscheint, der es gut anstünde, sich in ihren Ansprüchen zu bescheiden. Dies gilt nicht zuletzt für die Gottesfrage:

Polytheismus oder Monotheismus?

Ich weiß die gewaltigen künstlerischen Leistungen der Architekten, Bildhauer und Maler des europäischen Barock und Rokoko durchaus zu schätzen. Das hindert mich nicht an einer kritischen Distanz. Und ob ich mich nun gerade in der schönsten bayerischen Wallfahrtskirche in der Wies befinde oder in der noch großartigeren von Maria Einsiedeln in der

Innerschweiz, oder auch in der römischen Jesuitenkirche San Ignazio, wo ich als Student an zahllosen barocken Zeremonien teilgenommen habe: Diese mit unzähligen Heiligen und Engeln bevölkerten und von der göttlichen Dreifaltigkeit dominierten Prachtkirchen in Ehren – aber bestimmt würde kaum einer der vielen indischen Touristen bei deren Betrachtung auf die Idee kommen, die bayerischen, schweizerischen, römischen Katholiken seien strikte Monotheisten. Sie nennen zwar ihre Engel und Heiligen nicht Götter, viele beten die »Gottesmutter« nicht an, sondern »verehren« sie nur durch Gebete und Darbringungen. Aber praktisch ist der Unterschied oft gering zur Verehrung all jener göttlichen Gestalten, welche die Inder als »Devas«, als Gottheiten untergeordneten Ranges, »anbeten«.

Umgekehrt verstehen sich viele Hindus aus gutem Grund als Monotheisten: Sie glauben an eine einzige göttliche kosmische Kraft, an das eine Uranfängliche, Absolute, umfassend Göttliche, und verbinden dies oft je nach Glaubensrichtung mit einer ganz bestimmten Offenbarungsgestalt des Vishnu, des Shiva oder der Shakti. Dies würdigt das Zweite Vatikanische Konzil im Religionendekret mit der Formulierung, die auf P. Josef Neuner zurückgeht: »So erforschen im Hinduismus die Menschen das göttliche Geheimnis und bringen es in einem unerschöpflichen Reichtum von Mythen und in tiefdringenden philosophischen Versuchen zum Ausdruck und suchen durch asketische Lebensformen oder tiefe Meditation oder liebend-vertrauende Zuflucht zu Gott Befreiung von der Enge und Beschränktheit unserer Lage« (»Nostra aetate« Nr. 2).

Im Juli 1971 bin ich erneut für Vorträge in Indien: in Delhi, Bangalore und Madras. Und ständig bemühe ich mich, den Hinduismus besser zu verstehen. Im Sommersemester 1981 führe ich zusammen mit Dr. Johannes Aagaard (Universität Aarhus) ein Kompaktseminar durch unter dem Titel »Heil aus Indien?« über »neue religiöse Bewegungen im Westen« (z. B. Bhagvan). Am meisten lerne ich für das innere Verständnis indischen Denkens und der Hindu-Religiosität von meinem Tübinger Kollegen Heinrich von Stietencron, Ordinarius für Indologie und Vergleichende Religionswissenschaft, mit dem ich 1982 an der Universität Tübingen vier öffentliche Dialogvorlesungen über Christentum und Hinduismus halte. Aus den kritischen Reaktionen des vielhundertköpfigen Publikums, viele aus der Indologie, merke ich, wie viel vorsichtiger man als christlicher Theologe sein muss, wenn man Kritik statt am Christentum am Hinduismus zu äußern wagt. Vorbereitet habe ich mich auch durch die Werke des großen Vorgängers von Stietencrons, Helmuth von Glasenapp, der ein Jahr vor meiner Ankunft in Tübingen emeritiert worden war und leider schon 1963 verstarb. Aber seine Werke über Hinduismus und Jainismus bleiben neben ERICH FRAUWALLNERS »Geschichte der indischen Philosophie« sowie JAN GONDAS »Religionen Indiens« wegweisend.

Christliche Sannyasin

Wichtig für mein Verständnis indischer Religiosität wurden jene Christen, die sich in Indien selber aktiv um Inkulturation, interreligiösen Dialog und Ökumene bemühen. Schon auf meiner ersten Indienreise 1964 nehme ich in Kalkutta an einer vom belgischen (!) Jesuiten P. FALLON gehaltenen Eucharistiefeier in indischer Form teil. Dass man dabei nicht wie in westlicher Weise kniet oder steht, sondern sitzt, verändert die Atmosphäre des eucharistischen Mahles. Auch wenn man weiß, dass Jesus bei seinem letzten Mahl mit den Seinen zu Tische lag. Natürlich stellen sich bei der Inkulturation schwierige Fragen. Fragen des Ritus: Darf man statt Weizenbrot Reisbrot gebrauchen und statt Wein Traubensaft? Aber auch Fragen des Glaubens: Darf man die Christologie statt in der Sprache der hellenistischen Konzilien in indischen Kategorien zum Ausdruck bringen? Im zentralistischen Rom betrachtet man alle diese Bemühungen mit Misstrauen, nicht selten verdächtigte man sie der Häresie.

Dabei gab es nun christliche Ordensleute, die seit Jahrzehnten in der Art von Sannyasin lebten, von Hindu-Asketen. Sehr überzeugend der englische Benediktiner BEDE GRIFFITHS (1906–1993), auch bekannt als Swami Dayananda (Meister »Seligkeit des Mitleids«). Ihn besuche ich in seinem Ashram Shantivanam (Friedenswald) im südindischen Tamil Nadu. Er war schon 1955 nach Indien gekommen und hatte 1968 vom Benediktiner HENRI LE SAUX diesen Ashram übernommen. Das Gespräch mit ihm ist vor allem deshalb fruchtbringend, weil er programmatisch eine Integration des westlich-wissenschaftlichen Denkens und des östlich-spirituellen Denkens anstrebt: Für dieses »integrale Denken« schreibt er ein Dutzend Bücher, darunter einen Kommentar zur Bhagavadgita (»River of Compassion«, 1987), die für die christliche Ashram-Bewegung wegweisend werden.

Mir imponiert Bede Griffiths auch, weil er anders als andere christliche Mystiker mutig und unzweideutig für die Reform der katholischen Kirche Stellung bezieht. Gerade aus indischem Denken und Fühlen heraus wendet er sich gegen Kommandostrukturen, welche die kirchliche Autorität ganz von oben, vom Papst und den Bischöfen, ableiten und die Autorität des priesterlichen Volkes Gottes ignorieren. Papst und Bischöfe seien dem Volk verantwortlich. In seinem Buch »Hochzeit von Ost und West – Hoffnung für die Menschheit« (Neuausgabe Salzburg 2003) schreibt er: »Wir haben heute eine Kirche, die aus unzähligen Sekten besteht, von denen jede für sich den wahren Glauben zu haben beansprucht und die anderen für häretisch hält. Die ökumenische Bewegung hat versucht, diese Teilungen zu überwinden und die Kirche zu einen, doch dafür gibt es wenig Hoffnung, solange man nicht die Suche nach Lehrformeln und nach Rechtssystemen aufgibt und sich wieder auf die intuitive Weisheit der Bibel und der Alten besinnt. Wenn wir uns die christlichen Kirchen und ihre Geschichte heute anschauen, dann kommt sie uns eher als Aufzeichnung menschlicher Sünde als göttlicher Gnade vor.« Bede Griffiths verbindet in seinem Denken überzeugend Inkulturation und ökumenischen Dialog mit Kirchenreform.

Ermutigt fühle ich mich durch den offenen ökumenischen Geist, den ich im Juli 1971 etwa in Bangalore, heute die drittgrößte Stadt Indiens, wahrnehme: Bei Pfarrer IGNATIUS ANTHAPPA, bei dem ich durch Vermittlung zweier Schweizer Theologinnen in einem Armenviertel wohne, freilich entsetzt über die miserable Lage der vielen Mädchen, die vielerorts in Untergeschossen eingepfercht Stoffe weben müssen. Oder beim aufgeschlossenen Erzbischof LOURDUSAMY und seinem Bruder AMALORPAVADAS, geistiger Inspirator und intellektueller Kopf, Direktor des National Biblical, Cathechetical and Liturgical Centre. Oder bei Dr. CHANDRAN, dem ökumenisch gesinnten Rektor des protestantischen United Theological College. An verschiedensten Orten halte ich Vorträge und Diskussionen – ein gedrängtes Programm, aber von einem begeisterten Publikum getragen. Doch schon bald wird die Erneuerung gebremst: Amalorpavadas stirbt plötzlich, und sein Bruder wird nach Rom berufen an eine vatikanische Kongregation, wird Kardinal und schließlich gut römisch gesinnt … Beide hatten keine kongenialen Nachfolger.

Vergessen sei in diesem Zusammenhang aber auch nicht jene deutsche Ärztin, die bei Tiruchirapalli mit großem Erfolg ein Spital leitet, das ich ebenfalls besuche. Beispielhaft ihr Leben im Dienst an den armen Menschen, wie es Hunderte von christlichen Ärztinnen und Ärzten und Krankenschwestern und Pflegern in aller Welt leben und so manches Versagen der christlichen Mission durch ihre segensreiche Tätigkeit aufwiegen.

Doch eine einzigartige Gelegenheit, gerade den Hinduismus in seinen verschiedenen Ausgestaltungen kennenzulernen, ist für mich Ende der 1990er-Jahre jene Fernsehserie »Spurensuche«, deren zweiter Film ausschließlich dem Hinduismus gewidmet ist. In STEPHAN SCHLENSOG habe ich, wie berichtet, einen hoch talentierten und absolut loyalen Mitarbeiter, der Indien-Erfahrung besitzt, Indologie und Sanskrit studierte und die gewaltige Aufgabe übernommen hat, eine Dissertation über die Paradigmenwechsel in der indischen Religion zu erarbeiten. Dafür braucht er viele Jahre, nicht zuletzt weil er mich auf die nun anstehenden Filmdrehreisen durch alle Kontinente begleitete und dabei freilich eine Fülle wertvoller Erfahrungen sammelte. Im Jahr 2005 wird er schließlich zum Doktor der Theologie promoviert, und im Jahr darauf erscheint sein 540 Seiten zählender Band »*Hinduismus*. Glaube, Geschichte, Ethos« (Piper, München).

Folgendes Faktum bereitete mir am Anfang Schwierigkeiten: Anders als Judentum, Christentum und Islam kennt der Hinduismus weder Gründergestalt noch Gründungsereignis. Wo sind seine Ursprünge zu suchen?

Die Ursprünge des Hinduismus

Am liebsten hätte ich den Film mit einer Luftaufnahme des Industals, im heutigen Pakistan, beginnen lassen, das den »Indern« den Namen gegeben hat. Hier war ja neben Ägypten und Mesopotamien die dritte große Wiege der menschlichen Hochkulturen. Diese *Induskultur* hatte schon im 3. bis 2. Jahrtausend v. Chr. ihre Blüte. Sie hatte ebenfalls eine Schrift hervorgebracht, die aber bisher außer einigen wenigen Worten nicht entziffert werden konnte. Wir kennen diese Kultur aus den gefundenen Waffen, Gebrauchsgegenständen aller Art und vor allem durch mehrere Tausend Siegel aus Steatit (Speckstein), die zumeist in den Städten Mohenjo-Daro und – dieser Ort gab der Kultur den Namen – Harappa gefunden wurden.

Ob und inwieweit diese *Harappa-Kultur* eine *Vorstufe der Hindu-Religion* darstellt, ist umstritten. Vieles ist ungeklärt, etwa jene gehörnte Gottheit, die sich in unterschiedlichen Posen auf den Siegeln findet: einmal auf Bäumen sitzend, einmal in der Haltung späterer Yogis, manchmal vielleicht sogar mit aufgerichtetem Phallus, weshalb manche Forscher in ihm einen Vorläufer des späteren Hindugottes Shiva sehen. Möglicherweise gingen bestimmte Meditationstechniken, Elemente des Fruchtbarkeitskultes, die Verehrung der Sonne und rituelle Reinigungen auf diese frühe Induskultur zurück.

Leider muss ich aus finanziellen und zeitökonomischen Gründen auf das Filmen der Ruinenstädte – mehr kann man ohnehin nicht sehen –

verzichten. Daher setzt unser Film im oberen Gangestal ein, bei der Stadt *Haridwar* (214 km nordöstlich von Delhi), wo die junge Ganga aus dem Himalaja-Gebirge in die Tiefebene eintritt. Eine der heiligsten Stätten Indiens, seit alter Zeit ein berühmtes Pilgerzentrum. »Haridwara« bedeutet »Tor des Hari«: »Hari« – ein anderer Name für den Gott Vishnu, der hier seine Fußspur hinterlassen haben soll. Dort bekommen wir einen lebendigen Eindruck von der Vielfalt hinduistischer Frömmigkeit.

Der Hinduismus erscheint ja selbst wie der *Ganges*, der »Fluss des Lebens«, wie er so dahinfließt, langsam und doch unaufhaltsam, ruhig, aber manchmal stürmisch und mitreißend, immer derselbe und sich doch ständig verändernd. Auch der Hinduismus hat epochemachende Veränderungen durchgemacht, in denen ein ganzes Weltbild abgelöst wurde durch neue revolutionäre Denkanstöße. Zwischen 1700 und 1200 v. Chr. war ein ganz anderes Volk nach Nordindien eingedrungen, nomadisierende Stämme, die sich *»Arya«, die »Edlen«,* nannten. Sie kamen vermutlich über die iranische Hochebene und waren im südlichen Zentralasien beheimatet wie damals auch die Vorfahren der Germanen, Kelten, Slawen, Balten und auch der Romanen und Griechen – alles Indoeuropäer, die zur selben großen Sprachfamilie gehören. Zuerst im oberen, dann im unteren Gangestal bildeten die Arier städtische Zentren, ein ausdifferenziertes Sozialsystem und eine hoch entwickelte Infrastruktur. Als hellhäutige Menschen, die bereits über Eisentechnik und über Pferde verfügten, fühlten sie sich der dunkelhäutigen Bevölkerung überlegen. Wir filmen vor allem in diesem nördlichen Teil Indiens, von dem die neuen Impulse ausgingen.

Am Ganges beobachte ich immer wieder Menschen, die fromm eine *Waschung* vollziehen. Warum kommen sie hierher? Hier, am heiligsten der Flüsse Indiens, bei der Mutter Ganga, kann der Mensch – durch völliges Untertauchen ins Wasser und der anschließenden Wasserspende an die Sonne – nicht nur den Leib, sondern auch den Geist reinigen, um so gleichzeitig körperliche Reinigung und spirituelle Heiligkeit zu erlangen. So etwas wie ein hinduistisches Sakrament? Jedenfalls ein Reinigungsbad, das bei allen Parallelen nicht zu verwechseln ist mit der christlichen Taufe. Diese kann man sich ja nicht selber spenden, und diese darf auch nicht – weil damit die Aufnahme in die christliche Glaubensgemeinschaft verbunden ist – wiederholt werden. Bei allen äußeren Ähnlichkeiten der Riten muss immer wieder auch auf deren innere Unterschiede geachtet werden.

Die Veden als Grundlage

Eine der Stärken des Hinduismus: Er präsentiert sich, für viele Europäer unerwartet, als fröhliche, lebensbejahende Religion. Deshalb beginnt unser Film mit dem *Holifest* zum Abschluss der Winterernte – eine prachtvolle Ouvertüre. Ein frühlingshaftes Fest der Lebenserneuerung, bei dem sich die Menschen ausgelassen mit rotem Wasser und wohlriechendem Pulver bewerfen. Eine uralte Volksreligiosität, wohl aus Fruchtbarkeitskulten hervorgegangen, wie sie vor allem in den Dörfern lebendig geblieben ist. Gottesbegegnung also nicht nur, wie in unseren Vorstellungen oft mit dem Hinduismus verbunden, in Stille, Meditation und Verinnerlichung, sondern vielmehr in orgiastischer Festlichkeit, mit Tanz und Lärm. Verbreitet auch die Darbietungen mimischer Tänze, etwa des Krishna, des beliebtesten Hindu-Gottes, mit seiner geliebten Radha, oft als ewiges kosmisches Liebesspiel Gottes mit der individuellen Seele interpretiert. Eine Vorstellung, wie sie sich in der Mystik vieler Religionen findet. Und mit genau festgelegten Bewegungen vor allem der Augen und Hände, wie ich sie später bis nach Thailand und Indonesien wiedererkennen kann.

In unserem Film geben wir natürlich auch einen Einblick in die Heiligen Schriften Indiens, aufgenommen im großen spirituellen Zentrum Shantikunj bei Haridwar, einer Akademie von 2000 Studenten, in leuchtendes Gelb gekleidet, die zu Lehrern ausgebildet werden. Sie wollen sich wieder auf ihre Ursprünge konzentrieren. Der *»Veda«*, das *heilige »Wissen«*, ist das früheste Zeugnis arischer Kultur, später in vielen Schriften gesammelt, harmonisiert und systematisiert, noch heute in vier Sammlungen erhalten. Von ihnen ist die berühmteste der »Rigveda« (»Wissen der Verse«), entstanden zwischen 1700 und 1500 v. Chr. im Industal – zusammen mit dem Wissen der Gesänge, der Opfersprüche und der magischen Texte.

Im Rigveda sind die Grundlagen der *vedischen Religion* enthalten. Sie verstehe ich als das *erste Paradigma* des Hinduismus. Die Veden zusammen mit den interpretierenden Schriften (etwa sechsmal so lang wie die Bibel), darunter die spekulativ-philosophischen Upanishaden, gelten als *»Shruti«*, als »gehörter«, »geoffenbarter« Teil der indischen religiösen Literatur. Davon zu unterscheiden die *»Smirti«* (»Erinnerung«), die nicht geoffenbarten menschlichen Interpretationsversuche der Offenbarung. Alles ist verfasst in Indiens heiliger (ursprünglich nordwestlicher, arischer) Sprache, dem *»Sanskrit«* (»geregelt«, »vollkommen«). Diese klassische indische Schrift- und Literatursprache wird von Brahmanen und Gebildeten auch heute noch studiert, doch ist sie wie Latein eine »tote«

Sprache. Als Landessprache wird sie 1965 offiziell abgeschafft zugunsten des (ebenfalls nordindischen) Hindi.

Die Suche nach Einheit

Schon im Philosophieunterricht am Gymnasium in Luzern hatte ich gelernt, wie bereits im 6. Jahrhundert v. Chr. in Griechenland die ersten Philosophen die Mythologie überstiegen und nach der Herkunft und dem Aufbau aller Dinge und der Welt forschten. Als den *Ursprung* (griech.: »arché«), woraus alles entsteht und wohin es wieder geht, bestimmten Thales das Wasser, Anaximenes die Luft, Heraklit das Feuer und Anaximander das Apeiron, das Unbestimmte, während schon Parmenides in seiner Lehre vom Sein, das als »eines« und »ungeworden« verstanden werden müsse, die Metaphysik begründete. Umso mehr erstaunte mich zugleich zu erfahren, dass man wohl schon zuvor in Indien Ungenügen empfand an einer rein mythologischen Betrachtung der Welt mit den vielen sich widersprechenden Göttern. Möglich, aber nicht bewiesen, dass Einflüsse aus Indien sich in der ionischen (kleinasiatischen) und eleatischen Schule (an der Südküste Italiens) auf die griechische Philosophie ausgewirkt haben.

In Indien hatte man damals zunehmend, so lernte ich zu verstehen, die Brahmanen kritisiert, ihre immer kompliziertere Opferwissenschaft und ihren Machtzuwachs als Berater der Herrschenden. Kühne Denker schritten fort zur philosophischen Durchdringung der Mythologie. *»Das Eins-Seiende benennen die Dichter vielfach«*, heißt es im »Rigveda« (I, 164,46). Die Denker suchten vor allem nach einer tiefen, ursprünglichen, ewigen Einheit hinter der bunten Vielfalt der Erscheinungen dieser Welt, all den Göttern und Mächten. Gesucht wird also *»das Eine«* (*tad ekam*) hinter und in allen Dingen.

In Indien vor Ort habe ich diese in den Upanishaden vorfindbare Suche nach Einheit in einem Statement des Hinduismus-Films wie folgt beschrieben: »Der Mensch muss die sichtbare Oberfläche der Dinge durchstoßen und in sich selber hineinschauen. Dann findet er zutiefst in sich, wenn er die Augen gleichsam schließt und sich nach innen wendet, in sich selber den Ursprung, den Urgrund des Seins, das Brahman, und erfährt: Dieses Brahman und das Atman – so nennt man in Indien die Seele, den Geist – sind, so sagen die Inder, letztlich eins. Das ist nicht ganz so fern von dem, was die christliche Mystik gefunden hat, dass es eine letzte Einheit irgendwo in der Tiefe des menschlichen Wesens gibt.

Und sie haben von dort her gefordert: ›Gott suchen in allen Dingen, vor allem in dir selbst.‹«

Zwischen dem 8. und dem 4. Jahrhundert kam es so zur ersten kohärenten philosophischen Konzeption der früheren Upanishaden, die auch als »Ende des Veda« (»Vedanta«) bezeichnet werden: als Abschluss der Offenbarung. Zusammen mit dem sich erst allmählich entwickelnden Wiederverkörperungs- und Karmadenken kam es so zu einem Paradigmenwechsel: die neue Konstellation der *Religion der Upanishaden* ist für mich das *zweite Paradigma* der Religion Indiens. Alles nach wie vor zu verstehen vor dem Hintergrund eines zyklischen Zeit- und Geschehensablaufs. Diese Deutung behält ihre Suggestionskraft für viele Inder bis heute wegen der zyklischen Abläufe in der Natur: Gestirnbahnen, Jahresphasen, Mondphasen, Tag und Nacht ... Dabei wird freilich vielfach übersehen, dass neuen Erkenntnissen zufolge die Natur nicht nur Kreisbewegungen durchführt, sondern – von den Atomkernen bis zu den Sternen – eine nicht rückgängig zu machende Geschichte in einer bestimmten Richtung durchläuft: seit dem Urknall eine Welt-Geschichte von Milliarden Jahren, die auf ein Ende zugeht.

Das große Geheimnis der Wirklichkeit, das *Brahman*, war für die Upanishaden ohne greifbare Gestalt, ein Absolutes, dem man »Sat-cit-ananda« zuschrieb: in einem reinen Sein (»sat«) erkennendes Bewusstsein (»cit«) und alles erfüllende Glückseligkeit (»ananda«). Aber diese hochspekulative Vorstellung vom Göttlichen konnte die Volksfrömmigkeit auf Dauer nicht befriedigen. Sie verlangte wie eh und je nach lebendigen konkreten Gestalten. Heil und Erlösung des Einzelnen werden jetzt immer mehr von der gläubigen Hingabe an einen personal gedachten Gott abhängig gemacht. Diese Entwicklung führt zwischen dem 3. Jahrhundert v. Chr. und dem 3. Jahrhundert n. Chr. vom »Brahmanismus« zu den *klassischen Hindu-Religionen* – für mich Paradigma III –, wie sie später unter anderem in den großen Hindu-Epen Mahabharata und Ramayana ihren einzigartigen literarischen Niederschlag finden. Neue Götter, vielfach aus lokalen Kulten hervorgegangen, die in den Veden keine oder nur eine geringe Rolle gespielt haben, treten jetzt in den Vordergrund: am beliebtesten Vishnu und Shiva.

Der indische Götterhimmel fasziniert und befremdet mich zugleich. Hunderte, ja womöglich Tausende Gottheiten werden in Indien verehrt – viele freilich nur von lokaler Bedeutung. Sie sind männlich, weiblich oder haben beiderlei Geschlecht, die einen fürchtet man, andere werden fast erotisch geliebt, die einen sind miteinander liiert oder zumindest verwandt, andere wirken aus und für sich allein, Einzelne – etwa

Vishnu – greifen in unterschiedlicher Gestalt in die Weltordnung ein, andere bewirken transzendent-distanziert Gnade, Segen und Heil.

Eine unüberschaubare Vielfalt, die auch ich als christlicher Theologe lange Zeit als »Vielgötterei« abgetan habe. Und warum gerade ein Gott mit Elefantenkopf bei den Hindus so beliebt ist – *Ganesha* verkörpert neben vielen Stärken auch allzu menschliche Vorlieben und Schwächen –, wollte mir lange Zeit nicht einleuchten. Erst nach und nach habe ich realisiert, dass dies alles ja auch für den Hinduismus nur vorläufig und damit relativ ist. Denn letztlich geht es hinduistischem Erlösungsstreben um das dahinter liegende allumfassende Absolute, zu dem die Götter je unterschiedliche Zugänge eröffnen und in das der gläubige Hindu einst einzugehen erhofft.

Unter der Gupta-Dynastie in Nordindien (320 bis 500 n. Chr.), in einer Blütezeit der Hindu-Kunst und Sanskrit-Literatur, war diese *klassische Zeit des Hinduismus* eingeleitet worden. Nach ihr waren kleinere feudale Herrscher (die Rajputs, »Söhne des Königs«) an die Macht gekommen, deren Hauptbeschäftigung *Sexualität und Krieg* waren. Sie förderten eine neue Kultur, welche die erotische Liebe zwischen Mann und Frau breit entfaltete und künstlerisch immer raffinierter gestalten ließ. Keine Hemmungen kannte man in der Darstellung weiblicher Reize und weiblicher Nacktheit auf Tempelreliefs. Wir zeigen dies in unserem Film mit Aufnahmen aus Khajuraho (nahe beim zentralindischen Bhopal), wo von den ursprünglich 88 prachtvollen Tempeln aus der Zeit von 950 bis 1150 noch 22 erhalten sind.

Hintergrund dieser Entwicklung waren die in dieser Zeit aufkommenden Tempeldienerinnen (»Devadasi« = »Gottesdienerinnen«). Sie spielten in Tanz, Drama, Musik und später auch in der Prostitution eine immer größere Rolle. Seinen Niederschlag fand dies in der esoterisch-elitären Bewegung des *Tantrismus*. Auch wenn es dabei um mehr als nur um Kultivierung von Sexualität ging, so musste sich diese Bewegung immer wieder des Vorwurfs erwehren, sie missbrauche Religion für sexuelle Zwecke und Sexualität für ein religiöses Ziel.

Der mittelalterliche Hinduismus

Schon in dieser klassischen Zeit stellte sich jenes philosophische Problem, das mich als philosophisch geschulten Theologen natürlich besonders interessierte: Wie verhält sich denn das göttliche Eine, Absolute, zur Welt? Nach mehr als 1000 Jahren hatten sich in den mittelalterlichen

Schulen drei grundlegend verschiedene Antworten herausgebildet, die sich aber alle auf die Upanishaden beriefen und in Frontstellung gegen den Buddhismus, von dem später die Rede sein wird, formuliert werden. Die Gründer dieser drei Vedanta-Schulen – für mich interessant, weil zeitgleich zur Entwicklung der scholastischen Systeme im mittelalterlichen Europa – sind philosophische Denker, die zugleich tief religiöse Mystiker, Reformer und Ordensgründer sind. Sie wollen nicht nur philosophische Spekulation treiben, sondern ausdrücklich Theologie, Religion, Heilslehre fördern. Sie alle führen die großen *mittelalterlichen Hindu-Synthesen* – für mich das *vierte Paradigma* – herauf. Durch sie erhält der Hinduismus seine heutige maßgebliche Ausprägung; die Unterschiede sind leicht zu verstehen:

– *Modell I*: Das Absolute und die Welt sind *völlig eins*. Im Grunde gibt es nur das Eine, das Brahman, und das ist mit meiner Seele, dem Atman, identisch. Und die Welt? Sie ist nur Scheinwirklichkeit, Maya. Dieses Einheitsmodell wird von einem Mann wie *Shankara* vertreten, Indiens wohl berühmtestem Philosophen. Ihm ist im 9. Jahrhundert n. Chr. die Restauration der Hindu-Religion gegen Buddhismus und Jainismus zu verdanken.

– *Modell II*: Das Absolute und die Welt sind *völlig getrennt*. Das ist die Auffassung der »Trennungsphilosophen« oder Dualisten. Angeführt werden sie von *Madva*, einem leidenschaftlichen Gegner Shankaras im 13. Jahrhundert.

– *Modell III*: Das Absolute und die Welt sind *eins in Unterschiedenheit*! Der persönliche Gott ist mit dem Absoluten identisch und bestimmt die Welt von Ewigkeit her. Diesem einen unendlichen und zugleich persönlichen Gott gebührt Vertrauen, Hingabe, *bhakti*. So der differenzierte Monismus, angeführt von *Ramanuja*, ursprünglich Anhänger Shankaras, im 12. Jahrhundert. Er hat Indiens Spiritualität wohl am meisten beeinflusst, auch er ein mystischer Denker, Reformator, Gründer von Klöstern und sogar eines Ordens für Unberührbare. Bedauerlich, dass diese Grundfrage der Philosophie, die bei den Griechen und Indern so intensiv diskutiert wurde, in unserem »nach-metaphysischen« Zeitalter von den Philosophen nicht in neuer Weise aufgegriffen wurde.

Nun gehört zum mittelalterlichen Hinduismus freilich – ähnlich wie zum mittelalterlichen Katholizismus – eine intensive *Alltagsfrömmigkeit* mit zahlreichen Bräuchen, Festen und Prozessionen, mit Fastenzeiten und Schutzgottheiten. Der geistlichen Unterweisung und geistlichen Führung, oft der ganzen Familie, dient ein *Guru*, ein Lehrer oder Seelenführer, durch den das Göttliche direkt präsent ist. Zu diesem Volkshinduismus gehören auch große Pilgerfahrten an Plätze göttlicher Präsenz und Gnade. Der beliebteste Ort – am Anfang dieses Kapitels war davon die Rede – ist Varanasi, die heilige Stadt, die für die Hindus eine ähnliche Bedeutung hat wie für die Katholiken Rom und für die Muslime Mekka.

In Varanasi besuche ich auch das wichtigste hinduistische Heiligtum, den Vishvanath-Tempel: der Ort, an dem Shiva im Streit mit den Göttern Brahma und Vishnu seine ganze Macht – als langer Lingam (Phallussymbol) aus purem Licht – gezeigt haben soll. Doch unmittelbar hinter diesem Tempel – und ebenso streng von Soldaten bewacht – sehe ich die Gyanvapi-Moschee, erbaut vom letzten muslimischen Großmogul Aurangzep. Anders als der tolerante Akbar der Große im 16. Jahrhundert ließ er im Varanasi des 17. Jahrhunderts fast sämtliche Hindu-Tempel zerstören. Die Moschee erinnert die Hindus täglich daran, dass Varanasi volle drei Jahrhunderte (seit 1194) unter *muslimischer Herrschaft* stand. Während ungezählte Hindus und Muslime jahrhundertelang durchaus friedlich zusammenlebten, spitzte sich auf dem Weg zur Unabhängigkeit von Großbritannien 1947 der Konflikt zu mit der Spaltung des Subkontinents als Folge: in den islamischen Staat Pakistan, dessen östlich von Indien gelegener Teil sich 1971/72 auch noch als Bangladesch abspaltete, und die säkulare Republik Indien, die auch heute noch die drittgrößte muslimische Bevölkerung der Welt (nach Indonesien und Pakistan) aufweist: der letzten Volkszählung (2001) zufolge 135,5 Millionen.

Der Hinduismus im Modernisierungsprozess

Für alle Gesellschaften, Kulturen, Religionen ist die Konfrontation mit der Moderne eine grundlegende Herausforderung. Mit am deutlichsten erlebte ich dies in Indien 2000 Kilometer von den Quellen des Ganges entfernt: in *Kolkata* (früher Kalkutta), der alten Handels- und Kulturmetropole Indiens und lange Sitz der britischen Kolonialregierung (1858–1911). Früher betonte man in Indien vor allem die politische Unterdrückung und wirtschaftliche Ausbeutung durch Großbritannien. Doch mehr als 60 Jahre nach der Unabhängigkeit anerkennt man auch die britischen Verdienste für die *Modernisierung Indiens*: Ausbildung von englischsprachigen Eliten und Aufbau von Institutionen für einen einheitlichen Wirtschafts- und Verwaltungsraum und von Strukturen für die trotz aller Schwierigkeiten funktionierende größte Demokratie der Welt, die (anders als der große Nachbar und Konkurrent China) die Menschenrechte wie zum Beispiel die Pressefreiheit weitgehend zu wahren versucht.

In Kolkata erlebe ich deutlicher als anderswo, wie nahe in Indien Fortschritt und Rückständigkeit, Wohlstand und Armut beieinanderliegen. Und einmal mehr wird mir bewusst, dass Indiens Gesellschaft trotz aller Verwestlichung des städtischen Lebens noch immer traditionell durchstrukturiert ist: Jede Person kann genau sagen, welcher ihr Platz in der Gesellschaft ist. Ihr sozialer Status hängt in erster Linie von der *Kaste* ab. Ich weise Christen oft darauf hin, dass wir auch in Europa jahrhundertelang bis ins 20. Jahrhundert hinein vier recht abgeschlossene Gesellschaftsschichten besaßen, die wir »Stände« nannten: Klerus, Adel, Bürger, Arbeiterschaft, die durch vielfache Schranken voneinander getrennt waren. Von alters her unterscheidet man auch in Indien vier gesellschaftliche Gruppen (*varnas*): die »klerikale« Elite der Brahmanen, die Aristokratie der Kshatriyas oder Krieger, weiter die oft reichen Vaishyas oder Kaufleute, zuunterst die Masse der Shudras, der Knechte, Arbeiter, Proletarier (rund 500 Millionen). Dazu kommen in Indien noch die »Kastenlosen«, die »Outcasts«, Unberührbaren (rund 150 Millionen). Aus Familien- und Clanstrukturen, regionalen und berufsspezifischen Ausdifferenzierungen entstehen im Laufe der Jahrhunderte jene viele Tausend Kasten, die für das indische »Kastenwesen« sprichwörtlich sind. Erst seit dem Mittelalter hat sich in Indien jener Rigorismus durchgesetzt, der Heirat, Berufswahl und Sozialprestige von der Kaste abhängig macht – alles belastet durch die althergebrachte Vorstellung der rituellen Reinheit, mit der dieses System religiös begründet wird. Nach der Unabhängigkeit wird das Kastenwesen zwar »offiziell« abgeschafft, wirkmächtig ist es freilich bis heute.

Hier in Kolkata prallen buchstäblich Welten aufeinander: imposante Relikte der Kolonialzeit, moderne Geschäftsstraßen und Industriezentren, hoffnungslos verelendete Slums. Indien mag in demokratisch-rechtsstaatlicher Hinsicht durchaus ein Vorbild für Asien sein, aber bei allem Fortschritt ist es wirtschaftlich oft rückständig und vor allem sozial gespalten: Bevölkerungsexplosion, Armut und Krankheiten, Analphabetismus und Indifferenz, städtische Slums und Umweltzerstörung, ein höchst mangelhaftes Bildungs-, Gesundheits- und Verkehrssystem.

Im Lauf der letzten Jahrzehnte hat sich sicher vieles verbessert. Und dies nicht nur im Verkehrswesen und allgemein in der Lebenshaltung, sondern auch durch den Einzug moderner Wissenschaft und Technologie bei Ärzten und Bankern, in der Industrie und an Universitäten, in der Gesellschaft überhaupt. Und die Frage ist nicht von der Hand zu weisen: Ist an dieser Ambivalenz Indiens und dem nach wie vor großen Elend nicht auch die *Religion schuld*? Wird Ineffizienz vielleicht allzu leicht hingenommen als die natürliche Ordnung des Universums? Begünstigen die im Hinduismus herrschende Jenseitigkeit, Schicksalsgläubigkeit, Resignation, begleitet von Ritualismus und Aberglauben, vor allem aber das Kastensystem, doch politische Verantwortungslosigkeit, soziale Passivität, Indifferenz und Lethargie gegenüber wachsender Korruption?

Aber umgekehrt lässt sich auch nicht übersehen: Im Hinduismus hat es von Anfang an und erst recht seit der *Erneuerungsbewegung* des 19. Jahrhunderts eine starke Tradition des *Ethos*, ethischer Werte, Maßstäbe und Haltungen gegeben. Meine entscheidende Einsicht dabei: Was sich schon bei den Aborigines in Australien findet als ein bis auf die vorgeschichtlichen Anfänge des Menschen zurückgehendes *Urethos*, findet sich natürlich erst recht in den frühen Schriften Indiens aus vedischer Zeit. Und zahlreiche Elemente des Ethos (Werte, Normen, Tugenden) finden sich in den spätvedischen Upanishaden und in anderen religiösen Schriften. Eine erste Systematisierung des Ethos geht auf PATAÑJALI zurück, der als Begründer des klassischen Yoga gilt. Schon auf der ersten Stufe des von ihm in seinen Yoga-Sutren beschriebenen achtstufigen Lehrwegs fordert er vom Yoga-Übenden ein Grundethos ähnlich der zweiten Tafel des Dekalogs: Gewaltlosigkeit, nicht-verletzen (*a-himsa*); Wahrhaftigkeit (*satya*); nicht-stehlen (*a-steya*); Keuschheit, reiner Lebenswandel (*brahmacharya*); Begierdelosigkeit, nicht-besitzen (*a-parigraha*).

Aber noch mehr als Patañjali hat die *Bhagavadgita*, ein Teil von Buch VI des großen Epos Mahabharata und wohl die einflussreichste heilige Schrift Indiens, Anstöße zur Ethisierung gegeben. Dogmatisch offen und realistisch in der Ausgangssituation, spielt sie nicht in einem Ashram. Vielmehr vertritt sie auf dem »Kampfplatz« des Lebens am Vorabend der Schlacht zweier verwandter Clans ein ausgesprochen weltliches Ethos. Keine »Ethik« im Sinne eines ethischen Systems, wohl aber ein »Ethos« im Sinn einer sittlichen Haltung: Erfülle deine Pflicht in der Welt, aber verfalle ihr nicht! Ein entschiedenes Engagement also in innerer Distanz. Schon in der Bhagavadgita findet man die drei praktischen Hinduwege zum Heil, die sich gegenseitig ergänzen: den »Weg der Erkenntnis« (*jñana marga*), den »Weg der Werke« (*karma marga*) und den »Weg der Gottesliebe« (*bhakti marga*); alle führen für sich zum einen Ziel, zu Gott, zur Erlösung.

Eine solche ethisch-spirituelle Verwurzelung hatten auch jene hinduistischen Reformer des 19. Jahrhunderts, die in Auseinandersetzung mit westlicher Religion, Kultur und Wissenschaft traditionelles indisches Denken weiterentwickelten zu einem eigenständigen indischen und hinduistischen Traditions-, Geschichts- und Nationalbewusstsein: der *moderne Reformhinduismus* (oder auch Neo-Hinduismus) – mit seinen verschiedenen Repräsentanten – als *fünftes Paradigma.* Sie gelten als geistige Wegbereiter der Unabhängigkeit Indiens: RAM MOHAN ROY, SRI AUROBINDO, BANKIMCHANDRA CHATTERJEE, RAMAKRISHNA, VIVEKANANDA, MAHATMA GANDHI sind die berühmtesten von ihnen. In unserem Film über den Hinduismus konzentrieren wir uns auf Ramakrishna (1834–1886) und besuchen in Kolkata das große Hauptquartier der internationalen Ramakrishna-Bewegung am Ganges, auf dem Gelände des Dakshineshvara-Tempels der Muttergöttin Kali. Gegründet wurde dieses Hauptquartier vom Meisterschüler Ramakrishnas, Svami Vivekananda (1863–1902). Er war die charismatische Figur, die auf dem *Ersten Parlament der Weltreligionen* im Zusammenhang der Weltausstellung in Chicago (1893) eine flammende Rede zur Begegnung von Christentum und östlichen Religionen hielt: Statt der bisherigen Konflikte und Konfrontationen forderte er eine Harmonie der Religionen von Ost und West.

Als ich in Vivekanandas Arbeitszimmer stehe, kommt mir unwillkürlich der Gedanke: Er hätte sicher der Erklärung zum Weltethos zugestimmt, die 100 Jahre später das *Zweite Parlament der Weltreligionen* wiederum im großen Saal des Art Institute in Chicago verabschiedet hat: keine Aufhebung der dogmatischen Differenzen, keine Einheit der Religionen, aber doch Friede unter den Religionen durch Besinnung auf einige ethische Imperative, an die sich die Menschen halten sollen und die in allen diesen Religionen im Wesentlichen die gleichen sind. Rechte (»rights«) und Pflichten (»responsibilities«) des Menschen nicht getrennt, sondern vereint. Schon MAHATMA GANDHI (1869–1948) hatte, als man ihm einen Entwurf der Allgemeinen Menschenrechtserklärung der Vereinten Nationen vorgelegt hatte, all denen, die einseitig von den Menschenrechten und zu wenig von den Menschenpflichten zu reden schienen, ins Gewissen gerufen: »Der Ganges der Rechte entspringt im Himalaja der Pflichten!« Der Schlussartikel 29 der Menschenrechtserklärung nimmt eigens auf diese Pflichten und die moralische Ordnung Bezug. Und genau darum bemühe ich mich mit bescheidenen Kräften auch in Indien.

Indira-Gandhi-Konferenz in Delhi

Für den 19.–22. November 1997 bin ich nach New Delhi zur internationalen Indira-Gandhi-Konferenz eingeladen. Ich kann dies mit unserer Drehreise verbinden und nehme die Einladung gerne an. Die Familie Gandhi hat ja ähnlich wie die Familie der Kennedys, die ich in den

1960er-Jahren kennengelernt hatte, ein tragisches Schicksal zu erdulden. Die Premierministerin INDIRA GANDHI, Tochter Nehrus, des ersten Premierministers Indiens, war 1984 einem Attentat zweier ihrer Leibwächter, die der Sikh-Gemeinschaft angehörten, zum Opfer gefallen: ein Racheakt für die Erstürmung des von radikalen Anhängern eines unabhängigen Sikh-Staates besetzten Goldenen Tempels von Amritsar durch indische Truppen mit weit über 100 Toten – ein Dutzend Jahre nach meinem Besuch im damals noch völlig friedlichen Heiligtum (Bd. 2, Kap. V: Der Goldene Tempel der Sikhs). Indiras Sohn Sanjay kam durch einen Flugzeugabsturz ums Leben, ihr älterer Sohn Rajiv fiel 1991 als Premierminister bei einer Wahlkampfveranstaltung einem Bombenanschlag zum Opfer. So ergab es sich, dass dessen sich klug zurückhaltende Frau SONIA GANDHI trotz ihrer italienischen Herkunft zur grauen Eminenz der Kongresspartei aufstieg und wenige Monate nach unserer Konferenz zur Vorsitzenden gewählt wurde. Sie war es, die zum Kolloquium nach Delhi eingeladen hatte.

Die kraftvollen politischen Persönlichkeiten Indira Gandhi und später ihre Schwiegertochter Sonia haben durch ihr Vorbild dazu beigetragen, dass heutzutage ein Drittel des indischen Volkes von Frauen als Premierministerinnen der Unionsstaaten regiert wird. Ich lerne bei der Konferenz eine ganze Reihe bedeutender indischer Persönlichkeiten kennen, unter anderen den späteren Premierminister MANMOHAN SINGH. Dabei wird mir die Ehre zuteil, einen halben Tag an der Seite Sonia Gandhis den Vorsitz führen zu dürfen. Das Thema meines Vortrags war »No Liberty without Responsibility: towards a Universal Ethic«.

Angesichts dieses Gremiums hochkarätiger Politiker konzentriere ich mich vor allem auf die Frage einer *besseren Weltordnung*, in der ja auch Indien eine große Rolle zu spielen hat. Meine Hauptthese ist: Eine neue Weltordnung wird nicht heraufgeführt allein durch diplomatische Offensiven oder humanitäre Hilfe, noch weniger durch zumeist negativ endende militärische Aktionen und selbst nicht durch das internationale Recht, das nach wie vor auf der Souveränität der Nationen beruht und ohne moralische Überzeugungen und Intentionen kaum zur Auswirkung kommen kann. Eine bessere Weltordnung kommt letztlich nur zustande *auf der Basis gemeinsamer Visionen, Ideale, Werte, Ziele und Kriterien*, durch eine erhöhte globale Verantwortlichkeit vonseiten der Völker und ihrer Führer, kurz durch ein bindendes und verbindendes Ethos für die gesamte Menschheit, die Staaten und ihre Machthaber eingeschlossen, das alle Kulturen und Religionen mit umfasst. Also: No New World Order without a New Global Ethic, keine neue Weltordnung ohne ein Weltethos.

Wie viel bei solchen Symposien faktisch hängen bleibt, ist schwer abzuschätzen. Für mich sind die Gespräche jedenfalls höchst informativ, und es bedeutet für mich und meinen Begleiter Stephan Schlensog auch ein besonderes Erlebnis, am Abend auf das schöne Besitztum der Familie Gandhi zu einer großen Party eingeladen zu sein und mit vielen Beteiligten private Gespräche führen zu dürfen. Nach all diesen positiven Erfahrungen gehen wir deshalb guten Mutes gleich anschließend zu dem von der Stiftung Weltethos angeregten indischen Weltethos-Kolloquium.

Erste Konferenz über Weltethos und traditionelle indische Ethik

Am darauffolgenden 23. und 24. November 1997 treffen sich im großen India International Centre in New Delhi über 50 Wissenschaftler und Aktivisten aus den verschiedensten Teilen Indiens. Als Organisator wirkt im Auftrag der Stiftung Weltethos Svami AGNIVESH, ein weitbekannter kritischer Hindu-Denker und Sozialaktivist. Die Einleitung hält der mir vom UNESCO-Projekt bekannte frühere Maharadscha von Jammu und Kaschmir, Dr. KARAN SINGH, Minister in verschiedenen Kabinetten. Diese Konferenz hat die Aufgabe, aus indischer Perspektive Stellung zu nehmen zur Erklärung zum Weltethos des Parlaments der Weltreligionen und zur Allgemeinen Erklärung der Menschenpflichten, die erst kurz zuvor (September 1997) vom InterAction Council vorgeschlagen worden war. Leider nimmt Dr. Singh die ihm zugedachte Führungsrolle nicht wahr; er verschwindet gleich nach seinem Einleitungsreferat. Viele Aktivisten aber, am gemeinsamen Ethos nicht interessiert, halten schlicht Plädoyers für ihr jeweils eigenes (sicher wichtiges) Projekt. Es kommt aber schließlich doch zu einem Abschlussdokument.

Einmütig bejahen die Teilnehmer die »Bedeutung und Weisheit« der beiden historischen Initiativen, der Weltethos-Erklärung und der Erklärung der Menschenpflichten. Die Konsultation stellt fest, dass die Erklärung der Menschenrechte von 1948 sich in den letzten 50 Jahren als ein Segen erwiesen habe, insofern sie einen objektiven und verpflichtenden Bezugsrahmen schuf, um repressive Regime zu beurteilen und einzuschränken. Im Lichte des aufkommenden globalen Szenarios bestehe freilich eine drängende Notwendigkeit, die Sorge um die Menschenrechte auszubalancieren mit einer entsprechenden Betonung der Menschenverantwortlichkeiten (»human responsibilities«). Auf diese Weise lasse sich eine Grundlage sichern, um die Rechte selber für alle Menschen real und bedeutungsvoll zu machen. Man konnte sich hier auf ein bedeutsames Charakteristikum der indischen Verfassung beziehen, deren Artikel 51a unter den »Grundpflichten« von jedem Bürger verlangt »to promote harmony and the spirit of common brotherhood amongst all the people of India transcending religious, linguistic and regional or sectional diversities, to renounce practices derogatory to the dignity of women«.

Gelobt wird die Weltethos-Erklärung, weil sie die globale Gemeinschaft – Erde, Menschheit, Nationen – in den Vordergrund stellt und sich nicht auf die bisher übliche selektive Akzentuierung von Teilaspekten beschränkt. Weil sie auf dem gemeinsamen Erbe der Religionen gründet und sie nicht gegeneinander ausspielt, ist die Erklärung »ein bedeutender Meilenstein unseres sich entwickelnden globalen Bewusstseins und des erweiterten Sinns unserer universalen gegenseitigen Abhängigkeit«.[2]

Aus indischer Perspektive wird nun freilich die Bedeutung der *»Spiritualität«* hervorgehoben, ohne welche die Erfüllung ethischer Pflichten schwierig sicherzustellen sei: »Es ist die Spiritualität, die Dynamik des Glaubens, die durch die Zeitalter hindurch Individuen und Gruppen bestärkt und angespornt hat, ethischen Maßstäben gerecht zu werden. Teilnehmer erinnerten daran, dass die Völker des Ostens wesentlich religiöse Menschen sind. In Indien haben eine Anzahl von Reformern die Lehren unserer Religionen durch Anwendung mit neuem Sinn erfüllt und haben so einer enormen Masse von Menschen bewusstgemacht, was sie anderen verdanken. Sie haben sie dazu inspiriert, anderen und der Gemeinschaft zu dienen.«[3]

Ein Wunsch der Konferenz ist leider nicht in Erfüllung gegangen: dass sich in Indien eine Gruppe oder Organisation gegründet hätte, die sich um die Implementierung der Weltethos-Erklärung in ähnlicher Weise bemühen würde, wie dies die Menschenrechts- oder Umweltorganisationen für ihre Anliegen tun.

Auf den Spuren des Buddha

Ganz selten in der religiösen Geschichte der Menschheit gibt es Momente, wo eine geistesmächtige Gestalt in den Strom einer Religion steigt und ihn in eine neue Richtung lenkt – durch Wort, Tat und Geschick. Zu diesen wenigen Gestalten gehört der Buddha, von dem der katholische Theologe ROMANO GUARDINI mit größtem Respekt schreibt: »Dieser Mann bildet ein großes Geheimnis. Er steht in einer erschreckenden, fast übermenschlichen Freiheit; zugleich hat er dabei eine Güte, mächtig wie eine Weltkraft. Vielleicht wird Buddha der letzte sein, mit dem das Christentum sich auseinanderzusetzen hat.«[4] Ein hellsichtiges Wort Guardinis, der sich selber freilich mehr mit den großen Dichtern von Dante bis Rilke befasste als mit den großen Religionen.

Wie ungezählte andere hatte natürlich auch ich schon früh »meinen« »Siddharta« gelesen und war tief bewegt von HERMANN HESSES einfühlsamer fiktiver Schilderung von Siddhartas Weg und dessen spirituellem Durchbruch zum »Buddha«, dem »Erwachten«. Aber während Hesse selber nie in Indien gewesen war, kam ich schon relativ früh in Berührung mit jener Region, in der sich das alles abgespielt haben musste, und mit jenen Ländern, in denen der Buddhismus bis heute lebt.

Ich erinnere mich gut, wie ich schon auf meiner ersten sehr kurzen Weltreise im November 1964 (Bd 1, Kap. IX.: Eine Reise um die Welt) in einem etwas klapprigen Flugzeug der Royal Nepal Airlines aus dem indischen *Patna* am Ganges (früher Hauptstadt sowohl des Maurya- wie des Guptareiches) über die nordindische Tiefebene gegen das im Sonnenlicht liegende weiße Himalajagebirge nach Kathmandu hinauffliege; da ich der einzige Ausländer bin, darf ich die gewaltige Szenerie sogar vom Cockpit aus betrachten. Dies also ist das ursprüngliche Buddha-Land, von dem die ganze buddhistische Bewegung ihren Ausgang genommen hat! Der Buddhismus hat ja im Norden Indiens begonnen. Aber wegen der Dekadenz der Klöster einerseits und der muslimischen Eroberung andererseits ist er dort praktisch untergegangen. Eine neue Heimat findet er unter anderem in *Thailand*, wo ich damals einen Halt einlegen kann, um in *Bangkok* zumindest die großen Tempel- und Klosteranlagen (Wats) am Menamfluss zu bewundern, ohne aber schon damals mit den buddhistischen Mönchen in ihren leuchtenden safrangelben Gewändern Kontakt aufnehmen zu können.

Auf meiner zweiten Reise um die Welt aber habe ich im August 1971, auf dem Weg von Indien nach Indonesien, in Sri Lanka diese ältere, stark mönchisch bestimmte Form des Buddhismus genauer kennengelernt. In Sri Lanka ist ja auch der wichtigste Kanon der Schriften dieses Theravada-Buddhismus in Pali, einer mittelindischen Sprache, aufgeschrieben worden. Von der Hauptstadt Colombo ließ ich mich damals im Auto zum großen buddhistischen Wallfahrtsort Kandy, früher die Hauptstadt des singhalesischen Königreichs, hinauffahren. Hier wird im Hauptheiligtum als kostbare Reliquie ein Zahn des Buddha verehrt. Und ich habe mich gefragt: Wie konnte denn aus der einfachen Religion des Inders Buddha Gautama, der alles Äußere als Maya, als unwirklichen Schein, betrachtete, eine so starke staatstragende Religion mit einer machtvollen Mönchshierarchie werden, die zunehmend in einen militärischen Konflikt mit der tamilischen Minderheit (Hindus und Christen) gerät?

1981, auf meiner dritten Reise um die Welt, bin ich schon besser auf den Buddhismus vorbereitet, einerseits durch persönliche Studien, andererseits durch eine Tagung des Arbeitskreises unseres Instituts für Ökumenische Forschung über »Buddhismus und Christentum« (25.–27. 5. 1981) in Marienthal (bei Geisenheim). Unser Mentor war dabei der aus der Schweiz stammende, aber in Mainz lehrende Buddhismus-Kenner Professor WERNER KÖHLER. Den ersten ernsthaften Dialog mit einem Buddhisten aber führe ich erst im kalifornischen Claremont im Dezember desselben Jahres: mit dem japanischen Zen-Buddhisten MASAO ABE aus Kyoto, der in Claremont mit seiner jungen Frau als Professor lebte. Er ist der Dialogpartner des führenden amerikanischen Prozesstheologen JOHN COBB, der einen Teil seines Lebens in Ostasien verbracht und sich intensiver als die meisten Theologen mit dem Buddhismus auseinandergesetzt hatte. So kann ich in diesen Gesprächen an dem aufstrebenden Claremont College von beiden sehr viel lernen.

Mein eigener Zugang zum buddhistisch-christlichen Dialog ist dabei freilich weniger der späte Zen-Buddhismus, sondern – aufgrund meiner historisch-kritischen Schulung – der *historische* BUDDHA GAUTAMA, den ich mit dem historischen Jesus von Nazaret vergleichen möchte und nicht mit einer späteren dogmatischen Spekulation. Mich beschäftigt ja besonders die historische Entwicklung des Buddhismus aus seinen Anfängen mit seinen höchst unterschiedlichen Gestalten.

Eine christlich-buddhistische Feier

Eine außergewöhnliche Erfahrung bei einem hochkarätigen christlich-buddhistischen Kolloquium auf Hawaii im Januar 1982 hat sich mir für immer eingeprägt. Das Kolloquium hatte mit nüchternen akademischen Sitzungen begonnen. Am Samstagabend kommen zwei christliche Teilnehmer auf mich zu und fragen mich, ob ich, der einzige katholische Priester in der Runde, nicht am nächsten Tag für sie eine *Eucharistiefeier* halten könne. Ich sage zu, und ich erwarte, dass daran Christen aus den verschiedensten Konfessionen teilnehmen würden. Aber als die Buddhisten das hören, fragen sie mich, ob ich etwas dagegen hätte, wenn sie auch teilnehmen würden. Nein, sage ich, selbstverständlich nicht.

Aber selbstverständlich war ja dies gerade nicht. Ich hatte nur ein englisches Neues Testament sowie Brot und Wein zur Verfügung, aber keine liturgischen Bücher, Geräte und Gewänder, schon von daher muss ich die ganze Feier *auf das Wesentliche konzentrieren*. Die Anwesenheit hochgebildeter Buddhisten stellt mich vor eine große Herausforderung, der ich mich leicht hätte entziehen können dadurch, dass ich eine traditionelle lateinische Messe gehalten hätte, bei der die Protestanten wenig und die Buddhisten nichts verstanden hätten. Aber dann wären sie etwa so verständnislos dabei gewesen wie ich bei der buddhistischen Feuerzeremonie am Vorabend, bei der eine lange Reihe mir unverständlicher buddhistischer Sutren rezitiert wurde.

Und so beginne ich diese christliche Eucharistiefeier eher buddhistisch mit Schweigeminuten und formuliere dann das »Kyrie eleison – Herr, erbarme dich« so, dass es auch für Buddhisten verständlich ist, ebenso die folgenden Gebete. Als Schriftlesung nehme ich die oft vernachlässigte Perikope, in der es gerade nicht heißt: »Wer nicht für mich ist, der ist gegen mich!« (Mt 12,30; Lk 11,23), sondern umgekehrt: »Wer nicht gegen uns ist, ist für uns!« (Mk 9,40; Lk 9,50). Das sagte Jesus seinen intoleranten Jüngern, die eine Bestrafung eines Dämonenaustreibers in seinem Namen verlangten, nur weil er nicht zur Jüngergemeinde gehörte. Im Anschluss an die Lesung sage ich in einer schlichten Ansprache Wesentliches für das Verhältnis der Christen zu den Nichtchristen, für Dialog, für gegenseitiges Verständnis und Zusammenarbeit. Und daran kann ich auch leicht entsprechende Fürbitten anfügen.

Aber dann folgt die eigentliche »Eucharistia«, das Dankgebet mit der Erinnerung an Jesu letztes Abendmahl mit seinen Jüngern, verbunden mit dem Brechen des Brotes. Ich formuliere es nach ursprünglichem biblischem Verständnis so, dass die bekannten Worte »Das ist mein Leib, das ist mein Blut – das bin ich« in Jesu Selbstlosigkeit, Hingabe und Selbstentleerung für Buddhisten verständlich werden. Leiden und Sterben Jesu und das »Auferstehen« in jenes unsagbare Geheimnis hinein, das wir Gott nennen – alles Wesentliche kommt zur Sprache, wie ich auch die Grundstruktur der Eucharistiefeier beibehalte.

Und so folgt die *Kommunion*: »Kommet alle, die ihr mühselig und beladen seid!« – auch sämtliche Buddhisten kommen, empfangen die Gaben und kommunizieren. Ich aber bin dankbar, dass ich anschließend ohne alle Misstöne mit Schlussgebet und Segen die Eucharistiefeier beschließen kann.

Zu Beginn der nächsten wissenschaftlichen Sitzung macht sich ein immer sehr streng dasitzender Zen-Buddhist zum Sprecher seiner Gruppe. Mit einer gewissen Feierlichkeit, die mich beinahe zu Tränen rührt, dankt er mir für die Feier: Noch nie habe er so gut verstanden, *um was es im Christentum eigentlich gehe.* Für mich aber ist klar, dass ich diese ganze Feier nur deshalb für Christen wie auch für Buddhisten verständlich gestalten konnte, weil ich ganz vom Jesus der Geschichte her dachte und dabei auch den historischen Buddha im Blick hatte.

Der historische Buddha

Um die Spuren des historischen Buddha genauer zu verfolgen, lande ich ein paar Jahre später (1997) wieder – dieses Mal mit meiner Filmcrew – auf dem unterdessen groß ausgebauten Flughafen von Patna, um von hier sofort zum Städtchen Uruvela, jetzt *Bodh Gaya* zu fahren. Eine mühsame, nicht enden wollende Taxifahrt auf kleinen Landstraßen. Nachdem der Fürstensohn Siddharta Gautama aus dem Palast im indisch-nepalesischen Grenzgebiet ausgezogen und mit allem Leid der Welt – in der Gestalt eines Alten, eines Kranken und eines Toten – konfrontiert worden war, suchte er eine Antwort auf die Frage, wie er die Furcht vor diesem Leid überwinden könne. Aber als Wandermönch blieb er trotz strengster Askese sechs Jahre erfolglos. Erst nach einer langen Meditation erfährt Gautama in tiefer Versenkung die erwartete *Erleuchtung*, Erlösung und Befreiung – unter einem Feigenbaum, der später als »Bodhi-Baum«, Baum der Erleuchtung, bezeichnet wird.

Aus Gautama wird Buddha, der »Erwachte«, Erleuchtete. Er hat jetzt die Antworten auf die vier Urfragen und verkündet sie als die *»vier edlen Wahrheiten«*:

– Was ist das Leiden? Das ganze Leben, von der Geburt bis zum Tod, ist Leiden.

– Wie entsteht das Leiden? Durch Lebensdurst, das Haften an Dingen, das die Menschen fesselt, durch Gier, Hass und Verblendung kommt es von Wiedergeburt zu Wiedergeburt.

– Wie kann das Leiden überwunden werden? Durch Aufgeben des Lebensdurstes, um sich aus der Verstrickung des Daseins zu lösen und so neues Karma zu vermeiden.

– Auf welchem Weg wird dies erreicht? Auf dem »achtfachen Pfad« zum Nirvana: rechtes Denken und rechtes Entschließen, rechtes Wort und rechte Tat, rechtes Leben und rechtes Streben, rechtes Gedenken und rechtes Sichversenken. Die acht Speichen des Rades symbolisieren diesen Pfad zur Erlösung – ein Weg der vernünftigen Mitte, weder Genusssucht noch Selbstzüchtigung.

Mit Ehrfurcht betrachte ich in Bodh Gaya den *Bodhibaum*, den Baum der Erleuchtung, ein Nachkomme jenes ursprünglichen Feigenbaums, unter dem Buddha gesessen haben soll. Doch mit gemischten Gefühlen stelle ich fest, dass jetzt der ganze Platz zu einem von Gold glänzenden »Diamantenthron« ausgestaltet ist. Nach erneuter hinduistischer Herrschaft völlig verwahrlost, war er 1881 von einem birmanischen König großartig restauriert worden. Von der ursprünglichen Einfachheit dieses Ortes aber ist hier so wenig zu sehen wie an der Geburtsstätte Jesu in Betlehem.

Mit großen Mühen und nicht unerheblichem technischem, personellem und logistischem Aufwand drehen wir in Varanasi zunächst die Abschiedsszene des Prinzen Gautama. Jetzt filmen wir Bodhibaum und Diamantenthron, dann vor den Toren Varanasis den Gazellenhain von *Sarnath*, wo der Buddha seine ersten Gefolgsleute, fünf Wanderasketen, gefunden und in seine Lehre eingewiesen haben soll. Sie bilden den Kern der Gemeinde von Mönchen und Nonnen, des *Sangha*, der bald Tausende zählen wird, unterstützt von einer Gemeinschaft frommer Laien. Hier also hat er das »Rad der Lehre« in Bewegung gesetzt.

Mich beschäftigt besonders, wie viele *Ähnlichkeiten* es doch gibt zwischen den beiden Gründergestalten, zwischen Gautama und Jesus von Nazaret. Schon im *äußeren Verhalten*: beide Wanderprediger in der Volkssprache, mit allgemein verständlichen Spruchweisheiten, Kurzgeschichten, Gleichnissen, ohne Formeln, Dogmen, Mysterien. Beide durch kein Amt legitimiert, in Opposition zur religiösen Tradition und zur Kaste der Priester und Schriftgelehrten, die für die Leiden des Volkes keine Sensibilität zeigen. Für beide bedeuten Gier, Hass und Verblendung die große Versuchung.

Eine grundlegende Ähnlichkeit aber findet sich nicht nur im äußeren Verhalten, sondern auch in der *Verkündigung* von Gautama und Jesus: Sie vermitteln eine frohe, befreiende Botschaft (der »dharma«; das »Evangelium«), die von den Menschen ein Umdenken (»in den Strom steigen«; »Metanoia«) und Vertrauen (»shraddha«; »Glaube«) fordern. Jedenfalls keine Orthodoxie, sondern Orthopraxie. Keine Welterklärung, philosophische Spekulation und gelehrte Gesetzeskasuistik. Vielmehr – angesichts der Vorläufigkeit und Vergänglichkeit der Welt – ein praktischer Weg aus der Ichsucht, Weltverfallenheit und Blindheit. Es geht um Befreiung durch inneren Wandel, für die keine besonderen Voraussetzungen intellektueller, moralischer oder weltanschaulicher Art verlangt werden. Wohl aber eine neue selbstlose Zuwendung zu den Mitmenschen, die selbstverständlich die allgemeinen Sittengebote (nicht töten, lügen, stehlen, Sexualität missbrauchen) beachtet, aber sie übersteigt durch die Grundforderungen der Güte und Mitfreude, des liebenden Mitleids (Buddha) und der mitleidenden Liebe (Jesus).

Wie einen Überblick gewinnen?

Viele Christen sind sich darüber nicht im Klaren: Der Buddhismus ist ein mächtiges und weit verzweigtes 2500-jähriges Gebilde. Schon lange vor diesen Filmaufnahmen stellte ich mir die Frage: Wie soll ich in dieser Geschichte und einer Religion, die sich von Indien aus einerseits bis nach Malaysia und Indonesien, andererseits nach Zentralasien, Tibet, China, Korea und Japan ausgedehnt hat, einen Überblick gewinnen? Wie Chronologie und Geographie, diachronische und synchronische Betrachtung verbinden? Selbst Kenner des Buddhismus haben oft Schwierigkeiten, vor lauter Verschiedenheit die Einheit zu sehen. Mir steht als Instrumentarium die Paradigmenanalyse zur Verfügung, die für viele Kollegen neu und deren Anwendung auf den Buddhismus nicht einfach ist.

Meiner chinesischen Kollegin und Freundin JULIA CHING und ihrem Mann WILL OXTOBY, damals beide als Religionswissenschaftler an der University of Toronto tätig, war es gelungen, aufgrund ihrer guten Beziehungen zur University of Hawaii dort Professor DAVID CHAPPELL, einen begeisterten Buddhologen und Organisator der »East-West Religions Encounter Conference«, für die Organisation einer groß angelegten Konferenz an der University of Hawaii in Honolulu zu gewinnen, um hier die Paradigmentheorie in Anwendung auf den Buddhismus zur Diskussion zu stellen.

Für die letzte Dezemberwoche 1981 hatte ich freilich auch eine andere Einladung erhalten: zur New Era Conference auf der Hawaii-Insel *Maui*. Deren Thema sollte schlicht »Gott« sein: »God: The Contemporary Discussion«. Da waren aufgrund mancher hochkarätiger Teilnehmer sehr interessante Beiträge zu erwarten. Und welcher Gelehrte reist nicht gerne gratis nach Hawaii! Aber die Sache hat für mich einen Haken: Die Organisation, die sich hinter der New Era Conference verbirgt, ist die Vereinigungskirche (Unification Church) des koreanischen Religionsgründers Sun Myung Moon. Aufgrund einer Vision hatte er diese neue »Kirche« 1954 in Seoul gegründet und mit seiner reichen Frau ein gewaltiges Wirtschaftsimperium damit verbunden. Meine Kollegen an der University of Chicago Divinity School, an der ich den Herbst 1981 verbringe, raten mir dringend ab, diese verlockende Einladung der »Moonies« anzunehmen. Was dem durchschnittlichen Religionswissenschaftler kaum schade, würde mich nicht nur vor der akademischen Öffentlichkeit, sondern auch in meiner Kirche diskreditieren.

So buche ich denn in einem anderen Hotel auf Maui auf eigene Kosten drei Zimmer, für Dr. Kuschel, Marianne Saur und mich. Doch halte ich Verbindung mit den bei der New Era Conference versammelten Religionswissenschaftlern. Einige der Forscher sind mir ja bekannt, andere möchte ich gerne kennenlernen. Deshalb lade ich eine kleine interessante Runde zu einem Abend in den Garten unseres Hotels ein: neben David Chappell, dem liebenswürdigen Organisator unseres Kongresses, den Buddhisten Masao Abe, den Hindu-Forscher Agehananda Bharati, die britischen Religionswissenschaftler Ninian Smart und John Hick, den evangelischen Theologen Heinrich Ott und den katholischen Theologen Raimón Panikkar.

Mit Panikkar, einem spanisch-indischen Gentleman, verstehe ich mich sehr gut. Er ist ein origineller Kopf, und wir haben dieselben Ziele einer Verständigung zwischen den Religionen und besonders zwischen der christlichen und der hinduistischen Religion. Aber in der Methode unterscheiden wir uns grundlegend. Panikkar ist für mich zu spanisch-scholastisch; er kümmert sich kaum um Ergebnisse der modernen Exegese. Ich erinnere mich an eine spontane öffentliche Diskussion bei einem »The Fourth Gospel Congress« in Pittsburgh, wo wir am 6. April 1970 in einer Pause im Park rein zufällig in Diskussion geraten über den Johannesprolog und sich um uns rasch eine große Schar von zuhörenden Kongressteilnehmern versammelt. Sie kann verfolgen, wie Panikkar den Johannesprolog von der späteren dogmatischen Trinitätslehre her interpretiert, ich aber von der historisch-kritischen Exegese des Johannesevangeliums her. Ich wollte nicht die später von Theologen erarbeitete Trinitätslehre ganz und gar spekulativ mit der ebenfalls späteren indischen Vorstellung von einer »Trimurti« vergleichen, sondern, wie eben skizziert, den historischen Jesus von Nazaret mit dem historischen Buddha Gautama.

In Hawaii bin ich im Übrigen aber heilfroh, meine Ruhe und Sonne zu haben, schwimmen und intensiv den Buddhismus studieren zu können. Alles mit Blick auf das weite Meer, wo man in der Ferne hin und wieder die Rücken von Walen sich aufbäumen sieht. So studiere ich denn Tag für Tag verschiedene Texte zum Buddhismus. Nur als Weihnachtsgeschenk gestatten wir uns einen wunderbaren Helikopterflug über die ganze Insel Maui, der uns die völlig unterschiedlichen Seiten (Nord- und Süd) der Insel zeigt, aber beim Fliegen in die tiefen Vulkankrater und dem raschen Wiederhochziehen des Hubschraubers vor der Kraterwand Marianne doch erhebliche Angst einjagt. Aber so gewinnen wir unseren eigenen Überblick über die wunderbare Insel.

Nach Neujahr 1982 fliegen wir zurück nach Honolulu und haben auch dort an der Waikiki Beach eine wunderbare Aussicht. Doch es gibt noch andere, dünn besiedelte Seiten der Hauptinsel Oahu, und David Chappell macht uns die große Freude, mit uns eine Rundfahrt zu unternehmen. Wir sind begeistert.

Doch dann wieder der »Ernst des Lebens«. In Honolulu hatte ich zwei große Vorträge: den ersten in der Central Union Church über »Wechselnde Modelle der Theologie« (4. 1. 1982), den anderen an der University of Hawaii über »Wissenschaft und Gottesfrage« (5. 1. 1982). Und am folgenden Tag noch ein mehrstündiges Seminar über meine Theologie.

In den Tagen darauf findet im Loa College auf der Regenseite der Insel ein Symposion über Buddhismus und Christentum statt. Jeden Morgen fahren wir so über den Pass und gegen Abend wieder zurück. Unsere East-West Religious Encounter Conference an der University of Hawaii bietet mir wertvolle Informationen, nicht zuletzt auch durch die hier miterlebten Rituale: so etwa jene buddhistische Feuerliturgie und besonders eine Liturgie des Glaubensbuddhismus (»Reines-Land-Buddhismus«), die in der vertrauensvollen Anrufung des Buddha-Namens Amida kulminiert.

Allerdings stellt sich uns bei dieser Gelegenheit die zwischen Julia, Will und mir eifrig diskutierte Frage: Wie weit kann eine religiöse *Doppelbürgerschaft* gehen? In einer kulturellen Doppelbürgerschaft sehe ich kein Problem, auch eine ethische ist weithin möglich, wie weit aber kann sie im Glauben gehen? Ich kann ehrlicherweise nicht wie mein Freund Will neben mir den Namen des Buddha wie ein Buddhist als Zuflucht anrufen; ich bin nun einmal nicht Buddhist, sondern Christ, und mein »Kyrie eleison« bezieht sich auf Gott und seinen Christus. Deshalb bereitet mir zum Beispiel die Teilnahme an einem baptistischen Gottesdienst auf Maui keine Glaubensprobleme. Aber eine religiöse Doppelbürgerschaft, die zugleich dem Buddha und dem Christus nachfolgen will, scheint mir nicht möglich. Zu verschieden erscheint mir die Glaubenssubstanz, und eine unkritische Vermischung von Religionen ist meine Sache nicht.

In den Referaten wird viel interessantes Detailwissen ausgebreitet, und ich verschaffe mir kostbare Informationen über die verschiedenen Strömungen in der Welt des Buddhismus. Aber für manche allgemeinen Zusammenhänge und grundsätzlich neue Einsichten finde ich wenig Aufgeschlossenheit; für manche dieser westlichen Buddhismus-Spezialisten bin ich zwar eine bekannte theologische Größe, aber für den Buddhismus wollen sie allein zuständig bleiben und ihr eigenes, oft recht spezielles Feld beackern. Mir jedoch geht es nun einmal – aus systematischen und auch aus praktisch-politischen Gründen des Friedens zwischen den Religionen – um eine *historisch-systematische Zusammenschau des Buddhismus* und nicht nur um Spezialwissen.

Dabei ist mir eine große Hilfe Japans berühmtester Buddhologe, Professor NAKAMURA HAJIME, den ich zusammen mit seiner Frau (Erzieherin des Kronprinzen) auf Hawaii kennenlerne und später auch in Tokio besuche. Er ist Experte für den indischen, chinesischen, tibetischen und japanischen Buddhismus, kennt sich in allen Terminologien aus und übersetzt als Erster den Pali-Kanon ins Japanische. Mit ihm und der Hilfe anderer großer Autoren (E. Conze, E. Frauwallner, H. Bechert) erarbeite ich mir unverdrossen langsam das Wissen über die *Paradigmenwechsel*, die es *auch im Buddhismus* gegeben hat. Mir hilft die Paradigmenanalyse, recht verschiedene Erfahrungen zu verarbeiten, zu ordnen und wichtige grundsätzliche Fragen zu klären, die oft sehr unzureichend beantwortet werden.

Welcher Buddhismus ist der echte?

So fällt mir auf, dass ähnlich wie Christen verschiedener Konfession auch Buddhisten oder Buddhologen andere buddhistische Richtungen nicht selten abqualifizieren. Der deutsche Buddhologe HEINZ BECHERT etwa, Verfasser eines dreibändigen Werkes über Staat und Gesellschaft in den Ländern des Theravada-Buddhismus, mit dem ich Mitte der 1980er-Jahre öffentliche Dialoge in Tübingen führe, anerkennt nur den Theravada-Buddhismus als echten Buddhismus. Mit dem späteren »Buddhismus des Glaubens«, in dessen Zentrum der Buddha Amida steht (der »Buddha von unermesslichem Lichtglanz«, der die Gläubigen in sein Paradies aufnimmt), kann er nichts anfangen. Er bezeichnet ihn nicht als Buddhismus, sondern als Amidismus. Andere Buddhologen betrachten etwa den tantrischen Buddhismus Tibets schlicht als Produkt einer Re-Hinduisierung, somit als einen Rückfall in den Hinduismus.

Da stellt sich mir eine erste grundsätzliche Frage: Welcher Buddhismus ist der echte, der *authentische*? Im Rahmen einer paradigmatischen Darstellung, so bin ich überzeugt, kann ich alle wichtigen buddhistischen Religionsformen – über die drei »Fahrzeuge« bis hin zu Zen und Shin – als verschiedene historisch gewachsene Konstellationen des Buddhismus ernst nehmen. Ja, ich kann sie sogar als echten Buddhismus anerkennen, indem ich jede aus ihrem eigenen Entstehungs- und inneren Sinnzusammenhang zu verstehen suche.

Ich hatte schon einige buddhistische Länder, vor allem Sri Lanka, kennengelernt und lerne noch weitere Länder des *Theravada-Buddhismus*, des »Kleinen Fahrzeugs« (Hinayana), kennen, vor allem Thailand und Birma, aber auch die Länder des *Mahayana-Buddhismus*, des »Großen Fahrzeugs«, also den Buddhismus Japans und Chinas und schließlich den Buddhismus des *»Diamantfahrzeugs«* (*Vajrayana*) in Tibet. Da stellt sich für mich eine zweite grundsätzliche Frage: Mit welchem Buddhismus soll man *Dialog* führen? Aufgrund meiner Paradigmenanalyse wird mir klar: Wenn auch alle diese Menschen ihren Buddhismus in einer ganz und gar verschiedenen Gesamtkonstellation, in einem anderen Paradigma leben, so fühlen sie sich doch bei allem Unterschied zu anderen Buddhisten selber jeweils als durchaus echte Buddhisten. Warum sich im Dialog also nur auf eine Richtung konzentrieren und die anderen ausschließen? Ich werde daher keinesfalls eines der buddhistischen Paradigmen gegen andere ausspielen, sondern mit allen wichtigen Religionsformen – vom indischen Ur-Buddhismus bis zum heutigen sozial engagierten japanischen Buddhismus – Dialog führen.

Durch die Paradigmenanalyse sowohl des Buddhismus wie des Christentums kann ich die Unterschiede, aber auch die Ähnlichkeiten beider Religionen sehr genau herausarbeiten. So kann ich feststellen, dass es auch im Buddhismus so etwas wie ein Mittelalter mit entsprechender Frömmigkeit gegeben hat oder wie weit auch im Buddhismus die Modernisierung vorangeschritten ist. Eine dritte grundsätzliche Frage: Was hilft mir dies im *Vergleich zum Christentum*? Aufgrund einer genauen Paradigmenanalyse werde ich nicht ungeschichtlich einen mittelalterlichen Buddhismus mit einem modernen Christentum vergleichen oder umgekehrt. Zugleich aber habe ich die Möglichkeit auch jede neue Form des Buddhismus wie des Christentums an ihrem Ursprung zu messen: also an Gautama, dem Buddha, oder an Jesus, dem Christus.

Das Entscheidende, was mir in all den Erfahrungen und Reflexionen dieser Jahre aufgegangen ist: Vieles ist im Buddhismus wie im Christentum offensichtlich veränderlich, vieles sind *Variable*. Und doch lassen sich bei genauerem Hinsehen immer einige Züge und Elemente finden, die grundlegende *Konstanten* der verschiedenen Formen von Buddhismus ausmachen. Es sind, bildlich gesprochen, immer dieselben Gestirne (»stellae«), an denen wir uns orientieren, aber sie gehen immer wieder neue epochale »Kon-stell-ationen« ein.

Epochale Umbrüche im Buddhismus

Eine Episode mag das verdeutlichen: Auf unserer Filmreise gerate ich gerade in Bodh Gaya in eine recht unangenehme Diskussion mit unserem liebenswürdigen Redakteur Uwe Bork vom Südwestrundfunk. Er hatte viele gute Ideen zu unserer Spurensuche beigesteuert, will jetzt aber aus Kosten- und Zeitgründen eine weitere Filmsequenz im nahen Patna drehen. In Patna statt, wie in unserem Drehbuch vorgesehen, im zentralindischen *Sanchi* (nahe beim heutigen Bhopal). Nach meiner Kenntnis aber sind in Patna keine Spuren des Buddha oder des Buddhismus zu finden. Ich kann ihm schließlich vermitteln, dass es hier nicht um meine persönliche fixe Idee geht, sondern um Wesentliches: Die herrlichen reliefgeschmückten Tore in Sanchi stellen nun einmal samt allem anderen die bedeutendsten Denkmäler der frühen buddhistischen Kunst dar: im Zentrum der Stupa (Sanskrit: ursprünglich Grabhügel), Aufbewahrungsort für Buddha-Reliquien – Modelle für die buddhistische Baukunst in ganz Asien, heute von der UNESCO als Weltkulturerbe anerkannt.

Und für mich noch wichtiger: Sanchi bildet das erstrangige Zeichen für den Paradigmenwechsel von der buddhistischen Urgemeinde zu einem Buddhismus als *Staats- und Kultreligion* (Paradigma II). Begründet wird sie von Kaiser Ashoka (268–233 v. Chr.), der, Buddhist geworden, für den Buddhismus eine ähnliche historische Rolle spielt, wie sie Kaiser Konstantin für das Christentum einnimmt. Nach dem Rückzug der Truppen Alexanders des Großen hatte Ashoka nach einem blutigen Krieg das erste indische Großreich begründet, das fast den ganzen Subkontinent umfasst. Bis heute gilt Ashoka als Idealbild eines buddhistischen Herrschers, der einen Wohlfahrtsstaat begründet hatte und überall im Reich auf Ediktsäulen, mit Tierfiguren gekrönt und mit dem Rad der Lehre geschmückt, Grundsätze der buddhistischen Ethik verkünden ließ.

Dieser Paradigmenwechsel bedeutete freilich zugleich den Übergang von der Elitereligion der Urgemeinde zur Massenreligion der buddhistischen Staaten unter dem Patronat eines buddhistischen Herrschers. Eine im Gegensatz zu Buddha höchst ritualisierte Religion entsteht. In zahllosen Pagoden und Tempeln entwickelt sich ein Kult mit Riten und Zeremonien, mit Reliquienverehrung und Wunderglauben. Der Buddha selber hätte dies alles als eine der »Zehn Fesseln« ohne Wert für die Erlösung bezeichnet. Ashoka vermachte den Klöstern große Schenkungen, mit der Steuerfreiheit Grundlage ihres auf Dauer gefährlich wachsenden Reichtums – eine ähnliche Entwicklung wie in Europas Klöstern.

Auf längere Sicht führte gerade dies zur wachsenden Entfremdung der Klöster vom Volk. Und es waren zunächst die innere Erstarrung und Dekadenz der Klöster und schließlich die muslimische Eroberung, die seit dem 15. Jahrhundert zum fast völligen Absterben des Buddhismus in Indien führten. Nur noch in Sri Lanka, nun Hauptzentrum der Überlieferung (mit seinem »Pali-Kanon«), sowie in Birma und Thailand kann ich diesen Buddhismus des *Theravada* (»Lehre der Alten«) als lebendige Wirklichkeit erfahren.

»Mittelalterlicher« Buddhismus

Je besser ich die Theravada-Länder kennenlerne und auch immer mehr gelehrte Spezialuntersuchungen lese – über Sri Lanka RICHARD F. GOMBRICH, über Thailand S. J. TAMBIAH, über Birma MELFORD E. SPIRO –, umso intensiver beschäftigt mich die Frage, wie aus der nüchternen Botschaft des Buddha eine *Religion der Reliquien, Stupas und Pagoden* werden konnte.

Nirgendwo kann ich diesen ganz anderen Buddhismus besser beobachten als in der alten Kaiserstadt *Bagan* in Oberbirma, dem Treffpunkt der Handelswege aus Indien und China. Während vier Jahrhunderten wurden hier über 10.000 sakrale Bauten, Tempel und Pagoden gebaut. Auf einer Fläche von fast 40 Quadratkilometern entwickelte sich Bagan ab dem 9. Jahrhundert zu einer der größten Städte des Mittelalters (14-mal größer als die mittelalterliche City of London). Touristen gibt es bei unserem Besuch im Februar 1984 noch kaum, und ich kann in einem alten Autobus zusammen mit Marianne Saur die ganze Ruinenstadt ruhig durchfahren. Wir begegnen nur einem zweiten Autobus mit ebenfalls nur zwei Personen; es ist der Schweizer Botschafter in Indien mit seiner Frau. Doch dann kommen auch Dorfbewohner, um Gaben für die wenigen Mönche darzubringen – nicht zuletzt als Absicherung gegen die bösen Geister, die überall lauern.

Auf den Stufen des gut erhaltenen Ananda-Tempels sitze ich lange und schaue über die weite Ebene mit ihren noch immer zahlreichen Pagoden. Es ist mir nun klar: Ähnlich wie im Christentum, wo Jesu Botschaft sich nach der konstantinischen Wende zu einer mittelalterlichen Religion entwickelt hatte, so hat sich im Buddhismus nach der Wende durch Kaiser Ashoka ebenfalls eine *Religion der »Werkgerechtigkeit«* entwickelt, das heißt der Verdienstlichkeit der guten Gaben oder Taten. Die buddhistische Praxis selbst der Mönche konzentriert sich zunehmend – statt auf

Kein-Karma-Sammeln (um ins Nirvana eingehen zu können) – auf ein Gutes-Karma-Sammeln, um Verdienste für eine bessere Wiedergeburt zu sammeln. Und reiches Karma verschaffen zum Beispiel das Bauen von Heiligtümern und Gaben an die Mönche. Viele Rituale im Theravada-Buddhismus sind jenen im Katholizismus vergleichbar. Viele hochverehrte verstorbene Mönche werden ähnlich wie Heilige behandelt, von denen es ebenfalls viele Amulette und Bilder gibt.

Früher als andere hatte MAX WEBER, Begründer der Religionssoziologie, diesen Paradigmenwechsel erkannt: »Der Kleinbürger und Bauer konnte ja mit den Produkten der Soteriologie der vornehmen Bildungsschicht nichts anfangen. Am wenigsten mit der altbuddhistischen Soteriologie. Er dachte nicht daran, Nirvana zu begehren, ebenso wenig wie die Vereinigung mit dem Brahman. Und vor allem: er hatte auch gar nicht die Mittel in der Hand, zu diesen Heilszielen zu gelangen. Denn dafür war Muße für die Meditation erforderlich, um die Gnosis zu erlangen. Diese Muße hatte er nicht und sah sich in aller Regel nicht veranlasst, sie sich durch ein Leben als Büßer im Walde zu verschaffen ... Die Art der Erlösung, welche dem Bettelmönch versprochen wurde, war nicht nach dem Geschmack sozial gedrückter Schichten, die vielmehr einen Entgelt im Jenseits oder aber zukünftige Diesseits-Hoffnungen verlangt hätten.«[5]

Bei meinem Göttinger Gesprächpartner Prof. HEINZ BECHERT, der sich erst später öffentlich als Buddhist bekannte, stoße ich mit meiner Analyse der verschiedenen Paradigmen des Buddhismus auf wenig Verständnis. Dieses Denken ist ihm völlig neu, und die gemeinsame Publikation unserer Dialogvorlesungen über »Christentum und Weltreligionen« (1984) wäre fast gescheitert, wenn ich nicht die Hilfe von Lic. phil. ALOIS PAYER, eine Zeit lang buddhistischer Mönch, damals bestens informierter wissenschaftlicher Assistent am Tübinger Lehrstuhl für Indologie, erfahren hätte.

Engagierte Buddhisten

Sowohl in Bangkok wie in Rangun führe ich mit Mönchen wie buddhistischen Laien Gespräche über die Funktion vor allem des Mönchtums, das sich ähnlich wie der Episkopat im mittelalterlichen Katholizismus zu einer mächtigen Hierarchie entwickelt hatte. Einig sind sich alle Mönche im Einsatz für den Frieden. Davon zeugt in Rangun die große Weltfriedens-Pagode, die 1952 zu Ehren des 2500. Todestages Buddhas gebaut wurde.

Leider heißt dies nicht, dass Mönche in jedem Fall friedlich gesinnt sind. Gerade die singhalesischen Mönche in Sri Lanka haben die Unterdrückung der dort schon rund 1000 Jahre ansässigen tamilischen Minderheit und die massiven Militäraktionen gegen sie (mit etwa 100.000 Opfern) unterstützt. Und der konservative, ja nationalistische Sangha der thailändischen Mönche wollte 2007 bei der Niederschrift einer neuen Verfassung den Buddhismus als Nationalreligion festgeschrieben haben, was sich allerdings nicht durchsetzen konnte. Doch genießt der derzeitige König Bhumibol Adulyadej, Rama IX., eine beinahe göttliche Verehrung, ähnlich wie in manchen katholischen Kreisen der Papst. Und ein führender thailändischer Armeegeneral forderte noch 2013 Kritiker der thailändischen Monarchie auf, das Land zu verlassen und sich anderswo niederzulassen.

Doch unter den Mönchen lassen sich im Übrigen zwei Tendenzen unterscheiden: die einen, die abgehoben vom Volk der Welt entsagen und nur ihren religiösen Pflichten nachkommen wollen, und die anderen, die sich auch als Mönche sozial in der Gesellschaft engagieren und zum Beispiel den Bau von Schulen und Spitälern dem Bau weiterer Heiligtümer vorziehen.

Ich werde in Bangkok hervorragend betreut von Professor Seri Phongphit, der in München Philosophie studiert hatte und mich in Tübingen besucht. Er begleitet mich mit seiner Assistentin und Marianne Saur – Frauen sind auch in diesem mönchischen Umfeld willkommen – auf der Autofahrt von Bangkok nach Süden zu einem der einflussreichsten buddhistischen Mönche des 20. Jahrhunderts: Buddhadasa (1906–93), der in einem Waldkloster lebt. Als junger Mönch vom Ritualismus und den politischen Machenschaften in den Klöstern Bangkoks abgestoßen, hatte er sich in die Nähe seines Heimatdorfes zurückgezogen und dort 1932 das Waldkloster »Suan Mokkh« (Garten der Befreiung) gegründet.

Dort finden wir den berühmten Mönch auf einer Bank sitzend, offensichtlich freundlich nicht nur zu seinen Gefolgsleuten, sondern auch zu den Tieren: ein stolzer Hahn auf seiner Schulter und eine zärtliche Katze im Schoß, und unter der Bank Hunde. Gut 30 von diesen bellen uns allerdings nachts auf einem kleinen Hügel wütend an, als wir – glücklicherweise von zwei Polizisten auf Motorrädern begleitet – zu unserer Schlafhütte zurückkehren. Ein unbeschreiblicher Lärm und Gestank. Bei unseren Schlafhütten ist ein großer Teich mit üppig blühenden Lotosblumen. Die Lotosblume ist im Buddhismus bekanntlich das Symbol des über die Sinnenwelt erhabenen reinen Geistes, da sie trotz ihrer Wurzeln im Schlamm eine unbefleckt weiße Blüte bewahrt.

Buddhadasa (»Schüler des Buddha«) zeigt sich gegenüber allen anderen Religionen und erst recht gegenüber dem Christentum höchst tolerant. Er hatte sein Leben lang die buddhistischen Schriften studiert. Ihm geht es darum, zum ursprünglichen Buddhismus zurückzukehren. Einer seiner Lieblingssätze: »Tu Gutes, meide das Böse, reinige den Geist.« Den Geist reinigt man durch Meditation. Für ihn bedeutet die Lehre (»dhamma«) des Buddha, von Herzen, von der Mitte des Menschen her, wahrhaft menschlich zu sein. Und dies durch Selbsthilfe, konkret durch Selbsterkenntnis, Selbstvertrauen, Selbstkontrolle, Selbstbeherrschung, Selbstrespekt, um so selber zu einem Buddha zu werden. Dass dies nicht im Widerspruch zur klassischen buddhistischen Lehre von der Ichlosigkeit, dem Nicht-Ich (Sanskrit: »anatman«) des Menschen steht, hatte ich, wie auch das Verständnis anderer Lehren, bereits an der University of Michigan vom ausgezeichneten Buddhologen Professor Luis Gomez gelernt; anderes, insbesondere was den Zen-Buddhismus betrifft, aus den Publikationen des Jesuiten Heinrich Dumoulin von der Sophia-Universität (Tokio).

Erneuerungsbestrebungen gibt es nicht nur bei den Mönchen, sondern auch in der Laienschaft. In Bangkok lerne ich einen der Väter des International Network of Engaged Buddhists (INEB), Sulak Sivaraksa, kennen. In seinem Zentrum und seiner Organisation geht es darum, die Verständigung und Zusammenarbeit zwischen buddhistischen Ländern, Sekten und Gruppen zu fördern, die Lösungen so vieler Probleme in den verschiedenen Gemeinschaften, Gesellschaften und in der Welt voranzutreiben und die Perspektiven der engagierten Buddhisten zur Geltung zu bringen und Aktivisten auszubilden. Durch Sulak lerne ich später in Rangun Dr. Kyan Than kennen, der in dem von einer Militärdiktatur beherrschten Birma einen ähnlich sozial aktiven Buddhismus vertritt. Erfreulich, dass Sulaks Neujahrgrüße 2013 ein hübsches Photo von seiner Begegnung mit der birmanischen Friedensnobelpreisträgerin Aung San Suu Kyi vom 17. August 2012 zeigen. Ein Bild der Hoffnung. Über ihren Mann, der in London lebt, habe ich 1995 von ihr, die damals noch unter Hausarrest stand, einen ausgezeichneten Beitrag zu meinem Sammelband »*Ja zum Weltethos* – Perspektiven für die Suche nach Orientierung« erhalten: »Für eine Kultur von Frieden und Entwicklung«. Darin betont sie, dass unterschiedliche Völker in menschlichen Grundwerten übereinstimmen müssen.

Mit Sulak bleibe ich in Verbindung. Dreimal im Jahr erhalte ich seine sehr informative Zeitschrift »Seeds of Peace«. Er nimmt auch am Seminar zur Vorbereitung der Weltethos-Erklärung in Tübingen teil und macht mich auf das Ethos im buddhistischen Kanon aufmerksam. Doch zeigt der Buddhismus in Asien ein noch sehr viel weiteres Spektrum, das mit weiteren Paradigmenwechseln zusammenhängt.

Kleines und Großes Fahrzeug

Vom *»Kleinen Fahrzeug«* (»Hinayana«), das nur für eine Minderheit weltentsagender Mönche und Nonnen Platz bietet, haben sich schon auf dem dritten buddhistischen Konzil 250 v. Chr. jene Mönche abgespalten, welche die Ansicht der Laiengemeinde unterstützen und den Dharma weiterentwickeln wollten.

Zu Beginn unserer Zeitrechnung entwickelt sich daraus das *»Große Fahrzeug«* (»Mahayana«), das möglichst vielen Menschen die Überfahrt zum Heil ermöglichen will. Über die »Nordroute« (»Seidenstraße«) hat sich dieses schon im 1. Jahrhundert n. Chr. nach Zentralasien und China, im 4. Jahrhundert nach Korea und schließlich im 6. Jahrhundert nach Japan ausgebreitet.

Im Mahayana beansprucht man bis heute, die tieferen Lehren des Buddha zu kennen, die zur »Vollkommenheit der Erkenntnis« (»prajnaparamita«) führen. Dies ist nur möglich mit späteren Sutren, die man ohne viel Aufhebens dem historischen Buddha zuschreibt. Keine Verfälschung, sagen die Anhänger des Mahayana, sondern die Entfaltung der Lehre des Buddha.

Während im Kleinen Fahrzeug das Ideal der mönchische *Arhat* ist (Paradigma II), der das Heil nur für sich selbst erlangen will, setzt sich im Großen Fahrzeug das Ideal des menschenfreundlichen Heiligen, des Erleuchtungswesens, des *Boddhisattva* durch (Paradigma III). Dieser sucht nicht für sich den kürzesten Weg zum Nirvana, sondern bemüht sich um die Erlösung anderer, in grenzenlosem Mitleid allen Menschen verpflichtet. Die von Anfang an gegebene Spannung zwischen mönchischer und laikaler Existenz erscheint hier aufgelöst. Eine Laienreligion, die auch Nicht-Mönchen, auch den Frauen, das Erlangen der Erleuchtung verspricht.

Das Diamantfahrzeug: Tibet

Erst im 7./8. Jahrhundert kam der Buddhismus auch ins »Schneeland der wilden Kriege«, nach Tibet. Und hier entwickelte sich in Synthese mit der alten Bön-Religion das tibetische *Vajrayana*, das »Diamantfahrzeug«

(Paradigma IV). Diamant als Symbol des Unzerstörbaren, Absoluten. Das Vajrayana ist erfolgreich nicht zuletzt wegen esoterisch-magischer Praktiken und psychologisierenden Ritualismus.

Das zentralasiatische Hochland Tibet und seine Religion habe ich auf der Informationsreise 1987 zusammen mit Julia Ching und Will Oxtoby kennengelernt. Das Land war seit Langem von China besetzt und der DALAI LAMA geflohen. Diesen treffe ich zum ersten Mal persönlich anlässlich der Verleihung des Leopold-Lucas-Preises an der Universität Tübingen am 16. Juni 1988. Dankbar bin ich ihm besonders, dass er am 4. September 1993 als Erster die Weltethos-Erklärung des Parlaments der Weltreligionen in Chicago unterschrieben hat.

Nachdem Tibet als Drehort für unsere Filmsequenz über den tibetischen Buddhismus nicht zu realisieren war, haben wir uns für das nordindische Dharamsala entschieden, die Exilresidenz des Dalai Lama. So machen wir uns 1997 auf der Filmreise in Indien mit unserer Crew in einem kleinen Bus auf den mühseligen über zehnstündigen Weg über zum Teil miserable Straßen mit Schlaglöchern in diesen kleinen Ort am Fuße des Himalaja. Hier können wir lebendiges buddhistisches Leben filmen: die Morgenandacht im tibetischen Kloster, Kinder in der Klosterschule, Klosterschüler bei der Debatte, Mönche bei einer Hauszeremonie und die kunstvolle Herstellung eines buntfarbigen großen Sandmandalas. In krassem Kontrast dazu freilich der miserable Zustand des Ortes: Überall Unrat und Müll, offenbar ist man hier mit den Massen der Pilger und Exiltibeter überfordert. Die Tage in Dharamsala zehren sichtlich an unseren Kräften.

Aber dann – nach einigen Mühen mit dem Personal – die erneute Begegnung mit dem Dalai Lama persönlich. Er begrüßt mich freundlich und legt mir den weißen Schal der Tibeter als Zeichen des Friedens um den Hals. Der Dalai Lama imponiert mir trotz seiner gelegentlich etwas allgemeinen Aussagen. Denn:

– Er gibt alle weltliche Autorität auf und verkörpert eine geistliche Autorität, ohne damit (wie die Päpste) einen massiven Machtanspruch zu verbinden.

– Er verkörpert zugleich einen zeitgenössischen Buddhismus, ohne an den Dogmen der Vergangenheit festzukleben.

– Er setzt sich mutig für den Frieden in der Welt ein, ohne sich ständig ins Zentrum stellen zu wollen.

– Er hat in seinem Kampf für die Autonomie Tibets die Gewaltfreiheit seit Jahrzehnten konsequent durchgehalten, auch gegen den Widerstand radikalerer tibetischer Gruppen.

Eine völlig andere Wende als in Zentralasien hat der Buddhismus hingegen in Japan genommen, das ich schon früh besucht habe.

Moderner Buddhismus in Japan

Bereits im November 1964 hatte ich Japans pulsierende Hauptstadt kennengelernt, allerdings auch die Schwierigkeiten der Kommunikation, wenn man Japanisch weder lesen noch sprechen kann. 1979 bin ich, dieses Mal als Mitglied des Kennedy-Instituts für Ethik in Washington, erneut in Tokio. An der katholischen Sophia-Universität hören wir ausgezeichnete Vorträge über Erziehung in Japan, über die Curricula japanischer Universitäten, über biologische Probleme und über Gesetz und Ethik; ich selber halte einen Vortrag über Religion und Wissenschaft. Dann ein Abendessen in der Ginza, dem berühmtesten Stadtbezirk Tokios, und am nächsten Morgen ein Besuch im kaiserlichen Bezirk. Dann geht es weiter nach China.

Entscheidende Impulse verdanke ich der Einladung zum *5. Zen-Symposion* vom 7. bis 12. März 1987 in Kyoto, an dem ich über die Frage referiere »One True Religion?«, aber vor allem mit den bekanntesten Vertretern des Zen-Buddhismus in Japan diskutieren darf.[6] Wir wohnen im Klosterbezirk in einem Hotel im einfachen Zen-Stil und essen vegetarisch. Außerdem genieße ich eine klassische Teezeremonie und ein Abendessen im Tempel von Abt Hirata Roshi, bei dem es erfreulicherweise auch Bier zu trinken gibt. Am Tag darauf halte ich an Kyotos Doshisha-Universität einen öffentlichen Vortrag zum Thema »Wohin geht die Christenheit?«, anschließend ein typisch japanisches Abendessen mit der Fakultät.

Ich verdanke es aber der Japan Foundation, dass ich anschließend eine zehntägige Studienreise durch ganz Japan machen darf, begleitet von der sympathischen Reiseführerin Yuko Yoshimi: Neben den mir schon bekannten Großstädten und den zwei durch die Atombombe von 1945 zerstörten Städten Hiroshima und Nagasaki besuchen wir so wichtige Orte wie Tenri (Geburtsort der neuen monotheistischen Religion Tenrikyo), Kamakura mit der monumentalen Bronzestatue des Amida-Buddha, die Perleninsel Mikimoto und vor allem das in reizender Natur gelegene höchste shintoistische Heiligtum in Ise: den Schrein der kaiserlichen Familie mit dem heiligen Spiegel der Sonnengottheit Amaterasu (wird alle 20 Jahre neu aufgebaut). In Tokio laden mich sowohl der schweizerische Botschafter Dr. Dieter Chenaux-Repond wie der deutsche Botschafter Hans-Joachim Hallier zu einem Abendessen ein, bei dem ich mit interessanten Persönlichkeiten ins Gespräch komme. Am 26. März halte ich schließlich noch einen Vortrag im Goethe-Institut über »Aufklärung durch Religion. Zur Situation der Nachmoderne«. Am nächsten Tag geht es weiter nach Taipeh.

Im Oktober 1997 komme ich dann für die »Spurensuche« erneut nach Japan. In der alten Kaiserstadt *Nara*, wo die großartige klassische chinesische Kunst und Architektur der buddhistischen Tang-Zeit des 7./8. Jahrhunderts (in Europa Beginn des Frankenreichs) ihren Niederschlag gefunden hat, wird erfreulicherweise gerade das Herbstfest gefeiert. So erleben und filmen wir eine farbenprächtige Prozession von Hunderten Mönchen aus China (im gelben Gewand), Korea (grau), Tibet (rot) und Japan (violett). Im größten Holzbau der Welt, im Todaiji-Tempel (eingeweiht 752), spielt sich die hochzeremonielle Versammlung einer klerikalen Religion von Mönchshierarchien mit feierlichen Titeln und kostbaren Gewändern ab. Wie ich mich oft bei einer Bischofsprozession oder einer römischen Papstmanifestation fragte, was dies alles mit Jesus von Nazaret zu tun habe, so frage ich mich auch dort, während ich den Sutren und Anrufungen lausche, was denn dies alles mit dem ursprünglichen Buddha Gautama zu tun habe.

Aber der Große Buddha (»Daibutsu«, mit 18 Metern Höhe die größte Bronzestatue der Welt) im Todaiji-Tempel in Nara ist gerade nicht, wie ich vermutet hatte, der irdische Buddha Gautama. Es ist vielmehr der überirdische Buddha, ein das Menschliche übersteigendes, transzendentes Wesen, vor dem es in früheren Zeitaltern sogar schon andere überweltlich-ewige Buddhas gab und nach dem noch ein anderer letzter Buddha kommen wird: der Buddha Maitreya, »der Lichtbuddha«, der die allumfassende Liebe verkörpern wird.

Doch wie der Hinduismus, so wurde auch der Buddhismus unaufhaltsam mit der europäischen *Moderne* konfrontiert. Japans Hauptstadt war schon früh von Nara nach *Kyoto* verlegt worden, bis heute Japans spirituelles Herz mit rund 1000 buddhistischen Tempeln, neben 200 Shinto-Schreinen. Schon früh hatte sich der Buddhismus mit der japanischen Urreligion des *Shinto* und dessen Naturverehrung und Naturgöttern (»Kami«) verbunden. Der Buddhismus wurde »japanisiert« und zugleich die einheimische Shinto-Religion »buddhisiert«. Durch diesen Prozess entstand der spezifisch *japanische Buddhismus*, der die Voraussetzung bildete für den kulturellen Aufstieg Japans: Kunst, Architektur, Städtebau, staatliche Verwaltung.

Doch Kyoto erfahre ich erneut als eine typisch moderne Millionenstadt, wo – anders als zuvor in Kandy (Sri Lanka), Rangun und Mandalay (Birma), Bangkok und Chiang Mai (Thailand) – im Straßenbild kaum noch Mönche zu finden sind. Dafür Handys, Leuchtreklamen, Massenverkehr und Hochhäuser. In der Meiji-Zeit (1868–1912) hatte die rasante Modernisierung Japans begonnen und zu einer starken Säkularisierung und Verwestlichung aller Lebensbereiche geführt. Natürlich blieben buddhistische »Inseln«: Wir filmen den wunderbaren Steingarten im Ryoanji-Tempel und betende Mönche im Myoshinji-Tempel und den Zen-Alltag im Tenryuji-Tempel, wo ich erneut auch einen Dialog mit dem berühmten Zen-Meister Hirata Roshi führen kann. Es geht um den Buddhismus, wie er heute gelebt werden soll.

Erneut in Kyoto findet am 23. und 24. Oktober 1998 ein Internationales Forum statt, zu dem die große japanische Tageszeitung »Asahi Shimbun« eingeladen hat. Zur Thematik »In Search for a New Ethic Toward the 21st Century« halte ich die »keynote speech«.

Offenkundig hat sich im 20. Jahrhundert im Buddhismus eine Erneuerung vollzogen und einen *modernen Buddhismus* (Paradigma V) heraufgeführt. Die junge Generation Japans ist ja zweifellos bedroht durch eine neue Konzentration auf die materiellen Werte, die mit dem wirtschaftlichen Aufschwung gegeben ist. Erfreulicherweise ist die große Mehrheit der Japaner nicht gefährdet durch den Rückfall in eine reaktionäre Religion der Vergangenheit, einen erneut nationalistischen Shinto, wohl aber durch religionslosen Säkularismus, Materialismus und Konsumismus wie viele im Westen auch.

Drei buddhistische Optionen

Ich mache mit den drei Optionen Bekanntschaft, die der Buddhismus den modernen Japanern anbietet: Er kann sich konzentrieren – schematisch gesehen – entweder auf das »Meditieren« oder das »Rezitieren« oder das »Agieren«. Alle drei Strömungen werden repräsentiert durch große buddhistische Reformatoren besonders des 12. und 13. Jahrhunderts:

Mir imponieren die Anhänger des *Meditationsbuddhismus* jener Zen-Meister, die religiöse Konzentration, Vereinfachung, Verinnerlichung und die unmittelbare Erfahrung des Herzens auf dem Weg der Meditation zu erreichen suchen.

Mich beeindrucken aber auch die Anhänger des *Glaubensbuddhismus*, die in der modernen Gesellschaft die totale Eigenverantwortlichkeit des Zen-Buddhisten für sein Heil als eher unerträglich empfinden. In der gemeinsamen vertrauensvollen Anrufung des Buddha-Namens finden sie den für sie richtigen Weg: im Vertrauen auf eine »andere Kraft« – allein vom Glauben her, ganz auf das Versprechen des Buddha Amida hin, der für sie Erbarmen und Weisheit ausstrahlt. Sie feiern eine ausgedehnte Liturgie mit Lesung, Bekenntnis der Schuld und einem gesungenen »Nembutsu«: »Namu (Verehrung) Amida Butsu (Buddha)«. Doch sowohl an den Meditationsbuddhismus wie an den Glaubensbuddhismus wird oft die kritische Anfrage gestellt, wie sie sich denn zum Ethos verhalten, das doch weder bei der Meditation noch bei der Liturgie vergessen werden darf.

Gerade das oft vernachlässigte Ethos wird betont durch den *sozialpolitischen* Buddhismus, der sich konzentriert auf die Rezitation des Lotos-Sutra und auf die Erfüllung sozialpolitischer Aufgaben. Die Millionen Mitglieder zählenden buddhistischen Laienreligionen Reiyu-kai, Soka Gakkai und Rissho Kosei-kai (1925, 1930 und 1938 gegründet) sind alle mehr oder weniger ethisch ausgerichtet. Ich bin stolz darauf, für meinen Einsatz für ein Weltethos von Rissho Kosei-kai 2005 in einer großen Feier in Tokio den 22. Niwano-Friedenspreis verliehen zu bekommen, benannt nach Nikkyo Niwano, dem charismatischen Gründer und ersten Präsidenten der Rissho Kosei-kai. Der Preis ist hoch dotiert mit 100.000 Euro, die ich weitergegeben habe zur Unterstützung eines jungen Wissenschaftlers, der sich um das Weltethos und die Stiftung sehr verdient gemacht hat.

Die Meditation im Zentrum

Eine große Stärke des Buddhismus ist und bleibt zweifellos die Meditation. Ich bin selber in meinen sieben römischen Ausbildungsjahren in der christlichen Meditationspraxis – im Geist des Exerzitienbüchleins des Ignatius von Loyola – »trainiert« worden: Jeden Tag nach dem Aufstehen eine halbe Stunde Meditation, vor Gottesdienst und Frühstück: über Szenen der Bibel, des Lebens Jesu, über Psalmworte, die Worte des Neuen Testaments und über Heilige und religiöse Ereignisse ... Ich weiß also, wovon ich rede, wenn ich von christlicher Meditation rede. Doch zugleich muss ich sagen: Meditationsübungen, so wichtig sie für einzelne Christen sind, gehören nicht zum Zentrum der Religion. Man kann Christ sein, ohne zu meditieren. Im Buddhismus ist das anders, und das wollte ich nicht nur wissen, sondern auch erfahren.

Die Meditation gehört als Mittel der geistigen Selbstdisziplinierung zum »achtfachen Pfad« des Buddha. Mehr als bestimmte liturgische Praktiken oder ein bestimmtes philosophisches System sind deshalb für den Buddhismus von Anfang an Meditationsübungen charakteristisch. Denn sie sollen den in Verblendung, Hass und Begehrlichkeit, kurz, in Ichsucht befangenen Menschen zur Achtsamkeit, Sammlung und Befreiung des Geistes führen, zur Versenkung und zum erlösenden Wissen: dass alle Dinge – der Meditierende eingeschlossen – bedingt entstehen und vergehen, substanzlos und deshalb leidvoll sind und dass die Befreiung von jeglichem Begehren und Anhaften auch das Ende der Leiden bringen wird. Deshalb gibt es keine Weisheit ohne Konzentration des Denkens: eine Konzentration, die jedoch nach buddhistischer Auffassung den Geist nicht mit Gedanken bereichern, sondern aller Gedanken entleeren soll. Die beste Meditation ist nach buddhistischer Auffassung die objektlose Meditation, die nicht auf Fülle, sondern auf Leere zielt.

Der Buddhismus ist von seinem Ursprung her eine Mönchsreligion, und die Mönche haben für die Meditation ausgeklügelte Methoden entwickelt. Ich habe an verschiedenen Orten, zumeist in buddhistischen Klöstern, an Meditationsübungen teilgenommen: in Birma, Indien, Japan, Tibet und auf Hawaii. Ich erinnere mich, wie ich schon 1984 in einem birmanischen Meditationszentrum in einem großen Park in Rangun eine Meditation nach der Methode des Mahasi Sayadaw mitgemacht hatte: In Achtsamkeit beobachte ich im Sitzen meinen eigenen *Atem* und versuche zugleich nichts zu denken. Aber ich achte auf das ständige Auf- und Abschwellen und momentane Anhalten des Atems, das für Buddhisten auf die Vergänglichkeit und Substanzlosigkeit des menschlichen Daseins und aller Dinge hinweist. Dieses ruhige gleichmäßige Atmen kann jedoch, scheint mir, auch anders empfunden werden: Dass der Atem nicht stockt, sondern immer wieder neu anschwillt, erscheint mir als ein Zeichen des immer neuen Lebens. Gerade das Atmen lässt mich so das Leben bejahen und auf diese Weise meinen Geist zur Ruhe kommen. Später habe ich diese Haltung als Lebensvertrauen oder »Grundvertrauen in die Wirklichkeit« analysiert. Welches Wunder, dass auch mein Herz seit meiner Geburt jetzt schon weit über acht Jahrzehnte Tag und Nacht schlägt, ohne auch nur eine Minute auszusetzen …

Die beiden jungen Schweizer Mönche, die ich im Meditationszentrum von Rangun zu meiner Überraschung unmittelbar nach ihrer Einkleidung und Mönchsweihe im Kloster kennenlerne, scheinen ihren Buddhismus auch so positiv zu verstehen. Ich zweifle nicht daran, dass solche Meditationsübungen auch für Christen eine Hilfe sein können, um durch Loslösung von der Welt und Einkehr nach innen zur Überwindung von Verblendung, Hass und Begehrlichkeit und so zur Ruhe, Gelassenheit und Selbstvergessenheit zu gelangen, also zu einer wahren inneren Befreiung und zur Erleuchtung. Eine Befreiung, gerade für Katholiken, von kirchlichem Ritualismus, liturgischer Geschäftigkeit und dogmatischer Überfrachtung. Allerdings finden sich diese Übel auch im Buddhismus. Dies stelle ich gerade in Theravada-Ländern fest, wo buddhistische Lehre, Ritus und Verdienstglaube die Meditation verdrängt haben.

Reformen im Buddhismus?

Vor einem hochrangigen Mönch auf seinem Thron in einer für mich unbequemen Sitzhaltung auf dem Boden, ohne ihm die Fußsohlen entgegenzustrecken, ein längeres Gespräch zu führen, empfinde ich nicht gerade als befreiend. Man muss freilich wissen, dass in diesem Land die Füße als schmutzigster Teil des Körpers gelten, weil die Menschen früher (und auf dem Land vielfach noch heute) barfuß gingen; und deshalb soll man wie dem Buddha so auch den Mönchen nicht die Füße entgegenstrecken.

Von daher wird man verstehen, dass eine gebildete Thai-Buddhistin wie Sanitsuda Ekachai, stellvertretende Redakteurin der »Bangkok Post«, geradezu zu Tränen gerührt ist, als sie am Fernsehen Papst Franziskus am Gründonnerstag 2013 die Füße von jungen Strafgefangenen und sogar einer Frau und Muslimin waschen sieht. Im Leitartikel mit dem Titel: »Papst Franziskus gibt ein Beispiel für alle Religionen« schreibt sie: »Wenn wir ehrlich sein wollen, so wird der Thai-Buddhistische Klerus von denselben Problemen geplagt wie die katholische Kirche. Sogar vielleicht noch schlimmer. Um damit zu beginnen, es ist sozusagen keine Rede von Sexualmissbrauch im Klerus, obwohl das Problem schwerwiegend ist. Es gibt keine Anstrengungen, um die Kommerzialisierung des Buddhismus zu bändigen und die Ausbildung der Mönche zu verbessern; Frauenordination bleibt im Thai-Theravada-Buddhismus illegal. Die Ältesten leben in einem Kokon von materiellem Reichtum und Komfort, während das kirchliche System zutiefst feudal und autokratisch bleibt. Und während die katholische Kirche auf die Kritik durch die Einleitung von Reformen antwortete, hat der Thai-Buddhistische Klerus versucht ein Gesetz zu fördern, das die Medien wegen Verdunkelung seines Images bestraft. Ähnlich wie in der katholischen Kirche verlassen junge Menschen hier Tempel und Mönche. Papst Franziskus hat gezeigt, dass die Rückkehr zu Demut und unterschiedslosem Mitleid eine gewinnbringende Bewegung ist, um den Glauben wiederherzustellen. Hier jedoch gibt es noch kein Zeichen, dass der Klerus Reichtum und Komfort aufgeben will, um den Buddha-Weg der Einfachheit und Selbstlosigkeit einzuschlagen.« (›Bangkok Post‹, 3. April 2013)

Am wohl wichtigsten Feiertag im buddhistischen »Tempeljahr«, dem »Visakha-Bucha-Tag«, an welchem des Buddha Geburt, Erleuchtung und Tod (Eingang ins Nirwana) gedacht wird, erscheint ein weiterer Leitartikel der »Bangkok Post« (24. Mai 2013) unter dem Titel »Die Gesellschaft erfährt eine moralische Krise«. Aber dieses Mal ist keine Rede vom Papst. Vielmehr werden die Thai-Gesellschaft, die »feudale Hierarchie« und die vielfach versagenden Mönche Punkt um Punkt mit den ursprünglichen Lehren des Buddha konfrontiert. »Der Buddha lehrte, wie die mentalen Bedingtheiten des Geistes aufzuheben sind, und erklärte, dass jeder Mensch – ungeachtet von Rasse, Klasse, Ethnizität oder Geschlecht – das Potenzial besitzt, spirituelle Befreiung zu erreichen.«

Der buddhistische Beitrag zu einem Weltethos

In den 1990er-Jahren beschäftigt mich vor allem auch die Frage, was der spezifische Beitrag des Buddhismus zu einem Weltethos sein kann. Der Buddhismus fordert ganz entschieden den Einzelnen heraus. Jeder muss selber den Weg gehen. Der Mensch macht sich selbst zu dem, was er ist. Mensch wird man, indem man sich in menschliches Verhalten einübt. Entscheidend ist dabei, das Ich möglichst zu vergessen, sich in *Selbstlosigkeit* zu üben. In jener Selbstlosigkeit, die Voraussetzung ist, um allen Lebewesen:

– statt Ablehnung und Abgrenzung unbegrenztes *Wohlwollen* (*maitri*) entgegenzubringen,
– statt Gefühlskälte und Unsensibilität allumfassendes *Mitgefühl* (*karuna*),
– statt Neid und Eifersucht stille *Mitfreude* (*mudita*), und schließlich *Gelassenheit* (*upekkha*). In der Tat, die Menschheit könnte in einer neuen Weltkonstellation mehr Mitgefühl, Friedfertigkeit, Sanftheit, Heiterkeit, Toleranz und Harmonie im Geist des Buddha brauchen.

Eine der klassischen buddhistischen Übungen, diese Selbstvergessenheit und das innere Loslassen zu erlernen, ist das *Bogenschießen*: absichtslos verweilen, bis »es« schießt. Nicht von ungefähr bilden zwei Bogenschützen den beeindruckenden Anfang und Schluss unseres Films über den Buddhismus.

Das Zweite Vatikanische Konzil hat die große spirituelle Kraft des *Buddhismus* anerkannt: »In den verschiedenen Formen des Buddhismus wird das radikale Ungenügen der veränderlichen Welt anerkannt und ein Weg gelehrt, auf dem die Menschen mit frommem und vertrauendem Sinn entweder den Zustand vollkommener Befreiung zu erreichen oder – sei es durch eigene Bemühung, sei es vermittels höherer Hilfe – zur höchsten Erleuchtung zu gelangen vermögen.«

Am Ende der Konzilserklärung heißt es schließlich von den *Weltreligionen ganz allgemein*: »So sind auch die übrigen in der ganzen Welt verbreiteten Religionen bemüht, der Unruhe des menschlichen Herzens auf verschiedene Weise zu begegnen, indem sie Wege weisen: Lehren und Lebensregeln sowie auch heilige Riten. Die katholische Kirche lehnt nichts von alledem ab, was in diesen Religionen wahr und heilig ist.«[7] Dies genau ist auch mein Standpunkt.

IX. Meine Welt der Religionen Chinas

»Umkehrpunkte zum Neuen und glitzernde Sterne
Schmücken gerade das unverstellte Firmament
Es sind 5000 Jahre alte Piktogramme,
Es sind die aufmerksam blickenden Augen zukünftiger Menschen.«

Der Lyriker Bei Dao, geboren im chinesischen Schicksalsjahr 1949 in Peking, ein Angehöriger der »verlorenen Generation« der Kulturrevolution, wendet sich in seinem »Unglaubensbekenntnis« am Ende der chinesischen Tradition zu.

Der *Renmin University of China* verdanke ich es, dass ich im Herbst 2009 im idealen chinesischen Alter von neun mal neun Jahren abermals in Peking sein kann; weißhaarig zwar wie der Weise Laozi, aber nicht wie er, der Legende nach, die 81 Jahre im Mutterleib verborgen! Wie schön, dass die Hochschätzung des Alters und seiner Weisheit eine Konstante der chinesischen Geschichte geblieben ist. So freue ich mich außerordentlich, dass ich eingeladen bin, am 30. Oktober 2009 einen Vortrag zur Eröffnung des Zweiten Internationalen Sinologenkongresses zu halten, nachdem ich aus Termingründen am ersten nicht habe teilnehmen können

Meine Einleitung: »Ich beanspruche in keiner Weise, ein Sinologe zu sein, der Sie über traditionelle chinesische Ethik belehren will. Andererseits bin ich auch kein Missionar, der Sie zu einer alten oder neuen Religion zu bekehren versucht. Ich spreche zu Ihnen schlicht als ›scholar‹, ›Gelehrter‹, als ein christlicher Philosoph und Theologe, der die Geschichte der Kultur Chinas in Büchern und vor Ort studierte und bewundert, seit er 1964 in Hongkong – es sind jetzt fast fünf Jahrzehnte her – zum ersten Mal chinesischen Boden betrat, und der seit vielen Jahren ein Programm vertritt, das einen Dialog der Religionen und ein globales Ethos fordert. Erfreulicherweise hat es gerade in China ein sehr positives Echo ausgelöst.«

Erfahrungen mit lebendiger chinesischer Religiosität

»Das kommt mir Spanisch vor«, sagt man im Volksmund, wenn man auf etwas völlig Fremdes, Fernes, Unverständliches stößt. Analog spricht man von »Fachchinesisch« und meint damit eine Ausdrucksweise oder ein Fachwissen, das für Außenstehende fremd und unverständlich klingt und nur wenigen Experten zugänglich ist.

Bis weit ins 20. Jahrhundert hinein galt China – von chinesischen Kunstgegenständen, Porzellangeschirr, Vasen und anderen »Chinoiserien« abgesehen – noch immer als eine ferne, fremde Welt, die nur wenigen Spezialisten bekannt oder gar vertraut war. Von den einen wurde China, verglichen mit dem sich rasch modernisierenden Japan, als politisch-kulturell dekadent abgetan, von anderen – wegen der riesigen Bevölkerungszahl von so vielen Hunderten Millionen Menschen – als »Gelbe Gefahr« verunglimpft. Eine irrationale China-Phobie, die vor dem Hintergrund der wachsenden Wirtschaftsmacht Chinas und der weltweiten Finanz- und Wirtschaftskrise auch in unseren Tagen ein konjunkturelles Hoch erlebt.

An meinem Gymnasium in Luzern war ich im Philosophieunterricht immerhin in Chinas berühmteste, Laozi zugeschriebene, Weisheitsschrift, »Daodejing« (früher Tao-te-king), eingeführt worden, den Klassiker des chinesischen Daoismus. Aber China spielte in der ganzen ersten Hälfte des 20. Jahrhunderts weltpolitisch keine Rolle: seine Ökonomie ausgebeutet, seine nationale Unabhängigkeit stark eingeschränkt, seine kulturelle Identität gefährdet. Der Vatikan, der 1933 Hitler mit einem Konkordat diplomatisch hoffähig gemacht und mit den faschistischen Regimen in Italien, Spanien, Portugal und Vichy-Frankreich kollaboriert hatte, stand während des japanischen Aggressionskriegs gegen China (1931–45) »neutral« auf der Seite des militaristischen Japan und erkannte eilig den japanischen Marionettenstaat »Mandschukuo« (faktisch die chinesische Mandschurei) an. Leicht verständlich, dass in dieser Zeit des europäisch-amerikanisch-japanischen Imperialismus in China ein antireligiös-säkularistisches und anti-christliches Denken weit verbreitet ist.

Natürlich ist mir daran gelegen, auch China, seine Religion und seine Menschen nicht nur aus Büchern kennenzulernen. Noch mehr als auf den »Nahen Osten« bin ich auf den »Fernen Osten« neugierig. Aber während ich Erfahrungen mit dem lebendigen Judentum und dem lebendigen Islam nach dem Zweiten Weltkrieg schon in den 1950er- und 1960er-Jahren machen kann, gestaltet sich dies für mich aufgrund der dramatischen politischen Entwicklung in China ungleich schwieriger. Auch in der Schweiz hatten wir den unaufhaltsamen *Aufstieg der Kommunistischen Partei Chinas* (schon 1924–34; dann 1947–49) zunächst bestenfalls am Rande wahrgenommen. Diese neue chinesische revolutionäre Bewegung hatte zugleich eine nationale Dimension (gegen die Japaner) und eine soziale (zur Mobilisierung der Bauern). Aufgrund der ganzen Vorgeschichte ist sie radikal gegen das Christentum als eine »imperialistische Fremdreligion« und besonders gegen den Vatikan eingestellt. Dabei hatte Papst Pius XII. nach dem Zweiten Weltkrieg 1946 endlich eine selbstständige chinesische Kirchenhierarchie errichtet – freilich um Jahrhunderte zu spät (wie zweideutig ist doch das Diktum der Kurie »pensiamo in secoli – wir denken in Jahrhunderten«!) Drei Jahre später wird statt des Christentums der Marxismus-Leninismus zur Religion, besser Pseudo-Religion der fast einen Milliarde Chinesen: Proklamation der Chinesischen Volksrepublik nach sowjetischem Muster am 21. September 1949 durch MAO ZEDONG.

In diesem Jahr 1949 bin ich bereits ein Jahr für meine philosophisch-theologischen Studien in Rom. Für die kommunistenfeindlichen chinesischen Kirchen, besonders die vermögende römisch-katholische, erweist sich die kommunistische Revolution als Katastrophe. Sie erinnert an die große Revolution in Frankreich und an die bolschewistische Revolution in Russland: Ausweisung aller ausländischen Missionare und Schwestern aus China, Verbot der kirchlichen Presse, Konfiszierung sämtlicher katholischer Universitäten und Schulen, Krankenhäuser und karitativen Anstalten sowie allen Kirchenguts.

Aber während ich in Rom (wie in Bd. I berichtet) den *sowjetischen* Marxismus-Leninismus unter kundiger Leitung kritisch-selbstkritisch genau studieren kann, begegnen mir in Bezug auf die Entwicklung des *chinesischen Marxismus-Leninismus (Maoismus)* nur Ignoranz, Unverständnis und Anklage. Pius XII. weiß auf diese verhängnisvollen Entwicklungen nur mit den traditionellen römischen Methoden der Verurteilung und Verbote zu antworten: Verurteilung der (in vieler Hinsicht berechtigten) chinesischen Forderung nach den *»drei Selbst«*: der Selbstunterhaltung, Selbstverwaltung und Selbstverbreitung der Religionen. Weiter ein (völlig illusorisches) Verbot jeglicher Zusammenarbeit mit dem kommunistischen Regime. Verbot auch der Lektüre kommunistischer Zeitungen, Zeitschriften und Bücher und des Beitritts zu chinesischen Gewerkschaften. Schließlich die diplomatische Anerkennung Taiwans, für Peking eine »abtrünnige chinesische Provinz«, als »wahres China«.

Wieder einmal setzt der Vatikan, der sich stets einer universalen Weltsicht rühmt, politisch auf die falsche Karte. Es sollte bis in unsere Tage hinein dauern, bis man die *epochale Bedeutung der Chinesischen Revolution* trotz all ihrer Exzesse erkennt: Zum ersten Mal in der Neuzeit ist China vom Einfluss fremder Mächte befreit und hat in voller Selbstständigkeit (schließlich auch gegenüber der »brüderlichen« Sowjetunion) seine nationale Würde wiedergefunden – freilich unter Millionen von Opfern und vielfacher Zerstörung der Familienbande (in »Volkskommunen«) und im Kampf nicht nur gegen die »fremden« christlichen Kirchen, sondern auch gegen die traditionellen Lehren seines größten Lehrers: Konfuzius.

China – eine geistige Großmacht

Vor dieser dunklen Folie der Entwicklung Chinas ist es nicht leicht, das aktuelle China in freundlichem Licht zu sehen. Freilich hatte ich schon auf meiner ersten Reise rund um die Welt Ende November 1964, wie im ersten Erinnerungsband berichtet, meinen Fuß zum ersten Mal auf chinesischen Boden gesetzt: In der reizvoll gelegenen modernen Hafenstadt *Hongkong* – damals noch britische Kronkolonie – bekomme ich einen ersten Eindruck vom brodelnden Leben und der ungeheuren wirtschaftlichen Dynamik der Chinesen. Doch mit dem dort besuchten chinesischen Tempel weiß ich geistig wenig anzufangen.

Manchmal habe ich mich gefragt, warum viele christliche Theologen oft *emotionale Widerstände* empfinden, *sich mit anderen Religionen auseinanderzusetzen*. Es können natürlich Glaubensmotive sein, etwa eine einseitige Konzentration auf exklusive Aussagen des Neuen Testaments oder Zwänge des eigenen dogmatischen Systems, in dem andere Religionen von vornherein keinen Platz finden. Aber manchmal hat es einen viel simpleren Grund: Sich mit anderen Religionen auseinanderzusetzen bedeutet Arbeit, viel Arbeit. Und die meisten Theologen dürften schon genug Arbeit damit haben, ihre Lieblingsautoren zu studieren und sich in ihrem eigenen theologischen System zurechtzufinden. Die Angst, die Welt der Religionen nicht bewältigen zu können, ist verständlich. Nur ich weiß, wie viel Arbeit es für mich persönlich brauchte, mich auch nur einigermaßen in der Welt des Judentums und des Islams zurechtzufinden; das ist in den vorausgehenden Kapiteln deutlich geworden. Aber es ist keine Frage, dass die weiter entfernten Religionen indischen und chinesischen Ursprungs uns Europäern noch erheblich mehr Aufwand an Zeit und geistiger Anstrengung, Studien und Reisen abfordern. Um das alles etwas deutlich zu machen, erzähle ich hier zuerst etwas von weiteren Etappen nach 1964, in denen ich gerade die Religionen Chinas langsam verstehen lernte.

1971, auf meiner zweiten Reise um die Welt, kommt es für mich in Australiens Hauptstadt Canberra zu der *Begegnung mit der Chinesin* Julia Ching, die sich für mich als schicksalhaft erweisen sollte; im zweiten Erinnerungsband habe ich davon berichtet (Kap. V: Bei den Antipoden). Sie stammt aus einer alten chinesischen Familie und ist in Schanghai aufgewachsen. Ich bin von ihr beeindruckt: von ihrem wachen Geist, ihrem Wissen, ihrer Intelligenz, ihrer historischen Erfahrung. Was europäische Sinologen mühsam lernen müssen – die Kenntnisse des Mandarin, des Kantonesischen und des Schanghai-Chinesischen – war ihr schon in die

Wiege gelegt. Während der Diskussionen im Haus des liebenswürdigen Religionswissenschaftlers Tony Johns mit Kollegen der National University of Australia in der Hauptstadt Canberra kann ich genau ihre chinesische Mimik, Gestik und Denkweise beobachten und bin fasziniert.

Durch Julia Ching lerne ich die chinesische Kultur schätzen; eine breite, überaus kunstvolle Seidenmalerei vom Ursprungsort ihrer Familie, Wuxi im Delta des Jangtsekiang, mir später bei einem gemeinsamen Besuch dort vom Maler gewidmet und signiert, erinnert mich bis heute in meiner Schlafkoje im Seehaus an die leider allzu früh (2001) an Tuberkulose Verstorbene. Ihr verdanke ich auch meinen mit chinesischen Schriftzeichen transkribierten Namen auf einem schönen Siegel: Kung (Konfuzius), Han (China), se (Gelehrter). Von ihr lerne ich aber auch, die Errungenschaften der kommunistischen Revolution differenziert zu bewerten. Denn diese Revolution hatte ihre große Familie zwar getrennt, jedoch ihren Zusammenhalt nicht zerstört. Die einen entschieden sich für Taiwan, die anderen für Maos kommunistisches China. Später lerne ich in Peking einerseits ihren Onkel kennen, der in Opposition zum Regime gestanden hatte und eben aus dem Zwangsarbeitslager zurückgekommen war, andererseits ihre Tante, die einzige Ministerin (für Energiewirtschaft) im Kabinett des Reformers Deng Xiaoping, in deren diskret abgeschirmter, aber nicht übermäßig luxuriöser privater Residenz wir einen Abend verbringen.

Durch Studien, Reisen und persönliche Begegnungen habe ich in der Folge erhebliche Anstrengungen unternommen, mir die Bedeutung Chinas gerade als *geistige Großmacht* sowohl durch historische Forschung wie durch konkrete Anschauung zu erschließen und mir einen lebendigen Eindruck von den politischen und gesellschaftlichen Umbrüchen zu verschaffen. Ich bin mir bewusst: Dem Phänomen China darf man sich nicht allein von wissenschaftlich-technologischer und ökonomisch-politischer Seite annähern. China und seine Menschen sind auch von der kulturellen, und das heißt von der philosophischen, ethischen, religiösen Seite her ernst zu nehmen.

Erste China-Reise 1979

Meine erste China-Reise kann ich 1979 in einer Gruppe des Kennedy-Instituts für Bioethik (Washington) unternehmen; ich hatte den Vorschlag einer solchen Reise über Julia bei Sargent Shriver-Kennedy, dem Präsidentenschwager, ins Spiel gebracht (vgl. Bd. 2, Kap. X: China nach

Mao). Aus dem von mir, Julia und Sargent geplanten Besuch von drei Personen wird eine ganze Delegation von rund 25 Mitgliedern.

Besonders gewinnbringend ist für mich die Präsentation von Professor Liu Shuhsien, der uns an der Chinese University of Hong Kong in seinem Vortrag über chinesische Philosophie Grundlegendes deutlich macht: Während die griechische Philosophie von kosmologischen Fragen nach dem Ursprung aller Dinge ausgeht, so die chinesische Philosophie von praktischen Fragen nach dem richtigen Lebensweg (»dao«). Der Mensch wird gesehen im Ganzen des Kosmos. Und während das römische Recht das Recht des Volkes schützen will, so die chinesischen Gesetze die Rechte des Herrschers, der sich als über dem Gesetz stehend betrachtet. Deshalb herrscht in der chinesischen Philosophie eine weitgehende Abneigung gegenüber Gesetzen und eine Betonung des Ethos. Liu Shuhsien wird später »eine konfuzianische Antwort« in dem von mir herausgegebenen Band »Ja zum Weltethos« (1995) schreiben.

Ich habe ausführlich darüber berichtet (vgl. Bd. 2, Kap. X), wie ich als erster westlicher Philosoph und Theologe 1979 in der Chinesischen Akademie der Sozialwissenschaften ohne jegliche Zensur über Religion und die Gottesfrage hatte sprechen dürfen und mir durch meine selbstkritischen Thesen den Respekt der Chinesen erworben hatte. Das sollte für die Zukunft wichtig sein. Nur am Rande sei daran erinnert, dass mir noch im selben Jahr wegen meiner Unfehlbarkeitszweifel die römischen Autoritäten die kirchliche Lehrbefugnis entziehen. Auch habe ich im selben Kapitel berichtet, dass unsere Gruppe als erste ausländische Delegation Qufu, den Geburtsort des Konfuzius besuchen und sogar in der weitläufigen Residenz der Familie Kung hatte wohnen können. Diese beiden einzigartigen Erfahrungen werden für mein Verständnis von China sehr wichtig. Wer wird in der kommenden Periode die Referenzfigur sein: nach Mao vielleicht wieder Konfuzius?

Ein drittes religiöses Stromsystem

In den 1980er-Jahren hatte ich jene bereits mehrfach erwähnten öffentlichen Dialoge an der Universität Tübingen mit Fachleuten für Islam, Hinduismus und Buddhismus gehalten (vgl. H. Küng u.a., »Christentum und Weltreligionen. Hinführung zum Dialog mit Islam, Hinduismus, Buddhismus«, München 1984). Doch anschließend will ich unbedingt die bisher in Europa allzu wenig präsenten Religionen Chinas in den öffentlichen Dialog einbeziehen. Frühzeitig lade ich deshalb Julia Ching für das Sommersemester 1987 nach Tübingen ein, mache vorher aber noch mit ihr und ihrem Mann, dem kenntnisreichen amerikanischen Religionswissenschaftler Professor WILLARD OXTOBY (1933–2003), eine weitere Studienreise quer durch China – von der Ostküste bis nach Chengdu und Guilin, und schließlich sogar nach Lhasa/Tibet. Von dieser und späteren Reisen blieben zahllose Bilder in meinem Gedächtnis haften, drei aber ganz besonders – die ersten beiden von meinen späteren Filmdrehreisen.

Das erste: Wir fahren in der südlichen Region Guangxi bei schönem Wetter mehrere Stunden durch die spektakuläre Flusslandschaft von *Guilin*. Im breiten Fluss Li spiegeln sich die steilen, grünen Karstkegel, die durch die Jahrhunderte so viele chinesische Maler und Dichter inspiriert haben. Der »Elefantenrüsselberg«, der »Wellenbrecherberg« und mitten in der Stadt der »Berg der außergewöhnlichen Schönheit«: zahlreiche Mythen verbinden sich mit ihm. Eine »typisch chinesische Landschaft«, sagen manche. Doch ist sie höchst verschieden von den riesigen Gebirgslandschaften, die man stundenlang überfliegt, wie auch von den fruchtbaren Tiefebenen und den Riesenmetropolen des Ostens.

Dann das zweite Bild: Wir sind in *Sichuan*, von wo die daoistische Religion als Religion der Unsterblichkeit ausgegangen ist, und sitzen oben auf dem Qingcheng Shan, dem heiligen Berg der Daoisten, zu dem wir auf langen Treppen emporgestiegen sind. Frauen in goldgelben Gewändern vollziehen hier unter Leitung einer Oberpriesterin eine ruhige und feierliche Liturgie mit Gesang, Musik und Weihrauchopfern (keine Tieropfer), an der auch Männer teilnehmen können. Von oben bewundern wir die genial konzipierte große Bewässerungsanlage von Dujiangyan (unterdessen ins UNESCO-Weltkulturerbe aufgenommen). Dies alles erleben wir in nur wenigen Dutzend Kilometern Distanz von Sichuans Hauptstadt *Chengdu*, dem westchinesischen Wirtschaftszentrum, das für gutes Essen berühmt ist, aber wenig Sehenswürdigkeiten bietet, wie etwa die große Pagode des »kostbaren Lichtes«. Im buddhistischen Wenshu-Kloster mit über 400 Statuen dürfen wir trotz wiederholter Bitten nicht filmen, da wir dafür keinen Antrag in Peking gestellt hatten.

Schließlich das dritte Bild in Tibet: Julia, Will und ich blicken in *Lhasa* vom Dach des Jokhang-Tempels hinüber zum gewaltigen Potala-Palast (gut 130 Meter über der Stadt liegend), und da steht mir die wechselvolle schwierige Geschichte Tibets besonders vor Augen. Wir werden nachher auf den Treppen so weit zum Palast hinaufsteigen, wie wir können. Den obersten Bereich aber dürfen wir nicht besichtigen. Es besteht ein gewaltiger Kontrast zwischen den Pilgern, die im Tempel ihre Riten vollziehen, und den Tibetern auf der Straße, die im Verhältnis zu den chinesischen Soldaten in der Minderzahl scheinen. Ich kann nicht anders, als den Potala-Palast mit dem Vatikan zu vergleichen: Die Distanz dieses Palastes und seiner Regierung von der religiösen Gründergestalt scheint mir ebenso groß zu sein. Jedenfalls ist er ein beeindruckendes Bauwerk unmittelbar vor der riesigen Gebirgskulisse des Himalaja. Der Dalai Lama war schon längst aus diesem Palast geflüchtet und hatte sein Domizil im nordindischen Dharamsala aufgeschlagen (vgl. Kap. VIII: Das Diamantfahrzeug).

Bei dieser intensiven Beschäftigung mit der Kultur und Religion Chinas geht mir auf, wie oberflächlich und undifferenziert die traditionelle Rede von »Ost und West« ist, auch die Rede von »westlichen und asiatischen Werten«. So verhält sich meine chinesische Gesprächspartnerin zum Beispiel gegenüber der indischen Lehre von der Wiedergeburt absolut ablehnend; sie könne sich nicht vorstellen, dass ihr Großvater – aufgrund eines negativen Karma – als Ochse oder Fliege wiederkommen solle. Der Wiedergeburtsgedanke sei nicht chinesisch, sondern indisch, nach China importiert durch den Buddhismus, eine Fremdreligion, die sich dann freilich mit Daoismus und Konfuzianismus zu einer authentisch chinesischen Religion vermischt habe. Die Chinesen denken aber von Haus aus nicht zyklisch, sondern geschichtlich linear und sind sich aufgrund ihrer schon frühzeitig einsetzenden Geschichtsschreibung dieser ihrer Geschichte anders als die Inder durchaus bewusst. China besitzt mit seinen rund 5000 Jahren historisch fassbarer Geschichte die *älteste noch heute bestehende Hochkultur* unseres Planeten.

So drängt sich mir allmählich die Einsicht auf: Die chinesischen Religionen bilden neben den Religionen nahöstlicher und indischer Herkunft ein *drittes eigenständiges, kulturhistorisch gleichwertiges religiöses Stromsystem*, das sich schließlich ausdehnte bis Korea und Japan, Vietnam und Taiwan. Diese fernöstlichen Religionen haben aufs Ganze gesehen einen weisheitlichen (»sapientialen«) Charakter – bei allen zahllosen Beeinflussungen und Überschneidungen mit dem indisch-mystischen und dem nahöstlich-prophetischen Stromsystem. Ihr Grundtypus ist weder der Prophet noch der Guru, sondern der *Weise*. So gesehen sind Indien und China, Südasien und Ostasien – von Schrift und Literatur angefangen, über Kunst, Tanz und Kleidung bis zur Mentalität der Menschen – zwei verschiedene Welten. Und ich gestehe, dass mir die eher von nüchterner Rationalität (nicht Rationalismus!) und historischem Denken (nicht Historismus!) geprägte chinesische Kultur persönlich immer leichter zugänglich war und ist als die Welt des indischen Mystizismus und seiner überreichen Mythologie.

Interkulturell-interreligiöser Dialog (1987)

In *öffentlichen Dialogen* an der Universität Tübingen 1987 behandelt JULIA CHING mit mir – nach zwei einführenden Vorlesungen unseres Sinologen TILEMANN GRIMM (»Ein deutsches Chinabild im europäischen Rahmen«) und des Theologen KARL-JOSEF KUSCHEL (»Chinesische Weisheit in moderner deutscher Literatur«) – zuerst die Religion des chinesischen Altertums, in der zweiten Vorlesung den konfuzianischen Humanismus, in der dritten den daoistischen Naturalismus und in der vierten den chinesischen Buddhismus. Ich behandle in meinen stets unmittelbar folgenden Korreferaten – chinesische und christliche Perspektive vergleichend – im ersten Teil nicht nur die Ahnenverehrung, sondern auch Opferpraktiken, Wahrsagung, Schamanentum, allgemeine Volksreligion. Im zweiten Korreferat geht es um die umstrittenen chinesischen Gottesnamen, den historischen Konfuzius und das Humanum als Grundnorm der Ethik. Im dritten um chinesische Heilkunst, das Dao, Yin und Yang und den Neokonfuzianismus. Im vierten schließlich um die sieben unterschiedlichen Modelle der Begegnung zwischen China und dem Christentum im Lauf der Geschichte: äußerliche Angleichung, synkretistische Vermischung oder komplementäre Ebenen; missionarische Konfrontation, kulturelle Überfremdung und antimissionarische Reaktion, schließlich – heute zu praktizieren – kontextuelle Inkulturation.

Julias Referate, gefolgt von meinen Beiträgen, werden als weiterer Band der Vorlesung über »Christentum und Weltreligionen« dokumentiert in unserem gemeinsamen Buch *»Christentum und chinesische Religion«* (München 1988), das neben westlichen Übersetzungen drei chinesische Ausgaben erfährt (Hongkong 1989; Taipeh 1989; Peking 1990). In jenem Band findet sich auch mein Epilog über die *»religiöse Doppelbürgerschaft«*, der hervorging aus persönlichen Gesprächen mit Julia Ching, einer »konfuzianischen Christin«, getestet bei einer intensiven Tagung des Arbeitskreises des Instituts für Ökumenische Forschung vom 26.–28. Juni 1987: Wie bereits in Kap. VIII im Zusammenhang mit dem Buddhismus erwähnt, bejahe ich ohne Einschränkung eine kulturelle Doppelbürgerschaft, mit Einschränkungen auch eine ethische, nicht aber eine im strengen Sinn religiöse, im Glauben.

Jeder, der sich in einen ernsthaften interkulturell-interreligiösen Dialog hineinwagt, kann erfahren, wie intensiv da die gegenseitige Information, wechselseitige Herausforderung und beiderseitige Transformation sein kann. Was sollten dafür die Leitlinien sein? Ich wiederhole es überall, wo ich hinkomme: keine falschen Exklusivismen, die den Dialog früher oder später abbrechen lassen. Aber auch keine unkritische Vermischung und oberflächliche Harmonisierung, welche die Unterschiede nicht ernst nimmt. Vielmehr sind gefordert eine gegenseitige kritische Erhellung, Anregung, Durchdringung und Bereicherung der verschiedenen kulturellen und religiösen Traditionen. Aber dies erwies sich in China als besonders schwierig.

Zugleich Chinese und Christ: »der gelbe Papst«?

Wie ein Chinese auch unter schwierigsten Umständen Christ sein kann, hat exemplarisch durch sein Leben und Wirken der katholische Bischof von Schanghai, ALOYSIUS JIN LUXIAN, gezeigt, den ich 1987 besuche und als einen Freund betrachten darf. Er hat alle Leiden durchgemacht, die ein Christ in Maos China durchmachen kann. Er stammt aus einer Familie, die seit zehn Generationen katholisch ist, verliert aber sehr früh Vater und Mutter und tritt 1938 mit 22 Jahren in den Jesuitenorden ein. Er zeigt von vornherein großes Interesse, christliche Theologie mit chinesischer Philosophie zu verbinden. Er studiert in Köln und Innsbruck; neben Englisch und Französisch lernt er fließend Deutsch. Aber in China tobt der Bürgerkrieg zwischen Nationalisten und Kommunisten, der mit dem Sieg der Kommunisten endet. Am 21. September 1949 Proklamation der Volksrepublik China durch Mao Zedong. Noch stehen mehr als 80 Prozent der chinesischen Katholiken unter der Leitung von europäischen Bischöfen, die sich allesamt antikommunistisch orientiert auf die Seite von Chiang Kai-sheks Partei geschlagen haben.

1950 – ich studiere schon das zweite Jahr Philosophie an der Päpstlichen Universität Gregoriana in Rom – wird an derselben Universität Jin Luxian zum Doktor der Theologie promoviert. Und wie es mir damals darum ging, nach meinen Studien in die Heimat als Seelsorger zurückzukehren, so wollte Aloysius Jin Luxian unbedingt nach China zurück, obwohl ihm angesichts der wachsenden Religionsfeindschaft des kommunistischen Regimes die Verhaftung droht.

Die Jahre von 1955 bis 1973 verbringt Jin in Gefängnissen oder Umerziehungslagern. Aber seine Überzeugung festigt sich, dass es völlig aussichtslos sei, der Kommunistischen Partei Chinas Widerstand entgegenzusetzen und wie im Vatikan auf den Zusammenbruch des Kommunismus in China zu warten. Jin entwickelt sich rasch zum geistigen Führer derjenigen chinesischen Katholiken, die nicht auf unabsehbare Zeit im Untergrund leben wollen. Wurde er damit zum »gelben Papst«, wie es Dorian Malovic im Titel seiner französischen Biographie »Le pape jaune« (2006) suggeriert? Gerade nicht: Er hat immer an der Autorität des Papstes festgehalten, aber er weiß auch, dass die chinesischen Katholiken in Zukunft ihren eigenen Weg finden und leben müssen. Er vertritt anders als die Rom ergebene Untergrundkirche nicht das Kirchenbild des Vatikanums I, sondern des Vatikanums II: Er sorgt für eine reformierte Liturgie in chinesischer Sprache und für Bibeln und andere Bücher, die ihm nicht von der katholischen, sondern von der evangelischen Kirchenleitung zur Verfügung gestellt werden. Er kennt und schätzt meine Theologie.

Doch in aller Stille versöhnt Jin sich wie auch andere gültig, aber illegitim ordinierte Bischöfe mit Rom. Ich besuche ihn im Jahr 1987 in seinem Priesterseminar bei Schanghai, dessen Leitung er übernommen hatte. Er war 1985 von den Priestern mit Zustimmung des staatlichen Büros für Religiöse Angelegenheiten zum Weihbischof von Schanghai ernannt worden. In meinem Gastsemester 1989 in Houston/Texas lade ich ihn zusammen mit Julia Ching für eine Konferenz über chinesische Religion vom 1. bis 4. April ein. Er findet mit seinen Ausführungen sehr viel Verständnis, sowohl für seine geistige Haltung wie für seine Kirchenpolitik. In Schanghai hatte er zunächst noch mit dem im alten Geist aufgewachsenen Bischof seine Querelen. Doch 1988 wird er selbst von der Regierung zum offiziellen Bischof von Schanghai ernannt.

Es besteht jedenfalls kein Zweifel, dass die »Patriotische Kirche« mit ihren ungefähr zwölf Millionen Mitgliedern hilfreiche pastorale Arbeit leistet. So wird zum Beispiel in den wenigen Kirchen Pekings eine ordentliche Liturgie möglich, wie ich es 1999 selber in der Südkirche bei den Dreharbeiten für unsere Filmserie »Spurensuche« lebendig erlebt habe. Der Pfarrer der Gemeinde verhält sich zunächst sehr abweisend, und als ich ihm meinen Namen nenne, will er es nicht glauben. Ich überreiche ihm meine Visitenkarte. Er ist verblüfft und schließlich hocherfreut. Er lässt uns sogleich alle Filmaufnahmen machen, die wir wollen.

Bischof Jin Luxian stirbt am 27. April 2013 im Alter von 96 Jahren in Schanghai. Seine Person bleibt eine Aufforderung an den Vatikan, seinerseits endlich alles zu tun, um die chinesische Kirchenspaltung zu überwinden.

Überwindung der chinesischen Kirchenspaltung?

Mit Bischof Jin war ich einig darin, dass Rom seinerseits alles tun sollte, um ein friedliches Arrangement zu erreichen. Immerhin war nun die Zahl der Katholiken in China vermutlich auf 12 bis 15 Millionen angewachsen, und nach Auffassung Jins füllte das Christentum für viele jenes Sinnvakuum, das nach dem Zusammenbruch der maoistischen Ideologie entstanden war.

Artikel 36 der 1982 revidierten chinesischen Verfassung garantiert jedem Bürger der Volksrepublik Religionsfreiheit: »Kein Staatsorgan, keine öffentliche Organisation oder Individuen dürfen Bürger zum Glauben oder Unglauben an eine Religion zwingen. Der Staat schützt legitime religiöse Aktivitäten …« Doch zugleich heißt es, und hier liegt das Problem für den Vatikan: »Keine religiösen Angelegenheiten dürfen von einem fremden Lande dominiert werden.« Das heißt: Diese neue Politik darf nicht wieder zu einer Zulassung europäisch-amerikanischer Mission und ausländischer Dominanz führen. Im Klartext: die *»drei Selbst«* – Selbsterhaltung, Selbstverwaltung, Selbstausbreitung der chinesischen Kirchen – sind *nicht verhandelbar*.

Was aber ist *verhandelbar*? Verhandelbar wäre vor allem ein neuer Modus der *Bischofsernennungen*: Wahl durch den Klerus in China mit nachfolgender Bestätigung durch den Vatikan, sozusagen nach dem beschriebenen schweizerischen Vorbild. Viele hatten zunächst angenommen, dass JOSEPH RATZINGER als Papst bald nach Moskau und bald auch nach Peking reisen würde, um zu einer Normalisierung der Verhältnisse beizutragen. Aber auch diese Hoffnung erfüllt sich nicht. Offensichtlich glaubt man im Vatikan immer noch, man könne ohne eigene Zugeständnisse zu einer Verständigung kommen.

Doch wie mit der Französischen Revolution wird sich die katholische Kirche auch mit der Chinesischen Revolution schließlich abfinden müssen. Aber wie? Im Konkordat mit Napoleon gestand Rom zu: Anerkennung der ungeliebten Französischen Republik als rechtmäßige Regierung; Anerkennung des staatlichen Treueeides durch den Klerus; Wahl der (der Regierung genehmen) Pfarrer durch die Bischöfe; Ernennung der Bischöfe durch den Staat und kanonische Institution durch den Papst. Alles dies wurde Frankreich zugestanden. Und was, so meine Frage, kann Rom der Volksrepublik China zugestehen?

Irgendeine pragmatische Regelung der Probleme muss auch da gefunden werden. Mir ist aufgrund des Schweizer Modells der Bischofswahl deutlich: Es sollten die gültig in China geweihten Bischöfe als legitim anerkannt und die Wahl neuer Bischöfe durch einheimische kirchliche Gremien gestattet werden. Eine »Untergrundkirche« erwiese sich so als überflüssig. Dies ist meines Erachtens nicht nur aus organisatorischen, sondern vor allem aus spirituellen Gründen geboten: Die Priester und Gläubigen der offiziellen wie der inoffiziellen »Untergrundkirche« sollten einander *vergeben*. Sie sollten das ihnen von außen (vom Vatikan und imperialistischen Mächten) oder von innen (von Regierung, Roten Garden oder voneinander) zugefügte Unrecht und Leid verzeihen. Sie sollten sich miteinander, mit Rom und mit der Chinesischen Revolution versöhnen, um vor der Welt ein Zeugnis christlicher Liebe zu geben, die ganz nüchtern in der politischen Praxis einen Weg eröffnet.

Ethischer Humanismus: Konfuzius

Tief verwurzelt in der chinesischen Kultur war jener Humanismus, der sich in einem ersten epochalen Paradigmenwechsel im 6. Jahrhundert v. Chr. durchgesetzt hat, zu tief, als dass ihn Mao und seine Roten Garden hätten ausrotten können. War es doch der entscheidende Übergang von der magischen Religiosität zur Rationalität, in der dem Menschen und seiner Vernunft Vorrang eingeräumt wird.

Es bedeutet für mich ein Erlebnis eigener Art, dass ich bei unseren Dreharbeiten zur »Spurensuche« in *Qufu* in der Stille den von einer zehn Kilometer langen Mauer umschlossenen Waldfriedhof der Familie Kong durchschreiten darf, um schließlich vor dem Grabmal des Meisters KONG FUZI (Konfuzius, ca. 551–479 v. Chr.) zu stehen. Ihm hatte ich in meinen Studien besondere Aufmerksamkeit gewidmet und Parallelen zum Leben und Wirken Jesu von Nazaret gezogen. Aber hier an dieser Stelle kam es mir darauf an, für unseren Film das Wesentliche seines Lebens und Wirkens herauszuheben. Deshalb sagte ich in meinem Statement wörtlich:

»Hier am Grabe dieses großen chinesischen Weisen, wohin früher kaum jemand kam, heute aber täglich Tausende kommen, muss daran erinnert werden: Nicht das Autoritär-Patriarchalische steht im Zentrum seiner Lehre, sondern das wahrhaft Menschliche. *Menschlichkeit* (*ren*), im Sinne von Zuwendung, Güte, Wohlwollen, ist in den ›Gesprächen‹ des Konfuzius der am allerhäufigsten gebrauchte ethische Begriff.

Menschlichkeit könnte sehr wohl auch heute *Basis* sein für ein Grundethos – nicht nur in China, sondern in der Menschheit als ganzer. Menschlichkeit, nach Konfuzius zu verstehen, als ›*Gegenseitigkeit*‹ (*shu*).

als gegenseitige Rücksichtnahme, wie er sie in der Goldenen Regel erklärt: ›Was du nicht wünschst, das tue auch nicht anderen.‹

Nach der Grundnorm *echter Menschlichkeit* lassen sich ganz elementar und für alle gültig *gut und böse* unterscheiden. Denn für die Chinesen gibt es kein ›Jenseits von Gut und Böse‹. Nur zwei Wege gibt es, soll Konfuzius gesagt haben: *Menschlichkeit oder Unmenschlichkeit.*«

Wie in diesem Statement angedeutet, geht es uns dabei nicht um das Autoritär-Patriarchale, wie es sich mit einem zweiten Paradigmenwechsel unter der Han-Dynastie (gleichzeitig mit dem Imperium Romanum) in China durchsetzte. Damals wurde der Konfuzianismus zur Staatsdoktrin, und immer mehr Konfuzius-Tempel wurden errichtet. Konfuzius wird zwar nicht vergöttlicht, wohl aber als Identifikationsfigur und Symbol chinesischer Kultur gefeiert. Also die *Konfuzianische Staatsreligion* (P III) als Chinas »klassisches Zeitalter«.

Noch in der Han-Zeit (206 v. Chr. – 220 n. Chr.) kam es zu einer wachsenden gegenseitigen Durchdringung des Konfuzianismus mit dem Daoismus, dem Haupterben der alten chinesischen Volksreligion. Aber einen dritten förmlichen Paradigmenwechsel brachte das Vordringen des indischen Buddhismus im »Goldenen Zeitalter« der Tang-Dynastie (618–907): der *chinesische Buddhismus* (P IV). Unter der Song-Dynastie (960–1279) erfolgte ein vierter Paradigmenwechsel, der sich in der Erneuerung des Konfuzianismus, heute *Neo-Konfuzianismus* (P V) genannt, äußerte. Dieser war aber auch später unter den Ming und den Qing nur bedingt fähig, die völlig andere Herausforderung der europäischen Moderne zu verarbeiten. Es folgten vier große revolutionäre Bewegungen (die Taiping-Bewegung, der Boxeraufstand, die nationale Revolution der Jungchinesen und schließlich Aufstieg und Sieg der chinesischen Kommunistischen Partei), die gewaltsam jenen epochalen Paradigmenwechsel zur *Moderne* (P VI) durchsetzten, der mit dem Namen Mao Zedong verbunden ist. Er führte auch, wie beschrieben, das Christentum in eine abgrundtiefe Krise.

Das Projekt Weltethos und die chinesische Tradition (1989)

Meine Hinführung zum Dialog mit Islam, Hinduismus und Buddhismus (»Christentum und Weltreligionen«, 1984) ist Anlass für die UNESCO, ein erstmaliges Kolloquium mit Vertretern aller großen Weltreligionen im Februar 1989 in Paris einzuberufen; es wird von ihm noch die Rede sein (vgl. Kap. X). Die Thematik lautet »Weltfrieden durch Religionsfrieden«, und ich hatte dafür das Grundlagenpapier zu schreiben: »Kein Weltfrieden ohne Religionsfrieden«. Es lag nahe, als Vertreter der chinesischen Religionen den bereits erwähnten Professor LIU SHUHSIEN vorzuschlagen.

Wie für viele andere steht es für diesen chinesischen Gelehrten außer Frage, dass für den ursprünglichen Konfuzianismus das Humanum stets eine zentrale Grundidee ist – freilich ohne eine jenseitsorientierte religiöse Organisation. Insofern stelle die moderne Säkularisierung für die Chinesen kein besonderes Problem dar. »Ich bin absolut davon überzeugt, dass, lebten Konfuzius und Mencius heute noch, sie Hans Küngs Vorschlag, das Humanum als das grundlegende ökumenische Kriterium zu begründen, begeistert zustimmen würden.«[1] Doch bei aller Bejahung des Grundanliegens kritisiert Liu Shuhsien nicht nur die westliche, sondern auch die konfuzianische Tradition: Diese vertrete zu Recht die Menschenwürde, aber: »Zweifelsohne ist die konfuzianische Tradition bei der Ausarbeitung der Gesetzgebung bezüglich der Menschenrechte und beim Erlassen von Gesetzen zum Schutz der normalen Bürger weit hinter der westlichen Tradition zurückgeblieben.«[2]

Niemand kann damals im Februar 1989 in Paris oder anderswo ahnen, dass noch im selben Jahr Umwälzungen stattfinden würden, die das Gesicht des Globus total verändern würden: Proteste und Demonstrationen von Leipzig bis Peking. Am 4. Juni 1989 kommt es auf dem Platz des Himmlischen Friedens (Tiananmen) zum Massaker an Demonstranten durch die chinesische Armee mit Hunderten von Toten – bis heute die nicht verheilte Wunde am Leib der Kommunistischen Partei Chinas. Am 9. November 1989 aber der Fall der Berliner Mauer und in der Folge der Zerfall des Sowjetimperiums. Als ein Resultat erleben wir eine neuartige Globalisierung von Ökonomie, Technologie und Kommunikation, die trotz allem auch für die Volksrepublik China, ja für den ganzen sinisierten Raum von Pjöngjang bis Taipeh, von Turfan bis Tokio von größter Bedeutung wurde.

Vor dieser welthistorischen Kulisse gibt das *zweite Parlament der Weltreligionen in Chicago 1993* – zur Jahrhundertfeier des ersten Parlaments 1893 – eine effektive Initialzündung für die Bewusstwerdung eines globalen Menschheitsethos (vgl. Kap. X). Ich bin, eingeladen vom Council des Parlaments in Chicago, verantwortlich für den Entwurf einer *Weltethos-Erklärung* (»Declaration Toward a Global Ethic«). Nicht verantwortlich bin ich für die Einladungen zum Parlament, die in der Hand des Council liegen. Eine konfuzianische Gruppierung hatte sich in dieser prekären politischen Situation nicht gemeldet, und von Chicago geht auch keine besondere Einladung aus, sodass es keine formelle konfuzianische Beteiligung gibt.

Aber trotzdem ist das konfuzianische Erbe in diesem Parlament präsent, wie konfuzianische Beobachter feststellen. Vor allem natürlich durch die Goldene Regel der Gegenseitigkeit (»shu«), deren erste Formulierung in der Geschichte der Religionen sich bekanntlich in den »Gesprächen« (»Analekten«) des Konfuzius findet. Die Goldene Regel bildet einen Eckstein der Weltethos-Erklärung.

Doch darüber hinaus findet sich in dieser Erklärung ein Großteil der Prinzipien konfuzianischer Ethik – als die grundlegenden Lehrsätze der religiösen Gruppen aus dem Fernen Osten –, sodass etwa Liu Shuhsien erklärt: »Ich würde nicht zögern, meine Unterschrift unter dieses Dokument zu setzen.«[3] Und er bezieht sich auf Professor Tu Weiming, der auf der Dritten Internationalen Konferenz über zeitgenössische neokonfuzianische Philosophie an der Chinesischen Universität von Hongkong im Dezember 1994 die Betonung auf das Wort »konfuzianisch« als Adjektiv legt: Man könne also konfuzianisch-buddhistisch, konfuzianisch-christlich und sogar konfuzianisch-muslimisch sein. Dabei lege der Konfuzianismus größten Wert auf »Harmonie« (»ho«). Und ich würde im Sinn meines Freundes Tu Weiming hinzufügen: konfuzianisch-daoistisch. Der *Daoismus*, anfänglich Oppositionsbewegung gegen den konfuzianischen Traditionalismus und dessen Fixierung auf eine paternalistische Hierarchie, Autorität, Ordnung und Bildung, hat sich später mit dem Konfuzianismus versöhnt. Im Zeichen des Yin-Yang-Symbols orientiert man sich an der nicht konträren, sondern komplementären Logik wechselseitiger Inklusion.

Wie das Projekt Weltethos in China startete

Mein großes Glück war, dass sich mir, wie berichtet, schon auf meiner ersten Chinareise 1979 Gelegenheit geboten hatte, mich für den interkulturellen Dialog auf wissenschaftlicher Ebene als kompetenter und glaubwürdiger Gesprächspartner zu erweisen; der römische Entzug der kirchlichen Lehrbefugnis noch am Ende desselben Jahres schadet meinem Ansehen wenig, macht mich vielmehr in den Augen der Chinesen »unverdächtig«.

Dazu kommt als weiterer Glücksfall: Schon in den 1980er-Jahren ergibt sich ein Kontakt mit zwei hoffnungsvollen chinesischen Nachwuchswissenschaftlern. Da ist Liu Xiaofeng, der mit mir Mitte der

1980er-Jahre Kontakt aufnimmt. Zu meinem großen Erstaunen hatte er mitten in China mein Buch »Christ sein« gelesen und war Christ geworden, allerdings ohne sich taufen zu lassen und sich einer Kirche anzuschließen. Ich kann ihm helfen, 1989–93 ein Doktorat in Theologie an der Universität Basel zu erwerben. Und da ist DANIEL YEUNG, der Liu Xiaofeng 1993 an sein damaliges Institut in Hongkong holt und mit ihm zusammen 1995 ein neues Institut gründet: das Institute of Sino-Christian Studies (ISCS).

Beide werden nun zu unseren wertvollen Partnern für den Start des Weltethos-Projekts in China, mit Daniel Yeung wird sich eine kontinuierliche Zusammenarbeit entwickeln bis auf den heutigen Tag. Ausgangspunkt ihres Engagements war beider Teilnahme an der Versammlung des InterAction Council früherer Staats- und Regierungschefs in Wien im März 1996, für die ich sie vorgeschlagen hatte.

Doch ich muss nun auch selber in China aktiv werden. Eine Vortragsverpflichtung in Japan bietet mir 1996 die günstige Gelegenheit, in Peking einen Stopp einzulegen. Dort erwartet mich ein sehr gedrängtes Programm. Das Institute of Sino-Christian Studies hatte gemeinsam mit der Peking-Universität zum dritten »Summer Seminar of Advanced Religions in China« eingeladen. Diese Seminarreihe hat 1994 begonnen und ist die erste Veranstaltung dieser Art nach dem Scheitern der Demokratiebewegung 1989. Am 21. Juli 1996, nach einem Nachtflug, komme ich um 8.30 Uhr in Peking an. Nur drei Stunden Rast nach der Ankunft in einem Tageshotel, dann geht es zum Seminar an der Peking-Universität, wo ich einen Vortrag über »World Religions – World Peace – World Ethic« halte. Am Abend ziehe ich in mein eigentliches Hotel, das noble Jianguo, in dem mein Patensohn BEAT KLARER als ›Director of Food and Beverage‹ tätig ist. Am nächsten Tag besuche ich die Abteilung für Religionswissenschaft und das Institut für Ausländische Philosophie an der Peking-Universität sowie die Abteilung für Philosophie und das Institut für Christentum an der Renmin-Universität. Anschließend habe ich noch ein Meeting mit den Mitarbeitern des Instituts für Weltreligionen an der Chinesischen Akademie für Sozialwissenschaften (CASS) im Jianguo Hotel.

Meine verschiedenen Auftritte waren so erfolgreich, dass sie die Aufmerksamkeit der akademischen Welt Chinas auf sich zogen; dies schreibt mir noch am 5. Juni 2013 Daniel Yeung und fügt hinzu: »Aus diesem Grund hatte ich es leicht, die Erste Konferenz über ›Weltethos und traditionelle chinesische Ethik‹ im folgenden Jahr 1997 zu organisieren.« Davon gleich mehr.

Am 23. Juli 1996 fliege ich – als fast einziger Passagier in einem brandneuen Jet – über Chinas gebirgige Gegenden in die alte Hauptstadt Xi'an (früher Chang'an) und habe am selben Nachmittag ein Treffen mit Studenten der christlichen Religion. Am folgenden Tag erfüllt sich mir ein lang gehegter Wunsch: Ich besuche das prächtige Mausoleum von QIN SHIHUANGDI, des ersten Kaisers, der gewaltsam den Chinesischen Einheitsstaat begründete und China seinen Namen gab. Damit verbunden die weltberühmte Terrakotta-Armee aus Tausenden von lebensgroßen, in präziser Formation aufgestellten Soldaten, die mich besonders beeindruckt. Eingeladen von Prof. YOU XILIN, halte ich am Nachmittag an der Nordwest-Universität eine Vorlesung über »Weltethos vor weltpolitischem Horizont«. Beim abschließenden Empfang an der Shaanxi Teachers University finde ich mich wie überall sehr freundlich aufgenommen. Froh über diesen kurzen, aber intensiven Aufenthalt in China fliege ich am 25. Juli 1996 von Xi'an weiter über Schanghai nach Tokio, wo ich am Institute of Moralogy der Reitaku-Universität auf dem »First World Congress of Business, Economics and Ethics« aufzutreten habe.

Im Winter des Jahres 1996 besucht mich eine Delegation der Peking-Universität (»Beida«) in Tübingen: der Dekan für Philosophie Prof. YE LAN und andere Kollegen. Wir verständigen uns auf einen Plan, mehrere Weltethos-Veranstaltungen in China durchzuführen. Die Realisierung erweist sich aufgrund der Konkurrenz von Beida und Renmin-Universität zunächst als schwierig. Aber allen Schwierigkeiten zum Trotz kommt es im nächsten Jahr zur Ersten Konferenz über Weltethos und traditionelle chinesische Ethik, die grundlegend wird für die Bewusstwerdung des globalen Ethos auf dem chinesischen Festland.

Die Geburtsurkunde eines chinesischen Weltethos: Erste Konferenz über Weltethos und traditionelle chinesische Ethik (Peking 1997)

Vom 10. bis 12. September 1997 versammeln sich zu einem akademischen Symposion im über 1000 Jahre alten buddhistischen Dajue-Tempel in Peking 24 mit ethischen, religiösen (konfuzianisch, daoistisch, buddhistisch oder christlich), politischen, juristischen, ökonomischen, historischen und philosophischen oder humanistischen Studien befasste religiöse und akademische Persönlichkeiten aus Peking, Schanghai, Xi'an, Wuhan, Guangzhou, Zhen, Haikou und Hongkong[4]: Diese Erste Konferenz über Weltethos und traditionelle chinesische Ethik war initiiert worden von der Stiftung Weltethos/Schweiz und organisiert von der Renmin-Universität Peking und vom Institute of Sino-Christian Studies (ISCS) in Hongkong.

Bei der Eröffnung spricht Prof. YANG HUILIN (Renmin) über den Vorbereitungsprozess der Konferenz, Prof. HE GUANGHU (CASS) über Ursprung und Entwicklung des Weltethos, schließlich Prof. LIU XIAOFENG (ISCS) über die neueste Entwicklung des Weltethos in Verbindung mit der »Menschenpflichten-Erklärung« des InterAction Council früherer Staats- und Regierungschefs.

Diese Konferenz verabschiedet nach intensiver Diskussion jedes Wortes eine Erklärung, vorbereitet von einer vierköpfigen Redaktionsgruppe. Die Erklärung wird von allen Teilnehmern unterzeichnet und ist sozusagen die Geburtsurkunde für ein von der traditionellen chinesischen Ethik her begründetes und interpretiertes Weltethos. Sie ist 2013 noch so aktuell wie 16 Jahre zuvor. Abgedruckt ist sie in dem von Bundeskanzler a. D. HELMUT SCHMIDT herausgegebenen Bändchen ›Allgemeine Erklärung der Menschenpflichten. Ein Vorschlag‹ (München 1997). Daraus wird im Folgenden zitiert.

Die 24 chinesischen Gelehrten anerkennen, dass die Weltethos-Erklärung des Parlaments der Weltreligionen von Chicago 1993 »von immenser Bedeutung ist, weil sie – zu einer Zeit, in welcher die Welt dringend zur Neugestaltung der Weltordnung eine ethische Grundlage braucht – in all den schon bestehenden ethnischen Kulturen und religiösen Traditionen das für die individuelle menschliche Existenz notwendige, elementarste Ethos ausfindig macht, bekräftigt und es entsprechend den derzeitigen Existenzbedingungen noch einmal darlegt« (S. 102). Sie sei von »allergrößtem Wert«, weil sie »neben den religiösen auch nicht religiöse Kreise in die Diskussion einbezieht« (ebd.). Ebenso gewürdigt wird die vom InterAction Council früherer Staats- und Regierungschefs vorgeschlagene »Allgemeine Erklärung der Menschenpflichten«, die den individuellen Rechten die individuellen Pflichten zur Seite stellt und so »dem oft vernachlässigten Begriff der Verantwortung sein notwendiges Gewicht gibt« (S. 103). Die Teilnehmer des Symposions diskutieren intensiv die komplexen Begriffe »globales Ethos« und »traditionelle chinesische Ethik«. Die Letztere »beinhaltet nicht nur die konfuzianische Ethik, sondern auch die buddhistische und daoistische wie auch Sitten und Gebräuche der chinesischen Volksreligion«. Schließlich wird auch auf die »jüngsten Veränderungen und Prüfungen« hingewiesen (S. 103), womit wohl auch auf die von Mao und der »Viererbande« gewaltsam durchgeführte »Kulturrevolution« und ihre zahllosen Opfer angespielt wird.

Aber mich interessiert natürlich in erster Linie, was nun nach dem Urteil dieses kompetenten Gremiums der *spezifisch chinesische Beitrag zu einem Weltethos* sein könne. Vier Punkte werden von den Chinesen herausgehoben.

– Der *spezifisch chinesische Zugang*: Als zentraler Wert und Basis des Beitrags der traditionellen Ethik zum Weltethos wird die »Harmonie in Verschiedenheit« bezeichnet (S. 103 f).

– *Gemeinsame ethische Imperative*: Prämisse eines gemeinsamen Menschheitsethos ist die Anerkennung der Vielfalt und Unterschiede der Individuen. Nur so lassen sich im Geist der Gemeinsamkeit in unterschiedlichen Völkern und Gemeinschaften jene gemeinsamen ethischen Imperative vertreten, die in der Weltethos-Erklärung von Chicago dargelegt und in jedem moralischen oder religiösen Schrifttum in oft überraschend identischer Weise formuliert sind: »nicht töten«, »nicht stehlen«, »nicht lügen«, »nicht sexuellen Missbrauch zulassen« (S. 104).

– *Spezifisch chinesische Begriffe*: Als Begriffe, die der Formulierung des Weltethos eine spezifisch chinesische Farbgebung oder auch dem Geist und dem Wert des Weltethos eine noch höhere Autorität verleihen können, wurden diskutiert: »tiando«: »Weg des Himmels«, »tianli«: »Lehre, Gesetz des Himmels«, »renci«: »Mitgefühl, Barmherzigkeit«, »ren«: »Mitmenschlichkeit«, »minbaowuyu«: »die Sorge um Menschen und Dinge«, »shengsheng«: »Lebenskraft«, »zhongshu«: »vergebende Treue«, »zhongyong«: »die goldene Mitte«, »li«: »Sinn für angemessene Umgangsformen«, »xiao«: »Pietät«, »liangzhi«: »Gewissen«, »ceyin«: »Mitgefühl«, »zhichi«: »Schamgefühl«, »guiyi«: »Sinn für Gerechtigkeit«, »zhongxing«: »Wichtigkeit des Tuns«, und andere mehr (S. 104 f).

– *Die beiden Grundprinzipien Humanität und Gegenseitigkeit*: Die »beiden uralten chinesischen Lehren«: »Wer Mitmenschlichkeit übt, ist ein wahrer Mensch« (»renzherenye«) und »Was du nicht willst, das man dir tut, das tue auch keinem anderen« (»zisuobuyu, wushiyuren«) (S. 105).

Zu Recht betonen die Teilnehmer der Konferenz, »dass ein Weltethos ein offenes System sei; seine Vision ist ein Ausgangspunkt und kein Zielpunkt: Wir müssen uns weiterhin auf der Grundlage gegenseitiger Toleranz und gegenseitigen Verstehens um Dialog und Verständigung bemühen« (S. 105). Zum Abschluss drücken die chinesischen Gelehrten eine dreifache Hoffnung aus, die auch die meine ist: »Wir hoffen:

– dass die Vision eines Weltethos zu voller Entfaltung, Verbreitung und Verwirklichung gelange; sie möge der Errichtung einer moralischen Ordnung für die regionalen wie internationalen Beziehungen aller Völker und Nationen dienen;

– dass die Vision eines Weltethos weitere Fortschritte macht und die Standpunkte aufnimmt und angleicht – von Repräsentanten aus den Religionen, der Politik, den Wissenschaften und all den anderen Bereichen eines jeden Volkes und einer jeden Kultur;
– dass die Vorstellung vom Weltethos und den individuellen Pflichten zum gemeinsamen Bewusstsein aller Bürger, aller Organisationen und aller Nationen wird, um so die ethische Situation Chinas wie der Welt zu verbessern.«

Doch ich gestehe, auch ich – kein Utopist, sondern Realist – habe mich manchmal gefragt: Ein Dokument von 24 Gelehrten – was soll es bewirken in einem Volk mit knapp 1,4 Milliarden Einwohnern? Gewiss, ein ins Wasser geworfener Stein erzeugt Wellen – aber wie weit tragen sie? Doch ist es erstaunlich, wie rasch sich die Idee eines gemeinsamen Menschheitsethos ausbreitet und auch in China breite Anerkennung findet.

Chinesische Religionen im Film (1999)

Schon zwei Jahre später, im Jahr 1999, kann ich den Teil »Chinesische Religion« des bereits öfter erwähnten Multimedia-Projekts »Spurensuche« realisieren, wieder begleitet und unterstützt von Stephan Schlensog, dem Geschäftsführer unserer Stiftung. Verständlicherweise hatte der Film über das sensible Thema Religion in der Volksrepublik China seine eigenen Schwierigkeiten. Unsere Verhandlungen bezüglich einer Dreherlaubnis in China sind eine Zeit lang festgefahren. Doch werden sie vom Schweizer Botschafter Dr. ULI SIGG, langjähriger Freund von Parteichef Jiang Zemin (seit 1989), wieder in Gang gebracht. Schließlich erhalten wir die Erlaubnis für alle unsere Filmaufnahmen und können, begleitet von einem Aufpasser der China Central Television (CCTV) und wechselnden Aufpassern von Partei und lokalen Behörden, hervorragende Aufnahmen machen an hochrangigen Stätten chinesischer Kultur.

Der Film beginnt mit einer traditionellen chinesischen Totenfeier. Die drehen wir aber aus Praktikabilitätsgründen nicht in China, sondern in der pulsierenden von Chinesen errichteten Metropole Singapur, der »Löwenstadt«. Dazu fahren wir in den frühen Nachtstunden durch Singapurs neue Viertel: endlose hohe Wohnblocks mit Arkaden. Und hier will man mir eine traditionelle chinesische Totenfeier zeigen? Ja, gerade hier. Im Parterre, in einem in leuchtendem Gelb ausstaffierten Saal, wird die Trauerfeier vollzogen von daoistischen Priestern, in der chinesischen Trauerfarbe Weiß gekleidet. Mit kleinen Glocken, Musik und Gesang hat das Ganze einen eher festlichen als traurigen Charakter. Die kleine Prozession zieht mehrfach um eine in der Mitte aufgestellte große Laterne, deren brennende Kerze als Symbol dient für die Seele, die in die Höhe steigen soll.

Totenfeiern sind für Chinesen sehr wichtig. Denn im Zentrum der chinesischen Religion steht seit Urzeiten die *Ahnenverehrung*. Leben nach dem Tod ist für Chinesen selbstverständlich. Mich hat immer wieder der innere Zusammenhalt der chinesischen Familie erstaunt – bei der weitverzweigten Familie Ching etwa über alle Grenzen der Generationen, der Nationen und sogar der Kontinente hinweg. Zum Begriff der Familie gehören für die Chinesen aber auch wesentlich alle Verstorbenen, die Ahnen eben. Deshalb errichtet man in chinesischen Familien überall kleine Altärchen, auf denen nach dem Begräbnis das Bild des Verstorbenen aufgestellt wird. Nicht mehr mit den Ahnen kommunizieren zu dürfen (etwa aufgrund unsinniger vatikanischer Verbote) war und ist für viele Chinesen ein Hauptgrund, sich nicht dem Christentum zuzuwenden.

Weitere Drehorte sind mir von früheren Reisen bekannt: *Guilin, Chengdu* und *Qufu,* der Geburtsort des Konfuzius. Jetzt aber – nach dem Qingcheng Shan, dem heiligen Berg der Daoisten – auch der mythische *Taishan*, Chinas heiligster Berg. Schon mit der Weltschöpfung wird er in Verbindung gebracht. Die meisten Kaiser haben wenigstens einmal in ihrem Leben diesen heiligen Berg bestiegen, um gerade hier dem Himmel zu opfern und damit ihrem Namen als »Sohn des Himmels« gerecht zu werden. Noch heute ist es eine gewaltige Tempelanlage, auch wenn manche der früher über 800 Sakralbauten zerstört worden sind. Sie zählt mit dem Kaiserpalast in Peking zu den bedeutendsten Bauwerken der klassischen Architektur.

Viele Chinesen kommen heute wieder zu den alten Tempeln, Gläubige und Ungläubige. Die chinesische Volksfrömmigkeit ist keineswegs ausgestorben. Zahlreich die Götter mit ihren eigenen Zuständigkeiten: Erdgottheiten, Strom- und Flussgottheiten, Herdgötter, Hausgeister, Krankheitsdämonen … alles hilfreiche oder gefährliche Wesen, anzurufen oder mit bestimmten Riten abzuwehren.

Ich sehe noch das sympathische chinesische Pärchen hoch oben auf dem Taishan vor mir, wie es rote Bändchen an einen Busch heftet – Wünsche und Bitten von Gläubigen. Andere legen Steine auf die Äste – zur Befreiung von ihren Sorgen. Solche Bräuche finden sich in allen Kulturen der Erde, sie sollten nicht vorschnell als obsolete Praxis einer überholten Zivilisation abgetan werden. Allerdings ist mir im Hinblick auf die marxistische Religionskritik wichtig, Religion klar vom Aberglauben abzugrenzen – wie ich dies bereits 1979 in meinem Vortrag an der Chinesischen Akademie der Sozialwissenschaften in Peking getan habe.

20 Jahre später auf dem Taishan mahne ich es in meinem Film-Statement an: *Aberglaube* ist, wenn ich einem Irdisch-Relativen absolute, göttliche Kraft oder Macht zuschreibe, wenn ich also eine menschliche Person vergöttere (wie das auch im modernen Personenkult geschieht), wenn ich von einem Ding, etwa einem Amulett oder Bild, Heil oder Unheil abhängig mache. Aber *keineswegs Aberglaube* ist, wenn ich mich für mein Leben einer göttlichen, absoluten Macht, Autorität, Ordnung verpflichtet fühle, wenn also ein Chinese gegenüber dem Himmel als dem Symbol des Klaren, Heilen, Unbegreiflichen, Mächtigen ähnlich wie Konfuzius Ehrfurcht empfindet und aus dieser Ehrfurcht heraus dem »Willen des Himmels« folgen will oder der großen Ordnung des »Dao«. Ist das nicht besser, als wenn ich an gar nichts glaube außer an Profit und schnellen Erfolg, und so letztlich nur an mich selbst?

Zentral bleibt natürlich *Peking*. Dort filmen wir am Grab des Jesuiten-Gelehrten Matteo Ricci und auf der historischen Sternwarte der Jesuiten, in der katholischen Südkirche und am Ende beim einzigartigen Himmelstempel. Es bewegt mich zutiefst, dass ich mein sechstes und letztes Statement im China-Film ungehindert gerade im Herzen Chinas, vor Pekings Himmelstempel sprechen darf: Die rechteckige dreistufige *Terrasse*, auf der er ruht, bedeutet die *Erde*, die Natur, die Menschenwelt. Das dreistufige *Dach* mit den blauen Ziegeln und der krönenden goldenen Perle aber versinnbildlicht den *Himmel*, gestützt von Säulen, welche für die Jahreszeiten, Monate, Tage stehen. Das Ideal einer künstlerisch ausgewogenen Gestaltung, die Gehalt und Gestalt, Vernunft und Gefühl vereint.

Mein Statement endet mit den Sätzen: »Die ganze philosophische Tradition Chinas war nun einmal eine Suche nach der Einheit von Himmel und Erde. Und auch heute noch suchen die Menschen in China die Harmonie zwischen Himmel und Erde: zwischen dem Himmel und der bedrohten Natur, dem Himmel und den gefährdeten Menschen. Die Harmonie in der Gesellschaft und im Menschen selbst. Ich bin überzeugt: Dieser Geist der großen Harmonie, der aus dem Himmelstempel spricht, kann sehr wohl auch für Chinas Zukunft von Bedeutung sein. Denn Chinas jüngste Vergangenheit hat gezeigt, dass es nicht leicht ist, in der Gesellschaft, der Horizontalen, die elementaren Gebote der Menschlichkeit aufrechtzuerhalten ohne diese Vertikale, die zum Himmel weist.«[5]

Bei der Interpretation der »Gespräche« des Konfuzius darf die religiöse Dimension nicht übersehen werden. Der chinesische Weise erkennt durchaus etwas Höheres über sich an: den Himmel und die kosmologische Ordnung. In meiner Auffassung sehe ich mich bestätigt durch den berühmten Bonner Sinologen WOLFGANG KUBIN, Herausgeber der vielbändigen »Geschichte der chinesischen Literatur«, der die religiöse Dimension in einer Neuausgabe der »Gespräche« des Konfuzius deutlich herausgearbeitet hat.[6]

Ein Jahr nach der Drehreise mache ich auf der Rückreise von Korea abermals Station in Peking. Um zu einer Koordination unserer vielfältigen Weltethos-Aktivitäten in China zu kommen, lade ich am 23. September 2000 Wissenschaftler der Chinesischen Akademie der Sozialwissenschaften, der Beida, der Renmin und andere ins Freundschaftshotel ein. Am Abend treffe ich die Direktorin des bedeutenden Wissenschaftsverlags Sanlian, Frau DONG XIUYU, sowie Frau LI XIEKUN, die später für unsere Weltethos-Buchserie zuständig sein wird. Wir vereinbaren die Übersetzung und Publikation meines Buches »Spurensuche«.

Bestätigung und Konkretisierung: Zweite Konferenz über Weltethos und traditionelle chinesische Ethik (Peking, Oktober 2001)

Vor erneut verdüstertem welthistorischem Horizont – vier Jahre nach der Ersten Konferenz über Weltethos und traditionelle chinesische Ethik und nur einen Monat nach den verheerenden Terroranschlägen in New York und Washington – findet vom 10. bis 14. Oktober 2001 eine zweite Konferenz statt. Doch dieses Mal trifft man sich in dem in einem großen Park gelegenen, wunderschönen offiziellen Regierungshotel Dayuan. China hatte unterdessen gewaltige wirtschaftliche Fortschritte gemacht und auch die Liberalisierung weitergeführt. Das Symposion wird von verschiedenen akademischen Einrichtungen in China gemeinsam organisiert: Renmin University of China, Beijing University, Tsinghua University, Chinese Academy of Social Sciences, Fudan University Shanghai, Wuhan University, Shanxi Normal University, Hainan University, University of Hong Kong, Chinese University of Hong Kong, Hong Kong Baptist University and Hong Kong Institute of Sino-Christian Studies. Die sorgfältig ausgewählten Teilnehmer waren alle repräsentative und einflussreiche Figuren in der akademischen Welt Chinas.[7]

Auch dieses Mal spielen YANG HUILIN, LIU XIAOFENG und HE GUANGHU eine führende Rolle. Ich selber nehme zusammen mit dem damaligen Vizepräsidenten unserer Stiftung Weltethos, Professor Karl-Josef Kuschel, daran teil. Wir werden das Niveau der von Intelligenz und Toleranz getragenen Diskussion in bester Erinnerung behalten.

Erneut zeigt es sich: Es fällt relativ leicht, mit der Weltethos-Thematik an die große humanistische chinesische Tradition anzuknüpfen und zugleich aufzuzeigen, dass es sich hier um einen höchst wichtigen *Programmpunkt für das 21. Jahrhundert* handelt, der von der jungen Generation realisiert werden muss. Meine gleichzeitigen Vorträge an der Chinesischen Akademie der Sozialwissenschaften und an den großen Universitäten Renmin und Tsinghua und das positive Echo sowohl bei Lehrenden wie bei Studierenden ermutigen mich gewaltig. Erfreulicherweise werden einige Monographien und Artikel zur Thematik in der Folge auch ins Chinesische übersetzt, unter anderem mein Buch »Weltethos für Weltpolitik und Weltwirtschaft«.

In unvergesslicher Erinnerung bleibt mir die stimmungsvolle nächtliche Fahrt auf einem eigens für unsere Gruppe reservierten Schiff allein auf dem See beim früheren kaiserlichen Sommerpalast – ein großes Privileg, aber nicht nur zu unserem Vergnügen, sondern zum Abschluss unserer Arbeit. Es beeindruckt mich zutiefst, auch wenn ich der Diskussion mangels Sprachkenntnis nur äußerlich folgen kann, wie intensiv, kontrovers und doch freundlich diese führenden chinesischen Gelehrten auf dem Schiff das Schlussdokument diskutieren und formulieren. Sie stellen sich ganz und gar positiv zur Weltethos-Erklärung von Chicago 1993. Sie betonen, welche große Unterstützung das Prinzip der Menschlichkeit und das Prinzip der Gegenseitigkeit (Goldene Regel) und die vier unverrückbaren Weisungen in der chinesischen Tradition finden und wie wichtig diese Prinzipien gerade für die heutige chinesische Gesellschaft sind.

Zur Illustration möchte ich zwei Beispiele zitieren: Zuerst zu den beiden Grundprinzipien *Menschlichkeit* und *Gegenseitigkeit*:

»Im konfuzianischen Geist der ›Harmonie in Verschiedenheit‹ glauben wir, dass die harmonische Koexistenz verschiedener Kulturen die Grundlage der modernen menschlichen Existenz und Entwicklung ist. Konfuzianische Ideen wie: *Wohlwollen* heißt ›deine Mitmenschen lieben‹, *Wohlwollen* meint den Menschen, ›Ein wohlwollender Mensch hilft anderen ihren Standpunkt einzunehmen darin, wo er selbst seinen Standpunkt einzunehmen wünscht, und er bringt andere dorthin, wohin er selbst auch gebracht werden möchte‹ und ›Tu anderen, was du möchtest, das die anderen dir tun‹ – solche Ideen leisten einen positiven Beitrag zu den Grundprinzipien der Menschlichkeit. ›Verlange nicht von anderen, was du selbst nicht wünschst‹ ist Ausdruck des Grundprinzips der Achtung für andere.«[8]

Dann zur Weisung der *Gewaltfreiheit* und *Ehrfurcht vor dem Leben*: »Gemäß dem traditionellen chinesischen Denken ist ›Gewalt gegen Gewalt einsetzen‹ nicht der richtige Weg; die ›Tugend der Achtung vor dem Leben‹ ist die große Tugend. Sowohl Konfuzianismus als auch Daoismus lehnen Gewalt ab und predigen ›Nicht töten‹ und ›Halte das Leben in Ehren‹. Wie ein altes Sprichwort sagt, ›Die Menschen sind meine Geschwister; die ganze Schöpfung ist Teil von mir‹. Der Buddhismus vertritt nicht nur die Achtung vor dem Leben der Menschen, sondern auch die Achtung vor allen Formen des Lebens. Diese Ideen tragen zum Frieden unter den Menschen ebenso bei wie zur Harmonie zwischen Menschen und Natur.«[9]

Die Gelehrten regen an, die Grundlagenforschung zur Weltethos-Thematik weiter voranzutreiben, und hoffen, dass sich diese Ideen international wie auch in China durchsetzen. Als die große kritische Frage erscheint mir:

Welches traditionelle chinesische Ethos hat Zukunft?

Welches traditionelle chinesische Ethos kann auch für ein Weltethos wirksam sein? Ich teile die liberale und marxistische Kritik am konventionellen Konfuzianismus, der sich als rückwärtsgewandte Ideologie versteht, der nur sterile Textstudien betreibt und eine Gesellschaft von hierarchischen Beziehungen ohne Gegenseitigkeit begünstigt. Doch eine permanente Dominanz der Eltern über die Kinder, der Männer über die Frauen und überhaupt eine patriarchale Gesellschaftsordnung – dies alles hat keine Zukunft. In dieser Auffassung fühle ich mich bestätigt durch die Analyse des Münchner Sinologen Hans van Ess, der den »institutionellen Konfuzianismus« als hoffnungslos vergangen betrachtet: »Untergegangen ist der staatliche Kult des Konfuzius, das Prüfungswesen auf der Basis der konfuzianischen kanonischen Schriften und die volkstümliche Verehrung des Konfuzius.«[10]

In der Tat, eine »Ethik der gesellschaftlichen Anpassung« widerspricht durchaus der Bedeutung des Selbst, des Gutseins und der Integrität der moralischen Person, wie sie in den »Gesprächen« des Konfuzius zum Ausdruck kommt. Einen positiven Beitrag zu einem Weltethos kann das *traditionelle chinesische Ethos* liefern, wenn es sich auf das besinnt, was in den »Gesprächen« des Konfuzius grundgelegt ist: Denn das heutige China (und die Welt) braucht ein Ethos, das den Wert des Menschen wieder neu entdeckt und seinen Selbstbehauptungswillen, Realitätssinn, seine moralischen Qualitäten und seine Durchhaltekraft stärkt. Ein Ethos, das Humanität, *wahre Menschlichkeit*, als zentralen Wert aufrechterhält. Ein Ethos, das den Menschen aber von vornherein als Teil einer Gemeinschaft und nicht als isoliertes Individuum betrachtet. Ein Ethos, das so die fundamentalen Beziehungen zu anderen in einer Gesellschaft auf allgemeingültige ethische Werte gründet, die nicht von der jeweiligen Interessenlage abhängen. Zu Recht betont der Konfuzianismus den Vorrang des Ethos vor Wirtschaft und Politik und den Vorrang der ethischen Person vor aller Institution.

Unser China-Film endet mit einem spektakulären Blick auf die Große Mauer. Sie war erbaut worden vom ersten Kaiser QIN SHIHUANGDI, von dem schon die Rede war. Mein Schlusswort: »Seit Chinas Einigung und dem Bau der Großen Mauer unter dem ersten Kaiser Qin sind jetzt 2200 lange Jahre vergangen. Chinas Große Mauer schützt die Menschen nicht mehr. Aber Chinas Große Mauer trennt auch die Menschen nicht mehr. Auch die Menschen in China wollen sich heute nicht mehr abschließen, sondern sich öffnen: Sie wollen an der einen Welt teilhaben und die Zukunft der Menschheit mitgestalten. Die große humane Tradition Chinas wird ihnen dabei helfen: der Sinn für Menschlichkeit, Gegenseitigkeit und Harmonie«.[11]

China in einem grundlegenden Wandel

Jedes Mal, wenn ich nach China zurückkehre, bin ich erstaunt über den rasanten Ausbau der Städte, der Infrastruktur, der Universitäten, und den wachsenden Wohlstand insbesondere in Peking und in den großen Zentren der Ostküste. Natürlich bin ich mir stets bewusst, dass wir es nach wie vor mit einer diktatorisch regierten kommunistischen Volksrepublik zu tun haben, in der eine einzige Partei das Machtmonopol hat und Menschenrechte oft verletzt werden.

Aber zugleich weiß ich, dass die chinesische Gesellschaft in einem epochalen Übergang begriffen ist, dass es auch hier einander widerstrebende gesellschaftliche Kräfte gibt und dass es trotz aller autoritärer Personen und Strukturen der Kommunistischen Partei auch demokratisch denkende und der Zukunft zugewandte Männer und Frauen gibt. Gerade an den Universitäten und unter der jungen Generation ist der Wandel offenkundig.

Jedenfalls vorbei die Zeiten, da MAO ZEDONG mit Experimenten wie dem »Großen Sprung nach vorn« und dann seine Frau JIANG QING und die »Viererbande« mit der »Kulturrevolution« Hunderttausende in den Tod trieben. Doch sicher wird man in China den Diktator Mao nie einfach, wie oft im Westen, mit den Diktatoren Stalin oder Hitler auf eine Stufe stellen, die bekanntlich vor allem Zerstörung hinterließen. Schließlich verdankt China keinem anderen als Mao die Befreiung von ausländischen Kolonialmächten und die innere Einigung und Erneuerung, sodass sein Bild bis auf den heutigen Tag nicht nur über dem Eingangstor zur »Verbotenen Stadt« in Peking hängt, sondern auch von vielen in ihren Privatwohnungen in Ehren gehalten wird.

Nach dem Wechsel in der Führung auf dem Parteikongress im November 2012 scheinen sich die pragmatischen Technokraten gegenüber den systemkonservativen Ideologen eher durchzusetzen, auch wenn die Menschenrechtslage nach wie vor prekär ist.

Weltethos in China willkommen

Die Voraussetzungen für einen grundlegenden Wandel sind in China zurzeit besser denn je. China braucht keinen äußeren Feind mehr zu fürchten. Zwar ist die Lage des unterdrückten Tibet alles andere als zufriedenstellend, und die Grenzvölker der Uiguren und Mongolen bereiten Sorgen. Aber die innere Einheit Chinas ist nicht mehr wie früher so oft von Einfällen bedroht. Auch die chronischen Hungersnöte und die daraus folgende Massenarmut sind unwahrscheinlich geworden.

Allerdings sind die zu bewältigenden Probleme Chinas immens: die alten Übel wie Korruption und Vetternwirtschaft jetzt in neuen Formen und völlig neuen Dimensionen. Aber auch die neuen Sorgen: der demographische Wandel, der Klimawandel und die zunehmende Schere zwischen Reich und Arm, zwischen Küstenstädten und Bergdörfern. Die wachsenden städtischen Mittelschichten erwarten mehr als eine Wohlstandsgesellschaft. Sie sehnen sich – mit dem ständigen Blick auf den Westen und auf Hongkong – nach einer modernen Bürgergesellschaft, welche die Menschen- und Bürgerrechte garantiert und Gewaltenteilung wie Machtkontrolle realisiert. Also alles in allem mehr Demokratie und Rechtsstaatlichkeit, wie sie schon die Vierte-Mai-Bewegung des großen Reformers und ersten Präsidenten der Chinesischen Republik, Sun Yat-Sen (1866–1925), angestrebt hatte. Dies erfordert eine weitgehende Erneuerung der politischen Strukturen und Institutionen, die dringend der Transparenz, der Stabilität und der Zukunftstauglichkeit bedürfen.

Soll dieser höchst komplexe Wandel nicht von vornherein scheitern, muss es *ethische Leitplanken* geben, an die sich alle, auch die Regierenden und die wirtschaftlich Mächtigen, zu halten haben. Eine »harmonische Gesellschaft«, wie sie zurzeit von der Führung propagiert wird, bedarf deshalb eines *ethischen Referenzrahmens*, der die staatliche Rechtsordnung abstützt und sichert. Und für die chinesische Gesellschaft ist die *Referenzgröße* allerersten Ranges nach wie vor der Weise aus dem 5. Jahrhundert v. Chr.: KONFUZIUS mit seinen ethischen (nicht seinen patriarchalen und autoritären) Maximen, die zu einer sozialen Harmonie verhelfen können. Sein Humanismus ist Chinas Beitrag zu einem globalen Menschheitsethos, einem Weltethos.

Am *Zweiten Internationalen Sinologenkongress 2009*, organisiert von der Renmin-Universität, die als staats- und parteinah gilt, erstaunt mich, wie protokollarisch erstrangig ich, begleitet vom Generalsekretär unserer Weltethos-Stiftung, Dr. Schlensog, behandelt werde. Ich habe die Ehre, zur Eröffnung des Kongresses die »keynote speech« zu halten über das Thema »Traditional Chinese Ethic as a Basis for a Global Ethic«. Doch auch zur Eröffnung des neuen Institute of Advanced Religious Studies habe ich ein Statement abzugeben und spreche über den »Clash of Civilizations« und »Global Politics«. Entsprechend ergeben sich für uns Gesprächsmöglichkeiten mit hochrangigen Repräsentanten von Staat und Universität. Treibende Kraft hinter diesen Kongressen ist mein Freund YANG HUILIN, der zu meiner Freude zum Vizepräsidenten der Renmin-Universität aufgerückt ist.

Überrascht hat mich besonders die Einladung des Ministers für religiöse Angelegenheiten, WANG ZUOAN, zu einem Abendessen im Gästehaus des Ministeriums im kleinsten Kreis (mit Dr. Schlensog nur acht Personen), nachdem man uns die verschiedenen Pavillons für die einzelnen in China vertretenen großen Religionen gezeigt hatte. Die Unterhaltung beim Essen geht anfangs etwas zäh voran. Doch hellwach wird der Minister, als ich ihn nach seiner Einstellung zum Zweiten Vatikanum frage. Ich erkläre ihm, wie in Diözesen meiner Schweizer Heimat der Bischof gewählt wird, und zwar durch eine Vertretung des Klerus vor Ort. Eine Bestätigung durch Rom erfolgt erst nachher. Schon früher war mein Artikel über diese nach alter Tradition erfolgende Bestellung der Bischöfe ins Chinesische übersetzt worden. Wäre dies nicht ein pragmatisches Lösungsmodell für den seit der kommunistischen Revolution herrschenden Dauerzwist zwischen dem kommunistischen Regime und dem Vatikan: Wahl der Bischöfe durch eine Vertretung des chinesischen Klerus, anschließend Bestätigung durch Rom?

Eine heikle Wende nimmt unser Gespräch, als die Rede auf den wenige Tage zuvor erfolgten Eklat auf dem China-Symposium bei der Frankfurter Buchmesse kommt: Die beiden oppositionellen Schriftsteller Dai Qing und Bei Ling, zuerst auf Druck Pekings von der Gästeliste gestrichen, dürfen schließlich doch ein Grußwort an die Versammlung richten, worauf ein Großteil der chinesischen Delegation den Saal verlässt. »Die Deutschen mögen uns nicht«, kommentiert der Minister. Ich kontere freundlich, aber bestimmt: »Die Deutschen mögen die Chinesen durchaus, sie bewundern und schätzen sie hoch. Aber wenn Autoren das Recht der freien Meinungsäußerung abgesprochen wird, so wird jede deutsche Zeitung für sie Partei ergreifen, da kann auch eine deutsche Regierung nichts dagegen tun.« Die Diskussion über diesen Punkt versachlicht sich und endet einvernehmlich. Das war, wie Stephan Schlensog nachher meinte, ein »Crashkurs in Diplomatie«. Selbst in China bestätigt sich so meine Erfahrung, dass man mit unerschrockenen, kundigen und zugleich verständnisvollen Argumenten sich durchaus Respekt verschaffen kann, besser als mit der in der Diplomatie (und auch in der Industrie) oft praktizierten Leisetreterei.

Unser Tischgespräch verläuft angenehmer, als die Rede auf das Weltethos kommt. Der Minister ganz eindeutig: »Das Weltethos (Global Ethic oder World Ethic) ist in China willkommen, und zwar sowohl in der Wissenschaft wie in der Politik.« Gemäß dem konfuzianischen Leitsatz »Harmonie in Verschiedenheit« glauben die Chinesen, dass das harmonische Zusammenleben aller Kulturen das Fundament der Existenz und Entwicklung der heutigen Menschheit ist. Verschiedene konfuzianische Leitsätze über die grundlegenden Prinzipien der Humanität, vor allem natürlich die Goldene Regel der Gegenseitigkeit, haben eine positive Auswirkung.

Mein Buch »Weltethos für Weltpolitik und Weltwirtschaft« ist erfreulicherweise noch rechtzeitig vorher auch in Peking auf Chinesisch erschienen und tut seine Wirkung. Verschiedene Artikel erscheinen in chinesischen Zeitschriften. Wir sind von den Medien umworben, auch Dr. Schlensog gibt mehrere Interviews für Zeitungen, Radio und Fernsehen. Besonders stolz bin ich auf einen ganzseitigen Artikel mit großem Foto in der englischsprachigen Zeitung Chinas, »China Daily« vom 11. November 2009, mit der Schlagzeile »China's Traditions are an Important Element of a Global Ethic«. Die Journalistin Guo Shuhan weist gleich zu Beginn auch auf meinen »chinesischen« Namen hin. Dann berichtet sie von meiner positiven Beurteilung der Bestrebungen des Jesuiten Matteo Ricci (16./17. Jh.) und vor allem von meiner Hochschätzung des Konfuzius selber und schließlich von den ethischen Werten »humanity, mutuality and harmony« als chinesischem Beitrag zum Weltethos.

Eine Rede in der Verbotenen Stadt (2009)

Wer je Bernardo Bertoluccis grandioses Filmepos »Der letzte Kaiser« gesehen hat, erhielt einen bleibenden lebendigen Eindruck von jener sich je nach Jahreszeit in unterschiedlichen Farben abspielenden Staatsliturgie rund um den Kaiser, wie sie sich bis zur republikanischen Revolution um den Ersten Weltkrieg halten konnte. Eine versunkene Welt, die nie wiederkehren wird.

Als ich 1979 zum ersten Mal die riesigen Plätze und Hallen der Verbotenen Stadt durchschreiten darf, sind viele Räume leer und düster. Immerhin kann ich mir schon früh eine Bronzekopie des elegant-kraftvollen »Fliegenden Pferdes« aus der Han-Dynastie (2. Jh. n. Chr.) erwerben, an dem ich mich bis heute immer wieder neu erfreue.

Rund 30 Jahre später, im Jahre 2009, wird zum ersten Mal einem wissenschaftlichen Kongress gestattet, in der Verbotenen Stadt ein großes Bankett abzuhalten. Als wir Teilnehmer des Zweiten Internationalen Sinologenkongresses ganz hinten im ehemals persönlichen Bereich des Kaisers aus den Bussen steigen, spricht mich einer der Verantwortlichen der Kongressleitung an: Ich möge doch eine kurze Dankesrede im Namen der etwa 200 Gäste halten!

Ich kann diesen Wunsch unmöglich ablehnen und überlege mir während des Essens die ganze Zeit, was ich da sagen soll. Im Saal, wo früher der Kaiser gezeichnet und gemalt hat, sitze ich am Ehrentisch mit dem Rektor der Universität und der Präsidentin der etwa 350 Konfuzius-Institute in über 100 Ländern. In meiner Dankesrede führe ich zuerst aus: China wandelt sich offenkundig, im Jahr 1979 wusste man noch nicht, ob man Konfuzius loben oder tadeln sollte. Heute aber ist er für Chinesen das große Symbol der Humanität, der die Goldene Regel der Gegenseitigkeit und Solidarität zum ersten Mal in der Menschheitsgeschichte formuliert hat. Es war mir ein Leichtes, meine Rede in einem Plädoyer für ein globales Ethos, ein Weltethos, gipfeln zu lassen und mit großer Dankesbezeigung zu enden, was mit weit mehr als nur höflichem Beifall der Anwesenden quittiert wurde. So hoffe ich denn, dass die Konfuzius-Institute nicht nur als »Soft Power« Chinas im Ringen um mehr Einfluss in der Welt agieren, sondern als humanitäre Kraft beim Aufbau einer neuen menschlicheren Weltordnung.

Zwei Tage nach dem Sinologenkongress, am 2. November 2009, bin ich eingeladen zu einem Vortrag über unser »Manifest für ein globales Wirtschaftsethos« an der Peking-Universität (Beida), der ältesten und ehrwürdigsten akademischen Institution Chinas, angekündigt durch ein großes Plakat. Ich bin glücklich darüber, dass es mir gelingt, an den beiden miteinander konkurrierenden Universitäten Renmin und Beida willkommen zu sein und Gelegenheit zu Vortrag und Diskussion zu haben.

Am Vormittag dieses Tages bin ich in das neue Institute of Advanced Humanistic Studies eingeladen, das meinem Freund, dem berühmten chinesischen Gelehrten Prof. Tu Weiming (früher Harvard University), genehmigt worden war. Mit ihm soll der in Deutschland promovierte Philosoph Dr. Yang Xusheng ein Zentrum für Weltreligionen und Weltethos aufbauen. Ich führe mit Tu Weiming einen rund zweistündigen Dialog über chinesische Kultur und Religion, der in einem Film festgehalten wird, damit er in verschiedenen chinesischen Zentren und Gremien gezeigt werden kann. Dabei äußert er den Wunsch, die Zusammenarbeit mit der Stiftung Weltethos zu intensivieren.

Anschließend folgt ein gemeinsames Essen und dann der öffentliche Vortrag in der großen Aula »The Global Economic Crisis Requires a Global Ethic«, in welchem ich das Manifest »Global Economic Ethic. Consequences for Global Businesses« erkläre, das ich vorher schon in New York, Basel und Melbourne der Öffentlichkeit vorgestellt hatte. Man hatte es in aller Eile ins Chinesische übersetzt und auf die Leinwand projiziert.

Alles verläuft bestens, auch die anschließende Diskussion. Es ist offenkundig, was mir der Religionsminister bei unserem Treffen gesagt hatte: Das Weltethos ist in China willkommen, sowohl unter den Gelehrten wie unter den Politikern. In der Tat stellt es ja gerade für China eine Hilfe dar in einer Situation des Übergangs, wo die alte marxistische Ideologie die Jugend nicht mehr anspricht, andererseits aber kruder Materialismus auch keine Orientierung für die Zukunft sein kann.

Ein denkwürdiges Zusammentreffen: der Dichter Yang Lian (2012)

Es ist eine überraschende Begegnung über die Kontinente und Zeiten hinweg. Am 28. Januar 2012 erhalte ich im oberitalienischen Udine den renommierten *Nonino-Kulturpreis*, gestiftet von der alteingesessenen Grappa-Familie Nonino. Die beiden anderen Preisträger sind der britische Historiker MICHAEL BURLEIGH, Autor einer Studie über den Zweiten Weltkrieg, und der chinesische Lyriker YANG LIAN. Gerade mit ihm, mittlerweile ein berühmter Dichter, verbindet mich, so stelle ich fest, eine langjährige Bekanntschaft.

In meinen öffentlichen Dialogvorlesungen mit Julia Ching über »Christentum und chinesische Religionen«, im Jahre 1988 veröffentlicht, endete mein Korreferat über den Konfuzianismus mit dem Hinweis »auf einen der wichtigsten jungen Lyriker, namens YANG LIAN, der ebenfalls die Verheerungen der Kulturrevolution am eigenen Leib erfahren hatte, sich von der kulturrevolutionären Schwarz-Weiß-Malerei absetzte und in der Lyrik wieder eine individuelle Dimension, die lange verschlossene persönliche Gefühlswelt des Ich, zum Ausdruck bringt« (S. 153). Diese Information hatte ich von dem damals an der Universität Tübingen lehrenden Sinologen KARL-HEINZ POHL, einem hervorragenden Kenner der chinesischen Gegenwartsliteratur, der auch der erste deutsche Mentor Yang Lians war. Ich zitierte damals aus Yangs Gedicht »Pilgerfahrt«:

> »Schau nur wie der Wind die Gräberkette am zerstückelten
> Horizont einebnet
> Hör nur auf den Chor der Herzen, welchem Generationen
> ihre Träume anvertrauten
> Denk nur tief nach, heb dann den Kopf
> Und zähle einmal die Sterne, die es nicht ertragen,
> einsam zu verglühen
> Das wird der beste Trost sein
> Das Heilige bleibt ewig friedvoll.« (S. 154)

Nun stelle ich fest, dass Yang Lian sich diese Grundhaltung bewahrt hat und dafür ausgezeichnet wird. Er dediziert mir seine 2009 in deutscher Sprache erschienenen Gedichte und Reflexionen »Aufzeichnungen eines glückseligen Dämons«. Und ich revanchiere mich mit der in Peking erschienenen chinesischen Ausgabe meines mit Julia Ching veröffentlichten Buches »Christentum und chinesische Religion«.

Ein Weltethos-Institut an der Peking-Universität (2012)

Das Jahr 2012 markiert den vorläufigen Endpunkt und auf seine Weise auch eine Krönung meiner jahrzehntelangen Beschäftigung mit China und seiner Kultur. Im November 2011 war Dr. Yang Xusheng im Auftrag von Tu Weiming und auf Einladung der Stiftung Weltethos nach Tübingen gekommen, um eine engere Zusammenarbeit zu besprechen. Ein Weltethos-Institut in Peking wäre die ideale Lösung, und ich nehme mir vor, darüber mit dem Rektor der Universität und mit Prof. h.c. KARL SCHLECHT zu sprechen, mit Erfolg. Dieser großzügige Stifter des Weltethos-Instituts an der Universität Tübingen – von ihm und dem Tübinger Weltethos-Institut wird im folgenden Kapitel X noch ausführlich die Rede sein – verkaufte nämlich seine Firma Putzmeister an den chinesischen Baustoffkonzern SANY Group. Er führte damit seiner Karl-Schlecht-Stiftung 300 Millionen Euro zu. Beim Gründer und Inhaber von SANY, LIANG WENGEN, kann er ebenfalls Interesse für die Weltethos-Idee wecken. Jedenfalls erklärt sich dieser bereit, die Gründung eines Weltethos-Instituts in Peking mitzufinanzieren, das wir schon drei Jahre zuvor in Aussicht genommen hatten, als für Professor Tu Weiming das Institute for Advanced Humanistic Studies an der Peking-Universität (Beida) errichtet worden war.

Der Rektor der Universität Tübingen, Professor BERND ENGLER, verhandelt deshalb mit dem Präsidenten der Peking-Universität, Professor ZHOU QIFENG. Die Peking-Universität ist in China die wohl repräsentativste Institution für eine solche Investition. Erfreulicherweise war Rektor Zhou anlässlich der Eröffnung des Weltethos-Instituts an der Universität Tübingen am 18. April 2012 mit einer Delegation anwesend, ebenso wie der SANY-Chef Liang Wengen. So kam es schon damals zu einer grundsätzlichen Abmachung, an der Peking-Universität ebenfalls ein Weltethos-Institut zu gründen.

Das »World Ethic Institute Beijing« (WEIB) wird also zu einem Kooperationsprojekt der Peking Universität, der Universität Tübingen und der Stiftung Weltethos; weitere Kooperationspartner sind die Karl Schlecht Gemeinnützige Stiftung und die chinesische SANY Group, die das WEIB finanzieren. Errichtet wird das WEIB am »Institute for Advanced Humanistic Studies« von Professor Tu Weiming. Wissenschaftlicher Mitarbeiter am Institut ist der mit uns seit Jahren verbundene und mit der Weltethos-Thematik bestens vertraute Prof. YANG XUSHENG, der dort bereits das Zentrum für Weltreligionen und Weltethos leitet. Wie das Tübinger Weltethos-Institut (WEIT) soll sich auch das Institut in Peking der Verbreitung der Weltethos-Thematik in Forschung und Lehre widmen und dabei besonderes Augenmerk auf den Themenbereich »Globales Wirtschaftsethos« richten. Ein »Memorandum of Understanding« zur Gründung des Instituts wird am 16. Juli 2012 von Rektor Engler, Karl Schlecht, mir und unseren chinesischen Partnern unterzeichnet.

Vom 26. Oktober bis 3. November 2012 reise ich mit Dr. Schlensog zur Gründung des »World Ethic Institute Beijing« und zur Teilnahme am »Beijing Forum« nach Peking. An der Institutseröffnung nehmen aus Tübingen neben dem Rektor der Universität, Prof. Bernd Engler, der Direktor des Weltethos-Instituts Prof. CLAUS DIERKSMEIER und der Sinologe Prof. ACHIM MITTAG teil, und natürlich der Hauptsponsor des neuen Instituts, KARL SCHLECHT, der bei dieser Gelegenheit seinen 80. Geburtstag feiert.

Seitens der Stiftung ist uns vor allem daran gelegen, sicherzustellen, dass die Weltethos-Thematik in dem Sinn, wie wir sie in Tübingen jahrzehntelang erarbeitet haben, auch in Peking rezipiert und weiterentwickelt wird. So führen wir gleich nach unserer Ankunft in Peking (am 27. Oktober) ein längeres Gespräch mit Professor Tu Weiming, der uns versichert, dass dies am WEIB der Fall sein wird und wir davon ausgehen können, dass sich die Arbeit in Peking auf der Linie dessen bewegt, was wir in Tübingen in Sachen Weltethos vorgearbeitet haben.

Am Sonntagabend, den 28. Oktober, lädt Karl Schlecht zur Feier seines 80. Geburtstags ein. Am Montag, den 29. Oktober, findet die Gründungsfeier des World Ethic Institute mit der Unterzeichnung des formellen »Agreement« der beteiligten Partner statt. Ort der Veranstaltung ist das Auditorium der University President's Administrative Hall. Nach mehreren Reden und Grußworten verschiedener Autoritäten aus Universität und Partei halte ich die »keynote speech«. Ich kann darauf hinweisen, wie günstig sich die Situation verändert hat, seit ich vor genau 33 Jahren die Beida zum ersten Mal besucht und damals schon die Frage nach Konfuzius und dem Ethos gestellt habe. Heute ist das Weltethos in China willkommen, weil es kein explizit religiöses Projekt ist, sondern ein allgemeines Ethos vertritt, das von religiösen und nichtreligiösen Menschen mitgetragen werden soll; das philosophisch, religiös, religionswissenschaftlich oder sonst wie begründet werden kann, das für Personen wie Institutionen gilt, das nicht eine Einheit der Religionen anstrebt, sondern den Frieden zwischen den Religionen und das so für eine Zivilgesellschaft wie sie sich derzeit in China entwickelt, sehr hilfreich sein kann

Es ist mir eine besondere Freude, dann allen Beteiligten die pünktlich an diesem Tag erschienene chinesische Ausgabe unseres »Handbuchs Weltethos« vorzustellen. Ich danke dem Sanlian Verlag, dem wohl berühmtesten Verlag vor allem für Geisteswissenschaften in China, und dem chinesischen Herausgeber Prof. YANG XUSHENG für die exzellente Arbeit. Meine »keynote speech« wird von den rund 200 Teilnehmern mit großem Applaus bedacht, und die bereitliegenden 200 Exemplare des Handbuchs finden reißenden Absatz, wie auch die ebenfalls an diesem Tag präsentierte erweiterte chinesische Ausgabe unseres Bildbandes »Spurensuche«.

Am Nachmittag des 29. Oktober findet eine Round-Table-Diskussion über die operativen Perspektiven des neu gegründeten Instituts statt. Dabei wird deutlich, dass man in Peking natürlich unter ganz anderen Rahmenbedingungen und geistigen Voraussetzungen arbeitet, als dies in Tübingen der Fall ist. Insofern muss auch davon ausgegangen werden, dass die Agenda des Tübinger Weltethos-Instituts nicht eins zu eins auf Pekinger Verhältnisse übertragbar ist. Ich hoffe, dass man in Peking einen Weg finden wird, der nicht abweicht von den in Tübingen erarbeiteten Grundlagen, wie diese im »Agreement« betont und im »Handbuch Weltethos« (München 2012) ausführlich dargelegt sind.

Am späten Nachmittag führe ich noch ein ausgiebiges Interview mit »China Daily«, der wohl wichtigsten englischsprachigen Zeitung Chinas. Durch meine Anwesenheit in Peking wird das Thema Weltethos überhaupt einer breiten Öffentlichkeit zugänglich gemacht. Insgesamt ist die Berichterstattung über die Institutsgründung sehr erfreulich. Vor allem im Internet finden sich eine Fülle von Beiträgen und Kommentaren, die laut Yang Xusheng durchweg positiv ausfallen.

In seinem detailliert ausgearbeiteten anspruchsvollen Arbeitsprogramm für das neue Weltethos-Institut (April 2013) beschreibt Prof. Yang Xusheng die zentrale Aufgabe folgendermaßen: »Das Projekt Weltethos im chinesischen Kontext interdisziplinär und multidimensional – philosophisch, religions- und geistesgeschichtlich, ethnologisch und soziologisch – zu entfalten sowie auf bildungs- und gesellschaftlicher Ebene zu vermitteln. Die Forschungsarbeit des Weltethos ist ihrem Wesen nach von Anfang an eine interkulturelle und interdisziplinäre Arbeit. Um dieses breitgefächerte Ziel zu erreichen, werden verschiedene Forschungsprojekte organisiert, die in folgende zwei Hauptfelder gegliedert sind: Analysen des durch das Weltethos induzierten Paradigmenwechsels in der chinesischen Religions- und Geistesgeschichte und die traditionellen Themenbereiche der konfuzianistischen Studien. Darüber hinaus sollen Projekte zu Thematiken wie der daoistischen und der traditionell chinesischen medizinischen Lebensanschauung (TCM) in Bezug auf Weltethos, der ethischen Lebens- und Wertewelt der Chinesischen Nationalen Minderheiten und deren Beitrag zum Weltethos u. ä. in Gang gebracht werden.«

Dazu kommt als spezielles Themengebiet das Weltwirtschaftsethos. Das Institut soll Publikationsarbeit leisten, das Internet nutzen und selbst als Plattform und Netzwerk für den wissenschaftlichen Austausch dienen.

Die Ausbildung spielt selbstverständlich eine zentrale Rolle. Ein breites Spektrum von individuellen und institutionellen Kooperationspartnern soll eingebunden werden.

Weltethos: Wiederbelebung der Weisheit Chinas

Am Dienstag, den 30. Oktober, ziehe ich mit Dr. Schlensog und Dr. Yang Xusheng für eineinhalb Tage an den Stadtrand Pekings in das *Fragrant Hill Resort* (Hotel des duftenden Hügels). Wir nutzen die Zeit zum ungestörten Arbeiten an diesem dritten Band meiner Memoiren, besonders an den Kapiteln über China und Indien. Bei der Ankunft bin ich sofort fasziniert von der ungewöhnlichen Architektur. Tatsächlich höre ich, dass das Hotel gebaut wurde vom weltberühmten chinesisch-amerikanischen Architekten I. M. Pei. Als Schüler von Gropius der klassischen Moderne verpflichtet, hatte er, der dann später auch die Glaspyramide des Louvre und den Neubau des Deutschen Historischen Museums in Berlin schuf, das ganz und gar moderne Hotel gebaut, aber unter Verwendung klassischer Motive sowohl für die Außenfassade wie bei der Innenarchitektur und der ganzen Dekoration des Hotels. Vielleicht ein Symbol dafür, wie ein universales Ethos durchaus chinesische Züge bekommen kann. Ich freue mich jedenfalls auch an der Umgebung, dem kleinen See vor meinem Fenster und den Bäumen in den intensiven herbstlichen Farben und den typisch chinesischen Steinformationen.

Am Freitag, den 2. November, beginnt das *Beijing Forum* im weiträumigen Diaoyutai State Guesthouse. Es gilt als das renommierteste Kultur-Forum Chinas mit vielen Hundert Wissenschaftlern aus aller Welt. Nach Reden und Grußworten hochrangiger Vertreter aus Partei und Wissenschaft (u. a. der Erziehungsminister, die Vizepräsidentin des Standing Committee der Kommunistischen Partei, der frühere indische Staatspräsident Kalam und ein früherer koreanischer Ministerpräsident) habe ich die Ehre, die erste von vier »keynote speeches« zu halten: »*The Harmony of Civilizations and Prosperity for All* – Challenges and Opportunities: New Thinking in New Reality«.

Einleitend bemerke ich, dass ich meine Rede lieber vier Wochen später – also nach dem großen Parteikongress – gehalten hätte, dafür aber jetzt ungezwungener reden könne. So greife ich denn die in China verbreitete Klage über eine gefährliche »Anomie« auf, eine »Gesetzlosigkeit«, einen Mangel an sozialen Bindungen, Werten und sozialer Ethik, der moralische Deregulierung hervorruft. Das Gegenteil also von Harmonie.

Der (damals gerade aktuelle) Mord- und Korruptionsskandal eines früheren Mitglieds der chinesischen Führung und seiner Frau habe ja auch die Spitzen von Staat und Partei alarmiert. Ich zitiere Premierminister Wen Jiabao, der im April 2012 in Hinblick auf die Korruption, eine für die chinesische Partei lebensgefährliche Entwicklung, bemerkt hatte: »China ist ein sozialistisches Land, regiert durch das Recht; die Würde und Autorität des Rechts kann nicht zertrampelt werden. Es gibt keine spezielle Person vor dem Gesetz.«

Dennoch hört man immer wieder die Klage: Wie kann vermieden werden, dass »die Würde und Autorität des Rechts zertrampelt« werden? Noch mehr Gesetze? Sie helfen nicht, wenn das Gesetz als solches infrage gestellt wird. Oder mehr Polizei und mehr Gerichte? Sie helfen auch nicht, wenn selbst Polizei, Justiz und Armee für *Korruption* anfällig sind. Das ist wahrlich nicht nur in China, sondern auch anderswo ein Problem: Ich denke zum Beispiel an das komplexe Betrugssystem des siebenfachen Tour-de-France-Siegers Lance Armstrong (USA) oder an die Sexorgien des früheren Chefs des IWF, Dominique Strauss-Kahn (Frankreich) und an den jahrzehntelangen 100-fachen Missbrauch von Kindern durch einen berühmten Fernsehmoderator der BBC – erst nach seinem Tod aufgedeckt. Was kann also gegen die »Anomie«, die moralische Deregulierung, getan werden? Wie kann statt Anomie Harmonie gefördert werden?

Ich gebe natürlich zu: Es gibt leider kein Allheilmittel gegen all diese Probleme. Selbstverständlich bietet auch das Projekt eines elementaren gemeinsamen Kernethos, eines Menschheitsethos, eines *Weltethos*, keine fertige Lösung im Sinne eines Rezepts. Aber die Realisierung eines Weltethos stellt doch einen wirksamen Antwortversuch dar, insofern es in den Krisen einer globalisierten Welt einen *ethischen Orientierungsrahmen* (weltweit und zu Hause) anbietet und zugleich ein *Koordinatensystem,* einen *moralischen Kompass*, der in allen Lebensbereichen, im Großen wie im Kleinen, für Jung und Alt hilfreich sein kann.

Der Westen hatte erst im 18. Jahrhundert im Zusammenhang der Amerikanischen und Französischen Revolution die Allgemeinen Menschenrechte zu formulieren vermocht, und erst 1948 sind diese von der Generalversammlung der Vereinten Nationen für alle Staaten verbindlich proklamiert worden. Der Osten aber, genauer China, hat schon fünf Jahrhunderte vor unserer Zeitrechnung, vor allem durch den Weisen Konfuzius, das Verantwortungsbewusstsein des Einzelnen in Gesellschaft und Staat geweckt. Ja, er hat als Erster die zwei Grundprinzipien formuliert, die auch an der Basis des Weltethos liegen, das Humanitätsprinzip: »Jeder Mensch soll wahrhaft menschlich behandelt werden« und das Gegenseitigkeitsprinzip oder die Goldene Regel: »Was du nicht willst, dass man dir tu', das füg auch keinem anderen zu«. Von diesen beiden Grundprinzipien war schon auf den beiden Konferenzen über die traditionelle chinesische Ethik und ein Weltethos 1997 und 2001 in Peking ausführlich die Rede. Sie sollen für ein gelingendes Miteinander wieder neu bewusst gemacht werden.

Die Idee eines gemeinsamen Menschheitsethos stellt ein modernes Echo besonders auch auf die alten Weisheiten Chinas dar. Es ist kein Import aus dem Westen, kein eingeführtes heterogenes Denksystem. Vielmehr kann es in China als *Erweckung des in der eigenen chinesischen Tradition gegebenen Erbes* verstanden werden. Es gibt ja heute eine Suche nach der menschlichen Basis der Werte, die man als *»tong«*, das Gemeinsame der verschiedenen Kulturen, bezeichnen kann. Dies soll den einzelnen Personen wie auch den Institutionen zum Bewusstsein gebracht werden. Aber dabei soll keine »Einheit« der Religionen und keine »Verschmelzung« der Kulturen angestrebt werden. Im Gegenteil: die eigene Charakteristik der betreffenden Religion und Kultur soll bewahrt und jegliche Uniformierung vermieden werden. Auf diese Weise kann die Idee des Weltethos zum *Träger des Ideals der »großen Harmonie« (da tong)* werden, die im Kontext auch der Weltkulturen, der Weltpolitik und der Weltwirtschaft zur Geltung zu bringen ist. So wird die *uralte Weisheit Chinas im Fokus des Weltethos wiederbelebt!*

Aber nun bin ich, in diesem Kapitel IX ganz auf China konzentriert, der welthistorischen Entwicklung, die ich nur am Rande streifen konnte, weit vorausgeeilt. Den Begriff des Weltethos habe ich eingeführt, ohne auf den komplexen Entstehungsprozess des Projekts Weltethos einzugehen. Das soll nun im folgenden Kapitel ausführlich geschehen, in welchem sich zugleich einige der bisherigen Erkenntnisse aus der Beschäftigung mit den Weltreligionen bündeln werden.

X. Das Projekt Weltethos: ein Ethos für die Menschheit

> *»So ist der ewige Friede, der auf die bisher fälschlich sogenannte Friedensschlüsse (eigentlich Waffenstillstände) folgt, keine leere Idee, sondern eine Aufgabe, die, nach und nach aufgelöst, ihrem Ziele (weil die Zeiten, in denen gleiche Fortschritte geschehen, hoffentlich immer kürzer werden), beständig näher kommt.«*
>
> *Immanuel Kant, Zum ewigen Frieden (1797)*

1989: Am 9. November fällt die Berliner Mauer – Symbol der Unmenschlichkeit, des Totalitarismus und Staatsterrorismus. Die erfolgreichen friedlichen Revolutionen in Osteuropa führen zum Kollaps des Sowjetkommunismus. Für November 1989 hatte ich schon des Längeren Einladungen zu Vorträgen in den *Niederlanden* angenommen und versprochen, sie auf Holländisch zu halten. Am Montag, den 6. November, spreche ich an der Freien Universität Amsterdam über »Religionen im Wandel der Zeit«, am nächsten Vormittag dann über »Kein Weltfriede ohne Religionsfriede«. Am selben Tag fahre ich weiter nach Kampen, wo ich am folgenden Vormittag bei meinem Verlag Kok (später Uitgeverij Ten Have) einen Vortrag halte. Am selben Abend des Mittwochs, 8. November, spreche ich an der Katholischen Universität Nijmegen. Der Donnerstag, *9. November 1989*, aber wird uns als welthistorisches Datum in Erinnerung bleiben. In den vergangenen Tagen und Wochen habe ich die dramatischen Entwicklungen in der DDR verfolgt. Aber ich kann nicht ahnen, was an diesem 9. November abends passieren wird: Zur gleichen Zeit, als ich meinen Vortrag in der Katholischen Universität Brabant in Tilburg halte, wird in Berlin quasi durch ein Versehen die Mauer geöffnet und damit das Ende des kommunistischen Regimes eingeleitet. Um 22.30 Uhr lasse ich mich in meinem Auto vom bewährten Taxifahrer Hans Aichele von Tilburg nach Tübingen fahren, wo wir um 3.30 Uhr eintreffen. Ich hatte schon im Auto Gelegenheit, die Ereignisse am Radio mitzuverfolgen.

Der Fall der Mauer weckte ungeheure Erwartungen auf eine friedlichere Welt. Nach dem Golfkrieg 1990/91 kündigt der amerikanische Präsident George Bush sen. einen »New World Order« an und findet mit dieser Parole ein enthusiastisches Echo in der Welt. Aber Bush hat wenig Ahnung, wie dieses in Verlegenheit »vision thing« genannte Paradigma aussehen sollte. Folglich, anders als versprochen, keine Demokratie in Kuwait, keine Förderung der Demokratisierung in Saudi-Arabien und anderen autokratisch regierten Staaten, kein Ende der israelischen Besatzung Palästinas – Nährboden allen arabischen Terrorismus. Und insofern stellt sich nun die Frage: Haben wir 1989 die Chance eines neuen Paradigmas nach 1918 und 1945 ein drittes Mal verpasst?

1989 – eine dritte Jahrhundertchance verpasst?

Den Ersten Weltkrieg (1914–18) kenne ich nur vom Hörensagen, von meinen Eltern vor allem, und aus meiner späteren Lektüre. Ich bin ja zehn Jahre nach Ende dieser ersten Weltkatastrophe geboren, die eine Bilanz von etwa zehn Millionen Toten aufweist. Und als Folge davon die völlige Veränderung der Weltkarte: Kollaps des Deutschen Kaiserreiches, des Habsburgerreiches, des Zarenreiches, des Osmanischen Reiches, zuvor schon des Chinesischen Kaiserreiches. Weitere Folgen: amerikanische Truppen auf europäischem Boden und die Heraufkunft des Sowjetimperiums. Heute ist klar: Dies war der Anfang vom Ende des eurozentrisch-imperialistischen Paradigmas der Moderne. Und es war zugleich der Beginn eines noch nicht definierten, aber von den Weitsichtigen bereits anvisierten neuen Paradigmas. Dieses war von den USA vorgeschlagen worden: Mit seinen »14 Punkten« hatte Präsident Woodrow Wilson am 8. 1. 1918 sein Friedensprogramm skizziert: einen »Gerechtigkeitsfrieden« ohne Besiegte und die »Selbstbestimmung der Völker« ohne Annexionen und Reparationsforderungen.

Aber auch in der neutralen Schweiz, die ab 1919 zum Sitz des Völkerbundes wird, muss man zur Kenntnis nehmen: Das »Versailles« der kurzsichtig nationalistisch denkenden französischen und englischen »Realpolitiker« hat die Realisierung des neuen Paradigmas verhindert: statt Gerechtigkeitsfrieden ein Diktatfrieden ohne die Beteiligung der Besiegten. Auswirkungen sind auch in der Schweiz fühlbar und bilden die finsteren Mächte meiner Jugend: Faschismus in Italien und Nazismus in Deutschland (sekundiert in Fernost vom japanischen Militarismus) – katastrophale reaktionäre Fehlentwicklungen, die zwei Jahrzehnte später zum Zweiten Weltkrieg führen, der schlimmer ist als alles in der Weltgeschichte bisher Dagewesene.

Diesen Zweiten Weltkrieg (1939–45) habe ich mit wacher Aufmerksamkeit miterlebt, wie in meinem ersten Erinnerungsband (Kap. I: Wurzeln der Freiheit) eingehend beschrieben. Seine Bilanz etwa 50 Millionen Tote und weitere Millionen Vertriebene. In der Schweiz feiern wir mit dem befreiten Europa den 8. Mai 1945 als »Victory Day«. Denn Nazismus und Faschismus sind erledigt. Der Sowjetkommunismus freilich zeigt sich nach außen stärker denn je, innerlich aber befindet er sich aufgrund der stalinistischen Schreckensherrschaft politisch-wirtschaftlich-sozial bereits in der Krise. Wieder geht die Initiative für ein neues Paradigma von den USA aus: 1945 Gründung der Vereinten Nationen in San Francisco und das Bretton-Woods-Abkommen zur Neuordnung der Weltwirtschaft mit der Gründung von Internationalem Währungsfond und Weltbank, dann die Allgemeine Erklärung der Menschenrechte 1948, weiter die amerikanische Wirtschaftshilfe für den Aufbau Europas (Marshallplan) und dessen Einbezug in ein Freihandelssystem. Aber die große Enttäuschung: Der Stalinismus blockiert dieses neue Paradigma für seinen Einflussbereich, und es kommt zur Teilung der Welt in Ost und West.

Doch man darf im 20. Jahrhundert trotz der Kriege, Massaker und Flüchtlingsströme, trotz des Archipels Gulag, des Holocausts und der Atombombe manche Veränderungen zum Besseren nicht übersehen. Über die zahllosen früher unvorstellbaren wissenschaftlich-technologischen Errungenschaften hinaus können sich die schon nach 1918 zu einer neuen nachmodernen Gesamtkonstellation drängenden Bewegungen nach 1945 durchsetzen: Friedensbewegung, Frauenbewegung, Umweltbewegung, Ökumenebewegung. Dies bedeutet: eine neue Einstellung zu Krieg und Abrüstung, zur Partnerschaft von Mann und Frau, zum Verhältnis von Ökonomie und Ökologie, zum Frieden nicht nur zwischen den christlichen Konfessionen, sondern auch zwischen den Weltreligionen. Alles Dimensionen des neuen Paradigmas.

Vorarbeiten für das Projekt Weltethos: UNESCO und WEF

Schon zu Beginn der 80er-Jahre hatte ich, wie berichtet, den mir wohlgesinnten Ägyptologen Helmut Brunner um Rat gefragt, ob er denn einen *Dialog zwischen Theologen und Religionswissenschaftlern* überhaupt für möglich ansehe. Er bejaht dies. So ermutigt, nehme ich mit meinen Tübinger Kollegen von der Islamkunde, Josef van Ess, und der Indologie, Heinrich von Stietencron, Kontakt auf. Zu meiner Freude erklären sich beide zu öffentlichen Dialogvorlesungen mit mir bereit, auch dazu, als Dritten später noch den Göttinger Buddhologen Heinz Bechert hinzuzuziehen, da Tübingen keinen Lehrstuhl für Buddhologie besitzt.

Die Vorlesungen werden ein Erfolg. Ich selber habe von ihnen am meisten gelernt. Dabei ist mir bei allen Einsichten in Lehre, Ritus, Ethos und Bräuche der verschiedenen Religionen eines deutlicher geworden: dass der Religionsdialog alles andere als nur eine akademische Angelegenheit ist, dass er vielmehr eine *weltpolitische Bedeutung* besitzt.

Und ich nutze die 1980er- und 1990er-Jahre, um den Dialog auf eine breite wissenschaftliche Basis zu stellen; ich rufe in Erinnerung:

1. Die Theorie vom *Paradigmenwechsel*, wie sie der Amerikaner THOMAS S. KUHN in seinem wissenschaftstheoretischen Klassiker über die Struktur wissenschaftlicher Revolutionen in der Welt der Naturwissenschaften entwickelt hatte, wende ich auf die *Religionsgeschichte* an. Eingehend analysiere ich die epochalen Paradigmenwechsel in der Geschichte von Judentum und Christentum, dann auch des Islam und schließlich der Religionen indischen und chinesischen Ursprungs.

2. Eine *ökumenische Kriteriologie* entwickle ich konzentriert auf die Frage: Was ist die »wahre Religion«? Neben dem spezifisch christlichen Kriterium für Christen (Jesus Christus selbst) sind wichtig die allgemein religiösen Kriterien (das Authentische oder Kanonische der betreffenden Religion) und schließlich das für alle Religionen, Philosophien und Ideologien grundlegende Kriterium des Humanum, des wahrhaft Menschlichen.

3. Öffentliche *ökumenische Dialoge* über die großen Weltreligionen publiziere ich anschließend zusammen mit meinen Dialogpartnern. Dem Epilog zu unserem gemeinsamen Buch »Christentum und Weltreligionen« gebe ich schon 1984 den programmatischen Titel *»Kein Weltfrieden ohne Religionsfrieden«*. Jener Autor des berühmten Artikels über den »Clash of Civilizations?« (»Zusammenprall der Kulturen?«) in »Foreign Affairs« 1993 (klugerweise noch mit einem Fragezeichen versehen!), der Politikwissenschaftler SAMUEL HUNTINGTON, hätte zehn Jahre später gut daran getan, sich in der theologisch-religionswissenschaftlichen Literatur umzuschauen, wenn er schon über Religionen schreiben und sie (besonders den Islam) kritisch aburteilen wollte.

In der Folge sind es zwei Herausforderungen, die mir außerordentliche geistige Anstrengungen abverlangen, aber gerade so mir erlauben, frühzeitig Grundlagen zu produzieren für das spätere »Projekt Weltethos«: Die *erste* Herausforderung ist ein Grundlagenpapier für ein *Kolloquium der UNESCO in Paris*. Vom 8. bis 10. Februar 1989 findet in Paris am Sitz der UNESCO jenes Kolloquium statt, zu dem mein Buch »Christentum und Weltreligionen« die Anregung gegeben hatte. Dieses Buch hatte KLAUS VON RAUSSENDORFF, stellvertretender Leiter der Ständigen

Vertretung der Bundesrepublik Deutschland bei der UNESCO, mit Begeisterung gelesen und mir ein Kolloquium vorgeschlagen.[1] Ich schreibe dafür das Grundlagenpapier und darf auch die Referenten vorschlagen. Eingeladen hat das Goethe-Institut Paris mit seinem sehr engagierten Leiter, Dr. GEORG LECHNER. Federführend ist die deutsche UNESCO-Vertretung, Generaldirektor FEDERICO MAYOR eröffnet im Namen der UNESCO. Mein Thema: *»Pas de paix entre les nations sans paix entre les religions«*. Folgende Professoren nehmen zu meinem Grundlagenpapier Stellung: MASAO ABE (Kyoto) für den Buddhismus, MOHAMMED ARKOUN (Paris) für den Islam, EUGENE B. BOROWITZ (New York) für das Judentum, CLAUDE GEFFRÉ (Paris) für das Christentum, der Sinologe LIU SHUHSIEN (Hongkong) für die chinesische Religion, BITHIKA MUKERJI (Benares) für den Hinduismus sowie KARL JOSEF PARTSCH (Bonn) aus der Sicht des Völkerrechts. Diese Beiträge werden in dem von mir gemeinsam mit Karl-Josef Kuschel herausgegebenen Band »Weltfrieden durch Religionsfrieden. Antworten aus den Weltreligionen« (München 1993) veröffentlicht.

Die *zweite* Herausforderung ist ein Plenumsvortrag beim *Weltwirtschaftsforum (World Economic Forum, WEF) in Davos*. Schon am 3. Oktober 1989 war der Gründer und Präsident des Weltwirtschaftsforums, Prof. KLAUS SCHWAB, nach Tübingen gekommen, um mich für einen solchen Vortrag zu gewinnen. Ich hatte ja schon zehn Jahre zuvor (8. 2. 1979) in Davos einen Vortrag gehalten mit dem kühnen Titel »Sollen Manager an Gott glauben?«. Damals hieß das Weltwirtschaftsforum noch »European Management Symposium«. Ich bin überzeugt: Wenn es uns nicht gelingt, auch Vertreter der Politik, Wirtschaft und Finanzwelt für die ethische Programmatik zu gewinnen, werden alle noch so gut gemeinten Forderungen von Religionen und Kirchen ins Leere fallen. Am 24. Oktober 1989 starte ich ein erstes Seminar in Tübingen über die Problematik »Gibt es ein gemeinsames Ethos der Weltreligionen?«. Das Thema des Davoser Vortrags (7. 2. 1990) lautet: *»Warum brauchen wir globale ethische Standards, um zu überleben?«*. Ich habe diesen Vortrag kurz darauf (22. 2. 1990) an der Universität Kiel im öffentlichen Gespräch mit den Philosophen Prof. HANS JONAS und Prof. KARL-OTTO APEL getestet. Im folgenden Jahr halte ich in Davos den Vortrag zu dem brisanten Thema: »Eine Friedensvision für den Nahen Osten. Verantwortung von Juden, Christen und Muslimen« (2. 2. 1991).

Zur gleichen Zeit habe ich auch ein neues großes *Forschungsprojekt* über die drei abrahamischen Religionen in Arbeit, das mir die Robert-Bosch-Jubiläumsstiftung und der Daimler-Benz-Fonds seit dem Jahr

1989 ermöglicht hatten und das der Thematik »Kein Weltfriede ohne Religionsfriede« gewidmet ist. Die ausführliche Disposition dieses Forschungsprojekts bildet zusammen mit dem Pariser UNESCO-Vortrag und dem Davoser WEF-Vortrag die Grundlage für *das Buch »Projekt Weltethos«*. Dieses kann ich angesichts der sich zuspitzenden Staatskrise der DDR und des Falls der Berliner Mauer schon wenige Wochen später 1990 aufgrund dieser Vorarbeiten verhältnismäßig rasch vollenden und veröffentlichen. Es wird in kurzer Zeit ein Bestseller und bleibt ein »Longseller«. Ohne dass ich es ahnen kann, bin ich geistig vorbereitet auf eine neue Periode der Weltgeschichte, die im Zeichen der Globalisierung stehen wird.

Christliches Europa?

Ein halbes Jahr nach dem Fall des Eisernen Vorhangs, im Sommersemester 1990, greife ich die brennende Frage nach dem neuen Weg Europas in einer Studium-generale-Reihe auf: »Christliches Europa? Analysen und Prospektiven«. Ich eröffne die Reihe am 23. April 1990 mit einer theologischen Zeitanalyse: »Europa im Epochenumbruch«. In den folgenden Wochen sprechen verschiedene illustre Persönlichkeiten aus Politik und Politikwissenschaft über einzelne Länderperspektiven: die britische (Prof. RALF DAHRENDORF, Oxford), die osteuropäische (Prof. OTA ŠIK, Prag/St. Gallen), die niederländische (Ministerpräsident RUUD LUBBERS, Den Haag), die französische (Prof. ALFRED GROSSER, Paris) und die deutsche (Prof. KURT BIEDENKOPF, Bonn).

Zu meinem großen Bedauern kann der frühere österreichische Bundeskanzler BRUNO KREISKY seinen für den 18. Juni 1990 geplanten Vortrag über österreichische Perspektiven nicht halten. Er ist schwer erkrankt und stirbt einen Monat später, am 29. Juli, im Alter von 79 Jahren. An Kreiskys statt halte ich selbst die Vorlesung und plädiere für ein Weltethos als Basis für das Europa der Zukunft.

Mir ist bei alldem wichtig: Keiner dieser überzeugten Europäer vertritt ein technokratisches Europa, wie dies in der Konzeption einer funktionalistischen Ökonomie und Politik besonders in Brüssel angestrebt wird. Dass Europa der geistigen Erneuerung bedarf, steht allerdings auch nicht im Vordergrund der Referate. Offenkundig aber wollen auch überzeugte Christen kein christlich restauriertes Europa vertreten, wie dies vom polnischen Restaurationspapst in seiner Re-Evangelisierungs-Kampagne angestrebt wird. Dass man mit einer rigorosen Ablehnung der Empfängnisverhütung und jeglicher Abtreibung keine Wählerstimmen gewinnen kann, hat sich sogar in der bayerischen CSU durchgesetzt. Dass die Gewissensfreiheit prinzipiell dem römischen Lehramt unterworfen sein solle, ist indiskutabel.

Ich versuche meinerseits Verständnis zu schaffen für einen *dritten Weg* zwischen dem technokratisch-säkularistischen und dem restaurativ-christlichen Europamodell: für ein ethisch fundiertes Europa. Also ein Europa, das zusammengehalten wird durch ein *verbindliches Ethos*. Einen Grundkonsens über gemeinsame Werte, Maßstäbe und Haltungen, der gerade zur Fundierung und Verteidigung der Demokratie, der Menschenrechte und des Rechtsstaats nötig ist.

Testen kann ich meine Auffassung vom neuen Europa im Kontext der *postsozialistischen Staaten des Ostens* an einem Symposion der Internationalen Zeitschrift »Concilium« in Budapest am 12./13. Juni 1992. Geleitet wird es von meinem Tübinger Kollegen NORBERT GREINACHER, der sich schon seit Langem um Kontakte mit den kritischen Intellektuellen in Osteuropa bemüht hat. Mein alter tschechischer Brieffreund Dr. KAREL FLOSS und ich leiten die Diskussion ein mit Kurzreferaten über das Thema »Ein christliches Europa?«. Anschließend referieren JOHANN BAPTIST METZ und der ungarische Religionssoziologe MIKLÓS TOMKA über »Europa in der Einen Welt: ein eurozentrisches Europa?«. Informativ ist die Podiumsdiskussion am zweiten Tag, wo die Situation der Kirche in den verschiedenen Ländern vor dem Hintergrund der gesellschaftlichen und politischen Lage diskutiert wird. Die Professoren REMIGIUSZ SOBAŃSKI und TAMÁS NYÍRI referieren über Polen und Ungarn. Auch über Jugoslawien, Rumänien und die Tschechoslowakei hören wir sehr interessante, wenngleich nicht gerade ermutigende Referate. Da die katholische Hierarchie mir gegenüber wie immer auf Distanz bedacht ist, nehme ich die Einladung des lutherischen Bischofs IMRE SZEBIK an und spreche bereits am 9. Juni in Budapest im Prunksaal des Neuen Rathauses über »Weltreligionen, Weltfrieden und Weltethos«.

Europa stellt gerade für mein Heimatland *Schweiz* eine eher zwiespältige Herausforderung dar. Seit der berühmten Rede des britischen Premierministers WINSTON CHURCHILL für ein vereinigtes Europa am 19. September 1946 an der Universität Zürich sind Schweizer wie Briten theoretisch für Europa, halten aber mehrheitlich ein praktisches Engagement für die europäische Integration nicht für notwendig. Gerade 1991, im 700. Jubiläumsjahr der Schweizerischen Eidgenossenschaft, spielt das Thema Europa eine besondere Rolle. Im Schweizerischen Bundesrat, der Bundesregierung, ist die Überzeugung gewachsen, dass man sich stärker europäisch engagieren sollte. Deshalb lädt der Bundesrat ein handverlesenes Publikum zu einem Europatag in Sils Maria am 6./7. September 1991 ein. Mir macht es Freude, bei dieser Gelegenheit einmal sämtliche sieben Bundesräte persönlich begrüßen zu können, aber auch berühmte Landsgenossen wie den Architekten MARIO BOTTA: nett, dass er mir noch zwanzig Jahre später sein neues Gesprächsbuch »Architektur leben« mit origineller Widmung zusendet.

Aber eine schwierigere Aufgabe habe ich am 23. November 1991 an der renommierten Eidgenössischen Technischen Hochschule (ETH) Zürich zu bewältigen. Rektor HANS VON GUNTEN hatte mich eingeladen, am »ETH-Tag« vor 600 Gästen aus dem In- und Ausland den Festvortrag zur 700-Jahr-Feier der Eidgenossenschaft zu halten. Ich hatte zuerst die große Arbeit, die mit einem solchen Vortrag verbunden ist, gescheut, ließ mich dann aber doch in einem langen Telefongespräch zur Zustimmung bewegen durch das Argument des Rektors, er hätte in der Schweiz niemanden gefunden, der von Befürwortern wie von Kritikern des Jubiläums gleichermaßen akzeptiert sei. So halte ich denn den Vortrag unter dem Titel »*Die Schweiz ohne Orientierung?* Europäische Perspektiven«, der noch im selben Jahr in Buchform auf Deutsch, später auch auf Französisch und Italienisch erscheint.

Ich vergleiche in meiner Rede Vergangenheit und Gegenwart: Zu Recht habe sich die umzingelte Schweiz während der Nazi- und Kriegszeit nach innen und nach rückwärts auf die eigene Geschichte besonnen. Die Gesamtsituation der Welt, Europas und damit auch der Schweiz habe sich jedoch in der Zwischenzeit grundlegend verändert. In meiner Diagnose zur gegenwärtigen Lage der Nation spare ich nicht mit kritischen Bemerkungen: Die Schweiz stehe heute in Gefahr, ein introvertierter und rückwärtsgewandter Sonderling zu werden. Ich lege weiter dar, dass sich die Schweiz heute in einem Paradigmenwechsel großen Stils, einem Wechsel der gesellschaftlichen Gesamtkonstellation befinde. Dabei müsse ein Stück Souveränität des Nationalstaates um des europäischen Ganzen willen geopfert werden, damit die Schweiz durch Zusammenarbeit das Herzland Europas bleiben könne. Ich rufe dazu auf, Europa aktiv mitzugestalten und den grundsätzlichen Entscheid der Regierung für Europa zu unterstützen. Freilich wurde diese europafreundliche Politik im folgenden Jahr durch eine Volksabstimmung desavouiert, in der sich eine sehr knappe Mehrheit der Schweizer gegen einen Eintritt in den Europäischen Wirtschaftsraum (EWR) aussprach. Die stattdessen verfolgte Politik bilateraler Verträge mit einzelnen EU-Staaten ist kein ausreichender Ersatz und die Verteidigung des Schweizer

Bankgeheimnisses eher ein Fiasko. Andererseits haben seither manche negativen Entwicklungen in der Europäischen Union die europaskeptischen Tendenzen der Schweiz noch verstärkt, und neuerdings spricht man auch in Deutschland von einem »Sanierungsfall EU« (EU-Kommissar Günther Oettinger).

Die kleine Schweiz im Herzen Europas bildet für Europa freilich ein relativ geringes Problem gegenüber der großen *Herausforderung Mittelmeer*. Diese wird auf einer Tagung der Bertelsmann Stiftung in Barcelona vom 7. bis 8. Oktober 1991 thematisiert. Hochrangige Experten aus Europa und den muslimischen Anrainerstaaten des Mittelmeers behandeln politische, wirtschaftliche und kulturelle Aspekte des Themas. Ich selbst spreche gegen Ende der Tagung über »Kein politischer Friede ohne Religionsfrieden«. In der Presse wird positiv herausgestellt, dass ich Muslime, Christen und Juden dazu aufrief, sich auf ihre Gemeinsamkeiten zu besinnen, damit das »Mare nostrum« nicht zu einem tiefen Graben verkomme. Besonders anregend sind für mich die Gespräche mit Bertelsmann-Chefin Liz Mohn, dem Politologen Prof. Werner Weidenfeld und mit Dr. Jordi Pujol, der uns als Präsident der Region Katalonien in den Palast der Generalitat de Catalunya zum abendlichen Bankett eingeladen hatte.

Auf dem Weg nach Barcelona hatte ich Gelegenheit, auf dem »Salon du livre« in Bordeaux die französische Ausgabe von »Projekt Weltethos« (»Projet d'éthique planétaire«, Éditions du Seuil) einem interessierten Publikum vorzustellen, aber auch an einem glänzenden Dîner der stolzen Stadt Bordeaux mit Leberpastete und Haut-Sauternes teilzunehmen.

Auf dem Weg zum Zweiten Parlament der Weltreligionen (1993)

Am 9./10. März 1989 halte ich Vorträge an den Universitäten von Toronto und Chicago: »No peace among the nations without peace among the religions«. Im Vortrag in der Rockefeller Chapel der University of Chicago fordere ich die verantwortlichen Planer der Jahrhundertfeier des »Parliament of the World's Religions« von 1893 auf, 100 Jahre später am selben Ort einen »neuen ethischen Konsens« der Religionen anzustreben. Mir ist nämlich zu Ohren gekommen, dass die finanzkräftige, aber mit dubiosen Methoden arbeitende koreanische Sekte »Unification Church« des Reverend Moon Interesse gezeigt hatte, den ganzen Kongress auszurichten und zu finanzieren.

Zu meinem Leidwesen will sich die Divinity School der University of Chicago, wo ich im Wintersemester 1981 so reiche wissenschaftliche interreligiöse Erfahrungen als Gastprofessor machen konnte, in dieser Sache nicht engagieren; sie ist ihr »zu wenig akademisch«. Doch nach Tübingen zurückgekehrt, erhalte ich mit Datum vom 28. April 1989 vom damaligen Administrator des Council for a Parliament of the World's Religions, RON KIDD, mit dem ich in Chicago gesprochen hatte, eine Einladung, zusammen mit einem Team für das Parlament den ersten Entwurf einer Erklärung zu einem gemeinsamen Ethos vorzulegen.

Ich sage im Prinzip zu, doch lassen sich die nötigen Reisepläne nach Chicago und auch ein vorgesehenes Treffen in Washington anlässlich eines späteren Vortrags nicht realisieren. Im Jahre 1990 erscheint also mein Buch »Projekt Weltethos«. Darin sind all die Erfahrungen mit der Weltethos-Problematik vor allem bei der UNESCO und beim World Economic Forum in Davos eingeflossen, wo ich die Notwendigkeit eines Weltethos im Kontext der Weltreligionen und der Weltwirtschaft schon breit hatte diskutieren können.

Über den Titel »Projekt Weltethos« habe ich erst relativ kurz vor der Drucklegung entschieden. In Analogie zu Weltpolitik, Weltwirtschaft, Weltfinanzsystem usw. hatte ich für religions- und kulturübergreifende ethische Basisstandards den *Begriff Weltethos* geprägt: »Weltethos« also nicht, wie von einzelnen Theologen binnenchristlich missverstanden, als Gegenbegriff etwa zu einem »Heilsethos«. Vielmehr in einem neuen, interreligiös-interkulturellen Sinn eines Menschheitsethos. Es sollte ausdrücken, dass Gläubige aller Religionen und Nichtgläubige in allen Kulturen etwas Gemeinsames haben. Wie schon im Buch »Existiert Gott?« 1978 in den Kapiteln über Grundvertrauen und Grundethos dargelegt: Man muss nicht unbedingt gottgläubig sein, um solche ethische Basisstandards zu bejahen. Und dies alles unter der Bezeichnung Welt-»Ethos«, nicht Welt-»Ethik«. Denn »Ethos« bedeutet die sittliche Grundhaltung und Überzeugung des Menschen, während »Ethik« streng genommen die (philosophische oder theologische) Lehre von sittlichen Haltungen, Werten und Normen bedeutet, oft ein ethisches System wie etwa das von Aristoteles, Thomas von Aquin oder Immanuel Kant.

Im folgenden Jahr, 1991, erscheint bereits eine englisch-amerikanische Ausgabe unter dem Titel »*Global Responsibility*. In Search of a New World Ethic«. Das Vorwort zu dieser Ausgabe schreibt kein Geringerer als PRINZ PHILIP, der Herzog von Edinburgh, den ich bereits bei drei verschiedenen Gelegenheiten getroffen hatte: Zuerst nur am Rande der ersten Jewish-Muslim-Christian Conference im Schloss Windsor

(15.–18. November 1984). Dann treffe ich Prinz Philip 1985 anlässlich meiner Promotion zum Ehrendoktor der Universität Cambridge, wo wir im Anschluss an die Zeremonie mit dem Herzog durch Cambridge hatten marschieren dürfen. Philip ist sehr an der ökumenischen Problematik interessiert (»Ist alles ruhig in Tübingen?«, fragt er bei der Begrüßung auf Deutsch meine Begleitung mit einem verschmitzten Lächeln). Zum dritten Mal treffe ich ihn als Vorsitzenden meiner St. George's House Ninth Annual Lecture in der wunderbaren gotischen Chapel des Schlosses Windsor vor etwa 850 geladenen Gästen und beim Abendessen mit ihm, der Herzogin von York und Rev. Michael Mann, dem Dean of Windsor, am 18./19. April 1986 (eine edle gravierte Kristallkaraffe erinnert mich daran); am nächsten Morgen schlendere ich mutterseelenallein durch die Säle des Schlosses und entdecke zu meiner großen Freude Hans Holbeins Originalporträt von Sir Thomas More, von dem eine Kopie in meinem Treppenhaus hängt.

Im Vorwort zu »Global Responsibility« nun betont er, es werde in meinem Buch das diskutiert, »was wahrscheinlich die kritischste und herausforderndste Problematik in der Debatte um die Zukunft der menschlichen Zivilisation dieses Globus« sei. Im Englischen wird in der Folge »Global Ethic« gebräuchlicher als »World Ethic«.

Professor Leonard Swidler vom Religion Department der Temple University (Philadelphia), Gründer und Herausgeber des »Journal of Ecumenical Studies«, verfasst nun als pragmatisch denkender Amerikaner einen Aufruf, in welchem er unter anderem die baldige Abfassung einer Erklärung zu einem Weltethos fordert. Dieser Aufruf wird von bedeutenden Theologen und Religionswissenschaftlern unterzeichnet[2].

Ich selber habe die Gelegenheit, am 15. November 1991 diesen Aufruf im Zusammenhang eines weiteren Vortrags vor den Verantwortlichen der UNESCO in Paris vorzutragen und mit je einem Repräsentanten des Judentums und des Islam zu diskutieren: Großrabbiner René-Samuel Sirat, Präsident des Conseil permanent de la Conférence des rabbins européens, und Tadjini Haddam, Rektor des Institut Musulman der Grande Mosquée de Paris. Bei einer Tagung in Istanbul (15.–17. April 1993) halte ich abermals einen Vortrag im Rahmen der UNESCO.

Eine andere wichtige Gelegenheit, das Projekt Weltethos vorzustellen, bildete ein Vortrag vor 200 Personen im Dag-Hammarskjöld-Auditorium der Vereinten Nationen in New York am 15. April 1992. Eingeladen war ich von der Ständigen Vertretung der Schweiz bei der UNO, der interreligiösen Organisation »Temple of Understanding« und der »Pacem in Terris«-Society. Ich spreche zum Thema »Global Responsibility: a New

World Ethic in the New World Order«. Nach zwei anstrengenden Tagen in New York mit sehr vielen Medienkontakten habe ich zum Abschluss das vergnügliche Erlebnis, aus Zeitgründen mit dem Hubschrauber zum JFK-Flughafen geflogen zu werden.

Schöner, als mit dem Hubschrauber über Manhattan und den East River zum Kennedy Airport zu fliegen, ist nur noch, dies sei hier angemerkt, in der frischen Luft selber zu fliegen: Dieses einzigartige Erlebnis habe ich ohne jegliche Vorbereitung in meiner Schweizer Heimat am 18. August 1992. Eine unerwartete Gelegenheit nehme ich wahr: Da fliege ich im Tandemflug mit einem Paragleiter vor der gewaltigen Kulisse von Eiger, Mönch und Jungfrau von der Schynigen Platte (auf fast 2000 m Höhe) im Rundflug mit einem wunderbaren Blick über den Thuner- und den Brienzersee etwa 1400 Meter hinunter nach Interlaken. Ein einzigartiges vogelähnliches Freiheitserlebnis! Dass ich trotz ungeeigneten Schuhwerks auf der Wiese vor dem bekannten Hotel Victoria-Jungfrau sicher gelandet bin, hat mich am Schluss dann doch sehr erleichtert.

Doch zurück zum Projekt Weltethos: Unterdessen war das Buch auch in Chicago gelesen worden, und der »Council« zur Vorbereitung des Parlaments der Weltreligionen entsendet schließlich am 27. Februar 1992 seinen Executive Director, Dr. Daniel Gómez Ibáñez, nach Tübingen. Dieser hat den Auftrag, mich definitiv für den Entwurf einer Weltethos-Erklärung des Parlaments zu gewinnen, den ich in Tübingen abfassen soll. In Chicago denkt man an ein Papier von zwei bis drei Seiten. Aber mir ist von Anfang an klar, dass es damit nicht getan sein wird, will man nicht bloß einen unverbindlichen plakativen Appell liefern. Eine fundierte Erklärung freilich lässt sich nicht in ein paar Tagen oder Wochen niederschreiben. Wenn ich trotz anderer Belastungen doch die Zusage gebe, eine »Erklärung« für eine »Global Ethic« auszuarbeiten (nicht für »Global Values«, wie ursprünglich von Chicago vorgeschlagen), dann im Bewusstsein der Tatsache, dass mit dem »Parlament der Weltreligionen« dem Anliegen eines Weltethos eine ganz und gar einmalige Chance geboten wird, Beachtung zu finden. Diese gilt es nach Kräften zu nutzen.

Mein Lehrprogramm für das Sommersemester 1992 stelle ich ganz auf diese Thematik um. Statt eines Seminars über die Postmoderne halte ich ein interdisziplinäres und interreligiöses *Kolloquium über »Menschenrechte – Weltreligionen – Weltethos«*. Auf meine mir freundschaftlich verbundenen Tübinger Kollegen, den Indologen Heinrich von Stietencron und den Islamisten Josef van Ess, mit denen ich schon die erwähnten Dialogvorlesungen über »Christentum und Weltreligionen« durchgeführt habe, kann ich mich auch diesmal verlassen. Zusammen mit Prof. KARL-HEINZ POHL, dem schon oben genannten hervorragenden Sinologen, helfen sie mir, für dieses Kolloquium kompetente Gesprächspartner aus den anderen Religionen zu finden.

Zugleich tragen die Kolloquiumsteilnehmer durch ihre eigenen wissenschaftlichen Beiträge vieles zur Klärung der entscheidenden Grundsatzfragen bei. Wichtig werden mir vor allem die Referate bedeutender Repräsentanten der anderen Religionen: die Beiträge des im Exil lebenden chinesischen Philosophen Prof. LI ZEHOU und des führenden thailändischen Buddhisten und Sozialreformers SULAK SIVARAKSA, aber auch des Rabbiners Dr. DANIEL KROCHMALNIK, der Hinduvertreterin Dr. VASUDHA DALMIA, der Muslimin Dr. ROSWITHA BADRY und des österreichischen Buddhisten ALOIS PAYER M. A. Für die Menschenrechtsfragen hören wir den Spezialisten Dr. HEINER BIELEFELDT. Viel zu denken aber gibt mir die Frage des Stils der zu entwerfenden Weltethos-Erklärung.

Was eine Weltethos-Erklärung nicht sein soll

Ich habe im Lauf meines Lebens mehr als eine »Erklärung« entworfen. Aber für keine und für kein anderes Dutzend Seiten habe ich derartig viel Mühe aufwenden müssen wie für diese Weltethos-Erklärung. Was das literarische Genus betrifft, wird mir schon bald klar, was die Erklärung *nicht* sein soll:

Keinesfalls soll sie eine »kasuistische Moralpredigt« sein, vorgetragen mit autoritärem Zeigefinger, und womöglich noch konzentriert auf die besonders in Kirchenkreisen beliebte Sexualmoral. Und sicher wird sie auch über keine der zwischen und in allen Religionen umstrittenen Fragen wie Empfängnisverhütung, Abtreibung, Homosexualität oder Euthanasie ein Urteil fällen können. Doch soll sie sich nicht scheuen, auch unbequeme Wahrheiten zu benennen und Forderungen wie etwa »Ehrfurcht vor dem Leben« ganz konkret auszusprechen.

Ebenso wenig soll die Weltethos-Erklärung ein *philosophischer Traktat* sein. Es sollen ja nicht nur Intellektuelle oder Gebildete angesprochen werden, und auch nicht nur problematische Verallgemeinerungen und pragmatische Modelle formuliert werden, ob transzendental, utilitaristisch oder auch nur regional begründet. Selbstverständlich aber sollten alle Anregungen vonseiten der Philosophie aufgenommen werden. Die Erklärung sollte so formuliert sein, dass auch unreligiöse Humanisten, Agnostiker und Atheisten sie sich zu eigen machen können.

Allerdings ist auch keine *schwärmerisch-religiöse Proklamation* anzustreben. Personen, die wirklich ein kosmisches Bewusstsein, globale Harmonie, geistige Kreativität, universale Einheit oder allumfassende Liebe zu realisieren versuchen, finden sich in ganz bestimmten Kreisen. Eine mystisch orientierte Weltsicht kann indes nicht verallgemeinert werden. Das gilt auch für eine spezielle Anthropologie (z. B die Trias Leib – Seele – Geist) oder Metaphysik (z. B. das Verhältnis Raum, Zeit und höheres Wesen), von der wir uns nicht abhängig machen dürfen. Doch dürfen Religionen in einer solchen Erklärung zum Ausdruck bringen, dass für sie die vorfindbare empirische Welt nicht die letzte, höchste geistige Wirklichkeit und Wahrheit ist.

Umgekehrt aber darf die Weltethos-Erklärung auch *nicht zu einer politischen Erklärung* werden: Wenn Religionen zu direkt und zu konkret zu weltpolitischen oder wirtschaftspolitischen Fragen wie etwa dem Nahostkonflikt oder der Lösung der Schuldenkrise Stellung nehmen, missachten sie den Unterschied zwischen politischer und ethischer Ebene. Eine solche Erklärung würde leicht in den Parteienstreit und den Strudel der weltpolitischen Diskussion und Konfrontation hineingerissen. Deshalb kann auch keine bestimmte westliche Staats- und Gesellschaftstheorie als Voraussetzung für eine Erklärung angenommen werden. Andererseits aber soll und muss eine Weltethos-Erklärung durchaus politische und wirtschaftliche Relevanz haben und die Bemühung um eine gerechte Wirtschafts- und Sozialordnung unterstützen.

Schließlich darf eine Weltethos-Erklärung auch nicht einfach eine *Verdoppelung oder Ergänzung der Menschenrechtserklärung* sein. Ethos ist mehr als Recht, und eine solche Ethos-Erklärung darf sich nicht der Kritik besonders fernöstlicher Religionen aussetzen, die ein solches Dokument als typisch westlich ablehnen würde. Allerdings soll eine Weltethos-Erklärung die Menschenrechtserklärung der UNO, die so oft ignoriert, verletzt und umgangen wird, ethisch abstützen. Verträge, Gesetze, Abmachungen werden nur dann eingehalten, wenn dahinter der ethische Wille steht, sie auch angesichts ernsthafter Widerstände wirklich einzuhalten.

Aber bei all diesen negativen Abgrenzungen bleibt mir bis gegen Ende des Sommersemesters 1992 unklar, wie man eine solche Erklärung aufbauen solle. Und auf Struktur und Stil kommt ja alles an. Die Struktur soll klar (nicht überkomplex), der Stil allgemein verständlich (keine Fachsprache) sein. Aber woran sich im Aufbau orientieren? An der klassischen Tugendlehre (z. B. Kardinaltugenden)? Das schien mir von Anfang an ein wenig langweilig und zu wenig unserer Zeit angemessen. Oder an bestimmten Problemfeldern, wie dies besonders die Studenten aus unserem Institut wünschen, welche im erwähnten Kolloquium höchst engagiert die jüngere Generation repräsentieren? Dies aber scheint mir angesichts der komplexen Problemfelder der angewandten Ethik – der Sexual- und Eheethik, der Wissenschafts- und Wirtschaftsethik – nur schwer realisiert werden zu können, ganz abgesehen von der sich immer rasanter entwickelnden Bio-, Medizin-, Technik- und Medienethik. Doch wenn man alles überlegt hat, was *nicht* geht, weiß man noch längst nicht, was geht.

Wie die Weltethos-Erklärung entstand

Ich gehe Schritt um Schritt voran. In einer ersten Phase entwerfe ich zunächst nur eine *Präambel*, in welcher die ethische Ebene klar von der juristischen und politischen abgehoben wird, ohne in die religiöse aufzusteigen. Anfang Juni 1992 schicke ich sie auch mehreren kompetenten Wissenschaftlern in verschiedenen Weltreligionen zur Stellungnahme zu. Ich habe mein eigenes *kleines Konsultationsnetzwerk* aufgebaut, das Korrespondenten von Europa bis Amerika, von Zentralafrika bis Bangladesch umfasst. Bei Vorträgen in aller Welt[3] werbe ich für die Idee und führe zahllose Diskussionen mit Gläubigen der verschiedensten Religionen und selbstverständlich auch mit nicht-religiösen Menschen.[4] Diese Präambel wird zu einem ersten Teil ausgearbeitet, der schließlich den Titel trägt »Keine neue Weltordnung ohne ein Weltethos«.

Anschließend werden auch die elementaren ethischen Grundprinzipien geklärt, die für jeden Menschen und jede menschliche Gesellschaft gelten; sie bilden Teil II: Das Humanitätsprinzip: »Jeder Mensch muss menschlich behandelt werden!« Es wird bestätigt durch das Prinzip der Gegenseitigkeit, wie es sich in der großen Tradition der Religionen als »Goldene Regel« nachweisen lässt; im Deutschen sprichwörtlich: »Was du nicht willst, dass man dir tu', das füg auch keinem andern zu.« Aber wie nun den schwierigen konkreten Teil III gestalten?

Die ethischen Grundforderungen: »Nicht töten (morden), nicht stehlen (berauben), nicht lügen (falsches Zeugnis geben), nicht Sexualität missbrauchen (Unzucht treiben)« sind mir präsent. Bei einem freundschaftlichen Beisammensein nach der vorletzten Kolloquiumssitzung am 2. Juli 1992 mit den Kollegen Li Zehou, Sulak Sivaraksa, Heinrich von Stietencron, Vasudha Dalmia und Karl-Heinz Pohl kommt mir der erleuchtende Gedanke, an die Freunde aus den einzelnen Religionen eine Rundfrage zu richten: Was hält Ihre jeweilige Tradition von diesen vier Grundforderungen? Und da antwortet die Inderin Vasudha Dalmia: Bereits bei Patañjali, dem Begründer des Yoga, finden sich diese vier Grundsätze. Und der Buddhist Sulak Sivaraksa: Sie sind ein wesentlicher Bestandteil des buddhistischen Kanons. Auch die Chinesen vertreten sie, und vom Judentum her sind diese vier Gebote sowieso zentral für die Hebräische Bibel, wie dann auch fürs Neue Testament und den Koran. Damit ist für mich die Entscheidung gefallen: Die vier Grundforderungen sollen die Struktur von Teil III bilden.

Im Rahmen dieser Disposition habe ich mich im Folgenden bei der Weltethos-Erklärung bemüht, auf die tiefere *ethische Ebene*, die Ebene *der verbindlichen Werte, unverrückbaren Maßstäbe* und *inneren Grundhaltungen* vorzustoßen und nicht auf der juristischen Ebene der Gesetze, kodifizierten Rechte und einklagbaren Paragraphen stehen zu bleiben, aber auch nicht auf der politischen Ebene der konkreten politischen Lösungsvorschläge. Es geht ja im Ethos primär – bei allen Konsequenzen für die konkreten Sachgebiete – um den inneren Bereich des Menschen, das Forum internum, um die *Sphäre des Gewissens*, oder wie es in anderen kulturellen Traditionen heißt, *des »Herzens«*, die nicht direkt den durch politische Macht (Staatsmacht, Gerichte, Polizei) durchsetzbaren Sanktionen ausgesetzt ist.

Es geht mir nun darum, die Erklärungen zu den einzelnen »unverrückbaren Weisungen« *konsensfähig* und zugleich *selbstkritisch* zu gestalten. Sie sollten *wirklichkeitsbezogen* und gleichzeitig *allgemein verständlich* sein. Sie sollten zwar *in der religiösen Tradition fundiert* sein, aber zugleich eine nichtreligiöse Begründung nicht ausschließen. Deshalb versuche ich nun, bei jeder der vier unverrückbaren Grundweisungen dieselbe Textstruktur zur Geltung zu bringen. Ausgangspunkt (A) ist immer die negative wie auch die positive Fassung der Weisung, zum Beispiel »Du sollst nicht töten! – Hab Ehrfurcht vor dem Leben!«. Anschließend wird der Grundsatz erklärt und in die Gegenwart übersetzt (B). Aber immer wird in einem dritten Schritt (C) deutlich gemacht, dass es sich hier nicht nur um eine einzelne Weisung handelt, sondern dass von Personen wie Institutionen eine *ethische Kultur*, zum Beispiel eine Kultur der Gewaltlosigkeit, geschaffen werden solle. Dabei habe ich besonders die jungen Menschen im Auge, sodass der dritte Abschnitt jeweils beginnt: »Deshalb sollen schon junge Menschen in Familie und Schule lernen, dass …« In einem vierten Schritt (D) werden weitere konkrete Anwendungsbereiche angesprochen, zum Beispiel in der ersten Weisung die ökologische Problematik. Im letzten Abschnitt (E) wird immer der Bezug hergestellt zum wahrhaften

Menschsein: »Wahrhaft Menschsein heißt im Geist unserer großen religiösen und ethischen Traditionen ...«

Der kurze vierte Hauptteil (IV) mit dem Titel *Wandel des Bewusstseins* markiert den Schluss der Erklärung. Darin wird darauf hingewiesen, dass erstens ein universaler Konsens für viele umstrittene Einzelfragen weder gegeben noch unbedingt notwendig ist; dass zweitens einzelne Berufsgruppen auch ihre eigenen Ethik-Codes haben können und sollen; dass drittens die einzelnen Glaubensgemeinschaften selbstverständlich auch ihr ganz spezifisches Ethos beibehalten und ausformulieren können. Zum Abschluss wird betont, dass die Weltethos-Erklärung zu einem individuellen und kollektiven Bewusstseinswandel beitragen soll, zu einer Umkehr der Herzen. Die Erklärung endet mit dem Satz: »Deshalb verpflichten wir uns auf ein gemeinsames Weltethos: auf ein besseres gegenseitiges Verstehen sowie auf sozialverträgliche, friedensfördernde und naturfreundliche Lebensformen.«

Durch intensive Arbeit ist es mir möglich, schon am 14. Juli 1992 den *ersten Entwurf* auch des Hauptteils der Erklärung an verschiedene Experten zur Stellungnahme und Korrektur zu verschicken. Er findet ausnahmslos große Zustimmung, bleibt in seiner Grundstruktur unverändert, wird aber dank zahlreicher Vorschläge in manchen Details verbessert. Am 12. Oktober 1992 ist der *zweite, verbesserte Entwurf* fertig, und am 23. Oktober 1992 kann ich zu meiner großen Erleichterung die von Prof. LEONARD SWIDLER (Philadelphia) angefertigte englische Übersetzung nach Chicago schicken, in der Hoffnung, bis Anfang 1993 die Korrekturen von dort in den Händen zu haben, um den definitiven Text erstellen zu können. Aber dort fehlt es an effizienter Organisation. Erst sehr spät, im Sommer 1993, kommt endlich die definitive Zustimmung aus Chicago, wo der Text noch einmal verbessert worden war. Mehr als 100 Personen aus allen größeren Religionen waren in den Konsultationsprozess einbezogen.

Über die zum Teil heftigen Diskussionen auf dem Parlament der Weltreligionen, an denen 200 Delegierte teilnehmen, habe ich in der »Dokumentation zum Weltethos« (München 2002) berichtet. Darauf kann ich hier verweisen. Die Auffassung der buddhistischen Teilnehmer, dass die Erklärung nicht im Namen Gottes abgegeben werden dürfe, hatte ich von vornherein berücksichtigt. Das von Muslimen eingeforderte Recht auf Selbstverteidigung gilt unbestritten, allerdings ebenso wie die Gleichberechtigung der Frau, die am meisten Kritik hervorruft.

Wie erleichtert bin ich doch, dass die Erklärung am 4. September 1993 von den Delegierten angenommen und in einer Kurzfassung der

Gesamtheit der Teilnehmer verkündet wird. Dass ein solches ethisches Konsenspapier trotz aller Unterschiede des Glaubens und der Lehre von so bedeutenden Persönlichkeiten unterzeichnet wurde wie dem Dalai Lama und dem Kardinal von Chicago, dem Vertreter des Weltkirchenrates und einem Präsidenten des Lutherischen Weltbundes, dem Generalsekretär der Weltkonferenz der Religionen für den Frieden und dem Generaladministrator der Internationalen Bahai-Gemeinde, dem geistigen Oberhaupt der Sikhs in Amritsar und dem Patriarchen des kambodschanischen Buddhismus, einem bedeutenden Rabbiner und einer führenden muslimischen Feministin: dies bedeutet für die Zukunft der Religionen und den Frieden der Welt zweifellos ein vor kurzer Zeit noch kaum zu erwartendes unübersehbares Zeichen der Hoffnung.

Damit hat das Projekt Weltethos definitiv seine »Magna Charta« gefunden, die Voraussetzung für die weitere Arbeit wird. Und dies nur drei Jahre nach Erscheinen von »Projekt Weltethos«!

Die Weltethos-Erklärung wird in der Folge mit vielen Kommentaren in alle großen Weltsprachen und viele kleinere Sprachen übersetzt. Welches sind die langfristigen Aussichten auf eine Realisierung dieser Erklärung? Das weiß natürlich niemand. Fest steht, dass »Weltethos« (»Global Ethic«) nun ein Programmwort geworden ist und sich sehr viele Menschen zu gemeinsamen Prinzipien eines Weltethos bekennen. Fest steht aber auch: Die *Erklärung* zu einem Weltethos ist noch nicht die *Realisierung* eines Weltethos. Eine solche Erklärung kann nicht Zweck, sondern nur Mittel zum Zweck sein. Und es wird von den Bemühungen in den verschiedenen Ländern abhängen, was davon realisiert werden wird. Das Projekt Weltethos ist ein Jahrhundertprojekt! Und schon zwei Jahre später geht es mit dem Projekt einen weiteren entscheidenden Schritt voran.

Die Stiftung Weltethos – ein Geschenk des Himmels (1995)

Das Wochenende versuche ich möglichst in Sabbatruhe zu verbringen. Ich brauche einfach Stille und Bedenkzeit, um gewisse Dinge zu verarbeiten, Probleme zu überlegen und neue Ideen zu bekommen. Ich schätze es deshalb nicht, wenn ich dabei von wildfremden Menschen am Telefon gestört werde. Aber gerade am 1. Mai 1995, am späten Nachmittag des Feiertags, ruft mich ein Unbekannter an, dessen Namen ich nicht genau verstehe, aber es ist ein Graf aus Baden-Baden. Er sagt mir, er habe das Buch »Projekt Weltethos« gelesen und wolle mir bei der

Verwirklichung dieser Idee helfen. Ich reagiere freundlich, aber nicht überbegeistert. Denn allzu oft habe ich erlebt, dass enthusiastische Personen mir helfen wollen, aber aufgrund ihrer beschränkten Mittel und Möglichkeiten es gar nicht können oder sich nur interessant machen wollen. So will ich zuerst sicher sein, mit wem ich es zu tun habe. Ich bitte ihn deshalb, mir einen kurzen Brief zu schreiben, in welchem er darlegen solle, wie er mir helfen wolle.

Noch am selben Tag schreibt mir GRAF KARL KONRAD VON DER GROEBEN. Ich lese: »... Mir schwebt eine Stiftung vor, die ich von mir aus mit 3–5 Mio DM ausstatten könnte. Das ist heutzutage nicht viel, aber vielleicht ein Anfang? Wie kann man Ihre Ideen an noch mehr meinungsbildende Menschen heranbringen? Könnte man wichtige Leute einladen, um eben etwas zu ›bewegen‹, ehe der Materialismus uns völlig verschlingt? Den großen Kirchen laufen die Leute weg, ebenso den großen Parteien oder Gewerkschaften, aber viele sind ›auf der Suche‹ ...«.

Das muss ich zweimal lesen, um es zu glauben! Das wäre ja buchstäblich ein Geschenk des Himmels! Denn zur gleichen Zeit laufen die Verhandlungen mit der Katholisch-Theologischen Fakultät, in welche nach meiner Emeritierung 1996 mein seit 1980 fakultätsunabhängiges Institut für Ökumenische Forschung zurückgeführt werden sollte. Und an ein Entgegenkommen meiner alten Fakultät ist nicht zu denken. Ich bin gerade froh, dass immerhin Prof. Hünermann, der öfters gegen mich und meine Schüler, besonders Karl-Josef Kuschel, »agiert« hatte, von der Direktion des Instituts Abstand nimmt. Aber keinem meiner Schüler wird die Direktorenstelle gegönnt. Man mutet mir also zu, das gesamte Mitarbeiterteam zu entlassen. »Das wär's wohl gewesen«, stellt nach der entscheidenden Sitzung Stephan Schlensog, damals wissenschaftlicher Assistent, resigniert fest. Nein, sage ich, ich weiß zwar auch keine Antwort, bin aber entschlossen, keinesfalls aufzugeben.

In dieser aussichtslosen Situation also meldet sich Graf von der Groeben, den ich umgehend nach Tübingen einlade. Ich bleibe immer noch vorsichtig. Denn vor nicht allzu langer Zeit hatte sich ein vornehmer Herr aus Spanien angemeldet, der offensichtlich in der Elektrizitätswirtschaft des Landes eine führende Stellung einnimmt und mir mit einer großen Summe ebenfalls hatte helfen wollen. Aber er hatte sich dann freundlich verabschiedet und ward nie mehr gesehen. Ich habe keine Ahnung, warum. Und Jahre später war ein fränkischer Freiherr aufgetaucht, der sich für die Stiftung Weltethos stark interessiert hatte, aber nach einem intensiven Gespräch in Tübingen ebenfalls nie mehr etwas von sich hören ließ.

Das Gespräch mit Graf von der Groeben hingegen ist substantiell. Aus verständlichen Gründen frage ich ihn, woher er seine Millionen habe. Um mir seine Grundüberzeugung auszudrücken, zieht er aus seinem Portemonnaie einen kleinen vergilbten Zettel. Darauf steht ein kurzer Text von Mahatma Gandhi: »Die sieben sozialen Sünden: Politik ohne Prinzipien, Reichtum ohne Arbeit, Genuss ohne Gewissen, Wissen ohne Charakter, Geschäft ohne Moral, Wissenschaft ohne Menschlichkeit, Religion ohne Opfer.« Dann erzählt er mir, dass er aus Ostpreußen stamme, wo seine Familie ein großes Gut besessen habe, mit je einem Drittel Land, Wald und See. Seine Frau Ria sei eine geborene Gräfin Lehndorff, Schwester des berühmten Autors des »Ostpreußischen Tagebuchs« über die Flucht der Deutschen. Seine Mutter war auf ihrem Gut bei den Leuten geblieben und von den Russen erschossen worden. Er war mit seiner Frau zu Pferd ohne jeglichen Besitz in den Westen geflohen, zur gleichen Zeit wie seine Cousine Marion Gräfin Dönhoff, später langjährige Herausgeberin der Hamburger Wochenzeitung »Die Zeit«. Im Westen hatte Graf Groeben zuerst mit Antiquitäten gehandelt – freilich erfolglos. Durch einen Zufall aber war ihm eine Vertretung von ›Coca-Cola‹ angeboten worden, nur weil er die dafür notwendigen größeren Mengen Zucker organisieren konnte. Er hatte damals überhaupt nicht gewusst, was Coca-Cola ist und wie viel Gewinn ihm dieses gerade von der amerikanischen Besatzungsmacht in Deutschland eingeführte Getränk bringen kann. Er hatte jedenfalls damit sein Vermögen gemacht: »Ich hatte viel Glück und gute Schutzengel. Nun möchte ich mich ›bedanken‹ …«

Ich bin beeindruckt und mit ihm der Meinung, die von ihm einzubringende große Summe Geldes nicht einfach sukzessive auszugeben, sondern damit eine Stiftung gründen. Sie soll das Geld vernünftig verwalten, zusammenhalten und noch zusätzliche Mittel akquirieren. So kommt es denn zur Gründung der *Stiftung Weltethos* mit einem Kapital von fünf Millionen DM. In kürzester Zeit verfassen wir mit Hilfe des Kanzlers der Universität, dem Juristen Prof. GEORG SANDBERGER, die Satzung und erhalten schon bald die Genehmigung des Regierungspräsidiums Tübingen. Der Zweck der Stiftung ist formuliert mit den drei Stichworten: *interkulturelle und interreligiöse Forschung, Bildung und Begegnung.*

Die *Eröffnungsfeier* findet am 23. Oktober 1995 statt im großen Hörsaal des modernen Kupferbaus der Universität Tübingen. Viele Studenten sind da, aber auch viel Prominenz. An der Spitze der Ministerpräsident des Landes Baden-Württemberg, Dr. h.c. ERWIN TEUFEL. Er unterstützt unser Unternehmen von Anfang an energisch. Das zeigt sich auch in den zentralen Sätzen seiner Grundsatzrede: »Umso entscheidender ist es, dass sich sittliche Grundüberzeugungen herausbilden, die sich im privaten wie im öffentlichen Leben, im politischen wie im Lebensalltag durchsetzen: aktive Toleranz, Respektierung der Menschenrechte, füreinander einstehen. Umso wichtiger ist es, dass diese sittlichen Grundüberzeugungen Eingang finden in die Erziehung und das Zusammenleben aller Menschen in Würde, dass sie Frieden und Freiheit sichern. Und all das als Grundlage eines universellen, nicht eines partikularen Ethos; eines Ethos, das für alle gilt und alle allen gegenüber verpflichtet.«

Es ist ein großer Moment für mich, anschließend meine programmatische Festrede über »Weltethos und Erziehung« zu halten, worin ich über das bisher im Projekt Weltethos Erreichte berichte und auf seine zukünftigen Möglichkeiten hinweise. Ich grenze mich ab einerseits vom Lamentieren der Kulturpessimisten verschiedener Provenienz, denen zufolge die heutige Jugend so schlecht sei wie nie zuvor. Auch will ich keinesfalls in das öffentliche Moralisieren hoher Kirchenmänner einstimmen, die, als Zölibatäre zumal, nicht genug auf Sexualmoral und Sexualerziehung herumreiten können. Andererseits will ich mich abgrenzen gegenüber immer neuem Reglementieren und Kodifizieren. Gewiss, Rechtsnormen und Gesetze sind notwendig, aber sie machen die persönliche ethische Gesinnung nicht entbehrlich. Man kann verstehen, betone ich, dass der Ruf nach Orientierung, Perspektiven, ethischen Grundlagen in der Gesellschaft überhaupt und in der heutigen Pädagogik besonders laut erklingt. Dies mache ich an der Problematik von Jugend und Gewalt deutlich. Gefordert sei eine Pädagogik für Familie und Schule, die weder autoritär noch antiautoritär ist. Die bei Jugendlichen Freiheitsräume respektiert und doch auf Autorität nicht verzichtet. Die gewiss Verständnis und Zuwendung zeigt, aber doch auch klare Grenzen setzt und vor Sanktionen nicht zurückscheut. Die Weltethos-Erklärung könne dafür Leitlinien bieten.

In seinem kurzen, aber von tiefen Überzeugungen getragenen Schlusswort gibt Graf Groeben der neuen Stiftung den Wunsch mit auf den Weg: »Sie soll den Menschen zeigen, daß es befriedigendere Werte gibt als den materiellen Genuß und daß es Freude macht, sich für ein hohes Ziel einzusetzen.«[5]

Weltethos und Erziehung

In diesem Kontext darf ich in der Rückschau die *Verdienste von Religionspädagogen* nicht vergessen, die sich von Anfang an besonders für ein

Weltethos eingesetzt haben. In erster Linie der Tübinger evangelische Religionspädagoge KARL ERNST NIPKOW, der die Grundlagen der Religionspädagogik neu durchdacht hat und den Weltreligionen wie dem Weltethos große Aufmerksamkeit zugewandt hat. Für die Praxis hat vor allem sein Nürnberger Kollege JOHANNES LÄHNEMANN bleibende Wichtigkeit, der schon ein Jahr nach der Weltethos-Erklärung in Nürnberg einen großen internationalen Kongress über »Weltethos und Erziehung« organisiert und seither unermüdlich in Vorträgen, Vorlesungen und Veröffentlichungen für das Weltethos wirbt; das von ihm initiierte internationale »Nürnberger Forum« bietet alle drei Jahre eine Plattform, auf der regelmäßig die Weltethos-Idee prominent zur Sprache kommt. Auch der katholische Tübinger Religionspädagoge ALBERT BIESINGER hat sich immer wieder für ein Weltethos in der Pädagogik eingesetzt.

Doch ging es der Stiftung Weltethos von Anfang an nicht nur um die pädagogische Wissenschaft, sondern auch um die pädagogische Praxis – ein Hauptanliegen unseres Stifters Graf Groeben. Es hat uns ermutigt, dass sich in Tübingen gerade in der wirtschaftswissenschaftlichen Fakultät Mitglieder des internationalen Studentennetzwerkes AIESEC (Association Internationale des Étudiants en Sciences Économiques et Commerciales) für das Weltethos intensiv interessierten. Sie organisierten ein Weltethos-Symposion für 120 Studierende aus der ganzen Welt im Fabri-Haus der Universität Tübingen in Blaubeuren vom 1. bis 5. Juni 1997.[6] Das Ganze stand unter der Schirmherrschaft von HELMUT SCHMIDT und der UNESCO, und man konnte so prominente Referenten gewinnen wie die langjährige Chefredakteurin der »Zeit« MARION GRÄFIN DÖNHOFF.

Im selben Jahr vom 5. bis 17. August organisiert die Stiftung Weltethos ein Interreligiöses Jugendcamp »Find your World« mit jüdischen, christlichen und muslimischen Teilnehmern in der Nähe von Innsbruck.[7] In den ersten Tagen diskutieren die Jungen und Mädchen nach Religionen getrennt, nachher gemeinsam. Ich besuche das Camp am 15. August und diskutiere mit den hoch motivierten jungen Leuten. Mir fällt auf, dass diejenige Gruppe, die am meisten Schwierigkeiten empfindet, ihre eigene Religion den anderen zu erklären, die Christen sind, die mit Dogmen wie Dreifaltigkeit und Inkarnation auf Unverständnis bei Juden und Muslimen stoßen. Die Weltethos-Idee erweist sich aber dann als hilfreiche Brücke zwischen den Religionen. Wir feiern den Abschluss mit einem gemeinsamen Essen, zu dem alle Religionsgruppen etwas beitragen. Eine wichtige Rolle spielt bei allem DORIS WEBER, Redakteurin bei »Publik-Forum«, die anschließend das Camp in der Jugendbeilage »Provo« sehr attraktiv dokumentiert.

Die Vermittlung der Weltethos-Idee an junge Menschen, vor allem im Bereich der Schulen, wird in der Folge zu einem der wichtigsten Pfeiler bei der Stiftungsarbeit. Wichtige Impulse gehen aus von zwei von der Stiftung Weltethos initiierten Schulwettbewerben in Deutschland und in der Schweiz. Ich habe das Glück, für die Jury beider Wettbewerbe sehr anerkannte Vorsitzende zu gewinnen: für Deutschland die bereits erwähnten Tübinger Religionspädagogen Prof. Karl Ernst Nipkow und Prof. Albert Biesinger, für die Schweiz aber den Berner Religionspädagogen Prof. Klaus Wegenast (gest. 2006). Die Preisverleihung des deutschen Weltethos-Wettbewerbs für Unterrichtsversuche und Projekte findet am 11. Juli 1998 im Kupferbau der Universität Tübingen statt, die von der Schweizer Stiftung am 25. Januar 2000 in der Zürcher Moschee an der Kochstraße. Für das Judentum spricht Dr. Sigi Feigel, langjähriger Präsident der Israelitischen Cultusgemeinde Zürich (gest. 2004), für den Islam die muslimische Theologin Halide Hatipoğlu.

Die siegreichen Projekte des deutschen Wettbewerbs werden von Prof. Johannes Lähnemann und seinem langjährigen Mitarbeiter Dr. Werner Haussmann in zwei Bänden umfassend dokumentiert und publiziert: »Unterrichtsprojekte Weltethos I und II« (Hamburg 2000). Dort finden sich sehr viele praktische Anregungen für den Unterricht. In den Jahren 2006/07 und 2009/10 finden auch in der französischen Schweiz zwei Schulwettbewerbe statt. Der sehr aktive Präsident der Jury ist der protestantische Ethiker Prof. Denis Müller (Lausanne).

Aus diesen vielversprechenden ersten Schritten ist im Laufe der Jahre ein umfassendes pädagogisch-didaktisches Instrumentarium gewachsen. Ungezählte schulische Aktivitäten und Projekte hat unsere Stiftung in dieser Zeit entwickelt, weit über Deutschland hinaus. Aber Erziehung, Schule und Erziehungswissenschaft sind nur einer der Gesellschaftsbereiche, für die das Projekt Weltethos konkretisiert und appliziert werden musste. Nicht weniger wichtig ist der vielfältige Bereich der Kultur.

Weltethos und Literatur, Philosophie, Kunst

Unter meinen »Vorstößen ins Neuland« (Kap. III) war als Pilotprojekt III »Theologie und Literatur« genannt. Entscheidende Hilfe bekam ich dabei vom Literaturwissenschaftler und Literaten Walter Jens und von unser beider Schüler Karl-Josef Kuschel. Dieser entwickelt sich zum führenden Spezialisten auf dem Grenzgebiet »Religion und Literatur« und so schließlich auch für die Problematik von Weltethos und Literatur. In Publikationen und Vorlesungen thematisiert er dieses Spannungsfeld regelmäßig. Einen Schwerpunkt bilden dabei Gotthold Ephraim Lessing und sein Drama »Nathan der Weise« mit der berühmten *Ringparabel*. Mit der Problematik »Die Ringparabel und das Projekt Weltethos« beschäftigt sich auch ein Symposion an der Universität Fribourg am 25. und 26. April 2008. Die Initiative dazu hatte der Politikwissenschaftler und frühere Rektor der Universität St. Gallen, mein alter Freund ALOIS RIKLIN, ergriffen. Die Beiträge aus verschiedenen Religionen und aus philosophischer Sicht sind dokumentiert in einem schönen Band.[8]

Aber nicht nur die Literatur, sondern auch die *Philosophie* leistet einen wichtigen Beitrag zur Idee eines Weltethos. Von meiner eigenen philosophischen Begründung des Weltethos habe ich ebenso berichtet wie von der Auseinandersetzung mit dem Kritischen Rationalismus (Hans Albert) und mit der Transzendentalpragmatik (Karl-Otto Apel). Konstruktiv aber lässt sich vor allem der politische Philosoph Prof. HANS-MARTIN SCHÖNHERR-MANN (Universität München) auf das Projekt Weltethos ein. Ich bin ihm dankbar, dass er aufgrund seiner souveränen Kenntnis der allerneuesten Philosophiegeschichte fähig ist, in seinem Buch »Miteinander leben lernen. Die Philosophie und der Kampf der Kulturen« (München 2008) anhand der bedeutendsten Philosophen des 20. Jahrhunderts die philosophischen Voraussetzungen für das Weltethos konkret zu erörtern. Verschiedene philosophische Zugänge zum Weltethos entwickelt Schönherr-Mann dann in einem weiteren Werk »Globale Normen und individuelles Handeln. Die Idee des Weltethos aus emanzipatorischer Perspektive« (Würzburg 2010).

Anregend wirkt die Weltethos-Idee auch auf die *bildenden Künste*. Unübersehbar sind für mich die vielen Versuche – einige davon wurden mir zugeschickt –, insbesondere den Frieden zwischen den Religionen bildhaft darzustellen. Hervorragend sind die Werke von EMIL CIOCOIU, einem rumänisch-deutschen Maler mit internationalem Ruf: Ein Bildausschnitt schmückt das von mir herausgegebene Taschenbuch »Dokumentation zum Weltethos«. Sein Bild »Verständigung«, in Öl auf Leinwand (200 x 300 cm), stellt er der Stiftung Weltethos in schönen Abdrucken zur Verfügung, auf der Rückseite unsere Programmworte »Kein Überleben ohne Weltethos. Kein Weltfriede ohne Religionsfriede. Kein Religionsfriede ohne Religionsdialog« in 15 Sprachen. Eingeladen von der »Aachener Zeitung« halte ich in Aachen beim Ludwig Forum für Internationale Kunst 2005 im Rahmen einer Ciocoiu-Ausstellung einen Vortrag über »Die drei abrahamischen Religionen«.

Seit vielen Jahren bin ich befreundet mit Hans Erni und seiner Frau Doris. Er ist der bedeutendste und erfolgreichste Maler, Grafiker und Bildhauer der Schweiz. Geboren 1909, lebt er, mit 104 Jahren noch immer tätig, in seiner Heimatstadt Luzern. Er wollte meinen Rat hören zu den Entwürfen für sein riesiges Wandbild »Panta rhei« im Auditorium des neuen Hans-Erni-Museums. Exakt gezeichnet und originell gestaltet, sind hier die Geistesgrößen von den Vorsokratikern bis Albert Einstein überzeugend dargestellt; ich habe ihn nur auf das Fehlen Martin Luthers aufmerksam gemacht. Den universal und humanistisch gesinnten Meister fasziniert das Projekt Weltethos. So werde ich im Jahr 1996 eingeladen, im Schweizerischen Verkehrshaus am Vierwaldstättersee einen Vortrag über »Weltethos und Erziehung« zu halten, der dann im Verlag der Hans-Erni-Stiftung, mit prächtigen Illustrationen des Künstlers versehen, publiziert wird. Seither besuchen wir uns gegenseitig und diskutieren intensiv Probleme der Kunst und der Zeit. An ihn erinnert mich im Seehaus ständig sein Porträt von mir, das erstaunlicherweise Züge von ihm selber trägt.

Auch von manchen bildhauerischen Versuchen, vor allem mit den Symbolen der großen Religionen, wäre zu berichten. Ich muss mich begnügen mit der Erwähnung zweier mir geschenkter ausgezeichneter, sehr unterschiedlicher Bronzeporträts: Zum einen meine Büste, geschaffen von dem großen französischen Bildhauer Serge Mangin. Sie wurde mir geschenkt von der *Udo-Keller-Stiftung* »Forum Humanum«, der ich ein paar Jahre als Kuratoriumsvorsitzender diente, und steht in meinem Garten als Zeichen, dass hier auch nach meinem Ableben der Hauptsitz der Stiftung Weltethos bleibt. Meine andere Büste stammt von dem landesweit geschätzten Luzerner Bildhauer Rolf Brem, meinem Klassenkameraden am Gymnasium. Sie ist ein Auftragswerk meiner Heimatstadt *Sursee* und steht in der dortigen Stadtbibliothek.

Weltethos und Musik: die Chorsymphonie »Weltethos«

Weltethos soll nicht nur den Kopf ansprechen, sondern auch das Herz, die Gefühle: Dafür eignet sich die *Musik* als spirituellste aller Künste in besonderer Weise. Nach allen Vorarbeiten im Bereich Religion und Musik, wie ich sie in Kapitel III berichtet habe, drängt sich mir die Frage auf: Ließe sich das Weltethos nicht auch direkt mit der Musik in Verbindung bringen? Wie können ethische Maßstäbe musikalisch ausgedrückt werden? Wie gar in einer eigenen Komposition? Eine solche Komposition soll das *gemeinsame ethische Erbe der Menschheit* zum Bewusstsein und zur Erfahrung bringen, wie es sich auf den Traditionslinien der großen Religionen und Philosophien findet und heutzutage sowohl von glaubenden wie nichtglaubenden Menschen mitgetragen werden kann und soll.

Bei meinen ersten Überlegungen zu einem solchen Kompositionsprojekt wurde bald klar: Es geht in erster Linie um Vertonung von Originaltexten aus den bedeutenden Überlieferungen, die Zeugen eines bereits bestehenden Menschheitsethos sind, wie es sich in kulturübergreifenden ethischen Werten, Maßstäben und Haltungen manifestiert. So entstehen aus meiner Feder das Gesamtkonzept der sechs Sätze, die einführenden Rezitative des Sprechers und der jeden Satz abschließende Refrain des Kinderchors. Alles in allem also der Versuch einer Klangvision für einen globalen Bewusstseinswandel.

Was für ein inhaltliches Konzept wäre da zu entwickeln? Meine Idee war, jeweils eines der sechs Prinzipien und Grundwerte des Weltethos – Menschlichkeit, Gegenseitigkeit, Gewaltlosigkeit, Gerechtigkeit, Wahrhaftigkeit, Partnerschaft – in Verbindung zu bringen mit einer der sechs großen religiösen Traditionen der Menschheit: mit chinesischer, hinduistischer, buddhistischer, jüdischer, christlicher und muslimischer Tradition. Diese Grundwerte sollen freilich nicht exklusiv einer Religion zugeschrieben, vielmehr affirmativ als ein besonderes Charakteristikum ausgedrückt werden durch ein Schlüsselzitat aus dieser Tradition und durch ein hinführendes Rezitativ.

Ich habe allerdings allergrößte Mühe, einen kompetenten Komponisten für dieses ausnehmend schwierige Werk – für großes Orchester, Chor und Kinderchor – zu finden. Wiewohl gut beraten von Alois Koch, Rektor der Musikhochschule Luzern, gelingt mir dies im deutschen Sprachraum nicht, aber schließlich doch in Großbritannien, in der Person des renommierten Komponisten Jonathan Harvey, der sich ausgewiesen hatte durch hervorragende Kenntnis und Sensibilität für die Musik der Hochkulturen.

Auf Harvey werde ich aufmerksam durch die Berliner Philharmoniker und ihre damalige Intendantin Pamela Rosenberg und den Chefdirigenten Sir Simon Rattle. Finanziell ermöglicht wird der große Kompositionsauftrag im Dienst der Völkerverständigung durch die Direktion für Entwicklung und Zusammenarbeit (DEZA) der Schweizerischen Eidgenossenschaft unter ihrem damaligen Direktor Walter Fust. Die musikalisch anspruchsvolle, hochmoderne Chorsymphonie »*Weltethos*« – ich nehme mit Stephan Schlensog während fünf Tagen in

Berlin an den Proben teil – gelangt schließlich am 13. Oktober 2011 zur großartigen Welturaufführung durch die Berliner Philharmoniker mit Sir Simon Rattle, dem Rundfunkchor Berlin mit SIMON HALSEY und den Kinderchören des Georg-Friedrich-Händel Gymnasiums sowie DALE DUESING als Sprecher (Zweitaufführung 15. Oktober). Anwesend sind auch die schweizerische Bundespräsidentin MICHELINE CALMY-REY und der deutsche Bundespräsident CHRISTIAN WULFF. Nicht weniger eindrucksvoll aufgeführt wird das Werk in englischer Fassung vom City of Birmingham Symphony Orchestra unter der Leitung von EDWARD GARDNER am 21. Juni 2012 in Birmingham zur Eröffnung der britischen Kulturolympiade sowie am 7. Oktober 2012 in der Royal Festival Hall in London. Auf englischen Wunsch ist der deutsche Titel »Weltethos« (weil ebenso leicht verständlich wie die deutschen Lehnwörter »Weltanschauung« oder »Weltschmerz«) in der englischen Partitur übernommen worden.[9]

Leider kann der sympathische Komponist JONATHAN HARVEY an keiner der Aufführungen teilnehmen. Er war schon gegen Ende der Kompositionszeit von einer unheilbaren degenerativen Nervenlähmung befallen worden, kann aber die Aufführungen am Radio und Internet verfolgen. Ich gratuliere ihm lebhaft zusammen mit Simon Rattle telefonisch. Schon am 4. Dezember 2012 stirbt Jonathan Harvey im Alter von 73 Jahren.

Ein halbes Jahr später habe ich ein anderes und doch ähnlich ergreifendes Musikerlebnis: am 22. Juni 2013 in einer Fernsehübertragung live von der riesigen Berliner Waldbühne eine hinreißende Aufführung von Beethovens 9. Symphonie wiederum mit Simon Rattle und den Berliner Philharmonikern sowie dem Berliner Rundfunkchor unter Simon Halsey. Alles erstklassig, es packt mich richtiggehend: nicht nur exakt dieselben Ausführenden wie bei »Weltethos«, sondern im Grunde auch dieselbe Thematik! Begeistert singt Simon Rattle mit (und ich auch), als die Symphonie kulminiert in Schillers und Beethovens Hymne »An die Freude«: »Alle Menschen werden Brüder …« So kündet sich das Weltethos musikalisch schon früh an. 1986 wird dieser Gesang wegen der Versinnbildlichung der gemeinsamen Werte zur Europa-Hymne erkoren, und Beethovens Autograph (in der Staatsbibliothek zu Berlin) wird von der UNESCO zum »Weltdokumentations-Erbe« (»Memory of the World«) erklärt.

Neben Erziehung und Kultur sind es vor allem die Gesellschaftsbereiche Politik und Wirtschaft, die angesichts der weltweiten Krisenerscheinungen dringend der weltethischen Reflexion bedürfen. In all diesen Bereichen bin ich gefordert – und manchmal beinahe überfordert –, in der Öffentlichkeit Rede und Antwort zu stehen. So kommt eine unglaubliche Menge von Einladungen aus aller Welt auf meinen Schreibtisch, von denen ich nur einen Bruchteil annehmen kann. Damit sich der Leser eine gewisse Vorstellung von meinen Aktivitäten machen kann, ist in der Anmerkung eine (unvollständige) Liste meiner Verpflichtungen in den 1990er-Jahren aufgeführt.[10]

Grundorientierung für eine humanere Weltordnung

Schon zwei Jahre nach Gründung der Stiftung Weltethos kann ich ein Buch veröffentlichen mit dem Titel »Weltethos für Weltpolitik und Weltwirtschaft« (München 1997). Gewidmet ist es »den Begründern der Stiftung Weltethos, Graf und Gräfin von der Groeben in Dankbarkeit«.

Ein kühnes Unterfangen, das ich mit historischem Wissensdurst und politischer Leidenschaft betreibe. Natürlich bin ich mir des Einwands bewusst: Wie kommt denn gerade ein Theologe dazu, sich ein Urteil anzumaßen auf diesen schwierigen Gebieten von Politik und Wirtschaft? Aber ich bin politisch nicht ahnungslos. Wer seit seinem zehnten Lebensjahr tagtäglich nicht nur Zeitungen liest, sondern sich auf jede mögliche Weise kundig zu machen versucht, der darf sich auch einmal politische Urteile erlauben, selbst wenn er kein Politiker oder Politologe und auch kein »politischer Theologe« ist.

Doch bin ich vielleicht moralisch überheblich? Nein, ich will niemanden »Mores lehren«. Wer sich zu moralischen Fragen äußert und für ein Ethos eintritt, braucht sich nicht für besser zu halten als andere. Und wer sich ständig selbstkritisch immer wieder befragt, der darf sich auch in aller Fehlbarkeit ethisch motivierte Urteile gestatten, obwohl er kein Heiliger und kein Eiferer ist, sich aber einer anderen Instanz verantwortlich weiß. Deswegen zitiere ich gerade in diesem Zusammenhang sehr gern ein mir liebes lateinisches Wort: »Dixi, et salvavi animam meam« – »Ich habe es gesagt und habe meine Seele gerettet«.

Natürlich wäre gerade dieses Buch gar nicht möglich gewesen ohne das, was ich von anderen empfangen habe. Wollte ich all denen in der weiten Welt danken, die mir in sechs Jahrzehnten durch Begegnungen, Gespräche und Bücher, auf Reisen, Kongressen, Expertentreffen und bei Gastsemestern geholfen haben, diese Welt, ihre Politik und Wirtschaft besser zu verstehen, müsste ich allzu viele Seiten füllen. Ich beschränke mich darauf, sozusagen in Stellvertretung, denen meinen Dank auszudrücken, die mir im Rahmen der Universität Tübingen für dieses Buch eine unschätzbare Hilfe bedeuteten durch ihre aktive Teilnahme an unseren interdisziplinären Kolloquien und Seminaren und vielfältige persönliche Kontakte: den Professoren OTTO BACHOF (Öffentliches Recht), THEODOR ESCHENBURG (Politikwissenschaft), NORBERT KLOTEN (Wirtschaftswissenschaft), GERD KOHLHEPP (Wirtschaftsgeographie) und VOLKER RITTBERGER (Politikwissenschaft). Dazu kommen von auswärts die Professoren PETER ULRICH (Wirtschaftsethik, St. Gallen), ALOIS RIKLIN (Politikwissenschaft, St. Gallen) und HERMANN SAUTTER (Volkswirtschaft, Göttingen).[11]

Einige dieser Autoren konnte ich auch gewinnen für ein weiteres spannendes Buchprojekt: »Wissenschaft und Weltethos«, herausgegeben von mir und Karl-Josef Kuschel (München 1998). Führende Wissenschaftler aus den unterschiedlichsten Disziplinen behandeln hier die praktischen Auswirkungen des Weltethos auf Politik, Wirtschaft, Recht, Ethik, Pädagogik und Naturwissenschaften. Eine umfassende Bibliographie dokumentiert den Stand der nationalen und internationalen Diskussion.[12]

Mein ganzes Leben hatte ich größten Respekt vor den Kenntnissen erstklassiger Fachleute und frage stets neugierig, wie sie diesen oder jenen Punkt sehen und einschätzen würden. Nicht vergessen seien bei dieser Gelegenheit auch die hochrangigen Zeitgenossen aus der Welt der Politik und Kultur, des Judentums, Christentums, Islams und der östlichen Religionen, die sozusagen als Wegbereiter eines Weltethos einen Beitrag geschrieben haben zu dem von mir herausgegebenen Buch »*Ja zum Weltethos*. Perspektiven für die Suche nach Orientierung« (München 1995). Ich hatte die Freude, die meisten von ihnen persönlich kennenzulernen.[13]

Weltethos für Weltpolitik: Henry Kissinger

Es war für mich eine brenzlige Situation: Am 17. März 1997 bin ich von Bundespräsident ROMAN HERZOG zu einem offiziellen Essen im kleinen Kreis im Schloss Bellevue, dem Sitz des Bundespräsidenten in Berlin, eingeladen. Erst dort erfahre ich: Als Ehrengast präsent ist der frühere Sicherheitsberater und Außenminister der USA, HENRY KISSINGER, der die Außenpolitik unter den Präsidenten Nixon und Ford entscheidend geprägt hatte. Ich hatte wenige Tage zuvor mein Buch »Weltethos für Weltpolitik und Weltwirtschaft« veröffentlicht, dessen erstes Kapitel »Weltpolitik im alten Stil« ausgerechnet Henry Kissinger gewidmet ist. Es handelt sich um eine mit vielen Fakten belegte Kritik an dem Autor des drei Jahre zuvor erschienenen, annähernd 1000-seitigen Meisterwerks »Diplomacy« (1994). Ich sehe darin Henry Kissinger im historischen Zusammenhang mit den machiavellistischen Machtpolitikern vom Schlage Richelieus, Metternichs, Palmerstons und Bismarcks, als »realistischen« Vertreter der »nationalen Interessen« der USA, einen Politiker, für den »Macht« nach eigenen Worten »das stärkste Aphrodisiakum« darstellt.

Doch da sitze ich nun in der Klemme: Soll ich den mir schräg gegenüber sitzenden Kissinger auf meine Kritik ansprechen und möglicherweise einen bei diesem Staatsbankett unerwünschten Disput provozieren? Oder aber schweigen und nachträglich als Feigling erscheinen? Das kommt nicht infrage. Die Unterhaltung über die aktuelle politische Lage mit dem durch scharfen Intellekt und Humor ausgezeichneten Ehrengast verläuft bestens. Ich warte ab bis zum Dessert: »Ich muss Ihnen gestehen, lieber Herr Kissinger, dass ich vor wenigen Tagen ein Buch mit einem kritischen Kapitel über Sie und Ihre Politik veröffentlicht habe.«

Kissinger fragt freundlich, worauf sich denn meine Kritik beziehe. Selbstverständlich stelle ich nicht des Staatsmannes Kissingers größtes Verdienst infrage, angesichts der erstarrten ideologischen Fronten des Kalten Krieges eine *intellektuelle Neuorientierung der amerikanischen Außenpolitik* erreicht zu haben: Entspannung mit der Sowjetunion durch Rüstungskontrolle und Viermächteabkommen über Berlin, Öffnung der USA gegenüber China, diplomatische Vermittlung zwischen Israel und den Arabern während und nach dem Jom-Kippur-Krieg und Truppenentflechtungsabkommen zwischen Israel und Ägypten sowie Syrien. Aber ich kritisiere Kissingers Auffassung, dass *Außenpolitik nicht dieselben moralischen Maßstäbe* wie die persönliche Ethik reflektieren solle: dass der Staat und der Staatsmann ein Recht hätten, eine besondere Moralität für sich zu beanspruchen. Für Staaten und seine Repräsentanten müssten doch im Prinzip die gleichen ethischen Ansprüche gelten wie für Individuen und nicht eine machiavellistische Staatsräson.

Kissinger wollte nicht wahrhaben, dass mit dieser Haltung dem Staatsmann alle Operationen ohne moralische Grenzen erlaubt werden. Natürlich wollte ich ihn nicht am Tisch mit seinen fragwürdigen politischen Operationen konfrontieren – ich denke etwa an seine Rolle beim Sturz der Allende-Regierung in Chile und der Etablierung der gewalttätigen Militärdiktatur General Pinochets mit rund 30.000 vermissten Opfern. Oder ich denke an die brutale Kriegsführung in Indochina und die Verzögerung des Friedensschlusses in Vietnam mit Bombardierungen an Weihnachten 1972. Soll alles dies dem Staatsmann gestattet sein? … Ich nehme ihm seine Antwort nicht ab, dass ich als Theologe die Weltpolitik sozusagen »von oben«, also idealistisch betrachte, er aber »von unten«, vom Alltagsgeschäft her, also realistisch. Bemühe ich mich doch ständig um die genaue Kenntnis der politischen Realitäten und halte mich für einen »idealistischen Realisten«, der für moralisch verantwortbare politische Lösungen eintritt.

Beim anschließenden Kaffee im Stehen kommt Kissinger sofort auf mich zu und sagt mir, er habe nichts einzuwenden gegen meine Kritik, wenn sie fair sei. Ich antworte ihm, dass meine Kritik fair und gut begründet sei. Wir spüren jedenfalls großen Respekt und Sympathie füreinander. Als wir uns einige Zeit später wiedersehen anlässlich eines politischen Symposions in Prag, eingeladen von Staatspräsident Václav Havel, begrüßt mich Kissinger lächelnd mit den Worten: »Will you give me hell again?« (»Wollen Sie mir wieder die Hölle heißmachen?«) Meine ebenfalls lächelnde Antwort: »Perhaps you need it« (»Vielleicht brauchen Sie es«). Gute persönliche Beziehungen trotz ernsthafter politischer Differenzen. Am 11.3.2009 beim großen Bankett anlässlich des 90. Geburtstages von Altbundeskanzler Helmut Schmidt, abermals im Schloss Bellevue, unterhalten wir uns wieder längere Zeit über die gegenwärtigen weltpolitischen und weltethischen Fragen, besonders auch über Papst und Vatikan. Und Kissinger lädt mich ein, ihn bei meinem Aufenthalt in New York zu besuchen.

Weder »Realpolitik« noch bloße Gesinnungsethik: Jimmy Carter

Meine persönliche Position sehe ich zwischen einer rücksichtslosen Realpolitik und einer moralisierenden Gesinnungsethik. Ungeeignet für eine bessere Weltordnung erscheint mir die bloße Erfolgsethik von Realpolitikern, für die der politische Zweck alle Mittel, auch unmoralische wie Lug, Betrug, Verrat, Folter, politischen Mord und Krieg, »heiligt«. Untauglich erscheint mir auch die bloße Gesinnungsethik von Idealpolitikern, für die eine rein moralische Motivation und der gute Zweck ausreichen, die sich aber um reale Machtverhältnisse, konkrete Durchsetzbarkeit und um mögliche negative Folgen allzu wenig Gedanken machen.

Tauglich für eine bessere Weltordnung erscheint mir nur ein *Ethos der Verantwortung*. Dies setzt Gesinnung voraus, fragt aber realistisch nach den voraussehbaren, besonders auch negativen Folgen einer bestimmten Politik und übernimmt dafür auch die Verantwortung. Die Kunst der Politik im nachmodernen Paradigma besteht darin, das *politische Kalkül* (der modernen Realpolitik) und das *ethische Urteil* (der Idealpolitik) überzeugend zu verbinden, immer neu miteinander abzuwägen und immer wieder neu zu suchen.

Mein Mittelweg der verantworteten Vernunft wendet sich *gegen einen unverantwortlichen Machiavellismus und Libertinismus* (exemplarisch der frühere italienische Ministerpräsident Silvio Berlusconi), der in Politik wie persönlichem Leben meint, auf alle ethischen Grundsätze, Maßstäbe und Maximen verzichten zu können, der sich einfach an der gerade gegebenen und natürlich immer wieder wechselnden Situation orientiert und seine Entscheidung nur auf den anstehenden Fall ausrichtet, rein aus dem gegenwärtigen Moment und einem kurzfristigen Vorteilskalkül heraus.

Aber ich wende mich auch *gegen einen unvernünftigen Dogmatismus und Moralismus*, der sich in Politik wie persönlichem Leben, unbekümmert um die betreffende Situation, unflexibel einfach an den Buchstaben des angeblich göttlichen Gesetzes halten will (Exempel liefern die Restaurationspäpste Wojtyła und Ratzinger). Kirchenpolitische Grundsätze, kirchenrechtliche Maßstäbe und früher vielleicht sinnvolle Maximen – bezüglich Empfängnisverhütung, Kondomgebrauch und Bevölkerungspolitik bis hin zu Abtreibung und Sterbehilfe – wurden zu unfehlbaren, ausnahmslosen, in jeder Situation bedingungslos geltenden kirchlichen Gesetzesparagraphen.

Ein gewisser Gegenpol zum Realpolitiker Henry Kissinger ist für mich persönlich US-Präsident und Friedensnobelpreisträger (2002) Jimmy Carter, den ich nicht als einen Idealpolitiker, wohl aber als einen ethisch motivierten und realistischen Politiker bezeichnen würde. Er wird, als Kontrastfigur zu Nixon und Ford, wegen einer gerechten und friedlichen Vision von Politik gewählt. Bei seinem Amtsantritt 1977 betont Carter denn auch die Notwendigkeit einer ethischen Fundierung der Innen- wie der Außenpolitik und engagiert sich von Anfang an für die Einhaltung der Menschenrechte. Dass er bei all seiner ethischen Motivation durchaus Realist blieb, zeigen bedeutende Erfolge: vor allem das Camp-David-Abkommen zwischen Israel und Ägypten, von dem schon die Rede war (Kap. VI: Der tragische Konflikt), dann der Panamakanal-Vertrag, der Salt-II-Vertrag und die Ablösung vieler lateinamerikanischer Militärdiktaturen durch demokratische Regime. So frage ich mich wie viele Amerikaner heute, ob eine zweite Präsidentschaft Carters den USA nicht Reagans Überrüstung und ein gigantisches Defizit erspart hätte – ein ständiges Handicap für die amerikanische Innen- wie Außenpolitik bis heute (vgl. Kap. IV: Professionelle Kommunikatoren: Wojtyła – Reagan). Als ich mich 1977 auf Einladung der Kennedy-Familie in

Washington aufhalte, lasse ich Präsident Carter das eben in amerikanischer Ausgabe erschienene Buch »Christ sein« (»On Being a Christian«) zukommen, für das er sich sofort bedankt und handschriftlich seinem Brief hinzufügt: »He may come by to see me«. Leider war ich schon auf dem Sprung zum Rückflug nach Europa, und später hätte ich es als anmaßend angesehen, mich einfach selber ins Weiße Haus einzuladen.

Doch dem telegenen, optimistischen und hyperpatriotischen Ronald Reagan gegenüber verlor Carter die Wahl 1980, nicht wegen seines Ethos, sondern wegen ungelöster innenpolitischer Probleme (Arbeitslosigkeit, Inflation) und nicht einfach zu bewältigender außenpolitischer Herausforderungen. War er doch gleichzeitig konfrontiert mit dem sowjetischen Einmarsch in Afghanistan (in der Rückschau das »Vietnam« der UdSSR) und der Geiselaffäre in Iran (von Carter-Gegnern wohl bewusst hinausgezögert im Hinblick auf die amerikanischen Wahlen). Aber sowohl in Afghanistan wie im Irak hätte sich Präsident Carter wohl nicht zu solch militärischen Abenteuern und massiven Menschenrechtsverletzungen verführen lassen. Es brauchte 20 Jahre später einen George Bush Junior, um zu zeigen, wie verhängnisvoll für eine Nation eine gewissenlose »Realpolitik« sich auswirkt.

Anders als seine unmittelbaren Nachfolger hat Präsident Carter auch nach seiner Amtszeit an seinen Idealen festgehalten, und wie kaum ein zweiter Präsident blieb er, unterstützt von seinem »Carter Center: Waging Peace. Fighting Disease. Building Hope« in Atlanta, höchst aktiv tätig für Menschenrechte und Friedenstiftung in Krisengebieten dieser Erde, aber auch mutig im eigenen Land. Ich bewundere ihn dafür.

Kein Politiker in den USA wagt ein so klares und unzweideutiges Urteil über das Versagen der USA in Sachen Menschenrechte. So schreibt er in der »International Herald Tribune« vom 25. 6. 2012: »Die Vereinigten Staaten geben ihre Rolle als globale Vorkämpferin der Menschenrechte auf.« Diese Entwicklung seit dem 11. September 2001 werde mitgetragen und verstärkt durch Aktionen der beiden Kongressparteien in Exekutive und Gesetzgebung ohne Widerstand der allgemeinen Öffentlichkeit. »Das Resultat: Unser Land kann nicht mehr mit moralischer Autorität zu diesen wichtigen Problemen sprechen.« Die amerikanische Regierung verletze mit ihren Aktionen gegen den Terrorismus mindestens zehn der 30 Artikel der Menschenrechtserklärung, sogar das Verbot »grausamer, unmenschlicher und herabwürdigender Behandlung und Bestrafung«. Verhaftungen nur auf Verdacht hin, willkürliche Haft nicht nur in Guantánamo, Angriff auf elektronische Kommunikationssysteme, Tötung Hunderter unschuldiger Frauen und Kinder bei Angriffen mit unbemannten Drohnen: alles im Namen der nationalen Sicherheit approbiert von den höchsten Autoritäten in Washington, alles früher völlig undenkbar. Carters Appell: »Als besorgte Bürger müssen wir Washington überzeugen, den Kurs zu ändern und moralische Führung wieder zu gewinnen gemäß den internationalen Menschenrechtsnormen, die wir uns offiziell zu eigen gemacht und durch die ganzen Jahre hochgehalten haben.«

Persönlich bin ich Jimmy Carter im Rahmen einer Jahrestagung des InterAction Council früherer Staats- und Regierungschefs (IAC) am 3. Juni 1997 im niederländischen Noordwijk am Meer begegnet. Erfreut kommt er mit seiner Frau Rosalynn auf mich zu und lobt das Buch »Christ sein«. Die ökumenische Übereinstimmung an der christlichen Basis bereitet dem gläubigen Baptisten offensichtlich Freude.

Auf der Fahrt von Noordwijk zu einem festlichen Abendessen in Amsterdam sitze ich im Auto neben ihm und habe Gelegenheit zu einem ausführlichen Gespräch. Es dreht sich vor allem um Wahrhaftigkeit in der Politik: Es sei nicht leicht, sich als Staatsmann stets an die Wahrheit zu halten. Er dürfe oft nicht sagen, was er wisse, müsse bewusst verschweigen oder ausweichende Antworten geben. Aber an dem ethischen Imperativ »nicht lügen« habe er stets festgehalten. Und im Zusammenhang des israelisch-palästinensischen Konflikts fällt das bereits zitierte Wort: »In my time we did not lie in the White House« – »In meiner Amtszeit log man nicht im Weißen Haus«.

Integrität und ökumenische Gesinnung habe ich auch schon früh bei der CDU-Vorsitzenden und späteren Bundeskanzlerin Angela Merkel gefunden. Mit ihr führe ich am 3. Juni 2000 eine anderthalbstündige Diskussion über »Weltethos – Weltfrieden« vor großem Publikum auf dem Deutschen Katholikentag in Hamburg. Einleitend gratuliere ich ihr zum beispielhaften Mut, den sie bewiesen hat, die CDU aus der Krise herauszuführen, in die sie unter Kanzler Helmut Kohl geraten war. Wir diskutieren über das Christliche in der deutschen Gesellschaft und in der CDU, über die globale ökosoziale Marktwirtschaft, über christliche Werte und den Islam … Für sie ist das Christliche, das sich besonders in der Betonung der Menschenwürde und Menschenrechte eines jedes Menschen ausdrückt, wichtig für den inneren Kompass, den sie gerade in der Politik braucht. Und so wünsche ich ihr denn nach einer inhaltsreichen freundlichen Diskussion und Beantwortung einiger Fragen aus dem Publikum, sie möge sich den inneren Kompass bewahren und nicht den Meinungsumfragen nachjagen.

Anschließend habe ich mit ihr ein privates Mittagessen, von dem mir zwei Bemerkungen von ihr besonders in Erinnerung geblieben sind.

Zum einen: Als öffentliche Person müsse sie nun auf Schritt und Tritt ihre Körperhaltung und Mimik unter Kontrolle halten, da sie ständig fotografiert werde. Zum anderen: Sie kenne sich bereits in vielen Bereichen gut aus, besonders in denen, die sie als Ministerin betreut hatte; aber nun würde sie sich systematisch in die anderen Bereiche einarbeiten – was sie auch getan hat.

13 Jahre später muss ich differenzieren: Gegen manche ihrer Entscheidungen als Bundeskanzlerin besonders in der Europa- und Finanzpolitik mag man berechtigte Zweifel anmelden. Ihre Glaubwürdigkeit aber, die auf ihrer persönlichen Integrität beruht, wurde zu Recht lange durch hohe Zustimmungswerte bestätigt. Leider hat ihre Glaubwürdigkeit besonders aufgrund ihres Verhaltens im NSA-Ausspähskandal 2013 stark gelitten.

Zu Beginn des neuen Jahrtausends ist mir oft Gelegenheit gegeben, mich zur Thematik »Weltethos – Weltpolitik« und zum neuen Paradigma internationaler Beziehungen zu verbreiten, wobei ich aus zahllosen informativen Gesprächen mit Politikern, Diplomaten und Politologen sehr viel lernen konnte. In der Anmerkung beschränke ich mich auf Beispiele aus den ersten drei Jahren des neuen Jahrtausends.[14]

Doch Szenenwechsel: Gleichzeitig mit der weltpolitischen Dimension des Weltethos habe ich mich auch ständig mit der weltwirtschaftlichen zu beschäftigen.

Weltethos für Weltwirtschaft: Horst Köhler – Richard Grasso

Am 14. März 1997 halte ich in Berlin bei einem hochkarätigen Symposion der Dräger-Stiftung vor Politikern und Wirtschaftsvertretern ein Referat über die *ethische Dimension der Globalisierung*. Ich vertrete die These, dass der globale Markt eine globale rechtliche Rahmenordnung und diese Rahmenordnung ein globales Ethos erfordert. Unumgänglich erscheint mir der Umbau des aufgeblähten Sozialstaates. Andererseits unverantwortlich die Rückkehr zur kapitalistischen Marktwirtschaft. Ausdrücklich erhebe ich angesichts der »gefährdeten Stabilität des Weltfinanzsystems« die Forderung nach einer »Rahmenordnung des globalen Finanzsystems« und insistiere auf der Einhaltung bestimmter ethischer Standards im Sinne des Weltethos.

Eine sehr engagierte Diskussion folgt. In angenehmer Erinnerung bleibt mir die freundliche Apologie des früheren amerikanischen Finanzministers Michael Blumenthal. Er verteidigt das amerikanische Bankwesen, das ich ja keineswegs total verurteilt hatte. Emotional aber ist die Intervention des Vorstandsvorsitzenden der Debis (Daimler-Chrysler Services), KLAUS MANGOLD. Es war mir schon während meines Referates aufgefallen, wie er am anderen Ende des großen Vierecks mit hochrotem Kopf angestrengt meinen Ausführungen gefolgt war. Offenkundig ist er von meiner strengen Forderung nach Einhaltung bestimmter ethischer Standards überrascht und fordert dazu auf, die Interessen der Wirtschaft ernst zu nehmen. Aber schließlich meldet sich HORST KÖHLER, damals Präsident des Deutschen Sparkassen- und Giroverbandes, und erklärt mit Verve, dass sich meine Rede nicht gegen die Wirtschaft wende, wohl aber für die Beachtung ethischer Regeln plädiere. Damit überzeugt er das Publikum und entscheidet die Debatte faktisch zu meinen Gunsten.

Im Anschluss an die Konferenz haben wir noch ein Stück gemeinsamen Weges, und Köhler ermutigt mich nachdrücklich: Ich sei auf dem richtigen Weg und solle ruhig auf dieser Linie weitermachen. Später (11. Dezember 1997) lädt er mich zur Jahresversammlung des Deutschen Sparkassen- und Giroverbandes in Bonn ein, ein fast 1000-köpfiges Publikum, wo ich noch einmal meine Auffassung zum Thema »Globalisierung erfordert ein globales Ethos« vertreten darf und für Horst Köhler fast zu weit gehe in meiner Kritik an der Finanzwirtschaft.

Aber erfreulich ist: Auch dem Debis-Chef Mangold gibt das alles doch zu denken. Er besucht mich in Tübingen und lädt mich ein, beim großen Debis-Kongress in Berlin am 21. September 1999 die Eröffnungsrede zu halten. Gerne nehme ich die Einladung an. Auch hier warne ich wieder vor der Gefährdung des Weltfinanzsystems und fordere die Einhaltung ethischer Standards. Ich bestehe meinen Auftritt mit ausgewogener Kritik nach beiden Seiten, sodass auch zwei Gewerkschaftsführer mir großes Lob zollen.

Nach mir sprechen zwei überaus erfolgreiche Konzernherren, die auf der Höhe ihres Ansehens stehen und sich erst zu ihren eigenen Vorträgen einfinden: der Chef von Mannesmann, KLAUS ESSER, und der Chef des ursprünglichen Wasserkonzerns Vivendi, JEAN-MARIE MESSIER. Beide zeigen sich als Vertreter einer ultraliberalen aggressiven Geschäftspolitik, für die allein der Erfolg zählt und das Ethos keine Rolle spielt. Sympathischer als die beiden ist mir Bundeskanzler GERHARD SCHRÖDER, der die Schlussrede hält und mich fröhlich begrüßt mit dem Satz: »Sie werden auch nicht älter!« Das freut mich, wiewohl es nicht stimmt.

Sind diese beiden Konzernchefs, die des Ethos nicht bedürfen, frage ich mich, auf Dauer erfolgreiche Manager? Als solche sind sie eingeladen. Aber wenig später wird Esser, der die feindliche Übernahme seiner

Firma Mannesmann durch den britischen Konzern Vodafone schließlich akzeptiert hatte, in einen großen Strafprozess verwickelt, weil er unter Verdacht steht, unberechtigt und unter Einflussnahme von Vodafone Zahlungen von 50 Millionen DM erhalten zu haben. Was offenbar zu einer Verurteilung nicht reichte. Messier aber, der ehrgeizige Chef von Vivendi, hatte aus dem staatlichen Wasserkonzern Générale des Eaux den zweitgrößten Medienkonzern der Welt zusammengezimmert – und ihn beinahe in den Ruin getrieben: 35 Milliarden Euro Schulden! Er muss seinen Hut nehmen und wird später »Wirtschaftsberater«. Erfolgreiche Manager?

Im Jahr 1998 muss ich mich noch in einem anderen Kontext bewähren. Von der *International Confederation of Stock Exchanges* bin ich zur Jahresversammlung der Börsenchefs der ganzen Welt nach Kuala Lumpur/Malaysia eingeladen, um über die Frage zu reden *»Do we need ethical standards for international financial transactions?«*. Für mein Referat, in dem ich für so elementare ethische Standards wie »nicht lügen und nicht stehlen« eintrete und sie konkretisiere, erhalte ich reichlich Beifall und keinen nennenswerten Widerspruch.

In der anschließenden Diskussion sitze ich am Round Table zusammen mit RICHARD GRASSO, dem Chief Executive Officer (Vorstandsvorsitzender) der New Yorker Börse. Er argumentiert, in der Wirtschaft komme man mit »ethics for sunshine«, also einer Schönwetter-Ethik, nicht durch. Man solle sich lieber auf den Markt verlassen, der nicht reguliert zu werden brauche, da er auf dem öffentlichen Vertrauen (»public confidence«) basiere.

Wie wenig aber der Chef der New Yorker Börse selbst diese »public confidence« verdient, zeigt sich wenig später: Dieser Exponent der Wall Street kommt vor Gericht. Als Chef einer Non-Profit-Organisation hatte er sich in weniger als zehn Jahren mehr als 200 Millionen Dollar Profit auszahlen lassen. Im Grunde hätte der ganze Vorstand angeklagt werden müssen! An derselben New Yorker Börse wirkte zur gleichen Zeit BERNARD L. (»BERNIE«) MADOFF, der größte Finanzbetrüger aller Zeiten, der seine Kunden um 51 Milliarden Euro betrog. Die »New York Times« (Leitartikel vom 27. Mai 2004) schreibt diesen Wall-Street-Skandal zwei besonders destruktiven Trends der neuen Wall-Street-Blase zu: »Shameless greed of chief executives« (»schamlose Gier von leitenden Managern«) und »A total breakdown of corporate governance« (»ein totaler Zusammenbruch der Unternehmenskultur«).

Für mich sind das alles eklatante Beispiele dafür, dass die globale Marktwirtschaft nur gut funktioniert in einem ethischen Bezugsrahmen, einem

»moral framework«. Denn nicht nur das Versagen der Märkte selbst und das Versagen der Institutionen, sondern auch das Versagen der Moral, des Ethos von einzelnen Personen, das oft dem Versagen der Märkte und Institutionen zugrunde liegt, ist verantwortlich für ein Versagen der Marktwirtschaft. Die Marktwirtschaft funktioniert also nur gut, wenn ihr ein klar geregelter rechtlicher Rahmen gesetzt ist und sie getragen wird vom Verantwortungsbewusstsein der wirtschaftlichen Akteure.[15]

Primat des Ethos gegenüber Wirtschaft und Politik

Wirtschaft, Politik und Ethik sind für mich keine unversöhnbaren Welten. Aber mir ist daran gelegen, deutlich zu machen, was den Vorrang, den *Primat*, hat. Wichtig ist mir der Primat der Politik gegenüber der Ökonomie: Die Politik muss die Regeln setzen und durchsetzen, und die Wirtschaft muss sich daran halten. Aber noch wichtiger ist mir, den Primat des Ethos gegenüber der Ökonomie und gegenüber der Politik zur Geltung zu bringen. So grundlegend Wirtschaft und Politik sind, sie sind nur einzelne Dimensionen der allumfassenden Lebenswelt des Menschen. Und um der Menschlichkeit des Menschen willen müssen sie ethischen Maßstäben der Humanität und so dem Gemeinwohl unterworfen sein. Weder die Ökonomie noch die Politik also haben den Vorrang, sondern die in allem zu wahrende unantastbare Würde des Menschen, seine mit dem Menschsein gegebenen Grundrechte und Grundpflichten. *Wirtschaft und Politik* dürfen also *nie von ethischen Normen losgelöst* operieren.

So ist denn meine Position deutlich: Ich kann *weder die bloße Gesinnungsethik* der *Ideal-»Ökonomen«* akzeptieren, die Gewinnstreben als von vornherein unmoralisch diskreditiert, *noch die bloße Erfolgsethik der Real-Ökonomen*, wie sie hemmungslos besonders, aber nicht nur, an der Wall Street praktiziert wird. Für sie »heiligt« der Gewinn alle Mittel, im sogenannten »Notfall« auch unmoralische wie Vertrauensbruch, Lug und Trug sowie hemmungslose Raffgier.

Es geht mir also wie in der Politik so auch in der Wirtschaft um ein *Ethos der Verantwortung*, welches *wirtschaftliche Strategien und ethisches Urteil* überzeugend verbindet. Dieses neue Paradigma von Wirtschaftsethos wird darin konkret, dass es – bei aller Legitimität des Gewinns – wirtschaftliches Handeln daraufhin überprüft, ob es höhere Güter oder Werte verletzt. Konkret, ob es *sozial verträglich, umweltverträglich und zukunftsverträglich* ist.

Diesen Ansatz aktualisiere ich in der immer akuter werdenden Wirtschaftskrise ständig, sodass ich den zweiten Teil des Buches, über »Weltethos für Weltwirtschaft«, mir nun noch einmal vornehme, völlig neu gestalte und stark erweitere. In der Weltfinanz- und Weltwirtschaftskrise 2010 veröffentliche ich ihn unter dem Titel: *»Anständig Wirtschaften.* Warum Ökonomie Moral braucht«. Unter anständigem Wirtschaften verstehe ich mehr als nur ein korrektes, solides, legales wirtschaftliches Handeln, mehr als das äußerlich korrekte, im Rahmen der Gesetze sich bewegende Benehmen, vielmehr ein von innerer sittlicher Grundhaltung getragenes, ethisches Verhalten, das rechtlich nicht erzwingbar und doch geschuldet ist. Gibt es doch Pflichten, die sich nicht einfach aus Rechten ableiten lassen, weil sie direkt in der Menschenwürde gründen. Ich plädiere also für Anstand in der Wirtschaft in diesem umfassenden Sinn, für das, was Thomas Mann im Zusammenhang mit den Zehn Geboten »Menschenanstand« genannt hat.

Im Jahr 2009 erarbeitet eine Expertengruppe von Wirtschaftsleuten, Wirtschaftswissenschaftlern und Ethikern im Auftrag der Stiftung Weltethos ein *»Manifest für ein Globales Wirtschaftsethos«*.[16] Dieses Manifest fasst den Inhalt eines Weltwirtschaftsethos präzis zusammen: Die beiden Prinzipien aus der Weltethos-Erklärung von 1993 – das Humanitäts- und Gegenseitigkeitsprinzip – bilden auch die Grundlage (Teil I) des neuen Manifests (Art. 1–4). Und wie in der Weltethos-Erklärung bauen im Manifest jene vier Imperative darauf auf, von denen bereits die Rede war: nicht morden (vgl. Art. 5–6), nicht stehlen (vgl. Art. 7–9), nicht lügen (vgl. Art. 10–11), nicht Sexualität missbrauchen (vgl. Art. 12–13).

Was ist das *Besondere dieses Manifests*? Es gibt ja heute in der Tat schon eine Fülle von durchaus nützlichen Ethikerklärungen, »Codes of Conduct«, Unternehmensleitsätzen. Diese sollen durch das Manifest nicht ersetzt werden. Vielmehr bietet das Manifest einen Maßstab, an dem sich die Praxis in einem Unternehmen und die dort gesteckten Ziele messen lassen. Er bietet nicht nur allgemein formale, moralische Regeln oder Forderungen wie »Verantwortung« oder »Gemeinwohl«, sondern inhaltlich bestimmte Werte und ethische Standards. Kein Gesetz, das mit Sanktionen durchgesetzt werden soll, sondern ein Appell zur Selbstverpflichtung, der freilich den Sanktionen des Gewissens unterliegt! Dieser Appell richtet sich nicht nur an Wirtschaftsführer, Unternehmer und Investoren, sondern auch an Kreditgeber, Mitarbeiter, Kunden, Konsumenten und die jeweiligen Interessenverbände in allen Ländern der Welt. Damit richtet er sich auch an die politischen und staatlichen sowie internationalen Organisationen und Institutionen, die allesamt eine wesentliche Verantwortung für die Herausbildung und Umsetzung eines solchen globalen Wirtschaftsethos haben.

Besondere Verdienste um das Manifest haben sich zwei Wirtschaftswissenschaftler erworben: Prof. JOSEF WIELAND (Konstanz), der den ersten Entwurf des Textes verfasst und bei der Redaktion federführend ist, sowie Prof. KLAUS LEISINGER (Basel), Präsident der Novartis Stiftung. Ihm ist es zu verdanken, dass das Manifest samt Beiträgen von ihm, Wieland und mir in einem zweisprachigen (deutsch-englisch) Taschenbuch veröffentlicht wird. Der weltbekannte Ökonom JEFFREY SACHS steuert das Vorwort bei.[17] Bei seinem Besuch in Tübingen mit Familie am 8. 7. 2013 bestätigt er uns sein leidenschaftliches Engagement für ein Weltethos – doch damit bin ich dem geschichtlichen Ablauf weit vorausgeeilt: Von einer bedeutsamen ethischen Entwicklung ist zu berichten, die zusammen mit den Menschenrechten auch die oft vernachlässigten Menschenpflichten bedenken und realisieren will.

Menschliche Verantwortlichkeiten

Was im Buch »Projekt Weltethos« (1990) nur allgemein bejaht wurde, wird von mir in »Weltethos für Weltpolitik und Weltwirtschaft« (1997) gründlich reflektiert: der Zusammenhang zwischen Menschenrechten und Menschenpflichten. Für mich folgt daraus: Die Menschenrechtserklärung sollte von einer Menschenpflichten-Erklärung unterstützt und untermauert werden, ist doch die menschliche Person immer zugleich Trägerin von Rechten *und* Pflichten. Keine Rechte ohne Pflichten! Schon in der Menschenrechtsdebatte des französischen Revolutionsparlaments von 1789, so fiel mir auf, war die Forderung erhoben worden: Wenn man eine Deklaration der Rechte des Menschen proklamiere, müsse man damit auch eine Deklaration der Pflichten des Menschen verbinden. Sonst hätten am Ende alle Menschen nur Rechte, die sie gegeneinander ausspielen würden, aber niemand würde mehr die Pflichten erkennen, ohne welche die Inanspruchnahme der Rechte nicht funktionieren könne. In der Tat bedarf es doch zur effektiven Realisierung der Menschenrechte des ethischen Impulses und der normativen Motivation.

Ich bin mir durchaus bewusst, dass der Begriff *Pflichten* in seiner jüngeren Geschichte schändlich missbraucht worden ist. Von totalitären, autoritären, hierarchischen Ideologien aller Art war stets die Pflicht (gegenüber Vorgesetzten, dem Führer, dem Volk, der Partei, auch dem Papst) eingehämmert worden. Von daher lassen sich Angstprojektionen verstehen, die zu einer sprachlichen Tabuisierung des Wortes »Pflicht« geführt haben. Aber ich war und bin der Meinung, dass uns Missbräuche nicht hindern sollten, den Begriff positiv aufzunehmen, der seit dem römischen Staatsmann und Philosophen CICERO und dem Stadtpräfekten und späteren Bischof von Mailand AMBROSIUS eine 2000-jährige Geschichte hat, durch KANT zu einem Schlüsselbegriff der Moderne wurde und auch heute unersetzlich erscheint. Nicht nur Pflichten, auch Rechte lassen sich missbrauchen.

Wenig beachtet wird in der Menschenrechtsdebatte: Alle Rechte implizieren Pflichten, aber *nicht alle Pflichten folgen aus Rechten*. Es gibt auch eigenständige *ethische* Pflichten, die direkt in der Würde der menschlichen Person gründen. Der andere mag kein Recht auf die Wahrheit haben, aber ich bin zu Wahrhaftigkeit verpflichtet. Schon früh in der theoretischen Debatte hierüber wurden zwei Pflichtentypen unterschieden: Pflichten im engeren Sinn, eben *rechtliche* Pflichten, und andererseits Pflichten im weiteren Sinn, eben *ethische Pflichten* – wie Gewissens-, Liebes- und Humanitätspflichten.

Allerdings haben die Deutschen nicht das Glück der Englischsprachigen, die für Pflichten drei unterschiedlich akzentuierte Begriffe besitzen: »duties«, »obligations«, »responsibilities«. Bei der späteren Ausarbeitung einer »Menschenpflichten«-Erklärung hat man sich aber rasch auf den Begriff *Responsibilities* geeinigt. Und ich hätte im Grunde am liebsten auch im Deutschen den Begriff »Pflichten« durch den Begriff *Verantwortlichkeiten* ersetzt. Aber »Verantwortlichkeiten« wird im Deutschen bisher nur in einem administrativen und organisatorischen Sinn verwendet. Im Nachhinein allerdings denke ich, dass ich ruhig »Verantwortlichkeiten« als Plural im ethischen Sinn hätte aufnehmen können. Heutzutage spreche ich lieber von einer »Erklärung der Verantwortlichkeiten« als nur der »Pflichten«.

Schwierig zu beantworten ist für mich die Frage: Durch welche Organisation soll eine solche Erklärung der Welt kundgetan werden? Das will gut überlegt sein. Drei Türen stehen mir offen: Da ist in erster Linie das WEF, das World Economic Forum. Sein Gründer und Präsident, Prof. KLAUS SCHWAB, hatte mir schon früh eine großartige Plattform geboten, auf der ich meine Ideen hatte verbreiten können. Auch hat er sich in der Folge stark für den Religionsdialog eingesetzt und im früheren Erzbischof von Canterbury, Dr. GEORGE CAREY, mit dem ich seit Langem befreundet bin, einen ausgezeichneten Moderator gefunden. Aber die prominenten Religionsvertreter redeten einer nach dem anderen zumeist vage ohne jede Selbstkritik vom Friedenswillen ihrer eigenen Religion. Und würde denn unsere »Erklärung der Verantwortlichkeiten« in der

Öffentlichkeit gut aufgenommen, wenn sie gerade vom Forum prominenter Vertreter der Wirtschafts- und Finanzwelt, die unter zunehmender Kritik steht, proklamiert werden würde? Doch ob der von mir stets hoch geschätzte Klaus Schwab für meine Zweifel Verständnis hat?

Die zweite Tür ist die UNESCO: Immerhin hatten wir 1989 im Pariser Hauptquartier jenes erste Symposion von Religionsvertretern über Religionsfrieden als Voraussetzung für Weltfrieden erfolgreich durchgeführt; ich habe davon berichtet. Aber das folgende Universal Ethic Project der UNESCO 1997, an dem ich teilnehme, hatte sich schwierig gestaltet. Dabei waren die Voraussetzungen für den Dialog durchaus nicht schlecht. Denn für das erste Treffen in Paris im März 1997 hatte der Stab der UNESCO-Sektion für Philosophie und Ethik unter seinem Direktor Professor Yersu Kim einen sehr nützlichen »State of the Art Report« erstellt, der sowohl die philosophischen Bemühungen wie vor allem auch die Bemühungen des Parlaments der Weltreligionen und des InterAction Council gut zur Geltung brachte. Man musste jetzt jedenfalls darüber diskutieren.[18]

Die eigentliche Auseinandersetzung in Paris aber findet mit Philosophen wie Karl-Otto Apel statt, der zunächst keine vernünftige Alternative zu seinem philosophischen Verfahren des argumentativen Diskurses zugestehen will, der selber rein formal und prozedural vorgeht und keine materialen Normen für konkrete Situationen menschlicher Interaktion vorsieht. Dagegen vertrete ich die Auffassung, dass konkrete und universale bzw. universalisierbare Normen empirisch konstatiert werden können, die vernünftig, aber nicht ausschließlich vernunftzentriert sind. Ich will also im Gegensatz zu Apel auf die Traditionen der Kulturen und Religionen zurückgreifen und von dort her die Dialogmöglichkeit zwischen den verschiedenen Kulturen und Religionen wahrnehmen. Kurz, ich sehe es als möglich an, die gemeinsamen Werte unterschiedlich zu begründen, und sehe trotz aller Bedenken die Möglichkeit einer rein rationalen Begründung, wie sie Apel vorschwebte, als berechtigt an. Erst mit der Zeit realisiert Apel, dass meine Bedenken nicht der philosophischen Argumentation als solcher gelten, sondern dass sowohl die philosophische wie die religionswissenschaftliche Begründung eines gemeinsamen Weltethos zugelassen werden sollten.

Ich sehe mich unterstützt durch die Ausführungen des amerikanischen Philosophen Michael Walzer, der auf allgemeine Werte wie »Wahrhaftigkeit« oder »Gerechtigkeit« hinweist, wie sie sich auf Demonstrationen etwa in Prag oder Peking manifestieren. Dort hätten alle spontan verstanden, was mit diesen großen Begriffen konkret gemeint ist.

Am besten verstehe ich mich mit der Harvard-Professorin SISSELA BOK. Sie stimmt mit mir überein, dass es gemeinsame Werte in verschiedenen Nationen, Völkern und Religionen gibt, die als Basis für Dialog und Zusammenarbeit angesichts der ungeheuren Herausforderungen und Bedrohung der Menschheit dienen können. Sissela Bok ist übrigens die Tochter des schwedischen Nobelpreisträgers für Wirtschaft von 1974, GUNNAR MYRDAL, mit dem ich einmal in einem Studio in Manhattan in einer Fernsehsendung am frühen Morgen in einem kurzen, aber intensiven Meinungsaustausch stehen durfte. Dabei fragte ich den Autor des berühmten Buches »An American Dilemma« (1995), an welchem Punkt er sich in seiner Analyse der Widersprüche der amerikanischen Demokratie getäuscht habe. Und er antwortete unumwunden: Er habe als säkularer Schwede nie gedacht, dass die Religionen noch einmal eine gesellschaftspolitische Kraft ersten Ranges werden würden. Aber seit Martin Luther King und der neuen Befreiungsbewegung sei er eines Besseren belehrt worden.

Wie immer, auf dem UNESCO-Treffen in Paris 1997 halte ich es nicht für opportun, meinen bereits fertigen Entwurf einer Pflichtenerklärung aus der Tasche zu ziehen. Doch schlage ich anschließend Yersu Kim vor, für das zweite UNESCO-Treffen in Neapel im Dezember 1997 die bis dahin approbierte und veröffentlichte Erklärung der Menschenpflichten als Grundlage für das Abschlussdokument der UNESCO zu nehmen. Auf diese Weise wären die Kräfte gebündelt worden, und das inhaltlich sehr vage formulierte UNESCO-Dokument hätte an Substanz gewonnen. Doch zu meinem großen Ärger ist der Vorsitzende nicht bereit, die Menschenpflichten-Erklärung ernsthaft zur Diskussion zu stellen und sich auf ihre Herausforderungen einzulassen. Folglich ist für mich der Weg über die UNESCO nicht mehr sinnvoll.

Doch hatte sich mir bereits im Jahr zuvor eine dritte Türe geöffnet: der vom japanischen Premierminister TAKEO FUKUDA gegründete *Inter-Action Council* früherer Staats- und Regierungschefs unter der Leitung des deutschen Bundeskanzlers a. D. HELMUT SCHMIDT. Durch diese Türe schreite ich nun entschlossen.

Ein Vorkämpfer des Weltethos: Helmut Schmidt

Kein Staatsmann hat mehr zur Verbreitung der Idee eines Weltethos getan als der frühere deutsche Bundeskanzler Helmut Schmidt. Lange ist er von vielen als reiner Pragmatiker, als bloßer »Macher« von Politik verkannt worden. Übersehen wurde: Helmut Schmidt praktizierte einen realistischen Zugang zu den Problemen, doch hatte er auf seine Weise eine moralische Haltung wie sein US-Counterpart, Präsident JIMMY CARTER. In meiner Einführungsrede zur Veröffentlichung des Buches »Aber ich brauche die Gebote ...« von RAINER HERING über Helmut Schmidt, die Kirchen und die Religion in Hamburg am 22. März 2012 kann ich ihm öffentlich bescheinigen, dass er Glauben, Kirchen und Religionen vor allem unter ethischen Gesichtspunkten wertet. Religionen und insbesondere das Christentum sind ihm wichtig für die Vermittlung von moralischen Wertvorstellungen und ethischen Normen, die für ein friedliches Zusammenwirken der Menschen und Staaten unabdingbar sind.

Ich hatte, wie berichtet (Bd. 2, Kap. VI: »Seiner Heiligkeit loyale Opposition«), Helmut Schmidt im Hause Klasen bei einem Abendessen als meinen Tischnachbarn. Schon 1977 war Helmut Schmidt als Bundeskanzler eigens von Warschau nach Krakau gereist, um dort (auf Anraten des Wiener Kardinals Franz König) Erzbischof KAROL WOJTYŁA zu treffen, der als liberaler galt als der Primas von Polen, Kardinal Wyszyński. Tief enttäuscht ist der Bundeskanzler, dass sich Wojtyła dort mit der wenig glaubwürdigen Entschuldigung verleugnen lässt, er sei in »Exerzitien« gegangen. Zu allem Überfluss lässt er dem Kanzler durch den Domdekan ein schweres Buch über den Krakauer Dom überreichen. »Der Mutigste ist er nun auch nicht gerade«, kommentiert Helmut Schmidt mir gegenüber.

Der Kanzler trifft Wojtyła dann als Papst am 9. Juli 1979 in Rom. Ihm ist die Frage der Familienplanung angesichts der drohenden Bevölkerungsexplosion ein Herzensanliegen. Er hatte gehofft, Wojtyła zur Zulassung empfängnisverhütender Mittel zu bewegen mit der Beschreibung des Teufelskreises zwischen Bevölkerungsexplosion, Unterentwicklung und Massenarmut, besonders in Afrika. Aber der rational-pragmatisch argumentierende Politiker vermag den dogmatisch verfestigten Kirchenführer nicht zu überzeugen, auch nicht von der Notwendigkeit einer neuen Sozialenzyklika für Lateinamerika. Doch Helmut Schmidt findet diesen Papst »warmherzig« und gesteht mir, dass er, wenn er je das Bedürfnis der Beichte habe, bei diesem Papst beichten würde. Meine Antwort an den hanseatischen Protestanten: »Sie haben leicht reden, nicht im Traum haben Sie je daran gedacht zu beichten.«

Helmut Schmidts Abwahl durch ein Misstrauensvotum im Bundestag am 1. Oktober 1982 bedauere ich sehr, wenngleich ich manche vor allem wirtschaftspolitischen Argumente der Opposition für gerechtfertigt ansehe. Bundeskanzler HELMUT KOHL, dem ich aufgrund seiner reformerischen Haltung in der Kirche wohlgesinnt bin (vgl. Bd. 2, Kap. VII: Der kommende Bundeskanzler: Helmut Kohl), enttäuscht mich schon von Anfang an, da er die langen Jahre in der Opposition nicht genutzt hatte, um ein schlüssiges Aktionsprogramm für seine Politik ausarbeiten zu lassen. Auch schmiegt er sich in seiner Politik allzu sehr an die katholische Hierarchie an, ohne sich bei seiner »geistig-moralischen Wende« für die globalen Aspekte von Religion zu interessieren.

Helmut Schmidt aber hatte sich schon als Bundeskanzler mit den Religionen auseinandergesetzt. Vor allem eine persönliche Begegnung und ein Gedankenaustausch mit dem ägyptischen Präsidenten ANWAR AS-SADAT bei einer Nachtfahrt auf dem Nil hatte ihn auf den Gedanken einer »abrahamischen Ökumene« gebracht. Sadat hoffte auf eine große friedliche Begegnung von Judentum, Christentum und Islam, die gegründet ist in den Gemeinsamkeiten des Glaubens an einen Gott Abrahams.

Hier treffen sich in der Tat die Bemühungen im InterAction Council früherer Staats- und Regierungschefs, den Helmut Schmidt präsidiert, mit meinen eigenen Bemühungen um ein Weltethos. Voraussetzung in beiden Fällen ist eine Verantwortungsethik im Sinne Max Webers, welche die Konsequenzen jeglicher sittlichen Entscheidung von vornherein mitbedenkt.

Als Vorsitzender des InterAction Council macht Helmut Schmidt sich daran, die Beschäftigung mit interreligiösen und global-ethischen Fragen einzubringen und an Religionsdialog und Religionsfrieden orientierte Bemühungen voranzutreiben. Im November 1995 führt er mit mir ein längeres Telefongespräch und schreibt anschließend einen ausführlichen Brief, in dem er allgemein über die Arbeit des InterAction Council berichtet und zwei Expertentreffen im Frühjahr 1996 ankündigt. Die Frage nach gemeinsamen »Human Values« sollte dabei im Zentrum stehen. Helmut Schmidt bittet mich dann um die Mitarbeit sowie um einen Vorschlag für den Titel des Expertentreffens und um Benennung hervorragender Vertreter von Christentum, Judentum, Islam, Hinduismus, Buddhismus und Konfuzianismus. Am Ende des Briefes betont er, dass die Vorhaben des InterAction Council im Rahmen meiner eigenen Arbeit und Zielsetzung lägen, »ein gemeinsames Weltethos in das Bewusstsein der verschiedenen Kulturen zu heben«.

Für mich eine hochwillkommene Einladung, die ich selbstverständlich gerne annehme. Ich schlage ihm namhafte Vertreter verschiedener Religionen vor und als Titel für das anstehende Expertentreffen »In Search of a Global Ethic«. Als ergänzende Unterthemen könnten zwei Leitfragen angebracht werden: »What are moral standards for the entire

Humanity?« und »What are trust- and peacebuilding measures between the World Religions?«.

Das erste Expertentreffen des InterAction Council in Wien vom 22. bis 24. März 1996 mit dem Titel »Auf der Suche nach globalen ethischen Standards« endet erfolgreich: In einem umfangreichen Report wird das Weltethos voll bejaht und zugleich eine Erklärung der Menschenpflichten, zur Unterstützung der UN-Erklärung der Menschenrechte, angeregt. Damit scheint mir nun die Türe offen zu stehen, um meinen konkreten Entwurf einer Pflichtenerklärung in die Diskussion einzubringen. Vor dem zweiten Expertentreffen in Wien vom 20. bis 22. April 1997, an welchem neben Experten auch die früheren Premierminister von Kanada und Holland, PIERRE TRUDEAU und ANDRIES VAN AGT, teilnehmen sollten, schreibe ich am 31. März 1997 an Helmut Schmidt: »Seit langem habe ich mir die Frage überlegt, wie die Erklärung des Parlaments der Religionen sozusagen in UNO-Sprache übersetzt werden könnte: kurz, mehr juristisch formuliert, säkular ohne bestimmte religiöse Begründung, aber doch allgemein überzeugend. Meinen ersten Entwurf einer ›*Universal Declaration of Human Responsibilities*‹ der nicht sehr glücklich zusammengesetzten UNESCO-Kommission vorzulegen, schien mir zu gewagt … Es schiene mir außerordentlich hilfreich zu sein, wenn Staatsmänner von Ihrem und Ihrer Kollegen Format und Erfahrung diesen allerersten Entwurf einer Erklärung diskutieren und mit Kommentaren versehen würden.«

Ich bin sehr gespannt auf die Antwort aus Hamburg und hocherfreut, dass sie positiv ausfällt. Den langen komplexen Entstehungsprozess der Pflichtenerklärung kann ich hier nicht schildern.[19] Das Entscheidende: Nach einer höchst kontroversen, dramatischen Diskussion, bei der vor allem Jimmy Carter und Malcolm Fraser gewichtige Einwände vorbringen, die von Thomas Axworthy und mir beantwortet werden können, kommt es in der Vollversammlung des InterAction Council am 3. Juni 1997 in Noordwijk/Niederlande schließlich doch zur grundsätzlichen Annahme dieser Pflichtenerklärung.[20] Nach einem weiteren Verbesserungs- und Redaktionsprozess wird die Erklärung vom neuen Vorsitzenden MALCOLM FRASER am 1. September 1997 veröffentlicht. Gleichzeitig wird sie an UN-Generalsekretär Kofi Annan sowie an die nationalen Regierungen in aller Welt geschickt. Es ist zu betonen, dass diese Erklärung selbstverständlich keine Konkurrenz zur Menschenrechtserklärung sein soll und sie auch nicht relativieren will, wie Kritiker sofort einwenden, sondern im Gegenteil die Menschenrechtserklärung vom Ethos her unterstützen soll. Der Text der Erklärung findet sich in einer

Vielzahl von Sprachen auf der Website des InterAction Council: www.interactioncouncil.org.

Für seinen beständigen, klugen und nachhaltigen Einsatz für diese Erklärung von Anfang bis Ende bin ich Helmut Schmidt bis auf den heutigen Tag dankbar. Dankbar aber auch KEIKO ATSUMI (Tokio), frühere Mitarbeiterin von Premierminister Yasuo Fukuda und Leiterin des ständigen Sekretariats des InterAction Council in Tokio, sowie den beiden anderen akademischen Beratern: Professor KYONG-DONG KIM, Seoul National University, und vor allem dem außerordentlich kenntnisreichen und sprachmächtigen Professor THOMAS AXWORTHY, früherer Assistent des kanadischen Premierministers Trudeau, der bei der Sitzung in Noordwijk selbst anwesend ist. Axworthy leistet mir bei der Überarbeitung und englischen Formulierung des Vorschlags der Erklärung unschätzbare Dienste. Er erwirbt sich in der Folge das Vertrauen aller Mitglieder des InterAction Council, sodass er 2011 zum Generalsekretär des IAC gewählt wird. In der Folge bemühte ich mich verschiedentlich, für die Erklärung der menschlichen Verantwortlichkeiten zu werben. Wichtig dabei vor allem ein weiterer Vortrag am 10. Februar 1999 bei den Vereinten Nationen in New York: »Human Responsibilities for Human Rights – The Challenge«.

Der erste Weltethos-Redner: Tony Blair

Das neue, dritte Jahrtausend nach Christi Geburt wird auf der ganzen Welt von Australien bis Europa mit großem Feuerwerk enthusiastisch begrüßt. Überall hoffen die Menschen am Jahresbeginn 2000 auf ein Jahrtausend oder jedenfalls ein Jahrhundert des Friedens und des Wohlergehens. Ich selber möchte mich in der Stiftung Weltethos mit neuen Projekten und neuen Köpfen für das neue Paradigma von Weltpolitik und Weltwirtschaft einsetzen. Die Stiftung beschließt deshalb an der Universität Tübingen eine regelmäßige Reihe von großen Reden zum Weltethos, gehalten von bedeutenden Persönlichkeiten, die sich auszeichnen durch hervorragende Leistungen in ihrem Fach, ferner durch internationales Prestige und schließlich durch moralische Integrität. Drei Eigenschaften, nicht leicht zu finden in ein und derselben Person. Keine Heiligen müssen die Redner sein, aber *echte, glaubwürdige Führungspersonen.*

Ein Repräsentant dieses neuen Paradigmas der Politik scheint mir der junge Premierminister Großbritanniens, TONY BLAIR, zu sein. Deshalb steht er als Redner für die geplanten alljährlichen Weltethos-Reden an erster Stelle. Doch als ich dies in einer kleinen Pressekonferenz des Tübinger SWR-Studios ankündige, stoße ich auf ungläubiges Staunen. Warum sollte denn der Premierminister von Großbritannien gerade in unsere kleine Universitätsstadt kommen?

Mir imponiert die Politik des neuen Labour-Premiers, weil er entschieden angeht gegen die neokapitalistische Wirtschafts- und Sozialpolitik seiner konservativen Vorgänger, der »Eisernen Lady« MARGARET THATCHER und von JOHN MAJOR. Aber er ist klug genug, bestimmte politische Errungenschaften Thatchers (etwa die Eindämmung der übermäßigen Macht der britischen Gewerkschaften) nicht rückgängig zu machen. Er bietet mit seinem »dritten Weg« den Bürgerinnen und Bürgern eine hoffnungsvolle Vision an, die Großbritannien eine neue Zukunft geben sollte.

Aber wie kommt Tony Blair gerade nach Tübingen? Nun, er kennt mich aus meinen Büchern, und er kennt mich durch einen gemeinsamen Freund, den aus Australien stammenden anglikanischen Geistlichen PETER THOMSON. Dieser, ein eifriger Leser meiner Bücher, ist seit seiner Studienzeit im selben College in Oxford mit Tony Blair befreundet, sodass Blair mit seiner Familie auf dessen Ranch in Australien Ferien macht. Thomson, der seinen Freund Religion als eine lebendige Wirklichkeit entdecken hilft, lässt mich wissen, Tony Blair sei sehr am Kontakt mit mir interessiert und würde sich über einen Besuch in England freuen. So kann ich am 20. Mai 1999 nach London fliegen, um Tony Blair in »10 Downing Street« zu treffen. Doch dauert an diesem Tag die Parlamentsdebatte über eine soziale Frage länger als vorgesehen, und so treffen wir uns im Parlament zu Westminster. Ich erkläre Tony Blair zuerst, wie es mich gefreut habe, dass er verkündete: Es könne doch nicht sein, dass in einer Ecke Europas, in Nordirland, Katholiken und Protestanten noch mit Waffengewalt gegeneinander kämpften, es müsse jetzt endlich Friede geschaffen werden. Und durch sein zähes Verhandeln hat er dann auch Frieden geschaffen und das »Karfreitagsabkommen« 1998 zustande gebracht. Es folgt ein lebhafter Gedankenaustausch über interreligiösen Dialog, Weltethos und Weltfrieden: Wir verstehen uns auf den ersten Blick, und es herrscht in allen wichtigen Fragen Einverständnis.

Diese Erfahrung ermutigt mich, meinen Plan weiterzuverfolgen, Tony Blair als ersten Weltethos-Redner nach Tübingen einzuladen. Am 2. November 1999 mache ich zunächst Peter Thomson in einem Brief den Vorschlag mit der Bitte, bei Tony Blair vorzufühlen. Auf Thomsons positive Signale hin richte ich schließlich am 16. November brieflich die direkte Einladung an den Premierminister, die Erste Weltethos-Rede über die Beziehung zwischen Politik und Weltethos zu halten. Dann passiert zunächst einmal nichts.

Aber umso größer ist die Freude, als mir am 11. Februar 2000 ANJI HUNTER, die »Special Assistant des Premierministers«, telefonisch mitteilt, Tony Blair sei grundsätzlich bereit, nach Tübingen zu kommen. Obwohl wir alle in der Stiftung Weltethos darauf gehofft hatten, ist diese Zusage doch eine Sensation für unsere Stiftung und ganz Tübingen. Dankbar schicke ich brieflich einen Programmvorschlag nach London. Am 30. März bestätigt mir auch Peter Thomson, dass Tony Blair kommen will. Nun kann die Organisationsmaschinerie für dieses außergewöhnliche Ereignis anlaufen. Als Termin ist der 30. Juni 2000 festgelegt. Am 9. Mai halte ich in der St. Paul's Cathedral in London die Gresham Special Lecture über das Thema »A Global Ethic – a Challenge for the New Millennium«. Bei dieser Gelegenheit kann ich DAVID MILIBAND, »Head of the Policy Unit« in 10 Downing Street treffen, später (2007–10) Außenminister unter Blairs Nachfolger GORDON BROWN.

Der Besuch des Premierministers in Tübingen soll kein Staatsbesuch sein. Aber naturgemäß beschäftigt er doch die staatlichen Organe in London, Berlin und Stuttgart. Wir in unserer kleinen Stiftung Weltethos sind plötzlich mittendrin in einem Kommunikationsnetz mit 10 Downing Street, mit dem britischen Botschafter in Berlin, mit dem Protokollchef des baden-württembergischen Ministerpräsidenten, den Sicherheitsorganen und selbstverständlich mit allen Instanzen der Universität und der Stadt: eine Menge von Gesprächen, E-Mails, Faxen und Telefonanrufen hin und her ... Mir ist daran gelegen, dass Tony Blair von London mit dem Regierungsflugzeug direkt nach Stuttgart fliegt und erst auf dem Rückweg einen Höflichkeitsbesuch in Berlin abstattet.

So empfangen denn am 30. Juni 2000 der Rektor der Universität, Professor EBERHARD SCHAICH, und ich den hohen Gast direkt auf dem Stuttgarter Flugfeld und fahren mit ihm, von Polizeifahrzeugen eskortiert, schnurstracks nach Tübingen zur Neuen Aula. Schon bei der Einfahrt auf dem Universitätsplatz wird Blair von einer Menge applaudierender Studenten begrüßt, aber unter ihnen ist auch eine kleine Gruppe Protestierender; sie werfen Blair seine allzu liberale Wirtschafts- und Sozialpolitik sowie die britische Beteiligung am Kosovokrieg vor. Der Festsaal mit seinen rund 800 Sitzplätzen ist überfüllt. Zum ersten Mal setzt die Universität auf unsere Bitten hin einen Großbildschirm ein, mit Übertragung auch in das Auditorium maximum nebenan. Den Ablauf gestalten wir so einfach wie möglich: kurze Begrüßung durch den Rektor, dann durch mich als Präsidenten der Stiftung Weltethos, dann die Rede des Premierministers und anschließend ein Dialog auf der Bühne zwischen ihm und mir. Als wir zusammen mit dem Rektor auf die Bühne treten, wird Tony Blair schon durch Standing Ovations begrüßt, er spricht mit seinem wohlklingenden Englisch mit Humor die Zuhörer an – Thema der Rede: »Werte und die Kraft der Gemeinschaft«. Mit viel Verve und konkreten Beispielen vertritt er die These, »dass uns in einer Welt des Wandels nur der Glaube an die Gemeinschaft und an die Gleichwertigkeit aller Menschen Hoffnung auf eine friedliche und gedeihliche Zukunft gibt und dass eine auf reinem Eigeninteresse beruhende materialistische Philosophie in den Ruin führt«. Abgesehen von einer kurzen Unterbrechung am Anfang durch dieselben Demonstranten läuft alles planmäßig ab. Riesiger Applaus am Ende.

Tony Blair hatte sich die Herzen seiner jungen wie älteren Zuhörer erobert und wird begeistert gefeiert. So ist es für ihn in jeder Hinsicht ein ermutigender Tag bei bestem Wetter in unserer kleinen Universitätsstadt. Er muss sofort nach der Rede wieder zum Flughafen gefahren werden, um nach Berlin und noch am selben Abend zurück nach London zu gelangen. Es ist ein großartiger Erfolg für ihn, und für unsere Stiftung ein glanzvoller Auftakt für die ganze Reihe illustrer Weltethos-Redner bis 2012. Und doch: Niemand kann damals ahnen, dass gerade dieser erste Weltethos-Redner uns nur drei Jahre später zutiefst enttäuschen würde. Dazu später mehr.

Weltethos an der UNO

Das Jahr 2001 markiert einen dramatischen Höhepunkt in der Wirkungsgeschichte der Weltethos-Thematik. Bereits 1998 war von der Vollversammlung der Vereinten Nationen ein muslimischer Antrag – von Mohammad Khatami, dem damaligen reformorientierten Präsidenten der Islamischen Republik Iran – angenommen worden, 2001 zum »Internationalen Jahr des Dialogs der Kulturen« auszurufen. Einige in der UNO sehen in diesem Projekt nur einen philosophischen Nutzen, nicht aber einen praktischen Wert, andere geradezu einen Luxus angesichts der zu bewältigenden Herausforderungen.

Nicht so der Generalsekretär der Vereinten Nationen und Friedensnobelpreisträger Kofi Annan. Er erkennt in der interkulturellen Verständigung eine Aufgabe von höchster weltpolitischer Dringlichkeit und beruft den erfahrenen UN-Diplomaten Giandomenico Picco zu seinem »persönlichen Beauftragten für den Dialog der Kulturen«. Dieser versammelt in Annans Auftrag eine 20-köpfige »Gruppe herausragender Persönlichkeiten« (»Group of Eminent Persons«) von internationalem Ansehen, persönlicher Glaubwürdigkeit und anerkannter Kompetenz, um ein »Manifest zum Dialog der Kulturen« zu erarbeiten.

Picco ist sehr erfreut, mich im November 1999 nach meiner Ankunft im VIP-Raum des Flughafens von Amman anzutreffen, und so fahren wir gemeinsam zur *Weltkonferenz der Religionen für den Frieden* in die jordanische Hauptstadt. Dort wird mir unerwarteterweise in letzter Minute, wohl auf Betreiben von PRINZ HASSAN, die Ehre der Dinner Speech anlässlich des Eröffnungsabends angetragen. Was ich für ein Plädoyer für das Weltethos nutze. Aber am folgenden Tag hört man wie üblich von allen Seiten gut gemeinte Vorträge für den Frieden, ohne jegliche Selbstkritik und ohne jegliche praktischen Konsequenzen, was ich besonders angesichts des Palästina-Konflikts bedauere.

Nach einem kurzen Zwischenhalt in Tübingen fliege ich am 1. Dezember 1999 nach Kapstadt, um am *Dritten Parlament der Weltreligionen* teilzunehmen. Wichtig für mich ist dort vor allem der öffentliche Dialog mit Professor STEVEN ROCKEFELLER, Sohn des früheren US-Vizepräsidenten Nelson Rockefeller und promovierter Religionsphilosoph, über das Verhältnis von Weltethos und Earth Charter, für deren Abfassung er als Koordinator verantwortlich war. Die Diskussion verläuft lebhaft und konstruktiv: Ich mache deutlich, dass die Weltethos-Erklärung schon im Abschnitt über die Ehrfurcht vor allem Leben die Ökologie als wesentliche Dimension des neuen Paradigmas zur Geltung bringt. Rockefeller seinerseits erläutert, dass sie nach dem Erdgipfel in Rio (1992) sich gedrängt sahen, in die ausgearbeitete Earth Charter auch allgemeine ethische Grundsätze aufzunehmen, vor allem um Wahrhaftigkeit anzumahnen, die sie bei verschiedenen Unterzeichnern des Rio-Abkommens vermisst hatten.

In Kapstadt wird vom Parlament der Weltreligionen ein sehr hilfreiches Dokument unter dem Titel *A Call to our Guiding Institutions* veröffentlicht, welches die Weltethos-Erklärung von 1993 auf die verschiedenen Bereiche des Lebens und der Gesellschaft anwendet. Ich habe auch an den folgenden Parlamenten der Weltreligionen teilgenommen: in Barcelona (2004) und in Melbourne (2009). In Melbourne kann ich das von uns ausgearbeitete Manifest für ein Globales Wirtschaftsethos vorstellen.

Aber wichtiger wird für mich die Mitarbeit in der von Kofi Annan zusammengerufenen Expertengruppe. In diesem Kreis von Männern und Frauen aus allen Kontinenten und unterschiedlichen Bereichen (Wissenschaft, Kultur, Politik ...) ist Deutschland durch RICHARD VON WEIZSÄKKER vertreten, die Schweiz durch mich.[21] Der Altbundespräsident erwirbt sich rasch durch seine überraschende Lockerheit (»just call me Richard!«) und durch seine kluge politische Argumentation die Sympathie und Achtung des Gremiums. Ich kann mich freuen über seine anerkennenden Worte, wie ich doch fähig sei, gleichzeitig mit Chinesen und Arabern wie mit Christen und Säkularen kompetent zu diskutieren.

Unsere Gruppe trifft sich viermal: am 13./14. Dezember 2000 in Wien, am 30./31. Mai 2001 in Dublin, am 5./6. September 2001 zur Schlussredaktion des Manifests in Doha im Emirat Katar, und später zur Vorstellung des Manifests in New York am Sitz der UNO. Nicht ein langweiliges »Expertengutachten« oder ein meist uneinheitlicher »Sammelband« verschiedener Autoren wird von uns erwartet, sondern eine von allen gemeinsam vertretene, realistisch begründete »Vision« in Form eines breit angelegten »Manifests«. Rasch setzt sich die Einsicht durch, dass gemeinsame, kulturübergreifende *Werte Grundlage* sein müssen für Dialog und Verständigung und auch für ein neues Paradigma internationaler Beziehungen. So gipfelt unser Manifest schließlich in einer Darlegung der Notwendigkeit eines gemeinsamen Menschheits- oder Weltethos (»Global Ethic«). Unter dem Gesichtspunkt der »Versöhnung« (gegen den »Zusammenprall der Kulturen«) werden neben der Goldenen Regel und dem Prinzip Menschlichkeit jene »vier unverrückbaren Weisungen« des Parlaments der Weltreligionen in Erinnerung gerufen: Frieden und Gewaltlosigkeit, Gerechtigkeit, Wahrhaftigkeit, Partnerschaft von Mann und Frau. Dieses Manifest mit dem Titel »Crossing the Divide« (deutsch: »Brücken in die Zukunft«, Frankfurt/M. 2001) schließt mit einem Kapitel zum Thema »Von den Vereinten Nationen zu einem Weltethos«.

Beinahe hätte ich am Abend des 4. September 2001 den Flug von München nach Doha in Katar verpasst. Unser Auto bleibt wegen Reparaturarbeiten auf der Autobahn vor dem großen Tunnel der Schwäbischen Alb mehr als eine Stunde im Stau stecken, und nur meinem ausgezeichneten Taxifahrer DZEMAIL TOPUZ (Nachfolger des viel zu früh verstorbenen Schwaben Hans Aichele) habe ich es zu verdanken, dass er mich in toller Fahrt mit bis zu 220 Stundenkilometern durch die Nacht zum Flughafen fährt, wo ich wenige Minuten vor dem Abflug noch einchecken kann.

In Doha, Katars Hauptstadt, werden wir sehr nobel behandelt: schönes Hotel und zugleich Tagungsort direkt am Golf, das Meer sehr warm, allerdings zum Schwimmen nicht erfrischend. Unsere Delegation wird vom Emir Scheich Hamad bin Chalifa al-Thani in seinem modernen wunderbaren weißen Palast empfangen, und auch ich habe Gelegenheit, mit ihm einige Sätze über den Dialog der Religionen zu wechseln. Der relativ liberale Emir hält jedenfalls seine Hand über den auf seinem Territorium stationierten kritischen Nachrichtensender al-Dschasira, beherbergt allerdings auch das Hauptquartier der US-Truppen im Nahen Osten. Am ersten Abend ein Staatsbankett, am zweiten ein Abendessen mit arabischer Folklore und stets liebenswürdigen Gastgebern.

Am Rande der Diskussionen unserer Arbeitsgruppe taucht die Frage auf, ob es eine unverwundbare Nation gebe. Einige halten die USA aufgrund ihrer geographischen Lage und wirtschaftlichen und militärischen Macht für unverwundbar. Ich bin mit anderen der Meinung, dass auch die USA verwundbar seien, denke dabei aber eher an einen möglichen Börsencrash. Ich kann nicht ahnen, was sich fünf Tage später abspielen wird …

Ein Schreckenstag mit weitreichenden Folgen

Schon am 6. September 2001 fliege ich wieder zurück nach Deutschland. Am *11. September* nachmittags sitze ich an meinem Schreibtisch, als man mich voller Schrecken alarmiert, es sei ein Flugzeug in das World Trade Center in New York hineingerast. Ich schalte sofort das Fernsehen ein und erlebe den Absturz des zweiten Flugzeugs mit dem Zusammenbruch der beiden Türme und grauenvollen Szenen in den Straßen. Ein verheerender *Terrorangriff* extremistischer Islamisten auf das World Trade Center und, wie man gleich hört, auch auf das Pentagon! Die Angreifer aber kommen nicht, wie zuerst vermeldet, aus Afghanistan oder gar Iran, sondern zumeist aus Saudi-Arabien. Erst mit der Zeit taucht der Name von *al-Qaida* und ihres Chefs Osama bin Laden auf.

Der 11. September 2001 geht als ein schwarzes Schreckensdatum in die Geschichte der Menschheit ein. Umgekehrt aber zeigt sich bei allen negativen Folgen jetzt erst recht die Notwendigkeit eines interreligiösen Dialogs für Politik und Gesellschaft. Und zugleich macht es vielen Menschen bewusst, dass die einzige Alternative zum bewaffneten Kampf der Dialog zwischen den Kulturen, Religionen und Staaten ist, global, regional und auch lokal.

Wegen der Terroranschläge kommt die UN-Generalversammlung früher und kürzer als vorgesehen zusammen, schon am 8./9. November 2001, um über den Dialog der Kulturen (»Dialogue of Civilizations«)

zu beraten. Auch ich reise wieder nach New York und bin Zeuge der Debatte. Erfreulicherweise sprechen sich alle Delegierte, die sich zu Wort melden, für den Dialog aus. Anwesende Mitglieder unserer Gruppe überreichen Generalsekretär Kofi Annan ein gedrucktes Exemplar unseres Manifests und werden von ihm zum Mittagessen eingeladen. Ich drücke Kofi Annan mein Bedauern darüber aus, dass faktisch das ganze Publikum durch die New Yorker Polizei von der UN-Sitzung ferngehalten wird – aus »Sicherheitsgründen«. Kofi lächelt leise und bemerkt: »Vielleicht wünschen das gewisse Leute auch so!«

Sicherheitshysterie, angeheizt durch den plötzlich kriegslüsternen Präsidenten GEORGE W. BUSH, setzt sich überall durch. Schlimm ist, dass über diese ganze wichtige UN-Debatte in den Medien der USA faktisch nichts berichtet wird. Man bereitet sich offensichtlich auf den Krieg vor, und die Medien machen mit, selbst mein amerikanisches Leibblatt »New York Times/International Herald Tribune«. Die Redaktion entschuldigt sich später sogar bei ihren Lesern, ständig zu einseitig die aggressive und vielfach irreführende Regierungssicht wiedergegeben zu haben.

Am 9. November ist einzelnen Mitgliedern unserer Arbeitsgruppe Gelegenheit gegeben, vor der UN-Generalversammlung ein Statement abzugeben. Für mich als Theologen eine bewegende Erfahrung, vor diesem Weltforum über das zentrale Anliegen zu sprechen, für das ich mich seit Jahren einsetze. Es sei mir gestattet, aus meinem Statement wenige Sätze zu zitieren: »Gerade im Zeitalter der Globalisierung ist ein solch globales Ethos absolut notwendig …: Die Globalisierung braucht ein globales Ethos, nicht als zusätzliche Last, sondern als Grundlage und Hilfe für die Menschen, für die Zivilgesellschaft. …Einige Politologen sagen für das 21. Jahrhundert einen ›Zusammenprall der Kulturen‹ voraus. Dagegen setzen wir unsere andersgeartete Zukunftsvision; nicht einfach ein optimistisches Ideal, sondern eine realistische Hoffnungsvision: Die Religionen und Kulturen der Welt, im Zusammenspiel mit allen Menschen guten Willens, können einen solchen Zusammenprall vermeiden helfen.«[22]

Die Generalversammlung verabschiedet am 9. November 2001 eine Resolution zu einer *»Globalen Agenda für den Dialog der Kulturen«*. Artikel 1 beschreibt den Dialog zwischen Kulturen als einen Prozess, der gegründet ist auf dem »kollektiven Verlangen zu lernen, Voranahmen freizulegen und zu untersuchen und gemeinsamen Sinn und Kernwerte zu entfalten«; Artikel 2 fordert konkret »die Entwicklung von besserem Verstehen auf der Basis gemeinsamer ethischer Standards und universaler menschlicher Werte« (»Dokumentation«, S. 262).

Weltethos auch bei IWF und Weltbank

Eine besondere Ehre ist es für die Stiftung Weltethos, dass sie ihre Ausstellung »Weltreligionen – Weltfrieden – Weltethos« zum Abschluss des Internationalen Jahres des Dialogs der Kulturen 2001 im *UN-Hauptquartier* zeigen darf – angesichts der immensen Sicherheitsvorkehrungen für unseren Generalsekretär Dr. Schlensog eine logistische Herausforderung sondergleichen![23]

Ein Jahr später ist unsere Ausstellung auch beim *Internationalen Währungsfonds* in Washington zu sehen. Die Vorgespräche führe ich schon im Zusammenhang meiner Bucerius Lecture am Deutschen Historischen Institut am 17. April 2002, auf die ich gleich noch eingehen werde. Am Morgen nach der Rede bin ich zum Frühstück eingeladen im Private Dining Room des Chefs des Internationalen Währungsfonds in Washington, Dr. HORST KÖHLER. Als Mitglied des Kuratoriums unserer Stiftung Weltethos kennt er die Ausstellung und erklärt sich zu meiner Überraschung bereit, sie auch beim IWF zu zeigen: eine mutige Entscheidung, sie gerade im Kontext der IWF-Jahreskonferenz zu präsentieren, zu der alle Finanzminister und Notenbankchefs zusammenkommen!

Durch Dr. Köhler kommt auch der Kontakt mit JAMES WOLFENSOHN, dem Präsidenten der Weltbank, zustande. Ich besuche ihn am 19. September 2002, an vielen Sicherheitskontrollen vorbei, in seinem Büro, begleitet von Dr. Schlensog. Wolfensohn zeigt sich höchst erfreut über meinen Besuch. Er habe viel von mir gehört: »Sie haben recht«, sagt er uns, »wir brauchen dringend einige elementare ethische Standards. Als ich vor vielen Jahren aus Australien nach New York kam, sagte ich meinen Leuten in meiner Investmentbank nur zwei Dinge: ›Do not lie, and do not steal‹ – ›Lügen Sie nicht und stehlen Sie nicht‹. Und diese Regel befolgend, wurden wir in kurzer Zeit zu einer der 20 besten Banken der Wall Street.«

Wolfensohn hatte schon 1998, zusammen mit dem Erzbischof von Canterbury, GEORGE CAREY, eine Organisation von Vertretern aus den Religionen und der Wirtschaft gegründet (World Faiths Development Dialogue, WFDD). Und zum großen Erstaunen innerhalb des IWF hatte er eine eigene Beauftragte für Ethik eingesetzt, in der Person von KATHERINE MARSHALL, die nun auch für die Anliegen des Weltethos offen sein soll. Ich treffe Katherine verschiedentlich bei internationalen Zusammenkünften. 2006 verlässt sie den IWF und wird Executive Director des WFDD.

Am 19. September 2002 eröffnen der Chef des Währungsfonds, Horst Köhler, und ich unsere Ausstellung »World Religions – Universal Peace – Global Ethic« in der »IMF Gallery« im Rahmen einer »Opening Reception«. Zur Unterstützung dieser Ausstellung werden zeitgleich die Filme unserer TV-Serie »Spurensuche« gezeigt. Am Abend desselben Tages gibt der Chef des Währungsfonds ein offizielles Dinner für zwei Dutzend geladene Gäste. Für mich besonders interessant sind die Gespräche mit dem deutschen Botschafter Wolfgang Ischinger, den ich schon in seinen Jahren im Auswärtigen Amt schätzen gelernt hatte. Wichtige Informationen über die Lage der USA bekomme ich in der Unterhaltung mit zwei hervorragenden Kennern der politischen Situation: Prof. Norman Birnbaum, berühmter Soziologe und Anthropologe am Georgetown Law Center (auch in Deutschland gut bekannt), und Jura-Professor Robert Drinan, sozial engagierter Jesuit und viermal wiedergewählter Abgeordneter von Massachusetts im US-Kongress, bis er von Johannes Paul II. 1980 (im Jahr meines Missioentzugs) zum Verzicht auf sein politisches Mandat gezwungen wurde.

In Washington führt Stephan Schlensog und mich unser Fußweg vom Hotel Sofitel zum IWF immer am Weißen Haus vorbei. Dabei gehen uns sorgenvolle Gedanken über die US-Politik durch den Kopf. Wird doch in diesen Tagen die neue aggressive »Bush-Doktrin« durch das Dokument »The National Strategy of the USA« offiziell. Doch nun noch einmal, wie versprochen, zur Bucerius Lecture:

Rückfall ins konfrontative Paradigma von Weltpolitik

Die jährliche Bucerius Lecture des Deutschen Historischen Instituts geschieht in Erinnerung an Gerd Bucerius, den Gründer und langjährigen Herausgeber der »Zeit«. Sie findet dieses Jahr am 17. April 2002 im Ballroom des Westin Embassy Row Hotels statt mit der provozierenden Thematik »A New Paradigm in International Relations? Reflections on September 11, 2001«. Darin übe ich – als »Ausländer, aber nicht als Fremder« (»as a foreigner, not a stranger«) – taktvoll, aber ungewohnt deutlich Kritik an der Politik der Bush-Administration in Afghanistan und auch an der israelischen Politik in Palästina. Ich kleide meine Anklage aber in die Form von Wünschbarkeiten (»Opportunities after September 11«) und führe jeden der zwölf Punkte ein mit der Formel: »It could be that …« – »Es könnte ja sein, dass …«). Zum Beispiel: »*Es könnte ja sein*, daß auch die neue amerikanische Administration einsieht, daß wer den

Kampf gegen das Böse in der ganzen Welt meint gewinnen zu können, sich selbstgerecht zum ewigen Krieg verdammt und daß auch eine Supermacht erfolgreiche Politik nur dann betreiben kann, wenn sie nicht selbstherrlich unilateral handelt, sondern echte Partner und Freunde, nicht Satelliten, hat.« Und so weiter.

Zwei oder drei Personen verlassen, offensichtlich verstimmt, den Saal, und ich bin gefasst auf heftige Kritik – stattdessen »Standing Ovations«. Sowohl in der Fragerunde wie beim anschließenden Bankett viel Zustimmung. Bei meinen Gesprächen am Rande kann ich freilich nicht verhehlen, dass ich mich dieses Mal in den Vereinigten Staaten deutlich weniger wohlfühle als früher: bis zum Überdruss auf allen Gebäuden und Autos die »Stars and Stripes« und auf TV-Kanälen wie Fox ständig die Rede von »War, war, war« und die Phantasmagorie eines »American Empire«, das sogar zwei große Kriege gleichzeitig führen könne. Ob sich die USA allmählich vom nationalen Trauma des 11. September 2001 erholen und den Sicherheitswahn überwinden werden?

Ich war und bin überzeugt, der Krieg in Afghanistan war unnötig. Er hinterlässt eine bleibende Instabilität. Die Alliierten sollen zwar nach 13 Jahren 2014 abziehen, aber die Hoffnung, die Taliban, die Kriegsherren und Drogenhändler zu bändigen, ist gering. Nötig sind jedenfalls Verhandlungen mit den afghanischen Stammesfürsten und den gemäßigten Taliban und zugleich ein Arrangement mit den großen Nachbarmächten Pakistan, China und Indien.

Trotz der Warnungen aus der ganzen Welt setzt damals Präsident George W. Bush seine aggressive Interventions- und Kriegspolitik fort; sie wird inspiriert von säkularistisch-jüdischen Neokonservativen (»neocons«) und unterstützt von fundamentalistischen Protestanten (»theocons«). Am 20. März 2003 – wir feiern am Vorabend im Haus meinen 75. Geburtstag – startet er die *Invasion des Irak.* Diese ist auf monströse Lügen gebaut und wird wider internationales Recht und trotz Bushs evangelikalem Pathos auch im Widerspruch zur christlichen Ethik geführt.

Der Krieg lässt den Irak in politischer Instabilität, wirtschaftlicher Notlage, sozialem Elend und religiöser Zersplitterung zurück. Die Lösung kann auch nach dem Abzug der US-Truppen nicht eine ständige amerikanische Präsenz in diesem Land sein, sondern nur die in all den Jahren versäumte Verständigung zwischen Sunniten und Schiiten, zwischen säkularistischen und islamistischen Schiiten und natürlich auch mit den Kurden.

Uns in der Stiftung Weltethos hat vor allem enttäuscht, dass unser erster Weltethos-Redner, Premierminister Tony Blair, sich bei diesem

Irak-Abenteuer als treuester Vasall der Bush-Administration erweist. Ich schreibe Tony Blair am 12. Februar 2003 in einem persönlichen Brief: »Als christlicher Theologe, der seit jeher für eine verantwortliche realistische internationale Politik eintritt (nicht für eine reine ›Realpolitik‹), muss ich Ihnen sagen, dass ich eine Invasion des Irak für absolut unvertretbar halte – ob mit oder ohne Zustimmung des Weltsicherheitsrats. Offen gesagt, konnten Sie selbst Ihr eigenes Volk nicht davon überzeugen … Ich habe Sie, lieber Freund, immer für einen Vertreter des neuen Paradigmas der internationalen Beziehungen gehalten, welches militärische Konfrontation durch wirtschaftlichen Wettbewerb, gegenseitige Verständigung, Versöhnung und Integration ersetzt. Wir sollten den Kampf um Öl, Macht und Hegemonie im Mittleren Osten nicht verkleiden als ›moralische‹ Verpflichtung zum Kampf gegen das Böse und zur Förderung von Freiheit und Demokratie.«

Tony Blair antwortet umgehend mit einem kurzen, aber freundlichen Handschreiben. Für seine Irakpolitik führt er zwei Gründe an: Erstens bildeten Massenvernichtungswaffen in den Händen unstabiler Staaten und internationaler Terrorismus eine echte Bedrohung für unsere Sicherheit. Und zweitens sei SADDAM HUSSEIN ein brutaler Diktator, der keinesfalls auf eine andere Weise abrüsten werde, wir sollten keine Hemmungen haben, ihn abzusetzen. Sein Brief endet mit dem Satz: »Dear Hans, selbst wenn wir nicht einer Meinung sind, versuchen Sie bitte zu verstehen, dass ich aus Überzeugung handle und nicht aus blindem Gehorsam gegenüber den Vereinigten Staaten.« Und der Gruß: »My very best wishes and affection to you. Yours ever, Tony.«

Mit Wehmut denke ich zurück an die schöne persönliche Beziehung, die aufgrund von Tony Blairs Mitwirkung am Irakkrieg Schaden nimmt. Eine Tragödie für einen so begabten und anfangs so glaubwürdigen Politiker. Aber Tony ist zutiefst der Überzeugung, er wisse als Staatsmann besser als das Volk, was für das Volk gut ist: deshalb seine fatalen Fehlentscheide einerseits für den Irakkrieg, andererseits für die weitgehende Deregulierung der Finanzmärkte. Letztlich hat ihn der Irakkrieg das Regierungsamt gekostet und zugleich sein ursprünglich großes Ansehen in der Welt zerstört. Für die neu übernommene Aufgabe als Sondergesandter des Nahost-Quartetts ist er aufgrund seiner Parteilichkeit von vornherein ungeeignet. Wieweit die von ihm gegründete »Tony Blair Faith Foundation« erfolgreich ist, entzieht sich meiner Kenntnis. Bei mir hat auch seine nachträgliche Konversion zur katholischen Kirche ambivalente Gefühle hinterlassen, weil nicht klar war, ob er so umstrittene und von den Anglikanern mit Recht nie akzeptierte

Dogmen wie das der päpstlichen Unfehlbarkeit annahm. Wie das alles enden wird?

In dieser dramatischen Weltlage stellte sich für unsere Stiftung Weltethos mit neuer Dringlichkeit die Frage nach der ethischen Dimension internationaler Beziehungen. Das alte konfrontative Paradigma von Weltpolitik scheint über das neue Paradigma der Verständigung und Kooperation zu triumphieren. Zusammen mit dem bekannten Friedensforscher Dieter Senghaas, Professor für Internationale Politik und für Interkulturelle und Internationale Studien an der Universität Bremen, organisieren wir vom 26. bis 28. September 2002 in Tübingen ein hochkarätiges wissenschaftliches Symposion mit führenden Politikwissenschaftlern, Philosophen und Ethikern unter dem Titel »Friedenspolitik – ethische Grundlagen internationaler Beziehungen«.[24]

Von Dieter Senghaas und anderen kundigen Spezialisten wird zuerst eine Lagebeurteilung der Welt gegeben. Dann wird die Frage einer tragfähigen Weltordnungsstruktur diskutiert, und schließlich konzentrieren sich die Referenten noch auf einige Fallbeispiele aus Afrika und Lateinamerika, wo sich die Konflikte besonders zuspitzen. Ergebnis des Symposions: Es gibt die Möglichkeit einer internationalen, auf gemeinsamen Werten und Maßstäben gegründeten Friedenspolitik, die Krieg als Option der Weltpolitik ausschließen kann. Die Beiträge des Symposions sind veröffentlicht im Band: »Friedenspolitik. Ethische Grundlagen internationaler Beziehungen«, hrsg. von H. Küng und D. Senghaas (München 2003). Ich selber liefere das Einleitungsreferat zur Problemstellung »Weltpolitik und Weltethos«, in welchem ich auch meine vielleicht für manche allzu kühn klingenden Aussagen zum Irakkrieg aus amerikanischen Quellen gründlich belege.

Weltpolitische Themen treten natürlich auch in den folgenden Weltethos-Reden immer wieder in den Vordergrund. Die Zweite Weltethos-Rede hält am 21. Januar 2002 die UN-Hochkommissarin für Menschenrechte, Mary Robinson. Ich hatte sie schon zuvor kennengelernt als Staatspräsidentin von Irland. Sie hält eine glänzende Rede über »Ethik, Menschenrechte und Globalisierung«, die es verdient, im Rahmen der Problematik »Weltrecht – Weltethos« genau studiert zu werden.[25] Ich frage Mary, ob sie es für sinnvoll ansehe, dass ich als nächsten Weltethos-Redner UN-Generalsekretär Kofi Annan einlade und dies auch mit meinem 75. Geburtstag am 19. März 2003 begründe. Sie meinte, dass man oft solche Einladungen gerne annehme, wenn ein persönlicher Anlass dahinter stehe.

Kofi Annan in Tübingen

Am 27. Februar 2002 gibt Bundespräsident JOHANNES RAU im Schloss Bellevue einen Empfang für Kofi Annan, wozu ich eingeladen bin. Ich nütze die Gelegenheit und spreche zuerst mit Kofis liebenswürdiger schwedischer Frau NANE ANNAN über meinen »Geburtstagswunsch«. Sie sagt: »Gehen wir doch zu ihm und fragen ihn direkt.« Kofi Annan zeigt sich über diese Anfrage erfreut und bittet mich, ich möge seinem Büro das genaue Datum mitteilen. Da nehme ich meine Visitenkarte aus der Tasche, auf der ich deutlich »19. März 1928« vermerkt habe. Wir lachen beide, offensichtlich verstehen wir uns.

Am späteren Abend, als sich der Ehrengast zurückgezogen hat, lädt Bundespräsident Rau seinen Vorgänger RICHARD VON WEIZSÄCKER, Altkanzler HELMUT SCHMIDT und mich zu einem »Salongespräch« im engsten Kreis ein. Erstaunlicherweise ist darüber bald eine kurze Glosse in der »Welt am Sonntag« (3. 3. 2002) zu lesen: »Frei von Kameras und Mikrophonen diskutierten die Polit-Senioren leidenschaftlich und engagiert. Bemerkenswerterweise beschäftigten sich die Herren ausschließlich mit aktuellen Themen. Keine Geschichten aus den ›guten alten Zeiten‹.« In der Tat geht es leidenschaftlich vor allem um die Frage, ob deutsche Truppen nach Afghanistan geschickt werden sollten, was Rau und Weizsäcker verteidigen, Schmidt und ich aber ablehnen. Das damals von Helmut Schmidt geprägte prophetische Wort wird vermutlich allen Teilnehmern noch in den Ohren klingen: »Wenn wir deutsche Truppen nach Afghanistan schicken, dann werden die jahrelang, wenn nicht jahrzehntelang nicht mehr wieder herunterkommen.« Trotz des auf 2014 angesetzten Truppenabzugs werden auch danach noch mehrere Tausend Soldaten aus USA, Deutschland und anderen Ländern in Afghanistan bleiben.

Nach der grundsätzlichen Zusage KOFI ANNANS wird die *Dritte Weltethos-Rede* schließlich auf den 30. April 2003 angesetzt. Große Freude in Tübingen. Aber unterdessen hat sich die Lage wegen der durch die Amerikaner und Briten intensiv vorbereiteten Invasion des Irak bedrohlich zugespitzt. Es ist für Kofi, wie er mir später sagt, seine schwierigste Zeit bei der UNO, die von der Bush-Regierung offen missachtet wird. Schließlich kommt ein Telefonanruf aus Kofi Annans Büro in New York, der mich erschreckt: Die Weltethos-Rede kann im April nicht stattfinden! Doch soll sie zu einem späteren Zeitpunkt stattfinden. Schließlich wird Kofi Annans Weltethos-Rede auf den 12. Dezember 2003 angesetzt. Titel: »Gibt es noch universelle Werte?«

Kaum ein Gast ist an unserer Universität so begeistert begrüßt worden wie Kofi Annan. Nach dem Empfang durch Rektor EBERHARD SCHAICH und Oberbürgermeisterin BRIGITTE RUSS-SCHERER und der Eintragung seines Namens in die Goldenen Bücher von Universität und Stadt gehe ich mit ihm zuerst durch die zwei größten überfüllten Hörsäle, in die das Ereignis übertragen wird, bevor wir dann mit dem Rektor auf die Bühne des Festsaals gelangen. Überall stehender Applaus der begeisterten Studenten.

In seiner Rede ruft Kofi Annan mit bewegenden Worten zur Toleranz zwischen den Religionen auf und setzte sich für universelle Werte ein. Bis heute werden immer wieder seine Schlussworte zitiert: »Gibt es noch universelle Werte? Ja, es gibt sie, aber wir dürfen sie nicht für selbstverständlich halten. Sie müssen sorgfältig durchdacht, sie müssen verteidigt, und sie müssen gestärkt werden. – Und wir müssen in uns selbst den Willen finden, nach den Werten zu leben, die wir verkünden – in unserem Privatleben, in unseren lokalen und nationalen Gemeinwesen und in der Welt.«

Die Weltethos-Reden

In der Folge entwickelt sich die alljährliche Weltethos-Rede an der Universität zum großen Ereignis des Jahres, mit einer starken Ausstrahlung auf die Stadt und darüber hinaus. Das liegt natürlich an den Persönlichkeiten, die ich gewinnen kann und die hier alle einen eigenen Kommentar verdient hätten. Aber in unserem Zusammenhang muss ich mich auf eine Auflistung beschränken; die Titel sprechen für sich. Weltethos-Redner nach Tony Blair, Mary Robinson und Kofi Annan sind:

– 1. Dezember 2004: Bundespräsident Prof. Dr. HORST KÖHLER: »Was gehen uns andere an?«
– 20. Oktober 2005: Friedensnobelpreisträgerin Dr. SCHIRIN EBADI (Iran): »Der Beitrag des Islam zu einem Weltethos«
– 10. Mai 2006: Dr. JACQUES ROGGE, Präsident des Internationalen Olympischen Komitees (IOC): »Weltsport und Weltethos«
– 8. Mai 2007: Altbundeskanzler Dr. h.c. HELMUT SCHMIDT: »Das Ethos des Politikers«
– 15. Juni 2009: Friedensnobelpreisträger Erzbischof DESMOND TUTU (Südafrika): »Weltethos und Menschenwürde: eine afrikanische Perspektive«
– 16. Dezember 2010: Minister STEPHEN GREEN, ehemaliger Verwal-

tungsratsvorsitzender von HSBC Holdings PLC: »Globale Wirtschaft – Globale Ethik«

– Und schließlich am 18. April 2012 Prof. CLAUS DIERKSMEIER, der neue Direktor des unterdessen gegründeten Weltethos-Instituts an der Universität Tübingen: »Wie sollen wir wirtschaften? Das Weltethos im Zeichen der Globalität«.

Von fast allen Weltethos-Rednern war schon in den beiden früheren Bänden dieser »Lebenserinnerungen« die Rede gewesen, und von fast jeder Weltethos-Rede ließe sich eine amüsante Szene erzählen:

So, als ich nach meiner Begrüßungsansprache für Horst Köhler im Festsaal der Universität aus Versehen mit meinem eigenen Manuskript das schon auf dem Pult bereitliegende des Bundespräsidenten mitnehme und es ihm, als er Hilfe suchend umherschaut, lachend und zur Erheiterung des Publikums zurückgebe.

Oder als eine mir bekannte Iranerin den Übersetzer der tapferen Teheraner Rechtsanwältin Schirin Ebadi laut korrigiert und ihre Tochter ihr zuzischt: »Still, es müssen nicht alle Leute wissen, dass wir Perserinnen sind.«

Oder als Erzbischof Tutu zur Freude des ganzen Publikums vom Rednerpult wegtänzelt, um seiner Begeisterung für »Ubuntu« (afrikan.: Kern des Seins oder der Persönlichkeit) Ausdruck zu verleihen.

Oder als Helmut Schmidt meine Bemerkung am Anfang meiner Begrüßung, wir hätten uns zum ersten Mal 1981 (im Hause des Bundesbankpräsidenten Dr. Klasen) getroffen, sofort korrigiert: »Nein, das war 1961.« Ich darauf freundlich: »Es war später.« Schmidt: »Ich bin zwar älter als Sie, aber mein Gedächtnis ist besser!« Ich wollte ihm nicht sagen, dass er sich um 20 Jahre getäuscht hatte. So ein kleinlicher Streit um ein Datum hätte die ganze Stimmung verdorben. Das wäre umso peinlicher gewesen, als bei dieser Weltethos-Rede, die am Ende einer Expertentagung des InterAction Council stand, vier ehemalige Regierungschefs in der ersten Reihe saßen: INGVAR CARLSSON (Schweden), MALCOLM FRASER (Australien), ABDEL SALAM MAJALI (Jordanien) und FRANZ VRANITZKY (Österreich).

Mit den Weltethos-Reden haben wir zumeist ein festliches Abendessen in meinem Haus verbunden. Ich habe die Erfahrung gemacht, dass Staatsmänner und Persönlichkeiten des öffentlichen Lebens einem offiziellen Essen meist ein »privates Dinner« vorziehen, wie es mir auch aus Kofi Annans Büro deutlich gesagt wurde. Ich sehe noch heute Kofi Annan am 12. Dezember 2003 mit strahlendem Gesicht auf unsere Terrassentüre zugehen, um den großen Christbaum mit Kerzen im Schnee zu bewundern: »So einen möchte ich in meinem Garten in Genf auch haben.«

Bei solchen Essen kommen natürlich auch sehr ernsthafte Themen zur Sprache. So habe ich zum Beispiel Bundespräsident Köhler schon 2004 zu überzeugen versucht, dass Volksabstimmungen wie in der Schweizer direkten Demokratie durchaus ein belebendes Element auch für die deutsche Politik sein könnten, wo die Bürger zwischen zwei Wahlen vier Jahre lang wenig zu sagen haben. Danach schickte ich ihm sogar das Beispiel einer schweizerischen Orientierungsbroschüre nach Berlin, die jeden Stimmbürger oder Stimmbürgerin vor einer Abstimmung sachlich über die unterschiedlichen Standpunkte informiert.

Aber Sympathie in weiteren Kreisen in Deutschland findet dieses *Modell direkter Demokratie* erst angesichts des katastrophalen Scheiterns der politischen und technischen Eliten an Großprojekten wie der Elbphilharmonie in Hamburg, dem Bahnprojekt »Stuttgart 21« und dem neuen Flughafen Berlin Brandenburg – mit Hunderten von Millionen Euro Kostenüberschreitung, von den über 500 Millionen Euro verschwendeter Steuergelder für die utopische Planung einer Euro-Drohne ganz zu schweigen. Zur gleichen Zeit wird das größte Verkehrsprojekt der Schweiz, der Gotthard-Basistunnel, mit 57 Kilometern der längste Eisenbahntunnel der Welt, gebaut, aber erst nachdem das Projekt durch drei eidgenössische Volksabstimmungen bezüglich Planung, Durchführung und Finanzierung abgesegnet worden war. Der Durchstich wird im Jahre 2013 geschafft, und der Betrieb wird vermutlich im Jahr 2016 aufgenommen werden können. Alles ohne Proteste, vom ganzen Volk mitgetragen. Dass eine Volksabstimmung auch einmal schlecht ausgehen kann – so 2009 die gegen den Bau neuer Minarette, die von Demagogen zur Abwehr der »islamischen Gefahr« hochstilisiert wurde – muss in Kauf genommen werden. Dafür zeigt die 2013 vom Schweizer Volk mit großer Mehrheit (gegen die Empfehlung von Regierung und Parlament) angenommene »Abzocker-Initiative« gegen überhöhte Managergehälter, dass auf diese Weise nicht nur die Wirtschaft, sondern auch Regierung und Parlament in ihre Schranken gewiesen werden können.

Mit der Zehnten Weltethos-Rede 2012 aber schlägt unsere Stiftung eine neue Seite ihrer noch kurzen, aber ereignisreichen Geschichte auf.

Weltethos-Institut an der Universität (Tübingen 2012)

Selbst die Weltethos-Aktivitäten auf höchster Ebene, wie etwa bei der UNO, haben letztlich ihre Basis am Sitz unserer Stiftung in Tübingen. Wenn ich bei der Abfassung dieser Erinnerungen zurückblicke auf die vergangenen 17 Jahre seit Gründung der Stiftung 1995, bin ich immer wieder von oft ungläubigem Staunen und von Dankbarkeit erfüllt. Welche Fülle von Projekten und Aktivitäten in Wissenschaft, Bildungsarbeit, Publikationen, internationaler Kooperation auf den verschiedensten Ebenen konnte in diesen Jahren durchgeführt werden! Und dies mit einem so kleinen, aber eben hochkompetenten und leidenschaftlich engagierten Team: Ute Wanner als Büroleiterin, Anette Stuber-Rousselle, M.A., als Stiftungsassistentin und Betreuerin aller Manuskripte, Julia Willke, M.A., als Koordinatorin für Weltethos und Pädagogik. Im Jahr 2012 habe ich mit Beiträgen von Stephan Schlensog (Generalsekretär) und Günther Gebhardt (Projektkoordinator) ein »*Handbuch Weltethos* – Eine Vision und ihre Umsetzung« verfasst, in dem der geistige Hintergrund des Projekts Weltethos, die unterschiedlichen Begründungen des Weltethos und die verschiedenen Arbeitsbereiche der Stiftung umfassend (samt Weltethos-Dokumenten und Trägern des Projekts) dargestellt werden. Auch die Website der Stiftung (www.weltethos.org) und die ausführlichen Jahresberichte informieren zuverlässig darüber.

Es würde den Rahmen dieser Erinnerungen sprengen, auf allzu viele Projekte der Stiftung im Detail einzugehen. *Eine* Entwicklung will ich aber hier genauer beschreiben, weil sie für mich als Universitätsprofessor eine besondere Freude und Befriedigung darstellt: das *Weltethos-Institut an der Universität Tübingen*, das im April 2012 seine Arbeit aufgenommen hat.

Am 16. Juli 2000 bin ich zusammen mit Marianne Saur von Karl und Brigitte Schlecht zum Mittagessen im Gasthaus Hirsch zu Bebenhausen bei Tübingen eingeladen. Karl Schlecht – von ihm war schon die Rede – ist ein genialer Ingenieur, der aus kleinsten Anfängen die Firma Putzmeister in Aichtal bei Stuttgart zum Weltmarktführer in der Produktion von Betonpumpen entwickelt hat. Aus württembergisch-pietistischer Familie stammend, interessiert er sich nicht nur für das Projekt Weltethos (das tun viele), sondern setzt sich auch tatkräftig für das Projekt ein, und zwar auch finanziell. Ohne ihn hätten wir die späteren Weltethos-Reden nicht so leicht finanzieren können, ohne seine erheblichen Spenden über viele Jahre hätte die Stiftung Weltethos auch ihren laufenden Betrieb nicht so gut aufrechterhalten können. Wir sprechen in diesen Jahren immer wieder über die Entwicklung und Finanzierung des Weltethos-Projekts.

Unsere Gespräche konzentrieren sich zunehmend auf die Gründung eines Weltethos-Instituts an der Universität Tübingen (An-Institut), um so der Stiftung Weltethos durch eine feste Einbindung in den akademischen Kontext Nachhaltigkeit zu verleihen. Ich stelle mich indes auf den Standpunkt, dass die Stiftung keine solche Initiative starten könne ohne die Garantie einer dauerhaften finanziellen Basis. Und da fasst Karl Schlecht nun nach längerem Zögern seinen großen Entschluss: Nach einem kurzfristig angesetzten Treffen mit Universitätsrektor Bernd Engler und mir in meinem Haus am 31. Januar 2011 teilt er tags darauf in einem Brief dem Rektor und mir mit, er sei bereit, für die Einrichtung eines Weltethos-Instituts an der Universität eine Million Euro jährlich langfristig zur Verfügung zu stellen. Großartig!

Im Jahr 2012 geschieht, wie berichtet, ein weiterer entscheidender Schritt: Karl Schlecht kann seinen ganzen Konzern unter sehr guten Bedingungen an den chinesischen Wettbewerber Liang Wengen (SANY) verkaufen und verfügt jetzt über ein Millionenvermögen, von dem er 300 Millionen Euro in seine gemeinnützige Stiftung einbringt. Das macht es uns möglich, an der Universität Tübingen das geplante Weltethos-Institut offiziell zu gründen und sogar an die Errichtung eines ähnlichen Instituts an der Peking-Universität (Beida) zu denken. Im vorausgehenden Kapitel IX habe ich über die Institutsgründung in Peking ausführlich berichtet.

Verständlicherweise ist die Begeisterung in unserer Stiftung und bei der Universität groß: Mit einem von der Stiftung getragenen Institut in Tübingen würden sich für das Projekt Weltethos ganz neue Möglichkeiten im akademischen Bereich eröffnen! Aufgrund der engagierten Unterstützung durch die Universitätsleitung kann die Gründungsurkunde des Instituts bereits am 14. April 2011 unterzeichnet werden. Man konnte sich schließlich in mehreren Verhandlungen auch auf die Zusammensetzung des sechsköpfigen Institutsbeirats, des Lenkungsgremiums des Instituts, einigen. Ihm gehören im Jahr 2012 an: als Vertreter der Universität Tübingen Rektor Prof. Bernd Engler und Prorektor Prof. Heinz-Dieter Assmann; als Vertreter der Stiftung Weltethos Prof. Hans Küng und Dr. Stephan Schlensog; als Vertreter der Karl Schlecht Gemeinnützigen Stiftung Prof. h.c. Karl Schlecht und Ernst Susanek (Zeppelin Universität Friedrichshafen).

Das neue Weltethos-Institut/Global Ethic Institute möchte in der heutigen globalisierten Welt ethische und interkulturelle Kompetenz praxisnah vermitteln. Sowohl für Studierende wie für Praktiker verschiedenster Disziplinen sind diese Schlüsselkompetenzen grundlegend. Zweck des Weltethos-Instituts (WEIT) ist nach seiner Satzung »die Grundlagenforschung und Lehre zur wissenschaftlichen Fundierung der Idee eines Weltethos in der Gesellschaft und globalen Wirtschaft im Sinne der Förderung eines Dialogs der Religionen und Kulturen gemäß den Arbeitsfeldern der Stiftung«.

Dazu sollen die am Institut Tätigen neben ihrer Forschungstätigkeit möglichst innovative Beiträge zum Lehrangebot der Universität Tübingen leisten: mit einschlägigen Lehrveranstaltungen und Studiengängen, mit Veranstaltungen der wissenschaftlichen und allgemeinen Weiterbildung sowie im Studium generale. Zudem sollen nationale und internationale Wissenschaftler und Praktiker jeweils ergänzend für begrenzte Zeit am Institut forschen und lehren und so zu einem möglichst breit gefächerten und vielschichtigen Angebot des Instituts beitragen.

Ein erster inhaltlicher Schwerpunkt dieses Instituts ist der Fundierung und Konkretisierung eines *Globalen Wirtschaftsethos* gewidmet. Dafür ist 2012 zunächst eine Professur für Globales Wirtschaftsethos eingerichtet worden. Nach der öffentlichen Ausschreibung und dem Bewerbungsverfahren berief der Beirat im Dezember 2011 unter 31 Bewerbern und Bewerberinnen den Wirtschaftsphilosophen Prof. Claus Dierksmeier (zuletzt Boston/USA) auf diese Stelle. Ich bin froh, dass dieser dynamische, ideenreiche und hoch qualifizierte Wissenschaftler nun als Direktor des Instituts systematisch an der Umsetzung der Weltethos-Idee im Bereich der Wirtschaft arbeitet. Er soll neben umfassender Forschung und Lehre zu globalen wirtschaftsethischen Fragen und zur Unternehmensethik auch praxistaugliche Konzepte zur Implementierung eines Globalen Wirtschaftsethos entwickeln. Dabei wird eine Zusammenarbeit besonders mit Wirtschaftswissenschaftlern, aber auch mit Unternehmen angestrebt. Ziel ist es, Studierende, die einmal selber Entscheidungsträger in Unternehmen, Wirtschaft und in der Gesellschaft überhaupt werden, für ethische Fragen zu sensibilisieren und auf ihren späteren Berufsalltag praxisnah vorzubereiten. Claus Dierksmeier wird unterstützt von Dr. Christopher Gohl (wissenschaftlicher Assistent) sowie von Dr. Stephan Schlensog als Geschäftsführer und im Lehrbereich; durch ihn soll die enge Verzahnung von Instituts- und Stiftungsarbeit gewährleistet sein.

Programmatische Grundlage dieses ersten Arbeitsschwerpunkts ist das von der Stiftung Weltethos erarbeitete *Manifest »Globales Wirtschaftsethos – Konsequenzen für die Weltwirtschaft«* (www.globaleconomicethic.

org). Neben den Arbeiten zum Globalen Wirtschaftsethos sollen im Weltethos-Institut im Laufe der Zeit noch weitere Arbeitsfelder gemäß der Programmatik der Stiftung Weltethos entstehen. Geplant ist beispielsweise eine Dozentur für interkulturelle Pädagogik.

Für das Institut konnte Dr. Schlensog hervorragend geeignete Räumlichkeiten im Herzen Tübingens, an der Grenze von Altstadt und Universitätsviertel (Hintere Grabenstraße 26), anmieten und leitete mit dem Architekten GERD-RÜDIGER PANZER in kompetenter Weise deren Umbau und Einrichtung. Die offizielle Eröffnung am 18. April 2012, am Tag der Zehnten Weltethos-Rede im Festsaal der Universität Tübingen, gehalten vom neuen Institutsdirektor Claus Dierksmeier, ist für mich ein Moment festlicher Freude. Dies auch deshalb, weil ich bei diesem Anlass meinen Nachfolger als Präsident der Stiftung Weltethos der Öffentlichkeit vorstellen kann: den früheren deutschen Bundespräsidenten Prof. HORST KÖHLER. Im Saal anwesend, wird er vom überraschten Publikum mit lang anhaltendem Beifall begrüßt. Sein Amt soll er offiziell mit meinem 85. Geburtstag am 19. März 2013 antreten. So war es wenigstens geplant, doch sollte es anders kommen.

Die Sorge um meine Nachfolge ist nur die letzte der ungezählten großen und kleinen Sorgen und Probleme, mit denen ich mich neben meiner wissenschaftlichen Tätigkeit Tag für Tag auseinandersetzen muss. Denn neben allen neuen Aufgaben seit den 1980er- und 1990er-Jahren habe ich mein leidenschaftliches Engagement für Kirchenreform und Ökumene nie vernachlässigt. Davon erzähle ich im großen historischen Kontext im nächsten Kapitel.

XI. Dauerproblem Kirchenreform

»Die Kirche, die in ihrem eigenen Schoß auch Sünder umfasst, ist zugleich heilig und stets der Reinigung bedürftig, sie geht immerfort den Weg der Buße und Erneuerung.«

Zweites Vatikanisches Konzil, Konstitution über die Kirche, Art. 8

Weltprobleme und Kirchenprobleme gehören für mich zusammen. Selbstverständlich weiß ich, dass die Weltprobleme viel bedrückender sind als die Kirchenprobleme, die Weltökumene bedeutsamer als nur die Kirchenökumene, der Weltfriede noch viel dringender als der Kirchenfriede. Aber zugleich bin ich entschieden der Überzeugung: Kirchliche Vorschläge für eine Lösung der großen Weltprobleme sind nicht überzeugend, solange die Lösungen der großen Kirchenprobleme ausgeklammert werden. Das Engagement der Kirche für die Weltökumene ist nicht glaubwürdig, wenn die Ökumene der Kirchen und Religionen nicht einbezogen wird. Der Einsatz der Kirchen für den Weltfrieden ist nicht ehrlich, auch nicht effizient, wenn der mangelnde Kirchenfriede immer wieder Ursache so vieler Spannungen und Spaltungen unter den Völkern bleibt.

Weltprobleme und Kirchenprobleme

Gerade 1990, da überall auf der Welt eine tiefe Friedenssehnsucht durchgebrochen ist, wo in einem versteinerten Machtsystem wie dem Ostblock ein völlig unerwartetes Bewusstsein von politischer Freiheit, Menschenrechten, Demokratie, Pluralismus aufgebrochen ist, im Zeitalter von Perestroika und Glasnost sollte doch die Kirche mit Reformen in ihrem eigenen Inneren vorangehen, die mit dem Zweiten Vatikanischen Konzil (1962–65) so hoffnungsvoll begonnen hatten.

Aber ich weiß: Anders als in der Konzilszeit bläst uns reformorientierten katholischen Christen der amtskirchliche Wind scharf ins Gesicht. Der Papst aus Polen, ein Mediensuperstar und Reformblockierer, will keine innere Erneuerung (»innovatio«) und keine ökumenische Initiative, sondern eine *römisch-katholische Restauration*. Er macht »Pilgerreisen« in alle Welt und predigt überall Freiheit der Kirche und Menschenrechte, aber im Inneren der Kirche unterdrückt er diese Freiheit, respektiert nicht die Menschenrechte; er verbietet Pille und Kondome und profiliert das Römisch-Katholische wieder auf Kosten der anderen Kirchen.

Für mich hat dies freilich auch eine positive Folge: Meine theologische Arbeit, welche die Forderungen, Anliegen, Wünsche ungezählter Christen aufgenommen hat, wird in den 1990er-Jahren im Licht des hoffnungslos restaurativen Kurses sehr viel besser als in früheren Jahren verstanden. Zahllose Katholiken realisieren jetzt, dass die gegenwärtige römische Politik sich auf Kurs in die Vergangenheit befindet und der Kapitän dabei ist, das Schiff in gefährliche Wasser zu steuern. Hatte ich vor einem Jahrzehnt bisweilen das Gefühl, mit meiner frühen Kritik am Pontifikat Johannes Pauls II. beinahe allein zu stehen (und dafür auch allein mit dem Entzug meiner kirchlichen Lehrbefugnis einen Preis zu bezahlen), so ist die Enttäuschung über den gegenwärtigen Kurs je länger desto mehr verbreitet.

Dies signalisiert die 1989 unter großem Medienecho veröffentlichte »Kölner Erklärung«, von meinen katholischen Tübinger Kollegen Norbert Greinacher und Dietmar Mieth initiiert und von 162 katholischen Theologieprofessoren des deutschsprachigen Raumes unterzeichnet. Unter dem Titel »Wider die Entmündigung – Für eine offene Katholizität« wird eine detaillierte Kritik veröffentlicht: in erster Linie an den neueren römischen restaurativen Bischofsernennungen auf der ganzen Welt, aber auch an der Praxis der Besetzung von Theologieprofessuren und der Erteilung der kirchlichen Lehrerlaubnis und schließlich an der unzulässigen Ausweitung der lehramtlichen Kompetenz des Papstes. Diese »Kölner Erklärung« von 1989 reiht sich würdig an die von mir initiierten Erklärungen »Für Freiheit der Theologie« (1968) und »Wider die Resignation« (1972).

Das Vertrauenskapital

Ich persönlich empfinde es als ein Zeichen der Zeit, dass mich jetzt, ein Jahrzehnt nach dem Entzug der kirchlichen Lehrbefugnis, der katholische Benziger Verlag drängt, meine kleineren *Schriften zur Reform der Kirche*, die ich in den letzten zwei Jahrzehnten veröffentlicht hatte, in einem Buch herauszugeben. Titel: *»Die Hoffnung bewahren«* (Zürich 1990). Natürlich fragt man mich und frage ich mich immer wieder, ob ich mich als einzelner Theologe mit meinem wachsenden Engagement innerhalb und außerhalb der katholischen Kirche nicht übernehme. Was kann ich schon als Kapital einsetzen in all diesen Auseinandersetzungen, wenn ich nicht über das Finanzkapital eines Unternehmers oder Managers oder das Machtkapital eines Politikers oder Kirchenfürsten verfüge? Im Grunde besitze ich als Theologe nur ein *Kapital des Vertrauens*, das ich mir im Lauf der Jahrzehnte durch mühevollen Einsatz erworben habe, aber auch immer wieder neu erwerben muss. Dafür scheint mir ein dreifaches Bemühen wichtig zu sein, wie ich es in der Einleitung zu jenen »Schriften zur Reform der Kirche« 1990 programmatisch formuliere.

Erfordert ist *erstens* das Bemühen um *christliche Radikalität*: Meine Aussagen zur Reform der Kirche gründen sich nicht in der Anpassung an einen »Zeitgeist« oder nur auf soziologischen und praktischen Erwägungen, sondern in der christlichen Ur-Kunde selber. Meine Reformforderungen, die man bisweilen »radikal« nennt, sind kein ideologischer Radikalismus, haben vielmehr ihre »Radix«, ihre Wurzel, im Evangelium Jesu Christi. Sie werden gestützt durch die große gemeinsame katholische Tradition vor allem des ersten Jahrtausends und formuliert im Blick auf die Nöte und Hoffnungen der Menschen von heute.

Erfordert ist *zweitens* ein Bemühen um *Konstanz*: Ohne Wanken und Schwanken, ohne Rücksicht auf Opportunität, ohne Konzessionen an kirchliche Hoftheologie und unter Verzicht auf einen katholischen Verlag lege ich eine Konzeption von Kirche vor, welche die Grundimpulse des Zweiten Vatikanischen Konzils aufgenommen hat und welche ich durch zwei Jahrzehnte hindurch systematisch durchdacht und auf die Praxis hin konkretisiert habe. Alle diese Reformforderungen kommen also nicht aus einem innerkirchlichen Enthusiasmus oder hyperkritischen Extremismus. Sie sind realistisch und konstruktiv formuliert im Blick auf das jetzt schon innerkirchlich Mögliche.

Und erfordert ist *drittens* das Bemühen um *Kohärenz*: Meine einzelnen Reformforderungen stehen nicht für sich und isoliert. Sie sind Teil einer geschlossenen und zugleich offenen Gesamtkonzeption. Fragen wie Zölibat, Frauenordination oder Mitentscheidung von Laien in der Kirche sind keine beliebigen Detailfragen. Vielmehr sind sie Ausdruck eines in sich kohärenten ekklesiologischen Entwurfs, der, auf das Evangelium konzentriert, den vom Vatikanum II für die katholische Kirche eingeleiteten Wandel der Gesamtkonstellation (Paradigmenwechsel) – weg von Mittelalter, Gegenreformation und Antimodernismus – in Richtung auf eine nachmoderne Zeit konkretisiert.

Dieses meinem Mentor im Päpstlichen Collegium Germanicum, P. WILHELM KLEIN SJ, zu seinem 100. Geburtstag gewidmete Buch »Die

Hoffnung bewahren« umfasst vier bei aller Kritik konstruktive, konkrete Teile: A. In der Kirche bleiben, B. Polarisierungen überwinden, C. Probleme lösen und D. Auf die Zukunft setzen. Sie sind bis heute aktuell geblieben. Denn die Kirchenreform ist ein *Dauerproblem*! Schon vorher hatte ich zusammen mit meinem Kollegen und Freund NORBERT GREINACHER einen kritischen Sammelband *»Katholische Kirche – wohin? Wider den Verrat am Konzil«* (München 1986) herausgegeben, in dem eine ganze Reihe von Theologen Stellung nehmen zur Stagnation und reaktionären Haltung der Kirchenleitung, zur Restauration und Inquisition in der Theologie, mit ganzen Kapiteln über typische Vorgänge und exemplarische Fälle.[1] Dazu schrieb ich die Einleitung »Zur Lage der katholischen Kirche. Oder: Warum ein solches Buch nötig ist« und füge auch meinen schon 1985 in »Die Zeit« veröffentlichten großen Aufsatz ein über »Kardinal Ratzinger, Papst Wojtyła und die Angst vor der Freiheit. Nach langem Schweigen ein offenes Wort« (Titel von der Redaktion).

Aber selbstverständlich geht es mir nicht nur um Fragen der praktischen Reform, sondern auch zentral um Fragen des christlichen Glaubens. Und es ist geradezu ein Testfall für jede Theologie, ob sie fähig ist, die Artikel des traditionellen Glaubensbekenntnisses für heute zu erklären.

Das Credo – Zeitgenossen erklärt

Das war schon ein kühnes Wagnis, für das Studium generale einer säkularen Universität im Sommersemester 1991 als Thema schlicht »CREDO. Das Apostolische Glaubensbekenntnis – für heute erklärt« auf unseren Plakaten anzukündigen. Und dies für den größten Hörsaal mit rund 600 Plätzen.

Natürlich habe ich mich gefragt: Wie viele Menschen interessieren sich überhaupt noch für das traditionelle christliche Glaubensbekenntnis? Viele nennen sich religiös, doch nicht christlich, viele christlich, doch nicht kirchlich. Aber gerade meine Auseinandersetzungen mit dem römischen Lehramt um einzelne traditionelle Glaubensaussagen erregten ja auch über die Kirchenmauern hinaus Aufmerksamkeit. Sie zeigten, wie wenig »erledigt« manche uralten Grundfragen des christlichen Glaubensbekenntnisses sind. Gestritten wird ja nun in aller Öffentlichkeit um das Verständnis von Schlüsselaussagen wie »Geboren aus der Jungfrau Maria. Hinabgestiegen in die Hölle/das Reich der Toten. Auferstanden von den Toten. Aufgefahren in den Himmel«. Und mit allen Mitteln versucht man noch heute vielfach den Kindern zuerst ein wörtliches Verständnis dieser Glaubensartikel beizubringen.

Erfreulicherweise kann heute jedoch niemand mehr zum Glauben gezwungen werden. Doch viele Zeitgenossen möchten gerne glauben, aber so wie man im Altertum, im Mittelalter oder in der Reformationszeit glaubte, können sie es nicht. Zu viel hat sich verändert in der Gesamtkonstellation unserer Zeit. Zu vieles im christlichen Glauben erscheint fremd, scheint gültigen Einsichten der Natur- und Humanwissenschaften, aber auch den humanen Impulsen unserer Zeit zu widersprechen.

Ich kann mich in meiner Neuinterpretation auf Papst JOHANNES XXIII. berufen, der 1962 in seiner berühmten Eröffnungsansprache den »springenden Punkt« des Konzils nannte, um den es auch mir geht: Es gehe nicht um »die Diskussion dieses oder jenes Grundartikels der Lehre der Kirche in weitschweifiger Wiederholung der Lehre der Väter sowie der alten und modernen Theologen, welche man unserem Geist immer gegenwärtig und vertraut voraussetzen darf«. Sondern es gehe um »einen *Sprung voran*, hin auf eine Lehrdurchdringung und eine Bildung der Gewissen, gewiss in einer vollkommeneren Entsprechung und Treue zur echten Lehre, doch diese studiert und dargelegt in den Formen der Forschung und literarischen Formulierung eines modernen Denkens«.

Was also will ich mit diesen Vorlesungen? Sicher nicht eine möglichst »originelle«, persönlich-willkürliche, vielmehr eine auf der Basis der Schrift formulierte Auslegung der in diesem »Credo« gebündelten christlichen Glaubensartikel geben, wie sie im Verlauf der ersten vier oder fünf Jahrhunderte sukzessive festgelegt wurden. Zugleich aber auch nicht eine steril dogmatische oder esoterische, sondern eine die Fragen der Zeitgenossen ernst nehmende Interpretation, die sogar Nicht-Glaubenden verständlich sein sollte. Jedenfalls will ich in unbedingter intellektueller Redlichkeit alle Artikel des »Apostolisch« genannten Glaubensbekenntnisses am Evangelium, das heißt an der ursprünglichen christlichen Botschaft, messen, und zwar – dies ist nun entscheidend – wie sie heute *mit den Mitteln historisch-kritischer Forschung* dargelegt werden kann.

Und genau an diesem Punkt scheiden sich die Geister, unterscheiden sich auch meine Interpretation und die von JOSEPH RATZINGER. Er hatte sich schon als Tübinger Professor in seiner »Einführung ins Christentum« (1967) zwar zur historisch-kritischen Bibelforschung bekannt, aber sie überall dort vernachlässigt, wo das Dogma infrage gestellt wird. Während ich schon im Buch »Christ sein« (1974) meine Christologie »von unten« ausführlich entwickelt hatte, hat Joseph Ratzinger auch die langen Jahre in Regensburg und in Rom nicht genutzt, um seine Monographie über

Jesus zu veröffentlichen. Erst als Papst hat er dann sein früheres Material aufgearbeitet und es in drei Bänden vorgestellt. Doch erst im dritten Band (2012) behandelt er die umstrittenen Glaubensartikel und zeigt dabei, dass er in den Jahren nicht nur nichts dazugelernt, vielmehr die früher noch entwickelten Ansätze historischer Kritik völlig verabschiedet hat. Alles was über die Kindheit Jesu in den beiden Evangelien von Mattäus und Lukas berichtet wird, ordnet er nicht historisch ein, sondern nimmt er wörtlich. Der katholische Tübinger Neutestamentler Michael Theobald stellt resigniert fest: »Alles, was die Exegese im letzten Jahrhundert mit so großer Sorgfalt zu den biblisch und frühjüdisch geprägten Gattungen dieser Texte erarbeitet hat, schiebt Benedikt als angebliche Hyperkritik souverän beiseite.«[2]

Man vergleiche nur meine historisch-kritische Interpretation zur *Jungfrauengeburt* mit der von Ratzinger. Für mich handelt es sich wie für die Mehrzahl heutiger Exegesen um eine fromme Legende aus der zweiten oder dritten Christengeneration. Mich aber hat es erschreckt zu sehen, wie er noch im Jahr 2012 die zahlreichen zeitgenössischen Parallelen zur Jungfrauengeburt in der ägyptisch-griechisch-hellenistischen Mythologie nicht ernst nimmt und auch nicht das Fehlen einer Kindheitsgeschichte bei Markus, Paulus und Johannes, die sich durchaus zu Jesus dem Messias, Christus oder Gottessohn bekennen, auch wenn sie nichts von der Jungfrauengeburt wissen. Es muss doch für Zeitgenossen befreiend sein zu wissen: Der Christus-Glaube steht und fällt keineswegs mit dem Bekenntnis zur biologischen Jungfrauengeburt! In seiner Tübinger Zeit hatte es Joseph Ratzinger noch als durchaus mit dem Glauben vereinbar angesehen, dass Josef der biologische Vater Jesu war. Aber dann ging Ratzinger den »Weg der Regression«: »Den Weg zurück zum Kinderglauben, der dann auch gegen alle wissenschaftliche Evidenz Erzählungen wörtlich nimmt, anstatt nach deren inhaltlicher Sinnspitze zu fragen. Ein Weg der Einpanzerung, der alles Kritische, der alle Anfragen der Vernunft als Diktatur des Relativismus denunziert. Ratzinger hat an der entscheidenden Stelle der Mut verlassen. Und sich gegen die Vernunft entschieden, die er so gern mit dem Glauben versöhnen wollte« (Wolfgang Bergmann, »Der Standard«, Wien 12. 3. 2013).

Für mich war meine ganze Vorlesungsreihe über das Credo ein Beweis dafür, dass eine schriftbezogene und zeitgemäße Theologie auch heute noch bei den Menschen Anklang findet. Auch bei dieser Vorlesung war mein Hörsaal voll. Und so war es auch in München an der Katholischen Akademie von Bayern, als ich am 10. Oktober 1992 in drei Vorträgen das Glaubensbekenntnis erkläre und anschließend der Eucharistiefeier vorstehe. Es gibt tosenden Beifall, als der angesehene Münchner Theologe Professor HEINRICH FRIES eine »Wiedergutmachung« im Fall Hans Küng mit den Worten fordert: »Ist die katholische Kirche so eng, dass sie einen Mann wie Küng nicht ertragen kann, oder ist sie so reich, dass sie auf ihn verzichten kann?« Fries nannte mich einen »Hoffnungsträger«, weil ich trotz meiner Verurteilung durch die Kirche nicht resigniert hätte.

Doch nicht alle katholischen Theologen denken so. Anlässlich meines 65. Geburtstages habe ich die Katholisch-Theologische Fakultät am 17. Mai 1993 zur Versöhnung zu einem festlichen Abendessen in mein Haus eingeladen. Bei dieser Gelegenheit hat mir Prof. PETER HÜNERMANN den von ihm herausgegebenen, über zwei Kilogramm wiegenden »Denzinger« in der 37. Auflage, das »Kompendium der Glaubensbekenntnisse und kirchlichen Lehrentscheidungen«, mit der Widmung »in freundschaftlicher Verbundenheit« überreicht. Das habe ich mit gemischten Gefühlen aufgenommen, denn unter Dokumentnummer 4530 ist nun auch die gegen mich gerichtete Erklärung der Glaubenskongregation »Mysterium fidei« vom 24. Juni 1973 in vollem Wortlaut abgedruckt. Andererseits wurde vom Herausgeber der heute peinliche »Dictatus Papae« Gregors VII. glatt unterschlagen. Auf die Problematik dieses »Denzinger« und der ihr folgenden »Denzinger-Theologie« habe ich schon früh (vgl. Bd. 1, Kap. VI: Ein Streit um Dogmen) aufmerksam gemacht. Dass sich dann Hünermann und ein anderer Kollege als Einzige öffentlich von der Forderung der Fakultät nach meiner Rehabilitierung durch die römischen Autoritäten distanziert haben, passt zu diesem Bild, auch dass er sich in einer späteren Periode – mit wenig überzeugenden Argumenten – als Reformer auch der Glaubenskongregation zu profilieren versucht.

»Themen eines Lebens«

Am Ende des Wintersemesters 1995/96 erreiche ich nun mit 68 Jahren die Grenze zur Emeritierung. Das soll gebührend gefeiert werden. In diesem Semester halte ich selber im Studium generale meine letzten Vorlesungen als Inhaber des Lehrstuhls für Ökumenische Theologie, der ad personam geschaffen wurde und traurigerweise jetzt nicht wiederbesetzt wird. Meine Vorlesungsreihe im Studium generale gilt »Themen eines Lebens. Theologie auf der Schwelle zum dritten Jahrtausend«: Worauf menschliche Existenz sich gründet – Die unausweichliche Frage nach Gott – Orientierung an Jesus Christus – Kirche, Konzil und Reform – Die mögliche Einheit der Christenheit. Die Abschiedsvorlesung war schließlich dem Frieden zwischen den Religionen gewidmet. Meine engsten Freunde würdigen in den folgenden beiden Vorlesungen meine Theologie: KARL-JOSEF KUSCHEL spricht am 5. Februar 1996 über »Theologie in Freiheit«, WALTER JENS am 12. Februar »Zum Abschied«. Besonders freute ich mich über folgende Passage des großen Rhetors: »Studierte und Unstudierte in gleicher Weise belehrend, hat Hans Küng ein Kunststück fertig gebracht, das selbst Schiller – und der, weiß Gott, beherrschte perfekt wie kaum ein anderer, mit Ausnahme Luthers und Lessings natürlich, die Kunst der zu Herzen gehenden Rede – dröhnend beklatscht hätte, wäre er im Tübinger Hörsaal Hans Küng am Montagabend begegnet …«

Im Anschluss an die Vorlesung von Jens verleiht Universitätsrektor HANS-WERNER LUDWIG Walter Jens und mir die Universitätsmedaille in Silber – begleitet von unbeschreiblichem Jubel des großen Auditoriums. Die Vorlesungen von Kuschel und Jens und meine Abschiedsvorlesung werden von den beiden in einem kleinen Buch »Dialog mit Hans Küng« (1996) veröffentlicht.

So war ich denn 36 Jahre ordentlicher Professor an der Universität Tübingen, und ich war es mit Leidenschaft. Durch den Entzug der kirchlichen Lehrbefugnis war ich von vielen administrativen und bürokratischen Aufgaben befreit worden und hatte mein akademisches Programm ganz nach meinem Willen und meinen Interessen einrichten können. Es war eine privilegierte Stellung, wie sie kein anderer an der Universität innehatte. Und ich habe sie auch genutzt, um an der Universität all das zu schaffen, worüber der umfassende Tätigkeitsbericht des Instituts für Ökumenische Forschung Auskunft gibt: »Drei Jahrzehnte Lehre und Forschung für die Ökumene 1964–1996«.

Was mir freilich den Abschied vom Lehrstuhl wesentlich erleichterte, war die im Herbst 1995 erfolgte Gründung der Stiftung Weltethos, von der im Kapitel X ausführlich berichtet wurde. Das wichtigste war mir, dass ich meine hochkompetenten Mitarbeiterinnen und Mitarbeiter behalten konnte, sodass in meiner Tätigkeit praktisch kein Bruch eingetreten ist.

Der todkranke Johannes Paul II. – Symbol einer altersschwachen Kirche

Die Lage der katholischen Kirche zu Beginn des 3. Jahrtausends ist ernst. Der Papst stirbt. Aber die Kirche soll leben. Doch sie bedarf – im Hinblick auf die Papstwahl – einer Diagnose, einer ungeschönten Insider-Analyse. Über die Therapie wird später zu reden sein.

Johannes Paul II.: Er ist in seinen letzten Jahren ein höchst gebrechlicher, teils gelähmter, trotz aller Medikamente kaum noch sprechfähiger Papst. Er leidet an der langsam wirkenden, zerstörerischen Parkinsonkrankheit. Manche bewundern seine Durchhaltekraft, die sie bei einem kranken US-Präsidenten oder deutschen Bundeskanzler nie bewundern würden. Andere fühlen sich abgestoßen von einem eigensinnigen Amtsträger, der, statt sich christlich in seine Endlichkeit zu fügen und das Amt für einen Nachfolger frei zu machen, sich in einem notorisch undemokratischen System mit allen Mitteln an die Macht klammert und einen Großteil der Arbeit seinem polnischen Sekretär Stanisław Dziwisz überlässt.

Denn *um die Macht geht es*, natürlich hinter dem sakralen Szenario – für den Papst persönlich wie für die realen Machthaber um ihn herum. Das sollte man bei allem Mitleid nicht fromm bemänteln. Tagtäglich gehen ja aus der römischen Zentrale Personalernennungen, Dekrete, Weisungen, Verurteilungen, Rechnungen in alle Welt, die das autoritäre System absichern und die gegenwärtige Machtkonstellation auch für die Zukunft garantieren wollen.

Nüchtern betrachtet: Auch für viele Katholiken ist dieser ans Ende seiner Kräfte gekommene Papst, der seine Macht nicht abgibt, obwohl er es könnte und sollte, das *Symbol einer »Potemkinschen« Kirche*, die hinter glänzender Fassade *verknöchert und altersschwach* geworden ist. Zwar funktioniert in Rom und auf Reisen mithilfe römisch gesinnter »Movimenti« (neuerer konservativer Laienbewegungen) und Medien ein finanzstark organisierter und medial geschickt inszenierter triumphalistischer Personenkult. Dahinter aber lebt in den meisten Ländern eine Kirche in Dauerkrise mit ausgedünnten, überalterten Kadern und drastischem Mitgliederschwund. Von der Hochstimmung zur Zeit des Zweiten Vatikanischen Konzils (1962–65) ist nichts übrig geblieben. Der Horizont der konziliaren Erneuerung, ökumenischen Verständigung und Öffnung zur Welt erscheint verhangen und die Zukunft düster. Gerade in Europa und Nordamerika haben viele resigniert, sich gar verzweifelt abgewandt von dieser um sich selbst kreisenden Hierarchie. Überall aber kämpfen noch immer tapfer sich abmühende Seelsorger – Priester wie Laientheologen (darunter besonders viele Frauen!) – gegen den katastrophalen Priestermangel und die kosmetischen Pläne für immer größere »Seelsorgeeinheiten« an, die Kirchenpersonal wie Gemeindemitglieder überfordern. Selbst ein Mann der Kurie wie Kardinal Walter Kasper stellt in den späten Wojtyła-Jahren eine *»Hoffnungskrise«* der Kirche fest.

Wenig Hoffnung haben unter dem gegenwärtigen autoritären Regime besonders:

die *Frauen*, die von rigoristischer Sexualmoral diskriminiert und von allen höheren Weihen und damit kirchenleitenden Positionen für alle Ewigkeit ausgeschlossen sein sollen;

die *Männer*, die sich als Priester zum besonderen Dienst an den Gemeinden bereit erklärt haben und denen deshalb die Ehe evangeliumswidrig für immer verboten sein soll;

die wiederverheirateten *Geschiedenen*, die von der Teilnahme an der Mahlgemeinschaft auf Dauer unbarmherzig ferngehalten werden sollen;

die *Angehörigen anderer Konfessionen*, denen die eucharistische Gastfreundschaft verweigert wird. Und – wer ist verantwortlich für diese Hoffnungskrise?

Der Papst hauptverantwortlich für die Hoffnungskrise

Neue Hoffnung wird erst dann wieder aufleuchten, wenn man sich in Rom und im Episkopat *neu nach dem Kompass des Evangeliums richtet:* Der radikalen *Reform* bedarf vor allem die autoritäre Kommandostruktur. Nicht mehr erträglich ist heutzutage ein *Papst*, der zwar behauptet, Diener aller zu sein, sich aber faktisch als hierarchischer Alleinherrscher aufführt. Selbst angesichts gröbster Missstände denkt er nicht daran, auf Stimmen von außen zu hören. Er nimmt Realitäten nicht wahr und ist zu keiner Kurskorrektur bereit. Was man US-Präsident George W. Bush jun. und seinem Team vorwarf, das die USA in den ausweglosen Irakkrieg geführt hat, lässt sich analog auch von Karol Wojtyła und seinem Team sagen: selbstgerechte Amtsarroganz, Verachtung der kritischen Öffentlichkeit, Ignorieren von Expertenrat, sture Weigerung, von eigenen Fehlern zu lernen oder auch nur sie zuzugeben …

Erfreulich nur, dass der Papst eindeutig gegen den Irakkrieg und überhaupt den Krieg Stellung genommen hat! Die Rolle des polnischen Papstes beim *Zusammenbruch des Sowjetimperiums* wird ebenfalls zu Recht hervorgehoben. Sie wird aber von Papst-Propagandisten erheblich übertrieben. Denn das Sowjetregime ging nicht am Papst zugrunde (ohne Gorbatschow hätte er nichts erreicht). Es implodierte wegen der wirtschaftlich-sozialen Widersprüche des Sowjetsystems selbst.

Selbstverständlich haben besonders die *Bischöfe* eine große Verantwortung für die gegenwärtige Krise. Nicht »Sakristane des Papstes« sollten sie nach dem Vatikanum II sein, sondern auch vom Kirchenvolk anerkannte

Leiter ihrer Ortskirchen. Größere Eigenständigkeit und Mut zum Handeln wären von ihnen zu erwarten. Statt konformistisch, opportunistisch und servil auf den selbstherrlichen Pontifex fixiert zu sein, müssten sie bei aller Loyalität dafür sorgen, dass der Kurs nach dem Evangelium eingehalten wird und die Seelsorge nicht zusammenbricht. Ungeeignet für das Bischofsamt ist, wer selbst dann, wenn die Kirche in Not ist und immer weniger ordinierte Seelsorger immer weniger Eucharistiefeiern halten können, trotz besseren Wissens dem Papst nicht ins Angesicht zu widersprechen wagt, sondern schweigt, verschleiert, abwiegelt und vertröstet. Nicht dem »Stellvertreter« Christi (ein Titel aus dem Mittelalter) sind Bischöfe und Seelsorger dieser Kirche letztlich verantwortlich, sondern Christus, dem Herrn selber, der sich nie für die absolute Vor- und Vollmacht eines einzelnen Hierarchen ausgesprochen hat, sondern dem das Wohlergehen aller – »ihr alle seid Brüder« – am Herzen liegt.

Doch trotz aller Mitverantwortung der Bischöfe für die Hoffnungskrise der Kirche: die *Hauptverantwortung* trägt selbstverständlich der *Papst selbst*, dem das Erste Vatikanische Konzil 1870 bibel- und traditionswidrig einen absolutistischen Jurisdiktionsprimat und Unfehlbarkeit zugesprochen hat; meine ausführlich begründete »Anfrage: Unfehlbar?« (1970) ist nie beantwortet worden. 1978 war Karol Wojtyła als Johannes Paul II. gewählt worden, zum ersten Mal ein Pole auf dem Papstthron. Als Mann mit den Erfahrungen des Ostens war er auch von mir begrüßt worden. Doch schon nach einem Jahr war mir klar, dass der Kurs des neuen Papstes nicht auf konziliare Erneuerung im Geist des Vatikanums II, sondern auf nachkonziliare Domestizierung des Konzils, ja auf vorkonziliare Restauration ausgerichtet ist.

Am 17. Oktober 1979 veröffentliche ich deshalb wohlüberlegt eine Zwischenbilanz des ersten Amtsjahrs Papst Johannes Pauls II. Nicht aus einer Laune heraus. Als Theologe dieser Kirche sehe ich mich im Gewissen verpflichtet, vor einer verhängnisvollen Entwicklung zu warnen. Dafür habe ich teuer bezahlt, denn es ist dieser gleichzeitig in mehreren Weltblättern publizierte Artikel, der zwei Monate später den Ausschlag gibt zum Entzug meiner kirchlichen Lehrbefugnis (›Missio canonica‹) als katholischer Theologe am 18. Dezember 1979 – unter dem Protest des Kirchenvolkes (vgl. Bd. 2, Kap. XI: Die große Konfrontation; Ein Jahr Johannes Paul II.). Hätte ich Karol Wojtyła als die größte Hoffnung der Kirche des 20. Jahrhunderts gelobt, hätte er mir wohl selbst meine Kritik an der »Pillenenzyklika« *Humanae vitae* und an der päpstlichen Unfehlbarkeit verziehen.

Widersprüchlichster Papst des 20. Jahrhunderts

27 Jahre Pontifikat haben meine Kritik leider voll bestätigt. In einem Wort: Für mich und viele andere Kenner der Geschichte ist Karol Wojtyła nicht der größte, wohl aber der *widersprüchlichste Papst des 20. Jahrhunderts*. Es ist tragisch: Ein Papst so vieler großer Gaben – und so vieler falscher Entscheidungen! Vereinfacht auf einen Nenner gebracht: Wojtyłas »*Außenpolitik*« verlangt von aller Welt Bekehrung, Reform, Dialog. Im krassen Widerspruch dazu aber seine »*Innenpolitik*«, die auf Restauration des Status quo ante Concilium, auf Reformverhinderung, Verweigerung des innerkirchlichen Dialogs und absolute römische Herrschaft in der Christenheit abzielt. Angesichts so vieler Glorifizierungen durch papstgläubige Bischöfe, Theologen und Publizisten muss ich konkret werden: In elf Problemfeldern zeigt sich diese Widersprüchlichkeit. Dabei anerkenne ich ausdrücklich die positiven Seiten dieses charismatischen Pontifex, die indes von offizieller Seite seit jeher zur Genüge hervorgehoben werden, und konzentriere mich auf die kritischen. Je mehr sich jemand in dieser Kirche engagiert, umso stärker wird er unter diesen Widersprüchen leiden und wird sich nicht mit wohlfeilem Papstlob aus der Ferne begnügen können.

Widerspruch 1: *Johannes Paul II. vertritt die Menschenrechte nach außen, aber verweigert sie nach innen Bischöfen, Theologen, engagierten Gläubigen, den Frauen vor allem.*

Der Vatikan – früher entschiedener Feind der Menschenrechte, heutzutage aber gerne bereit, in Europas Politik mitzumischen – darf die Menschenrechtskonvention des Europarates nach wie vor nicht unterzeichnen; allzu viele Kanones des mittelalterlich-absolutistischen römischen Kirchenrechtes müssten zuvor geändert werden. Gewaltenteilung – Grundlage jeder modernen Rechtspraxis – ist in der römisch-katholischen Kirche unbekannt. Keine Spur von fairen Verfahren: In Streitfällen fungiert ein und dieselbe vatikanische Inquisitionsbehörde als Gesetzgeberin, Anklägerin und Richterin.

Folgen: Ein serviler Episkopat und unhaltbare Rechtszustände. Wer als Pfarrer, Theologe oder Laie mit der höheren kirchlichen Instanz in einen Rechtsstreit gerät, hat kaum eine Chance, recht zu bekommen – außer vielleicht vor einem staatlichen Gericht.

Widerspruch 2: *Der große Marienverehrer predigt hehre Frauenideale, aber zugleich verbietet er den Frauen die Pille und verweigert ihnen die Ordination.*

Attraktiv für viele traditionell katholische Frauen (besonders Ordensfrauen), stieß dieser Papst moderne Frauen ab, weil er sie von höheren Weihen »unfehlbar« mit Berufung auf den Willen Gottes für alle Ewigkeit ausschloss und Empfängnisverhütung zur »Kultur des Todes« rechnete. Aber selbst viele der Frauen, die an päpstlichen Massenveranstaltungen teilnahmen, lehnen die päpstliche Lehre gegen die Empfängnisverhütung ab.

Folgen: Zwiespalt zwischen äußerem Konformismus und innerer Gewissensautonomie, der wie etwa in der Auseinandersetzung um die Schwangerschaftskonfliktberatung auch römisch gesinnte Bischöfe von den Frauen entfremdet und so zu wachsendem Exodus bisher noch kirchentreuer Frauen führt.

Widerspruch 3: *Dieser Papst predigt eindrücklich gegen Massenarmut und Elend in der Welt, aber gleichzeitig macht er sich mit seiner Einstellung zur Geburtenregelung und Bevölkerungsexplosion an diesem Elend mitschuldig.*

Auf seinen vielen Reisen und auch gegenüber der UN-Bevölkerungskonferenz in Kairo 1994 nahm dieser Papst gegen Pille und Kondome Stellung und dürfte deshalb mehr als jeder Staatsmann mitverantwortlich sein für ein unkontrolliertes Bevölkerungswachstum in manchen Ländern und die Aids-Ausbreitung besonders in Afrika.

Folgen: Selbst in traditionell katholischen Ländern wie Spanien, Irland und Polen, wie wir noch genauer sehen werden, lehnt man offen oder schweigend die rigoristische päpstliche Sexualmoral ab und wehrt sich gegen römisch-katholischen Moralrigorismus.

Widerspruch 4: *Karol Wojtyła propagiert ein traditionelles zölibatäres männliches Priesterbild und trägt damit die Mitverantwortung für den katastrophalen Priestermangel und den Zusammenbruch der Seelsorge in vielen Ländern; zugleich verschließt dieser Papst die Augen vor den nicht mehr vertuschbaren Pädophilie-Skandalen im Klerus.*

Männern, die sich zum priesterlichen Dienst an den Gemeinden bereit erklärt haben, wird noch immer die Ehe verboten. Dies ist nur ein Beispiel dafür, wie auch dieser Papst sich über die Lehre der Bibel und die große katholische Tradition des ersten Jahrtausends, die kein Zölibatsgesetz für Amtsträger kennen, hinwegsetzt zugunsten des mittelalterlichen Kirchenrechts aus dem 11. Jahrhundert, das Heuchelei fördert. Wenn man von Amts wegen zu einem Leben ohne Frau und Kinder gezwungen wird, ist das Risiko groß, dass eine gesunde Integration der Sexualität misslingt, was – wie wir heute wissen – auch zu pädophilen Akten führen kann.

Folgen: Die Kader haben sich ausgedünnt, der Nachwuchs bleibt aus. Natürlich spielen dabei auch andere Faktoren eine Rolle: Imageverlust der Kirchen, vermindertes Sozialprestige der kirchlichen Ämter, Schrumpfung der Kirchentreuen, Wohlstandsgesellschaft, andere Bildungs- und Berufschancen. Dies alles macht die Abschaffung der Zölibatsverpflichtung umso dringlicher. In Bälde werden nicht nur im deutschen Sprachraum fast zwei Drittel der Pfarreien ohne ordinierte Seelsorger und regelmäßige Eucharistiefeiern sein. Dies können auch der (bald versiegende) Priester-Import – allein in Deutschland 1400 aus Polen, Indien und Afrika – und die von den meisten Gläubigen abgelehnte Zusammenlegung von Pfarreien zu »Seelsorgeeinheiten« nicht mehr verschleiern. Die Zahl der neuen Weltpriester in Deutschland ist von 295 im Jahr 1990 auf 81 im Jahr 2010 abgesunken, ein Rückgang um 73 Prozent in 20 Jahren! 2012 liegt das Durchschnittsalter der Aktiven über 60! Der zölibatäre Klerus ist zunehmend am Aussterben. Die Pädophilie-Skandale von USA bis Österreich und Irland hatten überdies der Glaubwürdigkeit Wojtyłas schwer geschadet und große Diözesen der USA an den Rand des Bankrotts gebracht.

Widerspruch 5: *Der Papst aus Polen betreibt eine inflationäre Zahl von Heiligsprechungen, aber zugleich lässt er die Inquisition gegen missliebige Theologen, Priester, Ordensleute vorgehen.*

Die mit verschleiertem hohen Finanzaufwand und Profit für die Kurie verbundenen »Prozesse« waren vielfach politisch instrumentalisiert und kommerzialisiert. Die Selig- und Heiliggesprochenen vor allem fromme Nonnen und Kleriker (Ordensgründer/-innen) oder Päpste wie der antidemokratische, antisemitische, autoritäre Unfehlbarkeitspapst PIUS IX. (ausbalanciert mit Johannes XXIII.). Seliggesprochen wurden auch der Habsburger Kriegskaiser KARL I. und der wenig heiligmäßige Opus-Dei-Gründer Msg. JOSEMARÍA ESCRIVÁ DE BALAGUER. Inquisitorisch verfolgt wurden hingegen vor allem Männer und Frauen (auch Ordensfrauen!), die sich durch kritisches Denken und energischen Reformwillen auszeichnen. Wie Pius XII. die bedeutendsten Theologen seiner Zeit (CHENU, CONGAR, DE LUBAC, RAHNER, TEILHARD DE CHARDIN) verfolgen ließ, so verfuhren Johannes Paul II. und sein Großinquisitor Ratzinger mit SCHILLEBEECKX, BALASURIYA, BOFF, BULÁNYI, CURRAN, FOX, DREWERMANN sowie Bischof GAILLOT (Évreux) und Erzbischof HUNTHAUSEN (Seattle).

Folge: In vielen Ländern fehlen heute katholische Intellektuelle und Theologen vom Format der Konzilsgeneration – Resultat eines Klimas des Verdachts, das kritische Denker und Denkerinnen unter diesem

Pontifikat umgab. Eine Überwachungskirche, in der sich Denunziantentum, Angst und Unfreiheit breitmachen. Die Bischöfe empfinden sich als römische Statthalter statt als Diener des Kirchenvolkes, und zu viele Theologen schreiben Konformes oder – schweigen. Katholische Theologie ist wieder über weite Strecken langweilig geworden und hat an den Universitäten an Ansehen erheblich eingebüßt

Widerspruch 6: *Gerne präsentiert sich der Papst als Lobredner der Ökumene, aber zugleich belastet er stark die Beziehungen zu den orthodoxen wie den reformatorischen Kirchen und verhindert die Anerkennung ihrer Ämter und die Abendmahlsgemeinschaft.*

Der Papst hätte endlich – wie mehrfach von ökumenischen Studienkommissionen empfohlen und von vielen Pfarrern vor Ort praktiziert – die Ämter und Abendmahlsfeiern der nichtkatholischen Kirchen anerkennen und eucharistische Gastfreundschaft erlauben können. Auch hätte er den übersteigerten mittelalterlichen Machtanspruch in Lehre und Kirchenleitung gegenüber Ostkirchen und reformatorischen Kirchen zurückschrauben und auf Einsetzung römisch-katholischer Bischöfe in Gebieten der russisch-orthodoxen Kirche (bis ins ferne Sibirien) verzichten können. Er könnte es tun, aber er will es nicht. Vielmehr will er das römische Machtsystem erhalten und ausbauen. Deshalb fromme Doppelzüngigkeit: Die römische Macht- und Prestigepolitik wird verschleiert durch ökumenische Fensterreden, leere Gesten und bewusste Jovialität des Papstes und seiner Kardinäle, die jedoch vielfach unter Ökumene noch immer anachronistisch die »Unterwerfung« der östlichen Kirchen unter den römischen Primat verstehen und die »Rückkehr« der Protestanten – denen in der vatikanischen Erklärung »Dominus Iesus« (welch ein Missbrauch seines Namens!) sogar das Kirche-Sein abgesprochen wurde – ins römisch-katholische Vaterhaus im Auge haben.

Folgen: Die ökumenische Verständigung wird nach dem Vatikanum II blockiert, und die Beziehungen zu den orthodoxen und protestantischen Kirchen werden trotz äußerer Freundlichkeiten unsäglich belastet. Das absolutistische Papsttum erweist sich wie schon im 11. und im 16. so auch im 21. Jahrhundert als das größte Hindernis für eine Einheit der christlichen Kirchen in Freiheit und Vielfalt.

Widerspruch 7: *Als Weihbischof, dann Erzbischof von Krakau nimmt Karol Wojtyła am Zweiten Vatikanischen Konzil teil. Aber als Papst missachtet er sträflich die dort beschlossene Kollegialität des Papstes mit den Bischöfen und zelebriert erneut den Triumphalismus des Papsttums auf Kosten der Bischöfe.*

Bei ständiger verbaler Beteuerung der Treue zum (»richtig« = »römisch« verstandenen) Konzil hat dieser Papst in seiner »Innenpolitik« *das Konzil* vielfach *verraten*. Statt der konziliaren Programmworte »Aggiornamento – Dialog – Kollegialität – ökumenische Öffnung« gelten wieder in Doktrin und Praxis »Restauration – Lehramt – Gehorsam – Reromanisierung«. Kriterium für Bischofsernennungen sind nicht der Geist des Evangeliums und pastorale Aufgeschlossenheit, sondern unbedingte römische Linientreue – vor der Ernennung anhand eines kurialen Fragenkatalogs gründlich auf Konformität getestet und in der Bischofsweihe sakral besiegelt durch einen uneingeschränkten Gehorsamseid auf den Papst persönlich, dem Eid deutscher Generäle auf den »Führer« vergleichbar. Die Papstfreunde unter den Bischöfen im deutschen Sprachraum wie MEISNER, DYBA, HAAS, GROËR, KRENN und viele vatikanische Hofbischöfe sind nur gerade die spektakulärsten Fehlgriffe dieser pastoral verheerenden Personalpolitik, die das moralische, intellektuelle und pastorale Niveau des Episkopats gefährlich absinken ließ.

Folgen: Ein weithin mediokrer, stockkonservativer und serviler Episkopat ist die vielleicht schwerste Hypothek dieses überlangen Pontifikats. Die Massen von Jubelkatholiken bei bestens inszenierten Papstmanifestationen (Ähnliches gab es, wenngleich nicht weltweit, schon unter Pius XII.) können nicht darüber hinwegtäuschen: Millionen haben unter dem Wojtyła-Pontifikat »Kirchenflucht« begangen oder sich in die innere Emigration zurückgezogen. Die Animosität der breiten Öffentlichkeit und der Medien gegenüber der hierarchischen Selbstherrlichkeit (»Antiklerikalismus«) hat bedrohlich zugenommen.

Widerspruch 8: *Dieser Papst sucht zwar das Gespräch mit den Weltreligionen, aber zugleich disqualifiziert er die nichtchristlichen Religionen als defizitäre Formen von Glauben.*

Der Papst versammelt bei Reisen oder »Friedensgebeten« gerne Würdenträger anderer Religionen (und Kirchen) um sich und gibt sich volkstümlich. Aber von einem vertieften Eingehen auf deren berechtigte theologische und praktische Anliegen ist wenig zu spüren. Vielmehr versteht er sich auch im Zeichen des Dialogs im Grunde noch als »Missionar« alten Stils.

Folgen: Das Misstrauen gegenüber dem römischen Imperialismus erhielt reichlich Nahrung und ist nach wie vor weit verbreitet. Und dies nicht nur unter den anderen christlichen Kirchen, sondern auch in Judentum und Islam und erst recht in Indien und besonders in China.

Widerspruch 9: *Der Papst aus Polen wirkt als glaubensstarker Repräsentant eines christlichen Europa, aber seine triumphalistischen Auftritte und reaktionäre Politik fördern wider Willen die Kirchenfeindlichkeit, ja Aversion gegen das Christentum.*

Die päpstliche Evangelisierungskampagne, in deren Mittelpunkt eine wenig zeitgemäße Sexualmoral stand, diffamierte alle Frauen, die in den umstrittenen Fragen wie Empfängnisverhütung, Abtreibung, Ehescheidung, künstliche Befruchtung usw. anderer Meinung sind, als Förderinnen einer »Kultur des Todes«. Durch politische Interventionen – so etwa in Deutschland gegen Parlament und Episkopat im Fall der Schwangerschaftskonfliktberatung – ließ die römische Kurie erkennen, dass man die rechtliche Trennung von Staat und Kirche wenig respektiert. Ähnlich versuchte der Vatikan (über die Fraktion der Europäischen Volkspartei) auch auf das Europäische Parlament Druck auszuüben, indem er die Bestellung besonders romtreuer Gutachter etwa für Fragen der Abtreibungsgesetzgebung förderte. Statt überall für vernünftige Lösungen in der Mitte einzutreten, stärkte die römische Kurie faktisch weltweit durch ihre Proklamationen und geheime Agitation (über Nuntiaturen, Bischofskonferenzen, »Freunde«) die Polarisierung zwischen Abtreibungsgegnern und Abtreibungsbefürwortern, Moralisten und Libertinisten.

Folgen: Die klerikalistische römische Politik verstärkt die Front dogmatischer Antiklerikaler und fundamentalistischer Atheisten. Sie weckt aber darüber hinaus auch bei anderen Misstrauen gegenüber dem Missbrauch der Religion zu politischen Zwecken. Deshalb im Europäischen Parlament noch mehr Opposition gegen die Nennung Gottes in der europäischen Verfassung und sogar gegen die wünschenswerte Erwähnung der unbestreitbaren christlichen Wurzeln Europas. Im Vatikan fühlt man sich wegen der wachsenden Publizität verbreiteter Missstände im Klerus und vor allem wegen des deutlichen Mangels an wirklicher Kommunikation des Papstes mit der Basis zunehmend in der Defensive und beklagt sich nun groteskerweise seinerseits über »Inquisition«.

Widerspruch 10: *Als charismatischer Kommunikator und Medienstar wirkt dieser Papst bis ins hohe Alter besonders auf die Jugend, aber er stützte sich dabei vor allem auf die »neuen Bewegungen« italienischer Herkunft, das in Spanien beheimatete »Opus Dei« und ein kritikloses papsttreues Publikum – alles symptomatisch für den Umgang des Papstes mit der Laienschaft und seine Gesprächsunfähigkeit gegenüber kritischem Publikum und einzelnen Theologen.*

Die unter Aufsicht der Hierarchie von den neuen Laienbewegungen (Focolare, Comunione e Liberazione, St. Egidio, Legionäre Christi, Regnum Christi ...) getragenen großen regionalen und internationalen Weltjugendtreffen ziehen Hunderttausende junger Leute an, viele gutwillig, zu viele kritiklos. In Zeiten der Sinnsuche und des Mangels an überzeugenden Leitfiguren suchen sie vor allem den gemeinsamen »Event« und »Johannes Paul Superstar«. Die persönliche Ausstrahlung des Papstes ist ihnen meist wichtiger als die von ihm verkündete Dogmatik und Moral. Die Auswirkungen auf das Gemeindeleben aber sind gering.

Fragen von Jugendlichen an den Papst, die ihn auf seiner ersten Deutschlandreise in arge Verlegenheit gebracht hatten, werden später nirgendwo mehr zugelassen. Für den Weltjugendtag in Köln 2005 wurden schon in der Vorbereitung inhaltliche Auseinandersetzungen durch »ungefährliche« Symbolhandlungen (monatelanges Tragen des »Jugendtagskreuzes« durch die Lande) ersetzt. Mit Mitteln massenpsychologischer Beeinflussung und instrumentalisierten Claqueuren werden die Treffen zu den erwünschten Jubelereignissen. Getreu seinem Wunschbild einer uniformen Gehorsamskirche sieht der Papst die Zukunft der Kirche fast ausschließlich in jenen gut kontrollierbaren konservativen Laienbewegungen. Dazu passt der offensichtliche Vertrauensentzug gegenüber dem konziliar orientierten Jesuitenorden: von den früheren Päpsten bevorzugt, doch in der Ära Wojtyła aufgrund seiner intellektuellen Qualität, kritischen Theologie und befreiungstheologischen Optionen als Sand im Getriebe der päpstlichen Restaurationspolitik empfunden. Stattdessen schenkt Karol Wojtyła schon als Krakauer Erzbischof sein volles Vertrauen dem finanz- und einflussmächtigen, aber undemokratischen und in der Vergangenheit mit faschistischen Regimen kompromittierten Geheimbund »Opus Dei«, vor allem in Finanzwelt, Politik und Publizistik aktiv. Durch einen besonderen Rechtsstatus entzieht er ihn der Aufsicht der Bischöfe.

Folgen: Die oft kritischeren Jugendlichen aus Verbänden und Gemeinden (außer Ministranten) bleiben den großen Treffen meist fern, die nichtorganisierten »Durchschnittskatholiken« ohnehin. Katholische Jugendverbände, die nicht auf römischer Linie liegen, werden auf römisches Geheiß durch Finanzentzug vonseiten der Ortsbischöfe diszipliniert und finanziell ausgehungert. Frühere engagierte Jugendarbeit ist vielfach abgestorben, da Unterstützung in erster Linie den »Bewegungen« zukommt, und die Zahl der früher zahlreichen Jugendkapläne ist wegen des Zölibatsgesetzes und autoritärer Kirchenstrukturen auf ein Minimum zusammengeschrumpft. Inhaltliche, auch politische Auseinandersetzung ist auf dieser Ebene einer substanzarmen »Eventkultur« gewichen. Durch die wachsende Rolle des erzkonservativen und undurchsichtigen Opus

Dei in vielen Einrichtungen ist ein Klima der Unsicherheit und der Verdächtigungen entstanden. Ursprünglich kritische Bischöfe und Kardinäle schmiegen sich dem Opus Dei an, während früher engagierte Laien sich resigniert zurückziehen.

Widerspruch 11: *Johannes Paul II. ringt sich im Jahre 2000 zu einem öffentlichen Sündenbekenntnis für Verfehlungen der Kirche in der Vergangenheit durch, doch hat er daraus kaum praktische Konsequenzen gezogen.*

Das barock-bombastisch in St. Peter mit Kardinälen liturgisch inszenierte Schuldbekenntnis für die kirchlichen Verfehlungen bleibt vage, unspezifisch und doppelbödig. Nur für die Verfehlungen der »Söhne und Töchter der Kirche« bittet der Papst um Vergebung, nicht für die der »heiligen Väter«, der »Kirche selbst« und der anwesenden Hierarchen. Der Papst bezieht nie Stellung zur Verwicklung von Kurienstellen in mafiöse Geschäfte und trägt mehr zur Verschleierung als zur Aufdeckung von Skandalen und Verbrechen bei (Vatikanbank, Banco Ambrosiano, »Selbstmord« Calvis, Behinderung der Justiz im Fall des Vatikanbankiers Marcinkus, Morde in der Schweizer Garde …). Auch im Aufdecken der Pädophilie-Skandale von Klerikern ist der Vatikan außerordentlich zögerlich. Trotz mancher Bitten empfängt der Papst keine Opfer. Vielmehr überhäuft er einen prominenten Täter (angeklagt von prominenten Opfern) in einer großen Zeremonie im Vatikan mit Lob: den Mexikaner P. Marcial Maciel Degollado, lasterhafter Gründer der Legionäre Christi (500 Priester und 2000 Seminaristen) und der Laienbewegung Regnum Christi, mittlerweile die noch konservativere Konkurrentin des Opus Dei. Maciels zwei mexikanische Geliebte finanzierten zu einem Gutteil des Papstes überraschend zahlreiche mexikanische »Pilgerreisen«.[3]

Folgen: Das halbherzige päpstliche Schuldbekenntnis hat keine Folgen: keine Umkehr, keine Taten, nur Worte. Dass das (schließlich von diesem nur widerwillig akzeptierte) Schuldbekenntnis des Großinquisitors Ratzinger nicht zur Abschaffung der Inquisition führt, fällt schon gar niemandem auf. Es bleibt dabei: Statt nach dem Kompass des Evangeliums, der angesichts der gegenwärtigen Fehlentwicklungen in Richtung Freiheit, Barmherzigkeit und Menschenfreundlichkeit weist, richtet man sich im Vatikan noch immer nach dem mittelalterlichen Recht, das statt einer Frohbotschaft eine anachronistische Drohbotschaft mit Dekreten, Katechismen und Sanktionen bietet. In allen umstrittenen Lehrfragen bleibt das Lehramt unbelehrbar. Dies hat Auswirkungen.

Katholisch Polen in Gefahr

Für die katholische Kirche erweist sich dieser Pontifikat trotz seiner positiven Aspekte als eine große enttäuschte Hoffnung. Denn durch seine Widersprüche hat dieser Papst die Kirche zutiefst polarisiert, ihr zahllose Menschen entfremdet und sie in eine *epochale Krise* gestürzt: eine Strukturkrise, die nach dem Vierteljahrhundert dieses Pontifikats fatale Entwicklungsdefizite und einen enormen Reformstau offenbart.

So ist denn die hohe Glaubwürdigkeit der katholischen Kirche zur Zeit Johannes' XXIII. und des Zweiten Vatikanischen Konzils dahin. Sie ist in den ersten Jahren des 3. Jahrtausends zum Beispiel in der Bundesrepublik nach einer Internet-Umfrage unter 350.000 Befragten auf 11 Prozent abgesunken. Die Hoffnungskrise erweist sich genauer besehen vor allem als *Vertrauenskrise in die gegenwärtige Kirchenleitung*. Wer sich heute in unseren Ländern noch in der katholischen Kirche engagiert, identifiziert sich zumeist mit der Ortsgemeinde und ihrem Seelsorger, nur bedingt mit einem papsthörigen Bischof; den Papst selber nimmt man halt in Kauf.

Die vom polnischen Papst forcierte Restauration führt ihn in eine geradezu *tragische persönliche Situation*. Seine polnisch-katholische antimoderne Modellvorstellung von Kirche, in welche Karol Wojtyła hineingeboren worden war, will er als Papst der angeblich dekadenten westlichen Welt nahebringen. Doch das Gegenteil tritt ein: Ohnmächtig muss er zusehen, wie das Paradigma der Moderne nach dem Zusammenbruch des kommunistischen Systems von seiner polnischen Heimat genauso Besitz ergreift wie von Spanien oder Irland: statt der propagierten Rekatholisierungskampagne faktisch ein Entkatholisierungsprozess, nämlich durch westliche Modernisierung, Säkularisierung, Individualisierung und Pluralisierung. Die große Sorge des Papstes ist, je länger desto mehr: Was wird aus katholisch Polen nach Wojtyła?

Die Kirchenkrise zeichnet sich bereits am Horizont ab, als ich Ende August 1990 – ein Jahr nach dem Fall der Berliner Mauer und der Zulassung der polnischen Gewerkschaftsbewegung Solidarność – durch Polen reise. Mir ist bewusst, dass ich in ein brisantes Kräftespiel gerate, zwischen konziliar-reformerischen und konservativ-beharrenden Kräften, wie es schon in der Konzilszeit zu beobachten war (Bd. 1, Kap. IX: Kirche und Freiheit in Polen). Vom Konzil her hatte ich auch in Polen manche Freunde. Unter ihnen ragt hervor Jerzy Turowicz in Krakau, Chefredakteur der Wochenzeitschrift »Tygodnik Powszechny«, geistiger Inspirator der regimekritischen katholischen *Znak-Gruppe*. Er sorgt

Graf und Gräfin von der Groeben, Gründer der Stiftung Weltethos, 1995

Theodor Heuss-Preis mit Alt-Bundespräsident Richard von Weizsäcker
und Bundespräsident Roman Herzog, Stuttgart, 18. 4. 1998

1. Weltethos-Rede: Premierminister Tony Blair, 2000

2. Weltethos-Rede: Hochkommissarin Mary Robinson, 2002

3. Weltethos-Rede: UN-Generalsekretär Kofi Annan, 2003

8. Weltethos-Rede: Alterzbischof und Friedensnobelpreisträger Desmond Tutu, 2009

Mit Helmut Schmidt (Bundeskanzler 1974–1982), Sylt, 23. 5. 2003

Mit Henry Kissinger (US-Sicherheitsberater und Außenminister 1973–77),
Schloss Bellevue Berlin, 17. 3. 1997

Eröffnungsrede Beijing Forum, 2. 11. 2012

Uraufführung der Komposition »Weltethos« in der Berliner Philharmonie, 13. 10. 2011:
Intendant Martin Hoffmann, Bundespräsident Christian Wulff,
Schweizerische Bundespräsidentin Micheline Calmy-Rey

Abschied vom Skifahren, Lech 2008

Mit meinem Freund Walter Jens bei seinem 85. Geburtstag

Abschiedsrede als Präsident der Stiftung Weltethos, 22. 4. 2013: Rektor Bernd Engler mit Frau, Herzog Carl von Württemberg, Ministerpräsident a.D. Erwin Teufel, Bundespräsident a.D. Horst Köhler, Landrat Joachim Walter, Ute Giebel (Ehrenmedaille)

Team der Stiftung Weltethos mit dem neuen Präsidenten Eberhard Stilz an meinem 85. Geburtstag, 19. 3. 2013

Am Abend des Lebens, 2013

für eine polnische Ausgabe von »Konzil und Wiedervereinigung«, lässt durch die polnische Theologin HALINA BORTNOWSKA einen langen positiven Artikel über meine Theologie veröffentlichen und publiziert im selben Jahr 1963 meinen Amerikavortrag über Kirche und Freiheit, der in Polen großes Aufsehen erregt und einen Konflikt auslöst.

Denn ich habe in Polen bereits zur Konzilszeit auch mächtige Feinde, vor allem im Episkopat, an seiner Spitze der damalige Primas Kardinal STEFAN WYSZYŃSKI, Erzbischof von Warschau. Er steht den intellektuellen Kreisen von Krakau von vornherein reserviert gegenüber und beschwert sich schließlich umgehend, aber vergebens, über die Publikation meiner amerikanischen Freiheitsrede. Doch gelingt es ihm, in Zusammenarbeit mit den politischen Organen, die polnische Ausgabe von »Concilium« nach einem zweijährigen Erscheinen zu unterdrücken.

Dazwischen, mehr Znak zuneigend, KAROL WOJTYŁA, zunächst Weihbischof, dann Erzbischof von Krakau. Er erschien uns bei »Concilium« als aufgeschlossener als der Primas, war aber faktisch schon früh ideologisch mit dem finanzkräftigen Opus Dei verbandelt. Einer geplanten, aber aus verschiedenen Gründen nicht realisierten Begegnung des Stiftungsrats von »Concilium« mit ihm in Krakau wäre er wohl ebenso ausgewichen wie im letzten Moment (mit der faulen Ausrede »Exerzitien«) einem Treffen mit dem bereits extra von Warschau nach Krakau gereisten Bundeskanzler HELMUT SCHMIDT. Ich habe darüber berichtet.

Es schmerzt mich, der ich, wie beschrieben, von Haus aus polenfreundlich bin, dass es gerade ein polnischer Papst ist, der 1979 mit dem Entzug meiner kirchlichen Lehrbefugnis eine Unterdrückung der konziliar gesinnten Theologie einleitet, was den restaurativen Kurs offenkundig macht, der die Kirche in die große Krise führen sollte. Auf dieser Polen-Reise nun an der Zeitenwende 1990 ging es mir in erster Linie darum, Informationen zu sammeln und ins Gespräch zu kommen. In Warschau werde ich, begleitet von Marianne Saur, herzlich empfangen vom italienischen Tübinger Stipendiaten Dr. GERARDO CUNICO und seiner polnischen Frau Dr. ANNA CZAJKA, beide Spezialisten für den marxistischen Philosophen Ernst Bloch. Von der Katholisch-Theologischen Fakultät Warschau erhalte ich keine Einladung, wohl aber vom Klub der Katholischen Intelligenz (KIK), wo meine Theologie auf lebhaftes Interesse stößt. In der angeregten Diskussion finde ich besonders in Prof. ALFONS SKOWRONEK einen aufgeschlossenen Gesprächspartner, der die persönlichen Beziehungen mit mir aufrechterhält und mich in Tübingen besucht.

Nicht weniger interessant ist das Gespräch beim Abendessen mit dem bekannten Filmregisseur und Filmproduzenten KRZYSZTOF ZANUSSI, der

1981 den Film »Aus einem fernen Land« über Papst Johannes Paul II. produziert hatte. Papstkritischer als er ist der ebenfalls eingeladene Adam Michnik, gescheiter und gewitzter Herausgeber und Chefredakteur der größten polnischen Tageszeitung »Gazeta Wyborcza«, der aber als jüdischer Intellektueller bezüglich der Publikation meiner Artikel in seiner Zeitung auf die kirchliche Hierarchie Rücksicht nehmen muss und meines Wissens nie einen Artikel von mir veröffentlicht hat.

Die katholische Volksfrömmigkeit Polens lerne ich anschließend in *Czestochowa* kennen, wo an diesem wichtigsten Marienheiligtum Polens auch an einem gewöhnlichen Werktag einige Hundert Pilger zur »Schwarzen Madonna« strömen. Am nächsten Abend in Krakau bewundern wir vor allem den riesigen Platz des Alten Marktes mit der gotischen Marienkirche. Nach einem ausgezeichneten Abendessen wandern wir über den Platz, wo nur noch ein einziges Licht leuchtet. Ein Nachtklub – Symptom dafür, dass die westliche »Kultur« auch in Polen Einzug hält.

Die letzte Station ist *Wroclaw* (das frühere Breslau), wo dieses Jahr der 18. Internationale Hegelkongress stattfindet. Ich bin eingeladen, bei der Eröffnung einen öffentlichen Vortrag in der Aula Leopoldina zu halten über »Hegels Bedeutung für die Theologie« und »Europa im Epochenumbruch. Aufhebung der Moderne in die Postmoderne«. Bei dieser Gelegenheit fordere ich dazu auf, nach dem Vorbild der deutsch-französischen Freundschaft nun auch die deutsch-polnische Aussöhnung und Freundschaft zu verwirklichen.

In all den Gesprächen und Erfahrungen dieser Reise ist mir deutlich geworden: Mit sukzessive eingeführter *demokratischer Grundordnung* verliert die katholische Kirche mehr und mehr ihre starke gesellschaftliche Position als Bollwerk gegen das kommunistische System. Und mit der Ablösung des bis 2001 regierenden katholischen Wahlbündnisses »Solidarität« und der Einführung des *modernen Scheidungsrechts* durch das polnische Parlament – trotz einer Protestrede des mit Fäusten drohenden Pontifex auf seiner »Pilgerreise« durch Polen! – ist nun klar geworden, dass auch der politische Katholizismus der Hierarchie in diesem Land seine Grenzen gefunden hat. In einer anderen traditionell katholischen Nation freilich ist die Modernisierung bereits weiter vorangeschritten:

Irland im Umbruch

Auch in diesem tief katholisch-traditionalistischen Land ist mein Name schon früh bekannt – und umstritten. Damit muss ich mich überall abfinden. Viele Menschen dort sind allerdings schon seit längerer Zeit unzufrieden mit traditionellen Positionen der katholischen Kirche in Sachen Empfängnisverhütung, Ehescheidung, Abtreibung … Andere jedoch sind in Sorge wegen einer drohenden Auflösung katholischer Lehre, Moral, Strukturen. Schon während des Zweiten Vatikanischen Konzils in den 1960er-Jahren werde ich von irischen Medien interviewt. Meine früheste Fernsehaufzeichnung überhaupt (eines Pressegesprächs in Tübingen) erhalte ich später als Geburtstagsgeschenk von der Irish Television zugeschickt. Kontakt habe ich zum Beispiel mit JOHN HORGAN, dem Konzilskorrespondenten der »Irish Times«, der 1967 mein ausführliches kritisches Interview zur nachkonziliaren Lage der Kirche veröffentlicht, das auch in den USA Verbreitung findet.

Die Internationale Zeitschrift für Theologie »Concilium« hält im Juni 1973 ihre Jahresversammlung im irischen *Zentralseminar der Päpstlichen Universität von Maynooth*, das vor dem Konzil Tausende von Priestern in die ganze englischsprachige Welt exportiert hatte. Wir verstehen uns recht gut mit einigen der Professoren dort, vor allem mit dem führenden irischen Moraltheologen ENDA MCDONAGH, der für »Concilium« die Kontaktperson ist. Damals ist Maynooth noch ein blühendes Seminar, und wir halten ein prächtiges Dinner mit dem Lehrkörper. Aber welcher Kontrast bei meinem zweiten Besuch zwölf Jahre später: Das Seminar erscheint mir eindeutig im Niedergang, es ist nur mehr ein Essen mit einer kleinen Gruppe und anschließend ein »private meeting« mit Enda McDonagh möglich, der für die Hierarchie ein rotes Tuch, aber für viele in Regierung und Volk eine Leitfigur in der gegenwärtigen Auseinandersetzung ist. Ein Blick in die Zukunft zeigt: Die Kirche Irlands, die früher mehr als jede andere Priester im Überfluss hatte, hat im Jahr 1990 immerhin noch 193 Priesterweihen, im Jahr 2004 gerade noch acht!

Am Sonntag, den 16. Januar 1977, halte ich meinen ersten öffentlichen Vortrag in Irland: auf der Kanzel von St. Patrick's Cathedral der Church of Ireland (anglikanisch) über das für mich vertraute, für Iren aber neuartige Thema »Was in der Kirche bleiben muss«. Ich treffe in eine angespannte politische Situation, was die Beziehungen zwischen Staat und Kirche betrifft: Nach langen Verhandlungen von Außenminister GARRET FITZGERALD mit dem vatikanischen »Außenminister« Casaroli hatte die irische Regierung den Vorschlag einer Verfassungsänderung dem Vatikan unterbreitet. Demnach sollen Gesetze mit allzu »katholischer« Grundlage, wie das Verbot der Ehescheidung und der Empfängnisverhütung, abgeschafft werden. Dieses Vorhaben erregt großes Missfallen bei der kirchlichen Hierarchie in Irland. Im gleichen Jahr 1977 wird Außenminister

FitzGerald von Papst Paul VI. persönlich ermahnt, dass Gesetze nicht so verändert werden sollten, dass Irland – »das vielleicht einzige noch katholische Land« – dadurch weniger katholisch würde.

In meinem Vortrag sage ich: »Heute brauchen wir eine inspirierende intellektuelle und spirituelle Autorität auf allen Ebenen. Aber in vielen Diözesen haben wir reine Klerikalbürokraten mit mehr römischer als katholischer Mentalität ... Es besteht eine gefährliche Kluft zwischen den Bischöfen und der Mehrheit der Priester in Bezug auf mehr oder weniger alle wichtigen Probleme in der Kirche von heute ...« Das Publikum geht begeistert mit. Schon am Vorabend war ich in die »Late Late Show« des Irischen Fernsehens eingeladen, wo ich zu schwierigen theologischen Fragen Stellung zu nehmen hatte. Am Vormittag nach meinem Vortrag spreche ich in der Irish Theological Association über die eben erschienene englische Ausgabe von »Christ sein«: »On Being a Christian«.

Auf der Rückreise am 18. Januar 1977 stelle ich auf einer Pressekonferenz in London »On Being a Christian« vor, publiziert vom international weitverzweigten Verlag »William Collins Sons« (gegründet 1819). Die Chefin, Lady Priscilla Collins, lädt mich zum Mittagessen im altenglischen Apartment ihres Verlags in St. James's Place (beim Buckingham Palace) ein und schlägt mir vor, meinen Vortrag in Irland sofort als kleines Buch herauszugeben: »What Must Remain in the Church« (1977).

Noch am selben Tag komme ich gegen Mitternacht wieder in Stuttgart an. In Gedanken beschäftigt mich bereits das mir in Stuttgart in drei Tagen drohende inquisitorische »Gespräch« über ebendieses Buch »Christ sein« mit bischöflichen und theologischen Vertretern der Deutschen Bischofskonferenz, für die der Erfolg des Buches ein Gegenstand der Besorgnis ist. Dieses höchst unangenehme Gespräch endet ergebnislos, jedenfalls ohne die Glaubenswächter von meiner katholischen Rechtgläubigkeit überzeugen zu können (vgl. Bd. 2, Kap. IX: Unterschiedliche geistige Welten). Welch ein Wechselbad der Gefühle!

Der Entzug meiner kirchlichen Lehrbefugnis 1979 macht mich zwar für die irische Hierarchie zur »Persona non grata«, nicht aber für einen Großteil der Bevölkerung oder die irischen Theologen. Als ich daher für 1985 durch Vermittlung des Goethe-Instituts eine Einladung bekomme, am Trinity College, der traditionsreichsten (anglikanisch geprägten) Universität Dublins, einen Vortrag zu halten, nehme ich selbstverständlich an. Angesichts der damals sehr gewaltgeprägten politischen Situation in Nordirland versuche ich gegenseitiges Verständnis zu wecken für die Ängste der Katholiken wie der Protestanten.

Dabei gehe ich aber ganz anders vor als sechs Jahre zuvor JOHANNES PAUL II. Dieser hatte bei seinem Besuch in Irland wie später in Großbritannien – bei allen Effekten seiner Charme-Initiative – eine ökumenische Chance von historischem Ausmaß verpasst: Ökumenische und kirchenpolitische Impulse bleiben aus; dafür erfolgen Ermahnungen im Stil einer multimedialen, aber doch antiquierten »Volksmission« zur »inneren Erneuerung« und Pflege des römisch-katholischen Sondergutes, wie etwa Marienwallfahrtsorte, Rosenkranz, »Kindersegen«, und rigorose Morallehren. Nach dem Papstbesuch wird das Abtreibungsverbot in Irland durch eine Volksabstimmung sogar in den Rang einer Verfassungsklausel erhoben. Trotz aller bischöflichen Aufrufe war jedoch die Hälfte der Abstimmungsberechtigten zu Hause geblieben.

Nicht einmal für die in Irland besonders stark empfundene Not der Mischehen – von der der Geschiedenen ganz zu schweigen – hat der »Stellvertreter Christi« ein helfendes christliches Wort, wiewohl er bei einem ökumenischen Treffen in Dublin die »besondere Dringlichkeit der Versöhnung der Christen untereinander« feierlich beschwört. Dabei ist Irland auch noch nach dem Konzil eine der wenigen Regionen in der katholischen Kirche, in der protestantische Ehepartner nur widerwillig akzeptiert werden und ein formelles Versprechen hinsichtlich der katholischen Kindererziehung abzugeben haben. Trauung von Katholiken in einer protestantischen Kirche ist nach wie vor unerwünscht. Konkrete päpstliche Weisungen zur ökumenischen Verständigung hätten in Irland (wie anderswo) sicher großes Echo gefunden.

Im Nachgang zu meiner Vortragsreise schreibt mein Theologenkollege SEÁN FREYNE: »Im Rückblick war vielleicht der bedeutsamere Aspekt von Hans Küngs Besuch nicht sein persönliches Glaubenszeugnis, so eindrucksvoll es auch ist, sondern eher die politischen Implikationen seiner Rede. Dies vor allem jetzt, im Licht des britisch-irischen Übereinkommens, das neue und schwierige Herausforderungen an alle irischen Kirchen stellt.« Die vielfach enthusiastische Zustimmung sowohl von Katholiken wie Protestanten zu meinen kritischen Ausführungen zeigt mir in der Tat, wie groß die Sehnsucht der Menschen auf der »grünen Insel« nach Frieden und Versöhnung ist. Und ich weiß auch, dass viele Menschen bereit wären, sich noch aktiver für die Versöhnung einzusetzen, wenn sowohl die Instanzen des Staates wie die Autoritäten der Kirchen den Mut hätten, entschieden voranzugehen.

Die katholischen Bischöfe Irlands haben diesen Mut nicht. Sie glänzen bei meinen Vorträgen konstant durch Abwesenheit. Der katholische Bischof von Belfast, CAHAL DALY, und der von Cork, MICHAEL MURPHY, sowie der Erzbischof von Dublin, KEVIN MCNAMARA, hatten mit Bezug auf meine Kritik am Unfehlbarkeitsdogma von vornherein erklärt, dass sie zu meinem Vortrag nicht kommen würden. Letzterer hatte in einem von ihm 1982 veröffentlichten Buch über »The Hans Küng Debate« schon im Hinblick auf das Unfehlbarkeitsdogma geschrieben: »Küng's sad betrayal of the traditional catholic teaching« – »Küngs trauriger Verrat an der traditionellen katholischen Lehre«.

So macht man sich in Rom beliebt: Im gut informierten »Inside-Report« der »Irish Press« vom 17. April 1985 wird nach einer Johannes Paul II. nahestehenden Quelle berichtet, dass, wann immer der Name Hans Küng in einem Gespräch genannt wurde, die Konversation gestockt habe und daher die Personen im päpstlichen Umfeld im Vatikan absichtlich den Namen Küng nicht nennen. Doch sei dieser Theologe trotz allem beständig im Licht der Öffentlichkeit: »Not an easy man to silence«. Insofern ist es mir wichtig, dass ich im Trinity College nicht nur ein Seminar für das Department of Religious Studies leite, zusammen mit dem Neutestamentler SEÁN FREYNE, früher als Humboldt-Stipendiat in Tübingen. Ich stehe in der Trinity Chapel im priesterlichen Gewand einer katholischen Eucharistiefeier mit Predigt vor.

Mut aber zeigt der schon genannte Dr. GARRET FITZGERALD, Sohn eines irischen Außenministers und selber erfolgreicher Außenminister, jetzt Premierminister (»Taoiseach«, 1982–87), ein geistvoller, neugieriger, rasch argumentierender Intellektueller und energisch handelnder Staatsmann, der mich im Rahmen meines Besuchs 1985 zu einem Gespräch in seine Privatresidenz einlädt. Garret ist ein Katholik im Geist des Vatikanums II mit ökumenischer Gesinnung, der sich mehr als manche seiner Vorgänger um Versöhnung bemüht. Er ist fest davon überzeugt, dass ohne Reformen in Staat und Kirche auch in der Irischen Republik keine Annäherung erreicht werden könne. Insofern hat die von seiner Regierung initiierte Abstimmung für die begrenzte Freigabe von empfängnisverhütenden Mitteln für Bürger ab 18 Jahren epochale Bedeutung: Es ist die erste Parlamentsentscheidung in der irischen Geschichte gegen den ausgesprochenen Willen der katholischen Hierarchie! Die Autorität des Staates, so stellt der Premier befriedigt fest, hat sich gegen allen Druck der Kirche behauptet. Und die Protestanten im Norden haben ein Argument weniger gegen die Irische Republik. Die Frage der zivilen Ehescheidung würde demnächst zur politischen Entscheidung anstehen, und ein liberales Gesetz zur Abtreibung wäre dann auch an der Zeit.

Wir verstehen uns perfekt: Eine reformorientierte Regierung braucht als Partner eine reformorientierte Kirche. Es macht mir Spaß, mit Garret anschließend in seiner Regierungslimousine unter Polizeischutz durch Dublin zu brausen, erinnert mich freilich auch daran, dass hier Attentate noch immer zu befürchten sind. Traurigerweise kommt es weiterhin zu vielen Gewaltakten. Aber der leidenschaftliche Europäer erreicht nicht nur eine Entspannung zwischen Dublin und Belfast, sondern auch eine Normalisierung der Beziehungen mit den britischen Nachbarn. In schwierigen Verhandlungen mit der britischen Premierministerin Margaret Thatcher erreichte er noch im Jahr meines Besuches 1985 das anglo-britische Abkommen von Hillsborough, das zum ersten Mal seit der Gründung des Irischen Freistaates (1922) der Irischen Republik ein formales Mitspracherecht in nordirischen Angelegenheiten zugesteht. Auf die Frage, ob er die Iron Lady geliebt habe, war seine typische Antwort: »It didn't really matter as long as she liked me – das spielte wirklich keine Rolle, solange sie mich liebte.«

Es wird in Irland allgemein als symbolhaft empfunden, dass FitzGerald am 19. Mai 2011 mit 85 Jahren genau in den Tagen stirbt, da Königin Elisabeth II. als erster Monarch die Irische Republik besucht und die britisch-irischen Beziehungen auf eine neue Grundlage stellt. Grundlage dieser positiven Entwicklung war das »Karfreitagsabkommen« von 1998. Damit war der entscheidende Schritt zum Frieden in Irland getan worden. Thatchers Nachfolger als Premierminister, Tony Blair, hat sich für das Zustandekommen dieses Abkommens bleibende Verdienste erworben – ein Hauptgrund, wie gesagt, warum ich ihn einlade, im Jahr 2000 die erste »Weltethos-Rede« der Stiftung Weltethos an der Universität Tübingen zu halten.

Doch zurück zu meinen Vortragsreisen von 1985. Die erste Station ist die gespaltene, von Attentaten erschütterte nordirische Hauptstadt *Belfast*, wo ich in der anglikanischen St. Anne's Cathedral spreche. Dort ist man vor allem überrascht, dass der demagogische protestantische Pastor Ian Paisley mit seinen Leuten nicht, wie eigentlich zu erwarten ist, vor der Kathedrale gegen mich demonstriert. Diesen katholischen Theologen kann er ja nun nicht als »Römling« oder »Papist« kritisieren und disqualifizieren. Der Beifall für meine Rede ist gerade hier überwältigend, obwohl ich auch die protestantische Seite deutlich kritisiere.

Am nächsten Tag werde ich von Canon Bill Arlow, Vermittler der anglikanischen Kirche im irisch-englischen Streit, im Auto von Belfast nach Dublin gefahren. Nahe der Grenze zwischen Nordirland und der Irischen Republik zeigt er auf das Haus, wo die Verhandlungen stattgefunden haben, und erzählt mir vom grausamen Schicksal der Kinder derer, die im Verlauf der bereits seit über 15 Jahren dauernden Auseinandesertzungen auf katholischer Seite erschossen wurden und nun meinen, unbedingt ihren Vater oder Bruder rächen zu müssen. Immer noch steht mir das steinerne Mahnmal in Drogheda, südlich der Grenze zwischen Nordirland und der Irischen Republik, vor Augen, errichtet an der Stelle, wo JOHANNES PAUL II. am 29. September 1979 seinen pathetischen Appell an die gewalttätigen katholischen und protestantischen Gruppen in Nordirland gerichtet hatte: »Auf den Knien flehe ich euch an: Kehrt um vom Weg der Gewalt und kehrt zurück zu den Wegen des Friedens.« Dieser Friedensappell blieb damals völlig ungehört und unbefolgt: Um die 2500 Tote und Zehntausende von Verletzten waren es bis dahin – von zahllosen ausgebombten Häusern und zerstörten Fahrzeugen ganz zu schweigen.

Die irische Presse berichtet ausführlich von meiner Warnung an die Bischöfe, besonders in Bezug auf die Frauenfrage in der Kirche, und bestimmte Kommentare über die möglichen Auswirkungen in der Zukunft erweisen sich – leider – als prophetisch: »Küngs Anwesenheit in Irland ist eine rechtzeitige Warnung (»reminder«), dass, wenn es nicht sehr bald zu Veränderungen kommt, die Konsequenzen für den Katholizismus nicht zuletzt in diesem Land sehr ernsthaft sein können« (»The Irish Press«, 17. April 1985). Auch dieser Vortrag erscheint in Buchform: »Church and Change. The Irish Experience« (Gill and Macmillan, Dublin 1986).

Neben Premierminister FitzGerald beeindruckt mich als repräsentative Figur der nachkonziliaren katholischen Kirche in Irland am meisten MARY ROBINSON. Mit 25 Jahren war sie bereits Professorin für Verfassungs- und Strafrecht am Trinity College, dann Abgeordnete der Labour Party und von 1990 bis 1997 – in einem Land, in dem Frauen in der Kirche nach wie vor nichts zu entscheiden haben – *erste Staatspräsidentin der Republik Irland*. Anlässlich eines weiteren Besuches in Irland empfängt mich am 8. Juli 1995 diese elegante und sympathische Dame in ihrem Palais, das wunderschön in der Natur gelegen, aber, wie sie selber bemerkt, etwas weit weg vom Getriebe der Menschen ist. Wir diskutieren einvernehmlich die Lage der katholischen Kirche im Zusammenhang mit der irischen Gesellschaft, die negative Einstellung der Bischöfe und loben beide den reformgesinnten Theologen ENDA McDONAGH. Nach ihrer Amtszeit wird Mary Robinson Hochkommissarin für Menschenrechte der Vereinten Nationen in Genf. Als solche nimmt sie dann im Jahr 2002 meine Einladung als zweite Weltethos-Rednerin nach Tübingen an.

Aber niemand ahnt 1995, welch katastrophale Ausmaße wenige Jahre später die Krise um die *sexuellen Missbrauchsfälle katholischer Kleriker* gerade in Irland haben würde, wie das aus den offiziellen Untersuchungen des Ryan-Reports (2009) und des Cloyne-Reports (2011) hervorgeht, und wie systematisch die Vertuschung der Bischöfe praktiziert wird, noch verstärkt von einem feierlichen Schreiben Kardinal Ratzingers an alle Bischöfe über die »schweren Vergehen« vom 18. Mai 2001. Die Beunruhigung in der Bevölkerung wird jetzt so groß, dass auch die Regierung Stellung nehmen muss. Und etwas bisher in Irland Unerhörtes geschieht: Am 20. Juli 2011 kritisiert der irische Premierminister ENDA KENNY den Vatikan heftig öffentlich im Parlament. Kenny klagt den Vatikan an, eine »calculated, withering position«, eine »kalkulierte vernichtende Position« zum Sexualmissbrauch einzunehmen, und der Heilige Stuhl sei »entirely unhelpful«, »absolut keine Hilfe«, gewesen für die irischen Bischöfe beim Versuch, mit dem Missbrauch fertigzuwerden. Der Premier erklärt zum Cloyne-Report: »Er zeigt einen Versuch des Heiligen Stuhls, der erst drei Jahre her ist, eine Untersuchung in einer souveränen, demokratischen Republik zu vereiteln. Damit bringt der Cloyne-Report die Dysfunktion und Abgehobenheit, den Elitismus und Narzissmus ans Licht, welche die Kultur des Vatikan bis zum heutigen Tag beherrschen ... Vergewaltigung und Folter von Kindern wurden heruntergespielt oder ›geregelt‹, um stattdessen den Primat der Institution, ihre Macht, ihren Status und ihren ›Ruf‹ aufrechtzuerhalten.«

Nie hatte ein katholischer Regierungschef, und erst recht kein irischer, solche Worte gegenüber dem Heiligen Stuhl gebraucht. Unter den irischen Bischöfen wagt einzig der neue Erzbischof von Dublin, Dr. DIARMUID MARTIN, zu sagen, er sei beeindruckt von der Emotion der Kenny-Rede. Als früherer Vertreter des Heiligen Stuhls bei der UNO in Genf diplomatisch versiert, drängt er den Vatikan, auf den Cloyne-Report sachgemäß zu antworten. Aber im Vatikan merkt man noch immer nicht, welche Stunde für die Kirche geschlagen hat. So schwelt denn der Konflikt bis auf den heutigen Tag. Weder im Vatikan noch in der irischen Hierarchie weiß man einen Ausweg aus der Krise.

Mit Irland bleibe ich weiter in Verbindung. Vom 24. bis 27. August 1989 mache ich mit dem vielfach ausgezeichneten österreichischen Dokumentarfilmer JOS ROSENTHAL und einem Fernsehteam des ORF eine faszinierende Reise zu einigen der historischen Stätten an der Westküste Irlands wie die spätgotische Moyne Abbey und das Achill Island in der Grafschaft Mayo und gebe dort Statements zur Thematik: »Ist Friede möglich?«. Landschaft und Ruinen von Kirchen und Friedhöfe wirken bei stark bedecktem Himmel recht melancholisch und lassen nachdenklich über Leben und Tod reden.

Eine besondere Freude ist es mir dann 1995, ein Ehrendoktorat vom Trinity College verliehen zu bekommen. Mit mir wird unter anderem der renommierte Germanist WOLFGANG FRÜHWALD (Präsident der Deutschen Forschungsgemeinschaft) ausgezeichnet. Ich fühle mich geehrt, im Namen aller Ehrendoktoren die Dankesrede halten zu dürfen. Im Jahr 2000 schließlich scheinen auch auf irisch-katholischer Seite die Berührungsängste mit mir an ein Ende gekommen zu sein: Vom katholischen University College Dublin werde ich eingeladen, am 8. Mai 2000 einen Vortrag über »Global Ethic – a Challenge for the New Millennium« zu halten – eine Aufgabe, der ich mich gerne unterziehe.

Wie wichtig aber nach wie vor der ständige Dialog in Nordirland – zwischen den irisch-katholischen »Nationalisten« und den britischtreuen »Loyalisten« oder »Unionisten« – nicht zuletzt für die unteren Gesellschaftsschichten ist, zeigen die 2013 wieder neu aufflammenden Krawalle. Äußerer Anlass ist der Streit um die britische Flagge auf dem Rathaus von Belfast. Der tiefere Grund aber dürfte in der geheimen Angst gerade vieler junger irischer Protestanten vor dem »Ausverkauf an Dublin« und dem irischen Katholizismus liegen. Dessen Krise hat in den ersten Jahren des 3. Jahrtausends einen Höhepunkt erreicht, nicht zuletzt im Zusammenhang mit bestimmten Entwicklungen im Vatikan.

Das domestizierte Konklave (2005)

Am 2. April 2005 stirbt Papst JOHANNES PAUL II. Die Zeit der Sedisvakanz – vom Tod des Papstes bis zur Wahl des Nachfolgers – ist die Zeit der Medien: Sie recherchieren, kritisieren, suggerieren, spekulieren … Ich werde selber in einem Höchstmaß beansprucht. Von allen Seiten kommen Anfragen in allen möglichen Sprachen: durch Rundfunk, Printmedien, Fernsehen. Ich versuche alle Wünsche nach Interviews und Stellungnahmen zu erfüllen, bin ich mir doch bewusst, dass ich nur über die öffentliche Meinung die Papstwahl beeinflussen kann.

Doch auf der anderen Seite läuft der kuriale Apparat auf Hochtouren, dirigiert vom Chef des Kardinalskollegiums, JOSEPH RATZINGER. Er wird später so tun, als habe ihn seine eigene Wahl zum Papst überrascht. Wieweit das stimmt, kann ich nicht beurteilen. Sicher ist nur eines: Joseph Ratzinger hat alles getan, um die Papstwahl im Sinn der römischen Kurie und auch in seinem eigenen zu gestalten.

Der Tag X war ja schon lange erwartet worden. Und Joseph Ratzinger hatte mithilfe des Papstes durch eine genaue Planung und Neuordnung alles bestens vorbereitet: Schon 1996 war eine neue Wahlordnung durch das Apostolische Sendschreiben »Universalis Dominici Gregis« dekretiert worden. Die Leitung der Totenfeier, die straffe Durchführung der Vorbereitung des Konklaves durch geheime Sitzungen des Kardinalskollegiums – alles findet unter seiner Leitung statt. Als Präfekt der Glaubenskongregation wäre er nicht zuständig gewesen. Aber er hat sich rechtzeitig zum Dekan des »Heiligen Kollegiums« ernennen lassen, und als solcher ist er nach der neuen Ordnung für alles und jedes zuständig. Die übrigen Chargen mit schönen Titeln scheinen verblasst, die anderen Kardinäle fungieren als Statisten außer bei der Stimmabgabe im Konklave.

So steht denn Joseph Ratzinger allein der grandios inszenierten Totenfeier auf dem Petersplatz vor. Die anwesenden Staatschefs und Regierungsvertreter samt der ganzen Klerisei können sich ihn schon recht gut als Nachfolger vorstellen. In der Folge aber wird das Kardinalskollegium abgeschottet und den Kardinälen ein Maulkorb verpasst: Anders als in früheren Konklaves durften sie schon vorher nicht mit Vertretern der Medien sprechen. Weder sollten sie von diesen Informationen empfangen, noch sollten sie überhaupt von der öffentlichen Meinung beeinflusst werden. Zugleich werden sie in den folgenden Tagen voll beschäftigt mit neuartigen Vorbereitungssitzungen, die mit liturgischen Übungen verbunden sind. Es werden dabei systematisch die anstehenden Probleme der Kirche besprochen – natürlich alles unter der Leitung des Kardinaldekans Ratzinger, der schon als ehemaliger Tübinger Fakultätsdekan Diskussionen entsprechend zu strukturieren, kanalisieren und dirigieren vermochte. Natürlich gibt es genügend Vertreter der kurialen Sicht, welche die Kardinäle auf die römische Linie zu bringen versuchen.

Schließlich findet auch erstmalig ein großer Eröffnungsgottesdienst für das Konklave statt, nicht in der Abgeschlossenheit der Sixtinischen Kapelle, sondern in St. Peter. Im Vordergrund steht dort die programmatische Rede zur Papstwahl, die nicht ein päpstlicher Prediger, sondern wieder der Kardinaldekan Ratzinger hält. Es ist die berühmt-berüchtigte Rede »Gegen die Diktatur des Relativismus«, unter welchem Etikett er alle ihm nicht genehmen modernen Strebungen subsumieren und diskreditieren konnte. So präsentiert sich ein erzkonservativer Kardinal tagtäglich seinen konservativen Kollegen als höchst kundiger und gewandter »Papabile« – wer könnte das perfekter als er? Ist dieser Joseph Ratzinger nicht ein Fels in der Brandung der Zeiten? Soll jemand gegen solche massive Indoktrinierung der Wahlmänner ankommen?

Trotzdem bleibe ich überzeugt, dass es für Ratzinger im Konklave keine Zweidrittelmehrheit geben würde. Schließlich ist der Präfekt der

Glaubensinquisition immer mehr gefürchtet als beliebt unter seinen Kollegen, und ich kann mir nicht vorstellen, wie man gerade ihn dem Volk als guten Hirten vorstellen konnte. Wie immer, ich habe mich meinerseits auf das Konklave vorbereitet und einen Brief an die Kardinäle entworfen, der ihnen für die Wahl des Papstes Kriterien vorlegt, die sich am Neuen Testament, an der großen katholischen Tradition und den Erfordernissen der Gegenwart orientieren.

Selbstverständlich habe ich mir eingehend selbstkritisch überlegt, inwiefern ich als einzelner Theologe einen Brief an das gesamte Kardinalskollegium richten dürfte. Aber nun hatte ich mich immerhin seit den 1960er-Jahren durch ein umfangreiches theologisches Œuvre ausgewiesen, sodass ich besonders für die Fragen der Kirche ein gut ausgewiesener Fachmann bin. Darüber hinaus bin ich mit Joseph Ratzinger noch einer der beiden letzten voll aktiv tätigen Konzilstheologen und kann mich von daher mit vollem Recht für die Realisierung der Desiderate des Zweiten Vatikanischen Konzils einsetzen. Und so lautete denn mein Brief in der deutschen Originalfassung:

Kriterien für die Papstwahl: ein Brief an die Kardinäle

April 2005

In Hoffnung auf eine Erneuerung der Kirche

»Sehr verehrte Herren Kardinäle,

nach einem überaus langen Pontifikat versammeln Sie sich zur Papstwahl: eine Schicksalsstunde für die katholische Kirche des 21. Jh. – zu vergleichen mit der Versammlung zum Zweiten Vatikanischen Konzil im 20. Jh.

Mit meinem früheren Tübinger Kollegen und jetzigen Präfekt der Glaubenskongregation Joseph Ratzinger bin ich wohl der letzte noch voll aktive Konzilstheologe.

Vor 45 Jahren hatte ich das Buch ›Konzil und Wiedervereinigung‹ (1960) geschrieben, das vielen Konzilsteilnehmern als Orientierungshilfe diente. Gestatten Sie deshalb, liebe Mitbrüder, mir altgedientem Theologen, der bei aller Kritik an der Politik des verstorbenen Papstes immer treu zu seiner Kirche gestanden hat, Ihnen einige Überlegungen zu unterbreiten, die, wie ich meine, wichtige Gesichtspunkte für die kommende Wahl bieten können.

Im Vatikanum II hatten wir unterschieden zwischen den Problemen der Kirche ad extra und denen ad intra. Und ein Großteil der Katholiken dürfte mit mir der Meinung sein: Ad extra, nach außen, kann die Linie Johannes Pauls II. weithin fortgesetzt werden: Auch der nächste Papst sollte ja ein Verteidiger der Menschenrechte sein, ein Förderer des Weltfriedens und ein Brückenbauer zu den anderen Religionen. Aber wie steht es mit der Kirche ad intra?

Offene Gespräche mit Seelsorgern und Gläubigen in Ihren Heimatdiözesen werden Ihnen bewußt gemacht haben: Der innere Zustand unserer Kirche ist schlechter als vor 30 Jahren. Immer wieder war ein Widerspruch festzustellen zwischen des Papstes Engagement nach außen, in der Welt, und einem fehlenden Engagement für Menschenrechte, Frieden und Dialog innerhalb der Kirchengemeinschaft. Natürlich ist der Einsatz nach außen einfacher, da man anderen ins Gewissen reden kann, als der nach innen, wo eine selbstkritische Gewissenserforschung gefordert ist, die möglicherweise unbequeme Konsequenzen hat. Ein kommender Papst kann jedenfalls die Menschen nur dann überzeugen, wenn er die Reform bei sich und den Seinen anfängt. ›Reformatio in capite et membris‹ – eine Forderung schon im Spätmittelalter: ›Reform an Haupt und Gliedern‹.

Doch was für einen Papst braucht unsere Kirche in dieser Stunde? Darum kreist gewiß auch Ihr Denken. Ich fasse alles in fünf Kriterien zusammen. Sie sind nicht beliebig. Sie sind am Neuen Testament, an der großen katholischen Tradition und am Zweiten Vatikanischen Konzil ausgerichtet.

(1) Ein evangelisch gesinnter Papst: Wir leben in einer ernsten Zeit – nicht nur weil in den meisten Ländern der Priesternachwuchs, sondern auch die Identifizierung der jungen Generation und der Frauen mit der Kirche und überhaupt der Einfluß der Kirche in der Öffentlichkeit rapide zurückgehen. In dieser Stunde braucht es einen Papst, der sich grundlegend an den Erfordernissen des Evangeliums Jesu Christi orientiert und der gerade so einen Blick für die Bedürfnisse der heutigen Menschen hat.

Niemand will zurück in die Zeiten einer mittelalterlichen Papstkirche, wo ein theokratisch regierender päpstlicher Monarch meinte, über die apostolischen Kirchen des Ostens und die Kirchen des Westens, ja, über die Gewissen der Menschen absolutistisch herrschen und gar weltlichen Regierungen die Moral diktieren zu können.

Selbst Papst Wojtyła ist es trotz aller Reden und Reisen nicht gelungen, seine rigorosen Auffassungen insbesondere in Sexual- und Ehemoral gegen die überwältigende Mehrheit auch nur der Katholiken und die nationalen Parlamente (etwa in Polen) durchzusetzen. Alle vatikanischen Verlautbarungen, disziplinarischen Sanktionen und alle offenen und versteckten Einflußnahmen haben kaum etwas erreicht. Im Gegenteil, die ›Evangelisierungs‹-Kampagne hat die Ängste vor dem geistlichen Imperialismus Roms geschürt und zur Ablehnung des Namens Gottes und sogar des Christentums als Kulturfaktor in der Präambel der Europäischen Verfassung unausgesprochen beigetragen.

Vielerfahrene wie Sie wissen: Die gut organisierten päpstlichen Massenveranstaltungen können nicht verbergen, daß es nicht gut steht um unsere Kirche. Die Kader sind ausgedünnt, der Nachwuchs fehlt, in Bälde werden nicht nur im deutschen Sprachraum fast zwei Drittel der Pfarreien ohne ordinierte Seelsorger und ohne regelmäßige Eucharistiefeiern sein. Der zölibatäre Klerus ist im Aussterben und durch die Pädophilie-Skandale von USA bis Österreich in seiner Glaubwürdigkeit schwer erschüttert …

Meine *erste große Bitte* an Sie ist, vorgetragen im Namen vieler: Wählen Sie einen Papst, der sich nicht ans mittelalterliche Kirchenrecht klammert, sondern der sich nach dem Kompaß des Evangeliums richtet, das für alle anstehenden Probleme in Richtung Freiheit, Barmherzigkeit und Menschenfreundlichkeit weist. Der nächste Papst braucht, wenn er das Vertrauen der Menschen gewinnen will, nicht nur eine formale, juridische, institutionelle, sondern eine persönliche, sachliche, charismatische Autorität.

Mit einem Wort: Wählen Sie, liebe Mitbrüder, einen *evangelisch gesinnten Papst*, der schlicht so handelt, wie der Herr selber handelte, von dem es heißt: ›Ich bin der Weg, die Wahrheit und das Leben‹ (Jo 14,6).

(2) Ein kollegialer Mit-Bischof: Längst hinter uns liegt das 19. Jh., da man in Rom zur Abwehr des modernen Liberalismus und Sozialismus meinte, mit Zentralisierung und Bürokratisierung reagieren zu müssen. Damals versuchte man das mittelalterlich-gegenreformatorische Paradigma von Kirche gegen die Moderne neu durchzusetzen. Ich erinnere mich genau an die vielen Gespräche mit Theologen und Bischöfen während des Zweiten Vatikanischen Konzils. Einig war man sich darin, daß Zentralismus, Iuridismus und Triumphalismus Irrwege sind. Das alles sollte durch das Konzil überwunden werden.

Vielerfahrene wie Sie wissen, daß in den vergangenen Jahrzehnten vielfach gegen den Geist der Kollegialität verstoßen wurde. Bischöfe wurden auf die vatikanische Linie festgelegt, was auf Kosten ihrer Glaubwürdigkeit vor ihrem Klerus und Kirchenvolk ging.

Deshalb meine *zweite große Bitte* an Sie: Wählen Sie einen Papst,
– der die in der Kirche seit den ersten Jahrhunderten gegebene und vom Vatikanum II feierlich bestätigte Kollegialität des römischen Bischofs mit den anderen Bischöfen wieder herstellt;
– der die Kirche nicht einseitig als Machtapparat versteht, was Dialog und echte Demokratie ausschließt, sondern als Glaubensgemeinschaft, als Volk Gottes, in dessen Dienst Papst und Bischöfe stehen;
– der die kirchlichen Ämter also nicht als ›heilige Herrschaft‹ (= Hierarchie) ansieht, sondern als Dienst (= Diakonia) an den Menschen;
– der sich nicht als Alleinherrscher präsentiert, sondern als leitender Bischof, eingebunden in das Bischofskollegium, im Dienst der ganzen Ökumene;
– der von den Bischöfen keinen blinden Gehorsam und Linientreue erwartet, sondern, in Verbindung mit dem Papst, Eigenverantwortung von ›guten Hirten‹, die sich im Geist Jesu Christi primär mit den Menschen ihrer Diözese und ihres Landes identifizieren.

In einem Wort, wählen Sie, liebe Mitbrüder, einen *kollegialen Mit-Bischof*. Denn: ›Einer sei euer Meister, ihr alle seid Brüder‹ (Mt 23,8).

(3) Ein frauenfreundlicher Seelsorger: Ihnen, sehr verehrte Kardinäle, ist seit dem Zweiten Vatikanischen Konzil bewußt, daß eine effiziente Kirchenleitung die andere Hälfte der Menschheit, die weibliche, nicht als Kirchenmitglieder zweiter Klasse behandeln darf, die sich den Männern in stiller Unterordnung einfach zu fügen hätten.

Vorbei sind erfreulicherweise die Zeiten des Patriarchats, in denen die Frauen schweigend hinnahmen, daß männliche kirchliche Amtsträger ›ihr‹ Wesen und ›ihre‹ Rolle in Kirche und Gesellschaft zu definieren hätten. Sie bestimmen heutzutage als mündige Christinnen selber, worin sie ihre Aufgabe auch in der Kirche sehen. Selbst im Namen des Vatergottes und des Mannes Jesu läßt sich heute keine Männerherrschaft und Frauenunterdrückung in der Kirche mehr legitimieren.

Auch der große Marienverehrer Karol Wojtyła, der von manchen traditionellen katholischen Frauen bewundert wurde, stieß bei Millionen moderner Frauen auf energische Ablehnung, wenn er sie wegen Empfängnisverhütung zur ›Kultur des Todes‹ rechnete, wenn er andererseits Frauen wegen ihres Geschlechts als für höhere Weihen untauglich erklärte und wenn er dies gar als Gottes Willen und unfehlbare Lehre verkünden ließ. Unter seinem Pontifikat wurde es von immer weniger Frauen hingenommen, daß männliche Machthaber sie zu Befehlsempfängerinnen oder gar zu Objekten degradieren.

Deshalb meine *dritte große Bitte* an Sie, vorgetragen stellvertretend für ungezählte Frauen und Männer in unserer Kirche: Wählen Sie einen Papst,

– der Sexismus und Patriarchalismus in der Kirche und die Einteilung der Kirchenmitglieder in solche erster und zweiter Klasse ablehnt;
– der das Recht der Theologinnen und Theologen auf freie Meinungsäußerung gewährleistet;
– der bei komplexen Problemen wie Empfängnisverhütung, Abtreibung und Homosexualität auf moralisierende Verdikte verzichtet;
– der das Recht auf Ehe für Amtsträger, klar im Neuen Testament und in der Kirche des ersten Jahrtausends gewährleistet, respektiert und das erst aus dem 11. Jh. stammende diskriminierende Heiratsverbot für Priester überdenkt;
– der wiederverheiratete Geschiedene nicht auf Dauer unbarmherzig von der Teilnahme an der Mahlgemeinschaft fernhält;
– der das Recht der Ordensfrauen auf eigene Lebensgestaltung und Kleidung anerkennt;
– der die Ordination der Frau, wie sie sich vom Neuen Testament her für die heute veränderte Situation aufdrängt, gestattet;
– der die unselige Enzyklika ›Humanae Vitae‹ Pauls VI. über die Pille, die zahllose Katholikinnen ihrer Kirche entfremdet hat, korrigiert und die Selbstverantwortung der Partner für Geburtenkontrolle und Kinderzahl ausdrücklich anerkennt;
– der also die unterschiedlichen Fähigkeiten, Berufungen, Charismen in der Kirche ernstnimmt, die für den Aufbau einer partnerschaftlichen Gemeinschaft von Frauen und Männern wichtig sind.

Mit einem Wort: Wählen Sie, liebe Mitbrüder, einen *frauenfreundlichen Papst*. Denn: ›In Christus gibt es weder Mann noch Frau‹ (Gal 3,28).

(4) Ein ökumenischer Vermittler: Auch diejenigen unter Ihnen, verehrte Kardinäle, die aus mehrheitlich katholischen Ländern kommen, verstehen seit dem Zweiten Vatikanischen Konzil, daß sich auch die römisch-katholische Kirche nicht als ›alleinseligmachende‹, als die einzig wahre Kirche Jesu Christi über andere erheben darf. Und gewiß kennen auch Sie Katholikinnen und Katholiken, die nicht länger hinnehmen wollen, daß die Kirchen sich wegen bestimmter Lehrgegensätze ausgrenzen und Christen wegen anderer Konfessionszugehörigkeit sich bis in die Familie hinein gegenseitig diskriminieren.

Vorbei sind heute für viele Christen die Zeiten

– der konfessionellen *Amtsanmaßung*, die Amtshandlungen von protes-

tantischen oder anglikanischen Pfarrern oder Pfarrerinnen (vor allem beim Abendmahl) für ungültig ansieht, die eine konfessionsverbindende Ehe als Vergehen und die aktive Teilnahme an einem evangelischen Abendmahl als religiöses Delikt betrachtet und ökumenische Gottesdienste am Sonntag strikt verbieten will;
– der konfessionellen *Gemeinschaftsverweigerung*, die von der Großzahl der katholischen wie evangelischen Gläubigen nicht mehr verstanden und hingenommen wird, ja, die ihnen gegen den Geist Jesu zu verstoßen scheint, der bekanntlich alle, auch die von der frommen Gesellschaft Ausgeschlossenen, an seinen Tisch geladen hatte.

Johannes Paul II. hat während seines langen Pontifikats immer wieder Gesten guten Willens gemacht. Immerhin konnte eine gemeinsame katholisch-lutherische Erklärung zur Rechtfertigungslehre feierlich verabschiedet werden. Aber – viele hat enttäuscht, daß den ökumenischen Worten und Gesten keine wirklichen ökumenischen Taten folgten. Im Gegenteil: Die Beziehungen zum Weltrat der Kirchen tragen wegen des andauernden römischen Machtanspruchs wenig Frucht und die Beziehungen zur russischen orthodoxen Kirche sind wegen römisch-katholischer Missionierungsbestrebungen belastet.

Deshalb *meine vierte große Bitte* im Namen auch vieler Freunde in den anderen christlichen Kirchen: Wählen Sie einen Papst
– der die Ergebnisse der ökumenischen Dialogkommissionen sich zu eigen macht und energisch in die Tat umsetzt;
– der die durch ökumenische Kommissionen schon längst empfohlene und vielerorts schon praktizierte Anerkennung protestantischer und anglikanischer Ämter endlich vollzieht;
– der die ›Verwerfungen‹ aus der Reformationszeit und die Exkommunikation Martin Luthers aufhebt;
– der die in vielen Gruppen und Gemeinden schon längst ohne großes Aufsehen praktizierte eucharistische Gastfreundschaft und die vielfältige praktische Zusammenarbeit begrüßt und fördert.

In einem Wort: Wählen Sie, liebe Mitbrüder, einen *ökumenischen Vermittler* zum Papst. Denn: Für alle Gläubigen, heißt es im Johannesevangelium (Jo 17,21), ›bitte ich, daß alle eins seien‹.

(5) Ein Garant für Freiheit und Offenheit in der Kirche: Spätestens seit dem Vatikanum II sind die Zeiten vorbei, da man unseren christlichen Glauben als die einzig legitime Religion auf Erden bezeichnen konnte, ja, den Glauben der anderen als Ausgeburt der Unwissenheit, der Selbstrechtfertigung und der Sünde diffamieren durfte. Unvereinbar mit dem Geist des

Nazareners, der vielen Nichtjuden Sympathie, ja Liebe entgegengebracht hat, sind

– der europäische *Kolonialismus*, der in Christi Namen andere Religionen und Kulturen vor allem in Lateinamerika und Afrika mutwillig und planmäßig zerstörte;

– der römische *Imperialismus*, der alteingesessene (apostolische) wie junge christliche Kirchen zu gängeln und auf ein in vieler Hinsicht fragwürdiges Kirchenrecht und Liturgieregulierung zu verpflichten trachtete, statt die Kirche zu Selbstunterhalt, Selbstverwaltung und Selbstverbreitung anzuhalten.

Johannes Paul II. hat auf vielen seiner Reisen regelmäßig die Begegnung mit Vertretern anderer Religionen gesucht. Die von ihm initiierten Friedensgebete in Assisi 1986 und 2002 waren wichtige Zeichen. Trotzdem ließ er es zu, daß in einem von ihm approbierten Lehrschreiben behauptet werden konnte, Nichtchristen lebten ›objektiv in einer schwer defizitären Situation‹. Das hat viele Nichtchristen abgestoßen und der Glaubwürdigkeit des Papstes schwer geschadet. Er brachte so das kritisch-selbstkritische Gespräch mit den Weltreligionen – sieht man von seinen Aussagen über Judentum und Holocaust ab – in keiner nennenswerten Weise voran.

Deshalb meine *fünfte große Bitte* an Sie in Verantwortung für eine bessere und friedlichere Welt: Wählen Sie einen Papst,

– der bei allem Anspruch auf Wahrheit kein Wahrheitsmonopol beansprucht;

– der die anderen Religionen nicht nur belehren, sondern auch von ihnen, von ihren ästhetischen, spirituellen, liturgischen, ethischen und theologisch-philosophischen Traditionen, ohne alle synkretistische Vermischung lernen will;

– der den National-, Regional- und Lokalkirchen eine angemessene Autonomie läßt, damit sie in eigener Verantwortung ihren Lebens- und Organisationsstil gestalten können;

– der auch unangenehme ›Anfragen‹ (wie die nach Bevölkerungsexplosion, Empfängnisverhütung und kirchlicher Unfehlbarkeit) ernstnimmt und beantwortet;

– der somit statt des römisch-absolutistischen Herrschaftsprimats einen vom Evangelium her erneuerten und der Freiheit verpflichteten pastoralen Dienstprimat (nach dem Vorbild Johannes' XXIII.) vertritt.

In einem Wort: Wählen Sie, liebe Mitbrüder, einen *Garanten für Freiheit und Offenheit in der Kirche*. Denn: ›Wo der Geist des Herrn ist, da ist Freiheit‹ (2 Kor 3,17).

Anders als zur Zeit Johannes' XXIII. und des Zweiten Vatikanischen Konzils herrscht in großen Teilen unserer Kirche heute Pessimismus und Defätismus. Das erfüllt mich mit tiefer Sorge, habe ich doch ein Theologenleben lang dafür gearbeitet, daß Menschen *trotz großer Enttäuschungen in unserer Kirche die Hoffnung bewahren.* Jetzt freilich liegt es an Ihnen, durch die Wahl eines neuen Papstes *die Hoffnung der Menschen zu stärken* und die Kirche aus der Hoffnungskrise herauszuführen. So viele Menschen in und außerhalb der katholischen Kirche erwarten, daß der Reformstau aufgelöst und die schon längst anstehenden strukturellen Probleme offen besprochen und einer Lösung zugeführt werden – sei es durch den neuen Papst persönlich oder aber durch die Bischofssynode oder schließlich durch ein Drittes Vatikanisches Konzil.«

So weit mein offener Brief an die Kardinäle zur Papstwahl 2005. Wieweit dieser offene Brief seine Adressaten erreicht hat, ist mir unbekannt. Schon 2004 hatten wir die Adressen vorbereitet, um den Brief möglichst direkt an die betreffenden Kardinäle gelangen zu lassen. Auch haben wir uns bemüht, ihn in den verschiedenen römischen Kardinalsresidenzen an den Mann zu bringen. Es war jedenfalls ein ziemlich mühseliges Unterfangen, besonders angesichts der nun gegenüber den Medien aufgerichteten Informationssperre. Aber wie immer, ich bin froh, dass ich mir diese ganze Mühe gemacht habe: Denn

erstens brachte der offene Brief in umfassender Weise die Desiderate ungezählter Katholiken, ja überhaupt Christen, an den kommenden Papst zum Ausdruck;

zweitens wurde er auch durch die Medien weiterverbreitet[4];

drittens bietet der Brief ein gut strukturiertes Anforderungsprofil, nach welchem der neue Papst beurteilt werden kann. Wer wird es sein?

Mein Wunschkandidat: Kardinal Martini

Ein Kardinal hätte diesem Anforderungsprofil am besten entsprochen: Carlo Maria Martini. Menschlich höchst sympathisch und bescheiden, als Jesuit theologisch bestens qualifiziert: zunächst als Fundamentaltheologe und dann als Professor für Neues Testament am Päpstlichen Bibelinstitut, dort Rektor von 1969 bis 1978, im selben Jahr Rektor der Päpstlichen Universität Gregoriana, aber schon am 29. Dezember 1979 zum Erzbischof von Mailand ernannt. Das war mitten in meiner großen Auseinandersetzung mit Rom. 1983 wurde er zum Kardinal ernannt und galt seither als »papabile«, als ein Favorit für die künftige Papstwahl. Ich habe schon bald Kontakt mit ihm aufgenommen, habe ihm meine Bücher geschickt und ihn in Mailand besucht.

Anfang November 1994 nehme ich in Riva del Garda an der Weltkonferenz der Religionen für den Frieden (WCRP) teil und halte am 4. November einen Vortrag über Weltethos. Am Tag zuvor war ein Sensationsartikel in »La Stampa« erschienen mit dem ominösen Titel »Martini – ein Verschwörer gegen den Papst« (»Martini – congiurato anti-Papa«), der mich als Mitverschwörer bezeichnet, der mit Martini auf den Rücktritt des Papstes hinarbeite. Der Hintergrund: ein Buch des papstnahen Journalisten Vittorio Messori, der aber für seine *Verschwörungsthese* keine Namen nennt. Mit Bezug darauf behauptet ein obskurer Vertreter der rechtslastigen Lega Nord, damit seien Kardinal Martini und Hans Küng gemeint. In einem Interview des römischen »Messaggero« vom 4. November 1994 weise ich diese Story als »follie«, »Verrücktheiten«, zurück. Angesichts der sich schon damals abzeichnenden Krankheit des Papstes jedoch waren Gerüchte über einen möglichen Rücktritt unvermeidlich.

Ich treffe Kardinal Martini am Rande der Konferenz in Riva del Garda am Tag darauf, am 5. November. Wir unterhalten uns eingehend über die gegenwärtige Zusammensetzung des Kardinalskollegiums und die entscheidende Frage, wie im kommenden Konklave eine Mehrheit für einen fortschrittlichen Papst erreicht werden könne. Niemand erwartete damals, dass dieser kranke Papst noch über zehn Jahre im Amt bleiben würde.

Martini und ich bleiben über die Jahre in losem Kontakt und in gegenseitiger Sympathie verbunden, und ich sende ihm weiterhin regelmäßig meine Bücher zu. Vom Vatikan aber wird schon früh die Nachricht verbreitet, auch Kardinal Martini sei krank. Insofern werden seine Chancen für die Papstwahl als gering eingeschätzt, und es fällt schließlich auf, dass er zum Konklave am Stock erscheint. Er sieht sich nicht mehr als Kandidat, erhält aber dennoch einige Stimmen. Gegen Ratzinger hat er keine Erfolgsaussichten. Ich treffe ihn nur noch einmal – kurz nach der Papstwahl 2005 in Castel Gandolfo.

Die Wahl Joseph Ratzingers 2005 – eine Riesenenttäuschung

Alte Riten können auch in modernen Zeiten ihren Reiz haben, besonders wenn sie als Weltereignis medial verbreitet werden. Die Papstwahl erfolgt in der Cappella Sixtina, deren Kamin anzeigt: schwarzer Rauch (aus verbrannten Stimmzetteln und Moos): keine Entscheidung. Weißer Rauch: Papst gewählt. Schon der erste Wahlgang ergibt für Ratzinger 47 Stimmen, für den Jesuiten und Erzbischof von Buenos Aires Bergoglio zehn, für Kardinal Martini von Mailand (der Kandidat vieler Reformkräfte) neun, für den konservativen Ruini sechs, und den früheren Kardinalstaatssekretär Sodano vier. Im dritten Wahlgang erhält Ratzinger 72 Stimmen, Bergoglio 40. Doch da platzt die Bombe: Bergoglio erklärt (aus eigenem Antrieb?), er würde die Wahl nicht annehmen. Damit ist im Grunde die Entscheidung gefallen. Im vierten Wahlgang bricht die Sperrminorität von einem Drittel, auf die wir unsere Hoffnung gesetzt hatten, mangels eines Kandidaten zusammen, und Ratzinger wird mit 84 von 115 Stimmen gewählt. Immerhin haben 31 gegen ihn gestimmt.

Ich selber sitze bei jenem entscheidenden Wahlgang mit meinem Team in Tübingen vor dem Fernseher. An diesem 19. April 2005 um 18.41 Uhr verkündet der Kardinalprotodiakon Jorge Medina, ein früher mit mir befreundeter chilenischer Konzilstheologe, die »große Freude«: »Habemus Papam, Eminentissimum ac Reverendissimum Dominum, Dominum Josephum …« Ich brauche das Ende des Satzes nicht abzuwarten, um zu wissen, was die Stunde geschlagen hat. Ich sei aschfahl geworden, hätte die Hände über dem Kopf zusammengeschlagen, sei vom Stuhl aufgesprungen und an die Terrassentür gegangen, erzählen später meine Mitarbeiter. Was mir undenkbar schien, ist eingetroffen: Ratzinger, der Großinquisitor und Gegner aller Kirchenreform, ist Papst! Doch ich habe mich rasch einigermaßen gefasst und sage: »Faktum ist Faktum. Ratzinger ist gewählt. Man wird sehen. Es muss ihm eine Chance gegeben werden.« Genau das drücke ich auch in der folgenden Pressemitteilung aus, die ich unmittelbar danach den Medien zur Verfügung stelle:

»Die Wahl von Kardinal Joseph Ratzinger zum Papst ist eine Riesenenttäuschung für die Ungezählten, die auf einen reformerischen Seelsorgepapst hofften.

Aber man muß *abwarten*. Die Erfahrung zeigt: Der Petrusdienst in der katholischen Kirche ist heutzutage eine derartige Herausforderung, daß er jede Person verändern kann: Wer als progressiver Kardinal ins Konklave ging, kann als konservativer Papst herauskommen (Montini

– Paul VI.). Wer als konservativer Kardinal ins Konklave ging, kann als progressiver Papst herauskommen (Roncalli – Johannes XXIII.).

Die *ersten Signale* werden wichtig sein:

1. die Ernennungen für die wichtigsten Kurienämter, vor allem des Kardinalstaatssekretärs und des Chefs der Glaubenskongregation;

2. die Antrittsrede, die das Programm andeuten wird;

3. die erste Enzyklika, die den Kurs abstecken wird;

4. die ersten Entscheidungen in Sachen Organisation der Kurie und weitere Äußerungen in Lehr-, Moral- und Disziplinarfragen.

Der gewählte Name Benedikt XVI. läßt die Möglichkeit offen, daß ein gemäßigter Kurs eingeschlagen wird. Geben wir ihm also eine *Chance*: Wie bei einem Präsidenten der USA, sollte man einem neuen Papst 100 Lerntage zubilligen. Er steht in jedem Fall vor gewaltigen, längst aufgestauten und vom Vorgänger nicht erledigten *Aufgaben*:

– die Ökumene der christlichen Kirchen aktiv voranbringen;
– die Kollegialität des Papstes mit den Bischöfen und die allenthalben gewünschte Dezentralisierung der Kirchenleitung zu Gunsten einer größeren Autonomie der Ortskirchen realisieren;
– die Ebenbürtigkeit von Mann und Frau in der Kirche garantieren und die volle Partizipation der Frauen auf allen Ebenen der Kirche durchführen.«

Aber gilt für Joseph Ratzinger der Satz Friedrich Schillers (Thema meines Matura-Aufsatzes): »Es wächst der Mensch mit seinen höheren Zwecken«? Was tun?

Eine Sensation: Benedikt XVI. lädt seinen Kritiker ein

Ratzingers Vorgänger, Papst Wojtyła, hatte mir weder vor noch während noch nach meiner Verurteilung rechtliches Gehör gewährt. So war mir klar, dass ich auf den nächsten Papst warten musste. 27 lange Jahre sollte das dauern. Ich hatte mir vorgenommen, den nächsten Papst, wer immer es sei, um ein Gespräch zu bitten – nicht um eine huldvolle Audienz, sondern um ein echtes Gespräch.

An Joseph Ratzinger habe ich dabei sicher nicht gedacht, aber nun ist er Papst, und warum soll ich es bei ihm nicht versuchen? Eile tut freilich nicht not, er muss sich zuerst in sein Amt einleben. Und so warte ich nicht nur die pompösen Einsetzungsfeierlichkeiten ab, sondern lasse auch noch einige weitere Wochen verstreichen, überlege mir die Sache gut, denke viel über Form und Inhalt dieses Briefes nach und mache einen Entwurf. Am Freitag, dem 27. Mai, fahre ich nach einer erfolgreichen Kirchentagsveranstaltung der Stiftung Weltethos mit dem Deutschen Fußballbund zusammen mit Dr. ALFRED SENGLE, dem früheren DFB-Syndikus und rotarischen Freund, und Prof. KARL-JOSEF KUSCHEL von Hannover zurück nach Stuttgart. Im Speisewagen diskutieren wir eifrig meinen Briefentwurf. Beide sind der Meinung, ich könne Papst Ratzinger nicht einfach vor die Alternative stellen: Gespräch im Vatikan (bzw. Castel Gandolfo) oder überhaupt kein Gespräch; ich müsste ihn vielmehr etwa in Bayern oder sonstwo im Verborgenen treffen, das andere sei für den Papst eine Herausforderung und eine Zumutung. Ich aber bin der Meinung, entweder er sagt Ja, und dann kann das auch in Rom geschehen, oder er will es nicht, dann kommt es ohnehin auf den Ort nicht an.

Am 30. Mai 2005 schreibe ich, protokollarisch korrekt, »Seiner Heiligkeit Papst Benedikt XVI., Palazzo Apostolico, V-00120 Città del Vaticano«. Es folgt die persönliche Anrede in Handschrift: »Heiliger Vater, lieber Herr Ratzinger«. In diesem Fall ist es wichtig, den Brief in vollem Wortlaut wiederzugeben:

»Daß ich Sie auch mit Ihrem persönlichen Namen anzusprechen wage, wie ich es stets getan habe, seit wir uns vor fünf Jahrzehnten kennengelernt hatten, geschieht in der Hoffnung, daß trotz unserer zunehmend verschiedenen Wege doch das entscheidend Gemeinsame geblieben ist: die Gemeinsamkeit des Christseins, des priesterlichen Dienstes an derselben Kirche und des gegenseitigen menschlichen Respekts bei allen Kontroversen.

Was ich mir von unserem neuen Papst erhoffe, wissen Sie aus meinen öffentlichen Stellungnahmen. Darin habe ich auch betont, daß ich mich trotz aller Kritik nach Ihrer Wahl in meinem Urteil zurückhalten und Sie um ein Gespräch bitten würde. Dies tue ich jetzt mit diesem Brief, da für Sie die Zeit weit über einen Monat nach Ihrer Wahl doch etwas ruhiger geworden sein dürfte. Zugleich gratuliere ich Ihnen zum höchsten Dienstamt in unserer Kirche und wünsche Ihnen dafür von Herzen Gottes Segen.

Ihre und meine Position innerhalb der katholischen Kirche waren und sind in vieler Hinsicht verschieden. Um Ihnen unnötige und möglicherweise unangenehme Diskussionen zu ersparen, gestatte ich mir deshalb, meinen in verschiedenen Zeitungen vor dem Konklave publizierten Offenen Brief an die Kardinäle beizulegen, den Sie möglicherweise nicht kennen. Er stellt meine Sicht des künftig notwendigen Kurses in der Kirche umfassend dar. Doch möchte ich es ganz Ihnen überlassen, ob Sie in dem von mir gewünschten Gespräch darin genannte Einzelpunkte ansprechen wollen, bei denen man sich begründete Hoffnungen auf Gemeinsamkeit machen kann. Sie haben ja selber die Ökumene der christlichen Kirchen und den Dialog der Religionen als Schwerpunkte Ihres Pontifikats angekündigt und vor kurzem in Bari kraftvoll bestätigt.

Was also soll der Zweck dieses Gespräches sein? Sicher werde ich Sie nicht um die Rückgabe der Missio canonica bitten. Meine ich doch nach 1979 gezeigt zu haben, daß ich, notgedrungen, auch ohne diese eine Theologie treiben kann, die in und außerhalb unserer Kirchengemeinschaft als katholisch anerkannt war und ist, die ich aber niemandem als ›die‹ katholische aufgedrängt habe. Es ist Ihnen indes bewußt, daß ich dabei Anliegen vertrete, die von großen und gewichtigen Teilen unserer katholischen Kirche mitgetragen werden. Es geht mir also nicht um meine Person, sondern um die gemeinsame christliche Sache, und es wäre für viele in aller Welt ein unübersehbares Hoffnungszeichen Ihres Pontifikats, wenn es zu einem solchen Gespräch käme. Was zwischen Ihnen und mir im Juli 1983 in Adelholzen/Chiemsee und was zwischen dem Präsidenten der Deutschen Bischofskonferenz, Kardinal Lehmann, und mir auf dem letzten Katholikentag in Ulm möglich war, müßte doch zwischen Ihnen und mir auch jetzt möglich sein: ein ernsthafter, ehrlicher und freundlicher Austausch auch unterschiedlicher Auffassungen über die Zukunft der Kirche, die uns beiden am Herzen liegt. Dazu gehört nicht zuletzt das Projekt Weltethos, zu dem Sie sich zu meiner Freude vor kurzem grundsätzlich positiv geäußert haben.

So möchte ich Sie denn in aller Form um ein persönliches Gespräch, trotz aller Ihrer Verpflichtungen in möglichst absehbarer Zeit, bitten, für welches ausreichend Zeit zur Verfügung stehen sollte. Ich bin überzeugt, daß dieses Gespräch dem gegenseitigen Verständnis und dem Wohl unserer Kirche dienen wird. Und allzu viele Jahre sind uns Altersgenossen und früheren Tübinger Kollegen jetzt ohnehin nicht mehr geschenkt.

In der Hoffnung auf eine positive Antwort auf meinen Brief sende ich Ihnen freundliche Grüße und Wünsche

Ihr Hans Küng«

Ich lege dem Papst meinen offenen Brief an die Kardinäle bei.

Erfreut bin ich, dass ich schon nach zwei Wochen, am 15. Juni 2005, einen freundlichen Brief als Antwort erhalte. Ich finde es fair, sie ebenfalls in vollem Wortlaut abzudrucken. Ich tue das umso lieber, als Papst Benedikt in diesem Brief in sehr nobler Weise auf mich zugeht.

»Lieber Herr Küng!

Für Ihren freundlichen Brief vom 30. Mai danke ich Ihnen bestens. Dankbar bin ich Ihnen besonders, daß Sie das gebliebene Gemeinsame und den gegenseitigen menschlichen Respekt bei aller Kontroverse unterstreichen, der für Christenmenschen immer selbstverständlich bleiben muß.

Natürlich bin ich zu einem Gespräch mit Ihnen bereit. Ein solches Gespräch wird freilich von allen Seiten sehr aufmerksam beobachtet werden; die unterschiedlichsten Interessenperspektiven werden sich darauf richten und es je auf ihre Weise auszulegen und zu gebrauchen versuchen. Deswegen ist es unerläßlich, daß Ziel und Grenzen der Begegnung genau definiert werden, um Mißbrauch so weit wie möglich zu vermeiden, durch den am Ende der Schaden größer werden könnte als der Nutzen.

Sie haben dankenswerterweise klargestellt, daß Sie nicht um die Rückgabe der Missio canonica bitten werden. Das ist eine wichtige Klärung, der ich eine weitere hinzufügen möchte. Es kann nicht darum gehen festzulegen, ob und inwieweit Ihre Theologie als katholisch im Sinn des Glaubens der katholischen Kirche bezeichnet werden kann bzw. welche Ihrer Positionen innerhalb des katholischen Glaubens und der katholischen Kirche möglich sind und welche nicht. Wenn es Ziel der Begegnung wäre, darüber verbindliche Ergebnisse zu erreichen, müßte der Weg der kirchlichen Ordnung eingehalten werden, das heißt es müßten zunächst die für Sie unmittelbar zuständigen Bischöfe – der Bischof von Basel und der Bischof von Rottenburg-Stuttgart – gehört und ins Gespräch einbezogen werden. Auch innerhalb des heiligen Stuhls müßten dann die entsprechenden Organe eingeschaltet werden. Der Papst ist – das wissen Sie am besten – kein absoluter Monarch; seine Entscheidungsvollmacht und -pflicht setzt die gebührende Form der Beratung voraus. Wenn Sie also Ergebnisse in dieser Richtung für nötig oder wünschenswert hielten, müßte das Gespräch diesen weiteren institutionellen Rahmen erhalten.

Ein persönliches Gespräch ohne diesen institutionellen Kontext ist dann möglich, wenn diese Begegnung von jeder Art von Entscheidungszwängen frei gehalten wird. Dann würde es sich um einen brüderlichen Austausch handeln, bei dem jeder auf seine Weise lernt, aber keiner versucht, Bestätigungen welcher Art auch immer nach Hause zu tragen. Es wäre dann – angesichts aller Erwartungen der Öffentlichkeit – auch notwendig, daß wir selber ein Kommunique erarbeiten, in dem wir –

verbindlich für uns beide – der Öffentlichkeit mitteilen, worum es in dieser Begegnung ging und worum nicht.

Ich möchte Sie nun bitten, mir mitzuteilen, welchen Gesprächstypus Sie wählen. Wenn Sie sich für die zweite Hypothese, das heißt für eine brüderliche Begegnung ohne den Versuch institutionell verwertbarer Ergebnisse entscheiden können, werde ich die ›Prefettura della Casa Pontificia‹ bitten, im Mosaik der Termine dieses Herbstes (in Castel Gandolfo) Vorschläge für Sie einzuplanen und Ihnen möglichst bald mitzuteilen.

Mit Recht machen Sie am Ende Ihres Briefes darauf aufmerksam, daß ›allzu viele Jahre … uns Altersgenossen und früheren Tübinger Kollegen jetzt ohnehin nicht mehr geschenkt‹ sein werden. Das wird es uns erleichtern, uns ganz dem Urteil des uns erwartenden Herrn zu unterstellen und nicht nach den Benotungen zu fragen, die uns von der Öffentlichkeit zugeteilt werden.

In diesem Sinn verbleibe ich in freundlicher Verbundenheit im Herrn
Ihr

Joseph Ratzinger
Papst Benedikt XVI.«

Am 27. Juni 2005 antworte ich dem Papst auf den Brief, der »mir in Inhalt und Ton Freude bereitet« habe. Herzlich danke ich für seine Gesprächsbereitschaft und füge hinzu: »Selbstverständlich bin ich mir über die Implikationen dieses Gesprächs für die Öffentlichkeit im klaren. Ich bin Ihnen dankbar, daß Sie die beiden Gesprächstypen klar unterscheiden. So sehr ich stets auf meine Katholizität Wert gelegt habe, so zielte doch mein Brief vom 30. Mai auf den zweiten von Ihnen beschriebenen Gesprächstypus: auf eine brüderliche Begegnung, ohne den Versuch institutionell verwertbarer Ergebnisse. Selbstverständlich ist es mir auch sehr recht, wenn wir ein Kommuniqué erarbeiten, in dem wir verbindlich der Öffentlichkeit mitteilen, worum es in dieser Begegnung ging und worum nicht.«

Was das Datum betrifft, weise ich den Papst darauf hin, dass ich im September am Kongress der Academia Europaea zum Einstein-Jahr in Potsdam teilnehmen soll, wo ich über den Ursprung des Kosmos zu reden habe, was ich ungern absagen würde. Ich würde ihm vorab mein am 15. September erscheinendes Buch »Der Anfang aller Dinge. Naturwissenschaft und Religion« zukommen lassen, welches deutlich mache, »dass wir bei aller unterschiedlichen Beurteilung der Politik des Lehramtes doch in zentralen Fragen christlicher Theologie, die mich nach wie vor intensiv beschäftigen, übereinstimmen«. Und was das Weltethos betreffe, würde ich ihm das kleine Buch »Weltethos – christlich verstanden« zusenden, das ich mit der evangelischen Pfarrerin Dr. ANGELA RINN-MAURER (Mainz) herausgegeben habe.

In Castel Gandolfo – freundschaftliche Unterredung

Am 31. August 2005, nach meiner Rückkehr von Sursee nach Tübingen, ruft mich der päpstliche Privatsekretär Dr. GEORG GÄNSWEIN an, um einen gemeinsamen Termin zu finden. Nach einigem telefonischen Hin und Her können wir den Samstag, 24. September in Castel Gandolfo festlegen. Das Gespräch mit Gänswein ist außerordentlich nett und unkompliziert, und die mir bekannte intimere Atmosphäre von Castel Gandolfo scheint mir geeigneter zu sein als der große Palazzo Apostolico des Vatikans, der 1000 Augen hat. Der Sekretär verspricht mir, ein Auto an den Flughafen Fiumicino zu schicken. Und ich betone, dass ich sämtliche Hotel- und Reisekosten aus eigener Tasche bezahlen würde.

Am 23. September fliege ich von Berlin über Zürich nach Rom. Dort werde ich von einem Auto des Vatikans abgeholt und direkt nach Castel Gandolfo gefahren. Das Hotel liegt ganz nah beim Päpstlichen Palast. Ich habe einen wunderbaren Blick auf den Albaner See und Rocca di Papa, wo die Schriftstellerin Luise Rinser gelebt hatte. Am nächsten Vormittag, dem 24. September, mache ich einen kleinen Spaziergang durch Castel Gandolfo und will an der Ecke ein paar Früchte fürs Mittagessen kaufen, befinde dann aber, dass ich vielleicht meine Kräfte noch brauche. Und so gehe ich in das Gartenrestaurant unseres Hotels.

Zu meiner größten Überraschung sehe ich ein paar Tische weiter den Mann, der mein Kandidat für die Papstwahl gewesen war, Kardinal CARLO MARIA MARTINI, Erzbischof von Mailand. Durch den Kellner schicke ich ihm meine Visitenkarte, und er lädt mich an seinen Tisch ein. Er sei am Morgen beim Papst gewesen, erfahre ich, und habe ihm drei Punkte für die Zukunft vorgeschlagen: Sehr viel weniger tun als der Vorgänger; die Präsidenten der Bischofskonferenzen zu einem freien Meinungsaustausch zusammenrufen; die Führer der Weltreligionen nicht zum Gebet, sondern zu einem mächtigen Zeugnis für Religion in der heutigen Welt zusammenbringen. »Kann Papst Ratzinger sich noch ändern?«, frage ich. Martini zögernd: »Sí, sí, aber nur langsam.« Ratzingers große Chance sei: Er könne in der Kirche Reformen durchsetzen, die er, Martini, als Papst nie hätte durchsetzen können. Und dass er mich, seinen schärfsten Kritiker, nun zu einem Gespräch empfange, sei ein Zeichen der Hoffnung, das sicher in der Kirche der ganzen Welt wahrgenommen werde.

Nachmittags um 5 Uhr am Eingang zum Palazzo Apostolico werde ich begrüßt vom lang gedienten Major der Schweizergarde, unterhalte mich kurz mit den beiden Gardisten, dann begleitet mich ein Italiener zum Lift, hinauf zu den Salotti Privati. Ich werde vom Privatsekretär Dr. Gänswein herzlich empfangen, der mich in ein kleines Empfangszimmer führt. Nur ein Augenblick, und ich werde geholt und hinübergeführt ins Arbeitszimmer des Papstes.

Er kommt mir sofort lächelnd entgegen, gibt mir die Hand und sagt: »Ich danke Ihnen.« Ich meinerseits: »Heiliger Vater, ich danke Ihnen sehr herzlich, dass Sie mir Gelegenheit zu diesem Gespräch geben; ich sehe dies als keineswegs selbstverständlich an.« Er meint: »Ja, es ist ja auch schon einige Zeit her, 1983 war's wohl, am Chiemsee.« Ich sage: »Ja, 1983.« Er bittet mich, Platz zu nehmen. Ob ich Tee nehme? Gerne. Ich erzähle ihm, dass ich schon 1948 zum ersten Mal in diesem Palazzo gewesen sei. Er staunt: »Schon unter Pius XII.?« Ich: »Ja, mit den Germanikern des ersten Jahrgangs und den Primizianten.« Das könnte man heute nicht mehr machen, sagt er, es gebe in Rom zu viele Kollegien, die das auch wollten.

Die Stimmung ist von Anfang an recht selbstverständlich, fast so wie zu Tübinger Zeiten. Keine besonderen Feierlichkeiten. Während er jedoch bei unserer letzten Unterredung am Chiemsee eher verkrampft wirkte und wir schon beim ersten Gesprächspunkt völlig verschiedene Positionen hatten, ist er jetzt wieder, wie ich ihn von früher her kenne: liebenswürdig, aufmerksam, freundlich, immer noch sehr rasch im Begreifen und rasch im Formulieren, und bei bestimmter Gelegenheit auch zu einem sehr spontanen Lachen fähig, das nicht so gezwungen wirkte wie das, was nicht nur ich bei Walter Kasper immer als etwas verkrampft angesehen habe. Das Gespräch spielt sich durchgängig auf hohem intellektuellem Niveau ab. Man merkt, dass er sich in der Geschichte gut auskennt und natürlich auch viele Kenntnisse hat von der Welt, die ihm besonders durch seine ständigen Kontakte mit dem Episkopat zufließen.

Nach dieser Einleitung fragt der Papst dann prosaisch: »Und nun, worüber wollen Sie reden?« Ich antworte: »Wir haben ja vereinbart, dass wir nicht die kontroversen Kirchenfragen ansprechen, vielmehr die grundlegenden Fragen, die heute für Kirche und Gesellschaft wichtig sind.« Da scheine mir eben das Problem der Säkularisierung besonders zentral, wo wir hier ein gemeinsames Anliegen hätten und wo es eben auch darauf ankomme, wieder neu Religion und Ethos zur Sprache zu bringen.

Und ich erzähle ihm nun von Potsdam, dass ich gerade auch vor Physikern und anderen Naturwissenschaftlern davon gesprochen habe, wie wichtig Ethos sei. In dem Moment wird er sofort sehr lebendig und sagt: »Ja, das ist ungeheuer wichtig, und ich danke Ihnen sehr herzlich für das Buch (»Der Anfang aller Dinge«), das Sie mir geschickt haben. Das ist ja hervorragend, wie Sie das gemacht haben. Es gibt leider kaum noch jemanden in der deutschsprachigen Theologie, der das auf diesem Niveau tut und Akzeptanz findet. An sich wären die Fundamentaltheologen zuständig, aber da gibt es kaum einen, der das ernsthaft betreibt. Ich finde es sehr gut, dass Sie das gemacht haben.«

Er will mir nun auch seinerseits ein Buch dedizieren, in dem er zum Problem der Säkularisierung Stellung nimmt; er hat es geschrieben zusammen mit dem atheistischen Philosophen und italienischen Senatspräsidenten MARCELLO PERA: »Ohne Wurzeln. Der Relativismus und die Krise der europäischen Kultur« (Augsburg 2005). Er geht zum Schreibtisch und schreibt dort die schöne Widmung hinein: »Professor Hans Küng freundschaftlich zugeeignet, Benedikt XVI., Joseph Ratzinger, Castelgandolfo 24. 9. 2005.«

Wir reden dann noch einige Zeit über das Verhältnis der Religionen zu den *Naturwissenschaften*. Mit Anspielung auf eine unglückliche Kolumne seines Schülers Kardinal CHRISTOPH SCHÖNBORN (Wien) betone ich, wie sehr es gerade in der Evolutionstheorie darauf ankomme, dass man bei den Fakten ansetze, die Wissenschaftler dort abhole, wo sie selber seien und nicht zu früh theologische Hypothesen einführe. Es fällt durch das ganze Gespräch hindurch kein einziges kritisches Wort von seiner Seite, keine Mahnung, keine Kritik an irgendetwas, was ich getan hatte. Insofern ist die Atmosphäre äußerst angenehm.

Natürlich bringe ich dann das Gespräch auf das *Weltethos*. Da dankt er mir auch gleich für das Buch »Weltethos christlich verstanden«. Es sei »sehr schön, dass es ein solches Buch gebe, wie man Weltethos christlich begründen könne«. Und die evangelische Theologin ANGELA RINN-MAURER habe ja einige schöne Beiträge verfasst, die ihm sehr gut gefallen hätten. Ich sage: »Das wird sie sicher sehr freuen, wenn sie das von mir hört.« Er will daraufhin ausdrücklich wissen, was unsere Stiftung tut. Ich schildere ihm vor allem, was wir in Schulen und Erwachsenenbildung tun, und überreiche ihm bei dieser Gelegenheit unsere Ausstellungsbroschüre »Weltreligionen – Weltfrieden – Weltethos«, mit der Widmung, die ich vorher schon daraufgeschrieben hatte: »Für Papst Benedikt XVI. In herzlicher Dankbarkeit für seine Gesprächsbereitschaft, 24. 9. 2005«. Er schaut sie gleich durch, wie sie aufgebaut ist, und wir reden darüber. Ich merke dann aber an: »Das Weltethos ist nichts ›Abstraktes‹, wie Sie einmal geschrieben haben: Hier können Sie sehen, dass das Weltethos so wenig abstrakt ist, wie die Zehn Gebote abstrakt sind. Und in der Weltethos-Erklärung, die ich zu verfassen hatte, kann man auch sehen, wie konkret diese Normen in die heutige Zeit hinein übersetzt werden können.«

Er erklärt dann, er habe mit »abstrakt« nur gemeint, dass »das Ethos eigentlich nur dann wirksam werden kann, wenn es in einer konkreten Religionsgemeinschaft verwurzelt« sei. Ich antworte, das sei zwar richtig und selbstverständlich könne die Religion mit einer Konkretheit argumentieren, wie man das mit einer Weltethos-Erklärung nicht könne. Aber die andere Seite der Problematik sei: Viele Menschen in Europa vor allem, und im Westen überhaupt, aber auch im früheren Ostblock bis China, sind nicht mehr in der Religion verwurzelt und beanspruchen trotzdem, Moral zu haben. Darauf schwenkt er sofort ein: »Selbstverständlich müsste man auch die Ungläubigen einschließen.« Ich sage, dass das Weltethos-Projekt eben von vornherein für Glaubende und Nichtglaubende gedacht worden sei, wobei er zustimmt.

Unterdessen ist die Zeit schon gegen 18 Uhr vorgerückt. Der Papst hatte mir Freiluftarbeiter, wie er weiß, schon vorher vorgeschlagen, ob ich nicht mit ihm im Park spazieren gehen wolle, was ich selbstverständlich mit Freuden bejahte. Zuvor aber will er doch schon zusammenfassen, was in das Kommuniqué kommen solle. Großen Wert legt er darauf, dass die Unterhaltung in einer freundschaftlichen Atmosphäre stattgefunden habe, und er fasst gewandt und konzentriert die drei Hauptpunkte zusammen:

Das Verhältnis von Religion und Naturwissenschaften, zweitens der Dialog der Religionen und drittens die gemeinsamen ethischen Standards des Weltethos. Er hatte übrigens zuvor gefragt, ob man zwei verschiedene Kommuniqués machen solle oder nur eines. Ich habe selbstverständlich für ein gemeinsames Kommuniqué plädiert.

Wir gehen dann hinunter, wo die persönliche Limousine des Papstes schon wartet. Der Chauffeur kniet nieder und küsst ihm die Hand, und ich steige links von ihm ein, vorn beim Chauffeur der Sekretär. So fahren wir dann mit ziemlich scharfem Tempo durch den einsamen Park, der viel ausgedehnter ist, als mir bekannt ist, weil man sonst nie in diesen Teil des Garten hineinkommt. Wir gehen dann durch den schönen Ölgarten spazieren und kommen schließlich zu einer Madonna-Statue, die Pius XI. hier aufstellen ließ, der ja überhaupt damals durch die Lateranverträge das Geld erhalten hatte, um Castel Gandolfo und seine Gärten wunderschön auszubauen. Da steht schon ein brauner Betstuhl, aber der Papst kniet nicht darauf hin, sondern betet stehend mit uns lateinisch den »Angelus

Domini«. Ohne alles frömmelnde Drum und Dran, auch nachher nicht, als er mir seine Privatkapelle zeigt. Auf diesem Spaziergang durch den Park sprechen wir vor allem über internationale und deutsche Politik. Die Lage der katholischen Kirche in Irland und Spanien sieht er nicht weniger kritisch als ich.

Auf einen Wink kommt das Auto wieder nachgefahren. Wir fahren in den Palazzo zurück und können uns gleich zum Abendessen setzen. Unser Gespräch setzt sich fort: Auf meine Frage, warum er sich denn in seinen Memoiren so ausführlich und so negativ über die Konfrontation mit den Tübinger 68ern geäußert habe, spricht Benedikt von hässlichen Szenen in Senat und Festsaal der Universität, wo er als Dekan unserer Fakultät hatte dabei sein müssen und sogar der damalige Rektor LUDWIG RAISER gewaltsame Szenen erlebt habe. Auf meine Frage, ob er nicht auch mit der Studentengemeinde Probleme gehabt habe, sagt er Ja, aber das sei nicht so schlimm gewesen. Auch reden wir von einigen anderen Tübinger »Fällen« in jener Zeit und sprechen schließlich auch über die in Italien gerade brennende Debatte über die Homosexualität: Ich werbe dafür, dass man die zivile Registrierung homosexueller Partnerschaften anerkennen solle, wie sie auch die Regierung des Reformkatholiken ROMANO PRODI anstrebt. Er aber meint, so geriete man auf die schiefe Ebene; das bestehende Zivilrecht würde ausreichen für solche Verträge und man sollte die homosexuellen Partnerschaften nicht immer mehr den ehelichen angleichen. In der Folge zieht denn auch der Vatikan den frivolen SILVIO BERLUSCONI, der theoretisch für die römisch-katholische Sexualmoral eintritt und andererseits Sexpartys auch mit Minderjährigen anbietet, dem ernsthaften und integren Katholiken Romano Prodi als Regierungschef Italiens vor.

Da am Samstagabend keine Sekretärin mehr da ist, schlage ich vor, dass Benedikt allein das Kommuniqué formulieren und es am Montag nach Tübingen faxen lassen möge; ich würde den Text dann umgehend durchsehen. Allerdings möge sich der vatikanische Pressesprecher JOAQUÍN NAVARRO-VALLS (vom Opus Dei) nicht einmischen, was Papst und Sekretär verständnisvoll lachend bestätigen.

Der Abschied ist herzlich. Gute vier Stunden sind inzwischen vergangen. Wir haben beide den Eindruck, dass eine Kommunikationsebene zustande gekommen ist, die auch in Zukunft Bestand haben könnte. Der Papst wünscht mir beim Abschied alles Gute, und ich danke und wünsche ihm meinerseits Gottes Segen. Der Sekretär begleitet mich im Lift nach unten. Ich sage ihm, er könne jederzeit bei mir anrufen, wenn er irgendeine Information oder Hilfe brauche oder irgendetwas der Erklärung bedürftig sei. Ja, er wolle diesen Kommunikationsfaden aufrechterhalten. Ich verabschiede mich von den Gardisten, und der Major der Schweizergarde begleitet mich bis zum Hotel und erzählt mir noch seine ganze Lebensgeschichte. Ich schlafe friedlich ein, habe aber doch noch etwas Mühe, alles zu verarbeiten.

Das gemeinsame Kommuniqué

Frohgemut fliege ich am Sonntag, dem 25. September, nach Stuttgart zurück. Das Gespräch und die ganze Begegnung haben meine Erwartungen mehr als erfüllt. Das drücke ich in meinem Dankschreiben vom folgenden Tag aus:

»In aller Kürze, aber auch in aller Herzlichkeit, möchte ich mich bei Ihnen bedanken für die für mich unvergeßlichen Stunden, die ich mit Ihnen in Castel Gandolfo verbringen durfte. Daß Sie mich so liebenswürdig empfangen und mir so viel Zeit gewidmet haben, war schon eine besondere Auszeichnung. Daß dann aber auch das Gespräch auf hohem Niveau in so konstruktiver und freundschaftlicher Weise geführt werden konnte, war besonders erfreulich. Und daß schließlich das Ganze noch in einem kleinen ›Symposion‹ mit Ihrem von mir hochgeschätzten Privatsekretär endete, bei dem wir alle möglichen Erinnerungen austauschen konnten, hat die Begegnung noch würdig abgerundet.

In der Beilage lasse ich Ihnen einige Materialien zukommen, über die wir gesprochen haben.

So danke ich Ihnen herzlich und sende Ihnen freundliche Grüße«

Am selben Tag erhalte ich das Kommuniqué aus dem Vatikan und akzeptiere es umgehend ohne Veränderungen. Wann hat schon einmal ein Papst zusammen mit einem Theologen ein gemeinsames Pressekommuniqué über ein Gespräch veröffentlicht! Hier der Text, wie er vom Vatikan sogleich publiziert wurde, im Wortlaut:

»Begegnung von Papst Benedikt XVI. mit Professor Hans Küng:

Am Samstag, den 24. September 2005, fand in freundschaftlicher Atmosphäre ein Gespräch zwischen Papst Benedikt XVI. und Professor Hans Küng (Tübingen) statt. Beide Seiten waren sich einig, daß es nicht sinnvoll sei, im Rahmen dieser Begegnung in einen Disput über die

Lehrfragen einzutreten, die zwischen Hans Küng und dem Lehramt der katholischen Kirche umstritten sind. Das Gespräch konzentrierte sich deshalb auf zwei Bereiche, die besonders in jüngerer Zeit im Vordergrund der Arbeit von Hans Küng stehen: die Frage des Weltethos und der Dialog der Vernunft der Naturwissenschaften mit der Vernunft des christlichen Glaubens.

Professor Küng stellte heraus, daß es bei dem *Projekt Weltethos* keineswegs um eine abstrakte intellektuelle Konstruktion gehe. Es werden vielmehr die moralischen Werte ins Licht gesetzt, in denen die großen Religionen der Welt bei allen Unterschieden konvergieren und die sich von ihrer überzeugenden Sinnhaftigkeit her auch der säkularen Vernunft als gültige Maßstäbe zeigen können. Der Papst würdigte positiv das Bemühen von Professor Küng, im Dialog der Religionen wie in der Begegnung mit der säkularen Vernunft zu einer erneuerten Anerkennung der wesentlichen moralischen Werte der Menschheit beizutragen. Er stellte heraus, daß der Einsatz für ein erneuertes Bewußtsein der das menschliche Leben tragenden Werte auch ein wesentliches Anliegen seines Pontifikates darstellt.

Ebenso bekräftigte der Papst seine Zustimmung zu dem Mühen von Professor Küng, den Dialog zwischen *Glaube und Naturwissenschaft* neu zu beleben und die Gottesfrage dem naturwissenschaftlichen Denken gegenüber in ihrer Vernünftigkeit und Notwendigkeit zur Geltung zu bringen. Professor Küng seinerseits drückte seine Zustimmung zu dem Mühen des Papstes um den Dialog der Religionen wie um die Begegnung mit den unterschiedlichen gesellschaftlichen Gruppen der modernen Welt aus.

Città del Vaticano, 26. September 2005«

Diese Pressemeldung geht um die Welt. Sie verschafft meinem theologischen Standpunkt Ansehen, aber auch Papst Benedikt viel Sympathie: »Vielleicht ist er auch noch zu anderen kühnen Taten fähig ...« Im Vatikan ist man verblüfft und verunsichert. Selbst lang gediente »Vaticanisti« (Vatikanexperten) sind völlig überrascht. Was sich im Vatikan sofort an Gegenkräften bildet, ist mir nicht bekannt.

Natürlich mache ich mir keine Illusionen: Wir haben zwar auch manche Fragen heutiger Weltpolitik besprochen, uns aber verabredungsgemäß auf Fragen kirchlicher »Außenpolitik« (Vatikanum II: Ecclesia ad extra) konzentriert, und die in der Kirchengemeinschaft heftig umstrittenen Fragen kirchlicher Innenpolitik (Ecclesia ad intra) höchstens am Rande gestreift. Ich hoffe, Papst Benedikt erwartet nicht, dass ich in Zukunft meine Reformanliegen – es sind ja wahrhaftig nicht nur die meinen – verschweigen würde. Schon unser Gespräch an sich ist zweifellos für viele in der Kirche ein Hoffnungszeichen, dass Papst Ratzinger vielleicht doch nicht so festgelegt sei, wie man das aufgrund seiner römischen Jahrzehnte befürchten muss. Er braucht freilich Zeit, und ich registriere aufmerksam, dass er auf der noch vom Vorgänger vorbereiteten Bischofssynode den Bischöfen vorsichtig freie Zeit zur Diskussion gewährt. Auch bin ich nach unserem Gespräch überzeugt, dass er in Zukunft konstruktive Initiativen ergreifen wird, etwa in Bezug auf den Dialog der Religionen oder die orthodoxen Kirchen.

Aber selbstverständlich kommt es bei alldem weniger auf Worte und Gesten als auf Taten an. Und solche dem widerstrebenden kurialen Hofstaat abzuringen dürfte für den Papst, wenngleich man ihm theoretisch die volle Jurisdiktionsgewalt zuschreibt, nicht einfach sein. Doch kennt Ratzinger wie kein Zweiter die Kurie und den Episkopat und ist anders als sein Vorgänger ein guter Administrator und zugleich ein Gelehrter von Format. Er könnte, wenn er wollte, Reformen durchführen, so sagte mir ja Kardinal Martini, die ein mehr progressiver Kardinal und Papst nicht so leicht durchführen könnte. Und in der Tat: Ist er nicht in der Lage eines CFO (Chief Financial Officer), der über die Buchhaltung zu wachen hatte, in Zahlen vertieft und in steter Sorge um Überschreitungen des Budgets, der jetzt aber CEO (Chief Executive Officer) geworden ist, also Leiter des ganzen Konzerns? Er muss sich jetzt auch um die Menschen kümmern, die eigene Belegschaft vor allem, aber auch um die Öffentlichkeit; er ist auf Sympathien und Unterstützung angewiesen, wenn er erfolgreich sein will, muss Menschen bewegen, gewinnen, motivieren können. In diesem Kontext muss er dann Topentscheidungen fällen, die das Ganze betreffen.

Obwohl ich in vielen innerkirchlichen Reformfragen, wie vielfach dokumentiert, konstant eine andere Auffassung vertrete als Joseph Ratzinger, so bin ich zu diesem Zeitpunkt noch überzeugt: Dieser Papst ist

– ein eher ruhiger, nachdenklicher, um Reflexion bemühter Gelehrter, der nicht ständig auf große öffentliche Auftritte aus ist; sowohl die Reisen wie die Minutenaudienzen hat er reduziert;
– ein eher langsamer, in kleinen Schritten vorangehender Oberhirte, der Zeit braucht und mit kleinen Änderungen versucht, große Veränderungen in Gang zu setzen; relativ lange Zeiten Diskussion in der Bischofssynode haben mindestens mal einen Anfang von Kollegialität geboten;
– ein noch in manchem freier, jedenfalls nicht in allen Punkten festgelegter Konservativer, der (wie in der Annahme des Gesprächs mit mir) die Welt noch mit eigenen Entscheidungen überraschen dürfte;

– einer, der von Amts wegen unter starkem Druck der (in Rom so genannten) wojtylistischen Tendenzen in der Kurie steht, von denen er sich aber in einer »discontinuità dolce« zu distanzieren versucht; einen hohen Kurialen, der ihm eine Ernennungsliste für Führungspositionen vorgelegt hat, soll er rasch freundlich verabschiedet haben.

Doch auch diese Frage bleibt: Wohin steuert Benedikt XVI.? Der Analyse hilft eine schematische Vereinfachung: Der Papst hat die Wahl zwischen einer Rückzugsstrategie in die vormoderne, vorreformatorische Konstellation (Paradigma) des Mittelalters – oder einer Vorwärtsstrategie in die nachmoderne Konstellation, in welche die Welt schon längst eingetreten ist.

Selbstverständlich verfolge ich Weg und Taten von Papst Benedikt nach unserem Treffen aufmerksam. Und muss feststellen: Leider werden die Erwartungen vieler Menschen auf weitere kühne Taten des Papstes nicht erfüllt. Für viele stellen sich bald schon die *ersten Enttäuschungen* ein, die hier nur kurz registriert werden sollen: Ich nehme dazu ohne großes Aufsehen in einzelnen Pressekommentaren kritisch Stellung.

Erste Enttäuschungen: Regensburg – Istanbul – Konstantinopel – Aparecida/Brasilien – Washington

Regensburg (12. September 2006), Islam: Der Papst zitiert in einem Vortrag über Vernunft und Glaube an der Universität Regensburg einen historischen Dialog zwischen dem byzantinischen Kaiser Manuel II. Palaiologos und einem persischen Gelehrten aus dem späten 14. Jahrhundert: Darin hatte der Kaiser die muslimische Glaubensverbreitung durch Gewalt als widersinnig kritisiert und dem islamischen Propheten Mohammed vorgeworfen, »nur Schlechtes und Inhumanes« in die Welt gebracht zu haben.

Mit seiner als islamkritisch aufgefassten Rede hat Benedikt zwar mit Sicherheit keine gezielte Provokation der islamischen Welt beabsichtigt. Dem Papst ist aber aus mangelnder Information über den Koran und den Islam ein vermeidbares Missverständnis unterlaufen. Hier zeigen sich die Grenzen des Theologen Ratzinger, der sich mit anderen Religionen nie ausreichend auseinandergesetzt hat.

Die Vorwürfe islamischer Verbände gegen die Papst-Rede sind durchaus berechtigt. Es ist höchst unklug, das historische Dokument eines byzantinischen Kaisers zu nehmen, um darzulegen, wie der Islam zu verstehen sei. Ich rate zu Mäßigung in der aufflammenden Debatte. Das

Verhältnis zwischen Christentum und Islam kann ja nicht auf das Thema Gewaltanwendung reduziert werden. In der Geschichte aller drei monotheistischen Religionen einschließlich des Judentums gab und gibt es neben Blut und Tränen immer auch viel Positives.

Der christliche Westen muss sich im Umgang mit der islamischen Welt allerdings immer bewusst bleiben, dass die Ära der Kolonialisierung und Unterdrückung der muslimischen Welt im 19. Jahrhundert von Marokko bis Indonesien im Bewusstsein der Muslime unverändert eine große Rolle spielt. Die Kriege in Afghanistan, Irak, Palästina und Libanon lassen den Westen, der sich stets seiner Demokratie und Friedfertigkeit rühmt, als Aggressor erscheinen.

Istanbul (30. November 2006), Türkei: Papst Benedikt hat in der Folge gelernt: Seine falschen Regensburger Aussagen über den Islam hat er nicht wiederholt. Vielmehr lässt er sich in Istanbul vom Präsidenten der staatlichen Religionsbehörde ALI BARDAKOĞLU in aller Öffentlichkeit über den Islam belehren. Der vom Papst geforderte ehrliche Dialog setzt in der Tat seriöse Information voraus. Darüber hinaus setzt der Papst positive Zeichen, die er sich in Regensburg wohl selbst nicht hätte träumen lassen: vornehme Zurückhaltung in der früher christlichen Hagia Sophia; Beten mit dem Großmufti in der Blauen Moschee, muslimisches Gegenstück zur Hagia Sophia; Schwenken einer türkischen Fahne … Bilder und Gesten sind oft wirkkräftiger als Worte.

Doch sie rufen nach Konsequenzen: Es braucht jetzt einen andauernden Dialog auf allen Ebenen. Und konkrete Fortschritte, natürlich auch für die christlichen Minderheiten in der Türkei. Diese macht unter der Regierung Erdoğan das epochale Experiment durch, wieweit sich säkularer Staat und Islam verbinden lassen. Wenn die katholische Kirche Jahrhunderte brauchte, um endlich im Vatikanum II (1962–65) Menschenrechte und insbesondere Religionsfreiheit zu akzeptieren, so sollte das auch im Islam möglich sein. Die Entwicklung in der Türkei wird in der ganzen islamischen Welt aufmerksam beobachtet: ob es trotz der Turbulenzen des Jahres 2013 gelingt, einen Weg zu gehen zwischen antireligiösem Säkularismus und religiösem Fundamentalismus. Der 11. September 2001 und die terroristischen Anschläge haben jedenfalls dazu geführt, dass in vielen muslimischen Ländern eine Diskussion über Gewalt und Terrorismus in Gang gekommen ist: Auch dies ist wichtig für einen aufrichtigen Dialog.

Konstantinopel (30. November 2006), Orthodoxie: Mehrfach ist nach dem Zweiten Vatikanischen Konzil die Wiederherstellung der »vollen Einheit« zwischen katholischer und orthodoxer Kirche als Ziel beschworen worden, und Benedikt XVI. lädt – ähnlich wie seine Vorgänger Paul VI. und Johannes Paul II. – zu einem »brüderlichen Dialog« ein, »um die Art und Weise zu bestimmen, wie das Petrusamt ausgeübt werden könnte und dabei gleich dessen Natur und Wesen respektiert wird«. Tatsächlich ist die geforderte universale päpstliche Jurisdiktionsgewalt, also letztlich über alle Teile der Kirche bestimmen zu können, ein völlig ungelöstes Problem zwischen den Kirchen.

Nun sind freilich keine weiteren Jahre Kommissionsarbeit in Sachen Papstamt notwendig. Lösungsvorschläge liegen seit Jahrzehnten auf dem Tisch, werden aber von Rom ignoriert. Es fehlt nicht an theologischer Erkenntnis, sondern an der römischen Bereitschaft zum Verzicht auf Machtansprüche. Was würden unsere Kirchenoberhäupter zu Christen sagen, die sich versöhnen wollen, aber immer nur »neue Gespräche«, »kleine Schritte«, »mehr Gebet« und »Hoffnung auf den Heiligen Geist« ankündigen? Es kommt doch in erster Linie auf den Papst an. Aber seine Begegnung mit dem ökumenisch aufgeschlossenen Patriarchen Bartholomaios I. ist enttäuschend. Sie geht kaum über den Bruderkuss hinaus, den schon Paul VI. 1964 mit Patriarch Athenagoras in Jerusalem ausgetauscht hatte.

Damals war immerhin die gegenseitige, neun Jahrhunderte andauernde »ex-communicatio« des Jahres 1054 aufgehoben worden. Warum also 40 Jahre nach der Jerusalemer Begegnung nicht endlich positiv die frühere »communio« wiederherstellen und durch eine gemeinsame Eucharistiefeier bezeugen? Doch stattdessen wohnt der Bischof von Alt-Rom einer Eucharistiefeier des Bischofs von Neu-Rom nur passiv bei. Haupthindernis für die Wiederherstellung der alten Kircheneinheit ist in der Tat der seit der Gregorianischen Reform des 11. Jahrhunderts erhobene Machtanspruch des Papstes über die Ostkirchen. Joseph Ratzinger hatte als mein Kollege in Tübingen noch ganz vernünftig vertreten: »Rom muß vom Osten nicht mehr an Primatslehre fordern, als auch im ersten Jahrtausend formuliert und gelebt wurde.« Das würde für heute bedeuten: Statt eines unbiblischen und erst seit dem 11. Jahrhundert von Rom beanspruchten *Jurisdiktionsprimats* über die östlichen Kirchen, aber auch statt eines belanglosen *Ehrenprimats* wäre die Lösung – in der gemeinsamen Tradition des ersten Jahrtausends – ein ökumenischer *Pastoralprimat* des Bischofs von Rom. Als Vorbild könnte Johannes XXIII. gelten, der sich weitgehend auf geistliche Führung, auf Inspiration, Mediation und Koordination beschränkte.

Aparecida/Brasilien (13. Mai 2007), Missionierung: Auf seiner Brasilienreise 2007 vermeidet der Papst die bekannten heißen Themen. Auch zur Befreiungstheologie sagt er nichts Neues, nimmt aber zur Frage der christlichen Mission bzw. der spanischen Conquista in Lateinamerika Stellung, dies allerdings in einer völlig unpassenden Weise:

Die katholische Kirche habe sich den Indios in Lateinamerika nicht aufgezwungen. Vielmehr hätten die Stämme die Ankunft der Priester im Zuge der spanischen Eroberung »still herbeigesehnt«. Kein Wunder, dass diese Einschätzung bei den Vertretern der indigenen Völker – angesichts der Massaker an diesen Völkern, ihrer Dezimierung und der Auslöschung ihrer Kultur – höchste Empörung auslöst. Auch viele europäische Fachleute kritisieren diese Aussagen. Der Kölner Historiker Hans-Jürgen Prien, ein Spezialist für die Kirchengeschichte Lateinamerikas, wirft Benedikt »unglaubliche Geschichtsklitterung« vor. Die Rede sei »das Oberflächlich-Schönfärberischste«, was er aus päpstlichem Mund zur Mission Lateinamerikas seit 30 Jahren vernommen habe.

Washington (16. April 2008), Papst und Präsident: Für mich ist es unbegreiflich: Wie kann der Papst seinen 81. Geburtstag gerade an der Seite von George W. Bush feiern, der ihn im Weißen Haus als »persönlichen Freund« begrüßt, der aber für seine Politik die niedrigste Zustimmung seit Beginn der Statistik aufweist? Er hat ja seine große demokratische Nation mit einem Lügengeflecht sondergleichen in einen völkerrechtswidrigen und unmoralischen Krieg im Irak geführt, der Zehntausenden das Leben gekostet und Hunderte von Milliarden Dollar vergeudet hat. Ein Politiker, den viele Menschen genauso wie Slobodan Milošević lieber vor einem Kriegsverbrechertribunal statt an der Seite des Papstes sehen möchten. Und dabei kein Wort des Papstes über den Irakkrieg, die Folterungen, die Verletzung der Menschenrechte im In- und Ausland. Feigheit vor dem »Freund« … Offensichtlich sind dem Vatikan wieder einmal gemeinsame Machtinteressen und eine gemeinsame Front gegen Pille, Kondome und Abtreibung wichtiger.

Doch präsentiert sich Benedikt XVI. in den USA in einer großen Charmeoffensive ganz als freundlicher, liebenswürdiger und bescheidener Hirte, der zu allen »harten Themen« – Empfängnisverhütung, Zölibat, Frauenordination, Abtreibung, Sterbehilfe – schweigt. Offensichtlich will er alle Fettnäpfchen vermeiden. Erfreulich deutlich aber drückt der Papst in den USA nach monatelangem Zögern doch seine »tiefe Scham« über die zahllosen von Priestern begangenen Sexualdelikte an Kindern und Jugendlichen aus. Auf öffentlichen Druck hin empfängt er schließlich auch Repräsentanten von Opfern, allerdings unter Ausschluss jeglicher Öffentlichkeit. Und er zögert auch nicht, die amerikanischen Bischöfe zu kritisieren, welche auf die klerikalen Pädophilieskandale schlecht reagiert hätten. Allerdings unternimmt er keine Aktion gegen Bischöfe, die eklatant moralisch versagt haben. Auch vermeidet er als langjähriger früherer Präfekt der Glaubenskongregation, die für die Bearbeitung klerikaler Sexualdelikte zuständig ist, jedes Eingeständnis der Mitschuld. Als ob die weltweite Vertuschungs- und Verschiebungspraxis der Bischöfe nicht von Rom approbiert und gesteuert gewesen wäre! Doch hat kein amerikanischer Bischof den Mut, den Papst daran zu erinnern, dass man sich schließlich an die römischen Richtlinien gehalten habe.

Die Rede des Papstes vor den Vereinten Nationen auf derselben USA-Reise ist eher ein akademischer Vortrag, in dem er Hochschätzung für die UNO ausdrückt und nachdrücklich auf den Menschenrechten insistiert, ohne aber irgendwo konkret zu werden. So können denn alle höflich Beifall klatschen und im Übrigen weitermachen wie zuvor. Zweideutig aber ist seine Rede, die er vor mehreren Hundert katholischen Akademikern hält. Er bejaht den großen Wert der akademischen Freiheit, setzt ihr aber klare Grenzen mit den römischen »Positionen«: »Jeder Appell an das Prinzip der akademischen Freiheit, um Positionen zu rechtfertigen, die dem Glauben und der Lehre der Kirche widersprechen, würde die Identität und Sendung der Universität behindern oder gar verraten.« Trotzdem viel Beifall, kaum Einspruch. All die lehramtlich Gemaßregelten haben also mit keiner Rehabilitation zu rechnen.

Was aber hat der Papst in den USA wirklich erreicht? Kurzfristig viel römisch-katholische Begeisterung und viele positive Kommentare von weithin naiven Medien – aber langfristig? Es sind Pyrrhussiege. Ein früherer Sprecher der Amerikanischen Bischofskonferenz erinnert an die ebenfalls von Medien massiv angeheizten Triumphe von Papst Ratzingers Vorgänger Wojtyła 20 oder 25 Jahre zuvor, nach denen es allen Statistiken zufolge trotzdem mit der katholischen Kirche der USA ständig bergab ging: weniger Gottesdienstteilnehmer, Priester, Priesteramtskandidaten, Ordensangehörige, mehr Skandale, Finanzierungsprobleme, Schließung von Schulen und anderen katholischen Institutionen. Der Vatikankorrespondent der angesehenen katholischen Zeitschrift »The Tablet« (London), Robert Mickens, beschließt seine Reiseberichterstattung mit dem Urteil eines älteren Priesters aus New York: »Es war, wie wenn man seinen Schwiegervater zu Besuch hat. Man versteckt den ganzen ›Dreck‹ (›mess‹), und dann, wenn er wieder gegangen ist, holt man alles wieder heraus.«[5]

Abkehr vom Konzil: konzilsfeindliche Bischöfe akzeptiert

Joseph Ratzinger *verpasst als Papst die historische Chance*, das Zweite Vatikanische Konzil mit seinen zukunftsweisenden Impulsen auch im Vatikan zum Kompass der katholischen Kirche zu machen und ihre Reformen mutig voranzutreiben. Im Gegenteil, immer wieder relativiert er die Konzilstexte und interpretiert sie gegen den Geist der Konzilsväter nach rückwärts. Er nennt dies eine »Hermeneutik der Kontinuität«, welche die Umbrüche und Neuansätze des Konzils nicht wahrhaben will.

Ja, Papst Benedikt stellt sich sogar *ausdrücklich gegen das Ökumenische Konzil*, das nach der großen katholischen Tradition die oberste Autorität in der katholischen Kirche darstellt: Am 15. Dezember 2008 hebt Papst Benedikt XVI. die Exkommunikation der außerhalb der katholischen Kirche illegal ordinierten Bischöfe der traditionalistischen Pius-Bruderschaft auf, die das Konzil in zentralen Punkten (vor allem Religionsfreiheit, Liturgie, Ökumene, Judendekret) ablehnen. Ohne alle Vorbedingungen nimmt er sie in die Kirche auf. Erschwerend kommt noch hinzu, dass unter vier allesamt antisemitischen Bischöfen der Engländer RICHARD WILLIAMSON ein ausdrücklicher Holocaust-Leugner ist, was den Papst erneut in Konflikt mit den Juden bringt. Zudem fördert Benedikt mit allen Mitteln die mittelalterliche Tridentinische Messe und feiert selber die Eucharistiefeier gelegentlich wieder auf Latein mit dem Rücken zum Volk.

Dabei ist es durchaus zu begrüßen, dass Benedikt XVI. Ausgegrenzten die Hand zur Versöhnung reicht. Aber viele Katholiken sind empört darüber, dass er gerade diese umstrittene antiökumenische und reformfeindliche Bruderschaft wieder in die Kirche eingliedern will, und fragen: Warum übt er nicht dieselbe Toleranz zum Beispiel auch gegenüber Befreiungstheologen und Reformern? Und wenn er mit der Rechtfertigung seiner Maßnahme auch noch die Gottesferne der heutigen Zeit beklagt, dann übersieht er, dass viele Menschen in den letzten Jahren und Jahrzehnten der katholischen Kirche den Rücken gekehrt haben gerade wegen jenes restaurativen Kurses, den Kardinal Ratzinger schon als Vorsitzender der Glaubenskongregation ganz wesentlich mitgestaltet hat und den er jetzt als Papst Benedikt XVI. offenbar fortsetzen möchte.

Alle Dankbarkeit für das Castel-Gandolfo-Gespräch 2005, bei welchem mir Joseph Ratzinger sein positives Gesicht zeigte, darf mich nicht daran hindern, *gegen konzilsfeindliche Aktionen Papst Benedikts öffentlich Stellung zu beziehen*. Als »Le Monde« in dieser angespannten Situation zwei Redakteure von Paris nach Tübingen zu einem Interview schicken will, sage ich zu. Natürlich stellen NICOLAS BOURCIER und STÉPHANIE LE BARS die Fragen, die sich in dieser Situation aufdrängen. Als ich danach dieses Gespräch zur Approbation zugestellt bekomme, sage ich meinen Mitarbeitern: »Da findet sich aber auch gar nichts Positives.« Aber wirklich Positives im Sinne von Zukunftsweisendes ist in den Aktionen dieses Papstes einfach nicht zu entdecken.

So gebe ich denn das Interview frei, und »Le Monde« publiziert es am 25. Februar 2009 auf einer ganzen Seite mit großem Foto unter dem Titel »L'Eglise risque de devenir une secte«. Dieses Interview schlägt im Vatikan ein wie eine Bombe, besonders nachdem es auch noch auf Italienisch in »La Stampa« veröffentlicht worden ist. Der Erzbischof von Turin, Kardinal SEVERINO POLETTO, und die Norditalienische Bischofskonferenz nehmen öffentlich Stellung im »Osservatore Romano«. Auch der frühere Staatssekretär Kardinal ANGELO SODANO meldet sich. Schließlich liest man im römischen »Messaggero«, dass der Papst bei der Lektüre dieses Interviews »amareggiato« (»verbittert«) gewesen sei.

Doch konnte Papst Benedikt wirklich damit rechnen, mich durch jenes freundschaftliche Gespräch auf die Dauer ruhiggestellt zu haben? Einzelne Kritiker hatten schon vermutet, der Wolf habe Kreide gefressen. Aber Kreide fressen ist nicht meine Art. Wenn es nun einmal unabdingbar ist, nehme ich Stellung. Das tue ich in verschärfter Form am 22. Mai 2012 durch eine weit verbreitete *warnende Pressemeldung*, provoziert durch verstärkte päpstliche Bemühungen um »Versöhnung« mit den traditionalistischen Bischöfen und Priestern:

»… Diese (›Versöhnung‹) soll selbst dann geschehen, wenn die Piusbrüder, die entscheidende Konzilstexte weiterhin ablehnen, mit kirchenrechtlichen Kunstgriffen in die Kirche eingegliedert werden müssten. Davor müsste der Papst, nicht zuletzt von den Bischöfen, in aller Form gewarnt werden. Denn:

Der Papst würde auch ungültig geweihte Bischöfe und Priester definitiv in die Kirche aufnehmen. Gemäß der Apostolischen Konstitution Pauls VI. ›Pontificalis Romani recognitio‹ vom 18. Juli 1968 sind die von Erzbischof Lefebvre vollzogenen Bischofs- und Priesterweihen nicht nur unerlaubt, sondern auch ungültig. Diesen Standpunkt vertritt neben anderen auch ein maßgebliches Mitglied der ›Versöhnungskommission‹, KARL JOSEF BECKER SJ, jetzt Kardinal.

Mit einer solch skandalösen Entscheidung würde sich Papst Benedikt in seiner allseits beklagten Abgehobenheit noch mehr vom Gottesvolk entfernen. Ihm sollte die klassische Lehre vom Schisma eine Warnung sein. Ihr zufolge geschieht eine Spaltung der Kirche, wenn man sich vom Papst trennt, aber auch wenn man sich vom übrigen Leib der Kirche trennt. ›So könnte auch der Papst zum Schismatiker werden, wenn er nicht mit dem ganzen Leib der Kirche die geschuldete Einheit und Verbundenheit halten will.‹ (Francisco Suarez SJ, maßgebender spanischer Theologe des 16./17. Jh.).«

Ein schismatischer Papst verliert gemäß derselben Kirchenrechtslehre sein Amt. Zumindest kann er nicht auf Gehorsam rechnen. Papst Benedikt würde also die schon überall wachsende Bewegung des »Ungehorsams« gegenüber einer Hierarchie, die dem Evangelium gegenüber ungehorsam ist, fördern. Für das schwere Zerwürfnis und den Unfrieden, den er damit in die Kirche hineintrüge, hätte er allein die Verantwortung.

Statt sich mit den ultrakonservativen, antidemokratischen und antisemitischen Pius-Brüdern zu versöhnen, hätte sich der Papst lieber um die reformbereite Mehrheit der Katholiken und um die Versöhnung mit den Kirchen der Reformation und der ganzen Ökumene kümmern sollen. Er soll ja einen, nicht spalten. Dies betrifft nicht zuletzt die große anglikanische Gemeinschaft.

Papst fischt in anglikanischen Gewässern

Nachdem Benedikt schon die reformfeindlichen Pius-Brüder wieder eingemeindet hat, möchte er 2009 die gelichteten römisch-katholischen Klerikerreihen auch noch mit *anglikanischen Rom-Sympathisanten auffüllen.* Sie sollen leichter zur katholischen Kirche übertreten können. Übergetretene anglikanische Priester und Bischöfe werden vom Zölibatsgesetz befreit. Sie sollen auch als Verheiratete ihren Status behalten. »Traditionalisten aller Kirchen, vereinigt euch«, könnte man sagen, und zwar unter der Kuppel von St. Peter! Der Menschenfischer fischt am äußersten rechten Rand. Aber die Wasser dort sind trübe.

Bei dieser römischen Aktion handelt es sich um nichts weniger als einen dramatischen Kurswechsel: weg von der vom Konzil bejahten bewährten ökumenischen Strategie eines Dialogs auf Augenhöhe und einer echten Verständigung. Und hin zu einer *unökumenischen Abwerbung von Priestern.*

Dabei beruft sich das diesbezügliche päpstliche Kommuniqué in ruchloser Weise auf die wahrhaft ökumenischen Dokumente der *Anglican-Roman Catholic International Commission* (ARCIC), die in jahrelangen mühseligen Verhandlungen zwischen dem römischen Einheitssekretariat und der anglikanischen Lambeth-Konferenz erarbeitet worden waren: über die Eucharistie (1971), über Amt und Ordination (1973) sowie über die Autorität in der Kirche (1976/81). Kenner aber wissen, dass diese drei Dokumente, seinerzeit von beiden Seiten unterzeichnet, nicht auf Abwerbung, sondern auf Versöhnung ausgerichtet sind.

Diese Dokumente echter Versöhnung bieten nämlich die Grundlage für eine Anerkennung der anglikanischen Weihen, denen Papst Leo XIII. 1896 mit wenig überzeugenden Argumenten die Gültigkeit abgesprochen hatte. Aus der Gültigkeit der anglikanischen Weihen aber ergibt sich auch die Gültigkeit der anglikanischen Eucharistiefeiern. Und so wären eine gegenseitige eucharistische Gastfreundschaft, ja Interkommunion, und ein langsames Zusammenwachsen zwischen Katholiken und Anglikanern auf der Gemeindeebene möglich.

Doch die vatikanische Glaubenskongregation hatte damals dafür gesorgt, dass die ARCIC-Dokumente möglichst rasch in den Verliesen des Vatikans verschwanden. »Schubladisieren« nenne ich das. Warum? »Zuviel Küng-Theologie«, hieß es damals in einer vertraulichen Meldung der katholischen Nachrichtenagentur KNA aus dem Vatikan. In der Tat hatte ich die *englische Ausgabe meines Buches »Die Kirche«* dem damaligen Erzbischof von Canterbury, Dr. Michael Ramsey, gewidmet: mit Datum vom 11. Oktober 1967, dem fünften Jahrestag der Eröffnung des Zweiten Vatikanischen Konzils: in der »demütigen Hoffnung, dass in den Seiten dieses Buches eine theologische Basis gelegt ist für ein Arrangement zwischen den Kirchen von Rom und Canterbury«.

Man findet in diesem Buch auch die theologische Lösung für die leidige Frage nach dem *Primat des Papstes*, welche diese beiden Kirchen, aber auch Rom und die Ostkirchen, Rom und die reformatorischen Kirchen, seit Jahrhunderten trennt. Es wäre eine »Wiederaufnahme der Kirchengemeinschaft etwa zwischen der katholischen Kirche und der anglikanischen Kirche möglich«, wenn »einerseits der Church of England die Garantie gegeben würde, dass sie ihre gegenwärtige autochthone und autonome Kirchenordnung unter dem Primas von Canterbury voll beibehalten könnte« und »andererseits die Church of England einen Pastoralprimat des Petrusdienstes als oberste Vermittlungs- und Schlichtungsinstanz zwischen den Kirchen anerkennen würde«. »So würde«, hoffte ich damals, »aus dem römischen Imperium ein katholisches Commonwealth!«

Papst Benedikt jedoch will unbedingt das römische Imperium restaurieren. Der Anglican Communion, die er ohnehin auseinanderbrechen sieht, macht er keine Konzessionen. Vielmehr will er das mittelalterliche zentralistische *römische System für alle Zeiten erhalten* – auch wenn es eine Einigung der christlichen Kirchen in grundlegenden Fragen verunmöglicht. Der päpstliche Primat – nach Papst PAUL VI. zugestandenermaßen der »große Felsblock« auf dem Weg zur Einheit der Kirchen – wirkt offensichtlich nicht als »Fels der Einheit«. Fröhliche Urständ feiert die alte Aufforderung einer »Rückkehr nach Rom«, jetzt durch Übertritt besonders von Priestern, möglichst massenhaft. In Rom träumt man von einer halben Million übertrittswilliger Anglikaner mit 20 bis 30 Bischöfen; faktisch sind es bis November 2012 nur 81 Priester und 1350 Laien (»The Tablet«, 3. 11. 2012). Warum sucht der Papst nicht die Versöhnung mit den 76 Millionen Anglikanern, die nicht römisch-katholisch werden wollen? Gescheitert ist eine Strategie, die sich in den vergangenen Jahrhunderten als Wunschdenken erwiesen hat und gegenwärtig bestenfalls zur Gründung einer mit Rom »unierten« anglikanischen Minikirche in Form von personalen (nicht territorialen) Diözesen führen wird. Ein ähnlicher Status also wie das Opus Dei, ganz dem Papst unterstellt und bischöflicher Aufsicht entzogen.

Doch die Folgen dieser Strategie? Für die anglikanische Kirche bedeutet diese Abspaltung eine weitere Erosion. Viele anglikanische Gläubige (und Pfarrer) werden verunsichert und fragen sich, ob anglikanische Priester überhaupt gültig geweiht sind. Zugleich aber ist eine Verärgerung im katholischen Klerus und Volk feststellbar, weil anglikanischen Priestern gestattet wird, was katholischen verboten bleibt: die Ehe. Fazit: Wie schon im ost-westlichen Schisma (11. Jh.), in der Reformationszeit (16. Jh.) und im Ersten Vatikanischen Konzil (19. Jh.) spaltet römisches Machtstreben die Christenheit und schadet der eigenen Kirche. Ein Trauerspiel. Doch es soll noch schlimmer kommen.

Kardinal und Papst Ratzinger für Vertuschung des Sexualmissbrauchs verantwortlich

Massenhafter sexueller Missbrauch von Kindern und Jugendlichen durch katholische Kleriker von den USA über Irland bis Deutschland: ein enormer Imageverlust der katholischen Kirche, aber auch eine Offenbarung ihrer tiefen Krise! Der mutige Jesuitenpater KLAUS MERTES, Rektor des Berliner Canisius-Kollegs, bringt im Januar 2010, ausgehend von Fällen an diesem Kolleg, den Skandal in die Öffentlichkeit und fördert damit die längst fällige Auseinandersetzung.

Kaum ein Bischof hat sich bisher offen und ehrlich zu seiner Mitschuld bekannt. Dabei könnte er darauf verweisen, er sei nur den Weisungen Roms gefolgt. Aus Gründen absoluter Geheimhaltung hatte in der Tat die verschwiegene vatikanische Glaubenskongregation alle wichtigen Fälle von Sexualvergehen von Klerikern an sich gezogen. So waren die Fälle in den Jahren 1981–2005 auf den Tisch ihres Präfekten Kardinal Ratzinger gekommen. Dieser sendet noch am 18. Mai 2001 ein feierliches Schreiben über die schweren Vergehen (›Epistula de delictis gravioribus‹) an alle Bischöfe der Welt, in welchem die Missbrauchsfälle unter die »päpstliche Geheimhaltung« (»secretum Pontificium«) gestellt werden, deren Verletzung unter schwerer Kirchenstrafe steht.

Dürfte also die Kirche nicht auch vom Papst, in Kollegialität mit den Bischöfen, ein *»mea culpa«* erwarten? Und dies verbunden mit der Wiedergutmachung, dass das *Zölibatsgesetz*, das auf dem Zweiten Vatikanischen Konzil nicht diskutiert werden durfte, jetzt endlich frei und offen in der Kirche überprüft werden kann. Mit der gleichen Offenheit, mit der inzwischen die Missbrauchsfälle selbst aufgearbeitet werden, müsste auch *eine* ihrer wesentlichen strukturellen Ursachen, das Zölibatsgesetz, diskutiert werden. Dies hätten die Bischöfe unerschrocken und mit Nachdruck Papst Benedikt XVI. zusammen mit anderen dringenden Reformen vorschlagen sollen. Nachdem aber keiner der fast 5000 Bischöfe ein unerschrockenes Wort wagt, greife ich zu einem ungewöhnlichen Mittel:

Fünf Jahre Benedikt XVI. – eine Zwischenbilanz: offener Brief an die katholischen Bischöfe weltweit (2010)

Es handelt sich um ein Dokument, das bisher Gesagtes zusammenfasst, manches wiederholt und alles auf die Bischöfe zuspitzt. Dabei nehme ich bewusst eine gewisse »Redundanz«, einen »Überfluss« an Informationen in Kauf, der nicht zuletzt der Tatsache geschuldet ist, dass seit 40 Jahren in der katholischen Kirche kaum echte Reformen angepackt wurden. Den Lesern aber wird auf diese Weise wie den Bischöfen der historische und sachliche Zusammenhang der Probleme bewusst gemacht.

»Verehrte Bischöfe, April 2010

Joseph Ratzinger, jetzt Benedikt XVI., und ich waren 1962–1965 die beiden jüngsten Konzilstheologen. Jetzt sind wir die beiden ältesten und einzigen noch voll aktiven. Mein theologisches Schaffen verstand ich stets auch als Dienst an der Kirche. Deshalb wende ich mich am 5. Jahrestag der Amtseinsetzung von Papst Benedikt in einem Offenen Brief an Sie, in Sorge um diese unsere Kirche, die in der tiefsten Vertrauenskrise seit der Reformation steckt. Eine andere Möglichkeit, an Sie zu gelangen, habe ich nicht.

Ich habe es sehr geschätzt, dass Papst Benedikt mich, seinen Kritiker, bald nach seinem Amtsantritt zu einem vier Stunden langen Gespräch einlud, das freundschaftlich verlief. Dies hat mir damals Hoffnung gemacht, dass Joseph Ratzinger, mein früherer Kollege an der Universität Tübingen, doch den Weg finden würde zur weiteren Erneuerung der Kirche und ökumenischen Verständigung im Geist des Zweiten Vatikanischen Konzils.

Meine Hoffnungen und die so vieler engagierter Katholikinnen und Katholiken wurden leider nicht erfüllt, und ich habe dies Papst Benedikt in unserer Korrespondenz auch verschiedentlich wissen lassen. Er hat zweifellos seine alltäglichen päpstlichen Pflichten gewissenhaft erfüllt und uns auch drei hilfreiche Enzykliken über Glaube, Hoffnung und Liebe geschenkt. Aber was die großen Herausforderungen unserer Zeit betrifft, so stellt sich sein Pontifikat zunehmend als einer der *verpassten Gelegenheiten und nicht der genutzten Chancen* dar:

– Vertan die Annäherung an die *evangelischen Kirchen*: sie seien überhaupt keine Kirchen im eigentlichen Sinn, deshalb keine Anerkennung ihrer Ämter und keine gemeinsamen Abendmahlsfeiern möglich.

– Vertan eine nachhaltige Verständigung mit den *Juden*: Der Papst führt eine vorkonziliare Fürbitte für die Erleuchtung der Juden wieder ein und nimmt notorisch antisemitische schismatische Bischöfe in die Kirche auf, betreibt die Seligsprechung Pius' XII. und nimmt das Judentum nur als historische Wurzel des Christentums und nicht als fortbestehende Glaubensgemeinschaft mit eigenem Heilsweg ernst. Empörung von Juden weltweit über Benedikts Hausprediger in der päpstlichen Karfreitagsliturgie, der Kritik am Papst mit antisemitischer Hetze vergleicht.

– Vertan der vertrauensvolle Dialog mit den *Muslimen*: Symptomatisch Benedikts Regensburger Rede, in der er, schlecht beraten, den Islam als Religion der Gewalt und Unmenschlichkeit karikiert und damit anhaltendes Misstrauen unter Muslimen bewirkt.

– Vertan die Versöhnung mit den kolonisierten *Urvölkern Lateinamerikas*: Der Papst behauptet allen Ernstes, sie hätten die Religion ihrer europäischen Eroberer ›ersehnt‹.

– Vertan die Chance, den *afrikanischen Völkern* zu helfen: im Kampf gegen Überbevölkerung durch Bejahung der Empfängnisverhütung und im Kampf gegen AIDS durch Erlaubnis von Kondomen.

– Vertan die Chance, mit den *modernen Wissenschaften* Frieden zu schließen: durch unzweideutige Anerkennung der Evolutionstheorie und differenzierte Bejahung neuer Forschungsgebiete wie Stammzellenforschung.

– Vertan die Chance, den Geist des Zweiten Vatikanischen Konzils endlich auch im Vatikan zum Kompass der *katholischen Kirche* zu machen und ihre Reformen voranzutreiben.

Der letzte Punkt, verehrte Bischöfe, ist besonders schwerwiegend. Immer wieder relativiert dieser Papst die Konzilstexte und interpretiert sie gegen den Geist der Konzilsväter nach rückwärts. Er stellt sich sogar ausdrücklich gegen das Ökumenische Konzil, das nach katholischem Kirchenrecht die höchste Autorität in der katholischen Kirche darstellt:

– Er hat außerhalb der katholischen Kirche illegal ordinierte Bischöfe der traditionalistischen Pius-Bruderschaft, die das Konzil in zentralen Punkten ablehnen, ohne Vorbedingungen in die Kirche aufgenommen.

– Er fördert mit allen Mitteln die mittelalterliche Tridentinische Messe und feiert selber die Eucharistiefeier gelegentlich auf Latein mit dem Rücken zum Volk.

– Er realisiert nicht die in offiziellen ökumenischen Dokumenten (ARCIC) vorgezeichnete Verständigung mit der Anglikanischen Kirche, sondern versucht verheiratete anglikanische Geistliche durch Verzicht auf die Zölibatsverpflichtung in die römisch-katholische Kirche zu locken.

– Er hat durch Ernennung antikonziliarer Chefbeamter (Staatssekretariat, Liturgiekongregation u. a.) und reaktionärer Bischöfe in aller Welt die antikonziliaren Kräfte in der Kirche gestärkt.

Papst Benedikt XVI. scheint sich zunehmend von der großen Mehrheit des Kirchenvolkes zu entfernen, das sich ohnehin immer weniger um Rom kümmert und sich bestenfalls noch mit Ortsgemeinde und Ortsbischof identifiziert.

Ich weiß, dass auch viele von Ihnen darunter leiden: Der Papst wird in seiner antikonziliaren Politik voll unterstützt von der *Römischen Kurie*. Diese versucht Kritik in Episkopat und Kirche zu ersticken und Kritiker mit allen Mitteln zu diskreditieren. Durch erneute barocke Prachtentfaltung und medienwirksame Manifestationen versucht man in Rom eine starke Kirche mit einem absolutistischen ›Stellvertreter Christi‹ zu demonstrieren, der legislative, exekutive und judikative Gewalt in seiner Hand vereint. Doch Benedikts Restaurationspolitik ist gescheitert. Alle seine Auftritte, Reisen und Dokumente vermochten die Auffassung der meisten Katholiken in kontroversen Fragen, besonders auch der Sexualmoral, nicht im Sinne römischer Doktrin zu verändern. Und selbst päpstliche Jugendtreffen, besucht vor allem von konservativen charismatischen Gruppierungen, konnten weder die Kirchenaustritte bremsen noch mehr Priesterberufungen wecken.

Gerade Sie als Bischöfe werden es zutiefst bedauern: Zehntausende Priester haben seit dem Konzil, vor allem wegen des Zölibatsgesetzes, ihr Amt aufgegeben. Der Nachwuchs an Priestern, aber auch an Ordensleuten, Schwestern und Laienbrüdern, hat in quantitativer wie qualitativer Hinsicht abgenommen. Resignation und Frustration breiten sich im Klerus und gerade unter den aktivsten Kirchenmitgliedern aus. Viele fühlen sich mit ihren Nöten im Stich gelassen und leiden an der Kirche. In vielen Ihrer Diözesen dürfte es so sein: immer mehr leere Kirchen, Priesterseminarien, Pfarrhäuser. In manchen Ländern werden Kirchgemeinden wegen Priestermangel, oft gegen ihren Willen, zusammengelegt zu riesigen ›Seelsorgeeinheiten‹, in denen die wenigen Priester völlig überlastet sind und wodurch eine Kirchenreform nur vorgetäuscht wird.

Und nun kommen zu den vielen krisenhaften Entwicklungen auch noch himmelschreiende Skandale: vor allem der Missbrauch von Tausenden von Kindern und Jugendlichen durch Kleriker, in den Vereinigten Staaten, Irland, Deutschland und anderen Ländern – dies alles verbunden mit einer nie dagewesenen Führungs- und Vertrauenskrise. Es darf nicht verschwiegen werden, dass das weltweit in Kraft gesetzte Vertuschungssystem von klerikalen Sexualvergehen gesteuert war von der römischen Glaubenskongregation Kardinal Ratzingers (1981–2005), wo schon unter Johannes Paul II. unter strengster Geheimhaltung die Fälle gesammelt wurden. Noch am 18. Mai 2001 sandte Ratzinger ein feierliches Schreiben über die schwereren Vergehen (›Epistula de delictis gravioribus‹) an alle Bischöfe. Darin werden die Missbrauchsfälle unter das ›Secretum Pontificium‹ gestellt, bei dessen Verletzung man sich schwere Kirchenstrafen zuziehen kann. Zu Recht fordern deshalb viele vom damaligen Präfekten und jetzigen Papst ein persönliches ›Mea culpa‹. Doch leider hat er in der Karwoche die Gelegenheit dafür verpasst. Stattdessen hat er sich am Ostersonntag ›urbi et orbi‹ vom Kardinaldekan seine Unschuld attestieren lassen.

Die Folgen all der Skandale für das Ansehen der katholischen Kirche sind verheerend. Dies wird unterdessen auch von hochrangigen Amtsträgern bestätigt. Zahllose untadelige und hochengagierte Seelsorger und Jugenderzieher leiden unter einem Pauschalverdacht. Sie, verehrte Bischöfe, müssen sich der Frage stellen, wie es denn mit unserer Kirche und Ihrer Diözese in Zukunft weitergehen solle. Doch möchte ich Ihnen nicht ein Reformprogramm skizzieren; das habe ich vor und nach dem Konzil mehrmals getan. Ich möchte Ihnen nur *sechs Vorschläge* machen, von denen ich überzeugt bin, dass sie von Millionen von Katholiken, die keine Stimme haben, mitgetragen werden:

1. *Nicht schweigen*: Durch Schweigen machen Sie sich angesichts so vieler schwerer Missstände mitschuldig. Vielmehr sollten Sie dort, wo Sie bestimmte Gesetze, Anordnungen und Maßnahmen für kontraproduktiv halten, dies auch in aller Öffentlichkeit sagen. Schicken Sie keine Ergebenheitsadressen nach Rom, sondern Reformforderungen!

2. *Reformen anpacken*: So viele in Kirche und Episkopat klagen über Rom, ohne selber etwas zu tun. Aber wenn heute in einer Diözese oder Gemeinde der Gottesdienst nicht mehr besucht, die Seelsorge wirkungsarm, die Offenheit gegenüber den Nöten der Welt beschränkt, die ökumenische Zusammenarbeit minimal ist, dann kann die Schuld nicht einfach auf Rom abgeschoben werden. Ob Bischof, Priester oder Laie – jeder tue selber etwas für die Erneuerung der Kirche in seinem größeren oder kleineren Lebensbereich. Viel Großes in den Gemeinden und in der gesamten Kirche ist durch die Initiative Einzelner oder kleiner Gruppen in Gang gekommen. Als Bischof sollten Sie solche Initiativen unterstützen und fördern und gerade jetzt auf die berechtigten Klagen der Gläubigen eingehen.

3. *In Kollegialität vorgehen*: Das Konzil hat nach heftiger Debatte und gegen anhaltende kuriale Opposition die Kollegialität von Papst und Bischöfen dekretiert – im Sinn der Apostelgeschichte, wo Petrus auch nicht ohne das Apostelkollegium tätig war. Aber Päpste und Kurie haben in der nachkonziliaren Zeit diese zentrale Konzilsentscheidung ignoriert. Seit Papst Paul VI. schon zwei Jahre nach dem Konzil – ohne jegliche Beratung mit dem Episkopat – eine Enzyklika zur Verteidigung des umstrittenen Zölibatsgesetzes veröffentlicht hatte, wurde wieder im alten unkollegialen Stil päpstliches Lehramt und Politik betrieben. Bis hinein in die Liturgie präsentiert sich der Papst als Autokrat, gegenüber dem die Bischöfe, mit denen er sich gerne umgibt, wie Statisten ohne Recht und Stimme wirken. Deshalb sollten Sie, verehrte Bischöfe, nicht nur als Einzelne handeln, sondern in Gemeinschaft mit den anderen Bischöfen, den Priestern und dem Kirchenvolk, Männern und Frauen.

4. *Uneingeschränkter Gehorsam allein Gott geschuldet*: Sie alle haben in der feierlichen Bischofsweihe einen uneingeschränkten Gehorsamseid gegenüber dem Papst abgelegt. Aber Sie wissen auch, dass uneingeschränkter Gehorsam nie einer menschlichen Autorität, sondern Gott allein geschul-

det ist. Sie dürfen sich deshalb durch Ihren Eid nicht gehindert sehen, die Wahrheit zu sagen über die gegenwärtige Krise der Kirche, Ihrer Diözese und Ihres Landes. Ganz nach dem Beispiel des Apostels Paulus, der dem Petrus ›ins Angesicht widerstand, weil er sich selber ins Unrecht gesetzt hatte‹ (Gal 2,11)! Ein Druck auf die römischen Autoritäten im Geist christlicher Brüderlichkeit kann legitim sein, wo diese dem Geist des Evangeliums und ihrem Auftrag nicht entsprechen. Volkssprache in der Liturgie, Änderung der Mischehenbestimmungen, Bejahung von Toleranz, Demokratie, Menschenrechten, ökumenische Verständigung und so vieles ist nur durch beharrlichen Druck von unten erreicht worden.

5. *Regionale Lösungen anstreben*: Im Vatikan stellt man sich oft taub gegenüber berechtigten Forderungen aus Episkopat, Priesterschaft und Laienschaft. Umso mehr müssten in kluger Weise regionale Lösungen angestrebt werden. Ein besonders heikles Problem, das wissen Sie, ist das aus dem Mittelalter stammende Zölibatsgesetz, das gerade im Kontext der Missbrauchsskandale zu Recht weltweit infrage gestellt wird. Eine Änderung gegen den Willen Roms scheint beinahe unmöglich. Trotzdem ist man nicht zur Passivität verurteilt: Ein Priester, der nach reiflicher Überlegung zu heiraten gedenkt, müsste nicht automatisch von seinem Amt zurücktreten, wenn Bischof und Gemeinde hinter ihm stehen. Einzelne Bischofskonferenzen könnten mit einer regionalen Lösung vorangehen. Aber besser wäre es, eine gesamtkirchliche Lösung anzustreben. Deshalb:

6. *Ein Konzil fordern*: Wie es zur Realisierung von Liturgiereform, Religionsfreiheit, Ökumene und interreligiösem Dialog eines Ökumenischen Konzils bedurfte, so auch zur Lösung der jetzt dramatisch aufgebrochenen Reformprobleme. Das Reformkonzil von Konstanz im Jahrhundert vor der Reformation hat die Abhaltung von Konzilien für alle fünf Jahre beschlossen, was aber von der Römischen Kurie unterlaufen wurde. Zweifellos wird diese auch jetzt alles tun, um ein Konzil, von dem sie eine Beschränkung ihrer Macht befürchten muss, zu verhindern. Es liegt in Ihrer aller Verantwortung, ein Konzil oder wenigstens eine repräsentative Bischofsversammlung durchzusetzen.

Dies ist angesichts einer Kirche in der Krise mein Aufruf an Sie, verehrte Bischöfe, Ihre durch das Konzil wieder aufgewertete bischöfliche Autorität in die Waagschale zu werfen. Die Augen der Welt sind in dieser notvollen Situation auf Sie gerichtet. Ungezählte Menschen haben das Vertrauen in die katholische Kirche verloren. Nur ein offener und ehrlicher Umgang mit den Problemen und konsequente Reformen können helfen, dieses Vertrauen wiederzugewinnen. Ich bitte Sie in allem

Respekt, das Ihre beizutragen, womöglich in Zusammenarbeit mit Ihren Mitbischöfen, notfalls aber auch in apostolischem ›Freimut‹ (Apg 4,29.31) allein. Geben Sie Ihren Gläubigen Zeichen der Hoffnung und Ermutigung und unserer Kirche eine Perspektive.

Es grüßt Sie in der Gemeinschaft des christlichen Glaubens

Ihr Hans Küng«

Und was war der Erfolg dieses in verschiedenster Weise unter den Bischöfen verbreiteten offenen Briefes? Wie viele Bischöfe haben reagiert? Es bedrückt mich, feststellen zu müssen: Kein einziger der fast 5000 Bischöfe hat sich zu äußern gewagt, weder mündlich noch schriftlich, weder öffentlich noch privat, weder zustimmend noch ablehnend. Die Antwort war ein *großes Schweigen*!

Wie ist dies zu erklären? Der Hauptgrund: Durch ein perfektioniertes römisches Selektionsverfahren, durch sakrale Vereidigung jedes Bischofs auf den geistlichen Führer und die ständige Beaufsichtigung der Bischöfe durch Nuntien und Denunzianten hat sich aus den in der Konzilszeit so lebendig diskutierenden und initiativen Gremien der Bischöfe *ein fügsamer und bürokratischer kirchlicher Apparat* entwickelt, der in seiner Struktur nur mit Leitungskadern in anderen totalitären und diktatorialen Systemen verglichen werden kann, wo auch niemand eine abweichende Meinung zu äußern wagt.

Doch habe ich immer wieder direkt oder indirekt von Bischöfen gehört, die meine Auffassungen teilen, dies aber aus Vorsicht eher im privaten Kontext äußern, einige allerdings auch in der Öffentlichkeit. Als Zeichen dankbarer Anerkennung seien hier einige wenige Namen genannt: Zuerst der Bischof meiner Heimatdiözese Basel, FELIX GMÜR (mit Wurzeln in Sursee), der in der römischen Bischofssynode 2012 ein deutliches Votum für Selbstkritik und Selbstreform der Bischöfe abgegeben hat. Dann der Abt von Einsiedeln, Dr. MARTIN WERLEN, Mitglied der Schweizerischen Bischofskonferenz, der im Jahr 2012 eine mutige Reformschrift veröffentlich hat mit dem Titel »Miteinander die Glut unter der Asche entdecken«. Aber auch der Innsbrucker Bischof MANFRED SCHEUER, der mir als Mit-Germaniker große Sympathie gezeigt hat und auch öffentlich für Reformanliegen eintritt.

Und natürlich nicht zu vergessen Kardinal KARL LEHMANN, langjähriger Vorsitzender der Deutschen Bischofskonferenz: Durch all die Jahre konnten wir trotz mancher Kontroversen unsere seit Konzilszeiten bestehende freundschaftliche Beziehung aufrechterhalten. Es war ein sensationelles

Ereignis, dass Karl in seiner hohen Position sich nicht scheute, auf dem Katholikentag in Ulm 2004 einen öffentlichen Dialog mit mir zu führen, der zur Begeisterung der konservativen wie der progressiven Zuhörer unsere große Übereinstimmung in den meisten Punkten sichtbar machte. Wie oft habe ich mich mit ihm über Kirchenprobleme in aller Offenheit austauschen können – telefonisch, brieflich und bei privaten Besuchen.

Mein alter tschechischer Freund Karel Floss, Philosophie-Dozent und Publizist, der viel für die Verbreitung meiner Theologie in Tschechien getan hat, schreibt über mich 2012 in einem schönen Band mit seinen gesammelten Aufsätzen: »Einer unserer katholischen Bischöfe hat mir nur ins Ohr geflüstert, damit die anderen es nicht hören: wir danken Ihnen für alles, was Sie um Küng machen, wir brauchen es sehr.«[6]

Erblast für den Nachfolger: Putinisierung – Re-Italianisierung – Machiavellismus

Auch ein »Theologenpapst« könnte ein effizienter Leiter der Kirche sein, wenn er vor seiner Amtszeit seine theologischen Hausaufgaben erledigt hätte und sich jetzt mit voller Kraft auf die Leitung der Kirche konzentrieren könnte. Aber leider ist beides bei Joseph Ratzinger nicht der Fall. Da er als Papst noch unbedingt seine Bücher schreiben will und gerne theologische Monologe hält, entgleitet ihm die Kontrolle über den kurialen Apparat immer mehr. Und dies, obwohl er meint, durch die Einsetzung von früheren Untergebenen für ein sicheres Funktionieren gesorgt zu haben. Drei Phänomene können als Symptome für diese besorgniserregende Entwicklung dienen, die sich für seinen Nachfolger buchstäblich als Erblast erweisen wird.

Putinisierung: Früher hat man das römische System mit dem kommunistischen verglichen, in dem auch eine einzige Person an der Spitze alles zu sagen hatte. Heute würde man eher von einer Phase der »Putinisierung« der katholischen Kirche reden. Selbstverständlich will ich nicht den »Heiligen Vater« als Person mit dem unheiligen russischen Staatsmann Wladimir Putin vergleichen. Aber strukturell, politisch gesehen, finden sich viele Ähnlichkeiten in Bezug auf Politik und Strategie. Putin hatte ja auch ein Erbe von demokratischen Reformen übernommen. Nach dem vereitelten Putsch 1991 hatte es Elemente lebendiger Demokratie gegeben. Er tut aber alles, um sie möglichst zurückzunehmen. In der Kirche hatten wir das Konzil, das eine Erneuerung und ökumenische Verständigung initiierte. Doch selbst Pessimisten haben sich nicht vorstellen können, dass solche Rückschläge danach möglich wären. Die Restaurationspolitik des polnischen Papstes seit den 1980er-Jahren macht es möglich, dass schließlich der gleich gesinnte Chef der hochgeheimen Glaubensinquisition – und es ist immer noch Inquisition, auch wenn es heute »Glaubenslehre« heißt – zum Papst gewählt wird. Eine Parallele zur Ernennung des Geheimdienstchefs Putin zum russischen Staatschef ist nicht von der Hand zu weisen.

Dies ist ein gewagter Vergleich, ich weiß, und er soll natürlich nicht überstrapaziert werden. Aber leider sind bei aller Anerkennung des Positiven analoge negative Entwicklungen nicht zu übersehen. Praktisch haben Ratzinger wie Putin ihre ehemaligen Mitarbeiter in führende Positionen gebracht und andere, die ihnen missliebig waren, kaltgestellt. Sie wollen beide das System durch autoritäre Politik »stabilisieren« gegen Feinde von außen und im Innern. Man könnte leicht noch weitere Vergleiche ziehen: Unter Putins Herrschaft Entmachtung des Parlaments, unter der Herrschaft Wojtyła/Ratzinger Entmachtung der Bischofssynode. Putin degradiert die Provinzgouverneure zu Befehlsempfängern, Ratzinger genauso die Bischöfe. So bildet sich wie im Dunstkreis des Kremls so auch in dem des Vatikans eine konformistische »Nomenklatura«, die Karrieregeist, Machtmissbrauch und Resistenz gegen echte Reformen zeigt. Putin kreierte DMITRI MEDWEDEW zu seinem Ministerpräsidenten, Ratzinger seinen Assistenten TARCISIO BERTONE (aus seiner Zeit als Chef der Glaubensbehörde) zum Kardinalstaatssekretär und Stellvertreter des Papstes. Während der Kremlchef periodisch wiedergewählt werden muss, darf der Bischof von Rom auch jenseits der vom Konzil festgelegten Altersgrenze von 75 Jahren beliebig lang, unter Umständen sogar todkrank und handlungsunfähig, im Amt bleiben.

Re-Italianisierung: Die Internationalisierung der Kurie war eines der großen Anliegen des Konzils gewesen. Die Päpste haben denn auch eine Internationalisierung durchgeführt, freilich nur eine der Nationen und nicht eine der Mentalitäten. Kuriale hatten in jedem Fall römisch gesinnt zu sein und nicht zur Kritik zu neigen. Als vorzügliches Herrschaftsinstrument dient den Päpsten das Kardinalskollegium, über dessen Zusammensetzung sie – anders als beim Bischofskollegium – völlig frei verfügen können. Im ersten Jahrtausend hatte das Kardinalskollegium nur lokale oder regionale Bedeutung. Erst durch die Gregorianische Reform des 11. Jahrhunderts hatte das Kollegium der Kardinäle als einziges Wahlorgan des Papstes eine allgemein-kirchliche Bedeutung erlangt. Die Kardinäle waren und blieben seither »Kreaturen« des Papstes, von diesem allein nach seinem Gutdünken erkoren. Entsprechend redet er sie offiziell auch nicht wie die Bischöfe als »Brüder«, sondern als »Söhne« an. Gerade in der Zusammensetzung des Kardinalskollegiums haben sich noch 2012, sieben Jahre nach Benedikts Amtsantritt, wieder schwerwiegende Verschiebungen ergeben, allesamt in Richtung auf eine italienische Dominanz, wie sie bis zum Vatikanum II herrschte. Wie sie sich wohl im nächsten Konklave auswirken wird?

Hauptverantwortlich für die Re-Italianisierung ist der deutsche Papst, unter dem sich eine kleine vorwiegend italienische Clique von Jasagern an die Hebel der Macht setzen kann, die kein Verständnis für Reformforderungen haben. Ihre Vertreter finden sich sogar unter den Jurymitgliedern des von italienischen Banken gesponserten Ratzinger-Preises für theologische Studien: neben dem erwähnten Kardinalstaatssekretär Bertone Kardinal ANGELO AMATO, ebenfalls unter Ratzinger Sekretär der Glaubenskongregation, gegenwärtig Präfekt der Kongregation für die Selig- und Heiligsprechungsprozesse – beide Mitglieder einer »Seilschaft« von Salesianern (SDB). An der Spitze der reaktionäre Ex-Präsident der italienischen Bischofskonferenz, Kardinal CAMILLO RUINI. Alle diese Kurialen sind mitverantwortlich für die Stagnation, die jede Modernisierung des kirchlichen Systems erstickt.

Nach der exakten Analyse des Rom-Korrespondenten des Londoner »Tablet«, ROBERT MICKENS, vom 17. September 2011, sind von den 126 *Spitzenfunktionären* in der römischen Kurie (Staatssekretariat, neun Kongregationen, zwölf päpstliche Räte, drei Gerichte) 99, also mehr als drei Viertel, von Benedikt XVI. ernannt worden. Davon sind 47 Italiener und zwölf Spanier, aber nur fünf Franzosen und drei Schweizer. Großbritannien und Polen haben je zwei, Portugal, Slowakei, Belgien, Irland und die Niederlande haben je einen Vertreter. Ganz Nordamerika hat zehn, Lateinamerika (das immerhin rund die Hälfte der Katholiken der Welt aufweist) sogar nur fünf, Afrika ebenfalls fünf und Asien nur drei. Das Erstaunliche: kein einziger Deutscher findet sich unter diesen kurialen Spitzenfunktionen, Ausdruck von Ratzingers Misstrauen gegenüber seinen zumeist kritischen Landsleuten. Erst 2012 ernennt er einen Gesinnungsgenossen, den erzkonservativen Regensburger Bischof GERHARD LUDWIG MÜLLER, zum Präfekten der Glaubenskongregation.

Dass sich unter den neuen Kardinälen des Jahres 2012 neben dem Berliner Bischof RAINER MARIA WOELKI noch ein 82-jähriger deutscher Jesuitendogmatiker der Gregoriana findet, erkoren nur wegen seiner langjährigen treuen Dienste für die Glaubenskongregation, bestätigt diese Analyse. Die meisten Auserwählten sind in Rom ausgebildet worden und zeigen eine Loyalität zum theologischen und administrativen römischen

System. Zwar seien »Leute wie Professor Hans Küng ein Beweis, dass jemand ›römisch ausgebildet‹ und doch kritisch gegenüber dem römischen System« sein könne, so der »Tablet«, aber es seien doch unter den zahlreichen Kurialen kaum welche zu finden, die öffentlich »Anti-Romans« seien. Auf diese Weise wird ein System perpetuiert, das immer wieder römisch Gesinnte – und vor allem römisch gesinnte Päpste – hervorbringt. Kein Wunder, dass man sich im Vatikan bereits wieder auf einen italienischen Papst freut. Durch die Kardinalsernennungen im Februar 2012 durch Papst Ratzinger ist der kuriale Wählerblock auf 57 Mitglieder angeschwollen. Das lässt auch für die Wahl eines Ratzinger-Nachfolgers einiges befürchten. Doch Überraschungen kann man nie ausschließen.

Machiavellismus meint eine rücksichtslose Machtpolitik, wie sie in jüngster Zeit im Berlusconi-Italien üblich war. Aber auch im Vatikan verbirgt sich hinter aller römischen Freundlichkeit, liturgischen Prachtentfaltung und Pseudostaatlichkeit massive Machtpolitik. Der Vatikan kontrolliert die Besetzung von Bischofsstühlen und Theologie-Lehrstühlen und lässt nur Vatikankonforme passieren. Seine Nuntien überwachen die Bischofskonferenzen und informieren laufend die Zentrale. In diesem System haben Denunzianten wieder Hochkonjunktur. Nicht ohne Grund werden die Nuntiaturen von reformwilligen Katholiken gerne als »Denunziaturen« apostrophiert. Jeder reformorientierte Pfarrer in Deutschland, auch jeder Bischof oder Professor, muss Angst haben, dass er in Rom denunziert wird. Dazu kommt – der Vatikan liefert über die italienische Fernsehanstalt RAI stundenlange relativ preisgünstige Sendungen in alle Welt – der gewaltige vatikanische Einfluss über die internationalen Medien, wie man exemplarisch beim Papstbesuch in Deutschland 2011 erleben kann.

Im Jahr 2012 ein neuer Skandal: Benedikt XVI. und sein Kardinalstaatssekretär Bertone ignorieren mehrfach Klagen des Generalsekretärs des Vatikanstaates, Erzbischof Carlo Maria Viganò, bezüglich Filz und Korruption im Vatikan. Den unbequemen Viganò befördern sie als Apostolischen Nuntius weg ins ferne Washington und schützen ihn nicht gegen Verleumdungen in den Medien. Daraufhin gelangen seine Klagebriefe in die Öffentlichkeit. Die Veröffentlichung mehrerer vatikanischer Geheimdokumente zeugt von einem wachsenden Widerstand gegen den intriganten Staatssekretär und den untätigen, nachlässigen Papst: »Intrigen und Machtkämpfe wie zur Zeit der Renaissance« (»Corriere della Sera«).[7] Die Begnadigung des Kammerdieners Paolo Gabriele, der die Dokumente vom Schreibtisch des Papstes gestohlen hatte, vor Weihnachten 2012 – ohne Aufklärung der Hintermänner und Hintergründe und unter

Geheimhaltung der Resultate der Befragung der Kurienkardinäle – dient der nachhaltigen Verschleierung der Missstände. Joseph Ratzinger gilt in Italien als der seit Langem unbeliebteste Papst.

Gegen die Reformverweigerung

Die Autorität des deutschen Papstes hat auch in Deutschland schwer gelitten, und zwar durch jene *Papstreise 2011*, die der Stärkung der päpstlichen Autorität und überhaupt des römischen Systems hätte dienen sollen. Papst Ratzinger selber macht es auch noch für die größten Optimisten klar, dass er erstens keine strukturellen Reformen in der Kirche wünscht und sich zweitens einer echten ökumenischen Verständigung entgegenstellt. So erweist sich die ganze Reise als kontraproduktiv. Die immensen Kosten (allein für die Erzdiözese Freiburg 28 Millionen Euro!) für diesen Personenkult, die von den Gläubigen und von den Steuerzahlern zu begleichen waren, werden zunehmend scharfer Kritik unterzogen.

Die Lage der katholischen Kirche hatte sich seit dem Jahr 2010 drastisch verschärft. Die Aufdeckung der klerikalen Missbrauchsskandale hat schließlich auch der großen Öffentlichkeit und der römisch-katholischen Hierarchie die Problematik der gesamten kirchlichen Entwicklung der letzten Jahre deutlich gemacht. Selbst uneinsichtige Hierarchen müssen sich schließlich zum Eingeständnis ihrer Verantwortung bekennen. Solange Kirchenfunktionäre zumeist nur miteinander kommunizierten, konnten sie die riesige Kluft zwischen ihrer Wahrnehmung der Kirchenwirklichkeit und der Mehrheit ihres Kirchenvolkes ignorieren. Aber seitdem man die Bischöfe vor die Medien und manchmal auch vor Gerichte und Finanzbehörden zitiert, müssen sie sich wohl oder übel ihrer Verantwortung stellen und Millionenzahlungen (in den USA manchmal beinahe bis zum diözesanen Bankrott) für die Opfer leisten. Das Pochen auf ihre Autorität und die traditionelle Kirchenlehre hilft ihnen da wenig. Leider aber hat sich gerade im Vatikan in den ersten fünf Jahren des Ratzinger-Pontifikats wenig Schuldbewusstsein und Reformbereitschaft gezeigt.

Eine *völlig andere Einstellung* als Papst Benedikt legt Kardinal Carlo Maria Martini an den Tag. Im letzten Interview vor seinem Tod stellt auch er die Frage: »Gibt es Hoffnung für die Kirche?«[8]. Die Kirche sei »200 Jahre lang stehengeblieben«: »Die Kirche in den Wohlstandsländern Europas und Amerikas ist müde geworden. Unsere Kultur ist alt, unsere Kirchen sind groß, Häuser sind leer, die Organisation wuchert, unsere Riten und Gewänder sind prächtig. Doch drücken sie das aus, was wir heute sind? Dienen die Kulturgüter, die wir zu pflegen haben, der Verkündigung und den Menschen? Oder binden sie zu sehr unsere Kräfte, sodass wir uns nicht bewegen können, wenn eine Not uns bedrängt?«

Als bestes Heilmittel gegen die Müdigkeit fordert Martini die Umkehr von Papst und Bischöfen: »Die Kirche – angefangen beim Papst und den Bischöfen – muss sich zu ihren Fehlern bekennen und einen radikalen Weg der Veränderung gehen. Die Skandale um den Missbrauch von Kindern zwingen uns, Schritte der Umkehr zu setzen. Die Fragen zur Sexualität und zu allen Themen, die den Leib betreffen, sind ein Beispiel. Sie sind jedem Menschen wichtig, manchmal vielleicht zu wichtig. Nehmen wir wahr, ob die Menschen die Stimme der Kirche zur Sexualmoral noch hören? Ist die Kirche hier eine glaubwürdige Gesprächspartnerin oder nur eine Karikatur in den Medien?«

Der Kardinal fordert zugleich, die Bibel mehr ernst zu nehmen, sie sei wichtiger als alle Regeln, Gesetze und Dogmen. Und die Sakramente? Sie sollen »keine Instrumente zur Disziplinierung sein, sondern eine Hilfe für die Menschen an den Wendepunkten und in den Schwächen des Lebens. Bringen wir Sakramente zu den Menschen, die neue Kraft brauchen? Ich denke an die vielen geschiedenen und wiederverheirateten Paare, an die Patchworkfamilien. Sie brauchen besondere Unterstützung.«

Kardinal Martini stirbt am 31. August 2012. Überall in der Welt trauern Katholiken um den letzten großen Reformbischof des Vatikanums II. Bleibt zu hoffen, dass mit ihm der Reformgeist in der Kirche doch nicht ganz erloschen ist.

Nachdem aber »von oben«, vom Papst und den meisten Bischöfen, kaum wichtige Reformimpulse zu erwarten sind, müssen die Reformen »von unten« erkämpft werden, mit Energie, Ausdauer und Augenmaß. Ein gutes Beispiel ist die österreichische »Pfarrerinitiative«, die 2006 vom früheren Wiener Generalvikar und Caritas-Direktor Mag. Helmut Schüller der Öffentlichkeit vorgestellt wird. Große Breitenwirkung erreicht die Initiative durch ihren »Aufruf zum Ungehorsam« vom 19. Juni 2011. Darin fordert die Pfarrerinitiative die Kommunion auch für wiederverheiratete Geschiedene, Mitglieder anderer Kirchen und Ausgetretene; weiter will man einen Wortgottesdienst mit Kommunionspendung künftig als »priesterlose Eucharistiefeier« ansehen und auch so nennen. Zudem will die Initiative »das Predigtverbot für kompetent ausgebildete Laien und Religionslehrerinnen missachten«. Man werde sich für Pfarrgemeindeleiter unabhängig von Geschlecht, Familienstand oder kirchlicher Anstellung sowie für die Zulassung von Frauen und Verheirateten zum Priesteramt einsetzen.

Weil sie die Not der Seelsorge aufgreift, wird die Pfarrerinitiative 2012 mit dem Herbert-Haag-Preis »Für Freiheit in der Kirche« ausgezeichnet. Im Februar 2012 zählt die Initiative fast 400 Priester und Diakone als Mitglieder und einen ständig wachsenden Kreis von über 2000 Laien, Männern und Frauen, als Unterstützer. Mit ihrem »Aufruf zum Ungehorsam« zeigt die Pfarrerinitiative zu Recht, dass Bischöfen dann kein Gehorsam geschuldet ist, wenn sie selbst wesentlichen Forderungen des Evangeliums ungehorsam geworden sind und die Aufrechterhaltung von Kirchengesetzen über das Wohl der Gemeinden und Seelsorger stellen. »Die Zeit der Resolutionen und Bittbriefe ist vorbei, das hat alles überhaupt nichts gebracht, es wurde alles ausgesessen« (»Der Spiegel«, Nr. 19, 2012).

Vor diesem Hintergrund schlage ich bei einem Podiumsgespräch bei der »Passauer Neuen Presse« (2011) in sieben Punkten *Strategien für Reformen auf Orts- und Regionalebene* öffentlich vor und finde dafür viel Zustimmung:

1. Möglichst viele Pfarrer und Diakone mögen sich als Gruppen oder als Einzelne der österreichischen Pfarrerinitiative anschließen.

2. In den Gemeinden mögen sich Reformgruppen von Frauen und Männern bilden, welche die Reformen auf Gemeindeebene vorantreiben.

3. Priesterlose Gemeinden sollen nicht nur Wortgottesdienst halten, sondern auch priesterlose Eucharistiefeiern: Die Kommunion soll erst nach dem von einem Vorbeter oder gemeinsam gesprochenen biblischen Abendmahlsbericht ausgeteilt werden.

4. Die Kirchenspaltungen zwischen katholischen und evangelischen Ortsgemeinden sollen aufgehoben und immer mehr gemeinsame Veranstaltungen und auch Gottesdienste gehalten werden.

5. In den diözesanen und nationalen Gremien sollen die Reformen auch deutlich an die Adresse der Bischöfe gerichtet werden; deren ständige Ausreden (»weltkirchliche Aufgabe«, »Rom«) können nicht mehr hingenommen werden.

6. Die Reformvorschläge aus Klerus und Volk sollen von den Bischöfen mit deutlicher Empfehlung an den Papst weitergereicht werden.

7. Das Internet soll zur Vernetzung der Kommunikation der Reformkräfte und zur Organisation gemeinsamer Aktionen genutzt werden.

Die meisten Bischöfe befleißigen sich gegenüber der sympathieträchtigen Pfarrerinitiative der weisen Zurückhaltung. Nicht so Bischof GERHARD LUDWIG MÜLLER von Regensburg, der die Initiative als »unchristlich« abqualifiziert und der katholischen Reformbewegung vorwirft, sie führe eine »parasitäre Existenz«. Ich war mit Bischof Müller nur einmal in der Talkshow von SABINE CHRISTIANSEN zum Tod von Papst Wojtyła und habe ihn dort so rasch zum Schweigen gebracht, dass er seiner Wut gegen bestimmte Theologen am folgenden Sonntag auf der Kanzel im Regensburger Dom freien Lauf ließ. Aber was tut Papst Ratzinger? Er ernennt ihn im Juni 2012 gegen den Rat vieler zum Präfekten der Glaubensinquisition, immerhin die vatikanische Nummer drei nach Papst und Kardinalstaatssekretär. Mein Kommentar in der Presse ist kurz: »Eine katastrophale Fehlbesetzung für alle, denen an einer zeitgemäßen Verkündigung der christlichen Botschaft gelegen ist. Müller – als Bischof unbeliebt, als Theologe ohne Relevanz, als Ökumene-Verantwortlicher eine Belastung, als Präfekt der Glaubenskongregation ist dieser bornierte Scharfmacher fehl am Platz. Offenbar hat Papst Benedikt nichts gelernt aus der auch in der Kurie kritisierten Fehlbesetzung des Staatssekretariats und anderer Schlüsselpositionen mit restaurativen Gesinnungsgenossen. Konflikte in der von Skandalen geschüttelten Kurie und römischen Kirche sind mit Müllers Ernennung vorprogrammiert.« In Regensburg aber freuen sich die meisten über den Wegzug von Bischof Müller nach Rom.

Wie man als Bischof konstruktiver mit Reformgruppen umgehen kann, zeigt der Bischof von Rottenburg-Stuttgart, GEBHARD FÜRST, einer der aufgeschlossensten Bischöfe Deutschlands. Er führt von 2011 bis 2013 den von der Deutschen Bischofskonferenz allgemein beschlossenen (aber nicht in allen Diözesen aufgenommenen!) Dialogprozess konsequent durch. In dankenswerter Weise stellt er sich den sieben kirchlichen Reformgruppen in seiner Diözese zum Gespräch. Dennoch können die Gruppen in ihrem abschließenden Thesenpapier (Juni 2013) ihre Enttäuschung nicht verhehlen: »Wir sind enttäuscht, dass nach zwei Jahren intensiver Gespräche nicht wirklich von dringend notwendigen Umsetzungen von Reformen gesprochen werden kann, wenn auch bei einzelnen Themen … Neubewertungen vorgenommen und mögliche Veränderungen in Aussicht gestellt wurden.« Nicht akzeptabel finden die Gruppen den Einwand des Bischofs, die Zeit sei nicht reif für Gleichberechtigung von Frauen in der Kirche, »weil wir in Deutschland nicht der Nabel der Welt sind«. Gleichberechtigung werde von allen Frauen in der Welt gefordert. Es helfe niemandem, wenn man sich in Deutschland zurückhalte. Die Gruppen werfen dem Bischof vor, er verwechsle die »Weltkirche« mit der Kirchenspitze im Vatikan. »Wir erwarten von unserem Bischof, dass er die drängenden Anliegen des Kirchenvolkes auf allen Ebenen kraftvoll vertritt und in und mit der Deutschen Bischofskonferenz auf eine Dezentralisierung unserer Kirche drängt.«

Niedergang der katholischen Theologie?

In den 1960er-Jahren hatte die katholische Theologie an deutschen Universitäten höchstes Ansehen genossen. Ich erinnere an die von Walter Jens 1968 herausgegebene Nummer der Tübinger Universitätszeitschrift »Attempto« (vgl. Bd. 1, Kap. IX: Joseph Ratzinger in Tübingen), in welcher gleichzeitig die evangelischen Theologen Hermann Diem und Jürgen Moltmann und die Katholiken Joseph Ratzinger und ich schrieben. Jens in der Einleitung voller Begeisterung: »Und dann, dieser Glücksfall! Ein Grundsatz-Artikel aus Ratzingers Feder, Fundament fortwirkender Überlegungen, daneben, kühn in die Lüfte steigend, eine Rakete, abgefeuert in helvetischen Marken, nun über Tübingen kreisend … und in der Redaktion die Frage auslösend: sollte der Papst kein Leser von ›Attempto‹ sein – wie können wir ihm unsere Zeitschrift zugänglich machen? Ein Dank den Theologen … ein *solches* Gunstgeschick erleben Redakteure nicht alle zehn Jahre!«

Nach dem Konzil war das Theologiestudium auch für Laien attraktiv geworden, da Männer wie Frauen gute Berufschancen als Pastoralassistenten und Pastoralassistentinnen bekamen, die an kein Zölibatsgesetz gebunden waren. Die Aufbruchstimmung führt zu einem enormen Anstieg der Studentenzahlen, allerdings bei gleichzeitig starkem Rückgang der Priesteramtskandidaten.

Aber in den 1970er-Jahren zeigt die Unfehlbarkeitsdebatte bereits die Grenzen der Freiheit in katholischer Forschung und Lehre auf, unter denen sowohl Professoren wie Studenten zu leiden beginnen. Ich wage damals die Prognose, dass die katholische Theologie einen Schrumpfungsprozess durchmachen würde: Die großen Alten (Rahner, Balthasar, Haag, Congar, Chenu, de Lubac, …) würden sterben, einige Begabte meiner Generation würden sich anpassen und in die Hierarchie überwechseln (Lehmann, Kasper, …), um so der theologischen Auseinandersetzung möglichst zu entgehen. Nur ein Teil würde auf der Linie des Konzils weiterdenken und -publizieren.

40 Jahre später hat sich meine Prognose leider bewahrheitet. Doch gibt es erfreulicherweise an vielen Universitäten weiterhin reformorientierte Professoren und vor allem Professorinnen – nicht nur unter meinen Schülern –, die mutig die schwierige Gratwanderung zwischen Freiheit des theologischen Denkens und Redens und kirchlicher Loyalität auf sich nehmen. Ein ermutigendes Zeichen ist im Februar 2011 ein Memorandum zur Kirchenreform, »Kirche 2011: Ein notwendiger Aufbruch«, das von einer Gruppe von Universitätstheologen und

-theologinnen verfasst und von über 300 weiteren Theologen weltweit unterschrieben wird.

Doch niemand hat ahnen können, wie sich die Situation in den theologischen Fakultäten unter den Restaurationspäpsten Wojtyła und Ratzinger verschärfen würde. Das Studium der katholischen Theologie ist heute für freie und kreative Köpfe wenig attraktiv. Viele brennende Themen sind tabuisiert, und die Berufsaussichten in der Kirche und an theologischen Fakultäten sind für Laien und besonders für Frauen immer geringer geworden. Von den Berufsaussichten in der römischen Kurie ganz zu schweigen. Man kann natürlich manches auch mit Humor nehmen. So habe ich aus dem Kloster Einsiedeln folgenden Witz gehört: »Eine Schnecke und eine Ziege wetten, wer zuerst im Machtzentrum der katholischen Kirche in Rom ankomme. Die Ziege gibt sich siegessicher. Aber die Schnecke macht das Rennen, denn mit Schleimen kommt man im Vatikan weiter als mit Meckern …«

So ist es denn nicht erstaunlich, dass eine von der Deutschen Bischofskonferenz in Auftrag gegebene Studie »Zur Lage des wissenschaftlichen Nachwuchses in der katholischen Theologie«, die im März 2012 veröffentlicht wird, eine dramatische Entwicklung aufzeigt. Nur noch 2200 Studenten absolvieren ein Vollstudium der katholischen Theologie, gerade halb so viele wie 15 Jahre zuvor. Frauen interessieren sich so gut wie gar nicht mehr für das Studium der katholischen Theologie, da sie keine Karrierechancen in katholischen Einrichtungen haben. Aber auch die Zahl der Professoren ist eingebrochen: Es gibt 19 Prozent weniger Professuren als fünf Jahre zuvor, und im akademischen Mittelbau sind die Stellen um 20 Prozent zurückgegangen. Seit 2006 ist die Zahl der Promotionen um ein Viertel gesunken. Vor allem für die lehramtlich gegängelte Moraltheologie sind kaum noch Bewerber auf Lehrstühle zu finden. So ist wohl in Zukunft die Schließung von Fakultäten oder zumindest ihre starke Verkleinerung nicht zu vermeiden. Die Folge: Die Stimmen der katholischen Theologie werden im öffentlichen Diskurs kaum noch ernst genommen. Umso dankbarer muss ich sein, dass meine Bücher und Vorträge weiterhin ein breites Publikum ansprechen.

Schlimm ist, dass sich in der katholischen Theologie wieder jene Angst einnistet, wie sie vor dem Konzil geherrscht hat. Gegen bestimmte Tendenzen in kirchlich konservativen Kreisen, die theologische Ausbildung ganz in kirchliche Einrichtungen zu verlegen, hat der deutsche Wissenschaftsrat zur Neuordnung der Theologie betont, dass es nicht im Interesse der Gesellschaft wäre, wenn sich die Theologien aus den Universitäten verabschieden würden. »Der moderne demokratische

Rechtsstaat hat ein vitales Interesse daran, religiöse Orientierungen seiner Bürger für die Stabilität und Weiterentwicklung des Gemeinwesens fruchtbar zu machen« (»Tagesspiegel«, Berlin, vom 2. 3. 2012).

Kleines Handbuch der Kirchenreform: »Ist die Kirche noch zu retten?« (2011)

Jeder deutsche, österreichische und schweizerische Bischof erhält von mir im Jahr 2011 das Buch »Ist die Kirche noch zu retten?« als Geschenk mit freundlichen Grüßen zugesandt. Selbstverständlich schicke ich es auch an Papst Benedikt. Durch den päpstlichen Privatsekretär lässt er mir seine Bestätigung des Empfangs zukommen und mir erstaunlicherweise »herzliche Grüße« ausrichten. Ob das Hoffnung machen kann? Um nicht als Richter zu erscheinen, sondern eher als Arzt, verwende ich in diesem Buch oft die medizinische Sprache. Was ist meine Diagnose der Entwicklung von den Anfängen der Kirche bis zur Gegenwart? Die Ursachen der Krise liegen weit zurück im 1. Jahrtausend: Die katholische Kirche, diese große Glaubensgemeinschaft, ist ernsthaft krank, sie leidet schon lange unter dem römischen Herrschaftssystem.

Ich gebe mir größte Mühe, durch präzise historische »Anamnesen« und systematische »Diagnosen« die Entwicklung deutlich zu machen: vom frühen römischen Herrschaftsanspruch zum späteren römischen Prinzip im ersten Jahrtausend, und von dessen Ausgestaltung zum römischen System zu Beginn des 2. Jahrtausends. Dieses System hat sich seit der Trennung von den östlichen Kirchen im 11. Jahrhundert durchgesetzt und gegen alle Widerstände durchgehalten. Es ist charakterisiert durch ein Macht- und Wahrheitsmonopol, durch Juridismus und Klerikalismus, Sexual- und Frauenfeindschaft sowie geistlich-ungeistliche Gewaltanwendung.

Dieses System trägt zwar nicht die alleinige, aber, wie schon angedeutet, doch die Hauptverantwortung an den drei großen Spaltungen der Christenheit: die erste zwischen West- und Ostkirche im 11. Jahrhundert, die zweite in der Westkirche zwischen katholischer und protestantischer Kirche im 16. Jahrhundert und schließlich im 18./19. Jahrhundert die dritte Spaltung zwischen römischem Katholizismus und aufgeklärter moderner Welt. Sowohl die protestantische Reformation wie die moderne Aufklärung kamen nur bedingt dagegen an. Und selbst das Zweite Vatikanische Konzil, das sowohl das Paradigma der Reformation wie das der Aufklärung zu integrieren versucht hatte, konnte sich nur teilweise durchsetzen. Ja, es kommt nach dem Konzil schließlich unter dem polnischen und dem deutschen Restaurationspapst zum Rückfall in die vorkonziliare Konstellation, was die Kirche in diese tiefe Krise der Gegenwart führt.

Aus der Diagnose ergeben sich die konkreten *Therapien*, die im letzten Kapitel jenes Buches eingehend behandelt werden und die sich mit all den in diesem Kapitel dargelegten decken (vgl. die Auflistung der Reformen in meinem offenen Brief an die Bischöfe). Doch ist nun hier angesichts der vielen Veränderungen in Kirche und Gesellschaft die grundsätzliche Frage zu stellen nach dem, was sich nicht verändern soll:

Was bleiben muss

Bei einigen christlichen Kirchen muss man den Niedergang fürchten. Lässt sich doch nicht übersehen, dass die konservativen, charismatischen oder pfingstlichen Kirchen am meisten Zulauf haben, die progressiven protestantischen Mainstream-Kirchen – lutherisch, reformiert oder methodistisch – jedoch ständig Mitglieder verlieren. Selbstverständlich stellt sich im Modernisierungsprozess für alle Kirchen das Problem des Substanzverlusts.

Selbst die anglikanische Episkopalkirche der USA, die einen »mittleren Weg« zwischen dem mittelalterlichen und dem reformierten Paradigma der Kirche zu gehen versucht, erweist sich nicht als besonders erfolgreich. Ich war am 15. Oktober 1978 vom prominenten Bischof von Newark, John Shelby Spong, enthusiastisch begrüßt und in seine Diözese eingeladen worden. Ich halte auch dort einen Vortrag, empfinde aber schon früh Schwierigkeiten, Spongs zunehmend radikale Ansichten über Glaubens- und Moralfragen zu teilen. Nicht akzeptabel erscheint mir bei ihm und vielen in seiner Gefolgschaft die Leugnung des personalen Gottes und der Sinnhaftigkeit des traditionellen Gebetes. 1998 hatte Bischof Spong sein Buch »Why Christianity Must Change or Die« veröffentlicht.

Seit den 1960er-Jahren waren ja alle Kirchen nicht nur mit der sexuellen Revolution, sondern auch mit Konsumismus und Materialismus, mit Multikulturalismus und Relativismus konfrontiert. Aber wie darauf antworten? Ich habe nie Joseph Ratzingers These geteilt, die er 2005 in seiner »Wahlrede« zur Papstwahl proklamiert hat, von der »Diktatur des Relativismus«, hinter der sich lediglich die eigene Position der »Diktatur des Dogmatismus« verbarg. Aber ich war auch nicht bereit, auf jeder Welle des Zeitgeistes mitzuschwimmen. Etwa wenn ein schwuler episkopalischer Pfarrer unbedingt Bischof von New Hampshire werden will und dies auch gegen den heftigen Widerstand vieler Gemeindemitglieder und angesichts der drohenden Spaltung der ganzen anglikanischen Weltgemeinschaft unbekümmert durchkämpft.

Angesichts der durch das Konzil verursachten Veränderungen in der katholischen Kirche scheint es mir schon früh notwendig, die zentralen Fragen zu stellen: Was wollen wir als Christen eigentlich, was ist die christliche Botschaft? Was ist das unterscheidend Christliche? Was muss bei allen Veränderungen doch bleiben?

Das Bleibende, das unterscheidend Christliche, die »Seele« der Kirche – dies vertrete ich seit 1970 mit wachsender Deutlichkeit – ist nicht eine Idee, ein Prinzip, ein Grundsatz, eine Grundhaltung, sondern das ist, einfach und schlicht in einem Wort gesagt, eine Person: Jesus Christus selbst.[9] Die Norm, nach welcher die radikale Reform der Kirche durchzuführen ist, kann keine andere sein als Jesus, der Christus, auf den sich die Kirche ständig beruft. Nicht jede Glaubensideologie ist von daher akzeptabel, nicht jede moralische Revolution erlaubt, nicht jede Verbindung mit anderem Glauben möglich, nicht jedes theologische Anliegen durch säkulare politische Forderungen ersetzbar. Im Buch »Christ sein« (1974) habe ich das alles auf weit über 600 Seiten begründet und erklärt. Dies bleibt mein Standpunkt bis heute.

Die Leitgestalt jeglicher Kirchenreform: »Jesus« (2012)

Schon lange hatte ich die Absicht, aufgrund der für das Buch »Christ sein« geleisteten Arbeit ein ganz auf Jesus konzentriertes Buch zu schreiben, und dies auf der soliden Grundlage historischer Forschung. Gleichzeitig hat ja auch Joseph Ratzinger, Papst Benedikt XVI., seine schon in die Tübinger Jahre zurückreichende Darstellung von Jesus Christus geschrieben. Nicht von ungefähr war deshalb in der römischen Kurie die Kritik laut geworden: Statt die Kirche zu leiten und sich ihren unbequemen Problemen zu stellen, schreibt dieser Papst Tag für Tag an seinen Büchern, die er besser als Professor in Regensburg oder als Präfekt der Glaubenskongregation in Rom geschrieben hätte. Diese Kritik ist berechtigt, übersieht aber die Absicht des Papstes, gerade in diesem Buch die Grundlage zu legen für seine Leitung der Kirche und die von ihm geforderte geistige Erneuerung.

Beide Jesus-Bücher haben zweifellos auch eine »kirchenpolitische« Funktion. Ich habe die Auseinandersetzung mit der historisch-kritischen

Aufklärung aufgenommen, während ihr Ratzinger nur Lippenbekenntnisse zollt. Die für die Dogmatik unbequemen Ergebnisse der historisch-kritischen Forschung ignoriert er und überspielt sie mit Zitaten der Kirchenväter und der Liturgie auf zugegeben geistreiche Weise. Sein Jesus-Bild »von oben« hat er entscheidend vom Dogma der hellenistischen Konzilien des 4./5. Jahrhunderts und von der Theologie Augustins und Bonaventuras inspirieren lassen. Er interpretiert – nicht ohne Zirkelschlüsse – die synoptischen Evangelien vom Johannes-Evangelium her und dieses wiederum vom Konzil von Nikaia (325) aus, das ich meinerseits am Neuen Testament messe. So präsentiert er durchgehend ein stark vergöttlichtes Jesusbild, während ich den geschichtlichen Jesus und seinen lebensgefährlichen Konflikt mit der religiösen Hierarchie und der pharisäischen Frömmigkeit herausarbeite.

Ratzingers Jesus-Bild ist nur ein Beispiel für die Schwächen seiner Theologie. Niemand hat diese im katholischen Bereich deutlicher aufgedeckt als Hermann Häring (vgl. Bd. 2, Kap. VIII: Das Abenteuer eines Buches). Seine Einschätzung wird bestätigt durch die scharfsinnige Analyse des evangelischen Theologen Friedrich Wilhelm Graf, »Nicht von dieser Welt«[10].

Die Konsequenzen sind offenkundig: Ratzingers dogmatisierter Jesus Christus dient indirekt der Rechtfertigung des gegenwärtigen römischen Systems. Wie man vom Christus Pantokrator (Allherrscher) her die Vormachtstellung des byzantinischen Kaisers begründen konnte, so seit dem Mittelalter die Vormachtstellung des römischen Bischofs, der aus dem Nachfolger Petri immer mehr zum Stellvertreter Christi, ja Gottes, geworden ist. Göttliche Autorisierung macht dieses autoritäre System unangreifbar, aber auch unreformierbar. Der Jesus der Geschichte hat in diesem System nichts zu sagen. Doch denen, die meiner Christologie vorwerfen, sie vernachlässige die Tradition und die offizielle Kirchenlehre, sei gesagt: Ich habe mich durchaus der kirchlichen Tradition gestellt, habe das offizielle »Apostolische Glaubensbekenntnis« im Buch »Credo« (1992) den »Zeitgenossen erklärt«. Und die Entwicklung der Christologie »von oben«, vor allem der Präexistenz und der Erlösungslehre, habe ich in meinem Band »Das Christentum. Wesen und Geschichte« (1994) ausführlich dargestellt.

Aber nicht Dogmen und Doktrinen erfreuen und erwärmen das Herz eines Christenmenschen, sondern jener Jesus, der mit seiner Botschaft, seinem Verhalten und seinem Geschick so vielen Menschen wahrhaft zur Freude geworden ist. Es ist keine »Evviva, evviva!«-Freude. Es ist eine stille Freude, wie sie unübertroffen in Johann Sebastian Bachs Choral »Jesus bleibet meine Freude« innig und beglückend ausgedrückt worden ist. Dieser Choral wirkt sogar ohne alle Worte, wenn er nur auf dem Klavier gespielt wird, wie dies bewegend kurz vor seinem Tod (1950) der große rumänische Pianist Dinu Lipatti getan hat.

Einsamer Rufer in der Wüste?

Blicke ich nun auf mein Leben zurück, so kann und muss ich mich fragen: Was habe ich eigentlich erreicht? Was haben alle meine Bemühungen um eine Reform meiner Kirche schließlich erbracht?

Da habe ich mir im Lauf der Jahre die Finger buchstäblich wund geschrieben: Tausende von Seiten in meinen Büchern, Hunderte Artikel und Stellungnahmen in allen möglichen Sprachen, zahllose Interviews, Gespräche und Kolloquien ... Doch abgesehen von der Konzilszeit und dem unvergessenen Jahr 1963, in welchem ich als katholischer Christ gleichzeitig auf Papst Johannes XXIII. und Präsident Kennedy blicken konnte, musste ich ständig gegen den Wind segeln, und dies oft durch große Stürme und lange Regenzonen. Aber bin ich da eigentlich vorangekommen, oder bewege ich mich im Kreise?

Selbstmitleid ist in meinem Fall nicht angebracht. Ich bin kein Hiob, habe bis jetzt Leben und Gesundheit, Haus und Heimat bewahrt, habe ein unwahrscheinlich reiches Leben geführt. Habe mir Jahrzehnt um Jahrzehnt ein ständig um neue wichtige Themen ringendes literarisches Œuvre erarbeitet. Habe alle Regionen dieser Erde zwischen Spitzbergen und dem Kap der Guten Hoffnung und von Europa mehrfach rund um die Welt bis zum Chinesischen Meer und zur Südsee kennengelernt. Habe unbeschreiblich schöne Naturerlebnisse gehabt von den Gipfeln der Alpen bis in die Unterwasserwelten des Pazifik.

Nein, ich bin auch kein Jeremia, der als Prophet in Not und Elend leben musste, dem Klagen über sein Volk und die Regierenden aufgetragen waren und der Ablehnung durch sein Volk, Misshandlung und Verbannung erfahren musste. Ich habe immer und überall auch viel Zustimmung und Sympathie gefunden und habe zahllose wunderbare Menschen in allen Völkern und Religionen kennengelernt. Trotz offizieller Desavouierung konnte ich meinen Lehrstuhl und mein Institut bewahren, und nach meiner Emeritierung sogar eine eigene Stiftung gründen und so mein hoch qualifiziertes Mitarbeiterteam behalten. Ich erfuhr von meiner Familie und vom engsten Kreis meiner Mitarbeiterinnen und Mitarbeiter so viel Treue, Zuneigung und Liebe, dass ich aufs

Ganze gesehen – trotz mancher einsamer und schwieriger Stunden und Tage – ein glückliches Leben führen konnte.

Und so wird denn schon mein 75. Geburtstag, der 19. März 2003, zu einem wahren Glückstag, der mir ungezählte mündliche und schriftliche Glückwünsche einbringt. In fast allen Zeitungen erscheinen Gedenkartikel; amüsiert lese ich da die verschiedenen Schlagzeilen, oft sind sie dialektisch formuliert: Da ist die Rede nicht nur von einem »Konsenssucher«, »Kämpfer für Reformen« und »Verfechter des Weltethos«, sondern auch von einem »Rebell in nomine domini«, »frommen Rebell und katholischen Weltbürger«, »Roms verlorenem Sohn« »Roms Streiter, Friedens-Stifter, Gegen-Papst«, ja einem »Verstoßenen, der dankbar zurückblickt« etc.

Weltweites Echo findet eine anlässlich meines 75. Geburtstags lancierte Initiative des Diözesanrates des Bistums Rottenburg-Stuttgart zu meiner Rehabilitierung. In der Katholisch-Theologischen Fakultät hält man auf Einladung des Instituts für Ökumenische Forschung ein Symposion ab über »Ökumene im dritten Jahrtausend«. Nach einer sympathischen Einleitung durch den Institutsdirektor Prof. BERND-JOCHEN HILBERATH folgt eine sehr substantielle Laudatio von Prof. OTTO HERMANN PESCH, mit dem ich anschließend einen fundierten freundschaftlichen Dialog führe. In Berlin im Schloss Bellevue erhalte ich von Bundespräsident JOHANNES RAU zu meinem 75. wie Prof. WALTER JENS gleichzeitig zu seinem 80. Geburtstag das Große Verdienstkreuz der Bundesrepublik Deutschland mit Stern verliehen. Von Ministerpräsident ERWIN TEUFEL, der als Überraschungsgast in meinem Haus erscheint und als Leser meiner Bücher eine glänzende »Laudatio« aus dem Stegreif zu formulieren imstande ist, wird mir im Rahmen des Geburtstagsempfangs die Staufermedaille des Landes Baden-Württemberg in Gold überreicht.

Noch zu Zeiten des Nonkonformisten GIORDANO BRUNO (16. Jh.) wäre ich vermutlich auf päpstliches Geheiß verbrannt worden, aber in unserer demokratischen Welt kann ich weiterleben und -wirken und werde von Papst Joseph Ratzinger schon kurz nach seiner Wahl sogar zu einem Gespräch empfangen. Oft denke ich und werde in vielen Briefen darin bestätigt: Wenn in unserer Kirche nur ein klein wenig mehr »Demokratie« (im Sinne der Partizipation aller nach dem Vorbild urchristlicher Gemeinden) herrschen würde und so etwas wie Volksabstimmungen möglich wäre, dann wären viele meiner Desiderate schon längst verwirklicht, freilich auch nicht wenige klerikale Machthaber ausgebootet worden. Alle Meinungsumfragen belegen es immer wieder: Die Menschen, katholische und nicht katholische, wünschen sich ernsthafte Reformen in unserer Kirche und ökumenische Verständigung.

Aber weil gerade Papst Benedikt dies nicht will, ja, weil er auf seiner letzten Deutschlandreise 2011 ausdrücklich Reformen (von 80 Prozent der Deutschen gewünscht!) und ernsthafte ökumenische Verständigung ablehnte, verspielt er einen Großteil seiner ursprünglich empfangenen Sympathien. Und als man 2012, sieben Jahre nach seinem Amtsantritt, hört, dass kaum unter einem anderen Pontifikat der neueren Zeit im Vatikan so viel Korruption und Misswirtschaft geherrscht habe wie unter Benedikt XVI. (eine Illustration bietet der von Gianluigi Nuzzi veröffentlichte Dokumentationsband »Sua Santità«, Mailand 2012; dt. »Seine Heiligkeit«, Piper Verlag, München 2012), muss sich dieser Papst Fragen von den Medien gefallen lassen, ob mit ihm wirklich der richtige Mann zum Papst gewählt worden sei. Sein überraschender Rücktritt 2013 – auf den ich im »Epilog« noch ausführlich zurückkommen werde – steht unter keinem guten Vorzeichen, wird ihm aber einen guten Platz in der Kirchengeschichte des 21. Jahrhunderts sichern. Doch muss ich es ansprechen: Ratzinger und sein Vorgänger Wojtyła haben der Kirche einen Scherbenhaufen hinterlassen.

Rudolf Schermann, verdienter Seelsorger und angesehener Herausgeber der österreichischen Monatszeitschrift »Kirche in«, spricht – nicht nur im Blick auf Österreich – ungeschminkt von einem »Bankrott der Ära Ratzinger-Wojtyła«. Doch katholische Hierarchen und ihre publizistischen Helfershelfer machen für diese Krise gerne allein die säkulare Welt, die laxe Moral der Menschen und die Auflösung der Werte verantwortlich. Darf man sich dies so leicht machen? Viele der Probleme sind hausgemacht, die Krise ist vor allem selbstverschuldet. Gegen alle Intentionen des Zweiten Vatikanischen Konzils wurde das mittelalterliche römische System, ein zentralistischer Machtapparat mit totalitären Zügen, durch geschickte und rücksichtslose Personal- und Lehramtspolitik restauriert: Bischöfe gleichgeschaltet, Seelsorger überlastet, Theologen mit Maulkörben versehen, Laien rechtlos gehalten, Frauen diskriminiert, nationale Synoden und KirchenVolksBegehren ignoriert, dazu Sexskandale, Diskussionsverbote, liturgische Gängelei, Predigtverbot für Laientheologen, Denunzierungsaufforderung, Verhinderung der Abendmahlsgemeinschaft – an alldem ist kaum »die Welt« schuld!

So bleibe ich mehr denn je überzeugt, dass das mittelalterliche römische System keine Zukunft hat und früher oder später um des Überlebens der katholischen Kirche willen aufgegeben werden wird. Qui vivra verra, wer leben wird, wird sehen!

XII. Am Abend des Lebens

»Mir geht es im Ganzen gut, den Altersbeschwerden noch besser.«

Brief des deutsch-amerikanischen Historikers Fritz Stern (Columbia University/New York) vom 20. Juni 2012 an den Verfasser

»Als Katholik bin ich traurig, dass Du schon so alt bist. Unsere Kirche hätte solche Theologen wie Dich bitter notwendig.« So schreibt mir zu meinem 80. Geburtstag mein Cousin, der Agraringenieur HANS GUT aus Hochdorf (Kanton Luzern). Diese rührende Äußerung nehme ich mit dem gleichen Lächeln wie den oft gehörten frommen Wunsch, ich möge eines Tages Papst werden. Da habe ich ja nun die Weichen für meine Karriere schon in jungen Jahren in eine ganz andere Richtung gestellt. Und ich weiß um die Vergeblichkeit des Wunsches des Philosophen und Staatstheoretikers PLATON, es mögen im Staat die Philosophen die Könige sein. Mir genügt es durchaus, wenn mir noch wenige Jahre des Wirkens geschenkt werden. Im Übrigen nehme ich mein fortgeschrittenes Alter ernst. Auch ich muss in meinem neunten Lebensjahrzehnt mit zunehmenden Beschwerden rechnen und hoffe, sie gut zu bestehen, wie der oben zitierte von mir geschätzte, nur zwei Jahre ältere FRITZ STERN es ausdrückt, der mit seiner jüdischen Familie 1938 vor dem Naziterror aus Deutschland fliehen musste.

Abschied vom alpinen Skilauf

Ein wenig Wehmut erfüllt mich schon, als ich während meiner seit Jahrzehnten üblichen Skiwochen nun Ende Januar 2008 zum letzten Mal über die Skipisten rund um Lech am Arlberg gleite. Ich war ein Skifahrer, der nach jugendlichem Abfahren »im alten Stil« in der Schweiz und fast einem Jahrzehnt Studien im Ausland relativ spät die präzise, am Arlberg zuerst erprobte Parallelschwung-Technik zu erlernen hatte und dem es dann mehr auf korrektes und vorsichtiges als auf schnelles und kühnes Fahren ankam. Aber mit all denen, die es »er-fahren« haben, teile ich die

Überzeugung, dass Skifahren eine der faszinierendsten Sportarten unserer Zeit ist.

Schon allein das Wunder der Schneelandschaft: Ich konnte es immer verstehen, dass Menschen aus den tropischen Regionen der Erde dieses Wunder gerne mal erleben möchten, wie da eine ganze Landschaft in wenigen Stunden ihr Gesicht total verändert und sich buchstäblich schneeweiß zeigt. Und welches Wunder auch, wenn man heutzutage, wo es unten in den Tälern oft so wenig Schnee gibt, im Auto hinauffährt in die weiße Berglandschaft über der Nebeldecke und dann mit Bergbahn oder Lift hinauf zu den Gipfeln. Welch unvergleichliches Erlebnis, wenn man, am liebsten natürlich im strahlenden Sonnenschein, über die verschneiten Hänge hinuntergleiten kann. Aber auch welche Herausforderung, wenn man Kälte, Wind, Sturm und Schneefall trotzt und sich jedes Mal freut, dass man wieder heil zurückgekommen ist ins warme Hotel. Ich habe schon in meinen früheren »Erinnerungen« berichtet, wie sehr ich die klare, kalte Luft der Alpen liebe, hier mein oft gequältes Hirn »durchlüften« kann und mich in der Hälfte der Zeit ebenso gut erhole wie am Meer unter Palmen. Und was für herrliche Erinnerungen habe ich doch an die wunderbaren Skilandschaften meiner Schweizer Heimat: etwa in Wengen vor Eiger, Mönch und Jungfrau oder in Davos-Klosters mit seinen rund 300 Kilometer Skipisten oder – für mich das schönste Panorama der Alpen überhaupt – im Schatten des Matterhorn über den Theodulgletscher oder auch vom Gornergrat hinunter nach Zermatt.

Aber schließlich ist doch *Lech am Arlberg*, relativ nahe bei Tübingen, meine Skiheimat geworden – dieser sympathisch dörflich gebliebene Ort auf rund 1500 Meter Höhe mit seiner österreichischen Gastlichkeit, mit Bergbahnen und Lifts, die man buchstäblich von der Hoteltür aus erreichen kann. Ungezählt die Erlebnisse auf dem »Weißen Ring«: rund um Lech von einem Berg zum anderen und auch auf Ausflügen nach St. Anton und St. Christoph – nicht zu vergessen die schönen Gottesdienste zu Weihnachten und Neujahr in der neuen größeren, ganz aus Holz gestalteten Dorfkirche.

Aber man kann auch nicht übersehen: Skifahren in den Alpen ist und bleibt ein *Risikosport*, für den Kluge eine Spezialversicherung abschließen. Ein Drittel der rund 150.000 Sportunfälle gehen nach einer Mitteilung der schweizerischen Unfallversicherung (SUVA) von 2008 auf Wintersportunfälle zurück. Im Bruchteil einer Sekunde kann es geschehen: Jeder Skifahrer kann von Abenteuern und Stürzen berichten, von Kollisionen mit anderen, aber auch von eigenen Unvorsichtigkeiten und ausgesprochenen Dummheiten. Unvergessen etwa eine Abfahrt mit Marianne Saur gegen alle guten Ratschläge über den vereisten Corvatschgletscher im Engadin hinunter nach Sils Maria. Oder vom Kleinen Matterhorn auf fast 4000 Meter Höhe über die unsichere Piste ins italienische Cervinia.

Doch nur zweimal bin ich ernsthaft gefährdet. Als in Lech ein unerfahrener Skilehrer unsere Gruppe nach Neuschnee in eine nur schmal gewalzte steile Strecke hineinführt und ich ungewollt in eine Schussfahrt gerate, stürze ich schließlich Kopf voran in eine Mulde und bleibe mit blutüberströmtem Auge im Schnee liegen. »Die Skispitze hat dir das Auge zerstört«, ist mein erster Gedanke. Zu meinem großen Glück ergibt die nähere Untersuchung nur eine stark blutende Fleischwunde über dem Nasenbein und unter dem Auge, die leicht genäht werden kann. Das Auge bleibt unverletzt.

Aber auch noch in den letzten Jahren führt mich ein alter, erfahrener Skilehrer, da wir schon die meisten Routen gefahren waren, trotz meines Widerstrebens über den »Langen Zug« zu einem als gefährlich bekannten Steilhang, wo wir völlig allein starten. Ich verfehle den Einstieg, rutsche beim zweiten Schwung aus und stürze ungebremst zuerst auf dem Rücken und dann Kopf voran wie ein Torpedo 300 bis 400 Meter in die Tiefe. Ich schütze meinen Kopf mit den Armen: »Hoffentlich pralle ich nicht auf einen Stein oder Felsen – wie lange, wie lange, wie lange geht es wohl noch?« – für mich schien es eine Ewigkeit. Mein Skilehrer steht hilflos oben am Hang: »Mir stand das Herz still, und erzählen Sie doch bitte nichts im Hotel!«, sagt er, als er schließlich den einen Ski eingesammelt hat und bei mir unten im Tälchen angekommen ist und mir wieder auf die Beine hilft – unverletzt, Gott sei Dank! Einen Schock habe ich deshalb nicht erlitten, bin im Gegenteil an diesem Tag und an den folgenden Tagen weitergefahren. Aber ich bin mir bewusst, das hätte leicht tödlich enden können …

Drei Jahre später, bei der Weihnachtsfeier 2007 des Teams unserer Stiftung Weltethos, kündige ich zur allgemeinen Überraschung an, dass ich mit meinem 80. Geburtstag am 19. März 2008 *meine alpine Skilaufbahn beenden* werde. Auch in Lech, wo ich im Januar noch eine Woche Ski fahre, schenkt man meinem Vorsatz keinen Glauben. Mein stark beanspruchter Bewegungsapparat ist schließlich völlig in Ordnung. Die Koordination meiner Beine beim Schwingen reibungslos und keine übermäßige Konditionsschwäche vorhanden: Kriterien, die mein Arzt in der Schweiz bei der Überprüfung meiner körperlichen Fitness empfohlen hatte. Ich hätte also ruhig noch weiter fahren können – zumal da ich übrigens seit meinem 70. Geburtstag als »Schneemandl« alle Bergbahnen und Lifte des riesigen Arlberggebietes praktisch gratis benutzen kann.

Aber trotz verbesserter Bindungen und Helm sind die Risiken in den letzten Jahren nicht geringer geworden. Meine neuen Carvingski ermöglichen leichteres Wenden, aber auch schnelleres Fahren. Die Lifte sind effizienter, die Wartezeiten vermindert, aber auch die Menschenmassen auf den Pisten größer. Der Schnee aufgrund des Klimawechsels rar, deshalb oft künstlich erzeugt und deshalb härter und weniger griffig. Snowboarder mit ihrem eigenen Stil und Weg gefährden nicht selten andere Skifahrer. Und die gefährlichsten Unfälle sind Kollisionen mit einem anderen Fahrer …

Doch ich will nicht übertreiben. Bin ich doch all die Jahre im Allgemeinen ohne ernsten Unfall durch die Skisaison gekommen. Jetzt aber sage ich mir: Es ist ein Unterschied, ob bei einem 40-Jährigen oder einem 80-Jährigen eine Sehne reißt oder ein Knochen bricht. Die Heilung dauert möglicherweise doppelt so lang. Andererseits haben meine Verpflichtungen in Tübingen und in der weiten Welt nicht abgenommen, und meine Verantwortung für die Stiftung Weltethos, ihre Mitarbeiterinnen und Mitarbeiter, darf ich auch nie vergessen.

Wiewohl es schwerfällt, bleibe ich doch bei meinem vernünftigen Entschluss. Doch eine Überraschung versüßt mir den bitteren Abschied. Zu meinem 80. Geburtstag schreibt mir der Präsident der Fédération Internationale du Ski (FIS), Dr. GIAN-FRANCO KASPER, am 2. April 2008: »Vor wenigen Tagen durften wir Ihnen zu Ihrem 80. Geburtstag gratulieren, und heute freue ich mich, Ihnen mitteilen zu können, dass der Internationale Skiverband beschlossen hat, Ihnen respektive Ihrer Stiftung als Geburtstagsgeschenk US $ 10.000 zukommen zu lassen.« Zu dem ursprünglich von der FIS geplanten Ethikkomitee, bestehend aus dem früheren UN-Generalsekretär KOFI ANNAN, dem schwedischen UN-Chefinspekteur für den Irak HANS BLIX und mir, ist es nicht gekommen. Aber dem Sportethos gilt zunehmend mein Interesse. Und träge – nein, träge will ich auch in meinem neunten Jahrzehnt auf keinen Fall werden.

Kein Abschied vom Sport

Das alte deutsche Sprichwort »Wer rastet, der rostet« gilt für Leib und Seele. Wer nicht ständig tätig bleibt, verliert seine Leistungsfähigkeit. Der aufrechte Gang, durch den der Mensch sich von den anderen Primaten emanzipierte, ist eine Sache des Körpers und des Geistes. Beim bekannten römischen Sprichwort »Mens sana in corpore sano – gesunder Geist in gesundem Körper« wird freilich meist der erste Teil unterschlagen:

»Orandum est ut sit …« – es ist darum zu bitten, dass ein gesunder Geist in einem gesunden Körper sei. Denn weder die geistige noch die körperliche Gesundheit sind selbstverständliche Gegebenheit, sondern Gegenstand immer wieder neuen Bemühens.

Im Zusammenhang des Eintritts in mein neuntes Jahrzehnt werde ich immer wieder gefragt, was mich denn so fit halte. Jedenfalls nicht irgendwelche Fitnessstudios, Wellnessprogramme oder Gesundheitsmaschinen. Einiges habe ich – im ersten Erinnerungsband war die Rede davon – mit den Genen geschenkt bekommen, eine robuste physische und psychische Gesundheit, die mir außerordentliche körperliche und geistige Strapazen überstehen half. Aber dazu kommt: Ich lebe, aufgrund meiner Erziehung in der Schweiz und in Rom, diszipliniert, bemühe mich um ausgewogene, fettarme Ernährung, rauche nicht, trinke mäßig und beginne jeden Tag mit einigen Beuge- und Streckübungen am offenen Fenster mit Blick auf Natur und Wetter.

Doch für unverletzlich habe ich mich nie gehalten, und mit Verschleißerscheinungen muss ich wie jeder Mensch rechnen. Ein Hörsturz im Jahr 2000, vermutlich durch Überanstrengung ausgelöst, traf glücklicherweise nur mein rechtes Ohr. Nicht auszudenken, wenn einmal – etwa auf den langen, die Ohren belastenden Interkontinentalflügen – auch mein linkes Ohr ernsthaft beschädigt würde … Künstliche Hüft- und Kniegelenke blieben mir bisher erspart, aber eine Handsehnenoperation habe ich hinter mir. Und so trainiere ich denn täglich meine Finger, vor allem meine lebenswichtigen Schreibfinger, um gegen Arthrose anzugehen. Und seit ich merke, dass ich Rückenprobleme bekomme, mache ich neben meinen 100 Rumpfbeugen auch täglich einige Dehnübungen mit einem elastischen Theraband zur Stärkung der Rückenmuskulatur. Zehn Minuten täglich sind allesamt wirksamer als wöchentlich einmal zwei Stunden. Zudem verbinde ich die morgendlichen Übungen mit dem Informationsprogramm des Radios und mit klassischer Musik, was mich sogleich richtig lebendig macht.

Und dann folgen täglich rund 20 Minuten Schwimmen, wenn nicht im Sempachersee, dann im Schwimmbad unseres Tübinger Hauses, verbunden mit heißer und kalter Dusche und verschiedenen Wasserübungen. Schwimmen, ich habe es in meinem ersten Band beschrieben, ist für mich ein Lebenselixier. Schwimmen bringt mir zum Ausgleich für mein stundenlanges Sitzen am Schreibtisch von morgens früh bis spät in die Nacht schon vor dem Frühstück die dringend notwendige körperliche Bewegung, trainiert die Muskeln und schont die Gelenke. Schwimmen gibt mir aber auch geistige Wachheit. Dieses Loslassen und Entspannen im Wasser ist zugleich Entspannen und Regenerieren. Es lässt mich gleichzeitig reflektieren, meditieren, mich besinnen. Schwimmen vermittelt mir ein einzigartiges Gefühl des freien Bewegens und zugleich Getragenseins.

Ein Leben ohne Bewegung kann ich mir nur schwer vorstellen. Anders als das Skifahren kann ich das Schwimmen ohne Risiko täglich auch im hohen Alter praktizieren. Natürlich bin ich mir stets bewusst, dass sich mein Gesundheitszustand jeden Tag dramatisch verändern könnte, dass mich eine Krankheit oder ein Unfall »außer Gefecht setzen« könnte. Gott sei Dank – und das meine ich stets wörtlich – ist bisher bei all meinen körperlichen Anstrengungen und Abenteuern alles gut gegangen, sage ich mir in meinen frühen 80er-Jahren.

Welt-Sport-Ethos

Am 15. April 2003 hält in unserem Rotary Club der Jurist und Richter Dr. h.c. Alfred Sengle, früher Vizepräsident und jetzt Sicherheitsbeauftragter des Deutschen Fußballbundes (DFB), einen Vortrag über Sport und Sportrecht. Ich staune über die Komplexität des Materials, das er ausbreitet. Das Sportrecht – vor zwei oder drei Jahrzehnten noch eine höchst einfache Sache – ist inzwischen hundertfach detaillierter und komplizierter geworden. Geht es doch im Sport mehr denn je um viel – und manche sagen sogar: maßlos viel – Geld!

Es ist unübersehbar: Auch die Welt des Sports, wie die Gesellschaft überhaupt, leidet unter einem gewaltigen Ausmaß an Verrechtlichung, Professionalisierung und Kommerzialisierung. Aber meine Frage in der anschließenden Diskussion und im persönlichen Gespräch: »Offensichtlich fehlt es heutzutage nicht an Gesetzen und Gerichten; fehlt es jedoch nicht oft gerade an dem ›Ungeschriebenen‹, gesetzlich gerade nicht Vorschreibbaren: an der inneren Einstellung, der sittlichen Grundhaltung?« Wir sind uns rasch einig: Es fehlt am *»Ethos«,* ohne welches die geschriebenen Regeln umgangen, ignoriert oder unterminiert werden.

Es kommt in der Folge dieses Vortrags zu einem intensiven Gedankenaustausch zwischen uns, in den ich von Anfang an auch meinen Kollegen Karl-Josef Kuschel, einen begeisterten Fußballfan, einbeziehe. Ich freue mich darüber, dass Dr. Sengle bereit ist, mit den obersten Repräsentanten des DFB darüber zu sprechen, wie sich eine Zusammenarbeit zwischen unserer Stiftung Weltethos und dem DFB gestalten könnte. Das Resultat der Überlegungen auf beiden Seiten ist schließlich: Am 27. Mai 2005 findet im Rahmen des Deutschen Evangelischen Kirchentags in Hannover ein groß angelegtes Forum »Welt-Sport-Ethos« mit über 2000 Teilnehmern statt. Ich halte dazu den einführenden Vortrag über Weltsport und Weltethos, und mein Kollege Kuschel bestreitet die anschließende Diskussion mit dem DFB-Präsidenten Dr. Theo Zwanziger, dem kommenden Bundestrainer Joachim Löw, einem Nationalspieler, einem Schiedsrichter und anderen Fachleuten.

In meinem Grundsatzreferat gehe ich aus von der in diesem Ausmaß noch nie da gewesenen *Kriminalität* im Sport: Doping großen Stils bei Spitzen-Leichtathleten und bei ganzen Radsportmannschaften, aber auch Wett- und Manipulationsskandale im Fußball, was nicht nur die Spieler, sondern auch die Funktionäre und sogar die bisher moralisch unanfechtbaren Schiedsrichter in ein schiefes Licht stellt. Dabei sollte doch gerade der Breitensport Fußball die schönste, eindrücklichste Manifestation von *Fairness* sein – ein englisches Wort, das in die allgemeine Sportsprache übernommen wurde. »Fair play«: ein den Spielregeln entsprechendes anständiges und kameradschaftliches Verhalten!

Doch ist ein solches »sportliches« Verhalten alles andere als selbstverständlich. Und nur Regeln, Vorschriften und Gesetze, von Sport- und Staatsorganen erlassen und sanktioniert, reichen dafür offensichtlich nicht aus. Alle Regeln nützen nichts, wenn Menschen sich nicht innerlich auf sie verpflichtet fühlen. Regeln wollen auch im Fußball nicht nur gekannt, sondern innerlich bejaht und auf dem Spielfeld wie auf den Tribünen gelebt werden. Deshalb spricht man ja auch vom *»Geist« des Sports* und meint damit die *Bereitschaft zum Fair Play*, zur Chancengleichheit, zur Wahrhaftigkeit … Kurz, alles das, was mit *Ethos* gemeint ist: nicht ein ethisches System, nicht eine Doktrin, sondern eine Selbstverpflichtung des Menschen auf einige verbindliche Werte, unverrückbare Maßstäbe und persönliche Grundhaltungen.

Nun hat der Sport gewiss seine eigenen Regeln, aber er braucht keine Sonderethik, sondern Sportler brauchen sich nur an die allgemeinen ethischen Grundsätze zu halten. Wir haben ja gesehen, dass es tatsächlich globale ethische Regeln gibt, die für Europa und Amerika ebenso gelten wie für Japan, China, Indien oder Afrika. Dies ist wichtig für eine Zeit, die eine noch nie da gewesene *Globalisierung* des Sports erfahren hat, sodass heute auch die kleinsten Nationen der Erde zumindest über eine Fußball-Nationalmannschaft verfügen wollen.

Auf dem Forum »Welt-Sport-Ethos« in Hannover mache ich folglich deutlich: Der *globale Sport braucht ein globales Ethos*! Der *Weltsport* braucht ein *Weltethos*, das aus einigen wenigen, seit Jahrtausenden geltenden elementaren ethischen Regeln besteht, ohne die eine Gesellschaft, ein Staat, ein Unternehmen, eine Schulklasse und eben auch ein Fußballspiel nicht fair funktionieren kann: nicht töten, lügen, stehlen, Sexualität missbrauchen. Ist das vielleicht zu allgemein?

Ich konkretisiere die in der »Erklärung zum Weltethos« (1993) ausführlich in die Gegenwart übersetzten vier unverrückbaren Weisungen für den Sport: Nachdem der DFB zwei kurze Filme über Fairness und Unfairness auf dem Fußballplatz und neben dem Platz unter den Fans präsentiert hat, mache ich dies deutlich anhand der Weisung »Ehrfurcht vor dem Leben«: »Wir alle, die wir den Sport lieben, erschrecken immer wieder über das Ausmaß an *Gewalt*, das der Sport freisetzen oder auf sich ziehen kann. Auf dem Spielfeld wird der Gegner oft genug zum Feind, den es mit allen Mitteln zu bekämpfen gilt. Einsatz von Gewalt verletzt oft die körperliche Integrität des Mitspielers. Sportliche Großveranstaltungen ziehen gewaltbereite Gruppen auf sich. Das Ausmaß an verbaler und körperlicher Aggression reißt Abgründe auf. Gegner werden provoziert, diffamiert. Fans werden gewalttätig gegeneinander oder gar gegen die Spieler. Fremdenfeindliche Aggressionen toben sich aus …

Es ist daher ein uralter, von allen Religionen und natürlich auch vom Christentum vertretener universaler Imperativ der Menschlichkeit in Erinnerung zu rufen: Du sollst *nicht töten*, nicht verletzen, quälen, foltern. Vielmehr positiv: Hab *Ehrfurcht vor dem Leben*! Auch der Fußball, der Sport ganz allgemein ist angewiesen darauf und soll beitragen zu einer Kultur der Gewaltlosigkeit und der Ehrfurcht vor dem Leben.«

Ähnlich illustriere ich die ethischen Standards für eine Kultur der Gerechtigkeit, Wahrhaftigkeit und Partnerschaft auch im Sport. In der anschließenden Diskussion unter der kundigen Leitung des Bundesverfassungsrichters Professor Udo Steiner vertritt mein Kollege Professor Karl-Josef Kuschel im Anschluss an die Ausführungen des heutigen IOC-Vizepräsidenten Dr. Thomas Bach überzeugend, dass auch die interkulturelle und interreligiöse Problematik des Sports und dabei besonders die Frage der Repräsentanz von Frauen zu beachten sein. So hatten wir an diesem 27. Mai 2005 das einzigartige Erlebnis eines kritisch-konstruktiven Dialogs zwischen Sport und Ethos, Weltsport und Weltethos, was in der Folge durch eine von Dr. Sengle herausgegebene Broschüre dokumentiert und in Sportkreisen propagiert wird.

Dass meine Gedanken nachwirken, zeigt sich in der Autobiographie des inzwischen zurückgetretenen DFB-Präsidenten Theo Zwanziger, in der er schreibt: »Mich hat in diesem Zusammenhang die Bekanntschaft mit dem katholischen Theologen Hans Küng sehr beeindruckt, den ich über unser Präsidiumsmitglied Alfred Sengle kennengelernt habe. Küng hat sich intensiv mit unseren Vorstellungen vom moralischen Anspruch des Fußballs befasst und hierzu in seinem Buch ›Projekt Weltethos‹ einige Thesen aufgestellt. Ihm zufolge braucht der Fußball und der Sport insgesamt klare Spielregeln und muss sie auch einhalten.«[1] Die Kooperation der Stiftung Weltethos mit dem DFB findet 2012 ihre Fortsetzung, als Dr. Stephan Schlensog vom DFB in eine »Arbeitsgruppe Antidiskriminierung« berufen wird, wo auch die ethische Dimension solcher Fehlentwicklungen Beachtung finden soll.

Neben dem Fußball finde ich mit der Weltethos-Thematik auch zu anderen Akteuren des Sports Zugang: Am 27. September 2005 findet in der Frankfurter Paulskirche das erste *International Olympic Forum* statt. Hauptreferent: der Präsident des Internationalen Olympischen Komitees, Dr. med. JACQUES ROGGE. Ich sitze mit drei anderen auf dem Podium und bringe natürlich die ethische Problematik zu Sprache. Die ganze Diskussion verläuft so konstruktiv, dass ich beim anschließenden Bankett meinen Nachbarn Jacques Rogge frage, ob er nicht Zeit und Lust hätte, die Weltethos-Rede in Tübingen im Jahr 2006 zu halten. Erfreulicherweise stimmt er ganz spontan zu.

Aber es gibt einen dunklen Kontrapunkt zu diesem Thema: Gesundheit und Sport sind die eine, heitere Seite des Menschenlebens. Doch Krankheit und Sterben die andere, finstere. Und gerade diese Frage, mir schon immer sehr präsent, hat für mich in den letzten Jahren eine neue Dringlichkeit erhalten.

Sterbeerlebnisse – ein Blick nach drüben?

Die Problematik von den »Letzten Dingen« (Eschatologie) hatte ich weder in »Christ sein« noch in »Existiert Gott?« im Zusammenhang thematisiert. Sterben, Tod – und danach: Ich will gelegentlich auch diese von keiner medizinischen Wissenschaft abzuschaffende Frage gründlich behandeln und spüre dafür auch bei Studenten ein waches Interesse.

Für die wissenschaftliche Forschung und für mich persönlich ist diese Frage verbunden mit dem Namen der schweizerischen Psychiatrieprofessorin Dr. med. ELISABETH KÜBLER-ROSS (1926–2004), die später in Escondido/Kalifornien lebte. Ihre Untersuchungen »On Death and Dying«[2], fußend auf den Berichten von über 2000 todkranken Patienten, haben weltweites Aufsehen erregt. Als Erste hatte sie im Sterben fünf

– oft überlappende – Stadien auf dem Weg zum Tod festgestellt: zuerst Nichtwahrhabenwollen – dann Zorn, Groll und Neid – später Verhandeln – auch Depression – schließlich Zustimmung. Später setzte sie sich intensiv mit Sterbeerlebnissen auseinander. Auch andere Autoren wie RAYMOND A. MOODY und ECKART WIESENHÜTTER veröffentlichen eine Fülle von Erfahrungen Ertrunkener, Erfrorener, Abgestürzter, aber dann doch Wiederbelebter. Erfahrungen von Menschen also, die klinisch tot (»medically dead«) waren und von ganz ähnlichen Sterbeerlebnissen berichten: außerhalb des Körpers sein – Lichtphänomene – Stimmen …

In meiner ersten Vorlesung über »Ewiges Leben?« im Studium generale am 7. Mai 1981 bin ich in der Beurteilung der vielfach seriös bezeugten Phänomene zurückhaltend. Ich leugne sie nicht, aber deute sie. Sind sie doch auch bei anderen seelischen Sonderzuständen zu beobachten, etwa im Traum, bei Schizophrenie, bei Einnahme von Halluzinogenen wie LSD oder Meskalin. Zugleich werden diese positiven Sterbeerlebnisse relativiert durch höchst angst- und qualvolle Sterbeerlebnisse, etwa im Fall von Vergiftungen. Jedenfalls lassen sie sich möglicherweise rein naturwissenschaftlich-medizinisch erklären, etwa als psychologische Schutzschaltung des Gehirns und Erregungen des Zentralnervensystems, vielleicht so etwas wie ein letztes »Ersatzluftholen« des absterbenden Gehirns.

Über wissenschaftliche Details möchte ich kein Urteil abgeben, für meine theologische Analyse ist entscheidend: Keiner der »klinisch Toten« hat den biologischen Tod, hat den irreversiblen Verlust der Lebensfunktionen und Untergang aller Organe und Gewebe erlebt. Das heißt: Klinisch Tote haben den Tod als definitives Ende des Lebens nur »fast«, aber eben »nicht wirklich« erlebt. Sie waren nahe an der Schwelle des Todes, haben sie aber nicht überschritten. Diese Sterbeerlebnisse sind die letzten Minuten oder Sekunden *vor dem Tod*, für ein mögliches Leben *nach dem Tod* beweisen sie nichts. Aber sie geben zu denken. Präzise nennt man sie *Nahtoderfahrungen.*

An diesem Punkt unterscheide ich mich von Elisabeth Kübler-Ross, die in den Nahtoderfahrungen Beweise für ein Leben nach dem Tod sehen möchte. Das hindert mich aber nicht, sie an die Universität Tübingen zu einer Gastvorlesung einzuladen, was ich als Direktor des jetzt fakultätsunabhängigen Instituts für Ökumenische Forschung tun kann, ohne jemanden fragen zu müssen. Keine medizinische oder theologische Fakultät hätte dies an meiner Stelle getan. Für die Mediziner ist Elisabeth Kübler-Ross zu wenig »wissenschaftlich« und fordert eine Stellungnahme zu einer Glaubensfrage heraus. Für die Theologen aber ist sie zu empirisch und zu wenig »theologisch«.

Doch der Direktor der Radiologischen Universitätsklinik, Professor WALTER FROMMHOLD, ist bereit, mit mir als Diskussionspartner aufzutreten. Der Zustrom des Publikums ist überwältigend. Als wir zu dritt die große Freitreppe zum Festsaal hinaufsteigen, kommen uns riesige Menschenmassen entgegen, sodass ich frage, was denn da für eine Lehrveranstaltung vorausgegangen sei. Man antwortet mir: »Wir wollten doch alle in den Festsaal oder ins Audimax für Frau Kübler-Ross, aber es ist alles total überfüllt.« Ihre Darlegungen, die dieses Mal von Kinderzeichnungen ausgehen, sind instruktiv und beeindruckend. Unsere Diskussion gerät aber doch kontrovers: Einwände des Radiologen werden von dem mit Frau Kübler-Ross sympathisierenden Publikum mit unwilligem Gemurmel kommentiert. Jedenfalls ist der Abend ein großes Erlebnis und hat die Diskussion mächtig vorangebracht.

Als ich im nachfolgenden Winter vom Schweizer Fernsehen angefragt werde, am 19. Dezember 1982 mit Elisabeth Kübler-Ross ein 45-minütiges »Neujahrsgespräch« zu führen, unterbreche ich meine Weihnachtsferien in Lech und fahre nach Zürich. Auf den Wunsch der Moderatorin aber, ich möge doch die Sterbeforscherin »richtig in die Zange nehmen«, gehe ich nicht ein. Zwar melde ich auch hier deutlich meine Vorbehalte an, aus Nahtoderfahrungen Beweise für ein ewiges Leben abzuleiten. Aber es scheint mir ganz und gar unangemessen, diese bei all ihren Erfolgen höchst bescheidene und selbstlos wirkende Frau wie ein Anwalt ins Kreuzverhör zu nehmen. Das Publikum sollte meine Gegenargumente hören, aber schließlich selber entscheiden. Wichtig vor allem für mich als Theologen: Die Auseinandersetzung mit der Sterbe- und Todesfrage muss weitergehen! Der Kritiker der »Berner Zeitung« (6. 1. 1983) spricht von einer »Sternstunde«: »eine außergewöhnlich engagierte, sehr persönlich gehaltene, zutiefst menschliche Diskussion«. Dabei mache ich klar:

Ewiges Leben – die Alternative

Eines hat diese Sterbeforschung auch in der Medizin bewirkt: Die Frage nach dem ewigen Leben kann nicht einfach mit wissenschaftlich-medizinischen Argumenten als erledigt angesehen werden. Die Frage »Leben nach dem Tod« ist, wiewohl lange tabuisiert, auch für Mediziner eine offene Frage. Und die positiven Nahtoderfahrungen machen vielen Menschen Hoffnung, dass das Sterben, das viele Menschen mit Bangen und Furcht erwarten, in der allerletzten Phase vielleicht doch nicht so angstbesetzt verläuft wie oft befürchtet. Ich denke an den Tod meines Bruders und an den meiner Eltern zurück: Ob ihr Gesicht vielleicht deshalb so friedlich und erlöst erschien, weil alles vorbei war? Jedenfalls können diese Sterbeerlebnisse Zeichen – keine Beweise! – dafür sein, dass ein neues Sein nach dem Tod, eine Transzendenz im Tod nicht von vornherein ausgeschlossen werden kann.

In neun doppelstündigen Vorlesungen kann ich so im Sommersemester 1981 im Rahmen des Studium generale an der Universität Tübingen das Pro und Contra abwägen und die verschiedenen Dimensionen des Problems abschreiten. Für vieles habe ich in »Existiert Gott?« vorgearbeitet: Ludwig Feuerbachs Projektionstheorie, auf der die Opiumtheorie von Karl Marx und die Illusionstheorie von Sigmund Freud gründen, vermag nicht zu beweisen, dass ein ewiges Leben *nur* Projektion des Menschen, *nur* interessenbedingte Vertröstung, *nur* infantile Illusion sei. Könnte es nicht geradezu umgekehrt sein: dass die atheistische Leugnung eines ewigen Lebens auf einer Projektion beruht, die im Glauben an die gute Menschennatur (Feuerbach) oder die sozialistische Gesellschaft (Marx) oder die rationale Wissenschaft (Freud) gründet?

Mit der Heraufkunft des Atheismus, verbunden mit dem Namen Feuerbach, hat auch die Todesproblematik in der deutschen Philosophie ein erdrückendes Eigengewicht erhalten. Die Frage eines Lebens nach dem Tod, so zeige ich auf, bleibt für Martin Heidegger offen, wird von Jean-Paul Sartre entschieden negativ, von Karl Jaspers aber bedingt positiv beantwortet.

Ich behandle diese Autoren, um klarzumachen, dass jeder Mensch hier früher oder später vor die große Alternative gestellt ist, Ja oder Nein zu einem ewigen Leben zu sagen. Die negative Grundoption kommt beeindruckend deutlich in dem Gedicht »Gegen Verführung« des Atheisten Bertolt Brecht zum Ausdruck, das sich aber bei allem Respekt mit wenigen Korrekturen in eine Bejahung umkehren lässt.

Lasst euch nicht verführen!	*Lasst euch nicht verführen!*
Es gibt keine Wiederkehr.	*Es gibt eine Wiederkehr.*
Der Tag steht in den Türen;	*Der Tag steht in den Türen;*
Ihr könnt schon Nachtwind spüren:	*Ihr könnt schon Nachtwind spüren:*
Es kommt kein Morgen mehr.	*Es kommt ein Morgen mehr.*
Lasst euch nicht betrügen!	*Lasst euch nicht betrügen!*
Das Leben wenig ist.	*Das Leben wenig ist.*
Schlürft es in schnellen Zügen!	*Schlürft nicht in schnellen Zügen!*

Es wird euch nicht genügen,
Wenn ihr es lassen müsst!

Lasst euch nicht vertrösten!
Ihr habt nicht zu viel Zeit!
Lasst Moder den Erlösten!
Das Leben ist am größten:
Es steht nicht mehr bereit.

Lasst euch nicht verführen!
Zu Fron und Ausgezehr!
Was kann euch Angst noch rühren?
Ihr sterbt mit allen Tieren
Und es kommt nichts nachher.

Es wird euch nicht genügen,
Wenn ihr es lassen müsst!

Lasst euch nicht vertrösten!
Ihr habt nicht zu viel Zeit!
Fasst Moder die Erlösten?
Das Leben ist am größten:
Es steht noch mehr bereit.

Lasst euch nicht verführen!
Zu Fron und Ausgezehr!
Was kann euch Angst noch rühren?
Ihr sterbt nicht mit den Tieren,
Es kommt kein Nichts nachher.

Ja zum ewigen Leben

Heute sind es vor allem junge Philosophen, die sich neu mit der Frage nach dem »guten Leben« auseinandersetzen. Sie haben den Mut, sich den großen Fragen des Menschen zu stellen. Dazu gehört aber auch die Frage nach dem »guten Sterben«.

In dieser letzten aller großen Fragen ist vom Menschen mehr denn je ein Akt vernünftigen Vertrauens gefordert, das natürlich auch verweigert werden kann. Ein Vertrauen, das überdies tief in der Geschichte der Menschheit verwurzelt ist. Wenn wir nicht einfach sterben »mit den Tieren«, lohnt es, vor allem auch die sehr aufschlussreichen, wenngleich sehr unterschiedlichen Antworten zu überprüfen, welche die Religionen seit dem Steinzeitalter gegeben haben: Endzustand als Sein oder »Nicht-Sein«? Ein einziges oder mehrere Leben?

Mit Sympathie lege ich die Argumente für eine Reinkarnation auf dieser Erde dar, lehne sie dann aber letztlich doch als nicht überzeugend ab. Dabei gestehe ich gerne ein, dass ich im Blick auf mein eigenes gelebtes Leben mit all seinen Leiden und Schmerzen trotz aller Erfolge nicht die geringste Lust verspüre, in irgendeiner Form in dieses, bei allem Glück doch immer wieder leidvolle Leben zurückzukehren. Auch Buddhisten und Hindus möchten ja schließlich aus diesem »Samsara«, diesem leidvollen Kreislauf der Wiedergeburten, aussteigen und in das »Nirvana« hinein »verlöschen«, das jedoch auch von den meisten Buddhisten nicht nihilistisch, sondern als höchste Wirklichkeit und Seligkeit verstanden wird …

So habe ich denn in meinen ersten drei Vorlesungen den »Horizont« der Frage nach dem ewigen Leben abgesteckt, um in den drei folgenden unter dem Titel »Die Hoffnung« die biblische Botschaft darzulegen, wobei ich mich vielfach an mein Buch »Christ sein« halten kann: Der Auferweckungsglaube im Judentum – eine späte Erscheinung. Das älteste Osterzeugnis und seine Entwicklung. Das Verständnis von *Auferweckung* nicht als Wiederbelebung meines Leichnams als einer physikalischen Größe, sondern als Eingehen meiner ganzen endlichen Person in die Unendlichkeit und Ewigkeit Gottes, der das unaussprechliche Geheimnis unserer Wirklichkeit ist. Der Glaube an ein ewiges Leben ist für mich eine Konsequenz aus dem Glauben an den ewig lebendigen Gott. Aber auch Aussagen des Glaubensbekenntnisses über Jesus, hinabgestiegen in das Reich des Todes, aufgefahren in den Himmel, behandle ich und bin mir bewusst: Wären diese Vorlesungen nicht 1982, zwei Jahre nach der großen Konfrontation mit Rom, sondern vorher veröffentlicht worden, so hätten sicher manche meiner Auffassungen die Inquisition erneut auf den Plan gerufen: etwa die von der leiblichen *Auferstehung*, die geistig zu verstehen ist, oder die vom *»Fegefeuer«*, das nicht lokal, sondern symbolisch interpretiert werden soll, oder die von der *Hölle*, die auch nach dem biblischen Zeugnis nicht als ewig im chronologischen Sinn angesehen werden darf.

Der dritte Teil meiner Vorlesungen betrifft »die Konsequenzen« eines Glaubens an ein ewiges Leben. Darüber habe ich schon im Zusammenhang meines Vortrags vor dem Europäischen Radiologenkongress in Hamburg 1979 berichtet (Bd. 2, Kap. X: Für eine Medizin der Menschlichkeit); auf die Fragen der Sterbehilfe werde ich im Zusammenhang einer Spezialvorlesung über »Menschenwürdiges Sterben« später zurückkommen. Zum Abschluss dieser Vorlesungsreihe unterwerfe ich Ideologien, die den Menschen den Himmel auf Erden versprechen, der Kritik und behandle sowohl die physikalischen Theorien als auch die biblischen Aussagen vom Weltende. Damit ist der Kreis dieser höchst verschiedenartigen Themen unter der Überschrift »Ewiges Leben?« geschlossen.

»Glaubst du eigentlich an das Leben nach dem Tod?«, fragt mich noch vor Kurzem ganz ernsthaft eine meiner Schwestern. »Ja«, antworte ich mit Überzeugung, aber nicht weil ich in meinem schon bald nach den Vorlesungen (1982) veröffentlichten Buch dieses Leben nach dem Tod rational bewiesen hätte. Sondern weil ich mir dieses vernünftige Vertrauen auf Gott bewahrt habe und im Vertrauen auf den ewigen Gott auch auf mein eigenes ewiges Leben vertrauen darf. Dafür habe ich gute Gründe. Und mir macht es Freude, dass diese Vorlesungen im Jahr 2008, meinem 80. Lebensjahr, bereits in der 10. Taschenbuchauflage erschienen sind und offenkundig vielen Menschen helfen. Ich habe in all den Jahren meine Grundüberzeugung nicht geändert. Doch gebe ich zu, dass neue Teleskope und Forschungen in die unendlichen, dunklen und leeren Weiten des Kosmos mit Milliarden von Sternen mir diesen Glauben nicht leichter gemacht haben.

Eine andere Beobachtung in diesem Zusammenhang: Als ich meine möglicherweise letzte Predigt in der Pfarrkirche Sursee am 19. August 2012 über den »Himmel des Glaubens« vorbereite, erinnere ich mich an eine meiner ersten Predigten in der Hofkirche zu Luzern zu exakt demselben Thema. Ich finde noch das alte Manuskript und bin total verblüfft: Die beiden handgeschriebenen Manuskripte gleichen sich so sehr, dass sie zur selben Zeit hätten geschrieben sein können. Faktisch aber stammt mein Luzerner Manuskript vom 17. November 1957 (mein Promotionsjahr), war also 55 Jahre älter als mein jetziges Manuskript. Niemand, dem ich diese beiden Manuskripte zum Vergleichen zeige, tippt richtig: Man errät nicht im Entferntesten den Unterschied der Jahre und hält das ältere Manuskript für das jüngere. Nur genaueres Beobachten zeigt natürlich Unterschiede. Ist das nicht vielleicht ein Symptom dafür, dass ich bei allem Wandel der Welt und meiner selbst unverwechselbar *derselbe* geblieben bin, meine persönliche *Identität* bewahrt habe?

Mit dem Sterben rechnen

In meinen Vorlesungen von 1981 über die Frage »Ewiges Leben?« hatte ich schon vorsichtig auf die Frage der *Sterbehilfe* hingewiesen, die in Deutschland aufgrund des nazistischen Euthanasieprogramms tabuisiert und mit hohen Emotionen belastet ist. Mir aber ist die Sterbehilfe seit dem langen Dahinsiechen meines Bruders Georg an einem unheilbaren Gehirntumor ein ganz persönliches Anliegen. So wie er, sagte ich mir schon 1955, möchte ich keinesfalls sterben (vgl. Bd. 1, Kap. III: In den Grotten von Sankt Peter).

Doch in meinen 1982 veröffentlichten Vorlesungen kann ich schon einen doppelten Konsens voraussetzen: Allgemein verabscheut und abgelehnt wird heutzutage die von den Nazis staatlich verordnete und ohne Zustimmung der Betroffenen durchgeführte Vernichtung angeblich »lebensunwerten Lebens«, also die bewusste Tötung Missgebildeter, geistig oder physisch Kranker sowie angeblich sozial unproduktiver Menschen. Und ein Zweites: Allgemein akzeptiert wird heutzutage die *»passive« Sterbehilfe* mit Lebensverkürzung als Nebenwirkung, oder genauer: die Sterbehilfe durch Abbruch der künstlichen Lebensverlängerung.

Umstritten aber bleibt die *»aktive« Sterbehilfe*, die direkt auf Lebensverkürzung abzielt: der »Gnadentod«. Schon Anfang der 80er-Jahre finde ich für meine Auffassung Verständnis, dass eine Therapie nur sinnvoll bleibt, solange sie nicht nur zum Dahinvegetieren, sondern zur Rehabilitation, also zur Restitution der ausgefallenen lebenswichtigen körpereigenen Funktionen und so zur Wiederherstellung der ganzen menschlichen Person führt. Bei jeder Intensivtherapie ist folglich zu fragen, ob sie nicht nur technisch machbar, sondern auch ärztlich sinnvoll ist.

Doch gedenke ich gelegentlich noch deutlicher auf die Frage der »aktiven« Sterbehilfe einzugehen, die auch praktisch gar nicht so leicht von der »passiven« zu unterscheiden ist. Oder ist etwa das Abstellen eines Beatmungsgerätes oder der künstlichen Nahrung nicht ebenso aktiv (und vielleicht sogar weniger barmherzig) wie eine Überdosis Morphium?

Ich versuche, weitere Erfahrungen zu sammeln und zu verarbeiten: So nehme ich am 27. Juni 1988, im grünen Operationskittel und Mundschutz, an einer Hirnoperation des Chefs der Tübinger Neurochirurgie, Professor ERNST GROTE, teil. Drei Tage später halte ich auf seine Einladung hin in San Francisco am Kongress der »Society of University Neurosurgeons« (SUN) angesichts der Aids-Problematik einen Vortrag über »Dying with Human Dignity«. Das Echo war erfreulich positiv:

»... Sie haben in klarer Diktion und Offenheit über die Fragen referiert und zu ihnen Stellung genommen, die uns alltäglich berühren, denen wir manchmal aus mannigfachen Gründen aus dem Wege gehen. Ihr Vortrag an dieser Stelle war so überzeugend, dass der SUN-Club beschlossen hat, in Zukunft, wie hier in Tübingen, den invited guestlecturer nicht aus dem eigenen Fachgebiet, sondern aus den angrenzenden philosophisch-religiösen Fakultäten zu bitten« (Prof. Grote in seinem Brief vom 15. 7. 1988).

Auch werde ich eingeladen, in der Tübinger Chirurgischen Klinik die Abteilung für Verbrennungen zu besichtigen. Nur mit Schaudern denke ich daran zurück. Man zeigt mir unter anderen einen Elektriker, der mit seinem Gesicht in eine Starkstromleitung gefallen war und den man seiner eigenen Familie nicht zu zeigen wagte. Denn statt eines Kopfes mit einem menschlichen Gesicht, sehe ich etwas, was mich an einen verbrannten Kohlkopf erinnert, an dem noch zwei Augen kleben. Man hofft, ihn wenigstens so weit herstellen zu können, dass seine Familie ihn irgendwie wiedererkennen kann. Ich denke dann: Wenn er sich selber so sehen könnte wie ich ihn, würde er sich vielleicht eher den Tod als ein solches Leben wünschen.

Mit meinem Kollegen und Freund Walter Jens hatte ich schon öfter über die Frage des menschenwürdigen Sterbens gesprochen, und wir finden dabei heraus, dass wir ganz ähnlich denken. Das veranlasst uns schließlich, für das Studium generale 1994 eine zweistündige Doppelvorlesung zur Frage des menschenwürdigen Sterbens anzukündigen. Der größte Hörsaal der Universität ist denn auch übervoll, und zwar nicht nur mit älteren, sondern auch vielen jüngeren Hörern und Hörerinnen.

Plädoyer für Selbstverantwortung auch im Sterben

Walter Jens beschreibt eindrucksvoll anhand zahlreicher Beispiele aus der Literatur Würde und Würdelosigkeit des Sterbens. Er geht aus vom elenden Sterben Jesu von Nazaret und betrachtet das Sterben von Hektor bei Homer, der Alkestis bei Euripides und dann des Iwan Iljitsch bei Tolstoi. Der Vortrag gipfelt in den Aufzeichnungen vom eigenen Sterben des Schweizer Juristen Peter Noll und in den realistischen Berichten des Chirurgen Sherwin B. Nuland von der Yale University »Wie wir sterben«.

Die furchtbar realistischen Sterbeberichte lassen Jens schließlich feststellen: »Millionen von Menschen könnten, wie Hans Küng und ich, gelassener unserer Arbeit nachgehen, wenn wir wüssten, dass uns eines Tages ein Arzt zur Seite stünde: kein Spezialist, sondern ein Hausarzt wie Dr. Max Schur es war, einer der bewundernswertesten Männer dieses Jahrhunderts, der nicht zögerte, seinem Patienten Sigmund Freud die tödliche Morphium-Dosis zu geben – freilich: erst nach vielen mit beispielloser Courage ertragenen Operationen und bei vollem Bewusstsein auf sich genommenen Qualen ...« So dann gedruckt in unserem gemeinsamen Buch »Menschenwürdig sterben«, mit dem Untertitel »Ein Plädoyer für Selbstverantwortung«, das im folgenden Jahr 1995 veröffentlicht wird.[3]

Ich argumentiere in meiner Vorlesung wie in unserem Buch betont theologisch: Nach meiner christlichen Überzeugung ist das menschliche Leben, das der Mensch ja nicht sich selber verdankt, letztlich eine Gabe Gottes. Aber als solche ist das Leben nach Gottes Willen auch des Menschen Aufgabe! Es ist daher in *meine eigene (nicht fremde!) verantwortliche Verfügung gegeben*. Dies gilt auch für die letzte Etappe des Lebens, das Sterben. Sterbehilfe ist also ultimative Lebenshilfe.

Aber, fragt man mich, muss nicht jeder Mensch bis zum »verfügten Ende« durchhalten und darf sein Leben nicht »vorzeitig« zurückgeben? Meine Gegenfrage: Wo hat denn der gute Schöpfergott eine Reduktion des menschlichen Lebens auf ein rein biologisch-vegetatives Leben »verfügt«? Nein, die frei verantwortete Rückgabe eines definitiv zerstörten Lebens unter unerträglichem Leiden ist nicht »vorzeitig«. Der Tod ist nicht immer der Feind des Menschen.

Schon anlässlich der Einladung von Dr. Elisabeth Kübler-Ross hatte ich mich nachdrücklich für die *Hospizbewegung* ausgesprochen, bei der nicht das medizinische Bemühen um Heilung, sondern die persönliche Zuwendung durch Gespräch und das Bemühen um würdiges Sterben im Mittelpunkt stehen. Doch sind auch in der Hospizbewegung manche, die sich der Frage des selbstverantworteten Sterbens nicht von vornherein verschließen und so erfahren haben, dass es Menschen gibt, die aufgrund ihres elenden Zustandes trotz aller Zuwendung wirklich sterben wollen. Und die *Palliativmedizin*? Selbstverständlich muss sie mit allen Mitteln gefördert werden. Schmerztherapie kann vielen unheilbar Kranken ihr Endstadium erträglich machen. Aber – man sollte es nicht verschweigen – sie ist nicht die Antwort auf alle Sterbewünsche. Schmerzen können Schwerstleidenden nicht in jedem Fall genommen werden – außer man nimmt einem solchen Patienten alle Wachheit (Vigilanz) und macht ihn willen-, ja bewusstlos.

Die Diskussion, die Walter Jens und ich acht Tage später im selben Hörsaal führen, mit dem Chefarzt der Kinderklinik Dietrich Niethammer und dem Juristen Albin Eser, die beide ausführliche Statements abgeben, verläuft vornehm, sachlich und freundlich. Aber ich spüre die Stimmung im Saal und ein bestimmtes Feld im Zuschauerraum, das konservativen Ansichten demonstrativ Beifall spendet. Immerhin können Jens und ich unseren Standpunkt in Ruhe vertreten und aufrechterhalten.

Anders aber kommt es dann sieben Jahre später in einer Diskussion im Jahr 2001 im selben Hörsaal auf Einladung unserer Lokalzeitung »Schwäbisches Tagblatt« mit der aus Tübingen stammenden damaligen Bundesjustizministerin Dr. Herta Däubler-Gmelin. Zur Vorbereitung hatte ich meinen Standpunkt in 20 genau begründeten Thesen »Sterbehilfe? Thesen zur Klärung« genau dargelegt und in der Zeitung veröffentlicht. Aber ich habe nicht den Eindruck, dass die ohnehin zur Besserwisserei neigende Juristin und Ministerin diese Argumente wirklich zur Kenntnis genommen hat. Jedenfalls wiederholt sie die üblichen oberflächlichen Einwände gegen jegliche »aktive« Sterbehilfe. Als ich sie frage, ob sie diese Position als Justizministerin, als führendes Mitglied der

Sozialdemokratischen Partei, als Vorsitzende der Hospizbewegung oder einfach als evangelische Christin vertrete, verweigert sie die Antwort auf diese berechtigte Frage nach ihrem Standpunkt und ihrem Argumentationsfundament mit echter oder gespielter Empörung: gerade von mir hätte sie eine solch provokative Frage nicht erwartet, und beantwortet sie denn auch nicht. Ihre Argumentationsbasis bleibt ungeklärt.

Zum scharfen Zusammenprall aber kommt es mit WALTER JENS, als sie ihm vorwirft, er falle mit seiner Argumentation für die Sterbehilfe auf nazistische Positionen zurück. Jetzt protestiert Jens empört. Die Stimmung im Saal ist aufgeheizt und eine sachliche Diskussion von da ab schwierig. So endet die ganze Diskussion mit einem Misston und in schlechter Stimmung. Als ich anschließend bei einem Glas Wein im Tübinger Ratskeller eine versöhnliche Bemerkung zu Frau Däubler-Gmelin am Nebentisch mache, antwortet diese unversöhnlich an Walter Jens gewandt: Gerade in Tübingen hätte sie ja nun schon »ein anderes Niveau der Diskussion« erwartet. Das erzürnt meinen Freund von Neuem: »Natürlich, Ihr Niveau können wir selbstverständlich nie erreichen, o nein ...!« Die beiden gehen in Unfrieden auseinander; eine Versöhnung erfolgt erst viel später, als man den Namen von Walter Jens für eine Wählerinitiative der SPD braucht.

Aber dies ist auch meine Erfahrung: Man findet in der Frage »aktive« Sterbehilfe kaum Ärzte, die es wagen, ihre Meinung öffentlich zu sagen, wiewohl sie, die gesetzesfreie Grauzone nutzend, oft beim Sterben nachhelfen. Eine sehr engagierte praktische Ärztin, mit der ich die Probleme des alltäglichen Sterbens eingehend und einvernehmlich diskutiert hatte, zieht ihre Zusage, an unserer Podiumsdiskussion mit der Justizministerin teilzunehmen, im letzten Moment zurück. Vonseiten der Ärztekammer, ihrer Standesorganisation, war ihr für den Fall ihrer Teilnahme mit der Aberkennung ihrer ärztlichen Zulassung gedroht worden. Mich erinnert das an den Entzug meiner kirchlichen Lehrbefugnis durch die Inquisition.

Ich selber werde nach der Diskussion in Leserbriefen für eine ungeschickte Äußerung schwer getadelt: Nachdem ich so viele Jahrzehnte mit vollem Einsatz gearbeitet hätte, wolle ich am Ende nicht »als Dorftrottel durch Tübingen« wandern. Als ob ich mich damit über Alzheimerpatienten hätte lustig machen wollen! Das Gegenteil ist der Fall: Ich denke zum Beispiel an einen Kollegen der Mathematik, der, auch von Ärzten belächelt, mit einem Namensschild auf dem Rücken täglich ein Café in der Nähe des Krankenhauses besucht und offensichtlich nicht mehr bei sich ist. Und ich denke vor allem an den berühmten Sohn unserer Stadt Tübingen, den großen Dichter FRIEDRICH HÖLDERLIN, der, nicht zuletzt aufgrund einer zerbrochenen Liebesbeziehung, früh eine geistige Zerrüttung durchmacht, im Turm am Neckar, gepflegt von LOTTE ZIMMER, der 2011 in Tübingen ein Denkmal errichtet wurde, noch fast vier Jahrzehnte lebt und bisweilen in der Stadt von Kindern verspottet wird, bis er endlich sterben darf.

Der verlorene Freund: Walter Jens

Überraschend kommt es auch bei WALTER JENS zu einer dramatischen Wende in seiner gesundheitlichen Situation: Aufgrund einer Angiopathie, einer Gefäßerkrankung im Gehirn, fällt er seit 2004 in eine sich rasch verschlimmernde Demenz – ähnlich der Alzheimerkrankheit. Vor allem für seine Frau INGE, mit der er 57 Jahre glücklich verheiratet ist, eine beinahe unerträgliche Situation. Als ihm die Krankheit das Erinnern, Denken und Sprechen geraubt hat, verkündet sein Sohn, ein Journalist, in einem großen Artikel in der »Frankfurter Allgemeinen Zeitung« aller Welt, wie schrecklich sich diese Krankheit konkret auswirkt. Er verknüpft sogar ihren Ausbruch ohne überzeugendes Argument mit seines Vaters Verdrängung seiner gegen Kriegsende vollzogenen Mitgliedschaft in der NSDAP als 19-Jähriger.[4] Ich bin bestürzt und besuche Walter Jens am 7. März 2008, zu seinem 85. Geburtstag, zusammen mit KARL-JOSEF KUSCHEL, der ihm bei dieser Gelegenheit sein überarbeitetes Buch »Walter Jens, Literat und Protestant« überreicht, in welchem er das literarisch-theologische Œuvre von Jens zum ersten Mal im Zusammenhang darstellt. Ein Foto, das bei dieser Gelegenheit von uns aufgenommen wird, zeigt ihn in Würde mit einem dankbaren Lächeln. So soll der große Rhetor, der nun endgültig verstummt ist, uns im Gedächtnis bleiben.

Seine Frau Inge, als Germanistin vor allem durch die mit bewundernswerter Akribie edierte Ausgabe von Thomas Manns Tagebüchern bekannt geworden, hatte mit ihrem Walter zusammen noch 2003 den Bestseller »Frau Thomas Mann« veröffentlichen können. Sie hat den Mut, für eine Öffentlichkeit, die jetzt nach authentischer Information verlangt, ein Interview zur Situation ihres Mannes zu geben, in dem sie viele Leser durch ihre Ehrlichkeit und taktvolle Menschlichkeit tief berührt: »Den Mann, den ich liebte, gibt es nicht mehr …« Auch schon 81-jährig, erzählt sie, wie sie ohnmächtig dem langsamen »Entschwinden« ihres Mannes in eine Welt zusehen musste, zu der sie wenig oder keinen Zugang hat: »Der Geist ist weg, aber das Gefühl ist noch da; wie fürchterlich es wird – ich hätte es nicht für möglich gehalten.«

Auch als regelmäßiger Besucher kann ich nur ahnen, wie schwierig im Alltag sich das Leben mit einem Demenz-Kranken gestaltet. Selbst neueste Spielfilme über Demenzkranke wagen (lobenswerterweise) die fürchterlichsten Folgen der Demenzkrankheit nicht zu zeigen. Doch dass gerade die Alzheimerkrankheit alles andere als harmlos ist, vielmehr den Kranken psychisch wie physisch total zerrütten und die Angehörigen aufs Stärkste über Jahre hinweg belasten kann, habe ich in meinem Buch belegt mit einem Zitat vom schon genannten renommierten Chirurgen S. B. Nuland.[5] 1,3 Millionen Alzheimerkranke gibt es nach Auskunft der Deutschen Alzheimer Gesellschaft 2012 allein in Deutschland.

Auf Sterbehilfe angesprochen, fragt Inge Jens mich »Könntest du ihm jetzt ein Ende machen?« Ich antworte: »Nein, das kann man nicht.« Wer bin ich, das zu entscheiden? Das hätte Walter allein in der Frühphase seiner Krankheit entscheiden müssen. Und so muss seine Frau jetzt feststellen: »Ja, er wollte, das hat er über viele Jahre für sich reklamiert, immer eine freie Entscheidung über sein Lebensende treffen. Aber den Zeitpunkt, den hat er im wahrsten Sinne des Wortes verpasst.« Und ich kann verstehen, wenn sie hinzufügt: »Ich bete, dass er eines Morgens einfach nicht mehr aufwacht. Wenn ich einen Wunsch äußern darf, dann den, dass er an einem Infarkt, einem Schlag, was immer es ist, schnell sterben mag, ohne es groß zu merken.« Am Vorabend seines 90. Geburtstags (8. 3. 2013) besuche ich ihn erneut. Zehn Jahre sind es schon seit dem Beginn seiner Demenz. Es ist deprimierend. Inge sagt zu mir: »Wir können nicht reingucken in seinen Kopf, und er kann uns seit vielen Jahren schon nicht mehr sagen, was in ihm vorgeht. Für Außenstehende ist es ein trauriges Dasein. Ich kann nur hoffen, dass es für ihn selbst nicht so traurig ist.«

So erlebe ich denn aus nächster Nähe mit, was für Tausende und Abertausende von Patienten in aller Welt sich abspielt. Doch ich muss mir auch sagen: Wo hätte Walter Jens denn gerade in Deutschland den Arzt gefunden, der ihm zum Sterben hätte helfen können? Er hätte wohl in die Schweiz reisen und eine Sterbehilfeorganisation in Anspruch nehmen müssen. Manchmal packt mich der Zorn, wenn ich in der Presse von den immer wiederholten Ausflüchten und Fehlbehauptungen von Ärzte-, Juristen- und Kirchenfunktionären lese, die eine gründliche gesetzliche Regelung dieser unhaltbaren Situation blockieren. Gibt es doch zahllose Fälle von lebensmüden Menschen, wo es wahrhaftig nicht an menschlicher Zuwendung und an Palliativmedizin fehlt. »Furchtbar … Ich möchte sterben.« So hatte ich mehrfach bei Besuchen aus dem Mund von Walter Jens gehört. Aber es ist niemand da, der ihm dazu hilft. »Mein Gott, warum hast Du mich verlassen …«

Gleichzeitig aber höre ich von einem Arzt, der für seine eigene, seit Jahren schlimm leidende und immer wieder nach dem Tod verlangende Mutter unauffällig bei verschiedenen Stellen todbringende Medikamente zusammengekauft hat, um ihr schließlich zu einem ruhigen Sterben zu verhelfen. Wie vieles auf diesem Gebiet illegal, aber moralisch legitim. Es ist doch todtraurig, wenn, wie mir im Juli 2012 mitgeteilt wird, eine 72-jährige Patientin mit metastasierendem Bauchspeicheldrüsenkrebs im Endstadium zur Schmerzlinderung in die Palliativabteilung des Krankenhauses eingewiesen wird und sich dort um 4 Uhr nachts aus dem Fenster stürzen muss, nur um endlich sterben zu können. Dies ist ebenso ein Missbrauch, wie wenn man einen Schwerkranken zum Sterben drängt.

So bleibe ich denn bei meiner Überzeugung gerade als Christenmensch: Kein Mensch ist verpflichtet, auch Unerträgliches als gott-gegeben gott-ergeben zu ertragen! Das möge jeder Mensch für sich entscheiden, von keinem Priester, Arzt oder Richter daran gehindert. Keinesfalls sollte man in solchen Fällen weiterhin von »Selbstmord« sprechen; denn Mord ist Tötung aus niederer Motivation, aus Heimtücke und durch Gewalt gegen den Willen des Betroffenen. Stattdessen sollte man von »Suizid«, von »Selbsttötung« oder »Freitod« sprechen. Ich persönlich würde sogar lieber von »Hingabe des Lebens« reden, die, wenn die Zeit des Sterbens gekommen und der Mensch gut vorbereitet ist, auch durchaus in Gefasstheit und Ergebenheit, in verstehender Dankbarkeit und hoffender Erwartung geschehen kann: eine *Rückgabe des Lebens in die Hände des Schöpfers*. Und dieser ist nach christlicher Auffassung ein Gott der Barmherzigkeit und nicht ein grausamer Despot, der den Menschen möglichst lang in der Hölle seiner Schmerzen oder der reinen Hilflosigkeit sehen will. Was auch immer uneinsichtige Funktionäre propagieren: Rund drei Viertel der deutschen Bevölkerung zeigen für die (natürlich völlig freiwillige) »aktive« Sterbehilfe Sympathie. Nicht nur in den Niederlanden, in Belgien und in der Schweiz hat sich die Einstellung zur Sterbehilfe verändert, sondern auch in bestimmten Staaten der USA und in England. LINDA WOODHEAD, Professorin für Religionssoziologie an der Lancaster University: »Mehr als drei Viertel der erwachsenen Bevölkerung von Großbritannien würden gerne einen Wechsel im Gesetz über ›assisted dying‹ sehen – und 56 % der Katholiken stimmen dem zu.« Dabei wird auf einen wichtigen Umstand hingewiesen: »In den letzten etwa 150 Jahren wurde der Tod durch Infektionen und Infektionskrankheiten weithin abgelöst durch den Tod aufgrund von chronischen Krankheiten – und sogar diese sind leichter behandelbar geworden.«[6] Ich will niemandem meine Auffassung von Sterbehilfe aufdrängen, mir aber auch von niemandem meine Freiheit zur Rückgabe des Lebens nehmen lassen.

»Doch noch leben wir« – mit allen irdischen Leiden und Freuden, mit Tagen der Trauer und Tagen des Festes.

Gedenk- und Danktage

Geburtstage sind Gedenktage, aber für mich auch immer besondere Danktage. Ich habe das Wort »Dank« immer sehr großgeschrieben und danke gerne. Bin ich mir doch stets bewusst geblieben, wie viel ich anderen zu verdanken habe.

Walter Jens, der Literaturwissenschaftler, Rhetoriker und Schriftsteller, und ich haben unsere runden Geburtstage stets im Abstand von wenigen Tagen gefeiert: er am 8. März, ich am 19. März. Er aber war mir, aufgrund seines Geburtsjahres 1923, stets fünf Jahre voraus. Da es in unserer kleinen Universitätsstadt Tübingen wenige schöne Festsäle gibt und der »Rittersaal« auf dem Schloss Hohentübingen von der damaligen Universitätsleitung leider zur »Glyptothek«, zu einer Sammlung von Gipsabgüssen antiker Statuen, umfunktioniert worden war, haben wir unsere runden Geburtstage zumeist im Schloss Bebenhausen bei Tübingen gefeiert – jahrhundertelang ein Zisterzienserkloster, dann Jagdschloss der württembergischen Könige und schließlich Museum. Der dortige »grüne Saal« ist mit maximal 80 Plätzen für ein festliches Abendessen mit Unterhaltung gerade groß genug. So feierte denn im Jahr 1998 Jens den 75. und ich den 70. Geburtstag.

Aber jetzt, zehn Jahre später, ist alles anders. An eine Geburtsfeier für den 85-jährigen Walter Jens ist angesichts seiner geistigen Umnachtung nicht zu denken. Ich muss mich, wie berichtet, mit einem Geburtstagsbesuch bei ihm begnügen. Wie es wohl bei mir fünf Jahre später aussehen wird?, denke ich im Stillen.

Ich habe für den 19. März 2008, meinen 80. Geburtstag, wie immer meine besten Freunde, Kollegen und alle meine Mitarbeiterinnen und Mitarbeiter eingeladen. Dieses Jahr für einen *»frohgemuten Schweizer Abend«*: verstanden nicht als vaterländischen oder folkloristischen Anlass, sondern als Besinnung auf meine Wurzeln. Angedeutet habe ich dies schon auf der Einladungskarte: Sie zeigt die schöne Madonna mit Kind des Surseer Bildhauers Hans Wilhelm Tüfel um das Jahr 1650, die sich an meinem Elternhaus direkt an der Außenwand meines Studierzimmers befindet.

Es ist nicht einfach, für diesen Abend die geeignete Festmusik zu finden. Schlichte Ländler und Jodler erschienen mir ungeeignet. Rossinis »Wilhelm Tell«-Ouvertüre tönt zu dünn in kleiner Besetzung. Arthur Honegger und Othmar Schoeck, die bedeutendsten Schweizer Komponisten des 20. Jahrhunderts, haben keine einschlägige Festmusik geschrieben. Auch die Tänze aus Igor Strawinskys »Geschichte vom Soldaten«, der von Chur nach Walenstadt wandert, wirken nur im Kontext. So entscheide ich mich schließlich dazu, alte Schweizer Märsche und Lieder, wie ich sie liebe, mit einem ausgezeichneten Lautsprechersystem einspielen zu lassen. In der ganzen Schweiz hat sie niemand origineller und virtuoser interpretiert als das englische Brass Ensemble von Philip Jones. Sie werden in der Tat begeistert beklatscht, wie wenn die Musiker im Raum anwesend wären.

Ich heiße alle Gäste mit der einfachen und doch präzisen Anrede »*Meine Lieben*« willkommen. Denn, sage ich, ich habe niemand nur aus Protokollgründen eingeladen, niemand, der mir *nicht* lieb ist. Mit allen habe ich persönliche Beziehungen, schon seit Jahrzehnten oder kürzer, intensiver oder loser. Im Übrigen kennen sich die meisten in und um Tübingen, vom Oberbürgermeister und Rektor der Universität angefangen, auch gegenseitig. Neben einigen Mitgliedern des Kuratoriums der Stiftung Weltethos nenne ich nur ausdrücklich den neben mir sitzenden früheren Ministerpräsidenten ERWIN TEUFEL, der mir schon vor 30 Jahren in der großen Konfrontation mit Rom als CDU-Fraktionsvorsitzender im Landtag Baden-Württembergs beistand, der als Ministerpräsident meinen von römischer Sippenhaft betroffenen Schülern Karl-Josef Kuschel und Urs Baumann, beide an diesem Abend natürlich auch mit dabei, geholfen hat, in der Fakultät eine honorige Stellung zu bekommen, der bei der Gründung der Stiftung Weltethos die Eröffnungsrede hielt und sich ein paar Jahre später nicht gescheut hat, selbst beim Domjubiläum in Rottenburg öffentlich – zur sichtbaren ärgerlichen Überraschung der dortigen Monsignori – meine kirchliche Rehabilitation zu fordern.

Auf Grußworte und Ähnliches habe ich bei dieser Feier gern verzichtet. Dafür hören wir alle mit großer Spannung, wie der Tübinger Schriftsteller Dr. KURT OESTERLE zusammen mit dem Schauspieler und Rezitator MICHAEL HEINSOHN geistreich Leben und Wirken »eines katholischen Theologen aus Tells Schweiz in Schillers Schwabenland« porträtieren. Alles humorvoll und tiefsinnig zugleich, aus der Geschichte heraus verstanden und zugleich hochaktuell.

Eingeleitet habe ich den Abend mit einer kleinen Meditation. Das Brass Ensemble spielt das vielleicht bekannteste Volkslied der Romandie,

vom »Vieux chalet«, das in jeder Strophe beginnt mit »*Là-haut, sur la montagne*, da droben auf dem Berg«.
– *L'était un vieux chalet*, war da ein altes Chalet. Aber in der zweiten Strophe:
– *Croula le vieux chalet*; zerfiel es, von Wasser, Fels und Schnee zermalmt. Und in der dritten Strophe:
– *Quand Jean vint au chalet, pleura de tout son cœur, sur les débris de son bonheur*; als Jean zum Chalet kam, weinte er gar bitterlich über die Trümmer seines Glücks. Doch in der vierten Strophe:
– *Là-haut sur la montagne, l'est un nouveau chalet*, da droben auf dem Berg steht nun ein neues Chalet. *Car Jean, d'un cœur vaillant, l'a reconstruit plus beau qu'avant.* Denn Jean, tapferen Herzens, hat es sich neu erbaut, schöner als zuvor.

Ich lade alle ein, während dieser von langen besinnlichen Alphornklängen eingeleiteten Melodie für sich still zu danken, wofür sie zu danken haben. Dann beschließe ich diese kleine Meditation mit wenigen Versen aus Psalm 90:

»Unser Leben währt 70 Jahre,
und wenn es hoch kommt, sind es 80 …
Unsere Tage zu zählen, lehre uns,
damit wir ein weises Herz gewinnen …
die Freundlichkeit des Herrn, unseres Gottes, sei über uns,
gib dem Werk unserer Hände Bestand,
ja, gib dem Werk unserer Hände Bestand.«

Ja, was hat am Werk meiner Hände Bestand?

»Markenzeichen« der Universität Tübingen

Auch an der Universität Tübingen will man den 80. Geburtstag ihres schon seit zwölf Jahren emeritierten, aber noch immer aktiven Mitglieds des Lehrkörpers feiern. Der Rektor der Universität, Professor Dr. Bernd Engler, lädt am 21. April abends zu einem akademischen Festakt ein. Dieser beginnt mit einer völlig ungeplanten Überraschung. Meine Schwester Rita schreibt mir nachher aus der Schweiz: »Wie ergreifend war doch der Moment, als Du das Auditorium betratest und alle im Saal aufstanden, und Dich mit tosendem Applaus begrüßten!« Gut 700 Tübinger und Tübingerinnen, neben Professoren und einigen

Ehrengästen auch viele Studenten und Studentinnen, waren gekommen.

Der Rektor hält selber die Einleitung unter dem Titel: »Hans Küng – ›Markenzeichen‹ der Universität Tübingen«; weil er im Ausland manchmal, wenn er Tübingen nannte, als Antwort bekam: »Ah, Hans Küngs Universität!«. Im Übrigen hatte ich darum gebeten, auf Grußworte zu verzichten, und mich gefreut, dass der neue Ministerpräsident des Landes Baden-Württemberg, GÜNTHER OETTINGER, der diesen Abend verhindert war, mich stattdessen mit meinen Mitarbeitern und einigen wenigen Freunden zu einem festlichen Mittagessen in die Stuttgarter Villa Reitzenstein, seine Residenz, einlädt. Ich wünsche mir in Tübingen eine einfache und fröhliche Feier, musikalisch gestaltet von einem originellen Trio, dem Klarinettisten CLAUDIO PUNTIN zusammen mit dem Vibraphonisten TOM LORENZ und dem Schlagzeuger SAMUEL ROHRER. In ständiger Improvisation, Variation und Transformation gestalten sie eine Programmmusik nach den vier Lebensstationen (»quattro stazioni«), wie ich sie vorgeschlagen hatte: »Kindheit«, »Jugend«, »Reife« und »Alter«. Begeisterter Applaus des großen Auditoriums.

Fröhliche Lachsalven aber produziert vor allem der Festredner KARL-JOSEF KUSCHEL, der zuerst eine Reihe von groß auf den Bildschirm projizierten Küng-Karikaturen aus aller Welt kommentiert. Etwa die von Johannes Paul II., der, aus dem Flugzeug gestiegen, am Boden lauschend gefragt wird, ob er schon etwas höre, und antwortet: »Nur so ein Grummeln, so ein Küngeln ...« Eine Erklärung dafür, warum dieser Papst bei jedem Besuch eines Landes sich immer zuerst auf den Boden warf ...

Doch den Karikaturen lässt der Festredner dann unter dem Thema »Hans Küng – neue Horizonte des Denkens« eine Rede folgen, die an sachlichem Tiefgang und literarischer Brillanz ihresgleichen sucht. Während viele Zeitgenossen und Medienleute mich vornehmlich als Papst- und Kirchenkritiker zur Kenntnis nehmen, erlebe ich es nun nicht ohne Ergriffenheit, wie Kuschel mein theologisches Gesamtwerk umfassend darstellt und in seinen verschiedenen Dimensionen spannend analysiert. Zusammen mit einem kongenialen Aufsatz von Professor HERMANN HÄRING und einer persönlichen Hinführung zum »Phänomen Hans Küng« von Dr. STEPHAN SCHLENSOG werden Kuschels Rede und des Rektors Einleitung die Substanz bilden für ein vom Piper Verlag erfreulicherweise bald darauf veröffentlichtes Taschenbuch *»Hans Küng – eine Nahaufnahme«*.

Ich selber habe bei der allgemein hochgelobten Feier erfreulicherweise nur ein kurzes Dankeswort zu halten. Ausgehend von der eingangs zitierten Gratulation eines Cousins aus der Schweiz »Als Katholik bin ich traurig, dass Du schon so alt bist«, sage ich: Und ich könnte mir denken, dass auch manche Evangelische ein wenig traurig sind und jedenfalls die Begründung des Cousins mitunterschreiben könnten: »Unsere Kirche hätte solche Theologen wie Dich bitter notwendig …« Ich fahre fort: Da tröstet nur bedingt ein Glückwunsch eines alten Freundes aus China: »Ich habe eine sehr gute Nachricht für Dich: Das Jahr 1928 war ein Drachenjahr. Du bist also ein Drachensohn, in China ein Superglückspilz.«

Doch, sage ich, macht es mir Mut, dass Mose, als er zum Pharao ging, um die Befreiung seines Volkes zu fordern, 80 Jahre alt war. Danach wäre ja auch ich noch zu einigem fähig. »Aber glauben Sie ja nicht, ich hätte Lust, noch weitere 40 Jahre, womöglich auch noch durch die Wüste, zu wandern. Aber gerne noch ein paar Jährchen.«

Wenn man zum Markenzeichen seiner eigenen Universität erklärt wird, wenn man so viel Lob und Ehre erhält, wenn das alte Sprichwort »Viel Feind', viel Ehr« im Lauf der Jahrzehnte sich geradezu ins Gegenteil verkehrt, da muss man sich auch im Alter überprüfen, ob man nicht in jene Untugend verfällt, der ich schon seit frühen Jahren in der Auseinandersetzung mit Rom stets angeklagt wurde: der Eitelkeit. Deshalb sei hier gegen Ende meines Lebens im Rückblick ausdrücklich die Frage gestellt und beantwortet:

Was ist Eitelkeit?

Ist es »Eitelkeit«, wenn man um rechtliches Gehör bittet von einer römischen Autoritätsperson, die mich weltweit durch Verurteilung diskriminierte, ohne mich je angehört oder auch nur gelesen zu haben? Ist es denn schon »Eitelkeit«, wenn man ein gesundes Selbstbewusstsein zeigt und für kirchliche Aktionen Begründungen fordert? Nicht selten stellen Journalisten, wenn ihnen nichts mehr einfällt, die persönliche Frage: »Sind Sie eitel?«, was ich am liebsten mit der Gegenfrage beantworten würde: »Und Sie?« Doch dann erschiene man ja selber als »eitel«.

»Die Eitelkeit anderer geht uns nur dann wider den Geschmack«, so ein Aphorismus in Nietzsches »Jenseits von Gut und Böse« (Nr. 176), »wenn sie wider unsere Eitelkeit geht.« Für manche Zeitgenossen ist man schon »eitel«, wenn man aufgrund seiner Kompetenz und vor allem Wahrhaftigkeit und Verständlichkeit öfter als andere Theologen zu Fernsehsendungen eingeladen wird; oder wenn man auf einen sportlichen Körper und angemessene Kleidung Wert legt und bisweilen einen

Schlips trägt; wenn man gut rasiert ist und mit 85 noch nicht alle Haare verloren hat.

Ich verabscheue Dünkel, akademischen besonders, verabscheue Pose, vor allem fromme, verabscheue Wichtigtuerei, auch die liturgisch verbrämte oder vergoldete; in der römischen Kurie hat man über Papst Benedikt wegen seiner roten Schuhe, Goldring und Kopfbedeckung als den »bestgekleideten Papst seit der Renaissance« gespottet. Was aber ist »Eitelkeit«? Genau definiert: die kritiklos-gefallsüchtige Verliebtheit in sich selbst und illusionistisch überschätzte Eigenschaften. Meine Eigenschaften und Fähigkeiten, darf ich sagen, habe ich selten überschätzt, manchmal aber die anderer und sie dann damit überfordert.

Von meiner Erziehung her habe ich die Bejahung des eigenen Wertes, der eigenen Fähigkeiten, aber auch der eigenen Grenzen mitbekommen. Meine Leistungen, etwa in der Schule und auch in Rom, wurden anerkannt, aber nicht überschätzt. Vielmehr lernte ich Selbstbejahung und Selbstbescheidung verbinden, Wunschbild und Wirklichkeit der eigenen Person unterscheiden. Selbstkritik ist Medizin gegen Eitelkeit. Und Selbstkritik wurde mir durch all die Jahre anerzogen, einerseits durch spirituelle Schulung und methodische Gewissenserforschung, andererseits durch wissenschaftliche Bildung und ständiges Hinterfragen eigener Positionen.

Das alles hat mich auf meine schon frühen Medienauftritte vorbereitet; ich berichtete bereits von meiner ersten Pressekonferenz in den USA, mit 35 Jahren in Boston. Ich dachte gar nicht an meine »Wirkung nach außen«, wie ich denn auf Menschen wirke. Ich dachte einfach an die Sache, die ich zu vertreten habe, und die verlangte meine volle Konzentration. Doch wenn ich eine Sache studiert und als richtig erkannt habe, dann bin ich auch bereit, für sie hinzustehen und einzustehen.

Und genau dies hat man in Rom nicht geschätzt. Wobei kundige Beobachter der Szene vermuten, der Papst aus Polen hätte sich nicht zuletzt deshalb dem Gespräch mit mir und auch anderen kritischen Theologen verweigert, weil er aufgrund seiner höchst beschränkten theologischen Ausbildung – nicht etwa wegen mangelnder Intelligenz – gar nicht fähig gewesen wäre, an der Päpstlichen Universität Gregoriana ein theologisches Doktorat zu erlangen und dann über exegetische, dogmenhistorische und aktuelle systematisch-theologische Fragen angemessen zu diskutieren. Das war beim hochgebildeten Papst aus Deutschland anders. Wie viel Eitelkeit in den erneut pompösen römischen Manifestationen in aufwendiger, oft weibischer Kleidung vom Scheitel bis zur Sohle und kostbar-kostspieliger Ausstattung zum Ausdruck kommt, sei dahingestellt, dem Geist des Vatikanums II widerspricht sie jedenfalls.

Natürlich will ich bei alldem nicht leugnen, dass ich wie an manchen Dingen des Alltags so auch an eigenen Erfolgen noch immer eine kindliche Freude haben kann, die ich mir von niemanden nehmen lasse. Doch darf man sich auch nicht zu früh freuen. Denn es stellt sich für mich eine weitere Frage:

Machtlos unter Mächtigen?

Ein Machtloser unter Mächtigen bin ich. Ich habe es manchmal mit Millionären und Milliardären zu tun. Doch obwohl mit allem Guten ausgestattet, besitze ich leider keine Million in bar und ärgere mich über die Gelddruckerei in Milliardenhöhe der US-Notenbank Fed und der Europäischen Zentralbank zugunsten kapitalisierender und spekulierender Banken, aber zum Schaden der Sparer. Auch habe ich es bisweilen mit Staatsmännern zu tun und beneide sie gelegentlich nur um eines: die beträchtlichen Reiseerleichterungen mithilfe eines Regierungsflugzeugs oder Hubschraubers. Aber ich verfüge nicht über die geringste politische Macht. Und ich habe mehrere Päpste, zahlreiche Kardinäle und Bischöfe persönlich kennengelernt und beneide sie nicht um ihre Titel, Prachtgewänder und pompösen Auftritte, wohl aber um ihre ungenutzten Möglichkeiten. Wie oft musste ich an das Wort meines väterlichen Freundes, des großen evangelischen Theologen KARL BARTH denken, er möchte nur einen einzigen Tag Papst sein, dann würde er einiges in der Kirche regeln. Und wie oft habe ich mich doch geärgert, dass ich bestimmte dringende Reformmaßnahmen nicht anordnen oder in Gang setzen und so manchen Menschen nicht helfen kann.

Trotzdem ist es nicht ganz richtig, dass ich ein Machtloser unter Mächtigen sei. Besitze ich doch die Macht des Wortes, des gesprochenen wie des geschriebenen. Und mit dieser Macht konnte ich in meinem Leben unendlich viel bewegen und manchmal sogar die Mächtigen in Politik, Gesellschaft und Wirtschaft inspirieren und motivieren. Meine Bücher und Veröffentlichungen – über die unterschiedlichsten Themen und in einer Vielzahl von Sprachen – sind mein reiches geistiges Kapital. Und in diesen Büchern steckt eine Geistmacht, welche Menschen in verschiedenartiger Hinsicht zu bewegen vermag. Was hat es denn konkret mit dieser Macht auf sich? Warum lesen denn die Menschen überhaupt meine Bücher?

Wenn man von den Fragen der Sprache und des Stils einmal absieht, wie wirkt im Wort die Macht des Geistes? Er ist eine Realität, aber wie muss man sich das vorstellen? Können Bücher die Welt oder mindestens einzelne Menschen verändern? Auf die Gefahr hin, der Selbstbeweihräucherung geziehen zu werden, möchte ich doch aus vielen Hunderten von Zuschriften drei kurz zitieren, die von der Wirkkraft der Bücher Zeugnis geben:

Da schrieb mir ein Mann der kirchlichen Publizistik anlässlich eines meiner Geburtstage: »Sie haben wie kein Anderer all die guten Glückwünsche, Aufmerksamkeiten und Ehrungen verdient. Für sehr viele Menschen sind Ihre Bücher, Ihre Reden und Interviews wichtiger als all die Publikationen, die als Hirtenbriefe, Sonntagspredigten von Bischöfen, Kardinälen und vom Papst verbreitet werden. Ich kenne in der katholischen Kirche niemanden, der sich so um Wahrheit, Wahrhaftigkeit, Klarheit und Dialog bemüht wie Sie, lieber Herr Professor Küng. Die Begegnungen mit Ihnen waren für mich stets etwas ganz Besonderes.«

Oder ein Medienschaffender nach der Lektüre eines Buches: »Als der Postbote den zweiten Band Ihrer Autobiografie brachte, stand ich in den Koffern für eine ausgedehnte Osteuropa-Reise. Klar, dass dafür noch Platz geschaffen wurde (ich hätte zur Not auf Rasierapparat und Zahnbürste verzichtet). – Und so hat mich Ihr Buch begleitet – und hat mich über viele Stationen zurückgeführt in den ›Entwicklungsroman‹ des eigenen Lebens. Es ist faszinierend, die großen Spannungslinien noch einmal nachzuvollziehen, gesehen durch ein anderes Temperament und so intensiv erfahren, erkämpft, erlitten von einem, der wie Sie ›am eigenen Leib‹ betroffen war. Ich will das hier einmal ganz ohne Pathos sagen: Sie ahnen vermutlich nicht, wie wichtig Ihre Rolle für das geistig-geistliche Leben unzähliger Christen (und nicht nur Christen) war. Dass es einen gab und gibt, der in dem uralten Fossil ›Katholische Kirche‹ mit Mut, Fantasie, Esprit immer wieder die Asche von der Glut blies, sodass es den ›Archivaren‹ und ›Regelwerkern‹ schwarz vor Augen wurde, den anderen aber, den Suchern und Abenteurern wieder hell, das ist eine tiefe Freude.«

Und schließlich ein Politiker: »Ich möchte Ihnen aus tiefem Herzen noch einmal – gerade nach der Lektüre dieses Buches (Hans Küng – eine Nahaufnahme) – meinen Dank ausdrücken. Um wirklich zu sagen, was ich im vollen Sinn mit dem Wort ›Dank‹ meine, fehlen mir die Worte. In einem Satz gesagt: Sie haben den Glaubenden den Horizont der Freiheit eröffnet, das Denken und tiefe Sehnen nach Wahrheit, nach Gott und dem wirklichen Jesus befreit für eine ganz neue Wirklichkeit des Menschseins. In Ihrer Theologie finden Menschen sich in ihrem Suchen wahrhaft ernst genommen, als Menschen, die sich bei der Lektüre Ihrer

Botschaft ergriffen und befreit fühlen dürfen. Sie setzen ihnen keinen ›Glaubensbefehl‹ vor, keine ihrem realen Dasein fremde hellenistische Formelsprache, sondern den Jesus der Bibel, den jüdischen Menschen in seiner Geschichtlichkeit und zugleich seiner menschlichen Nähe und seinem unfassbaren Bezug zum ›Vater‹. Das ist das Wunderbare, das Tiefe, das den Menschen in seinem innersten Wesenskern herausfordert und ihn heilt. Und dies, Herr Professor, haben Sie unserer Zeit mit ihren Ängsten und Hoffnungen geschenkt. Kein Kardinalspurpur käme dem gleich.«

Bei so viel Lob und Anerkennung tue ich gut daran, mich immer wieder an das Wort Jesu im Rangstreit der Jünger zu erinnern: »Wenn jemand der Erste sein will, dann soll er der Diener aller sein« (vgl. Mk 9,33–35). Und ein *Diener aller*, das wollte ich in der Tat sein. Einerseits gewiss ein Theologe, der höchsten wissenschaftlichen Ansprüchen genügt; der die historisch-kritische Bibelforschung konsequent und durchgängig zur Grundlegung der christlichen Dogmatik macht; der Philosophie und Naturwissenschaft ebenso ernst nimmt wie die Religions-, Kirchen- und Theologiegeschichte und der sich immer wieder neu mit dem Wissen unserer Zeit auseinandersetzt. Andererseits jedoch, wie es zu meinem 80. Geburtstag keiner besser formuliert hat als JOHANNES RÖSER, Chefredakteur von »Christ in der Gegenwart«: Einer, der »ein Theologe der einfachen Leute geblieben ist, ein Theologe des – gebildeten – Volkes; für jene, die ihre Glaubenszweifel haben, die manchmal nicht mehr glauben können, obwohl sie vielleicht gerne glauben würden … ein Theologe des Volkes und für das Volk.«

Das Œuvre

Das hätte ich mir nun doch nie gedacht, dass ich mich einmal über die große Zahl meiner Bücher ärgern könnte, natürlich nicht im Ernst und erst, als sich ein ernsthaftes Platzproblem stellt. Wie die meisten Autoren habe ich schon als junger Professor meine Bücher mit dankbarer Freude in mein Bücherregal gestellt, auch um sie immer wieder leicht konsultieren zu können; war mir doch schon immer an Kohärenz in meinem Denken und Publizieren gelegen. Von Anfang an folgten viele Übersetzungen, und ich ordnete sie jedem meiner Bücher bei, chronologisch nach dem ursprünglichen Erscheinungsjahr. Dasselbe tat ich in meinem Schweizer Seehaus, wo ich ja ständig weiterarbeite. So ging es lange Zeit ohne Platznot, aber mit der Zeit wurde ich sozusagen ein »Opfer des Erfolgs«: immer mehr Bücher, immer mehr Ausgaben. Will ich Platz schaffen und gleichzeitig an meiner Systematik festhalten, muss ich, was ich höchst ungern tue, andere Literatur aussondern, beginnend am besten mit mehrbändigen Geschichten des Papsttums, über das ich ja nun wahrhaftig genug weiß. Die 16 Bände der »Geschichte der Päpste« von Ludwig Freiherr von Pastor, jahrelange Lectio continua beim Abendessen im römischen Collegium Germanicum, sind die ersten, die weichen müssen.

Doch schreibe ich in meinem Autorenleben nicht einfach ein Buch nach dem anderen, wie dies ein so berühmter Schriftsteller wie PHILIP ROTH beschrieben hat; er feiert im selben März 2013 seinen 80. Geburtstag, wenn ich meinen 85. begehe. Fast jedes Jahr hat er einen Roman geschrieben, seit 1959 ein Œuvre von 31 Bänden, auf die er jeden Morgen mit Stolz schaue. Aber im Jahr 2012 erklärt er: »The struggle with writing is over.« Mein Kampf jedoch ist noch keineswegs vorbei, und ich höre mit dem Schreiben nicht deshalb auf, weil ich nicht mehr so gut schreibe wie früher. Sondern weil ich alles Wesentliche gesagt habe, wozu ich mich sozusagen berufen fühlte – aufgrund der Herausforderungen der Zeit.

Für mich persönlich war die »Vox Temporis« die »Vox Dei«, die Stimme der Zeit die Stimme Gottes. Ungezwungen und unbeabsichtigt hat sich so aus der Geschichte, aus den Zeitereignissen und ihren Herausforderungen, eine systematische Ordnung meiner wissenschaftlichen Werke ergeben: in den 1950er-Jahren zur christlichen Existenz. In den 1960er-Jahren zu Kirche, Konzil, Wiedervereinigung, Unfehlbarkeit. In den 1970er-Jahren zu den Grundfragen des Christentums: Christsein, Existenz Gottes, ewiges Leben. In den 1980er-Jahren zum Dialog der Weltreligionen und zur Weltliteratur. In den 1990er-Jahren zum Projekt Weltethos, zu Weltpolitik und Weltwirtschaft. In den 2000er-Jahren Synthesen (»Credo«, »Was ich glaube«) und historisch-systematische Bände zum Christentum, Judentum und Islam sowie zwei Bände autobiographischer Erinnerungen.

Aber, so provoziert mich einmal der kecke Interviewer einer großen deutschen Illustrierten[7]: »Sie haben über sechzig Bücher geschrieben, über dreißigtausend Seiten ... Sie haben sich für Ihren Glauben die Finger wundgeschrieben – allerdings umsonst ... Ihren Kampf haben Sie verloren. Ihr Gegenspieler Ratzinger ... ist Papst geworden, er geht in die Geschichte ein. Sie werden eine Fußnote sein.« – »Meinen Sie?«, entgegne ich. »Wie ein Mensch in die Geschichte eingeht, entscheidet die Geschichte selbst. Nicht das Amt ist dafür wichtig, nicht die Macht. Ein Beispiel: Thomas von Aquin – ich will mich nicht auf seine Höhe stellen – hat freiwillig auf jedes wichtige Amt in der Kirche verzichtet. Er hätte Erzbischof von Neapel oder Kurienkardinal werden können. Papst Innozenz III., sein hochgebildeter Zeitgenosse, war der mächtigste aller Päpste – Kennen Sie Innozenz III.? Nein? Dieser einst so mächtige Papst ist heute eine Fußnote, allenfalls Historikern noch wichtig. Thomas von Aquin aber wird noch heute ständig als Autorität zitiert. Nein, ich fühle mich nicht als Verlierer …« In der Tat: Wer eine Schlacht gewonnen hat, hat den Krieg noch längst nicht gewonnen. »Ich glaube, dass die gegenwärtige Politik des Vatikans sich schon jetzt als Fiasko offenbart. Der Versuch, die Kirche wieder zurück ins Mittelalter zu zwingen, leert sie. Man kann die alte Zeit nicht zurückholen!« Damals konnte freilich niemand ahnen, unter welch wenig erfreulichen Umständen Papst Ratzinger zurücktreten wird.

Er, Joseph Ratzinger, mein früherer Tübinger Fakultätskollege, hat als Kardinal öfters bedauert, dass er – weil »im Dienst der Kirche«! – kein großes wissenschaftliches Œuvre von »Weltruf« auszuweisen habe. Das ist richtig, und als Papst vernachlässigt er jetzt seine Leitungsaufgaben (»non governa«), um dies nachzuholen. Er verfasst Enzykliken (oder lässt sie verfassen), was zu seinen päpstlichen Aufgaben gehört. Aber vor allem arbeitet er an einem dreibändigen Werk über Jesus Christus, das er schon in Tübingen und Regensburg hätte schreiben können und was bestimmt nicht zu den Aufgaben des Leiters einer universalen Kirchengemeinschaft von über einer Milliarde Katholiken gehört.

Was von unserem Œuvre bleibt, was vergessen wird, was Bestand hat oder was vielleicht erst viel später wieder Bedeutung erhält, darüber befindet nicht der Autor, darüber urteilt die Geschichte. Und deshalb habe ich auch die Bücher, die ich geschrieben habe, nie gezählt. Ich habe sie gewichtet, nach geistigem Aufwand, nach Reichweite und Tiefgang der Problematik, nach Wirkung und Auswirkung. Aber ich habe mich stets geweigert, die Frage zu beantworten, *welches* denn mein *wichtigstes* Buch sei. Das weiß ich nicht und brauche es auch nicht zu wissen. Das kann posthum – wenn alle Urteile über Orthodoxie und Katholizität, alle Konkurrenz, Ressentiments, Rivalität und Neid endgültig der Vergangenheit angehören werden – ganz anders aussehen als zu meinen Lebzeiten. Und erst recht ganz anders nach ein paar Jahren, wenn die Situation von Welt, Kirche und Theologie wieder einmal völlig anders sein wird. Was bleibt: Vielleicht wird man sich dann an schon längst Gedachtes und Vorgeschlagenes, Gewünschtes und Gefordertes erinnern. Wer weiß?

Mein Œuvre hatte fast immer mit Konflikten zu tun. Deshalb war es für mich tröstlich und ermutigend, die Theologiegeschichte auch als

Konfliktgeschichte zu verstehen, wie das Hermann Häring und Karl-Josef Kuschel mit ihren Mitarbeitern in der mir schon zum 60. Geburtstag gewidmeten Festschrift getan haben: »*Gegenentwürfe. 24 Lebensläufe für eine andere Theologie*« (München 1988). Mehr als die Ketzergeschichte, von der ich in Kapitel I dieses Buches gesprochen habe, wird in den Lebensläufen großer Figuren der Theologie-, Kirchen- oder Geistesgeschichte eine Ermutigung sichtbar. Hoch spannend werden da viele der klassischen Streitfälle der Kirchengeschichte von bekannten Theologen und Geistesgrößen unserer Zeit beschrieben: der Streit um die Auslegung der Schrift von Origenes und Luther bis Lagrange und Bultmann; der Konflikt mit der Naturwissenschaft von Pascal bis Teilhard; das Ringen um eine Reform der Kirche von Jan Hus und Erasmus von Rotterdam bis Newman und Kierkegaard; die »gefährliche« Rolle der Mystik in der Kirche bei Marguerite Porète und Meister Eckhart; der Streit um den Wahrheitsanspruch anderer Religionen bei Christian Wolff; die kritische Rolle der Literatur für Kirche und Theologie, ob bei Lessing oder Böll. Ein Dialog mit der Geschichte wird hier versucht: Uneingelöste Hoffnungen und verdrängte Perspektiven sollen für eine ökumenische Zukunft der christlichen Kirchen gewonnen werden. So machen denn diese Gegenentwürfe für eine andere Theologie die Hoffnung auf eine christlichere Kirche sichtbar.

Beim Festakt zu meinem 80. Geburtstag an der Universität Tübingen stelle ich die Frage: Wenn es hier auf Erden mit meiner Person nicht weitergeht und mit meinem Œuvre in der Geschichte nur bedingt weitergeht, *was* soll dann weitergehen? Ich sage es mit einem schlichten Wort, es ist schwer in eine andere Sprache zu übersetzen, ist sehr allgemein, umfasst aber alles: *die Sache* soll weitergehen. Die Sache, »the cause«, die Anliegen, für die ich mich ein Leben lang eingesetzt habe: Erneuerung und Einheit der christlichen Kirchen, Frieden unter den Religionen, echte Gemeinschaft der Nationen. Ich belasse es bei diesem Verweis. Ich habe immer wieder darüber gesprochen und geschrieben.

Wie aber wird die Sache nach mir weitergehen? Ich beantworte die Frage pragmatisch: Ich bin in der glücklichen Lage, einer *Stiftung* mit vielen Freunden vorzustehen, die meine Sache weitertragen, die sich meinem geistigen Erbe verpflichtet wissen und dieses, auch wenn ich einmal nicht mehr bin, am Leben erhalten und weiterentwickeln werden. Es ist eine kleine, aber effiziente Stiftung mit zukunftsweisender Programmatik: Sie erfreut sich weit über den Raum von Universität, Theologie und Religion hinaus wachsender Akzeptanz. Sie verfügt über ein breitgefächertes operatives Profil und hat 2013 eine 18-jährige

Erfolgsgeschichte hinter sich, die ihresgleichen sucht. Darüber bin ich froh. Dieser Stiftung Weltethos für interkulturelle und interreligiöse Forschung, Bildung und Begegnung werde ich mein materielles und geistiges Eigentum vermachen.

Aus vielen schriftlichen wie mündlichen Zeugnissen weiß ich, dass ich mit meinen Büchern manchen Menschen einen neuen Zugang zum Glauben eröffnen konnte. Viele sahen sich durch mich ermutigt, in der katholischen Kirche zu bleiben oder sich ihr wieder zuzuwenden. Während ich von zahllosen Seelsorgern und Religionslehrern immer wieder Zeugnisse der Sympathie und Ermutigung erfuhr, habe ich von Vertretern der Hierarchie kaum je ein öffentliches Wort des Dankes erfahren.

Umso mehr wurde ich von staatlichen Organen geehrt, was mir in meiner öffentlichen Tätigkeit eine große Unterstützung bedeutete. An dieser Stelle meines letzten Kapitels XII bilanziere ich dankbar: Ich erhielt das Bundesverdienstkreuz Erster Klasse durch Bundespräsident Richard von Weizsäcker (1994), das Große Bundesverdienstkreuz mit Stern durch Bundespräsident Johannes Rau (2003) sowie die Verdienstmedaille des Landes Baden-Württemberg durch Ministerpräsident Erwin Teufel (2005). Nicht weniger Freude bereiteten mir die höchst verschiedenartigen Preise aus der Zivilgesellschaft: der Theodor-Heuss-Preis in Stuttgart (1998); der Preis der deutschen Luther-Städte »Das unerschrockene Wort« (1999), der mir von den zwölf Oberbürgermeistern und Bürgermeistern in der Wartburg verliehen wurde; der Karl-Barth-Preis der Evangelischen Kirche der Union in Berlin (1992); der Ethikpreis des Deutschen Druiden-Ordens in Nürtingen (2004); der Kulturpreis der Deutschen Freimaurer in Köln (2007); der Steiger Award für Toleranz in Bochum (2008); die Otto-Hahn-Friedensmedaille in Berlin (2008) und der Internationale Nonino-Kulturpreis in Udine/Italien (2012). Die Liste ist nicht vollständig, und im Übrigen schlummern die schönen staatlichen Orden in meinem Schrank, denn mein eidgenössisches Selbstverständnis hält mich davon ab, sie zur Schau zu tragen. Aber für anderes bin ich noch viel dankbarer:

Dankbar für erlebte Menschlichkeit

Eine Alterserfahrung eigener Art: So viele Menschen, mit denen man früher einmal persönliche Beziehungen unterhielt, gibt es nicht mehr. Immer öfter ertappe ich mich bei dem Gedanken: Lebt er, lebt sie noch? Und das alte Volkslied klingt mir in den Ohren:

»Die alten Straßen noch, die alten Gassen noch,
die alten Freunde aber sind nicht mehr …«

Blicke ich auf mein Leben zurück, so werde ich überwältigt von Gefühlen der Dankbarkeit. Und zugleich vom Gefühl der Unfähigkeit, meinen Dank gebührend zum Ausdruck zu bringen. Ich danke nicht nur für die zahllosen wissenschaftlichen Einsichten und Anregungen, die ich durch all die Jahre empfangen habe, sondern auch für all die gelebte und erlebte Menschlichkeit, die ich in der Nähe und in der Ferne erfahren durfte. Und nicht nur Christen habe ich zu danken: »Meinen jüdischen Freunden in aller Welt« ist mein Band über »Das Judentum« gewidmet, und lang ist die Liste der Persönlichkeiten, denen ich mich verpflichtet fühle. »Meinen muslimischen Freunden in aller Welt« ist mein Band über den »Islam« gewidmet. Und auch hier sind die Persönlichkeiten zahlreich, mit denen ich mich verbunden fühle. Schließlich könnte ich dankbar zahlreiche Namen aus der indischen, chinesischen und japanischen Welt nennen.

Meine religiöse Prägung verdanke ich in erster Linie unserem Jugendseelsorger und Pfarrer in Sursee, Franz Xaver Kaufmann (Bd. 1, Kap. I: Einer war anders), und unserem römischen Spiritual Wilhelm Klein (Bd. 1, Kap. II: Ein erstes Aufbegehren). Unter den großen Theologen verdanke ich am meisten Karl Barth, ohne den ich nie Theologie als Beruf gewählt hätte (Bd. 1, Kap. IV: Warum gerade Karl Barth?). Er hat nicht nur meinen verstehenden Glauben vertieft, sondern auch meinen Horizont gewaltig geweitet und ließ mich Jesus Christus als lebendigen Kompass meiner Theologie bei allem Segeln durch oft stürmische fremde Meere bewahren. Zum Verständnis von Karl Barth hat mich das Buch von Hans Urs von Balthasar »Karl Barth: Darstellung und Deutung seiner Theologie« (1951) hingeführt, und als Verleger meines ersten Buches »Rechtfertigung« (1957) war von Balthasar an dessen Erfolg beteiligt (Bd. 1, Kap. IV: Der Laienordensmeister); ach wäre er doch bei der »Schleifung der Bastionen« Roms geblieben, statt sich schließlich doch dem »Imperium Romanum« zu ergeben!

Später waren es die drei leuchtenden Sterne erster Größe in der katholischen Theologie, mit denen ich schon während des Konzils und dann nach dem Konzil als Mitgliedern der Stiftung »Concilium« ständig in Kontakt war: Der geniale Karl Rahner, der mir durch seine frühen Aufsätze viele verschlossene Türen der traditionellen Theologie geöffnet und eigenständiges theologisches Denken ermöglicht hat (Bd. 1, Kap. VI: Ein Vorkämpfer der Freiheit in der Theologie). An zweiter Stelle der von der römischen Inquisition verfolgte französische Dominikaner YVES CONGAR (Bd. 1, Kap. III: Theologen-Säuberung). Er hat mir durch sein Buch über die wahre und die falsche Reform in der Kirche neue Einsichten eröffnet und mich durch seine historisch-systematischen Arbeiten über das Kirchenbild in den verschiedenen Jahrhunderten zum Weiterdenken angeregt. Schließlich der liebenswürdige flämisch-holländische Dominikaner EDWARD SCHILLEBEECKX, der mit mir im Stiftungsrat von »Concilium« die treibende Kraft bildete und das Erbe des Konzils bis zu seinem Tod im Jahre 2009 wortmächtig verteidigte. In einem in der »Theologischen Quartalschrift« (Tübingen) erschienenen Aufsatz habe ich den Konsens unserer beiden Theologien herausgearbeitet.[8] Dass ich besonders Karl Barth wie Karl Rahner gegenüber einen eigenen theologischen Weg zu gehen hatte, hat meine anhaltende Dankbarkeit nicht im Geringsten vermindert.

Unter meinen evangelischen theologischen Altersgenossen stehen mir, wie bekannt, am nächsten meine beiden Tübinger Freunde, die führenden Systematiker EBERHARD JÜNGEL und JÜRGEN MOLTMANN mit seiner Frau ELISABETH, die mir auch in schwierigen Zeiten die Treue hielten. Mit ihnen zelebrieren wir regelmäßig unsere »Systematiker-Essen« abwechselnd in unseren Häusern, machen wir auch gemeinsame Reisen: nach Sizilien, in die Champagne und ins Burgund. Zahllose Gespräche haben wir so miteinander geführt über Gott und die Welt, Kirche und Politik. Von den gleichaltrigen katholischen Theologen schätze ich am meisten den ökumenischen Dogmatiker von Format OTTO HERMANN PESCH, für Fragen der seelsorglichen Praxis und Kirchenreform den praktischen Theologen NORBERT GREINACHER und schließlich als meinen Nachfolger den Direktor des Instituts für Ökumenische Forschung, BERND-JOCHEN HILBERATH. Und vielleicht noch mehr als alle anderen schätze ich meine »Meisterschüler«, denen ich eigene Abschnitte gewidmet habe: HERMANN HÄRING, KARL-JOSEF KUSCHEL und URS BAUMANN (vgl. Kap. I: Theologenschicksale). Dazu ihre würdigen Nachfolger: STEPHAN SCHLENSOG und GÜNTHER GEBHARDT.

Aber was wäre ein Autor ohne Verlag! Ich hatte das Glück, ausgezeichnete Verleger zu haben; einige von ihnen haben mich über Jahrzehnte hin begleitet und betreut. In dankbarer Erinnerung sind mir vor allem die drei Verleger meines Anfangs: Dr. THEOPHIL HERDER-DORNEICH (Herder-Verlag), der dann aber dem Druck der Hierarchie im Zusammenhang meines Buches »Die Kirche« (1967) leider nicht standhielt. Dann Dr. OSKAR BETSCHART, Chef des ebenfalls katholischen Benziger Verlags, der den Mut hatte, das Buch »Unfehlbar« (1970) wie auch die

Bilanz »Fehlbar?« (1973) zu veröffentlichen. Schließlich KLAUS PIPER, der mir seit dem Buch »Christ sein« (1974) in seinem allgemeinen Publikumsverlag eine einzigartige Autorenkarriere eröffnete; lebendiger Zeuge ist im Piper Verlag bis auf den heutigen Tag der mir seit Jahren auch persönlich verbundene Leiter des Lektorats Sachbuch ULRICH WANK, der viele meiner Bücher und Lesereisen als Lektor begleitet hat, zusammen mit Kommunikationschefin EVA BRENNDÖRFER.

Langjährige freundschaftliche Beziehungen konnte ich unterhalten mit ausländischen Verlegern: mit Paul Brand (Paul-Brand-Verlag, Hilversum), Jean-Louis Schlegel (Éditions du Seuil, Paris), Paolo Zaninoni (Rizzoli, Mailand), Rosino Gibellini (Queriniana, Brescia), Alejandro Sierra Benayas (Trotta, Madrid) und Isabel Piedrahita (Agencia A.C.E.R., für spanische und portugiesische Ausgaben, Madrid). Dazu kommen noch wechselnde Verleger in den USA, hervorzuheben Werner Mark Linz. Ihnen allen gebührt mein tiefer Dank. Einen Ehrenplatz aber nimmt dabei Dr. JOHN BOWDEN ein (leider 2010 verstorben), der nicht nur mein Verleger und Lektor (SCM Press London) war, sondern auch der Übersetzer ins Englische für viele meiner Werke. Ihm folgte als Verleger für Großbritannien Robin Baird-Smith (Continuum). In jüngerer Zeit haben sich auch in anderen Ländern für meine Werke engagiert: Dr. Alexei Bodrov (Moskau), Zoran Grozdanov (Rijeka, Kroatien), Peter de Boer (Utrecht), Jaroslav Vrbensky (Prag). Regelmäßige Kontakte hielt ich über viele Jahrzehnte mit dem tschechischen Theologen Karel Floss und den Finnen Reijo Heinonen und Eero Huovinen.

Mein Dank umschließt aber auch meine lieben Klassenkameradinnen und Klassenkameraden von der Primarschule in Sursee und vom Gymnasium in Luzern; manchen von ihnen bin ich bis heute in Freundschaft verbunden. Dank aber auch meinen Mitbrüdern im Collegium Germanicum in Rom, mit mehreren pflege ich bis heute einen engen Kontakt. Meinen Professoren an der Universität Gregoriana in Rom und am Institut Catholique in Paris habe ich schon im ersten Band meine Dankbarkeit ausgesprochen, meinen Freunden an der Universität Tübingen im zweiten Band. Doch nun – etwas ausführlicher – zu meinem engsten Lebenskreis:

Rückhalt in der Familie

Wie wichtig mir die lebendige Verbindung mit meinen Eltern und meinen Schwestern ist, habe ich immer wieder betont. Meine Eltern haben mir ja nicht nur das physische Leben, sondern von Jugend auf ein reiches Leben geschenkt (Bd. 1, Kap. I: Wieviel liegt an den Genen?). Und nicht zuletzt verdanken wir Geschwister ihnen unseren paradiesischen Platz am Sempachersee, wo sie bis zu ihrem Ende leben konnten, zusammen mit ihren Kindern und Enkelkindern. Ich will in meinen Dank auch gleich meine fünf lieben Schwestern hineinnehmen: MARLIS, RITA, MARGRIT, BEATRICE und IRENE, unseren bereits 1955 an einem Gehirntumor verstorbenen Bruder GEORG nicht zu vergessen; sie waren mir durch all die Jahrzehnte hindurch treue Begleiterinnen und am See meine stets hilfsbereiten Nachbarinnen – zu ihnen, alle noch »putzmunter«, habe ich sehr herzliche Beziehungen. Ganz zu unserer Familie gehört auch MARIANNE SAUR, von meiner Mutter und meinen Schwestern bewundert als elegante Dame von Welt, geschätzt als meine ideale Lebensbegleiterin und geliebt ob ihrer liebenswürdigen Menschlichkeit. Eine besondere Rolle spielt SYBILLE ABT, die als diplomierte Wirtschafterin für meinen und für Marianne Saurs Haushalt zuständig ist; in fast 30 Jahren hat sie uns allen im Haus und ungezählten Gästen unschätzbare Dienste geleistet.

Unser VATER erlitt schon am 8. August 1987 einen Schlaganfall, von dem er sich nie mehr ganz erholte. Zu seinem und unserem Glück steht das Kantonsspital Sursee in Sichtweite auf dem Hügel oberhalb unserer Seehäuser. Von meinen Schwestern und (wenn ich da bin) auch von mir wird er so oft wie möglich im Rollstuhl durch die Umgebung gefahren, oft bis hinunter zu unseren Häusern, wo er sich meist übers Wochenende aufhält. Aber sein Zustand verschlimmert sich, und am 7. Oktober 1990 verstirbt er ohne Schmerzen, mit allem wohlversorgt. Ich bin an diesem Tag für einen Gottesdienst im oberschwäbischen Biberach und dann für einen Vortrag in Meersburg am Bodensee; sein Tod wird mir telefonisch mitgeteilt. Am 12. Oktober wird er in unserem Familiengrab in Sursee beigesetzt.

Leider konnte unser Papa schon an der Feier zu meinem 60. Geburtstag am 26. März 1988 nicht teilnehmen. Für die Tübinger Kollegen und Freunde hatte ich zuvor in die Tübinger Jakobuskirche zu einer Dankesfeier und ins Schloss Bebenhausen zu einem festlichen Abendessen eingeladen. Meine Mutter, Schwestern und Schwäger auch meine Nichten, Neffen und engsten Freunde jedoch lade ich ein zu einer Frühlingsfahrt in den Tessin, insgesamt 35 Personen. Und dies im neuen ganz in Weiß gehaltenen Salonwagen der SBB mit eigenem Personal. »Sie haben es besser als der Papst«, begrüßt mich der Teamchef, »der hatte noch den alten Wagen.« Ab Luzern serviert man uns ein Frühstück. Vor der Einfahrt in den Gotthardtunnel ist die Landschaft noch verschneit, auf der Südseite herrscht zunehmend frühlingshaftes Wetter – Zeit für einen Aperitif. In Lugano steigen wir um in ein Motorboot und fahren zum idyllischen Gandria. Dort im Ristorante Miralago das Mittagessen. Nach einem Spaziergang mit dem Boot zurück nach Lugano. In unserem Salonwagen gibt es auf der Rückfahrt zum großen Amüsement aller ein Preisausschreiben mit Quizfragen: »Wer kennt Hans Küng wirklich?«. Preise sind zum Beispiel »ein italienisches Mittagessen für zwei Personen« (= eine Büchse Ravioli) … Dann zum Abschluss eine kalte Platte und wie immer genug Wein. Ein Freudentag, der allen als »einzigartig« in Erinnerung bleibt.

Am darauffolgenden Tag, einem Sonntag, feiere ich eine familiäre Eucharistiefeier in der Martinskapelle. Aber am 31. März wird unsere MUTTER mit einer Lungenentzündung ins Spital Sursee eingeliefert. Ich muss für den Karfreitagsgottesdienst am 1. April nach Tübingen zurück. Ich verabschiede mich mit einem Kreuzzeichen auf die Stirn und einem Kuss auf ihre blassen Lippen. Sie hatte mir schon oft deutlich gesagt, sie lehne jegliche lebensverlängernden Maßnahmen ab; immer wieder wiederholte sie: »Ich bin zufrieden.« Am 6. April 1988 verstirbt sie fromm und friedlich.

An ihrer Beerdigung, wie zuvor an der Tessinfahrt, nimmt auch ihr Patensohn, mein Cousin mütterlicherseits Dr. WALTER GUT, teil, konservativer Jurist, Staatsanwalt des Kantons Luzern und Staatsmann der Eidgenossenschaft. Die Nachricht von seinem Tod am 2. 8. 2012 erreicht mich im August im Seehaus am Telefon.

Er war nur wenige Monate älter als ich (geboren am 31. 8. 1927), und so waren wir schließlich die beiden Senioren der Küng-Gut-Sippen. Unsere Lebensläufe verliefen weithin parallel, wenn auch nicht ohne Spannung und zeitweilige Entfremdung. Schon im Primarschulalter verbrachten wir zusammen Ferientage, verstanden uns glänzend und maßen unsere Kräfte sogar in einem Wettbewerb des Äpfelessens.

Beide wollten wir nach dem Gymnasium Theologie studieren. Ich wählte das liberale Gymnasium der Kantonsschule Luzern, er aber das Gymnasium der Schweizerischen Missionsgesellschaft Bethlehem in Immensee, wo auch unser Onkel und Afrikamissionar Alois Gut sein tristes Pensionärsdasein fristete. Von meiner Mutter wurde mir mein Cousin Walter des Öfteren als Vorbild hingestellt: Er war zweifellos frömmer, disziplinierter, strebsamer, eben ein Gut-Gut, da seine Mutter, meine Tante, einen Gut geheiratet hatte. Ich aber war ein Küng-Gut und war froh, dass sich in mir die Ernsthaftigkeit der Guts mit der Leichtlebigkeit der Küngs mischte. Bei ihm glaubte jedermann, dass er einmal Priester werden würde, aber er wurde es nicht. Mir aber trauten selbst meine Klassenkameradinnen und Klassenkameraden in Luzern kein Theologiestudium zu, und doch schlug ich diesen Weg ein. Er zog nach zwei oder drei Jahren, angeblich aus gesundheitlichen Gründen, von Immensee ans Gymnasium der Benediktiner in Engelberg und wurde schließlich Jurist mit Bestnote. Ich aber zog von Luzern nach Rom ins gestrenge Collegium Germanicum und wurde in meinem siebten römischen Jahr zum Priester geweiht.

Aber meine zunehmend romkritische Wendung meint Walter nicht mitmachen zu können. Zwar publizierte er seinerzeit als Chefredakteur der »Civitas«, der Zeitschrift des Schweizerischen Studentenvereins, meinen großen kritischen Artikel »Priestermangel in der Schweiz?«, und dies auch gegen den Willen des Bischofs von Basel, Franziskus von Streng. Er war von Hans Urs von Balthasar als Leiter des männlichen Zweiges seines Laienordens vorgesehen. Doch schon in meiner Luzerner Zeit verliebt er sich in Greth Zust, verwitwete Tochter eines bekannten Luzerner Politikers. Balthasar diagnostiziert dies nicht etwa einfühlsam als Bedürfnis nach Liebe und Geborgenheit, vielmehr reichlich lieblos als Mangel an Gehorsamsbereitschaft Gott und ihm persönlich gegenüber. Der wegen seiner Bindung an die Schriftstellerin und Mystikerin Adrienne von Speyr aus dem Jesuitenorden ausgetretene Balthasar war schon früh fasziniert gewesen von der hohepriesterlichen Gestalt des Dichters Stefan George, der einen »Neuen Bund« von mythisch-aristokratischen Menschen fern von der Politik um sich geschart hatte. Balthasar ist daher an einem rechtlich geordneten Statut für seinen Laienorden im Gegensatz zu Walter gar nicht interessiert, sodass dieses Unternehmen denn auch scheitert. Balthasar stirbt am 28. Juni 1988, merkwürdigerweise zwei Tage vor der angekündigten Ernennung zum »Kardinal der Heiligen Römischen Kirche«. Auf dem Grabstein neben der Hofkirche in Luzern steht trotzdem »Kardinal von Balthasar«.

Ich traue Walter und Greth in Luzern, und sie führen eine glückliche Ehe, obwohl Walter zeitweise von Zweifeln geplagt wird, ob er nicht seine ursprüngliche Berufung zum Priestertum verraten habe. Was ich ihm auszutreiben versuche. In all den Jahren betätigt er sich auch als scharfsinniger staatspolitischer und philosophischer Publizist. Als Chef des Erziehungs- und Kulturdepartements des Kantons Luzern (1971–87) führt er auch unpopuläre Reformen im Erziehungswesen durch; die Gründung einer Universität Luzern wird ihm durch eine Volksabstimmung vor allem wegen der befürchteten finanziellen Belastungen verweigert. Doch dann, schon pensioniert, bewährt er sich im Jahr 1990 in der unbequemen Funktion eines Sonderbeauftragten der Schweizerischen Bundesregierung für die Staatsschutzakten in der misslichen »Fichenaffäre«, der die 350.000 Einsichtsbegehren von Bürgern in die von der Bundespolizei illegalerweise angehäuften Fichen (Karteien mit Personendaten) zu behandeln hatte – im Vergleich zu der 2013 bekannt gewordenen systematischen *uneingeschränkten* digitalen Ausspionierung befreundeter europäischer Staaten, ihrer Institutionen und Bürger, durch amerikanische Geheimdienste beinahe eine Quantité négligeable.

Meine Kritik an Papsttum und Unfehlbarkeit aber lehnt Walter ab, und in der großen Konfrontation mit Rom 1979/80 lässt er mich völlig im Stich. Klar, dass unsere guten Beziehungen daraufhin sich abkühlen und ich lange Zeit an weiteren Diskussionen kein Interesse zeige. Das ändert sich erst in den letzten Jahren, und zwar auf seiner Seite: Er sieht angesichts der Restaurationspolitik der Päpste Wojtyła und Ratzinger immer mehr ein, dass ich mit meiner Kritik an Rom recht hatte, und vertieft sich nun, gründlich wie eh und je, in meine Bücher, eines nach dem anderen. Immer wieder schickt er mir kurze, aber sehr substanzielle Handschreiben, in welchen er meine Arbeit lobt und bewundert. Das hat mich natürlich versöhnt.

Wir sehen uns zum letzten Mal im Sommer 2010 beim Abendessen bei meiner Schwester Rita. Er war leise geworden und lächelt oft still vor sich hin. Dann wird er todkrank. Ich hatte vor, ihn nach meiner Eröffnungsrede zum Lucerne Festival am 8. August 2012 in der Reha-Klinik Sonnmatt in Luzern zu besuchen. Aber tief betroffen erhalte ich am 4. August die Nachricht von seinem Tod. So bleibt mir nur die Teilnahme an seiner Beerdigung im Stift Beromünster (nahe bei Sursee), für dessen Renovation er sich so sehr eingesetzt hatte. Es ist mir weh ums Herz, dass er in seinen letzten Wochen noch sehr viel leiden muss, oft unter Atemnot, wie mir seine Frau schreibt, und das zeigt mir einmal mehr die Grenzen der Palliativmedizin.

Mit letzter Kraft voran

Mir imponieren Zeitgenossen, die bis zum Ende im Dienst der Sache, der sie sich verpflichtet fühlen, durchhalten. Im August 2009 geht durch die Medien die Nachricht vom Tod von Eunice Shriver-Kennedy, verstorben mit 88 Jahren, und wenige Tage später auch die vom Tod ihres Bruders, Senator Edward Kennedy, verstorben mit 77 Jahren: beide Geschwister von Präsident John F. Kennedy (ermordet 1963) und Justizminister Robert Kennedy (ermordet 1968).

Von meiner Begegnung mit Präsident Kennedy im April 1963 habe ich im ersten Band meiner »Erinnerungen« (Kap. VII: Ein freier Mann mit einem freien Sinn) berichtet, von Eunice und den »drei Tagen mit den Kennedys« in Washington im Februar 1977 im zweiten Band (Kap. IX). Nun ist sie also tot, diese charismatische, hoffnungsstarke Frau, die sich nie um ein Regierungsamt bemühte, aber doch mit rastloser Energie sich besonders für die geistig Behinderten einsetzte, zu denen auch ihre Schwester Rosemary gehörte. Noch im November 2008, wenige Monate vor ihrem Tod, kann ich mich anlässlich meines Vortrags an der Georgetown University mit ihrem Sohn TIMMY SHRIVER austauschen, jetzt Vorsitzender der von seiner Mutter gegründeten Special Olympics für Menschen mit geistiger Behinderung und für Mehrfachbehinderte. Aber ihr ebenfalls anwesender mit uns befreundeter Arzt Dr. JOHN HARVEY, erklärt mir, sowohl Eunice wie ihr stets so vitaler Mann SARGENT SHRIVER, unter Präsident Kennedy Gründer des Peace Corps, seien nicht mehr ansprechbar – für mich kaum fassbar, wenn ich an diese beiden so lebensbejahenden Menschen zurückdenke.

Und dann stirbt am 25. August 2009 also auch der jüngste Bruder EDWARD, »Ted« genannt – mir noch lebhaft vor Augen, wie er 1977 bei meinem Besuch an der Georgetown University mit seinem Cabriolet auf seine Schwester zugefahren war, um sie zu erschrecken. Typisch für ihn in dieser seiner »wilden Zeit«, als er sich in der Öffentlichkeit unangenehm als hart trinkender Frauenheld bekannt macht.

Mit Sargent Shriver hatte ich während der China-Reise mit dem Kennedy Institute 1979 die Frage diskutiert, ob sein Schwager, wie von vielen in der Öffentlichkeit gewünscht, seine Kandidatur für die Präsidentschaft anmelden solle. Ted tut es in der Folge. Es ist ein Fehlschlag: Man verzeiht ihm die Verschleierung seiner Verantwortung für den Tod durch Ertrinken seiner jungen Begleiterin anlässlich einer nächtlichen Ausfahrt auf der Insel Chappaquiddick nicht. Und man versteht auch nicht, warum er sich gerade gegen den amtierenden Präsidenten JIMMY CARTER, seinen demokratischen Parteifreund, stellt und so indirekt dem republikanischen Kandidaten RONALD REAGAN Auftrieb verschafft.

Doch auf der National Democratic Convention 1980 verzichtet Edward Kennedy auf seine Kandidatur. In seiner schon kurz nach seinem Tod, im September 2009, erschienenen Autobiographie »True Compass«, die er trotz seines Gehirntumors noch hatte vollenden können, nennt er sein Verhalten beim Chappaquiddick-Unfall »inexcusable« und sein exzessives Trinken besonders nach dem Tod seines Bruders Robert »self-destructive«. Aber gegenüber einseitiger Darstellung seines Weges wehrt er sich: »Manche Leute machen Fehler und versuchen daraus zu lernen, um es besser zu machen. Unsere Sünden bestimmen nicht das ganze Bild von dem, was wir sind – Some people make mistakes and try to learn from them and do better. Our sins don't define the whole picture of what we are.«

Tatsächlich hatte Senator Kennedy in seinen drei letzten Jahrzehnten durch seinen unermüdlichen Einsatz für die Unterprivilegierten und seine überparteiliche Kompromissfähigkeit sich zu einer hoch geachteten Schlüsselfigur des Senats emporgearbeitet. Die letzten anderthalb Jahre mit seinem Gehirntumor bewältigt er frohgemut und arbeitet mit letzter Kraft, solange er kann. So macht er sein »Mantra« wahr, mit dem er 1980 seine Verzichtserklärung abgeschlossen und das er in seinen letzten Reden 2009 an Präsident Barack Obama weitergegeben hatte und das mich mit seinen vier Sätzen in meiner Grundhaltung bestätigt:

»The work goes on,	*Die Arbeit geht weiter,*
the cause endures,	*die Sache bleibt,*
the hope still lives,	*noch lebt die Hoffnung,*
and the dream shall never die.	*und der Traum wird nie sterben.«*

An diesem Punkt könnte ich ja nun – vielleicht mit einigen schönen Geschichten zu meinem 80. oder 85. Geburtstag – meine Autobiographie ganz gelassen zum Abschluss bringen. Und ich kenne einige Beispiele von hoch geschätzten Zeitgenossen, die ihre Autobiographie erstaunlich früh abgebrochen haben – warum? Das habe ich mich gefragt. Hier ist ein kleiner Exkurs fällig – mit Seitenblicken auf den theologischen Traktat »Von den letzten Dingen«.

In Teufels Küche?

Genau diese Frage nach dem Abbruch seiner Autobiographie hat man auch dem in Deutschland sehr anerkannten Schweizer Schriftsteller Urs Widmer gestellt. Er veröffentlicht im August 2013 den autobiographischen Roman »Reise an den Rand des Universums«, der aber im umstürzlerischen Jahr 1968 abbricht – warum?

»Da kommen Sie in Teufels Küche«, antwortet der engagierte 68er.[9] Und man kann nur Vermutungen anstellen, worüber der damals 30-jährige Suhrkamp-Lektor, Mitbegründer des Verlags der Autoren und spätere Dozent für Deutsche Literatur an der Frankfurter Universität hätte schreiben müssen. Mich hätten keine Intima interessiert, wohl aber ein eventueller Gesinnungs- und Verhaltenswandel des Autors. Damit wäre er aber offenkundig »in Teufels Küche«, das heißt in allergrößte Schwierigkeiten geraten. Dann eben lieber schweigen. So haben es ja schließlich viele bekannte 68er in Politik, Wirtschaft und Literatur gehalten – nicht ganz unähnlich dem Verhalten ihrer Väter und Großväter bezüglich einer anderen Zeit.

Nicht so freilich der Literaturnobelpreisträger GÜNTER GRASS. In seinem vom Revolutionsjahr 1848 bis in die Gegenwart ausgreifenden Roman »Ein weites Feld« (1995) versucht er den Umbruch von Mauerfall und Wiedervereinigung 1989 zu deuten. Aber sein Protagonist »Fonty«, der sich an das Alter Ego von Theodor Fontane anlehnt, hinterlässt einen eher zwiespältigen Eindruck, jedenfalls keine überzeugende ehrliche Rechenschaftsablage. Andererseits hatte Grass 1969 seinen damaligen Parteigenossen Professor KARL SCHILLER, nach Ludwig Erhard der bedeutendste Wirtschaftspolitiker der Nachkriegszeit, öffentlich aufgefordert, sich endlich zu seiner zeitweiligen Mitgliedschaft bei der SA zu bekennen. Doch 2006 sieht sich Grass seinerseits gezwungen, öffentlich einzugestehen, dass er Mitglied der Waffen-SS gewesen war und am Russlandfeldzug teilgenommen hatte. Mit diesem Geständnis gerät er selbst in »Teufels Küche« und muss zusehen, wie seine Rolle als moralische Instanz im Nachkriegsdeutschland erschüttert wird.

Unmittelbar nach der großen politischen Wende Anfang 1990 führe ich ein Gespräch mit Professor Karl Schiller über die Neuorientierung der Wirtschaftspolitik und die Gefahren bei Einführung der Deutschen Mark in der früheren DDR. Bei dieser Gelegenheit merke ich an, er könne doch jetzt als Emeritus eine hochinteressante Autobiographie schreiben, und wenn schon nicht über sein ganzes Leben, so doch über einige »Schlüsselszenen« seiner politischen Karriere. Das nimmt er so ernst, dass er mich wenige Tage später anruft und nochmals wissen will, welchen Begriff ich genannt hatte für eine mögliche Autobiographie. Ich sage: »Schlüsselszenen«. Aber Karl Schiller stirbt 1994, ohne seine »Schlüsselszenen« veröffentlicht zu haben. Wie so manche »Linke« wollte auch er wohl vermeiden, ebenfalls in »Teufels Küche« zu geraten.

Aber es gibt auch Beispiele bei den »Rechten« für das signifikante Abbrechen der eigenen Biographie. An den berühmtesten Fall habe ich schon am Ende meines zweiten Bandes erinnert: an JOSEPH RATZINGER. Er bricht seine Autobiographie schon 1977 mit seinem Eintritt in die Hierarchie ab und entschuldigt sich allzu vordergründig mit der Bärenlegende des heiligen Korbinian. Hat auch er Angst vor des »Teufels

Küche«? Dabei hatte Ratzinger in seinen 24 Jahren als Großinquisitor ständig berufsmäßig mit dem Teufel zu tun, der in der römisch-katholischen Kirche vor allem hinter Sexualdelikten des Klerus und allerlei Häresien vermutet wird. Gerade unter dem Regime Wojtyła/Ratzinger haben professionelle Teufelsaustreiber (Exorzisten) wieder Konjunktur. Der Teufel wirkt nach Meinung der Inquisitoren ja nicht nur bei Hexen, sondern auch bei Theologen und Häretikern, die man heutzutage freilich nicht mehr wie in früheren Zeiten foltern und verbrennen kann. Die Opfer der Inquisition waren einstmals in die Tausende gegangen, und einige der in unseren Tagen Verfolgten habe ich in Kapitel I angeführt. Kann man so nicht verstehen, dass viele Menschen die Inquisition selber als »des Teufels« empfunden haben?

Aber aufgeklärte Theologen und Zeitgenossen glauben heute nicht mehr wie im Mittelalter und in der Reformationszeit an den Satan und sein Heer vernunftbegabter individueller böser Geistwesen, die angeblich vom Menschen Besitz ergreifen. Ideen, die in der Zeit der persischen Oberhoheit (539–331) in die Hebräische Bibel und später auch ins Neue Testament eingedrungen waren. Diese Vorstellung steht auch hinter den mittelalterlichen Bildern einer Teufelsküche, einer Art Hexenküche, wo die Sünder im höllischen Feuer gebraten werden. »In Teufels Küche kommen« heißt also ursprünglich nichts anderes als »in die Hölle kommen«.

Dieser Vorstellung hat mein Kollege und Freund Professor Herbert Haag schon früh im katholischen Raum den Kampf angesagt mit seiner Schrift »Abschied vom Teufel« (1969) und damit selbstverständlich Schwierigkeiten mit der Inquisition bekommen. Mein Standpunkt in dieser Frage ist differenziert: Ich glaube wie Herbert Haag nicht an überall wirksame teuflische Geistwesen. Doch ich hätte gern gesehen, dass er den Kontrapunkt deutlicher gesetzt hätte: Wie eine Personalisierung des Bösen so verharmlost nämlich auch eine Privatisierung des Bösen im einzelnen Menschen das Böse. Dieses muss ja zugleich als über-individuelle, strukturelle Macht verstanden werden, wie es gerade im Grauen des Nationalsozialismus und Stalinismus zum Ausdruck gekommen ist. Schon im Neuen Testament ist die Rede von »Mächten und Gewalten«, in der modernen Soziologie von »anonymen Mächten und Systemen«, welche die Bosheit verkörpern können. Das Böse ist jedenfalls wesentlich mehr als die Summe der Bosheiten der Individuen.

Eine »Teufelsangst« empfinde ich somit nicht, auch eine »Höllenangst« liegt mir fern. Allzu lange haben Höllenvorstellungen bei Sexual- und Schuldkomplexen, Sünden- und Beichtängsten mitgespielt. Die biblischen Höllenaussagen können heute verstanden werden als Bilder für die drohende Möglichkeit, dass ein Mensch seinen Lebenssinn völlig verfehlen kann. Doch schon Kirchenväter haben das Höllenfeuer metaphorisch verstanden, und in meinem Buch »Credo« über das Apostolische Glaubensbekenntnis, in dem sich bekanntlich kein Glaubensartikel über Teufel und Hölle findet, habe ich ausgeführt, dass die »Ewigkeit« der Höllenstrafe im Widerspruch zu Gottes Liebe und Barmherzigkeit steht.

»Er fürchtet weder Tod noch Teufel«, heißt es sprichwörtlich vom Draufgänger. Nein, ich fürchte nicht den Teufel, dieses Symbol des Bösen – aber vielleicht doch den Tod? Jedenfalls hoffe ich, nicht in »Teufels Küche zu geraten«, wenn ich meine Autobiographie an diesem Punkt nicht abbreche, sondern auch über die letzte Phase meines Lebens und die »Letzten Dinge« berichte in der Wahrhaftigkeit, die der Teufel – der »Vater der Lüge« (Jo 8,44) – fürchtet wie das Weihwasser, weil sie die Wahrheit ans Licht bringt.

Vorboten des Todes

Zur Menschlichkeit gehört wesentlich die Sterblichkeit. Und das Altern beginnt schon mit der Geburt, sagen uns Biologen. Aber was da altert und schließlich stirbt, wird in jungen Jahren ganz leicht ersetzt und wächst von selber nach. Doch es kommt die Zeit, wo eine Regeneration der einzelnen Zellen und Organe nicht mehr so leicht erfolgt. Ich weiß nicht, wer es mir vor einiger Zeit vorausgesagt hat: Bis zum 80. Geburtstag gehe alles relativ prächtig, aber aufgepasst, im neunten Jahrzehnt häufen sich die Altersbeschwerden. Jedenfalls verstehe ich sofort, was mir im Juni 2012 der bedeutende Historiker FRITZ STERN als Gruß humorvoll am Schluss seines liebenswürdigen Briefes schreibt und was ich als Motto über dieses letzte Kapitel meines Lebens gesetzt habe: »Mir geht es im Ganzen gut, den Altersbeschwerden noch besser.«

Ich halte nichts von der Werbeparole »young forever« und von »Anti-Aging-Kursen«. Am Älterwerden – und es ist körperlich zunehmend beschwerlich – kommt noch immer kein Mensch vorbei. Doch so vieles erleichtert unserer Generation die Last der Jahre. Man sollte sich nicht grämen, sondern selbstverständlich dazu stehen, dass man jetzt eine Brille, ein Hörgerät, eine Prothese oder sonstige Hilfsmittel tragen muss. Vor allem die Errungenschaften der Medizin und Pharmazie helfen älteren Menschen, aber auch bessere Wohnverhältnisse und Reisemöglichkeiten. Doch: trotz aller Hilfen und Medikamente werden unsere Organe schwächer, und unser Körper ist uns nicht mehr so zu Diensten wie in früheren Jahren.

Besonders das täglich strapazierte Knochengerüst zeigt an neuralgischen Punkten Schwächen und manchmal auch Schmerzen. Seit der Menschwerdung aus der Tierwelt ist der Mensch ausgezeichnet durch den aufrechten Gang. Was aber musste mein Rückgrat durch all die Jahre aushalten an täglichem stundenlangem Sichbeugen über den Schreibtisch, aber auch an außerordentlichen Herausforderungen wie Bücherkofferschleppen oder Skifahren? Alles hat es lange Jahre klaglos geleistet, bis eben die Zeit kam, da es seine Schwäche schmerzhaft anmelden musste. Eine genaue Untersuchung beim Orthopäden und Radiologen hat ergeben: Ich leide unter einer Verengung der Rückenmarksnervenbahn (Spinalkanal- und Foramenstenose) beim 3./4. und 4./5. Lendenwirbel, die den Schmerz vom Kreuz her bis in die Fersen ausstrahlen lassen kann. So musste ich denn im Januar 2012 auf einer Flugreise von Stuttgart nach Udine auf dem weitläufigen Umsteigeflughafen München das erste Mal um eine Transporthilfe bitten. Ich mache zwar täglich physiotherapeutische Übungen, schwimme noch jeden Tag, und es geht mir wieder besser. Aber was, wenn die Nervenschmerzen im verengten Spinalkanal noch virulenter werden und mich von großen Reisen abhalten? Was dann?

Ich lobe mir meine *Hände*: Sie können streicheln und liebkosen, sie können aber auch zugreifen und hart anpacken. Tausendfach sind die Funktionen, welche die Hände wie selbstverständlich erfüllen können. Sensibler als jeder hochtechnische Apparat lassen sie sich für all das gebrauchen, was eben die Faust oder aber »Fingerspitzengefühl« erfordert. Und wenn ich daran denke, wie viele Millionen von Wörtern sie im Laufe meines Lebens geschrieben haben, von denen nur ein Bruchteil gedruckt ist, kann ich meine Hände nur loben.

Aber jetzt sind meine Finger alt geworden. Sie versagen mir die schönen Bögen in meiner Schrift. Meine Schrift ist kleiner geworden; Mikrographie nennen dies die Ärzte. Ich habe selber manchmal Mühe zu lesen, was ich geschrieben habe. Die Röntgenbilder manifestieren eine zunehmende Arthrose. Und am 1. Dezember 2010 operiert mir der Chef der Tübinger Handchirurgie den Mittelfinger, in dem er eine Zyste entfernt. Wegen einer darauffolgenden Infektion aber bin ich mehrere Wochen unfähig zu schreiben. Die Behandlung meiner arthrotischen Finger (familiäre Polyarthrose) durch den Chefarzt der Rheumatologie im schweizerischen Bad Ragaz kann zwar die Situation durch Einspritzen von flüssiger Knorpelsubstanz leicht verbessern, mir Schmerzen ersparen und die weitere Versteifung aufhalten, aber den fehlenden festen

Gelenkknorpel selbstverständlich nicht ersetzen. Ich, der ich alle meine Bücher von Hand geschrieben habe, mache täglich die empfohlenen Übungen, aber ich sehe den Tag kommen, da die Hand des Schriftstellers nicht mehr schreiben kann. Was dann?

Und ich lobe mir meine *Ohren*. Diese kunstvollen kleinen Organe haben mir unermessliche Dienste geleistet durch all die Jahrzehnte und unendlich viel Freude bereitet, besonders durch die Vermittlung klassischer Musik. Aber ich habe schon berichtet, wie sich eines Tages ein Hörsturz einstellte, der mich auf dem rechten Ohr nur noch 15 Prozent hören lässt. »Wenn wir nicht erklären können, woher die Störung kommt«, so sagt mir lächelnd der Chef der Tübinger HNO-Klinik, »reden wir von Hörsturz.« Ich aber habe Sorge, dass dies auch mit dem linken Ohr passieren könnte und ich dabei taub werde. Das Schicksal Beethovens schreckt mich. Was dann?

Und ich lobe mir meine *Augen*: Sie haben unendlich viel ausgehalten, seit ich in meiner Jugend Bücher mit der Taschenlampe unter der Bettdecke las. Ja, sie haben nach dem Wort von Gottfried Keller tatsächlich in aller Welt »getrunken, was die Wimper hält«. Millionen große und kleine Bilder haben sich in meinem Gehirn abgebildet, schreckliche und schöne, alles, was eben die sichtbare Welt ausmacht und oft in Träumen in erstaunlichen neuen Kombinationen wiederkehrend. Als die Augen schwächer wurden, haben mir doch die Brillen mit wachsender Stärke immer wieder geholfen, klar zu sehen. Aber nun lasse ich am 8. September 2011 und wieder am 21. Dezember vom Chef der Augenklinik in Tübingen erneut die Augen untersuchen. Der Befund ist eindeutig: An beiden Augen eine unaufhaltsame altersbedingte Makula-Degeneration (AMD)! Mit den Medikamenten, die ich seither täglich schlucke, könne ich das Ganze um zwei Jahre aufhalten. So solle ich mich denn beeilen, diesen meinen dritten Memoirenband abzuschließen? Ja, denn die Zeit werde kommen, da ich nicht mehr lesen kann. Ein Gelehrter, der nicht mehr schreiben und lesen kann? Was dann?

Ich frage mich natürlich, ob da nicht einiges zusammenhängt, ob meine kleiner werdende Schrift und, wenn ich nicht bewusst ausschreite, meine kürzeren Schritte nicht vom Hirn gesteuert sein könnten. Mein Hausarzt meldet mich beim Neurologen an, und dieser lässt nach eingehender Untersuchung zur Kontrolle eine Kernspin-Aufnahme machen. Die Diagnose ist eindeutig und schockierend: Es handelt sich um die ersten Anzeichen der *Parkinsonkrankheit* mit möglichen Auswirkungen auf Bewegungsapparat und Stimmbänder, bisher allerdings ohne Schüttellähmung. Ab jetzt werde ich zur Therapie mein Leben lang täglich mehrfach

Arzneimittel nehmen müssen, um den Mangel am Botenstoff Dopamin im Hirnbereich der »Substantia nigra«, wo Nervenzellen absterben, auszugleichen. Das bedeutet auch für meine Umgebung einen kleinen Schock. Wir schreiben den 6. Juli 2012: Wie wird das alles weitergehen? Werde ich bald nur noch der Schatten meiner selbst sein?

Menschsein wird in jeder Lebensphase anders erlebt, im Alter zunehmend als Gebrechlichsein. Ich befleißige mich jetzt bewusst einer *Disziplin des Alters*. Und das heißt vor allem: Ich reduziere mein bisher stets hohes Lebenstempo. Nun bedeutet die Parkinsonkrankheit ohnehin eine Verlangsamung des gesamten kinetischen Systems. Diese können die bisher gefundenen Medikamente zwar verzögern, aber nicht heilen.

Und so schlucke ich denn neuerdings zu Hause wie auf Reisen nach einem genauen Plan jeden Tag die verschiedenen Pillen. Und ich, der ich mich früher anlässlich eines Besuchs bei den Dominikanern in Paris innerlich darüber mokiert hatte, weil da ein jeder auf seinem Essplatz einige Fläschchen aufgestellt hatte, werde jetzt dafür »bestraft«, indem ich selber sechsmal täglich verschiedenartige Tabletten zu mir nehmen muss. Das heißt nun freilich auch: Medizin und Pharmazie verdanke ich praktisch eine weitere künstliche Lebensperiode. Liegt es also nicht auch in meiner ureigenen Verantwortung, wie lange ich zum Weiterleben diese Medikamente zu mir nehme?

Nach Bestätigung der neuesten Diagnose nehme ich Kontakt mit meinem Anwalt und Notar auf: Ich möchte das schon lange vorbereitete *Testament* jetzt definitiv abfassen und notariell beglaubigen lassen. Die Stiftung Weltethos Tübingen wird meine Alleinerbin sein, meine engsten Mitarbeiter und Mitarbeiterinnen werden mit einem Legat bedacht. Am 24. Juli 2012 wird es samt General- und Vorsorgevollmacht beurkundet und Dr. Stephan Schlensog als Testamentsvollstrecker eingesetzt. Denn für mich sind alle diese Vorgänge mahnende Vorboten des Todes.

Rechtzeitig zurücktreten

Nun hatte ich schon ein Jahr vor diesen Beschwerden den Entschluss gefasst, nach dem 85. Geburtstag am 19. März 2013 von meinen Funktionen als Präsident dreier Stiftungen zurückzutreten. Ich habe ja nun meine Pflicht im Übermaß erfüllt und in der letzten Zeit auch kompetente Nachfolger gefunden, denen ich alles leichten Herzens anvertrauen kann:

– Dr. Erwin Koller: pensionierter Schweizer Fernsehredakteur und Inspirator der Reihe »Sternstunde«; mit mir seit vielen Jahren in Freund-

schaft verbunden und für Kirchenreform engagiert, hat er sich seit Jahren schon als Vizepräsident der Herbert-Haag-Stiftung »Für Freiheit in der Kirche« bewährt und für die Präsidentschaft profiliert. Seinen öffentlichen Amtsantritt hat er anlässlich der feierlichen Verleihung des Herbert-Haag-Preises an die amerikanische »Leadership Conference of Women Religious« in Luzern am 14. April 2013 (Vgl. Epilog: »Papst Franziskus – ein Paradoxon?«).
– Prof. Dr. Walter Kirchschläger: Theologieprofessor und Gründungsrektor der Universität Luzern; einer der wenigen Neutestamentler, die mit Intelligenz und Mut aus der ursprünglichen christlichen Botschaft die Konsequenzen zu ziehen wagen für die Kirche und die Kirchenverfassung der Gegenwart. So erweist er sich als kongenialer Sohn seines Vaters, Dr. Rudolf Kirchschläger, des hoch angesehenen österreichischen Außenministers und Bundespräsidenten. Er wird mein Nachfolger in der Schweizer Stiftung Weltethos. Sein Amt tritt er an in der Universität Luzern am 8. April 2013 bei der Sitzung des Stiftungsrats, der zu meiner großen Freude seine nächste Sitzung als Zeichen bleibender Verbundenheit mit dem Gründerpräsidenten nochmals in meinem Seehaus abhalten möchte.
– Eberhard Stilz: langjähriger Präsident des Oberlandesgerichts in Stuttgart und bis heute Präsident des Staatsgerichtshofs von Baden-Württemberg. Es ist eine große Erleichterung für mich, dass die deutsche Stiftung Weltethos – nach dem unerwarteten Rückzug von Horst Köhler (darüber mehr im Epilog) – in ihm einen Präsidenten gefunden hat, der durch seine Herkunft, seinen Werdegang, seine politische, soziale, humanitäre und richterliche Tätigkeit und sein internationales Engagement hervorragend für diese Aufgabe qualifiziert ist. Nicht nur in Sachsen hat er beim Aufbau eines neuen Rechtssystems maßgeblich mitgewirkt, sondern auch in Georgien und in China war er ähnlicher Weise beratend tätig. Die Amtsübergabe erfolgt im Rahmen einer Festveranstaltung an der Universität Tübingen am 22. April 2013 (vgl. Epilog: »Mein Weltethos-Vermächtnis«).

Allen drei Stiftungen bleibe ich als Ehrenpräsident verbunden. Doch fühle ich mich richtiggehend erleichtert, dass ich mich nicht mehr um das Tagesgeschäft kümmern muss, keine Präsenzpflicht bei Vorstandssitzungen habe und vor allem befreit bin von der oft drückenden Verantwortung für alles und jedes, was in der betreffenden Stiftung läuft. Immer drängender aber stellt sich mir jetzt nach dem rechtzeitigen Zurücktreten von meinen Ehrenämtern eine grundsätzliche Frage:

Wie lange leben?

Am Sonntag, dem 9. Juni 2013, ruft mich um 22.20 Uhr INGE JENS an: »Du sollst es als erster wissen, Walter ist vor einer Stunde friedlich verstorben.« Bei aller Trauer empfinden wir beide auch Erleichterung: Nach langen Jahren der Demenz hat er sein ewiges Ziel erreicht. In allen Zeitungen erscheinen ausführliche Gedenkartikel. Am 17. Juni findet in der voll besetzten Tübinger Stiftskirche der Trauergottesdienst statt. Ich werde von Inge Jens gebeten, an ihrer Seite Platz zu nehmen. Stiftskirchenpfarrer KARL-THEODOR KLEINKNECHT hält als Einziger einen bewegenden Nachruf auf den großen Intellektuellen des Nachkriegsdeutschland, in dem er die verschiedenen Dimensionen seines reichen Lebens und Wirkens lebendig herausarbeitet. Im Mittelpunkt des Gottesdienstes steht die Aufführung von Mozarts Requiem, nur von wenigen Bibeltexten, Gebeten und Texten des Verstorbenen unterbrochen. Denn das letzte öffentliche Auftreten von Walter und Inge war eine von ihm kommentierte Aufführung dieses Requiems gewesen. Ich verlasse die Kirche am Arm von MARGIT HESPELER, die ihren »Herrn Jens« in all den Jahren seiner Krankheit mit seltener Hingabe gepflegt hatte. Oft nahm sie ihn mit auf ihren Bauernhof bei Tübingen, wo er eine kindliche Freude an Kindern und Tieren zeigte. Zu Recht hatte Frau Hespeler beim Gottesdienst den Ehrenplatz rechts von Inge. Der Ehrenbürger Walter Jens wird in einem Ehrengrab der Stadt auf dem Stadtfriedhof beerdigt. Mich bewegt natürlich der Gedanke, dass mein Grab neben Walter und Inge sein wird. Wer von uns wird wohl der Nächste sein? So wird mir nach dem Tod meines Freundes erneut die Frage nach dem Ende meines eigenen Lebens bewusst.

Ich bin mir wohl bewusst, dass nicht nur meine äußeren, sondern auch meine inneren Organe altern. Magen- und Darmtrakt verlieren an Elastizität; die für Männer übliche Prostata-Operation habe ich bereits hinter mir. Nieren und Leber funktionieren noch gut, solange sie nicht durch äußere Faktoren gestört werden. Beim Schwimmen freilich zeigt mir meine *Lunge*, dass sie mir nicht mehr drei zusammenhängende Züge unter Wasser vor dem Luftholen gestattet. Beinahe ein Wunder aber ist es für mich, dass mein *Herz* noch nach 85 Jahren trotz allen Herzeleids und aller Herzensfreude jede Sekunde in Treue schlägt und der Puls sich nach Anstrengungen immer wieder rasch normalisiert.

Natürlich frage auch ich mich, wie lange das noch so gut weitergehen wird. Ob ich vielleicht darauf warten soll, bis das Herz mitten im Schlaf einfach zu schlagen aufhört, wie es kürzlich einem rund zwei Jahrzehnte jüngeren Freund, Dr. HANS SAUR, dem älteren Sohn von Marianne, passiert ist? Oder soll ich mich, wie Graf KARL KONRAD VON DER GROEBEN, unser Weltethos-Stifter, mitten im See von einem Herzversagen überraschen lassen? Seit meine Schwester Rita, vier Jahre jünger als ich, im kalten See einen Schwächeanfall erlitt und knapp am Tod vorbeikam, schwimme ich zur Sicherheit mehr dem Ufer entlang, neuerdings übrigens mit eingeschliffener Sonnenbrille, sodass ich unsere Bäume, die Wasservögel, das Schilf, die Berge und die Wolken besser beobachten kann. Leben mit der Natur bis ans Ende. Und mich an allem freuen, und auch bei trübem Wetter möglichst keinen Trübsinn aufkommen lassen.

Dass mein *Gehirn*, das bekanntlich nie schläft, noch immer perfekt funktioniert, ist alles andere als selbstverständlich. Man hat festgestellt, dass mit 90 Jahren 40 bis 50 Prozent der Männer an *Demenz* leiden. Und immer fährt es mir durch die Knochen, wenn ich über eine von mir geschätzte Person höre: »Sie/er ist jetzt dement!« Meine spontane Reaktion ist: »Das hat er/sie nicht verdient. Nicht vorstellbar!« Aber wie da vorbeugen? Meine »kristalline« Intelligenz, die meinen ganzen Erfahrungsschatz verwaltet, habe ich gut bewahrt und auch in diesen Memoiren bezeugt. Aber meine »fließende« Intelligenz wird gespeist von den Tagesereignissen, die kommen und gehen. Und mehr denn je sind sie der Selektion ausgesetzt, die mir auch nicht mehr ermöglicht, zwei oder drei Dinge gleichzeitig zu tun, wie ich das früher ganz selbstverständlich praktizierte.

Wie lange soll das so weitergehen?, frage ich mich immer wieder. Beim letzten Rotary-Meeting in Sursee sitze ich am Tisch mit einem jüngeren Arzt, der schon seit längerer Zeit an Parkinson erkrankt ist und von dem es heißt, er käme mit seinen Medikamenten ganz gut damit zurecht. Aber mein Erschrecken jetzt am Tisch ist groß: Ständig zeichnet er auf einem Papier und redet unaufhörlich auf seinen Nachbarn ein, ohne dass dieser ihn versteht. Ob ich wohl auch in absehbarer Zeit in solchem Zustand an Meetings teilnehmen soll? Auf keinen Fall. Zur gleichen Zeit, zur Eröffnung der Londoner Olympiade 2012, wird am Fernsehen MOHAMMED ALI, der berühmteste Boxer, ebenfalls von Parkinson befallen, der ganzen Welt vorgeführt: stier und stumm, zum Erbarmen. Soll ich vielleicht demnächst auch als ein solches »Vorbild« präsentiert werden?

Mir soll Ähnliches nicht geschehen. Wie lange also soll mein Leben menschenwürdig lebbar bleiben? Ich lebe jetzt bewusster denn je: Ich weiß, was für eine kostbare, geschenkte Zeit es ist. Aber eines weiß ich auch: Ich will nicht als Schatten meiner selbst weiterexistieren.

Selbstverantwortung konkret

Ich will auch nicht in ein Pflegeheim abgeschoben werden, sondern zu Hause, in Tübingen oder in Sursee, sterben. Ich möchte nicht jahrelang – wie mein Jahrgangsgenosse, der israelische General und Premierminister ARIEL SCHARON, seit 2006 – im künstlichen Koma liegen; künstliche Ernährung lehne ich ab. Und soll ich gar noch wie der ebenfalls an Parkinson erkrankte Papst KAROL WOJTYŁA, statt zugunsten eines Nachfolgers endlich zurückzutreten, mein Sterben in aller Öffentlichkeit zur Schau stellen? Bei einem Staatsmann würde man solches als peinlich und abstoßend empfinden. Viele empfinden bei einem Papst ähnlich.

Um dann das Problem in globaler Perspektive zu betrachten: Oktober/November 2012 wieder in *China*, bin ich auf Schritt und Tritt mit dem Problem von Überbevölkerung und Überalterung konfrontiert. Da frage ich mich immer wieder, wie man denn in diesem Volk von 1,2 Milliarden Menschen mit den zunehmenden Millionen von todkranken und dementen Menschen zurechtkommen soll, vor allem in den ständig anschwellenden städtischen Agglomerationen, wo der traditionelle Familienzusammenhalt nicht mehr existiert. Und stellt sich dasselbe demografische Problem nicht auch in den anderen Kontinenten?

Natürlich kann ich verstehen, dass man in *Deutschland*, wo das verbrecherische Nazisystem Tausende von Menschen als »lebensunwertes Leben« eingestuft und der Vernichtung anheimgegeben hat, beim Thema Sterbehilfe höchst zurückhaltend ist. Aber ich verstehe nicht, dass man gerade in einem solchen Land ins andere Extrem verfällt und die kriminell organisierte Massen- und Zwangstötung auf dieselbe Ebene stellt wie das Verlangen vieler leidender Menschen nach barmherziger Sterbehilfe. Und noch weniger verstehe ich, dass man gerade in einem Land mit dieser Vergangenheit sich gegenüber anderen Ländern (Niederlande, Belgien, Schweiz, einzelne amerikanische Bundesstaaten) moralisierend wieder einmal aufs hohe Ross setzt und gegen den selbst verschuldeten »Sterbetourismus« hetzt, gleichzeitig jedoch alle Ansätze zu einer konkreten gesetzlichen Lösung des Problems Sterbehilfe verhindert. Welche Scheinheiligkeit! Es sind jedoch nicht einfach »die Deutschen«, die eine echte Sterbehilfe ablehnen. Im August 2012 bejahten 77 Prozent der befragten Deutschen die Frage: »Sollte es Ärzten grundsätzlich erlaubt sein, Schwerstkranke beim Freitod zu unterstützen?« Nur 19 Prozent antworteten mit Nein. 69 Prozent sind für die freie Gewissensentscheidung der Ärzte.[10]

Selbstverständlich nehme ich die Argumente der Neinsager ernst und bejahe eine differenzierte Beurteilung. Der Leser mag hier vielleicht noch einmal meine obigen Abschnitte über Palliativmedizin und Hospizbewegung lesen oder noch besser im Buch Jens/Küng »Menschenwürdig sterben« meine in der erweiterten Auflage von 2009 hinzugefügten auf Detailfragen eingehenden Thesen konsultieren. Sie widerlegen selbsternannte »Lebensschützer«, die unbefugt über Leben und Sterben anderer befinden wollen. Es sind vor allem bestimmte Ärztefunktionäre, Parlamentarier bestimmter Parteien und natürlich katholische Amtsträger und deren Propagandisten, die meinen, über Zeitpunkt und Art des Sterbens anderer Menschen entscheiden zu können und zu dürfen. Über ihr eigenes Sterben mögen sie befinden, über das anderer Menschen nicht.

Und wo steht denn geschrieben, dass der Mensch für seine letzte Lebensphase die verantwortliche Verfügung verlöre? Nirgendwo liest man in der Bibel, dass der Mensch bis zum »verfügten Ende« durchhalten müsse oder dass die Reduktion des menschlichen Lebens auf ein biologisch-vegetatives Leben »verfügt« wäre und so die Rückgabe eines zerstörten Lebens unter unerträglichen Leiden »vorzeitig« wäre.

Ein *Recht* auf Weiterleben meint keineswegs in jedem Fall *Pflicht* zum Weiterleben. Gewiss, »Mit letzter Kraft voran«, so habe ich den Abschnitt über das Sterben EDWARD KENNEDYS überschrieben. Doch heißt dies nicht, dass ein Mensch in einer anderen Situation sein Leiden nicht abkürzen dürfe, wie dies die schwer kranke JACQUELINE KENNEDY, die Frau des Präsidenten, allem Anschein nach getan hat. Nach ihrem Tod erklärte ihr Sohn John, sie sei gestorben »in her own way and on her own terms – auf ihre Weise und zu ihren Bedingungen«.

Man sollte die Augen nicht vor den Tatsachen verschließen: *Suizide* sind auch in Deutschland kein Randphänomen. Für das Jahr 2010 zählte das Statistische Bundesamt rund 10.000 Selbsttötungen. Das sind ungefähr dreimal so viele Tote wie durch Verkehrsunfall. Die Dunkelziffer dürfte noch erheblich höher sein, da viele Suizide als Unfälle getarnt oder schlicht verschwiegen werden. In Europa begehen nach WHO-Zahlen pro Jahr mehr als 120.000 Menschen Suizid. Weltweit dürfte die Zahl der Selbsttötungen auf rund eine Million gestiegen sein. Suizid zählt jedenfalls zu den 20 häufigsten Todesarten. Und alle diese Menschen soll man in alle Zukunft ohne medizinische wie psychologische Hilfe und ohne geistlichen Trost lassen?

»Alles hat seine bestimmte Stunde, jedes Ding unter dem Himmel hat seine Zeit. Geboren werden hat seine Zeit und Sterben hat seine Zeit« (Kohelet 3,1 f.). Der Mensch hat ein Recht zu Sterben, wenn er keine Hoffnung mehr sieht auf ein nach seinem ureigenen Verständnis humanes Weiterleben; wenn sich der Sinn seines Lebens erfüllt hat und der Tod gewünscht wird. Er selber und nicht ein anderer Mensch, eine andere Autorität oder Organisation hat darüber zu entscheiden.

Leider haben die *Kirchen* auch hier die Chance verpasst, der rasch zunehmenden Zahl von Sterbewilligen zu helfen. Viele nutzlose Mahnungen und theologische Ausflüchte von Kirchenmännern (selten Frauen). Man möchte hoffen, dass die Kirchen nicht für das Ende des Lebens ähnliche Fehlhaltungen einnehmen wie ehemals für den Lebensbeginn (Empfängnisverhütung!) und dass sie sich besser früher als später dazu entschließen, den Sterbewilligen eine würdige Sterbebegleitung (besser als nur eine »Letzte Ölung« oder Krankensalbung) anzubieten.

Was mich betrifft: Die unbefriedigende Rechtslage in Deutschland, unter der so viele Menschen leiden, zwingt mich (und als Schweizer Staatsbürger mit doppeltem Wohnsitz ist es mir möglich), einer Sterbehilfe-Organisation in der Schweiz beizutreten. Damit darf ich freilich meine freundliche Bitte an diese Organisation verbinden, das bisher weithin vernachlässigte Motiv eines freiwilligen Sterbens aus einem (vernunftgemäßen, nicht vernunftwidrigen) Gottesvertrauen heraus zu beachten und es in gegebener Situation selber unvoreingenommen zur Sprache zu bringen. Doch was ist mit Sterben aus Gottesvertrauen konkret gemeint?

Wie ich sterben möchte

Früher sah ich den Tod von meinem Leben her, jetzt umgekehrt mein Leben vom Tod her. Ich weiß nicht, wann und wie ich sterben werde. Vielleicht werde ich plötzlich abberufen, und mir wird eine eigene Entscheidung erspart. Das wäre gut so. Aber für den Fall, dass ich selber über meinen Tod zu entscheiden habe, bitte ich darum, sich an meine Wunschvorstellung zu halten. Es soll nicht in einer eher tristen, trostlosen Atmosphäre geschehen (wie bisweilen in Fernsehberichten von Sterbehilfeorganisationen geschildert), vielmehr geistlich getröstet und begleitet – in meinem Haus in Tübingen oder in Sursee. Von meinen engsten Kollegen, Mitarbeiterinnen und Mitarbeitern möchte ich gern in menschenwürdiger Weise Abschied nehmen. Später kann dann in der zuständigen katholischen Kirche eine frohe Dankesfeier mit dem Schlusslied »Nun danket alle Gott« stattfinden und die Beisetzung im Tübinger Stadtfriedhof, wo ich schon vor vielen Jahren ein Grab an der Seite von Walter und Inge Jens ausgesucht habe. Die Feier im Haus möge unter der Leitung von Dr. theol. Stephan Schlensog abgehalten werden. Und ich biete im Folgenden einige *Meditationstexte* an, die man bei dieser Gelegenheit je nach Situation benützen kann:

»Voller Dankbarkeit für ein überreich beschenktes Leben und zugleich erfüllt von tiefer Sehnsucht, unendlicher Neugierde und unerschütterlicher Hoffnung trete ich diese meine letzte Reise an: heim zu meinem Gott, der mir ›alles in allem‹ (1 Kor 15,28) sein möge. Wenn ich nun die äußeren Beziehungen abbreche, dann gehe ich, so hoffe ich, nach innen in eine neue, uns verborgene Beziehung ein: ›Vita mutatur, non tollitur – das Leben wird verändert, nicht genommen‹. Ich glaube nicht an ein willkürliches Eingreifen Gottes gegen die Gesetze der Natur. Ich glaube an ein Auffangen durch den gnädigen Gott, wo die Natur aufgrund ihrer eigenen Gesetze an ein Ende gekommen ist. Kein Enden also, erst recht kein Verenden, sondern ein Vollenden.

Als endliche Person gehe ich so ein ins Unendliche. Gehe einen letzten, entscheidenden, ganz anderen Gang, nicht ins Weltall, auch nicht über dieses hinaus, sondern hinein in das Innerste der Wirklichkeit. Einen Bereich jenseits der Empirie, wo sich jenseits des subatomaren Bereichs jene Dimension Unendlich auftut, die sich erst jetzt als die wirklichste Wirklichkeit erweisen wird. Nicht mit Begriffen ist sie zu erfassen, nur mit Bildern ist sie zu umschreiben: das Herz der Welt, ihr ewiger Urgrund, Urhalt und Urziel. Des Menschen unvergängliche Heimat, aus der ich komme und in die ich gehe. Dann erst erkenne ich, was die ›transzendente Wirklichkeit‹ wirklich ist. Lasst uns deshalb das Zeugnis des Apostels Paulus hören:

›Einst war ich ein Kind.
Ich sprach wie ein Kind.
Ich dachte wie ein Kind,
ich machte kindliche Pläne.
Als ich erwachsen war, legte ich die Kindheit ab.
Heute ahne ich Gott, wie mein eigenes Gesicht
im kupfernen Spiegel, fremd und rätselvoll.
Morgen schaue ich ihn, nahe und klar,
von Angesicht zu Angesicht.
Heute ist Stückwerk, was ich verstehe,
dann aber werde ich erkennen,
wie Gott mich erkennt.‹ (1 Kor 13)

Als glaubender Christ inspiriert mich die Botschaft von der Auferweckung Jesu Christi; sie hat ungezählten Menschen im Leben und Sterben

Hoffnung auf ihr eigenes ewiges Leben gemacht. Aber heute wird sie von vielen Menschen nicht mehr verstanden; kleidete sie sich doch schon im Lauf der ersten Jahrzehnte in viele Legenden und Ausdeutungen, mit Unstimmigkeiten und Widersprüchlichkeiten. Doch sagt mir die Osterbotschaft in ihren so verschiedenen Varianten schlicht das eine: Jesus ist nicht ins Nichts hinein gestorben, sondern ist im Tod und aus dem Tod in jene *unfassbare und umfassende letzte Wirklichkeit hineingestorben*, von ihr aufgenommen worden, die wir mit dem Namen *Gott* bezeichnen. In Gott hinein ist Jesus gestorben, zu Gott, den er seinen und unseren Vater nannte, ist er gelangt. Eingegangen in jenen geistigen Bereich, der alle Vorstellungen übersteigt, den keines Menschen Auge je gesehen hat, meinem Zugreifen und Begreifen, Reflektieren und Phantasieren entzogen!

Deshalb weiß ich als glaubender Christ: Wo ich mein Eschaton, das Allerletzte meines Lebens erreiche, da erwartet mich nicht das Nichts, sondern jenes Alles, das Gott ist. Tod ist Durchgang zur eigentlichen Heimat, ist Einkehr in Gottes Verborgenheit und des Menschen Herrlichkeit. Dass mit dem Tod *alles* aus sei, kann eigentlich nur ein Gottloser sagen. Für mich ist Glaube an mein ewiges Leben die Konsequenz aus dem Glauben an den ewigen Gott. Und zugleich ist dies für mich die Antwort auf die Frage der *Gerechtigkeit*: Ich kann und will mich nicht damit abfinden, dass ungezählte Menschen, die kein so gutes Leben führen konnten wie ich, keine Erfüllung finden sollen, dass die Unterdrückten und Geknechteten nicht schließlich doch zu ihrem Recht kommen und dass die Ausbeuter und Mörder für immer über die Ausgebeuteten und Ermordeten triumphieren. Nein, mich erfüllt die Hoffnung, dass Gott, nach den Worten des Propheten Jesaja und der Apokalypse, ihnen jede Träne von den Augen abwischt und der Tod nicht mehr sein wird: kein Leid, kein Geschrei und keine Mühsal mehr.

Gerade in einer Stunde der Trauer und des Abschieds, die wir in Dankbarkeit feiern, dürfen wir neu Vertrauen fassen und daraus Kraft schöpfen, um auch die Zukunft, unsere je eigene Zukunft, zu bestehen und nicht allzu viel Angst vor dem Tod zu haben. Dankbar für alles, was der Sterbende für uns war und uns bedeutet. Zugleich verzeihend all das, wo er gefehlt und verletzt hat. Und schließlich hoffend auf den Frieden, der alle Vernunft übersteigt, auf die Freude, das Glück, die Seligkeit, die auch uns bereitet ist.«

Dies alles schreibe ich im klaren Bewusstsein: Sollte ich mich doch getäuscht haben und ich nicht in Gottes ewiges Leben, sondern in ein Nichts hineinsterben, dann habe ich jedenfalls ein besseres und sinnvolleres Leben geführt als ohne diese Hoffnung.

Am ehesten lässt sich diese Hoffnung in Musik ausdrücken. Ich wünsche mir Bachs »Jesus bleibet meine Freude«, gespielt vom genialen 33-jährigen, aber todkranken rumänischen Pianisten DINU LIPATTI als Zugabe zu seinem letzten öffentlichen Auftritt 1950 in Besançon. Und dann mögen alle gemeinsam das Gebet um die »Erlösung von allem Bösen« beten, wie Jesus uns zu Gott beten gelehrt hat: *»Vater unser«.*

Mein Sterbegebet habe ich vom Einsiedler und Friedensstifter NIKLAUS VON FLÜE, dem Patron der Schweiz, übernommen und immer wieder gebetet:

»Mein Herr und mein Gott, nimm alles von mir,
was mich hindert zu Dir.
Mein Herr und mein Gott, gib alles mir,
was mich führet zu Dir.
Mein Herr und mein Gott, nimm mich mir
und gib mich ganz zu eigen Dir.«

Am Schluss möge das Adagio aus Mozarts letztem großen Orchesterwerk, dem Klarinettenkonzert KV 622, erklingen, das für mich schon immer »Spuren der Transzendenz« aufwies. Dann möge mir der Segen zugesprochen werden: »Der Herr segne dich und behüte dich; der Herr lasse sein Angesicht leuchten über dir und sei dir gnädig; der Herr hebe sein Angesicht über dich und gebe dir Frieden« (Numeri 6,24–26). Schließlich soll nach dem zweiten Satz Mozarts auch noch der lebensfrohe dritte, Rondo/Allegro, erklingen zum Zeichen dafür, dass für alle Zurückbleibenden das Leben weitergeht. – Aber noch ist es nicht so weit.

Zu allem bereit

Ich bin kein Fatalist, glaube nicht an das Fatum, das blinde Schicksal, das Verhängnis, sondern an Gott, an Gottes und mein ewiges Leben. Und ich halte mir so alle Optionen offen, wirklich alle. Ich bleibe mir bewusst, dass mir jederzeit völlig Unerwartetes zustoßen kann: Böses, aber vielleicht auch Gutes. Ich bin im Wartestand.

Auf meiner letzten Reise nach China vom 26. Oktober bis 3. November 2012 überrascht mich ein Angebot völlig. Es ist nach meinem Eröffnungsvortrag zum großen Beijing Forum am 2. November. Nach dem Mittagsbankett ist noch ein Gespräch mit dem Chairman des University Council, Professor ZHU SHANLU, angesagt, zugleich der mächtige für die

Universität zuständige Parteisekretär. Er holt weit aus in seiner Beschreibung der Bedeutung der Peking-Universität, die noch weiter ausgebaut werden müsse: Die Stadt Peking hatte ihm schon einen Bauplatz für eine Art Dorf für Akademiker zur Verfügung gestellt. Und Zhu Shanlu bietet mir nun eine hochrangige *Ehrenprofessur* an, die mir in der Universität nicht zuletzt im Bezug auf das Weltethos-Institut einen erheblichen Einfluss sichern würde. Zum Angebot gehört auch ein neues Haus, das mir zur Verfügung stünde, wenn ich einen Teil des Jahres in Peking verbringen würde. Jetzt am Beginn einer neuen Periode der Volksrepublik China zweifellos eine sehr reizvolle Aufgabe; denn es ist zu erwarten, dass die im November 2012 neu gewählte Führungsriege, die 1989 zum Teil Sympathie für die Demokratiebewegung zeigte, sich doch mit der Zeit als aufgeklärter erweisen dürfte als ihre Vorgänger. Da ließen sich besser ethische Perspektiven ins Spiel bringen.

Ja, wenn ich zehn Jahre jünger wäre … Und hätte ich nicht, abgesehen von allen anderen Mühen, großes Heimweh nach Tübingen und Sursee und meinen Lieben? Dem Weltethos-Institut in Peking bleibe ich natürlich verbunden. Und ich hoffe, dass das im »Agreement« (28. 10. 2012) von den verantwortlichen Akteuren (Universität Tübingen, Peking-Universität, Stiftung Weltethos, Sponsoren) vereinbarte Konzept auch eingehalten wird. Aber dafür hat jetzt mein Nachfolger zu sorgen.

Eine interessante Alternative wäre freilich jenes Konzept, das ich schon früher mit Stephan Schlensog angedacht habe und das vor dem Hintergrund des Angebots aus Peking neue Aktualität bekommt: Es ließe sich ohne allzu großen Aufwand ein *Internet-Portal* für mich einrichten, das mir ohne viele Schreibereien ermöglichen würde, auf alle möglichen Fragen der Kirchenreform, des interreligiösen Dialogs, aber auch des Weltethos, der Weltpolitik und der Weltwirtschaft in Videoclips Stellung zu beziehen. Ich müsste dafür also keine Reisen machen und wäre an kein festes Programm und keinen genauen Zeitplan gebunden. Alles könnte nach meinem Gutdünken gestaltet werden, sozusagen von meinem Wohnzimmer aus. Von Fall zu Fall könnte ich Antwort geben auf drängende Fragen unserer Zeit.

Aber: da müsste ich, auf die 90 zugehend, mich bemühen, mich weiterhin so intensiv und umfassend über das Weltgeschehen auf dem Laufenden zu halten wie bisher. Und dies lässt meine gesundheitliche Situation kaum zu. Freilich werde ich auch weiterhin zu aktuellen Fragen Stellung nehmen können.

Ich lebe auf Abruf: bin bereit, noch eine Weile weiterzuleben, weiterzuarbeiten, aber bin auch bereit, jederzeit Abschied zu nehmen. Es war mir ein in jeder Hinsicht reiches Leben geschenkt. Ich bin nicht »lebensmüde«, doch *»lebenssatt«*. Im Hebräischen sind zwei Wörter zu »lebenssatt« zusammengefügt: »betagt« und »gesättigt«. »Lebenssatt«, so ist nach der Bibel Abraham gestorben (Gen 25,8) sowie König David (1 Chr 23,1; 29,28), aber auch Hiob.

Und so frage ich mich: Habe ich denn nicht genug gelebt, gearbeitet, gefochten und erlitten? Mein Werk hat sich gerundet, ich möchte kein weiteres Buch schreiben, größere Reisen vermeiden. Habe ich doch praktisch die ganze Welt kennengelernt. Im Sommer 2012 hat es mir meine kleine Großnichte Anouk im Seehaus vor Augen geführt: In aller Stille hat sie die bunten Nädelchen gezählt, die auf meiner Weltkarte im Treppenaufgang meine Reisestationen und Wirkstätten markieren. Zu unser aller Erstaunen kam das Kind dabei auf die überprüfte Zahl 344!

Doch jetzt nehme ich die Vorboten des Todes ernst. Ich fühle mich dem Apostel Paulus in seinem letzten erhaltenen Schreiben an seine Lieblingsgemeinde in Philippi verbunden: Er fühlt sich »nach zwei Seiten gezogen«: »aufzubrechen«, »das wäre ja auch weit besser«, oder »am Leben zu bleiben«, »das wäre nötiger – um Euretwillen« (vgl. Phil 1,21–25).

Ich kapituliere nicht vor Krankheit und Gebrechlichkeit, kämpfe vielmehr gegen sie an, mit Medikamenten, physischen Übungen, geistigen Anstrengungen. Ich lasse mich nicht gehen, gehe selber den Weg, den ich für mich als richtig erkenne. Vielleicht stellt sich mir auf diesem Weg noch eine allerletzte Aufgabe, falls mir die Kraft dazu geschenkt wird. Wer weiß?

Epilog

Ja, niemand weiß, was uns der morgige Tag bringen wird, dies habe ich gerade gegen Ende dieser Erinnerungen wieder erfahren. Meine letzten Abschnitte über Altwerden und Sterben hatte ich im Wesentlichen im Sommer/Herbst 2012 niedergeschrieben. Im Frühling/Sommer 2013 hat sich jedoch Entscheidendes verändert, was mein »Aufbrechen« hinausschiebt. Nun gehöre ich ja sicher nicht zu jenen Lebenskünstlern, die unaufschiebbare Angelegenheiten so lange aufschieben, bis sie sich von selber erledigt haben. »Quod differtur non aufertur«, später auf Deutsch sprichwörtlich »Aufgeschoben ist nicht aufgehoben« – dies gilt im Fall meines Sterbens mit tödlicher Absolutheit. Doch ich wurde 2012 mit zwei Herausforderungen konfrontiert, mit denen ich in der Tat nicht gerechnet hatte, die erneut meinen ganzen Einsatz abfordern, aber in mir auch neue Lebensgeister wecken. Sie betreffen die Zukunft der Stiftung Weltethos und – noch viel weitreichender – die Zukunft der katholischen Kirche.

Ein neuer Stiftungspräsident

Die erste Herausforderung ist rasch erzählt. In der Gewissheit, mit Altbundespräsident Horst Köhler einen idealen Nachfolger für das Präsidentenamt der Stiftung Weltethos gefunden zu haben, verabschiede ich Ende Dezember 2012 mein Mitarbeiterteam in die Weihnachtsferien. Der Weihnachtsfriede hält indes nicht lange. Denn schon Anfang Januar lässt uns Horst Köhler völlig unerwartet wissen, dass ihm aus persönlichen Gründen, anderen Verwicklungen und angesichts internationaler Verpflichtungen, die er eingegangen sei, bewusst geworden sei, dass die Übernahme der Präsidentschaft der Stiftung in der gegebenen Situation einen Einsatz in einem Maße erfordere, das zu erbringen er sich nach reiflicher Überlegung nicht imstande sehe. Dies habe ihn schließlich dazu bewogen, dass er von seiner früheren Zusage, die Präsidentschaft der Stiftung Weltethos zu übernehmen, jetzt leider Abstand nehmen müsse. Er bedauere dies sehr, bleibe aber unserer Stiftung als Mitglied des Kuratoriums verbunden, wo er sich auch in Zukunft aktiv für das Weltethos einsetzen möchte.

Dies war, wenn auch verständlich, natürlich eine große Enttäuschung! Nun war guter Rat teuer, zumal die Amtsübergabe für den 19. März 2013, meinen 85. Geburtstag, fest vorgesehen war. Nach Wochen intensiver Beratung und Diskussion auch im Stiftungsvorstand gelang es schließlich, EBERHARD STILZ, Präsident des Staatsgerichtshofs von Baden-Württemberg, für die Übernahme der Präsidentschaft der Stiftung Weltethos zu gewinnen. Als scharfsinniger Jurist und langjähriger Oberlandesgerichtspräsident mit besten Kontakten in Politik, Wirtschaft und Gesellschaft war er die ideale Besetzung für dieses Amt. Dank seines außerordentlichen Verhandlungsgeschicks sollte er sich schon bald mit seinem Einsatz für die Zukunftssicherung der Stiftung zum ersten Mal bewähren.

So kann denn wie vorgesehen die festliche Amtsübergabe am 22. April 2013 im großen Hörsaal der Universität stattfinden. Motto: »Kontinuität im Wandel«. Das David Orlowsky Trio reißt mit seiner Klezmer-Musik von Anfang an zu begeistertem Beifall hin. Der Rektor der Universität, BERND ENGLER, begrüßt in gewohnt charmanter Weise die zahlreich erschienene Prominenz und das ganze Auditorium. Dann halte ich meine Abschiedsrede »Das Projekt Weltethos – Erreichtes und Erhofftes«. Unter dem Titel »Mein Weltethos-Vermächtnis« ist sie weiter unten nachzulesen. Anschließend erfahre ich eine besondere Freude: Meine Schüler, Kollegen und Freunde HERMANN HÄRING und STEPHAN SCHLENSOG überreichen mir den schönen Band meiner »Kerngedanken«, die sie unter dem Titel »Was bleibt« beim Piper Verlag anlässlich meines 85. Geburtstages herausgegeben haben. Danach spricht der neue Präsident der Stiftung Weltethos/Schweiz, Prof. WALTER KIRCHSCHLÄGER, ein inhaltlich und sprachlich ausgefeiltes, engagiertes Grußwort. Schließlich hält der neue Präsident der Stiftung Weltethos, EBERHARD STILZ, seine Antrittsrede. Er versteht es, in sympathischer, verständlicher und überzeugender Weise darzulegen, »Weshalb mir die Stiftung Weltethos so wichtig ist«. Am Ende kann er gleich seine erste Amtshandlung durchführen. Die Fernsehredakteurin UTE-BEATRIX GIEBEL vom SWR Mainz erhält die von Inka Klinckhard entworfene eindrucksvolle Ehrenmedaille der Stiftung Weltethos in Bronze. Sie hatte ein spannendes, facettenreiches Fernsehporträit gestaltet: »Hans Küng – Provokateur und Friedensstifter«, das einfühlsam und informativ die Entwicklung meiner Person und der Weltethos-Idee nachzeichnet.

Viel weitreichender indes als die Frage nach der Zukunft der Stiftung Weltethos ist die Frage nach der Zukunft der katholischen Kirche, für die sich ebenfalls Unerwartetes entwickelte, das meinen ganzen persönlichen Einsatz forderte.

Unerwarteter Papstrücktritt

Schon vor dem Beginn des Zweiten Vatikanischen Konzils hatte ich anhand der kirchenrechtlichen Literatur die fünf Fälle behandelt, nach denen der Papst sein Amt beziehungsweise seine Leitungsvollmacht verliert (vgl. »Strukturen der Kirche«, 1962, Kap. VII, 3: Der Konfliktfall zwischen Papst und Kirche): Tod, Verzicht, Geisteskrankheit, Häresie und Schisma. Zum *Verzicht* führte ich damals aus: Wie der Papst durch freie Annahme der Wahl sein Amt erlangt, so verliert er es auch durch freie und öffentlich erklärte Demission. Die Kirchenrechtler beziehen sich vor allem auf den von COELESTIN V. verfochtenen und von seinem Nachfolger BONIFAZ VIII. in seine Gesetzessammlung aufgenommenen Rechtssatz: »Romanum Pontificem posse libere resignare« (»Der römische Pontifex kann frei zurücktreten«).

Daraus folgerte ich: Es gibt außerordentliche Situationen in der Kirchengeschichte, in denen ein Papst nicht nur resignieren darf, sondern sogar muss: »propter necessitatem vel utilitatem Ecclesiae universalis, propter pacem et concordiam in Ecclesia«, »wegen der Notwendigkeit oder Nützlichkeit für die universale Kirche, wegen Frieden und Eintracht in der Kirche«.[1] Die moralische Verpflichtung ergibt sich für mich aus der grundlegenden Struktur des Petrusamtes: Das Petrusamt ist nicht da, um über die Kirche absolutistisch zu herrschen, sondern um der Kirche und ihrer Einheit zu dienen. Sieht ein Papst, dass er – verschuldet oder unverschuldet – in einer bestimmten Notsituation diese grundlegende Funktion des Petrusamtes nicht mehr zu erfüllen vermag, so ist er moralisch verpflichtet, um der Kirche, ihrer Einheit und ihres Friedens willen und auch um der glaubwürdigen Darstellung des Petrusamtes selbst willen, auf sein Amt zu verzichten und einem anderen Papst freiwillig Platz zu machen, der die grundlegende Funktion des Petrusamtes wahrnehmen kann. So weit die klassische Rechtslage. Aber von diesem Recht auf freien

Rücktritt hatte bisher nur ein Papst, der genannte Coelestin V., Gebrauch gemacht: im Jahr 1294. Das war vor über 700 Jahren.

Dass Joseph Ratzinger zu einem Verzicht auf das Amt fähig wäre, habe ich persönlich nie bezweifelt. Er ist ein Mann von großem Pflichtbewusstsein und Verantwortungsgefühl. Er hat auch auf diesen Fall schon früher in einem Gespräch mit einem Journalisten angespielt. Aber völlig überrascht hat auch mich der Zeitpunkt der *Rücktrittserklärung:* am 11. Februar 2013 – ausgerechnet am deutschen Rosenmontag, was viele bei uns deshalb zunächst als einen Faschingsscherz auffassen! Aber Ratzinger begründet seinen Rücktritt ernsthaft mit seinen abnehmenden Kräften, die es ihm nicht mehr gestatten würden, diese Verantwortung zu tragen.

Ich kann mich nur zu gut in seine Situation hineinfühlen: Er stand, wie berichtet, unter zunehmender Kritik wegen seines »Pleiten-, Pech- und Pannenpontifikats«. Unter zunehmender Belastung leidet er wegen der sich ständig noch ausbreitenden Missbrauchsskandale, zu deren Vertuschung er als Kardinal mit seinem Brief an die Bischöfe (Mai 2001) gesorgt hatte. Dazu kommt 2012 die »Vatileaks«-Affäre, welche die Kurie als einen Platz der Machtkämpfe, Intrigen und Sexskandale zeigt. Parallel zum öffentlichen Prozess im Vatikan gegen den Kammerdiener Paolo Gabriele, der vertrauliche Dokumente vom päpstlichen Schreibtisch entwendet und herausgegeben hatte, gab Papst Benedikt zur Aufdeckung der Hintergründe und Hintermänner drei Kardinälen den Auftrag, für ihn einen *Geheimbericht* auszuarbeiten, der ihm offensichtlich noch vor Weihnachten 2012 vorgelegt worden war. Dieser Bericht ist bisher nicht veröffentlicht, doch ist anzunehmen, dass der Papst bei seiner Lektüre in Abgründe sehen musste. Jedenfalls habe ich volles Verständnis dafür, dass er unter diesen Umständen nicht mehr mit all diesen Leuten zusammenarbeiten will und kann und daher seinen Rücktritt schon für den 28. Februar 2013 bekannt gibt. Er kann sich dabei auf Kanon 332, § 2 des revidierten Kirchenrechts berufen, wo es heißt: »Falls der Papst auf sein Amt verzichten sollte, ist zur Gültigkeit verlangt, dass der Verzicht frei geschieht und hinreichend kundgemacht, nicht jedoch, dass er von irgendwem angenommen wird.«

So habe ich dem mutigen Entschluss von Joseph Ratzinger in aller Öffentlichkeit volle *Anerkennung* gezollt. Mir scheint es lobenswert, dass er nicht dem Beispiel seines Vorgängers Karol Wojtyła gefolgt ist, der sein Leiden und Sterben öffentlich, sogar für die Medien, zelebriert hatte, aber zumindest die letzten Monate völlig unfähig war, sein Amt noch auszuüben; faktisch hatte viele Dinge im Vatikan sein polnischer Privatsekretär Stanisław Dziwisz entschieden.

Jetzt aber wird deutlich, dass durch den Rücktritt eine *Entmystifizierung des Papstamtes* in Gang gesetzt wird, deren Auswirkungen noch nicht abzusehen sind. Wiederholt habe ich ja darauf hingewiesen, dass der Papst ohnehin anders als ein Bischof oder Priester keine besondere Weihe empfängt, sondern durch Wahl einen speziellen Auftrag wahrnimmt, den er selbstverständlich auch zurückgeben kann.

Bedenklich erscheint mir freilich, dass Joseph Ratzinger als »Papa emeritus« sich nicht in seine bayerische Heimat oder an einen schönen Ort in Italien zurückzieht, sondern künftig mitten im Machtzentrum Vatikan, unmittelbar neben dem Apostolischen Palast, Residenz nimmt. Und dies nicht in einem Kloster, wie man fälschlicherweise verbreitet, sondern in einem zu einer hübschen vielräumigen Residenz ausgebauten ehemaligen Kloster, wo er sich wie bisher von vier Schwestern eines italienischen Laienordens betreuen lässt und wo ihm vor allem auch sein bisheriger Sekretär GEORG GÄNSWEIN zur Verfügung steht. Ob das klug ist und bei Streitfragen nicht zu Polarisierungen in Kurie und Kirche führt, wird die Zukunft zeigen.

Jedenfalls warne ich in einem »Spiegel«-Gespräch vor einem *Schattenpapst*, der zwar abgedankt hat, aber indirekt weiter Einfluss nehmen kann und will. Dass er vorher noch rechtzeitig seinen Sekretär, zum Unwillen vieler Kurialen, zum Erzbischof geweiht und ihn zu guter Letzt sogar noch zum Präfekten des Apostolischen Palastes mit weitreichenden Vollmachten ernannt hat, finde ich für die Zukunft beunruhigend. Dies erscheint auch in der Kurie manchen als Nepotismus neuer Art. Der emeritierte Papst will ja auch mit den Kardinälen und mit seinem Nachfolger Kontakt halten. Doch kein Pfarrer hat es gern, wenn der Vorgänger gleich neben dem Pfarrhaus wohnt und alles beobachtet, was er macht. Und selbst für den Bischof von Rom kann es nicht angenehm sein, wenn sein Vorgänger ständig ein Auge auf ihn hat und sein Sekretär Gänswein als Präfekt des Päpstlichen Hauses mit dem neuen Papst im Apostolischen Palast sitzt.

Konklave und Wahl eines Überraschungskandidaten

Natürlich stellt die Rücktrittserklärung sofort die Frage nach dem neuen Papst und dem *Konklave* in den Mittelpunkt des Interesses. Dieses Kardinalskollegium scheint schlechte Voraussetzungen zu besitzen, um einen guten Nachfolger zu wählen. Fast alle seine Mitglieder sind von den Restaurationspäpsten Wojtyła und Ratzinger ernannt worden. Mir ist indes sofort klar, dass sich die Perspektive der Kardinäle mit dem Abtreten des alten Papstes ändern würde. Vor allem die auswärtigen Kardinäle denken in dieser Situation in erster Linie an ihre eigene Diözese und ihr eigenes Land und erinnern sich auch an manche missliebigen Erfahrungen mit der oft arroganten und ignoranten kurialen Verwaltung. Kurienkardinäle sind deshalb zumeist keine »Papabili«.

Diese Situation berechtigt mich trotzdem, auf einen *»Vatikanischen Frühling«* zu hoffen. Mit diesem Titel – allerdings mit Fragezeichen – überschreibe ich einen Artikel für die »New York Times«, der auch in »La Repubblica«, in »El País« und im holländischen »Handelsblad« übernommen wird. Papst Ratzinger trägt die Verantwortung dafür, dass die Zahl der Italiener im Kardinalskollegium auf die außerordentliche Zahl von 28 angeschwollen war. Die konkrete Frage ist, welcher Kandidat eine Zweidrittelmehrheit auf sich vereinen könnte. Ich meinerseits erwarte, dass jeder der in den Medien diskutierten Papabili zumindest ein Drittel gegen sich haben wird, da sie mir alle als ungeeignet erscheinen. Meine geheime Hoffnung ist, dass sich im Konklave selber eine Person profiliert, die sich als fähig erweisen wird, die tiefe Krise der Kirche zu erkennen und Wege zu ihrer Überwindung zu finden.

Die italienischen Kardinäle haben schlechte Karten wegen des schlechten Rufes der vorwiegend italienischen Kurie, und die Italienische Bischofskonferenz torpediert schließlich ihren eigenen Kandidaten, den Kardinal-Erzbischof von Mailand, ANGELO SCOLA, durch eine voreilige Gratulation zu seiner Wahl. Dies führt zu einer gemeinsamen Frontstellung der auswärtigen Kardinäle gegen Kurie und Italiener. Einer dieser Auswärtigen hält auf dem Arbeitstreffen der Kardinäle unmittelbar vor dem Konklave eine kurze programmatische Rede, die faktisch ein Gegenprogramm zum Kurs Papst Benedikts skizziert. Es ist ein gewisser Kardinal Bergoglio aus Buenos Aires, der schon im Konklave vor acht Jahren eine Anzahl Stimmen erhalten hat.

Und siehe da: Schon im fünften Wahlgang wird am 13. März 2013 ebendieser Erzbischof von Buenos Aires, Kardinal JORGE MARIO BERGOGLIO, als *erster Lateinamerikaner und erster Jesuit zum neuen Papst gewählt*! Zur Überraschung der ganzen Welt nimmt er den Namen FRANZISKUS an. Er präsentiert sich vom ersten Moment an als bescheidener Bischof von Rom, der auch in seiner äußeren Erscheinung, Kleidung, Gestik und Sprache eine wohltuende Schlichtheit und Menschlichkeit ausstrahlt.

Während der ganzen Dauer des Konklaves und besonders nach der Wahl werde ich von Medien aus aller Welt buchstäblich belagert und lasse folgende Pressemeldung verbreiten:

»Was soll der neue Papst tun? Die Gretchenfrage an den neuen Papst lautet: ›*Wie hältst Du's mit Reformen?*‹ Führt er endlich die Reformen in der Kirche durch, die sich über Jahrzehnte unter seinen Vorgängern angestaut haben? Oder soll es im Grunde so weitergehen wie bisher? Die Konsequenzen sind offenkundig:

– Wenn der Papst Reformen anpackt, findet er breite Zustimmung weit über die katholische Kirche hinaus.

– Wenn er aber weitermacht wie bisher, wird der Ruf ›Empört euch! Indignez-vous!‹ mehr und mehr auch in der katholischen Kirche erschallen und Reformen von unten provozieren, auch ohne Billigung durch die Hierarchie und oft sogar gegen die Vereitelungsversuche der Hierarchie.«

Für mich persönlich hat sich plötzlich eine völlig neue, erfreuliche Konstellation ergeben: Ich war von der Voraussetzung ausgegangen: »Küng geht – Papst Ratzinger bleibt«. Nun heißt es umgekehrt: »Küng geht – aber der Papst noch vor ihm!« Am 19. März 2013, meinem 85. Geburtstag und dem Rücktrittsdatum von meinen Ämtern, erfolgt bereits der Amtsantritt des neuen Papstes Franziskus. Das sei für mich »das schönste Geburtstagsgeschenk«, meint jetzt der belgische Journalist FREDDY DERWAHL, früher Verfasser einer ganz Ratzinger-freundlichen Doppelbiographie »Der mit dem Fahrrad und der mit dem Alfa kam«. Das Symbol einer großen Wandlung: Der damals mit dem Fahrrad kam, verlässt uns heute im Hubschrauber. Eine solche Wandlung erfordert mein Weg nicht: Ich bleibe mit Freude und Leidenschaft der Theologieprofessor, der ich schon immer war.

Doch hier ende die Parallelität der Lebenswege von Joseph Ratzinger und mir, schreibt mir GUIDO BAUMANN, ein kundiger Beobachter der Szene, im März 2013:

»Die auf die Vergangenheit bezogene Parallelität mag sonderbar sein; mit Blick auf die Zukunft wird es diese Parallelität, so meine prophetische Voraussage, aber nicht mehr geben. Denn, so meine Einschätzung, während in Ihren bald unzähligen Publikationen sehr sehr viele ›Chiffren‹ enthalten sind, also noch viel ›Unabgegoltenes‹, wie es ein anderer berühmter Tübinger Professor und Philosoph begrifflich neu fasste, Ernst Bloch, sind in den – neo-platonischen – Publikationen von Prof. Ratzinger bzw. Papst Benedikt XVI. nur noch nach rückwärts gerichtete nostalgische Aussagen, d. h. also schon längst Abgegoltenes enthalten. Anders gesagt: Ihre Zeit wird erst noch kommen, jene von Papst Benedikt XVI. bzw. Prof. Joseph Ratzinger ist meiner Meinung nach bereits endgültig vorbei.« Dazu mein Kommentar: Erleben werden wir es beide nicht, die Geschichte wird es zeigen.

Für mich ist jedenfalls die *Zeit des Abschieds* angebrochen, und ich versuche sie so gut wie möglich zu leben. Der Abschied von so vielem und so vielen. So vielen Menschen bin ich im Lauf meines langen Lebens begegnet, und in meinen drei Memoirenbänden wollte ich auch die Erinnerung an sie wachhalten. So vielen Menschen konnte ich mit meinen Werken helfen, und so viele möchte ich hier zum Schluss mit meinen drei Abschiedsreden ansprechen:

– zuerst die in Kirche und Christenheit: eine sozusagen »innenpolitische« Rede,
– dann die an den großen Zeitfragen, an Weltreligionen und Weltethos Interessierten: eine »außenpolitische« Rede,
– schließlich alle, die sich mit existentiellen Fragen des Menschseins, mit Leben und Sterben auseinandersetzen: eine sehr persönliche Rede.

In diesen Reden wird der Leser natürlich viele bereits geäußerte Gedanken – jetzt in programmatischem Kontext – wiederfinden.

Papst Franziskus – ein Paradoxon?

Im Rahmen der Verleihung des Herbert-Haag-Preises der Herbert-Haag-Stiftung »Für Freiheit in der Kirche« in Luzern am 14. April 2013, bei der ich auch vom Amt des Präsidenten der Herbert-Haag-Stiftung Abschied nehme, habe ich Gelegenheit, eingehend zum neuen Pontifikat und zur Lage der Kirche Stellung zu beziehen. Diese »innenpolitische« Abschiedsrede folgt hier im Wortlaut: [2]

Wer hätte das gedacht: Als ich mich schon früh entschloss, zu meinem 85. Geburtstag meine Ehrenämter niederzulegen, ging ich davon aus, dass mein durch die Jahrzehnte gehegter Traum, nochmals einen Umschwung in unserer Kirche wie unter Johannes XXIII. zu erleben, zu meinen Lebzeiten nicht mehr in Erfüllung gehen würde.

Und siehe da: Mein langjähriger theologischer Lebensbegleiter Joseph Ratzinger – wir sind jetzt beide 85 – trat plötzlich noch vor mir von seinem päpstlichen Amt zurück, und genau am 19. März 2013, seinem Namenstag und meinem Geburtstag, trat ein neuer Papst mit dem überraschenden Namen Franziskus sein Amt an.

Ob Jorge Mario Bergoglio sich überlegt hat, *weswegen bisher kein einziger Papst den Namen Franziskus zu wählen wagte*? Jedenfalls war sich der Argentinier bewusst, dass er mit dem Namen Franziskus an Franz von Assisi anknüpft, den weltberühmten Aussteiger des 13. Jahrhunderts, jenen ehedem lebenslustigen, mondänen Sohn eines reichen Textilkaufmanns aus Assisi, der mit 24 Jahren auf Familie, Reichtum und Karriere verzichtet und selbst seine prächtigen Kleider an den Vater zurückgibt.

Es ist erstaunlich, wie Papst Franziskus von der ersten Minute seiner Amtsführung an einen *neuen Stil* wählte: anders als sein Vorgänger keine Mitra mit Gold und Edelsteinen, keine purpurne, mit Hermelin eingesäumte Mozetta, keine eigens angefertigten roten Schuhe und Kopfbedeckungen, kein Prachtthron mit Tiara.

Erstaunlich auch, dass der neue Papst auf pathetische Gesten und hochgestochene Rhetorik bewusst verzichtet und in der *Sprache des Volkes* redet, wie sie auch Laienprediger, damals wie heute von Päpsten verboten, praktizieren können.

Erstaunlich schließlich, wie der neue Papst seine *Mitmenschlichkeit* betont: Er bittet um das Gebet des Volkes, bevor er es selber segnet; bezahlt wie jeder andere seine Hotelrechnung; realisiert Kollegialität mit den Kardinälen im Autobus, in der gemeinsamen Residenz, beim offiziellen Abschied, wäscht jungen Strafgefangenen, auch Frauen, sogar einer Muslimin, die Füße und küsst sie. Ein Papst, der sich als Mensch mit Bodenhaftung präsentiert.

Alles das hätte FRANZISKUS VON ASSISI gefreut und ist das Gegenteil von dem, was zu seiner Zeit Papst INNOZENZ III. (1198–1216) repräsentierte. Zu ihm war im Jahre 1209 Franz mit elf »Minderbrüdern« (»fratres minores«) nach Rom gereist, um ihm seine kurze, ausschließlich aus Bibelzitaten bestehende Regel vorzulegen und die päpstliche Approbation für seine Lebensweise »nach der Form des heiligen Evangeliums« in gelebter Armut und Laienpredigt zu erhalten. Innozenz III., Graf von Segni, mit nur 37 Jahren zum Papst gewählt, war ein geborener Herrscher: ein in Paris ausgebildeter Theologe, scharfsinniger Jurist, gewandter Redner, fähiger Administrator und raffinierter Diplomat. Nie hatte ein Papst vorher und nachher größere Macht als er. Die mit Gregor VII. im 11. Jahrhundert eingeleitete Revolution von oben (»Gregorianische Reform«) hatte in ihm ihr Ziel erreicht. Gegenüber dem Titel »Stellvertreter Petri« bevorzugte er den bis ins 12. Jahrhundert für jeden Bischof oder Priester gebrauchten Titel »Stellvertreter Christi« (Innozenz IV. machte dann daraus sogar »Stellvertreter Gottes«). Anders als im ersten Jahrtausend und niemals anerkannt in den apostolischen Kirchen des Ostens, geriert sich der Papst seither als absoluter Herrscher, Gesetzgeber und Richter der Christenheit – bis heute.

Doch der triumphale Pontifikat Innozenz' III. erwies sich nicht nur als Höhe-, sondern auch als Wendepunkt. Schon unter ihm zeigten sich die Verfallserscheinungen, die zum Teil bis in unsere Tage hinein Kennzeichen des römisch-kurialen Systems geblieben sind: Nepotismus und Verwandtenbegünstigung, Raffgier, Korruption und dubiose Finanzgeschäfte. Doch schon seit den 70er- und 80er-Jahren des 12. Jahrhunderts entwickelten sich mächtige nonkonformistische Buß- und Armutsbewegungen (Katharer, Waldenser). Aber Päpste und Bischöfe gingen freilich gegen diese bedrohlichen Strömungen mit Verboten der Laienpredigt, Verurteilung der »Ketzer«, Inquisition und sogar »Ketzer«-Kriegen vor.

Doch es war gerade Innozenz III., der bei aller Ausrottungspolitik gegen hartnäckige »Ketzer« (Katharer) doch versuchte, evangelisch-apostolische Armutsbewegungen in die Kirche zu integrieren. Auch Innozenz wusste ja um die dringend notwendigen Reformen der Kirche, für die er schließlich das glanzvolle Vierte Laterankonzil einberief. So gab er Franz von Assisi nach längerer Ermahnung die Erlaubnis zur Bußpredigt. Über das in der Regel geforderte Ideal der absoluten Armut möge er erst einmal im Gebet den Willen Gottes erforschen. Aufgrund eines Traumgesichts, in welchem ein kleiner, unscheinbarer Ordensmann die päpstliche Lateranbasilika vor dem Einsturz bewahrt – so wird berichtet –, habe der Papst schließlich die Regel des Franz von Assisi gebilligt. Er gab sie im Konsistorium den Kardinälen bekannt, ließ aber nichts Schriftliches fixieren.

Faktisch stellte und stellt Franz von Assisi *die Alternative zum römischen System* dar. Was wäre geschehen, wenn schon Innozenz und die Seinen das Evangelium wieder neu ernst genommen hätten? Auch wenn nicht wörtlich, sondern geistlich verstanden, so bedeuteten und bedeuten seine evangelischen Forderungen doch eine gewaltige Infragestellung des römischen Systems, dieses zentralistischen, juridisierten, politisierten und klerikalisierten Machtgefüges, das sich in Rom seit dem 11. Jahrhundert der Sache Christi bemächtigt hatte.

Innozenz III. wäre wohl der einzige Papst gewesen, der aufgrund außergewöhnlicher Qualitäten und Machtbefugnisse der Kirche mit einem Konzil einen grundsätzlich anderen Weg hätte weisen können; das hätte dem Papsttum im 14./15. Jahrhundert Aufspaltung und Exil und der Kirche im 16. Jahrhundert die protestantische Reform ersparen können. Freilich hätte dies dann schon im 13. Jahrhundert für die katholische Kirche einen Paradigmenwechsel zur Folge gehabt, jedoch einen, der die Kirche nicht gespalten, vielmehr erneuert und zugleich West- und Ostkirche wieder versöhnt hätte.

So bleiben denn die urchristlichen Kernanliegen des Franz von Assisi bis heute Fragen an die katholische Kirche und jetzt an einen Papst, der sich programmatisch Franziskus nennt: Paupertas (Armut), Humilitas (Demut) und Simplicitas (Schlichtheit). Dies erklärt wohl, warum bisher kein Papst den Namen Franziskus anzunehmen wagte: Zu hoch erschienen die Anforderungen.

Damit stellt sich aber die zweite Frage: *Was bedeutet es für einen Papst heute*, wenn er mutig den Namen Franziskus annimmt? Selbstverständlich darf auch die Person des Franz von Assisi, die ihre Einseitigkeiten, Exaltationen und Schwächen hat, nicht idealisiert werden. Er ist keine absolute Norm. Aber seine urchristlichen Anliegen müssen ernst genommen werden, auch wenn sie nicht buchstäblich umgesetzt werden müssen, sondern von Papst und Kirche in die heutige Zeit hineinübersetzt werden sollten.

(1) *Paupertas, Armut?* Kirche im Geist Innozenz' III. ist eine Kirche des Reichtums, des Protzes und Prunkes, der Raffgier und der Finanzskandale. Dagegen meint eine Kirche im Geist des Franziskus eine Kirche der transparenten Finanzpolitik und der genügsamen Anspruchslosigkeit. Eine Kirche, die sich vor allem um die Armen, Schwachen, Benachteiligten, Hilfsbedürftigen kümmert. Die nicht Reichtum und Kapital aufhäuft, sondern die Armut aktiv bekämpft und ihrem eigenen Personal vorbildliche Arbeitsbedingungen anbietet.

(2) *Humilitas, Demut?* Kirche im Geist von Papst Innozenz ist eine Kirche der Macht und der Herrschaft, der Bürokratie und der Diskriminierung, der Repression und Inquisition. Dagegen bedeutet eine Kirche im Geist des Franziskus eine Kirche der Menschenfreundlichkeit, des Dialogs, der Geschwisterlichkeit, der Gastlichkeit auch für Nonkonformisten, des unprätentiösen Dienstes ihrer Leiter und der sozialen Solidargemeinschaft, die neue religiöse Kräfte und Ideen nicht aus der Kirche ausschließt, sondern fruchtbar macht.

(3) *Simplicitas, Schlichtheit?* Kirche im Geist von Papst Innozenz ist eine Kirche dogmatischer Unbeweglichkeit, moralistischer Zensur und juristischer Absicherung, eine Kirche der alles regelnden Kanonistik, der alles wissenden Scholastik und der Angst. Dagegen besagt Kirche im Geist des Franz von Assisi eine Kirche der Frohbotschaft und der Freude, einer am schlichten Evangelium orientierten Theologie, die auf die Menschen hört, statt nur von oben herab zu indoktrinieren, eine nicht nur lehrende, sondern immer wieder neu lernende Kirche.

So lassen sich im Licht der Anliegen und Ansätze des Franz von Assisi grundsätzliche Optionen auch für eine katholische Kirche heute formulieren, deren Fassade bei großen römischen Manifestationen zwar glänzt, deren innere Struktur im Alltag der Gemeinden in vielen Ländern sich jedoch als morsch und brüchig erweist, weswegen viele Menschen sich von ihr innerlich und oft auch äußerlich verabschiedet haben.

Allerdings wird kein vernünftiger Mensch erwarten, dass alle Reformen von einem Mann über Nacht realisiert werden. Immerhin, in fünf Jahren wäre ein Paradigmenwechsel möglich: Dies zeigte im 11. Jahrhundert der Lothringer Papst Leo IX. (1049–54), der die Reform Gregors VII. vorbereitete. Und das zeigte im 20. Jahrhundert der Italiener Johannes XXIII. (1958–63), der das Zweite Vatikanische Konzil einberief. Heute müsste vor allem die Richtung wieder klar sein: nicht eine restaurative Rückentwicklung in vorkonziliare Zeiten wie unter dem polnischen und dem deutschen Papst, sondern überlegte, geplante und gut vermittelte Schritte der Reform auf der Linie des Zweiten Vatikanischen Konzils.

Eine dritte Frage stellt sich damals wie heute: *Wird eine Reform der Kirche nicht auf ernsthaften Widerstand stoßen?* Zweifellos wird der Papst damit mächtige Gegenkräfte vor allem im Machtbetrieb der römischen Kurie wecken, denen es standzuhalten gilt. Die vatikanischen Machthaber werden die seit dem Mittelalter angehäufte Macht kaum freiwillig aus den Händen geben.

Wie stark der kuriale Druck sein kann, musste auch Franz von Assisi erfahren. Er, der sich in Armut von allem lösen wollte, hängte sich je länger desto mehr an die »heilige Mutter Kirche«. Nicht in Konfrontation mit der Hierarchie, sondern in Gehorsam gegenüber Papst und Kurie wollte er die Konformität mit Jesus leben: in gelebter Armut und mit Laienpredigt. Er lässt sich und seine Gefährten sogar durch die Tonsur in den Klerikerstand erheben. Dies erleichtert zwar die Predigttätigkeit, fördert jedoch die Klerikalisierung der jungen Gemeinschaft, die immer mehr Priester umfasst. So ist es denn nicht erstaunlich, dass die franziskanische Gemeinschaft immer mehr ins römische System integriert wird. Des Franziskus letzte Jahre wurden verdüstert durch die Spannung zwischen dem ursprünglichen Ideal der Nachfolge Jesu und der Angleichung seiner Gemeinschaft an den bisherigen Typus klösterlichen Lebens.

Franziskus in Ehren: Am 3. Oktober 1226 stirbt er so arm, wie er gelebt hat, erst 44 Jahre alt. Schon zehn Jahre zuvor war Papst Innozenz III., ein Jahr nach dem Vierten Laterankonzil, völlig unerwartet im Alter von 56 Jahren gestorben. Am 16. Juli 1216 fand man die Leiche dessen, der Macht, Besitz und Reichtum des Heiligen Stuhls wie keiner vor ihm zu mehren wusste, in der Kathedrale von Perugia, von allen verlassen und völlig nackt, von seinen eigenen Dienern ausgeraubt. Ein Fanal für den Umschlag der päpstlichen Weltherrschaft in päpstliche Ohnmacht: am Anfang des 13. Jahrhunderts der glorreich regierende Innozenz III., am Ende des Jahrhunderts der größenwahnsinnige Bonifaz VIII. (1294–1303), erbärmlich gefangen genommen, worauf das rund 70 Jahre dauernde *Exil von Avignon* und das abendländische Schisma mit zwei und schließlich drei Päpsten folgten.

Keine zwei Jahrzehnte nach des Franziskus Tod scheint die in Italien sich rasch ausbreitende franziskanische Bewegung nahezu völlig von der römischen Kirche domestiziert, sodass sie bald der päpstlichen Politik als normaler Orden zu Diensten steht und sich sogar für die Inquisition einspannen lässt.

Wenn es also möglich war, dass Franz von Assisi und seine Gefährten im römischen System schließlich domestiziert werden konnten, so kann selbstverständlich auch nicht ausgeschlossen werden, dass ein PAPST FRANZISKUS schließlich im römischen System eingefangen wird, das er reformieren sollte. Papst Franziskus: *ein Paradoxon*? Ob sich Papst und Franz, offensichtliche Gegensätze, je versöhnen lassen werden? Nur durch einen evangelisch gesinnten Papst der Reformen. Unsere Hoffnung auf einen solchen Pastor angelicus sollten wir nicht zu früh aufgeben!

Schließlich eine vierte Frage: *Was tun, wenn uns die Hoffnung auf Reform von oben genommen wird?* Die Zeiten sind jedenfalls vorbei, wo Papst und Bischöfe noch einfach mit dem Gehorsam der Gläubigen rechnen können. Ebenfalls durch die Gregorianische Reform im 11. Jahrhundert wurde eine bestimmte *Gehorsamsmystik* in die katholische Kirche eingeführt: Gott gehorchen heiße der Kirche gehorchen, und das wiederum heiße dem Papst gehorchen, und umgekehrt. Seit dieser Zeit wurde der Gehorsam gegenüber dem Papst allen Christen als zentrale Tugend eingebläut; Befehl und Gehorsam zu erzwingen – mit welchen Mitteln auch immer! – wurde römischer Stil. Aber die mittelalterliche Gleichung »Gehorsam gegenüber Gott = gegenüber der Kirche = gegenüber dem Papst« widerspricht schon dem Wort der Apostel vor dem Hohen Rat zu Jerusalem: »Man muss Gott mehr gehorchen als den Menschen.«

Wir dürfen also keinesfalls in Resignation verfallen, sondern müssen angesichts mangelnder Reformimpulse »von oben«, von der Hierarchie her, entschieden *Reformen »von unten«, vom Volk her*, in Angriff nehmen. Wenn Papst Franziskus Reformen anpackt, wird er breite Zustimmung des Volkes weit über die katholische Kirche hinaus finden. Wenn er aber schließlich so weitermachen und den Reformstau nicht auflösen sollte, wird der Ruf »Empört euch! Indignez-vous!« mehr und mehr auch in der katholischen Kirche erschallen und Reformen von unten provozieren, die auch ohne Billigung durch die Hierarchie und oft sogar gegen die Vereitelungsversuche der Hierarchie realisiert werden. Im schlimmsten Fall – so schrieb ich schon vor dieser Papstwahl – wird die katholische

Kirche statt eines Frühlings eine neue Eiszeit erleben und Gefahr laufen, zu einer wenig relevanten Großsekte zu schrumpfen.

Doch *wie sollen denn Reformen »von unten« in die Wege geleitet werden?* Ich kann nichts Besseres raten, als was ich schon vor sage und schreibe 40 Jahren – wer denkt da nicht an Israels 40-jährigen Zug durch die Wüste! – der Erklärung »Wider die Resignation« von 33 prominenten Theologen 1972 auf den Weg gegeben hatte; zu diesen gehörten aus dem deutschen Sprachraum die Reformtheologen, an erster Stelle unser Stiftungsgründer HERBERT HAAG, aber auch ALFONS AUER, FRANZ BÖCKLE, NORBERT GREINACHER, OTTO KARRER, WALTER KASPER und JOHANN BAPTIST METZ. Ich wiederhole die fünf Parolen:

Parole 1: Schweiget nicht! Jedermann in der Kirche, ob im Amt oder nicht, ob Mann oder Frau, hat das Recht und oft die Pflicht, über Kirche und Kirchenleitung zu sagen, was er oder sie denkt und was er oder sie zu tun für nötig erachtet, also Vorschläge zur Verbesserung einzubringen (vgl. CIC Kanon 212 § 3).

Vertraut auf die *Macht des Wortes*! Drei tapfere junge Frauen haben in Moskau als Pussy Riot des Kremlchefs Putin autoritäres Regime vor aller Welt blamiert. Und der chinesische Künstler Ai Weiwei hat sich in Peking, weltweit beachtet, für Menschenrechte, Demokratie und Gerechtigkeit eingesetzt und dem ganzen totalitären Parteiapparat getrotzt.

Parole 2: Selber handeln! Nicht nur klagen und über Rom und die Bischöfe schimpfen, sondern selber aktiv werden.

Vertrauen wir auf die *Macht der Tat*. Gerade in der modernen Gesellschaft haben Einzelne wie Gruppen die Möglichkeit, das kirchliche Leben, besonders durch die neuen Medien und das Internet, positiv zu beeinflussen. Ob nicht vielleicht doch einmal nach dem Arabischen ein »Katholischer Frühling« kommen könnte?

Parole 3: Geht gemeinsam vor! Der Einzelne soll, wo immer möglich, mit der Unterstützung von anderen vorgehen: von Freunden, des Pfarrgemeinderates, des Priester- oder Pastoralrates und der katholischen Laienverbände, oder auch der freien Gruppierungen von Laien, der Reformbewegungen, der Priester- und Solidaritätsgruppen.

Vertraut auf die *Macht der Gemeinschaft*. Vor 40 Jahren habe ich den Satz formuliert, der erst im Jahr 2011 in Erfüllung gegangen ist: »Ein Pfarrer in der Diözese zählt nicht, fünf werden beachtet, fünfzig sind unbesiegbar.« Die mutige und nachhaltige Pfarrerinitiative in Österreich, an der Spitze unser Preisträger HELMUT SCHÜLLER, zählt bereits rund 500 Unterzeichner und hat den zuerst mit Exkommunikation drohenden Wiener Kardinal CHRISTOPH SCHÖNBORN zum Einlenken gebracht. Und die in der Schweiz eingeleitete Pfarreiinitiative zählt auch bereits fast 550 Unterschriften von Seelsorgern und Seelsorgerinnen. Ähnliche ermutigende Aufbrüche und Entwicklungen an der Kirchenbasis gibt es heute überall in der Welt. Es ist zu hoffen, dass sich diesen Bewegungen viele weitere Einzelne, Gruppen und vor allem Seelsorger anschließen.

Parole 4: Zwischenlösungen anstreben! Diskussionen allein helfen nicht, oft muss man zeigen, dass man es ernst meint. Und dies durchaus mit gutem Gewissen. Denn ein Druck auf die Autoritäten im Geist christlicher Brüderlichkeit kann dort legitim sein, wo Amtsträger ihrem Auftrag nicht entsprechen. Wer nicht hören will, muss fühlen.

Vertraut auf die *Macht des Widerstands*: Die Volkssprache in der gesamten katholischen Liturgie, die Änderung der Mischehenbestimmungen, die Bejahung von Toleranz, Demokratie, Menschenrechten – so vieles in der Kirchengeschichte ist nur durch den ständigen loyalen Druck von unten erreicht worden. Der weitverbreitete Ungehorsam der deutschen Pfarrgemeinden etwa gegenüber dem römischen Verbot von Ministrantinnen hat es deutlich gezeigt: Wo eine Maßnahme der kirchlichen Autorität ganz offensichtlich dem Evangelium nicht entspricht, können Ungehorsam und Widerstand erlaubt und sogar geboten sein. Gerade in der Kirche muss man »Gott mehr gehorchen als den Menschen« (Apg 5,29). Und warum, frage ich mich, soll man nicht zum Beispiel das Zölibatsgesetz wie für die mit Rom unierten Kirchen des Ostens so auch für den deutschen Sprachraum durch freiwillige Ehelosigkeit ersetzen und das Gesetz denen lassen, die es beibehalten wollen?

Parole 5: Nicht aufgeben! Bei der Rettung oder Erneuerung der Kirche, das wissen Sie, wirkt als die größte Versuchung, oft auch als bequemes Alibi, die Meinung, dass alles keinen Sinn habe, dass man doch nicht vorankomme, dass man sich besser verabschiede. Doch gerade in der gegenwärtigen Phase innerkirchlicher Restauration und Stagnation kommt es darauf an, in vertrauendem Glauben ruhig durchzuhalten und den langen Atem zu bewahren. Auch die politische »Restauration« im 19. Jahrhundert war nach drei Jahrzehnten vorbei.

Vertrauen wir auf die *Macht der Hoffnung*! Noch warten viele auf die Einsicht der Verantwortlichen. Doch hat die Aufarbeitung der Missbrauchsfälle auch bei vielen Bischöfen langsam einen Bewusstseinswandel in Gang gesetzt. Und sie sind nun auch grundsätzlicheren Infragestellungen ausgesetzt: etwa nach der Macht und ihrer Ausübung in der Kirche, nach ihrem rigiden Dogmatismus oder nach der Sexualität und ihrer Verdrängung.

Ich wünsche Ihnen allen von Herzen: Lassen Sie sich bei allen Enttäuschungen nicht entmutigen. Kämpfen Sie zäh, tapfer und ausdauernd weiter in vertrauendem Glauben und bewahren Sie angesichts aller Trägheit, Torheit und Resignation die Hoffnung auf eine Kirche, die wieder mehr aus dem Evangelium Jesu Christi lebt und handelt. Und vergessen Sie bei allem Zorn, Streit und Protest die Liebe nicht!

Mit diesem Appell hatte ich bereits am 18. Oktober 2012 meine Eröffnungsrede »Für eine Kirchenreform von unten« im selben Geist in der Frankfurter Paulskirche geschlossen. Dort waren in Erinnerung an die Eröffnung des Zweiten Vatikanischen Konzils vor 50 Jahren Reformgruppen aus dem ganzen deutschen Sprachraum mit internationalen Gästen zu einer mehrtägigen »Konziliaren Versammlung« zusammengekommen. Über 1000 Reformbegeisterte füllten bei der Eröffnungsveranstaltung den für die Demokratie in Deutschland so bedeutsamen Raum und gaben ihrer Sehnsucht nach mehr Demokratie in der Kirche auch an den folgenden Konferenztagen vielfältigen Ausdruck.

Ein Hoffnungssignal aus Rom

In den ersten zwei Monaten nach seiner Wahl habe ich bewusst noch keinen Kontakt mit Papst FRANZISKUS gesucht. Er braucht nun einmal Zeit, sich in sein vielfältiges, schwieriges Amt einzuleben. Doch nach einigen Wochen beruft er acht Kardinäle aus allen Kontinenten als engsten Beraterkreis für die Reform von Kirche und Kurie. Eine neue Form von kollegialer Kirchenleitung deutet sich damit an. Dies nehme ich zum Anlass, um am 13. Mai 2013 einen persönlichen Brief an Papst Franziskus zu schreiben, von einem guten spanischen Freund ins Spanische übersetzt. Ich begrüße zuerst die Wahl eines Südamerikaners und Jesuiten zum Papst und drücke meine Freude aus über den Stilwandel im Geist des heiligen Franz von Assisi, den er schon in den wenigen Wochen im neuen Amt durchgeführt hat. Auch finde ich es gut, dass er mit Personal- und Sachentscheidungen klug abwartet.

Doch dann mein Kernanliegen: »Um aus der gegenwärtigen Krise unserer Kirche herauszukommen, bedarf es zweifellos Überlegungen zu einigen Punkten besonders auch der Morallehre und vor allem grundlegender struktureller Reformen. Solche durchzusetzen wird sehr schwierig sein.« Dazu wünsche ich ihm »viel Weisheit, Mut und Ausdauer«.

Meinem Brief lege ich die obige Rede »Papst Franziskus – ein Paradoxon?« bei, die in der Madrider Tageszeitung »El País« am 10. 5. 2013 als Artikel erschienen ist. Dazu die spanische Ausgabe zweier meiner Bücher: »Was ich glaube« und »Ist die Kirche noch zu retten?«. Ich orientiere ihn darüber, dass ich diese Bücher auch an die acht Kardinäle schicken werde, je nachdem auf Englisch, Italienisch, Französisch, Spanisch oder Deutsch. Und schließe dann: »Wenn ich Ihnen noch einen Dienst leisten kann, den ich mit 85 Jahren zu leisten vermag, lassen Sie mich dies bitte wissen. Von Herzen wünsche ich Ihnen Gottes Segen für Ihre Riesenaufgabe.«

Natürlich bin ich sehr gespannt, ob eine Reaktion erfolgt und in welcher Weise. Zu meiner großen Überraschung erhalte ich wenig später einen an mich persönlich von Hand adressierten Brief mit dem ungewöhnlichen Absender: »F., Domus Sanctae Marthae …« Hinter »F.« verbirgt sich kein Geringerer als Papst Franziskus. Er schreibt mir aus seiner schlichten Residenz im Gästehaus des Vatikans Santa Marta, wo er schon als Kardinal während des Konklaves gewohnt hatte: eine Briefkarte auf Spanisch, vom Papst eigenhändig adressiert.

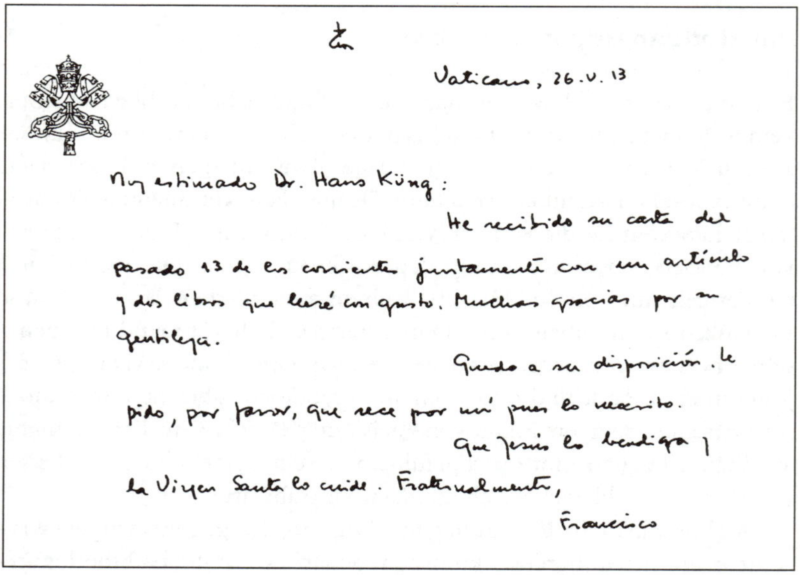

Vaticano, 26.V.13

Muy estimado Dr. Hans Küng:

He recibido su carta del pasado 13 de los corrientes juntamente con un artículo y dos libros que leeré con gusto. Muchas gracias por su gentileza.

Quedo a su disposición. Le pido, por favor, que rece por mí pues lo necesito.

Que Jesús lo bendiga y la Virgen Santa lo cuide. Fraternalmente,

Francisco

Auf Deutsch heißt dies:

Vatikan, 26. 5. 13

Sehr geehrter Dr. Hans Küng,

ich habe Ihren Brief vom 13. des Monats erhalten mit einem Artikel und zwei Büchern, die ich gerne (»con gusto«) lesen werde. Vielen Dank für Ihre Freundlichkeit.

Ich bleibe zu Ihrer Verfügung. Ich bitte Sie, beten Sie bitte für mich, denn ich habe es nötig.

Jesus möge Sie segnen und die Heilige Jungfrau Ihnen helfen.

Brüderlich,

Franziskus

Am meisten rührt mich die Unterschrift: ohne bischöfliches Kreuzlein vor dem Namen oder ein päpstliches PP nach dem Namen, ganz einfach und schlicht »Brüderlich, Franziskus«. Wahrhaftig kein päpstlicher, sondern ein brüderlicher Brief – ganz anders als alle bisherigen Papstbriefe, die ich erhalten habe. Für mich und für viele ist dies ein Hoffnungssignal.

Am 28. Juni 2013 danke ich dem Papst für die außerordentliche Freude, die er mir bereitet hat. Dieses Mal auf Deutsch, da er, wie ich gehört habe, sehr gut Deutsch versteht. Und weil sein Schreiben seine Person und sein Wollen so schön sichtbar macht, bitte ich ihn, dass ich seinen Brief in meinen Memoiren abdrucken darf.

Bei dieser Gelegenheit erzähle ich ihm noch von einer überraschenden positiven Erfahrung: »Ich habe bei der Revision meiner Erinnerungen meinen Offenen Brief an die Kardinäle vor dem Konklave 2005 wieder gelesen. Während mir bisher im Blick auf Ihren Vorgänger bittere Gedanken hochkamen, waren es diesmal Gefühle der Freude: Denn Sie entsprechen weithin den Kriterien, die ich damals für einen Papst der Zukunft aufgestellt habe. Gerne lege ich Ihnen den Text auf Deutsch und auf Italienisch bei. Daraus können Sie freilich auch ersehen, was an wichtigen Aufgaben tempore opportuno noch zu bewältigen wäre.«

Ich bin mir bewusst, dass dieser Brief auf eine spannungsgeladene Atmosphäre im Vatikan trifft. Denn in den selben Tagen wird ein hoher Prälat mit zwei Komplizen verhaftet, dem illegale Transaktionen in Millionenhöhe bei der Vatikanbank (IOR) vorgeworfen werden. Kurz darauf müssen der Generaldirektor der Bank und sein Vize zurücktreten. Papst Franziskus hatte schon vorher eine unabhängige Untersuchungskommission für die Vatikanbank eingesetzt. Viele Entscheidungen trifft er am kurialen Apparat vorbei. Alles Zeichen, dass der Papst den Worten Taten folgen lässt und offensichtlich zu echten Reformen entschlossen ist.

Mein Weltethos-Vermächtnis

Im Rahmen der Übergabe meiner Präsidentschaft der Stiftung Weltethos an EBERHARD STILZ, *den Präsidenten des Staatsgerichtshofs von Baden-Württemberg, halte ich am 22. April 2013 an der Universität Tübingen meine »außenpolitische« Abschiedsrede für die unmittelbare Gegenwart und die Zukunft. Auch diese folgt hier im Wortlaut:*[3]

Der Satz des Schriftstellers MARK TWAIN zu Beginn einer historischen Vorlesung, der mir am 1. Juni 1960 zur Einleitung meiner ersten Vorlesung an der Universität Tübingen diente, möge auch diese meine möglicherweise letzte eröffnen: »Alexander der Große ist gestorben, Julius Cäsar ist gestorben, Napoleon ist gestorben – ich lebe noch, aber mir ist auch nicht ganz wohl.«

Sie, lieber Herr Rektor, Professores, Commilitones, Auditores, Amici aus nah und fern, meine Damen und Herren. Sie werden sich darüber im klaren sein, dass dieser Satz seinen Sinn für mich im Lauf von 53 Jahren gründlich verändert hat. Das »Mir ist auch nicht ganz wohl« hat im Mund eines 32-Jährigen einen amüsanten Klang – im Munde eines 85-Jährigen jedoch, bei dem das Alter seinen Tribut an Physis und Psyche fordert, hat es einen deutlich ernsten Unterton.

Doch damit am heutigen Abend keine bekümmert-trübselige Abschiedsstimmung aufkommt, habe ich mir zur Auflockerung Klezmer-Musik osteuropäischer Juden gewünscht. Ursprünglich zum Tanz bestimmt, vermag sie Liebe und Leid, Klage und überschäumende Freude auszudrücken. Herzlichen Dank schon jetzt meinerseits an die fabelhaften Musiker des David Orlowsky Trios.

Aber es geht an einem Tag wie diesem gar nicht um meine seelische Befindlichkeit, sondern um die Sache, die uns bewegt. Doch glauben Sie ja nicht, dass ich mich um eine Rechenschaft herumdrücken will. Über mein privates, persönliches Leben schulde ich Rechenschaft, wie jeder Mensch, nur einer höheren Instanz. Aber als oft umstrittene öffentliche Person bin ich selber an *Rechenschaft über mein Leben* interessiert. Ein überreiches, buntes und zugleich konfliktreiches Leben, das biographisch einzufangen freilich außerordentlich schwierig ist. Ich habe meine Rechenschaft deshalb niedergeschrieben und darf Ihnen, liebe Freunde, die frohe Kunde geben: Der dritte Band meiner Erinnerungen wird am 1. Oktober im Buchhandel vorliegen: nach »Erkämpfte Freiheit« (2002) und fünf Jahre später »Umstrittene Wahrheit« (2007) jetzt, wieder gut fünf Jahre später, »Erlebte Menschlichkeit« (2013). In diesem dritten Band wird mein Leben seit dem Entzug der kirchlichen Lehrbefugnis 1980 erzählt, mit seinen Vorstößen und seinen Rückschlägen, seinen realisierten und seinen enttäuschten Hoffnungen, das Dauerproblem Kirchenreform ebenso wie mein Engagement für Gesellschaftsreformen und Weltfrieden, all die Reisen in die Welten des Judentums und des Islam, der Religionen Indiens, Chinas und Afrikas, das langsame Werden des Projekts Weltethos und schließlich ohne Scheu auch meine Probleme jetzt am Ende des Lebens.

Dieser dritte Band gibt mir auch Gelegenheit zu tun, was mir am Herzen liegt und was ich in dieser Stunde nicht gebührend tun kann: zu danken! *Danken* mit Namen oder auch namenlos all denen, die mich in den vergangenen fünf Jahrzehnten gestützt und begleitet, kritisch herausgefordert, ermutigt oder auch manchmal getröstet haben. Bei aller Liebe zu den Schwaben und Schwäbinnen habe ich mich mit einem schwäbischen Spruch nie anfreunden können: »Net schimpfe isch gnug globt.« Deshalb hier knapp in aller Form:

– Unendlich dankbar bin ich der *Universität Tübingen*, für mich persönlich die beste in der Welt, die mich über 50 Jahre getragen und ertragen hat. Dankbar meinen vielen kenntnisreichen und so oft hilfreichen Kolleginnen und Kollegen der verschiedenen Fakultäten, vielen geistig anregenden Studenten und Schülern in aller Welt.

– Nicht weniger dankbar aber bin ich auch der kleinen, aber feinen *Universitätsstadt Tübingen*, die mir in ihrer Verbindung von Tradition und Moderne, Natur und Kultur zur zweiten Heimat wurde und mich Gastarbeiter aus der Schweiz sogar zum Ehrenbürger erkor. Mit vielen ihrer Bewohner – Handwerkern, Kaufleuten, Beamten, Journalisten, bis hin zu Oberbürgermeistern – fühlte und fühle ich mich auch persönlich verbunden.

– Zutiefst dankbar bin ich natürlich *meinen Lieben* in meiner Familie, in meinem Haus, seit 1963 im Institut für Ökumenische Forschung und seit 1996 in der Stiftung Weltethos. Ohne deren ständige Hilfe, ja Zuneigung hätte ich psychisch wie physisch kaum überlebt, jedenfalls nicht dieses beinahe biblische Alter erreicht.

– Dankbar bin ich schließlich auch *meinen Gönnern*, von denen es drei wegen ihres hohen finanziellen Einsatzes verdienen, mit Namen genannt zu werden: In erster Linie Graf und Gräfin von der Groeben, die mir unmittelbar vor der Emeritierung 1995 mit einem großen Startkapital die Gründung der Stiftung Weltethos ermöglicht haben. In den letzten Jahren waren es vor allem KARL und BRIGITTE SCHLECHT, die eine weitere Entwicklung der Stiftung Weltethos garantiert und die Gründung eines Weltethos-Instituts an der Universität Tübingen gesponsert haben. Ein Diktum von Graf Groeben lautete: »Ich habe das Geld, und Sie den Geist.« Mit dieser »Arbeitsteilung« in gegenseitigem Respekt haben wir viele gute Jahre der Zusammenarbeit erlebt, und ich habe mich sehr gefreut, dass Gräfin Groeben anlässlich meines SWR-Fernsehporträts zu meinem 85. Geburtstag nochmals betont hat, wie dankbar sie für diese »Stiftungszeit« sei: »Sie hat uns so vieles gebracht, wirklich ein drittes Leben, wie mein Mann diese Zeit bezeichnet hat. Wir sind so vielen Menschen und Gedanken begegnet, auf die wir sonst nie gestoßen wären, und haben das immer mit dankbarer Freude erlebt.«

Doch eine dritte Gönnerin darf hier nicht vergessen werden: Die Gründung einer Stiftung Weltethos Schweiz 1996 wurde nur möglich durch die großzügige Spende von MARTITA JÖHR-ROHR aus Zürich. Sie war die Witwe des Wirtschaftsprofessors und Mäzens Adolf Jöhr von der Universität St. Gallen; 2008 ist sie mit 96 Jahren verstorben. Ich freue mich, dass nachher mein Nachfolger als Präsident der Stiftung Weltethos Schweiz, Prof. WALTER KIRCHSCHLÄGER, ein Grußwort sprechen wird. Er tut dies auch im Namen des Vorstandsmitglieds CARLA SCHWÖBEL-BRAUN, die sowohl die schweizerische wie die deutsche Stiftung in allerneuester Zeit mächtig unterstützt hat.

Wir alle wissen: Natürlich braucht die Wissenschaft Geld, auch die Human-, Sozial- und Geisteswissenschaften brauchen viel Geld, die Lebens- und Naturwissenschaften sogar sehr viel Geld. Aber, meine Damen und Herren, auch im Zeitalter der stark ökonomisierten Wissenschaft, der Drittmittel und Rankinglisten darf *das Geld nicht über den Geist triumphieren*: nicht in den Human-, Sozial- und Geisteswissenschaften, doch wohl auch nicht in den Lebens- und Naturwissenschaften.

Kann man doch nicht übersehen: Zur Not kann Wissenschaft auch ohne viel Geld auskommen. Das galt zumindest für die großen Geister der Philosophie und Theologie der Vergangenheit. Es galt aber auch noch bis in die 1960er-Jahre, solange Einzelforschung und Monographien im Zentrum der Wissenschaft standen. Offen gestanden, ich habe als junger Doktor der Theologie meinen Tübinger Lehrstuhl – sogar ohne Habilitation! – aufgrund einer außerordentlichen Dissertation über Karl Barths Rechtfertigungslehre erhalten. KARL BARTH seinerseits erhielt seine Professur in Göttingen und vor ihm FRIEDRICH NIETZSCHE seine Professur in Basel sogar ohne Doktorat, wohl aber aufgrund außerordentlicher wissenschaftlicher Leistungen. Auch meine weiteren Bücher in den 1960er- und 1970er-Jahren habe ich ohne Drittmittel geschrieben.

Selbstverständlich war ich froh und dankbar, dass ich dann in den 1980er-Jahren – durch des Heiligen Stuhles Ungnade von Rechten und Pflichten eines Fakultätsmitgliedes entbunden – für mein auf drei Bände berechnetes Forschungsprojekt »Kein Weltfriede ohne Religionsfriede« über Judentum, Christentum und Islam großzügige Unterstützung durch Drittmittel vor allem der Bosch-Stiftung erfuhr. Ein Nebenprodukt dieses monumentalen Forschungsprojekts war ein kleines Buch mit dem Titel »Projekt Weltethos«, das Graf Groeben zur Gründung der Stiftung Weltethos veranlasst hat und später auch für Karl Schlecht wichtig wurde für die Gründung eines Weltethos-Instituts. So war es denn möglich, auch nach meiner Emeritierung das bewährte kleine, aber hoch qualifizierte Team zu meiner administrativen und wissenschaftlichen Unterstützung zu behalten, aus dem sich schließlich diese wunderbare Stiftung entwickelt hat.

Wie das finanzielle, so musste auch das *geistige Kapital* für das Projekt Weltethos mühsam erarbeitet werden – alles in allem eine höchst spannende Angelegenheit, bei der ich immer wieder meinen unstillbaren Wissensdurst stillen konnte. Ohne um das Ziel all dieser Bestrebungen zu wissen, hatte ich in den vorausgehenden Jahrzehnten komplexe Probleme gesichtet, ohne deren Lösung wiederum das Projekt Weltethos schlechterdings nicht möglich gewesen wäre. Ich tippe sie nur an:

(1) Das römisch-katholische Extra-Dogma: »Extra ecclesiam, außerhalb der Kirche kein Heil!«: Die Unfehlbarkeit solcher Kirchensätze musste philosophisch, exegetisch, historisch, systematisch infrage gestellt und durch eine weite biblische Sicht ersetzt werden.

(2) Aber auch das protestantische Extra-Dogma: »Extra Christum, außerhalb Christus kein Heil« musste relativiert werden: Gegen diese verengte Sicht war der in der Bibel klar bezeugte universale Heilswille Gottes in all seinen Konsequenzen zu bedenken, der will, dass alle Menschen selig werden und nicht nur diejenigen, die Christus kennen.

(3) Das Grundvertrauen: Die Möglichkeit eines religiösen wie nichtreligiösen Menschen offenstehenden Ur- oder Grundvertrauens musste als Basis eines Grundethos philosophisch aufgezeigt werden.

(4) Die anthropomorphe Gottesvorstellung der Bibel: Diese, vielfach allzu menschenförmig verstanden, musste mit analogen Vorstellungen in Religionen indischen und chinesischen Ursprungs konfrontiert und auch mit den Ergebnissen der modernen Naturwissenschaft versöhnt werden.

(5) Das dogmatische Christusverständnis: Dieses, in hellenistischen Kategorien formuliert, musste von der historisch-kritischen Jesus-Forschung überprüft und so vom geschichtlichen Jesus von Nazaret her überholt werden: eine solide Basis für den Dialog mit den anderen Weltreligionen.

(6) Ein vertieftes Verständnis der anderen Religionen: Es galt jede Religion so darzustellen, nicht wie wir sie gern verstehen möchten, sondern wie sie sich selbst versteht.

Bei diesen Vorarbeiten für das Projekt Weltethos haben mir erfreulich viele Lehrende und Lernende aus Philosophie, Theologie und besonders aus der Religionswissenschaft, aber auch anderen Disziplinen geholfen: Dankbar nenne ich den Islamologen Josef van Ess, den Indologen Heinrich von Stietencron, den Buddhologen Heinz Bechert, meine chinesische Kollegin und Freundin Julia Ching und den ebenfalls schon früh verstorbenen jüdischen Gelehrten Pinchas Lapide. Mit ihnen allen habe ich in den 1980er-Jahren in diesem Hörsaal hier Dialogvorlesungen über »Christentum und Weltreligionen« gehalten und sie später publiziert.

Doch schon bei einem Vortrag im Jahre 1967, anlässlich der Jahrhundert-Feier der American University in Beirut im damals noch friedlichen Libanon, war mir die Einsicht aufgegangen: Der Dialog zwischen den Religionen ist nicht nur ein akademisches oder religiöses, sondern auch ein hochpolitisches Unterfangen. Schon 1984 konnte ich im Anschluss an unsere Dialogvorlesungen die Sätze formulieren, die unterdessen – im Kontrast zur späteren These Huntingtons vom unausweichlichen »Zusammenprall der Kulturen« – weltweite Anerkennung gefunden haben: Kein Weltfriede ohne Religionsfriede, kein Religionsfriede ohne Religionsdialog. Und kein Religionsdialog ohne Grundlagenforschung.

Es ist mir sehr wohl bewusst: Von außen gesehen mutet meine Geschichte mit dem Weltethos als eine erfolgreiche akademische Karriere an, bei der sich eines aus dem andern organisch entwickelte. Von innen gesehen ist sie aber eine *Geschichte der Überraschungen*, der Überraschungsgeschenke, ja, wenn ich als Theologe reden darf, der Überraschungsgnaden, für die ich nie genug dankbar sein kann.

Nach dem Entzug der kirchlichen Lehrbefugnis 1979 war ich bestimmt zu einem akademischen Mauerblümchen, ein Professor, der weder Promotionen noch Habilitationen abnehmen, keine Schüler und nur noch wenige Studenten haben kann. Aber – etwas salopp formuliert: Die Kurie denkt und Gott lenkt!

1. Überraschung: Ohne dass ich es zunächst bemerkte, wurde mir durch den neuen fakultätsunabhängigen Status das geschenkt, was ich

nicht für möglich hielt: so etwas wie ein Max-Planck-Institut für ökumenische Theologie, in welchem ich frei meine Forschung und meine Lehre gestalten konnte.

2. Überraschung: Ich konnte in Tübingen bleiben, und Walter Jens wollte ja auch nicht nach Hamburg umziehen: Das machte es möglich, auf unser beider Initiative hin 1980 das Studium generale an der Universität Tübingen zum Leben zu erwecken – eine eigene Erfolgsgeschichte bis heute.

3. Überraschung: Theologie und Religionswissenschaften zeigten auch in Tübingen stets Berührungsängste, und eine Vorlesung von zwei Professoren gleichzeitig war unüblich. Prof. Josef van Ess war der erste Religionswissenschaftler, der mit mir die neue Form einer religionswissenschaftlich-theologischen Dialogvorlesung über den Islam erprobte, der dann manche andere folgten.

4. Überraschung: Ein unerwartetes Ergebnis dieser theologisch-religionswissenschaftlichen Vorlesung war das politische Postulat: Kein Weltfriede ohne Religionsfriede, das ich 1989 in Paris der UNESCO als Programm vorstellen konnte.

5. Überraschung: Auf dem Weltwirtschaftsforum in Davos konnte ich zu Beginn des Jahres 1990 sprechen zum Thema: »Warum brauchen wir globale ethische Standards, um zu überleben?« Die Idee des Weltethos in nucleo.

6. Überraschung: Der unerwartete weltpolitische Umschwung 1989/90 in der DDR und im Sowjetimperium war der Anstoß zur Veröffentlichung der Arbeiten für ein gemeinsames Menschheitsethos im Buch »Projekt Weltethos«.

7. Überraschung: Schon drei Jahre später, 1993, wurde eine »Erklärung zum Weltethos«, die in Tübingen vorbereitet worden war, vom Parlament der Weltreligionen in Chicago verabschiedet.

8. Überraschung: Als mir durch die bevorstehende Emeritierung mein kleines, aber sehr effektives Mitarbeiterteam verloren zu gehen schien, kam 1995 ein Telefonanruf von Graf von der Groeben, der mir in der Folge fünf Millionen D-Mark zur Gründung einer Stiftung Weltethos zur Verfügung stellte.

9. Überraschung: Das Jahr 1997 brachte uns in Fortschreibung des Projekts Weltethos das Buch »Weltethos für Weltpolitik und Weltwirtschaft«, aber auch die in Tübingen vorbereitete Erklärung des Inter-Action Council früherer Staats- und Regierungschefs unter Führung von Altbundeskanzler Helmut Schmidt: den Vorschlag einer »Allgemeinen Erklärung menschlicher Verantwortlichkeiten«.

10. Überraschung: Als Mitglied der »Gruppe herausragender Persönlichkeiten«, die 2001 im Auftrag von UN-Generalsekretär Kofi Annan einen Bericht für die Vereinten Nationen über die Notwendigkeit des Dialogs der Zivilisationen und eines gemeinsamen Ethos erarbeitete, durfte ich am 9. November 2001, wenige Wochen nach dem verheerenden Terrorangriff des 11. September, vor der UN-Vollversammlung in New York zusammenfassend formulieren: »Kein Überleben unseres Globus in Frieden und Gerechtigkeit ohne ein neues Paradigma internationaler Beziehungen auf der Grundlage globaler ethischer Standards.«

11. Überraschung: 2009 konnten wir in New York an den Vereinten Nationen das Manifest »Globales Wirtschaftsethos« vorstellen. Eine von unserer Stiftung berufene Expertengruppe von Unternehmern, Wirtschaftswissenschaftlern und Ethikern hatte es verfasst.

12. Überraschung: Das Jahr 2011 brachte uns die finanzielle Unterstützung von Karl Schlecht zur Gründung eines Weltethos-Instituts an der Universität Tübingen, das im Sommersemester 2012 seine Arbeit aufnahm.

Schon während der ersten Religionsdialoge hier in Tübingen ging mir auf, dass die Religionen sich in Fragen des praktischen Verhaltens, der Praxis, des Ethos, sehr viel näher stehen als in Fragen des Glaubens, des Dogmas. In der Folge versuchte ich herauszuarbeiten, was denn den verschiedenen Religionen im Ethos tatsächlich gemeinsam ist, worin ein ethischer Grundkonsens inhaltlich besteht, wie er fruchtbar gemacht werden kann. Ich konnte so den anderen Sätzen hinzufügen: Kein ernsthafter Religionsdialog ohne *gemeinsame ethische Werte, Maßstäbe und Haltungen*.

Auf diesen sorgfältig empirisch erarbeiteten Pfeilern beruht die Idee des *»Weltethos«* – ein Begriff, den ich in Anlehnung an »Weltpolitik«, »Weltwirtschaft«, »Weltfinanzsystem« erst kurz vor der Veröffentlichung des Buches »Projekt Weltethos« 1990 gewählt habe, auf Englisch wurde es mit »Global Ethic« übersetzt, in einer Zeit, in der das Wort »Globalization« gerade aufkam.

Was aber, meine Damen und Herren, ist der *Inhalt dieses globalen Ethos*? Kein kompliziertes Ethiksystem, sondern nur wenige elementare ethische Regeln. Die Normen, deren Beachtung sich für das Wohlergehen des Einzelnen wie das gute Zusammenleben einer Schulklasse oder eines Betriebs, jeder menschlichen Gemeinschaft, ja auch des Staates und der Weltgemeinschaft, positiv auswirkt, während ihre Missachtung destruktive, oft verhängnisvolle Folgen hat.

Was kann wohl als erstes ethisches Grundprinzip für alle Menschen und ihre Institutionen gelten? Dieses muss, wenn es universale Geltung haben soll, ganz allgemein formuliert werden. Dann kann dies nur heißen: »Jeder Mensch soll menschlich behandelt werden.« Dieses *Grundprinzip der Humanität* meint »jeder Mensch«: Mann und Frau, weiß und farbig, reich und arm, jung und alt etc.

Und was heißt: »menschlich«? Negativ definiert, leuchtet es sofort ein: »Menschlich« heißt jedenfalls nicht unmenschlich, gar bestialisch. Es herrscht Übereinstimmung, dass es unmenschlich ist, eine Frau öffentlich in einem Autobus zu vergewaltigen, Gefangene zu foltern oder in einem pädagogischen, gar geistlichen Amt Kinder und Jugendliche zu missbrauchen.

Doch lässt sich »menschlich« auch durchaus positiv bestimmen: Schon in »Projekt Weltethos« habe ich geschrieben: »Der Mensch muss mehr werden als er ist: er muss menschlicher werden! Gut für den Menschen ist, was ihn sein Menschsein bewahren, fördern, gelingen lässt – und dies noch ganz anders als früher. Der Mensch muss sein menschliches Potential für eine möglichst humane Gesellschaft und intakte Umwelt anders ausschöpfen, als dies bisher der Fall war« (S. 53).

Also kurz und knapp gesagt: Der Mensch soll sich wahrhaft menschlich, das heißt human verhalten. Dieses erste Grundprinzip der Humanität wird verdeutlicht und zugespitzt durch das *Grundprinzip der Reziprozität*, der Gegenseitigkeit: »Tue nicht anderen, was du nicht willst, dass sie dir tun.« Selbstverständlich ist diese »Goldene Regel« kein Rezept für bequeme moralische Lösungen aller menschlichen Probleme. Wohl aber ist sie eine allgemeine Richtlinie für ein ethisch-humanes Verhalten, das wir zumindest dann hoch schätzen, wenn wir selber persönlich betroffen sind.

Ich weiß, viele Unternehmen haben sehr zu kämpfen im Zeitalter internationaler Konkurrenz. Doch die Goldene Regel gilt auch für den wirtschaftlichen und politischen Wettbewerb, bei dem sich sehr wohl unterscheiden lässt zwischen sauberen und unsauberen Strategien, zwischen lauteren und unlauteren Wettbewerbern, zwischen fairen und unfairen Politikern. Die Goldene Regel *gilt also auch für Kollektive*, besonders für politische Parteien und Interessengruppen, ja sogar im Verhältnis zwischen den Nationen. Sie wird seit den Greueln des Zweiten Weltkriegs faktisch weithin beachtet etwa im Falle von Deutschland und Frankreich, andererseits aber noch immer, besonders zwischen Israel und Palästina, sträflich missachtet.

Offensichtlich ist es *nicht selbstverständlich, dass der Mensch sich menschlich*, wahrhaft menschlich, human *verhält*. Warum? Der Mensch ist, das ist für uns keine Frage mehr, aus dem Tierreich hervorgegangen. Er ist deshalb von seiner Evolution her immer zugleich Geistwesen und Triebwesen.

Das heißt: Der Mensch musste lernen, sich menschlich zu benehmen. Studien und Reisen nach Neuguinea, in den Norden Australiens und nach Afrika verhalfen mir schon früh zu der Einsicht: Schon die Ureinwohner verfügten über ein ungeschriebenes elementares Ethos, das ihnen ein Leben und Überleben ermöglichen half und das bis heute grundlegend ist für ein menschliches Zusammenleben: Ich habe es später das *Urethos* genannt – sozusagen der Nukleus, der Kern des späteren Weltethos, das ein Bewusstsein dieser Gemeinsamkeit voraussetzt.

Es ist deshalb kein Zufall, dass sich in den verschiedenen Regionen der frühen Menschheit ähnliche Grundregeln oder Kernnormen entwickelten. Diese konzentrieren sich auf *vier lebenswichtige Bereiche* menschlichen Zusammenlebens:

– Vor allem den Schutz des *Lebens*: »nicht morden« (unterschieden vom in bestimmten Grenzen erlaubten Töten), was für uns heute aber auch heißt: nicht foltern, quälen, verletzen …;
– Auch den Schutz des *Eigentums*: »nicht stehlen«, was heute einschließt: nicht ausbeuten, bestechen, korrumpieren …;
– Weiter den Schutz der *Wahrheit*: »nicht falsches Zeugnis geben, lügen«, auch nicht fälschen, täuschen, manipulieren …;
– Schließlich den Schutz der *Geschlechtsbeziehungen*: »nicht Unzucht treiben, Sexualität nicht missbrauchen«, also nicht erniedrigen, entwürdigen, betrügen ….

Gebote, ethische Grundregeln, Kernnormen, die aber – gerade in einer Zeit der Individualisierung, Pluralisierung und Säkularisierung – oft vergessen, ja bewusst ignoriert werden können. *Aufgabe des Projekts Weltethos* war und ist es, *diese Gemeinsamkeit elementarer Grundnormen bewusst zu machen und sie auf die heutigen Verhältnisse anzuwenden*. Und ich habe volles Vertrauen, meine Damen und Herren, dass auch meine Nachfolger in der Stiftung Weltethos das Bewusstsein für dieses ethische Erbe der Menschheit bewahren und weitergeben werden und dem Begriff Weltethos nicht irgendwelche Beliebigkeiten unterschieben lassen.

Geht es doch uns, die wir uns für ein Weltethos einsetzen, um nicht weniger als um ein Engagement für eine bessere Welt. Natürlich nehmen wir dabei den altbekannten Einwand ernst, das nütze alles nichts, diese Normen, wie ja auch die Zehn Gebote, würden in der Menschheit faktisch ständig missachtet und verachtet. Und manche ethischen Orientierungsinstanzen, nicht zuletzt die Kirchen, hätten gewaltig an Kredit verloren.

Aber mit Verlaub: Das Ethos ist immer kontra-faktisch. Wie würde die Welt denn aussehen ohne diese Gebote? Im Grunde wissen wir, wie sie aussähe. Wir bekommen es ja zurzeit nachgerade vordemonstriert, wie vor allem eine Welt der Wirtschaft und der Politik ohne Moral aussieht. Skandal über Skandal, wollte ich auch nur die bedeutendsten nennen, würde mein Vortrag ungebührlich verlängert. Die Globalisierung von Ökonomie, Technologie und Kommunikation hat ja auch, das war schon früh zu erkennen, eine Globalisierung des Verbrechens zur Folge.

Angesichts aller Hemmnisse und Hindernisse stellen sich viele unter Ihnen zu Recht die Frage,
– was ein Einzelner oder wenige Dutzend Menschen mit einer so ambitionierten Idee eines Weltethcs alldem entgegensetzen können;
– was eine vergleichsweise kleine Stiftung – freilich mit Partnerstiftungen und Partnerorganisationen weltweit – in den nunmehr 18 Jahren ihres Bestehens erreichen konnte;
– was von den großen Ansprüchen, die das Projekt Weltethos mit sich bringt, eingelöst werden konnte.

Es ist heute Abend hier natürlich nicht der Ort, Ihnen eine »Leistungsbilanz« unserer Stiftung vorzulegen. Darüber könnte man mehrere Vorträge halten. Wer sich im Detail dafür interessiert, der oder die möge unser *»Handbuch Weltethos«* lesen, das 2012 erschienen ist. Dort sind all die Handlungsfelder beschrieben, die im Laufe der Jahre unserer Stiftungsarbeit entstanden sind: von den Weltreligionen, der Politik und der Wirtschaft über die Pädagogik und unser internationales Wirken bis hin zu Recht, Sport und Musik. Und man kann dort nachlesen, wie es jeweils zu diesen Themen und Arbeitsbereichen kam und was unsere Stiftung in diesen Handlungsfeldern konkret tut.

Um einzuschätzen, was faktisch geleistet und erreicht werden konnte, mögen Sie sich *die beiden zentralen Dimensionen der Weltethos-Thematik* vergegenwärtigen, die auch für unsere Stiftungsarbeit grundlegend sind. Und ich erhoffe mir, dass in beiden Dimensionen auch in Zukunft erfolgreich weitergearbeitet wird.

Erstens: die *interkulturelle Dimension, der Dialog der Religionen und Kulturen.* Voraussetzung für ein gutes Miteinander der Kulturen ist Wissen voneinander, über Unterschiede und Gemeinsamkeiten, damit wir dialogfähig sind und Vorurteile wie Klischees erst gar nicht entstehen können. Und solches Wissen von den eigenen und von fremden Kulturen sollte möglichst früh erfahren und erprobt, am besten schon in Familie und Kindergarten grundgelegt und im schulischen Alltag vertieft werden. Menschen unterschiedlichster Lebensbereiche und Berufe brauchen heute solche interkulturelle Kompetenz, denn überall begegnen sich heute Menschen unterschiedlicher Religionen und Kulturen, stoßen Lebenswelten aufeinander, die sich oft fremd sind, ohne deren friedliches Miteinander aber kein Leben in Frieden und Freiheit möglich ist.

Die Stiftung Weltethos kann stolz sein, dass sie in diesen Fragen nicht nur einzigartige Grundlagenarbeit geleistet hat. Sie hat auch über die Jahre konsequent Wege gesucht und beschritten, solches interkulturelle Wissen Menschen unterschiedlichster Bildungsschichten zu vermitteln. Die Publikationen, Medien und Lehrmittel unserer Stiftung sind nicht nur im deutschsprachigen Raum zum festen Bestandteil der Bildungslandschaft geworden. Vieles davon hat weltweite Verbreitung gefunden, und wir sind besonders froh und dankbar dafür, dass nach dem Vorbild unserer Schulmaterialien unterdessen sogar in Hongkong Weltethos-Lehrmittel in chinesischer Sprache entstanden sind, die von dort auch ins Schulsystem von Festland-China Eingang finden. Und dies alles initiiert von einer kleinen Stiftung in Tübingen!

Aber ebenso zentral ist die *zweite Dimension der Weltethos-Thematik: die Frage der Vermittlung von Werten*. Sie werden mir zustimmen: Was früher mehr oder weniger selbstverständlich in den Familien stattgefunden hat, kann heute dort leider oft nicht mehr vorausgesetzt werden. Deshalb sind Kindergärten, Tagesstätten und vor allem Schulen erstrangige Lernorte für die Wertevermittlung, und unsere Stiftung Weltethos hat auch hier Herausragendes geleistet und wird ihre Bemühungen noch weiter intensivieren.

Doch Wertevermittlung ist nicht nur ein Thema für die *Pädagogik*. Es braucht sie, wie bereits angedeutet, in allen Bereichen unserer Gesellschaft. Lange könnte ich beispielsweise berichten über meine Vorträge zum Thema *»Weltrecht und Weltethos«* im Verein der Richter des Bundesverfassungsgerichts und in der Juristischen Studiengesellschaft am Bundesgerichtshof in Karlsruhe, an der Georgetown University in Washington und anderswo.

Oder denken wir an die *Politik*: In Dankbarkeit blicke ich zurück auf die vielen oft herausragenden Gelegenheiten, das Thema Weltethos in den politischen Diskurs und in die politische Praxis einzubringen:
– mein jahrelanges Engagement mit Altbundeskanzler HELMUT SCHMIDT und Altbundespräsident RICHARD VON WEIZSÄCKER beim InterAction Council ehemaliger Staats- und Regierungschefs;
– meine Mitarbeit in der vom damaligen UN-Generalsekretär KOFI ANNAN einberufenen »Group of Eminent Persons« und deren Bericht »Crossing the Divide« für ein neues Paradigma internationaler Beziehungen;
– und schließlich die vielen herausragenden internationalen Politiker, die wir als Weltethos-Redner an der Universität Tübingen begrüßen

durften: Tony Blair, Mary Robinson, Kofi Annan, Horst Köhler, Helmut Schmidt, Desmond Tutu.

Auch über das Engagement unserer Stiftung hinsichtlich *»Weltethos und Weltsport«* wäre zu berichten, über die Kontakte zum IOC – unvergessen IOC-Präsident Jacques Rogge als Weltethos-Redner in Tübingen –, aber auch über unsere Zusammenarbeit mit dem Deutschen Fußballbund, die schon vor Jahren begann und derzeit eine sehr interessante Fortsetzung im Einsatz gegen Rassismus und Diskriminierung findet.

Immer wichtiger aber wurde für unsere Stiftung in den letzten Jahrzehnten der Bereich der *Wirtschaft*. Schon im Jahr 1997 habe ich in meinem Buch »Weltethos für Weltpolitik und Weltwirtschaft« unter dem Eindruck der sich anbahnenden Asienkrise herausgearbeitet, welch fatale Folgen ethisch verantwortungsloses Verhalten nicht nur für Unternehmen, sondern für die gesamte Weltwirtschaft haben kann. In meinem Buch »Anständig Wirtschaften. Warum Ökonomie Moral braucht« (2010) habe ich diese Analyse nach den Erfahrungen der großen Finanzkrisen weiter vorangetrieben und drängend ein Umdenken im Bereich des Wirtschaftsethos angemahnt. Vielen erschienen meine Prognosen damals allzu pessimistisch, faktisch haben sich aber alle – leider – bewahrheitet.

Hier im Saal sind nicht wenige – Freunde, Kollegen, Fachleute –, die wissen, dass hinter meinen Einsichten nicht nur das Studium entsprechender Literatur, sondern auch ungezählte Gespräche und Erfahrungen stehen, aus denen ich gelernt habe. Hatte ich doch das Glück, gerade auch im *Finanzsektor* schon früh eine ganze Reihe von Bankiers und Unternehmern der alten Schule kennenzulernen, die gewiss auch keine Heiligen waren, aber doch Persönlichkeiten mit Charakter, sozialem Verständnis, korrektem und glaubwürdigem Verhalten. Und so habe ich mein Buch »Projekt Weltethos« 1990 dem früheren Sprecher der Deutschen Bank und späteren Bundesbankpräsidenten Karl Klasen gewidmet.

Aber schon in den 1980er-Jahren sah ich, besonders während meiner beiden Gastsemester in Houston/Texas, einen neuen Typ von Bankern heraufkommen, dem es nur auf Gewinnmaximierung für die Aktionäre und gleichzeitig für sich selber ankam. Ich brauche Ihnen nicht nochmals die komplexe fatale Entwicklung der Finanzwirtschaft und der Finanzwissenschaft seit den 1980er-Jahren zuerst in USA, dann in Europa, nachzuzeichnen, wie sie zu Börsen- und Immobilienblasen, zur Vervielfachung der Managergehälter und schließlich zur gegenwärtigen Weltfinanz- und Weltwirtschaftskrise führte. Grosso modo ist festzustellen: Schuld daran ist erstens ein Versagen der Märkte, zweitens ein

Versagen der Institutionen und drittens ein Versagen der Moral. Statt eines verantwortungsvollen Wirtschaftens erlebten wir in all diesen Jahren immer mehr eine besonders im Bankwesen institutionalisierte Gier und Lüge, was mich schon früh vor dieser Entwicklung warnen ließ.

Ich möchte bei diesem hochaktuellen Thema ein klein wenig konkreter werden: In meinen Gesprächen mit Bankern konnte ich in der Finanz- und Wirtschaftskrise drei Phasen des Verhaltens feststellen, nicht unähnlich dem Verhalten – darf ich es sagen? – katholischer Bischöfe in der Kirchenkrise wegen Sexual- und Machtmissbrauchs:

- zuerst ein verstocktes und oft arrogantes Schweigen: man sei nicht verantwortlich für diese Misere;
- dann langsam ein Eingeständnis der Mitverantwortung: es sei auf der Topebene einiges aus dem Ruder gelaufen;
- schließlich immer entschiedener die Einleitung eines gewissen Kurswechsels.

Ich will das alles nicht vertiefen, sondern wollte nur deutlich machen, dass das Modell des ständig rational handelnden »Homo oeconomicus« und die Verabsolutierung quantitativer Analysen und Steuerungsmethoden der Wirklichkeit nicht gerecht werden und nun in die Irre führen.

Oder positiv formuliert: Die Berücksichtigung der ethischen Dimension in Wirtschaft und Wirtschaftswissenschaft drängt sich gebieterisch auf. Das in aller Welt begrüßte wuchtige Ja des Schweizervolkes zur sogenannten Abzocker-Initiative (auch ich habe dafür gestimmt) ist Ausdruck moralischer Empörung nicht nur über Lohnexzesse und manifestiert ein Misstrauen gegenüber dem ganzen Finanzsektor. Sogar Josef Ackermann fordert jetzt, um verlorenes Vertrauen zurückzugewinnen, müsse unternehmerisches Handeln nicht bloß rechtlich, sondern auch ethisch einwandfrei sein (vgl. »NZZ« vom 9. 3. 2013). Letzteres ist wichtig: Rechtliche und politische Maßnahmen sind unbedingt erforderlich, aber um ihr Ziel zu erreichen, bedürfen sie der Abstützung durch das Ethos. Selbst begrüßenswerte Beschlüsse der EU zur Kappung exorbitanter Bonuszahlungen von Topmanagern und Ähnliches mehr werden nur dann effektiv zu realisieren sein, wenn sie mitgetragen sind von einer ethischen Überzeugung der Betroffenen.

Ja, es braucht auch in der Wirtschafts- und Finanzwelt ein Umdenken, einen ethischen Bewusstseinswandel, eine *ethische Kultur*. Schon angehende Führungskräfte müssen möglichst früh auf die ethische Dimension ihres späteren beruflichen Handelns aufmerksam gemacht werden. Es wird ihnen helfen, wenn sie für ihre ethische Verantwortung sensibilisiert und für deren Wahrnehmung qualifiziert werden. Diese ethische Qualifikation sollte also bereits an Hochschulen und anderen Ausbildungsstätten stattfinden. Führungskräfte brauchen neben all ihren sonstigen Schlüsselqualifikationen auch ethische Kompetenz, elementare ethische Koordinaten und einen inneren Kompass für ihre oft schwierigen Entscheidungen im komplexen geschäftlichen Alltag.

Für unsere Stiftung ist der Einsatz für ein Globales Wirtschaftsethos neben allen anderen Aufgaben zu einem wichtigen Thema geworden. In Gremien und auf ungezählten Foren haben wir diese Ideen eingebracht und zur Diskussion gestellt, und gemeinsam mit Praktikern haben wir Wege gesucht, diese Weltethos-Ideen in die Praxis von Unternehmern und Managern einfließen zu lassen. Höhepunkte waren jene Erarbeitung eines *Manifests für ein Globales Wirtschaftsethos 2009* und schließlich 2011 – dank des Engagements der Karl Schlecht Stiftung – die Gründung unseres Weltethos-Instituts an der Universität Tübingen mit Prof. Claus Dierksmeier als Direktor. Als erstem Arbeitsschwerpunkt neben anderen widmet man sich dort ebenfalls den Fragen eines Globalen Wirtschaftsethos und versucht, vor allem die Führungskräfte von morgen für diese Fragen zu sensibilisieren und zu qualifizieren.

Damit, meine lieben Zuhörerinnen und Zuhörer, komme ich zum Schluss:

– Ich hoffe, dass unsere kleine, aber feine Stiftung Weltethos auch unter neuer Leitung sich so gut weiterentwickelt wie bisher:

– Mit dem Präsidenten des Staatsgerichtshofs von Baden-Württemberg, Eberhard Stilz – er wird sich Ihnen nachher selbst vorstellen –, haben wir einen außerordentlich qualifizierten Mann gefunden, der ausgezeichnet ist durch seinen ganzen Lebensweg, durch seine politische Erfahrung in verschiedenen Positionen, seine langjährige Tätigkeit als hoher Richter und Mediator und schließlich seine internationale Tätigkeit beim Aufbau des Rechtssystems in Sachsen, im Kaukasus und in China.

– Und so hoffe ich, dass unsere Stiftung ein Global Player bleibt und vielleicht immer mehr wird, dessen Stimme in ethischen Fragen weltweit über die Grenzen der Kulturen hinweg Gehör findet und dessen Ideen und Konzepte immer mehr Menschen helfen, ihr alltägliches und berufliches Handeln mit ethischen Grundhaltungen zu verbinden.

– Schließlich hoffe ich, dass unsere Stiftung Weltethos auch in Zukunft Unterstützer findet, die begreifen, dass die Investition in Wertevermittlung und interkulturellen Dialog eine Investition in die Sicherung der Grundlagen unserer Gesellschaft ist und eine unverzichtbare Voraussetzung für eine friedlichere, gerechtere und menschenfreundliche Welt.

Das bleibt unsere Überzeugung: Kein Überleben unseres Globus in Frieden, Freiheit und Gerechtigkeit ohne ein globales Ethos, ein Menschheitsethos, ein Weltethos.

Den Lauf vollendet

Die hier folgende Rede habe ich ausgearbeitet zur Eröffnung des renommierten Lucerne Festival (früher: Internationale Musikfestwochen Luzern) im großen Saal des Kultur- und Kongresszentrums (KKL) am 8. August 2012, das in jenem Jahr unter dem Leitwort »Glaube« stand. Unter der Thematik »Komponisten und ihr Glaube« habe ich weit ausgeholt und meine Gedanken auf Tod und Leben konzentriert – schon im Ausblick auf meinen Abschied. Sie soll deshalb als meine dritte, ganz persönliche Abschiedsrede ebenfalls im vollen Wortlaut wiedergegeben werden:[4]

Es ist für mich ein merkwürdiges und denkwürdiges Erlebnis, meine Damen und Herren: Da stehe ich nun wieder an demselben Platz, an dem ich schon vor sage und schreibe 50 Jahren im alten Kunsthaus stand, um für den Glaubensaufbruch des 1962 beginnenden Zweiten Vatikanischen Konzils zu werben. Ich war damals stolz darauf, von jenem Pult aus zu sprechen, an dem ich als Luzerner Gymnasiast Furtwängler, Karajan, Kubelík und andere große Dirigenten gesehen und bewundert hatte.

Und nun soll ich heute, 50 Jahre später, wieder über den »Glauben« sprechen – und dies in einer völlig veränderten Situation! Damals konnte ich mit großmehrheitlich kirchlich orientierten, »gläubigen« Zuhörern rechnen, heute muss ich von einer weitgehend säkularisierten Gesellschaft ausgehen und insofern von vielen Kirchenfremden und in diesem Sinne »Ungläubigen«, vielleicht gar nicht einmal »Religionslosen«, sondern möglicherweise »anders Gläubigen«. Und sind nicht manche Gläubige in Wahrheit »Abergläubische«? Sie glauben an Gott, aber auch an Horoskope, schicksalbestimmende Sterne, fatale Zahlen, unglückbringende Tage … Auch »Ungläubige« sollen ja manchmal abergläubisch sein und sich keinen Tag vor ihrem Geburtstag gratulieren lassen, weil dies angeblich Unglück bringe.

Auch unter Komponisten gibt es die unterschiedlichsten »Mischungen«: Gläubige, Ungläubige, Abergläubische. Die Beispiele sind durchaus prominent. So wissen wir aus der Biographie des rationalsten aller Komponisten, Arnold Schönberg, dass dieser Konstrukteur der Zwölfton-Musik vor der Zahl 13 eine geradezu panische Angst hatte. Geboren am 13. September 1874, richtete er sein ganzes Leben so ein, dass er die 13 möglichst vermied: Nie saß er in einer 13. Reihe, Termine für den 13. verschob er oder sagte sie ab, bei der Oper »Moses und Aron« ließ er im Titel lieber ein A von Aaron weg, als 13 Buchstaben im Titel zu dulden … Den 13. des Juli 1951 verbrachte der schließlich herzkranke Zwölftöner in großer Unruhe, erst nach Mitternacht soll er sein Schlafzimmer aufgesucht haben. Dort fand ihn seine Frau kurz darauf – leblos. Die Uhr des Wohnzimmers war ein paar Minuten vorgegangen. Er war also noch am 13. gestorben.

Schönberg wusste wohl nicht, was GUSTAV MAHLER alles versucht hatte, um zunächst die Zahl 10 für seine letzte Symphonie zu vermeiden. Nach Beethovens grandioser Neunter hatten ja auch Schubert, Dvořák und Bruckner nur acht Symphonien geschrieben. Nachdem Mahler sein symphonisches »Lied von der Erde« komponiert hat, streicht er am Ende die Zahl neun und nennt daraufhin die folgende Symphonie die Neunte. »Eigentlich ist es ja die zehnte«, sagt er. Ein Jahr darauf, am 18. Mai 1911, stirbt er, und das »Lied von der Erde« wird am 20. November 1911 posthum in München von Bruno Walter uraufgeführt. Ebenso das einleitende Adagio zu einer schließlich doch noch angestrebten, aber in seiner schweren Ehekrise untergegangenen Zehnten Symphonie. Wir verstehen jetzt besser Arnold Schönbergs 1912 in seiner Prager Gedenkrede auf Mahler gesprochene Sätze: »Es scheint, die Neunte ist eine Grenze. Wer darüber hinaus will, muss fort. Es sieht [so] aus, als ob uns in der Zehnten etwas gesagt werden könnte, was wir noch nicht wissen sollen, wofür wir wohl noch nicht reif sind. Die eine Neunte geschrieben haben, standen dem Jenseits zu nahe.«

Nun aber genug des Anekdotischen über Aberglauben und Ableben von Komponisten, meine Damen und Herren. Das mir gestellte Thema ist erfreulicherweise nicht der Aberglaube, sondern der *Glaube*, und der hat vor allem mit dem *Leben* zu tun. Doch möchte ich Ihnen den Glauben nicht einfach in der Verschiedenheit der Lebensformen beschreiben, wie er sich bei den verschiedenen Komponisten zeigt. Vielmehr möchte ich mich mit Ihnen fragen: Was kann man denn von einem bestimmten Komponisten in seiner Zeit an Glauben erwarten? Dass er noch immer alles glaubt, »was die Kirche zu glauben vorschreibt«, um eine katholische Katechismusantwort aus Mahlers Zeiten zu zitieren, ist ohnehin nicht zu erwarten. Zu viel des Unglaubwürdigen in Dogma und Moral hätte er da glauben müssen.

Aber kann man denn von einem Komponisten – oder auch von einem Physiker oder Politiker oder wem immer – erwarten, dass er sich zum

Glauben einer vergangenen Epoche bekennt? Das *Mittelalter* gilt als Zeitalter des Glaubens, den man ein für alle Mal für gesichert hält. Aber kann man einfach glauben wie im Mittelalter? Das Mittelalter wurde bekanntlich abgelöst durch die protestantische *Reformation* und damit durch ein radikal verändertes Verständnis von Glauben. Aber auch die Reformationszeit ist ein vergangenes Zeitalter. Folgte doch auf die Reformation die *Moderne* mit ihren Revolutionen in Wissenschaft und Philosophie, Kultur und Theologie, Staat und Gesellschaft, Technologie und Industrie.

Daraus ergeben sich Rückfragen auch an die musikalische Ausdrucksform des Glaubens, den Kirchengesang. Als Maßstab schlechthin für jeglichen Kirchengesang gilt ja die Gregorianik, faktisch die mittelalterlich-fränkische Neubearbeitung des altrömischen Gesangs. Soll diese Gregorianik also für alle Zeiten Kriterium wahren Kirchengesangs sein? Oder soll man die polyphon vokale Kirchenmusik eines Giovanni Pierluigi da Palestrina aus dem 16. Jahrhundert zum Muster eines »wahren«, »reinen« Kirchenstils erklären und die Orchestermusik der Wiener Klassik in der Kirche verbieten, wie unter dem Antimodernisten-Papst Pius X. (Patron der traditionalistischen »Pius-Brüder«) geschehen? Oder soll für die Musik evangelischer Kirchgemeinden Johann Sebastian Bach allgemein verpflichtender Kanon sein?

Gewiss: gute Musik bleibt glücklicherweise *nicht an ihre Entstehungsepoche gebunden*. Auch uns im 21. Jahrhundert können Bachs Passionen, Kantaten und Oratorien zutiefst bewegen und uns sogar wieder einmal zur Bibel greifen lassen. Doch können wir manche Kantatentexte, die da gesungen werden, bei genauerem Zuhören kaum alle wörtlich für unseren Glauben ernst nehmen. Während der Weihnachtszeit hören wir gerne Händels »Messias« – obwohl jeder informierte Christ weiß, dass das älteste Evangelium nach Markus und auch das letzte nach Johannes keine Weihnachtsgeschichte enthalten und die Geburtserzählungen Jesu von Mattäus und Lukas viel Legendäres berichten. Solches brauchen auch überzeugte Christen keineswegs zu glauben. Sie müssen nicht Legendäres für historisch halten.

Dennoch: Nichts gegen Legenden! Sie offenbaren uns oft tiefere Lebensweisheit als pure Fakten. Und gerade Wolfgang Amadeus Mozart, der einige Mühe für die Bearbeitung von Händels »Messias« für zeitgenössisches Orchester aufbrachte, zeigt, dass man selbst als freimaurerisch-aufgeklärter, antiklerikaler Katholik doch den Sinn für das Geheimnis der Religion bewahren kann. Unverfroren, wie er war, hat Mozart den Nachfolger Johann Sebastian Bachs als Thomaskantor in Leipzig, einen aufgeklärten Protestanten, in einem Gespräch 1789 darauf aufmerksam gemacht, dass die Protestanten oft das Gespür für die mystische Tiefe des Glaubens vermissen lassen würden: »Ihr fühlt gar nicht, was das will: ›Agnus Dei qui tollis peccata mundi, dona nobis pacem‹, und dergleichen … das mystische Heiligtum unserer Religion.« Allerdings fügte Mozart rasch hinzu: »Nun ja, das geht freilich dann durch das Leben in der Welt verloren; aber – wenigstens ist's mir so, wenn man die tausendmal gehörten Worte nochmals vernimmt, sie in Musik zu setzen, so kommt das alles wieder, und steht vor Einem, und bewegt Einem die Seele.«

Nun ist Ihnen, liebe Musikfreunde, sicher bewusst, dass sich nach dem Tod von Bach und Händel in der Mitte des 18. Jahrhunderts auch in der Musik ein *epochaler Paradigmenwechsel* vollzogen hat: *zur weltlichen Moderne.* Sowohl die Genies der Klassik (mit Mozart auch Haydn und Beethoven) als auch die der Romantik (Weber, Schubert, Schumann) haben ihre Motivation und Inspiration nicht einfach aus dem christlichen Glauben bezogen. Sie komponierten aus einem spezifisch menschlichen Fühlen und Erleben heraus, das immer mehr auch die Natur einbezog. Es ist somit nicht der christliche Glaube, es ist primär der individuelle Mensch mit seinen Freuden und seinem Schmerz, für den der Komponist in der Musik seinen künstlerischen Ausdruck sucht, findet und vermittelt.

Unbestreitbar lässt sich also ein Prozess der Individualisierung und Humanisierung der Musik beobachten und damit auch ein Prozess der Verweltlichung, der Säkularisierung. Gefördert wird dieser Prozess durch die bürgerliche Revolution, deren grandioser Vertreter LUDWIG VAN BEETHOVEN ist. In der zweiten Hälfte des 19. Jahrhunderts erreicht sie mit Brahms und Wagner ihren Höhepunkt. Was diese Komponisten schreiben, ist trotz gelegentlicher Anleihen bei der Religion eine im Allgemeinen nicht mehr auftrags- und funktionsgebundene Musik, sondern eine autonome Musik, das heißt eine von traditionellem christlichem Kirchenglauben, Christusglauben, Gottesglauben völlig emanzipierte Kunst. Der einzelne Komponist mag seine persönliche Gläubigkeit gepflegt haben, für sein Kunstwerk spielt sie keine entscheidende Rolle mehr. Großartige Symphoniker wie ANTON BRUCKNER mit seinem ganz persönlichen, traditionell katholischen Glauben sind die Ausnahme, welche die Regel bestätigt. Eine Ausnahme auch FELIX MENDELSSOHN BARTHOLDY, der Konvertit aus dem Judentum, mit seinem dezidiert an Bach orientierten evangelischen Glauben.

Aber werfen wir noch einmal einen Blick auf GUSTAV MAHLER, dem ja ursprünglich bei diesem Eröffnungskonzert und in meiner Eröffnungsrede die Hauptrolle zugedacht war. Manche seiner Freunde haben Mahler einen tiefreligiösen Menschen genannt (in jüngster Zeit besonders der

Mahler-Spezialist Constantin Floros), und vielleicht war Mahler in der Tat auf seine Weise nicht weniger gläubig als Anton Bruckner, bei dem er privat Unterricht genommen hatte. Als musikalische Genies standen beide auf der gleichen Stufe. Aber Bruckner war von Haus aus naivgläubig. Mit dem traditionellen Credo der Kirche hatte er kaum Probleme. Mahler aber, als Jude zum Christentum konvertiert, war ein hoch reflektierter Gläubiger, der sowohl zum Judentum wie zum Christentum eine innere Distanz wahrte.

Bruckners Messen gehören mit Bachs h-Moll-Messe, Beethovens »Missa solemnis« und Mozarts Requiem, das wir anschließend hören werden, zu den genialsten Schöpfungen sakraler Musik. Und Mahler? Als man ihn fragte, warum er keine Messe schreibe (nach Jens Malte Fischer in seiner Mahler-Biographie), soll Mahler geantwortet haben: »Glauben Sie, dass ich das vermöchte? Nun, warum nicht? Doch nein. Da kommt das Credo vor.« Und er beginnt das Credo lateinisch herunterzusagen. »Nein, das vermag ich doch nicht«, folgert er, um später nach einer Probe seiner achten Symphonie seinem damaligen Gesprächspartner Alfred Roller gegenüber fröhlich zu äußern: »Sehen Sie, das ist meine Messe.« In der Tat hat Mahler versucht, in dieser Symphonie seinen Glauben musikalisch umzusetzen und auszudeuten.

Allerdings, kirchengläubig war Mahler sicher nicht. Und christusgläubig nur bedingt, verglich er doch Christus mit Platon. Aber sicher war er gottgläubig. Nur konnte er wie viele Zeitgenossen damals und heute nichts anfangen mit dem oft allzu menschenförmig, anthropomorph präsentierten Gottesbild der jüdisch-christlichen Tradition. Mahler blieb ein Gottsucher, war aber zugleich ein Geistbewegter.

Es handelt sich hier um einen *Glauben im allerweitesten Sinn*, der im Prinzip in allen Konfessionen, Religionen und Weltanschauungen möglich ist. Was man an »Glauben« in die Musik hineinlegt, hängt weithin von der Einstellung des Komponisten, des Musikers und des Zuhörers ab. Was viele moderne Komponisten trägt, selbst wenn sie sich nicht ausdrücklich zu Gott bekennen, ist eine Art *Lebensvertrauen*. Ein Glaube, der in jedem Fall im Gegensatz steht zu einer bloß materialistischen Weltsicht, gar einem radikalen Nihilismus, für den alles, das Ich und die Welt, letztlich brüchig, chaotisch, absurd und in diesem Sinne *sinnlos* ist. Also eine im Prinzip positive Einstellung zum oft so widersprüchlichen Leben, zur höchst ambivalenten Welt, zur zwiespältigen Gesellschaft, ein grundsätzliches Ja zur fragwürdigen Wirklichkeit überhaupt. Ich nenne das ein *Grundvertrauen zur Wirklichkeit*, das trotz allem Widerwärtigen das Erleben, Verhalten und eben auch das Komponieren bestimmt und trägt.

Von daher ist es seit Langem meine Überzeugung: Die meisten Menschen möchten an etwas glauben, und faktisch tun sie es auch. Das fängt mit dem Lebensvertrauen an, denn ein Lebensvertrauen bekommt ein Kind normalerweise schon von seiner Mutter auf den Lebensweg mit, ganz elementar durch ihr Verhalten und ihre Zuneigung. Ein Lebensvertrauen, in das ein Kind immer mehr hineinwächst, das es aber durch alle Enttäuschungen und Erschütterungen hindurch zu bewahren und zu bewähren hat. Nein, nicht Vertrauensseligkeit hilft im Leben eines Kindes, eines Jugendlichen oder eines Erwachsenen, nicht ein unkritischer Opportunismus. Wohl aber vermag durchs Leben zu tragen ein immer wieder neu herausgefordertes und überprüftes Ja zur Wirklichkeit, wie sie nun einmal ist oder sein sollte.

Und je nachdem kann dabei die Musik eine Hilfe sein – je nachdem! Zwar hören wir alle Musik nach denselben physikalischen Gesetzen der akustischen Schwingungen. Doch zugleich hört jeder die Musik sehr verschieden – je nach physiologischer Aufnahmefähigkeit des Klanges, je nach Vorstellungs- und Einfühlungsgabe. Ich kenne einen berühmten Kollegen der Theologie, dem sogar Mozart nichts sagt (»dieses ständige Geklimper!«); ihm sagen freilich auch die Schweizer Alpen nichts (»immer nur Fels, Geröll, Steine!«). Er kommt eben aus dem hohen Norden, von der Waterkant, und liebt das Meer. Ich hingegen liebe das Meer *und* die Berge, und natürlich Mozart. Doch manche Menschen sind nun einmal un-musikalisch. Manche vielleicht auch von Hause aus un-gläubig, un-religiös, »religiös« unmusikalisch, wie man mit Max Webers Wortspiel sagen könnte.

Offensichtlich hängt es mit der geistigen Grundhaltung eines Menschen zusammen, mit seinen individuellen Erfahrungen und seiner sozialen Situation, wie er oder sie Musik hört. Die Musik lebt nun einmal nicht in den Noten und nicht in den Geigenbögen; dies sind nur ihre Zeichen und Werkzeuge. Musik lebt in den Menschen. Und es hängt beim Komponieren, bei der Wiedergabe und beim Rezipieren vom konkreten Menschen ab, welchen Gebrauch er oder sie von der Musik macht. Musik kann ja Ausdruck hemmungsloser menschlicher Emotionen sein, kann zu Animositäten, Hassausbrüchen, Gewalt anstacheln, ja sogar zum Krieg aufhetzen. Aber Musik kann auch, und dies ist sie auf einem bestimmten Niveau stets, Ausdruck vielfältigster künstlerischer Gestaltung und humaner Gefühle sein. Musik hat dann einen zutiefst friedensstiftenden, ja versöhnenden Charakter.

Sie sehen: Wie tief sich ein Mensch von der Musik ansprechen lassen will, hängt vom betreffenden Menschen ab. Musik kann als störende

Dauerberieselung lästig fallen, im Supermarkt oder im Mehrfamilienhaus. Musik kann aber auch als inspirierende Kraft den Müden stärken, den Enttäuschten ermutigen, den Verzweifelten hoffen lassen. Das Erleben von Musik kann so tief gehen, dass es die ganze Existenz eines Menschen erfasst. Der irische Literaturnobelpreisträger WILLIAM BUTLER YEATS hat den Satz formuliert: »Ich glaube an die Vision des Wahren in den Tiefen des Geistes, wenn die Augen geschlossen sind« (Essay »Magie«, 13. 6. 1865). Um diesen Satz zu verstehen, muss man nicht wie Yeats von Platon begeistert sein oder an Magie glauben. Sie mögen es auch schon erlebt haben, dass Sie in höchster geistiger Anspannung die Augen geschlossen haben: etwa in Augenblicken unerträglichen Schmerzes oder aber in Momenten unbändiger Lust und Freude.

Doch können Sie eine ähnliche Erfahrung auch beim Hören von Musik mit geschlossenen Augen machen, wenn Sie bei optimaler Darstellungskraft der Interpreten bestimmte Passagen voll auf sich wirken lassen. Und da kann selbst im Konzertsaal jener magische Moment eintreten, da das Publikum absolut still im Bann der Musik atmet. So kann im Einzelnen ein Vertrauen gestärkt werden, dass es vielleicht doch noch etwas anderes gibt als diese Welt der Materie, des Geldes und der Macht, des Berechenbaren und Machbaren, eine bessere Welt, die sich noch mehr als in den Worten in den Tönen offenbart. Auf diese Weise kann sogar das aufkommen, was *»die feste Zuversicht ist auf das, was man erhofft, ein Überzeugtsein von Dingen, die man nicht sieht«*. Dies ist wörtlich nach dem Hebräerbrief (11,1) im Neuen Testament die Definition von *Glauben*: die feste Zuversicht auf das, was man erhofft, ein Überzeugtsein von Dingen, die man nicht sieht.

Aber nun schließlich die Frage, die über ein allgemeines Lebensvertrauen hinausweist: Kann ein intelligenter Mensch in einem säkularen Zeitalter noch an Gott glauben? Die Ob-Frage hängt zusammen mit der Wie-Frage: Wie heute an Gott glauben? Über beide Fragen habe ich durch all die Jahrzehnte meditiert und reflektiert und meine Antwort schließlich allgemein verständlich in meinem Buch »Was ich glaube« zusammenzufassen versucht. Ich werbe für einen im doppelten Sinn *aufgeklärten Glauben*, der auch über die Aufklärung aufgeklärt ist, ihre Potenzen und ihre Grenzen. Dies ist ein Glaube, der Respekt hat vor dem »Unerklärbaren«, der sich bewusst bleibt, dass die Wirklichkeit Gottes vom Menschen gedanklich nicht erfasst werden kann.

Um es ein wenig zu verdeutlichen: Solcher Glaube weiß zu unterscheiden zwischen echten Heilungswundern und legendären Naturwundern. Es ist ein Glaube, der die Jungfrauengeburt symbolisch und nicht biologisch versteht. Ein Glaube, der die apokalyptischen Schilderungen des Weltendes im Neuen Testament und im »Dies irae« des Requiems nicht als ein Drehbuch von der Menschheitstragödie letztem Akt versteht, sondern als Bilder und Erzählungen für das durch die reine Vernunft Unerforschliche, für das Erhoffte und Befürchtete, als Glaubenszeugnis also vom großen Wohin des Universums und des Menschenlebens. Es ist ein Glaube, der zu unterscheiden weiß zwischen der Wiederbelebung eines Leichnams und dem Eingehen aus dem Tod in ein echtes Jenseits von Raum und Zeit, in eine Sphäre, für die nach Immanuel Kant nicht mehr die reine Vernunft, sondern der Glaube zuständig ist.

Also kein irrationaler Glaube, kein »credo quia absurdum«. Aber auch kein Glaube, der mit Argumenten zum Gehorsam zwingen will. Vielmehr ein Glaube, der mit guten Gründen einladen will. Also ein im Gottesglauben vertieftes, verankertes Lebensvertrauen, das zwar keine unbezweifelbare Sicherheit verschafft, wohl aber eine ruhige Gewissheit schenkt.

Und wenn ich auf den persönlichen Anfang dieser Rede zurückkommen darf: Über einen solchen Glauben habe ich ein Leben lang nachgedacht, geschrieben und dabei auch gegen den Entfremdungsprozess so vieler Menschen vom christlichen Glauben angekämpft. 84 Jahre habe ich so, einigermaßen honorig, hinter mich gebracht, sodass ich jetzt aus der Bibel den paulinischen Brief an Timotheus (2 Tim 4,6–8) zu zitieren wage: *»Die Zeit meines Abschieds steht bevor: Ich habe den guten Kampf gekämpft, den Lauf vollendet, den Glauben bewahrt.«*

Den Glauben bewahrt? Es ist für mich ganz und gar nicht selbstverständlich, den Glauben durch Jahrzehnte eines zwar nie langweiligen, doch oft mühevollen und konfliktreichen Lebens bewahrt zu haben. Und wahrhaftig, ohne die Musik, die ich fast täglich höre, hätte ich das wohl kaum so geschafft. Ich kann Ihnen, liebe Musikfreunde, nichts Besseres wünschen, als dass die Musik, ihre ganze emotionale Macht, ihre unvergleichliche Ausdruckskraft, ihre sinnlich-geistige Schönheit auch Ihnen helfen möge, unverdrossen Ihren Lebensweg zu gehen. Vielleicht mag Ihnen die Musik sogar etwas ahnendes Wissen schenken um eine ganz andere Wirklichkeit, in der Sphäre des Geistes, in der Dimension Unendlich, in der überzeitlichen Ewigkeit.

Mozarts Musik ist dafür zweifellos besonders geeignet – auch wenn die Requiem-Messe vielleicht einigen nicht gerade prädestiniert erscheint als Eröffnungswerk eines festlichen Musiksommers. »Opus summum viri summi«: »Das höchste Werk eines sehr großen Mannes«, hat der Leipziger Thomaskantor Johann Adam Hiller über seine Abschrift des Requiems geschrieben, die er bereits 1792, ein Jahr nach Mozarts unerwartetem Tod, abgefasst hat. Ob NIKOLAUS HARNONCOURT recht hat, wenn er das Requiem als Mozarts einziges Werk mit autobiographischem Bezug bezeichnet, weiß ich nicht. Aber sicher ist, dass Mozarts musikalische Gestaltung seiner Glaubenshaltung entspricht, ja sie ausdrückt.

Mozart war seit einigen Jahren ernster geworden und hat seine Einstellung zum Tod schon anlässlich des Todesfalls seines gleichaltrigen »liebsten besten Freundes Graf Hatzfeld« auch seinem Vater geoffenbart. Und nun schreibt er am 4. April 1787 aus Wien seinem schwer kranken Vater in Salzburg – das sind nur rund drei Jahre vor dem Beginn der Requiemkomposition: »Da der Tod – genau zu nehmen – der wahre Endzweck unseres Lebens ist, so habe ich mich seit ein paar Jahren mit diesem wahren, besten Freunde des Menschen so bekannt gemacht, daß sein Bild nicht allein nichts Schreckendes mehr für mich hat, sondern recht viel Beruhigendes und Tröstendes! Und ich danke meinem Gott, daß er mir das Glück gegönnt hat, mir die Gelegenheit – Sie verstehen mich – zu verschaffen, ihn als den *Schlüssel* zu unserer wahren Glückseligkeit kennen zu lernen.«

Und er fügt hinzu: »Ich lege mich nie zu Bette ohne zu bedenken, daß ich vielleicht, so jung als ich bin, den andern Tag nicht mehr sein werde – und es wird doch kein Mensch von allen, die mich kennen, sagen können, daß ich im Umgange mürrisch oder traurig wäre. Und für diese Glückseligkeit danke ich alle Tage meinem Schöpfer und wünsche sie von Herzen jedem meiner Mitmenschen.«

So ist denn Mozarts Requiem alles andere als eine trostlose Trauermusik. Im ersten Satz wird die entscheidende Botschaft verkündet: Zuerst ein paar Takte des Orchesters und dann des Chores mit dem Vers »Requiem aeternam dona eis, Domine« – »Die ewige Ruhe schenke ihnen, Herr« –, alles komponiert im dunklen schwermütigen d-Moll. Doch plötzlich die Wende in ein strahlendes F-Dur: Mit einem machtvollen monofonen Tutti, zuerst fortissimo, dann pianissimo, die Verheißung des Lebens, eines ewigen Lebens: »Lux perpetua luceat eis!« Das ewige Licht, das Gott selber ist, leuchte ihnen!

Auch in den folgenden Sätzen setzt sich in diesem Requiem in d-Moll immer wieder eine Form des Dur durch. Dies gilt selbst vom düsteren mittelalterlichen Hymnus »Dies irae« – »Tag des Zornes« – mit seinen apokalyptischen Texten, der vom gegenreformatorischen Papst PIUS V., früher Großinquisitor, verbindlich in die Trauermesse eingeführt wurde. Vor allem im Zusammenhang der Anrufung: »Pie Jesu – milder Jesus«, der ein gnädiger Richter sein möge, vernehmen wir helle, tröstliche Töne.

So zeugt denn Mozarts Komposition von einem tiefen Glauben an Gott und das ewige Leben. Gottesglaube als Gottvertrauen.

Am 5. Dezember 1791 ist Mozart, mit dem Tode wohlvertraut, schon länger kränkelnd, aber noch immer höchst kreativ, unerwartet verstorben. Die Partitur endet mitten im Vers »Lacrimosa dies illa« – ein Tag der Tränen wahrhaftig! Seither aber streiten die Gelehrten darüber, was in den späteren Teilen des Requiems von Skizzen Mozarts stammt oder von Ergänzungen seines Schülers Franz Xaver Süssmayr. Andere verfassten verbesserte Versionen. Sie werden heute Abend zweifellos die beste von allen hören – dank der Auswahl von Maestro Claudio Abbado.

Die Komponisten und ihr Glaube: Der Glaube der Komponisten kann ihr Werk besser verstehen helfen. Und die tiefe Gläubigkeit Mozarts kann vielleicht, in Musik umgesetzt, zur Inspiration werden. Aber ob Sie nun »glauben« oder »nicht glauben« oder zwischen beidem schwanken und suchen: ich wünsche Ihnen allen, meine Damen und Herren, dass Ihnen das folgende Konzert ganz im Geiste Mozarts ein tief empfundenes, lichtes Erlebnis werden möge.

Anschließend brachte Claudio Abbado das *Requiem* von Mozart zur Aufführung, und es hat mich persönlich mehr berührt als je zuvor. Das »Requiem aeternam dona eis, Domine!« – »Herr, gib ihnen die ewige Ruhe« – habe ich in besonderer Weise auch auf mich bezogen.

Mein letztes Amen

So bin ich denn glücklich am Ende meiner drei Bände »Lebenserinnerungen« angekommen, die so zu einer »Apologia pro vita mea« – zu einer »öffentlichen Rechenschaft über mein Leben« – geworden sind. Nein, keine Selbstrechtfertigung: Rechtfertigung aus reiner Gnade darf ich von einer anderen, höheren Instanz erwarten. Und nun sind bald die zwei Jahre abgelaufen, die mir mein Augenarzt mit seinen Medikamenten garantiert hat, in denen ich trotz zunehmender Makula-Degeneration noch gut lesen und schreiben könne. Und auch die diagnostizierte Parkinsonkrankheit sollte ich mit dreimalig täglicher Einnahme von teuren Medikamenten in Schranken halten können.

Mir war klar: Ich muss für mein Weiterleben kämpfen. Und so nehme ich denn jeden Tag mehr als ein Dutzend Tabletten ein, mache täglich meine Bodenübungen zur Stärkung der Rückenmuskeln und zur Beruhigung meines Rückenmarksnervs, anschließend schwimme ich und mache auch dabei Übungen – alles genau nach den Anweisungen bester Ärzte und meiner hervorragenden Physiotherapeutin, die einmal wöchentlich mit mir übt. Zugleich höre ich Musik und singe oft lauthals mit, um meine Stimmbänder wieder zu stärken. Tagsüber marschiere ich immer wieder mit großen Schritten – auch bei eisigem Wetter – auf meiner Terrasse hin und her und trainiere mein Gleichgewicht. Zugleich gebe ich mir alle Mühe, meine arthrotischen Finger gegen die Mikrographie zum großen und lesbaren Schreiben anzuhalten. Ich lebe wie immer diszipliniert, trinke eher weniger Wein und mehr Wasser, esse gesund und nicht fett. Auch verzichte ich auf große Auslandsreisen und halte meine internationale Korrespondenz möglichst kurz. … Doch wie lange geht es noch so weiter?

Dankbar bin ich, dass ich die Präsidentschaft sowohl der Weltethos-Stiftungen in Deutschland und der Schweiz wie auch der Herbert-Haag-Stiftung »Für Freiheit in der Kirche« in neue kompetente Hände geben durfte. Und Gott sei Dank, dass ich in der meinen Augen gesetzten Zwei-Jahres-Gnadenfrist auch diesen dritten und letzten Band meiner Memoiren vollenden konnte. Weitere Bücher schreiben möchte ich nicht, auch nicht neue große Vorträge ausarbeiten und weite Reisen unternehmen. Vielleicht werde ich noch kleine Aufgaben übernehmen, den einen oder anderen Text neu herausgeben, sicher noch zu existentiellen und gesellschaftlichen, kirchlichen oder ethischen Fragen Stellung beziehen können. Ich genieße es: Es wird mir jetzt Zeit geschenkt, zu lesen, was ich will, Musik zu hören, wann es mir gefällt, mit anderen zu reden, so lange es mir behagt. Und ich freue mich über all die Freundlichkeiten, die ich im täglichen Umgang erfahre, und über die 1000 schönen Dinge, die mir in der Natur oder im eigenen Haus unter die Augen kommen. Und es wird mir weh ums Herz, wenn ich bedenke, dass ich das alles aufgeben soll. Doch:

»Die Zeit meines Abschieds steht bevor« (2 Tim 4,6). Ich habe noch ausreichend Lebensenergie, aber sie nimmt fühlbar ab. Meine ernsten Gebrechen kann ich nicht heilen, nur in Grenzen halten. Kaum etwas ist wirklich besser geworden, eher schlechter: die Sehkraft der Augen, die Stärke der Stimme, die Beweglichkeit der Finger, der sichere, aufrechte Gang … Das Schreiben fällt mir immer schwerer: Wie meine Schritte immer kleiner werden, wenn ich nicht bewusst darauf achte, so wird auch meine Schrift immer kleiner, wenn ich die einzelnen Buchstaben nicht bewusst forme. Umso dankbarer bin ich, dass mir das Sekretariat der Stiftung Weltethos für meine Korrespondenz und vieles mehr weiterhin zur Verfügung steht. Zudem habe ich mir meine Neugierde bewahrt, möchte noch immer zu unbekannten Musikstücken den Komponisten wissen, die »Psychologie« der Vögel verstehen und die Methoden zur Regulierung des Hochfrequenz-Börsenhandels und zur Kontrolle der Abhörpraktiken des US-Geheimdienstes kennenlernen. So verfolge ich in Zeitungen, Radio und Fernsehen die politischen und wirtschaftlichen Tagesereignisse auf unserem Globus mit brennendem Interesse.

Aber ich denke auch an die ganz andere Neugierde meines früheren marxistischen und atheistischen Tübinger Kollegen ERNST BLOCH nach dem, was seinen Worten nach »vielleicht« nach dem Tode kommt. Ich bin mir bewusst, dass plötzlich eine ernsthafte Verschlechterung meines Gesundheitszustands eintreten kann. Und habe bisher keine Sehnsucht danach, 90 Jahre alt zu werden. Ich meine, meine großen Aufgaben erfüllt zu haben, bin guten Mutes, leide unter keiner Depression und bin bereit, jeden Tag aufzubrechen. Auf keinen Fall möchte ich, wie manche andere, den Zeitpunkt meines rechtzeitigen Abschieds verpassen. Bleibe ich doch bei meiner Auffassung, dass die Frage des Wann und Wie meines Sterbens in meine Verantwortung gestellt ist, außer es würde mir die Entscheidung etwa durch einen sogenannten »Sekundentod«, Unfall oder Schicksalsschlag abgenommen. Genau dies ergibt sich für mich aus meinem Glauben an den gnädigen Gott, aus meinem Vertrauen, dass ich nicht in ein Nichts, sondern in die barmherzigen Hände Gottes falle. Ja, es ist ein *Leben auf Abruf*, und ich hoffe darauf, dass ich den Tag erkenne, an dem ich mich heimgerufen fühlen darf.

Mit meinen 85 Jahren möchte ich für immer an der Wahl festhalten, die ich in meinen jungen Jahren bewusst vollzogen habe. Nach dem Mathematiker und Philosophen BLAISE PASCAL eine »Wette« (franz.: »pari«), für welche die Chancen gut stehen: »Infini ou rien« gegen das Nichts für Unendlich. Das heißt: Ich verliere nichts, wenn ich an Gott und ein ewiges Leben glaube, kann aber in diesem Glauben alles gewinnen. Freilich habe ich es immer wieder betont: Für diesen Glauben besitze ich keine mathematisch-naturwissenschaftlichen Beweise, insofern keine absolute Sicherheit. Aber sehr wohl habe ich dafür gute Gründe und deshalb eine ruhige, tiefe Gewissheit.

Dies alles ist unverkennbar das letzte große Wagnis der Freiheit: Wenn ich mich auf Gott verlasse, halte ich mich frei gegenüber allen endlichen Mächten und Instanzen, die nicht Gott sind. Mein unbedingtes Ja, mein letztes *Amen*, hebräisch für: *»So sei es!«*, kann ich keinesfalls irgendeiner irdischen Instanz oder Macht geben, keinem Staat und keiner Kirche, keinem Vorgesetzten, Guru, Führer oder Papst. Mein Amen sage ich allein dem, auf den ich mein Leben lang mein letztes Vertrauen setzte: »In te Domine speravi, non confundar in aeternum.« – »Auf dich, o Herr, habe ich vertraut. Du lässt mich nicht zuschanden werden in Ewigkeit« (Ps 71,1).

Am Ende dieser Lebenserinnerungen möchte ich meinen Gottesglauben nicht nur mit einem Bibelzitat beschwören, vielmehr mit einem Gebet in der Sprache der Menschen von heute bezeugen, wie ich dies gelegentlich auch vor einer großen Öffentlichkeit gewagt habe:

Unser Leben ist kurz, unser Leben ist lang.
Und voll Staunen stehe ich vor einem Leben,
das seine unerwarteten Wendungen und doch seine Geradlinigkeit hatte:
ein Leben von über 31.000 Tagen, schönen und trüben,
wechselnden, die so vieles an Erfahrungen mit sich brachten
im Guten wie im Bösen,
ein Leben, von dem ich heute doch sagen darf: So war es gut.

Ich habe unermesslich mehr empfangen, als ich geben konnte,
alle meine guten Einfälle und meine guten Ideen,
meine guten Entscheidungen und Taten
sind mir geschenkt, aus Gnade ermöglicht.
Und selbst wo ich mich falsch entschieden und böse gehandelt,
hast du mich unsichtbar geleitet.
Um Vergebung bitte ich für alles, worin ich gefehlt habe.

Ich danke dir, Unfasslicher, Allumfassender und Allesdurchwaltender,
Urgrund, Urhalt und Ursinn unseres Seins, den wir Gott nennen,
dir, dem großen, unsagbaren Geheimnis unseres Lebens,
dir, dem Unendlichen in allem Endlichen,
dir, dem Unaussprechlichen in all unserer Rede.

Ich danke dir für dieses Leben mit allem Unerklärlichen und Seltsamen.
Ich danke dir für all die Erfahrungen, die hellen und die dunklen.
Ich danke dir für alles, was gelungen ist, und für alles,
was du schließlich zum Guten gewendet hast.
Ich danke dir, dass mein Leben ein geglücktes Leben werden durfte,
nicht nur für mich selber, sondern für diejenigen,
die an diesem Leben teilhaben durften.

Den Plan, nach dem unser Leben verläuft mit all seinen
Irrungen und Wirrungen, kennst du allein.

Deine Absicht mit uns erkennen wir nicht von vornherein.
Dein Angesicht können wir, wie Mose und die Propheten,
in dieser Welt nicht sehen.
Aber wie Mose im Felsspalt
den vorübergehenden Gott vom Rücken her sehen durfte,
so dürfen auch wir deine Hand, o Herr, in unserem Leben
im Rückblick erkennen und dürfen erfahren,
dass du uns getragen und geführt hast und
dass das, was wir selber entschieden und getan haben,
immer neu von dir geleitet wurde zum Guten.

So lege ich auch die Zukunft gelassen-zuversichtlich in deine Hände.
Es mögen viele Jahre sein oder nur wenige Wochen,
ich freue mich über jeden neuen Tag, der mir geschenkt,
und überlasse dir voller Vertrauen ohne Sorge und Angst all das,
was meiner noch wartet.
Denn du bist wie der Anfang vom Anfang und die Mitte der Mitte
so auch das Ende vom Ende und das Ziel der Ziele.
Ich danke dir, mein Gott,
denn du bist freundlich,
und deine Güte währet ewig.

Amen. So sei es.

Anmerkungen

Vorbemerkung: Der Anmerkungsteil dieses dritten Memoirenbandes hat einen anderen Charakter als jene in den ersten beiden Bänden: Seit dem »Tübinger Kompromiss« von 1980 entfiel jegliche Korrespondenz mit der römischen Kurie, die in Band 1 und 2 breit belegt werden musste. Andererseits sollen in diesem Band meine mannigfachen Kontakte mit Institutionen und Personen dokumentiert werden; zur Entlastung des Haupttextes habe ich deshalb viele dieser Referenzen in den Anmerkungsteil übernommen. Kurze Literaturangaben habe ich, um dem Leser häufiges Nachschlagen zu ersparen, in den Haupttext gestellt, sodass in den Anmerkungen nur wenige bibliographische Angaben zu finden sind. H. K.

I. Zu neuen Ufern

1 **N. Greinacher – H. Haag**, Appell an den Papst, in: dies., Der Fall Küng. Eine Dokumentation, München 1980, S. 546.

2 Ebd.

3 **N. Greinacher – H. Haag**, Der Fall Küng. Eine Dokumentation, München 1980, Nr. 3.36.

4 **H. Küng**, Kirche von oben – Kirche von unten?, in: Publik-Forum, Nr. 25-26/1980 und Nr. 1/1981.

5 Rollenwandel des religiösen Buches. Zu den Ergebnissen einer Infratest-umfrage, in: Herder-Korrespondenz, Heft 9, 34 (1980), S. 469.

6 Einer meiner Standardvorträge 1980/81 ist *»Wie in der Ökumene vorankommen?«*, den ich im deutschen Sprachraum, in Berlin (8. 6. 1980), Hamburg (9. 6. 1980), Heidelberg (12. 6. 1980) und Münster (16. 9. 1980), schließlich auch noch an der Universität Aarhus/Dänemark und für eine große Pfarrer- und Pfarrerinnenversammlung im Rathaus von Stockholm (9. 6. 1981) halte.

Ein weiterer Standardvortrag ist *»Woran man sich halten kann. Eine christliche Orientierung in orientierungsarmer Zeit«*. Ich halte ihn in verschiedenen Schweizer Städten: in Basel (16. 2. 1981), St. Gallen (17. 2. 1981), Zug (18. 2. 1981), Bern (19. 2. 1981) und schließlich in meiner Heimatstadt Sursee (20. 2. 1981) und in St. Moritz (24. 2. 1981), außerdem in Freiburg/Br. (11. 6. 1980) und dann nochmals auf Einladung von Bundeskanzler Kreisky in der Wiener Hofburg (16. 6. 1981).

7 Veröffentlicht in der IHK-Reihe »Reutlinger Reden«, Nr. 5.

8 Bei meinen Vorträgen erfahre ich viel Erfreuliches und manchmal auch Komisches, worüber ich noch heute lachen muss. Etwa, dass ich in Eile meine Windjacke überziehe und erst am Vortragsort zu meinem Schrecken feststelle, dass ich meinen Sakko vergessen habe; ein Herr des Organisationskomitees hilft mir mit dem seinen aus und sitzt im Pullover da. Oder dass ich in der Schweiz bei der Heimfahrt vor Mitternacht über ländliches Gebiet von einem kleinen Auto verfolgt werde, die Fahrt beschleunige, aber schließlich an einer roten Ampel eingeholt werde – von der Polizei, die in mir einen »Prominenten« erkennt, mich aber nach meiner Erklärung weiterfahren lässt, mit einer Buße von 20 Franken und der Aufforderung, langsamer zu fahren, damit ich auch am nächsten Abend noch einen Vortrag halten könne. Oder dass mein Vortrag über »Manager und Gottesfrage« von einem Vortragsagenten hinter meinem Rücken an das Herrenmagazin »Penthouse« verkauft wird, wo er zwischen nackten Damen erscheint, wofür der Schuldige, durch meinen Anwalt gezwungen, eine Erklärung veröffentlichen und 8000 Franken an eine gemeinnützige Institution bezahlen muss.

9 Erschienen in: **K. R. Popper**, Auf der Suche nach einer besseren Welt. Vorträge und Aufsätze aus dreißig Jahren (1984), 9. Aufl., München 1997, S. 213–229.

10 **E. Drewermann**, Tiefenpsychologie und Exegese, Bd. I, Olten 1984, S. 527.

11 Mit dem **Herbert Haag-Preis »Für Freiheit in der Kirche«** wurden ausgezeichnet:
Theologen: Prof. Teresa Berger (Yale University), Leonardo Boff (Petrópolis – Rio de Janeiro/Brasilien), Dr. Eugen Drewermann (Paderborn), Prof. John Fernandes (Universität Mangalore/Indien), Prof. Elisabeth Gössmann (Universitäten Tokio und München), Prof. Hermann Häring (Universität Nijmegen), Prof. Josef Imbach (Rom und Basel), Prof. Leo Karrer (Universität Fribourg), Prof. Walter Kirchschläger (Universität Luzern), Prof. Karl-Josef Kuschel (Universität Tübingen), Msgr. Luigi Marinelli (Vatikan), Dr. Elisabeth Moltmann-Wendel (Tübingen), Prof. Stephan Pfürtner (Universität Marburg), Prof. Dietrich Wiederkehr (Universität Luzern), Prof. Erich Zenger (Universität Münster).
Praktische Seelsorger: Erwachsenenseelsorger Xaver Pfister (Basel), Sozialarbeiter Sepp Riedener (Luzern); der seines Bistums beraubte Bischof Jacques Gaillot (Évreux bei Paris); zukunftsweisende Gestalten priesterloser Seelsorge: Monika Hungerbühler, Monika Schmid, Charlie Wenk (Schweiz).
Politiker: alt Bundesgerichtspräsident Dr. Guisep Nay (Valbella, Graubünden/CH), Generalsekretär des Südafrikanischen Kirchenrates Dr. Christian Frederick Beyers Naudé (Johannesburg).
Journalisten: Publik Forum (Zeitung kritischer Christen in Deutschland), Dolores Bauer (Österreichischer Rundfunk ORF, Wien), Matthias Drobinski (Süddeutsche Zeitung, München), Michael Meier (Tagesanzeiger, Zürich), Hansjörg Schultz (Radio DRS, Basel).

Literaten: Beatrice Eichmann-Leutenegger (Kritikerin und Vermittlerin religiöser Literatur, Bern), Thomas Hürlimann (Schriftsteller, Berlin – Einsiedeln).
Organisationen: Msgr. Helmut Schüller und die österreichische Pfarrerinitiative (Wien); Verborgene Kirche Tschechiens und der Slowakei, repräsentiert durch Untergrundbischof Dusan Spiner (Olmütz) und Generalvikarin Ludmila Javorova (Brünn); Bethlehem Mission Immensee (Immensee/CH und Luzern); Katholische Kirchgemeinde Röschenz (Kanton Basel-Landschaft); Luzerner Synode (Luzern); Schweizerischer Katholischer Frauenbund (Luzern); Verein der vom Zölibat betroffenen Frauen (Schweiz); Pfarrer Rudolf Schermann, Herausgeber der Zeitschrift »KircheIn« (Wien); Kirchenvolksbegehren Österreichs und Deutschlands – initiiert von »Wir sind Kirche«; Loyale Opposition im Bistum Chur (Schweiz).

II. Eine realistische Vision

1 Vgl. **R. Picker**, Was ist mit Gottes geliebter Kirche passiert?, in: Kirche In 02/2008, S. 48.
2 **H. Maier**, Ins Herz der Dinge und in die Vereinsamung, in: Süddeutsche Zeitung vom 22. Januar 2008, S. 14.
3 DPA-Meldung vom 21. November 1980.
4 EPD-Meldung vom 14. September 2007, www.eea3.org.
5 Ebd.

III. Vorstöße ins Neuland

1 Vgl. **M. Eliade**, Histoire des croyances et des idées religieuses, Paris 1976–78.
2 **T. S. Kuhn,** Postscriptum – 1969, in: »The Structure of Scientific Revolutions« 1969 (deutsche Ausgabe, S. 186).
3 Nach verschiedenen Hardcover- und TB-Ausgaben bringt der Piper Verlag den Band »Das Christentum« im Jahr 2007 im Rahmen der Trilogie über die drei abrahamischen Religionen als Sonderausgabe heraus.
4 **K. Herbers – M. Kerner**, Die Päpstin Johanna. Biographie einer Legende, Wien 2010, S. 144.
5 Veröffentlicht als **W. Jens – H. Küng**, Dichtung und Religion, München 1985.
6 **W. Jens – H. Küng**, Dichtung und Religion, München 1985, S. 7.
7 **Tübinger Symposion »Theologie und Literatur«**, Mai 1984:
Literatur: Günter de Bruyn, Berlin (DDR); Ingeborg Drewitz, Berlin (West); Werner Dürrson, Riedlingen; Heinz Flügel, Tutzing; Barbara Frischmuth, Wien; Walter Helmut Fritz, Karlsruhe; Gertrud Fussenegger, Leonding-Linz;

Lars Gustafsson, Uppsala; Peter Härtling, Mörfelden-Walldorf; Arnim Juhre, Hamburg; Kurt Marti, Bern; Adolf Muschg, Zürich; Josef Reding, Dortmund; Jürgen Rennert, Berlin; Luise Rinser, Rom; Wilhelm Kaspar Willms, Heinsberg; Eva Zeller, Stuttgart.

Theologie: Wolfgang Bartholomäus, Tübingen; Norbert Greinacher, Tübingen; Eberhard Jüngel, Tübingen; Walter Kasper, Tübingen; Hans Küng, Tübingen; Jürgen Moltmann, Tübingen; Karl Ernst Nipkow, Tübingen; Martin Penzoldt, Tübingen; Friedrich Schorlemmer, Wittenberg (DDR); Kurt Studhalter, Zürich; Martin Uhle-Wettler, Berlin (DDR); Heinz Zahrnt, Kiel.

Literaturwissenschaft: Wilfried Barner, Tübingen; Walter Jens, Tübingen; Klaus Jeziorkowski, Frankfurt; Helmuth Kiesel, Tübingen; Walther Killy, Wolfenbüttel; Hans-Heinz Krummacher, Mainz; Albrecht Schöne, Göttingen; Jürgen Schröder, Tübingen; Walter Sparn, Wolfenbüttel; Theodore Ziolkowski, Princeton (USA).

Theologie und Literatur: Wolfgang Fietkau, Berlin (West); Gotthard Fuchs, Frankfurt/Wiesbaden; Hubertus Halbfas, Reutlingen; Josef Imbach, Rom; Michael Krämer, Bad Rothenfelde; Paul Konrad Kurz, München; Karl-Josef Kuschel, Tübingen; Dietmar Mieth, Tübingen; Henning Schröer, Bonn; Johannes Thiele, Zürich.

Publizistik: Harry Buckwitz, Meilen (CH); Herbert Glossner, Hamburg; Heinz Josef Herbort, Hamburg; Robert Leicht, München; Renate Schostack, Frankfurt; Klara Studhalter-Obermüller, Zürich; Helmut Weigel, Stuttgart; Friedrich Weigend-Abendroth, Stuttgart.

8 **W. Jens – H. Küng – K.-J. Kuschel** (Hg.), Theologie und Literatur. Zum Stand des Dialogs, München 1986.

9 **W. A. Mozart**, Brief an seinen Vater vom 4. April 1787 aus Wien, in: Briefe, Bd. IV, S. 41.

10 Der in mein Buch »Mozart. Spuren der Transzendenz« (1991) und später in »Musik und Religion. Mozart – Wagner – Bruckner« (2006) aufgenommene Text ist die epische Langfassung, welche der mehr rhetorisch gehaltenen Kurzfassung während der Fernsehaufführung zugrundelag. Mein kurzes Wort des Dankes im Buch bezieht sich nicht nur posthum auf August Everding, der schon so früh von uns gehen musste, und Dr. Erwin Koller, Abteilungsleiter beim Schweizer Fernsehen DRS, der mich zu jenem zeitsensiblen Kommentar ermuntert hat, sondern auch auf Kapellmeister Armin Brunner, der in Basel die musikalische Leitung hatte und – last not least – auf den Reutlinger Musikwissenschaftler und Komponisten Karl Michael Komma, dem ich – wie auch meinem Tübinger Kollegen Professor Arnold Feil – manche Gespräche, Korrekturen und Anregungen verdanke.

11 So ließ ich die betreffenden Abschnitte im Buch »Existiert Gott?« (1978) von meinen Tübinger Kollegen überprüfen: von Gerhard Elwert, Professor für Theoretische Astrophysik, und von Helmut Metzner, Professor für Chemische Pflanzenphysiologie.

12 Schon in den 1970er-Jahren führte ich im Institut für Ökumenische For-

schung Arbeitstagungen mit Vertretern verschiedener anderer Disziplinen durch: mit Prof. Harald Stumpf über »Fragen der Physik und der Ökologie« (17. 12. 1972), mit Prof. Wolfgang Loch über »Sigmund Freud und die Psychoanalyse« (8. 2. und 14. 5. 1973), mit Prof. Helmut Metzner über »Biologie und Theologie« (23. 1. 1975), mit Prof. Karl Schmitz-Moormann (Bochum) über Teilhard de Chardin: »Der Gott der Evolution« und »Einführung in das Denken von Alfred North Whitehead« (19. 2. 1977). Später wurden für mich wichtig die Veröffentlichungen und Gespräche mit meinem Kollegen Alfred Gierer, Professor für Entwicklungsbiologie am Tübinger Max-Planck-Institut.

13 **Tübinger Symposion »Naturwissenschaft und Religion«**, Juli 2006: *Naturwissenschaftler*: Prof. Augusto Cogoli (Weltraumbiologie, Zürich), Prof. Nicholas Conard (Ältere Urgeschichte, Tübingen), Prof. Rolf Emmermann (Vorstandsvorsitzender GeoForschungsZentrum, Potsdam), Prof. Amand Fäßler (Theoretische Physik, Tübingen), Prof. Ulrich Felgner (Logik, Grundlagen u. Geschichte der Mathematik, Tübingen), Prof. Karl Fuchs (Geophysik, Karlsruhe), Prof. Friedrich Gönnenwein (Theoretische Physik, Tübingen), Prof. Günther Hasinger (Extraterrestrische Physik, Garching), Prof. Mathias Jucker (Neurobiologie, Tübingen), Prof. Harald Lesch (Astrophysik, München), Prof. Nicolaas K. Michiels (Evolutionsökologie der Tiere, Tübingen), Prof. Herbert Müther (Theoretische Physik, Tübingen), Prof. Herbert Pfister (Theoretische Physik, Tübingen), Prof. Jürgen Richter (Urgeschichte, Köln), Prof. Hans-Ulrich Schnitzler (Tierphysiologie, Tübingen), Prof. Adolf Seilacher (Paläontologie, Tübingen), Ministerpräsident a.D., Dr. h.c. Erwin Teufel.
Theologen: Prof. Urs Baumann (Theologie, Tübingen), Prof. Andreas Benk (Theologie/Physik, Schwäbisch Gmünd), Dr. Günther Gebhardt (Wissenschaftlicher Projektkoordinator, Stiftung Weltethos), Prof. Hermann Häring (Theologie, Nijmegen/Tübingen), Prof. Hans Küng (Theologie, Präsident Stiftung Weltethos), Prof. Karl-Josef Kuschel (Theologie, Vizepräsident Stiftung Weltethos), Dr. Stephan Schlensog (Generalsekretär, Stiftung Weltethos), Prof. Josef Wohlmuth (Theologie, Bonn).

14 Beiträge veröffentlicht in: **N. Murphy u. a.**, Downward Causation and the Neurobiology of Free Will, Berlin/Heidelberg 2009.

15 Es sei angemerkt, dass dieser in Band 2 mehrfach zitierte Professor **Theodor Eschenburg**, Vater der Politikwissenschaft in der Bundesrepublik, eine Rechtfertigung erfahren hat gegenüber Angriffen die auf seine Rolle in der Nazizeit zielten. Es erregte Aufsehen, dass am 27. September 2012 ein Eschenburg-Preisträger zwar den Eschenburg-Preis annahm, aber sich in seiner Preisrede zu einer scharfen Kritik gegen Eschenburgs »Mitläufertum« in der Nazizeit verstieg und sich dabei auf einen Artikel eines Politikwissenschaftlers und das bestätigende Gutachten einer Historikerin berief. In der Folge aber hat der Tübinger Historiker Dr. **Hans-Joachim Lang** durch eingehende Recherchen in Archiven eine ganze Reihe von Materialien vor-

gelegt, die Eschenburg weithin entlasten (vgl. seine umfangreichen Berichte im »Schwäbischen Tagblatt« vom 19. Januar 2013 und 27. April 2013). Langs Nachforschungen belegen die voreingenommenen und lückenhaften Recherchen der Gutachterin der Deutschen Vereinigung für Politische Wissenschaft (DVPW).

IV. Mein amerikanisches Jahrzehnt

1 An der University of Michigan halte ich aber schon 1981 zwischen 22. und 24. November eine Predigt und einen groß angekündigten Vortrag an der Universität über »Science and the Problem of God«. Schließlich spreche ich auch noch an der Southern Illinois University in Edwardsville (29. 11.) und in Louisville/Kentucky (30. 11.) innerhalb von sechs Stunden drei Mal zu unterschiedlichem Publikum. Wie weit über die Kirchen hinaus meine Tätigkeit in der Öffentlichkeit verfolgt wird, zeigt mir die Urkunde, durch die mich der Governor des Commonwealth of Kentucky, John Y. Brown Jr., zum »Kentucky Colonel« ernennt. Am 7./8. Dezember 1981 halte ich schließlich noch den Vortrag an der University of Notre Dame/Indiana, von dem schon die Rede war. Ein treuer Freund seither ist der mich einführende Dean der School of Theology, **Richard McBrien**, der mir noch zum 80. Geburtstag schreibt: mich damals gegen allen Widerstand einzuführen sei für ihn ein Höhepunkt seiner Jahre als Dean gewesen.

V. Meine Welt des Islam

1 Vgl. **L. Swidler** (Hg.), Toward a Universal Theology of Religion, New York 1987.
2 Vgl. **W. C. Smith**, On Understanding Islam, Den Haag 1981.
3 Vgl. **W. C. Smith**, Towards a World Theology. Faith and The Comparative History of Religion, London 1981.
4 Vgl. **R. Garaudy**, Promesses de l'Islam, Paris 1981; dt.: Verheißung Islam, München 1989.
5 Vgl. **M. W. Hofmann**, Der Islam als Alternative, München 1982; **ders.**, Die Religion im 3. Jahrtausend. Eine Religion im Aufbruch, München 2000.

VI. Meine Welt des Judentums

1 **»Christen und Juden«**, in: »Concilium« Heft 10/1974.
Die Themen und ihre Bearbeiter: Die Bedeutung des Gesetzes im Judentum (Louis Jacobs), im Christentum (William Davies) – Struktur und Inhalt der jüdischen Liturgie (Joseph Heinemann), der christlichen Liturgie (Cle-

mens Thoma) – Sünde und Vergebung im Judentum (Roland Gradwohl), im Christentum (Peter Fiedler) – Welcher Jude ist ein guter Jude? (Samuel Sandmel), Welcher Christ ist ein guter Christ? (Jan Milic Lochman) – Die Haltung Israel gegenüber: Staat, Land und Volk, ein jüdischer Standpunkt (André Néher), ein christlicher Standpunkt (Alan Davies) – Die messianische Hoffnung im Judentum (Jakob Petuchowski), im Christentum (Jürgen Moltmann) –Inwiefern kann Jesus für Juden eine Frage sein? (David Flusser), Welche Bedeutung hat es für einen Christen, dass Jesus Jude war? (Bernard Dupuy) – Möglichkeiten einer jüdisch-christlichen Begegnung und Verständigung, jüdische Sicht (Uriel Tal), christliche Sicht (Kurt Hruby).

2 **S. Ben-Chorin**, Bruder Jesus. Der Nazarener in jüdischer Sicht, München 1967, S. 12.

3 Ebd.

4 Vgl. **D. Marmur**, Beyond Survival. Reflections on the Future of Judaism, London 1982.

5 Vgl. **W. G. Plaut**, The Tora, New York 1981; dt.: Die Tora in jüdischer Auslegung, Bd. I-V, Gütersloh 2008.

6 **P. Riesenberg**, Jews in the Structure of Western Institutions, in: Judaism 28 (1979), S. 402-415, Zit. 415.

7 Vgl. **F. Stern**, Dreams and Delusions. The Drama of German History, New York 1987; dt.: Der Traum vom Frieden und die Versuchung der Macht. Deutsche Geschichte im 20. Jahrhundert, Berlin 1988.

8 Vgl. **A. H. Friedlander**, Ein Streifen Gold. Auf Wegen der Versöhnung, München 1989. Eine mit einer neuen Einleitung versehene englische Übersetzung erschien unter dem Titel: A Thread of Gold. Journeys towards Reconciliation, London 1990.

9 Vgl. **N. K. Gottwald**, The Hebrew Bible. A Socio-literary Introduction, Philadelphia 1985.

10 **H. Küng – P. Lapide**, Jesus im Widerstreit. Ein jüdisch-christlicher Dialog, Stuttgart 1976.

11 **S. Ben-Chorin**, Bruder Jesus. Der Nazarener in jüdischer Sicht, München 1967, S. 76.

12 **J. Leibowitz** (mit M. Shashar), Al olam umlo'oh, Jerusalem 1987; dt.: Gespräche über Gott und die Welt, Frankfurt 1990, S. 10f.

VII. Die Welt der Ozeanier, Afrikaner und Indios

1 Abgesehen von der (mit Ausnahme Ägyptens) fast hundertprozentigen muslimischen Bevölkerung Nordafrikas haben heutzutage die Muslime in Westafrika die Mehrheit in Senegal, Gambia, Guinea, Mali, Niger, stellen aber auch ungefähr die Hälfte der Bevölkerung im Tschad und in Nigeria. Bedeutende Minoritäten (oft bis zu einem Drittel) leben in Sierra Leone, Liberia, Elfenbeinküste, Kamerun, Burkina Faso, Ghana, Benin und Togo.

Hinzu kommen in Ostafrika das ganz islamische Somalia, der überwiegend islamische Nord-Sudan, die mittlerweile knappe Mehrheit in Äthiopien und eine starke Minorität in Tansania. Ja, es kam bisweilen vereinzelt vor, dass bereits christianisierte Völker (auch einzelne Staatsoberhäupter) sich von ihrer traditionellen Religion abwandten. Seit der Unabhängigkeit vieler muslimischer Staaten nach dem Zweiten Weltkrieg, dem Ölembargo 1973 und der Islamischen Revolution in Iran 1979 ist der Islam auch in Afrika auf die Weltbühne zurückgekehrt (vgl. Kap. V: »Erwachender Islam«).

2 Vgl. **H.-J. Prien**, Die Geschichte des Christentums in Lateinamerika, Göttingen 1978.

3 **T. Todorov**, La conquête de l'Amérique. La question de l'autre, Paris 1982; dt.: Die Eroberung Amerikas. Das Problem des Anderen, Frankfurt 1985, S. 161.

4 **L. Boff**, »Ein Würgeengel der Kirche«. Gespräch in: Der Spiegel Nr. 50/2012, S. 155. Die neueste Strömung auf der Linie der Befreiungstheologie ist die von einer Gruppe junger Theologen entwickelte *Postkoloniale Theologie*, die indigen, kontextuell, transnational, multireligiös und interdisziplinär zu sein beansprucht. Eine gute Übersicht bietet die Internationale Zeitschrift für Theologie »Concilium«, 49. Jg./Mai 2013: »Postkoloniale Theologie«, hg. von H. Haker, L. C. Susin und É. Messi Metogo.

VIII. Meine Welt der Religionen Indiens

1 Quelle: Census of India 2001.

2 **Erste Konferenz über Weltethos und traditionelle indische Ethik**, in: H. Schmidt (Hg.), Allgemeine Erklärung der Menschenpflichten. Ein Vorschlag, München 1997, S. 108.

Teilnehmer: Swami Agnivesh war für Vorbereitung und Durchführung der Konferenz der Hauptverantwortliche. Die Teilnehmer stammen, soweit nicht anders angegeben, aus New Delhi. Prof. Anwar Moazzam (Islamic Studies, University Hyderabad), Prof. K. C. Yadav (Gurgaon), Prof. Tahir Mahmood (Chairman, Commission for National Minorities), Dr. Alice Jacob (Law Commission), Prof. T. K. Oommen (Nehru University), A. K. Merchant (Bahai's House), Ven. Doboom Tulku (Tibet House), Maulana Wahiduddin Khan (Islamic Centre), Rtd. Justice Rajinder Sachar, Prof. P. S. Baren Ray, Prof. Allauddin Ahmed (Vice-Chancellor, Jamia Hamdard), Mark Tully, Prof. M. S. Agwani (Udaipur), Dr. Karan Singh M. P., Ms. Monica Fimpel, Prof. Yash Pal (Noida), Sh. Arun Shourie, Ms. Anuradha Gupta (Mussoorie), Rev. Valson Thampu (St. Stephens College), Ms. Susheela Bhan (Institute of Peace Research), Pawan Gupta (Mussoorie), Basheer Hussain (State Minorities Commission, Bangalore), Mrs. Hamida Habibullah M. P. (Noida), Dr. Sadhvi Sadhana (Archarya Sushil Muni Ashram), Ms. Jillani Bano (Novelist, Hyderabad), Dr. Promilla Kapur, Dr. S. K. Sharma, Dr. Tulsi Ram,

Ms. Kamala Mankekar, Shri Amrit Lal (Noida), Rtd. Justice V. R. Krishna Iyer (Ernakulam), Joseph Puthooran, M. P. Krishnan Kutty (Times of India), Ms. Rajani Tandon (Temple of Understanding), Dr. V. S. Lal (General Secretary, Synod, Church of North India), O. P. Shah (India International Centre), Dr. Suresh Chandra Sharma (India Museum), Prof. Riffat Hassan (Lahore, Pakistan), Ms. Malvika, Dr. D. P. Goel, Prof. Sheoraj Singh, Shri Jagvir Singh, Fr. T. K. Jhon S.J., Capt. Rudra Sen, Capt. Bodh Jaibharati (Faridabad), Dr. Rishi Nanda, Samsul Islam, Karan Sawhany, Dr. K. P. Shankaran, Dr. Surendra Kadiyan, S. P. Mohan.

3 Erste Konferenz über Weltethos und traditionelle indische Ethik, S. 109f.

4 **R. Guardini**, Der Herr. Betrachtungen über die Person und das Leben Jesu Christi, Basel 1937, S. 381.

5 **M. Weber,** Gesammelte Aufsätze zur Religionssoziologie, Bd. 2, Tübingen 1921, S. 251 f, S. 254 f, S. 247.

6 **5. Zen-Symposion** (Kyoto, 7.-12. März 1987).
Teilnehmer: Seiko Hirata, Zen Meister am Tenryuji Tempel; Keiji Nishitani, Professor Emeritus an der Kyoto University; Shizuteru Ueda, Professor an der Kyoto University; Eiko Kawamura und Ensho Kobayashi, beide Professoren am Hanazono College.

7 **Zweites Vatikanisches Konzil**, Erklärung Nostra Aetate über das Verhältnis der Kirche zu den nichtchristlichen Religionen, Art. 2.

IX. Meine Welt der Religionen Chinas

1 **H. Küng – K.-J. Kuschel** (Hg.) Weltfrieden durch Religionsfrieden, München 1993, S. 101.

2 AaO S. 102.

3 In: **H. Küng** (Hg.), Ja zum Weltethos. Perspektiven für die Suche nach Orientierung, München 1995, S. 285.

4 Teilnehmer an der **Ersten Konferenz über Weltethos und traditionelle chinesische Ethik** (Peking, 10.–12. September 1997): Chen Shao-Ming, Deng Xiaomang, He Guanghu, He Huaihong, He Yun, Huang Kejiak, Jiang Qing, Li Pengye, Li Qiuling, Liang Zhi-Ping, Liu Jun-Ning, Liu Xiaoeng, Qin Hui, Tang Yi-Jie, Wan Junren, Wang Yan, Wang Zhi-Yuan, Yang Huilin, Yang Xinan, You Xilin, Yu Dunkang, Zhang Qingxiong, Zhang Zhiyang, Zhuo Xinming.

5 **H. Küng**, Spurensuche, TB München 2008, S. 240f.

6 **W. Kubin**, Konfuzius: Gespräche, ausgewählt, übersetzt und kommentiert, Freiburg 2011. Es war mir eine Freude, diesen großen Sinologen auf dem Zweiten Internationalen Sinologenkongress 2009 in Peking näher kennenzulernen.

7 Teilnehmer an der **Zweiten Konferenz über Weltethos und traditionelle chinesische Ethik** (Peking, 10.–14. Oktober 2001): Julia Ching, Liu

Xiaofeng, Albert Chen Hung Yee, Guan Ziyin, Wang Qingjie, Lo Pingcheung, Zhuo Xinping, He Guanghu, Zhao Dunhua, Zhang Xianglong, He Huaihong, Wan Junren, Wang Xiaochao, Lu Feng, Feng Jun, Huang Kejian, Yang Huilin, Jiao Guocheng, Li Qiuling, Zhang Zhiyang, Zhang Qingxiong, Deng Xiaomang, You Xilin, Chang Rongjun, Li Pengye.
Liu Xiaofeng widmet sich nach einigen Jahren mehr und mehr so konservativen Autoren wie Carl Schmitt und Leo Strauss. Daher verlässt er 2002 das ISCS und setzt seine wissenschaftliche Karriere an verschiedenen Universitäten Chinas fort.

8 www.weltethos.org/data-ge/c-40-literatur/44-006-peking2.php

9 Ebd.

10 Vgl. **H. van Ess**, Konfuzius, München 2009.

11 **H. Küng**, Spurensuche, TB München 2008, S. 243.

X. Das Projekt Weltethos: ein Ethos für die Menschheit

1 Zu meiner Überraschung wurde Klaus von Raussendorff im Frühjahr 1990 als DDR-Spion verhaftet und 1991 zu einer Haftstrafe von sechs Jahren verurteilt. 1994 wurde er vorzeitig entlassen. Am Anfang seiner Haft stand ich noch mit ihm in intensivem Briefwechsel. Ich nahm ihm ab, dass er das Kolloquium aus echtem Friedenswillen angeregt und betreut hatte. Von seiner kommunistischen Grundüberzeugung freilich konnte ich ihn nicht abbringen.

2 *Unterzeichner des Aufrufs für eine Erklärung zu einem Weltethos:* Mohammed Arkoun (muslim.), Julia Ching (kath./konfuz.), John Cobb (method.), Khalid Duran (muslim.), Heinrich Fries (kath.), Claude Geffré (kath.), Irving Greenberg (jüd.), Norbert Greinacher (kath.), Riffat Hassan (muslim.), Rivka Horwitz (jüd.), John Hick (presbyt.), Gerfried Hunold (kath.), Adel Khoury (kath.), Paul Knitter (kath.), Karl-Josef Kuschel (kath.), Pinchas Lapide (jüd.), Johannes Lähnemann (evang.), Dietmar Mieth (kath.), Paul Mojzes (method.), Jürgen Moltmann (evang.), Fathi Osman (muslim.), Raimón Panikkar (kath./hindu./buddh.), Daniel Polish (jüd.), Rodolfo Stavenhagen (Soziologe), Theo Sundermeier (evang.), Tu Weiming (konfuz.) (vgl. »Journal of Ecumenical Studies« 28/1991, Heft 1, Editorial, sowie »Süddeutsche Zeitung« vom 16./17. November 1991).

3 Wichtig besonders die Vorträge bei der Weltkonferenz der Religionen für den Frieden (Mainz), beim World Congress of Faiths (London), bei der International Association for Religious Freedom (Hamburg), im Shalom-Hartman-Institute (Jerusalem), beim World Economic Forum (Davos), beim Temple of Understanding und an den Vereinten Nationen (New York).

4 Viel verdanke ich den Anregungen des früheren stellvertretenden Generalsekretärs der Vereinten Nationen und Kanzlers der Friedensuniversität der UNO in Costa Rica, Dr. Robert Muller, des Physikers und Philosophen Carl-Friedrich von Weizsäcker (Starnberg) und des Erziehungswissenschaft-

lers Prof. Reijo E. Heinonen (Turku/Finnland) sowie Reaktionen von Religionswissenschaftlern wie Prof. Julia Ching (Toronto), Prof. Ursula King (Bristol), Prof. Peter Antes (Hannover), nicht zu vergessen der Religionspädagoge Prof. Johannes Lähnemann (Erlangen), der dann im Herbst 1994 einen Kongress über »Weltethos und Erziehung« in Nürnberg organisierte.

5 In: **H. Küng** (Hg.), Ja zum Weltethos. München 1995, S. 314

6 Organisatoren von Seiten unserer Stiftung waren Benita von Behr und Martin Zillinger, die auch eine hervorragende Dokumentation der Tagung zusammengestellt haben.

7 Initiatoren und Organisatoren waren die drei Studierenden Tobias Heisig, Eva-Maria Schumacher und Stefan Schumacher.

8 Die Ringparabel und das Projekt Weltethos, hg. von **H. Küng – K.-J. Kuschel – A. Riklin**, Göttingen 2010. Dank für die Vorbereitung und Durchführung des Symposions in Fribourg gebührt der Akademischen Verbindung »Goten«.

9 Weitere Informationen zu Konzept und Entstehungsgeschichte der **Komposition »Weltethos«**: **H. Küng**, Ein musikalisches Abenteuer sondergleichen. Die Genese der Komposition »Weltethos«, in: Berliner Philharmoniker – das magazin, September/Oktober 2011, S. 10–12; Weltmusik – Weltreligionen – Weltethos. Eine Betrachtung von Hans Küng, in: Berliner Philharmoniker – Programmheft 14, Saison 2011/2012, S. 4–11; im Programmheft ist auch das vollständige Libretto abgedruckt. In jeder Hinsicht hilfreich bei Vorbereitung und Durchführung war für uns der Leiter für Kommunikation bei den Berliner Philharmonikern, **Gerhard Forck**.

10 **Engagements in den 1990er-Jahren**:
– Bei den *Kirchen*: Vorträge, Gebetsstunden und Diskussionsveranstaltungen auf den Evangelischen Kirchentagen in München (11./12. Juni 1993), Leipzig (21. Juni 1997) und Stuttgart (17. Juni 1999), die beiden letzten mit dem Weltethos-Team. Ebenso auf den Katholikentagen in Dresden (1./2. Juli 1994) und Hamburg (2./3. Juni 2000). Außerdem im Konferenzzentrum Cittadella in Assisi (27. August 1996), auf der Zweiten Europäischen Ökumenischen Versammlung in Graz (26. Juni 1997) sowie zur Eröffnung des Ökumenischen Zentrums in Cefalù/Sizilien (22. April 1995, wo ein junger Komponist mein Gebet für die drei Religionen vertont hatte).
– In *Wirtschaft und Politik*: Weltwirtschaftsforum in Davos (27. Januar 1995) über »World Politics and World Ethics« (und am 3. Februar 1997); an der Weltkonferenz der Religionen für den Frieden (WCRP) in Riva del Garda (3.–5. November 1994); Landesregierung von Baden-Württemberg, Karlsruhe (6./7. April 1995): »Was hält die moderne Gesellschaft zusammen?«. Weiter auf dem Symposion der Christdemokraten in Den Haag (12. Mai 1995); Roundtable mit Bundespräsident Herzog in Berlin im Schloss Bellevue über »Orientierungssuche des Westens – zwischen gesellschaftlicher Sinnkrise und globaler Zivilisation« (22. September 1995); Third Millenium Project, Valencia (25. Januar 1997): Diskussion unter Leitung von Peter Ustinov. Dann in

den Landtagen von Baden-Württemberg in Stuttgart (15. Juni 1999) und Bayern in München (30. Juni 1999). In der Schweiz die Kadertagungen des Eidgenössischen Finanzdepartements mit Finanzminister Kaspar Villiger in Beatenberg (26. August 1999) und des Eidgenössischen Departements für Verteidigung, Bevölkerungsschutz und Sport mit Verteidigungsminister Adolf Ogi in Kandersteg (17. September 1999).

– An *Universitäten*: Universität Uppsala/Schweden (28./29. April 1995, wo meine Rolex-Uhr, ein Geburtstagsgeschenk meiner Familie, auf Nimmerwiedersehen verschwand); Interdisziplinäres Seminar »Weltpolitik und Weltethos«, Freudenstadt (9.–11. Juni 1995, mit Prof. Volker Rittberger); am Michelsen-Institut in Bergen/Norwegen und an der dortigen Universität (25./26. August 1995). An der Universität Eichstätt: der Religionspädagogische Kongress »Die Religionen vor der Herausforderung des 21. Jahrhunderts. Optionen für ein aktives Lernen« (16. Oktober 1999); auch an der Universität Fribourg/Schweiz: »Eine Vision für das 21. Jahrhundert« (3. November 1999).

Für meine Information und Bildung waren in diesen Jahren auch manche *Begegnungen und öffentlichen Vorträge außerhalb Europas* für das Projekt Weltethos von besonderer Bedeutung:

– Das UNESCO-Symposion in Tbilisi/Georgien (13.–15. Juli 1995) »For Solidarity against Intolerance«, was mit einem Empfang bei dem um die deutsche Einheit hochverdienten früheren sowjetischen Außenminister und jetzigen georgischen Staatspräsidenten Eduard Schewardnadse verbunden war. Eine UNESCO-Konferenz auch in Neapel (1. Dezember 1997) für das »Universal Ethics Project«;

– Peking, Institut für Weltreligionen an der chinesischen Akademie für Sozialwissenschaften (21. Juli 1996);

– Xi'an, Universität Nordwestchinas (24. Juli 1996);

– Tokio, Reitaku University, Institute of Moralogy (26.–28. Juli 1996);

– Fès/Marokko »Festival des Musiques Sacrées du Monde« (8. Oktober 1994);

– Kuala Lumpur/Malaysia (31. März – 4. April 1997): Staatsbesuch von Bundespräsident Herzog: »Towards a Universal Civilization«;

– Genf, Rencontres Internationales (29. September 1995): »Pour une planète incertaine un éthos planétaire«

– London, 9th Lambeth Interfaith Lecture (8. November 1994): »World Peace and World Ethos«;

– Oslo, Commission on Human Values: »Global Ethic. A Challenge for the New Century« (11. November 1999);

– Amman/Jordanien: 7. Weltkonferenz der Religionen für den Frieden (WCRP): »Education Toward a Global Ethic« (26. November 1999);

– Kapstadt/Südafrika: 3. Parlament der Weltreligionen (1.–8. Dezember 1999).

11 Teile des Manuskripts von **»Weltethos für Weltpolitik und Weltwirt-**

schaft« (1997) haben die erwähnten Kollegen Norbert Kloten und Peter Ulrich – trotz persönlicher Belastung – gelesen; den Teil über die Politik die Professoren Anselm Doering-Manteuffel (Neuere Geschichte) und Alois Riklin (Politikwissenschaft); den Teil über die Wirtschaft die Professoren Heinz Gert Preuße und Joachim Starbatty (beide Wirtschaftspolitik).

12 Autoren des Sammelbandes **»Wissenschaft und Weltethos«** (1998) sind:
Wirtschaftsethik und Rechtswissenschaft: Hans Küng, Peter Ulrich, Georges Enderle, Heinz-Dieter Assmann.
Politikwissenschaft: Alois Riklin, Dieter Senghaas, Volker Rittberger/Andreas Hasenclever, Richard Friedli
Erziehungswissenschaft: Johannes Lähnemann, Karl Ernst Nipkow, Hartmut von Hentig.
Naturwissenschaft: Alfred Gierer, Günther Mack, Ernst Ulrich von Weizsäcker.
Ethik: Dietmar Mieth, Helmut Fahrenbach, Wilhelm Lütterfelds, Reijo E. Heinonen, Karl-Josef Kuschel.
Die *Bibliographie zur Weltethos-Debatte* wurde zusammengestellt von Michel Hofmann, wissenschaftlicher Mitarbeiter der Stiftung Weltethos.

13 Autoren von **»Ja zum Weltethos«** sind:
Aus der Welt von *Politik und Kultur*: Bundespräsident a.D. Richard von Weizsäcker, Friedenspreisträger Lew Kopelew, Staatspräsidentin Mary Robinson, Bundeskanzler a.D. Helmut Schmidt, Staatspräsident Martti Ahtisaari, Präsident des Roten Kreuzes Cornelio Sommaruga, Botschafter Juan Somavia, Friedensnobelpreisträgerin Rigoberta Menchú, Friedenspreisträger Carl Friedrich von Weizsäcker, Lord Yehudi Menuhin.
Aus der Welt des *Judentums*: Friedenspreisträger Bürgermeister Teddy Kollek, Rabbi Jonathan Magonet, Professor André Chouraqui, Sir Sigmund Sternberg, Friedensnobelpreisträger Elie Wiesel, Großrabbiner René-Samuel Sirat
Aus der Welt des *Christentums*: Kardinal Franz König, Generalsekretär des Ökumenischen Rates Konrad Raiser, Ökumenischer Patriarch Bartholomaios I., Erzbischof von Canterbury George Carey, Kardinal Joseph Bernardin, Kardinal Paulo Evaristo Arns, Friedensnobelpreisträger Desmond Tutu.
Aus der Welt des *Islam*: Kronprinz Hassan von Jordanien, Scheich Muhammad El-Ghazali, Professor Hassan Hanafi, Professor Mahmoud Zakzouk, Professor Muhammad Talbi.
Aus der Welt der *östlichen Religionen*: Professor Hajime Nakamura, Professor Sulak Sivaraksa, Hochkommissar L. M. Singhvi, Professor Dileep Padgaonkar, Professor Shuhsien Liu, Friedensnobelpreisträgerin Aung San Suu Kyi

14 Um eine konkrete Vorstellung der sehr unterschiedlichen Verpflichtungen zu geben, seien hier die wichtigsten **Engagements der Jahre 2000 – 2003** aufgelistet.
Im Jahr 2000:
Osnabrück, Osnabrücker Friedensgespräche (27. Januar),
Stockholm, Konferenz »Weltethos. Religion, Kultur und Toleranz« (10. Februar),

Israel, Palästina und Ägypten, Staatsbesuch mit Bundespräsident Rau (15.–26. Februar),
Brüssel, Goethe Institut, in Anwesenheit von EU-Kommissionspräsident Romano Prodi (9. März),
Zürich, Worlddidac (30. März),
London, Gresham Special Lecture, St. Paul's Cathedral (9. Mai),
Birmingham, Universität (10. Mai),
Leicester, Universität (10. Mai),
Edinburgh, Universität (11. Mai),
Hamburg, Deutscher Katholikentag: Diskussion mit Angela Merkel, CDU-Vorsitzende: über Weltethos und Weltfrieden (3. Juni),
Tübingen: 1. Weltethos-Rede von Premierminister Tony Blair (30. Juni),
Berlin, Islamrat, »Islam und der Westen« (5. Juli),
Weimar, Staatsbesuch des iranischen Präsidenten Mohammed Khatami, Dreierdiskussion mit Khatami – van Ess – Küng (12. Juli),
Bebenhausen/Tübingen: Benefizveranstaltung für Freunde der Hebräischen Universität Jerusalem (13. Juli),
Genf, Konferenz »Human Survival in the New Millennium« (14. September),
Iksan/Korea, International Symposium for the 100th Anniversary of Buddhist Master Chongsan, »Religions in our Future Society« (21. September),
Seoul, Korean Christian Academy (22. September),
Peking, Renmin Universität (23. September),
Hongkong, Baptist University, Center for Applied Ethics (25.-26. September),
Paris, Les Rencontres de Sorbonne (21. Oktober),
Tokio, International Conference on Global Ethics (24. Oktober),
London, Sternberg Centre for Judaism (1.–2. November),
Utrecht/Niederlande, Symposion »Dialoog tussen Wereldbeschouwingen« (22. November),
Wien, 1. Meeting der »Group of Eminent Persons« (12.–15. Dezember).

Im Jahr 2001:
Maskat/Oman, Konferenz auf Einladung des Religionsministeriums (1. Januar),
Zürich, Universität, Institut für Auslandforschung (17. Januar),
Wien, Festsaal des Rathauses (14. März),
Berlin, Schloss Bellevue, Konferenz »The Ethics of Journalism« (29. März),
London, IBE Round-Table-Diskussion (16. Mai),
Dublin, 2. Meeting der »Group of Eminent Persons« (30./31. Mai),
New York, Rockefeller Foundation, Globalization Ethics Working Group (28./29. Juni),
Salzburg, Schloss Fuschl, Round-Table mit Kofi Annan »Salzburg Dialogue Among Civilizations« (27./28. August),

Doha/Qatar, 3. Meeting der »Group of Eminent Persons« (5./6. September),
Tübingen, Rathaus, deutsch-französisch-italienische Rede auf Wunsch von Oberbürgermeisterin Brigitte Russ-Scherer zu den Terroranschlägen des 11. September für die Teilnehmer des Umbrisch-Provenzalischen Marktes (12. September),
Peking, Chinesische Akademie der Sozialwissenschaften (10. Oktober), Renmin Universität (11. Oktober) und Tsinghua Universität (12. Oktober),
Stuttgart, Neues Schloss, Verleihung des »Planetary Ethic Prize« durch den Club of Budapest (27. Oktober),
Glasgow, Universität (30. Oktober),
New York, Abschluss des »UN Year of Dialogue Among Civilizations«, Statement in der UN-Vollversammlung (9. November),
Genua, Universität (28. November).
Im Jahr 2002:
Berlin, Berliner Lektionen (13. Januar),
Göttingen, Friedenspreis (9. März),
Rom, Collegium Germanicum 450-Jahr-Feier (25. März),
Berlin, Schloss Bellevue, Symposion »Zukunft der Religionen. Religion, Kultur, Nation und Verfassung« (11./12. April; Moderation zusammen mit Theo Sommer),
Cincinnati/Ohio, Xavier University (14. April),
Washington D.C., German Historical Institute, Bucerius Lecture (17. April),
Syrakus/Sizilien, Verleihung der Ehrenbürgerschaft (12. Mai),
Berlin, Hotel Adlon, Vortrag vor dem Diplomatischen Corps auf Einladung des Protokollchefs des Auswärtigen Amtes, Busso von Alvensleben, eingeführt von Bundespräsident a. D. Richard von Weizsäcker (4. Juni): »The New Paradigm of International Relations – Reflections after September 11th, 2001«,
Zürich, ETH, Abschiedsrede für den Politologen Prof. Kurt Spillmann (26. Juni),
Berlin, 10. Jahreskolloquium der Alfred Herrhausen Gesellschaft (29. Juni),
München, 90. Geburtstag von Carl Friedrich von Weizsäcker (5. Juli),
Alpbach/Österreich, Europäisches Forum (21. August),
Washington D.C., International Monetary Fund, Eröffnung der Weltethos-Ausstellung mit Managing Director Horst Köhler (19. September): »World Religions – Universal Peace – Global Ethic«,
Magdeburg, Weltethos-Ausstellung im Landtag von Sachsen-Anhalt (24. September),
Tübingen, Universität, Interdisziplinäres Symposion über »Ethische Grundlagen der Weltpolitik« (26.–28. September),
Freiburg/Br., Universität, Colloquium Politicum (21. Oktober),
Bern, Schweizerische UNESCO-Kommission (19. November),
Toronto, American Academy of Religion (25. November),
Miami/Florida, Ehrendoktorat der Florida International University (17. Dezember).

15 Die Problematik von Ethos und Wirtschaft, besonders Weltwirtschaft, behandelte ich vor allem während der Vorbereitungen auf die verschiedenen Jahrestagungen des Weltwirtschaftsforums in Davos, und auch für Vorträge bei Industrie- und Handelskammern sowie schließlich anlässlich der Verleihung des Karl-Leitl-Partnerschaftspreises an der Universität Linz (1. April 2003). In all den Jahren habe ich verschiedentlich Einladungen von Wirtschaftsunternehmen und Banken in Deutschland, Österreich, Luxemburg und der Schweiz angenommen und habe dort ethische Grundsatzfragen behandelt, mich dabei aber auch, wie aus den Ausführungen in »Anständig wirtschaften« (2010) ersichtlich, sehr kritisch mit Fragen der Wirtschaft und Wirtschaftswissenschaften auseinandergesetzt. Andere Gelegenheiten: anlässlich der Jubiläumsausstellung »Weltreligionen – Weltfrieden – Weltethos« in der Kunsthalle Tübingen mit Dr. Ing. Heinz Dürr, Bundesbahnpräsident a.D. über die Frage: »Kommt Ethos gegen Wirtschaft an?« (9. Juli 2003); Tübingen, AIESEC-Tagung »Realizing Global Ethic«: Podiumsdiskussion über »Implementing Ethical Values in Economics and Politics« (5. Juni 2003); XI. International Anti-Corruption Conference, Seoul (25. Mai 2003): »The Ethical Framework of the Global Market Economy«; 9. Weltethos-Rede »Globale Wirtschaft – Globale Ethik« mit Stephen K. Green, ehem. Verwaltungsratsvorsitzender der HSBC Holdings PLC (16. Dezember 2010).

16 Mitglieder der Expertengruppe **»Manifest für ein Globales Wirtschaftsethos«** (2009) waren: Prof. Heinz-Dieter Assmann (Universität Tübingen), Dr. Wolfram Freudenberg (Freudenberg-Gruppe), Prof. Klaus Leisinger (Novartis Stiftung), Prof. Hermut Kormann (Voith AG), Prof. Josef Wieland (Federführung, Hochschule Konstanz), Prof. h.c. Karl Schlecht (Putzmeister AG).
Von der Stiftung Weltethos: Prof. Hans Küng (Präsident), Dr. Stephan Schlensog (Generalsekretär), Dr. Günther Gebhardt (Wissenschaftlicher Koordinator), Prof. Karl-Josef Kuschel (Wissenschaftlicher Berater).

17 **H. Küng – K. M. Leisinger – J. Wieland**, Manifest Globales Wirtschaftsethos/Manifesto Global Economic Ethic, München 2010. Zum Manifest siehe auch www.globaleconomicethic.org.

18 Was allerdings wegen der Öffentlichkeitswirkung erwähnt werden muss: Mein alter amerikanischer Freund Len Swidler, dem ich viel Unterstützung im Kampf mit Rom verdankte, hatte zwar das Angebot unserer Stiftung Weltethos zur Zusammenarbeit angenommen; er sollte Repräsentant unserer Stiftung in Nordamerika werden. Aber faktisch verfolgt er lieber seine eigene Agenda und stellt in Paris seinen eigenen Entwurf einer Weltethos-Erklärung dem UNESCO-Sekretariat zur Verfügung. Doch ist dies ein persönliches Statement, das von keiner nationalen oder internationalen Organisation je approbiert wurde. Im Grunde handelt es sich um eine Verdoppelung der Allgemeinen Erklärung der Menschenrechte, ohne jegliche philosophische Begründung. Ich habe denn auch gleich geltend gemacht, dass die von Swidler vorgeschlagene »Synthetisierung von Erklärungen« nur weitere Verwirrung

schaffen könne; das gab ich auch direkt an Len weiter, um die Unstimmigkeiten nicht in der UNESCO-Tagung austragen zu müssen.

19 Der Entstehungsprozess der Pflichtenerklärung wird exakt beschrieben von **J. Frühbauer**, Von der Erklärung der Religionen zur Erklärung der Staatsmänner, in: **H. Küng** (Hg.), Dokumentation zum Weltethos, München 2002, S. 117–137.

20 An der **Vollversammlung des IAC in Noordwijk** (1997) nahmen teil: Helmut Schmidt, Bundeskanzler der Bundesrepublik Deutschland 1974–82; Andries A. M. van Agt, Premierminister [PM] der Niederlande 1976–79; Oscar Arias Sanchez, Präsident von Costa Rica 1986–90; Lord Callaghan of Cardiff, PM von Großbritannien 1976–79; Jimmy Carter, Präsident der Vereinigten Staaten 1977–1981; Miguel de la Madrid Hurtado, Präsident von Mexiko 1982–88; Malcolm Fraser, PM von Australien 1975–79; Felipe Gonzalez Marquez, PM von Spanien 1982–96; Kenneth Kaunda, Präsident von Zambia 1964–91; Kiichi Miyazawa, PM von Japan 1991–93; Maria de Lourdes Pintasilgo, PM von Portugal 1979–80; Jose Sarney, Präsident von Brasilien 1985–90; Shin Hyon Hwad, PM von Korea 1979–80; Kalevi Sorsa, PM von Finnland 1972–75, 1977–79, 1982–87; Pierre Elliott Trudeau, PM von Kanada 1968–79, 1980–84; Ola Ullsten, PM von Schweden 1978–79; George Vassiliou, Präsident von Zypern 1988–93.

21 Zur **»Group of Eminent Persons«** gehörten: Dr. A. Kamal Aboulmagd (Ägypten), Prof. Lourdes Arizpe (Mexiko), Dr. Hanan Ashrawi (Palästina), Prof. Ruth Cardoso (Brasilien), Jacques Delors (Frankreich), Dr. Leslie Gelb (USA), Nadine Gordimer (Südafrika), Prinz El Hassan bin Talal (Jordanien), Prof. Sergey Kapitza (Russland), Dr. Hayao Kawai (Japan), Botschafter Tommy Koh (Singapore), Prof. Hans Küng (Schweiz), Dr. Graça Machel (Mosambik), Prof. Amartya Sen (Indien), Dr. Song Jian (China), Dick Spring (Irland), Professor Tu Weiming (China), Altbundespräsident Richard von Weizsäcker (Deutschland), Dr. Javad Zarif (Iran). Die Arbeit dieser Gruppe wird in einem Sekretariat koordiniert, das eigens dafür an der »School of Diplomacy and International Relations« der Seton Hall University, New Jersey (USA), eingerichtet wird; die Projektleitung obliegt Dr. Catherine Tinker. Weiteres dazu: **S. Schlensog**, Weltethos bei den Vereinten Nationen, in: **H. Küng** (Hg.), Dokumentation zum Weltethos, München 2002, S. 251–266.

22 AaO S. 261.

23 Diese Ausstellung existiert auch in zwei chinesischen Versionen, die in Taiwan und in Malaysia gezeigt werden.

24 Am **Symposion »Ein neues Paradigma internationaler Beziehungen? Ethische Herausforderungen für die Gestaltung der Weltpolitik«** (2002) nahmen teil:
Die *Referenten*: Prof. Norbert Brieskorn (Philosophie, München), Prof. Ernst-Otto Czempiel (Friedens-und Konfliktforschung, Frankfurt), Prof. Otfried Höffe (Philosophie, Tübingen), Prof. Hans Küng (Theologie, Tü-

bingen), Prof. Klaus Leisinger (Entwicklungssoziologie, Basel), Prof. Manfred Mols (Politologie, Mainz), Prof. Volker Rittberger (Politologie, Tübingen), Prof. Dieter Senghaas (Politologie, Bremen), Prof. Rainer Tetzlaff (Politologie, Hamburg).

Weitere Teilnehmer: Prof. Heinz-Dieter Assmann (Internationales Wirtschaftsrecht, Tübingen), Prof. Constantin v. Barloewen (Kulturwissenschaft, Paris), Prof. Thomas Bernauer (Institut f. Internationale Beziehungen, Zürich), Prof. Helmut Fahrenbach (Philosophie, Tübingen), Dr. Andreas Hasenclever (Friedens- u. Konfliktforschung, Frankfurt), Jürgen Hoeren (Ressortleiter »Kulturelles Wort« SWR, Baden-Baden), Uli Jäger (Institut für Friedenspädagogik, Tübingen), Prof. Dirk Kaesler (Soziologie, Marburg), Prof. Norbert Kloten (Landeszentralbankpräsident i. R., Tübingen), Prof. Karl-Josef Kuschel (Theologie, Tübingen), Prof. Dieter Langewiesche (Neuere Geschichte, Tübingen), Dr. Peter Mayer (Politologie, Tübingen), Prof. Ulrich Menzel (Politologie, Braunschweig), Ministerialdirektor Bernd Mützelburg (Auswärtiges Amt, Berlin), Prof. Heinrich Neisser (Politologie, Innsbruck), Prof. Martin Nettesheim (Völkerrecht, Tübingen), Prof. Eberhard Schaich (Wirtschaftswiss., Rektor d. Universität Tübingen), Dr. Wolfgang Vogt (Vorsitzender von Wissenschaft & Frieden, Hamburg).

Mitarbeiter: Dr. Günther Gebhardt, Stefan Lemmermeier, Dipl. theol. Stephan Schlensog, Bettina Schmidt M.A., Anette Stuber-Rousselle M.A., Dr. Markus Weingardt, Martin Zillinger.

25 Alle zehn **Weltethos-Reden** wurden vom Universitätsfernsehen Tübingen (Leitung: Rudi Luik) aufgenommen und sind als DVDs verfügbar im Internetshop der Stiftung Weltethos (www.weltethos.org).

XI. Dauerproblem Kirchenreform

1 Der Band **»Katholische Kirche – wohin?«** (1982) enthält Beiträge von: Wolfgang Bartholomäus, Johannes B. Bauer, Leonardo Boff, Norbert Copray, Georg Denzler, Hans-Anton Ederer, Walter Goddijn, Elisabeth Gössmann, Norbert Greinacher, Herbert Haag, Hermann Häring, Anne Jensen, Jean-Pierre Jossua, Robert Blair Kaiser, Franz Klüber, Hans Küng, Hans Kühner, Dietmar Mieth, Ronald Modras, Luise Rinser, Georg Schelbert, Angela Schneider, Thomas Seiterich, Knut Walf, Ad Willems.

2 Veröffentlicht in Bibel und Kirche 1/2013, Katholisches Bibelwerk e.V., Stuttgart.

3 Vgl. **J. Berry – G. Renner**, Vows of Silence: The Abuse of Power in the Papacy of John Paul II, New York 2004.

4 Vgl. **H. Küng**, Welchen Papst braucht die Kirche? Offener Brief an die Kardinäle, in: Spiegel special, Nr. 3/2005, S. 34–37; auch als: Welchen Papst braucht die Kirche? Fünf Bitten an das Konklave, in: Basler Zeitung vom 16. April 2005, S. 3;

engl.: The Pope we need, in: The Saturday Advertiser, Adelaide/Australien vom 9. April 2005, S. 3 (Kurzfassung);
ital.: Cardinali guardate al futuro/Küng: Più collegialità e uno sguardo al futuro, in: La Stampa vom 17. April 2005, S. 1 u. 6;
portug.: Carta aberta aos Cardeais prestes a elegerem o novo Papa, in: Visao (Brasilien) vom 14. April 2005, übernommen auf die Website der Comunidades eclesiais de base: www.cebsuai.org.br.

5 **R. Mickens**, Voyage of Discovery. Special Report: Benedict XVI in the United States, in: The Tablet, 26. 4. 2008.

6 **K. Floss**, Hledání duse zítrka, Brno 2012, S. 448.

7 Vgl. **G. Nuzzi**, Sua Santità, Mailand 2012.

8 **C. M. Martini**, »Der Papst und die Bischöfe müssen umkehren«, in: Christ und Welt 37/2012.

9 Auf dem Internationalen Theologenkongress in Brüssel 1970 hatte ich eine erste, auf Jesus Christus konzentrierte Antwort versucht. In dem anschließenden Forschungssemester im Winter 1971/72 habe ich Gelegenheit zu einer ausgedehnten Studienreise rund um die Welt, die mir eine Fülle neuer Erfahrungen bringt. Oft spreche ich dabei zum Thema »Was in der Kirche bleiben muss«; die 1973 gedruckte Fassung habe ich dem Trinity College der University of Melbourne gewidmet, dessen Einladung diese Reise um die Welt überhaupt möglich gemacht hatte (vgl. Bd. 2, Kap. V: Welt-Reise und Welt-Theologie). In meinem Vortrag gehe ich aus von einem kleinen Katalog der Plus- und der Minuspunkte. Auf die allgemeinen gesellschaftlichen Probleme und die spezifisch kirchlichen Reformprobleme weise ich hin, will ich aber nicht eingehen, sondern stelle mich der zentralen Frage nach dem, was bleiben soll.

10 **F. W. Graf**, Nicht von dieser Welt, in: Süddeutsche Zeitung vom 1. März 2013: »Gerade in deutschen Medien wird Benedikt XVI. gern als ein überaus gebildeter, feinsinniger Gottesgelehrter geschildert. Doch Bildung ist in der theologischen Wissenschaft ein deutungsoffener, umstrittener Begriff. Weder die katholische noch die evangelische Universitätstheologie kennen einen klar umrissenen, allseits akzeptierten Bildungskanon. Joseph Ratzinger entwickelt nicht nur einen ganz eigenen, platonisierend unhistorischen Denkstil, sondern entwirft sich auch einen höchst individuellen Kanon theologischer Klassiker, die er gern affirmativ liest …
Sehr schlecht ist es um seine Kenntnis der modernen politischen Ideengeschichte und der deutschsprachigen Philosophie um 1800 bestellt. Die ›Kantische Revolution der Denkungsart‹ ist ihm völlig fremd geblieben, und wo er Kant überhaupt zu Wort kommen lässt, sind die Zitate nicht korrekt – selbst in der amtlichen Fassung der berühmten ›Regensburger Rede‹ nicht. Von Robert Spaemann, dem für ihn wichtigsten lebenden Philosophen, übernimmt er die Kritik am ›Banal-Nihilismus‹ eines Richard Rorty und diverser Pluralismustheoretiker. Sieht man von einzelnen Verweisen auf Gierkes Genossenschaftsrecht ab, nimmt Ratzinger moderne sozialwissen-

schaftliche Theorien nicht zur Kenntnis.
Dieser teils alteuropäisch weite, teils irritierend enge Bildungskanon erlaubt es ihm auch im Papstamt, die Geschichte der konfessionellen Pluralisierung des Christentums seit dem 16. Jahrhundert und damit zugleich die Ideen- und Kulturgeschichte der Moderne primär als eine Verfallsgeschichte zu deuten – aber in Begriffen, die er aus protestantischen Debatten aufgreift und dann umformt.«

XII. Am Abend des Lebens

1 **T. Zwanziger**, Die Zwanziger Jahre. Die Autobiographie, Berlin 2012, S. 179 f.

2 **E. Kübler-Ross**, On Death and Dying, New York 1969; dt.: Über den Tod und das Leben danach, Güllesheim ^{10}2002.

3 **W. Jens – H. Küng**, Menschenwürdig sterben. Ein Plädoyer für Selbstverantwortung, München 1995; Taschenbuchausgabe: Serie Piper 2329, München 1996; erweiterte Neuausgabe 2009; Taschenbuchausgabe 2010.

4 Unmittelbar vor der Drucklegung dieses Buches erscheint zu dieser Problematik das Buch von **M. Herwig**, »Die Flakhelfer. Wie aus Hitlers jüngsten Parteimitgliedern Deutschlands führende Demokraten wurden« (München 2013). Als Schweizer, der von Krieg und Nazismus verschont blieb, möchte ich mir über die Motive meiner Altersgenossen (Hans-Dietrich Genscher, Günter Grass, Dieter Hildebrandt, Walter Jens, Walter Scheel, Martin Walser …) kein Urteil anmaßen.

5 »Die Patienten verlieren schrittweise die Selbständigkeit und sind schließlich völlig auf äußere Hilfe angewiesen. Fällt der Patient nicht schon vor dem Endstadium einem Schlaganfall, Herzinfarkt oder einer anderen Komplikation zum Opfer, steht ihm, wie erwähnt, sehr wahrscheinlich ein menschenunwürdiges Siechtum bevor. Zuletzt gehen alle höheren Hirnfunktionen verloren. Schon vorher verlernen manche Patienten das Kauen, Gehen oder Schlucken. Krampfartige Hustenanfälle beim Füttern sind für einen Betreuenden eine starke seelische Belastung, vor allem wenn die betreffende Person glaubt, sie hätte den Anfall durch ihre Ungeschicklichkeit hervorgerufen. In diesem Stadium der Krankheit stehen der Familie schwere Gewissenskonflikte bevor: Sie muss entscheiden, ob der Patient mit einer Sonde künstlich ernährt werden soll und welche medizinischen Mittel angewandt werden sollen, um ihn künstlich am Leben zu halten. … Inkontinenz, Bewegungsmangel und eingeschobene Katheder führen zu Infektionen der Harnwege. Da der Schluckreflex verlorengeht, zieht der Patient beim Atmen Speichel und Nasenschleim in die Bronchien, was das Risiko einer Lungenentzündung erhöht. Auch hier müssen für die weitere Behandlung schwerwiegende Entscheidungen getroffen werden, die neben dem persönlichen Gewissen der Angehörigen gesellschaftliche, religiöse und sittliche Normen und die

medizinische Ethik berühren. Mitunter ist es vielleicht das beste, die Natur ihr Zerstörungswerk ungehindert vollenden zu lassen« (**S. B. Nuland**, How We Die, New York 1993; dt.: Wie wir sterben: Ein Ende in Würde?, München 1994, Kap. V, S. 164 f).

6 **L. Woodhead**, in: The Tablet, 11. Mai 2013.

7 **A. Luik**, in: Stern, 11. September 2009.

8 **H. Küng**, Auf dem Weg zu einem neuen Grundkonsens in der katholischen Theologie? Zum »Zwischenbericht« von Edward Schillebeeckx, in: Theologische Quartalschrift 159 (1979), S. 272–285.

9 »Glück gibt es ja auch auf Erden«. Interview mit **Urs Widmer** in: Die Welt vom 21. 5. 2013.

10 Ergebnis einer repräsentativen Bevölkerungsbefragung zum Thema »(ärztliche) Sterbebegleitung in Deutschland«: im Auftrag der Deutschen Gesellschaft für Humanes Sterben (DGHS) e.V. durchgeführt vom Meinungsforschungsinstitut Forsa (Mitteilung vom 10. September 2012).

Epilog

1 **F. X. Wernz – P. Vidal**, Ius Canonicum (3. ed. P. Aguirre, Romae 1943) II, S. 515.

2 Veröffentlicht als: Das Franziskus-Paradox, in: Süddeutsche Zeitung vom 11./12. Mai 2013, S. 2; auch als: Es besteht Anlass zur Hoffnung, in: Zentralschweiz am Sonntag vom 19. Mai 2013, S. 8; auch als: Francesco e Gli Indignati, in: la Repubblica vom 11. Mai 2013, S. 45; auch als: Don't let spring turn to winter, in: The Tablet vom 11. Mai 2013, S. 8–9; auch als: ¿Es el papa Francisco una paradoja?, in: El País vom 10. Mai 2013, S. 51; auch als: Pape François, réformez!, in: Le Monde vom 12/13. Mai 2013, S. 14; auch als: The paradox of Pope Francis, in: National Catholic Reporter vom 24. Mai 2013, S. 1 und 18–19.

3 Veröffentlicht auf: www.weltethos.org.

4 Veröffentlicht als: Komponisten und ihr Glaube, in: Neue Zürcher Zeitung vom 9. August 2012, S. 6.

Register

A

B

C

D

E

F

G

H

K

L

M

N

O

P

Q

R

S

T

U

V

W

X

Y

Z

Nachwort

In keinem meiner Bücher habe ich so viele Gelegenheiten wahrgenommen, meinen Dank auszudrücken. Dieser dritte Erinnerungsband ist ja auch gewidmet »den Menschen, die mich getragen haben«. So kann ich in diesem Nachwort meinen Dank kurz halten und mich beschränken auf die Personen, die direkt am Entstehen dieses Buches beteiligt waren:

Seit über 30 Jahren steht *Marianne Saur* meinem Haus vor und hat viele der hier erzählten Vorgänge miterlebt; ihre aktive Anteilnahme am Entstehen meines Manuskripts war mir eine ständige Stütze.

Anette Stuber-Rousselle, M.A. hat auch bei diesem Buch die gewaltige Arbeit der Niederschrift und der endlosen Korrekturen mit Präzision und Geduld bewältigt.

Dr. *Günther Gebhardt* stand mir täglich mit Rat und Tat zur Seite und hat die verschiedenen Fassungen des Manuskripts immer wieder kontrolliert.

Dr. *Stephan Schlensog* nahm an vielen der berichteten Ereignisse aktiv teil, hat das Manuskript im Entstehen begleitet und trug für Satz und Register die Verantwortung.

Ute Wanner hat als Büroleiterin der Stiftung Weltethos während des Entstehungsprozesses dieses Buches unverzichtbare Sekretariatsarbeit geleistet.

Alle beteiligten Personen haben eine Fülle von wertvollen inhaltlichen und sprachlichen Anregungen zum Text beigetragen. Dies gilt auch für weitere Personen, die das Manuskript kritisch gelesen haben. Ich danke herzlich Prof. Dr. Hermann Häring, Prof. Dr. Karl-Josef Kuschel, Prof. Dr. Alois Riklin und meiner früheren Sekretärin Eleonore Henn.

Mein besonderer Dank geht zum Schluss an den Piper Verlag und den Verlagschef Marcel Hartges. Mit meinem altbewährten Lektor Ulrich Wank stand ich während der ganzen Jahre in ständigem Kontakt. Auch allen übrigen Mitarbeiterinnen und Mitarbeitern des Piper Verlags, die ich hier nicht alle namentlich nennen kann, bin ich von Herzen dankbar für ihre stets unkomplizierte Hilfe.

Tübingen, 24. 7. 2013 *Hans Küng*

Bildnachweis

Die Ziffern beziehen sich auf die drei Bildteile I, II und III jeweils mit den Seiten 1–8.

Beata Beier: III,7 unten
Bundespräsidialamt Pressestelle: III,4 unten; III,5 unten
»El País«: I,5 unten
Foto Kirchner: I,7 unten
Manfred Grohe: III,1 oben; III,2; III,3; III,6 unten
Kuang Linhua, China Daily: III,5 oben
Marijan Murat, picture alliance: I,6 unten
Ulrich Metz: III,7 oben
Piper Verlag: I,8; II,1 oben
Stephan Schlensog: II,1 unten; II,2; II,3; II,4
slomifoto.de: I,5 oben
Erich Sommer: III,8
Sternberg Foundation: II,5 oben
Theodor-Heuss-Stiftung: III,1 unten
United Nations: II,8 unten
Julia Willke: I,6 oben

Alle übrigen Bilder stammen aus dem Privatbesitz von Hans Küng oder es konnten deren Urheber nicht festgestellt werden.

Düna
Dnjepr
RADIMITSCHEN
SEWERJANEN
CHASAREN-
KHANAT
PETSCHENEGEN
Kiew
DREGOWITSCHEN
MAGYAREN
KASPISCHES
MEER
ASOWSCHES MEER
SCHWARZES MEER
ARMENIEN
Donau
BULGAREN
Trapezunt
Theodosiopolis
Amida
Byzanz
THRAKIEN
Sebastea
Tigris
Melitene
Tarsus
Marasch
Jaffarija
Samarra
Euphrat
ZYPERN
KRETA
MITTELMEER
ABBASIDEN-
KALIFAT
nach Bagdad
Alexandria
ÄGYPTEN

Stephen Lawhead
Aidan

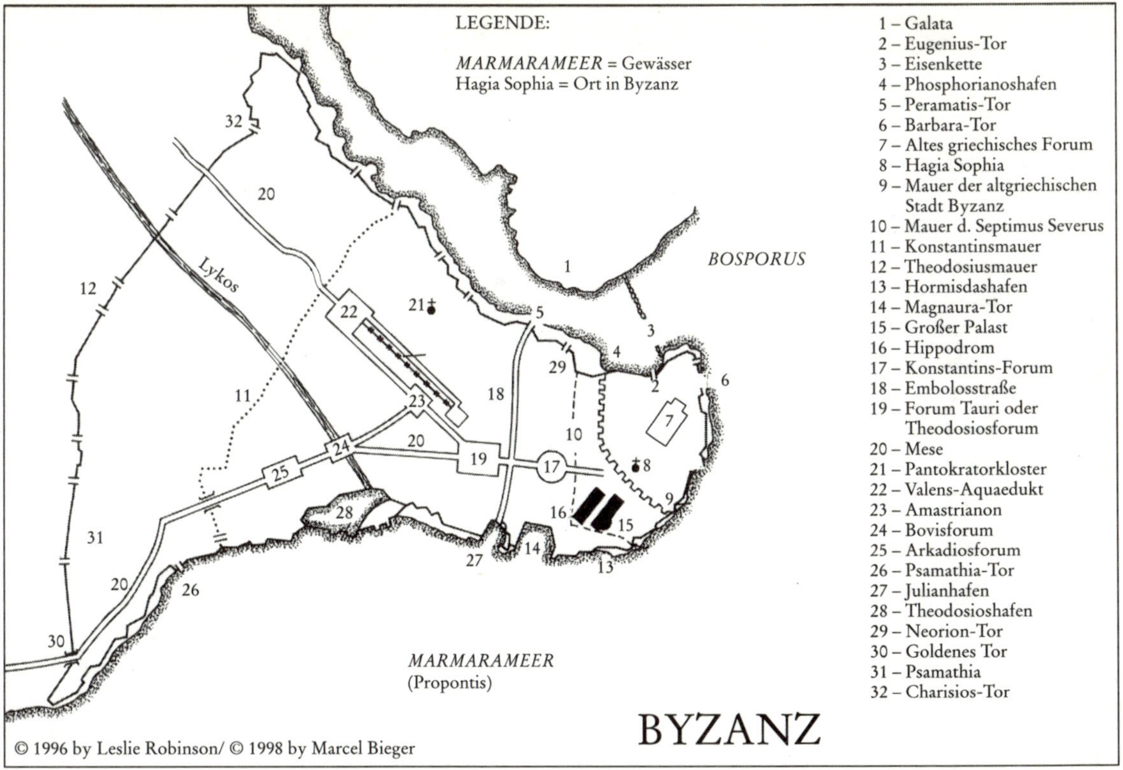
LEGENDE:
MARMARAMEER = Gewässer
Hagia Sophia = Ort in Byzanz
BOSPORUS
MARMARAMEER
(Propontis)
Lykos
1 – Galata
2 – Eugenius-Tor
3 – Eisenkette
4 – Phosphorianoshafen
5 – Peramatis-Tor
6 – Barbara-Tor
7 – Altes griechisches Forum
8 – Hagia Sophia
9 – Mauer der altgriechischen Stadt Byzanz
10 – Mauer d. Septimus Severus
11 – Konstantinsmauer
12 – Theodosiusmauer
13 – Hormisdashafen
14 – Magnaura-Tor
15 – Großer Palast
16 – Hippodrom
17 – Konstantins-Forum
18 – Embolosstraße
19 – Forum Tauri oder Theodosiosforum
20 – Mese
21 – Pantokratorkloster
22 – Valens-Aquaedukt
23 – Amastrianon
24 – Bovisforum
25 – Arkadiosforum
26 – Psamathia-Tor
27 – Julianhafen
28 – Theodosioshafen
29 – Neorion-Tor
30 – Goldenes Tor
31 – Psamathia
32 – Charisios-Tor
BYZANZ
© 1996 by Leslie Robinson/ © 1998 by Marcel Bieger

Stephen Lawhead

Aidan

Die Reise nach Byzanz

Roman

Aus dem Englischen
von Marcel Bieger und Barbara Röhl

Kabel

Die Originalausgabe
erschien 1996 unter dem Titel
»Byzantium«
bei Voyager/HarperCollins Publishers
in London.

Für Sven und Margareta

ISBN 3-8225-0491-2

Gesetzt aus der Stempel Garamond
Satz: KCS GmbH, Buchholz/Hamburg
Druck und Bindung:
Graphischer Großbetrieb Pößneck GmbH
Printed in Germany

Gottvater begleite dich auf jeden Hügel,
Jesus gehe mit dir über jeden Paß,
Und der Heilige Geist sei auf jedem Wasser mit dir.
Ob Höhen, Senken, Feld und Tal,
Ob Meer, ob Gestade, ob Marschland, ob Wiese,
Wann immer du dich legst zur Ruh, wann immer du beginnst den Tag,
Im Wellengrund, auf der Wogen Krone,
Bei jedem Schritt, wohin du auch gehst.

I

Im Traum sah ich Byzanz und wußte, dort würde ich sterben. Diese riesige Stadt kam mir vor wie ein Lebewesen, wie ein großer goldener Löwe oder ein gepanzerter, auf einem Fels zusammengerollter Lindwurm, schön und todbringend zugleich. Allein und schwankenden Schritts ging ich, das Tier zu umarmen, und vor Angst war mir, als zerfielen meine Knochen zu Staub. Ich vernahm keinen Laut außer dem Pochen meines Herzens und dem langsamen, zischenden Atem des Ungeheuers.

Als ich näher kam, öffnete sich das schwerlidrige Auge, und das schreckliche Wesen erwachte. Es hob das grauenein-flößende Haupt und riß den Rachen auf. Ein Schrei wie das Heulen des Sturms im Winter zerriß den Himmel und erschütterte die Erde, und ein Schwall stinkenden Atems traf mich und wollte mich verderben.

Würgend und keuchend stolperte ich weiter und war unfähig zu widerstehen, denn ich wurde von einer Kraft vorangetrieben, gegen die ich machtlos war. Entsetzt sah ich, wie das gräßliche Untier brüllte. Der Kopf schwang nach oben und rasch, so rasch wieder abwärts – wie ein Blitz oder wie ein Adler, der auf seine Beute hinabstößt. Schreiend stand ich da und spürte, wie die fürchterlichen Kiefer sich um mich schlossen.

Dann wachte ich auf, doch der Morgen schenkte mir weder Freude noch Erleichterung. Denn ich erwachte nicht zum Leben, sondern mit der furchtbaren Gewißheit des Todes. Ich würde sterben, und die goldenen Türme von Byzanz würden mein Grab sein.

Und doch hatte ich mich noch einige Zeit vor dem Traum ganz anderen Aussichten gegenübergesehen. Nicht jeder erhält eine so wunderbare Gelegenheit, und ich war der Meinung gewesen, das Glück habe mich über alle Maßen gesegnet. Wie hätte es auch anders sein können? Für einen jungen Menschen wie mich bedeutete es eine außerordentliche Ehre, und das wußte ich nur zu gut. Nicht daß ich es leicht hätte vergessen können, denn meine Mitbrüder, von denen viele mich mit schlecht verhohlenem Neid betrachteten, erinnerten mich auf Schritt und Tritt daran. Ich galt als der fähigste und gebildetste unter den jüngeren Priestern und kam daher am ehesten für die Ehre in Frage, nach der wir alle strebten.

Der Traum vergällte mir jedoch die Freude, denn er sagte mir, daß mein Leben unter Furcht und Qualen enden würde. Dies hatte der Mahr mir gezeigt, und ich war nicht so töricht, daran zu zweifeln. Ich wußte mit unumstößlicher Gewißheit, daß das, was ich träumte, wahr werden würde. Wahrlich, ich gehöre zu jenen armen Seelen, die im Traum die Zukunft sehen, und meine Träume irren nie.

Kurz nach dem Christfest hatte uns die Kunde vom Vorhaben des Bischofs erreicht. »Elf Mönche sollen auserwählt werden«, hatte Abt Fraoch uns an jenem Abend mitgeteilt. »Fünf Brüder aus Hy und jeweils drei aus Lindisfarne und Cenannus.« Die Wahl, sagte er, müsse bis Ostern getroffen sein.

Dann hatte unser guter Vorsteher die Arme weit ausgebreitet, so als wolle er alle im Refektorium Versammelten einschließen. »Meine Brüder, Gott hat es gefallen, uns auf diese Weise auszuzeichnen. Laßt uns vor allem Neid und eitles

Wetteifern ablegen und in den kommenden Tagen darum beten, daß der Herr der Himmel uns leiten möge.«

Dies taten wir, jeder auf seine Weise. Wahrhaftig, ich war nicht weniger eifrig als die Frömmsten unter uns. Drei sollten auserwählt werden, und ich wollte zu ihnen gehören. So trachtete ich während der dunklen Wintermonate danach, mich vor Gott und meinen Brüdern als würdig zu erweisen. Ich erhob mich als erster und legte mich als letzter zum Schlafen nieder, ich schaffte mit unermüdlichem Fleiß, widmete mich den Aufgaben, die mir von selbst des Weges kamen, und tat dann ein übriges, indem ich die Arbeiten anderer auf mich nahm.

Betete jemand, so gesellte ich mich zu ihm. War jemand bei der Arbeit, so arbeitete ich mit ihm. Ob auf den Feldern, im Kochhaus, im Oratorium oder im Skriptorium, stets war ich ernst und eifrig da und tat alles in meiner Kraft Stehende, um die Bürde anderer zu erleichtern und mich als würdig zu erweisen. Mein Eifer war nicht zu stillen, und an Hingabe kam mir niemand gleich.

Wenn mir keine Arbeit einfallen wollte, erlegte ich mir die schwersten erdenklichen Bußen auf, um mich zu züchtigen und die Teufel des Müßiggangs und der Trägheit, des Stolzes, des Neides oder der Bosheit und all die anderen finsteren Geister auszutreiben, die mich zu behindern trachteten. Mit aufrichtigem und reumütigem Herzen demütigte ich meinen widerspenstigen Geist.

Dann, eines Nachts, war es soweit …

Ich stand in der schnellen Strömung des Blackwater-Flusses und hielt mit zitternden Händen eine Holzschale umklammert. Träge zogen Nebelschwaden über die Wasseroberfläche, trieben zart und geisterhaft im bleichen Licht einer schmalen Mondsichel dahin. Als meine Glieder fast taub geworden waren, tauchte ich die Schale in das eisige Wasser und goß es mir über Schultern und Rücken. Der Schock des kalten Nasses auf der nackten Haut ließ meine innersten Organe erbeben. Nur mit größter Mühe konnte ich verhindern, daß meine Zähne aufeinanderschlugen, und mein Kiefer schmerzte von der Anstrengung. Ich konnte Hände und Füße nicht mehr spüren.

An den ruhigen Stellen zwischen den Steinen am Flußufer und in meinem nassen Haar begann sich Eis zu bilden. Mein Atem hüllte meinen Kopf in weiße Schwaden. Hoch über mir standen die Sterne als flammende, silbrige Lichtpunkte, fest wie der eisenharte Winterboden und still wie die Nacht, die mich umgab.

Doch wieder und immer wieder goß ich mir das eiskalte Wasser über den Körper, um der von mir gewählten Buße größere Kraft zu verleihen. »Kyrie eleison ...«, keuchte ich. »Herr, sei mir gnädig!«

Auf diese Weise hielt ich meine Nachtwache und wäre damit fortgefahren, hätte mich nicht das Erscheinen von zwei Brüdern abgelenkt, die mit Fackeln herbeieilten. Ich hörte jemanden kommen, wandte den steifen Hals und sah, wie sie beide, die Kienspäne hoch über sich haltend, das steile Flußufer herabkletterten.

»Aidan! Aidan!« rief einer von ihnen. Da kam Tuam, der Schatzmeister, zusammen mit dem jungen Dda, dem Helfer des Kochs. Die beiden hatten Mühe, am Ufer zum Stehen zu kommen. Sie verharrten einen Augenblick und spähten über das bewegte Wasser. »Wir haben dich gesucht.«

»Nun habt ihr mich ja gefunden«, entgegnete ich mit zusammengebissenen Zähnen.

»Du mußt herauskommen«, sagte Tuam.

»Wenn ich fertig bin.«

»Der Abt hat alle zusammengerufen.« Der Schatzmeister bückte sich, hob meinen Umhang auf und hielt ihn mir hin.

»Woher wußtet ihr, daß ich hier bin?« fragte ich und watete auf das Ufer zu.

»Ruadh hat es uns gesagt«, antwortete Dda und reichte mir

die Hand, um mir zu helfen, die schlüpfrige Böschung hinaufzusteigen. »Er wußte, wo wir dich finden würden.«

Ich streckte ihnen die erstarrten Hände entgegen. Jeder der beiden nahm eine, und so zogen sie mich aus dem Wasser. Ich wollte nach meiner Kutte greifen, doch meine Finger waren gefühllos und zitterten so heftig, daß ich den Stoff nicht fassen konnte. Schnell breitete Tuam mir das grobe Tuch um die Schultern. »Ich danke dir, Bruder«, murmelte ich und kroch tief in den Umhang hinein.

»Kannst du laufen?« wollte Tuam besorgt wissen.

»Wohin gehen wir?« fragte ich verwundert und vor Kälte bebend.

»In die Grotte«, antwortete Dda mit einem rätselhaften Glanz in den Augen. Ich suchte den Rest meiner Kleider zusammen, preßte sie an die Brust, und die beiden machten sich auf den Weg.

Ich folgte ihnen, aber meine Füße waren taub, und meine Beine schlotterten so heftig, daß ich dreimal stolperte und fiel, ehe Tuam und Dda mir zu Hilfe kommen konnten. Schließlich nahmen sie mich in ihre Mitte, und wir gingen gemeinsam den Weg am Fluß entlang.

Nicht immer versammelten sich die Mönche von Cenannus na Ríg in der Grotte. Tatsächlich geschah dies nur bei höchst bedeutsamen Anlässen, und selbst dann kamen wir kaum jemals alle zusammen. Obwohl meine Gefährten mir nichts weiter verraten mochten, erriet ich aus ihrem geheimnisvollen Gehabe, daß etwas Außergewöhnliches bevorstand. Und darin irrte ich nicht.

Wie Tuam gesagt hatte, war jedermann gerufen worden, und bis wir die Sanctorum speluncae erreichten, waren alle versammelt. Schnell traten wir ein und nahmen unsere Plätze unter den anderen ein. Immer noch zitternd, zog ich Gewand und Umhang so schnell zurecht, wie meine unsteten Hände es zuließen.

Der Abt, der unsere Ankunft bemerkt hatte, trat vor und hob segnend die Hand. »Wir wachen, wir fasten, wir studieren«, erklärte Fraoch, und seine Stimme ertönte in dem Höhlengewölbe als rauhes Krächzen. »Und heute nacht beten wir.« Er hielt inne wie ein Schäfer, der zufrieden die vor ihm versammelte Herde betrachtet. »Brüder, wir beten um Gottes Führung und Segen für die Entscheidung, die vor uns liegt, denn heute nacht sollen die Célé Dé erwählt werden.« Der Abt schwieg erneut, als betrachte er uns ein letztes prüfendes Mal. »Möge Gottes Geist mit uns sein, und möge Gottes Weisheit unter uns aufscheinen. Amen!«

Alle, die wir versammelt waren, antworteten: »Amen! So sei es!«

Also ist es endlich soweit, dachte ich, und mein Herz schlug schneller. Das Warten ist zu Ende. Heute nacht wird die Entscheidung fallen.

»Brüder, zum Gebet!« Mit diesen Worten sank Abt Fraoch zu Boden und warf sich vor dem kleinen Steinaltar nieder.

Weiter fiel kein Wort, noch war es nötig, mehr zu sagen. Tatsächlich hatten wir die Worte durch endlose Diskussionen und Debatten schon längst ihres Sinns entleert. So suchten wir nun, nachdem wir die dunklen Monate hindurch gewacht und gefastet und studiert hatten, den Segen des himmlischen Throns. Wir warfen uns auf den bloßen Felsboden der Höhle und ergaben uns dem Gebet. Die Luft in der Höhle war erfüllt von der Wärme so vieler Körper und stickig vom Rauch und dem Geruch der Kerzen. Ich kniete vornübergebeugt, mit ausgestreckten Armen, die Stirn auf dem Steinboden, und lauschte den geflüsterten Gebeten, die die Höhle mit einem vertrauten Summen erfüllten.

Langsam verstummte das Stimmengemurmel, und nach einiger Zeit kehrte erneut eine Stille, die tief und ruhig wie ein Grabhügel war, in die Höhle ein. Kein Laut war zu hören außer dem leisen Knistern der flackernden Kerzen und dem langsamen, regelmäßigen Atem der Mönche. Wir hätten die letzten Menschen auf Erden sein können oder die Toten eines vergangenen Zeitalters, die auf ihre Auferstehung warteten.

Ich betete so inbrünstig wie noch nie in meinem Leben. Weisheit suchte ich und Führung, und mein Streben war aufrichtig, das schwöre ich! Ich betete:

»König der Mysterien, der Du warst und bist
Älter als die Elemente, älter als die Zeit,
Ewiger König, schön anzusehen,
Der auf ewig regiert, gewähre mir dreierlei:
Die Einsicht, Deinen Willen zu erkennen,
Die Weisheit, ihn zu verstehen,
Und den Mut, ihm zu folgen, wohin immer er mich
führt.«

So betete ich, und mir war jedes Wort davon ernst. Dann bat ich, die Ehre, die ich suchte, möge mir zuteil werden. Dennoch war ich erstaunt, als ich nach langer Zeit Schritte neben mir vernahm, eine Berührung an meiner Schulter fühlte und hörte, wie der Abt mich beim Namen rief und sagte: »Erhebe dich, Aidan, und trete vor uns.«

Langsam hob ich den Kopf. Die Kerzen waren heruntergebrannt, und die Nacht war fast vorüber. Fraoch blickte auf mich herab, nickte feierlich, und ich stand auf. Weiter schritt er zwischen den ausgestreckt liegenden Männern. Ich sah zu, wie er sich hierhin und dorthin wandte. Kurz darauf hielt er vor Brocmal an, berührte ihn und hieß ihn, sich zu erheben. Brocmal stand auf und blickte sich um. Er sah mich und nickte, so als gebe er seine Zustimmung. Weiter ging der Abt, und langsam, fast wie ziellos, trat er über die betenden Mönche hinweg oder um sie herum, bis er Bruder Libir erreichte. Er kniete nieder, berührte Libir und befahl ihm aufzustehen.

Da standen wir nun, drei Männer, die einander schweigend

betrachteten. Dankbar und erfreut zeigten sich Brocmal und Libir, und ich selbst war voller Staunen. *Man hatte mich erwählt!* Mir war gewährt worden, was ich mir mehr als alles andere gewünscht hatte. Kaum konnte ich mein Glück fassen. Ich zitterte vor Triumph und Freude.

»Erhebt euch, Brüder«, krächzte Fraoch, »und sehet Gottes Erwählte.« Dann rief er uns mit Namen: »Brocmal ... Libir ... und Aidan, tretet vor!« Er winkte uns zu sich, und wir nahmen unseren Platz neben ihm ein. Die anderen Mönche sahen nach vorn. »Brüder, diese drei werden in unserem Namen die Pilgerfahrt antreten. Gelobt sei der Hochkönig des Himmels!«

Sechzig verblüffte Augenpaare richteten sich auf uns. In einigen Mienen mischten sich Erstaunen und Enttäuschung. Ich konnte beinahe hören, was sie dachten. Brocmal, ja, natürlich. Er war ein Meister allen Wissens und der Buchkunst. Libir, ja, tausendmal ja! Libir war berühmt für seine Weisheit und seinen ruhigen Glaubenseifer, und seine Langmut und Frömmigkeit waren bereits in ganz Éire zur Legende geworden.

Aber Aidan mac Cainnech? Das mußte ein Irrtum sein! Ihre ungläubigen Antlitze waren nicht schwierig zu deuten. Mehr als ein Mönch fragte sich, warum man ihn meinetwegen übergangen hatte.

Abt Fraoch jedoch schien mit seiner Wahl mehr als zufrieden zu sein. »Laßt uns nun Gott und allen Heiligen für dieses höchst befriedigende Ergebnis unserer langen Überlegungen danken.«

Der Vorsteher stimmte ein einfaches Dankgebet an, in das wir einfielen, und schickte uns dann zu unseren Pflichten zurück. Wir verließen die Höhle, krochen tief gebückt durch den schmalen Gang und traten in das Morgenlicht eines frischen, windigen Tages. In dem bleichen, rosigen Licht kam es mir vor, als seien wir von den Toten auferstanden. Nachdem wir eine Ewigkeit unter der Erde verweilt hatten, waren wir nun erwacht, erhoben uns und entstiegen dem Grab, um wieder in die Welt zu treten – eine Welt, die mir vollständig verändert schien, wie neu erschaffen und voll der herrlichsten Verheißungen: Byzanz wartete, und ich gehörte zu den Célé Dé, die auserwählt waren, jene Reise anzutreten. Weißes Martyrium nennt man eine solche Pilgerfahrt auch, und genau das erwartete uns.

2

Eine Hymne an den neuen Tag auf den Lippen, gingen wir am Blackwater-Fluß entlang und erreichten die Tore der Abtei, als die aufgehende Sonne auf der Höhe des Glockenturms stand. Nach der Prim versammelten wir uns in der Halle, um das Frühstück einzunehmen. Ich saß an dem langen Tisch und war mir meiner neuen Stellung nur zu bewußt.

Bruder Enan, der bei der Morgenmahlzeit aus den Psalmen vorlas, konnte vor Begeisterung darüber kaum an sich halten, daß unsere Gemeinschaft, wie er es ausdrückte »ihre ehrwürdigsten Mitglieder ausschickt, auf daß sie helfen, das große Buch über die Meere zum Heiligen Kaiser zu tragen«. Enan bat auch darum, ein besonderes Dankgebet für die drei Auserwählten sprechen zu dürfen – eine Bitte, die der Abt gewährte. Dann trug er in einer Stimmung jubelnden Glücks das Magnificat vor.

Als ich der Melodie der wohlbekannten Sätze lauschte, dachte ich: *Ja! Das ist es! So fühlt man sich, wenn man auserwählt ist und von Gott zu einem großen Unternehmen berufen: Meine Seele preiset den Herrn, und mein Geist frohlockt in Gott, meinem Erlöser, denn Er hat sich seines bescheidenen Dieners erbarmt. Ja!*

Für uns alle sei dies, wie der Abt sagte, eine hohe Auszeichnung, und darin teilte jedermann seine Meinung. Wahrlich, eine Ehre, nach der ich mit demselben glühenden Eifer gestrebt hatte wie alle anderen. Nun war sie mir zuteil geworden, und ich konnte mein Glück kaum fassen.

Während ich Enan lauschte, der Gott ein Dankgebet für diese hohe, gesegnete Gnade darbrachte, hüpfte mir das Herz in der Brust. Ich fühlte mich demütig, froh und stolz, alles drei zugleich. Mir schwindelte, und ich hatte den starken Drang, laut herauslachen oder sonst unweigerlich zerspringen zu müssen.

Einmal, als ich während des Essens meine Schale an die Lippen setzte, blickte ich zufällig an dem langen Tisch des Refektoriums hinunter und sah, daß eine ganze Anzahl der Brüder mich beobachtete. Der Gedanke, daß sie etwas Bemerkenswertes an mir fanden, ließ eine Woge schuldbewußten Stolzes in mir aufsteigen. Daher aß ich meine Suppe und mein Gerstenbrot und versuchte, meinen wohlmeinenden Brüdern zuliebe nicht allzu erfreut zu wirken, denn ich wollte in ihren Augen nicht hoffärtig erscheinen und so ihr Mißfallen erregen.

Als das Mahl vorüber war, winkte Fraoch mich zu sich. Ich beugte mich tief hinab, um ihn zu verstehen. »Ich nehme an, du wirst über vieles nachzudenken haben, Aidan«, flüsterte er. Seit er vor Jahren durch den Schwerthieb eines Seewolfs die Stimme verloren hatte, konnte unser Vorsteher sich nur noch durch trockenes Flüstern und heiseres Krächzen verständlich machen.

»Ja, Abt«, antwortete ich.

»Daher«, sprach er weiter, »entbinde ich dich von deinen Pflichten. Nutze diesen Tag, um zu ruhen, nachzudenken … dich eben vorzubereiten.«

Ich wollte ihm widersprechen, doch er fuhr schon fort. »Du hast mit aller Kraft nach dieser einmaligen Gelegenheit gestrebt. Dein Eifer ist lobenswert, mein Sohn. Doch vor dir liegen noch viele Mühen und eine anstrengende Reise, denn das Wetter ist wendisch und schlägt gern um.«

Er legte mir eine Hand auf die Schulter. »Ein Tag für dich allein, Aidan, so etwas wird dir vielleicht sehr lange Zeit nicht mehr gewährt sein.«

Ich dankte ihm und verabschiedete mich, dann eilte ich über den Hof zu meiner Zelle. Gleich nach dem Eintritt zog ich den rindsledernen Vorhang vor die Tür. Dann warf ich mich auf meinen Strohsack, streckte die Beine in die Luft und lachte.

Ich war auserwählt worden. *Auserwählt!* Nach Byzanz würde ich reisen! Ich lachte, bis mir die Rippen schmerzten, Tränen in meine Augen traten und ich nicht mehr weiterkonnte.

Mein Freudenausbruch hatte mich erschöpft. Da ich in der vergangenen Nacht nicht geschlafen hatte, schloß ich die Augen und nahm mir vor zu ruhen, aber in meinem Kopf ging alles kreuz und quer durcheinander. *Denk dir nur, Aidan, Byzanz! Stell dir die Orte vor, die du sehen, die Menschen, denen du begegnen wirst. Ach, das ist herrlich, nicht wahr?*

Meine Gedanken schossen hin und her wie ein aufgescheuchter Vogelschwarm, und so müde ich auch war, konnte ich doch keinen Schlaf finden.

Also beschloß ich zu meditieren. Wie es der Abt schon angesprochen hatte, würde die Reise beschwerlich werden, und ich mußte mich geistig und seelisch darauf vorbereiten. Es schien nur richtig, mir alle Bedrohungen und Strapazen, die uns unterwegs erwarten mochten, vor Augen zu führen. Doch anstelle von Gefahren sah ich hochaufragende, in Wolken gehüllte Bergketten und fremde Ozeane, die unter einem fernen Himmel glitzerten. Menschenmengen, die sich durch die Straßen großer Städte und die Höfe schimmernder Paläste drängten. Statt Beschwernissen erblickte ich orientalische

Potentaten, Könige, Königinnen, Bischöfe und Höflinge, alle so herrlich angetan, als wollten sie mit der Pracht der Sonne wetteifern.

Da mir die Meditation auch nicht gelang, nahm ich mir vor, statt dessen zu beten. Zu Anfang bat ich um Vergebung für meine abwegigen Gedanken. Sehr bald fragte ich mich, wie ich vor den Kaiser treten würde ... wie ich ihn ansprechen, was ich zu ihm sagen könnte, ob ich seinen Ring küssen oder niederknien sollte ... kurzum, ich dachte an tausend andere Dinge als das Gebet, das ich begonnen hatte.

Da ich weder zu schlafen noch zu beten vermochte, beschloß ich, in die Hügel zu wandern. Die Einsamkeit und die körperliche Anstrengung, so sagte ich mir, würden meinem rastlosen Geist vielleicht Ruhe schenken und mich in eine ausgeglichenere Stimmung versetzen. Sogleich stand ich auf und verließ meine Zelle. Rasch überquerte ich den Hof, ging zum Tor, vorbei am Gästehaus und nach draußen.

Ich folgte dem Pfad jenseits der Mauer, stieg in den flachen Graben hinab und auf der gegenüberliegenden Seite wieder nach oben. Dann schlug ich den Weg zu den Höhen ein. Der zuvor strahlend helle Himmel hatte sich bezogen und seinen Glanz eingebüßt, aber der Wind war immer noch frisch, und ich genoß das durchdringende Prickeln der kalten Luft auf meinem Gesicht, während ich einherschritt. Wenn ich atmete, stieß ich weiße Wolken aus. Der Pfad stieg beständig an, und bald hatte ich die Erhebungen über der Abtei erklommen und begann, auf dem Hügelkamm entlangzuwandern.

Lange ging ich so und ließ mich von meinen Schritten tragen, wohin sie wollten. Es war eine Freude, den frischen Wind auf dem Gesicht zu spüren, während ich meine Seele mit der grünen Schönheit dieser Hügel erfüllte, die ich liebte. Endlich kam ich zum Rand des großen Waldes. Da ich nicht wagte, dieses schattige Reich allein zu betreten, wandte ich mich um und ging auf dem Weg, den ich gekommen war, zurück. Meine Phantasie aber streifte in der Ferne umher und war mir auf unbekannten Pfaden weit vorausgeeilt.

Gedanken an ferne Länder und exotische Bräuche füllten meinen Kopf aus, und ich stellte mir vor, wie es sein würde, fremden Boden zu betreten, andersartiges Essen zu kosten oder nie gehörte Worte in unbekannten Sprachen zu vernehmen. Und obwohl ich in meiner Vorstellung deutlich sah, wie ich kühn durch nie zuvor geschaute Lande streifte, vor dem Papst auf dem Bauch lag oder vor dem Kaiser kniete, konnte ich kaum glauben, daß der Mann, den ich da erblickte, ich selbst war.

Alles in allem gaben diese Überlegungen einen recht angenehmen, wenn auch eitlen Zeitvertreib ab, mit dem ich mich unterhielt, bis ich meinen bevorzugten Aussichtspunkt erreicht hatte, einen Felsüberhang gleich unterhalb der Hügelkuppe, von dem aus man tief unten das Kloster und das breite Tal mit dem dunklen Fluß sah. Ich ließ mich im Windschatten der Felsen auf dem grasbewachsenen Torfboden nieder, gerade als die Glocke des Klosters zur Sext läutete.

Obwohl es erst Mittag war, stand die spätwinterliche Sonne bereits tief und tauchte das Tal in sanftes, dunstiges Licht. Da lag die Abtei, wie ich sie aus meinen frühesten Erinnerungen kannte, unverändert und unveränderlich wie ihr Oratorium und das Skriptorium, ein Ort der Einsamkeit und Sicherheit, wo nicht einmal die Zeit, der große Verheerer, einzudringen wagte.

Cenannus na Ríg heißt das Kloster: das königliche Kells. Einst hatte es als Königsburg gedient, als ein Hügelfort mit Schutzwällen aus Erde und Holzpfählen. Aber die Könige hatten die Burg schon vor langer Zeit zugunsten von Tara aufgegeben. So schützten, während der altehrwürdige Sitz von Irlands Herrschern sich von neuem der Anwesenheit eines gekrönten Hauptes erfreute, die Gräben und Wälle von

Cenannus nur noch ein Kloster, und dazu das Volk mehrerer nahe gelegener Ansiedlungen.

Ich war schon als Kind in die Abtei gekommen. Mein Vater hatte gewollt, daß ich Priester wurde. Cainnech war König gewesen, und ich sein zweitgeborener Sohn. Da es einem Clan Glück verhieß, über einen Geistlichen von edlem Blut zu verfügen, wurde ich nicht wie üblich zur Erziehung in eine Adelsfamilie gegeben, sondern ins Kloster geschickt.

Erst fünf Sommer war ich alt, als ich mit der Stoffbahn, die meine Mutter für mich gewebt hatte, wie ein Bündel verschnürt und nach Kells gebracht wurde. Der Stoff sollte meine Kutte abgeben, wenn ich soweit war, die heiligen Eide abzulegen. Ich trug sie jetzt, obwohl sie grau war und nicht braun wie die der anderen Mönche, weil ich ein Edler meines Clans war. Auf jeden Fall endete jeder Anspruch, den ich auf den Thron hätte erheben können, in meinem zehnten Sommer, als mein Vater und mein Bruder zusammen mit dem Großteil des Clans in Dubh Llyn bei Atha Cliath im Kampf gegen die Dänen erschlagen wurden.

Mit ihrem Tod ging die Königswürde an einen Mann aus einem anderen Stamm über, an einen Vetter meines Vaters. An dem Tag, an dem mein Vater beigesetzt wurde, begrub ich alle Hoffnung darauf, jemals eine Stellung als Priester und Ratgeber eines Königs einzunehmen; auch würde ich niemals selbst regieren wie manche anderen Geistlichen. Die Welt des königlichen Handwerks und des höfischen Umgangs war mir nicht bestimmt. Zuerst, das bekenne ich offen, war ich bitter enttäuscht. Doch im Laufe der Zeit lernte ich das Leben im Kloster lieben, wo jede Hand von Sonnenaufgang bis Sonnenuntergang emsig war und sich alles im vollkommenen Einklang des Kreislaufes aus Arbeit, Gebet und Studium abspielte.

Ich widmete mich der Gelehrsamkeit, und als zwölf Sommer vergangen waren, trat ich ins Skriptorium ein und begann die Laufbahn eines Schreibers – obwohl sich ein kleiner Teil meiner Selbst immer noch nach einem weniger eng umgrenzten Leben sehnte.

Aus diesem Grunde beschloß ich an jenem frostigen Winterabend, da die Nachricht von dem Vorhaben des Bischofs unter uns bekanntgegeben wurde, mich der Teilnahme an einer solchen Pilgerreise als würdig zu erweisen. Und ich hatte es vollbracht, gelobt sei Gott! Ich war der glücklichste Mensch auf Erden, denn ich würde nach Byzanz gehen. Oh, allein der Gedanke machte mich trunken. Ich umschlang meine Knie, schaukelte auf dem Gras hin und her und lachte leise über mein Glück in mich hinein.

Als ich von meinem Platz auf dem Hügel hinabblickte, sah ich, wie die Mönche aus der Kapelle strömten und an ihre Arbeit zurückkehrten: Einige begaben sich in die Küchen, um das Mittagsmahl zuzubereiten, manche ins Skriptorium oder in die Werkstätten und Vorratslager und wieder andere auf die Felder oder an die Stapel von Feuerholz. Obwohl mir ein Tag des Müßiggangs gewährt worden war, tat es mir gut zu sehen, daß andere ihrer Arbeit nachgingen. Ich wandte meinen Blick der Welt jenseits des Klosters zu.

In dem Tal unterhalb des Ringwalls floß der Blackwater. Auf der anderen Seite des Flusses, am Berghang, grasten Rinder, die Nase am kalten Boden und den Schwanz in den Wind gedreht. Und dahinter stiegen kahle Hügel, gehüllt in das dunkle Grün des Winters, sanft gewellt gen Osten an. Eine schmale Rauchsäule, die sich mit dem Wind ausbreitete, bezeichnete die nächste Ansiedlung. Am Horizont stand, dicht unterhalb der stumpfgrauen Wolken, eine Linie vom blassesten Blau.

Ich sah zu, wie dieser farbige Schleier sich weitete. Sein Ton vertiefte sich und nahm ein leuchtendes Blau wie das eines Vogeleis an. Unten im Kloster rief die Küchenglocke zum Mittagsmahl. Ich beobachtete, wie die Brüder sich zum

Refektorium begaben, um ihr Mahl einzunehmen. Doch ich war zufrieden mit meiner eigenen Gesellschaft und verspürte nicht das geringste Verlangen, mich zu ihnen zu gesellen. Mir war nicht nach Brot und Suppe, statt dessen sättigte ich mich an der Schönheit dieses Tages, die mir durch meinen Erfolg noch größer erschien.

Nach einiger Zeit brach die Sonne durch die Wolkendecke, und über die Hügelkuppe breitete sich ein Licht von der Farbe blassen Honigs aus. Wo es auf mich fiel, wurde mir warm. Ich lehnte mich mit geschlossenen Augen an den kalten Fels, wandte das Gesicht dem Feuerball am Firmament zu und ließ mir die laue Luft über die eiskalten Ohren und Wangen streichen. Und endlich nickte ich ein …

»Aidan!«

Der Ruf war zwar undeutlich und noch weit entfernt, doch er weckte mich. Als ich die Augen öffnete, sah ich, wie eine hochgewachsene Gestalt den Hügel heraufkletterte und im Laufen noch einmal schrie: »Aidan!«

Dugal war bei weitem der größte von uns. Mit weit ausholenden, fliegenden Schritten erstieg er den Hügel und kam rasch näher. Er hatte das Kriegshandwerk ausgeübt, ehe er nach Cenannus gekommen war, und trug die mit Färberwaid ausgeführten Tätowierungen seines Clans: einen springenden Lachs auf dem rechten und einen Spiralkreis auf dem linken Arm. Als er die Gelübde ablegte, hatte er sich auch noch ein Kreuz über das Herz stechen lassen.

An Kraft und Geschick war ihm kaum jemand gewachsen. Dugal knackte Walnüsse mit der bloßen Hand und konnte drei Messer zugleich hochwerfen und sie in der Luft umherwirbeln lassen, solange er wollte. Einmal habe ich gesehen, wie er ein Pferd vom Boden hob. Gelernt hatte er den Waffengang, doch berufen fühlte er sich zum Klosterleben, und so mußte man ihn in vielerlei Hinsicht als einen der merkwürdigsten Christenmenschen ansehen.

Ich hatte ihn noch niemals kämpfen sehen, aber seine kreuz und quer mit Narben übersäten Arme zeugten von seinem Mut in der Schlacht. Als Mönch allerdings ... nun, laßt mich nur soviel sagen, daß ich keinen Lateiner kannte, der seinen Speer halb so weit schleudern konnte wie Dugal mac Caran. Er war mein bester Freund unter den Brüdern.

»Mo anam! – Bei meiner Seele!« rief er jetzt aus und stapfte auf mich zu. Als er vor mir stand, ragte er wie ein Turm vor mir auf. »Für einen kalten Tag ist dies eine ordentliche Kletterpartie. Ich hatte vergessen, daß es hier so hoch hinaufgeht.« Der Mönch blickte sich um, und langsam trat ein Lächeln auf sein Gesicht. »Ah, aber der Ausblick ist herrlich.«

»Sei gegrüßt, Dugal. Nimm Platz und ruhe dich aus.«

Er ließ sich neben mir niedersinken, lehnte sich mit dem Rücken an den Fels, und wir blickten gemeinsam auf das Tal hinaus. Eine Zeitlang sprach keiner von uns ein Wort. Wir waren es zufrieden, einfach nur die laue Wärme, die die Sonne schenkte, in uns aufzunehmen. »Als du nicht bei Tisch erschienen bist, hat Ruadh mich nach dir geschickt. Ich wußte, daß ich dich hier finden würde.«

»Und da bin ich.«

Dugal nickte und fragte nach einer kurzen Weile: »Was tust du hier?«

»Nachdenken«, antwortete ich. »Ich kann immer noch nicht recht glauben, daß ich auserwählt wurde, mit dem Buch zu reisen.«

»Das ist allerdings ein Wunder!« rief der Freund und stieß mich mit dem Ellbogen in die Rippen. »Bruder, freust du dich denn nicht?«

Ich grinste breit, um ihm das Ausmaß meiner Freude zu zeigen. »Wahrlich, ich glaube, ich bin niemals glücklicher gewesen. Was meinst du, ist das wohl unrecht?«

Wie zur Antwort darauf entgegnete Dugal: »Ich habe dir etwas mitgebracht.«

Er griff an seinen Gürtel und zog einen kleinen Lederbeutel hervor, den er auf seine Handfläche legte und glattstrich. Das Säckchen war neu, und darauf hatte er sorgfältig einen Namen eingebrannt: Dána. Das Wort bedeutete »der Kühne« – ein Name, den Dugal mir vor Jahren verliehen hatte und den nur er gebrauchte. Ein kleiner Scherz dieses Meisters unter den Kriegern gegenüber einem braven Schreiberling.

Ich dankte ihm für seine Gabe und bemerkte: »Aber du mußt lange gebraucht haben, um dies hier anzufertigen. Wie konntest du wissen, daß ich auserwählt werden würde?«

Der riesenhafte Mönch zuckte die Achseln. »Daran habe ich nie gezweifelt«, meinte er. »Ich wußte, wenn jemand gehen würde, dann du.«

»Dank dir, Dugal«, erklärte ich. »Ich werde dein Geschenk immer bei mir tragen.«

Zufrieden nickte er und wandte dann das Gesicht ab. »Man erzählt, in Byzanz sei der Himmel golden«, sagte er schlicht. »Und selbst die Sterne seien fremdartig.«

»Das stimmt«, bestätigte ich. »Ich habe auch gehört, die Menschen dort hätten eine schwarze Haut.«

»Alle?« fragte er erstaunt. »Oder nur ein paar von ihnen?«

»Zumindest einige«, erklärte ich ihm selbstbewußt.

»Auch die Frauen?«

»Das nehme ich wohl an.«

Dugal verzog das Gesicht. »Ich glaube nicht, daß ich gern eine schwarzhäutige Frau sehen möchte.«

»Ich ebenfalls nicht«, pflichtete ich ihm bei.

Eine Weile saßen wir schweigend beieinander und dachten über die vollkommene Fremdartigkeit eines goldenen Himmels und schwarzhäutiger Menschen nach. Schließlich konnte Dugal sich nicht länger zurückhalten und seufzte: »Bei Gott, ich wünschte, ich könnte mit dir gehen. Ich würde *alles* darum geben.«

Ich vernahm die Sehnsucht in seiner Stimme, und ein

Schuldgefühl durchzuckte mein Herz wie ein scharfer Schmerz. Seit ich von meinem Glück erfahren hatte, hatte ich weder einen Gedanken an meinen Freund verschwendet noch die Empfindungen derer, die zurückblieben, in Betracht gezogen. Tatsächlich hatte ich an nichts außer mich selbst und mein eigenes Glück gedacht. Ich erglühte vor Scham und wand mich angesichts dieses neuen Beweises meiner unendlichen Selbstsucht.

»Ja, ich wünschte ebenfalls, du könntest mitkommen«, erklärte ich ihm.

»Das wäre wahrlich eine feine Sache!« Er hielt inne und bedachte diese gewagte Möglichkeit. Als er feststellte, daß sie sein Vorstellungsvermögen überstieg, stieß er einen weiteren enttäuschten Seufzer aus. »Ach, meiner Treu ...«

Die Kühe auf der anderen Seite des Tales begannen zu muhen und machten sich langsam zum Fluß auf, um zu trinken. Die bleiche Sonnenscheibe sank tiefer herab und tauchte die Unterseite der Wolken in butterfarbenes Licht. Ich bemerkte, daß der Wind nachgelassen und sich gedreht hatte und jetzt den Rauchgeruch vom Kochhaus herantrug.

»Mo Croi«, brummte der kräftige Mönch nach einer Weile, »sieh dir uns beide an. Was, glaubst du, wird aus uns werden?«

Ich werde gehen, und du wirst hierbleiben, dachte ich und erkannte in diesem Augenblick zum erstenmal, daß ich alles, was mir je vertraut gewesen war, hinter mir lassen würde. Ich würde aufbrechen, und es würden Monate, vielleicht Jahre vergehen, ehe ich wieder einen meiner Freunde und Brüder in die Arme schließen würde. Der fest gewirkte Stoff meines Lebens würde auf eine Weise zerrissen werden, von der ich mir noch keine Vorstellung machen konnte. Nichts davon äußerte ich laut – was hätte ich auch sagen sollen? Statt dessen entgegnete ich bloß: »Wer weiß?«

Eine Weile schwieg Dugal, dann fragte er: »Bringst du mir ein Geschenk mit, Aidan?«

»Das werde ich«, versprach ich froh, ihm etwas zum Troste bieten zu können. Ich wandte den Kopf und sah ihn an. Er blickte immer noch über das Tal hinaus, doch seine Augen waren feucht vor Tränen. »Was immer du willst«, setzte ich hinzu.

»Ich habe gehört, die Messer in Byzanz seien die besten auf der Welt. Sogar noch besser als die, welche die Sachsen anfertigen.«

»Und solch ein Messer hättest du gern?«

»Ja, sehr gern sogar.«

»Dann werde ich dir das feinste Messer von ganz Byzanz bringen«, gelobte ich. »Und einen Speer dazu.«

Mein Freund nickte und blickte in dem schnell verblassenden Tageslicht über das Tal hinaus. »Ich muß zurück«, meinte Dugal und fuhr sich rasch mit der Hand über die Augen. »Ruadh wird sich fragen, wo ich geblieben bin. Zumindest einige von uns haben nämlich nicht die Erlaubnis, den ganzen Tag lang dazusitzen und nachzusinnen.«

»Ich komme mit dir«, meinte ich. Der Riese stand auf und streckte mir seine große Pranke entgegen. Ich nahm die Hand, die er mir reichte. Mit einem einzigen schnellen Griff zog er mich hoch, und wir standen einander wortlos gegenüber.

Schließlich drehte Dugal sich um und blickte ein letztes Mal in das Tal. »Wahrhaftig, es ist schön hier oben.«

»Mir gefällt es sehr.« Tief sog ich die Luft in die Lungen und blickte mich noch einmal um. Die Sonne ging jetzt rasch unter, und die fernen Hügel glitzerten frostig grün und wiesen eisblaue Schatten auf. »Ich werde all das hier gewiß vermissen.«

»Aber denk doch nur an all die neuen Orte, die du sehen wirst, Dána.« Dieses Mal schaute Dugal mich nicht an. »Bald wirst du alles vergessen haben ... alles ...« Ihm versagte die Stimme.

Über uns flog eine Krähe. Ihr einsames Krächzen hallte durch die kalte Luft, und ich dachte, mir würde das Herz zerreißen.

»Ach, könnte ich doch nur mit dir gehen«, murmelte Dugal.

»Das wünschte ich auch, Dugal. Und wie.«

3

Dugal und ich kehrten ins Kloster und an die alltägliche Arbeit zurück. Zwar hatte der Abt mir für heute meine Pflichten erlassen, doch ich hielt es für das beste, sie wiederaufzunehmen, ja ihnen sogar neue hinzuzufügen und mich auf diese Weise auf die Strapazen der Reise vorzubereiten. Dugal machte sich zum Brauhaus auf, und ich ging weiter zum Skriptorium in der Absicht, meine dortige Arbeit fortzusetzen.

Die Sonne hing über dem niedrigen Hügelkamm und warf ein sattgelbes Licht und blaue Schatten über den Hof. Als ich die Tür erreichte, schlug es eben die Non. Ich hielt inne und trat beiseite, und einen Augenblick später begannen meine Schreiberkollegen nach draußen auf den Hof zu strömen. Andere kamen von ihren diversen Aufgaben und unterhielten sich laut, während sie hügelaufwärts zur Kapelle strebten.

»So schnell zurück, Aidan?« Ich drehte mich um und sah, daß Cellach, der Vorsteher der Bibliothek, mich beobachtete, wobei er den Kopf zur Seite neigte, als bedenke er eine komplexe philosophische Fragestellung.

»Ach, Bruder Cellach, da ist noch eine Arbeit, die ich beenden möchte.«

»Natürlich.« Cellach wandte sich zum Gehen und hatte die Hände in die Ärmel gesteckt.

Als alle fort waren, trat ich ins Skriptorium und schritt an meinen Platz. Auf der Platte des Schreibpultes lag das unvollendete Manuskript. Ich nahm meine Feder, stand da und betrachtete die Zeile, an der ich zuletzt geschrieben hatte. Die sauberen schwarzen Buchstaben, so einfach und doch elegant, schienen perfekt dazu entworfen, das Gewicht ihrer von Gott inspirierten Botschaft zu tragen. Eine Stelle eines Verses, den ich schon häufig geschrieben hatte, kam mir in den Sinn: Himmel und Erde werden vergehen, doch mein Wort bleibt ewig ...

Wort von Gottes Wort, dachte ich. Ich bin das Pergament und Du der Schreiber. Zeichne darauf, was Du willst, Herr, auf daß alle, die mich sehen, Deine Gnade und Majestät erkennen!

Ich legte den Federkiel beiseite. In dem leeren Raum saß ich da, blickte mich um und lauschte, dachte an alles zurück, was ich an diesem Ort erlernt und geschaffen hatte. Ich betrachtete die dicht an dicht stehenden Tische. Vor jedem stand eine Bank, und beides war abgewetzt. Jahre des ständigen Gebrauchs hatten das eisenharte Eichenholz glattpoliert. In diesem Raum war alles wohlgeordnet und exakt: Pergamentbögen lagen flach und gerade ausgerichtet da, in der oberen rechten Ecke jeden Tisches befanden sich Schreibfedern, und auf dem Lehmboden neben den Bänken standen aufgestützt die Tintenhörner.

Blasses Licht fiel schräg durch die schmalen Windlöcher, die hoch oben an allen vier Wänden eingelassen waren. Pfeifend umkreiste der nachlassende Wind das Skriptorium und suchte nach einem Weg durch die Spalten zwischen den Balken, doch im Lauf vieler Jahre hatten zahllose Hände Büschel ungekämmter Wolle in die Ritzen gepreßt, die allem außer den heftigsten Stürmen widerstanden.

Ich schloß die Augen und sog die Luft ein. Die Bibliothek roch nach dem kleinen Feuer aus Torfsoden, das in der steinernen Feuerstelle in der Mitte rot glomm. Der stechende weiße Qualm zog durch das Rauchloch im strohgedeckten Dach nach oben ab.

Das war meine Aufgabe gewesen, als ich damals herkam. Ich hatte die Torfsoden zu holen, die Glut zu hüten und dieses Feuer während der kalten Wintertage zu nähren. In der ersten Zeit pflegte ich in der Ecke auf meinem Torfhaufen zu sitzen und die Gesichter der Schreiber bei der Arbeit zu beobachten. Scharfsichtig und eifrig sahen sie aus, wie sie Propheten, Psalme und Evangelien kopierten, und ihre Federn kratzten auf den trockenen Pergamentbögen.

Heute sah ich das Skriptorium fast so, wie es mir in jenen Tagen erschienen war. Mitnichten ein bloßer Raum, sondern eine Festung, in sich geschlossen und selbstgenügsam, ein Fels gegen die Winde des Chaos, die jenseits der Klostermauern tobten. Hier regierten Ordnung und Harmonie.

Nach dem Gebet kehrten meine Schreiberkollegen an ihre Arbeit zurück, wobei sie auf den üblichen Plausch an der Tür verzichteten. Im Skriptorium sprach nie jemand lauter als im Flüsterton, und auch das kam nur selten vor, damit niemand gestört oder abgelenkt wurde. Ein Nachlassen der Konzentration für einen kurzen Augenblick konnte bedeuten, daß eine Seite verdorben und tagelange sorgfältige Arbeit dahin war.

Von neuem nahm ich meine Feder zur Hand und machte mich daran, den vor mir liegenden Absatz zu vollenden. Fröhlich arbeitete ich bis zum Vespergebet. Dann räumten wir unsere Arbeit für die Nacht fort, verließen das Skriptorium und gesellten uns in der Kapelle zu unseren Brüdern. Nach dem Gebet versammelten wir uns bei Tisch, um das Brot für unsere Abendmahlzeit zu brechen, einen wäßrigen Eintopf aus braunen Linsen und gepökeltem Schweinefleisch. Während wir aßen, trug Bruder Fernach aus den Psalmen vor, und Ruadh las aus den Ordensregeln des Ordensgründers. Dann entließ er uns zur Meditation und zum Gebet in unsere Zellen.

Ich las gerade den Lobgesang der drei Jünglinge, dem ich mich aufmerksam widmete, und mein Eifer wurde belohnt, denn mir schien, als hätte ich gerade erst die Kerzen angezündet, als es zum Komplet läutete. Vorsichtig legte ich das Buch beiseite, trat aus der Zelle und machte mich mit den anderen Brüdern auf den Weg zu Kapelle. Ich suchte unter den Betenden nach Dugal, aber die Nacht war dunkel, und ich erblickte ihn nicht. Auch später sah ich ihn nicht mehr.

Gebete für die bevorstehende Reise wurden gesprochen, und mir kam in den Sinn, ich könnte selbst eine besondere Fürbitte aussprechen. Daher suchte ich nach der Messe Ruadh, unseren Secnab, auf, um ihn um die Vigilia zu bitten. Als Stellvertreter des Abts oblag es Ruadh, täglich die Vorleser und die Wachen zu bestimmen.

Ich überquerte den Hof und ging zu einer kleinen Hütte, die ein wenig entfernt von der Wohnung des Abtes stand. Dort blieb ich am Eingang der Zelle stehen, zog den rindsledernen Vorhang beiseite und pochte an die Tür. Einen Augenblick später hieß Ruadh mich eintreten. Ich stieß die Tür auf und kam in einen Raum, der von Kerzenlicht erhellt war. Die Luft roch nach Bienenwachs und Honig. Ruadh saß in seinem Lehnstuhl, und seine nackten Zehen berührten fast das Torffeuer auf der steinernen Feuerstelle zu seinen Füßen. Als ich vor ihm stand, legte er die Schriftrolle, in der er gerade las, beiseite und erhob sich.

»Setz dich zu mir, Aidan«, sagte er und wies auf einen dreibeinigen Schemel. »Ich werde dich nicht lange von deiner Nachtruhe abhalten.«

Ruadh war, wie ich schon sagte, der Secnab unserer Gemeinschaft. In der Klosterhierarchie stand nur noch Fraoch als Abt über ihm. Zudem war er mein Beichtvater und geistiger Führer – mein Anamcara, mein Seelenfreund, und somit verantwortlich für mein spirituelles Heil und meinen geistigen Fortschritt.

Ich zog den Schemel ans Feuer und hielt meine Hände über die Glut, während ich darauf wartete, daß er sprach. Der Raum war, wie die meisten anderen im Kloster, eine Zelle mit kahlen Steinwänden, einem einzigen kleinen Windloch in einer Wand und einem Strohsack auf dem Boden. Ruadhs Bulga, seine lederne Büchertasche, hing mit dem Riemen an einem Haken über dem Strohsack, und am Fuß der Bettstelle stand eine Schüssel Wasser. In hohen, eisernen Kerzenhaltern und auf Steinen am Boden brannten Kerzen. Die einzige weitere Ausschmückung im Raum bestand in einem steinernen Bord mit einem kleinen Holzkreuz darauf.

So manches Mal hatten wir, in ein Gespräch über eine theologische Frage vertieft, zusammen in dieser kleinen Hütte gesessen, oder wir hatten einen der zahlreichen Knoten im verwickelten Geflecht meiner launischen Seele entwirrt. Jetzt wurde mir klar, daß ich heute vielleicht zum letztenmal mit meinem Seelenfreund zusammensaß. Augenblicklich ergriff mich tiefe Melancholie, und wieder spürte ich den Schmerz des Abschieds – ach, und dabei sollten noch so viele Abschiede vor mir liegen.

»Nun, Aidan«, meinte Ruadh, als er nach einer Weile vom Feuer aufblickte, »dein Herzenswunsch hat sich erfüllt. Wie gefällt dir das?«

»Gewiß, ich bin froh«, erwiderte ich, doch mein plötzlicher Mangel an Begeisterung mußte sich ihm mitgeteilt haben.

»Wirklich?« fragte mein Anamcara nachdenklich. »Mir scheint, du verleihst deiner Freude auf eine sehr ernste Weise Ausdruck, Aidan.«

»Ich bin hoch erfreut«, beharrte ich. »Wie du sehr wohl weißt, ist diese Pilgerfahrt mein einziger Gedanke gewesen, seit ich von dem Plan des Bischofs erfahren habe.«

»Und nun, da du deinen Willen bekommen hast, beginnst du zu erkennen, daß die Sache noch eine andere Seite besitzt«, meinte Ruadh.

»Ich habe Zeit gehabt, die Angelegenheit genauer zu bedenken«, sagte ich, »und bin gewahr geworden, daß die Entscheidung des Abtes mich nicht so glücklich gemacht hat, wie ich erwartet hätte.«

»Hast du dir vorgestellt, sie würde dir das Glück bringen? Hast du deswegen so heftig danach begehrt?«

»Nein, Beichtvater«, widersprach ich schnell. »Die Sache ist nur ..., langsam verstehe ich, wieviel ich zurücklasse, wenn ich fortgehe.«

»Das steht zu erwarten.« Er nickte mitfühlend. »Wahrhaftig, ich habe sagen hören, wenn man reist, müsse man zuerst fortgehen, damit man anderswo ankommen kann.« Der Secnab schürzte die Lippen und strich sich übers Kinn. »Ich bin zwar kein Weiser in solchen Dingen, doch ich bin überzeugt, daß daran etwas Wahres sein könnte.«

Sein leiser Humor machte mir das Herz ein wenig leichter. »Deine Weisheit ist wie immer unanfechtbar, Beichtvater.«

»Denk immer daran, Aidan«, sagte er und beugte sich ein wenig nach vorn, »bezweifle nie in der Finsternis, was du im Licht geglaubt hast. Und noch etwas: Wenn der Pilger das, was er sucht, nicht mit sich trägt, wird er es am Ziel seiner Reise nicht finden.«

»Ich werde es nicht vergessen.«

Er lehnte sich wieder zurück. »Nun denn, welche Vorbereitungen wirst du treffen?«

Ich hatte bisher keinen Gedanken auf irgendwelche besonderen Vorkehrungen verwendet. »Mir scheint«, begann ich langsam, »daß Fasten das richtige wäre – mit einem Trédinus, meine ich, könnte ich mich ...«

Ruadh gebot mir Einhalt. »Ein dreitägiges Fasten ist auf jeden Fall löblich«, pflichtete er mir rasch bei. »Doch wir befinden uns ohnehin in der Fastenzeit. Dürfte ich eine andere Buße anregen, anstatt noch strenger als vorgeschrieben zu fasten? Eine geistige Bußübung, wenn du so willst.«

»Ja?«

»Mach deinen Frieden mit den Menschen, die du zurückläßt«, sagte er. »Falls dir ein anderer ein Leid getan hat oder du einen Groll gegen jemanden hegst, so ist es jetzt an der Zeit, diese Dinge zu bereinigen.«

Ich öffnete den Mund, um einzuwenden, daß ich niemandem übelwollte, aber mein Anamcara fuhr fort: »Hör auf mich, mein Sohn. Dies ist keine Sache, die man auf die leichte Schulter nehmen sollte. Ich möchte gern, daß du dich eingehend mit diesem Thema auseinandersetzt.«

»Wenn du darauf bestehst, Beichtvater«, entgegnete ich, etwas verwirrt durch seine Eindringlichkeit. »Trotzdem meine ich, daß ein Fasten durchaus nützlich wäre. Ich könnte beides zugleich tun.«

»Du hast nicht nachgedacht, Aidan«, rügte er. »Überleg doch! Alles hat seine Zeit, das Fasten wie das Feiern. Du wirst eine höchst strapaziöse Reise antreten. Mühen und Entbehrungen sind noch die geringsten Gefahren, denen du dich gegenübersehen wirst.«

»Gewiß, Secnab, ich bin mir der Gefahren wohl bewußt.«

»Wirklich?« fragte er. »Da bin ich mir nicht so sicher.«

Ich gab keine Antwort.

Ruadh beugte sich vor dem Feuer zu mir. »Jetzt ist die Zeit, da du Kräfte für die Reise sammeln mußt, mein Sohn. Iß gut, trink reichlich, schlaf und laß alles langsam angehen, solange du noch kannst. Bewahre dir dein Ungestüm für den Tag auf, an dem du seiner dringend bedarfst.«

»Wenn du meinst, daß es so am besten ist, Beichtvater«, sagte ich, »dann werde mich daran halten.«

Als habe er nicht gehört, fuhr Ruadh fort: »Bald wirst du diesen Ort verlassen. Vielleicht für immer, das läßt sich nicht beschönigen. Daher mußt du innerlich frei und leichten Herzens reisen. Wenn du aufbrichst, dann geh mit Frieden in der Seele, auf daß du dich allen Fährnissen, die auf dich zukommen, mit ungeschmälertem Mut und Kraft stellen kannst, geborgen in dem Wissen, daß du keinem Menschen feindlich gesinnt bist und niemand dir ein Leid will.«

»Wie du wünschst, Beichtvater!«

»Pah! Du hast nichts von dem, was ich sagte, wirklich verstanden. Tu es nicht für mich, mein Sohn – *ich* bin nicht derjenige, der nach Byzanz geht.« Der Secnab betrachtete mich mit milder Ungeduld. »Also, denk über meine Worte nach.« Er nahm seine Schriftrolle von neuem auf und gab mir so zu verstehen, daß unser Gespräch beendet war.

»Sei versichert, daß ich nach deinem Rat handeln werde«, antwortete ich und stand auf.

»Friede sei mit dir, Aidan.«

Ich ging zur Tür. »Gott behüte dich heute nacht, Secnab«, sagte ich. Plötzlich überwältigte mich die Müdigkeit. Ich gähnte und beschloß, doch nicht um die Nachtwache zu bitten.

Ruadh wandte den Kopf, sah mich an und meinte: »Ruhe aus, solange du noch kannst, Aidan, denn es kommt die Nacht, da kein Mensch wird schlafen können.«

Ich schritt ins Dunkel hinaus und hob den Blick zu einem Himmel, der mit leuchtenden Sternen übersät war. Der Wind hatte aufgehört, und die Welt lag still und schweigend da. In einer solchen Nacht schienen Gespräche über Gefahren und Strapazen wahrhaftig übertrieben. Ich kehrte in meine Zelle zurück und legte mich auf meinen Strohsack nieder, um zu schlafen.

4

Der nächste Tag war der Karfreitag, an dem keine Arbeit verrichtet wird außer der, die für den Unterhalt der Abtei und ihrer Bewohner unbedingt notwendig ist. Die meisten von uns erneuerten ihre Tonsur, um am Sabbat, dem Tag der Auferstehung, frisch rasiert zu sein.

Die Tonsur der Célé Dé ist unverkennbar: Der Vorderkopf wird von einem Ohr zum anderen geschoren, bis auf eine schmale Linie, die einen Kreis, die Corona genannt, bildet. Sie symbolisiert die Krone, die wir eines Tages aus der Hand unseres Herrn zu empfangen hoffen. Diese Rasur muß natürlich von Zeit zu Zeit aufgefrischt werden, da das Haar in stachligen Borsten nachwächst. Die Erneuerung der Tonsur ist ein Dienst, den wir uns häufig gegenseitig leisten. Daher sind wir alle miteinander ausgezeichnete Barbiere.

Da ein warmer Tag herrschte, setzten Dugal und ich uns abwechselnd auf einen Melkschemel im Hof, während der jeweils andere die Zeremonie mit dem Rasiermesser vollzog. Unsere Brüder waren auf dieselbe Weise beschäftigt, und der Hof erfüllte sich mit fröhlichem, wenn auch müßigem Geplauder. Ich trocknete mir eben den frisch rasierten Kopf mit einem Tuch ab, als Cellach mich rufen ließ.

»Brocmal und Libir verlangen nach dir«, sagte er, und ich bemerkte, daß seine Stimme müde und resigniert klang.

»Vergebung, Meister, aber ich dachte, wir wären fertig.«

»Das habe ich auch geglaubt«, seufzte er. »Aber sie werden keine Ruhe geben, ehe sie nicht zufrieden sind. Geh zu ihnen, mein Sohn, und sieh zu, was du ausrichten kannst.«

Nun, unser Teil des Buches war abgeschlossen. Dennoch rangen Libir und Brocmal immer noch mit ihren längst vollendeten Seiten und bestanden darauf, das gesamte Werk ein letztes Mal zu überprüfen. Sie hatten Meister Cellach mit solchem Eifer bestürmt, daß er einwilligte, nur damit sie Ruhe gaben, und ich war genötigt, ihnen zu helfen.

Als ich im Skriptorium eintraf, stellte ich fest, daß die beiden Schreiber sorgfältig alle Seiten ausgelegt hatten, zwei oder drei auf jedes leere Schreibpult. Dann schritten sie, von oben beginnend, von Tisch zu Tisch und inspizierten die Seiten.

Mit gesenktem Haupt und die Nase beinahe auf dem Pergament, untersuchten sie mit scharfem Blick die Texte und Illustrationen auf unsichtbare Fehler. Ich folgte ihnen, die Hände auf dem Rücken verschränkt, betrachtete die herrliche Arbeit und mußte immer wieder leise Freudenschreie unterdrücken. Wahrhaftig, dieses Buch war gesegnet!

Die beiden überkritischen Schreiber waren jedoch noch nicht weit mit ihrer Inspektion gekommen, da fanden sie einen Makel.

»Aidan!« brüllte Brocmal. Er fuhr mich so heftig an, daß mein erster Gedanke war, dieser Fehler, worin auch immer er bestehen mochte, stamme von mir. »Wir brauchen Tinte!«

»Dies kann noch gerettet werden«, intonierte Libir feierlich, das Gesicht fast auf den Tisch gepreßt. »Eine oder zwei Zeilen ... Siehst du? Hier ... und da.«

»Christus sei Dank«, pflichtete Brocmal ihm mit dick aufgetragener Erleichterung bei und beugte sich über die beargwöhnte Seite. »Ich werde eine Feder vorbereiten.« Er wandte sich um, bemerkte, daß ich ihnen zusah, und schrie: »Was soll das, Aidan? Der Bischof wird jeden Augenblick eintreffen. Wir brauchen Tinte! Was stehst du da wie ein Zaunpfahl?«

»Ihr habt nicht gesagt, welche Farbe ihr benötigt.«

»Rot natürlich!« zischte er.

»Und blau«, setzte Libir hinzu.

»Blau und rot«, befahl Brocmal. »Fort mit dir, Faulpelz!«

Auf diese Weise arbeiteten wir den größten Teil des Tages, denn wenn die beiden einen Makel ausgebessert hatten, fanden sie schon bald einen neuen, welcher der sofortigen Aufmerksamkeit bedurfte – obwohl ich nie einen der angeblichen Fehler sah, die sie so freudig entdeckten. Wir ließen die üblichen Tagesarbeiten – und auch das Mittagsmahl – fahren, um die Schäden zu beheben.

Kurz nach der Non stand ich am Mischtisch und zerrieb in einem Mörser Mennige und Ocker, als die Glocke läutete. Ich legte meine Gerätschaften beiseite, zog eilig mein Übergewand an, nahm meinen Umhang und eilte ins Skriptorium.

»Der Bischof ist eingetroffen!« verkündete Brocmal, obwohl Libir und ich bereits zur Tür rannten. Draußen auf dem Hof mischten wir uns unter die Menge, die auf das Tor zuströmte.

Wir stellten uns zur Rechten und zur Linken des Eingangs auf und begannen eine Hymne zur Begrüßung unserer Gäste zu singen. Bischof Cadoc führte die Gruppe an, und er schritt forsch aus, obwohl er ein sehr alter Mann war. Aber trotzdem waren sein Gang sicher und sein Auge so scharf wie das des Adlers auf der Cambutta in seiner Hand. Dieses heilige Symbol, das, in Gelbgold ausgeführt, die Spitze seines Bischofsstabes zierte, schimmerte in der Nachmittagssonne in einem heiligen Licht und zerstreute die Schatten, wo Cadoc vorüberging.

Viele Mönche begleiteten ihn, insgesamt dreißig. Ich sah mir jeden an, der durch das Tor schritt, und überlegte, wer von ihnen zu den Auserwählten gehören mochte. Auch fragte ich mich, wer wohl das Buch trug, denn obwohl ich mehr als eine Bulga sah, die an Schulterriemen baumelte, erblickte ich keine, die meiner Meinung nach prächtig genug für das Buch von Colum Cille gewesen wäre.

Fraoch erwartete unsere Besucher diesseits des Tores und hieß den Bischof mit einem Kuß willkommen. Auch dessen Begleiter begrüßte er herzlich und sagte: »Tretet ein, Brüder! Im Namen unseres gesegneten Herrn und Erlösers Jesus heißen wir euch in Cenannus na Ríg willkommen. Möge Gott euch Frieden und Freude schenken, solange ihr bei uns weilt. Nun ruht euch aus und macht es euch bequem, und wir wollen euch alle Annehmlichkeiten bieten, über die wir verfügen.«

Darauf erwiderte der Bischof: »Du bist sehr freundlich, Bruder Fraoch, aber auf dem Acker des Herrn pflügen wir Seite an Seite. Also erwarten wir nichts, das ihr euch nicht selbst gönnen würdet.«

Er blickte sich um und breitete weit die Arme aus. »Der Friede unseres Herrn sei mit euch, meine lieben Kinder«, rief er mit wohltönender, kräftiger Stimme.

Wir antworteten: »Und mit deinem Geist!«

»Noch einmal so viele, wie jetzt zu euch gekommen sind, hätten mich gern begleitet«, fuhr der Bischof fort. »Ich bringe Grüße von euren Brüdern in Hy und Lindisfarne.« Er unterbrach sich und lächelte voller Freude. »Und ich bringe einen Schatz.«

Darauf reichte Bischof Cadoc seinen Amtsstab an seinen Stellvertreter weiter und bedeutete einem der ihn begleitenden Mönche vorzutreten. Als der Mönch näher kam, zog er den Riemen seiner Bulga über den Kopf und reichte seinem Kirchenfürsten die Tasche. Cadoc nahm sie, öffnete den Riegel, schlug den Deckel hoch und nahm unter den erstaunten und bewundernden Rufen der Umstehenden das Buch heraus.

Oh, welche Herrlichkeit! Selbst aus der Entfernung schien es mir wie ein Wunder, denn das Cumtach des Werks war nicht aus Tierhaut gefertigt, nicht einmal aus dem gefärbten Kalbsleder, das für ganz besondere Bücher Verwendung fand. Der Einband des Buchs von Colum Cille bestand aus Silberblech, das zu phantastischen Ornamenten getrieben war: Spiralen, Schlüssel, Keile und Triskelen. An jeder Ecke des Einbands saß ein Feld mit Knotenornamenten, und in der Mitte eines jeden war ein andersfarbiger Edelstein eingefaßt. Diese Tafeln umgaben ein Kreuz aus Knotenwerk, das mit Rubinen besetzt war.

Im Spiel des Sonnenlichts erschien das Cumtach wie ein lebendiges Wesen: Es tanzte, glitzerte und bewegte sich im Rhythmus der Schöpfung des Herrn der Herrlichkeit.

Der Abt nahm das Buch in beide Hände, hob es an die Lippen und küßte es. Dann hielt er es über den Kopf und drehte sich bald hierhin und bald dorthin, auf daß jedermann einen Blick darauf erhaschen konnte. Das Buch von Colum Cille, dessen Verfertigung zwei Jahre gedauert hatte, erschien als eine seltene und herrliche Kostbarkeit, ein Geschenk, das eines Kaisers würdig war. Mein Herz schwoll bei seinem Anblick vor Stolz.

Nachdem das Buch wieder in seinem bescheidenen Behältnis verstaut war, gingen der Abt und der Bischof Arm in Arm den Hügel zum Oratorium hinauf, wo sie sich bis zum Vesperläuten zu einem vertraulichen Gespräch zurückzogen. Viele von uns Mönchen hatten zuvor entweder in Hy oder Lindisfarne gelebt und unterhielten enge Freundschaften zu etlichen der Brüder, die uns heute besuchten. Einige waren auch miteinander verwandt. Sie fielen einander um den Hals und faßten sich zur Begrüßung bei den Armen. Alle begannen gleichzeitig zu reden. Nach einer Weile rief Bruder Paulinus, unser Pförtner, nach den Besuchern, ihn zu begleiten, worauf er sie zu den Gastquartieren führte.

Brocmal, Libir und ich kehrten ins Skriptorium zurück, wo wir bis zum Abendbrot weiterarbeiteten. Dann konnten die beiden Schreiber beim besten Willen kein Jota mehr entdecken, an dem etwas auszusetzen war, und erklärten das Werk endlich für abgeschlossen.

»Es ist vollbracht«, sagte Libir. »Wir haben unser Teil getan. Der Herr Jesu sei uns wohlgesinnt.«

»Gebe Gott, daß das Buch das Wohlwollen des Bischofs findet.« Brocmal erlaubte sich endlich ein zufriedenes Lächeln, während sein Blick über all die vollendeten Seiten auf den Tischen glitt. »Fürwahr, meinen Segen hat es.«

»Ihr seid wahrhaftig die Barden des Pergaments«, erlaubte ich mir zu bemerken. »Obwohl mein Beitrag gering war, bin ich stolz darauf, euch zu Diensten gewesen sein zu dürfen.«

Die beiden Mönche betrachteten mich eigentümlich, und ich dachte, sie könnten in ihrer Freude über die Vollendung ihrer Arbeit ruhig auch meinen Anteil erwähnen, aber sie wandten sich ab und sagten nichts. Anschließend gesellten wir uns zu unseren Brüdern, um die Osterfeier zu beginnen, aber nicht, ehe wir die wertvollen Seiten sicher verwahrt hatten.

Bischof Cadoc las als Ehrengast die Beati und predigte. Ich lauschte ihm mit gespannter Aufmerksamkeit und versuchte, mir schlüssig zu werden, was für ein Mann er sein mochte. Zwar war ich ihm schon einmal begegnet, doch damals war ich kaum älter als ein Kind gewesen und besaß fast keine Erinnerung mehr an diese Begebenheit.

Cadoc war keltischer Brite, ebenso wie mein alter Lehrer Cybi. Es hieß, als Knabe habe er in Bangor-ys-Coed unter dem berühmten Elffod studiert. In seiner Jugend hatte er ganz Gallien bereist und dort gelehrt und gepredigt, bevor er nach Britannien zurückkehrte, um die Gemeinschaft in Candida Casa zu leiten, wo er häufig mit den gelehrtesten der Eruigena diskutierte. Der vortreffliche Sedulius – oder Saidhuil, wie er bei uns genannt wurde – hatte einmal ein Gedicht zum Gedächtnis an eine besonders schöne Debatte zwischen ihnen beiden verfaßt.

Als ich jetzt den nicht besonders hochgewachsenen Bischof ansah, schien es mir nur angemessen, daß berühmte Männer sich seiner Freundschaft rühmten. Klein von Gestalt und fortgeschritten an Jahren, besaß er dennoch das Auftreten und die Würde eines Königs und wirkte so gesund wie ein Mann in der Blüte seiner Jugend. Und falls jemand sich trotz Cadocs Energie noch unsicher war, dann brauchte der Bischof nur das Wort zu ergreifen, und jeder Zweifel verschwand, denn er besaß eine machtvolle Stimme, wohlklingend, voll und laut, und neigte dazu, jeden Augenblick in Gesang auszubrechen. Diese Eigenschaft teilte er wohl, wie ich es mir denke, mit seinen Stammesbrüdern. Echte Cymry hören nichts lieber als ihre eigenen Stimmen, wenn sie sich zum Gesang erheben. Damals hatte ich noch nie den Schall einer Posaune vernommen, aber wenn mir jemand gesagt hätte, sie klinge wie der Bischof von Hy, wenn er eine Hymne singt, ich hätte es sofort geglaubt.

Nach dem Mahl wurden Brocmal, Libir und ich selbst Cadoc vorgestellt. Der Abt rief uns in seine Kammer, wo er und der Bischof mit ihren Secnabs zusammensaßen und einen Becher Ostermet tranken. Nun, da das Fest begonnen hatte, war solch ein Luxus gestattet.

»Willkommen, Brüder. Tretet ein und setzt euch zu uns.« Der Abt bedeutete uns, auf dem Boden zwischen den Stühlen Platz zu nehmen. In Erwartung unseres Eintreffens hatte man drei weitere Becher gefüllt, und als der Abt diese unter uns verteilt hatte, begann er in dem schwachen Flüsterton, den er mit seiner zerstörten Stimme fertigbrachte: »Ich habe Bischof Cadoc eben von eurem Beitrag zu dem Buch berichtet. Er ist sehr begierig zu sehen, was ihr geschaffen habt.« Darauf forderte der Bischof uns auf, unsere Arbeit zu schildern. Brocmal hob zu einem weitschweifigen Bericht über das Unterfangen an und erzählte, wie die Arbeiten unter den verschiedenen Mitgliedern des Skriptoriums aufgeteilt worden seien. Libir fügte von Zeit zu Zeit Bemerkungen an, und Bischof Cadoc stellte den beiden viele Fragen. Ich lauschte und wartete darauf, daß auch ich zum Sprechen aufgefordert würde, doch dazu kam es nicht.

Zweifellos ist es ein Zeichen für meinen hochmütigen Geist, daß ich begann, mich zurückgesetzt zu fühlen – und zwar nicht als einziger. Meister Cellach, unter dessen kenntnisreicher und gewissenhafter Leitung das große Werk abgeschlossen wurde, wurde nicht einmal erwähnt, noch einer der anderen Schreiber, und deren waren viele. Wenn man Brocmals und Libirs Bericht hörte, hätte man glauben mögen, die beiden hätten das ganze Buch allein verfertigt. Dabei hatte ich mit eigener Hand nicht weniger als achtunddreißig verschiedene Passagen kopiert, die über zwanzig Seiten umfaßten. Und ich war nur einer unter mehr als zwanzig Schreibern, die in drei Skriptorien auf drei Inseln arbeiteten. Tatsächlich waren die Männer, die die Kühe aufzogen, die wiederum die Kälber hervorbrachten, die ihre Haut ließen, um das Pergament herzustellen, gewiß auf ihre Weise nicht weniger bedeutend als die Schreiber, die diese Häute mit ihrer großen Kunst schmückten. Aber andererseits, überlegte ich, zogen ja auch keine Viehhirten mit nach Byzanz.

Nun, dies war eine Belanglosigkeit, ein Versehen vielleicht. Doch ich konnte nicht umhin, darin den Stachel einer Beleidigung zu spüren. Ich glaube, der Stolz wird noch einmal mein Untergang sein. Aber Brocmal und Libir, so meinte ich, ernteten ihren Lohn auf Kosten all der anderen, die niemals Anerkennung empfangen würden. Ich beschloß, diese Ungerechtigkeit wettzumachen, sobald ich konnte. Jedoch mußte ich mir Zeit lassen und auf die günstigste Gelegenheit warten.

Also saß ich zu Füßen des Abtes auf dem Boden, schlürfte

den süßen Honigwein und hörte zu, wie Brocmal das Buch schilderte, das ich so gut kannte, von dem ich aber jetzt mit einemmal keinen Begriff mehr zu haben schien. Auch über die Reise dachte ich nach und überlegte, wer wohl die anderen Peregrini sein würden. Falls sie in irgendeiner Weise Brocmal und Libir ähnelten, schloß ich, dann würde dies ein sehr mühseliger Zug werden.

Nach einiger Zeit kam Brocmal schließlich zum Ende, und der Bischof wandte sich an den Abt. »Du hast eine gute Wahl getroffen, Fraoch«, sagte er und lächelte dabei wie jemand, der ein kostbares Geheimnis kennt. »Diese Männer werden uns bei unserer Unternehmung äußerst nützlich sein.«

Seine merkwürdige Wortwahl erregte meine Aufmerksamkeit. Sprach er von der Reise oder … hatte er ein anderes Unterfangen im Sinn? Sein verschmitzter Gesichtsausdruck deutete darauf hin, daß er etwas anderes meinte, als das Buch zum Kaiser zu bringen.

Aber der Abt erwiderte nur sein Lächeln. »Daran, Cadoc, hege ich nicht den leisesten Zweifel.« Er hob den Becher. »Ich trinke auf den Erfolg unserer Mission, Brüder. Möge Gott euch segnen und beschützen, jetzt und immerdar.«

»Amen!« erwiderte Cadoc, und wir alle erhoben zugleich mit dem Abt unsere Becher.

Es läutete zum Komplet, und wir wurden zu unseren Gebeten entlassen. »Wir sprechen uns wieder«, versicherte uns der Bischof. Dann wünschten wir Fraoch und dem Bischof gute Nacht, verließen die Wohnung des Abtes und begaben uns in die Kapelle. Brocmal und Libir waren wohlgestimmt und sangen vor sich hin, während sie den Hügel hinaufstiegen. Ich folgte ihnen niedergeschlagenen Blickes, war verärgert über die beiden und zürnte mir selbst, weil ich so empfand.

Ich trat in die Kapelle und suchte mir einen Platz an der Nordwand, so weit wie möglich von Brocmal und Libir entfernt. Dugal kam, ließ sich neben mir nieder und stieß mich mit dem Ellbogen an, um mich wissen zu lassen, daß er da war.

Ich hob den Kopf, sagte jedoch nichts, denn ich war tief in Gedanken versunken. *Wieso bin ich nur immer so überempfindlich?* fragte ich mich. *Was geht es mich an, ob die beiden dank des Lobs des Bischofs die Ehre davontragen? Sie haben es schließlich verdient. Es ist ja nicht so, daß sie das Buch gestohlen hätten oder mehr für sich beanspruchen würden, als ihnen zusteht. Was stimmt nur nicht mit mir?*

Das Gebet war vorüber, und ich ging in meine Zelle, um mürrisch einzuschlafen. Am nächsten Morgen, nach den ersten Gebeten, frühstückten wir mit unseren Besuchern, und da anläßlich der Osterfeiertage die üblichen Pflichten ruhten, versammelten sich alle im Hof, um zu singen. Der Tag war kühl und hell heraufgezogen, und der Himmel hatte voll weißer Wolken gehangen. Während wir unsere Hymnen zum besten gaben, zogen die Wolken sich zusammen und rückten näher. Ein Regenschauer setzte ein, der uns schließlich in die Halle zurücktrieb, wo wir uns in kleinen Gruppen niederließen, um an den langen Tischen mit den Brüdern, die bei uns zu Gast waren, zu plaudern.

Im Unterschied zu den meisten Mönchen in Cenannus kannte ich niemanden aus Hy oder Lindisfarne. Dennoch rief mich, als Dugal und ich zwischen den Tischen umhergingen, einer der Fremden an: »Aidan mac Cainnech!«

Ich drehte mich um und erblickte einen kleinen Mann mit kantigem Gesicht, braunem Haar und dunklen Augen, der mit zwei weiteren Fremden zusammensaß. Alle drei beobachteten mich mit unverhohlener Aufmerksamkeit.

»Geh zu ihnen«, drängte Dugal. »Sie wollen mit dir reden.« Er verließ mich und ging zu einem anderen Tisch.

»Ich grüße euch herzlich«, sagte ich beim Näherkommen.

»Setz dich doch zu uns«, bot der eine Besucher an. »Wir möchten mit dir sprechen, falls du nichts dagegen hast.«

»Ich stehe euch zu Diensten, Brüder«, entgegnete ich und nahm an ihrem Tisch Platz. »Mit Vergnügen würde ich euch meinen Namen nennen, doch mir scheint, den habt ihr schon von jemand anderem erfahren.«

»Halte uns nicht für aufdringlich«, meinte einer der beiden anderen. »Wir sind Cymry, und bei uns ist die Neugierde wahrhaftig eine Seuche.« Die zwei Männer, die bei ihm saßen, lachten. Ihre Wißbegier war offensichtlich eine angenehme Krankheit. Ich mochte die drei sofort.

»Ich bin Brynach«, sagte der Fremde, der mich angerufen hatte. »Dies sind meine Brüder, nein, mehr als das, meine Anamcari.« Er hob die Hand, um seine beiden Begleiter vorzustellen. »Diese lange, dürre Bohnenstange hier heißt Gwilym.« Er wies auf einen hochgewachsenen, schmalen Mann, dessen blondes Haar bereits dünn wurde. »Und dies ist Morien«, sagte er und deutete auf einen jungen Mann mit dichtem, lockigen schwarzen Haar und blauen Augen. »Obwohl«, meinte er warnend, »er nicht antworten wird, wenn du ihn bei diesem Namen rufst, denn er ist jedermann als Ddewi bekannt.«

»Brüder«, sagte ich, wobei ich sie um ihren ungezwungenen Umgang miteinander beneidete, »ich freue mich, euch kennenzulernen. Ich bete darum, daß euer Osterfest bei uns Speise und Trank für eure Seele sein möge.« Dann hielt ich inne, denn ich spürte, daß die Frage peinlich war, noch bevor ich sie aussprach, doch ich konnte nicht anders. »Bitte nehmt es mir nicht übel, aber ich habe weder Hy noch Lindisfarne je besucht und würde gern wissen, welcher dieser beiden schönen Orte eure Heimat ist.«

»Keiner von beiden«, entgegnete Gwilym fröhlich. »Wir stammen aus Ty Gwyn, aber die letzten paar Jahre haben wir in Menevia und Bangor-ys-Coed verbracht.«

»Tatsächlich?« gab ich zurück. »Ich wußte nicht, daß das Buch auch dort geschrieben wurde.«

»Dem ist auch nicht so«, antwortete Brynach. »Wir haben

zu spät von dem Buch erfahren, um einen praktischen Beitrag zu diesem Teil des Unternehmens zu leisten.«

Wieder horchte ich auf bei dieser Andeutung, die Reise könne noch einen weiteren Zweck verfolgen – einen, den viele hier zu kennen schienen. »Ihr scheint über diese Dinge sehr gut unterrichtet zu sein«, forschte ich weiter. »Gehe ich recht in der Annahme, daß ihr zu denen gehört, die für die Reise auserwählt wurden?«

»Ja, so ist es«, bestätigte Brynach.

»Aber ihr seid keine Schreiber«, platzte ich verblüfft heraus. »Vergebt mir, das habe ich nicht so gemeint, wie es vielleicht geklungen hat. Ich wollte nicht respektlos erscheinen.«

»Keine Sorge, Bruder«, meinte Gwilym begütigend. »Die Wahrheit ist stets eine Freude für die, welche sie lieben. Solche Schönheit kann niemals beleidigend wirken.«

»Die Wahrheit ist«, gestand Brynach, »daß wir keine Schreiber sind. Und doch hat es dem großen König des Himmels in seiner unendlichen Weisheit gefallen, uns in eure erhabene Gesellschaft zu schicken. Ich hoffe, ihr werdet uns freundlich aufnehmen.« Er neigte leicht das Haupt und legte dem hochgewachsenen Mann kameradschaftlich die Hand auf die Schulter. »Gwilym hier ist ein Kunsthandwerker, für den Gold und Edelsteine wie geschaffen zu sein scheinen.« Der Mönch nickte leise und nahm das Kompliment erfreut an.

Brynach wandte sich dem schwarzhaarigen Jüngling zu. »Ah, und dieser Grünschnabel, den du vor dir siehst, ist ein Leighean von seltenen und außerordentlichen Talenten.«

»Die Männer in meiner Familie sind seit sieben Generationen Ärzte«, erklärte Ddewi und ergriff zum erstenmal das Wort. »Und ich bin der siebte Sohn meines Vaters, der ebenfalls ein siebter Sohn war.« Seine Stimme und sein Gebaren waren ruhig und geheimnisvoll, wie man es vom siebten Sohn eines siebten Sohnes erwarten durfte.

»Leider«, meinte Brynach, »kann ich selbst solche Talente

oder Fähigkeiten wie meine Brüder hier nicht für mich in Anspruch nehmen. Meine einzige Beschäftigung ist seit jeher das Studium gewesen, und heute stelle ich fest, daß ich für etwas anderes nicht mehr geeignet bin.«

Obwohl seine Bescheidenheit echt wirkte, bezweifelte ich, daß man ihn erwählt hätte, wenn er so ein einfacher Mensch gewesen wäre, wie er vorgab. Ehe ich weiter in ihn dringen konnte, meinte Brynach jedoch: »Nun denn, Aidan, ich höre, du bist einer der besten Schreiber, deren Kells sich rühmen darf ...«

»Und nicht nur Schreiber, sondern auch Gelehrter«, warf Gwilym ein.

»Kells besitzt in der Tat viele gute Schreiber«, gab ich zu, »und es stimmt, daß ich zu ihnen gehöre, obgleich ich der jüngste und unerfahrenste von allen bin. Mein Beitrag zu dem Buch ist nur gering, verglichen mit dem von Brocmal, Libir und einigen anderen.«

»Aber deine Feder hat das heilige Buch berührt«, meinte Gwilym. »Deine Hände haben daran gearbeitet. Ich wünschte, ich könnte dasselbe von mir sagen.«

Brynach nickte, als sei dies der höchste Ehrgeiz auch seines Lebens. Die drei sahen sich an. Sie mußten einander ein Zeichen gegeben haben, denn der Mönch beugte sich zu mir herüber, als wolle er mir ein Geheimnis verraten. »Kann ich dir etwas anvertrauen?« fragte er.

»Sicherlich, Bruder Brynach«, entgegnete ich.

»Die, die ich mir zu Freunden erwähle, nennen mich Bryn«, sagte er und bedeutete mir näher zu rücken.

Ich neigte meinen Kopf zu ihm hinüber, doch bevor er weitersprechen konnte, erschien Bruder Diarmot. »Ich bin sicher, unser Bruder hat euch im Namen des Klosters willkommen geheißen«, erklärte er steif. »Der Gedanke würde mir nicht gefallen, daß er es in seiner Pflicht gegen euch, unsere lang erwarteten Gäste, hat fehlen lassen.«

Brynach richtete sich wieder auf, und augenblicklich kehrte sein Lächeln zurück. »Sorge dich nicht um uns«, erwiderte er gewandt. »Wir sind mehr als freundlich aufgenommen worden.«

»Wahrhaftig«, warf Gwilym ein, »uns ist, als hätten wir unsere Heimat nie verlassen.«

»Ich bin Bruder Diarmot und stehe euch zu Diensten. Wenn ihr hungrig seid, wäre es mir ein Vergnügen, euch etwas zu essen zu bringen.«

»Wir danken dir, Bruder«, antwortete Brynach. »Aber wir brauchen nichts.«

»Vielleicht etwas zu trinken?« beharrte Diarmot. Er sah mich an und lächelte säuerlich. »Ich dachte, Aidan hätte euch vielleicht etwas angeboten, aber ich freue mich, euch dienen zu dürfen.«

»Nun«, meinte Gwilym, »du könntest mich vielleicht zu einem Schluck von dem ausgezeichneten Ale überreden, das wir gestern abend bei Tisch getrunken haben.«

»Natürlich«, sagte Diarmot. »Aidan und ich werden euch die Becher bringen. Das ist das mindeste, was wir für unsere Gäste tun können.«

»Bitte erlaubt mir, euch behilflich zu sein«, sagte Gwilym und erhob sich rasch.

»Nein, nein«, entgegnete Diarmot hartnäckig. »Ihr seid unsere Gäste. Ich kann unmöglich zulassen, daß ihr euch selbst zu trinken holt. Aidan wird mir helfen.«

Unbeirrbar und drohend ragte Diarmot über mir auf, so daß ich rasch aufstand und ihm in die Küche folgte, wo ich einen Krug füllte, während er Becher suchte. Als wir an den Tisch zurückkehrten, hatten andere Mönche sich zu den drei Briten gesellt, und mir bot sich keine weitere Gelegenheit, allein mit ihnen zu sprechen. Den ganzen Tag über behielt ich sie im Auge und wartete auf eine Möglichkeit, aber die Ereignisse entwickelten sich nicht nach meinem Wunsch.

Als ich mich an diesem Abend in meine Zelle zurückzog, war ich neugierig, enttäuscht – und verärgert über Diarmot, weil er zur Unzeit zwischen uns getreten war. Bevor ich schlafen ging, bat ich Christus um Vergebung für meine Abneigung gegen Diarmot, und dann lag ich noch lange wach und überlegte, was Brynach mir wohl hatte mitteilen wollen.

5

Im Dunkel kurz vor Morgengrauen klettern wir auf den Hügel, steigen hinauf wie Christus, der aus dem Tal des Todes auffährt. Auf dem Gipfel drängen wir uns zusammen, als zitterten wir im kalten Hauch des Grabes, und harren des wahren, nie versagenden Lichts der Auferstehung. Schweigend warten wir, die Gesichter gen Osten gewandt, woher das rettende Wort erscheint. Weit fort, jenseits des Randes der Welt, sammelt das Tageslicht seine Kraft, wächst und wächst, bis es endlich – die Mächte der Finsternis können es nicht länger zurückhalten – in einer herrlichen, lebenspendenden Flamme hervorbricht. Siegreich steigt die Sonne auf, Sol Invictus, erneuert wie der auferstandene Christus, so wie alle Menschen am Jüngsten Tag aus ihren Gräbern auferstehen werden. Als die ersten goldenen Strahlen den Himmel entflammen, holen wir tief Luft und erheben unsere Stimmen zum goldenen Thron: »Halleluja! Hosianna! Ehre sei Gott in der Höhe! Halleluja!«

Angeführt vom Bischof von Hy mit erhobener Cambutta, zogen wir in einer Prozession den Hügel hinab und sangen im Schreiten das Gloria. Da der Gäste und Besucher so viele waren, bot das Innere der Kirche keinen Platz für alle, so daß angesichts des guten Wetters der erste Teil der Messe unter dem Dach des Himmels abgehalten wurde. Die verschiedenen Teile der Messe wurden begangen: die Gesänge, das Kyrie, die Epistel, das Graduale, das Evangelium, das Credo, die Psalmen und schließlich die Opferung.

Während der Gebete knieten die Besucher im Hof nieder. Anschließend erhoben sie sich, um sich an der Tür in Doppelreihen zur Prozession von Hostie und Kelch zum Altar aufzustellen und die heilige Kommunion zu empfangen. Am Altar spendete Bischof Cadoc mit Hilfe des Abts die Sakramente. Ich befand mich unter denjenigen, die außerhalb der Kirche standen, aber wir hatten keine Schwierigkeiten, alles zu hören. Cadocs kraftvolle Stimme trug bis in den Hof und über die Klostermauern hinaus.

»Quanda canitus«, rief der Bischof, als er Gott den Kelch darbot, »accepit Jesu panem ...«

Wir knieten im Leuchten der österlichen Morgensonne, und unsere Herzen erglühten in Liebe zu Gott. Einer nach dem anderen traten wir in die Kirche und schritten zum Altar, wo wir aus der Hand des Bischofs die Sakramente empfingen und dann zum Segen an unsere Plätze zurückkehrten.

Der Gottesdienst war herrlich und voller Freude. Als er vorüber war, sangen wir, bis es zur Terz läutete, worauf der Abt all unsere Besucher einlud, an unserem Festmahl teilzunehmen.

»Jesus lebt!« krächzte Fraoch und erhob die Stimme über sein übliches Flüstern hinaus. »Jauchzet und freuet euch, meine Freunde, denn alle, die auf Christus vertrauen, besitzen das ewige Leben. Und so, wie wir uns eines Tages in der großen Halle des Himmels versammeln werden, so laßt uns den Segen von Gottes herrlichem Überfluß an diesem schönen Ostertag genießen – ein Vorgeschmack auf das große Festmahl zum Lob des Lamms Gottes.«

Mit diesen Worten war die Tafel eröffnet. Um all unsere Gäste unterzubringen, schleppten wir Bänke und Tische aus dem Refektorium heran und stellten sie im Hof auf. Frauen aus den umliegenden Dörfern halfen den Köchen und den Küchenhilfen, die Tische mit allen Arten von Speisen zu beladen. Da gab es braunes Brot, das zu besonderen Osterlaiben gebacken war – rund, mit dem Umriß eines Kreuzes, das in die Oberseite eingeschnitten war; kalte gekochte Eier – Symbole für die Macht und Verheißung des Lebens; Lachse und Hechte – frisch, eingesalzen oder geräuchert – auf hölzernen Schneideplatten; Miesmuscheln und Austern; feines Mehl und Kiefernkerne, mit Eiern und Honig in Milch gekocht; dampfende Berge von gebratenen Rüben; gewaltige Kessel mit geschmortem Lamm; Schweine-, Rind- und Hammelfleisch, mit Fenchel, Zwiebeln und Knoblauch geröstet; Gans in Kräutertunke; Hasen mit süßen Kastanien darin; Hähnchen, gefüllt mit Korn und Salbei; Lerchen in Holunderbeeren; Kompotte aus Pflaumen, Himbeeren und Äpfeln und vieles andere mehr.

Aengus mac Fergus, der Fürst des Reiches, hatte einige seiner Männer mit Ostergaben geschickt: vor allem dicke Reh- und Wildschweinkeulen, die unser Festmahl zieren sollten. Die Knechte vergeudeten keinen Augenblick und steckten das Fleisch zum Rösten an die Bratspieße über den Feuern im Hof. Sobald sie sich dieser Aufgabe entledigt hatten, unterstellten sie sich alsbald dem Kellermeister. Sie erklärten sich zu seinen willigen Sklaven und mühten sich mächtig mit den Eichenfässern, in denen sich köstliches dunkles Ale und süßer gelber Met befanden. Die Fässer stellten sie auf Dreifüße vor den Eingang zur Halle. Zur Ehre der Osterfeiertage gab es auch Tonkrüge mit Wein.

Als alles bereit war, bat Secnab Ruadh um Ruhe und betete um Gottes Segen für unser Festmahl. Dann nahmen wir unsere Holzschalen und brachen unser langes österliches Fasten. Jeder nahm sich von den Speisen, die ihm am meisten zusagten. Der Tag gehörte dem Schwelgen in Essen und Trinken und dem harmonischen Gespräch mit Freunden und Verwandten. Und alle, die im Kloster versammelt saßen, waren wie Bruder und Schwester, wie Vater, Mutter und Kind füreinander.

Nachdem die Schmerzen des Hungers wahrhaftig und gründlich verbannt waren, veranstalteten wir Spiele. Angestachelt von den Kindern unserer Gäste, beteiligten wir uns an Kraft- und Geschicklichkeitswettkämpfen: Man warf den Wellstein, schleuderte Speere, übte sich im Armdrücken und dergleichen. Einige der Männer des Fürsten, sämtlich Krieger, erdachten ein Pferderennen, bei dem die Reiter rücklings im Sattel sitzen mußten. Dies erwies sich als ein so herrliches Spektakel, daß das Rennen mehrere Male durchgeführt wurde, um jedem, der teilnehmen wollte, Gelegenheit dazu zu geben. Am besten gefiel der letzte Lauf, denn viele der größeren Kinder bestanden darauf, daß man ihnen erlaube zu reiten. Damit nun die jüngeren nicht betrübt wären, beteiligten sich einige der Mönche an dem Rennen. Jeder nahm ein Kind vor sich auf den Sattel, so daß den Kleinen nichts zustoßen konnte. Dies sorgte natürlich für noch mehr Tumult, und es wurde so gelacht, daß das Tal davon widerhallte. Ach, was für ein Ergötzen!

Während der ganzen Festlichkeiten wich ich nicht von Dugals Seite, denn mir war schmerzlich bewußt, daß unsere Trennung immer näher rückte. Aber da ich nicht wollte, daß unglückliche Gedanken sich in diese herrliche Osterfeier schoben, bemühte ich mich sehr, nicht darüber zu brüten. Falls Dugal ähnliche Gefühle hegte, so ließ er sich nichts davon anmerken, sondern unterhielt sich prächtig und lief vom Bierfaß zum Rennen, wieder zum Tisch und zurück. Brynach, Gwilym und Ddewi, die drei geheimnisvollen Gäste, bekam ich kaum zu Gesicht. Sie schienen sich immer im Schatten des Bischofs aufzuhalten und waren oft in intensive Gespräche mit dem einen oder anderen unserer älteren Brüder versunken. Obwohl um sie herum das Fest seinen munteren Lauf nahm, hielten die drei, insbesondere Brynach, sich fern. Die drei sahen zu und lächelten, aber selten nahmen sie selbst an den Lustbarkeiten teil.

So verging der Tag, und die Sonne begann zu sinken und tauchte den Himmel im Westen in rotgoldene Flammen. Unser guter Abt rief alle Leute, ihm zu folgen, und wir zogen in einer langen Prozession um das Kreuz im Hof herum. Einmal, zweimal, dreimal machten wir die Runde, und dann versammelte er jedermann in einem Kreis um das Kreuz und stieß in dem ihm eigenen kratzigen Flüstern hervor: »Sehet dieses Kreuz! Gewiß, jetzt ist es leer, doch dem war nicht immer so. Ich möchte, daß ihr, meine Freunde, euch an jenen schrecklichen und grauenhaften Tag erinnert, an dem der Sohn des großen Königs die Last der Welt auf seine Schultern genommen hat, da Er am Baum von Golgatha hing!

Weh und Schande, sage ich! O Herz von meinem Herzen, Dein Volk hat dich ergriffen. Man hat Dich geschlagen, mit grünem Rohr auf bloßes Fleisch, mit der häßlichen Faust gegen Deine rosige Wange! Scharfe Dornen wurden zur Krone für das heilige Haupt. Ein geliehenes Gewand spottete den Schultern, die den schrecklichen Schandfleck der menschlichen Sünde trugen.

Und dann war des Blutdurstes noch nicht genug! Sie nahmen Dich und durchstachen Deine Hände und Füße mit kalten, grausamen Nägeln. Sie zogen Dich hoch über den Boden, um in bitterer Qual zu sterben, und Dein Volk stand hilflos und sah zu.

Was für eine entsetzliche Tat: Man spie auf den Schöpfer der Welt, während der Tod das Licht aus Seinen Augen stahl.« Fraochs Stimme brach, und Tränen rannen ihm über die Wangen. »Donner und Sturm geboten ihnen keinen Einhalt, sie gaben nichts auf Regen und Hagel – noch auf die gebrochene Stimme, die ausrief: Abba, Vater, vergib ihnen! Sie wissen nicht, was sie tun!

Hinauf fuhr der scharfspitzige Speer und bohrte sich tief in Dein verwundetes Herz. Wasser und Blut rannen an Deinen schweißnassen Seiten hinab – der Wein der Vergebung, für alle Menschen vergossen –, und Gottes geliebtes Kind atmete nicht mehr.

Dann heißt es ›herunter vom Kreuz‹! Sie können es nicht erwarten, Dich aus den Augen zu bekommen! In einen Sack verschnürt hat man Dich durch die Straßen gezerrt! Gemeine Leichentücher für den Körper des erhabenen Himmelskönigs, nicht von feinem Linnen oder weichen Pelzen.

Das in den Fels gehauene Grab wird Dein Heim, Geliebter. Die Einsamkeit des Hauses unter dem Rasen ist Dein neues Reich, dort im Knochenhain. Am Türstein stehen des Cäsars Soldaten Wache, damit nicht die Mörder Deinen Todesschlaf stören.

Fürchten sie Dich immer noch? Sie haben Dich zu Tode gebracht, Herr von allem, das da ist, und sie bewachen Dich, blicken mit zitternden Händen nach rechts und links. Finsternis senkt sich über die Erde. Wie könnte es auch anders sein? Das Licht des Lebens ist in einem Grab eingeschlossen, und die gierige Nacht erfüllt von grinsenden Dämonen.

Freunde«, flüsterte der Abt, und seine Stimme klang betrübt in der Betrachtung jener furchtbaren Nacht, »die Feinde des Lichts und des Lebens hielten darob ein großes Fest ab. Ihr Jubel hallte laut in den Hallen des Himmels wider. Und Gottvater blickte in seiner tiefen Trauer hinab. ›Sieh doch, Michael‹, rief er seinem Erzengel zu. ›Sie haben meinen geliebten Sohn getötet. Das ist schlimm genug, doch sie sollten nicht derart frohlocken. Kann dies denn recht sein, daß das Böse über den Tod des einzig Gerechten frohlockt?‹

Und Michael, der Diener des Lichts, antwortete: ›Herr, Du weißt, daß es nicht recht ist. Sag nur ein Wort, mein König, und ich werde sie alle mit meinem Flammenschwert erschlagen.‹

Oh, doch der immer Gnädige legte einen Finger an die Lippen, und Er sagte: ›Geduld, Geduld, alles zu seiner Zeit. Ich wäre nicht Gott, wenn ich meiner Aufgabe im Unglück nicht gewachsen wäre. Warte nur ab, und sieh zu, was ich tun werde.‹

Dem erhabenen König des Himmels brach das große Herz, als Er in jenen traurigen Hain hinabblickte. Eine einzige Träne fiel aus Seinem liebenden Auge in dieses dunkle Grab, wo der Körper Seines gesegneten Sohnes, des Friedensfürsten, lag. Jene Träne traf Christus mitten in sein zerschlagenes Gesicht, und köstlich strömte das Leben in ihn zurück.

Der große König wandte sich an seinen Erzengel und sagte: ›Was säumst du noch, mein Freund? Du siehst, was geschehen ist. Roll diesen Stein beiseite und befreie meinen Sohn!‹ Michael fuhr wie ein Blitz zur Erde nieder, legte die Hand an den verwünschten Fels und schleuderte mit einem Fingerschnippen den großen Mühlstein beiseite.

Und dann bist Du auferstanden, Christus der Siegreiche! Du warfst den Sack beiseite und erhobst Dich. Der Tod, jenes schwache, verächtliche Ding, lag zerschmettert zu Deinen Füßen. Du tratest die Scherben beiseite und schrittest aus dem Grab, und tapfere Soldaten fielen wie gefällt nieder, geschlagen durch den Anblick solch reiner Herrlichkeit!«

Weit breitete Fraoch die Arme aus. »Tausendmal willkommen, o gesegneter König! Tausendmal willkommen, ewiges Leben! Heil und willkommen, Herr der Gnade, der Du alles gelitten hast, was der Tod Dir antun konnte – für Adams mutwillige Rasse hast Du gelitten, ja, und bist gern für sie gestorben. Erstgeborener des Lebens, wir selbst sind es gewesen, die Du aus dem Grab errettet hast, jeder einzelne von uns hat sich an Deinen breiten Rücken geklammert.

Also blicket auf das Kreuz und frohlocket, Freunde. Denkt darüber nach, und lobet Ihn, der die Macht besitzt, die Toten zum Leben auferstehen zu lassen. Amen!«

Und jedermann blickte das hohe Kreuz im feurigen Sonnenuntergang an und rief: »Amen, Herr!«

Brüder mit Harfen hatten auf diesen Augenblick gewartet und begannen zu spielen. Wir sangen: Hymnen natürlich, doch auch andere Lieder – uralte Gesänge, älter als jeder der Stämme oder Clans, die sie als die ihren in Anspruch nahmen, älter als die bewaldeten Hügel selbst. Wir sangen, während die Nacht uns umfing, und lauschten noch einmal den vom Alter geehrten Erzählungen unseres Volkes.

In jener Nacht gingen wir befriedigt an Körper und Seele zur Ruhe, und am nächsten Tag erhoben wir uns, um unsere Feier fortzusetzen. Während der drei Tage des Osterfestes versuchte ich, mich auf meine Abreise vorzubereiten. Dugal sah ich nur selten. Hätte ich ihn nicht besser gekannt, hätte ich glauben mögen, er ginge mir aus dem Weg.

Spät am dritten Tag waren alle Besucher fort. Zur Vesper traf ich zum letzten Male meine Brüder zum Gebet. Die Sonne war untergegangen, und es herrschte Düsternis innerhalb der Klostermauern. Doch über uns wies der Himmel immer noch ein blasses Blau auf. Fern im Osten glommen zwei helle Sterne. *Man erzählt, in Byzanz sei der Himmel golden,* hatte Dugal gesagt. *Und selbst die Sterne sollen fremdartig sein.*

Mein Herz krampfte sich zusammen, weil ich mich danach verzehrte, ein Wort mit ihm zu sprechen. Morgen würde ich aufbrechen, und wenn ich einmal den Ringwall des Klosters durchschritten hatte, würde ich meinen teuren Freund nie wiedersehen. Der Gedanke bestürzte mich so sehr, daß ich beschloß, die Nachtwache zu übernehmen, um meinem Herzen Ruhe zu bringen.

Daher ging ich zu Ruadh und bat um diese Pflicht. Er schien erstaunt über mein Ersuchen. »Ich würde meinen, daß es besser für deinen Körper und deine Seele wäre, wenn du ruhtest«, meinte Ruadh. »Daher rate ich dir, heute nacht gut zu schlafen.«

»Ich danke dir für deine Sorge«, entgegnete ich. »Und ich bin sicher, daß dein Vorschlag sehr weise ist. Doch dies ist auch meine letzte Gelegenheit, die Nachtwache am Altar des Klosters zu halten. Daher bitte ich mit allem Respekt um deine Erlaubnis.«

»Und ich erteile sie dir gern«, meinte Ruadh nachsichtig. »Doch dies ist heute nacht Diarmots Pflicht. Du mußt ihn aufsuchen und über die Veränderung in Kenntnis setzen.«

»Selbstverständlich«, pflichtete ich ihm bei und schickte mich an, die Wohnung des Secnab zu verlassen. »Danke, Beichtvater.«

»Du wirst mir fehlen, Aidan«, sagte Ruadh, während er mir zur Tür folgte. »Aber ich werde jeden Morgen für dich beten. Wo immer du dich befindest, du sollst gewiß sein, daß zu Beginn des Tages dein Name vor dem Thron des erhabenen Königs ausgesprochen wurde. Und jeden Tag beim Vespergebet werde ich die Gnade des Herrn auf dich herabflehen. Derart wirst du wissen, daß der Tag, wo immer du in Gottes weiter Welt weilst, mit einer Fürbitte um deine sichere Heimkehr zu Ende gegangen ist.«

Diese Worte bewegten mich so, daß ich nicht sprechen konnte. Und das um so mehr, als ich wußte, er würde seinen Schwur halten, gleich, was geschehen würde. Der Bruder legte mir die Arme um die Schultern und zog mich an seine Brust. »Geh mit Gott, mein Sohn«, sagte Ruadh. Ich nickte, schluckte heftig und verließ ihn.

Ich suchte nach Dugal, doch ich fand ihn nicht. Einer der Brüder teilte mir mit, Dugal halte sich im Nachbartal auf, um beim Lammen zu helfen. So kehrte ich unglücklich in meine Zelle zurück und warf mich auf meinen Strohsack. Ich ignorierte den Ruf zum Abendessen und döste eine Weile. Als es zum Komplet läutete, wachte ich auf, aber ich konnte mich nicht dazu bewegen, mit den Brüdern zum Beten zu gehen. So lag ich in meiner Zelle und lauschte den Geräuschen des

Klosters, das sich zur Nacht bereit machte. Und als ich schließlich meinte, jedermann sei zur Ruhe gegangen, löschte ich die Kerze und eilte von neuem in die Dunkelheit hinaus.

Der Mond war aufgegangen und leuchtete am Himmel wie eine harte, helle Eiskugel. Der Wind, der den ganzen Tag über geweht hatte, war jetzt eingeschlafen, und im Dorf auf der anderen Flußseite hörte ich die Hunde bellen. Als ich lautlos über den Hof schritt, zeichnete mein Schatten sich scharf umrissen vor meinen Füßen ab, und ich sah keinen Menschen.

Die Kapelle ist ein einfacher, schmuckloser Rechteckbau aus Stein mit dicken Wänden und einem hohen, spitzen Schieferdach. Ein Ort des Friedens und der ruhigen Kraft, die aus tiefer Andacht herrührt. In dem grellen Mondlicht erschien der dunkle Stein wie in gehämmertes Metall verwandelt, in Bronze oder vielleicht Silber.

Ich trat an den Eingang, hob den Riegel, drückte die schwere Tür auf, zog den Kopf ein und betrat den spartanisch eingerichteten Raum. Der gedrungene Steinaltar befand sich unter einem hohen, schmalen Windloch. In einer Ecke stand ein massives Lesepult aus Holz, das jetzt leer war, denn für die Nachtwache ist kein Buch erforderlich. In den hohen Kerzenständern knisterten leise die Wachslichter und erfüllten die Kapelle mit ihrem warmen, leicht ranzigen Duft.

Ich zog die Tür hinter mir zu, legte den Riegel wieder vor und ging auf den Altar zu. Erst jetzt bemerkte ich Diarmot. »Es wird mir ein Vergnügen sein, die Nachtwache mit dir zu halten«, erbot er sich steif und förmlich. Mir wurde das Herz schwer.

»Bruder, das ist nicht nötig«, erklärte ich. »Ich habe diese Pflicht übernommen und werde ihr mit Freuden nachkommen. Vergib mir, ich hatte vor, dich früher zu unterrichten, aber jetzt darfst du dich gern zurückziehen.«

»Es sei, wie es mag«, entgegnete Diarmot selbstzufrieden. »Mir wird es guttun, heute nacht mit dir zu wachen.«

Seine Gesellschaft war mir nicht angenehm, doch mir fiel kein weiterer Einwand ein, so daß ich ihm seinen Willen ließ. »Dir dies zu verwehren, steht mir nicht zu«, erklärte ich und nahm ihm gegenüber meinen Platz am Altar ein.

Die Nachtwache ist ein einfacher Gebetsdienst. Sie wird von keinerlei Zeremonien begleitet außer denen, die jeder Zelebrant mit sich bringt. Viele sagen die Psalmen auf, wobei sie nach jedem einen Kniefall vollführen. Manch einer verharrt die ganze Nacht im Gebet, auf dem Boden ausgestreckt, die Arme entweder über den Kopf langgestreckt oder wie zur Kreuzform zur Seite ausgerichtet. Andere dienen dem Herrn einfach schweigend und meditieren über den göttlichen Namen oder einen Aspekt der Gottheit.

Selbst entschied ich mich meist für das Gebet. Ich ließ meine Gedanken umherschweifen, wie sie mochten, und brachte dem erhabenen König des Himmels diese Kontemplation als Gabe dar. Manchmal jedoch, wenn meine Seele aufgewühlt war, kniete ich einfach nieder und gab mich dem Kyrie eleison hin. Das tat ich auch jetzt. »Herr, erbarme dich«, betete ich und wiederholte, neben dem Altar kniend, diese Bitte mit jedem Atemzug.

Diarmot jedoch hatte anscheinend beschlossen, den Psalter zu rezitieren. Murmelnd intonierte er die Psalmen. Zu Beginn eines jeden verbeugte er sich tief, und wenn er zu Ende war, ließ er sich auf beide Knie herab. Diarmot war, wie viele der Brüder, ernst und aufrichtig – weit mehr als ich selbst, wie ich offen bekenne. Dennoch fand ich ihn schwer zu ertragen, denn ich hatte bemerkt, daß es vielen dieser Mönche trotz ihres Eifers mehr auf die äußere Erscheinung einer Sache ankam als auf ihren tieferen Sinn. Gewiß mußte doch ein einziger, von Herzen kommender Kniefall mehr wert sein als einhundert, die nur vollführt werden, um eine Rezitation zu begleiten. Aber sehr wahrscheinlich täusche ich mich darin, wie in so vielen anderen Dingen.

Ich fand mich mit Diarmots lautstarker Gesellschaft ab, kniete gebeugten Hauptes nieder und flüsterte mein einfaches Gebet: »Herr, erbarme dich! Christus, erbarme dich!« Beim Beten richtete ich den Blick auf den sanft flackernden Lichtkreis auf dem Boden vor mir. Licht und Schatten schienen um die Vorherrschaft auf den Steinplatten vor dem Kerzenhalter zu ringen. Ich wünschte, das Licht würde triumphieren, doch ich war von soviel Dunkelheit umgeben.

Diarmots Psalmen ähnelten inzwischen eher einem Sermon denn einem Gebet. Was er da herunterleierte, waren nicht einmal Worte, sondern nur Geräusche, ein bedeutungsloses Plätschern wie das eines Baches, der Hochwasser führt. Das Geräusch erfüllte mein Bewußtsein, so wie der sanft wabernde Lichtkreis meinen Blick gefangennahm.

Ich geriet in einen Wachtraum. Da geschah es, daß ich Byzanz sah, und meinen Tod.

6

Der Kreis aus Kerzenschein vor mir auf dem Boden verwandelte sich in ein Loch, durch das ich eine verschwommene, formlose Weite erblicken konnte, die sich in alle Richtungen bis zum Horizont erstreckte; ohne Gestalt, ohne Farbe, oben Wolken und darunter wabernde Nebel. Einsam an diesem leeren Firmament kreiste ein großer Vogel mit ausgebreiteten Schwingen – ein Adler. Seine scharfen Augen hielten nach einem Platz zum Ruhen Ausschau. Aber es war weder Baum noch Hügel noch Fels zu sehen.

Weiter und weiter flog der Aar, suchte und suchte, und doch fand er nichts. Über Wildnis und Ödland schwang sich der Vogel. Ich hörte, wie der Wind dumpf durch die weitgespreizten Federspitzen heulte, die durch den leeren Himmel fegten, und spürte die bis in die Knochen schmerzende Müdigkeit, die an jenen breiten Schwingen zerrte. Immer noch flog der herrliche Vogel weiter, während sich zu allen Seiten leere Ausblicke erstreckten und nirgends ein Rastplatz zu finden war.

Dann erhaschte ich, als jene tapferen Flügel bereits zu erlahmen begannen, weit, weit im Osten einen Blick auf das blaßrosige Glühen der Sonne, die über dem Nebel aufging, der die Welt einhüllte. Höher und höher stieg das Tagesgestirn, wurde immer heller und leuchtete wie die rotgoldene Glut eines Schmiedefeuers.

Geblendet von diesem grellen Schein, konnte ich dem Anblick nicht standhalten und mußte die Augen abwenden. Und als ich wieder sehen konnte … Wunder über Wunder! Ich erblickte nicht länger die Sonne, sondern eine riesige, leuchtende Stadt, die sich über sieben Hügel erstreckte, und jeder Gipfel strahlte vor mehr Pracht und Reichtum, als ich mir in meinen kühnsten Träumen vorgestellt hätte. Glänzend im Lichte ihrer Schönheit, illuminiert durch das Feuer von Reichtum und Herrlichkeit, glitzerte die goldene Stadt wie ein Edelstein von nie gesehener Pracht.

Als der ermattete Adler diese Stadt vor sich aufsteigen sah, faßte er wieder Mut und hob mit neuer Kraft die Flügel. Endlich, dachte ich, ist der tapfere Vogel gerettet. Gewiß wird doch der Adler in solch einer Stadt einen Platz zum Rasten finden. Näher und näher flog der Adler heran, jeder Flügelschlag brachte ihn weiter zu der Stadt und enthüllte ein Feuerwerk von Wundern: Türme, Kuppeln, Basiliken, Brücken, Triumphbögen, Kirchen und Paläste, alles aus blitzendem Glas und Gold.

Der Anblick eines derart köstlichen Lohns für seine lange Standhaftigkeit ließ das Herz des stolzen Vogels schneller schlagen. Eilig hielt er auf die goldene Stadt zu, diesen sicheren Hafen, sank tiefer und breitete weit die Schwingen aus, um auf dem höchsten Turm zu landen. Doch als der Aar hinabstieß, verwandelte sich die Stadt. Mit einemmal war sie keine Ansammlung von Gebäuden mehr, sondern ein riesenhaftes, geiferndes Untier mit dem Unterkörper eines Löwen und dem Oberkörper eines Lindwurms, einer Haut aus goldenen Schuppen, gläsernen Klauen und einem ungeheuren, gähnenden Rachen, der mit Schwertern statt Zähnen besetzt war.

Der Adler drehte sich in der Luft, kreischte entsetzt und schlug heftiger mit den Schwingen, um zu entfliehen. Doch dafür war es bereits zu spät, denn das goldene Monstrum reckte seinen langen, schlangengleichen Hals und riß den erschöpften Vogel vom Himmel. Die Kiefer schlossen sich, und der Adler war verschwunden.

Mit einem scharfen Knall schnappten die Zähne des großen goldenen Untiers zusammen, und ich erwachte zitternd aus meiner Vision. Der Raum lag im Halbdunkel, und der Geruch von Talg stach mir in die Nase. Auf dem Boden vor mir lag der Kerzenständer, so, wie er umgestürzt war. Die Lichter waren teilweise verloschen oder flackerten in Wachspfützen vor sich hin. Diarmot fand ich lang ausgestreckt auf dem Boden neben dem Altar liegend. Seine Arme waren seitwärts ausgebreitet, und er schnarchte leise. Der Bruder war über seinen Gebeten eingeschlafen.

Ich erhob mich langsam, trat zu dem umgefallenen Kerzenständer und stellte ihn wieder auf. Der Lärm, mit dem er umgestürzt war, hatte mich aus meinem Traum gerissen, doch wie war dies überhaupt möglich gewesen?

Die Tür schlug im Wind. Zweifellos hatte ich vergessen, den Riegel richtig zu befestigen, und ein Windstoß hatte den Kerzenständer umgeworfen. Ich ging zur Tür, zog sie mit dem Lederriemen zu und vergewisserte mich, daß der hölzerne Riegel in die Rille rutschte. Dann kehrte ich an meinen Platz zurück, nahm wieder Gebetshaltung ein und begann von neuem, das Kyrie zu sprechen. Doch der Traum stand mir noch lebhaft vor Augen und quälte mich mit seiner schrecklichen Vorwarnung, so daß ich nicht zu beten vermochte. Bald gab ich es auf, blieb einfach sitzen und dachte über das nach, was ich gesehen hatte. Meine Träume irren nie, aber manchmal muß man gründlich nachsinnen, um ihre wahre Bedeutung zu erschließen. Diesem Ziel wandte ich meine Gedanken jetzt zu, aber die Deutung wollte sich nicht fassen lassen.

Als das erste schwache Tageslicht durch das hochgelegene Windloch schimmerte, stand ich auf, reckte mich und überlegte, ob ich Diarmot wecken sollte. Eben beugte ich mich über ihn, da läutete es zum Morgengebet, und er fuhr zusammen und wachte auf. Ich ging zur Tür und trat nach draußen, wo ich von einigen Brüdern angerufen wurde, die den Hügel hinauf zur Kapelle gestiegen kamen. Ein steifer Nordwind ließ die Kutten um ihre Beine flattern. Wohlwollend gab ich ihre Grüße zurück und sog tief die kalte Luft in die Lungen, einmal, zweimal, dreimal.

Gerade, als ich mich zum Morgengebet wieder in die Kapelle begeben wollte, ging fern im Osten die Sonne über dem nebelverhangenen Tal auf. Bei diesem Anblick zog sich mir das Herz in der Brust zusammen, denn im selben Augenblick wurde mir die Bedeutung meines Traums klar. Die Erkenntnis ließ mein Blut zu Wasser werden: Der Adler war ich selbst, und bei der Stadt handelte es sich um Byzanz. Das Untier stellte demnach meinen Tod dar.

Ich sank gegen die Mauer der Kapelle und spürte den rauhen Stein gegen Rücken und Schultern. *Herr, erbarme Dich! Christus, erbarme Dich! Herr, erbarme Dich!*

Was ich gesehen hatte, würde so geschehen. Die Gewißheit war so leuchtend und klar wie der Sonnenaufgang, der noch mein Gesicht mit Licht überflutete, und ließ keinen Raum für den geringsten Zweifel. Alle meine Visionen besaßen die tiefe Gewißheit der Wahrheit: Was ich gesehen hatte, sollte eintreten. Die Zeit würde es weisen. Der Tod stand ebenso gewiß vor mir wie die aufgehende Sonne. Ich ging nach Byzanz, und dort würde ich sterben.

In einem Tumult ungläubiger Furcht stand ich die Morgengebete durch. Immer wieder mußte ich denken: *Warum? Wieso ausgerechnet jetzt? Warum gerade ich?* Doch es war sinnlos. Ich wußte aus langer Erfahrung, daß ich keine Antwort erhalten würde. So erging es mir immer.

Nach dem Gebet ging ich mit den anderen ins Refektorium, um Gerstenbrot und gekochtes Rindfleisch zu frühstücken, ein kräftiges Essen, ehe wir unsere Reise antraten. »So, so, Aidan, deine letzte Mahlzeit, ehe du zu den Vagabundi gehst, wie?« witzelte Bruder Enerch, der den Hirten vorstand.

»Vorsicht, Bruder«, meinte Adamnan, der neben ihm saß. »Wenn wir das nächste Mal zusammenkommen, wird einer von uns mit dem Kaiser gespeist haben. Vergiß das nicht.«

»Dünkt dich, der Kaiser ißt mit jedem zerlumpten Wanderer, der sich am goldenen Tor einstellt?« warf Bruder Rhodri neben mir ein.

Oh, ihre Worte waren scherzhaft gemeint, doch sie erfüllten mich mit unguten Vorahnungen. Meine Brüder versuchten, mich in ein heiteres Gespräch zu ziehen, doch ich konnte mit ihrem Geplänkel nicht mithalten und stand, nachdem ich nur ein paar Bissen zu mir genommen hatte, unter dem Vorwand, meine Habseligkeiten packen zu müssen, vom Tisch auf.

Ich verließ das Refektorium und ging rasch über den Hof zum Skriptorium. Der Himmel über mir hatte ein tristes Grau angenommen. Ein kaltes, trübes Licht drang aus einem dunklen Firmament, und ein böiger Wind wehte über die Steinmauern gen Abend. Ein trostloser Tag, der zu meiner finsteren Stimmung paßt, dachte ich.

Einige der gefleckten Klostergänse watschelten mir über den Weg, und ich trat, wie um meinem Elend Nachdruck zu verleihen, nach der nächstbesten. Die Gänse stoben auseinander und brachen auf ihrer Flucht in ein heilloses Geschnatter aus. Schuldbewußt blickte ich mich um und bereute sogleich mein unbedachtes Handeln. Da kam auch schon der Gänsebursche mit seinem Stock angelaufen und trieb die Tiere unter Zischen und Pfeifen in seine Herde zurück. Im Vorbeirennen warf er mir einen finsteren, mißbilligenden Blick zu.

»Paß bloß auf! Sieh zu, daß deine Gänse den Leuten nicht zwischen die Füße laufen, Lonny!« rief ich ihm nach.

Als ich in meiner Zelle allein war, sank ich verzweifelt auf die Knie. »Christus, erbarme Dich!« stöhnte ich laut. »Herr, wenn es Dir gefällt, nimm diesen Fluch von mir. Schenke mir mein Glück zurück, o Gott. Rette Deinen Diener, Herr.«

Ich ließ meiner Seelenqual freien Lauf und schlug mit den Fäusten auf meine Knie ein. Nach einer Weile hörte ich draußen im Hof Stimmen, stand auf und blickte mich ein letztes Mal in meinem Raum um. Wer würde wohl nach mir diese Zelle erhalten, fragte ich mich. Diese Vorstellung nahm mich gefangen, und ich sprach ein Gebet für den Mönch, der mein kleines, kahles Zimmerchen bewohnen würde. Wer immer es sein mochte, ich bat Gott, ihn reich zu segnen und ihm nichts als Gutes widerfahren zu lassen.

Dann nahm ich meine Bulga und streifte mir den Riemen über die Schulter. Ich verließ die Zelle und ging zu der Reisegruppe, welche im Hof wartete.

Das ganze Kloster hatte sich versammelt, um uns Lebewohl zu sagen und uns nachzuwinken. Der Abt und Meister Cellach, die uns bis zur Küste begleiten würden, standen da und sprachen mit Ruadh und Tuam. Der Bischof und die durchreisenden Mönche waren versammelt und zum Aufbruch bereit. In der Nähe sah ich Brocmal und Libir, und ich glaubte, mich zu ihnen gesellen zu müssen. Brocmal betrachtete mich mit säuerlicher Miene, als ich neben ihn trat, dann wandte er sich Libir zu und meinte: »Man sollte meinen, daß ein Mönch, der das Glück hat – wohlgemerkt gegen alle Vernunft und Wahrscheinlichkeit – für eine solche Reise auserwählt zu werden, wenigstens dafür Sorge trägt, daß er die anderen nicht warten läßt.«

Ich nehme an, dieser scheinbar an niemand Bestimmten gerichtete Tadel sollte mich beschämen. Aber da ich inzwischen gelernt hatte, von diesen beiden selbstgerechten Schreibern kein gutes Wort zu erwarten, ließ ich Brocmal seine Bemerkung durchgehen. Ich nahm mir ihre Verachtung nicht zu Herzen, sondern suchte in der Menge nach dem einen Gesicht, das zu sehen ich mich am meisten sehnte. Aber Dugal war nicht da. Eine gräßliche Angst überfiel mich, als mir klar wurde, daß wir jeden Moment aufbrechen würden und ich gehen müßte, ohne meinem teuersten Freund Lebewohl gesagt zu haben. Und wenn ich einmal fort war, würde ich ihn nie wiedersehen. Die Endgültigkeit dieses Gedankens erfüllte mich mit unsagbarer Trauer. Ich hätte weinen mögen, wären nicht so viele Menschen um mich gewesen.

»Also beginnt die Reise!« rief Fraoch, hob seinen Stab hoch, wandte sich um und ging zum Tor voran. Die Brüder riefen uns Lebewohl und erhoben ihre Stimmen zum Gesang. Singend folgten sie uns zum Tor.

Ich trat durch das Portal auf die andere Seite der Mauer, und hinaus … hinaus … Nun schritten meine Füße auf dem Pfad, und ich ließ die Abtei hinter mir. Ich ging weiter und sagte mir, ich würde nicht zurückschauen. Doch nach kaum einem Dutzend Schritten schien mir der Gedanke fortzugehen, ohne einen letzten Blick auf Cenannus na Ríg zu werfen, unerträglich. Ich schaute über meine Schulter und sah den geschwungenen Rücken des Ringwalls, über dem sich der hohe Glockenturm erhob. Über die Mauer hinweg waren die Dächer der Refektoriumshalle, der Kapelle und der Wohnung des Abts zu erkennen. Der Torweg war von Mönchen bevölkert, die zum Abschied die Arme schwenkten.

Als ich zur Antwort die Hand hob, sah ich, wie eben der Ochsenkarren mit den Vorräten für unsere Reise durch das Tor rollte. Und wer anders hätte diese Ochsen führen können als Dugal selbst? Bei dem Anblick blieb ich wie angewurzelt stehen.

»Ach, nun komm schon weiter«, brummte Libir ärgerlich

und stieß mich von hinten an. »Wenn du bei jedem zweiten Schritt stehenbleibst, kommen wir nie nach Konstantinopel.«

»Vielleicht ist er ja schon müde«, stichelte Brocmal. »Bleib du ruhig hier und ruh dich aus, Aidan. Ich bin gewiß, daß wir den Weg auch ohne dich finden.«

Ich ließ sie vorbei und wartete darauf, daß der Wagen näher kam. Dugal, Gott segne ihn, hatte einen Platz in der Begleitmannschaft ergattert, damit er mit mir wandern konnte. Tatsächlich waren uns so noch mindestens zwei Tage geschenkt – denn so lange dauerte der Weg zur Küste –, ehe wir für immer auseinandergingen. Dieser Gedanke verlieh meiner Seele Flügel.

Dugal erblickte mich. Verschlagen und selbstzufrieden grinsend begrüßte er mich, und ich fiel neben ihm in Gleichschritt. »Du hast doch wohl nicht geglaubt, ich würde dich weggehen lassen, ohne Lebewohl zu sagen, Bruder?«

»Der Gedanke ist mir nie in den Sinn gekommen, Dugal«, antwortete ich nicht ganz wahrheitsgemäß. »Warum hast du mir nichts davon erzählt?«

»Ich dachte, so sei es besser«, erklärte er, und das hinterhältige Grinsen kehrte zurück. »Cellach war außerordentlich froh, mich mitkommen zu lassen. Schließlich muß auch jemand den Wagen zurückbringen.«

Wir sprachen über die Reise, während wir ins Tal hinunterwanderten, den Blackwater-Fluß an der Furt überquerten und dem Fußpfad folgten, der nach Osten in die Hügel führte. Dieser Weg war eine uralte Landstraße, die am Rand durch aufrecht stehende Steine markiert wurde. An jeder Wegkreuzung standen kleine steinerne Schreine. Von dem Hügelpfad aus überblickte man das Tal, das tief unten lag, und sah schließlich den Fluß Boann. Dieser floß am Hügel von Slaine vorüber, wo die Könige gekrönt worden waren, seit der Tuatha DeDanaan nach Éire gekommen war.

Noch andere Hügel erhoben sich da, und jede Erhebung an

diesem uralten Wanderweg war beseelt, jede besaß ihren Stein oder ihren Grabhügel. Die Götter, die dort in alten Zeiten verehrt worden waren, gab man besser dem Vergessen anheim. Die Célé Dé überließen die Hügel und ihre sterbenden Götter sich selbst.

Auf dem Wege zog sich unsere kleine Prozession in die Länge. Die Brüder gingen in Gruppen zu zweien oder dreien, angeführt von dem Bischof und dem Abt. Ich schlenderte fröhlich neben Dugal her, der seinerseits die Ochsen führte. Brynach, Gwilym und Ddewi, die geheimnisumwitterten Briten, hatten sich unmittelbar hinter dem Bischof und dem Abt eingereiht.

Bis Mittag marschierten wir ohne Unterbrechung und legten dann an einem Bach eine Rast ein, um zu trinken. Dugal brachte die Ochsen an eine Stelle, die flußabwärts lag, um sie zu tränken, und ich überlegte, ob ich ihm von meinem Todestraum erzählen sollte. Ich war beinahe soweit, daß ich zu sprechen begann, als der Abt uns bedeutete, uns in Bewegung zu setzen, und so zogen wir weiter.

Der Tag war zwar verhangen, aber trocken, und alle außer mir hatten es eilig, weiterzukommen. Ich blickte auf die grünen Hügel und dunstigen Täler hinaus und trauerte darüber, daß ich ging. Weh mir, ich verließ nicht nur Éire, sondern auch das Leben. So war mir sogar die Freude darüber, Dugal bei mir zu haben, verdorben, vergällt durch das furchtbare Wissen aus meinem Traum.

Ich sehnte mich, meine Bürde mit ihm zu teilen, konnte mich jedoch nicht dazu durchringen. So ging ich schweren Herzens vor mich hin, allein in meinem Elend, und jeder Schritt führte mich näher an mein Verderben.

Nach einer Mahlzeit und einer Rast kam der Hügel von Slaine in Sicht. Hoch und stolz stand er über dem Boann-Tal, einer breiten, sanft abfallenden Niederung. Die Wolken wurden dünner und gestatteten der Sonne, sich ab und an zu zeigen. Manchmal sangen die anderen Mönche, doch mir war nicht danach. Dugal mußte meine gedrückte Stimmung bemerkt haben, denn er sagte: »Und hier haben wir Aidan, der einsam und ohne Freunde einherwandert. Warum gebärdest du dich so?«

»Ach«, antwortete ich und zwang mich zu einem traurigen Lächeln, »nun, da es soweit ist, bin ich betrübt, dieses Land zu verlassen.«

Er nahm die Antwort mit einem wissenden Kopfnicken hin und sprach nicht weiter davon. Wir gingen bis zur Abenddämmerung weiter und schlugen unser Lager am Wege auf. Als das letzte Tageslicht verglomm, konnte man fern im Osten das dunkel schimmernde Meeresufer erkennen. Nach einem Mahl aus gekochtem Rindfleisch und Gerstenbrot rief der Bischof uns zum Gebet. Anschließend hüllten wir uns in unsere Umhänge und schliefen am Feuer. Mir kam es seltsam vor, einen Tag zu beenden, ohne daß mir das Läuten der Klosterglocke in den Ohren klang.

Wir erhoben uns vor Sonnenaufgang und setzten unseren Weg durch das Boann-Tal nach Inbhir Pátraic for. Die Siedlung gleichen Namens lag ein wenig weiter zurück, hinter den Küstendünen. An dieser Stelle, so wurde erzählt, sei der heilige Pátraic nach Éire zurückgekehrt und habe die frohe Kunde mit sich gebracht.

Obwohl viele daran zweifeln – denn zahlreiche andere Orte erheben denselben Anspruch –, schadet es nicht, daran zu glauben. Schließlich mußte der von Glauben erfüllte Heilige ja irgendwo an Land gegangen sein, und dort, wo der Boann ins Meer mündete, war das Flußbett breit und tief und gab einen guten Schiffshafen ab, jedenfalls einen besseren als Atha Cliath, das jetzt ohnehin von den Dänen beherrscht wurde.

Als wir zu einem aufrecht stehenden Stein kamen, der eine alte Wegkreuzung bezeichnete, rasteten wir, um zu frühstücken und zu beten. Nach dem Gebet folgten wir weiter dem Pfad, der aus den Hügeln hinaus nach unten führte, in das Flachland an der Küste. Der Wind hatte während der Nacht die Richtung gewechselt, und ich roch Salz in der Luft, etwas, das ich erst ein- oder zweimal zuvor erlebt hatte.

So zogen wir auf Inbhir Pátraic zu, achtundzwanzig Mönche, von denen jeder seine Hoffnungen und Ängste mit sich trug. Niemand allerdings, so glaube ich, war zerrissener als ich.

7

Das Schiff lag im Fluß vor Anker und wartete auf uns, um uns fortzutragen – dasselbe Gefährt, mit dem der Bischof und seine Begleiter aus Britannien hergekommen waren. Es war ein flaches, schmales Boot mit einem hohen, schlanken Mast. Da ich nichts von der Seefahrt oder von Schiffen verstand, erschien es mir als ein hübsches Ding, wenn auch ein wenig klein für dreizehn Mönche.

Als wir den Ort erreichten, erwartete uns der Dorfvorsteher und hieß uns im Namen seines Lords willkommen. »Wir haben Wache gehalten, wie Ihr uns gebeten habt«, erklärte er Bischof Cadoc. »Ich werde jetzt Männer ausschicken, die das Schiff herbringen.«

»Meinen Dank und Segen an Euch, Ladra«, antwortete der Bischof. »Wir werden unsere Vorräte bereithalten und Euch auf dem Kai erwarten.«

Inbhir Pátraic bestand aus kaum mehr als einer Handvoll Lehmhütten, die nahe der Küste unsicher auf dem steilen Nordufer des Boann thronten. Die Siedlung war klein: Die Frauen hielten in den Flußauen Schweine, und die Männer fuhren in zwei stabilen Booten zum Fischen aus. Gelegentlich segelten sie die Südküste hinab, um Handel zu treiben, und wagten sich dabei manchmal sogar bis nach Atha Cliath. Daher sprach man diesem Dorf einige Wichtigkeit zu. Selbst der König wußte um seine Bedeutung und hatte von seinem Geld eine schöne hölzerne Landungsbrücke bauen und instand halten lassen. Während der Dorfvorsteher und einige seiner Söhne mit ihren kleinen, runden Booten aus lederbezogenem Flechtwerk zum Schiff hinausruderten, machten wir jüngeren Mönche uns zu sechst daran, den Wagen abzuladen.

Wir hatten eben damit begonnen, als Lord Aengus mit seiner Königin und zehn seiner Krieger eintraf. Rasch sprang er vom Pferd und umarmte den Abt und den Bischof, wobei er ausrief: »Ich bin froh, Euch noch anzutreffen, ehe Ihr segelt, meine Freunde. Meine Männer haben mir von Eurer Reise und deren Ziel berichtet. Ich bin gekommen, um Euch Lebewohl zu sagen und Euch um eine Gunst zu bitten, denn auch ich möchte, daß Ihr dem Kaiser ein Geschenk bringt.«

»Gewiß!« krächzte Fraoch heiser und zeigte sich erfreut, daß König Aengus das Unternehmen auf diese Weise ehrte. »Eure Gabe wird eine höchst willkommene Ergänzung unserer Unternehmung sein.«

Nun bedeutete der König seiner Frau, näher zu kommen. Anmutig stieg sie vom Pferd, denn Königin Eithne war eine wunderschöne Frau, dunkelhaarig und hellhäutig, wie es sich für eine Schwester Brigids geziemt. Sie gab einem der Krieger ein Zeichen, und dieser zog eine kleine, flache Holzschatulle hinter seinem Sattel hervor, die er in ihre schmalen Hände legte. In kerzengerader Haltung und hocherhobenen Hauptes trug die Königin das Kästchen vor den Abt und den Bischof.

»Ehrenwerte Herren«, sprach sie mit sanfter, leiser Stimme, »man hat mir berichtet, der Kaiser der Römer sei ein Mann von großem Wissen und ebensolcher Weisheit. Doch selbst solche Menschen bedürfen von Zeit zu Zeit der Zerstreuung.« Mit diesen Worten öffnete sie die Schatulle und enthüllte ein kleines Brett von der Art, wie man es gebraucht, um Brandub zu spielen. »Die Figur des Königs«, erläuterte sie und nahm einen kleinen Stein heraus, »ist aus Gold gearbeitet, die für die Jäger sind aus Silber.«

Sowohl bei der Schatulle als auch bei dem Spielbrett handelte es sich um eine exquisite Handarbeit, und die einzelnen Steine waren fein geformt und sehr kostbar.

»Lady«, antwortete Fraoch, »mit Vergnügen werde ich dieses Geschenk in die Hände des Kaisers legen und die erste Partie zu Euren Ehren spielen.«

Der König stand daneben und strahlte vor Freude. »In Anerkennung Eurer Dienste«, erklärte Aengus, »möchte ich Euch ein Zeichen meiner Wertschätzung überreichen.« Er rief drei weitere seiner Männer herbei, die sogleich näher kamen. Sie schleppten drei große, mit Schafsfell umhüllte Bündel, die sie ihrem Herrn zu Füßen legten. Das erste wurde geöffnet, und der König zog eine Kapuze aus feiner schwarzer Wolle hervor. »Eine für jedes Mitglied der Reisegruppe«, erklärte er.

Das zweite Bündel wurde aufgeschnürt, und eine Auswahl breiter Ledergürtel kam zutage, und der letzte Packen enthielt neue Lederschuhe von der Art, wie wir sie im Kloster herstellten: Ein Stück guten, dicken Leders wird so zugeschnitten und gefaltet, daß eine stabile, geschlossene Sandale entsteht, die mit einer geflochtenen Lederkordel gehalten wird. Wieder war die Auswahl so groß, daß jeder Mönch die Reise mit einem neuen Paar Schuhe würde antreten können.

»Eure Großzügigkeit, Lord Aengus«, sagte Bischof Cadoc, »wird nur noch durch Eure Aufmerksamkeit übertroffen. Wir stehen in Eurer Schuld.«

»Kein Wort, Ihr schuldet mir nichts«, entgegnete Aengus, und Königin Eithne setzte rasch hinzu: »Sprecht nur ein Gebet für uns, wenn Ihr jene heilige Stadt erreicht.«

»So soll es geschehen«, gelobte Cadoc.

Darauf gingen die wollenen Kapuzen, die Gürtel und die Schuhe von Hand zu Hand, und jeder Mönch wählte das, was ihm am besten paßte. Was mich selbst anging, so war ich froh, einen festen neuen Gürtel und neue Schuhe zu erhalten. Und auch die Kapuze würde mir nicht weniger willkommen sein, wenn ein kalter Wind wehte. Ich zog mir die Kappe über den Kopf und legte sie um meine Schultern; dann schnürte ich den Gürtel um meine Hüften und zog die Schuhe an. Die Kleidungsstücke waren ausgezeichnet gearbeitet und saßen gut. Merkwürdigerweise fühlte ich mich allein schon dadurch besser, daß ich sie trug. Wenn ich schon sterben mußte, dann wenigstens mit einem Paar guter neuer Schuhe an den Füßen.

Und das Verteilen von Geschenken nahm kein Ende! Fraoch gab Dugal ein Zeichen, und dieser brachte eine Anzahl lederner Wasserbeutel und Wanderstäbe herbei – für jeden Mönch einen neuen Wasserbeutel und einen Stab. »All unsere Hoffnungen gehen mit euch«, sagte der Abt. »Also ziehet aus, seid kühn und erweist euch eurer Aufgabe als würdig, denn ihr seid für jedes gute Werk gerüstet. Fürchtet nichts, meine Freunde. Gott schreitet euch voran.«

Dann machten wir uns daran, die Vorräte zum Steg hinunterzutragen. Das Ufer war, wie ich schon sagte, steil und steinig, und die moosbewachsenen Steine waren glitschig, was den Fußweg recht gefährlich machte. Dugal hob die Bündel vom Wagen und reichte sie an uns weiter, und wir rollten sie zum Wasser hinunter.

Als der Haufen von Bündeln und Kornsäcken schrumpfte, sorgte ich mich, daß ich Dugal vielleicht nicht würde Lebewohl sagen können. »Wir haben nicht mehr viel Zeit«, erklärte ich und trat zu ihm, während er den letzten Kornsack vom Karren lud. »Ich möchte mich verabschieden.«

»Aber noch sind wir beisammen«, antwortete er ziemlich kurz angebunden, wie mir schien. Außerdem sah er mich nicht an. Statt dessen wandte er sich rasch ab, hievte den Sack einem der wartenden Mönche auf den Rücken und rief dann dem Abt zu, der Wagen sei leer.

Fraoch nickte und flüsterte dann so laut, daß alle Umstehenden es hören konnten: »Laßt uns zum Steg hinuntergehen. Das Schiff wartet.«

Die meisten Brüder waren bereits auf dem Kai versammelt. Nur der Bischof, der Abt und einige der älteren Mönche waren zurückgeblieben, um mit dem König und der Königin zu sprechen. Ich nahm mir einen Packen und trat den Weg zum Schiff an, wo eben die letzten Vorräte an Bord gereicht wurden.

Nun war die Sache so, daß der Pfad eine besonders heimtückische Stelle aufwies, und zwar dort, wo er eine enge Schleife beschrieb und zwischen zwei Felsen hindurchführte. Durch den Morgennebel war der Weg hier äußerst schlüpfrig, aber da ich diese Stelle bereits zweimal passiert hatte, wußte ich, daß ich behutsam auftreten und mich mit der Hand an dem größeren der beiden Felsen abstützen mußte.

Mit einem Kornsack unter dem Arm war dies nicht leicht zu vollbringen, aber ich ging vorsichtig und konnte ein weiteres Mal ein Unglück vermeiden. Dann blieb ich in der Absicht, denen, die hinter mir kamen, eine Warnung zuzurufen, stehen und wandte mich eben um, als ich einen spitzen, erstickten Schrei vernahm. Jemand war auf dem Pfad gestürzt!

Ich tastete nach einem Halt, warf einen Blick zurück und sah, daß Libir ausgeglitten und zu Boden gegangen war. Glücklicherweise war Dugal gleich hinter ihm. »Bruder!« rief Dugal. »Hier! Nimm meine Hand!«

Mit diesen Worten streckte der muskulöse Dugal den Arm aus, packte Libir und zog ihn hoch. Mit knapper Not hatte er eine Tragödie abgewendet. Bleich und zitternd kam der ältere Mönch wieder auf die Füße und fuhr heftig vor Dugal zurück. »Nimm deine Hand fort!« brüllte Libir. Ich glaube, sein Ungeschick war ihm peinlich.

Ich drehte mich um und wollte weitergehen, doch ich hatte erst einen Schritt getan, als ich ein lautes Krachen hörte, so, als schlage ein Zweig gegen einen Felsen. Einen Augenblick später schrie Libir auf. Als ich wieder hinsah, lag er zusammengesunken auf dem Ufer, ein Bein in einem unnatürlichen Winkel verdreht.

»Libir! Libir!« kreischte Brocmal, der hinter Dugal ging, und stürzte herbei.

»Bleib zurück«, rief der kräftige Mönch warnend. »Willst du auch noch fallen?«

Der ältere Schreiber stöhnte. Er hatte den Kopf zurückgeworfen, und seine Augen waren geschlossen. Dugal ließ sich vorsichtig neben ihm nieder und nahm den Mönch behutsam auf die Arme. »Ruhig«, sagte Dugal. »Ganz ruhig, Bruder. Ich werde dich tragen.«

Dugal richtete sich auf und hob den leise stöhnenden Mönch hoch. Dann schob er sich halb im Sitzen das Steinufer hinauf, bis er oben war. Die von uns, die dem Unfall am nächsten gestanden hatten, kamen rasch herbei, um festzustellen, was geschehen war.

Brocmal schob Dugal zur Seite, kniete nieder und beugte sich über seinen Freund. »Ich habe dir gesagt, du sollst aufpassen!« schimpfte er. »Ich habe dich gewarnt!«

»Das war gewiß nicht seine Schuld. Der Weg ist sehr rutschig«, bemerkte Dugal.

Brocmal fuhr zu ihm herum. »*Du!*« brüllte er. »Du hast das getan!«

Zu seiner Ehre ließ der hochgewachsene Mönch diese Bemerkung durchgehen. »Ich habe versucht, ihm zu helfen«, antwortete er nur.

»Du hast ihn *gestoßen!*«

»Er hat sich von mir losgerissen.«

»Friede, Brüder«, krächzte der Abt und trat schnell zwischen sie. Er kniete sich über den gestürzten Libir. »Du bist böse gestürzt, Bruder«, meinte Fraoch sanft. »Wo bist du verletzt?«

Libirs Haut wirkte grau, und er schwitzte stark. Der Mönch murmelte etwas Unzusammenhängendes, dann flatterten seine Augenlider, und er verlor das Bewußtsein.

»Ich glaube, es ist sein Bein«, erklärte Dugal.

Cellach kniete sich neben den Abt und zog das Untergewand des Mönchs hoch. Viele der Umstehenden keuchten erschrocken und wandten den Blick ab. Libirs rechtes Bein war unterhalb des Kniegelenks entsetzlich verdreht und aufgerissen. Aus der Wunde ragte das zersplitterte Ende eines gebrochenen Knochens.

»O weh.« Der Abt stieß einen tiefen Seufzer aus. »Lieber Gott im Himmel.« Er hockte sich auf die Fersen und fuhr sich mit der Hand über das Gesicht. »So können wir nicht aufbrechen«, erklärte unser erster Bruder. »Wir müssen ihn ins Kloster zurückbringen.«

Lord Aengus, der mit dem Bischof zusammengestanden hatte, drängte sich jetzt nach vorn und rief: »Bitte, laßt ihn doch in meine Festung bringen. Sie liegt näher, und Eurem Bruder wird die allerbeste Pflege zuteil werden. Sobald er reisefähig ist, schicke ich ihn zur Abtei zurück.«

»Ich danke Euch«, entgegnete Fraoch zweifelnd. »Aber so einfach ist die Sache nicht.«

»Kann nicht ein anderer seinen Platz einnehmen?« meinte der König überrascht.

»Schon«, pflichtete der Abt ihm bei. »Wir müssen einen anderen erwählen. Aber eine solche Entscheidung ist schwer zu fällen. Viele Umstände müssen abgewogen und in Betracht gezogen werden.«

»Gewiß verhält es sich so, wie Ihr sagt«, meinte Königin Eithne. »Dennoch dünkt es mich eine Schande, einen einzigen Moment länger als notwendig zu säumen.«

»Kommt«, versetzte Lord Aengus jovial, »Ihr macht die Sache schwieriger, als sie ist. Ich maße mir nicht an, Euch in derlei Dingen zu belehren, aber ich will Euch doch daran erinnern, daß die Flut jetzt ausläuft. Wenn Ihr sofort jemand anderen auswählt, könnt Ihr Eure Reise fortsetzen.«

Fraoch sah den Bischof an, doch dieser meinte: »Ich überlasse dir die Wahl. Ich für meinen Teil wäre froh weiterzukommen, wenn wir einen anderen finden, der Libirs Stelle einnehmen kann.« Er wies auf einige seiner eigenen Mönche, die in der Nähe standen. »Unter meinen Begleitern befinden sich gute Männer, die uns ausgezeichnet dienen würden. Aber da Libir einer von euch war, überlasse ich die Entscheidung dir.«

Fraoch zögerte, blickte sich in dem Kreis von Gesichtern um und überlegte, was am besten zu tun sei.

»Ich sehe nicht, was es schaden könnte«, pflichtete Cellach dem König bei. »Wenn jemand bereit wäre, Libirs Platz einzunehmen, bräuchten wir nicht zu warten. Vielleicht will ja der Teufel unsere Pläne vereiteln. Das würde mir ganz und gar nicht gefallen.«

Obwohl er logisch argumentierte, konnte ich erkennen, daß der Meister der Schreiber in der Wendung, die die Ereignisse genommen hatten, eine Gelegenheit sah, sich selbst vorzuschlagen.

»Nun gut«, entgegnete der Abt zögernd und betrachtete Libir, der ohnmächtig dalag, mit einer Mischung aus Kummer und Mitleid. »Wir werden jemand anderen auswählen, auch wenn das für diesen braven Mönch eine bittere Enttäuschung bedeuten wird.«

»Ich wüßte nicht, was wir sonst tun könnten«, meinte Cellach.

»Fraoch«, sagte Dugal leise, »würdest du mir gestatten, an seine Stelle zu treten?« Bevor der Abt eine Antwort geben konnte, fuhr Dugal fort: »Ich fühle mich für Libirs Unfall verantwortlich ...«

»Du hast Libirs Unfall *selbst verursacht!*« schrie Brocmal. Er begann schon wieder. »Abt Fraoch, hör mich an: Dugal hat Libir auf dem Pfad gestoßen. Ich habe ihn beobachtet.«

»Bruder, bitte«, sagte Cellach, »dies ist weder die rechte Zeit noch der rechte Ort für solche Vorwürfe.«

»Aber ich habe es mit diesen meinen Augen gesehen!« beharrte Brocmal. Er deutete mit dem Finger auf mich. »Fragt doch Aidan – der war ebenfalls Zeuge.«

Mit einemmal stand ich im Mittelpunkt dieses Disputs. Ich blickte von Brocmal, dessen Gesicht vor Zorn rot angelaufen war, zu Dugal, der immer noch ruhig und gelassen bei dem unglücklichen Libir kniete. Mein lieber Freund wirkte unbewegt. Brocmals Anklage schien ihn nicht zu beeindrucken.

»Aidan«, flüsterte der Abt heiser, »ich brauche dich wohl nicht daran zu erinnern, daß wir es hier mit einer ernsten Angelegenheit zu tun haben. Hast du mitbekommen, wie es geschehen ist?«

»Ja, Abt.«

»Erzähle mir jetzt davon. Was hast du gesehen?«

Ich antwortete ohne Zögern. »Ich hörte einen Schrei und wandte mich um. Libir war ausgeglitten. Dugal half ihm auf und versuchte ihn zu stützen, doch Libir wollte nicht. Er machte sich von ihm los und wollte halsstarrig aus eigener Kraft hinunter ans Ufer. Und da ist er gestürzt.«

»Er ist zweimal gefallen?« fragte Fraoch.

»Ja. Zweimal.«

»Und du hast das gesehen?«

»Zuerst habe ich den Schrei gehört und sah, wie Dugal ihm zu helfen versuchte. Libir hat sich losgerissen, das kann ich bezeugen. Ich glaube, ihm war es peinlich, daß er gefallen war. Dann mußte ich selbst darauf achten, wohin ich trat, und hatte mich gerade eben abgewandt, als er wieder stürzte.«

»So nicht!« brüllte Brocmal. »Lügner! Ihr steckt beide unter einer Decke. Ich habe doch gesehen, wie ihr zwei ohne Unterlaß miteinander getuschelt habt!«

»Bruder Schreiber«, wies Fraoch ihn sanft zurecht, »du bist überreizt. Mir scheint, daß du in deinem Urteil irrst.«

Brocmal schwieg still, fuhr aber fort, uns wütend anzustarren. Der Abt wandte sich an Dugal. »Brocmal ist erregt, Bruder. Nimm ihm seinen Zorn nicht übel. Er wird es wiedergutmachen, wenn er sich besser fühlt. Was mich angeht, so bin ich überzeugt, daß du alles versucht hast, Libir beizustehen.«

»Ich wünschte nur, ihm wäre überhaupt nichts zugestoßen.«

»Bestimmt hat Euer rasches Handeln den alten Mann vor einer schlimmeren Verletzung bewahrt«, warf Lord Aengus ein. »Ihr habt recht getan.«

»Dennoch wünschte ich, es wäre nicht geschehen«, sagte Dugal. Er stand auf und wandte sich an Fraoch. »Guter Abt, obwohl ich kein Schreiber bin, stelle ich mich zur Verfügung, um seine Stelle einzunehmen. Wenn du mich haben willst, dann soll es so sein.«

»Bruder«, sprach Cellar ihn an und trat herbei, »dein Angebot ehrt dich, aber du sprichst weder Latein noch Griechisch. Und wie du selbst sagst, bist du kein Schreiber ...«

Ehe er den Satz beenden konnte, schritt jedoch der König ein: »Vergebt mir, meine Freunde, aber in meinen Augen seid Ihr für diese Reise überreichlich mit Schreibern und Gelehrten ausgestattet. Mir scheint, Ihr braucht einen Mann, der zupacken kann. Und wer wäre dazu besser geeignet als ein Krieger?« Er legte Dugal eine Hand auf die Schulter, wie um ihn besonders auszuzeichnen. »Verzeiht mir meine Einmischung, aber wir leben in gefährlichen Zeiten. Ich täte nicht recht, wenn ich Euch in dieser Sache nicht nach bestem Vermögen raten würde.«

Der Bischof nickte zustimmend und ergriff das Wort: »Was der König sagt, leuchtet ein. Ich meine, wir sollten seinen Vorschlag ernsthaft in Erwägung ziehen.«

»Vielleicht hat Gott ja zugelassen, daß dies geschah«, warf Königin Eithne nachdrücklich ein, »damit Ihr unser Heimatland nicht ohne den Schutz eines starken Kämpfers in Eurer Gesellschaft verlaßt. Hätte *ich* Männer für eine solche Reise auszuwählen, so würde ich leichteren Herzens reisen, wenn ich wüßte, daß wenigstens einer von ihnen in der Truppe des Königs gedient hat.«

»Ich kann mir keinen besseren Krieger für eine solche Aufgabe denken«, setzte der Lord hinzu, »und ich weiß sehr wohl, wovon ich rede.«

Unten auf dem Landungssteg erscholl ein Schrei. »Die Flut läuft aus!«

»Wir müssen jetzt wählen«, sagte Bischof Cadoc, »oder einen weiteren Tag warten. Ich überlasse die Entscheidung dir, Fraoch.«

Der Abt traf seinen Entschluß sofort. Er wandte sich an Cellach. »Es tut mir leid, Bruder. Ich weiß, daß du gern mit uns kommen würdest, aber du wirst im Kloster gebraucht.« Dann sah er den ehemaligen Krieger an, der vor ihm stand, und sagte: »Tapferer Dugal, wenn du Libirs Stelle einnehmen willst, so hat vielleicht Gott selbst dir diesen Wunsch eingegeben. So sei es. Ich beschließe, daß du gehst. Gott segne und behüte dich, Bruder.«

Ungläubig schaute ich zu. Dugal nickte. Beinahe zögerlich nahm er die Entscheidung des Abtes an. »Bei meinem Leben, ich werde alles tun, um zu einem erfolgreichen Abschluß unserer Reise beizutragen«, gelobte er.

Vom Steg klang ein weiterer Ruf herauf. »Das Wasser fällt! Ihr müßt Euch eilen!«

»Dann ist die Sache abgemacht«, sagte der König. »Brecht jetzt auf. Ihr reist ab, und wir werden uns um Euren Bruder kümmern.« Dann meinte er, an Dugal gewandt: »Die Welt ist groß, mein Freund, und jeder Tag voller Gefahren.« Er zog sein Schwert und bot es seinem einstigen Krieger. »So nehmt denn diese Klinge zum Schutze Eurer guten Brüder.«

Dugal griff nach der Klinge, doch der Bischof trat dazwischen. »Lord Aengus, behaltet Eure Waffe«, sagte er. »Gottes Wort ist unser Schirm, und einen anderen brauchen wir nicht.«

»Wie Ihr wünscht«, meinte der König und steckte das Schwert wieder ein. »Und nun eilt Euch, sonst kommt Ihr nicht mehr aus der Flußmündung heraus.«

Wir ließen den armen Libir in der Obhut Cellachs und der Männer des Königs zurück und begaben uns zum Schiff hinunter. Die letzten Vorräte waren verladen und die meisten Mönche bereits an Bord gestiegen. Der Bischof schob sich höchst würdevoll über die Bordwand und nahm am Mast Aufstellung. Dugal und ich schifften uns als letzte ein.

Ich hatte noch nie zuvor ein Schiff betreten. »Dugal«, rief ich aufgeregt, »das Boot ist nicht groß genug. Bestimmt, es ist zu klein für uns.«

Der Freund lachte. »Sorge dich nicht. Dies ist ein stabiles Gefährt.« Er ließ die Hand an der Reling entlanggleiten. »Es ist gebaut, um nötigenfalls dreißig Männer zu befördern, und wir sind bloß dreizehn. Wir werden nur so vor dem Wind herfliegen.«

Ich starrte ihn mit offenem Mund an, denn ich staunte immer noch ungläubig über die Wendung der Ereignisse, der ich eben beigewohnt hatte. Ich hätte nicht verwunderter sein können, wenn der Erzengel Michael selbst vom Himmel heruntergegriffen, Dugal vom Steg gehoben und neben mir auf dem Schiff abgesetzt hätte.

»Du kommst mit, Dugal!« rief ich plötzlich.

»So ist es, Bruder.« Er lächelte offen und strahlend.

»Aber das ist wunderbar, nicht wahr?«

»In der Tat«, sagte er.

Auf einen Ruf eines der britischen Mönche hin nahmen vier der Brüder, die an der Reling standen, lange Ruder und stießen das Schiff vom Steg ab.

Der Abt hob seinen Krummstab gen Himmel und schlug damit das Kreuz über uns. »Ihr zieht aus mit einem Schatz,

Brüder. Möget ihr mit zehnfachen Reichtümern und unermeßlichem Segen heimkehren.«

Dann erhob er seine arme, zerbrochene Stimme und begann zu singen:

»Ich gebe euch in die Obhut Christi,
Ich stelle euch unter Gottes Schutz,
Auf daß Er euch helfe und behüte
Vor Gefahr, Bedrohung und Verlust.
Ihr sollt nicht ertrinken auf See oder
Erschlagen werden an Land,
Von keinem Manne besiegt
Und keinem Weibe untertan.
Steht fest zu Gott,
Dann steht Gott zu euch.
Er schützt deine beiden Füße
Und hält beide Hände über dein Haupt.
Michaels Schild schwebt über euch,
Jesu Schirm ist über euch,
Colum Cilles Harnisch behütet euch
Vor allem Ungemach und
Vor der Heiden verderbter List.
Die Liebe Gottes sei mit euch,
Der Frieden Christi sei mit euch,
Die Freude der Heiligen sei mit euch.
Mögen diese euch stets beschützen,
Zu See, zu Land,
Wo immer ihr auch schreitet,
Euch segnen,
Euch behüten,
Euch helfen,
Jeden Tag und jede Nacht in eurem Leben,
Jetzt und immerdar.
Halleluja, Amen!«

Ich stand an der Reling, lauschte seinem schönen Gesang und wußte, ich würde mein Heimatland nie wiedersehen.

Langsam schwang sich das Schiff in die Mitte des schnell fließenden Stromes hinaus. Die Flut trug uns rasch davon, und ich stand da und beobachtete, wie die grünen Hügel vorbeiglitten. Die Menschen auf dem Steg winkten uns Lebewohl und sangen zum Abschied einen Psalm. Ich hörte das Lied immer noch, lange nachdem wir eine Flußbiegung umrundet hatten und sie nicht mehr zu sehen waren. Um meine Tränen zu unterdrücken, preßte ich die Handballen auf die Augen und hoffte, daß mich niemand sah.

Die hohen Uferbänke wichen auf beiden Seiten zurück, und wir liefen in eine breite, flache Bucht ein. »Hißt die Segel!« rief der Bruder, der am Steuerruder stand. Vier Mönche sprangen zum Mast und begannen, an Leinen zu zerren. Im nächsten Augenblick hob sich das lohfarbene Segel, kräuselte sich in der Brise und schüttelte sich. Dann blies es sich mit einem Knall auf. In die Mitte des Segels war in Weiß das Symbol der Wildgänse gemalt: Bán Gwydd.

Mit einemmal schien das Schiff Anlauf zu nehmen und einen Satz auf dem Wasser zu tun. Ich hörte, wie die Wellen an den Bug klatschten. Ehe ich wußte, wie mir geschah, befanden wir uns auf dem offenen Meer. Nun waren wir auf großer Fahrt! Ich warf einen langen, nicht enden wollenden Blick zurück auf die grünen Hügel von Éire und sagte meiner Heimat ein letztes Lebewohl. Die Reise hatte begonnen.

8

Erregung bemächtigte sich meiner, als das Schiff schneller wurde und vor dem Wind auf die ruhigen, spiegelglatten Wogen hinausglitt, schnell und kraftvoll wie eine schwarzflüglige Möwe. Vor dem Boot breitete sich das Meer aus, und als ich es sah, riß ich ehrfürchtig die Augen auf. Da lag eine unendliche und rastlose blaugraue Wasserfläche, die bis zum Horizont und darüber hinaus wogte, weiter und ungezähmter, als ich sie mir je vorgestellt hatte. Wie anders die See von der Reling eines schnell segelnden Schiffes aus erschien!

Keuchend, denn der beißende Wind preßte mir die Luft aus den Lungen, bestaunte ich die Geschwindigkeit des Bootes und die Kraft der Wellen, die an der Reling vorbeiglitten. Von Zeit zu Zeit schlug eine Woge gegen die Schiffswand und trieb mir salzige Gischt in die Augen.

Ich spürte den Wind auf meinem Gesicht, schmeckte das Salz auf der Zunge, und mir wurde klar, was es hieß, zu leben. Tief atmete ich ein und berauschte mich an dem Rasen meines Herzens und der kühlen Luft in meinen Lungen. Wir flogen!

Benommen vor Staunen starrte ich in die gischtverhangene Ferne und brachte das Gebet des Fischers dar: *Rette mich, o Herr! Dein Meer ist so groß, und mein Boot ist so klein. Gott, erbarme Dich!*

Beinahe zu eingeschüchtert, um mich zu rühren, stand ich an meinem Platz im hinteren Teil des Bootes und sah zu, wie meine seefahrenden Brüder ihrer Arbeit nachgingen. Flink und tüchtig gingen sie zu Werke und bewegten sich ganz natürlich mit dem unablässigen Auf und Ab des Schiffes, während sie mit den Tauen hantierten, sie zogen, verknoteten, lösten und umherwarfen und einander die Worte mit einer Vertrautheit zuriefen, die zeigte, daß sie sich schon lange kannten.

Sie waren insgesamt zu sechst: Connal, Maél, Clynnog, Ciáran und Faolan, fünf Muir Manachi, Seemönche. Sie trotzten dem tiefen Ozean unter der Führung eines Bruders namens Fintán, eines hageren, knorrigen Burschen, des Steuermannes. Die scharfen Augen zusammengekniffen, stand er da, das Ruder in der Hand, beobachtete das Segel und rief scharfe Befehle, denen die übrigen augenblicklich nachkamen. Offensichtlich waren sie schon früher zusammen gesegelt und wegen ihres großen Geschicks in der Kunst der Seefahrt auserwählt worden.

Ich sah mich nach meinen anderen Gefährten um. Bischof Cadoc hatte sich mit seinen Beratern, den drei Briten Brynach, Gwilym und Ddewi, am Bug plaziert. Im Heck des Schiffes standen, neben Fintán am Steuerruder, Brocmal, Dugal und ich selbst.

Alles in allem zählten wir also dreizehn Seelen – eine heilige Zahl, die Anzahl Christi und seiner Jünger. Dreizehn Peregrini, Auserwählte Gottes und jeder einzelne ein treuer Célé Dé.

Trotz meiner Todesahnungen konnte ich mich des Stolzes darüber, zu dieser vorzüglichen Gesellschaft zu gehören, nicht erwehren. Und da ich noch niemandem von meiner Vision erzählt hatte, beschloß ich, dieses Geheimnis auch in Zukunft für mich zu behalten und seine schwere Bürde allein zu tragen. Dieser Entschluß verschaffte mir eine seltsame

Befriedigung. Ich hatte das Gefühl, daß er auf irgendeine Weise meinen stummen Beitrag zu dem Unternehmen darstellen würde. Der Gedanke machte, daß ich mir heldenhaft und würdig vorkam, und dieses überschwengliche Gefühl genoß ich.

Wie um meinen tapferen Absichten ein Siegel aufzudrücken, brach mit einemmal die Sonne durch die Wolken und übergoß die windgepeitschten Wogen mit flirrendem Licht. Ich blickte hinaus auf die weite, sich endlos ausdehnende See und dachte: *Komm, Welt, spring mit mir um, wie du willst. Aidan mac Cainnech ist bereit.*

Nach und nach gewöhnte ich mich an den Rhythmus, in dem das Schiff stampfte, und lernte, sein plötzliches Heben und schwindelerregendes Absacken vorwegzunehmen. Das Auf und Ab war nicht schwer zu beherrschen, aber das unberechenbare und abrupte Hin- und Herwerfen fand ich zermürbend. Wann immer dies geschah, ergriff ich mit beiden Händen die Reling und klammerte mich daran fest, um nicht Hals über Kopf ins Meer zu stürzen.

Dugal, der über einige, wenn auch geringe Erfahrungen in der Seefahrt verfügte, lachte angesichts meiner ersten taumelnden Schritte.

»Steh gerade, Dána«, belehrte er mich. »Du humpelst ja wie ein alter Mann. Fang die Bewegung mit den Beinen ab.« Er beugte leicht die Knie, um es mir zu zeigen. »So, als säßest du auf einem Pferd.«

»Ich bin aber noch nie geritten«, klagte ich.

»Ein Kelte, der niemals ein Pferd oder ein Boot bestiegen hat? Nun habe ich wirklich alles gesehen.« Wieder lachte er, und etliche der seefahrenden Mönche fielen darin ein.

»Manch einer unter uns ist eben nicht so weltläufig wie andere«, gab ich zurück.

»Du wirst es schon lernen, mein Freund«, rief Fintán vom Steuerruder aus. »Warte nur ab, du verstehst es schon noch.«

Unsere Lehrzeit begann sogleich, denn die Seemönche unterwiesen uns im Gebrauch der Taue, des Segels und der Ruder. Auf ihr Geheiß arbeiteten wir Seite an Seite mit ihnen, und ich gelangte bald zu der Erkenntnis, daß die Seefahrt eine harte, aber höchst präzise Beschäftigung war und auf ihre eigene Weise ebenso anspruchsvoll wie alles, was einem im Skriptorium begegnen mochte.

Als endlich die Kisten und Säcke mit den Vorräten gesichert waren und alles auf dem Schiff seinen Platz gefunden hatte, machte ich mir einen Winkel zwischen den Kornsäcken frei und ließ mich dort nieder. Dugal gesellte sich zu mir.

»Die Wege Gottes sind seltsam, nicht wahr?« bemerkte ich. Er beobachtete das Segel, das sich im Wind blähte. »Anscheinend ist uns doch bestimmt, zusammenzubleiben.«

»In der Tat«, stimmte er mir zu und unterzog die Segel einer eingehenden Betrachtung.

»Vergib mir, Bruder, aber ich muß wissen …« Ich zögerte, denn ich mochte die Worte nicht aussprechen.

»… ob ich Libir gestoßen habe?« warf er ein. Er hatte meine Gedanken erraten.

»Brocmal glaubt, daß du es getan hast.«

»Was Brocmal denkt, ist mir ziemlich gleich, soll er doch sagen, was er will. Was glaubst du?« fragte er und blickte mich an. »Hast du etwas gesehen?«

»Ich habe nicht gesehen, daß du etwas getan hast«, antwortete ich. »Und ich kann mir auch nicht vorstellen, daß du ihn niedergeworfen hast.«

»Dann laß uns einfach dabei bleiben, daß Gott uns eine große Gunst erwiesen hat«, meinte Dugal. »Wahrhaftig, ich glaube, er wollte uns nicht voneinander trennen.«

»Und ich hatte schon gefürchtet, ich würde dich nie wiedersehen. Wer hätte das für möglich gehalten?«

»Wir sind Freunde«, erklärte der ehemalige Kriegsmann einfach. Er schien noch mehr sagen zu wollen, doch dann wandte er seine Aufmerksamkeit wieder dem Segel zu, holte tief Luft und rief aus: »Ah, mo croí. Das Meer, Aidan. Das Meer! Ein Schiff ist doch ein herrlich Ding, nicht wahr?«

»Du sagst es.«

Eine Weile unterhielten wir uns, dann verfielen wir in Tagträumereien und sahen dem sachten Auf und Ab des Seegangs zu. Ich lehnte mich auf meinem Thron aus Kornsäcken zurück und schloß die Augen. Eigentlich hatte ich nicht vor einzunicken, noch war ich der Meinung, daß es schließlich doch soweit gekommen war. Dennoch fuhr ich erschrocken hoch, als Clynnog, ein Ire aus Dál Riada, schrie: »Land in Sicht!«

»Schon?« fragte ich und erhob mich erstaunt. Wir waren erst wenig mehr als einen halben Tag gesegelt, oder jedenfalls erschien es mir so.

»Der Wind hat sich uns als guter Freund erwiesen«, sagte Fintán und fuhr sich mit der Hand über sein ergrautes Haupt. »Betet, daß dieses Wetter sich hält.«

Ich trat über Dugal, der schlummernd dalag, hinweg und wurde an die Seitenwand des Schiffs geworfen. Die Reling umfaßt, ließ ich meinen Blick über den fernen Horizont schweifen, doch ich sah nichts als die weite, graue See, die an einigen Stellen – dort, wo durch ein Loch in den tiefhängenden Wolken die Sonne einfiel – leuchtete.

»Ich sehe kein Land«, rief ich, an Fintán gerichtet, zurück.

»Dort!« meinte er und streckte die rechte Hand aus. »Tief hinten am Horizont.«

Mit dem Blick folgte ich seinem Fingerzeig, doch immer noch konnte ich nichts als das wogende Meer erkennen. »Wo?« schrie ich.

Der Steuermann lachte. »Sieh noch einmal genau hin.«

Über die Reling gebeugt, spähte und suchte ich, und endlich begann ich undeutlich einen vagen Umriß in der nebligen Ferne auszumachen, wie von einer Wolkenbank knapp oberhalb der festen Linie, welche die Grenze zwischen Meer und

Himmel bildet. Ich betrachtete dieses unscharfe Etwas eine Zeitlang, ehe ich eine merkliche Veränderung sah, doch endlich begann ich eine geringfügig andere Farbgebung zu erkennen.

Das Schiff flog auf dieses flache Ufer zu. Es sprang mit straff gespannten Tauen von einem Wogenkamm zum nächsten. Die Mastspitze bog sich, die Segel barsten beinahe und trieben den spitzen Bug des Schiffes durch das tiefgrüne Wasser. Langsam, aber stetig nahm die dunkle, ferne Bank Gestalt an und wandelte sich zu einer sanft gewellten, grau und grün gesprenkelten Erhebung. Nach einiger Zeit lösten diese sanften Umrisse sich in schärfere Formen auf: rauhe, am Fuß geröllbedeckte Klippen.

Dugal erwachte und stellte sich neben mich an die Reling. »Ynys Prydein«, sagte er und wies auf die vor uns liegende Landschaft.

»Bist du schon einmal dort gewesen?« fragte ich.

»Ein- oder zweimal«, meinte er. »Doch da war es Nacht, und ich erinnere mich kaum an das Land.«

»Nacht?« verwunderte ich mich. »Warum solltest du bei Nacht anlanden?«

Mein Freund zuckte die Achseln. »Wir sind fast immer nächtens gefahren.« Dugal hielt inne und betrachtete die Küstenlinie beinahe wehmütig. »Ach, aber das war vor langer Zeit, als ich noch sehr jung war.«

Während Dugal noch sprach, riß der Himmel auf. Licht strömte durch eine Lücke in der Wolkendecke herab und übergoß die zerklüftete Küste mit herrlichen goldenen Strahlen. Das Meer blitzte silbern und blau, die schroffen Felsen schimmerten schwarz wie Krähenschwingen, und die sanft gewellten Hügel glühten wie Feuersmaragde. Diese wie aus dem Nichts erstandene Schönheit bestürzte mich in ihrer Intensität. Benommen blinzelte ich und stand ehrfürchtig staunend vor diesem Schauspiel.

Und als ich davon gesättigt war, lenkte ich meinen Blick auf das Wasser und erhaschte aus dem Augenwinkel einen schimmernden Blitz. Noch einmal schaute ich hin und sah eine anmutige Gestalt blitzschnell durch das Wasser schießen.

Kurz kräuselte sie die Oberfläche und war dann fort. Ich wollte mich Dugal zuwenden, da sah ich es wieder: einen glatten, braunen, hellgetupften Körper mit einem Gesicht und Augen, die mich direkt ansahen.

»Dugal!« brüllte ich erschrocken und gestikulierte mit beiden Händen in Richtung Wasser. »Sieh doch! Sieh doch!«

Unbekümmert spähte Dugal über die Reling und durchforschte die Tiefen. »Was war das, ein Fisch?«

»Ich weiß nicht, was das war«, keuchte ich und beugte mich vor, um besser sehen zu können. »Aber wenn, dann habe ich einen solchen Fisch noch nie gesehen.«

Mein welterfahrener Freund nickte bloß und wandte sich ab.

»Da!« schrie ich, als das schnell dahingleitende Wesen unter dem Schiff hervorkam. »Da ist es wieder! Hast du es gesehen, Dugal? Hast du es gesehen?«

Er breitete die Hände aus.

»Was war das?« verlangte ich zu wissen.

»Ich habe nichts gesehen, daher kann ich es nicht sagen, Aidan.« Wieder hob er die Hände, gelassen wie jemand, der bekundet, nicht Zeuge gewesen zu sein, daher nichts zu wissen und darum erst recht weise zu sein.

Fintán, der Steuermann, der am Ruder stand, lachte laut und fragte: »Hast du denn noch nie einen Seehund gesehen, Aidan?«

»Niemals«, gestand ich. »War das ein Seehund?«

»Ja, das war einer. Gescheckt, sagst du?« Er zog die Brauen hoch. »Dann war es ein junger. Halte die Augen offen, Bruder. In diesen Gewässern wirst du viele und verschiedene Dinge sehen.«

»Seehunde, Dugal«, wiederholte ich und schüttelte staunend den Kopf.

Brocmal, der in der Nähe stand, schnaubte verächtlich und ging davon. Seit wir an Bord des Schiffes gekommen waren, hatte sich an seiner herablassenden Haltung mir gegenüber nichts geändert, und er starrte mich mißbilligend an, wann immer ich ihm unter die Augen kam.

»Für gewöhnlich treten sie in Herden auf«, klärte Faolan mich auf. »Wenn du solche Robben siehst, weißt du, daß Land in der Nähe ist.«

Innerhalb weniger Augenblicke schien es, als wimmelte das Wasser vor Seehunden – zwanzig oder mehr dieser anmutigen Tiere. Wir alle versammelten uns an der Reling, um zuzusehen, wie sie unter dem Schiff hinwegtauchten und in den Wellen am Bug tollten. Manchmal kamen sie an die Oberfläche und sahen uns an.

Ihre feuchtglänzenden Köpfe hüpften knapp oberhalb der Wellen, wobei ihre Augen wie polierter Jettstein glitzerten, ehe sie uns den Schwanz zuwandten und wieder verschwanden. Ein- oder zweimal ließen sie uns ihre rauhen, bellenden Rufe hören, während sie im Wasser umherschnellten und planschten.

Fintán rief einen Befehl und wendete das Schiff. Als ich mich umsah, ragten die Klippen über uns auf, und ich hörte, wie die Wellen gegen die Felsen und an den Strand brandeten. Wir schickten uns an, gen Süden an der Küste entlangzusegeln. Dieser Teil des Landes schien verlassen. Ich sah keine Siedlungen oder Gehöfte, nicht einmal einen einzigen Bauernhof oder die einfache Klause eines Einsiedlermönches.

»Früher haben hier Menschen gelebt«, berichtete Gwilym mir, als ich ihn danach fragte. »Aber heute sind sie fort, schon seit vielen Jahren sogar. Die Dörfer haben sich ins Landesinnere zurückgezogen. Jetzt mußt du sie in den großen und kleinen Tälern suchen.« Liebevoll betrachtete er das Land seiner Geburt. »Vom Meer aus kann man nur noch Ty Gwyn sehen«, setzte er stolz hinzu. »Komme, was da wolle, diese Feste des Glaubens wird niemals weichen.«

»Werden wir den Ort sehen?«

»O ja, morgen«, antwortete er. »Wir werden dort anlegen, um zusätzliche Vorräte aufzunehmen.«

Als die Sonne begann, im westlichen Meer zu versinken, steuerte Fintán, der zunächst nach einer geschützten Bai für die Nacht gesucht hatte, das Schiff auf eine Stelle zu, die zuerst nicht mehr schien als ein Spalt zwischen den Klippen. Doch als wir näher heransegelten, öffnete die Lücke sich weiter, und ich sah, daß sie in Wirklichkeit eine kleine Bucht darstellte.

Das Wasser war tief und ruhig, so daß wir nahe ans Ufer heranfahren konnten. Bischof Cadoc benutzte das kleine Ruderboot aus Flechtwerk, das Coracle, um an Land zu gehen, doch wir übrigen stiegen einfach über die Bordwand und wateten ans Ufer. Während die seefahrenden Brüder das Schiff festmachten, begannen wir, das Lager aufzuschlagen. Dugal und ich wurden ausgeschickt, Feuerholz zu sammeln, während die anderen Wasser suchten und sich daranmachten, das Essen zuzubereiten.

»Auf diesem kahlen Fels werden wir nichts finden«, bemerkte Dugal und blickte sich auf dem schiefrigen Geröllstrand um.

Also kletterten wir die Klippe hoch in der Hoffnung, dort reichere Ernte zu halten. Oben wuchsen zwar keine Bäume von nennenswerter Größe, doch wir trafen auf eine Anzahl dichter Büsche, deren viele tote Äste sich leicht abbrechen und zu Bündeln von ansehnlicher Größe binden ließen. Diese schleppten wir zum Klippenrand und warfen sie nach unten auf den Strand. Innerhalb kurzer Zeit hatten wir so viel gesammelt, daß wir die Nacht hindurch damit auskommen würden.

»Komm«, meinte der ehemalige Kriegsrecke, »wir wollen ein wenig das Land auskundschaften!« Und so gingen wir auf dem Rand des Felssturzes entlang, um soviel wir konnten über diese Wildnis zu erfahren.

Soweit ich erkennen konnte, unterschied Britannien sich nicht von Éire: Hier wuchsen das gleiche grüne Gras und der gleiche Ginster auf dem gleichen Fels, und das war alles. Trotzdem genoß ich es, nach einem Tag an Bord des Schiffes die Beine zu strecken und guten, festen Boden unter den Füßen zu spüren.

Wir kehrten zum Schieferstrand zurück, nahmen das Feuerholz, das wir gesammelt hatten, und machten uns wieder auf den Weg zum Lager. Fintán und seine Mannschaft hatten, statt an Land zu gehen, vom Schiff aus Angelleinen ausgeworfen und fast mühelos in kurzer Zeit genug Makrelen gefangen, um uns alle zu sättigen.

Während Connal und Faolan den Fisch ausnahmen, machten Dugal und ich Feuer. Wir steckten den Fisch an Stöcke und setzten diese Spieße schnell zum Garen an das Feuer. Bald stieg silbriger Rauch in den Abendhimmel hinauf, erfüllt von dem Duft bratenden Fisches.

Ich lauschte den Gesprächen um mich herum, während ich gemächlich die Spieße drehte und zusah, wie die untergehende Sonne das blaugrüne Wasser mit flüssigem Gold übergoß. Der Fisch brutzelte, der Himmel verblaßte zu einem bleichen Gelb, und ich hörte zu, wie die Möwen auf den Felsklippen über uns krächzten, während sie sich zur Nacht niederließen.

Als die Makrelen endlich gar waren, nahm ich mein Stöckchen, löste mit den Fingern einen Streifen Fischfleisch ab, pustete ein wenig darauf und steckte es mir in den Mund. Wahrhaftig, ich glaubte, nie im Leben etwas so Gutes gekostet zu haben. Und zudem fiel mir auf, daß ich seit dem Frühstück am frühen Morgen nichts gegessen hatte.

Waren wir erst heute morgen abgereist? überlegte ich, während ich den Spieß über den Flammen drehte. Jetzt schon schien mir, als sei der Aidan, der mit Jammer im Herzen aufgebrochen war, nicht derselbe, der jetzt Fisch vom Stock aß und sich die Finger leckte.

Nach dem Mahl leitete Bischof Cadoc unsere Gebete. Einem Mönch auf Pilgerfahrt sind die täglichen Pflichten erlassen, da die Reise selbst als eine Form des Gebetes gilt. Dennoch versäumten wir keine Gelegenheit, uns auf diese Weise zu stärken.

Während die Sterne aufgingen, sangen wir Psalmen, und unsere Stimmen hallten von den Felsen wider und auf das schimmernde Wasser hinaus. Als die letzten Töne in die Nacht aufgestiegen waren, hüllten wir uns in unsere Umhänge und schliefen auf dem Schieferstrand unter den Sternen.

Beim ersten Tageslicht erwachten wir und sahen Nebel und tiefhängende Wolken. Während der Nacht hatte der Wind gedreht und kam jetzt als böige, tiefe Brise aus dem Osten. Der Steuermann stand mit Maél am Ufer. Kleine Wellen leckten an ihren Füßen, und sie betrachteten den Himmel und berieten sich. Cadoc trat hinzu, wechselte ein Wort mit ihnen und wandte sich dann an uns. »Erhebt euch, Brüder!« rief er. »Der Tag bricht an!«

Während Clynnog und Ciáran, jeder auf einer Seite des Flechtbootes, den Bischof durch das Wasser schoben, brach der Rest von uns das Lager ab und watete zum Schiff zurück. Sobald alle an Bord waren, nahm Fintán das Steuerruder und bedeutete Connal, den Anker zu lichten. Die übrigen setzten die langen Ruder in Bewegung und begannen das Schiff zu wenden.

»Wir wollen ihnen behilflich sein«, schlug Dugal vor. »Es wird uns guttun, das Seemannshandwerk zu erlernen.«

Er nahm ein Ruder und legte es mir in die Hände, dann

suchte er eines für sich. Dugal stand auf der einen Seite des Schiffes und ich auf der anderen. Clynnog zeigte mir, wie man das Ruderblatt mit dem langen Schaft im Wasser vor- und zurückbewegt.

»Eher, als würdest du Holz sägen«, erklärte er mir, »und weniger so, als rührtest du Haferbrei, Aidan. Lange, entspannte Züge. Und winkle dein Handgelenk nicht so ab.«

Langsam drehte sich das Gefährt im Wasser, und wir glitten wieder aus der kleinen Bucht und aufs offene Meer hinaus. Sobald wir die Felsen ein Stück hinter uns gelassen hatten, ließ Fintán das Segel aufziehen. Der schwere Stoff schüttelte sich einmal, zweimal, fing dann den Wind ein und blähte sich. Weich glitt das Schiff in tieferes Wasser, und wir befanden uns wieder auf großer Fahrt.

Der Steuermann schlug einen Kurs parallel zum Land ein und fuhr in südlicher Richtung die Küste entlang. Den ganzen Morgen segelten wir in einem feuchten Dunst- und Nebelschleier, der an den Klippen hing und die Hügel einhüllte, so daß wir wenig zu sehen bekamen.

Unser Frühstück bestand aus Gerstenbrot und dem Fisch, der von der letzten Mahlzeit übrig war. Ich brachte etwas zu Fintán ans Steuerruder, der mich gleich einspannte und das Ruder halten ließ, während er aß. »Wir machen schon noch einen Seemann aus dir, Aidan«, meinte er schmunzelnd. »Faß einfach das Steuer fest und behalte das Segel im Auge.«

»Gwilym sagte, wir würden bei Ty Gwyn anlegen?« fragte ich.

»Jawohl«, antwortete der Steuermann und brach das Brot. »Vorräte aufnehmen.«

»Ist es noch weit?«

Fintán kaute bedächtig. »Nicht sehr.«

Der Seefahrer schien zufrieden mit seiner Auskunft und nicht geneigt, sie weiter auszuführen, so daß ich fragte: »Und wie weit genau?«

Der Steuermann verzehrte langsam sein Brot, als bedenke er den tiefschürfenden Charakter meiner Frage. Endlich kniff er die Augen zusammen und meinte: »Du wirst schon sehen.«

Fintáns Prophezeiung erwies sich jedoch als falsch: Ich sollte die Abtei mit Namen Ty Gwyn niemals zu Gesicht bekommen.

9

Der Wind frischte auf, drehte nach Südost und blies den ganzen Vormittag hindurch immer stärker. Er rührte das schiefergraue Wasser zu steilen, gezackten Brechern auf, die gegen den Bug und die Seiten krachten, als wollten sie uns gegen das Ufer werfen. Folglich sah sich unser scharfäugiger Steuermann genötigt, das Schiff aufs offene Meer hinauszusegeln, fort von der Küste, damit wir dem Land nicht zu nahe kämen und an die Felsen geweht würden.

Die See wogte, hob das Schiff hoch und hielt es fest, um es dann seitwärts ins nächste Wellental stürzen zu lassen. Für mich war diese Bewegung aus Steigen, Schwanken und Fallen mehr, als ich ertragen konnte, und ich zog mich ans Heck des Bootes zurück, wo ich ungestört die Zähne zusammenbeißen und vor mich hin ächzen konnte.

Gegen Mittag war der Wind zu einem heulenden Sturm angewachsen, der die schwarzen Wellen hoch auftürmte und alles mit weißer Gischt überzog. Ich saß zusammengekrümmt in meinem Schlupfwinkel zwischen den Kornsäcken, hielt mir den Magen und wünschte mir verzweifelt, ich hätte den Fisch nicht gegessen. Dugal, der mein Elend sah, holte eine Kelle Wasser aus dem Faß, das am Mast festgezurrt war.

»Hier, Aidan«, rief er. »Trink das, dann wirst du dich besser fühlen.« Er mußte gegen den Wind und das Donnern der

Wellen anbrüllen, denn obwohl wir weit vom Land entfernt segelten, hörten wir immer noch das entsetzliche Donnern des Wassers, das auf die Felsen niederstürzte.

Er gab mir die Kelle in die Hand und sah zu, wie ich das hölzerne Behältnis an die Lippen hob, wobei ich durch die heftige Bewegung des Schiffs den Großteil des Inhalts über mich schüttete. Das Wasser schmeckte auf meiner Zunge wie Eisen. Der Geschmack ließ mich erschauern. Dann wurde dieses Zittern zu einem heftigen Schütteln, und ich spürte, wie sich mir der Magen umdrehte. Ich schaffte es gerade noch bis zur Reling, und dort spie ich den unseligen Fisch ins Meer zurück, aus dem er gekommen war.

»Keine Sorge, Aidan«, riet Fintán. »Das ist am besten so. Jetzt wird es dir bessergehen.«

Dieses Versprechen erschien mir jedoch äußerst fragwürdig, als ich seibernd und keuchend auf die Kornsäcke zurücksank. Dugal blieb bei mir sitzen, bis er weggerufen wurde, um den Seefahrermönchen beim Einholen des Segels zu helfen. Dadurch würde, wie man mir darlegte, das Schiff zwar weniger leicht zu steuern sein. Aber, so erklärte Maél, »wir müssen das Segel herunterholen, sonst verlieren wir den Mast«.

»Ist das denn schlimm?« fragte ich, denn ich fühlte mich unwissend und hilflos.

»Nein«, entgegnete Maél stirnrunzelnd, »nicht so schlimm, daß es nicht noch ärger kommen könnte.«

»Du meinst, es kann wirklich noch fürchterlicher werden?« wollte ich wissen, und ungute Vorahnungen beschlichen mich.

»Sicher, es kann immer noch ärger werden. Fürwahr, verglichen mit einigen Stürmen, die ich überstanden habe, ist dies hier nichts weiter als eine Sommerbrise«, entgegnete er selbstbewußt. »Ich sage dir die Wahrheit, Aidan, ich habe schon viermal Schiffbruch erlitten.«

Mir kam der Umstand, daß ein Seemann sich einer solchen

Sache rühmte, höchst eigenartig vor, aber Maél schien beinahe stolz darauf zu sein. Gerade da rief ihn der Steuermann, er solle das Ruder übernehmen, und ich sah zu, wie Fintán sich an der Reling entlangzog, um sich am Mast zu Brynach und dem Bischof zu gesellen.

Die drei berieten sich kurz, woraufhin der Steuermann zum Ruder zurückkehrte. Dugal hatte dies ebenfalls bemerkt und ging zu Brynach und dem Bischof, die einander die Arme um die Schultern gelegt hatten, damit sie nicht stürzten.

Sie sprachen miteinander, und dann kehrte Dugal zu mir zurück und sagte: »Wir können nicht in Ty Gwyn anlegen. Die Küste ist zu tückisch und die See zu rauh, um jetzt dort zu landen.«

»Wo denn?« stöhnte ich. Im Grunde war mir ziemlich gleich, wohin wir fuhren.

»Wir segeln nach Inbhir Hevren«, klärte er mich auf. »Das ist eine sehr große Flußmündung mit vielen großen und kleinen Buchten, und nicht ganz so felsig. Brynach meint, dort würden wir Unterschlupf finden.«

Schon lange war in dem Wirbel aus Nebel und Wolken kein Land mehr zu erkennen. Ich fragte mich, woher der Steuermann wußte, wo wir uns befanden, aber mir fehlten die Kraft und der Wille, danach zu fragen; ich konnte nichts weiter tun, als mich an dem Sackleinen festzuklammern und den Kopf oben zu halten.

Ich hielt mich an den Kornsäcken fest und betete: *Großer Gott im Himmel, Dreieinigkeit, Allmächtiger, der Freude daran empfindet, Menschen zu retten, höre mein Gebet und errette auch uns. Von dem tobenden Meer, von den furchtbaren Wogen, vor großen und entsetzlichen Winden, von Böen und Sturm, errette uns! Bewahre, behüte und heilige uns. Mögest Du, König der Elemente, an unserem Steuerruder sitzen und uns in Frieden in Sicherheit führen. Amen, Herr, so sei es.*

Die Nacht brach rasch herein, und der Sturm flaute nicht ab, sondern wurde immer stärker. Der Wind nahm zu, als beziehe er Kraft aus der Dunkelheit. Die Seile, straff gespannt, um dem Sturm zu wehren, sirrten kläglich, während der Mast knarrte.

Unser schmales, kleines Schiff wurde von einem Wellental auf den nächsten Gipfel und wieder zurückgeworfen, und mein Magen tat mit jedem Auf und Ab einen Satz. Die Kornsäcke gaben einen einigermaßen sicheren Halt, und wir alle, die nicht gebraucht wurden, um das Schiff über Wasser zu halten, versammelten uns dort und drängten uns zusammen.

Das letzte Tageslicht verglomm, und Fintán verkündete: »Im Dunkeln können wir nicht landen. Selbst wenn wir die Flußmündung sehen könnten, wäre das bei diesem Sturm zu gefährlich.«

»Was sollen wir tun?« fragte Brocmal mit vor Angst zitternder Stimme.

»Wir segeln weiter«, antwortete der Steuermann. »Keine Sorge, Bruder. Das Schiff ist stabil. Diesen Sturm überstehen wir mit Leichtigkeit.«

Mit diesen Worten kehrte er an sein Ruder zurück, und wir nahmen leise murmelnd unsere Gebete wieder auf.

Während der langen Finsternis beteten wir und standen einander nach bestem Vermögen bei. Endlos zog die Nacht sich hin, um nach und nach in einen nur wenig helleren Tag überzugehen. Ob es Tag war oder Nacht, die Dunkelheit lastete schwer auf uns, während die Wogen von allen Seiten hoch über uns aufragten.

Diesen ganzen entsetzlichen Tag über hielten wir Ausschau nach Anzeichen von Land. Doch die Nacht kam von neuem über uns, ohne daß wir auch nur den kleinsten Hinweis auf eine Küste oder ein Ufer gesichtet hätten. Wir krochen am Heck des Bootes zusammen und hielten uns fest, der eine am anderen und alle miteinander an den Kornsäcken.

Durchgefroren bis auf die Knochen, zitternd und bebend, betete Bischof Cadoc eine ununterbrochene Litanei von Psalmen und Fürbitten. Wir Leute von Éire sind ein seefahrendes Volk, und wir besitzen viele Gebete, die sich auf das Meer beziehen. Der gute Bischof kannte sie alle und sprach sie zweimal, und dann sagte er noch viele weitere, die ich noch nie gehört hatte.

Von Zeit zu Zeit löste einer der Muir Manachi Fintán am Ruder ab, doch den größten Teil der Last trug unser Steuermann allein. Er war ein wahrer Fels im Schlund des Sturms. Der Stein von Cúlnahara war nicht standfester als Fintán, der Steuermann. Meine Achtung vor diesem Mann wuchs mit jeder Woge, die über die Reling krachte.

Die ganze sturmdurchtoste Nacht hindurch zitterten und beteten wir, und das Jaulen des Windes und das Donnern des Wassers hallten laut in unseren Ohren. Doch auch in dieser schweren Bedrängnis richteten uns der Glaube an Gott und die Hoffnung auf Erlösung auf.

Selbst als das Ruder brach, verzweifelten wir nicht. Maél und Fintán zogen das zerbrochene Holz an Bord und zurrten es an der Seitenwand des Schiffes fest. »Nun sind wir der Gnade des Windes ausgeliefert«, teilte Maél uns mit.

»Möge Er, der den Polarstern ans Firmament gesetzt hat, uns leiten«, erklärte Cadoc. »Herr, wir sind in Deiner Hand. Führe uns, wohin Du es wünschst.«

Ob mit oder ohne Ruder, mir fiel kaum ein Unterschied im Gebaren des Schiffes auf. Weiterhin wurden wir von einer Woge zur nächsten geschleudert und von jedem Windstoß durchgeschüttelt. See und Himmel schienen ständig die Seiten zu wechseln. In eiskalten Kaskaden brach das Meerwasser über uns herein.

Wir hätten nicht nasser werden können, hätten wir unser Quartier unter einem Wasserfall aufgeschlagen.

Drei Tage und drei Nächte ertrugen wir dieses Leiden. Wir

konnten weder essen noch schlafen; jede derartige Annehmlichkeit blieb uns verwehrt. Als nach drei Tagen kein Ende des Sturmes abzusehen war, erhob Bischof Cadoc seine Cambutta und stand auf.

Diejenigen, die ihm am nächsten saßen, umfaßten seine Beine und seinen Leib, damit er nicht von Wind und Wellen über Bord gerissen werde, und dann rief der Bischof von Hy ein Seun hinaus, um den Sturm zu besänftigen. Und dies war die Beschwörung, die er sprach:

»Möge die Dreieinigkeit mich umgeben,
Möge die Dreieinigkeit mich trösten,
Möge die Dreieinigkeit mich schützen,
Rette mich jetzt und immerdar!
Hilf mir in meiner tiefen Not,
Steht mir bei in meiner Bedrängnis,
Stütze mich in jeder Gefahr,
Hilf mir jetzt und immerdar!
Kein Wasser soll mich ertränken,
Keine Flut soll mich ertränken,
Keine Gischt soll mich ertränken,
Hüte mich jetzt und immerdar!
Fort mit Stürmen!
Fort mit Böen!
Fort mit grausamen, tödlichen Wogen!
Im Namen des Vaters des Lebens
Und seines Siegreichen Sohnes
Und des Allerheiligsten Geistes,
In immerwährendem Frieden.
Amen, Amen, Amen!«

Cadoc wiederholte dieses Gebet dreimal und setzte sich dann nieder. Wir warteten.

An die Kornsäcke und aneinander geklammert, die Ohren

erfüllt vom wilden Jaulen des Sturmes, harrten wir aus. Steuerlos drehte und wendete sich das Schiff und wurde in dem hohen Seegang hierhin und dorthin geschleudert.

Dann hob Ciáran durch einen Zufall den Kopf, blickte sich um und rief: »Die Sonne!« Er sprang auf. »Sol invictus! Die Sonne hat obsiegt! Gloria Patri!«

Mit einemmal rappelten sich alle auf, deuteten auf den Himmel, riefen: »Ehre sei Gott!« und priesen den Allwissenden und seine Heiligen und Engel für unsere Erlösung.

Ich sah in die Richtung, in die Ciáran wies, und erblickte einen schmalen Spalt in der alles bedeckenden grauen Wolkenmasse. Durch diesen Riß ergoß sich ein breites, vielstrahliges Band goldenen Lichts und durchdrang den nachtdunklen Himmel mit Speeren aus hellem Morgenlicht.

Der Spalt riß weiter auf und ließ noch mehr Sonnenlicht über die stürmische See rinnen. Mir schien beinahe, als sei das honigfarbene Licht ein Balsam, der auf den Sturm gegossen wurde, um die aufgewühlten Wasser zu beruhigen.

Wir starrten die leuchtende Säule an und wünschten uns, sie werde wachsen und breiter werden. Doch der Himmel schloß sich wieder. Die Sturmwolken zogen sich erneut zusammen und sperrten das Licht aus. Als der letzte Strahl verglomm, erloschen unsere Hoffnungen.

Frierend und erschöpft von unserem langen Leiden blickten wir verzweifelt und betrübt auf die Stelle, an der wir das Licht zuletzt gesehen hatten. Zitternd hörten wir, wie der Wind von neuem auffrischte. Und dann, gerade als wir uns zusammenkauerten, um dem neuerwachten Sturm standzuhalten, riß über uns der Himmel auf.

»Seht doch!« schrie Clynnog und sprang auf. »Gottes Bogen!«

Ich wandte mich um und erblickte einen weiten Bogen glühender Farben, der am Himmel leuchtete. Gott hatte seinen Bund mit uns erneuert! Blauer Himmel und ein Regenbogen sind doch zwei der herrlichsten Anblicke seiner Schöpfung. Wir waren gerettet. Alle wandten wir unser Antlitz dem Himmel über uns zu und begrüßten die Rückkehr der Sonne mit lauten Rufen der Freude und Dankbarkeit.

Fintán, der Steuermann, der am Ruder stand, rief aus: »Schaut! Der Sturm hat uns über den Ozean geweht.«

Er hatte recht. Die Wolken und Nebel waren verschwunden, und fern im Süden konnte ich den hügeligen Umriß von Land ausmachen, das auf dem Horizont zu treiben schien.

»Kennst du diesen Ort, Fin?« fragte Cadoc hoffnungsvoll.

»Fürwahr, das tue ich«, erwiderte der Steuermann und gestatte sich ein breites, zufriedenes Lächeln.

»Wärest du dann so gütig«, meinte der Bischof gelassen, »uns mitzuteilen, welches Land wir dort sehen?«

»Das will ich tun«, versetzte Fintán. »Brüder, dies ist Armorica. Die Wogen haben uns zwar übel mitgespielt, doch sie haben uns einen kleinen Dienst erwiesen. Wir haben die Überfahrt, wenn auch von den Wellen umhergeworfen, in der Hälfte der Zeit vollbracht. Wahrhaftig, wir sind naß und frieren. Aber Gott ist gütig, er hat uns an unser Ziel geführt.«

»Und das ohne Ruder?« verwunderte sich Connal.

»Ja, Con«, entgegnete Fintán, »die Hand Gottes selbst war mit uns und hat uns geleitet. Nun liegt es bei uns, das übrige zu tun.« Darauf begann er, Befehle zu rufen.

Rasch stürzten sich die Muir Manachi an ihre Aufgaben. Die Ruder wurden hervorgeholt, und wir alle legten uns in die Riemen. Ohne Steuerruder wäre der Einsatz des Segels selbst in dem schnell abflauenden Wind nutzlos, wenn nicht gefahrvoll gewesen, und es war leichter, über die Ruder zu lenken.

Inzwischen nahm der Steuermann ein Ersatzruder und band es an den Ruderpfosten, um es als Steuer zu gebrauchen, jedenfalls so weit, daß er unseren Kurs korrigieren konnte. Immer noch herrschte schwerer Seegang.

Ich beobachtete Rücken und Schultern der vor mir sitzenden Männer, die sich im Rhythmus des angegebenen Taktes krümmten, wiegten und duckten, und gab mein Bestes, um ihnen nachzueifern, indem ich mit dem Ruder ausholte und es wieder an mich zog. Bald hatte ich diese Aufgabe einigermaßen gemeistert und war froh, einen Beitrag leisten zu können.

Wir ruderten eine ansehnliche Weile, und nach den drei zurückliegenden Tagen, in denen wir uns kaum bewegt hatten, bekamen wir von dieser Anstrengung bald Hunger und Durst. Gwilym und Ddewi ließen das Pullen und begannen, eine Mahlzeit vorzubereiten.

Und dabei bemerkten sie, daß wir den Großteil unseres Trinkwassers verloren hatten. Denn als Ddewi zum Faß ging, fand er es fast leer vor, und der kleine Rest war durch Salzwasser verdorben. Während des Sturms war der Deckel abgesprungen, und die schweren Wogen hatten das Süßwasser herausgespült.

Dies stellte kein großes Problem dar, da wir noch ein kleineres Faß und mehrere Schläuche voll Wasser besaßen, doch da diese für unsere Weiterreise zu Land vorgesehen waren, hieß das, daß wir sie so bald wie möglich auffüllen mußten.

Bischof Cadoc, Brynach und Fintán steckten die Köpfe zusammen, um zu entscheiden, was zu tun war. Da ich am letzten Ruder saß, befand ich mich nahe genug, um zu hören, was sie sagten.

»Wir müssen bald an Land gehen, um das Steuer zu flicken«, erklärte Brynach, »wenn möglich in der Nähe eines Flusses.«

»Vielleicht finden wir eine Ansiedlung«, meinte Cadoc.

»Ja, gut möglich«, pflichtete Fintán bei und schürzte die Lippen.

»Erkennst du denn die Küste nicht?«

»Nein.« Der Steuermann schüttelte den Kopf. »Gewiß, ich

weiß, daß dies hier Armorica ist«, setzte er schnell hinzu, »doch ob wir uns nördlich oder südlich von Namnetum befinden, kann ich nicht sagen.«

Dies war das erste, was ich von einer Zwischenstation hörte, und doch mußten wir auf einer so langen Reise zwangsläufig verschiedene Bestimmungsorte haben. Etwas bekümmert erkannte ich, wie wenig ich tatsächlich über die Reise wußte, die ich angetreten hatte.

Nicht, daß es sehr darauf angekommen wäre. Wenn ich Byzanz erreichte, würde ich sterben. Soviel stand fest, und das war mehr als genug, um meine Gedanken zu beschäftigen.

Trotzdem war ich verwundert. Wieso Namnetum? Nach dem wenigen, das ich von den gallischen Abteien gehört hatte – und das war sehr dürftig –, unterschieden die Klöster Galliens sich vollständig von denen, wie man sie in Britannien und Éire kannte.

Oft sagte man, die Mönche auf dem Kontinent seien keine Fir Manachi, keine wahren Mönche, und erst recht waren sie keine Célé Dé! Warum sollten wir dann von solchen Menschen Hilfe bei unserem Unternehmen erwarten? Welches Interesse könnten sie an unserer Reise haben?

Darüber grübelte ich beim Rudern nach, doch ich konnte keinen Sinn hineinbringen. So gab ich mich mit dem Gedanken zufrieden, daß sich alles sehr bald aufklären würde. Bischof Cadoc und seine Ratgeber hatten zweifellos einen guten Grund, diese Dinge vertraulich zu behandeln. Ich beschloß jedoch, die Ohren offenzuhalten, damit mir kein zufälliges Wort entging, das Aufschluß geben könnte.

Als das Essen bereit war, verstauten wir eilig die Ruder und hieben gewaltig ein. Ich setzte mich neben Dugal, und wir aßen unsere Gerstenlaibe und unser Salzfleisch, während wir auf das Land im Osten blickten. Die Küste von Armorica oder Kleinbritannien, wie es auch genannt wird, war jetzt viel näher gerückt.

»Bist du schon einmal in Armorica gewesen, Dugal?« fragte ich.

»Nein, niemals«, antwortete er. »Obwohl man sagt, dort gebe es inzwischen mehr Briten als in Britannien.«

»Tatsächlich?«

»So heißt es jedenfalls. Samson von Dol hat sie dorthin geführt, verstehst du. Und die, die er nicht mitgenommen hat, sind ihm dennoch gefolgt. Sie wollten der Plage durch die Angeln und Sachsen entkommen.« Er zuckte mit den Achseln. »So sagt man.«

»Dann ist unser Ziel vielleicht eine britische Abtei«, überlegte ich und berichtete ihm, was ich aus dem Gespräch, dessen Zeuge ich geworden war, erfahren hatte.

»Möglicherweise hast du recht, Bruder«, pflichtete er mir bei, während er von Maél den Wasserkrug in Empfang nahm. Dugal stürzte einen langen Zug hinunter und reichte mir dann die Kanne weiter.

»Wir werden noch einen Muir Manach aus dir machen, Aidan«, meinte Máel schmunzelnd. »Wenn alle so ernsthaft wären wie du, könnten wir das Imperium regieren.«

Das Wasser schmeckte süß und köstlich. Ich schluckte so viel, wie nur hinunterwollte, und gab den Krug an den nächsten weiter. Kurz darauf rief Fintán uns an die Ruder zurück.

Den ganzen Tag hindurch pullten wir und legten nur ab und zu eine Pause ein, um auszuruhen und zu trinken. Den Seefahrermönchen schien die körperliche Arbeit nichts auszumachen. Sie unterhielten einen unaufhörlichen Sprechgesang und gaben mit dem Rhythmus ihres Liedes das Schlagen und Ziehen der Ruder vor.

Wir, die wir an solche Strapazen nicht gewöhnt waren, umwickelten unsere geschwollenen Hände mit Zeugstreifen und taten an den Rudern das wenige, das wir vermochten. Aber ach, das war schwere Arbeit! Unsere Schultern waren verkrampft, und unsere Bauchmuskeln schmerzten von der Anstrengung.

Mit jedem Ruderschlag ragte die Küste höher vor uns auf: gelbbraune Hügel, überhaucht vom ersten Frühlingsgrün, und ein paar graue Felsen, die aber nicht so zahlreich waren wie an der Südküste Britanniens. In den Einschnitten zwischen den Hügeln konnte ich dunkleres Grün erkennen, ein Zeichen für Baumland oder Wälder, obwohl ich dies auf die Entfernung nicht klar ausmachen konnte.

Dieses Land schien mir vollkommen verschieden von Éire. Selbst das Wasser hatte eine andere Farbe angenommen, einen blassen, graugrünen Ton. An der Oberfläche trieben große Mengen von Seegras. Der Tang, den der Sturm aus seinem feuchten Bett gerissen hatte, verfing sich in den Rudern und machte das Pullen schwer – erst recht für jemanden, dessen Hand kaum daran gewöhnt war, etwas Widerspenstigeres als eine Schreibfeder zu führen.

Fintán richtete seinen scharfen Blick aufmerksam auf das Ufer und suchte die Küste nach Anzeichen für eine Siedlung ab. Wir glaubten nicht, daß wir eine menschliche Wohnstatt finden würden, die von See aus zu erkennen war, doch wir dachten, vielleicht könnten wir zumindest weiter landeinwärts eine Rauchfahne ausmachen. Ansonsten würden wir an der Küste entlangfahren, bis wir zur Mündung eines Flusses oder Wasserlaufes kamen, wo wir landen konnten. Dort wollten wir Trinkwasser aufnehmen und Ausbesserungsarbeiten durchführen.

»Wohin, Fin?« rief Brynach nach hinten zum Steuermann. »Nach Norden oder Süden?«

Fintán überlegte einen Moment. »Richtung Mitternacht!« entschied er und zog heftig an dem Behelfssteuer. Langsam drehte sich das Schiff, und wir fuhren die Küste hinauf. Das Rudern wurde jetzt anstrengender, denn weiterhin herrschte schwerer Seegang. Die Wasser wogten wild, und wir erfreuten uns nicht länger der Hilfe des Windes, der uns bislang vorangeschoben hatte.

Wir wichen nicht von unseren Rudern und kämpften gegen die Wellen, die drohten, uns mit jedem seitlichen Aufschlagen zum Kentern zu bringen.

Ich spürte den Zug der Ruder tief in meinen schmerzenden Muskeln. Meine Handflächen waren aufgescheuert und pochten. Bald hatte ich guten Grund, das Fehlen unseres Segels zu beklagen und wußte genau einzuschätzen, wie schwer uns der Verlust unseres Ruders getroffen hatte.

Im Westen sank die Sonne über dem Meer, und immer noch hatten wir weder eine Siedlung noch einen Fluß gesichtet. »Laßt uns noch ein wenig weiterfahren«, schlug Brynach vor. »Vielleicht entdecken wir ja noch etwas, das uns zum Vorteil gereicht.«

Ich kann nicht sagen, was er zu finden hoffte. Das Land hinter der Küste lag weiterhin, so weit das Auge sah, in alle Himmelsrichtungen eintönig und gesichtslos da. Falls sich in der Nähe Ansiedlungen befanden, so waren sie gut verborgen. Ich ruderte und warf sehnsuchtsvolle Blicke auf das Ufer, das anscheinend größtenteils aus Kieseln bestand. Einige größere Felsen lagen am Strand oder erhoben sich aus dem flachen Wasser.

Als das Tageslicht zu schwinden begann, sah es so aus, als seien wir gezwungen, unseren Plan aufzugeben. »Bald wird die Dunkelheit uns ereilen«, bemerkte Brynach. »Laßt uns landen und unsere Suche morgen früh fortsetzen.«

»Nun gut«, meinte der Steuermann zustimmend. »Ich will nur noch sehen, was hinter diesem Kap dort liegt«, sagte er und wies auf die hohe, breite Landspitze, die unmittelbar vor uns aus der Küste vorragte.

Langsam umrundeten wir die Halbinsel. Als das Land dahinter immer besser zu erkennen war, erblickte ich eine langgestreckte Bucht mit einem Sandufer. Am Strand brachen sich die Wogen und wirbelten Schaum und Dunst auf. Hinter dem Ufer erhoben sich flache Klippen, die wiederum drei dunklen Hügeln Platz machten.

Jenseits des entferntesten Hügels stieg ein weißer Rauchfaden auf. Brynach sah ihn sofort und stieß einen lauten Ruf aus. Wir alle starrten auf den dünnen Schleier, der in der Abenddämmerung trieb, und dachten an warme Herdfeuer und ein freundliches Willkommen ... Da rief Fintán: »Schiff in der Bucht!«

Ich wandte meinen Blick wieder dem wogenden Meer zu und bemerkte ein flaches, schwarzes Schiff mit einem hohen, schlangenköpfigen Bug, das auf der Brandung ritt und sanft in die Bucht hineinglitt. So beschäftigt waren wir mit dem Rauch aus der Siedlung gewesen, daß keiner von uns das andere Boot wahrgenommen hatte.

Aber die Fremden an Bord des Schiffes hatten uns gesehen.

Das schwarze Boot änderte seinen Kurs und kam auf uns zu. Das Segel wurde eingeholt, und eine doppelte Reihe Ruder begann, das Wasser aufzuwühlen. »Gut«, meinte ich zu Dugal, der in meiner Nähe stand, »die können uns helfen, uns wenigstens sagen, wo wir uns befinden.«

Als Dugal keine Antwort gab, sah ich ihn an. Sein Gesicht war hart, seine Augen waren zu schmalen Schlitzen zusammengezogen und sein Blick war finster. »Dugal?« fragte ich.

»Die einzige Hilfe, die wir von denen da erwarten können«, knurrte er, »ist die Beförderung in ein frühes Grab.«

Ich wollte ihn gerade fragen, was er mit seiner Bemerkung meine, als Fintán Alarm gab: »Seewölfe!«

10

An die Riemen!« brüllte Fintán und drehte das gebrochene Steuer, um das Schiff zu wenden. »Rudert um euer Leben!«

Ich stand mit offenem Mund da und konnte es nicht glauben. *Seewölfe …* Mein ganzes Leben hatte ich dieses entsetzliche Wort im Ohr gehabt und es gefürchtet. Nun, da ich mit der Wirklichkeit dieses Schreckens konfrontiert war, konnte ich es kaum fassen.

»Los, mach schon!« brüllte Dugal und stürzte an seinen Platz. Er packte sein Ruder und drosch damit wie ein Wahnsinniger auf das Wasser ein.

Fintán gab schreiend den Takt vor, und wir nahmen den Rhythmus auf. Die Bán Gwydd wendete und gewann langsam an Fahrt. Der Takt erhöhte sich. Immer rascher erfolgte er, und immer schneller ruderten wir.

Ich hielt den Blick auf Dugals breiten Rücken gerichtet, denn ich wagte nicht, die Augen zu heben oder den Kopf nach rechts oder links zu drehen, aus Angst vor dem, was ich dann sehen würde. Statt dessen schlug ich mit meinem Ruder auf das Wasser ein und betete bei jedem Zug: *Herr, erbarme Dich! Christus, erbarme Dich! Herr, erbarme Dich!*

Auch Cadoc tat seine Arbeit. Er erhob seine schöne, kraftvolle Stimme zum Schutz seiner Herde, und sie wurde zu einer scharfklingigen Waffe. Mit dem Rücken an den Mast gelehnt, hob er seinen Stab und rief Michael den Kühnen an, den Führer der himmlischen Heerscharen, uns zu halten und unter seinen schützenden Schwingen zu bergen. Er schleuderte seine Gebete mit mächtiger Stimme gen Himmel, und alle, die ihn hörten, faßten neuen Mut.

Irgendwo hinter uns vernahm ich schnelles Ruderklatschen und Gebrüll. Ich zog den Kopf ein und ruderte um mein nacktes Leben. Alle Müdigkeit war vergessen.

Der Schweiß rann mir in die Augen. Mein Atem ging schmerzhaft und stoßweise, und das Ruder war schlüpfrig geworden und schwer zu fassen. Als ich auf meine Hände blickte, sah ich, daß das Holz blutverschmiert war.

»So rudert doch, um der Liebe Gottes willen!« brüllte Fintán.

Einen Augenblick später vernahm ich einen schrillen Schrei, blickte über Dugals Schulter und sah das schwarze Schiff gefährlich nahe bei uns. Ein bis zur Hüfte nackter Mann stand mit einem Seil in der Hand am hochaufragenden Bug und hielt sich dort mit der anderen Hand fest.

Am Ende des Taues hing ein dreizinkiger Haken. Der Mann schwang den Arm einmal, zweimal und noch einmal um den Kopf, dann stieß er einen weiteren lauten Schrei aus und ließ sein Seil los. Über den Kopf des Steuermanns hinweg schlängelte es sich durch die Luft und sauste abwärts. Mit einem dumpfem Knall traf der Enterhaken die Reling und bohrte sich tief hinein.

Das Seil spannte sich, und unser Schiff tat einen Satz auf dem Wasser. Die Mannschaft des schwarzen Schiffes begrüßte dies mit wildem Beifallsgeschrei. Wir standen an unseren Riemen, doch das Rudern war sinnlos. So sehr wir uns auch bemühten, wir konnten das Schiff nicht vorwärts bewegen.

Dann vernahm ich ein Rumpeln und Klirren. Ich blickte auf und sah, daß auf beiden Seiten des feindlichen Schiffes die ersten drei Reihen der Ruderer die Riemen eingezogen und Äxte und Schilde ergriffen hatten. Alle feindlichen Seeleute kreischten jetzt und erhoben ein ohrenbetäubendes Geheul.

Dugal riß seinen Riemen aus den Halterungen und stürzte zum Steuer. »Zieht den Haken heraus!« brüllte er. »Schnell!«

Jetzt sah ich, daß die Seewölfe an dem Seil zogen und das feindliche Schiff näher kam. Fintán, Clynnog und Faolan sprangen zu dem tief eingegrabenen Haken und versuchten, ihn herauszureißen. Dugal hatte sich am Steuer postiert und schwang sein Ruder wie eine Waffe. Die Seewölfe heulten und fuchtelten erregt mit ihren Streitäxten.

Cadoc stand am Mast und rief die Hilfe der Engel herab. Wir anderen kämpften mit unseren Rudern und versuchten verzweifelt, nicht in die Reichweite der Krieger von dem schwarzen Schiff zu kommen. Die Brandung hob die Bán Gwydd hoch, drehte unser kleines Boot auf die Seite und drohte, uns alle ins Wasser zu werfen. Aber die Woge rauschte vorüber, und das Schiff richtete sich wieder auf.

Die Seewölfe hatten die ganze Zeit über heftig an dem Tau gezogen und uns jetzt erreicht. Der Bug des schwarzen Schiffes berührte beinahe unser Heck. Sechs feindliche Krieger drängten sich am Bug und standen auf der Reling bereit, zu uns herüberzuspringen.

Dugal schwang sein Ruder im hohen Bogen und hielt die Angreifer solcherart in Schach. Währenddessen mühte sich Fintán, den dreizackigen Enterhaken zu entfernen. An seinem Hals und auf der Stirn traten die Adern hervor.

»Aidan!« schrie Dugal. »Hierher!«

Ich nahm mein Ruder und stellte mich zu Dugal ans Heck. Gegen die Reling gestützt, tat ich mein Bestes, um den Feinden mit meinem Holz ins Gesicht zu fahren. Hierhin und dorthin stach ich, doch der Riemen drohte ständig, mir aus den blutverschmierten Händen zu rutschen, während die

Seewölfe, auf der Reling balancierend, mit ihren Äxten darauf einhackten und nach der ersten Gelegenheit suchten, an Bord zu springen. Alles schrie und stolperte in der allgemeinen Verwirrung übereinander.

»Rudert!« brüllte Maél, der versuchte, sich in dem Geschrei Gehör zu verschaffen. »Bleibt an euren Riemen! Los doch!«

Einer der Seewölfe – ein breitgebauter Riese, unter dessen Helm rote Zöpfe baumelten – holte aus, hielt sich an dem schlanken Hals des Schlangenbugs fest und schlug mit einer massigen Keule zu. Der Hieb traf mein Ruder und ließ das Holz in meinen Händen erbeben, so daß ich es beinahe fahren ließ.

Schon holte der Seewolf zu einem weiteren wuchtigen Keulenschlag aus. Maél senkte hart das Ruder und traf den feindlichen Krieger von oben auf die Schulter. Der Mann kreischte vor Wut und Schmerz auf, schwankte und wäre fast ins Meer gestürzt.

Seine Kameraden zogen ihn jedoch im letzten Augenblick zurück. Und schneller, als man blinzeln konnte, nahm ein anderer Seewolf seinen Platz ein.

Die beiden Schiffe berührten einander jetzt fast. Das Meer hob sich unter der Bán Gwydd, hob eine Seitenwand gen Himmel und tauchte die andere in die Wogen. Wasser schwappte über die Reling ins Boot. Als das Schiff sich wieder aufrichtete, war es halb voll Wasser gelaufen.

»Helft mir!« schrie Fintán.

Die Spannung des Taus hatte nachgelassen, als das Boot auf die Seite gedrückt worden war, und einen flüchtigen Augenblick lang war es dem Steuermann gelungen, den Enterhaken ein wenig zu lösen – doch dann hatte der Feind die Leine wieder festgezogen, und Fintáns Hand war zwischen dem Eisenhaken und der Bordwand festgeklemmt. Ich ließ mein Ruder los und rannte, um ihm zu helfen.

Ich ergriff den Haken, stemmte meinen Fuß gegen die Reling und zog mit aller Kraft. Das Eisen bewegte sich nur wenig.

Da vernahm ich einen schrillen Schrei, blickte auf und sah, wie ein Seewolf auf die Reling sprang. Seine Axt sauste über meinem Kopf durch die Luft, und ich wich zurück. Fintán schrie vor Schmerzen, als der eiserne Haken sich von neuem fest um seine Hand schloß. Ich rollte mich auf die Knie, packte den Haken und zerrte wild an dem einen freien Zacken, während der Seewolf auf der Reling das Gleichgewicht wiederfand und sich anschickte, seinen Schlag zu führen.

Ich sah, wie die Axt am Himmel schwebte und sich herabsenkte. Im selben Augenblick hörte ich ein Sirren in der Luft, und ein Ruder sauste nach oben, um die herabsausende Klinge aufzuhalten. Die Streitaxt grub sich tief in das Ruderblatt und blieb stecken. Dugal riß heftig an dem Ruder und zerrte seinen Widersacher auf sich zu.

Als der feindliche Krieger ins Taumeln geriet, holte Dugal weit nach hinten aus, traf den Mann gegen die Brust und ließ ihn rücklings über die Reling gehen. Das Ruder, in dem immer noch die Axt steckte, polterte auf den Schiffsboden. Dugal trat auf die Holzstange, packte die Axt am Griff und versuchte sie freizubekommen, während eine neue Woge anrollte, das Schiff hochhob und auf die Seite kippte.

Die Axt löste sich, und Dugal schlug auf das Seil, an dem der Enterhaken hin, ein. Ich sah, wie er darauf einhackte, als plötzlich ein weiterer Seewolf erschien.

»Hinter dir, Dugal!« schrie ich. Der feindliche Krieger legte einen Arm um Dugals Hals und zog ihn zurück. Doch der riesenhafte Mönch hörte nicht auf, an dem Seil herumzuhacken. Noch einmal … und noch einmal … und dann … riß das Tau krachend. Die Bán Gwydd war mit einemmal frei von dem schwarzen Schiff und schoß in die nächste Woge hinein.

See und Himmel hatten ihre Plätze vertauscht. Das Schiff

drehte sich um sich selbst. Ich fühlte, wie ich davonglitt, und streckte die Hände aus, um mich abzustützen, doch da war nichts mehr, woran ich mich hätte festhalten können, und ich stürzte mit dem Kopf voran in die tosenden Wellen. Der Geschmack von Salzwasser im Mund unterbrach meinen Schrei.

Die Kälte des Wassers traf mich wie ein Schlag. Ich trat mit den Beinen, ruderte mit den Armen und versuchte, an die Oberfläche zu kommen. Mein Umhang und mein Gewand klebten an meinen Gliedern und zogen mich nach unten. Panik stieg in mir auf, und ich strampelte verzweifelt. Meine Lungen brannten.

Über mir erkannte ich einen dunklen Umriß. Das Schiff, dachte ich. Wild um mich schlagend schwamm ich darauf zu und durchbrach mit einer letzten Anstrengung die Oberfläche. Ich hatte allerdings nur Zeit, einmal kurz nach Luft zu schnappen, ehe eine weitere Welle über mich hereinstürzte.

Während ich wieder unterging, traf meine umherschlagende Hand auf etwas Hartes. Ich packte es und klammerte mich daran fest. Einen Augenblick später war ich in der Lage, den Kopf über Wasser zu halten und entdeckte, daß ich mich an der Schiffsreling festhielt. Das Boot war gekentert und trieb, kieloben und halb unter Wasser, dahin.

Die Woge, die uns umgeworfen hatte, hatte die Seewölfe weit davongetragen. Ich hörte, wie sie uns verhöhnten, und ihr rauhes Gebrüll klang derart vulgär, daß es eine Beleidigung für den Himmel war.

Ich hievte mich etwas weiter die Schiffswand hinauf und wischte mir das Salzwasser aus den Augen. Da die Wellen sich auf allen Seiten hoch über mir auftürmten, konnte ich nur wenig sehen. Aber als eine neue Woge anschwoll und das halbgesunkene Schiff anhob, erhaschte ich einen Blick auf das feindliche Boot, das langsam davonglitt.

Anscheinend versuchten die Seewölfe, ihr Schiff zu wenden, um uns von neuem nachzusetzen, aber die Brandung spülte uns rasch auf das Ufer zu und trieb die Feinde gleichzeitig davon. Bis sie gewendet hatten, überlegte ich, würden wir in Reichweite des Strandes sein. Die Woge rollte vorüber, und die Ban Gwydd versank im Wellental. Als die nächste Welle mich wieder hochhob, hatte das schwarze Schiff sich noch weiter entfernt. Ich sah es nicht mehr.

»Aidan ... Hilfe!«

Ich vernahm ein Platschen hinter mir, und als ich mich umdrehte, erblickte ich Brocmal, der im Wasser um sich schlug. Ich umklammerte die Bordwand, lehnte mich hinaus, packte den Saum seines Umhangs und zog den Bruder auf mich zu. »Hier, Brocmal ... halt dich fest.«

Spuckend und zitternd fand er einen Halt an der Schiffsverkleidung und zog sich an der Wand des gekenterten Bootes hoch. Ich wandte meine Aufmerksamkeit jetzt der Suche nach den anderen zu. »Festhalten, Brocmal«, rief ich und ließ mich zurück ins Wasser sinken.

»Wohin willst du, Aidan?«

»Nach den anderen suchen.« Ich klammerte mich an die unter Wasser liegende Reling und umrundete das gekenterte Schiff. Als ich den Bug erreichte, tauchte ich darunter hinweg und zog mich an der gegenüberliegenden Seite entlang. Dort klammerten Clynnog, Faolan und Ciáran sich an die Schiffshülle.

»Aidan! Ciáran!« rief Clynnog, als er uns erblickte. »Habt ihr die anderen gesehen?«

»Nur Brocmal«, gab ich zurück. »Er befindet sich auf der anderen Seite des Schiffes. Was ist mit Dugal?«

»Ich glaube, Brynach habe ich gesehen«, antwortete Ciáran. »Aber niemanden sonst.« Er warf einen Blick auf die hohen Wellen, die uns umgaben. »Keine Ahnung, was aus ihm geworden ist.«

»Was sollen wir jetzt tun?« fragte ich.

»Wir können nichts weiter unternehmen, ehe wir das Ufer erreichen«, entgegnete der seefahrende Mönch. »Aber wenn wir Glück haben, werden der Wind und die Wogen uns bald an den Strand spülen.«

Ich konnte nur darüber staunen, wie gelassen er unsere wenig angenehme Lage hinnahm. Glück? Ich glaube nicht, daß ich dieses Wort gewählt hätte, um unsere Not zu beschreiben.

»Ich will zu Brocmal zurückkehren«, erklärte ich, »und ihm von unserem günstigen Geschick berichten.«

So setzte ich meine Umrundung des gekenterten Schiffs fort und kam, da ich niemand anderen fand, wieder zu Brocmal. Er hatte sich auf dem Rumpf hochgezogen. Ich rief ihm zu, er möge mir helfen, doch er wollte mir aus Angst, sonst wieder ins Wasser zurückzugleiten, nicht die Hand reichen.

»Du kannst selbst hinaufklettern«, erklärte er mir barsch. »Ich kann nicht riskieren, noch einmal abzurutschen.«

»Clynnog, Faolan und Ciáran sind auf der gegenüberliegenden Seite des Boots«, sagte ich, während ich mich neben ihm die Schiffswand hinaufschlängelte. »Clynnog meint, wir werden dank dem starken Wind und den Wellen bald an Land sein.«

»Wie steht es mit den anderen?« fragte Brocmal. »Was ist mit Bischof Cadoc?«

»Das kann ich nicht sagen. Ciáran hat Brynach gesehen, aber niemanden sonst.«

»Alle ertrunken, nehme ich an«, bemerkte Brocmal. »Einschließlich deines teuren Dugal.«

Ich wußte nicht, was ich darauf erwidern sollte, daher gab ich keine Antwort.

Je weiter das Boot auf die nahe Küste zutrieb, desto heftiger wogte die Brandung auf und ab. Wenn das Schiff sich jetzt hoch auf einen Wellengipfel erhob, konnte ich die gestaffelten Reihen von Schaumkronen erkennen, die sich auf den Wellen bildeten und weiß und stürmisch auf den Strand aufschlugen, und ich vernahm ihr dumpfes Dröhnen. Und bald schon brachen diese Wellen von allen Seiten über uns hinein.

Ich hörte einen Schrei und blickte auf. Die Seefahrermönche waren höher auf den Rumpf geklettert und hielten sich am Kiel fest.

»Hier herauf!« schrie Clynnog noch einmal. »Kommt her, ihr beiden. Hier ist es sicherer.«

Ich stieß Brocmal in die Rippen und bedeutete ihm, wir sollten uns zu den anderen vorarbeiten. Er mochte sich jedoch nicht von der Stelle rühren und hielt den Blick ängstlich auf die laut krachenden Wogen geheftet.

»Er sagt, da oben sei es sicherer«, rief ich. Brocmal bewegte zur Antwort den Mund, aber durch das Donnern der See hindurch konnte ich ihn nicht hören.

»Er will sich nicht bewegen«, rief ich Clynnog zu.

»Dann gib wenigstens auf dich selbst acht«, riet er mir.

Ich sah den Schreiber an, der zitterte und sich verzweifelt an den Schiffskörper klammerte. »Besser, ich bleibe hier bei ihm«, antwortete ich.

»Dann halte dich gut fest«, brüllte Clynnog, der sich Mühe geben mußte, das Krachen und Donnern zu übertönen. »Es wird ungemütlich werden. Und wenn du Sand unter den Füßen spürst, renn so schnell du kannst vom Schiff weg. Verstanden?«

Da Brocmal nicht einmal den Versuch gemacht hatte, Clynnog anzusehen, schickte ich mich an, ihm die Warnung des Seemannes zu wiederholen. »Ich habe ihn vernommen«, brummte der unsympathische Mönch. »Noch bin ich nicht tot.«

Ich hatte keine Zeit, eine Antwort darauf zu geben, denn in diesem Augenblick brach eine Woge über das Schiff, und von da an konnte ich nichts weiter tun, als mich fest anzuklammern. Das Meer warf die glücklose Bán Gwydd hin und her wie ein Stück Treibholz, hob sie hoch und schleuderte sie wieder hinunter, zuerst mit dem Bug und dann mit dem Heck, wirbelte das Boot herum und toste darüber hinweg.

Mit schmerzenden Fingern und vor Kälte zitternd klammerte ich mich an die Verkleidung und betete um Erlösung.

11

Auf allen Seiten brodelte weißschäumendes Wasser. Ich hörte nichts anderes mehr als das Dröhnen schwerer Wellen, die zusammenkrachten, während sie auf den Strand stürzten. Mit jedem Brandungsstoß glitt ich weiter an der Schiffsseite hinunter. Schließlich konnte ich mich nicht mehr halten, und als eine letzte große Welle über uns hinwegdonnerte, wurde ich losgerissen, wirbelte umher und wurde unter Wasser gezogen.

Schwindlig und verwirrt zappelte ich herum und schlug mit Armen und Beinen um mich. Dann stieß ich mit dem Knie an etwas Festes: Sand!

Ich zog die Beine an, stand auf … und erhob mich zu meinem eigenen Erstaunen halb aus dem Wasser. Das Ufer lag unmittelbar vor mir, fünfzig oder sechzig Schritte entfernt. Eingedenk Clynnogs Rat, schnell vom Schiff fortzukommen, setzte ich die Füße, so rasch ich konnte, in Bewegung und fing an zu rennen. Ich hatte jedoch noch keine drei Schritte getan, als etwas mich von hinten traf und niederwarf. Das Wasser trommelte auf mich ein und drückte mich zu Boden. Als die Welle sich zurückzog, kämpfte ich mich auf die Knie, richtete mich auf und spuckte Sand. Ich machte zwei Schritte, bevor die nächste Woge mich traf. Dieses Mal war ich jedoch in der Lage, mich rechtzeitig dagegen zu wappnen und auf den Beinen zu bleiben.

Die Bán Gwydd, so sah ich, lag fünfzig Schritte weiter am Strand. Die drei Seefahrermönche befanden sich immer noch an Bord und klammerten sich am Kiel fest. Ich bewegte mich auf das Schiff zu, wobei ich nur noch ein weiteres Mal stürzte, und schleppte mich aus der schäumenden Brandung an den Strand, um dort zusammenzubrechen. Einen Augenblick lang lag ich da mit geschlossenen Augen und pochendem Herzen und sammelte das wenige, das mir an Verstand und Kraft geblieben war.

»Gott sei gelobt! Bist du am Leben, Aidan?«

»So eben«, antwortete ich hustend. Ich öffnete die Augen und sah, daß Gwilym über mir stand. Das Haar hing ihm in die Augen, und er triefte aus jeder Pore.

»Ich habe Aidan gefunden!« rief er jemand anderem über die Schulter zu. »Er ist nicht verletzt.« Zu mir sagte er: »Oder bist du verwundet, Bruder?«

»Arghh!« antwortete ich, spie Salzwasser aus und rang nach Luft. Dann fiel es mir wieder ein: »Brocmal war bei mir! Er befand sich auf der Seite des Schiffes. Ich weiß nicht, was aus ihm geworden ist.«

Ich rollte mich auf Hände und Knie. Gwilym half mir beim Aufstehen. »Das Schiff liegt dort drüben«, meinte er, »weit kann er nicht gekommen sein.« Der hagere Brite begann, mit großen Schritten am Strand entlangzuschreiten.

Die Wogen hatten den Schiffskörper weit den Strand hinaufgeschoben, und dort war er zum Halten gekommen, nicht mehr als dreißig Schritte von uns entfernt. Als wir uns näherten, kletterten Clynnog, Ciáran und Faolan über den Rumpf auf den Boden.

»Ist Brocmal bei euch?« rief ich, wobei ich versuchte, das Donnern der Brandung zu übertönen.

»Leider nein«, antwortete Ciáran. »Wir haben ihn nicht gesehen.«

»Wen habt ihr gefunden?« fragte Clynnog.

»Brynach und Cadoc sind in Sicherheit«, erklärte Gwilym und wies auf einen Felshaufen, der in einiger Entfernung lag. »Ddewi und ich suchen nach den anderen.«

»Damit sind wir bei acht«, sagte Faolan.

»Mit Brocmal neun«, setzte Gwilym hinzu, »falls wir ihn finden.«

Irgendwo unten am Strand erscholl ein Schrei. Wir wandten uns um, blickten am Ufer entlang und sahen, daß vier Gestalten auf uns zustolperten. Selbst auf diese Entfernung konnte ich erkennen, daß einer der Männer Dugal war. Er und ein weiterer Mönch stützten einen dritten, der zwischen ihnen ging. »Da ist Dugal«, rief ich. »Und Fintán ist bei ihm.«

»Er hat auch Con und Maél«, sagte Clynnog und legte die Hände über die Augen. Er und Ciáran eilten ihnen entgegen.

»Das macht zwölf«, bemerkte Faolan. »Nur Brocmal fehlt noch.«

»Er kann nicht weit sein«, meinte ich und watete ins Wasser hinaus.

Die Sonne stand jetzt tief; ich beschattete meine Augen, um sie vor dem grellen Licht zu schützen, und durchforschte die Wellen nach einem Hinweis auf den Schreiber. Auf dieselbe Weise suchten die Seemönche die heftige Brandung ab.

Dabei wurden wir durch Gwilym unterbrochen, der schrie: »Da! Ddewi hat ihn gefunden!«

Mit diesen Worten begannen er und Faolan den Strand hinaufzurennen zu der Stelle, wo sich Ddewi über eine halb im Wasser liegende Gestalt beugte. Ich schickte mich an, ihnen zu folgen, aber da stieß etwas gegen mein Bein. Ich sah nach unten und erblickte Kopf und Schultern eines Mannes, die in der Brandung auf- und abhüpften.

»Hierher!« schrie ich verblüfft. »Ich habe noch jemanden gefunden!« Aber niemand hörte mich, denn alle rannten weiter am Ufer entlang, um Ddewi zur Hilfe zu kommen, und ich war allein.

Ich packte einen bloßen Arm, zerrte den Körper so weit ich konnte auf den Sand und drehte ihn um. Ich brauchte weder die silberne Halskette noch den dicken Silberreif am Arm zu sehen, um zu erkennen, daß ich auf einen Seewolf gestoßen war.

Der Mann war hochgewachsen, mit langem blonden Haar und ebensolchem Bart. Am rechten Oberarm war ein schwarzer Keiler eintätowiert, und um die Hüfte schlang sich ein breiter Ledergürtel. In dem Gürtel steckte ein langes Messer mit goldenem Heft.

Der Krieger war weder mit Hemd noch Umhang ausgestattet, sondern trug nur Beinlinge aus feinem dünnen Leder und Halbstiefel aus Schweinefell. Er schien vollständig leblos; doch ich hielt es für besser, mich zu vergewissern, daher kniete ich nieder und legte das Ohr an die Brust des Mannes.

Ich versuchte noch immer, einen Herzschlag zu entdecken, als eine Woge mich von hinten erfaßte und der Länge nach über die Leiche schleuderte. Diese kalte Umarmung war so abstoßend, daß ich mich aufrappelte und davonrannte. Doch dann blieb ich stehen und kehrte um. Ich konnte den Körper nicht einfach dort liegenlassen, wo die Wogen ihn vielleicht wieder in die eiskalte See hinaustragen würden.

»Christus, sei mir gnädig«, murmelte ich mit zusammengebissenen Zähnen. Ich holte tief Luft, packte den Mann bei den Handgelenken und zerrte den Körper auf den Sand, ein ordentliches Stück – gut und gern fünfzehn Schritte – über die Wassermarke hinweg. Dann sank ich schwer atmend daneben zu Boden.

Meine überhastete Tat hatte dem Mann anscheinend neues Leben eingehaucht, denn als ich mich auf die Fersen hockte und die bleiche, kalte Gestalt vor mir in Augenschein nahm, krümmte er sich zusammen und spie einen Schwall Meerwasser aus. Darauf begann der Barbar so heftig zu husten und zu würgen, daß ich dachte, er würde noch ersticken. Also legte ich ihn auf die Seite.

Aus seinem Mund schoß noch mehr Seewasser, er tat einen langen, zittrigen Atemzug und ächzte leise. Ich stand auf, um wegrennen zu können, falls er hochspringen und mich angreifen sollte. Aber er lag einfach stöhnend und mit geschlossenen Augen da. Mein Blick fiel auf das Messer, das in seinem Gürtel steckte, und mir ging auf, daß ich die Waffe vielleicht an mich bringen sollte.

Geduckt näherte ich mich ihm und streckte vorsichtig die Hand nach dem Griff aus.

In diesem Augenblick öffnete der Barbar die Augen.

Ihr eisblauer Blick, in dem sich Verblüffung und Entsetzen mischten, ließ mich innehalten. Ich erstarrte, und meine Fingerspitzen verharrten kurz vor dem Griff. Er bemerkte, daß ich nach seinem Messer fassen wollte, und verkrampfte sich.

Rasch zog ich die Hand zurück und setzte mich wieder. Er blinzelte, und auf seinen Zügen malte sich offenes Erstaunen. Ich sah ihn an, er sah mich an, aber keiner von uns rührte sich. Ich glaube, einen kurzen Moment lang schwang zwischen uns ein unausgesprochenes Einvernehmen, denn er wurde ruhig und schloß wieder die Augen, die Wange in den Sand geschmiegt.

»Was hast du da entdeckt, Aidan?« rief jemand. Ich blickte auf und sah Dugal und die anderen auf mich zukommen.

Fintán stand mit schmerzverzerrtem Gesicht und zusammengezogenen Schultern zwischen Dugal und Connal und umklammerte seinen Arm. Das Handgelenk des Steuermanns war rot und angeschwollen, die Hand hing schlaff herunter. Während die anderen sich um uns versammelten, kauerte Maél neben mir nieder und betrachtete den Mann, der ausgestreckt im Sand lag.

»Ist er tot?« fragte Clynnog.

»Das war er«, antwortete ich. »Aber dann ist er wieder zu sich gekommen.«

»Was sollen wir mit ihm anfangen?« fragte Maël, und wir begannen zu beratschlagen. Wir standen kurz vor einer Entscheidung, als Gwilym zurückkehrte.

»Brocmal ist nicht ertrunken«, teilte er uns mit.

»Ich schätze allerdings, er hat ungefähr die Menge seines eigenen Körpergewichts an Wasser und Sand geschluckt. Brynach und Cadoc sind bei ihm.«

»Also haben wir alle überlebt«, meinte Clynnog. »Alle dreizehn – und noch einer«, setzte er hinzu und stieß den Barbaren mit einem Zeh an.

Durch die Berührung erwachte der Seewolf von neuem und zuckte zusammen, als er die ihn umstehenden Mönche erblickte. Dugal, der ein Mann von anderer Art ist als ich, beugte sich herunter und riß dem Barbaren mit einer einzigen schnellen Bewegung das Messer aus dem Gürtel.

»Du gestattest wohl, daß ich dies für dich aufhebe, mein Freund«, sagte er.

Der Krieger wollte nach der sich entfernenden Klinge greifen, doch Dugal war schneller. »Ganz ruhig. Bleib still liegen, dann wird dir nichts geschehen.«

Nach der ängstlichen und verwirrten Miene des Barbaren zu urteilen, hatte dieser offensichtlich kein Wort verstanden. Um ihn zu beruhigen, vollführte ich eine behutsame Handbewegung. Er ruckte mit dem Kinn und sank wieder zurück.

»Wir müssen weiter«, sagte Gwilym. »Bryn glaubt, daß es nicht weit bis zum Dorf ist, hält es aber für das beste, wenn wir es vor der Dunkelheit erreichen.«

»Schiffe und Siedlungen!« ereiferte sich Connal. »Mann, willst du uns immer noch nicht sagen, was aus dem verflixten Buch geworden ist?«

Gwilym schien unbesorgt. »Ich denke, es ist unversehrt.«

»Wir vergeuden nur wertvolle Zeit bei Tageslicht, wenn

wir hier stehenbleiben«, bemerkte Dugal. »Die Sonne wird bald untergehen.«

»Um die Bán Gwydd kümmern wir uns schon, Fin«, sagte Clynnog. »Kommt, Brüder, wir müssen uns beeilen.« Er und seine Seefahrermönche eilten zu dem kieloben daliegenden Schiff und begannen, im Sand neben der Reling zu graben. Bald war das Loch so tief, daß Maél sich hindurchzwängen konnte. Einen Augenblick später erschien auf dem Sand ein Stück Tau, gefolgt von einem Hammer und einer Anzahl Holzpflöcke.

Wir überließen ihnen die Aufgabe, das Boot festzuzurren. Dugal half dem Barbaren auf die Beine, löste dessen Gürtel und schlang ihn dem Krieger um die Arme, wodurch sie an seinen Körper gefesselt wurden. Dann machten wir uns auf den Weg zu der Stelle, wo der Bischof und die anderen warteten.

Ddewi kniete neben Brocmal, der mit ausgestreckten Beinen an den Stein gelehnt dasaß. In der Nähe standen Brynach und der Bischof und unterhielten sich leise. Als wir näher kamen, wandten sie sich um und bekundeten ihr Erstaunen darüber, daß unsere Reisegesellschaft sich um ein weiteres Mitglied vergrößert hatte.

»Aidan hat ihn gerettet«, erklärte Dugal einfach. »Wir wollten ihn nicht am Ufer liegenlassen.«

»Das sieht Aidan ähnlich. Einen Barbaren aus dem Wasser zu ziehen!« knurrte Brocmal.

»Und ich dachte schon, ich hätte *dich* gerettet«, sagte ich zu ihm.

Der Schreiber hustete und wischte sich den Mund mit seinem feuchten Ärmel ab. Dann sank er gegen den Fels, als sei diese Bewegung schon zuviel für ihn gewesen.

»Ist er in der Lage, zu gehen?« fragte Fintán, auf den sichtlich leidenden Brocmal deutend.

Als der Steuermann sprach, blickte Ddewi hoch, sah den

Arm seines Kameraden und sprang auf. »Er ist weniger schwach, als er tut«, meinte der Heilkundige. »Aber ich würde mir gern einmal deine Hand ansehen, Fin.«

»Mach dir um mich keine Sorgen, junger Ddewi«, sagte der Seemann. »Wenn ich muß, kann ich ein Schiff auch mit einer Pranke steuern.«

Mit sanftem und zugleich beherztem Griff untersuchte Ddewi das geschwollene Glied. »Kannst du die Finger bewegen, Fin? Versuch einmal, sie zu krümmen.« Dies tat der Steuermann, doch der Schmerz ließ ihn so zusammenfahren, daß er schwankte.

»Nichts von alledem hätte geschehen können«, klagte Brocmal verbittert, »wenn Dugal nicht gewesen wäre. Dies ist Gottes Urteil gegen uns alle, weil wir zugelassen haben, daß das von ihm begangene Unrecht straflos geblieben ist. Solange wir den Missetäter unter uns dulden, wird sich das Unglück weiterhin an unsere Fersen heften.«

»Bruder, schweig still«, befahl der Bischof streng. »Die Auseinandersetzung über Libirs Unfall ist ein für allemal beigelegt. Hör mir gut zu, Brocmal: Du wirst dieses Thema nicht wieder aufrühren. Andernfalls hast du mit einer Bestrafung zu rechnen.«

An Dugal gewandt, sagte der Bischof: »Lord Aengus hat recht getan, als er dich empfohlen hat. Ich muß gestehen, daß ich mich weit sicherer fühle, seit ich weiß, daß ein Mann von deinem Geschick unter uns weilt. Darf ich dich bitten, nicht von meiner Seite zu weichen, Bruder?«

»Wenn du das möchtest, Bischof, gern«, entgegnete der Krieger.

»Mir wäre es sehr lieb, mein Sohn.«

»Dann sag nichts weiter«, antwortete Dugal glücklich. »Der Schatten, den du neben deinem siehst, wird der meinige sein.«

Brocmal schloß die Augen und sank aufstöhnend zurück.

Während der Arzt fortfuhr, die Verletzung des Steuermanns zu untersuchen, trat Brynach zu mir und dem Barbaren. »Wir werden ihn mit in die Siedlung nehmen«, sagte Brynach. »Die Leute dort werden sich um ihn kümmern.«

»Sie werden ihn töten!« rief ich.

Brynach nickte. »Sehr wahrscheinlich«, pflichtete er mir grimmig bei.

»Dann hätte ich ihn wohl besser ertrinken lassen«, wandte ich, zornig und bekümmert zugleich, ein.

»Allerdings«, meinte Dugal unverblümt. »Der Mann hat versucht, dir mit seiner Streitaxt den Schädel zu spalten, und das wäre ihm wohl auch gelungen, hätten die Meereswogen uns nicht alle überwältigt.«

Ich runzelte die Stirn. Was Dugal sagte, stimmte, doch diese Wahrheit schmeckte bitter, und ich hatte schwer daran zu kauen.

»Aidan, deine Besorgnis ist lobenswert. Doch wir haben keine andere Wahl«, meinte Bischof Cadoc. »Wir können keine Gefangenen machen. Und allein erginge es ihm auch nicht besser. Wir werden ihn dem Führer der nahe gelegenen Ortschaft übergeben, und die Entscheidung liegt dann bei ihm.«

Die Seefahrermönche gesellten sich wieder zu uns. Sie hatten nicht lange gebraucht, um das Boot festzupflocken. Connal erspähte den Krummstab des Bischofs, der an Land gespült worden war, und legte ihn in Cadocs Hände. Der Bischof nahm ihn entgegen, wandte sich an Brynach und schwenkte den Stab. Brynach lächelte, hob seinen Umhang und enthüllte die lederne Bulga, die das Buch barg.

»Unser Schatz ist in Sicherheit, Brüder«, sagte Bryn. »Gott hat es gefallen, uns und unserer Kleinod zu bewahren und zu erretten.«

Als Cadoc dies vernahm, brach er in überschwengliche Dankesbezeigungen aus. »Brüder«, rief er, indem er seinen mit einem Adler gekrönten Bischofsstab hob, »Gott ist groß, und wir wollen ihn preisen. Er hat uns von dem Sturm erlöst und aus den Händen des Bösen befreit.«

Wir halfen Brocmal auf und machten uns auf den Weg zum Dorf. Im Gehen sangen wir ein Dankgebet. Die Sonne war schon untergegangen, ehe wir die Uferfelsen überschritten, doch es war noch so hell, daß wir die weiße Rauchfahne ohne weiteres wiederfanden. Sie schien zwischen den ersten beiden der drei vor uns liegenden Hügel aufzusteigen. Brynach faßte die Richtung ins Auge und übernahm kräftig ausschreitend die Führung. Alle anderen folgten ihm nach. Mir fiel, da ich als letzter ging, die Aufgabe zu, unseren Barbaren zu bewachen.

Ich wußte nicht recht, was ich mit ihm anstellen sollte, daher ließ ich ihn ein kleines Stück vor mir hergehen und behielt ihn im Auge, damit er nicht versuchte fortzulaufen, obwohl ich bei mir dachte, angesichts des Empfangs, der ihm in dem Ort bevorstand, wäre das vielleicht auch nicht übel. Da der Boden uneben war und seine Arme an seine Seiten gefesselt waren, stolperte er dann und wann, so daß ich ihn auffangen mußte. Und als es so dunkel wurde, daß man den Weg kaum noch erkennen konnte, führte ich ihn am Ellenbogen, damit er nicht stürzte.

Beim ersten Versuch schüttelte er mich ab und brummte mißmutig. Beim fünften oder sechsten Mal jedoch wandte er den Kopf und sah mich an, und das Weiße seiner Augen schimmerte im Zwielicht. Von da an leistete er keinen Widerstand mehr, wenn ich ihn anfaßte.

Sobald wir die mit Felsbrocken übersäten Dünen hinter uns gelassen hatten, wurde der Weg einfacher, und wir kamen schneller voran. Die Hügel waren dicht bewaldet, doch als wir uns dem ersten näherten, stieß Brynach auf einen Pfad. So konnten wir schnell gehen, ohne zu befürchten, bei jedem Schritt zu stürzen. Der Hügel war steiler und höher, als es in der Abenddämmerung den Anschein gehabt hatte, und bald war ich schweißüberströmt. Dies sorgte, zusammen mit meinen feuchtkalten Kleidern, dafür, daß ich mich immer unbehaglicher fühlte. Außerdem juckte das Salzwasser auf der Haut, meine Hände schmerzten vom Rudern und meine Augen fühlten sich zugleich trocken und wäßrig an. Beine, Schultern, Rücken und Rippen waren wund von der Ruderarbeit. Ich war hungrig, durstig, durchgefroren bis auf die Knochen und naß.

Wir erklommen den Kamm des ersten Hügels, und Brynach blieb auf der Kuppe stehen, um noch einmal nach dem Rauchfaden Ausschau zu halten. Im Osten hing die helle Sichel des Mondes über den tief dahinziehenden Wolken. »Die Ortschaft liegt direkt unter uns«, sagte er, als wir uns um ihn versammelten. »Ein ziemlich großes Dorf, glaube ich. Da hinten seht ihr den Rand eines Feldes.«

Er wies in das Tal hinunter, doch obwohl ich den Rauch durch die Bäume aufsteigen sah, konnte ich weder das Feld noch einen anderen Hinweis auf eine Ansiedlung erkennen. Wir stiegen ins Tal hinab, immer noch auf dem Pfad, der uns, daran zweifelte ich nicht, geradewegs zu unserem Ziel führen würde.

Nachdem wir die Hügelkuppe überquert hatten, ließ der Wind nach, und ich konnte die nächtlichen Geräusche des uns umgebenden Waldes hören: Auf einem Ast über uns rief ein Kuckuck, und ein anderer, etwas weiter weg, gab ihm Antwort. In dem vom Winter übriggebliebenen Laub um die Baumwurzeln raschelte es leise und verstohlen. In den frischen Blättern der Zweige schlugen plötzlich unsichtbare Flügel.

Man konnte nur noch schwer weiter als einen oder zwei Schritte sehen, und ich streckte von Zeit zu Zeit die Hand nach dem Barbaren aus, um mich zu vergewissern, daß er noch bei uns war, und zugleich, um ihn zu führen. Jedesmal war ich erstaunt, ihn warm und fest zu fühlen, denn ich rechnete fast damit, daß er verschwunden sein würde.

Als wir uns der Siedlung näherten, standen die Bäume weniger dicht und der Pfad verbreiterte sich. Schließlich traten wir aus dem Wald auf eine Lichtung – das Feld, das Brynach von oben erblickt hatte – und sahen nicht weit vor uns eine Ansammlung niedriger, reetgedeckter Hütten liegen. Ehe wir weiterzogen, hielten wir an, sahen uns um und horchten, doch im Dorf blieb es friedlich und ruhig. Man hatte unser Ankunft noch nicht bemerkt.

Doch diese Ruhe währte nicht lange, denn als wir die Mitte des freien Feldes erreichten, begann ein Hund zu kläffen. Augenblicklich fiel jeder Hund im Tal in das Gebell ein. Der Höllenlärm weckte die Bewohner der Siedlung, und sie kamen herbeigerannt. Im Dunkeln waren sie schwer zu zählen, aber ich kam auf mehr als zwanzig Männer und Knaben, die mit Fackeln, Speeren und Heugabeln bewaffnet waren. Sie schienen alles andere als erfreut zu sein, uns zu sehen.

12

Bleibt ganz ruhig stehen, Brüder«, warnte Brynach, während er beobachtete, wie die Fackeln rasch über das Feld heranrückten. »Sprecht kein Wort, bis wir nicht wissen, wie sie uns empfangen werden.« Er bedeutete Dugal, neben ihn zu treten, und der riesenhafte Mönch bezog vor uns Stellung.

Als die erste Reihe der Dörfler näher kam, hob Brynach die Hände, um zu zeigen, daß sie leer waren, und schritt ihnen langsam entgegen. »Pax, frater«, rief er auf lateinisch. Dies sollte ihnen, zusammen mit seiner Kleidung und seiner Tonsur, zeigen, daß sie es mit einem Mann der Kirche zu tun hatten.

Der Bursche an der Spitze warf einen Blick auf Bryn und rief seinen Kameraden zu: »Gemach, Männer. Das sind bloß ein paar Mönche.«

Er sagte dies in einer Sprache, die, obwohl sie sehr ähnlich wie die von Südéire klang, auch viele britische Wörter enthielt und andere, die ich nicht kannte. Aber die Briten unter uns verstanden sie ausgezeichnet. »Sie sind Cernovii«, erklärte Ciáran später. »Jedenfalls sind sie es einmal gewesen.«

»Wir sind in Not geratene Kirchenmänner«, sagte Brynach, an den Anführer gerichtet. »Wir sind Peregrini und haben in der Bucht Schiffbruch erlitten. Habt ihr Essen und einen Schlafplatz für uns?«

»Ja, das haben wir«, nickte der Mann. »Und ihr seid hier willkommen. Seid ihr von Dyfed?«

»Ja … das heißt, einige von uns kommen von Dyfed. Die anderen«, er wies auf uns, die wir uns hinter ihm zusammendrängten, »sind Priester aus Lindisfarne und Cenannus in Éire.« Die Dörfler schoben sich heran, um uns besser sehen zu können.

Nun bedeutete Brynach dem Bischof, zu ihm zu treten. Als Cadoc näher kam, sagte er: »Ich möchte, daß ihr unseren Prior begrüßt. Meine Freunde«, rief der wortgewaltige Brite so laut, daß alle ihn hörten, »ich stelle euch Cadocius Pecatur Episcopus vor, den heiligen Bischof von Hy.«

Darauf reagierten die Dorfleute sogleich und auf die erwartete Weise. Viele der Talbewohner keuchten verblüfft auf. Etliche unter denen, die sich um uns drängten, ergriffen die Hand des Bischofs und drückten sie ehrfürchtig an die Lippen.

»Friede sei mit euch, Freunde«, sprach der Bischof. »Ich grüße euch im Namen Jesu, unseres gesegneten Heilands. Erhebt euch und steht aufrecht. Wir sind keine Männer, die man auf diese Weise verehren sollte.«

»Ihr seid in unserem Dorf willkommen«, sagte der Anführer und gebrauchte dabei ein Wort, das ich noch nie gehört hatte. »Kommt, wir geleiten euch dorthin.«

Der Dorfvorsteher hob seine Fackel in die Höhe und führte uns über das Feld in die Ortschaft. Sie war größer, als ich zuerst vermutet hatte, und bestand aus fünfzig oder mehr Hütten, Scheunen, einer schönen großen Gemeindehalle und einem Viehgehege. Ein Wall oder Wassergraben fehlte. Ich nehme an, der Wald diente den Dorfbewohnern als Schutz. Und sie schienen äußerst wachsam zu sein.

Man brachte uns gleich in die Halle, wo auf einer weitläufigen, großzügig angelegten Feuerstelle helle Flammen loderten. Wir traten über die Schwelle und begaben uns eilig zum

Feuer, um uns zu wärmen. Da niemand mich etwas anderes tun hieß, nahm ich den Barbaren mit hinein und blieb neben ihm stehen. Er betrachtete mich neugierig. Mehrmals schien er sich äußern zu wollen – ich spürte, wie die Worte geradezu in ihm brodelten –, aber er preßte die Lippen zusammen und sagte nichts.

Wir alle entledigten uns unserer Umhänge und breiteten sie ringsum auf den Steinplatten vor der Feuerstelle aus. Dann stellten wir uns so nahe wie möglich an die Flammen und drehten uns langsam hin und her. Ich legte mein Übergewand auf die steinerne Einfassung, und bald dampften meine feuchten Kleider in der Hitze. Das Feuer wärmte herrlich.

An der einen Seite des Herds stand ein gewaltiger Tisch, der aus einem einzigen gespaltenen Baumstamm gefertigt war. Auf der Platte lagen immer noch die Überbleibsel einer Mahlzeit verstreut, aber auf einen Befehl des Anführers hin wurden die Reste schnell entfernt. Frauen eilten herbei, um alles für ein weiteres Essen vorzubereiten.

»Bier!« rief der Dorfvorsteher. »Holt Bier! Tylu ... Nominoé, Adso! Bringt Krüge für unsere durstigen Gäste.«

Während kleine Jungen davonhuschten, um die Bierkrüge zu besorgen, wandte der Gastgeber sich uns zu und sagte: »Freunde, setzt euch nieder und macht es euch bequem. Ich kann mir vorstellen, daß ihr einen aufregenden Tag hattet. Ruht euch jetzt aus. Nehmt an unserer Mahlzeit teil.« Die breite Hand an die Brust gelegt, setzte er hinzu: »Mein Name ist Dinoot, und ich bin der Anführer dieses Tuath, wie ihr sagen würdet. Meine Leute und ich sind froh, daß ihr den Weg zu uns gefunden habt. Fürchtet nichts, meine Freunde. Hier kann euch kein Leid geschehen.«

Mit diesen Worten führte er den Bischof zum Tisch und nötigte ihn, sich auf den Ehrenstuhl zu setzen. Wir anderen suchten uns einen Platz auf den Bänken, und da niemand mir etwas anderes sagte, nahm ich meinen Barbaren mit an die Tafel.

Als wir uns jedoch anschickten, unsere Plätze am unteren Ende des Tisches einzunehmen, entdeckte Dinoot, daß der Mann bei mir kein Priester war. »Bischof Cadoc«, sagte er und streckte die Hand aus, um auf den Seewolf zu zeigen, »vergebt mir meine Neugierde, doch mir scheint, daß sich unter uns ein Fremder befindet.«

»Äh ja«, entgegnete der Bischof. Plötzlich fiel ihm der Krieger wieder ein, und er war einigermaßen peinlich berührt. »Du besitzt ein scharfes Auge, Meister Dinoot.«

»Nicht so scharf wie manch anderer«, räumte der Anführer ein, und das besagte Auge zog sich leicht zusammen. »Aber trotzdem erkenne ich einen Seewolf, wenn ich ihn sehe.«

»Wir hatten im Sturm unser Steuerruder verloren«, erklärte Brynach, »und trieben auf das Ufer zu ...«

»Und wir hätten auch eine herrliche Landung vollbracht«, fiel Fintán ein, »wären wir nicht auf feige Weise angegriffen worden.« Der Steuermann berichtete von den Wikingern und schüttelte in tiefer Trauer den Kopf. »Die arme kleine Bán Gwydd liegt unten am Strand vertäut.«

Dinoot runzelte die Stirn. »Von dem Sturm haben wir gehört. Aber ich ahnte nicht, daß die Barbaren an unserer Küste auf Beutezug gehen.« Er rieb sich das bärtige Kinn. »Fürst Marius muß davon erfahren.«

»Euer Herr«, fragte Brynach, »lebt nicht hier?«

»Sein Caer liegt nur einen halben Tagesmarsch entfernt«, erklärte Dinoot. »Fünf Dörfer stehen unter seinem Schutz.« Der Anführer wandte seine Aufmerksamkeit dem Barbaren zu, der stumm und ergeben neben mir stand, und fragte: »Was soll mit diesem hier geschehen?«

»Eigentlich wollten wir die Sache euch überlassen«, meinte Bischof Cadoc. »Wir sind fremd hier und dachten, euer Herr würde am besten wissen, was zu tun ist.«

»Dann werde ich jemanden schicken und ihm sofort

Bericht erstatten.« Mit diesen Worten rief das Dorfoberhaupt einen der Jünglinge des Stammes herbei. Nach einem kurzen Wortwechsel verließ der junge Mann die Halle und nahm noch zwei andere mit. »Der Machtiern wird morgen früh von diesem bedauerlichen Zwischenfall erfahren.« Der Anführer verzog den Mund zu einem grausamen Ausdruck. »Seid versichert, daß dieser Abschaum von einem Dänen euch nicht länger belästigen wird.«

Dinoot erhob sich, klatschte in die Hände und rief nach seinen Helfern. Drei Männer eilten zu ihm, und er befahl: »Werft diesen Hund in die Müllgrube und bewacht ihn, bis Fürst Marius eintrifft.« Zwei der Männer ergriffen den Barbaren und schickten sich an, ihn grob davonzuzerren.

Der Seewolf gab keinen Laut von sich und leistete nicht den geringsten Widerstand, blickte aber sehnsüchtig auf den Tisch, der jetzt mit Brotkörben und Bierkrügen gedeckt wurde. Ich sah das, und mein Herz zog sich schmerzhaft zusammen.

»Wartet!« rief ich. Das Wort war heraus, ehe ich mir Einhalt gebieten konnte.

Die Männer zögerten. Alle Blicke in der Halle richteten sich auf mich, und mit einemmal stand ich im Mittelpunkt einer eingehenden Musterung. Schnell trat ich an den Tisch, nahm einen Brotlaib von der Platte, die mir am nächsten stand, und reichte ihn dem Seewolf. Seine kindliche Freude über diese einfache Tat war rührend anzusehen. Er lächelte und drückte das Brot an seine Brust. Einer der Männer, die ihn festhielten, streckte die Hand aus, um ihm die Nahrung fortzunehmen.

»Bitte«, rief ich und fiel ihm in den Arm.

Der Mann sah seinen Anführer an. Dinoot nickte. Der Dörfler zuckte die Achseln und ließ das Brot los. Der Barbar wurde abgeführt. Ich nahm meinen Platz am Tisch wieder ein und wünschte mir verzweifelt, ich könnte mich unsichtbar machen.

Sobald der Barbar entfernt war, erwachte die Halle wieder zum Leben. Der Bischof und der Dorfvorsteher saßen zusammen am Kopf der Tafel. Dugal hatte, Cadocs Wunsch entsprechend, zur Rechten des Bischofs Platz genommen. Neben ihm saß Brynach, und alle unterhielten sich angeregt. Daß Dugal ein wenig Anerkennung fand, freute mich. Ich hatte immer gewußt, daß er ein äußerst fähiger und tüchtiger Meister auf seinem Gebiet war, nur waren dies zu Dugals Pech Fertigkeiten, die im täglichen Leben eines Klosters nur höchst selten gebraucht werden. Und so hatte er nie die Gelegenheit erhalten, sich auszuzeichnen. Bis heute.

»Das hast du gut gemacht«, flüsterte Ciáran und ließ sich neben mir nieder. »Darauf wäre ich nie gekommen. Ich muß dich loben.«

Brocmal, der zwei Plätze weiter saß, hatte, wie mir schien, diese Bemerkung gehört und verzog den Mund zu einem höhnischen Grinsen. Faolan neben ihm sah das und meinte: »Ein Laib Brot, Bruder. Das ist alles. Willst du einem hungrigen Menschen ein Stück Brot mißgönnen?«

Der überhebliche Mönch warf Faolan einen eisigen Blick zu, starrte ihn böse an und wandte dann wortlos den Kopf ab. Er streckte die Hand aus, nahm einen Laib Brot von der Platte, die vor ihm stand, brach ihn und biß hinein.

»Lasset uns danken«, rief Cadoc und erhob sich von seinem Platz. Er sprach ein einfaches Tischgebet und einen Segen für unsere Gastgeber.

Brot wurde herumgereicht, und aus den Krügen wurde Bier in hölzerne Becher und Schalen gegossen. Man tischte einen heißen, sättigenden Eintopf aus Pökelfleisch und Gerste auf. Da die Dörfler anscheinend keine Löffel besaßen, setzten wir die Schüsseln an den Mund, schlürften die Suppe und tunkten dann die Neige mit dem weichen, dunklen Brot auf. Das Ganze spülten wir mit großen Schlucken schäumenden Bieres hinunter.

Hatte man mir je Besseres vorgesetzt? Nein, noch nie hatte ich etwas genossen, das dieser einfachen, nahrhaften Mahlzeit gleichkam. Ich aß wie ein Verhungernder, was ja auch beinahe zutraf.

Und während wir speisten, berichtete Ciáran, was er auf dem Fußmarsch zum Dorf erfahren hatte. »Ihre Vorfahren kamen aus Cerniu. Das ist allerdings schon lange her. Das Land hier heißt heute An Bhriotáini«, setzte er uns kauend auseinander. Lautlos sagte ich mir das Wort noch einmal vor: Bretagne.

»Wir befinden uns nördlich von Namnetum«, fuhr Ciáran fort, »wie weit, ist nicht gewiß. Fin meint, der Sturm habe uns eher gen Osten denn gen Süden geweht. Dinoot meint, Fürst Marius könne uns sagen, wie weit wir bis zum Fluß zu gehen haben.«

Wir gingen dazu über, die Ereignisse der vergangenen Tage zu bereden, und ein angenehmer Nebelschleier schien sich über das Mahl zu legen. Ich weiß noch, daß ich aß und lachte und sang … und dann beugte sich Ciáran über mich und rüttelte sanft an meiner Schulter. »Aidan, Bruder, wach auf. Erhebe dich, wir wollen zur Nachtruhe gehen.«

Ich hob den Kopf von der Tischplatte und blickte mich um. Einige der Mönche wickelten sich bereits vor der Feuerstelle in ihre fast getrockneten Umhänge. Andere gingen zur Tür. Ich holte meinen Mantel und lief hinter Ciáran her. Man führte uns zu einem überdachten Viehunterstand, wo frisches Stroh für uns aufgeschüttet war. Mir war gleich, wo ich schlief. Ich stolperte in eine Ecke, gähnte und sackte zusammen. Meinen klammen Umhang zog ich über mich, und dann legte ich den Kopf in das süß duftende Heu und war wieder eingeschlafen, kaum daß ich die Augen geschlossen hatte.

Möglicherweise weckten mich die Schreie aus tiefem, traumlosen Schlaf, vielleicht war es auch der beißende Rauchgestank. Ich erinnere mich, daß ich hustend erwachte. Der

Stall war von Qualm erfüllt. Im Dunkel die Augen weit aufreißend, rappelte ich mich auf, ohne zu wissen, wo ich war.

Die Hunde kläfften. Von draußen vernahm ich lautes Füßestampfen. Ein scharfer Schrei hallte über den Hof und wurde von einem anderen beantwortet. Ich verstand kein Wort.

Ich schüttelte den Schlaf ab, schlich zur Stalltür und schaute hinaus. Im Mondschein huschten Schatten umher. Rauch trieb in der nächtlichen Luft. Als ich zur Halle blickte, sah ich, daß lange Flammen über das Strohdach züngelten. Eine Gestalt erschien in der Tür der Halle, blickte sich schnell um und verschwand. Wieder hörte ich Schritte und wandte mich in diese Richtung. Ich sah, wie das Mondlicht kalt auf einer nackten Schwertklinge glitzerte, und wich in den Eingang zurück, während der Mann vorbeilief.

Das Kreischen einer Frau, durchdringend wie das Klirren eines zerberstenden Kruges, zerriß die Stille.

»Erwacht!« brüllte ich. »Steht auf! Wir werden angegriffen!«

Ich eilte von einem Schlafenden zum anderen und schüttelte meine Brüder aus dem Schlaf. Draußen bellten die Hunde wie von Sinnen. Schreie drangen durch die stille Nachtluft. Das Gebrüll wurde lauter. Die ersten Mönche, die ich wach gerüttelt hatte, taumelten zur Tür und weiter nach draußen. Ich weckte noch zwei, folgte dann den anderen und rannte aus dem Stall.

Auf der anderen Seite des Hofes stand ein Haus in hellen Flammen. Von drinnen vernahm ich Schreie und das Jammern von Kindern. Ich stürmte zu der Hütte und schlug den Ledervorhang beiseite. Rauchschwaden quollen aus dem Eingang. »Schnell!« schrie ich und stürzte nach drinnen. »Ich werde euch helfen! Eilt euch!« In der Mitte der Hütte stand eine junge Frau, deren Antlitz von den heftig flackernden Flammen erhellt wurde. Sie drückte ein kleines Kind an sich, und ein weiteres Balg klammerte sich, den Mund weit aufgerissen, an ihre Beine. Tränen strömten über sein entsetztes Gesichtchen. Ich riß das Kleine hoch und rannte, die Frau mit mir zerrend, nach draußen. Aus der brennenden Hütte entronnen, drückte die Mutter ihre Kinder an sich, versuchte sich zu sammeln und rannte dann ins Dunkel davon, in den Schutz des Waldes.

Von neuem wandte ich mich dem Hof zu, in dem jetzt ein Aufruhr zorniger, schreiender Männer brodelte, von denen viele miteinander kämpften. Eine höllische Schlacht, beleuchtet von den Flammen brennender Dächer und Wohnhütten. Jemand hatte die Hunde losgelassen, und die Tiere, die vor Angst wie verrückt waren, griffen Freund und Feind gleichermaßen an. Aus der Halle strömten die Menschen. Ich sah, wie Dinoot, Befehle brüllend, ins Freie raste. Unmittelbar hinter ihm erschien Dugal, der einen Speer schwang.

Bischof Cadoc, Gott habe ihn selig, stürzte mit erhobenen Händen vor und rief: »Friede! Friede!« Hinter ihm kamen Bryn und Gwilym gelaufen und versuchten verzweifelt, sich zwischen ihn und die Angreifer zu werfen. Cadoc jedoch stürmte ohne einen Gedanken an seine eigene Sicherheit ins dichteste Kampfgetümmel und wurde sofort bedrängt.

In dem unsteten Licht blitzte, grausam schnell, eine blanke Axt auf. Ich vernahm das widerliche Krachen von Eisen auf Knochen, und der Bischof sank in sich zusammen wie eine Stoffpuppe. Ich wollte zu der Stelle laufen, wo ich den guten Kirchenvater hatte fallen sehen, doch der Kampf wogte auf mich zu, und ich konnte nicht zu ihm gelangen. Das letzte, was ich sah, war Gwylim, der sich über den reglos Daliegenden beugte. Dann wurde er von derselben Streitaxt gefällt.

»Gwylim!« schrie ich, so laut ich konnte, und rannte los. Kaum hatte ich jedoch drei Schritte getan, da wuchs mit einemmal brüllend ein riesenhafter, breitschultriger Kerl mit Armen wie Schweineschinken vor mir aus dem Boden. Mit einem einzigen Schlag seiner gewaltigen Keule streckte er einen der Verteidiger nieder. Darauf stellte er sich breitbeinig über den Körper und holte aus, um den tödlichen Schlag zu führen. Als er die schwere Waffe über den Kopf hob, setzten sich meine Füße wie von selbst in Bewegung.

Ich streckte die Hände aus, rammte sie dem Barbaren ins Kreuz und stieß ihn nach vorn, gerade als die Waffe herabsauste. Sein Schlag wurde abgelenkt, und die Keule krachte neben seinem Fuß auf den Boden. Der feindliche Krieger stieß einen ohrenbetäubenden, erstickten Wutschrei aus und wirbelte herum, um auf mich loszugehen. Erst da erkannte ich, daß ich diesen muskelbepackten Riesen schon einmal gesehen hatte. Damals hatte er am Bug des Schiffes der Seewölfe gehangen.

Dieser Gedanke beschäftigte mich länger, als ratsam gewesen wäre. Wie angewurzelt stand ich da und starrte den bezopften Barbaren an, während dieser mit erhobener Keule näher kam und sich anschickte, mir den Schädel zu zerschmettern und mein Hirn über die blutgetränkte Erde zu verspritzen. In dem gespenstischen Licht sah ich, wie die Adern an seinem Hals und seinen Armen hervorquollen, während er die Keule in einem engen Kreis über dem Kopf schwang und langsam auf mich zuschritt, entschlossen, mich zu töten.

Jemand schrie meinen Namen. »Aidan!« Das war Dugal, der mir zur Hilfe geeilt kam. »Lauf, Aidan! Fliehe!«

Dugal rannte hinzu, um mir beizuspringen, doch da stellte sich ihm ein weiterer Gegner in den Weg. Dugal versuchte, dem Angriff auszuweichen, indem er die Schulter senkte und dem Mann das stumpfe Ende seines Speers ins Gesicht rammte. Der Barbar ging zu Boden, trat aber weiter um sich und brachte Dugal ins Straucheln. Ich sah meinen Freund fallen. Ein zweiter Barbar sprang ihn von hinten an und schlug mit einer Axt nach dem Kopf unseres Hünen.

»Dugal!« schrie ich und wollte zu ihm. Schnell tat der Riese mit der Keule einen Schritt zur Seite und verstellte mir den Weg. Das Licht fiel auf das feuchtglänzende Ende der Keule. Ich sah sie rot aufleuchten, als er sie herumwirbelte und zum Schlag ausholte.

Hinter mir tönte ein wilder Schrei, doch ich konnte den Blick nicht von der schrecklichen Waffe wenden. Die Keule sauste herab, so schnell, daß mir fast das Herz stehenblieb. Im selben Augenblick spürte ich, wie sich Hände auf meinen linken Arm legten und mich beiseite rissen. Die Keule traf neben meinem Ohr ins Leere. Kurz erhaschte ich einen Blick auf ein schmutzverschmiertes Gesicht, und dann zerrte mir jemand die Kapuze über den Kopf.

Der Riese brüllte, und eine laute Stimme neben mir schrie zurück. Ich wollte den Mann, der mich angegriffen hatte, abwehren, doch meine Arme steckten in meinen eigenen Kleidern fest. Man riß mir den Mantel herunter und wickelte ihn mir um Kopf und Schultern. Ich taumelte vorwärts, um fortzurennen, und prallte mit dem Kopf gegen etwas Hartes.

Ein bläulicher Lichtblitz loderte vor meinen Augen auf, und als ich fiel, hatte ich ein merkwürdiges lautes Summen im Ohr.

13

Der Boden hob und senkte sich unter mir. Das Surren in meinem Ohr war einem dumpfen, bleiernen Klingen wie von einer schlecht gegossenen Glocke gewichen. In meinem Kopf pochte ein rasender, vernichtender Schmerz. Ich konnte weder meine Beine noch meine Hände spüren. Der Himmel war noch dunkel, und Stille herrschte ringsum. Irgendwo in der Nähe vernahm ich leises Gemurmel, doch die Stimmen klangen wie das Glucken von Enten, und ich konnte keinen Sinn hineinbringen. Die Luft war stickig und warm, und das Atmen fiel mir schwer.

Ich versuchte aufzustehen. Der Himmel zerbarst in flammende, gezackte Fragmente gleißenden Lichts. Eine Woge der Übelkeit überrollte mich, und ich sank, vor Anstrengung keuchend, zurück.

Eine Erinnerung arbeitete sich mühsam in mein träges, noch halb betäubtes Hirn vor, eine winzige Luftblase, die in einem großen schwarzen Kübel aufsteigt, nur um in dem Moment, da sie die Oberfläche erreicht, zu zerplatzen. Was war das nur? Was?

Ich vernahm einen schrillen Schrei. Dieser Laut brachte mich zur Besinnung, und mit der Wucht einer Meereswoge, die auf einen Felsen niederstürzt, brach die Erinnerung über mich herein. Ich erinnerte mich wieder an den Überfall.

Die Augen vor Schmerz fest zusammengepreßt, kämpfte ich mich in eine sitzende Haltung. Meine Schultern und Arme waren mit dickem Stoff umwickelt. Ich schüttelte die Arme, wand mich hin und her und warf endlich die Fesseln ab – meinen eigenen Mantel und mein Übergewand. Dann schob ich die Kapuze zurück.

Helles Tageslicht strömte in meine Augen. Ich hielt mir schützend die Hand vors Gesicht und stellte fest, daß ich in die rotglühende aufgehende Sonne schaute. Wieder erscholl das Kreischen, und als ich zu dem klaren blauen Himmel aufschaute, erblickte ich eine weiße Möwe, die hoch über mir friedlich dahinglitt. Schwankend kam der Mast in mein Blickfeld.

Ich befand mich auf einem Schiff! Rasch faßte ich die Reling, die über mir lag, und kam taumelnd auf die Beine.

Von neuem tat mein Magen einen Satz, und ich erbrach mich über den Schiffsrand. Als ich fertig war, wischte ich mir den Mund mit dem Ärmel und hob dann, langsam und dieses Mal von unsäglicher Furcht erfüllt, den Blick, um meine neue Umgebung in Augenschein zu nehmen: ein Barbarenschiff voller Seewölfe als Reisegefährten. Sie waren mit Rudern beschäftigt und schenkten mir keine Beachtung. Ein Scheusal mit braunen Halbstiefeln, ebensolchem Gürtel und einem ärmellosen Übergewand aus Schafsfell stand einen oder zwei Schritte von mir entfernt und wandte mir den Rücken zu. Mit tiefem Interesse schien der Mann den fernen östlichen Horizont zu betrachten, wo jetzt die Sonne, nachdem sie rotglühend aufgegangen war, langsam Kraft für den Tag sammelte und den Himmel mit Licht erfüllte.

Einer der Ruderer blickte von seiner Bank auf, sah mich und rief dem Burschen mit dem braunen Gürtel etwas zu. Dieser drehte sich um, warf einen Blick auf meinen weit aufgerissenen, mit Erbrochenem verschmierten Mund, grinste breit und nahm seinen Posten wieder ein. Ich wandte den

Kopf, um festzustellen, wohin er sah, und erschaute in weiter Ferne die zerklüfteten grauen Felsen der Küste von Armorica. Doch brauchte ich einen Augenblick, um mir darüber klarzuwerden, daß wir uns auf der graugrünen, schweren See in Richtung Norden bewegten.

Das Schiff der Seewölfe war lang und schmal und an Bug und Heck hochgezogen, ein kräftiges Fahrzeug mit flachem Kiel. Das Boot war mit etwa zwanzig Ruderern bemannt, doch auf den schmalen Bänken hätten noch mehr Platz gefunden. Hinter dem schlanken Mast hatte man eine Plattform errichtet, die von gebogenen Pfosten überwölbt wurde. Dieser ganze Rahmen war mit Ochsenhäuten bespannt, so daß eine Art abgeschlossener Raum oder Zelt entstand. Unter den Häuten drang eine Rauchfahne hervor, die in dem frischen Ostwind waagerecht davonzog.

Der Schmerz ließ mir den Blick verschwimmen, doch es war ohnehin nicht viel zu sehen: eine stumpfe schiefergraue Wasserfläche zu meiner Rechten, und links von mir eine öde, gesichtslose Küste. So setzte ich mich wieder und sog tief die Luft in die Lungen, damit mein Kopf klar wurde. Ich versuchte zu überlegen. Mein Hirn weigerte sich jedoch, die kleinsten Anforderungen, die ich ihm stellte, zu erfüllen. Ich konnte nur daran denken, daß ich ein Gefangener war.

Gefangen. Das Wort beschäftigte mich, ich weiß nicht, wie lange. Ich wälzte jede einsame, ohnmächtige Silbe auf meiner Zunge hin und her und wiederholte sie ein ums andere Mal, bis das Wort jede Bedeutung verloren hatte. Was würde mit mir geschehen? Was stellten die Seewölfe mit ihren Gefangenen an? Höchstwahrscheinlich abschlachten, vermutete ich trübsinnig.

Bei eingehender Betrachtung waren die Männer, die mich entführt hatten, ein schmutziger, lärmender Haufen. Sie waren mit Schlamm und Blut beschmiert und rochen noch schlimmer, als sie aussahen. Wenn die Meeresbrise auffrischte, trug sie mir ihren Gestank zu, und dieser Brodem ließ mich würgen.

Ich zählte die Barbaren durch. Zweiundzwanzig konnte ich ausmachen. Sie waren in Felle und Tierhäute gekleidet und trugen verschiedene Arten breiter Gürtel, meist ebenfalls aus Leder. Doch ich sah auch einige, die mit kupfernen und silbernen Scheiben besetzt waren. In den meisten Gürteln steckten Messer oder Dolche. Zwei oder drei der Männer trugen kurze Siarcs, eine Art Kittel aus blaßgelb oder braun eingefärbtem dickem Webstoff.

Maßlos stolz schienen die Barbaren auf ihre zottigen Haarmähnen zu sein. Lange Bärte trugen sie alle. Einige hatten sich Zöpfe geflochten, andere hielten ihr Haar mit Lederbändern zusammen, und wieder andere ließen ihre Locken offen herabhängen. Mehr als die Hälfte von ihnen trug Schmuckstücke im Haar, ein wenig Golddraht, einen aus Horn geschnitzten Kamm oder irgendeinen Flitterkram aus Silber in Form eines Blattes, Fisches, Vogels oder einer Hand.

Eine erstaunliche Zahl von ihnen hatte Goldketten um den muskulösen Hals hängen, und jedermann, ob hoch oder niedrig, stellte weitere kostbare Schmuckstücke verschiedener Art zur Schau: Ringe aus Gold oder Silber, Reifen, Armbänder, Gewandfibeln und Ketten.

Alle waren von hünenhafter Statur. Der kleinste von ihnen war größer als ich, und die hochgewachsensten hätten selbst Dugal überragt.

Dugal! Was war mit ihm geschehen? Was mochte aus meinen Freunden geworden sein? Ich war so sehr mit meinen eigenen Sorgen beschäftigt gewesen, daß ich keinen einzigen Gedanken an die, die zurückgeblieben waren, verschwendet hatte. Soweit ich wußte, waren bei dem Überfall alle, die sich in der Siedlung befunden hatten, niedergemacht worden. Vielleicht lagen sie in diesem Augenblick sämtlich in ihrem Blute, und die Sonne ging über ihrem Todestag auf.

Kyrie eleison, betete ich inbrünstig. *Herr, erbarme Dich!* Zieh die, die in der Not Deinen Namen anrufen, an Dein liebendes Herz. Heile ihre Wunden, und beschütze sie vor allem Übel. Gott, ich flehe Dich an, sei Deinem Volke gnädig. Und verzeih mir meine Selbstsucht und meinen Stolz, o Herr. Rette Deine Diener ... Erbarme Dich, Gott, erbarme Dich ...

Jemand brüllte einen barschen Befehl. Ich unterbrach mein Gebet und blickte auf. Ein hellhaariger Seewolf mit blondem Bart stand auf der Plattform. Er rief noch einmal, und drei oder vier Barbaren zogen rasch ihre Riemen ein und hasteten zu ihm. Der Steuermann stieß einen Schrei aus, und zwei weitere Männer stürzten zu den Tauen und begannen, das Segel aufzuziehen. Ich vermutete, das bedeutete, daß wir nur aufs offene Meer hinausfahren und uns weiter von Armorica entfernen würden. Sobald das Schiff unter Segel stand, verstauten die Seewölfe ihre Ruder und versammelten sich dann um die zeltüberspannte Plattform.

Währenddessen hielt das Schiff den Kurs und lief parallel zur Küste. Nach einiger Zeit jedoch bemerkte ich, daß meine erste Mutmaßung falsch gewesen war, denn tatsächlich hielten wir schräg auf das Land zu und kamen mit jeder Woge, die vorbeirollte, ein wenig näher.

Zusammengekauert saß ich auf meinem Platz am Bug und beobachtete die Küste. Mir fiel ein, daß ich vielleicht über Bord springen könnte. Ich hegte keinen besonderen Wunsch zu ertrinken, doch ich überlegte, daß ich, wenn ich die Stelle sorgfältig wählte, vielleicht in der Lage war, in die Freiheit zu schwimmen. Ich könnte über die Reling gehen und davon sein, noch ehe mich jemand aufhielt.

Der Steuermann der Barbaren – der Hüne mit den braunen Stiefeln und dem Wams aus Schafsfell – brüllte ein Wort in seiner Sprache, das sich für meine ungeübten Ohren wie Wik anhörte. Daraufhin wurde sofort das Segel eingezogen, und die Ruderer kehrten auf ihre Bänke und an ihre Riemen zurück.

Obwohl ich gespannt die näher kommende Küste beobachtete, konnte ich keinen Hinweis auf eine Ansiedlung entdecken und auch nichts anderes, das der Aufmerksamkeit wert gewesen wäre. Dennoch gab ich acht, während das Schiff näher heranfuhr, und wartete auf eine Gelegenheit, die Flucht zu ergreifen.

Diese ergab sich weit eher, als ich erwartet hatte, denn das Schiff näherte sich dem Land, und das Wasser wurde rasch seichter. Bald konnte ich den kieselbedeckten Grund unter den Wellen erkennen, obwohl wir immer noch ein gutes Stück vom Ufer entfernt waren. Eine bessere Möglichkeit würde sich mir nie bieten.

Ich holte tief Luft, erhob mich schnell und stürzte mich, ehe jemand etwas bemerkte, über die Reling. Mit lautem Klatschen schlug ich auf dem Wasser auf und bedauerte meinen voreiligen Entschluß sofort. Das Meer war kalt. Ich ging unter wie ein Stein und stieß bald mit dem Knie auf den Grund. Ich zog die Beine an und stieß mich ab. Unglücklicherweise schätzte ich dabei meinen unbesonnenen Sprung falsch ein und kam unmittelbar neben dem Schiff an die Oberfläche – ausgerechnet zwischen dem Rumpf und den Ruderblättern.

Als ich meinen Fehler erkannte, holte ich kräftig Luft und tauchte. Ich weiß nicht, ob ich nicht tief oder nicht schnell genug untertauchte, aber ich spürte, wie mich etwas festhielt. Obwohl ich mit aller Kraft mit Armen und Beinen schlug, konnte ich mich nicht befreien. Als ich keuchend hochkam, sah ich, daß einer der Seewölfe den Saum meiner Kutte fest im Griff hatte. Der Barbar hatte sich einfach über die Bordwand gebeugt und mich an dem hinter mir herflutenden Kleidungsstück herausgefischt.

Er zog mich ein Stück aus dem Wasser und ließ mich dann,

zur großen Freude seiner Barbarenfreunde, auf halber Höhe baumeln. Sie alle brüllten vor Lachen, als sie mich wie einen Fisch an der Schiffsseite zappeln sahen. Ihr Gelächter war ebenso grob und ungeschliffen wie ihre Sprache und tat mir in den Ohren weh.

Das Schiff lief in eine kleine, flache Bucht ein und wendete in der Nähe des Ufers. Als das Boot sich drehte, erblickte ich, was der Steuermann bereits gesichtet hatte: einen Fluß, nicht breit, aber so tief, daß er dem Kiel Platz bot. Ohne innezuhalten oder zu zögern, glitt das Schiff durch die kleine Bucht und in die Flußmündung hinein.

Die Männer zogen ihre Ruder ein und gebrauchten sie, um das Schiff flußaufwärts zu staken. Ja, die Seewölfe waren wirklich gewitzt. Und stark. Erst als das Boot auf einer breiten, mit Kieseln bedeckten Sandbank zum Halten kam, ließ der Barbar mich los – das heißt, er schleuderte mich ins Wasser zurück, als habe er einen Fisch gefangen, der ihm zu klein war.

Der Wikinger, der mich an der Flucht gehindert hatte, sprang zugleich mit mir ins Wasser. Er riß mich an meinem Gewand hoch, bis ich aufrecht im Wasser stand, und drehte mich so, daß ich ihn ansehen mußte. Während er langsam mit dem Kopf schüttelte, sprach er eindringlich auf mich ein und drohte mir mit seinem tropfnassen erhobenen Zeigefinger. Obwohl ich kein Wort von dem, was er sagte, begriff, machten sein Gebaren und seine Handbewegung mir klar, daß er mich vor einem erneuten Fluchtversuch warnte.

Ich nickte, um zu zeigen, daß ich ihn verstanden hatte. Der Barbar lächelte. Und dann schlug er mir, meine Kutte immer noch fest gepackt, mit dem Handrücken kräftig ins Gesicht. Mein schmerzender Kopf ruckte zur Seite, und die Wucht des Schlages warf mich ins Wasser. Er faßte meinen Umhang und zerrte mich hoch. Mein Mund brannte, und ich schmeckte Blut auf der Zunge.

Immer noch breit und vergnügt lächelnd, holte der gutgelaunte Barbar noch einmal aus.

Ich schloß die Augen und wappnete mich gegen den Schlag. Doch statt dessen vernahm ich ein scharfes Knurren. Sofort ließ der Seewolf mich los, und als ich die Augen öffnete, sah ich, wie ein anderer Barbar auf mich zuwatete und zugleich ärgerlich auf seinen Kameraden einredete. Dieser zuckte mit den Achseln, drohte mir noch einmal mit dem Finger, gab mich frei und ging davon.

Der zweite Wikinger schritt auf mich zu, faßte mich grob am Arm und ging mit mir, mich halb schiebend, halb hinter sich herzerrend, ans Ufer. Dort riß er mich herum, so daß ich ihn ansehen mußte, und schlug mir mit der flachen Hand ins Gesicht. Die schallende Ohrfeige erregte die Aufmerksamkeit aller Umstehenden, doch sie klang weit schlimmer, als sie sich anfühlte. Und obwohl der Schlag mir Grinsen und Gelächter von den zuschauenden Seewölfen einbrachte, von denen einige den Barbaren anriefen und eine strenge Antwort erhielten, konnte ich mich des Gefühls nicht erwehren, daß in seinem Schlag kein echter Zorn und keine Böswilligkeit steckten.

So seltsam das klingt, erst in diesem Augenblick erkannte ich, wer da vor mir stand: Das war *mein* Barbar, derjenige, welchen ich am Strand angespült gefunden hatte, den wir mit zu der Ansiedlung genommen hatten und dem ich den Brotlaib gegeben hatte. Nun standen wir einander wieder gegenüber, doch unser Verhältnis war gründlich auf den Kopf gestellt.

Ich betupfte meine aufgeplatzte Lippe mit dem Handballen und spie Blut auf den Strand. Der Barbar nahm von neuem meinen Arm, zog mich zu einem der größeren Uferfelsen und stieß mich darauf nieder. Er vollführte eine warnende Handbewegung und stieß ein einziges gutturales Knurren aus, mit dem er mich anwies, still zu sitzen, mich nicht zu rühren und erst recht keinen Fluchtversuch zu unternehmen.

Er hätte sich die Mühe sparen können; für den Augenblick war ich vollauf damit zufrieden, auf dem Felsen zu sitzen und meine Kleider in der Sonne trocknen zu lassen. Gewiß, ich würde wieder zu fliehen versuchen, so sagte ich mir, doch ich mußte abwarten, bis sich eine bessere Möglichkeit bot, und durfte nicht einfach unbesonnen die erste Gelegenheit ergreifen, die mir des Weges kam. Dieser Gedanke, zusammen mit dem Wissen, daß wir uns immer noch in Armorica befanden und nicht irgendwo draußen auf einem unbekannten Meer, tröstete mich und gab mir das Gefühl, das Beste aus einer schweren Notlage zu machen.

Die Seewölfe schickten sich inzwischen an, eine Mahlzeit zu bereiten. Sie zündeten ein kleines Feuer an und brachten vom Schiff Essen herbei, das sie untereinander austeilten, ohne auch nur einen Blick in meine Richtung zu werfen.

Ein riesenhafter Barbar mit rotem Zopf, in dem ich jetzt das Scheusal mit der Keule aus dem nächtlichen Überfall erkannte, kletterte aufs Schiff zurück und ergriff ein Faß, das er auf die Arme hob und auf den Strand hieven wollte. Doch sofort gebot ihm ein anderer mit einem Schrei Einhalt, ein hellhaariger Mann mit einem langen, zu einem Zopf geflochtenen Bart und einer Goldkette um den Hals. Das war der Mann, der auf der überdachten Plattform gestanden und den Männern Befehle erteilt hatte.

Gelbhaar, so dachte ich, war wohl der Anführer dieses Barbarentrupps. Doch obwohl seine Männer ihm eine gewisse Beachtung schenkten, schienen sie nicht allzuviel auf ihn zu geben, ja, sie begegneten ihm nicht einmal mit besonderer Aufmerksamkeit. Dennoch zollten sie ihm wohl einigen Respekt oder zumindest widerwilligen Gehorsam, denn der rothaarige Riese setzte mit einem Grunzen die Tonne ab, stieg vom Schiff und kehrte an seine Mahlzeit zurück.

Nachdem die Männer gegessen hatten, schliefen sie. Wie Schweine in der Sonne ließen sie sich einfach umfallen, schlossen die Augen und dösten ein.

Ich überlegte schon, mich leise davonzuschleichen, solange sie schliefen, doch der Gedanke verflog, als mein Barbar plötzlich aufwachte. Er erinnerte sich wieder an mich, kam zu mir und fesselte mir Hände und Fußgelenke mit einem Stück geflochtener Schnur. Wenigstens ließ er mich im Schatten des Felsens sitzen, wo ich meine Entführer im Auge behalten konnte. Dies erwies sich allerdings als äußerst eintönig, denn sie blieben den größten Teil des Tages untätig liegen und erhoben sich erst wieder, als die Schatten über dem Kieselufer länger wurden.

Sie erwachten, reckten sich und erleichterten sich am Fluß. Einige nutzten die Gelegenheit, um sich zu waschen: Sie stellten sich vollständig angekleidet an eine seichte Stelle und bespritzten sich mit Wasser.

Mein Barbar kam, mich loszubinden, zog mich auf die Füße und zerrte mich zum Schiff. Ich watete zum Boot hinaus und blieb nur stehen, um eilig ein paar Handvoll Wasser zu trinken. Dafür wurde ich, wenn auch halbherzig, mit der Schnur geschlagen, und mein Bewacher überhäufte mich mit unverständlichen Beschimpfungen, von denen ich kein Wort begriff.

Dies belustigte die Seewölfe, und sie lachten, als sie mich in dieser Verlegenheit sahen. Ich machte mir jedoch nicht viel daraus, denn von neuem spürte ich in dieser Tat keine wirkliche Feindschaft. Immer mehr gelangte ich zu der Meinung, daß mein Barbar versuchte, eine Pflicht, die man von ihm erwartete, zu erfüllen, aber nicht wirklich mit dem Herzen dabei war. Als Mönch verfügte ich über reichliche Erfahrung mit solchem Verhalten und erkannte solches schnell, wenn es mir begegnete.

Wir kletterten über die Reling. An Bord stieß der Mann

mich an meinen Platz am Bug und befahl mir – jedenfalls verstand ich ihn so – mit einem Knurren, dort zu bleiben. Doch er fesselte mich auf keine Weise.

Weder an diesem Tag noch am nächsten erhielt ich etwas zu essen. Das einzige, was man mir erlaubte, war das Wasser, das ich mir selbst suchte, wenn wir anlegten. Doch dies bereitete mir keine große Sorge. Ich war das Fasten gewöhnt und betrachtete daher diese Einschränkung einfach als eine Art Trédinus, das ich Gott, unserem Erlöser, mit Freuden darbrachte. Wenn die anderen aßen, betete ich, für unseren armen dahingeschiedenen Bischof (mochte Gott ihn reich belohnen!), für meine Brüder, von denen ich nicht wußte, ob sie verwundet oder tot waren, für die Rettung des gesegneten Buches und für mich selbst, der ich mich in grausamer Knechtschaft befand.

Jeden Tag betete ich lange und inbrünstig, obwohl ich bald lernte, daß ich besser darauf verzichtete, mich niederzuwerfen oder auch nur zu knien. Meine Bewacher sahen es nicht gern, wenn ich eine betende Haltung annahm, und traten mich zusammen, wenn sie mich dabei ertappten. Ich fand diese Unterlassung nicht so schlimm, denn Gott sieht nur das Herz des reuigen Sünders, und meine Hingabe war aufrichtig. Wahrhaftig, der Mangel an Nahrung bedrückte mich nicht. Der Umstand jedoch, daß wir mit gleichförmiger, schneller Geschwindigkeit gen Norden fuhren, erfüllte mich mit unendlicher Furcht. In dem Maße, wie wir uns Tag für Tag weiter aus der Gegend von Namnetum entfernten, schwand auch alle Hoffnung, jemals einen meiner Brüder wiederzusehen. Immer inbrünstiger betete ich daher und wappnete mich, indem ich zahllose Male die Psalmen rezitierte.

Als ich eines Tages von meinem hochgelegenen Platz am Bug Ausschau hielt, sah ich, daß die vertraute graue Küste ganz und gar verschwunden war. Zwei Tage lang sollten wir nichts außer dem Meer sehen. Ohne Unterlaß suchte ich den leeren Horizont ab, und als endlich das lang ersehnte Land erschien, hatte es sich vollkommen verändert.

Flach, braun und gesichtslos lag die Küste da. Doch die Seewölfe segelten nicht so nahe an der Küste wie zuvor. Sie suchten nicht länger die Wiks auf, um zu rasten und Wasser zu fassen, und stellten Tag und Nacht Wachen auf.

Ein Ergebnis dieser Veränderung war, daß man mir ein bißchen zu essen gab – dasselbe, was die Barbaren zu sich nahmen, wenn auch viel weniger. Grobe Kost war das: zähes, fades und unsachgemäß getrocknetes Fleisch. Dennoch erfüllte es seinen einfachen Zweck, nämlich diesen Gefangenen am Leben zu halten, bis er seinem Schicksal zugeführt würde – ob dies der Tod war oder noch ein übleres Geschick, konnte ich nicht einmal ahnen.

Ich stand oder saß an meinem gewohnten Platz, blickte auf das fremde, namenlose Land hinaus und betete, ob im Sitzen oder im Stehen, glühend darum, Gottes schnelle, sichere Hand möge vom Himmel herabfahren und mich aus meinem furchtbaren Elend hinwegheben. Nun, dies geschah leider nicht, sondern das schmale Boot eilte weiter über das Meer. Immer weiter segelten wir gen Norden. Nur einmal sahen wir ein anderes Gefährt, und vor diesem ergriffen wir die Flucht.

Als er das Schiff sichtete, rief Braunstiefel nach Gelbhaar, der zu ihm an den Mast trat. Schulter an Schulter standen die beiden da und musterten kurze Zeit eingehend das fremde Boot, und daraufhin begann Gelbhaar Befehle zu brüllen, woraufhin die sonst so trägen Seeleute an ihre Ruder hasteten. Alle legten sich mit unglaublicher Kraft in die Riemen, obwohl das Segel sich immer noch blähte und der Wind kräftig blies. Bald erwies es sich, daß die Fremden zurückblieben. Nach einiger Zeit gab das andere Schiff die Verfolgung auf, und die Seewölfe brachen in Jubel aus.

In ihrer Freude, einem möglichen Angreifer entkommen

zu sein, waren sie wie verwandelt. Ich spürte ihre überschäumende Stimmung und mußte wider Willen lächeln. Wie kindlich sie waren, dachte ich, so erpicht darauf, all ihre Begierden sofort zu befriedigen. Und wie Kinder nun einmal sind, sorgten sie sich nur um den Augenblick. Sie waren einer unerwünschten Auseinandersetzung aus dem Weg gegangen, und nun kannte ihre Seligkeit keine Grenzen. Sie sprangen von den Ruderbänken auf die Reling, schwangen ihre Speere und klapperten mit den Schilden. Nun, da ihr vermutlicher Feind von ihnen abgelassen hatte, schäumten sie vor Wagemut.

Alles in allem war das Ganze höchst lehrreich für mich – eine Lektion, die ihre Wirkung nicht verfehlte.

Danach rechnete ich nicht länger damit, daß wir nach Armorica zurückkehren würden. Mir schien, daß die Barbaren auf ihren Heimathafen zuhielten. Ich wandte meinen Blick nach Norden und durchforschte jene kalten, schwarzen Wasser nach einem möglichen Ziel. Das Wetter verschlechterte sich von neuem, eine schwere Brise rührte die Wogen auf. Die Wolken hingen tief über dem Meer, und dichter Nebel verbarg die Küste. Wir gingen jedoch nicht an Land. Anscheinend fühlten die Seewölfe sich bei dieser gräßlichen Witterung wohl!

Als gegen Abend des zweiten Tages die Sonne wieder schien, hatte das Land von neuem seine Gestalt verändert. Da lagen tief eingeschnittene Buchten, deren Wände wie mit Schindeln aus hartem Stein bedeckt schienen, und dunkelgrüne Wälder, die sich dahinter auf steilen Hängen erhoben. Die Hügel waren nicht hoch, aber trotzdem verschwanden ihre oberen Regionen häufig in dichten Wolken- und Nebelschleiern, die in jenem ungastlichen Klima allenthalben aus dem Boden zu quellen schienen. Ich sah keine nennenswerten Ansiedlungen, ja selbst Einzelgehöfte gab es wenig genug. Dennoch fürchteten die Seewölfe, hier nicht unbehelligt passieren zu können. Dies erkannte ich, da wir, als wir diese dunklen Meere erreichten, nur noch bei Nacht segelten, ein seemännisches Meisterstück, auf das die Barbaren sich gut verstanden.

Der Gedanke, daß auch sie vielleicht Feinde besaßen, war mir nie zuvor gekommen. Aber als ich sah, wie argwöhnisch und bange sie sich ihrer Heimat näherten, verriet mir dies, daß sie zwar jeden angriffen, den sie für schwächer hielten, sich selbst aber durch andere, die stärker waren als sie selbst, bedroht fühlten. Diese fürchteten sie ebenso, wie sie selbst gefürchtet wurden. Wahrhaftig, auch darin waren sie wie Wölfe: ungezähmt und wild, brutal und auf Schritt und Tritt von jedermann gejagt.

Auf diese Weise lernte ich, um nicht zu verzweifeln und bei Verstand zu bleiben, soviel wie möglich über ihre primitive Lebensart. Je mehr ich über die Barbaren erfuhr, desto größer wurde mein Mitgefühl mit ihnen, denn sie befanden sich jenseits aller Erlösung und waren ohne die geringste Hoffnung auf himmlische Rettung. Gott helfe mir, ich begann mich ihnen aufgrund meiner Bildung und meines zivilisierten Auftretens überlegen zu fühlen. Die Hoffart packte mich mit ihren gierigen Fängen und rüttelte mich durch, und ich schwoll vor Stolz an. Ich stellte mir vor, daß ich, wenn ich die Möglichkeit bekäme, gewaltige Arbeit an ihnen leisten könnte, indem ich ihnen Jesu Frohe Botschaft verkündete. Denn von solchen Dingen war mir zu Ohren gekommen.

Fürwahr, hatte nicht der heilige Pátraic genau dies unter denen vollbracht, die ihn einst gefangen hatten? Dies, entschied ich, würde auch ich tun. Ich würde der Pátraic dieser Seewölfe werden und mir ewigen Ruhm erwerben.

14

Das Land, das wir so eilig zu erreichen suchten, war von grauen und grünen Farbtönen beherrscht: Da gab es Buchten mit kaltem Wasser und schwarze Felshügel, von hohen Kiefern und Birken bestanden. Dem alles überwuchernden Wald hatte man kleine Felder abgerungen, die auf dem dünnen, unfruchtbaren Boden gewiß in mühsamer Knochenarbeit angelegt worden waren. Die Siedlungen waren klein, nichts weiter als Ansammlungen von ein paar Holzhütten, die an der Küste, an Waldsäumen oder auf bewaldeten Inseln verstreut standen.

Einige Tage, nachdem wir in das nördliche Meer eingefahren waren, gelangten wir, verstohlen an zahlreichen Inseln und Buchten vorbeisegelnd, endlich an das Ziel unserer Reise, eine breite, hochaufragende Halbinsel, wo, tief in einer ausgedehnten Bucht mit Kieselstrand verborgen, ein Dorf lag. Umgeben von einer hohen Holzpalisade, konnte man die Siedlung inmitten des Waldes, aus dessen Baumstämmen sie mit viel Mühe errichtet worden war, kaum auszumachen.

In der Bucht und auf den harten Stein hochgezogen lagen andere, kleinere Schiffe und Kähne. Als unser Boot erschien, stürmten sämtliche Bewohner zum Wasser herunter und blieben dort unter lautem Willkommensgeschrei stehen. Jeder brannte darauf, die Heimgekommenen zu begrüßen. Selbst die Hunde liefen am Strand auf und ab und kläfften glücklich, weil ihre Herren zurückkehrten. Alle lachten, schrien und redeten zugleich und machten den Empfang zu einem einzigen fröhlichen Höllenspektakel.

Begierig, endlich wieder mit ihren Familien vereint zu sein, sprangen die meisten der Seewölfe über die Reling ins Wasser und schwammen an Land, wo sie mit großem Jubel und großer Freude empfangen wurden. Frauen umarmten ihre Ehemänner, Kinder rannten ihren Vätern entgegen, alte Männer humpelten kreischend und gestikulierend über den Kieselstrand herbei, Knaben fuchtelten mit angespitzten Stöcken, und junge Männer reckten ihre Speere in die Höhe. Offensichtlich war die Rückkehr der Wikinger sehnlichst erwartet worden.

Ich stand auf meinem Platz am Bug und schaute zu. Dies hier war wie überall, wenn Familien ihre Ehemänner, Väter und Söhne, die von hoher See heimkehren, willkommen heißen. Nur, daß diese Männer fort gewesen waren, um zu plündern und zu rauben, statt Fischernetze auszuwerfen, und Elend und Tod gesät hatten.

Gelbhaar ließ das Schiff auf Grund laufen und sah zu, wie es an zwei massiven Pfosten, die am Strand eingelassen waren, festgemacht wurde. Als der Anführer zufrieden war, befahl er seinen Männern, die Beute herbeizubringen. Rasch wurde die überdachte Empore hinter dem Mast von ihrer ledernen Bedeckung befreit, und siehe da, fünf hölzerne Schatullen oder Truhen und ein wahrer Berg an Waffen – Schwerter, Speere, Schilde und dergleichen – kamen zutage.

Der rote Riese bückte sich und nahm eine Truhe auf seine mächtigen Arme. Er stemmte sie bis über seinen Kopf, stieß ein gewaltiges Ächzen aus und schleuderte sie nach unten auf den Kieselboden. Die Schatulle splitterte und barst, und Gold schimmerte im Sonnenlicht. Während zwei andere Seewölfe sich mit einer zweiten Kiste mühten, nahm der Riese eine dritte Schatztruhe und warf sie neben die erste ans Ufer. Die vierte, die angeflogen kam, traf auf die anderen, brach auf und ergoß ihren goldglitzernden Inhalt auf den Strand.

Die Dorfbewohner drängten sich um den Schatz und betrachteten staunend den Reichtum, der dort vor ihnen lag. Doch nicht einer, nicht einmal die Männer, die die Truhen heruntergeworfen hatten, erkühnte sich, das Gold auch nur mit einem Finger zu berühren. Statt dessen warteten sie darauf, daß Gelbhaar herabkletterte, um sich mit dem Schatz zu zeigen.

Noch nie, dachte ich bei mir, hatte ich gesehen, daß die Barbaren ihre Gier so lange bezähmten. Sie alle traten nahe heran. Ihre Gesichter leuchteten in gespannter Erwartung, in ihren Augen spiegelte sich der Goldglanz des Schatzes, und sie flüsterten einander hinter vorgehaltener Hand zu.

Der Anführer breitete eine Ochsenhaut am Strand aus und ließ dann zwei der restlichen Truhen öffnen und ihren Inhalt auf das Leder schütten. Die letzte Kiste blieb, wie ich bemerkte, verschlossen und wurde beiseite gestellt. Aber der Inhalt der zerbrochenen Truhen wurde gewissenhaft eingesammelt und gesellte sich zu dem Haufen aus Gold, Silberschmuck und Münzen. Und der Berg war nicht eben klein. Noch nie hatte ich so viele Wertgegenstände auf einmal gesehen. Wahrhaftig, eine solche Beute konnte es mit den Schätzen der Tuatha DeDanaan aufnehmen.

Daraufhin kniete Gelbhaar ehrfürchtig vor diesen Reichtümern nieder und begann, den Haufen zu durchwühlen, wie er es, glaube ich, wohl viele Male in der Zurückgezogenheit seiner Schiffshütte getan hatte. Er fand einen großen Goldkelch und hielt ihn in die Höhe – zur Freude der Zuschauer, die bei dem Anblick wie erstaunte Tauben zu gurren begannen. Der Anführer setzte den kostbaren Kelch neben sich auf den Boden und wandte sich von neuem dem Berg zu, aus dem er nach kurzer Suche eine hübsche Schale hervorholte, die ihren Platz neben dem Kelch einnahm.

Als nächstes zog er eine Goldkette heraus, deren Glieder so dick waren wie der Daumen eines Mannes. Der Barbarenführer erhob sich, die Kette zwischen den ausgestreckten Händen haltend, und wandte sich hierhin und dorthin, während er ruhig zu seinen Leuten sprach. Dann warf er mit einem wilden Gebrüll die Kette unvermutet dem roten Riesen zu. Das runde Gesicht des Mannes verzog sich zu einem breiten, zahnlückigen Grinsen. Er schrie vor Freude und schüttelte sich am ganzen Körper wie ein Bär.

Der rote Riese, entschied ich, war wohl der Favorit Gelbhaars. Daher wurde er vor den anderen ausgezeichnet und erhielt das erlesenste Beutestück. Einer nach dem anderen wurden auch die übrigen von ihrem Befehlshaber auf die gleiche Weise belohnt – eine silberne Gewandnadel für den einen, ein Paar Armbänder für den nächsten. Einige erhielten Becher und Schalen, und wieder andere Ketten und Armreifen. Jeder wurde, so vermute ich, entsprechend dem Wert seiner Dienste entgolten. Daß sie so hohen Lohn für ihre Mordtaten erhielten, empörte mich. *Jesus*, betete ich, *erlöse mich aus diesem Hort des Lasters!*

Aber ach, mein Leiden hatte erst begonnen.

Welcher Jammer! Unter dem angehäuften Gold erkannte ich den feingearbeiteten Adler von Cadocs Bischofsstab. Der stolze Vogel war von seinem rechtmäßigen Platz gerissen worden und breitete nun seine Schwingen zum Vergnügen seiner Entführer aus. Als ich das heilige Emblem erblickte, wurde mir das Herz schwer wie ein Mühlstein. »Armer Cadoc«, flüsterte ich, »ein solcher Tod war deiner nicht würdig.« Wenigstens befand sich das unersetzliche Buch nicht unter der Beute, was ich als gutes Zeichen deutete.

Als das letzte Stück goldenen Schmucks vergeben war, machte Gelbhaar sich daran, die Münzen und das Silber aufzuteilen. Rasch hackte man, ohne Ansehen ihrer Schönheit oder ihres handwerklichen Wertes, die größeren Silbergegenstände in Stücke und schlug diese dem großen Haufen zu. Ich zuckte zusammen, als ich sah, wie eine schöne Vorlegeplatte und etliche feingearbeitete Teller der Axt anheimfielen, gar nicht zu reden von zahlreichen Gewandnadeln, Fibeln, Ringen und Armreifen.

Immer noch auf Knien schob der Anführer die Münzen und anderen Teile nach Größe und Gewicht zu kleinen Bergen zusammen, die er dann peinlich genau in gleiche Häufchen aufteilte – eines für jeden Seewolf. Darauf zogen die Barbaren Lose und konnten je nach ihrem Glück beim Ziehen unter den Stapeln auswählen. Der letzte blieb für den Anführer übrig, der ihn schnell aufnahm und die Münzen in seine Schale schüttete.

Auf diese Weise wurden die Schätze verteilt. Vieles davon, so bemerkte ich, wanderte gleich weiter in andere Hände. Tatsächlich verblieben erstaunlich wenige Wertgegenstände im alleinigen Besitz ihrer Empfänger. Denn kaum hatte einer der Seewölfe sein Beutegut in der Hand, da erhob schon seine Ehefrau Anspruch darauf, die für gewöhnlich, nachdem sie den kostbaren Gegenstand gierig den Klauen ihres Gatten entrissen hatte, den unrechtmäßig erlangten Besitz ihrer Familie fest in eine Ecke ihres Umhanges einknotete.

Gelbhaar, der den Schatz bis auf den letzten Rest verteilt hatte, nahm nun die Huldigung seines Volkes entgegen. Lärmend jubelten sie ihm zu, schlugen ihm auf den Rücken und die Schultern, und einige der Frauen zupften liebevoll an seinem langen, geflochtenen Haupthaar und seinem Bart. Inmitten all dieses Tumults trat mein Barbar an seinen Anführer heran. Sie wechselten rasch einige Worte, und mein Herz tat einen Satz, als sie sich beide umwandten und mich eingehend in Augenschein nahmen.

Ich sah, wie Gelbhaar gleichgültig mit den Achseln zuckte und sich dann der Menge zuwandte. Er rief etwas und wies direkt auf mich. Dies rief eine gespaltene Reaktion in der

Menge hervor. Einige lachten laut, während andere drohend vor sich hin brummelten. Ein paar schoben sich näher an das Boot heran, um mich neugierig zu betrachten.

Einer, ein Mann mit dicken Augenbrauen, sprach den Anführer an und erhielt eine wohlwollende Antwort. Daraufhin wandte Gelbhaar sich an meinen Barbaren, der mit zusammengepreßten Lippen nickte.

Wieder ergriff der Barbar mit den wuchernden Augenbrauen das Wort, wies auf mich und hielt zwei Finger in die Höhe. Einigermaßen bestürzt erkannte ich, daß sie um mich feilschten.

Wieder sprach der Anführer, und mein Barbar nickte von neuem. Der andere Mann warf einen Blick auf mich, schüttelte dann den Kopf und ging fort. Gelbhaar streckte die Hand aus. Mein Seewolf griff in seinen Gürtel und zog drei Goldstücke heraus, die er in die Hand des Anführers fallen ließ.

Gelbhaar befahl, die letzte Schatztruhe an Bord des Schiffes bringen zu lassen, und nahm dann, seinen Kelch in der einen und seine Schale in der anderen Hand, mit gekreuzten Beinen auf der Ochsenhaut Platz. Sogleich faßten die Wikinger das Leder am Rand, hoben es an, und der Anführer wurde auf den Schultern seines Volkes, das ihm unter lautem Jubel folgte, in das Fort getragen.

Mein Barbar winkte mir vom Schiff, zu ihm zu kommen. Ich stand immer noch da und beobachtete alles, was am Ufer vor sich ging. Rasch kletterte ich über die Reling und begab mich zu meinem neuen Herrn. Dieser legte eine Hand auf seinen Oberkörper und sagte: »Kuu – nar.« Er klopfte sich an die Brust, wiederholte dieses Wort mehrere Male und nickte mir mit einer Miene gespannter Erwartung zu.

»Ku-nar«, wiederholte ich und sprach den seltsam klingenden Namen so gut ich konnte aus.

Er lächelte, erfreut über meine Bemühungen, sagte noch

einmal »Gunnar« und tippte dann erwartungsvoll an meine Brust.

»Aidan«, erklärte ich. »Ich bin Aidan.«

Gunnar schien nachzudenken. »Ed-dan«, sagte er.

»Aidan«, verbesserte ich ihn vorsichtig und nickte. »Aee-dan.«

»Aedan«, antwortete er.

Schon wollte ich ihn ein weiteres Mal verbessern, als er plötzlich die Hände hob, mich an der Kehle packte und fest zudrückte. Ich versuchte mich aus seinem Griff zu lösen, doch er quetschte nur noch stärker, und ich fürchtete, er wolle mich erwürgen. Meine Augen quollen hervor, und ich rang nach Luft. Gunnar zwang mich in die Knie. Mir wurde schwarz vor Augen, und ich krächzte: »Gnade!«

Erst da ließ er mich los. Keuchend sog ich Luft in meine Lungen. Gunnar, der über mir stand, nahm ein Stück Lederkordel, wie man sie vielleicht gebraucht, um einen Hund anzuleinen, und machte sich daran, sie mir um den Hals zu binden.

Er schlang das Band zwei- oder dreimal herum und knotete es fest. Dann streckte er mir mit einem Brummen die rechte Hand hin. Ich dachte, er wolle mir beim Aufstehen helfen, und griff danach. Er schüttelte mich jedoch ab und hielt mir die Hand noch dichter vors Gesicht.

Als ich keine weiteren Anstalten machte, hielt er mit der anderen Hand meinen Kopf fest, während er den Handrücken seiner Rechten an meine Stirn legte. Ich nahm an, dieser ganze merkwürdige Vorgang sollte besagen, daß er sich als meinen Herrn betrachtete und mich als seinen Sklaven, der ihm sein Leben, das er in seinen Händen hielt, verdankte.

Gunnar wandte sich ab und marschierte auf die Festung zu. Nach ein paar Schritte blieb er stehen, um sich zu vergewissern, daß ich ihm folgte. Als er sah, daß ich immer noch auf den Knien lag, stieß er einen scharfen Befehl aus, woraus ich schloß, daß ich mit ihm gehen sollte. Ich erhob mich und folgte meinem Herrn zur Siedlung.

Als wir uns den mächtigen Toren näherten, zitterte ich vor Angst und Schrecken. Ich bekreuzigte mich und betete um göttlichen Beistand, indem ich sprach: »Beschirme mich mit Deinem mächtigen Schild, o Herr. Laß Michael, den Herrn Deiner Heerscharen, mir an diesen furchtbaren Ort voranschreiten. Ich lege meine Seele in Deine Hände, König des Himmels. Mögen Deine Fittiche mich in diesem Meer der Sünde umgeben. So sei es!«

Solchermaßen gestärkt, schlug ich über meinem Herzen das Kreuzzeichen und betrat die Festung. Durch die riesenhaften Tore gelangte ich in das Reich der Heiden.

Ich hatte noch nie eine Wohnstätte der Wikinger gesehen, aber ich hatte andere von der Siedlung in Dubh Llyn erzählen hören. Abgesehen davon, daß der Fluß fehlte, hätte dies der gleiche Ort sein können. Die Seewölfe lebten in großen, gedrungenen, aus Balken und lehmverputztem Flechtwerk errichteten Hütten mit spitzen Strohdächern. Sieben dieser Häuser standen da, und jedes mochte fünfzehn oder zwanzig Bewohnern Platz bieten.

Etwas abgesetzt von den anderen Hütten, in der Mitte des von Holzwällen eingeschlossenen Platzes, erhob sich ein größeres Gebäude. Zwei schlanke Birkenstämme standen vor diesem Bauwerk. An der Spitze waren sie mit Kränzen und frischen Zweigen geschmückt, die mit weißen und gelben Stoffstreifen befestigt waren. Aber selbst ohne die Birkenstämme hätte ich erkannt, daß dies Gelbhaars Halle war.

Gunnar und ich gingen zwischen den Häusern hindurch, über den weitläufigen Hof, und folgten der Menge, die zwischen den Birkenstämmen in die große Halle strömte. Der Raum drinnen war halb dunkel, und man gewann den Eindruck, sich in einem Wald zu befinden. Die dicken Stützbalken wirkten wie Baumstämme, deren Äste in der raucherfüllten Düsternis unter dem Dach verschwanden. Diese Stämme waren rot, weiß und gelb angestrichen, und einer – der an der westlichen Ecke, wo des Königs Gemach lag, das allerdings nur wenig größer war als eine Bucht, in der man ein Pferd einstellt – war in leuchtendem Blau gehalten.

In eisernen Haltern flackerten rußige Fackeln und tauchten die Halle in ein schwaches, ungewisses Licht. An den Längswänden befanden sich die Koben gleichenden Schlafnischen, von denen einige Trennwände oder Ledervorhänge besaßen, um die Bewohner notdürftig vor fremden Blicken zu schützen. Von den oberen Balken hingen über Speerbündeln runde Holzschilde herab. Der Feuerstelle gegenüber standen zwei lange, von Holzböcken gestützte Tische, und auf beiden Seiten derselben niedrige Bänke. Der Boden war mit Schilf und Stroh bestreut. Hunde räkelten sich träge darauf oder umschnüffelten die Beine der Neuankömmlinge.

Alle Herrscher gleichen sich in ihrer Prunksucht, und die Barbaren neigen ganz besonders dazu, ihren Reichtum über Gebühr zur Schau zu stellen. So zeigte sich Gelbhaars Sessel als ein gewaltiger Thron aus Eichenholz, geschmückt mit eisernen Ringen und buckelförmigen Beschlägen. Die Feuerstelle war breit und tief, mit Steinen abgesetzt und mit riesigen eisernen Kaminböcken ausgestattet, um die dicken Holzblöcke, die Gelbhaar Tag und Nacht brennen ließ, zu halten. An einem Dreifuß hing an einer doppelgliedrigen Kette ein riesiger Bronzekessel, in dem es brodelte und zischte.

König Gelbhaar hielt mit großen Schritten geradewegs auf den Kochtopf zu, nahm eine lange Fleischgabel und fuhr damit hinein. Er fischte ein dampfendes Stück Fleisch heraus, hielt es vor seinen Mund und riß mit den Zähnen ein ordentliches Stück ab. Gelbhaar kaute herzhaft und schluckte den Brocken herunter. Dann drehte er sich zu den Zuschauern um und brüllte mit lauter Stimme. »Bier!« schrie er. »Schafft Bier heran!«

Einige Knaben huschten davon, um kurz darauf mit Schalen voll schäumenden braunen Biers zurückzukehren, dem Lieblingsgetränk aller Dänen. Gelbhaar trank gierig; er schüttete sich den Inhalt der Schale in den Mund und ließ die starke Flüssigkeit in großen, geräuschvollen Schlucken durch seine Kehle rinnen. Als der Anführer fertig war, wischte er sich den gelben Schnurrbart mit dem Ärmel ab, reichte die Schale an seinen Favoriten weiter und wankte zu seinem Thron. Er wandte sich der Versammlung zu und nahm übertrieben feierlich Platz.

Dies war, glaube ich, ein sehnlichst erwartetes Zeichen, denn kaum hatte sein königliches Hinterteil das polierte Eichenholz berührt, da geriet die ganze Halle in Aufruhr. Augenblicklich stürzten die Männer an die Tafel und rangelten um die Plätze, während Frauen hin und her liefen, und alles unter großem Geschrei. Was für ein Radau! Ein Tohuwabohu brach aus, und mir schwirrte der Kopf.

Gunnar nahm seinen Platz unter den anderen Seewölfen ein, die sich an die Tafel gesetzt hatten. Mir bedeutete er, hinter ihm stehenzubleiben, während sich um mich herum die Dorfbewohner daranmachten, ein Festmahl aufzutragen. Keine schlechte Warte, denn so konnte ich das geschäftige Treiben in der Halle beobachten, ohne dabei niedergetrampelt zu werden.

Bierkrüge und Trinkschalen erschienen auf dem Tisch, aufgetragen von den Dienstknaben, die durch die Halle liefen. Die Seewölfe stürzten das schäumende Gebräu hinunter, stießen einander ungeduldig in die Seiten, schlugen mit den Händen auf den Tisch und schrien nach mehr. Becher, Krüge und Trinkschalen kreisten, von Hand zu Hand weitergegeben, durch die Halle.

Ein paar Männer kamen mit einem gewaltigen Faß, das sie auf ein eisernes Gestell neben den Thron ihres Herrn setzten. Sie tauchten leere Schalen in den Bottich, zogen sie gefüllt und schäumend wieder hervor und übergaben sie dem Pandämonium. Als ich zusah, wie die Männer so fleißig zechten, wurde mir mein eigener quälender Durst bewußt, aber man gab mir nichts zu trinken, worauf ich aber auch nicht zu hoffen gewagt hatte.

Während die Seewölfe sich zum Trinken niedersetzten, eilten die Frauen und Mädchen mit Körben voll schwarzem Brot hin und her. Der Anblick all dieser schönen runden Laibe ließ mir das Wasser im Mund zusammenlaufen, und ein scharfer Schmerz durchfuhr meinen armen leeren Magen. Ein Korb nach dem anderen wurde auf den Tisch gestellt, und die Männer nahmen die Laibe – manchmal zwei oder drei zugleich! –, brachen sie und stopften sich das Brot in den Mund.

Währenddessen machten einige Männer sich am Herd zu schaffen. Rechts und links der Feuerstelle wurden zwei eiserne Gestelle in den Boden gerammt, und als dies vollbracht war und die Flammen hell loderten, verschwanden die Männer, um bald darauf mit einem ganzen Rind an einem langen Eisenspieß wiederzukehren. Drei Schweine und zwei Schafe am Spieß folgten, und alle wurden auf die Gestelle gesetzt und langsam über dem Feuer gedreht. Bald vereinte sich das Knacken und Brutzeln brennenden Fettes mit dem Prasseln der Flammen, und die große Halle erfüllte sich mit dem köstlichen Duft garenden Fleisches.

Mir war, als müßte ich ohnmächtig werden.

Um mich von meiner mißlichen Lage abzulenken, blickte ich mich in einem anderen Teil der Halle um. Auf einem Stuhl in einer dunklen Ecke sah ich einen gebeugten alten Mann sitzen, der mich zudem noch durchdringend anstarrte. Als er bemerkte, daß ich seinen Blick aufgefangen hatte, stand er auf und kam herangeschlurft. Mehr wie ein Bär als ein Mensch wirkte er, denn er war in schmutzige Lumpen gehüllt und wiegte im Gehen den Kopf vor und zurück.

Sein Gesicht war mit Ruß und Dreck verschmiert, und die

paar Haarsträhnen, die er noch besaß, bildeten ein verfilztes Gewirr voller Stroh und Dreck. Gebückt und lahm kam er aus seiner Ecke geschlichen, trat vor mich hin und betrachtete mich aus so weit aufgerissenen, glasigen Augen, daß ich vermutete, er müsse dem Wahnsinn anheimgefallen sein.

Die erbärmliche Kreatur stand einige Zeit da und glotzte mich an. Dann lehnte der Alte sich nach vorn, steckte mir die Nase ins Gesicht, hob die schmierige Hand und strich über meinen Schädel, worauf er laut auflachte und dabei einen so übel riechenden Atem von sich gab, daß ich würgte und mir Luft zufächelte. Er lachte nur noch lauter, und ich neigte mich so weit zurück, daß ich fast nach hinten überfiel.

Der Elende tätschelte ein letztes Mal meinen rasierten Kopf, riß den Mund zu einem zahnlosen Grinsen auf und fragte: »Wie ist dein Name, Ire?«

Verblüfft starrte ich ihn an. »Man nennt mich …« Ich unterbrach mich, während ich versuchte, mich an meinen Namen zu erinnern. »Aidan!« sagte ich dann. »Ich heiße Aidan.«

Der Greis grinste zufrieden und drehte sich um. Er zeigte auf Gunnar, der einen Schritt entfernt am Tisch saß. »Hat dich gefangen, was, Junge?«

»Das hat er«, antwortete ich.

Der Fremde erbebte am ganzen Körper vor Lachen, als bereite ihm diese Mitteilung außerordentliches Vergnügen. »Fürwahr, fürwahr«, meinte er, immer noch lachend, und begann auf lateinisch zu singen:

»Die Seewölfe fahr'n aufs Meer,
rauben irisch' Fleisch und Blut.
Gold und Silber lieben sie sehr,
doch Wölfen schmecken auch Steine gut!«

Staunend starrte ich ihn an und fragte mich, wie dieser widerwärtige Bursche dazu kam, Latein zu sprechen. Gewiß, seine Rede war fehlerhaft und sehr abgenutzt, aber dennoch die Sprache der Kirche.

»Wer bist du, Mann?« fragte ich.

»Scop bin ich«, antwortete er, »und Scop bleibe ich.«

»Scop?« wunderte ich mich. Ein ungewöhnlicher Name für einen höchst seltsamen Mann.

»Das bedeutet Wahrsager, mein Junge. Skalde, sagen die Nordmänner. Du würdest mich einen Barden nennen.« Wissend legte er den schmutzigen Finger an die Nase. »Ich bin der Hellseher von Rägnar Gelbhaar.« Dabei wies er ehrerbietig auf den Mann, der auf dem Thron saß.

»Sein Name ist Gelbhaar? Wahrhaftig?« staunte ich laut.

»Das ist er. Sieh ihn dir an. Er herrscht über die Geats und Oskingas.« Er hob beide Fäuste und ließ sie zusammenkrachen. »Zwei Stämme, wohlgemerkt. Viele Messer sind ihm durch Blut verpflichtet. Er ist ein höchst achtbarer Goldgeber.« Scop kniff ein Auge zu und betrachtete mich eingehend. »Bist du Sklave oder Geisel, Ire?«

»Sklave, glaube ich.« Ich berichtete ihm von dem kurzen Handel am Strand.

Der Alte nickte und legte seinen rußigen Finger an mein ledernes Halsband. »Ein Sklave bist du wahrhaftig. Aber du hättest es schlimmer treffen können, Ire, wirklich. Mancherorts sind die Geschorenen immer noch einen guten Preis wert.«

In diesem Augenblick sah Rägnar den Alten und winkte ihn zu sich. Grinsend schlurfte Scop davon. Ich blickte ihm nach und fragte mich, was für einem Mann ich da wohl eben begegnet war. Allerdings hatte ich wenig Zeit, darüber nachzugrübeln, denn Gunnar rief nach mir.

»Aedan!« brüllte er und reckte den Hals.

Ich trat näher, und er stieß mir seinen leeren Becher in die Hände. »Bier!« befahl er und wies auf das Faß.

Ich nahm den Becher und machte mich auf den Weg zum Faß, wo die Jungen damit beschäftigt waren, die Trinkgefäße zu füllen. Ich beobachtete, wie sie die Schalen und Krüge in den Bottich tauchten, und tat es ihnen nach. Dann ging ich an meinen Platz zurück und gab meinem Herrn den Becher in die Hand. Gunnar lächelte selbstzufrieden und schien hoch erfreut, daß sein Handel so schnell Früchte trug.

Von neuem nahm ich meinen Platz hinter ihm ein, um dem Festmahl zuzusehen. Beim Anblick von so viel Essen und Trinken, das sich alle mit solcher Hingabe einverleibten, wurde mir schwach vor Hunger. Mit offenem Mund glotzte ich die Körbe an, in denen das Brot hoch aufgehäuft lag, und das fettglänzende Fleisch, das sich langsam über dem Herdfeuer drehte.

Schwermütig betrachtete ich die schaumbekränzten Becher und Trinkschalen, die am Tisch ohne Unterlaß kreisten. Ich vernahm den immer lauter werdenden Mißklang von Schreien, grobem Gelächter und Fäusten, die auf den Tisch geknallt wurden. Während in der Halle die Hölle ausgebrochen zu sein schien, stand ich einsam da, mit nichts als der Erinnerung an einen langen Tag, an dem ich nichts getrunken hatte, und der Aussicht darauf, die lange Nacht hungrig zu verbringen.

Als das Fleisch gar war, zerteilte man die Tiere und trug die besten Stücke zur Tafel, wo die Barbaren wie Wölfe darüber herfielen. Ich sah zu, wie sie sich ihrem Festmahl hingaben: Tief gebückt, das Haupt gesenkt, hingen sie über dem Tisch. Gierig rissen sie das Fleisch auseinander und schlugen die Zähne in den saftigen Braten, so daß ihnen köstliches, heißes Fett über Hände und Kinn troff. Sie fraßen und fraßen, bis sie voll waren, und noch weiter, und dann sanken sie, mehr als gesättigt, vornüber auf den Tisch, um zu schlafen. Wahrhaftig, kein Wolfsrudel hätte lauter schnarchen oder tiefer schlummern können.

Und als sie aufwachten, widmeten sie sich von neuem Speis und Trank. Nachdem ihr erster Hunger gestillt war, stürzten sie sich jetzt weniger unmäßig auf ihr Mahl. Nun wünschten sie unterhalten zu werden, um ihren Genuß zu vergrößern, und begannen nach ihrem Skalden zu rufen, damit er ihnen seine Lieder vortrug.

Rägnar Gelbhaar erhob sich von seinem Thron und schrie laut: »Scop! Sing, Scop!«

Als die Zecher dies hörten, begannen sie mit Händen, Bechern und Krügen auf die Tischplatte zu donnern. »Scop! Scop!« brüllten sie. »Sing! Sing!«

Aus seiner schmierigen Ecke kam der Wahrsager geschlurft. Den Kopf hin- und herwiegend, humpelte er zum Thron, wo er sich niederbeugte, um die Beine seines Herrn zu umarmen. Rägnar versetzte ihm einen nicht unfreundlichen Knuff und stieß ihn fort. Der alte Scop stand auf, richtete sich gerade und schüttelte seine dreckigen Lumpen wie ein schmutziger Vogel, der die Schwingen ausbreitet und sich anschickt, in die Lüfte zu steigen.

Schweigen legte sich über die Halle, und gespannte Vorfreude breitete sich aus. Die Festgäste leckten sich die fettigen Finger und reckten sich erwartungsvoll auf ihren Bänken. Und dann öffnete der zerlumpte Alte mit vor Anstrengung zitternder Kehle den Mund und begann zu singen.

15

Gott, unserem Herrn, gefällt es oft, seine wertvollsten Gaben an den unwahrscheinlichsten Orten zu verbergen – schließlich weiß der Volksmund, daß man in irdenen Gefäßen häufig die edelsten aller Schätze findet. Obwohl ich seither zahllose Lieder gehört habe, von den besten Stimmen der Welt vorgetragen, habe ich nie wieder etwas vernommen, das dem Klang aus dem Munde des alten Scop gleichkam. Sein Gesang war nicht eigentlich schön, im Gegenteil; aber er war wahrhaftig. Und in dieser Wahrheit lag eine Schönheit, die allen Goldschmuck, den König Gelbhaar verteilt hatte, übertraf.

Man sagt, wenn einer, den der Bewahrer der Worte gesegnet hat, singt, stehe die Zeit still – dies glaubten zumindest die alten Kelten. Nun, jetzt bin auch ich davon überzeugt. Solange Scop sang, nahm er jeden in der Halle gefangen, fesselte alle wie Sklaven mit der zarten Kette seiner Kunst, und die sonst stets rastlos davoneilende Zeit verhielt und verharrte reglos.

Die Worte, die in der rauhen, unschönen Sprache der Dänen gesungen wurden, verstand ich nicht; aber den allgemeinen Sinn seiner Ausführungen begriff ich ebensogut wie meine eigenen Gedanken, denn seine Stimme und seine Miene waren unglaublich ausdrucksvoll und wandlungsfähig.

Als der Skalde von Heldentaten sang, begann mein Blut zu brodeln, und ich sehnte mich danach, blanken Stahl an Hüfte und Schenkel zu spüren. War das Lied fröhlich, lächelte er so strahlend, wie man dies sonst nur von denjenigen kennt, die unseren lieben Herrn Jesus in himmlischen Visionen erblicken. Wenn er von Trübsal sang, dann schien er so gebrochen von seinem Kummer, daß ich fürchtete, er werde zugrunde gehen. In Strömen rannen die Tränen über die ihm zugewandten Gesichter der Zuhörer und, Christus sei mir gnädig, auch ich weinte.

Das Lied war vorüber, und als ich meine Augen getrocknet hatte, war Scop verschwunden. Blinzelnd kam ich zu mir und blickte mich um wie jemand, der aus einem Wachtraum gerissen worden ist. Langsam schwoll der Tumult in der Halle wieder an. Die Feiernden schüttelten die Zauberbande ihres Barden ab und ergaben sich von neuem der maßlosen Völlerei.

Ohne Unterlaß wurden neues Bier, Fleisch und Brot gebracht und vor die Festgäste hingestellt. Nun tauchten auch andere Gerichte und Leckerbissen auf: in Honig gebackene Äpfel, gedünsteter Fisch mit Zwiebeln, fette Kochwürste, Schweinefleisch mit Linsen und in Bier eingelegte Trockenpflaumen. Dann und wann erhob sich jemand vom Tisch und stolperte zu einer der Schlafnischen, oder einer der Zecher entfernte sich torkelnd von der Tafel, um sich zu erbrechen oder sich zu erleichtern, und ein anderer nahm den frei gewordenen Platz ein.

Immer wieder wurde die Lustbarkeit durch Händel belebt, wenn die Krieger, erregt und aufgestachelt durch den Trunk, von Wut übermannt wurden. Diese Auseinandersetzungen wurden immer handgreiflich, und zwei davon endeten damit, daß beide Gegner ohnmächtig liegenblieben – zur großen Freude der schwerbenebelten Zuschauer, die aus voller Kehle grölten, wenn endlich Blut floß.

So nahm das Festmahl seinen lärmenden Verlauf: ein trunkenes Spektakel in einer schwülheißen Halle, die nach Qualm, Blut, Urin und Erbrochenem stank. Ich hätte nicht sagen können, ob wir Tag oder Nacht hatten oder ob ich vor allem müde, hungrig oder vielleicht durstig war. Mir war inzwischen alles gleich. Sehnlichst verlangte mich danach, in eine der zahlreichen Schlafnischen an den Wänden zu kriechen, aber jedes Mal, wenn ich versuchte mich fortzuschleichen, rappelte Gunnar sich auf und befahl mir, ihm neues Bier zu bringen.

Als ich auf meinem Weg zum Faß vorsichtig um die abgenagten Knochen und die Scherben zerbrochener Trinkgefäße herumtrat, die jetzt den Boden übersäten, bemerkte ich, daß die Dienstknaben häufig verstohlen einen Zug von dem eben gefüllten Becher nahmen, ehe sie ihn an die Tafel zurücktrugen. Auf diese Weise, so schien mir, kamen sie zu ihrem Essen und Trinken. Sie bedienten sich einfach, wenn niemand hinsah.

Angestachelt durch diesen Gedanken trat ich an das Faß, beugte mich vornüber und tauchte den Becher in die kühle braune Flüssigkeit. Ich roch die berauschende Süße des Biers, und dann überwältigte mich der Durst. Ehe ich mir Einhalt gebieten konnte, hatte ich den Becher an die Lippen gesetzt, und das Bier rann durch meine Kehle. Oh, welche Wonne! Nur ein- oder zweimal in meinem Leben hatte ich so herrliches Bier gekostet und stürzte dieses hier gierig hinunter.

Gott helfe mir, ich vermochte mich nicht zurückzuhalten und leerte den ganzen Becher. Hastig füllte ich ihn dann von neuem und wollte mich schnell davonmachen. Doch ein bulliger Däne vertrat mir den Weg.

Er starrte mich böse an und rief etwas, das ich nicht verstand. Ich beugte das Haupt und schickte mich an, um ihn herumzugehen, aber er ergriff meinen Arm, drehte ihn mir um und wiederholte, noch lauter schreiend, sein Ansinnen. Ich hatte keine Vorstellung, was der Unhold wollte, doch er blickte auf den Becher in meiner Hand, also reichte ich ihm diesen.

Der Mann brüllte etwas, das wohl »Nein« heißen sollte, holte kräftig aus und schlug mir den Becher aus der Hand. Der metallene Kelch flog durch die Luft, wobei das Bier weithin spritzte, und knallte in ein paar Schritten Entfernung auf den Tisch. Die Umsitzenden hielten inne und sahen uns neugierig an.

Noch einmal schrie der wütende Barbar mich an, und als ich keine Antwort gab, packte er mich und riß mich in die Höhe. Mit einem einzigen schnellen Schritt stand er am Faß, stieß mich brutal gegen die Eichentonne und drückte meinen Kopf in die schäumende Flüssigkeit hinunter.

Zu meinem Glück war der Bottich nicht mehr voll. Mein Schädel berührte den Schaum, doch ich vermochte wenigstens mein Gesicht aus dem Getränk herauszuhalten. Alle, die diesen ungleichen Kampf mit ansahen, lachten.

Der Seewolf brüllte vor Zorn, umfaßte meine Beine und hob mich hoch. Er hatte vor, mich vollends in das Faß zu stoßen. Ich faßte den eisernen Rand und klammerte mich mit aller Kraft daran fest. Holz und Metall waren jedoch klebrig und schlüpfrig, und meine Hände glitten ab. Immer tiefer rutschte ich, während die Zuschauer sich angesichts meiner Not vor Lachen ausschütteten.

Ich konnte mich nicht länger halten. Tief holte ich Luft, und dann wurde mein Kopf unter die schäumende Flüssigkeit gedrückt. Die Bläschen prickelten in meinen Nasenlöchern und Ohren. Indem ich heftig den Kopf hin und her warf, vermochte ich einen weiteren Atemzug zu tun, ehe mein Kopf von neuem, und dieses Mal noch tiefer, untergetaucht wurde. Ich konnte mich nicht befreien, obwohl ich mich wie ein Aal wand, mit den Armen um mich schlug und mit den Beinen austrat. Schließlich hörte ich zu zappeln auf, um die wenige Luft, die ich noch in den Lungen hatte, zu sparen, und flehte um Erlösung.

Gott im Himmel, errette mich, dachte ich. *Welch gräßliche Schmach, Deinen Diener in Bier ersaufen zu lassen!*

Noch während ich so betete, wurde ich mit einem Ruck nach hinten gerissen. Das Faß stürzte um, und das gesamte Bier floß aus. Nach Atem ringend, fiel ich auf den Rücken. Ich krümmte mich auf dem Boden zusammen und versuchte, mit Händen und Armen meinen Kopf gegen die Schläge zu schützen, die auf mich niederprasselten.

Ich erhaschte einen Blick auf ein rot angelaufenes Antlitz, das über mir schwankte, und vernahm einen Wutschrei. Dann schien dem Seewolf ein zweiter Kopf zu wachsen, denn hinter seiner Schulter erschien ein weiteres Gesicht, das von Gunnar. Mit einemmal stürzte der betrunkene Barbar vornüber und fiel der Länge nach auf mich. Auf seinem Rücken hockte mein Herr.

Die beiden wälzten sich wie ineinander verknäulte Schlangen auf dem Boden und schlitterten, aufeinander eindreschend, in der Bierlache umher. Ich kroch aus dem Getümmel und richtete mich in einiger Entfernung auf. Schnell bildeten die Männer in der Halle, die aus verschiedenen Stadien dumpfen Rausches gerissen worden waren, einen Kreis um die Kämpfenden und feuerten sie mit höhnischen oder beifälligen Rufen an.

»Hrothgar!« brüllten die einen. »Gunnar!« schrien die anderen.

Rägnar sprang von seinem Thronsitz auf. Er ließ einen Speer auf einen Schild klirren und lenkte damit die Aufmerksamkeit der Menge wenigstens so lange auf sich, daß er sich Gehör verschaffen konnte. Er rief einen Befehl, und die lärmende Masse setzte sich in Bewegung. Die beiden Gegner wurden von dieser Woge mitgerissen und nach draußen auf den Hof geschwemmt, wo sich die Männer unter Jubel und Geschrei von neuem zu einem Ring aufstellten.

Der Däne, den sie Hrothgar nannten, war zwar der größere von beiden, aber Gunnar war schneller und vollkommen furchtlos. Auge in Auge mit dem hünenhaften Barbaren stand er da, steckte dessen furchtbare Hiebe ein und zahlte sie ihm mit gleicher Münze heim. Wieder und wieder krachten ihre Fäuste dem anderen gegen Gesicht, Hals, Schulter, Leib. Beiden rann das Blut aus Mund und Nase, und immer noch tauschten sie Schläge aus, von denen jeder einzelne ein Pferd hätte fällen können.

Hrothgar, der keinen Vorteil über seinen Gegner erlangen konnte, ließ unvermutet von meinem Herrn ab. Er trat zurück, senkte den Kopf und raste unter lautem Gebrüll wie ein Stier auf Gunnar los. Dieser blieb reglos stehen, die Füße fest in die Erde gestemmt. Hrothgar erreichte ihn und schien ihn zu überrennen, aber die Arme des Barbaren griffen ins Leere. Denn Gunnar war, schnell wie ein Blitz, auf die Knie gefallen und packte Hrothgar in derselben fließenden Bewegung um den Hals. Verblüfft stieß der Barbar einen erstickten Schrei aus und krachte mit dem Kopf voran zu Boden.

Hrothgar wollte aufstehen, aber da saß mein Herr schon auf seinem Rücken. Gunnar brachte die Hände zusammen, erhob sie über den Kopf und ließ sie kräftig auf den Nacken seines Gegners hinabsausen, genau zwischen die Schulterblätter. Hrothgar grunzte wie ein abgestochener Stier und fiel mit dem Gesicht in den Staub. Einmal versuchte der Riese noch aufzustehen, aber seine Beine wollten ihn nicht tragen, und er blieb mit ausgebreiteten Armen auf der Erde liegen.

Gunnar stand auf und wischte sich das Blut aus den Augen und vom Mund, während die Menge seinen Namen schrie. Er blickte sich im Kreis um und hob triumphierend den Arm. Mit einemmal drängten die Männer auf Gunnar zu, hoben ihn auf die Schultern und trugen ihn in die Halle, um seinen Sieg zu feiern.

Ich schaute den Barbaren nach, machte aber keine Anstalten, ihnen zu folgen. Denn die Sonne schien, der Tag war hell und strahlend und ich mochte nicht in jene düstere, stinkende Halle zurückkehren.

»Sie haben sich deinetwegen geschlagen, Ire.«

Ich drehte mich um. »Scop!« Sein Anblick verblüffte und erschreckte mich. Hager und mit blutunterlaufenen Augen stand er vor mir, und der Schweiß rann ihm in Bächen den Hals hinunter. »Warum sollten sie meinetwegen kämpfen?« fragte ich. »Was habe ich denn getan?«

»Du hast aus Jarl Rägnars Bierfaß getrunken und den Becher dann Hrothgar angeboten.« Er schüttelte in gespielter Mißbilligung den Kopf. »Äußerst flegelhaft war das.«

Der Sänger wandte sich ab und wollte davonschlurfen, aber ich rief ihn zurück. »Bleib doch. Bitte, Scop. Ich habe Ausschau nach dir gehalten, denn ich hatte gehofft, du würdest noch einmal singen.«

Langsam drehte der abgerissene Skalde den Kopf, zwinkerte mir verschlagen zu und grinste. »Nur mit äußerstem Widerwillen werfe ich meine Perlen vor diese Säue«, entgegnete er mir. »Ich singe, wann es mir paßt.«

»Mißfällt das nicht Rägnar, deinem König und Herrn?«

Scop runzelte die Stirn und reckte das Kinn vor. »Jarl Rägnar ist mein König, doch er gebietet nicht über mich. Ich singe, wann ich will.«

»Bist du denn kein Sklave?«

»Das war ich einmal, aber jetzt nicht mehr. Zwanzig Jahre sind darüber vergangen, aber heute bin ich ein freier Mann.«

»Vergib mir, Bruder, aber wenn du frei bist, wieso bist du hiergeblieben? Warum kehrst du nicht zu deinem Volk zurück?«

Der heruntergekommene Barde zuckte die Achseln und

warf seine Lumpen zurück. »Das hier ist meine Heimat. Dies ist mein Volk.«

»Das scheint mir nur schwer vorstellbar«, versetzte ich.

»Glaub mir nur, Mönchlein, es ist die Wahrheit«, fuhr er mich zornig an. »Gott hat sich von mir abgewendet und mich zum Sterben liegengelassen. Doch ich bin nicht gestorben. Ich habe überlebt, und solange ich lebe, gehöre ich nur mir selbst und diene niemandem als mir allein.«

»Dann sag mir doch, wenn nichts dagegensteht, woher du das Latein kannst.«

Scop wandte sich ab und hinkte davon. Ich lief mit einem Schritt Abstand hinter ihm her. »Bitte«, beharrte ich, »ich möchte wissen, wieso du die Sprache der Priester sprichst.«

Ich dachte, der Sänger würde nicht antworten, denn er humpelte weiter, ohne mir Beachtung zu schenken. Aber nach ungefähr einem Dutzend Schritten blieb er mit einemmal stehen und fuhr herum. »Was denkst du denn, wie ich dazu gekommen bin?« fragte er. »Meinst du, ich hätte mein Latein auf dem Boden meiner Metschale gefunden? Oder stellst du dir vielleicht vor, ich sei mit den Seewölfen auf Beutezug gefahren und hätte es von einem armen, schutzlosen Priester geraubt?«

»Ich wollte dir nicht übel, Bruder«, beruhigte ich ihn. »Mich dünkt die Sache nur sehr rätselhaft, das ist alles.«

»Ein Rätsel?« fragte er und rieb sich mit einer schmutzigen Hand den schwärzlichen Hals. »Gerade du mußt mir von Rätseln sprechen, Ire.« Er starrte mich zornig an. »Ach, vielleicht hältst du ja deine eigene Rede für geheimnisvoll.«

»Nichts weniger als das«, entgegnete ich. »Ich bin schließlich Priester. Das Latein hat man mich im Kloster gelehrt.«

»Nun, ich habe meine Sprache gleichermaßen auf diese Weise gelernt.«

»Wahrhaftig?« Ich konnte mein Erstaunen nicht verbergen.

»Warum so verwundert?« erwiderte er trotzig. »Ist das so unwahrscheinlich? Übersteigt dies deine geringe Glaubenskraft?«

»Ich finde es jedenfalls höchst merkwürdig«, bekannte ich.

»Dann sag mir doch«, meinte er herausfordernd, »was von beidem seltsamer ist. Der Umstand, daß du dich als Sklave unter den Dänen befindest, oder der, daß ich als Priester zu ihnen entsandt wurde?«

Mit diesen Worten raffte er seine Lumpen und watschelte davon. Die Fetzen flatterten hinter ihm her wie die verdreckten Federn eines riesenhaften, unansehnlichen Vogels.

Ich sah ihn nicht wieder, denn nach noch mehr Essen und Trinken und verschiedenen Zerstreuungen – die Barbaren warfen mit Hämmern und Äxten um die Wette und, Gott behüte, sogar mit Schweinen, die sie einfingen und unter dem lauten Jubel ihrer Kumpane in die Luft hievten – nahm Gunnar Abschied von seinem Herrn, sagte all seinen Verwandten Lebewohl, verstaute Waffen und Beute in einem Ledersack und verließ die Siedlung. Mich nahm er mit – durch ein langes Seil, das um meine Hüfte geschlungen war, an ihn gefesselt.

Den ganzen Tag über wanderten wir durch dichten Wald. Wir kamen äußerst langsam voran, denn Gunnar schmerzte der Kopf, und er blieb häufig stehen, um sich niederzulegen. Während einer dieser Unterbrechungen bereitete ich ein Mahl aus den Brot- und Fleischstücken, die er in seinem Beutel mit sich führte.

Mein Herr konnte keine Nahrung bei sich behalten, doch er erhob keine Einwände, als ich davon aß. So brach ich mein langes Fasten mit hartem Brot und ranzigem Fleisch. Schmale Kost, aber dennoch war sie mir höchst willkommen. Nachdem ich gegessen hatte, band ich mich los und suchte im Unterholz nach ein paar Ffa'r gos, die ich zerstampfte und mit dem klaren Wasser aus einem nahen Bach vermischte. Ich goß die Flüssigkeit ab und gab sie Gunnar zu trinken, was er auch tat, jedoch wohlgemerkt nicht, ehe ich zuerst davon probiert hatte. Wieder legte der Wikinger sich schlafen, und als er erwachte, schien er viel besserer Laune.

Nachts schlugen wir unser Lager am Wege auf. Gunnar zündete ein Feuer an, und wir schliefen rechts und links davon. Im Morgengrauen, als die Vögel uns weckten, zogen wir weiter. Als Brot und Fleisch aufgebraucht waren, hatten wir nichts mehr zu essen, doch wir hielten häufig an, um von dem köstlichen Wasser der Bäche, von denen es in diesem Land unzählige gab, zu trinken. Ich hielt nach Beeren Ausschau und fand auch ein paar, doch diese waren noch nicht reif.

Bei Tag marschierten wir. Gunnar ging mit großen Schritten voran, den Beutel über die Schulter gehängt. Obwohl der Sack schwer war, wollte Gunnar mir nicht erlauben ihn anzurühren und zog vor, ihn selbst zu schleppen. Ich dachte bei mir, daß wir wohl ein ungewöhnliches Bild abgaben: Der Herr, der sich mit seiner Last quälte, während sein Sklave mit leeren Händen hinter ihm herschlenderte. Doch er mochte es nicht anders haben.

Da mein Herr sich nicht herabließ, mit mir zu sprechen – nicht daß ich ihn verstanden hätte –, blieb mir reichlich Zeit zum Nachdenken. Vor allem erinnerte ich mich meiner Brüder und fragte mich, ob wohl ein paar von ihnen überlebt hatten, und wenn dem so wäre, was aus ihnen geworden war. Würden sie ins Kloster zurückkehren oder nach Konstantinopel weiterziehen? Da das geweihte Buch nicht unter der Beute gewesen war, vermutete ich, daß vielleicht einige der Mönche hatten entkommen können und unser Schatz unentdeckt geblieben war.

In diesem Glauben fühlte ich mich geborgen, denn ich schloß, wenn das Buch gefunden worden wäre, hätte man es gewiß mitgenommen, und dann hätte ich miterlebt, wie es als Lohn für ihre abscheulichen Taten unter den Barbaren verteilt worden wäre. Da ich dies nicht gesehen hatte, nahm ich an, daß das Buch nicht geraubt worden war. Das gab mir die Hoffnung, daß die Pilgerfahrt vielleicht weitergehen würde – ohne mich, gewiß, doch sie würde fortgesetzt.

Unterwegs machte ich dies zu meinem Gebet, daß, ganz gleich, wie viele aus unserer Reisegesellschaft noch lebten, ob viele oder wenige, diese weiterziehen und mit dem Geschenk für den Kaiser Byzanz erreichen möchten. Mir bescherte das ein merkwürdig gemischtes Gefühl aus Trauer und Erleichterung. Trauer um die Leben, die das rote Märtyrertum auf dieser Pilgerfahrt gefordert hatte, und Erleichterung, daß ich nicht hatte dazugehören müssen.

Denn trotz meines gegenwärtigen Sklavendaseins, welches allem Anschein nach die Erfüllung meines Traumes vereitelte, zweifelte ich dennoch nicht daran, daß ich in Byzanz sterben würde. Allerdings will ich den Himmel nicht versuchen, indem ich abstreite, daß in meinem Herzen möglicherweise die Erleichterung die Trauer überwog. Wie ich offen gestehe, bin ich schon immer ein widersprüchliches Geschöpf gewesen.

In der Abenddämmerung des vierten Tages bemerkte ich, daß sich die Bäume ein wenig lichteten, und als die ersten Sterne am Himmel zu leuchten begannen, traten wir aus dem Wald auf eine weite, grasbewachsene Lichtung. In der Mitte erhob sich ein gewaltiges Holzhaus. Gleich daneben befanden sich eine Scheune und ein Viehgehege. Auf zwei ordentlich gepflügten Feldern, die westlich und südlich des Hauses lagen, schimmerten grüne Triebe im letzten Tageslicht golden auf.

Gunnar warf einen Blick auf das Haus und stieß einen wilden Jubelschrei aus, der weithin über die Wiese hallte. Hunde begannen zu kläffen, und drei Herzschläge später sah ich zwei schwarze Hunde auf uns zurasen. Im nächsten Augenblick folgten drei menschliche Gestalten, von denen, nach der Kleidung zu urteilen, zwei Frauen waren.

Die Hunde erreichten uns zuerst, und Gunnar nahm sie so überschwenglich in Empfang, als seien sie seine verlorenen, lange totgeglaubten Kinder. Er drückte sie an sich, küßte ihnen immer wieder die Schnauze, rief ihre Namen und streichelte ihr glänzendes Fell. Riesenhafte Hunde waren das, mit großem Kopf und mächtigem Kiefer. In diesem Moment war ich von Herzen froh, daß Gunnar bei mir war, denn ich zweifelte nicht daran, daß dieselben Tiere jedem Eindringling mit Freuden die Kehle durchbeißen würden.

Ebenso innig wie seine Hunde begrüßte mein Herr seine Familie. Die Frauen, von denen eine, wie ich jetzt erkannte, noch fast ein Kind war, waren offensichtlich froh, ihn zu sehen. Viele Male umarmten sie ihn, küßten ihn auf Gesicht und Hals und umfaßten seine Arme und Hände.

Die ältere der beiden war, wie ich bald erfahren sollte, Karin, Gunnars Ehefrau. Das Mädchen hieß Ylva, war eine Verwandte seiner Gattin und ging ihnen als Dienstmagd zur Hand.

Das dritte Familienmitglied war ein Knabe, groß und schmal und jünger, als er auf den ersten Blick aussah. Als der herbeikam, ließ Gunnar ab, seine Frau zu küssen, und zog den Jüngling in eine ungestüme Umarmung. Ich fürchtete schon, er werde den Jungen zerquetschen, doch der Knabe überlebte die Tortur, lachte und drückte seinen Vater. Eine weitere Runde Küsse und Umarmungen folgte, doch dann wandte der Junge sich um und sah mich staunend an.

Sein Vater, der sah, wie er mich mit weitaufgerissenen Augen anstarrte, schlug mir kräftig auf die Schulter und sagte: »Aedan.«

Gehorsam wiederholte der Knabe den Namen, worauf Gunnar dem Jungen die Hand auf den Arm legte und sagte: »Ulf.«

Als nächstes stellte er mir die Frauen vor und nannte sie bei ihren Namen, die ich wiederholte, bis ich sie zu seiner Zufriedenheit aussprechen konnte. Karin, Gunnars Gattin, war eine stämmige Frau mit rundlichem, gütigen Antlitz. Ihre flinken Bewegungen entsprachen, wie ich bald erfahren sollte, vollkommen ihrer entschlossenen Art. Sie war eine äußerst zupackende Frau und beherrschte das Handwerk ihres Geschlechts vollendet. Fürwahr, kein Tyrann hat je gelassener geherrscht als sie. In ihrem Haus übte sie die absolute Macht aus.

Ylva, ihre junge Verwandte, war ein zierliches Mädchen, strahlend wie der Sonnenschein, schlank und schön wie eine Waldblume. Ihr Haar war hellblond und ihre Stirn offen. Sie besaß wohlgeformte Arme und Brüste und Hände mit langen, schlanken Fingern. Und sie war eine Freude für den Geist wie für das Auge, denn im Laufe der Zeit lernte ich sie als ruhig, bedachtsam und umgänglich kennen.

Ulf war ein richtiger Junge, ein fröhlicher Bursche, der gern angelte, schwamm und Beeren pflückte, das alles voll jugendlichen Überschwangs. Seinen Vater betete er geradezu an, und wäre da nicht der Fischteich gewesen, so wäre er Gunnar kaum je von der Seite gewichen.

Diese drei also wurden mir, einer nach dem anderen, vorgestellt, und alle nahmen mich nicht wie einen besiegten Feind auf, sondern wie einen Gast und Verwandten.

Trotz der unsanften Behandlung, die mir auf der Reise zuteil geworden war, hatte ich nun, da wir auf Gunnars Gehöft angelangt waren, das Gefühl, seine Familie ziehe mich herzlich an ihren Busen. Vielleicht ist ja das Leben in den kalten Wäldern des Nordens zu hart, um sich noch unnötige Bitternis aufzuladen.

Mit einem Händeklatschen und einem Ruf hieß Gunnar die Hunde über die Wiese und zurück zum Haus laufen. Er lachte, als er sah, wie sie seinem Befehl gehorchten. Ulf konnte sich nicht länger zurückhalten. Er stieß einen Freudenschrei aus und stürzte hinter den Tieren her, während Gunnar den Arm um Karins Schultern legte, seine Gattin an sich zog und schnellen Schrittes auf das Haus zuging. Er warf den Kopf zurück und begann zum Ergötzen der Frauen, die lachten und in sein Lied einfielen, laut zu singen.

Gunnars Lederbeutel lag vergessen zu meinen Füßen am Boden. Wie ein guter Sklave warf ich ihn mir auf den Rücken und folgte meinem Herrn nach Hause.

16

In dieser Nacht schlief ich im Stall bei Gunnars Ochsen und Kühen. Er machte sich nicht die Mühe, mich anzuketten oder sonstwie zu fesseln, und bald erfuhr ich auch, warum. Als der Mond hinter den hohen Kiefern aufging, begannen die Wölfe zu heulen. Gewiß hatte ich schon früher Wölfe vernommen, aber noch niemals so viele oder aus solcher Nähe. Nach ihrem klagenden Jaulen zu urteilen, schätzte ich, daß der Waldsaum nur so von ihnen wimmeln mußte. Im Stall war ich vollkommen sicher, denn der war, da Gunnar nicht den Wunsch hegte, seine kostbaren Tiere zu verlieren, eine wahre Festung. Doch das Geheul hielt mich bis spät in die Nacht wach, und als ich endlich einschlief, hallte es mir noch immer in den Ohren.

Ylva, die Magd, kam am Morgen, um mich zu wecken und in die Küche zu führen. Die Dänen bauen ihre Wohnstätten so, daß die Küche einen Teil des Hauses bildet, und keinen kleinen dazu. Tatsächlich sah Gunnars Haus Rägnars Halle recht ähnlich, nur daß mein Herr zwischen den Dachbalken, genau über dem Tisch, eine Schlafplattform errichtet hatte, die man über eine Leiter erreichte und von wo aus man auf die Feuerstelle herabsah. Gleich neben dem Herd befanden sich eine Ecke, in dem das Bier und die Wasserschläuche aufbewahrt wurden, und eine niedrige Tür, die in eine kleine

Speisekammer führte. Am anderen Ende der Halle war ein Platz eingerichtet, wo bei schlechtem Wetter die Tiere untergebracht werden konnten. Dieser war mit Stroh ausgestreut, und auch eine Futterkrippe stand dort.

Ich frühstückte mit der Familie, so, wie es uns später zur Gewohnheit werden sollte: Gunnar und sein Sohn saßen auf einer Bank auf der dem Herd zugewandten Seite des Tisches, und ich selbst hockte auf der anderen, dem Stall zugewandten Seite auf einem dreibeinigen Schemel und hielt eine hölzerne Schale auf den Knien. Währenddessen eilten Karin und Ylva zwischen dem Feuer und dem Tisch hin und her und wachten eifersüchtig über ihre Verrichtungen. Ich lernte, daß die Dänen unglaublich heiß aßen und fast jede Mahlzeit mit einem dicken Gerstenschleim begannen, den sie aus großen Holzschalen schlürften, gelegentlich mit einem hölzernen Löffel, doch meistens ohne.

Wenn der Brei gegessen und die Schüsseln weggeräumt waren, kamen Brot, Fleisch und weißer Käse auf den Tisch. Im Sommer wurde auch Obst angeboten. Ganz besonders liebte Gunnar die herben schwarzen Johannisbeeren und eine Art runzliger roter Beerchen, die sie Lingön nannten und aus denen Karin ein Kompott kochte, das Gunnar auf sein Brot strich. Diese Tunke war so sauer, daß ich sie ohne Honig nicht genießen konnte.

Manchmal aßen wir Fisch, frischen, wenn er zu bekommen war, obwohl er für gewöhnlich gesalzen oder in einer Lake aus Salz und Essig eingelegt wurde. Dieser eingemachte Fisch oder Lütfisk stank derart zum Himmel, daß einem die Tränen in die Augen traten. Diese Abscheulichkeit aßen sie in Milch gekocht und bekundeten, sie zu lieben. Mir jedoch ließ allein der Geruch die Galle in die Kehle steigen, und ich konnte dieses Gericht um keinen Preis herunterbringen.

Wenn kein Fisch da war, wurden Würste, gekocht oder gebraten, aufgetragen. Gelegentlich gab es eine Art Fleisch, das bereitet wurde, indem man ganze Schweineschinken für mehrere Monate in Salzlauge legte und sie dann in die Dachbalken über dem Herd hängte, um sie zu räuchern. Durch diese Behandlung wurde das Fleisch hellrot, so wie rohes Rindfleisch, doch der Geschmack war überwältigend, süß, saftig und salzig zugleich. Mir mundete das Rökt skinka sehr, und ich aß so oft und soviel davon, wie ich konnte.

Die Dänen liebten ihr Fleisch, und sie liebten ihr Brot. Schwer und dunkel war es und kam noch warm vom Herd oder aus dem Backofen auf den Tisch. Dieser seltsame Brauch gefiel mir bald sehr. Karins Bier war genau wie ihr Brot: dunkel, schwer und sättigend und mit einem süßlichen Beigeschmack, der mich an Nüsse erinnerte. Einmal gab Karin Wacholderbeeren daran und stellte so ein höchst ungewöhnliches Gebräu her. Ich mochte es überhaupt nicht, doch Gunnar hielt es für eine wunderbare Abwechslung. Bedauerlicherweise verschmähten sie Wein, den sie sich ohnehin nur schwierig hätten beschaffen können, doch ich machte diesen Mangel wett, indem ich Geschmack an Karins dunkelbraunem Bier fand.

So nahm ich also die Mahlzeiten mit der Familie ein. Zu Gunnars Ehre muß ich sagen, daß er mich beim Essen niemals knapphielt, und ich bekam auch keine mindere Speise. Ich aß das gleiche wie mein Herr, und in ähnlichen Mengen. Und noch heute schäme ich mich zuzugeben, daß ich sündhaft schwelgte, unter vollständiger Mißachtung der Regel der Mäßigung. Wie oft bat ich um mehr!

Immer noch sehe ich Karins breites, freundliches Gesicht vor mir, das vor Freude – und von der Kochhitze – glühte, während sie das Essen auf den Tisch stellte. Ihre Hände waren vom Arbeiten gerötet, aber ihr Haar war ordentlich geflochten und ihr Kleid so fleckenlos rein wie ihre Küche.

Karin erschien mir als sehr gründliche Frau, die schwer arbeitete und nichts mehr liebte, als wenn man die Früchte ihrer Arbeit bewunderte und wortreich lobte. Fürwahr, dies fiel keinem schwer, der das Glück hatte, sich an ihren Tisch setzen zu dürfen, denn ihre Gaben waren zwar einfach, aber niemals weniger als köstlich.

Auf dem Gehöft lebten jedoch noch zwei weitere Menschen, die in dieser Hinsicht nicht so vom Glück begünstigt waren – wenn sie vielleicht auch auf anderem Gebiete besser daran waren als ich. Dabei handelte es sich um Odd, den Knecht, und Helmuth, den Schweinehirten.

Beide waren Sachsen, und beide hielt Gunnar als Sklaven. Odd war ein kräftiger Bursche, geduldig, unermüdlich und fast gänzlich stumm. Helmuth, ein Mann von schon reiferen Jahren, war eine gleichmütige Seele von angenehmem, höflichem Wesen und besaß glücklicherweise, wie ich bald entdeckte, entgegen allem Anschein eine gewisse Bildung.

Infolge des Schweinegestanks, der in seiner Kleidung und an seinem Körper haftete, durfte der arme Helmuth das Haus nicht betreten. Bei Regen oder Schnee schlief er im Stall, doch an schönen und warmen Tagen übernachtete Helmuth im Freien, mit dem weiten Sternenhimmel als einzigem Dach. Das war ihm lieber so, doch auch sonst hätte er so gehandelt, um seine kostbaren Schweine vor den Wölfen zu behüten. Odd war, wenn er nicht arbeitete, immer an Helmuths Seite.

Daß ich die Mahlzeiten mit der Familie einnahm, während meine Mitsklaven im Freien oder gemeinsam im Stall aßen, bekümmerte mich ein wenig. Aber da niemand sonst sich daran zu stören schien und Odd und Helmuth anscheinend zufrieden waren, gewöhnte ich mich sehr bald an diese Regelung.

An jenem ersten Tag ging Gunnar nach dem Frühstück, begleitet von dem jungen Ulf und seinen beiden Hunden, hinaus, um nach seinem Gut zu sehen. Ein ansehnlicher Besitz war das, sorgfältig angelegt und gut instand gehalten. Zu Recht war mein Herr stolz auf das, was er dem rauhen Nordland abgerungen hatte. Und der kleine Ulf war stolz auf seinen Vater. Ich beobachtete, daß er ihm den ganzen Tag nicht von der Seite wich.

Zusammen wanderten wir durch die Felder. Gunnar und Ulf schwätzten ohne Unterlaß, und ich hielt mich ein wenig hinter ihnen. Immer wieder hielt mein Herr an, um diesen oder jenen Teil seines Besitztums näher in Augenschein zu nehmen: ein gepflügtes Feld, ein neugeborenes Kalb, eine eiserne Türangel, den Stand des Getreides im Kornspeicher, den Fischteich oder ein Stück neuen Zaun aus Weidengeflecht – eben alles, was ihm unter die Augen kam. Ein Blinder hätte sehen können, daß dieser rauhe, vierschrötige Däne sein Land liebte und sich um jede Einzelheit seiner Bestellung kümmerte.

Den ganzen ersten Tag über durchschritten wir Gunnars Reich. Sein Gehöft schien mir wie eine einsame Inselfestung, die in einem immergrünen Meer lag, abgeschnitten vom ganzen Erdkreis. Als die Tage vergingen, fühlte ich mich der Welt, die ich gekannt hatte, immer ferner. Im Vergleich dazu war unsere kleine Abtei ein belebter Hafen an einer vielbereisten Route, nur daß dort nicht Silber, sondern Worte gehandelt wurden.

Ich will nicht abstreiten, daß Gunnar mich vor dem sicheren Tode bewahrt hatte. Doch wahrhaftig, der Preis für meine Rettung war hoch. Ich fühlte mich verlassen und sehr, sehr einsam. Daher begann ich die Stundengebete herzusagen und Psalmen zu beten, wenn ich die Möglichkeit dazu hatte. Eines Abends beim Essen sprach ich laut ein Tischgebet, und mein Herr und seine Familie sahen staunend zu.

So bestürzt waren sie über dieses eigenartige Gebaren, daß ihnen nicht einfiel, mich zu hindern. Mit der Zeit gewöhnten sie sich daran und warteten schon darauf, daß ich vor dem Mahl mein Gebet sprach. Ich vermute, dieses Ritual gefiel ihnen, obwohl ich keine Vorstellung habe, wofür sie das hielten.

An jenem ersten Abend jedoch bemerkte ich, als ich nach dem Gebet aufblickte, wie Gunnar mich anstarrte. Karin stand dicht neben ihm, sah mich ebenfalls an und stieß ihren Gatten heftig in die Rippen. Er sagte ein paar Worte zu ihr, und sie hörte auf.

Am nächsten Morgen brachte mein Herr mich zu Helmuth und bedeutete mir mit einer Reihe verwickelter Gesten, ich solle noch einmal so beten wie am vorigen Abend.

Das tat ich.

Die Wirkung, die mein Gebet bei dem Schweinehirten erzielte, war außerordentlich. Er warf seinen Stecken fort, fiel auf die Knie, schrie auf und faltete die Hände. Seine Lippen zitterten voller Dankbarkeit, und dicke Tränen traten in seine Augen und rollten ihm die Wangen hinab. Dann sprang Helmuth auf, umfaßte meine Arme und rief: »Halleluja! Halleluja!«

Gunnar verfolgte das Ganze mit verwirrter Miene. Nach einer Weile ließ Helmuth von mir ab und brabbelte nur noch vor sich hin. Gunnar sagte ein paar Worte zu ihm, worauf der Schweinehirte, aufgeregt plappernd, die Hand seines Herrn ergriff und sie küßte. Der verdutzte Däne nickte seinem Sklaven knapp zu, wandte sich ab und ließ uns bei den Schweinen zurück.

»Meister Gunnar sagt, ich soll ...« Helmuth unterbrach sich und suchte in seiner verstaubten Erinnerung nach dem richtigen Wort. »Heja! Ich soll dein Schüler ... nein, nicht Schüler, scólere, nein ... Lehrer! Halleluja!« Er strahlte entrückt, und mich beschlich das ungute Gefühl, den übereifrigen Bruder Diarmot in anderer Gestalt vor mir zu sehen.

»Ich soll Lehrer für dich sein«, fuhr Helmuth fort. »Du sollst mein Schüler sein.« Er beobachtete mich, um zu sehen, was ich dazu sagen würde.

»Verzeih mir, Freund«, entgegnete ich, »ich möchte dir nicht zu nahe treten, aber wie kommt es, daß hier jeder Skalde und jeder Schweinehirt so gut Latein spricht?« Darauf erzählte ich ihm von Scop.

»Der Wahrsänger!« schrie Helmuth. »Scop hat mich gelehrt. Ein großer Mann, dieser Scop. Als Kind hat man mich geschickt, zu seinen Füßen zu sitzen und die mirabili mundi zu lernen! Ich war unter seinen besten Schülern.«

»Damals war er wohl noch Priester.«

»Ja, Priester war er«, bekräftigte Helmuth, »und sein Name war Ceawlin – ein heiliger und gerechter Mann und Sachse wie ich. Er lehrte mich, Jesus zu lieben, die Heiligen zu verehren und vieles andere. Ich wollte selbst Priester werden ...« Er unterbrach sich, um traurig den Kopf zu schütteln. »Doch das sollte nicht sein.« Der Mann sah mich an. »Obwohl ich lange keine Messe gehört habe, glaube ich immer noch. Und oft spreche ich mit dem Allvater. Ich bitte Ihn, mir jemanden zu senden, mit dem ich reden kann. Ich denke, Er hat dich geschickt.«

Wir unterhielten uns, so gut wir konnten, denn obwohl ich ihm etwas anderes gesagt hatte, war Helmuths Latein keinesfalls gut und mit vielen fremden Wörtern aus verschiedenen Sprachen durchsetzt. Trotzdem begannen wir einander in den folgenden Tagen besser zu verstehen, und ich reimte mir die Geschichte, wie er in Gunnars Dienste gekommen war, zusammen.

Mit vielem Zögern und zahlreichen Mißverständnissen auf beiden Seiten setzte mir Helmuth schließlich auseinander, wie der alte Ake, der den Beinamen »der Schweiger« getragen hatte, und sein kampflustiger Sohn Svein in einem Krieg umgekommen waren und Rapp, »der Hämmerer«, den Thron bestiegen hatte. »Rapp glaubte an nichts, bloß an den Streithammer in seiner Hand«, meinte Helmuth verbittert. »Rapp machte alle Untoten zu Sklaven. Nein, äh ... er machte Sklaven aus allen, die noch lebten ...«

»Den Überlebenden.«

»Heja, den *Überlebenden*! Ein paar verkaufte er, ein paar behielt er. Sachsen dünkten ihn nützlich, daher behielt er Ceawlin und mich. Rapp dachte, wir würden gute Geiseln abgeben, wenn die Sachsen ihn angriffen. Wir dienten in seiner Halle, bis er starb.«

»Was ist dann geschehen?«

»Er hatte zwei männliche Kinder ...«

»Zwei Söhne. Rapp hatte zwei Söhne.«

»Heja. Thorkel, den älteren, und Rägnar, den jüngeren. Als Rapp starb – er erstickte bei einem Gelage in seiner Halle an einem Knochen –, stieg Thorkel auf den Thron. Er war kein schlechter Jarl, aber er war auch kein Christ.«

»Was wurde aus ihm?«

»Er ging auf Wikingerfahrt«, erklärte Helmuth traurig, »und kehrte nie zurück. Sie haben zwei Jahre gewartet und dann Rägnar zum Kung gemacht.«

»König?«

»Heja. Seither ist Gelbhaar der Kung.« Der Schweinehirte zuckte die Achseln. »Das Volk liebt ihn, weil er großzügiger ist als sein Vater und Bruder vor ihm. Was er hat, schenkt er mit allem Bedauern – ich meine, ohne jedes Bedauern – her.«

»Einschließlich seiner Sklaven.«

Helmuth seufzte. »Auch seine Sklaven, heja. Er gab mich Grönig, Gunnars Vater, der mich zu seinem Schweinehirten machte – und dabei kann ich lesen *und* schreiben –, und seitdem lebe ich hier. Ich beklage mich nicht, ich werde gut behandelt.«

»Hast du nie versucht zu fliehen?«

Helmuth breitete ohnmächtig die Hände aus und sah mich aus großen Augen an. »Wohin sollte ich gehen? Im Wald sind Wölfe, und überall sonst wilde Männer.« Er lächelte ein wenig verlegen. »Mein Platz ist hier. Ich habe meine Schweine zu hüten.« Helmuth blickte sich um und zählte sie rasch durch, um sich zu vergewissern, daß alle noch in Sichtweite waren.

»Was ist mit Odd?« fragte ich.

»Gunnar hat ihn gekauft, damit er auf dem Hof arbeitet«, sagte Helmuth und erklärte, ein Schlag auf den Kopf bei seiner Gefangennahme habe Odd aller Geisteskräfte beraubt. Er könne nur noch einfachste Worte sprechen. »Schwer von Begriff ist er ja, aber Odd ist ein fleißiger Arbeiter und sehr stark.« Er hielt inne und meinte: »Ich möchte wissen, Aedan ...«

»Aidan«, verbesserte ich ihn.

»Ich möchte wissen, wie du herkommst. Hat Gunnar dich beim Spiel gewonnen, oder hat er dich in Jütland auf dem Sklavenmarkt gekauft?«

»Er hat mich gefangen«, antwortete ich und berichtete ihm von dem nächtlichen Überfall auf das Dorf, wobei ich es sorgfältig unterließ, die Pilgerreise oder unseren Schatz zu erwähnen. »Als wir dann die Siedlung erreichten, bezahlte er Gelbhaar drei Goldstücke für mich.«

»Gunnar ist ein guter Herr, heja«, versicherte Helmuth. »Er schlägt mich selten, nicht einmal, wenn er betrunken ist. Und Karin ist eine Frau, die in allen Sprachen des Lobes würdig ist. Sie ist die Gebieterin über die Küche und alles, was in ihrem ...« Er zögerte. »Augenlicht?«

»Blicke«, regte ich behutsam an. »Über alles, das unter ihren Blicken geschieht.«

»Heja. Sie sind gute Menschen«, meinte er und setzte nachdenklich hinzu: »Gunnar sagt, er schneidet uns beiden die Zunge heraus, wenn ich dich nicht bis zum nächsten Vollmond lehre, wie ein Däne zu reden.«

Angesichts dieser freundlichen Aussicht fingen wir noch am selben Morgen mit meiner Ausbildung an. Helmuth, der zuerst stockend gesprochen und manchmal keinen Ton herausgebracht hatte, wurde in dem Maße sicherer, in dem die Erinnerungen an seine Kinderzeit und seine Lehre bei Ceawlin ans Licht kamen. Nach einem unsicheren Beginn kamen wir schnell auf eine Lehrmethode, bei der ich auf einen Gegenstand zeigte und dazu das lateinische Wort sagte, womit ich Helmuth half, sich an das Gelernte zu erinnern. Darauf antwortete er mit dem treffenden Wort in der Sprache der Nordländer. Dann sprach ich dieses Wort so oft laut nach, bis es sich in meine Erinnerung einprägte.

Nachdem wir viele Tage so geübt hatten, erwarb ich ein grobes Verständnis der Sprache – falls man das so nennen kann – und war in der Lage, einen ganzen Teil der alltäglichen Dinge, die mich umgaben, mit Namen zu nennen. Nach und nach führte Helmuth Wörter ein, die eine Tätigkeit bezeichneten: hacken, graben, pflanzen, Feuer machen und so fort. In ihm fand ich einen bereitwilligen Lehrer und angenehmen Gefährten, gutmütig, geduldig und hilfsbereit. Und noch besser, ich nahm seinen Geruch nach Schweinedung gar nicht mehr wahr.

Wenn Odd sein Tagwerk vollbracht hatte, saß er für gewöhnlich da und betrachtete uns staunend und verwundert. Nie erfuhr ich, was er sich dabei dachte; denn in der ganzen Zeit, die ich mit ihm zusammen war, vernahm ich von ihm nur ein Grunzen.

Während dieser Tage verlangte Gunnar nur wenig von mir. Ich hackte Holz für den Wintervorrat, fütterte die Hühner, holte Wasser vom Brunnen und half Odd, die Kühe zu füttern und die Zäune, die das Vieh oft umtrat, wieder instand zu setzten. Helmuth leistete ich Beistand mit den Schweinen, ich kratzte die Asche aus den Feuerstellen, wechselte das Stroh im Stall, brachte Dung auf den Feldern aus und rodete Baumstümpfe. Ich half Ylva, Gänse zu rupfen und Unkraut zu jäten … Kurz gesagt, ich tat jede Arbeit, die notwendig war, aber mein Tagwerk war nicht beschwerlicher oder mühsamer, als ich dies aus dem Kloster kannte. Tatsächlich behielt mein Herr die schwerere Arbeit häufig Odd und sich selbst vor. Und auf jeden Fall schaffte niemand unermüdlicher als

Karin. So gelangte ich zu dem Schluß, daß Gunnar eigentlich keinen weiteren Sklaven brauchte. Warum auch immer er mich Rägnar abgekauft hatte, meine Arbeitskraft hatte nichts damit zu tun.

Ich nahm meine Mahlzeiten weiter im Haus ein und begann, mich ebenso zur Familie gehörig zu fühlen wie Ylva oder Ulf. Wahrhaftig, ich wurde nicht schlechter behandelt als die beiden.

Und als ich dann lernte, ein Wort ans andere zu setzen und einfache, häufig spaßige Sätze zu bilden, lobte mein Herr mich über alle Maßen und tat kund, mit meinem Fortschritt zufrieden zu sein – so sehr in der Tat, daß der Tag meiner Prüfung nur kurz auf mein erstes stockendes Gespräch mit ihm folgte.

In der Hoffnung, meine Seele möge endlich Ruhe finden, hatte ich beschlossen, ihn zu fragen, was in der Nacht des Überfalls geschehen sei. »Weißt du, was mit meinen Brüdern ist?« fragte ich, um Worte ringend.

»In jener Nacht war es sehr dunkel«, bemerkte Gunnar nachsichtig.

»Sind sie tot?«

»Möglicherweise«, gestand mein Gebieter zu, »kamen einige Männer um. Wie viele, weiß ich nicht.« Darauf erklärte Gunnar, er könne sich auf Grund der Verwirrung, die auf das plötzliche Eintreffen des Fürsten und seiner Männer gefolgt sei, nicht genau erinnern. »Der dortige Jarl erschien, und wir liefen fort und nahmen nur mit, was wir tragen konnten. Wir haben viele Schätze zurückgelassen«, endete er betrübt. »Aber von deinen Freunden weiß ich nichts.«

Am nächsten Morgen kam mein Herr in den Stall, um mich zu wecken, und machte mir begreiflich, Helmuth und er wollten einige Schweine nach Skansun bringen. »Da ist ein Markt«, erklärte er. »Einen Tagesmarsch entfernt. Wir werden über Nacht dort bleiben und dann nach Hause zurückkehren. Verstehst du?«

»Heja«, gab ich zurück. »Gehe ich mit euch?« fragte ich, in der Hoffnung, wieder einmal etwas von der Welt zu sehen.

»Nein.« Gunnar schüttelte den Kopf. »Du sollst bei Karin und Ylva bleiben. Ulf wird mit mir gehen, und auch Helmuth. Odd bleibt bei euch. Heja?«

»Ich verstehe.«

»Garm nehme ich mit und Surt lasse ich hier, um das Vieh zu hüten«, fuhr er in bezug auf seine Hunde fort.

Kurz darauf standen wir im Hof und sagten den Reisenden Lebewohl. Gunnar sprach mit seiner Frau, um sie, wie ich glaubte, mit der Obhut über den Hof zu betrauen.

Dann rief er Garm, einen der schwarzen Hunde, und verließ den Hof, ohne zurückzublicken. Ulf fiel hinter ihm in Gleichschritt, und Helmuth erwartete die beiden mit den Schweinen am Ausgang des Hofes. Wir sahen ihnen hinterher, bis sie außer Sicht waren, und kehrten dann an unsere Pflichten zurück.

Der Tag war schön und hell und die Luft voller Mücken, denn der Sommer war eingekehrt. Odd und ich verbrachten den Morgen auf dem Rübenfeld, und nach dem Mittagsmahl füllten Ylva und ich einen kleinen Kessel mit der Milch, die vom vorherigen Tag übrig war und die wir hatten abstehen lassen. Wir zündeten ein kleines Feuer im Hof an und begannen, Käse zu machen. Als die Milch schließlich leicht brodelte, überließen wir es Karin, den Topf zu hüten, und ich kehrte aufs Feld zurück.

Den ersten Hinweis darauf, daß sich nicht alles so verhielt, wie ich glaubte, bekam ich, als ich bei Sonnenuntergang beim Rübenjäten zufällig aufblickte und Gunnar und Ulf über die Wiese auf mich zuschreiten sah. Helmuth und seine Schweine zockelten in einiger Entfernung hinter ihnen her. In der Annahme, ihnen müsse etwas Schreckliches zugestoßen sein, ließ ich meine Hacke fallen und rannte ihnen entgegen.

»Was ist geschehen?« keuchte ich, atemlos nach meinem Lauf. »Stimmt etwas nicht?«

»Alles ist in bester Ordnung«, erwiderte Gunnar mit einem verhaltenen, hinterlistigen Lächeln. »Ich bin zurück.«

»Aber ...« Ich deutete auf Helmuth, »was ist mit dem Markt ... den Schweinen? Hast du deinen Kopf ... äh, deine Meinung geändert?«

»Ich bin nicht zum Markt gegangen«, teilte mein Herr mir mit. Ulf lachte laut, als hätten die beiden mir einen herrlichen Streich gespielt.

Ich blickte zwischen den beiden hin und her. »Das verstehe ich nicht.«

»Das war die Probe durch Beobachtung«, erklärte Gunnar einfach. »Ich wollte sehen, was du tust, wenn ich nicht hier bin, um auf dich aufzupassen.«

»Du hast mich beobachtet?«

»Ich habe dich beobachtet.«

»Du wolltest sehen, ob ich weglaufe, ja?«

»Ja, und ...«

»Du hast mir nicht vertraut.« Ich erkannte, daß ich – obgleich auf freundliche und gutmütige Weise – geprüft worden war, und ich fühlte mich töricht und enttäuscht. Gewiß, überlegte ich, hat ein Herr das gute Recht, die Treue seiner Sklaven auf die Probe zu stellen. Trotzdem kam ich mir hintergangen vor.

Gunnar betrachtete mich mit tief verwirrter Miene. »Mach nicht so ein Gesicht, Aedan. Du hast dich gut geschlagen«, sagte er. »Ich bin zufrieden.«

»Aber du hast mich nie aus den Augen gelassen«, beklagte ich mich.

Gunnar holte tief Luft und richtete sich zu voller Größe auf. »Ich verstehe dich nicht«, meinte er und schüttelte den Kopf. »*Ich*«, er schlug sich an die Brust, »ich bin sehr erfreut.«

»Aber ich bin nicht erfreut«, erklärte ich ihm unumwunden. »*Ich* bin zornig.«

»Das ist deine Sache«, gab er zurück. »Ich für meinen Teil bin zufrieden.« Seine Miene nahm einen überheblichen Ausdruck an. »Du hältst dich für einen gelehrten Mann, heja? Nun, wenn du unsere Bräuche hier in Skane kennen würdest, wärst du ebenfalls zufrieden.«

Mit diesen Worten schlenderte er selbstgefällig grinsend davon. Als ich später auf meinem Strohsack lag, bereute ich mein schmähliches Benehmen. Fürwahr, Gunnar war ein guter Herr. Er gab mir genug zu essen, und seit ich auf sein Anwesen gekommen war, hatte er nie die Hand gegen mich erhoben. Meine Verbitterung war durchaus nicht gerechtfertigt. Ich beschloß, Gunnar am folgenden Tag um Vergebung zu bitten. Aber ach, dazu sollte ich nicht mehr kommen.

17

Ich erwachte durch ein Geräusch im Hof. Noch herrschte Dunkelheit, doch die Sonne ging auf, als ich aus dem Stall trat. Eben nahm Gunnar Abschied von Karin, die dem jungen Ulf kleine Brotlaibe in die Hände legte. Helmuth stand bereits, den Stecken in der Hand, wartend auf dem Pfad. Seine Schweine durchwühlten den Boden nach Pilzen. Nachdem er Lebewohl gesagt hatte, wandte Gunnar sich ab, rief Garm, den größeren der beiden schwarzen Hunde, zu sich und schritt aus dem Hof. Sein Sohn und sein Hund folgten ihm eilig.

»Wohin ist Gunnar gegangen?« fragte ich, indem ich neben Karin trat.

»Gunnar und Helmuth sind zum Markt unterwegs«, antwortete sie. »Sie wollten gestern gehen, aber da war die Probe.«

»Ich verstehe«, sagte ich zu ihr. Ein wenig fühlte ich mich um die Gelegenheit betrogen, mein gestriges Benehmen gutzumachen.

»Ja«, bekräftigte sie und nickte. »Sie kommen morgen zurück. Du holst Holz.«

Also machte ich mich an meine Pflichten. Zuerst brachte ich Holz in die Küche, dann schleppte ich Wasser herbei. Odd erschien mit der Hacke in der Hand und schlurfte zum

Feld, wo ich mich bald zu ihm gesellte. In freundschaftlichem Schweigen arbeiteten wir zusammen, bis Karin uns zur ersten Mahlzeit des Tages rief. Wir saßen im Hof in der warmen Sonne, vor unseren Holzschalen voll mit dampfendem Haferbrei, den wir mit hartem braunem Brot löffelten.

Nach dem Frühstück kehrte Odd aufs Feld zurück, und ich besserte den Griff seiner Hacke aus, der sich gelöst hatte. Ich schärfte die Klinge, und auch Karins Küchenmesser. Dann half ich Ylva, drei Hasen abzuziehen, die sie in der Nacht mit einer Schlinge gefangen hatte. Wir teilten die Körperchen in vier Teile und spannten die Felle auf kleinen Holzrahmen zum Trocknen aus. Dann führte ich die Kühe zum Wasser, ließ sie saufen und hütete sie den Rest des Vormittags über.

Nach dem Mittagsmahl ging ich wieder aufs Feld, wo ich das Unkraut zwischen den Rüben jätete, bis die Sonne hinter den Bäumen zu sinken begann. Als ich ans Ende der letzten Reihe kam, richtete ich mich auf und blickte zurück. Ich war zwar jetzt Sklave, doch ich widmete mich meiner Arbeit so gewissenhaft, als wäre ich noch im Kloster. Dies tat ich, um Gunnar zufriedenzustellen, und, noch wichtiger, um Gott zu gefallen. Denn die Heilige Schrift lehrt uns, daß ein Sklave seinem Gebieter wohl dienen und ihn auf diese Weise für das himmlische Königreich gewinnen soll. Dies zu vollbringen, schickte ich mich an.

Ich bewunderte gerade meine Arbeit, als Odd mir von der anderen Seite des Feldes aus etwas zugrunzte. Ich drehte mich um und blickte in die Richtung, in die er wies: Zwei dunkle Gestalten kamen näher. Unverfroren traten sie aus dem Schutz des Waldes und schritten auf das Haus zu.

Ich packte die Hacke fest und rannte so schnell ich konnte auf das Haus zu. »Karin! Karin!« schrie ich. »Da kommt jemand! Schnell, Karin! Da ist jemand!«

Die Herrin hörte mich und kam aus dem Haus gelaufen.

»Was veranstaltest du da für einen Radau?« wollte sie wissen und nahm mich schnell von Kopf bis Fuß in Augenschein.

»Da kommt jemand«, wiederholte ich. »Dort!« Ich deutete hinter mich, auf die Wiese. »Zwei Männer.«

Karin kniff die Augen zusammen und blinzelte in Richtung Wald. Sie legte die Stirn in noch tiefere Falten. »Ich kenne sie nicht«, sagte Karin, vor allem zu sich selbst, und brach dann in einen Redeschwall aus, von dem ich kein Wort verstand. Ich sah sie an und zuckte mit den Achseln, weil mein Wortschatz noch nicht groß genug war, um ihr meine Not zu erklären.

Karin wurde unruhig. »Ah!« rief sie. »Ylva! Am Teich ... hol sie. Eil dich!« stieß sie hervor und rannte bereits auf das Haus zu. »Bring Surt! Schnell!«

Über den Hof und hinter den Stall rannte ich. Meine Füße hämmerten auf dem Pfad aus gestampfter Erde, welcher zu dem Fischteich, der in dem kleinen bewaldeten Tal nördlich des Hauses lag, führte. Der Weg war nicht weit. Ich traf die junge Ylva mit an die Hüften geschürztem Kleid im Wasser watend an. Sie kehrte mir den Rücken zu und drehte sich um, als ich über das schlammige Ufer zum Wasser hinunterschlidderte.

»Aedan, heja!« rief sie fröhlich. »Komm schwimmen.«

Beim Anblick ihrer weißen Schenkel, die so rund und fest waren, sich so fein verjüngten und in ihre wohlgestalteten Knie übergingen, blieb ich wie angewurzelt stehen. Einen Moment lang vergaß ich, warum ich hergekommen war. Ich starrte ihre bloße Haut an und versuchte mühsam, die Sprache wiederzuerlangen. »Da ist ... da ...« Ich zwang mich, den Blick von ihren Beinen zu wenden. »Da kommt jemand. Schnell!«

Ich drehte mich um und kletterte die steile Uferbank hinauf. Als ich oben ankam, blickte ich mich um, aber sie stand immer noch im Wasser und machte keine Anstalten, mir zu folgen. »Komm, Ylva!« schrie ich und blickte mich an den Ufern des Teichs um. »Surt! Heja, Surt!«

Endlich hatte die junge Frau mich verstanden. Leichtfüßig und unter viel Gespritze kam sie aus dem Wasser und ließ im Gehen ihr Gewand herunter. Als sie das Steilufer erklomm, erhaschte ich einen letzten Blick auf ihre liebreizenden Beine. »Surt!« rief sie dem Hund zu. »Heja, Surt! Hierher, Surt!«

Aus dem Unterholz ertönte ein Krachen, und dann sprang der große schwarze Hund hinter uns auf den Pfad, blieb dort stehen und sah uns erwartungsvoll und mit offenem Mund hechelnd an. Ylva rannte zu ihm und legte die schmale Hand auf sein Kettenhalsband. »Nach Hause, Surt!«

Zu dritt rannten wir zum Haus zurück. Dort stand Karin, die Fäuste in die Hüften gestemmt. Die Fremden betraten gerade den Hof. Odd erschien, mit der Hacke bewaffnet, an der Hausecke. Surt warf einen Blick auf die beiden Männer und stieß ein warnendes Knurren aus, das tief aus seiner Kehle aufstieg. Er riß sich von Ylva los und rannte an Karins Seite, wo er stehenblieb und knurrte. Ich hörte Karin sagen: »Wer seid ihr?«

Sie gaben ihr keine Antwort und traten noch ein paar Schritte näher. Surt grollte, und sein Nackenfell sträubte sich derart, daß es senkrecht hochstand. »Haltet ein«, rief Karin, und dann noch etwas, das ich nicht verstand.

Die Männer blieben stehen und blickten sich auf dem Besitz um. Der eine war hellhaarig, der andere dunkel, und beide trugen Bärte. Sie waren hochgewachsene, muskelbepackte Kämpfer. Dem Dunklen hing ein langer Zopf über die Schulter, und der Blonde hatte das Haar über den Schultern abgeschnitten. Sie waren mit Speeren bewaffnet, trugen Schwerter an der Hüfte und hatten dazu noch lange Messer in ihren Schwertgürteln stecken. Ich bemerkte, daß keiner einen Umhang angelegt hatte. Einer war mit einem ledernen

Hemd bekleidet und der andere mit einem ärmellosen Siarc. Ihre hohen Lederstiefel wirkten abgetragen.

»Grüße, gute Frau«, antwortete der blonde Fremde schließlich und warf uns einen gelassenen Blick zu. »Ein warmer Tag, heja?«

»Im Brunnen ist Wasser«, entgegnete Karin. Die Eiseskälte in ihrer Stimme konnte es mit der kühlen Arroganz des Barbaren mehr als aufnehmen.

Der kalte Blick des Fremden huschte zu Ylva und verweilte dort. »Wo ist dein Gatte?« verlangte er zu wissen.

»Mein Ehemann geht seinen Geschäften nach.«

Die Männer sahen einander an. »Und wohin führen diese Geschäfte deinen Mann?« fragte der Dunkelhaarige, der zum erstenmal das Wort ergriff. Seine Stimme klang im Gegensatz zu seiner Erscheinung freundlich und einnehmend. »Weit weg?«

»Nicht weit«, gab Karin zurück. »Er ist in der Nähe.«

Der Fremde sagte etwas, das ich nicht verstand. Er lächelte begütigend und tat, während er sprach, einen weiteren Schritt nach vorn. Odd trat unruhig von einem Fuß auf den anderen, und Surt knurrte.

Karins Antwort fiel kurz und, wie mir schien, abwehrend aus. Aber was sie sagte, weiß ich nicht. Ich stellte mich neben Odd und wünschte mir, Gunnar wäre heute geblieben, um mich zu prüfen, und nicht gestern. Karin sprach noch etwas, das in meinen Ohren wie eine Herausforderung klang.

Der Hellhaarige erwiderte etwas, und ich verstand die Worte »König Harald Stierbrüller«, »eine Botschaft« und »freie Männer von Skane«. Die Mitteilung schien mir also von einiger Wichtigkeit zu sein, und ich verwünschte den Umstand, daß meine Kenntnis der dänischen Sprache so dürftig war und sich bloß auf meine Pflichten auf dem Hof beschränkte.

Ich glaube, Karin fragte den Mann jetzt nach dieser Botschaft. Ihre Stimme klang scharf und argwöhnisch.

Der Fremde erklärte ihr etwas. »Für Gunnars Ohren …«, hörte ich ihn sagen, und dann: »Wir wollen jetzt mit ihm sprechen.«

»Wir schulden niemandem Lehnstreue außer Rägnar Gelbhaar«, beschied Karin die Männer knapp.

»Aber Rägnar Gelbhaar«, entgegnete der blonde Barbar höhnisch, »ist Harald Stierbrüllers Vasall.«

»Ohne Zweifel«, fuhr sein dunkler Kumpan kühl fort, »würde Gelbhaar dir dasselbe sagen, wenn er hier wäre. Doch leider …« Er breitete die leere Hand zu einer hilflosen Geste aus. Ich bemerkte jedoch, daß er zugleich die Rechte auf das Heft seines Schwertes legte.

»Wenn du dich weigerst …« – die folgenden Worte verstand ich nicht – »… jetzt Gunnar«, sagte der andere, »sonst wird es dir schlecht ergehen.«

»Mein Gatte ist nicht hier«, erklärte Karin. »Gebt mir die Nachricht oder wartet auf seine Rückkehr.«

Der Dunkelhaarige schien zu überlegen. Sein Blick huschte noch einmal zu Ylva, die schweigend neben mir stand. »Wir werden warten«, entschied er.

Karin nickte kurz angebunden und bemerkte etwas über den Brunnen und den Stall. Dann wandte sie sich ab, ging hocherhobenen Hauptes zum Haus zurück und rief dabei Ylva zu sich. Die Männer des Königs sahen ihr nach. Sie sagten zwar nichts, doch ihr Schweigen schien mit Zorn geladen. Und mir gefiel nicht, wie sie Ylva musterten, denn ihre zudringlichen Blicke wirkten bedrohlich auf mich.

Odd und ich kehrten an unsere Pflichten zurück. Die Kühe waren noch auf der Weide. Mit Surts Hilfe trieb ich sie schnell in die Einfriedung zurück. Als ich mit dem Melken fertig war, gab ich dem Hund zu trinken und wollte dann die Milch ins Haus bringen.

Ich wollte eben den Hof betreten, da hörte ich Stimmen. Ein Streit schien im Gange zu sein. Rasch beschleunigte ich meine Schritte, bog um die Hausecke und sah, daß Ylva vor dem Stall stand, zwischen den beiden Barbaren. Der Blonde hatte ihren Arm umfaßt. Sie versuchte, sich ihm zu entziehen, doch er hielt sie zu fest gepackt. Die Männer scherzten und redeten Ylva lächelnd zu. Ylva jedoch schien sie zu beschwören – ich glaube, sie bat, sie loszulassen –, und ihre Miene war furchterfüllt.

Ich stellte die Milchkanne neben der Tür ab und ging in den Hof. »Ylva«, rief ich, als hätte ich nach ihr gesucht. »Karin wartet«, setzte ich hinzu, während ich auf sie zu schritt. »Geh ins Haus.«

Als sie ihren Namen hörte, drehte Ylva sich um und blickte mich flehend an. »Ich muß gehen«, sagte sie zu den Männern.

»Nein«, erwiderte der hellhaarige Fremde. »Bleib und rede mit uns.«

»Zwanzig Silberstücke«, meinte der Dunkle und tat, als bemerke er mich nicht. »Ich gebe zwanzig.«

»Zwanzig!« spottete sein Begleiter. »Das ist mehr, als du ...«

Was er weiter sagte, verstand ich nicht, doch sein Freund entgegnete: »Du hast ja keine Ahnung, Eanmund.« Dann wandte er sich wieder an Ylva. »Für eine gute Ehefrau gebe ich fünfundzwanzig Silberstücke. Bist du eine gute Frau?«

»Bitte«, bettelte Ylva leise und verzagt. »Ich muß gehen.« Sie fügte noch etwas hinzu, das ich für eine Bitte hielt, sie freizugeben.

»Heja!« rief ich und trat kühner, als ich mich fühlte, auf die Männer zu. Ich wies auf Ylva und sagte: »Sie soll ins Haus kommen.«

Der Blonde ließ Ylva los und kam auf mich zu. Er legte mir die flachen Hände auf die Brust und warf mich zu Boden. »Mach dich davon, Sklave«, rief er.

Ylva war für den Augenblick frei und wollte weglaufen. Sie hatte jedoch erst drei Schritte getan, als der Dunkelhaarige sie von neuem zu fassen bekam. Grob zerrte er sie auf den Stall zu und redete barsch auf sie ein.

Ich versuchte, auf die Beine zu kommen, und wollte eben losrennen, um Karin zu holen, als ich einen seltsamen, erstickten Ruf vernahm.

Ich drehte mich um und sah, daß Odd, seine Hacke fest umklammert, kurzen, schnellen Schritts auf uns zukam. Sein Gesicht war vor Zorn gerötet. »Nein, Odd!« schrie ich ihm zu. »Bleib zurück.«

Zu den Barbaren sagte ich: »Laßt sie gehen. Bitte! Odd kann nicht ...« Meine kümmerlichen Sprachkenntnisse ließen mich im Stich. »Er denkt nicht ...« Das war nicht das Wort, das ich suchte. *Verstehen*! »Bitte, er versteht nicht.«

»Odd!« kreischte Ylva. »Geh weg!« Sie beschwor ihn, richtete jedoch nichts aus. Er ging weiter und hielt seine Hacke wie eine Waffe gepackt. Noch einmal stieß er dieses eigenartige Maunzen hervor, und ich erkannte, daß er versuchte, Ylvas Namen auszusprechen.

Voller Angst vor dem Zusammenstoß, der kommen mußte, drehte ich mich um, rannte zum Haus und schrie nach Karin. Ob sie meinen Ruf gehört oder das Geschrei auf dem Hof sie aufmerksam gemacht hatte, jedenfalls erschien Karin gerade in der Tür, als ich beim Haus ankam. »Schnell!« sagte ich und wies auf den Stall, wo die Fremden, die Ylva immer noch festhielten, Odd gegenüberstanden.

»Nein! Nicht!« rief sie und rannte schon auf den Stall zu.

Ein Gedanke schoß mir durch den Kopf: *Surt!*

Ich hastete zur Einfriedung und schrie im Laufen nach dem Hund. Surt hörte mich und sprang mir auf dem Weg entgegen. Ich faßte ihn am Halsband und sagte: »Komm mit, Surt!«

Darauf eilte ich zum Hof zurück, wo Ylva und Karin auf Odd einschrien, der den blonden Fremden umklammert hielt, während der andere Bote des Königs mit dem Knauf seines Schwertes auf seinen Rücken eindrosch. Als ich näher kam, sah ich, daß Odd den Mann in einer erdrückenden Umklammerung vom Boden hochhob.

Der Hellhaarige kniff die Augen vor Schmerz zusammen und trat um sich, um sich zu befreien. Schließlich gelang seinem Freund ein Schlag auf Odds Nacken. Der riesige Sklave stieß ein Grunzen aus und ließ seinen Gefangenen fallen. Der Mann stürzte auf die Erde, wo er keuchend liegenblieb, und Odd taumelte rückwärts und ging zu Boden. Der Dunkle beugte sich über seinen Freund, und Karin nahm Ylvas Arm und zog sie fort.

Als Surt sah, wie seine Leute mißhandelt wurden, knurrte er und zog nach vorn. Da der Kampf vorüber zu sein schien, faßte ich ihn fest am Halsband und hatte alle Mühe, ihn zurückzuhalten. Wir hatten Karin und Ylva fast erreicht, als der hellhaarige Barbar mühsam auf die Füße kam. Er stand da und hielt sich die Rippen. Aus seinem Mundwinkel rann Blut.

Dann riß er seinem Gefährten das Schwert aus der Hand und fuhr zu Odd herum, der auf dem Boden saß, sich den Kopf rieb und stöhnte. Ohne ein einziges Wort rammte der Blonde Odd die Schwertspitze in die Brust.

Verwundert blickte der arme Odd auf. Er griff nach der blanken Schwertschneide und versuchte, sie herauszuziehen. Aber der hellhaarige Fremde zwang die Klinge noch tiefer hinein. Sein Gesicht war zu einem hämischen, brutalen Grinsen verzogen.

Ylva kreischte. Karin schrie etwas und schob das Mädchen hinter ihren Rücken.

Ich sah, wie die häßliche Klinge rot und tropfend herausfuhr, und ich sah, wie der Barbar ausholte, um noch einmal zuzustechen. Odd wich zurück und versuchte fortzukriechen. Ehe ich recht wußte, was ich tat, hatten meine Finger sich vom Halsband des Hundes gelöst.

»Faß, Surt!« rief ich.

Ein wogender, schwirrender Laut war zu hören. Der Blonde blickte auf und sah den Tod in Gestalt eines schwarzen Hundes auf sich zurasen. Der dunkle Fremde versuchte ungeschickt, nach dem verschwommenen Schatten zu greifen, der an ihm vorüberhuschte.

Der Bote des Königs fuhr herum. In seiner ausgestreckten Hand glitzerte das Schwert.

Surt bleckte die Zähne. Als das Tier sprang, war es noch drei Schritte entfernt. Die Wucht, mit der der Hund gegen seine Brust prallte, ließ den Fremden rücklings zu Boden gehen. Ein Schrei hallte über den Hof und brach dann ab, als Surts Kiefer über der Kehle des Mannes zuschnappten.

Sein Kumpan stürzte herbei, aber Surt rüttelte sein Opfer bereits zu Tode. Schreiend befahl Karin dem Hund aufzuhören, doch das Tier hatte Blut geschmeckt und wollte seine Beute nicht fahrenlassen.

Der Dunkelhaarige riß das Schwert, das zu Boden gefallen war, an sich und führte einen schnellen Schlag auf den Nacken des Hundes. Das gewaltige Tier brach zusammen und sank zur Seite, die Fänge immer noch in die Wunde seines Opfers geschlagen.

Der Barbar wälzte sich auf der Erde. Aus seiner zerfetzten Kehle drang ein eigenartiges Gluckern. Mit einemmal hustete er laut und gurgelnd und spie einen scharlachroten Blutnebel aus. Seine Glieder verkrampften sich. Sein Rücken hob sich und spannte sich wie ein Bogen, und dann sank er zurück, während die Luft pfeifend aus seinen Lungen wich.

Karin und ich rannten zu Odd. Seine Miene war heiter und gedankenvoll, als betrachte er den wolkenlosen Himmel. Aber seine Augen blickten bereits in ein Reich, das nicht von dieser Welt ist. Aus seinen Wunden rann kein Blut mehr, und kein Atem regte sich mehr in seiner Brust.

Düsteres Schweigen senkte sich über den Hof. Mein Kopf

war von einem dumpfen Pochen erfüllt, und das Blut rauschte mir in den Ohren. Ich wandte mich von dem Anblick des Todes ab und sah Ylva, die die Hände vor den Mund geschlagen hatte, an allen Gliedern zitterte und schluchzte. Mein erster Gedanke war, zu ihr zu stürzen und sie zu trösten. Doch kaum hatte ich mich umgedreht und einen Schritt auf sie zu getan, da ließ mich ein wütendes Grollen einhalten: »Sklave!«

Der dunkle Fremde, der neben seinem toten Freund gekniet hatte, erhob sich. Mit gezücktem Schwert kam er langsam auf mich zu, wobei er Worte ausstieß, die ich nicht verstand. Was er meinte, war jedoch eindeutig: Er hatte vor, mich umzubringen. Und gewiß hätte er auch mich erschlagen, und dies ebenso gedankenlos wie den Hund, hätte Karin nicht rasch eingegriffen.

»Aufhören!« rief sie und gebot dem Fremden mit ausgestreckter Hand Einhalt. »Das ist Gunnar Streithammers Land, und du hast seinen Sklaven und seinen Hund getötet ...« Sie sagte noch etwas, das ich nicht verstand, aber sie wies dabei auf Ylva, und ich vermutete, sie teilte ihm mit, daß sie nicht nur Odds und Surts Ermordung, sondern auch die Bedrängung der armen Ylva vor den König bringen werde.

Schäumend vor Wut kam der dunkle Barbar näher. Die Klinge in seiner Hand schob sich an meine Kehle. Ich sah den Haß in seinem Blick, doch ich fühlte mich eigenartig ruhig, so, als sei all dies vor langer Zeit einem ganz anderen Aidan widerfahren.

Die Schwertspitze schwang immer dichter vor mir.

Der Schlag traf mich an die Schläfe. Kein Schwertstreich, sondern ein Hieb mit der Faust, die das Heft umklammerte. Sofort ging ich zu Boden. Geblendet durch den Schmerz lag ich da und wartete auf den letzten Streich, der meine Seele vom Körper scheiden würde. Dunkel war ich mir bewußt, daß Ylva laut jammerte. Sie heulte und schrie, das Blutvergießen solle aufhören.

Von neuem hörte ich, wie Karin kreischte. Ich blickte auf und sah, daß sie den Schwertarm des Fremden ergriffen hatte und ihn daran hinderte, seinen Schlag zu führen. »Genug!« rief sie. »Willst du *zwei* von Gunnars Sklaven töten?«

Der Abgesandte des Königs zögerte, und die Schwertspitze schwankte, als er seine Möglichkeiten abwog. Karin, die Stirn in finstere, drohende Falten gelegt, stieß leise eine Warnung aus, und langsam sank der Schwertarm hinab. Mit düsterem, mordlustigen Blick steckte der Krieger die Klinge in die Scheide zurück und wandte sich, einen Fluch knurrend, ab. Mein Kopf schmerzte. Ich stand auf und klopfte mir den Staub von den Kleidern.

Karin ging zu Ylva und sprach eindringlich auf sie ein. Das laute Geheul der jungen Frau sank zu einem dünnen Wimmern herab. »Komm«, sagte Karin und legte den Arm um Ylva. Zu dem Fremden und zu mir sagte sie: »Begrabt die beiden.«

Langsam und würdevoll schritten die zwei Frauen zum Haus zurück und überließen mir und meinem Feind die Aufgabe, die Leichen wegzuschaffen. Gemeinsam schleiften wir die Toten hinunter zum Ententeich und hoben mit Gunnars hölzerner Schaufel und einem Teil von einer eisernen Pflugschar in dem weichen Boden am Ufer zwei Gräber aus. Das heißt, eigentlich grub ich sie, denn sobald wir zum Teich kamen, ließ der Abgesandte des Königs sich auf dem Boden nieder und rührte keinen Finger mehr, so daß ich die Arbeit allein tat.

Als ich fertig war, entfernte der Fremde alle Wertgegenstände vom Körper seines Freundes, sogar den Schwertgürtel, die Stiefel und das Lederwams. Dann setzte er sich wieder und sah zu, wie ich die Körper in die Gräber wälzte. Mit bedrohlichem Gemurmel und Gesten gab der dunkelhaarige

Fremde mir zu verstehen, wenn es nach ihm ginge, würde ich mich bald zu ihnen gesellen.

Der Gedanke, Odd zur Ruhe zu legen, ohne ihm die letzte Ehre zu erweisen, gefiel mir nicht. Gewiß, er war kein Christ gewesen, doch ich dachte bei mir, trotzdem sei er ein Kind des ewigen Vaters und verdiene, daß man solchermaßen mit ihm verfuhr. Fürwahr, wäre ich ein besserer Mönch gewesen, hätte ich ihm von Gottes unsterblichem Sohn erzählt, und er hätte vielleicht zum Glauben gefunden.

Daher sprach ich ein Gebet für ihn. Während ich die Erde über seinen Körper schaufelte, sagte ich diese Worte:

»Großer Gott im Himmel, Du ergießt Deine Gaben über alle, die unten auf Deiner Erde wandeln, gleich, ob Heide oder Christ. Hier liegt Odd. Er war Sklave und hat fleißig für seinen Herrn gearbeitet. Ich glaube, er hatte Ylva gern, und er ist gestorben, als er versuchte, sie zu beschützen. Jesus sagte einmal, keine Liebe sei größer als die eines Menschen, der sein Leben für einen Freund hingibt. Wahrhaftig, ich kenne Christen zuhauf, die nicht einmal dies tun würden. Halte Odd also dies zugute, Herr. Und falls Du in Deinem Festsaal noch Platz für einen Mann hast, der sein Leben so aufrichtig, wie er vermochte, gelebt hat, dann erlaube Odd, an dem himmlischen Mahl teilzuhaben. Nicht nur seinetwegen, sondern um Deines lieben Sohnes willen. Amen, so sei es.«

Während ich betete, starrte der königliche Abgesandte mich wütend an, und als ich fertig war, packte er mich bei meinem Sklavenhalsband und spie mir ins Gesicht. Dann spuckte er in das Grab. Er riß an meinem Halsband und zwang mich auf die Knie, worauf er mich in den Leib trat, einmal und dann noch einmal. Beim zweiten Tritt ließ er mich los, so daß ich rückwärts in das Grab stürzte und auf dem Körper des armen Odd zu liegen kam. Der Bote des Königs begann, Erde auf mich zu häufen, als wolle er mich lebendig begraben.

Nach kurzer Zeit wurde er jedoch müde und setzte sich wieder. Erschöpft kletterte ich aus dem Erdloch und fuhr mit meiner Arbeit fort. Ich hielt inne, um auch für den Fremden ein Gebet zu sprechen. »Lieber Gott«, sagte ich, »ich bringe Dir einen Mann, der durch das Schwert lebte. Seine Taten kennst Du, seine Seele steht jetzt vor Dir. Wenn Du über ihn richtest, o Herr, vergiß nicht die Barmherzigkeit. Amen.«

Der dunkelhaarige Krieger betrachtete mich verblüfft. Ich weiß nicht, was er so staunenswert fand, doch dieses Mal spie er mich nicht an. Ich schaufelte die Erde über die Leichen, stampfte das Ganze fest und bezeichnete die Gräber mit einem runden Stein, den ich aus dem Teich holte. Als ich fertig war, blickte ich mich um, aber des Königs Mann war fort. Auch als ich zum Haus zurückging, bekam ich ihn nicht zu Gesicht.

An diesem Abend lag ich lange schlaflos da. In meiner Brust regte sich eine seltsame, aufstörende Empfindung. Es war dies nicht Angst vor dem Boten des Königs noch Sorge, er könne uns im Schlaf ein Leid antun, nein, sondern der Gedanke, daß ich den Tod eines Mitmenschen verursacht hatte, gleich, ob er ein Heide und Barbar gewesen war. Im einen Moment hatte er gelebt und im nächsten nicht mehr, und ich war der Grund dafür gewesen.

Dennoch spürte ich keine Reue über meine Tat. Was ich getan hatte, war geschehen, um Odd zu retten. Zu meiner Schande muß ich zugeben, daß ich nur bedauerte, mich so lange zurückgehalten zu haben. Mein Herz und meine Seele, mein ganzes Wesen wurden von dem Wissen verzehrt, daß Odd noch am Leben sein könnte, hätte ich Surt nur früher losgelassen.

Gewiß, mir war klar, daß ich um eine Sünde von so ungeheuerlicher Tragweite tiefen Gram und Schuld fühlen sollte. Doch Christus helfe mir, ich konnte einfach keine Reue empfinden. So lag ich auf meinem Bett aus Stroh und versuchte, ein ehrliches Gefühl der Zerknirschung über meine abscheuliche Tat zustande zu bringen. Ach, der Trotz hielt mich in seinen Klauen gefangen: Ich wußte bar jeden Zweifels, daß ich nicht zögern würde, müßte ich alles noch einmal tun. Endlich gab ich jeden Gedanken an Schlaf auf und ging zum Fischteich hinunter, wo ich mich entkleidete und, bis zur Hüfte im Wasser stehend, die Psalmen rezitierte – die Buße, die ich früher stets bevorzugt hatte.

Doch weh mir, das Wasser war nicht kalt genug, um eine echte Strafe darzustellen. Statt dessen merkte ich, wie das kühle, stille Naß meine Haut erfrischte, und die tiefe Ruhe der Nacht war Balsam für meine Seele. Schließlich mußte ich mir meine Niederlage eingestehen. Ich schleppte mich aus dem Wasser, und als die bleiche Mondsichel hinter den Bäumen unterging, schlief ich ein.

18

Gunnar kehrte am frühen Morgen des nächsten Tages zurück. Der Bote des Königs hatte den ganzen langen Sommertag gewartet und mit mürrischer, verdrossener Miene im Wald ausgeharrt. Einige wenige Male konnte ich in der Frühe beim Angeln einen Blick auf ihn erhaschen. Später, als ich gerade die Fische entschuppte, vernahm ich Gunnars Ruf, mit dem er seine Ankunft ankündigte. Der Herr des Gehöfts marschierte auf den Hof und verlangte, sein Weib zu sehen und seinen gefüllten Krug gereicht zu bekommen. Ich ließ meine Arbeit liegen und eilte ihm entgegen. Mein Magen zog sich in düsterer Vorahnung zusammen.

Die Familie stand vor dem Haus. Der kleine Ulf zappelte, während seine Mutter ihn im Arm hielt. Ein neues Messer steckte in seinem Gürtel. Und wie ich gleich sah, trug Helmuth neue Lederstiefel und ein Bündel Kleider auf den Armen.

»Wo ist der Fremde?« wollte Gunnar gerade erfahren, als ich die Gruppe erreichte. Die Freude über das Wiedersehen mit der Familie war ihm vergällt, und er setzte eine argwöhnische Miene auf.

»Ich habe ihn seit dem Blutvergießen nicht mehr gesehen«, antwortete Karin.

Der Hofherr verzog das Gesicht und wandte sich an mich.

»Er hat mir geholfen, sie zu …« Es mangelte mir immer noch an vielen dänischen Worten.

»Begraben«, führte Karin meinen Satz zu Ende. »Der Bote hat Aedan geholfen, die Leichen zu beerdigen.«

»Ja, sind denn mehrere Boten gekommen?« entfuhr es Gunnar, und sein Ärger wuchs noch mehr.

»Zwei sind erschienen. Der eine hat Odd ermordet, und dann hat Surt ihn getötet«, erklärte ich holprig. »Der andere hat daraufhin den Hund erschlagen.«

»Surt hat einen von ihnen getötet?«

»Heja«, antwortete ich.

»Sie haben gesagt, sie seien Männer von König Harald«, erklärte Karin ihm, »und sie wollten dich sprechen, Gemahl …« Die Frau erzählte ihm noch mehr, von dem ich aber nur wenig verstehen konnte, und schloß mit den Worten: »Und sie betonten immer wieder, nur Gunnar dürfe ihre Botschaft hören.«

Die beiden redeten jetzt so rasch miteinander, daß ich beim besten Willen nicht mehr mitkam. Ich glaube aber, sie sprachen über die Tode und wie es so weit hatte kommen können. Jedenfalls hörte ich Ylvas Namen heraus und auch den meinen. Einmal sah Gunnar mich streng an und verlangte etwas von mir, dessen Sinn mir ebenfalls verborgen blieb. Ich konnte nur hilflos den Kopf schütteln.

Helmuth, der neben mir stand, erklärte: »Der Herr will wissen, ob es stimmt, daß du den Hund losgelassen hast.«

An ihn gewandt entgegnete ich: »Sag ihm, daß es mir dabei nur darum ging, Odd zu schützen. Doch leider tat ich das zu spät und konnte den Angriff auf ihn nicht mehr abwehren.«

Mein Herr sagte nun noch etwas und stellte dann wieder seine Frage. Helmuth übersetzte sie mir: »Gunnar will wissen, ob wirklich du es warst, der den Hund losgelassen hat. Sag ihm die Wahrheit.«

»Herr, das habe ich getan«, sprach ich, und Jesus sei mein Zeuge, ich spürte in mir nicht die geringste Schuld.

»Gut«, meinte Gunnar nur.

Helmuth hob jetzt seinen Schweinehirtenstab und deutete zum Hofeingang. »Herr, dort kommt er schon.«

Gunnar drehte sich zu dem Boten um, betrachtete ihn kurz und erklärte dann Karin und Ylva: »Ihr beiden geht jetzt ins Haus und bleibt dort.«

Karin nahm den kleinen Ulf an die Hand und zog ihn mit sich, obwohl er doch lieber bei uns geblieben wäre. Als die Frauen im Haus waren, schritt der Herr auf den Fremden zu. »Ihr kommt mit«, befahl er und winkte Helmuth und mir zu, ihm zu folgen. »Ist das der Mann?« fragte Gunnar mich, als ich zu ihm aufgeschlossen hatte.

»Ja, Herr.« Ich nickte.

Als uns nur noch ein Dutzend Schritte voneinander trennten, blieb der Hofherr stehen und wartete darauf, daß der Bote zu ihm kam. Man konnte dem Mann ansehen, daß er die Nacht im Wald verbracht hatte, auch wenn ihn das nicht ganz so arg wie erwartet mitgenommen hatte. Seine Hände waren schmutzig, und die Ränder unter den Augen zeigten an, daß er nur wenig Schlaf gefunden hatte. Der Bote kam tatsächlich auf Gunnar zu, und dieser rief ihn an. Ich verstand kaum die Hälfte von dem, was die beiden miteinander beredeten, aber später hat mir Helmuth alles übersetzt.

»Du sagst, du bist ein Mann von König Harald«, begann Gunnar knapp. »Ich frage mich, wie dein König wohl mit Männern verfährt, die seine Frau vergewaltigt und seinen Sklaven und Hund erschlagen haben?«

Der Hauskerl erbleichte. »Niemand hat eine deiner Frauen auch nur angerührt«, entgegnete er leise. »Wir wollten nur mit ihr reden.«

»Und was war mit Odd? Als er eure Worte nicht verstand, dachtet ihr wohl, die Sprache des Schwertes würde er eher begreifen, was? O ja, ich glaube, die hat er zu gut verstanden, oder?«

»Eanmund hat ihn getötet«, erklärte der Dunkelhaarige und deutete anklagend mit einem Finger auf mich. »Und der da hat Eanmund getötet, indem er den Hund losließ. Und was die Frau angeht, so wußten wir nicht, daß sie zu deiner Familie gehört. Wir hielten sie für eine Sklavin.«

»Wegen euch ist jetzt mein guter Sklave tot«, erwiderte Gunnar. »Und mein Hund ebenso. Was hast du dazu zu sagen?«

»Wenn du glaubst, dir sei ein Schaden entstanden, dann wende dich mit deiner Klage an den König. Und was mich betrifft, so will ich nur soviel sagen: Man nennt mich Hrethel, und ich bin es gewohnt, an den Ratssitzungen von Jarls und Königen teilzunehmen. Aber du läßt mich hier wie einen Sklaven oder einen Fremden stehen.«

»Erwartest du wirklich, daß man dir hier den Willkommenstrunk reicht? Nachdem du Tod und andere schlimme Dinge über mein Haus gebracht hast, glaubst du, daß ich da für dich meinen besten Met herausholen werde?« Gunnar lachte bitter. »Sei den Göttern lieber dafür dankbar, daß ich dir nicht dein eigenes Blut zu trinken gebe.«

»Ich stehe beim König in der höchsten Achtung«, erklärte der Bote leise. »Daran will ich dich dringend erinnern.«

»Gut, das hast du jetzt getan, also brauchst du dir darum keine Sorgen mehr zu machen.« Der Hausherr grinste spöttisch. »Glaub mir, ich weiß sehr gut, was für eine Art Mann vor mir steht.«

Hrethel runzelte die Stirn, verzichtete dann aber darauf, sich weiter mit Gunnar herumzustreiten. »Die Botschaft, die ich dir überbringen soll, lautet so: König Harald Stierbrüller ruft ein Thing ein, das am ersten Vollmond nach dem nächsten beginnen soll. Als freier Mann und Landbesitzer in Skane bist du dem König verpflichtet, daran teilzunehmen.«

Gunnar verzog das Gesicht. »Aber ich bin ein Mann von Jarl Rägnar.«

»Rägnar Gelbhaar hat Harald den Treueid geleistet. Deshalb wirst du zusammen mit deinem König zum Einkönig Harald gerufen. Wenn du dich weigern solltest, verlierst du dein Land, das dann an den König fällt.«

»Verstehe«, brummte der Hausherr und strich sich nachdenklich übers Kinn. »Und hast du mir noch mehr zu sagen? Diese Botschaft hättest du auch meinem Weib oder meinem Sklaven ausrichten können. Ich kann mich des Eindrucks nicht erwehren, wenn du das getan hättest, könnten mein Sklave und mein guter Hund noch am Leben sein.«

»Der König hat mir aufgetragen, die Nachricht den Jarls und freien Männern von Skane persönlich zu überbringen, nicht aber ihren Weibern oder Sklaven«, entgegnete der Hauskerl höhnisch. »Diese Aufgabe habe ich hiermit erfüllt und werde dich daher jetzt verlassen.«

»Ja, geh du nur«, meinte Gunnar, »ich will dich nicht daran hindern. Auch kannst du dir sicher sein, daß ich auf dem Thing erscheinen werde; denn ich bin fest entschlossen, dein Verbrechen vor den König zu bringen.«

Hrethel nickte und entgegnete mit beleidigtem Gesicht: »Das ist natürlich dein Recht als freier Mann.«

Er machte auf dem Absatz kehrt, verließ den Hof, lief über die Wiese und verschwand im Wald. Der Hausherr blickte dem Boten hinterher, bis der nicht mehr zu sehen war, und wandte sich dann an mich: »Wir gehen zu dieser Ratsversammlung, du und ich«, erklärte mein Herr und tippte mir auf die Brust. »Du bist Zeuge dessen, was geschehen ist, und du wirst Harald alles wahrheitsgemäß berichten.«

Ob die Botschaft ihn erfreute oder bedrückte, war ihm nicht anzumerken, weder an diesem noch an den folgenden Tagen. Das Leben auf dem kleinen Hof ging so weiter wie bisher, nur daß wir ohne Odd alle etwas mehr zu tun hatten. Ich übernahm die meisten seiner Pflichten und war gar nicht traurig darüber, erhielt ich damit doch Gelegenheit, öfter mit Helmuth zusammenzusein und mit ihm zu reden. So widmete ich mich wie bisher der Arbeit, aber noch mehr als zuvor meinen Sprachübungen. So oft es mir möglich war, übte ich mich mit der Hilfe Helmuths in dieser groben, mir so fremden Sprache, und auch, wenn ich allein war, verknotete ich mir die Zunge mit den ungelenken Worten des Dänischen.

Dank dieser Unterstützung wuchs mein Selbstbewußtsein, und ich sagte mir, wenn ich schon vor den Einkönig treten mußte, um ihm Bericht zu erstatten, sollte ich mich auch einer flüssigen Redeweise befleißigen. Das spornte meine Bemühungen noch mehr an. Helmuth stand mir unermüdlich zur Seite und ging mit mir das durch, was ich Harald Stierbrüller vortragen würde. Er setzte sich wie der König aller Dänen hin und stellte mir die Fragen, die ich beim Thing zu erwarten hätte. Und ich antwortete ihm wieder und wieder; zuerst radebrechend, doch im Lauf der Zeit immer flüssiger, bis ich einen verständlichen und vollständigen Bericht von den Umständen abliefern konnte, die zu Odds Tod geführt hatten.

Wenn ich mich gerade nicht im Gebrauch des Dänischen übte, betete ich, weil mir das ein großes Bedürfnis war. Und ich fragte mich wieder und wieder, was aus den Brüdern geworden war, mit denen ich die Pilgerreise angetreten hatte. Oft ertappte ich mich beim Nachsinnen darüber, was sie wohl gerade taten oder wo sie abgeblieben waren. Natürlich schloß ich sie in meine täglichen Gebete ein und erflehte für die Brüder auch den Schutz des Erzengels Michael und seiner himmlischen Heerscharen.

Der Sommer ging ins Land, und bald war es nicht mehr lange bis zur großen Ratsversammlung. Eines Tages erschien der Herr eines benachbarten Hofes, um mit Gunnar zu sprechen. Er hörte auf den Namen Tolar und befand sich gerade auf dem Weg zum Markt. Der Däne nahm mit uns eine Mahlzeit ein, blieb aber nicht über Nacht. Ich weiß nicht, was die beiden freien Männer zu bereden hatten, aber als Tolar fort war, wirkte Gunnar sehr nachdenklich.

Von dem Tag an verhielt sich mein Herr sehr kurz angebunden und verschlossen. Nichts konnte man ihm recht machen, und in jeder Arbeit spürte er einen Fehler auf. Ein- oder zweimal hat er sogar Ulf angebrüllt. Und wenige Abende vor dem Tag, an dem wir aufbrechen wollten, wurde es mit ihm so arg, daß ich das Haus verließ und mich draußen auf einen Baumstamm setzte, um dort in Ruhe mein Abendbrot verzehren zu können und sein ständiges Genörgel nicht mehr hören zu müssen.

Ich genoß den warmen Sommerabend und das lange Zwielicht in den Nordlanden. Nach dem Essen sprach ich meine Vespergebete, und irgendwann bemerkte ich, daß sich mir jemand leise genähert hatte.

Sofort öffnete ich die Augen und drehte den Kopf, um Ylva zu entdecken, die nicht weit von mir stand. Sie hatte die Hände so gefaltet, wie ich das zum Gebet zu tun pflegte.

»Du sprichst wieder mit deinem Gott, heja?« bemerkte das Mädchen.

»Ja.«

»Vielleicht kann dein Gott unserem Gunnar helfen?«

Ich wußte nicht, was ich darauf antworten sollte, und so beließ ich es bei einem: »Schon möglich.«

»Irgend etwas nagt an ihm«, sagte sie leise. Ylva hockte sich neben dem Baumstumpf ins Gras. »Das Thing bereitet ihm große Sorgen, und er fürchtet, daß ihn dort Unheil erwartet.«

Ich sah dem Mädchen ins Gesicht. Sie war auf ihre Weise durchaus schön zu nennen mit ihren feinen Zügen, den freundlichen dunkelbraunen Augen und der kleinen, geraden Nase. Auch nach eines ganzen Tages Arbeit sahen ihre Zöpfe immer noch adrett aus. Ylva strich ihr Gewand glatt. In ihren Kleidern steckten die Gerüche der Küche.

»Erzähl mir doch bitte, was es mit diesem *Ding* auf sich hat«, bat ich das Mädchen, um sie von ihren trüben Gedanken abzulenken.

»Nein, es heißt *Thing*«, verbesserte sie mich. »Und dabei handelt es sich um einen ...« Ylva suchte nach einer passenden Beschreibung. »Einen Ort, an dem die Jarls und die freien Männer zusammenkommen und über alles mögliche reden.«

»Aha, eine Ratsversammlung also.«

»Heja«, nickte sie. »Ein Kreis, in dem sie sich treffen.«

»Hat Gunnar denn eine Aussicht ... nein, das ist das falsche Wort.« Ich dachte angestrengt nach. »Grund! Ja, so heißt es richtig. Hat Gunnar denn einen Grund, diese Ratsversammlung zu fürchten?«

Das Mädchen schüttelte den Kopf und starrte auf die Hände, die sie in den Schoß gelegt hatte. »Ich kann mir jedenfalls keinen denken. Früher hat er sich immer darauf gefreut, zu einem Thing reisen zu können. Der König stiftet dort ein paar Fässer Bier, und alle betrinken sich auf seine Kosten. Deswegen glaube ich, daß die Männer gern zu der Ratsversammlung gehen.«

Mir kam ein plötzlicher Einfall. »Ylva, würdest du etwas für mich tun?«

Sie sah mich erschrocken an. »Was wünschst du denn von mir?«

»Würdest du mich ...« Wieder wollte mir das vermaledeite Worte nicht einfallen. »... würdest du mich schneiden? Hier?« Ich klopfte mir auf den Kopf.

»Ach so«, lachte das Mädchen, »ich soll dich rasieren.«

»Ja, ich möchte auf dem Schädel rasiert werden. Denn wenn ich vor dem König stehe, will ich wie ein ... wie ein ...«

»Wie ein Geschorener aussehen«, half sie mir mit dem Dänenwort für einen christlichen Priester weiter.

»Ja, ich möchte als Geschorener erscheinen. Wirst du das für mich tun?«

Ylva stimmte zu und besorgte rasch Gunnars Rasiermesser und eine Schüssel Wasser. Sie hockte sich nun auf den Baumstumpf, und ich nahm davor Platz. Auf meine Anweisungen hin erneuerte sie meine Tonsur mit raschen und geschickten Handbewegungen. Nach einer Weile kam Karin heraus, weil sie sich schon Sorgen machte, wo das Mädchen so lange blieb. Als sie entdeckte, was Ylva und ich da trieben, rief sie rasch Gunnar und Ulf heraus, damit sie dieses Schauspiel nicht verpaßten. Der Anblick eines Mannes, der sich den Kopf scheren ließ, versetzte die drei in die größte Heiterkeit, und sie lachten lange und laut.

Wohlan denn, wenn die Tonsur eines Mönchs sie belustigte, dann sei's drum. Ausgelacht zu werden, sagte ich mir, ist noch die läßlichste Prüfung, die ein Priester der heiligen Kirche erdulden muß. Davon abgesehen lag weder Spott noch Gemeinheit in ihrem Lachen.

An dem Tag, bevor es losgehen sollte, erschien Tolar wieder auf unserem Hof. Ich stellte rasch fest, daß Gunnar und er alte Freunde waren. Oft begaben sie sich gemeinsam zum Markt, und wenn ein Thing anstand, zogen sie ebenfalls zusammen dorthin. Am nächsten Morgen stellten sich Karin, Ulf und Ylva vor dem Haus auf, um uns Lebewohl zu sagen.

Karin wünschte ihrem Gemahl alles Gute und reichte ihm einen Beutel mit Nahrungsmitteln, den er sich an den Gürtel hängte. Auch Ylva wünschte ihm eine glückliche Reise. Doch dann wandte sie sich an mich und sagte rasch: »Die habe ich als Wegzehrung für dich gemacht.«

Sie drückte mir einen kleinen Ledersack in die Hand, beugte sich vor und küßte mich geschwind auf die Wange. »Möge Gott mit dir sein, Aedan. Eine gute Reise, und kehr gesund und heil wieder heim.«

Dann war es mit ihrer Kühnheit vorbei. Sie senkte den Kopf und stürmte ins Haus zurück. Wie vom Donner gerührt stand ich da und starrte ihr noch hinterher, als das Mädchen schon längst durch die Tür verschwunden war. Meine Wange brannte noch eine ganze Weile an der Stelle, wo ihre Lippen sie berührt hatten. Und ich spürte, wie mir die Röte ins Gesicht stieg.

Gunnar war schon losmarschiert, aber Tolar stand noch da und lächelte über meine Verlegenheit. »Die habe ich für dich gemacht«, grinste er und klopfte dabei beziehungsreich auf das Säckchen.

Ulf begleitete uns bis an den Waldrand. Dort schickte Gunnar ihn auf den Hof zurück. Wir betraten daraufhin den Waldpfad, und nun ging es richtig los. Garm, der Hund, lief uns voraus, hatte ständig die Nase am Boden, erschnüffelte den Pfad und verschwand immer wieder nach links oder rechts in den Büschen.

Gegen Mittag legten wir eine Rast an einem Bach ein und tranken. Während die anderen sich zu einem kurzen Schläfchen niederlegten, nutzte ich die Gelegenheit, den Inhalt des Beutels zu untersuchen, den Ylva mir in die Hand gedrückt hatte. Fünf harte und flache Küchlein befanden sich darin, die nach Walnüssen und Honig rochen. Ich brach ein Stück vom ersten ab und schob es mir in den Mund. Der Kuchen schmeckte wunderbar und süß. Ich aß mehr von dieser Köstlichkeit und machte es mir zur Gewohnheit, jeden Tag der Reise ein halbes Küchlein zu verdrücken.

Und so marschierten wir immer weiter. Nur zwei- bis dreimal täglich rasteten wir. Sobald es dunkel wurde, lagerten wir zur Nacht, um dann in aller Herrgottsfrühe wieder aufzubrechen. Am Ende des dritten Tages sollte ich dann erfahren, warum Gunnar die ganze Zeit so schlechte Laune gehabt hatte.

Wir lagerten wieder an einem Bach, und er hockte am Ufer

und hielt die Füße ins Wasser. Ich zog meine Stiefel aus und ließ mich in respektvoller Entfernung von ihm nieder. »Ah, das tut gut nach eines langen Tages Marsch«, seufzte ich, als ich ebenfalls die Füße ins Naß steckte. »Auch bei mir zu Hause haben wir große Wälder, aber keinen wie diesen.«

»Ja, dieser Wald ist wirklich ziemlich groß«, entgegnete mein Herr und sah sich um, als erblicke er ihn zum erstenmal. »Aber andere sind noch viel ausgedehnter.«

Gunnar senkte den Kopf, und seine Miene verfinsterte sich wieder. Nach einem langen Moment atmete er tief ein. »Man erzählt sich, Harald wolle schon wieder die Abgaben erhöhen. Rägnar muß ihm einen sehr hohen Tribut entrichten, und wir freien Männer, die wir Gelbhaar unterstehen, haben daran Anteil. Jedes Jahr wird es für uns schwieriger, genug aufzubringen.« Er schien das nicht mir, sondern sich selbst zu erzählen. »Der König ist ein sehr gieriger Mann. Soviel wir ihm auch geben, es scheint Harald nie genug zu sein. Unser Oberherr kann den Hals nicht voll genug kriegen.«

»So sind eben die Könige«, bemerkte ich.

»Ihr habt in Hibernia also auch gierige Herrscher?« fragte er und benutzte dabei den alten lateinischen Namen für meine Heimat. Gunnar schüttelte den Kopf. »Aber ich glaube, niemand ist so ein Nimmersatt wie Harald Stierbrüller. Wegen seiner Gier gehen wir auf Wikingerfahrt. Wenn die Ernte einmal schlecht ausfällt oder wir einen strengen Winter haben, müssen wir von anderswo Silber herbeischaffen.«

Mein Herr schwieg wieder und starrte seine Füße im Wasser an, als seien sie schuld an all seinem Ungemach. »Die Fahrten sind anstrengend und auch sonst nicht leicht für jemanden, der Weib und Sohn hat«, seufzte er so schwer, daß ich seine Last auf meinen Schultern zu spüren glaubte. »Für die jungen Männer ist das alles nicht so schlimm, denn sie haben ja noch nichts. Außerdem erlernen sie auf den Fahrten viele Dinge, die man als Mann braucht. Und wenn genug

Beute gemacht wird, bekommen die Jünglinge ihren Silberanteil und können sich davon eine Frau und ein eigenes Stück Land kaufen.«

»Verstehe.«

»Doch heute ist alles nicht mehr so einfach wie damals, als mein Großvater noch ein junger Mann war«, fuhr Gunnar fort. »In jenen Tagen zogen sie nur in Kriegszeiten auf Wikingerfahrt. Oder um sich ein Eheweib zu suchen. Doch heutzutage müssen wir ausziehen, um den Silberhunger unserer nimmersatten Fürsten zu stillen. Nein, das ist gar nicht gut.«

»Heja, gar nicht gut«, pflichtete ich ihm mitfühlend bei.

»Es gefällt mir nicht, Karin und Ulf zurückzulassen. Mein Hof ist gut und das Land fruchtbar. Aber in der Gegend leben nicht viele Menschen, und wenn während meiner Abwesenheit etwas geschehen sollte ...« Er schien diesen Gedanken nicht zu Ende aussprechen zu wollen. »Die Jüngeren kennen solche Sorgen nicht; denn sie haben noch keine Frauen. Aber wer wird sich um Karin kümmern, wenn ich nicht zurückkehre? Und wer wird Ulf das Jagen beibringen?«

»Vielleicht hat Harald ja gar nicht vor, in diesem Jahr die Abgaben zu erhöhen«, bemerkte ich törichterweise.

»Nein«, entgegnete er leise und sah mich traurig an. »Ich habe noch nie von einem Jarl gehört, der auf höheren Tribut verzichtet hätte.«

19

Nach vier Tagen Marsch, an denen wir uns grob in Richtung Osten bewegt hatten, erreichten wir einen breiten Fluß, der zu beiden Seiten von großen Wiesen eingerahmt wurde. Mitten auf dem Grün auf der anderen Seite erhob sich ein gewaltiger Stein – der Mittelpunkt des Versammlungsplatzes, des Thingrunds. Auf den weiten, flachen Auen und entlang der sanften Hänge hatte man etliche Lager errichtet. Meist standen dort schilfgedeckte Hütten, gelegentlich aber auch Zelte aus Ochsenhäuten.

Wir überquerten die Wiese und wanderten bis zur Furt am Ufer entlang. »Sieh nur, Tolar«, machte Gunnar seinen Freund aufmerksam, »dort drüben steht Rägnars Zelt.«

Der andere nickte, war er doch kein Freund vieler Worte.

»Vielleicht erfahren wir ja dort, warum dieses Thing einberufen worden ist.«

Nun überquerten wir den Fluß, und Gunnar wie auch Tolar wurden von mehreren Feuerstellen Grüße zugerufen. Die beiden blieben hier und da stehen, um ein paar Worte mit einem alten Bekannten zu wechseln. Einige Dänen warfen mir scheele Blicke zu, einige starrten mich sogar feindselig an, aber niemand hielt mich auf oder bot mir Schläge an. Vielleicht half mir ja der Umstand, daß ich Garm am Halsband hielt und darauf zu achten hatte, daß er sich nicht mit den anderen Hunden, die zahlreich die Lager bevölkerten, auf eine Rauferei einließ. Dennoch war ich heilfroh, daß niemand mich ansprach und mich fragte, was ich hier verloren hätte. Und so konnte ich in aller Ruhe den Blick wandern lassen und mir alles ansehen.

Da ich nun schon einige Zeit unter diesen Barbaren lebte, achtete ich wahrscheinlich nicht mehr so stark auf ihre Sitten und Gebräuche. Doch hier wurde ich eines Besseren belehrt. Das, was sich meinen Augen bot, als wir von einem Lager zum nächsten liefen, ließ mich aus dem Staunen nicht mehr herauskommen. Da waren Männer – und auch Frauen, denn viele hatten ihre Weiber mitgebracht –, die in nichts als Felle von wilden Tieren gekleidet waren. Sie wirkten auch mich noch grimmiger als die Raubtiere, deren Pelz sie sich übergeworfen hatten. Dann gab es da noch solche, die überhaupt gar nichts an-, dafür aber ihre Haut mit merkwürdigen blauen oder braunen Mustern und Zeichen bemalt hatten.

Überall gab es nur Riesen zu erblicken, denn die Dänen sind ein Volk von Hünen. Viele Männer waren zwar schwer und kräftig, hatten aber helles Haar wie ein Mädchen. Und gleich, ob dunkel oder blond, so gut wie alle hatten sich das Haar zu dicken Zöpfen geflochten und diese mit Federn, Blättern, Muscheln oder geschnitzten Holzstückchen verziert.

Wie schon gesagt, ich kam aus dem Staunen überhaupt nicht mehr heraus.

Einige Wikinger, die erst jetzt eintrafen, begrüßten ihre Bekannten und Verwandten mit viel Gebrüll und Getue. Viele waren damit beschäftigt, an den Hütten und sonstigen Schlafstellen zu bauen. Alle schwatzten durcheinander, und so entstand viel Geschrei, weil man sich anders kaum verständlich machen konnte. Ach, die Dänen sind ein lärmendes Volk, und bei diesem Getöse konnte ich kaum meinen eigenen Gedanken folgen.

Die verschiedenen Gerüche, die von den Kochstellen heranwehten, ließen mir das Wasser im Mund zusammenlaufen, auch wenn der viele Rauch mir gelegentlich in den Augen brannte. Wir kamen an einer ganzen Reihe von Lagern vorüber, und ich starrte immer verlangender auf das Fleisch am Spieß und die brodelnden Kessel.

Endlich erreichten wir das Zelt von Rägnar Gelbhaar, das aus einer weißgescheckten Ochsenhaut bestand. Zehn oder mehr Männer lagen rings herum auf dem Boden, dösten in den Tag hinein und warteten darauf, daß das Thing endlich begann. Als sie uns kommen sahen, hob einer die Hand und rief jedem, den es interessierte, zu, daß Gunnar und Tolar endlich eingetroffen seien.

»Heja, Gunnar.«

»Heja, Bjarni, hast du schon jemanden bezwungen?«

»Wir haben uns hier bislang ganz gut geschlagen.« Der Mann gähnte. »Der König ist fort. Er sitzt bei König Heoroth und trinkt mit ihm und den anderen Jarls.«

»Wo können wir uns denn niederlassen?«

»Hinter dem Zelt soll ein ganz guter Platz sein, habe ich mir jedenfalls sagen lassen.«

»Gut, dann nehmen wir den«, erklärte mein Herr, und Tolar nickte zum Zeichen seiner Zustimmung. »Aber bitte, mach dir keine Umstände, wir wollen deine wohlverdiente Ruhe wirklich nicht stören.«

»Kommt später zu uns, dann trinken wir einen«, lud Bjarni uns ein und schloß die Augen. Ich glaube, wir waren noch keine sechs Schritte weit gelaufen, da war der Mann schon wieder eingeschlafen.

Wir drei verbrachten den Rest des Tages damit, unsere Hütte aufzubauen. Ich sammelte am Ufer Steine, um eine Feuerstelle zu errichten. Gunnar besorgte Pfähle von dem riesigen Haufen gefällter Stämme, den Harald zur Verfügung gestellt hatte, und schlug sie zu. Tolar schnitt am Fluß Schilfrohr. Wir waren fast mit unserer Unterkunft fertig, als Rägnar zu seinem Zelt zurückkehrte. Mein Herr und sein Freund begaben sich sofort zu ihm, um ihn zu begrüßen. Damit blieb es dann mir überlassen, das übriggebliebene Reet auf dem Boden aufzuschichten, damit wir zur Nacht nicht auf der blanken Erde liegen mußten.

Ich sagte mir, daß es bald für uns Zeit wurde, ans Abendbrot zu denken. So begann ich, Rindenstreifen von den Hölzern zu reißen, um sie als Zunder für das Feuer zu benutzen. Ein Schatten huschte dabei über mich, und ich drehte mich um.

Ein selbst für einen Dänen riesenhafter Mann stand da und starrte mich aus seiner enormen Höhe finster an. Mir wurde das Herz schwer.

»Sei gegrüßt, Hrothgar«, sagte ich in der Hoffnung, den Mann zu beschwichtigen, der versucht hatte, mich im Bierfaß des Königs zu ersäufen. Ich legte das Stück Holz beiseite, an dem ich gerade gearbeitet hatte, und hockte mich auf die Fersen.

»Sklaven haben hier nichts verloren«, knurrte er und stieß dann noch einiges hervor, daß ich jedoch beim besten Willen nicht verstehen konnte. Dafür ging seine Zunge viel zu schwer. Selbst ein Däne hätte wohl Mühe gehabt, ihm zu folgen.

Da ich nicht wußte, was ich darauf entgegnen sollte, lächelte ich nur freundlich und nickte.

Der Riese streckte eine Hand aus, riß mich an meinem Sklavenkragen hoch und hielt mein Gesicht ganz dicht an das seine. »Sklaven haben hier nichts zu suchen.« Sein Atem roch fürchterlich, und sein ganzer Körper dünstete Schweiß und Bier aus.

»Gunnar hat mich mitgebracht.«

Er sah mich noch strenger an. »Du bist ein Sklave und ein Lügner.«

»Bitte, Hrothgar, ich will keinen Ärger haben.«

»Nein«, grinste er boshaft, und sein aufgeschwemmtes Gesicht verzerrte sich, »du wirst mir bestimmt keinen Ärger machen.« Der Wikinger stieß mich fort, und ich landete unsanft auf dem Allerwertesten. »Jetzt zeige ich dir einmal, wie es Sklaven ergeht, die ihre Zunge dazu mißbrauchen, über andere Lügen zu verbreiten. Steh gefälligst auf, damit ich dir eine Lehre erteilen kann.«

Ich erhob mich langsam und fühlte mich gar nicht wohl in meiner Haut. Rasch sah ich mich um in der Hoffnung, Gunnar möge zurückkehren. Aber ich wußte ja gar nicht, aus welcher Richtung er kommen würde, und davon abgesehen war von ihm sowieso nichts zu entdecken.

Dann fiel mir ein, daß ich ja um Hilfe rufen könnte. Als ich aber den Mund öffnete, sah ich Hrothgars Faust auf mich zufliegen, und ich konnte mich nur noch ducken und einen Schritt beiseite treten. Der Riese drehte sich schwerfällig um und hob noch einmal die Rechte. Wieder konnte ich ihm rechtzeitig ausweichen.

»Hör doch auf, bitte«, flehte ich ihn an und mußte mich wieder einen Schritt zur Seite drehen.

»Bleib stehen, verdammter Kerl!« erregte er sich.

Sein Gebrüll weckte die Neugier derer in den umliegenden Zelten und Hütten. Ich hörte, wie die Wikinger einander zuriefen, daß da drüben eine Schlägerei im Gange sei, und binnen kurzem waren wir von einem Zuschauerkreis umgeben. Rasch bildeten sich unter ihnen zwei Parteien. Während die einen Hrothgar anfeuerten, riefen die anderen mir zu, ich solle ihm nur weiter ausweichen. Dieser Rat schien mir vernünftig zu sein, und so entfernte ich mich stetig und tänzelnd von dem Riesen.

Jedesmal, wenn Hrothgar ausholte, bog ich den Oberkörper zurück oder unterlief seinen Hieb. So kam es, daß er mich nicht einmal traf, was seine Stimmung natürlich nicht verbesserte. Der Däne fluchte und schimpfte in einem fort.

Bald stand er schwer atmend da. Der Schweiß lief ihm in Strömen herunter, und sein Gesicht war so stark gerötet, daß man schon fürchten mußte, es würde platzen.

»Laß uns jetzt aufhören«, schlug ich ihm zur Güte vor. »Wir zwei haben keinen Streit. Nun soll Schluß mit dem Gerangel sein, und wir beide gehen unserer Wege.«

»Bleib stehen, Schweinekerl, und kämpfe!« brüllte er. Die Wut und das viele Bier drohten ihn um den Verstand zu bringen.

Wieder hob er die Faust, und ein weiteres Mal duckte ich mich. Doch ich hatte wohl einmal zuviel auf mein Glück vertraut, denn inzwischen hatte auch der Riese dazugelernt. Als seine Rechte wiederum ins Leere ging, schob er seine Linke von unten hoch. Und auf die war ich nicht vorbereitet.

Die Faust traf mich am Kinn, doch in seiner Trunkenheit hatte Hrothgar ihr nicht genug Wucht mit auf den Weg geben können. Ich fiel zurück, doch mehr aus Überraschung, und landete wieder auf dem Hintern. Der Riese glaubte jedoch, er habe mich gefällt, und ich war klug genug, ihn in diesem Glauben zu bestärken.

»Du hast mich besiegt, Hrothgar. Ich kann nicht mehr gegen dich kämpfen.«

»Steh auf, du Hund!« wütete er. »Ich will dich noch einmal auf den Boden schicken.«

»Meine Beine sind zu schwach und können mich nicht mehr tragen. Du hast es mir zu tüchtig gegeben.«

»Hoch mit dir!« Er bückte sich und hob ein Stück Holz auf, eines von denen, die ich eben entrindet hatte. Schwerfällig warf er den Klotz auf mich. Ich brauchte mich nur zur Seite zu rollen, um ihm zu entgehen.

Umständlich – so als sei ich von dem Schlag noch geschwächt – erhob ich mich und richtete meine verrutschten Gewänder. Mit tiefem Grollen holte der Riese wieder nach mir aus. Ein Schritt zur Seite erlöste mich auch aus dieser

Gefahr. Hrothgar wurde vom Schwung seiner Geraden mitgerissen und landete auf den Knien. Das löste bei den Umstehenden lautes Gelächter und bei meinem Gegner rasende Wut aus.

»Bitte, nun ist es wirklich genug«, erklärte ich. »Mir ist es nicht länger möglich, gegen dich anzutreten.«

Er wuchtete seinen massigen Körper hoch und sprang mich mit weit ausgebreiteten Armen an. Da es mir ein leichtes war, auch diesem Angriff auszuweichen, bekam er nur die Wiese zu fassen. Wieder grölten die Wikinger, und ich hörte, wie sie jetzt alle mich anfeuerten und verlangten, ich solle mit ihm Schluß machen. Ich sah mich in dem Kreis um und entdeckte Gunnar und Tolar, die mit den anderen schrien und johlten.

»Gunnar, was soll ich denn tun?« rief ich, kaum laut genug, das Getöse zu übertönen.

»Verpaß ihm eine!« riet er mir. »Aber richtig.«

Fluchend und ächzend rappelte Hrothgar sich wieder auf und wankte auf mich zu. Die Zuschauer gerieten in höchste Erregung, jeder schien den anderen an Lautstärke übertreffen zu wollen. In diesem Moment bemerkte ich aus dem Augenwinkel ein Funkeln.

Gerade noch rechtzeitig fuhr ich herum, um die Klinge zu entdecken, die durch die Luft heransauste. Ich konnte nicht mehr tun, als den Kopf zurückreißen, und die Schneide ritzte mein Kinn. Ich prallte vor Schreck zurück, und zum drittenmal an diesem Tag setzte ich mich unfreiwillig. Aber auch Hrothgar hatte sich wieder zuviel zugemutet, geriet aus dem Gleichgewicht und landete auf mir. Sein breiter Brustkorb lag auf meinen Beinen. Er brauchte sich nur umzudrehen, und eine rasche Bewegung würde genügen, mir die Kehle aufzuschlitzen oder mich wie einen Fisch auszuweiden.

In meiner Verzweiflung wollte ich nur noch von ihm fort, trat und schob und konnte doch sein Gewicht nicht von mir bringen. Der Riese hielt immer noch das Messer in der Rechten und stach jetzt nach mir, aber aus einem falschen Winkel. Dennoch ließ ich den Oberkörper nach hinten fallen, hörte den Stahl durch die Luft singen und knallte mit dem Hinterkopf auf etwas Hartes.

Das Stück Holz, das der Wikinger eben nach mir geworfen hatte.

Sofort schlossen sich meine Hände darum, und in dem Moment wußte ich nicht so recht, was ich eigentlich mit dem Klotz wollte. Am ehesten wohl den nächsten Stich abwehren.

Hrothgar, der immer noch bäuchlings auf mir lag, verdrehte den Arm, um mich jetzt mit dem Messer zu treffen. Die Klinge fuhr ins Leere, und vor mir lag groß und einladend sein Hinterkopf. Ich schlug mit dem Holz zu. Der Knüppel prallte mit einem dumpfen Knall von seinem Schädel ab, ein Geräusch, wie ich es noch nie gehört hatte. Und in meiner Verwunderung ließ ich den Klotz noch einmal bei ihm anklopfen.

Der Wikinger grunzte und blieb dann reglos mit dem Gesicht im Dreck liegen.

Einen Moment später rollten Gunnar und Tolar ihn von mir, und auch die restlichen Dänen stürmten vor, um mir anerkennend auf den Rücken zu schlagen und mir zu versichern, was für ein gewitzter Kämpfer ich doch sei.

»Ich wollte ihn nicht so fest schlagen«, erklärte ich meinem Herrn. »Glaubst du, ich habe ihn schwer verletzt?«

»Wen, Hrothgar?« Er lachte laut. »Ach wo, sein Schädel wird ihm morgen viel mehr von dem vielen Bier brummen als von deinem kümmerlichen Hieb.«

Ich betrachtete den dahingestreckten Riesenleib zweifelnd. »Wahrscheinlich habe ich jetzt alles nur noch schlimmer gemacht. Hrothgar wird mich nun erst recht mit seinem Zorn verfolgen.«

Gunnar winkte ab. »Nein. Wenn er aufwacht, wird er den

ganzen Vorfall vergessen haben. Dennoch glaube ich, daß du großes Glück gehabt hast.« Diese Worte klangen fast wie die eines Freundes.

Tolar der Schweiger nickte nur zustimmend.

»Vielleicht sollte ich dir beibringen, wie man richtig kämpft. Dann bist du nicht mehr darauf angewiesen, dich auf dein Glück zu verlassen. Die Schicksalsgöttin hat sich nämlich schon oft als sehr untreue Bettgefährtin erwiesen.«

»Heja«, bestätigte Tolar. Seinem Tonfall nach sprachen Jahre bitterer Erfahrung aus ihm.

Rägnar Gelbhaar erschien nun mit sorgenvoller Miene. Scop, sein Wahrsänger, flatterte wie ein Bussard um ihn herum. Der Jarl blieb vor uns stehen, und sein Blick wanderte von Gunnar zu mir. Ich machte mich auf das Allerschlimmste gefaßt. Doch dann gab er meinem Herrn ein Silberstück, welches dieser rasch in seinem Gürtel verschwinden ließ. Damit und mit einem letzten finsteren Blick auf mich schritt Rägnar wieder fort. Scop sprang und hüpfte hinter ihm her.

In diesem Moment ertönte ein so lauter und eigentümlicher Schrei, daß zum erstenmal alle Dänen den Mund hielten. Die Männer hielten in ihrer Arbeit inne und starrten sich an.

»Das muß Harald Stierbrüller sein«, sagte Gunnar und schaute in Richtung Fluß.

»Da kommt er!« rief Bjarni. Er war vors Zelt getreten. »Der König ist angelangt!«

Ich starrte dorthin, wohin der Däne aufgeregt zeigte, und entdeckte ein rot und weiß gestreiftes Segel, das hinter den Bäumen und Büschen vorbeizog. Wie ein Mann stürmten alle Wikinger los und eilten zum Fluß, wo einen Moment später wieder das tiefe und laute Geräusch ertönte. Ein Langboot segelte dort heran.

Das Schiff besaß einen scharfen Kiel und war sehr lang. Der Bug stieg hoch auf und lief in einem grimmigen Drachenkopf mit feurigen Augen aus. Das Heck erhob sich ebenfalls und endete in einem gespaltenen Drachenschwanz. Man hatte die beiden Enden rot und gelb gestrichen, während die Seiten schwarz gehalten waren. Alles wurde jedoch von dem riesigen Segel mit seinen rot-weißen Längsstreifen überragt. Frisch bemalte Schilde hingen von der Reling, und darunter ragten Reihen von Rudern heraus. O ja, bei diesem Anblick klopfte auch mein Herz schneller und raste das Blut in meinen Adern.

Die Wikinger, die sich bereits am Uferrand befanden, riefen den Neuankömmlingen fröhliche Rufe entgegen. Einige konnten es gar nicht mehr aushalten, sprangen ins Wasser, schwammen dem Boot entgegen und kletterten über den Rand, um sich zu ihren Kameraden zu stellen. Zum drittenmal ertönte jetzt der eigenartige tiefe Ton, der den Boden unter unseren Füßen zum Beben brachte, und ich erkannte endlich, wie er erzeugt wurde. Zwei riesige Schlachthörner waren auf Deck angebracht, an denen je zwei Wikinger standen, die sich darin abwechselten, aus voller Lunge hineinzublasen. Für einen Mann wäre eine solche Aufgabe zuviel gewesen, und er hätte leicht dabei ohnmächtig werden können.

Rägnar stand von seinen Getreuen umringt da und schaute auf den Fluß hinunter. »Ein wirklich feines Boot«, bemerkte er. »Besäße ich ein nur halb so gutes Schiff, würde Harald heute mir Tribut entrichten, und nicht ich ihm.«

Gunnar zeigte mit einer Hand auf das Gefährt, das nun am Ufer längs ging, und meinte: »Ein Schiff? Ich sehe dort kein Schiff, Jarl Rägnar. Nein, nur unser Silber vermag ich zu erkennen, zwar mit einem Drachenkopf und einem gestreiften Segel versehen, aber immer noch unser Silber.«

»Das ist wahr gesprochen«, stimmte Gelbhaar bitter zu. »Und nun, da ich erkenne, welche Reichtümer wir Stierbrüller überlassen haben, wird mir das Herz schwer.«

Tolar nickte, und um dem noch mehr Inbrunst zu verleihen, spuckte er aus.

Die Männer beschwerten sich noch eine ganze Weile, und

jeder von ihnen hatte eine Klage vorzubringen, aber die ganze Zeit über starrte jeder einzelne auf die geschwungenen Formen des Langboots und das große, beeindruckende Segel. Langsam bewegten sie sich Schritt für Schritt in Richtung Ufer, wo die anderen Wikinger nun Holzpfähle in den Boden rammten und festklopften, an denen die Seile des Schiffes befestigt werden sollten. Ich ging mit ihnen und fand mich plötzlich an Scops Seite wieder.

»So, so, das Mönchlein ist nun Krieger geworden«, höhnte der Sänger. »Womöglich schwingen von nun an Krieger lieber die Feder.«

»Das viele Bier hat Hrothgar bezwungen«, entgegnete ich, »und ich habe ihm nur eine weiche Stelle zur Verfügung gestellt, auf der er landen konnte.«

Der Mann schnaubte, als habe er eine verstopfte Nase, und klopfte mir dann mit seiner verdreckten Hand auf die sauber rasierte Tonsur. »Geschorener!« rief er keckernd, als handele es sich dabei um einen besonderen Spott.

Ich bemühte mich, seine schlechte Laune nicht weiter zu beachten, und sagte: »Ich hätte nicht gedacht, dich wiederzusehen.«

»Ha!« machte er. »Und, ist das für dich eine freudige Überraschung?«

»Ja«, antwortete ich und ärgerte mich langsam doch über seine Unleidlichkeit. »Und ich danke Gott dafür.«

Der Wahrsänger sah mich scheel von der Seite an. Dann packte er mich plötzlich am Arm und riß mich zu sich herum. »Sieh dich um, Ire. Befindest du dich hier etwa in deiner wunderschönen Abtei? Sind diese Männer hier vielleicht deine Mitbrüder?«

Bevor ich etwas darauf antworten konnte, legte er mir seine ungewaschene Rechte in den Nacken. »Gott hat mich verstoßen, mein Freund«, flüsterte er in erstickter Wut. »Und jetzt, Aidan der Unschuldige, hat Er auch dich verlassen.«

Damit stampfte er rasch davon und verzog sich irgendwo im Lager. Ich sah ihm nach und ärgerte mich über seine Unverschämtheit und seine düsteren Mahnungen. Dann schüttelte ich die Erinnerung an seine Äußerungen ab und eilte den anderen hinterher, die bereits die Anlegestelle erreicht hatten.

König Harald reiste mit all seinen Hauskerlen und drei seiner fünf Ehefrauen an. Einige der Weiber, die ihre Männer zum Thing begleitet hatten, bemerkten das sofort und fingen gleich an, darüber zu tratschen.

Die ersten Krieger sprangen über die Reling und schwammen ans Ufer. Während sie an Land wateten, schafften andere Planken heran, für die sie Nadelbäume längs gespalten hatten, und legten sie zwischen Schiff und Land. Männer am Ufer liefen ihnen entgegen und halfen ihnen, die Stege zu sichern.

Erst jetzt hielt Harald Stierbrüller es für geboten, sich der Menge zu zeigen. Und als die Wikinger ihn zu Gesicht bekamen, schwiegen sie beglückt und ergriffen.

20

Einkönig Harald Stierbrüller, der Jarl des Dänervolks von Skane, stand wie Odin selbst auf seinem Schiff. Ganz in das Blau einer nordischen Mitternacht gewandet, erhob er sich in die Sonne und erstrahlte am ganzen Leib von dem vielen Gold und Silber, das er trug. Scharf zeichnete sich der lange rote Bart ab, den er ausgebürstet und an den Enden zu kleinen Zöpfen geflochten hatte. Geschmeide hing an seiner Brust, an seinem Hals und an beiden Handgelenken. Sieben silberne Reife zierten jeden seiner Arme, und sieben silberne Broschen hielten seinen Umhang an Ort und Stelle.

Der Fürst stieg auf die Reling, und ich sah, daß er barfuß war. Ringe aus Edelmetall klirrten an seinen Knöcheln. Der Riese von einem Mann besaß eine äußerst breite Brust, muskelbepackte Arme und lange, starke Beine. Wie ein Berg erhob er sich vom Schiffsrand und wirkte wie ein König in seinen besten Jahren. Der Blick aus seinen flinken, intelligenten Augen flog über das versammelte Aufgebot.

Ein wahrer König fällt überall als solcher auf, sagte ich mir. Harald strahlte die königliche Würde aus, wie ich sie auch bei anderen Herrschern entdeckt hatte. Trotz ihres verschiedenen Äußeren waren Lord Aengus und Harald aus dem gleichen Holz geschnitzt. Wenn sie sich irgendwo über den Weg gelaufen wären, daran hegte ich nicht den geringsten Zweifel, hätten sie im anderen sofort einen Mann von ähnlicher Gesinnung erkannte.

Der Jarl hob die Hände zum Gruß, und als er den Mund zu einer Ansprache öffnete, sah ich, daß die vielen Schlachten ihm eine rote Narbe beschert hatten, die vom Kinn bis zum Hals verlief.

Seine Stimme klang tief und laut, beim Reden drehte er sich hierhin und dorthin, und er breitete immer wieder die Arme weit aus, so, als wolle er alle an seine Brust nehmen, die sich unter ihm am Ufer versammelt hatten.

In seiner Ansprache ging es darum, während der Ratsversammlung allen Zank und Hader zu schlichten oder zu vergessen. Wenn ich ihn recht verstanden habe, rief er alle auf, sich als freie Männer in Frieden zusammenzusetzen und dann zu beschließen, was am besten zu tun sei – und ähnliches mehr. Eine der Reden, wie sie alle Fürsten von sich geben, wenn sie wollen, daß alles in ihrem Sinne entschieden wird. Mit meiner Einschätzung war ich offenbar nicht allein, denn ich hörte so manches skeptische Grunzen und Räuspern.

Dann hob der König einen seiner bloßen Füße und trat, ohne zu zögern, einen Schritt vor – in die leere Luft. Einige der Weiber hielten entsetzt den Atem an oder schrien leise. Doch dazu bestand kein Anlaß; denn schon tauchte eine Rechte auf und stützte den Fuß. Eine zweite Hand kam der ersten zu Hilfe, und Harald hob den anderen Fuß, um ihn auf das nächste Händepaar zu stellen. All die Männer, die vorher die Planken zwischen Schiff und Ufer gelegt hatten, standen für ihren Fürsten bereit.

Auf diese Weise gelangte der Jarl an Land. Aufrecht schritt er über die Hände seiner Hauskerls und bot ein höchst imposantes Bild. Noch den ganzen Tag über schien es kein anderes Gesprächsthema zu geben: »Habt ihr gesehen, wie sie ihn getragen haben?« – »Heja, die Füße des Königs haben nicht einmal den Boden berührt!«

Denn damit war es noch nicht getan, Harald Stierbrüller nur an Land zu befördern. Man trug ihn weiter bis zu der Stelle, wo sein Zelt errichtet werden sollte. Dort lag eine rote Ochsenhaut auf dem Boden ausgebreitet, und darauf setzte sich der König, um die Ehrungen seines Volks entgegenzunehmen.

Alle traten vor ihn. Einige warfen sich ihm zu Füßen, andere überreichten ihm Willkommensgeschenke. Der Jarl nahm alle Gaben und Ehrenbezeugungen huldvoll entgegen. Ich mochte den Mann, weil er den anderen Achtung entgegenbrachte – trotz der Zweifel, die Gunnar und Rägnar ihm gegenüber hatten. Allerdings war ich auch der Ansicht, daß ihre Befürchtungen aus tiefstem Herzen kamen und zu Recht bestanden.

Wie dem auch sei, dieser König besaß ein gewinnendes Wesen. Er hatte für alle ein Lächeln übrig, strahlte Vertrauen aus und wußte, einen jeden mit einer Geste oder einem Wort auf seine Seite zu ziehen.

Ich beobachtete ihn, wie er da auf der Ochsenhaut hockte, die Edelmänner beim Namen nannte und sie mit Lob und Schmeichelei einwickelte. Noch bevor das Thing, die große Ratsversammlung, überhaupt begonnen hatte, war der König schon längst damit zugange, für seine Sache zu werben. Die meisten näherten sich ihm steif und voller Mißtrauen, und sie verließen ihn wenig später lächelnd und heiter. Mit einer Berührung oder einem aufmunternden Wort hatte Harald ihnen den Mut und den Glauben an ihn zurückgegeben.

O ja, dieser Jarl war ein wahrer Meister des Königshandwerks: geschickt, verschlagen und voller Überredungskraft konnte er die Einwände der vor ihn Tretenden schon entkräften, ehe diese wußten, wie ihnen geschah, und danach auf jeden Widerspruch verzichteten.

Solcher Macht über Menschen war ich schon einige wenige Male zuvor begegnet. Trotz all des Goldes und Silbers, mit dem dieser Mann sich behangen hatte, erinnerte er mich doch sehr an Bischof Tudwal von Tara, der weithin für seine Gefaßtheit, sein Gottvertrauen und seinen gewandten Umgang mit Menschen bekannt ist.

Selbst Gunnar und Tolar konnten sich trotz aller Vorbehalte nicht dem beträchtlichen Charme des Königs entziehen. Ich beobachtete die beiden, wie sie an der Reihe waren, dem Jarl ihren Respekt entgegenzubringen, und wie sie dann frohgemut und voller Vertrauen von ihm zurückkehrten.

Als ich Gunnar später fragte, was Harald gesagt oder getan habe, um bei ihm einen solchen Sinneswandel hervorzurufen, antwortete er: »Habe ich je gegen den König gesprochen? Aedan, du mußt wirklich lernen, den Menschen mehr Vertrauen entgegenzubringen.«

Diesen Ratschlag bestätigte Tolar mit einem kräftigen Nicken.

Von allen Fürsten und Freien, die ich vor den Jarl treten sah, ließ sich nur Rägnar nicht von dem Herrscher einwickeln. Als König wußte er vielleicht zu gut Bescheid, um sich von Kniffen und Worten täuschen zu lassen, die er selbst wohl schon einige Male eingesetzt hatte. Möglicherweise empfand er es aber auch unter seiner Würde, sich vor einem Gleichen so zu entblößen. Seine Stammesangehörigen verließen sich auf ihn und sein Urteil. Gleich, was andere taten oder dachten, Rägnar war in seinen Gedanken und Handlungen abhängig von dieser Verpflichtung. Deshalb konnte Jarl Rägnar Gelbhaar sich nicht vollkommen einem anderen Fürsten unterwerfen und gleichzeitig darauf hoffen, mehr als nur dem Namen nach König zu bleiben.

Stolze Männer sind überall auf der Welt gleich. Ohne Zweifel wurmte es ihn, Harald über sich zu haben. Dem Einkönig Tribut zahlen zu müssen, war schon schlimm genug, da wollte er nicht auch noch vor ihm den Nacken beugen. Vermutlich hatten einige der anderen Kleinkönige ähnliche Vorbehalte, doch davon habe ich nichts mitbekommen, denn ich hatte keine Gelegenheit, die ganze Zeremonie zu verfolgen

Dann war der Grußzug abgeschlossen. Diese Schlacht war geschlagen, und Harald hatte sich hervorragend behauptet. Mir kam es so vor, als habe er den Samen der Hoffnung unter seinem Volk ausgestreut und zöge sich nun zurück, um die Saat in Ruhe aufgehen und Wurzeln bilden zu lassen.

Und tatsächlich brodelte es in dieser Nacht im Lager vor aufgeregter Erwartung. Überall auf der Wiese saßen die Männer am Feuer zusammen und hegten die wildesten Vermutungen über die morgen stattfindende Ratsversammlung. Dabei ging es vor allem um eine Frage: Was würde der König auf dem Thing vorschlagen?

Obwohl ich mit diesem Treffen wenig zu schaffen hatte – ganz gleich, was der Rat der freien Männer beschließen würde, es würde mich nicht betreffen –, nahm ich doch die gewaltige Anspannung im Lager wahr, die dieses Ereignis mit sich brachte. Lange konnte niemand Schlaf finden, und erst in den dunkelsten Stunden legten sich die meisten nieder.

Früh am Morgen rief eine einzelne Trommel die Fürsten und die Freien zum Thingstein. Wir saßen gerade beim Frühstück, als das Donnern ertönte. Gunnar und Tolar sprangen sofort auf. »Es ist soweit«, meinte ersterer und warf den Knochen fort, den er gerade abgenagt hatte. »Beeilt euch, damit wir in der ersten Reihe sitzen können.«

Zu seinem Pech schien jeder andere im Lager die gleiche Vorstellung zu haben. So brachen die Männer nicht im Bewußtsein des würdigen Ereignisses von den Feuerstellen auf, sondern es setzte ein zügelloser Wettlauf ein. Aus allen Ecken des weit auseinandergezogenen Lagers kamen sie herbeigeeilt. Die wenigen Frauen schauten ihnen sehnsüchtig nach, und einige von ihnen waren kühn genug, den Männern zu folgen und sich so nah wie möglich an den Rand zu stellen, einen Kreis, den man aus Steinen gebildet hatte.

Ermutigt vom Beispiel des Weibsvolks begab ich mich ebenfalls bis an die Grenze, während Gunnar und Tolar sich mit Hilfe der Ellenbogen weiter nach vorn zu kämpfen versuchten. Die besten Plätze waren natürlich längst vergeben, und so suchte ich nach einer Stelle, von der aus ich wenigstens noch ein wenig sehen könnte.

Zunächst tat sich für eine ganze Weile nichts. Doch dann hüpfte ein alter Mann um den Thingstein herum und schüttelte dabei eine Kürbisflasche, die wohl mit Kieselsteinen gefüllt war. Er murmelte unablässig vor sich hin und stakste steifbeinig immer wieder um den Fels.

»Skirnir«, flüsterte jemand in meiner Nähe, und ich schloß, daß dies wohl der Name des Männleins sein mußte. Vermutlich handelte es sich bei ihm um einen dieser ebenso merkwürdigen wie wunderlichen Skalden, eine Art Priester, der zugleich Ratgeber von König Harald war.

Der Alte trug ein eingerissenes Langhemd und eine Hose aus gegerbter Hirschhaut und ließ für einige Zeit seinen leisen Singsang ertönen. Endlich legte er die Flasche beiseite, nahm statt dessen eine Holzschüssel in die Hand und fing an, mit einem abgenutzten Birkenzweig eine dicke Flüssigkeit – vermutlich irgendein Öl – auf den Stein zu spritzen. Jedesmal, wenn Skirnir den Stab eintunkte, rief er den Namen seines Gottes, und wann immer das Öl auf dem Fels landete, nieste er dazu.

Als der Skalde den Stein auf solche Weise mehrmals umschritten hatte, stellte er die Schüssel auf den Boden, tauchte abwechselnd die Rechte und die Linke in die Flüssigkeit und bedeckte den Fels mit seinen Handabdrücken. Manchmal umarmte er das Heiligtum auch und brachte es solcherart zustande, den Fels einzuölen. Während der Priester noch damit beschäftigt war, trat der König aus dem Kreis der Umstehenden. Er hielt etwas unter dem Arm, das ich aber nicht genau erkennen konnte.

Nachdem Skirnir den Stein eingerieben hatte, wandte er sich an den Jarl und verlangte von ihm das Mitbringsel, und ich erkannte, daß es sich dabei um ein Huhn handelte. Noch während ich überlegte, warum der Fürst mit einem Federvieh erschienen war, hob der König das Tier hoch in die Luft, auf daß alle es sehen konnten, und reichte es erst dann dem Skalden. Dieser hielt das Huhn ebenfalls in die Höhe, und das dreimal, ehe er es dem Herrscher hinhielt, worauf dieser sich Schnabel und Kopf des Tiers in den Mund schieben ließ.

Was für ein absonderlicher Anblick: Der König der Dänen mit dem Kopf eines Huhns im Mund.

Jetzt stieß der Skalde einen lauten Schrei aus und begann, am ganzen Leib zu beben. Seine Hände und Schultern zuckten, seine Beine schüttelten sich, und sein Körper zuckte. Plötzlich entriß er dem Jarl das Huhn, hielt es über seinen Kopf, drehte sich um sich selbst und hörte nicht auf zu wackeln. Immer schneller wirbelte er herum, und unvermittelt sauste sein Arm herab. Ein scharfes Knacken ertönte, und dem armen Tier trennte sich der Kopf vom Rumpf. Das Huhn fiel zu Boden, wo es gleich anfing, aufgeregt zu laufen, zu hüpfen und zu flattern.

Skirnir folgte den verrückten Bewegungen des Vogels auf Händen und Knien und studierte jede Regung des Tiers genau. Dabei spritzte Blut auf ihn und den Fels.

Alle hielten den Atem an und beugten sich vor, während die Zuckungen des Huhns allmählich erlahmten. Endlich fiel es hin und rührte sich nicht mehr. Nur einige seiner Federn bebten noch ein paar Momente lang. Der Skalde sprang wieder auf und erklärte mit lauter Stimme, daß die Götter günstige Vorzeichen geschickt hätten. Doch redete er dabei so eigenartig, daß ich nicht alles verstehen konnte. Die Freien und Fürsten schienen jedoch damit zufrieden zu sein, stießen sie sich doch an und nickten leise.

An dieser Stelle möchte ich deutlich bekunden, daß ich

weder in Omen noch Orakel großes Vertrauen setze und erst recht nicht an die alten Götter glaube. Deren Macht, falls sie denn überhaupt welche besitzen, rührt vom Willen derjenigen her, die hartnäckig einem solchen Glauben anhängen. Ich will gar nicht so weit gehen zu behaupten, bei den alten Göttern handele es sich lediglich um Dämonen; obwohl viele weisere Häupter mir versichern, daß es sich genau so verhalte. In meinen Augen sind sie eher leere Gefäße, die nicht in der Lage sind, wahren Glauben der Menschen in sich aufzunehmen. In früheren Zeiten haben die Völker sich an alle Götter geklammert, die sie finden konnten. Aber damals herrschte Finsternis, und die Menschen suchten in ihrer Ahnungslosigkeit nach etwas, woran sie sich in der grimmigen Nacht festhalten konnten.

Aber seit der Kreuzigung unseres Herrn ist Licht über die Erde gekommen, und es wurde endlich Tag. So lautet ja auch die Frohe Botschaft. Deshalb darf man es nicht länger hinnehmen, daß die Wesen der Dunkelheit weiter verehrt werden. So sieht mein Glaube aus. Wenn ich die Barbaren nicht für ihren fehlgeleiteten Götzendienst verdammte, würden die eifrigen Brüder mich sicher noch mehr für meinen sündhaften Mangel an Frömmigkeit und Glaubenseifer schelten. Wenn die nämlich an meiner Stelle hier gestanden hätten, hätten sie die Erde selbst mit dem Feuer ihrer Rechtschaffenheit verbrannt.

Aber ich bin nur ein schwacher und sündenbeladener Mönch, wie ich hier freimütig gestehe. Außerdem habe ich ja beschlossen, die Wahrheit und nichts anderes als sie zu berichten. So mag ein jeder mich verurteilen, wie er möchte.

Nachdem das Omen also für günstig erkannt worden war, erklärte Skirnir das Thing für eröffnet. Er sammelte Flasche, Schüssel und Huhn wieder ein und zog sich zurück. An seiner Stelle trat Harald vor und brachte seine Freude darüber zum Ausdruck, daß so viele seinem Ruf gefolgt waren.

»Meine Verwandten und Stammesbrüder«, donnerte er mit seiner Stierstimme und breitete die Arme weit aus, als wolle er die ganze Ratsversammlung umfassen, »es erfüllt mein Herz mit Glück, euch vor mir stehen zu sehen, denn wir sind wahrlich ein mächtiges Volk.

So frage ich euch: Wer vermag, dem Dänenmann zu widerstehen, in dem heißer Rachedurst brennt? Unser Kampfesmut ist ebenso schrecklich wie unüberwindlich, und auf der ganzen Welt fürchtet man die Kraft unserer Arme. Wer könnte sich dagegen schon zur Wehr setzen?«

Der König stieß einen Arm in die Luft, als hole er mit einem Schwert aus, und rief: »Wer würde sich den Dänen in den Weg stellen, in deren Adern Odins Zorn lodert?«

Die Männer murmelten zustimmend und versicherten einander, daß niemand es mit der Wut der Dänen aufnehmen könne.

Der Jarl beschrieb nun in einer langen Rede, wie die ganze Erde zittere, wenn die Kiele der Langschiffe das Wasser der Meere durchpflügten; und wie alle Menschen sich in die hintersten Winkel verkröchen, wenn die Seewölfe wieder unterwegs seien. Diese Ausführungen begleitete er mit mehreren imaginären Schwerthieben und Speerstößen gegen ebenso eingebildete Schilde.

Die Männer wurden immer lauter, und keiner von ihnen war mit den Darstellungen des Königs unzufrieden. Einige spendeten ihm sogar offen Beifall und forderten ihn zu weiteren starken Worten auf. Selbst die unter ihnen, die schwiegen, standen angespannt da, hatten die Ohren gespitzt und konnten es gar nicht abwarten, endlich zu erfahren, was den großen Jarl bewogen hatte, diese Versammlung einzuberufen.

Ich habe schon von Kriegern gehört, die im vollen Galopp von einem Pferd auf das nächste springen können. Eine solche Tat führte Harald nun vor, natürlich bildlich gesprochen.

»Brüder, ich weiß, daß der jährliche Tribut schwer auf

euren Schultern lastet, und mir ist auch bewußt, daß eine solche Bürde vielen unerträglich vorkommt.«

Der König brachte das mit unglaublicher Überzeugungskraft vor, so, als habe ein anderer Fürst dem Dänenvolk diesen Mühlstein um den Hals gebunden. Dann erklärte er auch noch, als sei dies seine größte Sorge, daß er ein schlechter Herrscher wäre, wenn er nur untätig dastünde und nichts unternähme, um seinen Landsleuten die vom Gesetz aufgebürdete Last etwas zu lindern.

Nun kam es erst recht zu Unruhe unter den Anwesenden, weil viele sich fragten, was der Jarl damit wohl meine.

»Daher habe ich mir einen Weg einfallen lassen, wie man diese Steuern ...« Er legte eine Kunstpause ein, und alle beugten sich vor, um auch ja nichts zu verpassen, »diesen Tribut erlassen könnte.«

Diese Ankündigung löste einiges Getöse in den Reihen der Dänen aus, so daß Harald sich gezwungen sah, seine Worte zu wiederholen, und das nicht nur ein-, sondern sogar dreimal.

»Ihr habt mich gehört, heja«, versicherte der Jarl ihnen schließlich und reckte die Fäuste. »Eure Abgaben sollen euch erlassen werden.«

Nun schwieg der König für einen Moment, damit die hinteren Reihen von den vorderen über diese erstaunliche Ankündigung in Kenntnis gesetzt werden konnten. Und natürlich sollten auch die, welche außerhalb des Steinkreises standen, davon erfahren. Währenddessen stand er aufrecht da, hatte die Fäuste in die Hüften gestemmt und lächelte breit. Sein rotes Haar glänzte in der Sonne, und er strahlte Selbstvertrauen wie ein Feuer Hitze aus.

Nachdem die Gemüter sich etwas beruhigt hatten, berichtete Harald, was er sich überlegt hatte. Er wollte ein Unternehmen starten, das Reichtum und große Schätze über alle freien Männer im Dänenland bringen würde. Wieder mußte er die Arme heben, um weiterreden zu können. Die Wikinger schrien und brüllten aber weiter alle durcheinander, und er mußte sie donnernd um Ruhe bitten.

Jetzt erklärte er, daß er entschlossen sei, nach Miklagård zu fahren, wo es mehr Gold und Silber gebe, als man nach Hause tragen könne, und wo selbst der niederste Sklave reicher sei als der mächtigste König von Skane.

Zuerst starrten ihn alle ob eines so kühnen Planes an. Dann erzählten sie sich staunend, was Harald gerade verkündet hatte. »Hast du das gehört?« – »Miklagård!« – »Der König will nach Miklagård!« – »Das muß man sich mal vorstellen!«

»Nun frage ich euch, meine Brüder«, brüllte der Fürst, um sich Gehör zu verschaffen, weil sein Volk immer aufgeregter wurde, »ist es etwa recht, wenn die Sklaven im Süden mehr Reichtum besitzen als die Könige im Norden? Ist es etwa richtig, daß wir, Odins Lieblingskinder, uns den Buckel krumm arbeiten müssen – mit Säen, Ernten, Holzschlagen und Wasserholen –, während dunkelhäutige Sklaven im Schatten unter den Obstbäumen liegen und nicht einmal aufstehen müssen, um sich eine saftige Frucht zu pflücken?«

Diese Frage ließ er unbeantwortet in der Luft hängen, auf daß sie sich in alle Richtungen ausbreite.

»Nein!« schrie auch schon bald einer. Ich glaube, das war Hrothgar. »Das ist empörend!« brüllte ein anderer. Und nicht lange, da stimmten alle ein Geschrei an und verlangten, daß dieser himmelschreienden Ungerechtigkeit ein Ende gemacht werde.

Der König hob die Hände, höher und höher, bis endlich wieder Ruhe eingekehrt war. Dann fuhr er fort und sprach diesmal sachlicher und auch zögernder, so, als erschrecke ihn das Bild, das er jetzt zeichnete, am allermeisten. Oder als sei es ihm zuwider, sich zu lange damit auseinanderzusetzen.

Harald teilte seinem Volk mit, daß er sich geschworen habe, die Last der Dänen zu erleichtern. Und wenn seine Brüder das von ihm verlangten, würde er nach Miklagård ziehen und mit dem Reichtum der südlichen Sklaven zurückkehren. Ja, all diese Schätze wolle er dort erbeuten, und das allein zu dem Zweck, das Los der freien Männer im Norden zu verbessern und ihnen zu ermöglichen, keinen Tribut mehr zahlen zu müssen. So viel Gold und Silber sei in Miklagård zu holen, daß selbst der Gierigste zufriedengestellt würde. All dies und noch viel mehr wolle er tun, wenn die Fürsten und Freien seines Volks dies von ihm forderten.

Dabei zeigte er zum Fluß, wo sein großes neues Schiff vor Anker lag. Seht nur auf dieses Boot, forderte er sie auf und erklärte, es sei das schnellste, das je in ganz Skane gebaut worden sei. Dieses Schiff wolle er besteigen und seine Kriegerschar zur Stadt aus Gold führen. Und er, Harald Stierbrüller, werde das große Boot mit so vielen Schätzen füllen, daß alle anderen Könige grün vor Neid würden, wenn sie entdecken müßten, welchen Reichtum seine Fürsten und Freien genießen konnten.

Wenn ein solches Glück über einen kommen soll, hält es selbst den Friedlichsten nicht mehr an seinem Platz. Die Dänen fielen sich in die Arme, ließen ihren Glückstränen freien Lauf oder sprangen vor Freude darüber, in Kürze zu gewaltigem Reichtum zu kommen, immer wieder in die Luft. Natürlich lobten sie auch den Jarl für seine Weisheit und Voraussicht. Ja, dies sei wahrlich ein König, der wisse, was für sein Volk das Beste sei!

»Aus diesem Grund«, fuhr Harald fort, als die Wikinger leiser geworden waren, weil sie wieder zu Atem kommen wollten, »erlasse ich euch die jährlichen Abgaben, die mir als eurem Herrn zustehen.«

Und noch einmal brandete Jubel auf, und vor lauter Hochrufen kam der Herrscher erst einmal nicht dazu, seine Rede fortzusetzen.

»Ich erlasse den jährlichen Tribut«, konnte er eine Weile

später erklären, »aber nicht nur für ein Jahr. Auch nicht für zwei. Und auch nicht für drei. Nicht einmal für vier ..., sondern auf fünf Jahre sollen jedem Mann die Abgaben erlassen werden, der sich rüstet und mir nach Miklagård folgt!«

Oh, was für ein mit allen Wassern gewaschener Fürst! Ich glaube, in diesem Moment hat niemand die kleine Falle herausgehört, die Harald in seine Ankündigung eingeflochten hatte. Die Männer hatten nur verstanden, daß er ihnen auf fünf Jahre den Tribut erlassen wollte. Vermutlich würde es noch eine Weile dauern, bis sich unter den Dänen herumgesprochen hatte, daß, um diese Befreiung zu erlangen, sie ihm bis nach Miklagård folgen und ihm dort mit Raub und Plünderung die Schatztruhen füllen mußten.

Harald hatte sie seine Verwandten und Brüder genannt. Er bat sie, ja richtig, er bat darum, mit ihm nach Süden zu segeln, wo sie Reichtümer jenseits aller Vorstellungskraft erwarteten. Aus dem Munde des Königs klang das so, als bräuchten sie nur eine Schaufel zu nehmen und all das Gold und Silber vom Boden aufzusammeln.

Wieder breitete er die Arme weit aus. »Wer kommt mit mir?« rief er, und alle brüllten, daß sie dabeisein wollten. Die Wikinger stürmten nach vorn und stießen sich gegenseitig aus dem Weg, um nur ja der erste zu sein, der den König seiner Unterstützung versicherte.

Harald hatte sein Ziel erreicht und verkündete nun rasch, daß das Thing für heute beendet sei. Ich vermute, er wollte auf diese Weise verhindern, daß diejenigen sich Gehör verschaffen konnten, die Bedenken gegen diese Unternehmung vorzubringen hatten oder sich gar völlig dagegen aussprachen.

Doch als ich mich umsah, entdeckte ich niemanden, der sich nicht von der allgemeinen Begeisterung hatte anstecken lassen. Selbst Rägnar machte kein finsteres Gesicht mehr, sondern verließ die Versammlung nachdenklich und sogar mit einem zufriedenen Lächeln.

Der König gab nun bekannt, daß den Rest des Tages gefeiert werden solle. Er ließ drei Riesenwannen Bier in die Mitte des Lagers schaffen und gab Anweisung, daß diese ständig von den Vorräten im Lagerraum seines Schiffes nachgefüllt werden sollten – und das für die verbleibenden Tage und Nächte der Ratsversammlung. Außerdem stiftete er drei Ochsen und Schweine, die über Feuern gebraten werden sollten, auf daß sich sein Volk daran labe.

Das Fest, das nun folgte, erwies sich den Plänen des Jarls durchaus als förderlich. In jener Nacht wurde so gut wie jeder Becher auf das Wohl Haralds gehoben, und man pries ihn als kühnen Planer mit visionären Kräften. An jedem Feuer glänzten die Gesichter der Männer vom triefenden Fett der Rippen und anderen Fleischbrocken. Während sie an den Knochen nagten, versicherten sie sich gegenseitig immer wieder, daß Harald Stierbrüller der beste König sei, der je auf zwei Beinen über die Erde geschritten sei. Die Männer priesen ihn als wahren und edlen Herrscher. Als gütigen Führer, dessen einzige Sorge das Wohl seiner Untertanen und die Mehrung deren Reichtums sei. Als Ersten unter den Männern. Als Born der Weisheit und allen anderen weit voraus. Als Tapfersten der Mutigen, der gleichwohl voller Mitgefühl für seine Stammesbrüder sei. Als König, der von großen Taten träumte und die zum Wohl seines Volkes auch in Angriff nahm.

Natürlich sorgte der Skalde Skirnir dafür, daß die Männer das nicht vergaßen. Er war ständig auf der weiten Wiese unterwegs, hüpfte von einem Feuer zum nächsten und sang dort seine Lieder zum Ruhme seines Herrn. Überall fand er willige Zuhörer, wenn auch teilweise stieren Blicks, für seine geradezu religiösen Lobpreisungen.

Als das Gelage für diesen Tag zu Ende ging und auch der letzte Zecher auf seinem Lager neben dem Feuer zusammengebrochen war, stand allgemein fest, daß dieses Thing das beste gewesen sei seit der Versammlung vor vielen Jahren, als Olaf Nasenbruch einen Ochsen mit bloßen Fäusten erschlagen hatte.

Und in dieser Nacht, als die tiefe Stille des Sommers schwer über den schlafenden Dänen lag, kam mir wieder ein Traum.

21

Eine hellbraune Eule schwebte auf geräuschlos schlagenden Schwingen über die Wiese und riß verwundert die Augen weit auf, als sie so viele Menschen verstreut auf ihrer Jagdwiese liegen sah. Mit einem ärgerlichen Schrei bog das Tier ab und flog am Fluß entlang.

Ein Wind kam auf, wehte bald heftiger, schuf Muster im hohen Gras und erzeugte eine eigentümliches flatterndes Zischen. Dieses Geräusch weckte mich. Ich erhob mich von meiner selbstgemachten Schilfmatte und schaute mich um. Verschwunden waren die Zelte, vergangen die Feuer, verloren die schlafenden Menschen und in nichts aufgelöst Thingstein und Versammlungsplatz.

Noch während ich hinsah, verwandelte sich die Wiese und wurde zu einem Meer. Das leicht wogende Gras hob und senkte sich in Wellen, und die wenigen Blumen verteilten sich wie einzelne Schaumkronen auf der aufgewühlten See.

Ich fragte mich noch, wie es möglich sein könnte, daß ich auf Wasser stand, als der Boden unter meinen Füßen schon die Form eines Schiffsdecks annahm. Das Boot selbst konnte ich in der Finsternis nicht ausmachen, aber ich hörte, wie der Wind das Segel zum Knallen brachte und wie der scharfe Bug durch die Wellen pflügte.

Der Himmel zeigte sich vollkommen schwarz. Weder

Sonne noch Mond ließen sich an ihm sehen, und die wenigen Sterne schienen aus ihrer Bahn geraten zu sein. Das Schiff trug uns rasch über die dunklen, unbekannten Wasser; denn ich war nicht allein. Die anderen Seefahrer konnte ich zwar nicht sehen, aber bei der Arbeit hören, wie sie leise miteinander murmelten. So stand ich an der Reling, starrte hinaus in die dunstverhangene Ferne und suchte nach dem unsichtbaren Horizont.

Wie soll ich sagen, wie lange wir unterwegs gewesen sind? Einen Tag, eine Woche oder viele Jahre ... ich weiß es einfach nicht. Der Wind ließ nicht einen Moment nach, und das Schiff änderte nicht einmal seinen Kurs. Nur der Himmel wandelte sich vom kalten Grau der Nordlande zu einem tiefen, klaren Nachtblau.

Hier konnte man den fernen Horizont ausmachen, und ich suchte den flachen Streifen nach Anzeichen von Land ab. Einem Fels, einer Insel, dem Buckel von einem Hügel oder einem Berg. Doch nichts wollte sich meinen Augen zeigen. Das Meer, das Firmament und die eigenartigen Sterne schienen aus einer anderen Welt zu stammen. Nur das Boot ließ sich unbeirrt vom Wind davontragen und glitt wie eine tief fliegende Möwe über die Wellen.

Doch irgendwann änderte sich der Himmel. Das Blau verlor sein Glühen und wurde heller. Schon tauchte darin das Halblicht in der Farbe von Rosenblüten auf. Dieses Rot bemächtigte sich des Firmaments, und an seinen Rändern bildete sich die Farbe von Gold. Ein unruhiges Wirbeln, das stetig heller wurde und sich in einem Halbbogen von strahlendstem Glanz vereinigte. Dieser leuchtende Kreis ließ sich eher erahnen denn sehen, steckte er doch noch halb verborgen unter dem Horizont. Jetzt wußte ich, daß ich gen Osten blickte und wir der aufgehenden Sonne entgegenstrebten.

Weiter und weiter schnellte das Schiff dahin. Der Himmelsstern stieg höher, und seine Strahlen durchdrangen den

Himmel in Richtung Morgen mit seinen Flammenschwertern. So hell funkelte das Licht, daß ich davor die Augen schließen mußte.

Als ich wieder hinsah, mußte ich erkennen, daß ich nicht die Sonne, sondern einen gewaltigen goldenen Dom vor mir hatte. Besser gesagt die Rundung eines unermeßlich großen Palastkuppeldachs, das von weißen Marmorsäulen getragen wurde, die so groß und breit waren wie die allerhöchsten Bäume. Ich wunderte mich, wie ein so mächtiger Bau auf der unruhigen See treiben konnte, ohne in ihr unterzugehen.

Doch als wir näher kamen, entdeckte ich, daß dieses phantastische Gebilde sich auf einem Landvorsprung erhob. Die Flügel und die Hallen mit ihren vielen Kammern verteilten sich auf einem buckeligen Hügel. Dieser stieg aus dem Meer und teilte drei Ströme, an denen drei machtvolle Völker wohnten.

Geräusche stiegen von dieser Landzunge auf. Zuerst hielt ich das für die Brandung des Meers an den Klippenküsten, denn das leise Donnern hob und senkte sich wie das Anschlagen von Wellen. Doch dann kamen wir näher, und die Brandung verwandelte sich in menschliche Stimmen, die ebenso wunderbar wie wunderlich ein Lied sangen.

Und plötzlich stand ich in einer ungeheuren Halle, die aus vielfarbigen Steinen errichtet und deren Decke so riesig war, daß sich unter ihrer Kuppel der Himmel selbst mit Sonne und Sternen ausbreitete. Licht fiel wie Vorhänge herab, und ich löste mich aus dem Schatten einer schweren Säule, um ins Helle zu gelangen. Ich bewegte mich über einen Boden, dessen Platten von den langsamen und ehrfürchtigen Schritten vieler Generationen ganz glatt poliert waren.

Während ich ebenso feierlich und gemessen ging, hörte ich jemanden meinen Namen rufen. Ich hob den Kopf und blickte in das blendende Licht, wo ich das Gesicht eines Mannes ausmachen konnte. Er sah mich aus großen, traurigen

Augen an, und auf seiner Miene standen grenzenlose Liebe und tiefer Kummer zu lesen.

»Aidan«, sagte er leise, und mein Herz schlug schneller, weil ich erkannte, daß Christus selbst das Wort an mich gerichtet hatte. »Aidan, warum läufst du vor mir davon?«

»Herr, ich habe Dir mein ganzes Leben lang gedient«, entgegnete ich.

»Aus meinen Augen, du falscher Diener!« donnerte Er mit einer Stimme, als wolle Er den Weltuntergang ausrufen.

Ich schloß die Augen ganz fest, und als ich es endlich wagte, sie wieder zu öffnen, umgab mich wieder eine ganze normale Nacht, und ich lag neben einem Feuer, das fast vollkommen herabgebrannt war.

Das Fest, welches Haralds wunderbarer Ankündigung gefolgt war, fand auch am nächsten Tag seine Fortsetzung und zeigte keine Anzeichen, so bald sein Ende zu finden. Seit Hrothgars gescheitertem Versuch, mich zu töten, kam und ging ich, ohne das irgend jemand auch nur eine Braue gehoben hätte. Selbst mein massiger Plagegeist, der mir nach dem Kampf noch einige Male begegnet war, schien mich überhaupt nicht mehr wahrzunehmen. Vielleicht verhielt es sich ja wirklich so, wie Gunnar gesagt hatte, daß der Mann nämlich ein so miserables Gedächtnis besaß, daß er sich an diesen Vorfall nicht mehr erinnern konnte.

Gunnar war, wie im übrigen alle anderen auch, vollauf mit Essen und Trinken beschäftigt. Da kam er kaum dazu, viel von seinem Sklaven zu verlangen, und ich durfte mir die Freiheit nehmen, überall herumzuwandern. Heute wollte ich die Gelegenheit beim Schopf ergreifen und mir einen stillen Ort zum Beten suchen. Der war zunächst gar nicht so leicht zu finden, bis ich am Fluß entlanglief und eine Birkenlaube entdeckte, die mir als Kapelle wie geschaffen schien. Eine ruhige und friedliche Stelle mit weichem Gras zum Hinknien … Ich verbrachte fast den ganzen Tag dort und war froh, mich weit genug vom Lager entfernt zu haben, um nicht von dem Gelärme der Dänen in meiner Andacht gestört zu werden.

Ich sang Psalmen, vollführte den Lúirch Léire, die Meditation im Bauchliegen mit ausgebreiteten Armen, und weil ich mich schuldig und zerknirscht fühlte, die tägliche Andacht so sträflich vernachlässigt zu haben, sang ich den Lobgesang der drei Jünglinge. Die Qualen, die diese drei im Feuerofen erlitten haben, erfüllten mich stets mit neuer Liebe und Begeisterung für unseren Herrn und seine Verehrung.

So verbrachte ich den Tag, und am Abend fühlte ich Herz und Seele gestärkt. Um auch etwas fürs leibliche Wohl zu tun, gönnte ich mir etwas von Ylvas Naschwerk. Als ich darauf herumkaute und den herrlichen Geschmack genoß, mußte ich unweigerlich an sie denken. Und die Erinnerung an sie war mir ebenso süß wie dieser Honigkuchen.

Als ich von meiner Zelle im Grünen zurückkehrte, kam ich zufällig an der Stelle vorbei, an der das Schiff des Königs vor Anker lag. An Bord regte sich etwas, und das erweckte meine Neugier. Zwei Frauen traten aus dem Zelt hinter dem Mast, und ihnen folgte ein Dritter, Harald selbst. Er sagte etwas zu den Frauen und verließ dann das Boot. Diesmal jedoch über die Planke. Heute hielten sich hier keine Hauskerle auf, die ihn wieder auf ihren Händen hätten tragen können.

Der Jarl entdeckte mich und blieb stehen. Da er vorzuhaben schien, mich anzusprechen, hielt ich ebenfalls inne. Doch der König starrte mich nur mit gerunzelter Stirn und einer bedrohlichen Miene an. Dann wandte er sich abrupt ab, so, als beleidigte ihn mein Anblick. Er marschierte zurück ins Lager, schien tief in Gedanken versunken und schwang dabei den rechten Arm, als kämpfe er mit einem unsichtbaren Schwert.

Auch ich machte mich auf den Weg zu den Feuerstellen und traf an einer Gunnar, Tolar, Rägnar und einige andere, die mit ihren Bechern um eine leere Wanne saßen und gerade darüber diskutierten, wer aufstehen und Nachschub holen sollte.

»Ich glaube, Jarn und Leif müssen jetzt gehen«, erklärte mein Herr gerade. »Tolar und ich haben nämlich das letzte Mal neues Bier besorgt.«

Tolar starrte in seinen leeren Becher und nickte.

»Du sprichst die Wahrheit, Gunnar, aber dabei scheinst du zu vergessen, daß Jarn und ich davor schon zweimal losgegangen sind«, erklärte Leif.

»Ja, ich glaube auch, daß du das vergessen hast«, bestätigte Tolar.

Rägnar leerte sein Trinkhorn. »Dann scheine ich ja wohl an der Reihe zu sein.« Er machte Anstalten, sich zu erheben.

»Nein, Jarl!« rief Leif und legte seinem Herrn eine Hand auf die Schulter. »Das können wir nicht zulassen. Uns obliegt es, eine neue Wanne zu holen.«

»Dann kann ich nur hoffen, daß ihr bald zu einem Entschluß gelangt«, brummte der Fürst, »sonst fürchte ich, zu alt und gebrechlich geworden zu sein, um mein Trinkhorn ein weiteres Mal heben zu können.«

Leif seufzte schwer, so, als habe man ihm eine gewaltige und drückende Last aufgebürdet. »Dann komm mit, Jarn«, forderte er den Kameraden auf, doch ohne sich von seinem Platz zu erheben. »Das Glück ist uns heute nicht hold. Allem Anschein nach haben wir schon wieder den schwarzen Stein gezogen.«

In diesem Moment trat ich an das Feuer, und sofort richteten alle hoffnungsvoll den Blick auf mich. »Aedan wird uns neues Bier bringen!« verkündete Gunnar und deutete auf die leere Wanne. »Bring uns Nachschub. Spute dich.«

Ich nickte gehorsam, beugte mich über das Behältnis und hob es auf.

»Nein, nein, er kann sie nicht allein tragen«, brummte mein Herr und suchte die Runde ab. »Tolar wird ihn begleiten.«

Der Angesprochene hob den Kopf und starrte Gunnar an. Doch dann zuckte er mit den Achseln, stellte seinen Humpen ab und erhob sich.

»Komm, Tolar«, lächelte ich ihn an. »Wollen wir hoffen, daß noch ein oder zwei Tropfen übriggeblieben sind.«

»Ja, wir sollten uns beeilen.« Er nahm mir die Holzwanne ab und trug sie auf der Schulter. »Hier entlang«, wies Tolar mich an und setzte sich mit Riesenschritten in Bewegung.

Ich konnte mich nicht erinnern, so viele Worte auf einmal von ihm vernommen zu haben, und auch nicht daran, ihn so geschwind zu erleben. Daher hatte ich Mühe, mit ihm Schritt zu halten, während wir zu der Stelle am Rande des Steinkreises hasteten, wo die Kochfeuer des Königs brannten. Neue Schweine brutzelten an Spießen, und über einem Feuer wurde ein ganzer Ochse gebraten. Dahinter hatte man die Fässer aus Haralds Schiff aufgebaut. Etliche von ihnen waren bereits aufgeschlagen worden, damit ihr Inhalt die Wannen füllte. Tolar und ich stellten uns zu den anderen Wartenden und verfolgten, wie die goldbraune Flüssigkeit schäumend in die Wannen strömte. Der leicht süßliche Hefegeruch drang uns wunderbar in die Nase.

»Ah«, seufzte ich, »davon könnte ich einen ganzen See leer trinken.«

Tolar lächelte und zwinkerte mir wissend zu.

»Wenn ich einen ganzen See voll Bier hätte«, erklärte ich jetzt und hob die Hand wie ein Barde vor einer wichtigen Ankündigung, »dann würde ich ein großes Fest geben für den König der Könige und Herrn der Herrlichkeit. Ja wirklich, für mich wäre es das Schönste, bis in alle Ewigkeit mit dem Herrn der Heerscharen anzustoßen.«

Mein Begleiter lächelte immer noch, und so fuhr ich damit fort, das Gebet der Brauer zu sprechen: »Ich wünsche mir, die Früchte des Glaubens kämen in mein Haus geflogen, auf daß alle sich daran laben könnten. Ich wünsche mir, die Heiligen in Christo würden in meiner Halle Einkehr halten. Ich wünsche mir, die Fässer voller Seelenerquickung würden in stetem Fluß vor sie gestellt. Ich wünsche mir, die Becher der Barmherzigkeit würden ihren Durst stillen. Ich wünsche mir einen Humpen der Gnade für jeden einzelnen dieser engelsgleichen Gesellschaft. Ich wünsche mir, daß die Liebe in ihrer Mitte nimmerdar darben muß. Ich wünsche mir, daß unser Herr Jesus auf dem Ehrenplatz sitzt.

Und, Mo Croi, ich wünsche mir, ein immerwährendes Bierfest für den Hochkönig des Himmels auszurichten, und daß Jesus auf immer mit mir trinkt.«

Ich weiß nicht, ob Tolar dieses Gebet gefiel, und wahrscheinlich hat er kaum die Hälfte davon verstanden, weil ich seine Sprache noch nicht recht beherrschte und das Brauerlied nur unbeholfen von mir geben konnte. Wie dem auch sei, er ließ alles mit gleichbleibendem Lächeln über sich ergehen.

Als neue Fässer geöffnet wurden, kämpften wir uns in die erste Reihe vor und hielten unsere Wanne unter den schäumenden Sturzbach. Dann machten wir uns auf den Weg zurück und mußten beide Hände an die Haltestricke legen, weil der offene Behälter so schwer war. Und wir bewegten uns vorsichtig, um keinen Tropfen des wertvollen Nasses zu verschütten.

Die anderen priesen unseren Eifer und unsere Klugheit, während sie uns mit Becher, Humpen oder Horn umringten.

»Der Geschorene«, sagte Tolar und meinte damit mich, »hat dieses Bier mit einigen geheimnisvollen Worten an seinen Gott gesegnet.«

»Wirklich?« fragte Rägnar.

»Ich habe ein Gebet meines Volks gesprochen«, antwortete ich.

»Dein Gott scheint dir ja sehr wichtig zu sein, was?« meinte Leif und legte den Kopf schief.

»Ja, er erweist ihm oft seinen Respekt«, verkündete Gunnar voller Stolz darüber, daß er viel mehr wußte als die anderen. »Aedan hat seit dem Tag, an dem er zu uns gekommen ist, nicht aufgehört, zu seinem Gott zu beten. Er wendet sich sogar beim Essen an ihn.«

»Wirklich?« fragte Rägnar wieder. »Scop tut das aber nicht, dabei hat er doch auch einmal zu den Geschorenen gehört. Verlangt dein Gott denn diese vielen Gebete von dir?«

»Nein, das verlangt er nicht«, entgegnete ich, »vielmehr verhält es sich so, daß ...« Verzweifelt suchte ich nach einem passenden Wort, um diesen Menschen Frömmigkeit oder Gottergebenheit zu erklären. »Wir beten aus Dankbarkeit, weil er sich so um uns kümmert.«

»Dein Gott gibt dir zu essen und zu trinken?« rief der, den sie Jarn nannten. »Das glaubst du ja wohl selbst nicht!«

Und schon entstand ein neues Streitgespräch. Diesmal um die Frage, ob es nicht pure Zeitverschwendung sei, irgendwelche Götter zu verehren, und wenn man das doch tue, bei welchen dieser höheren Wesen sich das am ehesten lohne.

Leif vertrat den Standpunkt, es mache keinen Unterschied, ob man alle Götter verehre oder gar keinen. Dieser Meinungsaustausch beschäftigte die Zecher eine geraume Weile. Glücklicherweise bot ja die Wanne Hilfe, wenn einer sich heiser geredet hatte, wie auch dabei, die eigene Meinung mit Entschiedenheit von sich zu geben.

Schließlich wandte sich der Fürst an mich: »Geschorener, was hast du denn dazu zu sagen? Müssen die Menschen den Göttern gehorchen, oder können sie die vergessen?«

»Die Götter, von denen du sprichst«, antwortete ich, vom Bier ermutigt, »sind wie das Streu, welches man den Schweinen vorwirft. Sie besitzen nicht mehr Bedeutung als das trockene Gras, das man zusammenknotet und zum Feueranzünden benutzt. Und sie sind den Atem nicht wert, ihren Namen auszusprechen.«

Alle in der Runde starrten mich an, aber das gute Bier stärkte in mir das Gefühl von Weisheit und Wichtigkeit, und so plapperte ich munter weiter: »Die Sonne ihrer Zeit ist längst untergegangen, um sich nie wieder über den Horizont zu schieben.«

»Ho! Ho!« rief Jarn erbost. »Hört euch den Burschen nur an! Wir haben ja einen richtigen Gelehrten, einen Thul, unter uns!«

»Schweig«, gebot Rägnar Gelbhaar ihm. »Ich möchte seine Antwort hören, denn diese Frage treibt mich schon seit Jahren um.« Als alle den Mund hielten, wandte er sich an mich. »Sprich weiter, ich höre dir zu.«

»Der Gott, dem ich diene, ist der Allermächtigste«, stellte ich fest. Jarn schnaubte wieder, aber ich beachtete ihn nicht und schwadronierte drauflos, soweit es mir mein bescheidener Wortschatz an Dänisch erlaubte. »Dieser höchste Gott ist der Schöpfer von allem, was kreucht und fleucht, der Beherrscher des Himmels und der Erde und auch der unsichtbaren Reiche über und unter der Welt. Man verehrt ihn nicht durch solche Dinge wie Abbilder aus Stein oder Holz, sondern im Herzen und im Geist von allen, die sich vor seiner Pracht beugen. Sein größtes Streben ist es, freundlich den Menschen zu begegnen, die seinen Namen verbreiten, und er heißt sie bei sich willkommen.«

»Woher willst du das wissen?« fragte Leif. »Hat irgendwer deinen Gott schon einmal gesehen? Hat schon einmal jemand mit ihm gesprochen, mit ihm gegessen oder getrunken?« Er trank einen großen Schluck aus seinem Becher. Die anderen hielten es für geboten, in dieser Frage erst einmal seinem Beispiel zu folgen.

»Aber ja«, antwortete ich kühn. »Vor vielen Jahren hat sich nämlich folgendes zugetragen. Gott selbst stieg herab aus seiner großen Halle, nahm fleischliche Gestalt an und wurde als Säugling geboren. Er wuchs zu einem Mann heran und erstaunte jedermann mit seiner Weisheit und seinen mannigfaltigen Wundern. Viele glaubten an ihn und folgten ihm.«

»Wunder?« fragte Jarn höhnisch. »Was waren das denn für Wunder?«

»Er hat Tote zum Leben erweckt, Blinde sehend und Taube hörend gemacht. Gott brauchte Kranke nur mit seiner Hand zu berühren, und schon waren sie geheilt. Und einmal hat er auf einer Hochzeitsfeier sogar Wasser in Bier verwandelt –«

»So einen Gott würde ich auch anbeten!« rief Leif begeistert.

»Doch aufgepaßt, die Jarls und Skalden jenes Landes, in dem er wirkte, konnten seine Anwesenheit nicht ertragen«, fuhr ich fort. »Trotz aller guten Werke, die er getan hat, und all der klugen Worte, die er gesagt hat, fürchteten ihn die Sänger und Mannen des Königs. So haben sie ihm in einer dunklen Nacht aufgelauert, ihn ergriffen und vor den römischen Oberherrn geschleppt. Dort haben sie falsche Beschuldigungen gegen ihn vorgebracht und für ihn die Todesstrafe verlangt.«

»Holla!« rief Gunnar, den die Geschichte zu fesseln begann. »Aber dann sind die Gefolgsleute dieses Gottes zusammengeströmt, haben die Waffen ergriffen, sind über die Römer hergefallen und haben sie bis auf den letzten Mann niedergemacht. Den Toten haben sie dann noch die Hände und Köpfe abgeschnitten und den Krähen ein Festmahl bereitet!«

»Aber seine Gefolgsleute waren keine Kriegsmänner«, mußte ich ihn leider berichtigen.

»Waren sie nicht? Ja, was denn dann? Etwa Jarls?«

»Nein, sie waren auch keine Fürsten, sondern Fischer«, belehrte ich ihn.

»Fischer?« prustete Jarn los, als habe er in seinem ganzen Leben noch nie etwas so Komisches gehört.

»Jawohl, Fischer, Hirten und dergleichen«, bestätigte ich.

»Als also die Römer Gott einsperrten, flohen seine Gefolgsleute in die Hügel und Berge, damit man sie nicht fangen, foltern und hinrichten konnte.«

»Ha!« lachte Rägnar. »Ich wäre niemals vor den Römern davongerannt, sondern hätte mich mit meinem Speer und meiner Schlachtaxt auf sie geworfen. Wie ein Wirbelwind wäre ich zwischen sie gefahren und hätte ihnen gezeigt, wie ein richtiger Mann zu kämpfen versteht!«

»Was wurde denn nun aus diesem Gottmenschen?« wollte Gunnar wissen.

»Die Skalden und die Römer haben ihn hingerichtet.«

»Was sagst du da!« brüllte Leif und konnte es gar nicht fassen. »Dein Gott hat sich von den Römern töten lassen? Wenn er der Schöpfer der Welt gewesen ist, wie du behauptest, hätte er sich doch in alles mögliche verwandeln können. Warum hat er sich nicht zu einem Feuer gemacht und die Römer und Skalden verbrannt? Gewiß besaß er als Gott doch genug Kräfte, um all seine Feinde zu packen und zu zerquetschen? Hätte er nicht einen Todeswind in ihre Häuser fahren und sie so alle im Schlaf töten lassen können?«

»Ihr scheint vergessen zu haben, daß er die Form eines Menschen angenommen hatte und deswegen nur das tun konnte, wozu ein Mensch in der Lage ist.«

»Dein Gott hat also erlaubt, daß man ihn hinrichtet?« spottete Leif. »Nicht einmal mein Hund würde das mit sich machen lassen!«

»Vielleicht ist dein Hund ja großmächtiger als dieser Gott, den Aedan anbetet«, warf Jarn boshaft ein. »Womöglich würden wir besser alle Leifs Köter verehren.«

»Ist das wirklich wahr?« fragte Rägnar. Er hatte die Stirn in Falten gelegt. »Hat dein Gott sich tatsächlich von den Römern hinrichten lassen? Wie konnte es denn soweit kommen?«

»Die römischen Krieger haben ihn in Ketten gelegt und auf

den Hof geführt. Dort rissen sie ihm die Kleider vom Leib, banden ihn an einen Pfahl und schlugen ihn mit einer Peitsche, deren Enden mit Eisenspitzen besetzt waren. So hart haben sie ihn ausgepeitscht, daß das Fleisch von seinen Knochen fiel und sein Blut den Boden bedeckte. Doch selbst unter solchen Qualen hat er nicht geschrien und nicht einmal gestöhnt.«

»Das nenne ich wahrhaft Mannesmut«, warf Gunnar beeindruckt ein. »Ich wette, Leifs Hund könnte das nicht.«

»Und als sie ihn schließlich halb totgeschlagen hatten«, fuhr ich mit meinem Bericht fort, »haben sie ihm einen Türpfosten auf die Schultern gelegt und ihn gezwungen, diesen entblößt durch die Stadt zu tragen, den ganzen Weg bis zum Schädelberg.«

»Die Römer waren immer schon feige Hunde!« Rägnar spuckte aus. »Aber das weiß ja jeder.«

»Auf dem Berg angekommen, haben die Römer ihn gepackt und zu Boden geworfen. Er mußte auf den Pfosten nieder, an dem man einen Querbalken befestigte.« Ich stellte meinen Becher ab, legte mich hin und streckte die Arme aus. »So lag er da. Ein Krieger hat sich auf seine Arme gekniet, ein anderer auf seine Beine, und ein dritter nahm Hammer und Nägel und hat ihn an Händen und Füßen an das Holz genagelt. Dann haben die Soldaten den Pfosten hochgehoben, in den Boden gerammt und Gott daran hängen lassen, bis alles Leben in ihm verloschen war.«

Alle starrten mich mit offenen Mündern an.

»Und während er an diesem Kreuz hing, verfinsterte sich der Himmel. Ein furchtbarer Wind kam auf, und Donner ließ das Himmelsgewölbe erbeben.«

»Er hat sich also in einen Sturm verwandelt und all seine Peiniger mit Blitzen erschlagen?« freute sich Gunnar schon.

»Nein«, entgegnete ich.

»Was hat er denn dann getan?« fragte Jarn argwöhnisch.

»Er ist gestorben.« Ich schloß die Augen und ließ meine Glieder erschlaffen.

»Habe ich mir ja gleich gedacht«, schnaubte Jarn. »Wenn dein Gott sich vorher schon nicht gewehrt hat, war er auch dann zu schwach. Ich weiß nicht, wozu ein solcher Gott zu gebrauchen sein soll.«

»Odin hat sich einmal auf ganz ähnliche Weise geopfert«, widersprach Rägnar. »Neun Tage und Nächte hing er am Weltenbaum und ließ es zu, daß Raben und Eulen sein Fleisch fraßen.«

»Wozu soll ein toter Gott eigentlich gut sein?« sagte Leif. »Das habe ich mich immer schon gefragt.«

»Damit hast du einen ganz wichtigen Punkt angesprochen«, lobte ich ihn. »Nachdem Gott ganz und gar tot war, haben die Skalden befohlen, ihn von dem Kreuz zu nehmen. Man hat ihn in eine Höhle gelegt und einen gewaltigen Stein davorgeschoben. Der war so groß, daß die Kraft von zehn Männern nicht gereicht hat, ihn von der Stelle zu bewegen. Dies befahlen die Skalden, weil sie ihn selbst tot noch fürchteten. Sie haben sogar römische Soldaten davorgestellt, weil sie sich ängstigten, er könne immer noch etwas bewirken.«

»Und, ist was passiert?« fragte Rägnar in einem Tonfall, als rechne er nicht ernstlich damit.

»Ja, er ist ins Leben zurückgekehrt!« Zur Untermalung meiner Worte sprang ich auf, und das verblüffte meine Zuhörer. »Drei Tage, nachdem er am Kreuz gestorben war, ist er auferstanden und hat die Höhle verlassen. Doch nicht, ohne zuvor in die Unterwelt hinabgestiegen zu sein und alle Sklaven aus Hel befreit zu haben.« Ich benutzte ihr Wort für diesen Ort, denn er symbolisierte das gleiche wie die Hölle, eine Stätte, an der Seelen gequält werden.

Das rief großes Staunen unter den Wikingern hervor. »Heja!« rief der Jarl. »Aber dann hat er sich bestimmt an den Skalden und den Römern gerächt!«

»Nein. Er hat nicht einmal einen Blutpreis verlangt. Und auf diese Weise bewies er seine wahre Größe; denn er ist der Gott der Rechtschaffenheit und nicht der Rache. Der Herr des Lebens, nicht des Todes. Schon vor der ersten Zeit der Welt hat er Liebe und Güte als Wurzeln seiner Halle eingepflanzt. Seitdem lebt er wieder und wird leben immerdar. Wer sich also auf ihn beruft, wird vom Tod und den Qualen Hels verschont werden.«

»Wenn er wirklich wieder lebt«, wandte Jarn verächtlich ein, »wo steckt er denn jetzt? Hast du ihn vielleicht gesehen?«

»Viele haben ihn gesehen«, antwortete ich, »denn oft zeigt er sich denen, die ihn voller Demut und Hingabe suchen. Doch sein wahres Königreich liegt im Himmel, wo er an einer riesigen Halle baut, die alle Menschen aufnehmen kann, welche seines Glaubens sind. Dort soll dann die Hochzeitsfeier stattfinden, wenn er auf die Erde zurückkehrt, um sich eine Braut zu holen.«

»Wann soll das denn sein?« wollte Gelbhaar wissen.

»Schon bald«, entgegnete ich. »Und wenn er zurückkehrt, werden die Toten aus ihren Gräbern aufstehen, und er wird über alle Gericht halten. Diejenigen, die Böses getan und ihn verraten haben, werden nach Hel geschickt, wo sie auf ewig heulen und darüber jammern werden, ihm nicht in der Zeit gehorcht zu haben, als sie noch Gelegenheit dazu hatten.«

»Und was geschieht mit denen, die zu ihm gehalten haben?« fragte Leif.

»Diejenigen, die in Treue zu ihm gehalten haben«, antwortete ich, »belohnt er mit dem ewigen Leben. Und diese dürfen auch zu ihm in die Himmelshalle, wo sie auf ewig feiern und trinken werden.«

Das gefiel meinen Zuhörern außerordentlich.

»Die Halle muß aber wirklich sehr groß sein, wenn so viele Menschen darin Platz finden sollen«, bemerkte Gunnar.

»Walhalla ist auch sehr groß«, erklärte ihm Rägnar.

»Aber die Himmelshalle ist noch gewaltiger«, stellte ich klar.

»Doch wenn sie so riesig ist, wie kann Gott sie dann ganz allein bauen?« wunderte sich Leif.

»Er ist doch ein Gott, Mann.« Gunnar schüttelte den Kopf. »Wie wir alle wissen, sind Götter zu solchen Taten in der Lage.«

»Außerdem stehen ihm sieben Heerscharen von Engeln zur Seite«, fügte ich hinzu.

»Was sind denn Engel?« fragte der Jarl.

»Die Helden des Himmels«, antwortete ich. »Sie werden angeführt von einem großen Häuptling mit Namen Michael, welcher ein Flammenschwert trägt.«

»Von dem habe ich schon gehört«, bemerkte Gunnar. »Mein Schweinehirt Helmuth spricht oft von ihm.«

»Das kann ja wohl kein besonderer Gott sein, wenn sich Fischer und Schweinehirten an ihn wenden«, murrte Jarn.

»Jeder darf auf ihn vertrauen«, erwiderte ich. »Ob König oder Fürst, Freier oder Weib, Kind oder Sklave.«

»Ich wende mich doch nicht an denselben Gott, den mein Sklave anbetet«, beschwerte sich Jarn.

»Hat dieser Gott denn auch einen Namen?« fragte Leif.

»Er heißt Jesus«, antwortete ich, »wird aber auch Christus genannt, und das bedeutet in der Sprache der Griechen Jarl.«

»Du sprichst gut für deinen Gott«, bemerkte Rägnar, und Gunnar und Tolar nickten. »Ich muß gestehen, daß diese Angelegenheit einer weiteren gründlichen Aussprache würdig ist.«

Dem konnten alle in der Runde zustimmen, und jeder meinte, darüber müsse unbedingt noch einmal geredet werden. Und da Nachdenken bekanntlich durstig macht, stärkten sie sich erst einmal tüchtig. Bis dann einer anmerkte, daß solche schwierigen Gedankengänge nur mit einem vollen Magen zu verfolgen seien. Es wäre doch Narretei, sich so schwierigen Dingen ohne die rechte leibliche Grundlage zuzuwenden.

Und so verlagerte sich das Gespräch rasch auf die Frage, wer denn nun an der Reihe sei, die Fleischstücke zu holen; die nächsten Tiere am Spieß müßten doch längst fertig sein.

Am Ende fanden Gunnar, Leif und ich uns auf dem Weg zu den Feuerstellen wieder. Wir alle tranken und aßen in dieser Nacht noch reichlich. Ich schlief schließlich mit dem beruhigenden Gedanken ein, daß ganz gleich, was mich in den nächsten Tagen noch erwarten würde, meine Zeit bei diesen Barbaren doch nicht vollkommen vergeudet gewesen war.

22

Am nächsten Morgen hielt König Harald im Steinkreis hof. Jeder, der eine Beschwerde vorzubringen hatte oder in einer Angelegenheit Hilfe suchte, durfte vor ihn treten, um seinen Fall vorzutragen und ein Urteil zu hören. Diese Sitte ähnelt in vielfältiger Weise der Art, wie die irischen Könige bei ihren Völkern Recht sprechen. Möglicherweise wird das ja im ganzen Erdenrund ähnlich gehandhabt, aber das vermag ich natürlich nicht zu beweisen.

Doch ich verstand die Vorgänge sehr gut, und das allein aus meiner Beobachtung der Menschen. Sie traten vor den König, einige allein, andere zu zweit, und ihre Freunde stellten sich hinter sie, um sie zu unterstützen. Dann trug der Betreffende sein Anliegen vor und ersuchte den König, der auf einem Brett hockte, das man auf zwei Steine gelegt hatte, um Rat und Hilfe.

Harald schien die Vorgänge zu genießen. Er saß interessiert vorgebeugt da, stützte die Hände auf die Knie, hörte sich alles genau an, dachte dann über den Fall nach und kam oft schon nach wenigen Rückfragen zu einem Schluß. Diejenigen, die vor ihn traten, wirkten meist ernst oder bedrückt; doch wenn sie den König wieder verließen, zeigten sie eine befriedigte oder glückliche Miene. Offenbar verstand der Jarl es, jedem Bittsteller Gerechtigkeit widerfahren zu lassen.

Doch, und wie könnte es auch anders sein, einige verließen ihn mit finsterer Miene und murmelten vor sich hin, um sich an einem anderen Ort die Wunden zu lecken. So etwas kann man auch daheim in Irland beobachten; denn selbst bei der größtmöglichen und unparteiischsten Gerechtigkeit ist es ein Ding der Unmöglichkeit, stets ein Urteil zu fällen, das beide Seiten zufriedenstellt. Und natürlich gibt es da auch noch diejenigen, denen man es einfach nie recht machen kann.

Während wir darauf warteten, an die Reihe zu kommen, fragte ich mich, welches Urteil wohl Gunnar erwarten würde, denn schließlich verlangte er vom König selbst Wiedergutmachung. Wie würde der Stierbrüller in diesem Fall entscheiden?

Als wir endlich aufgerufen wurden, trat Gunnar kühn vor den König und zerrte mich mit sich, damit ich neben ihm stehen mußte. Harald sah mich lange an, und dabei fiel mir unsere kurze Begegnung vom Vortag ein. Wieder trat diese neugierige Nachdenklichkeit in seine Züge.

Der König hielt Gunnar die Rechte hin, anerkannte ihn damit als freien Mann und fragte ihn, was sein Begehr sei.

Mein Herr antwortete ohne Umschweife, daß er eine Angelegenheit vorbringen wolle, die ihm sehr schwer auf der Seele laste, ginge es dabei doch um nichts Geringeres als den Mord an einem vertrauenswürdigen und langjährigen Sklaven.

Harald mußte ihm beipflichten, daß es sich dabei in der Tat um ein ernstes Vergehen handele. »Wahrscheinlich werde ich sehr gründlich über diesen Fall nachsinnen müssen.« Er schwieg lange genug, um den Umstehenden Gelegenheit zu geben, den Scharfsinn seiner Worte zu bewundern, und fuhr dann fort: »Wie kommst du darauf, daß dein Sklave durch Mord gestorben ist?«

Gunnar entgegnete, man müsse es wohl mit Fug und Recht Mord nennen, wenn ein Sklave von bewaffneten Männern, dazu auch noch Kriegern des Königs, ohne Grund angegriffen und erschlagen werde. »Odd besaß nie eine Waffe«, schloß mein Herr, »und an jenem Tag hatte er nicht einmal einen Stein in der Hand.«

»Jetzt, wo du es sagst«, entgegnete Harald, »fällt mir ein, daß ich vor einiger Zeit zwei Hauskerle in deine Gegend geschickt habe, von denen jedoch nur einer zurückkehrte. Vielleicht kannst du mich ja darüber aufklären, was dem anderen zugestoßen ist.«

Gunnar war auf diese Frage vorbereitet und konnte gleich mit einer Antwort dienen: »Während des Angriffs deiner Krieger hat mein guter Hund den Mann angesprungen, der meinen Sklaven gemeuchelt hatte, und ihn getötet. Dafür wurde der Hund dann ebenfalls getötet. Du siehst also, daß ich ohne guten Grund einen Hund und einen Sklaven verloren habe. Einen solchen schweren Schicksalsschlag vermag ich kaum zu verkraften.«

Der König hatte es nicht eilig damit, diesem freien Mann zuzustimmen, gestand ihm aber zu, daß ein Hund nur dann einen Krieger angreife, wenn er sich provoziert fühle. »Wer hat den Hund provoziert?« wollte Harald daher wissen.

»Der Hauskerl«, antwortete mein Herr.

»Und wer hat den Hund losgelassen?« fragte der König gleich weiter, und ich ahnte, daß er mehr über diesen Vorfall wußte, als es bislang den Anschein gehabt hatte.

»Dieser Mann hier, der Sklave, der neben mir steht«, erklärte Gunnar und zeigte auf mich. »Er hat den Hund losgelassen.«

Haralds Züge erstarrten, und seine Augen verwandelten sich zu Stein, als er mich anblickte: »Hat es sich so verhalten?«

Ich glaube, er erwartete von mir, daß ich alles abstritt oder mich anderswie aus der Sache herauszureden trachtete. Als ich dann entgegnete: »Ja, so ist es gewesen«, schaute der König für einen Moment doch etwas verdutzt drein.

»Wußtest du am Ende, daß der Hund den Krieger umbringen würde?«

»Nein, Herr«, antwortete ich.

»Aber du hast für möglich gehalten, daß es dazu kommen könnte?«

»Ja, Herr.«

»Dir war klar, daß der Hund einen der Königsmannen töten könnte«, donnerte der Jarl wütend, »und dennoch hast du ihn losgelassen?«

»Ich dachte mir, es wäre sicher nicht verkehrt, wenn der Hund die Hauskerle daran hindern würde, weiter auf den armen Odd einzuschlagen.«

Der König setzte nun tatsächlich eine nachdenkliche Miene auf. Ich glaube, er hatte schon vorher gewußt, wie er diese Angelegenheit regeln würde. Aber meine Einlassung ließ den Fall jetzt in einem etwas anderen Licht erscheinen, und nun wußte er nicht so recht, wie er entscheiden sollte.

Schließlich wandte er sich wieder an Gunnar. »Du hast einen Sklaven verloren, und ich einen Krieger. Ich werde dich also für deinen Sklaven bezahlen –«

»Und den Hund nicht zu vergessen«, warf mein Herr eilig, aber respektvoll ein.

»Ich werde dich für den Verlust eines Sklaven und eines Hundes entschädigen«, verkündete Harald, »und du wirst mir den Preis für einen Hauskerl bezahlen. Nun höre, ein guter Krieger ist zwanzig Goldstücke wert, ein Sklave hingegen nicht einmal halb soviel.«

»Nein, Herr«, stammelte Gunnar. Alle Farbe war aus seinem Gesicht gewichen, und er war jetzt auch nicht mehr so begierig darauf wie vorhin, Gerechtigkeit zu erhalten.

»Wieviel war dein Sklave denn dann wert?« wollte der König wissen.

»Acht Silberstücke«, antwortete mein Herr.

»Na, sagen wir eher fünf«, entgegnete Harald.

»Sechs«, widersprach Gunnar, »und noch einmal soviel für den Hund.«

»Das wären dann zwölf Silberstücke. Wenn wir davon ausgehen, daß ein Dutzend Silberstücke zwei Goldmünzen wert ist, würdest du mir demnach noch achtzehn Goldstücke für meinen toten Hauskerl schulden. Bezahl mir die Summe gleich, und der Fall ist abgeschlossen«, verkündete der Fürst.

»Herr«, entgegnete Gunnar zerknirscht, »obschon ich ein freier Mann bin, habe ich eine solche Menge Goldes doch nie besessen. Auch nicht mein Vater oder meines Vaters Vater. Selbst in Jarl Rägnar Gelbhaars Schatztruhe dürften nicht so viele Münzen zu finden sein.« Dann kam ihm ein rettender Einfall, und er fügte hinzu: »Herr, alles, was wir besitzen, geben wir dir doch als Tribut.«

Harald wehrte diesen Einwand mit einer unwilligen Handbewegung ab. »Das schert mich jetzt nicht. Wir haben beide Verluste erlitten und die eben aufgerechnet. Jetzt mußt du einen Weg finden, deine Schuld zu begleichen, heja.«

»Selbst wenn ich alles verkaufen würde, was mir gehört, würde ich doch nie eine solche Summe zusammenbringen«, erklärte mein Herr.

Der König schien sich davon erweichen zu lassen, umschloß mit einer Hand sein Kinn und erweckte auch sonst den Eindruck, daß er verzweifelt nach einer Möglichkeit suchte, den armen Gunnar aus seiner mißlichen Lage zu befreien. Schließlich sei es nicht gut, solche Angelegenheiten ungeklärt zu lassen, meinte er, und außerdem hätten seine Krieger den Angriff auf den Sklaven anscheinend ohne zwingenden Grund begonnen.

»Wenn man das alles bedenkt«, schloß er schließlich, »kann ich wohl kaum den vollen Blutpreis von dir verlangen. Gib mir deinen Sklaven, und wir reden nicht mehr darüber.«

Gunnar konnte sein Glück kaum fassen, war klug genug, nicht zu widersprechen, und stimmte sofort zu, ehe der

König es sich anders überlegen konnte. Harald rief nun einen seiner Männer zu sich. Der trat vor den Behelfsthron und legte seinem Herrn eine Lederbörse in die Hand. Der Fürst zog eine Handvoll Silbermünzen heraus und erklärte: »Ich möchte nicht, daß du Groll gegen deinen König hegst.« Er winkte meinen Herrn und mich näher heran.

»Dies hier soll dich für den Verlust deines Sklaven entschädigen«, sagte Harald und ließ sechs Silberstücke in Gunnars ausgestreckte Rechte fallen. Dann besann er sich und gab noch drei Silbermünzen dazu. »Für deinen Hund.«

Und endlich fügte er ein weiteres halbes Dutzend Silberlinge mit Blick auf mich hinzu. »Heja?«

Gunnar schaute mich kurz an, zuckte mit den Achseln und entgegnete: »Heja.« Damit war mein vormaliger Herr entlassen. Er zog sich zurück und verstaute das Silber in seinem Gürtel. Der Krieger von vorhin näherte sich nun mir und zog mich am Arm direkt vor Haralds Thron. Stierbrüller legte eine Hand auf meinen Sklavenring und zog mich hinab auf die Knie.

»Du bist jetzt mein Sklave«, verkündete er. »Verstehst du, was ich sage?«

Ich tat meine Unterwerfung durch Kopfbeugen kund. Schon riß man mich wieder hoch und stieß mich grob hinter den Thron, wo ich zwischen den anderen Dienern des Königs zu stehen hatte. Noch während ich mich bemühte, diese verwunderliche Wendung meines Schicksals zu verarbeiten, kam mir der Gedanke, daß Harald seine Gerechtigkeit sehr weit im voraus zu planen pflegte. Seit dem Moment, als er mich gestern am Flußufer gesehen hatte, hatte er wohl darüber nachgesonnen, wie er mich Gunnar abluchsen und in seinen Besitz bekommen könnte, und war schließlich auf dieses Vorgehen verfallen.

Ich reihte mich also in Haralds Gefolge an Dienern und Sklaven ein. Sobald die Angelegenheit geregelt war, verlor der

König jegliches Interesse an mir, und da niemand mir irgendeine Arbeit auftrug, ging ich, soweit wie möglich, allem und jedem aus dem Weg und verlegte mich darauf, Ordnung und Art seines Hofstaats zu studieren. Doch dabei lernte ich wenig, denn so etwas wie ein festgelegte Rangfolge schien es hier nicht zu geben.

Am nächsten Tag kam das Thing zu seinem Ende. Alle verabschiedeten sich von ihren Freunden und Verwandten; denn man würde einander erst dann wieder sehen, wenn zum nächstenmal alle freien Männer zur Ratsversammlung gerufen wurden. Die Waldwege hallten wider von den Abschiedsrufen der heimziehenden Dänen, und es flogen viele Scherzworte zwischen diesen und denjenigen hin und her, die zurückblieben und sich schon sehr darauf freuten, unter Harald Stierbrüller zu Ruhm und Reichtum zu segeln.

Denn bevor der König die Wikinger in ihre jeweilige Heimat entließ, hatte er sich auf den Drachenbug seines schönen Schiffes gestellt und sein Angebot von vor zwei Tagen wiederholt: Jeder Mann, der ihm nach Miklagård folge, würde auf fünf Jahre von der Tributzahlung befreit und einen Anteil an den Schätzen erhalten, die man ohne Zweifel erringen werde. Viele der Freien und der Fürsten ließen sich nicht lange bitten und versicherten dem König, ihm auf der Stelle folgen zu wollen.

Ja, etliche Dänen waren dazu bereit, aber eben nicht alle. Rägnar Gelbhaar verweigerte Harald seine Unterstützung, und so konnten auch Gunnar und Tolar nicht mit auf die Reise, weil sie ihrem Jarl folgen mußten. Auch Rägnars Hauskerle mußten im Lande bleiben, und unter denen wurmte es viele, daß ihr Fürst nicht mitmachen wollte.

Als die letzten Dänen abgezogen waren, bestieg der König sein Schiff, und wir fuhren den Fluß hinunter. Ich fand einen freien Platz an der Reling und schaute zurück, wo der Thingplatz hinter uns verschwand. Trauer befiel mich bei dem

Gedanken, Ylva, Karin, Helmuth, Gunnar oder den kleinen Ulf nie wiederzusehen, denn diese Menschen waren immer sehr gut zu mir gewesen, und ich hatte nicht einmal die Gelegenheit erhalten, ihnen Lebewohl zu wünschen. So tat ich das einzige, was mir zu tun übrigblieb, und betete für diese Dänen. Außerdem bat ich Gott, ihnen einen Schutzengel zu schicken, der auf sie aufpassen sollte. Da ich nicht wußte, wie mein neuer Herr mich behandeln würde, sandte ich gleich noch ein Gebet für mich hinterher und gelobte, mich meiner Berufung als würdig zu erweisen.

Nach drei Tagen, wir waren auch die Nächte hindurch gesegelt, erreichten wir eine Flußmündung, und nach einer weiteren Tagesfahrt entlang der Küste in Richtung Norden und Osten, gelangten wir zu einem Fort, das der König in der kleinen Bucht Björwika errichtet hatte. Es handelte sich dabei um kaum mehr als ein Lager, das aus einem guten Dutzend schilfgedeckter Erdhütten bestand und von einem Torfwall umgeben wurde. Eine feste, aus dicken Balken gebaute Anlegestelle für die Schiffe war ebenfalls vorhanden. Die Flotte bestand aus drei Booten: das des Königs, das größte, und zwei kleinere, die aber immerhin noch jeweils zwanzig Ruderbänke aufweisen konnten.

Ich erfuhr, daß Harald drei solcher festen Plätze besaß. Neben diesem Hafen hier gab es da noch seine Sommersiedlung, in der Ackerbau und Viehzucht betrieben wurden, und ein Winterfort, wo er seine Feste feierte und während der kalten Jahreszeit auf die Jagd ging. Da der König beim nächsten Vollmond von Skane aus lossegeln wollte, hatte er nur die Männer in diese Bucht bestellt, die zum Erhalt der Anlage nötig waren. Der Rest seiner Gefolgschaft hielt sich wohl in den beiden anderen Festen auf.

Während der folgenden Tage erhielt ich reichlich Gelegenheit, nach Belieben in der kleinen Siedlung herumzuwandern. Selbst darüber hinaus durfte ich meine Schritte lenken und die Bucht erkunden, ohne daß jemand etwas dagegen einzuwenden hatte. Nur hin und wieder gab man mir eine niedere Arbeit zu tun, wie Holz tragen, Wasser holen oder Schweine füttern.

Doch eines Morgens erschienen zwei Männer des Königs und tauschten meinen Lederkragen gegen einen aus Eisen aus. Kaum hatten sie dies vollbracht, schien es ihnen zu gefallen, mich zu verprügeln. Sie traten und schlugen so fest auf mich ein, daß ich die Besinnung verlor und noch drei Tage später nicht richtig laufen konnte. Aber bis auf diesen Vorfall ließ man mich weitgehend in Ruhe. Und das trotz des Umstands, daß alle von Sonnenauf- bis Sonnenuntergang damit beschäftigt waren, Vorräte an Bord zu bringen und auch andere Vorkehrungen für den großen Raubzug ihres Herrn zu treffen.

Um mir die Langeweile zu vertreiben, beschloß ich, meine Kenntnisse der dänischen Sprache zu vertiefen, und ich übte mich in diesen groben und zungenverrenkenden Lauten, bis mir der Schädel brummte und meine Lippen ganz taub geworden waren. Doch auch so wurde mir die Zeit lang. Ich dachte oft an Gunnar und seine Familie und wünschte mir, wieder bei ihnen zu sein.

Eine neue Jahreszeit begann, und der Sommer verging rasch zu einem kühlen und feuchten Herbst. Der Wind kam jetzt meist aus Richtung Mitternacht und Morgen, und die Sonne stieg jeden Tag ein wenig niedriger in den Himmel. Ich verfolgte die Wechsel in der Natur, beschäftigte mich, so gut es ging, und achtete im übrigen darauf, den Kriegern nicht über den Weg zu laufen, auf daß sie nicht wieder ihr Mütchen an mir kühlen konnten.

Zwei Tage vor der Abreise erinnerte der König sich wieder an mich, und ein Hauskerl führte mich in seine Halle.

Haralds Halle ähnelte der von Rägnar sehr und war höchstens ein wenig größer. Auch schien sie den gleichen Zwecken zu dienen. Eine große, einladende Feuerstelle, lange Bänke und ein großer Tisch, an dem zu jeder Tages- und Nachtzeit Männer saßen und aßen und tranken. Anders als der Jarl hatte Stierbrüller jedoch einen Thron aus Eichenholz an der Wand aufstellen lassen, die nach Mittag wies und an der sich auch der Herd befand. Die Rückseite seines mächtigen Herrscherstuhls war wie ein Schild geschnitzt. Man hatte ihn sogar mit einem Buckel und Beschlagnägeln aus Bronze versehen, und sein Rand war mit Silber eingefaßt, in das man goldene Nägel getrieben hatte. Die bloßen Füße des Königs ruhten auf einem niedrigen Bänkchen, das mit dem weißen Winterpelz einer Jungrobbe beschlagen war.

Der Hauskerl stieß mich vor den Thron und ließ mich in meinem Bemühen allein, das Gleichgewicht nicht zu verlieren. Der König unterhielt sich gerade mit einem seiner Ratgeber, die sich ständig um seinen Thron drängten, nahm mich aus dem Augenwinkel wahr und schickte seinen Vertrauten fort. Nun legte er die Hände auf die Knie, sah mich grimmig an und blinzelte langsam, so, als würde ihm das, was das vor ihm stand, nicht allzusehr gefallen.

»Man hat mir berichtet«, begann Harald nach einem Moment, »daß du mir dir selbst zu sprechen pflegst. Warum tust du das?«

»Auf diese Weise hoffe ich, die Sprache des Dänenvolks zu erlernen«, antwortete ich geradeheraus.

Er schürzte die Lippen und ging nicht weiter auf meine Erklärung ein. Dann bemerkte der König, als sei ihm das gerade erst aufgefallen: »Du gehörst zu den Geschorenen.«

Diese Beobachtung erforderte meiner Meinung nach keine Antwort, und so schwieg ich.

»Verstehst du, was ich dir sage?« fragte der Herrscher.

»Ja, Jarl«, entgegnete ich, »ich verstehe Euch.« Als Sklave war mir nicht gestattet, ihn mit dem allgemein üblichen Du anzureden.

»Warum sprichst du dann nicht?«

»Es ist wahr, Herr, ich gehöre zu den Geschorenen.«

»Und verstehst du dich auch auf fremde *Runen*?«

»Vergebung, Jarl, aber dieses Wort ist mir unbekannt. Was sind Runen?«

»Runen, Runor ... eben Runen!« Er blies hilflos die Wangen auf. »Wie diese hier.« Harald schnippte ungeduldig mit den Fingern, und einer seiner Diener erschien mit einer zusammengerollten Tierhaut. Diese breitete der König aus und stieß sie mir in die Hand.

Ich blickte auf das Leder und erkannte, daß es sich dabei um eine krude gezeichnete Landkarte handelte. Neben jedem Ort fand sich eine knappe Beschreibung der Menschen, die dort lebten, und der Waren und Güter, die man in der jeweiligen Gegend erwerben konnte. Das Ganze war auf lateinisch verfaßt, und ich erklärte dem Jarl, wenn er das unter Runen verstehe, könne ich die sehr wohl und ohne die geringste Mühe lesen.

Eigentlich hätte ich erwartet, Harald damit zu erfreuen, aber da täuschte ich mich gründlich. Unwirsch schnippte er wieder, und eine weitere Karte wurde ihm gebracht.

»Und diese Runen?« Er warf mir die Rolle zu.

Ich breitete sie aus und brauchte nur einen Blick auf das alte Dokument zu werfen. »Auch das kann ich lesen, Herr.«

»Dann sag mir, was dort geschrieben steht«, befahl der König, als wolle er mich auf die Probe stellen.

Nun besah ich mir den Text genauer. Er war in griechisch verfaßt und stellte eine Art Liste dar, vermutlich die Bestandsaufnahme eines Lagerhauses. Genau dies teilte ich dem Jarl mit.

»Nein, nein, lies es mir vor.«

Das tat ich auch, doch ich hatte kaum ein halbes Dutzend Worte in griechisch vorgetragen, als Harald mich unterbrach.

»Trag es mir in meiner Sprache vor.«

»Vergebung, Herr«, entschuldigte ich mich und begann von neuem: »Gerste, sechs Sack ... Geräucherter Speck, drei Seiten ... Olivenöl, drei kleine Flaschen ...«

»Genug«, unterbrach der König mich und sah mich streng an, so, als müsse er entscheiden, ob er mehr von mir hören oder mich aus seinen Augen verbannen wollte. Einen Moment später schien Harald für sich zu einem Schluß gelangt zu sein, denn er hob die Hand und rief zwei seiner Hauskerle. Die kamen heran und trugen zwischen sich eine Holzkiste, die mit Eisenbändern beschlagen war und einen merkwürdig spitzen Deckel besaß, der an das Dach eines Hauses erinnerte.

Die beiden öffneten die Schatzkiste, nahmen einen viereckigen Gegenstand heraus, der in Stoff gewickelt war, und reichten ihn ihrem Herrn. Harald legte das Bündel in seinen Schoß und schnürte die Bänder auf. Als eine Stoffecke zurückfiel, erblickte ich etwas Silbernes. Dann hielt der Jarl den Gegenstand in den Händen und bedeutete mir näher zu treten.

Ich weiß nicht mehr, was ich zu sehen erwartet hatte, aber als mein Blick auf das Objekt fiel, blieb mir vor Schreck das Herz stehen. Ich konnte nur hinstarren, während sich alles in mir verkrampfte; denn bei dem, was der König mir da zum Greifen nah hinhielt, handelte es sich um den Cumtach unseres Colum Cille.

Nein, nicht um das ganze Buch, das meine Brüder in so mühe- wie liebevoller Arbeit hergestellt hatten – warum sollten Seewölfe an so etwas Interesse haben –, sondern nur um den mit Edelsteinen und Silber verzierten Einband des Werks. Oh, ich konnte mir gut vorstellen, wie der ihre Gier geweckt hatte.

Kyrie eleison, betete ich im stillen, *Herr erbarme Dich, Christo eleison, Christus erbarme Dich!*

Harald drehte den Umschlag herum, und ich entdeckte, daß noch ein paar Seiten daranhingen, aber höchstens drei oder vier. Der plündernde Wikinger hatte den Deckel wohl so hastig abgerissen, daß die Blätter mitgekommen waren.

Zu meinem unbeschreiblichen Entsetzen schnitt der König nun eine der Seiten mit einem Messer vom Rest ab. Ich mußte mit aller Kraft an mich halten, um nicht laut zu schreien. Wie konnte das Buch von Colum Cille nur so schrecklich entweiht werden?

»Sprich es mir vor«, forderte der Herrscher mich auf und gab mir das Blatt.

Aber meine Kehle hatte sich zugeschnürt, und ich brachte kein Wort hervor. Mit zitternden Fingern hob ich das Blatt vor meine Augen. Es handelte sich um eine der ersten Seiten des Matthäusevangeliums, und ich konnte nur auf die wunderbar kräftigen Farben und die Verschnörkelungen der Kreuze, der Spiralen, der Schlüssel und Triskelen schauen – und dabei denken: *Großer Vater, vergib ihnen ihre Schuld, denn sie wissen nicht, was sie tun.*

»Sprich es mir vor«, verlangte der König noch einmal, doch jetzt deutlich strenger.

Ich bezwang unter seinem Blick meine Seelenpein und verlieh mir ein ruhiges Äußeres. Niemandem wäre damit gedient, sagte ich mir, wenn Harald mir anmerkte, daß mir dieses Buch bekannt war. Auch wenn es mir das Herz zerriß, dachte ich mir, daß ich nur dann darauf hoffen durfte, in der Nähe dieses Schatzes zu bleiben, wenn ich durch nichts zu erkennen gab, was dieses Werk mir bedeutete.

Ich drehte das Blatt, studierte die Zeilen – diese Seite war tatsächlich in unserem Kloster beschrieben worden – und fing an zu sprechen. Gewiß trug ich nicht vor, was dort zu lesen stand, denn die Worte verschwammen mir vor den Augen, und es kostete mich schon alle Kraft, nicht am ganzen Leib zu zittern. Und während ich redete und den Text von mir gab, der mir so vertraut war, klangen die Sätze hohl in meinen Ohren wider.

»Und als Jesu nun geboren ward zu Bethlehem, welches liegt in Judea, und zwar zur Zeit der Herrschaft des Königs Herodes, begab es sich, daß Weise aus dem Osten gezogen kamen nach Jerusalem – «

»Schluß damit!« brüllte Harald, als würden diese heiligen Worte ihm Ohrenschmerzen bereiten. Er starrte mich an, und das Schweigen rollte sich wie ein Seil zu seinen Füßen zusammen. Alle in der Halle schwiegen jetzt, und ein jeder wollte sehen, was der Jarl nun tun würde.

Unsicher stand ich vor ihm und versuchte zu ermessen, ob ich die Verbindung zwischen mir und dem Buch unwissentlich doch verraten hatte. Doch obwohl Haralds Blick mich zu durchbohren schien, beschäftigten sich seine Gedanken wohl doch nicht so sehr mit mir. Vielmehr gewann ich den Eindruck, daß eine andere Sache ihn viel dringender in Anspruch nahm. Der Text, den ich ihm vorgetragen hatte, schien der Auslöser dafür gewesen zu sein, spielte bei seinen weiteren Überlegungen aber nur eine untergeordnete Rolle.

Endlich hob er eine Hand und gab mir mit einem kurzen Winken zu verstehen, daß ich mich zurückziehen solle. Ich zwang alle verbliebene Kraft in die Beine und wandte ihm den Rücken zu, um die Halle zu verlassen. Doch ich war noch keine drei Schritte weit gekommen, als er mich anrief.

»Geschorener!« donnerte er, als sei ihm das, was er mir jetzt mitzuteilen hatte, gerade erst eingefallen. »Du wirst mich nach Miklagård begleiten.«

23

Der Wind blies kräftig, und der Tag war angenehm, als wir den finsteren Landvorsprung der Bucht umrundeten und hinaus aufs graue und windbewegte offene Meer fuhren. Ich hatte keine Ahnung, wo wir uns befanden, geschweige denn, wohin die Reise ging. Auch hatte ich den Namen Miklagård noch nie gehört und konnte mir darunter auch nichts vorstellen. Doch das störte mich wenig. Wenn es nach mir gegangen wäre, hätten wir auch auf geradem Wege in die Hölle segeln können. Selbst wenn mir der Teufel höchstpersönlich auf dem Rücken gesessen hätte, wäre mir das gleich gewesen.

Ich stand auf dem Deck von König Haralds Schiff und hatte mich zu einem Entschluß durchgerungen. Die Entscheidung hatte ich mir nicht leichtgemacht, und eine unruhige Nacht hatte vergehen müssen, bis mir klargeworden war, daß ich nicht beiseite stehen durfte, wenn der heilige Cumtach von den Händen dieser Barbaren besudelt wurde. Komme, was da wolle, ich würde alles riskieren, um diesen Schatz zu bewahren, für den meine Brüder ihr Leben gegeben hatten.

Doch weh mir, um diesen gesegneten Gegenstand bewahren zu können, mußte ich mich auf Haralds verderbte Pläne einlassen. Herr, laß Gnade walten!

Aber ein Mann vermag nur das zu bewirken, was ihm gegeben ist. Nun war mir diese Aufgabe zugefallen, und ich würde sie nach besten Kräften zu lösen versuchen, wenn auch auf meine Weise. Harald, so sagte ich mir, würde nur so lange meine Hilfe erhalten, wie damit sichergestellt war, daß ich in seiner und damit der Nähe des Bucheinbands bliebe. Und wenn ich ihn dabei in seinen schurkischen Plänen unterstützen mußte, dann sei's drum. Ich würde für meine Sünden büßen müssen, wie das allen Menschen blüht, aber indem ich meine Seele des ewigen Friedens beraubte und in die Flammen immerwährender Qualen verbannte, würde ich doch wenigstens den silberbeschlagenen Umschlag des Colum-Cille-Buchs bewahrt haben.

Zu schade, daß von dem kostbaren Werk nicht mehr übriggeblieben war – Höllentorturen über diejenigen, die dieses kostbare Gut so beschädigt hatten! –, aber der Cumtach hatte das Wüten der Barbaren überdauert. Und Glück im Unglück, die Buchdeckel befanden sich in meiner Nähe. Harald hatte die Kiste mit dem Spitzdachdeckel, in dem sich diese Kostbarkeit befand, an Bord bringen lassen. Warum er das getan hatte, blieb mir ein Rätsel. Die beiden anderen Kisten voller Gold und Silber, die er ebenfalls mitführte, erschienen mir verständlich. So eine Reise kostete eben viel Geld.

Die Münzen und Barren waren mir unwichtig, aber ich war festen Willens, mit den Augen eines rachsüchtigen Adlers die seltsame Truhe im Blick zu behalten.

Mochte meine Lage auch schlimm sein, ihre Mißlichkeit bestärkte mich nur in meinem Entschluß. Alles andere, mein früheres Leben wie auch das, welches mir noch bevorstand, bedeutete nichts angesichts der neuen Aufgabe, welcher von nun an mein ganzes Streben gelten würde. Wenn das Schicksal für mich nun Festigkeit vorgesehen hatte, würde ich hart wie Stein sein, wie ein Fels der Entschiedenheit inmitten aller Unwägbarkeiten des Lebens.

An dem Tag, an dem unsere mittlerweile auf vier Langschiffe angewachsene Flotte von Björwika absegelte, band ich mir meine neue Aufgabe fest aufs Herz: Ich würde der Berater eines plündernden und raubenden Seewolfs sein, dessen Goldgier viele Menschen das Leben kosten würde. Harald Stierbrüller wollte alles an sich bringen, dessen er habhaft werden konnte, und was das betrifft, waren seine Hände sehr groß und reichten besonders weit.

Ob Haralds Plan nun schiere Verrücktheit oder kluge Planung zugrunde lag, vermochte niemand an Bord zur allgemeinen Befriedigung zu klären. Die wilden Krieger schwankten in dieser Frage bald dieser und bald jener Antwort zu. Je nach Tageszeit oder Windrichtung änderten sich ihre Ansichten. Wenn die Böen besonders kalt und rauh aus Norden pfiffen, beschwerten sich alle, es sei pure Narretei, so spät im Jahr die Wärme und Geborgenheit der heimischen Hütten verlassen zu haben. Aber wenn die Sonne warm vom Himmel schien und eine frische Brise aus Westen oder Süden kam, stimmten alle zu, daß niemand so kurz vor dem Wintereinbruch mehr mit einem Wikingerüberfall rechne und man daher bei den sorglosen Bewohnern von Miklagård um so mehr Beute machen könne.

Doch ob Regen fiel oder die Sonne schien, davon bekam ich wenig mit. Mein Platz blieb in der Nähe des Königs. Ich befolgte alle seine Befehle gewissenhaft, drängte mich ihm aber nicht gerade auf. Alles, was von einem Sklaven erwartet wurde, beachtete ich, aber ich versuchte nicht, auf ihn einzureden. Wenn den verbrecherischen Plänen des Königs Einhalt geboten werden sollte, so lag das nicht in meiner Hand, sondern in der Gottes. Ich hingegen war das Gefäß, auf das nur Zerstörung wartete. Der hoffnungsvolle Topf, den der Meister so wunderschön geformt, der aber im Brennofen einen Riß bekommen hatte und nun nur noch vom Schöpfer zerschlagen und fortgeworfen werden konnte.

Doch Gottes Güte ist unendlich. Ich dauerte Ihn, und so

schickte Er mir Freunde, um mir in meiner Not Trost zu spenden.

Gunnar und Tolar hatten, getrieben von der Hoffnung, fünf Jahre lang keine Abgaben mehr leisten zu müssen, sich doch dazu entschieden, mit uns nach Miklagård zu reisen, und waren in das Fort des obersten Jarls gekommen. Da ihr eigener König, Rägnar Gelbhaar, sich weigerte, den Raubzug des Einkönigs mit Schiffen oder Männern zu unterstützen, fanden sie auf Haralds Langboot Platz. Das Wiedersehen erfreute mich sehr, denn ich hatte sie mehr vermißt, als mir bewußt geworden war. Und da ich nicht mehr Gunnars Sklave war, behandelte er mich wie seinesgleichen.

Wir befanden uns den zweiten Tag auf hoher See, und ich lehnte gerade mit dem Rücken an der Reling. Das Gesicht hatte ich zum Himmel gewandt, um die letzten Sonnenstrahlen nach vielen Regenstunden in mich aufzusaugen, als hinter mir eine Stimme sagte: »Du siehst bekümmert aus, Aedan.«

»Tue ich das?« Ich öffnete die Augen und erkannte Gunnar, Tolar und einen dritten Krieger, die sich vor mir aufbauten. Der Fremde war groß und blond. Viele Falten zerfurchten sein stark gerötetes Gesicht, und seine wäßrigen Augen schienen unaufhörlich zu blinzeln, was auf einen Mann schließen ließ, der bei jedem Wetter den Horizont absucht.

»Ja, du wirkst, als hättest du gerade deinen besten Freund verloren«, meinte mein ehemaliger Herr nun zur Bestätigung seiner Beobachtung.

»Vermutlich liegt das daran, daß ich mein schönes trockenes Lager in deiner Scheune vermisse. Man braucht lange, um sich daran zu gewöhnen, sich auf bloßen Planken an Bord eines schaukelnden Boots zu betten.«

Gunnar wandte sich an den dritten. »Siehst du, ich habe dir doch gesagt, daß er Ire ist.«

»Ja, er scheint wirklich von dort zu stammen«, bemerkte der Mann gelassen. »Mein Vetter Sven hatte einmal eine irische Frau. Hat sie in Birka für sechs Silberstücke und ein Kupferarmband erworben. Sie war ihm eine gute Frau, hat sich aber über alles beschwert und Sven nicht erlaubt, noch andere Frauen zu haben. Immer wieder hat sie ihm gedroht, ihn wie einen Fisch auszunehmen, wenn er jemals auf den Gedanken käme, eine andere in sein Haus zu führen. Das hat ihm sehr großen Kummer bereitet. Die Frau ist nach fünf Jahren gestorben, ich glaube, ein Wolf oder eine Wildkatze hat sie gerissen, und das war ein großes Unglück für meinen Vetter, denn so eine teure Frau konnte er sich so leicht nicht noch einmal leisten.«

»Ja, das ist fürwahr Pech«, bestätigte ich. »Du bist der Steuermann des Königs. Ich habe dich mit ihm gesehen. Übrigens nennt man mich Aidan.«

»Dann mußt du der neue Sklave des Jarls sein«, brummte der Steuermann. »Du bist mir auch schon aufgefallen. Willkommen an Bord, Aedan. Ich heiße übrigens Thorkel.«

»Wir sind schon zusammen gesegelt«, teilte Gunnar mir mit, »Thorkel, Tolar und ich. Dies ist unsere dritte Wikingerfahrt, und jedermann weiß ja, daß das dritte Mal immer Glück bringt, denn aller guten Dinge sind drei.«

Tolar nickte weise.

»Die beiden sagen, du seist Christ«, wandte der Steuermann sich wieder an mich. »Und einige an Bord behaupten, es bringe Unglück, wenn der König einem Christen vertraue. Sie fürchten, wir würden deshalb in Miklagård nur wenig Beute machen.« Thorkel schwieg einen Moment, um anzuzeigen, daß er mit solchen Gerüchten nichts im Sinn habe. »Nun ja, Menschen sagen viel, wenn der Tag lang ist, und meist kommt nur Unsinn dabei heraus.«

»Aedan ist Priester«, erklärte Gunnar munter und legte eine Hand auf meine mittlerweile überwachsene Tonsur. »Er ist seinem Gott sehr zugetan. Du solltest es dir einmal anhören, wenn er über ihn spricht.«

»Wirklich?« staunte der Steuermann. »Also ein Christenpriester? So einen habe ich noch nie gesehen.«

»Ja, das stimmt«, bestätigte ich ihm und schwor in Gedanken, mir bei nächster Gelegenheit ein Rasiermesser zu finden, um die Tonsur zu erneuern.

Thorkel betrachtete mich für einen Moment und schien dann zu der Erkenntnis zu gelangen, daß an den Gerüchten nicht viel dran sein könnte. »Na ja, ich kann mir nicht vorstellen, daß einem Christen zu trauen schlimmer sein sollte, als sich dem Mond oder den Sternen anzuvertrauen, und das tun schließlich sehr viele Menschen. Deswegen denke ich, daß du schon ganz in Ordnung bist.«

Von diesem Moment an wurden Thorkel und ich Freunde. Da ich an Bord des Schiffes nur wenige Pflichten zu erfüllen hatte, verbrachte ich oft den halben Tag in der Gesellschaft des Steuermanns. Manchmal saß ich mit auf seiner Bank am Ruder, dann wieder stand ich neben ihm an der Reling, während er die See mit seinen scharfen Augen absuchte.

Der große Wikinger nahm es auf sich, mir soviel wie möglich über unsere Reise und unser Vorankommen beizubringen. Allerdings gab es da oft genug nicht viel zu berichten. Abgesehen von ein paar Hügeln, Klippen, Flußmündungen, Gehöften und dergleichen bot die Landschaft nur wenig Abwechslung.

So pflügten wir unverdrossen durch das oft rauhe Meer. Die Herbststürme versammelten sich am Himmel, und die Tage wurden hier, so weit oben, zunehmend kühler und kürzer. Thorkel hielt einen stetigen Kurs an diesen fremden Gestaden, und der König weigerte sich strikt, eine der wenigen Siedlungen, an denen wir vorbeikamen, zu überfallen und unsere Vorräte zu ergänzen. Dazu bot sich auch nur selten Gelegenheit, denn an dieser dunklen, bewaldeten Küste hatten sich kaum Menschen niedergelassen.

Wir befuhren nämlich die wenig bekannte und auch recht

unbeliebte obere Route zu unserem Ziel. Sie galt als schwieriger als der Weg, der von Süden nach Miklagård führte. Der einzige Vorteil unseres Kurses bestand darin, daß die Reise etwas schneller vonstatten ging. Doch wie viele Tage wir auf diese Weise einsparen würden, wußte niemand so genau zu sagen. Einige wetteten bereits, daß wir zum Julfest, dem Tag der längsten Nacht, wieder in Haralds Halle Bier trinken würden. Die weniger Zuversichtlichen befürchteten, es würde wohl Hochsommer werden, bis wir von neuem aus dem Keller des Königs trinken dürften.

Und so segelten wir uns von Landzunge zu Insel zu Felsvorsprung immer weiter in Richtung Morgen voran. Dieses östliche Meer kann man nur als freudlose Salzwassermasse bezeichnen. Die kalte schwarze Fläche wird nur hin und wieder von einem Wal oder einem anderen Seemonster durchbrochen, das aus ihren Tiefen aufsteigt. Bis auf die drei Boote, die dem unseren folgten, bekam ich nie ein anderes Schiff zu sehen.

Zwölf Tage nach unserem Aufbruch erreichten wir den Ort, nach dem Thorkel schon seit drei Tagen Ausschau hielt: die Mündung des Flusses Düna. Er hielt hier nur lange genug an, daß die anderen Langboote zu uns aufschließen konnten, verließ dann das Meer und setzte die Fahrt auf dem Strom fort.

Von nun an ging es nicht mehr über die See, sondern nur noch Flüsse hinunter, zuerst die Düna und dann den Dnjepr hinab, und so kamen wir immer weiter in Richtung Süden. Wir gelangten durch Lande mit so merkwürdigen Namen wie Gårdarike oder Curled, allesamt Wikingersiedlungen, die auf keiner Karte der Welt festgehalten waren, und durch die Gebiete der Radimitschen, Dregowitschen, Sewerjanen, Petschenegen und Chasaren, all der Völkerschaften eben, die dieses endlose Land bevölkern oder durchstreifen.

Unterwegs griff man uns zweimal an. Beim erstenmal am

hellichten Tag, während wir unter vollem Segel auf dem Fluß standen. Unsere Feinde tauchten wie aus dem Nichts aus dem Schilf auf, stießen schrille Schreie aus und warfen Steine und primitive Speere nach uns. Als wir uns davon nicht aus der Ruhe bringen ließen und unsere Fahrt unbekümmert fortsetzten, folgten sie uns ein gutes Stück weit das Ufer entlang, und zwar auf kleinen, zottigen Pferden. Der Anblick brachte die Seewölfe zum Lachen, und noch Tage später erheiterten sie sich über diese Wilden auf ihren komischen Reittieren.

Der zweite Angriff erfolgte des Nachts, und zwar in der Zeit, in der wir die Schiffe über Land tragen mußten. Wir befanden uns gerade in den Hügeln zwischen der Düna und dem viel breiteren Dnjepr. Die Schlacht wurde hart und wild geschlagen und währte bis zum Mittag des folgenden Tages. Auf Haralds Befehl hin zogen sich Thorkel, ich und fünf andere zu den Schiffen zurück, um die Segel und die Vorräte zu bewachen.

So nahm ich nicht an den Kämpfen teil, was ich auch nicht bedauerte, verfolgte aber vom Deck aus den Fortgang des Ringens. Und ich betete um Erzengel Michaels Beistand für Gunnar und Tolar, die ich manchmal zwischen den Kämpfenden ausmachen konnte, wie sie inmitten von Rauch, Blut und Getümmel ihre Waffen schwangen.

Was für ein wunderliches Wesen ist doch der Mensch, launisch und wankelmütig wie der Wind. Etliche dieser Seewölfe dort hatten meine armen Brüder angegriffen und eine mir unbekannte Anzahl von ihnen erschlagen, unseren Pilgerzug zunichte gemacht und unseren größten Schatz gestohlen. Und dennoch stand ich jetzt auf einem ihrer Schiffe, klammerte die Hände in eifrigem Gebet zusammen, vergoß mein Herz für sie und erflehte himmlischen Beistand, damit sie die Angreifer überwinden würden. Wahrscheinlich wollte Gott mir damit zeigen, wie tief ich schon aus der himmlischen

Gnade gefallen war. Und ich weiß, daß es eines weiteren Beweises nicht mehr bedurft hätte.

Harald verlor siebzehn seiner Krieger. Elf waren erschlagen und sechs gefangengenommen worden, um irgendwohin als Sklaven verkauft zu werden. Der Feind hatte jedoch mehr Verluste zu beklagen. Ich glaube, es müssen Dutzende gewesen sein, doch Genaueres kann ich nicht sagen, weil wir uns nicht die Zeit nahmen, ihre Leichen zu zählen, und auch keine Gefangenen machten. Sobald die Schlacht vorüber war, eilten die Dänen zu ihren Schiffen zurück, nahmen die Seile wieder auf und zogen weiter, bis wir eine geschützte Stelle in einem Eichenwald erreichten. Dort warteten wir einen Tag, um wieder zu Kräften zu kommen und die Wunden zu versorgen.

Als der nächste Morgen graute, setzten wir diese merkwürdige Reise fort und trugen die Boote über Land, als sei nichts geschehen. Fast wollte es mir so vorkommen, als hätten die Wikinger die gestrige Schlacht vollkommen vergessen.

Wieder im Wasser passierten wir nur wenige Siedlungen, die unserer Aufmerksamkeit wert gewesen wären. Von einer aber gilt es zu berichten: ein großes Holzfort mit Namen Kiew. Dieser Handelsstützpunkt gehörte einem Wikingerstamm, der Rus genannt wurde. Vielleicht habe ich mich da aber auch verhört. Hier wollte Harald jedenfalls für einige Silbermünzen Frischfleisch und andere Vorräte erstehen.

»Kiew liegt vielleicht zwei Tage hinter diesen Untiefen«, teilte der Steuermann uns einige Zeit nach dem zweiten Angriff mit. Wir hatten den ganzen Tag damit zugebracht, mit unseren Booten durch schlammiges Wasser zu staken, eine ebenso anstrengende wie ermüdende Arbeit.

Thorkel, Gunnar, Tolar und ich saßen an einem kleinen Feuer am Ufer neben dem Schiff zum Abendbrot beisammen. Wir brachen unser Brot und tunkten es in den einzigen Topf. Warum Harald keinen Anstoß daran nahm, daß hier sein Sklave zusammen mit freien Männern saß, wird mir wohl ewig ein Rätsel bleiben. Aber zu jenem Zeitpunkt wußte ich ja nicht einmal, warum er mich unbedingt hatte haben wollen. Seine Pläne blieben mir ein Buch mit sieben Siegeln. Doch abgesehen davon genoß ich die Gesellschaft von Gunnar und den anderen, und ich schäme mich nicht zuzugeben, daß ich sie als meine Freunde ansah.

Obwohl Thorkel noch nie so weit nach Süden gekommen war, schien er sich doch in diesen Gefilden einigermaßen auszukennen. Das fiel auch Gunnar auf, und auf dessen Frage hin beugte sich der Steuermann vor und grinste. »Weißt du, ich habe da meine Haut«, vertraute er uns an und tippte sich an die Nasenseite. Was er damit meinte, sollte ich bald darauf erfahren, denn Thorkel besaß eine gegerbte und geölte Schafshaut, auf der jemand eine krude Karte gezeichnet hatte.

»Hier liegt Kiew«, sagte der Steuermann und rollte die Karte vor mir aus, die er für gewöhnlich unter dem Hemd trug. Die Flüsse waren als krakelige schwarze Linien dargestellt und die Ortschaften als braune Flecke. Thorkel zeigte zur Verdeutlichung auf einen dieser Punkte und fuhr dann an einer der schwarzen Linien entlang, bis der Finger an einem weiteren braunen Klecks anhielt. »Und dort liegt Miklagård. Siehst du, wir haben es also nicht mehr weit.«

»Das sieht mir aber doch noch nach einer sehr langen Wegstrecke aus«, widersprach ich.

»Nein«, meinte er und schüttelte den Kopf. Mein völliges Unwissen schien ihn doch zu verwundern. »All dies hier«, er deutete auch eine dunkle Fläche oberhalb unseres Ziels, »ist ruhiges Wasser, das wir bei günstigem Wind in drei oder vier Tagen durchqueren können.«

Der Steuermann reichte mir seine Haut. Ich hielt sie nahe ans Feuer und beugte mich darüber. Die Karte war voller Runzeln und Falten, sehr schmutzig und an einigen Stellen abgenutzt, aber ich konnte dennoch einige Buchstaben und sogar Worte in Latein ausmachen. »Wie bist du an dieses Stück gekommen?«

»Mein Vater war Thorolf, der Steuermann von Jarl Knut dem Schieler. Er hat sie seinerzeit einem Steuermann in Jomsburg abgekauft.« Stolz sprach aus seiner Stimme. »Und dieser andere hatte sie wohl aus dem Frankenland. Oder war es das Land der Wenden? So genau weiß ich das leider nicht mehr. Auf jeden Fall ist sie sehr wertvoll.«

Thorkels Karte sollte sich für uns noch als sehr nützlich erweisen. Zwei Tage später erreichten wir den befestigten Handelsplatz Kiew.

24

Kiew liegt am Ufer des mächtigen Dnjepr und ist aus einem kleinen Dänen-Handelsstützpunkt entstanden. Mittlerweile hat der Ort sich zu einer Marktstadt entwickelt, die sich immer weiter in die Birken-, Buchen- und Eichenwälder ringsherum ausdehnt. Ursprünglich hatte man auf einem Hügel ein Holzfort errichtet, in dem, wie es hieß, die Herren von Kiew das Silber lagerten, das sie durch ihren Handel einnahmen. Nerz-, Marder-, Biber- und Schwarzfuchsfelle nebst Seidentuch kamen aus dem Osten, und über den Fluß gelangten Schwerter und Messer, Glaswaren, Perlen, Leder, Bernstein, Elfenbein von Walroßzähnen und Horn von Elch- und Rentiergeweihen heran. Jedes Schiff, das von Süden oder Norden kam, mußte hier anlegen, und die Handelsherren von Kiew ließen sich den Zoll in silbernen Denarii oder goldenen Solidi entrichten.

Als wir ankamen, lagen am Ufer schon sieben Schiffe vor Anker, und etwas später trafen zwei weitere ein. Letztere reisten von Süden heran und hatten den ganzen Sommer über mit den slawischen Volksstämmen und den Bulgaren Handel getrieben. Bei ihnen handelte es sich ebenfalls um Dänen – die einen stammten aus Jütland, die anderen aus Seeland, das sie Själland nannten –, und sie gingen schon seit Jahren auf Handelsfahrt. Wie ich hier erfuhr, waren es Wikinger aus Skane gewesen, die sich als erste hier am Dnjepr niedergelassen hatten, und so sprach man hier auch noch vorwiegend dänisch, wenn auch mit einem eigenartigen Akzent.

Harald befahl, daß unsere vier Schiffe zusammengebunden wurden, und ließ auf jedem Boot zehn Mann als Wache zurück; denn er traute seinen Stammesbrüdern nicht und fürchtete, sie würden seine Flotte berauben. Erst als all diese Sicherheitsvorkehrungen zu seiner Zufriedenheit erfolgt waren, erlaubte er den anderen, an Land zu gehen. Doch vorher mußten sie dem König bei ihrem Blut schwören, niemandem gegenüber auch nur ein Sterbenswörtchen über unser Ziel zu verlieren; denn es wäre doch zu dumm, wenn andere Seewölfe auf die Idee kämen, Miklagård, die Stadt aus Gold, vor uns zu überfallen und uns so um unsere schöne Beute zu bringen.

Dann versammelte Harald seine Leibwache, die Hauskerle, um sich und marschierte mit ihnen zum Markt. Als erstes kaufte er eine Ziege, ein Schaf und vier Hühner, und mit diesen Tieren begab er sich zu einem Platz mitten auf dem Markt, der an einer Seite von einem Halbkreis von Pfählen umgeben war. Der Boden hier war feucht, es stank entsetzlich nach Blut und Fäulnis, und Schädel von den unterschiedlichsten Viechern lagen verstreut in dem Halbrund.

Der König trat auf diesen Platz und warf sich vor einem der Pfähle, der so geschnitzt war, daß er einen Mann darstellte, auf den Boden. »Fürst Odin!« brüllte Harald so laut, daß auch jeder im Ort ihn hören konnte. »Ich bin von weit her gekommen, mit vier Langschiffen und vielen guten Kriegern. Wir suchen nach gutem Handel und noch mehr Plünderung. Und jetzt bringe ich Dir dieses feine Opfer.«

Damit richtete er sich wieder auf, zog sein Messer und schnitt den Tieren, die seine Kerle festhielten, mit geschicktem Schnitt die Kehle auf. Zuerst Schaf und Ziege. Deren Blut spritzte auf den Boden, und er fing einiges davon in einer

Holzschüssel auf. Diese Flüssigkeit schmierte er an den Odin und spritzte den Rest an die übrigen Pfähle. Danach enthauptete er die Hühner und wirbelte die kopflosen Tiere durch die Luft, so daß ihr Blut sich gleichmäßig auf den Halbkreis verteilte. Ich erfuhr, daß es sich bei den geschnitzten Stämmen um den Götzen Odin und dessen Frauen und Kinder handelte. Als alle Opfer tot waren, zerteilte Harald sie, brachte die besten Fleischstücke den Göttern dar und ließ den Rest auf sein Schiff zurückbringen; das würde heute sein Abendessen sein.

Diese Vorstellung diente meiner Ansicht nach weniger der Ehrung von Odin, Thor und Freya, sondern eher dazu, die Kaufleute von Kiew zu beeindrucken. Doch trotz Haralds Gebrüll und der Tötung der Tiere rief das Blutopfer nicht einmal flüchtiges Interesse bei den Bewohnern dieser großen Stadt hervor. Offenbar hatten sie solch ein Spektakel schon so oft gesehen, daß es sie mittlerweile nur noch langweilte.

Nachdem der König seinen religiösen Pflichten genüge getan hatte, wanderte er über den Markt und sorgte dafür, daß Wasser, Getreide, Pökelfleisch und andere Waren auf seine Schiffe geschafft wurden.

Seine Mannschaft hatte indes anderes im Sinn und suchte jene andere Form von Handel, die zwar wenig mit Tugend zu tun hat, dafür aber nicht weniger beliebt ist. An einer Seite des Marktgevierts, genauer gegenüber des Hügelforts, erhoben sich einige größere Gebäude, und vor diesen hatte man lange Bänke aufgestellt. Darauf hockten einige junge Frauen, die – wie eigentlich alles in Kiew – käuflich waren. Man mußte nur zu ihnen gehen und nach ihrem Preis fragen, und meistenteils war der Handel dann perfekt. Nicht wenige Wikinger haben auf diese Weise schon eine Ehefrau gewonnen. Zu einem Bruchteil dieses Preises kann man sich allerdings schon für eine gewisse Frist weibliche Gesellschaft erwerben.

Vor allem nach letzterem strebten Haralds Kriegsmannen;

schließlich hatte der König verboten, ein Frauenzimmer an Bord zu bringen, und außerdem hatten die meisten dieser Dänen eine brave Ehefrau zu Hause.

Der Jarl verspürte allerdings weniger fleischliche Gelüste. Er suchte nicht nach inniger Gesellschaft, sondern nach Information. Thorkel hatte ihm nämlich berichtet – und seine Karte bestätigte dies –, daß südlich von Kiew riesige Stromschnellen und Wasserfälle auf alle Segler warteten, in denen selbst die stärksten Schiffe zerschellten. Harald wollte nun mehr über diese Gefahren wissen und auch darüber, wie man sie umschiffen konnte. Am liebsten wäre ihm gewesen, auf einen Lotsen zu stoßen, und wenn sich das als unmöglich erweisen sollte, dann doch zumindest zu hören, was die Kaufleute erzählen konnten, die schon den Dnjepr weiter südlich befahren hatten.

Daher spazierte der König über den ganzen Marktplatz, tat überall so, als würde er die Waren bewundern, und verwickelte die Händler in ein Gespräch. Auf seinen Befehl hin hatten der Steuermann und ich ihn zu begleiten; denn es war ja denkbar, daß unsere besonderen Kenntnisse vonnöten sein würden.

Wie ich schon berichtet habe, sprachen die meisten hier Dänisch oder konnten sich in dieser Zunge zumindest verständlich machen. Doch alle Mühe schien vergebens, und die Händler schienen mehr am Verkauf ihrer Waren interessiert zu sein. Jede unserer Fragen lenkten sie geschickt auf den Wert und die Qualität der Güter um, die sie gerade feilboten. Bei allen anderen Themen befleißigten sie sich einer Zurückhaltung, die in manchen Fällen an Unverschämtheit grenzte.

»Jetzt habe ich Durst«, brummte Harald schließlich. Wir hatten den Markt in seiner ganzen Länge und Breite durchschritten und außer Achselzucken, Schweigen und gelegentlich einer Beleidigung, weil wir nichts kaufen wollten, keine

Antwort erhalten. »Ein Becher Bier hilft uns jetzt sicher zu entscheiden, wie wir weiter vorgehen sollten.«

Wir begaben uns zu den großen Gebäuden an der Nordseite des Platzes, wo ein kleiner Berg von leeren Fässern uns anzeigte, hier das Gewünschte zu finden. Einige Frauen saßen auf der Bank davor, beobachteten das Markttreiben und genossen ansonsten die Sonne. Als sie uns näher kommen sahen, fingen sie gleich an, sich zu putzen und auch auf schamlose Weise ihre Vorzüge herzuzeigen. Frauen von ihrem Aussehen waren mir mein Lebtag noch nicht begegnet. Ihr pechschwarzes Haar war feiner als Spinnweben, die dunklen, schlitzartigen Augen steckten in Gesichtern von der Rundheit des Mondes, und die kurzen, aber festen Gliedmaßen besaßen die Farbe von Mandeln.

Harald blieb kurz stehen, um die Schönen zu begutachten, aber als keine seinem Geschmack zu entsprechen schien, betrat er das Wirtshaus. Unten befand sich eine große Halle, der Schankraum, und darüber eine Galerie, die an Schlafkammern in der Größe von Marktbuden entlangführte. Einige lehnten aus diesen Zellen und betrachteten das Treiben unter ihnen.

An den Wänden standen lange Bänke, und rings um den großen, klobigen Herd hatte man Tische und Sitzböcke aufgestellt. Ein paar Männer hockten dort und aßen oder tranken. Auf den Bänken herrschte schon mehr Gedränge. Dort hielt jeder einen Humpen in der Hand. In dieser Halle war es laut, verraucht und düster; denn der Raum besaß weder ein Fenster noch einen Rauchabzug in der Decke, und alle schrien durcheinander, als gelte es, die anderen zu übertönen. Ich hatte die Schankstube noch gar nicht richtig betreten, da wurde mir schon speiübel von dem Gestank nach Erbrochenem, Mist und Urin. Schmutziges Stroh bedeckte den Boden, und ein paar magere Hunde schlichen an den Wänden entlang oder hatten sich in den hintersten Winkeln zusammengerollt.

Stierbrüller hatte noch nie Schwierigkeiten gehabt, auf sich aufmerksam zu machen, und hier verhielt es sich nicht anders. Er marschierte kühn mitten in den Raum und rief: »He da, Wirt, bring mir Bier!« Das ganze Gebäude erbebte unter seiner Stimme, und schon eilten drei zerzauste und liederlich gekleidete Burschen mit Krügen und großen Bechern herbei. Sie füllten die Becher mit starkem Dunkelbier und stießen uns diese in die Hand. Auch ich bekam ein solches Gefäß, aber Thorkel und Harald derer zwei. Sie leerten diese auf der Stelle; eine Aufforderung, welche die Kellner sofort verstanden. Diese Wirtsgehilfen schienen sogar darum zu wetteifern, unsere Becher stets von neuem aufzufüllen.

Ich trank den ersten auf einen Zug aus, ging beim zweiten aber deutlich langsamer zu Werk und beschränkte mich darauf, mich umzusehen. Männer von den verschiedensten Stämmen und unterschiedlichsten Völkern waren hier eingekehrt, und viele davon hatte ich noch nie gesehen. Große, kräftige Burschen mit hellem Haar, die ganz in Felle gekleidet waren; kleine dunkelhaarige Männer mit schmalen, flinken Händen und Schlitzaugen über Nasen, die mich an Adlerschnäbel erinnerten; schlanke und hellhäutige Riesen mit langen Gliedmaßen, die lange, lose Kleider und weiche Stiefel aus gefärbtem Leder trugen; und dann wieder Gestalten, die wohl nur von den Wüstenlanden kommen konnten. Die einzigen aber, die mir vertraut erschienen, waren die Krieger von unseren Schiffen oder andere Wikinger. Nur Briten oder Iren ließen sich hier nirgends ausmachen.

Der König und der Steuermann schlenderten umher und tranken einen Becher nach dem anderen. Die Leutseligkeit und gute Laune Haralds lockten die Nordmänner an, und bald hatte sich ein dichter Ring von Seeleuten und Flußhändlern um ihn versammelt. Diese begann er nun mit Freibier und wohlgesetzten Worten zu locken, ihm das Wissen preiszugeben, nach dem er suchte.

»Ihr müßt wirklich mutige Männer sein«, bemerkte er, »wenn ihr schon so weit im Süden gewesen seid, heißt es doch, daß nur die Tapfersten der Tapferen die Stromschnellen südlich von Kiew zu bezwingen wagen.«

»Ach, so schlimm sind die gar nicht«, wehrte ein großer Däne mit beeindruckender Mähne ab, dessen Rauschebart nach getrocknetem Bier stank. »Ich bin in diesem Sommer schon zweimal bis ins Schwarze Meer gekommen.«

»Von wegen, Snorri!« rief einer seiner Kameraden. »Zweimal bist du im Süden gewesen, aber einmal auf dem Rücken eines Pferdes.«

»Doch das erste Mal auf einem Schiff«, wehrte sich der Riese, »und wer vermag schon zu entscheiden, welche Art die gefahrvollere ist?«

»Es heißt auch«, fuhr der König fort, während er die Becher und Krüge seiner neuen Freunde wieder füllte, »daß der Dnjepr zehn Wasserfälle aufweise, von denen jeder noch gewaltiger als der vorangegangene sein soll. Und schon der kleinste sei so riesig, daß er ein ganzes Schiff verschlingen könne.«

»Das ist wahr«, bestätigte Snorri.

»Ach was«, widersprach sein Kamerad, »so viele sind es nun auch wieder nicht, höchstens vier.«

»Na gut, aber es sind mindestens sieben«, beharrte Snorri.

»Einigen wir uns auf fünf«, warf ein anderer ein. »Aber drei davon sind wirklich so groß, daß ein Schiff darin untergeht.«

»Woher willst du das denn wissen, Gutrik?« fuhr der Riese ihn an. »Du bist doch den ganzen Sommer über wegen Zahnschmerzen in Nowgorod geblieben.«

»Ich bin aber schon vor sieben Sommern dort unten gewesen«, verteidigte sich Gutrik. »Damals sind wir auf vier Wasserfälle gestoßen, und ich glaube nicht, daß der Fluß sich seitdem sehr verändert hat.«

»Wenn doch dein Gedächtnis nur halb so zuverlässig wäre wie der Strom«, erklärte ein vierter. »Ich habe mit eigenen Augen sechs Fälle gesehen.«

»Natürlich kommt man auf sechs«, höhnte Snorri, der sich von den anderen nicht ständig dazwischenquatschen lassen wollte, »wenn man all die kleinen mitzählt. Als ich den Fluß hinuntergefahren bin, haben wir die gar nicht beachtet.«

Thorkel hielt zwar noch in jeder Hand einen großen Becher, trank aber nichts mehr, sondern hörte lieber aufmerksam einem jeden zu, um zu ergründen, wo inmitten all dieser Prahlereien und Behauptungen die Wahrheit verborgen lag. Schließlich beugte er sich zu Harald und flüsterte: »Ich glaube nicht, daß einer von denen jemals den südlichen Dnjepr befahren hat.«

»Dann sollten wir das möglichst rasch herausfinden«, gab der König ebenso leise zurück und wandte sich wieder an die Dänen, deren Zahl mittlerweile auf sieben angewachsen war. »Ihr alle sprecht wie Männer von großer Erfahrung. Doch sagt mir, wer außer Snorri ist in diesem Sommer den Fluß hinuntergesegelt?«

Die sieben sahen sich an, und als niemand sich meldete, starrten sie lieber in ihre Becher. Schließlich ergriff Gutrik das Wort: »Njord ist im Süden gewesen und gerade heute mit seinen Schiffen zurückgekehrt.«

»Ja«, stimmten die anderen zu, »Njord ist dein Mann.«

»Finde ihn«, versicherte Gutrik, »und schon erfährst du alles, was es über den Dnjepr zu wissen gibt. Keiner kennt sich auf dem Fluß besser aus.«

»Ein Silberstück für denjenigen, der mir diesen Njord herbeischafft.« Der König zog eine Münze aus seinem Gürtel. »Und noch ein Silberstück, wenn das rasch geschieht.«

Drei der Dänen setzten sich auf der Stelle in Bewegung, und wir ließen uns auf einer Bank nieder und warteten. Thorkel und Harald unterhielten sich noch immer mit den anderen, aber ich sah mich lieber weiter um.

Offenbar hatte dieses Wirtshaus mehr zu bieten als Speise und Trank. Von Zeit zu Zeit kam eine der Frauen von draußen mit einem Schiffer herein. Manchmal stiegen sie hinauf auf die Galerie und zogen sich in eine der Zellen zurück, doch noch öfter ließen sie sich hier unten auf einer der Bänke an den Wänden nieder und trieben es dort vor aller Augen auf die viehischste Weise.

Das alles schien in diesem Haus ganz selbstverständlich zu sein und erweckte nicht die geringste Neugier. Die Pärchen hätten genausogut brünstige Schweine oder Hunde sein können, bei denen ja auch niemand hinsieht.

Ich sah einen Mann hereinkommen, der sich schnurstracks zu seinem Freund begab, welcher gerade einer der Dirnen beilag. Die beiden Männer begrüßten sich freundlich und unterhielten sich für einen Moment. Dann hockte der erste sich daneben, während der zweite sein Treiben fortsetzte. Als er fertig war, tauschten sie die Plätze, und der zweite machte dort weiter, wo der erste aufgehört hatte.

Solcher Frevel raubte mir den Atem, und ich konnte nur verzweifelt den Kopf schütteln. Doch dann sagte ich mir, daß es sich bei diesen Menschen um Barbaren handelte. Für mein Seelenheil war es wohl besser, mich dessen immer wieder zu erinnern.

Wie es sich ergab, war Njord gerade auf ähnliche Weise beschäftigt, wenn auch ein Haus weiter. Als er mit der Frau und mit seinem Humpen fertig war, folgte er Gutrik in unsere Schänke. Gutrik führte den Steuermann vor den König, verlangte seine zwei Silberstücke und erklärte: »Dies hier ist der beste Ruderlenker vom Weißen bis zum Schwarzen Meer. An meiner Seite steht Njord der Tiefsinnige.«

Der Däne an Gutriks Seite sah nun wirklich ganz und gar nicht wie ein großer Kriegsrecke aus. Ein verdorrter Stock hätte mehr Aufmerksamkeit hervorgerufen. Njord hatte einen Buckel, zu lange Arme und Segelohren. Seine Haut war von Wind und Wetter gegerbt. Wie Thorkel hielt er die Augen ständig zusammengekniffen, und ein langer Schnurrbart verdeckte den Mund fast zur Gänze. Seine Hände waren rauh vom jahrelangen Umgang mit Seilen und dem Ruder, und er bewegte sich breitbeinig wie jemand, der es gewohnt ist, auf den Planken eines auf- und abtanzenden Schiffes nicht aus dem Gleichgewicht zu geraten. Die meisten Haare waren ihm ausgefallen, und was sich davon noch auf dem Kopf befand, war von der Sonne zu einem stumpfen Grau ausgebleicht worden. Insgesamt wirkte der Steuermann wie ein alter Knochen, über den sich kein Hund mehr hermachen wollte

»Ich grüße dich, mein Freund«, sagte der König. »Wir haben von deinen Kameraden erfahren, über welch erstaunliches Wissen und große Erfahrung du verfügen sollst. Sie loben deine Schiffslenkkunst in den höchsten Tönen.«

»Wenn sie mich so preisen, will ich mich bei ihnen bedanken«, entgegnete der Steuermann mit einem leichten Nicken in die Runde. »Doch wenn sie mich beleidigen, soll mein Fluch sie treffen. Ich bin Njord, Jarl Harald, und ich entbiete dir meinen respektvollsten Gruß.«

»Guter Freund«, erklärte der König leutselig, »es würde mich sehr freuen, wenn du mit mir einen Becher leertest. Schankkellner, auf, auf, an die Arbeit. Wir wollen mehr Bier. Unsere Mägen sind leer und unsere Kehlen ausgedörrt.« Er drehte sich zu dem Steuermann um. »Bei all dem Reden habe ich auch großen Hunger bekommen. Komm, setz dich zu mir, auf daß wir zusammen essen können, und dabei erzählst du mir alles von deinen Reisen.«

»Ein Mann sollte auf der Hut sein, wenn er sich an der Tafel eines Königs niederläßt«, bemerkte der Steuermann, »denn oft genug muß er die Zeche zahlen, manchmal in Form eines Arms, gelegentlich aber auch mit dem Leben.«

Jetzt begriff ich, warum man ihn den Tiefsinnigen nannte, und uns allen wurde rasch klar, daß dieser Mann sich für einen Philosophen hielt, den die Vorhersehung mit der besonderen Gabe ausgestattet hatte, seine Einsichten in Form von launigen bis witzigen Sinnsprüchen von sich zu geben.

Die Dänen starrten ihn jetzt entsetzt an, aber Harald warf den Kopf in den Nacken und lachte schallend. »Dies ist nur zu wahr, mein Freund«, bestätigte er ihm dann gutgelaunt. »Doch laß es uns wagen, Gesundheit und Glück aufs Spiel zu setzen, heja? Wer weiß, vielleicht zahlt es sich ja noch für uns beide aus, dieses Risiko eingegangen zu sein.«

Thorkel und ich suchten dem Jarl und seinem merkwürdigen neuen Freund einen freien Tisch, und Snorri, Gutrik und die anderen ließen sich ebenfalls bei uns nieder. Sie schoben diejenigen beiseite, die ebenfalls herandrängten, um sich nicht von den Fleischplatten und den Bierkrügen wegdrängen zu lassen, die nun in großer Zahl aufgetischt wurden.

So saßen wir also zu einem Mahl zusammen, das sich bis zum Einbruch der Abenddämmerung hinziehen sollte. Am Ende leisteten der König und der Steuermann sich gegenseitig ernsthafte, wenn auch mit schwerer Zunge vorgebrachte feierliche Schwüre: Njord würde uns um die gefährlichen Stromschnellen und Wasserfälle herumführen, und Harald wollte ihn dafür großzügig aus dem entlohnen, was er während seiner geschäftlichen Unternehmungen einzunehmen erwartete. Mir fiel auf, daß Harald sorgfältig vermied, Näheres über diese »Geschäfte« preiszugeben.

Nun galt es noch eine Angelegenheit zu regeln, die angesichts der Kühnheit unseres Unternehmens von mindergroßer Bedeutung war. Njord stand nämlich noch seinem eigentlichen Jarl im Wort, dessen Schiffe auch das letzte Stück der Heimreise sicher zu steuern. Diese Frage konnte rasch geklärt werden, als Harald sich nämlich erbot, ihm den Anteil am Gewinn aus den Geschäften im Sommer zu erstatten, auf daß ihm kein Schaden daraus entstehe, sich in unseren Dienst gestellt zu haben. Dann ließ der König Njords Schiffsmeister herbeirufen, mit dem er rasch handelseinig wurde. Damit war das Geschäft abgeschlossen, und Njord gehörte jetzt zu uns.

Nachdem Harald nun alles, wozu er hierhergekommen war, erledigt hatte, wollte er recht abrupt zu den Schiffen zurückkehren. Er sprang vom Tisch auf, strebte dem Ausgang zu und zog einen ganzen Schwarm von Dienern mit sich, die alle Bezahlung verlangten und miteinander um die Wette brüllten, um sich bei dem hohen Gast Gehör zu verschaffen. Kurz vor der Tür kam der Jarl dann endgültig nicht mehr weiter. Er drehte sich zu den Kellnern um, griff in seinen Gürtel und zog eine Handvoll Silberlinge hervor. Die gab er dem Mann, der direkt vor ihm stand, und erklärte: »Teil das unter deinen Brüdern auf, und gib jedem den Anteil, den er verdient hat.«

Die Diener starrten entsetzt auf das halbe Dutzend Münzen, fragten sich in Gedanken, wie sie den kargen Lohn untereinander aufteilen sollten, und fingen gleich wieder an, durcheinanderzuschreien. »Das soll der Dank für unsere Mühe sein?« kreischten sie ungläubig. »Für dieses Almosen haben wir dir den ganzen Tag Speise und Trank gebracht?«

Der König hob abwehrend die Hand, trat durch die Tür und verabschiedete sich mit den Worten: »Nein, nein, ich will kein Wort des Dankes hören; denn die Freude lag ganz auf meiner Seite. Lebt wohl, liebe Freunde.«

Njord nickte angesichts des selbstbewußten Auftretens Haralds vor dieser gierigen Bande anerkennend. »So spricht ein wahrer König«, bemerkte er leise.

Obwohl ich, was den strengen Geruch betraf, vom Regen in die Traufe gelangte, tat es mir doch wohl, die Schänke hinter mich gebracht zu haben, dachte ich, als wir an Odins Pfählen mit seinen faulenden Opfergaben vorbeikamen. Einen ganzen Tag lang hatten die geschlachteten Tiere in der Sonne gelegen und stanken nun zum Himmel. Doch insgesamt zog ich diesen höllischen Duft dem Gemenge aus Rauch, Schweiß, menschlichen Exkrementen, verschüttetem Bier und Erbrochenem in der Trinkhalle eindeutig vor.

An Bord der Schiffe hielten sich nur die Wachen auf. Nicht dieselben zehn Männer, die der König dort zurückgelassen hatte, denn die waren von ihren Freunden und Verwandten abgelöst worden, nachdem diese ausgiebig Bier und lose Dirnen genossen hatten. Diese Kriegsmannen waren an Bord zurückgekehrt, doch nicht nur, um ihren Brüdern Gelegenheit zu geben, sich ebenfalls fleischlichen und anderen Vergnügungen hinzugeben; nein, auch Eigennutz hatte ihre unsicheren Schritte zurückgelenkt, wollten sie doch auf den Planken ihren Rausch ausschlafen.

Harald ließ diese Männer gleich unsanft wecken und befahl ihnen, die anderen ausfindig zu machen und zurückzubringen.

Doch eine Bande von echten Seewölfen von den Freuden loszureißen, die Kiew zu bieten hatte, erwies sich beinahe als ein Ding der Unmöglichkeit. Die Freudenhäuser gehörten zu den größten im Ort und enthielten unzählige Räume und Kammern. Manche davon waren sogar von innen zu verriegeln und standen denjenigen zur Verfügung, die sich bei ihrem verderbten Treiben nicht so gern den Blicken der anderen zur Schau stellten. Die zehn mußten in jedes einzelne dieser Häuser und dort alle Kammern absuchen. Und je länger sie unterwegs waren, desto öfter kam es vor, daß sie einen gefundenen Kameraden zu den Schiffen tragen mußten.

Der Mond war längst aufgegangen und stand schon hoch am Himmel, als alle tapferen Krieger des Königs sich wieder an Bord befanden und die Boote endlich ablegen konnten. Glücklicherweise mußte bei dieser Fahrt nicht gerudert werden, denn die Strömung des mächtigen Dnjepr trug uns wie von selbst voran. Somit mußte keiner der Volltrunkenen auf seine Bank – nicht auszudenken, zu welchen Katastrophen das andernfalls geführt hätte.

Doch schon der nächste Tag bescherte uns ein weniger günstiges Schicksal. Unterhalb Kiews strömt der Dnjepr durch felsiges Hügelland, das sein Bett erheblich verengt. An manchen Stellen wollte es einem vorkommen, als sei der Fluß zwischen den hohen Klippen kaum breit genug, um auch nur einem Schiff die Durchfahrt zu gestatten. Außerdem herrschte hier eine furchtbare Strömung. Wenn jemand an der Seite ein Ruder hinausgeschoben hätte, so wäre dies über kurz oder lang zu Splittern zerschmettert worden.

Thorkel hatte alle Hände voll damit zu tun, den Kiel in der Flußmitte zu halten, dort, wo das Wasser am tiefsten war. Die Runzeln auf seiner Stirn wollten den ganzen Tag über nicht vergehen, und seine Miene ließ darauf schließen, daß er jeden Moment mit einem Unglück rechnete. Njord hingegen verbrachte diese Stunden unter seinem Umhang, wo er sich schlafend von den Strapazen des zurückliegenden Tages erholte.

Als er schließlich geruhte aufzustehen, hatten wir das Schlimmste bereits hinter uns und befanden uns wieder in ruhigerem Wasser.

»Na bitte«, erklärte unser neuer Freund, während er sich umsah, »das ist doch großartig gelaufen. Ich glaube, du bist ein wirklich guter Steuermann, Thorkel. Deine Fähigkeiten lassen sich wirklich mit den meinen vergleichen, bis auf eine entscheidende Kleinigkeit.« Er schwieg sich über diesen wesentlichen Unterschied aus und fuhr lieber damit fort, die Seetüchtigkeit unseres Drachenboots zu bewundern. »Bei allem, was recht ist, dies ist wirklich ein prachtvolles Schiff, heja? Doch, das muß ich feststellen. Ein fester, starker Mast, und dennoch leicht zu steuern. Ein durch und durch großartiges Langschiff.«

»Ja, so haben wir das auch immer schon gesehen«, entgegnete Thorkel ein wenig steif. »Aber es freut mich, aus deinem Mund eine Bestätigung dafür zu erhalten.«

»Bedenke aber, daß in drei Tagen die eigentliche Bewährungsprobe beginnt«, erinnerte Njord ihn. »Die ersten Fälle sind gar nicht so schlimm. Bessere Stromschnellen, so würde ich sie bezeichnen. Die ersten vier dürften uns keine große Mühe bereiten, denn zu dieser Jahreszeit fließt das Wasser dort nicht so rasch. Wenn der Frühlingsregen fällt und die Flußtäler auffüllt, sieht die Sache hingegen ganz anders aus. Wollen wir den Sternen dafür danken, daß wir jetzt nicht Frühling haben.«

»Was erwartet uns denn bei dem fünften und den folgenden Fällen?« wollte unser Steuermann wissen.

»Jedermann sieht sich hin und wieder gezwungen, eine Schuld aufzunehmen«, antwortete Njord rätselhaft, »doch nur ein Narr borgt freiwillig Ungemach.« Damit ließ er Thorkel stehen und spazierte an der Reling entlang.

»Ich wollte die Wasserfälle nicht borgen, sondern nur einen Eindruck von ihnen vermittelt bekommen«, murmelte unser Steuermann.

Unser Herr Christus hat gesagt, daß die Nöte eines Tages für diesen vollauf ausreichen und man die Sorgen des nächsten Tages am besten bis dahin warten lasse. Dies erklärte ich Thorkel, der für diesen weisen Rat nur ein Schnauben übrig hatte und den ganzen restlichen Tag kein Wort mehr mit mir wechselte.

25

Die ersten drei Fälle bewältigten wir mit Hilfe der Ruder. Wie Njord vorausgesagt hatte, stand das Wasser nicht allzu hoch in den Rinnen und Senken, durch die der Dnjepr hier seine Massen zum Schwarzen Meer wälzt. Die Männer hoben die Ruder und hielten sie gegen die Felsen, um schiebend, stoßend oder abwehrend die Klippen zu umschiffen. Nachdem wir den dritten Fall hinter uns gebracht und wieder ruhigeres Wasser erreicht hatten, wünschte sich der König schon, er hätte nicht so viele Schiffe mit auf die Reise genommen, denn die Durchfahrt, die nur für jedes Boot einzeln in Angriff genommen werden konnte, nahm doch sehr viel Zeit in Anspruch. Nach dem vierten Katarakt erwog Harald bereits ernsthaft, zwei der Schiffe bis zur Rückkehr zurückzulassen.

Doch die Goldgier erwies sich als stärker und vermochte ihn in der Überzeugung zu bestärken, daß er wohl alle vier Boote benötigen würde, um die gewaltigen Reichtümer Miklagårds fortzuschaffen. Und daß er ein Narr sei, nicht noch mehr und vor allem größere Schiffe mitgenommen zu haben.

Der fünfte wie auch der sechste Wasserfall erforderten die ganze Kraft und Ausdauer jedes einzelnen Dänen. Nur nicht die des Königs und zehn seiner Hauskerle, die am Ufer blieben und die ausgeladenen Vorräte gegen feindliche Angriffe bewachten. In dieser Gegend sollten sich nämlich die räuberischen Stämme der Petschenegen herumtreiben. Laut Njord liebten die nichts mehr, als an solchen Stellen, wo durchziehende Boote am verwundbarsten waren, auf der Lauer zu liegen und zuzuschlagen.

Ich beteiligte mich an der Arbeit und schuftete genausoviel wie die anderen. Vor einem Katarakt mußte jedes einzelne Boot ans Ufer gesteuert und dort entladen werden. Jeder einzelne Sack Getreide, jedes Wasserfaß, alle Speere, Schwerter und Schilde, der Kochtopf, das Segel, die Ruder und die Seile – kurzum, alles wurde von Bord geschafft. Wenn von dem Schiff dann nichts mehr als die leere Hülle übriggeblieben war, entledigten sich die Wikinger ihrer Kleider und wateten nackt in das hüfthohe Wasser, nahmen die langen Taue auf – die am Bug und mittschiffs befestigt waren – und zogen ihr Schiff mit bloßer Körperkraft durch den Fluß.

Einige andere bewaffneten sich mit Rudern und liefen mit, um das Boot abzulenken, wenn es gegen eine Klippe zu prallen drohte. Der ganze Zug kam nur langsam voran, und die Männer hielten sich so nah wie möglich am Ufer, um nicht abzurutschen, in tieferes Wasser zu geraten und von der Strömung gegen einen Fels geschleudert zu werden. Sobald das Gefährt dann durch die Gefahrenstelle gebracht war, kehrten die Wikinger zurück, nahmen die Vorräte und das andere Zubehör auf, trugen es über Land am Katarakt vorbei und beluden das Schiff wieder damit.

Für jeden Wasserfall benötigten wir auf diese Weise zwei volle Tage. Waren der fünfte und der sechste schon schlimm, so erwies sich der siebte als geradezu unbezwinglich. Nicht nur galt es hier die Klippen und die Strudel zu bedenken, sondern auch noch dem Umstand Rechnung zu tragen, daß der siebte Katarakt eigentlich aus zwei Fällen bestand. Njord, der sich bislang nicht unbedingt mit der Hilfe und Sachkenntnis hervorgetan hatte, die der König eigentlich erwartet hatte, sprühte auch vor dem siebenten Wasserfall nicht unbedingt vor Einfällen.

»Was machen wir jetzt?« verlangte Harald von ihm zu erfahren. Die Ungeduld angesichts dieses kaum zu bewältigenden Hindernisses war ihm deutlich anzumerken.

»Ein Mann kann viele Wege beschreiten«, antwortete der Tiefsinnige, »aber nur einer davon führt ihn zum Ziel.«

»Ja, danke«, knurrte der Jarl. »Aus diesem Grunde habe ich dich ja mitgenommen. Zeig uns nun den Weg, der uns zum Ziel führt.«

Njord nickte, seine Augen verengten sich zu schmalen Schlitzen, und er nagte an der Unterlippe, als arbeite er an einer ebenso klugen wie bis dahin nie gehörten Lösung. »Das ist schwierig«, meinte der Grauhaarige schließlich. »Deine Schiffe sind zu groß.«

»Was?« brüllte Harald, und seine Stimme machte seinem Beinamen alle Ehre. »Habe ich dich angeworben, nur damit du mir erzählst, meine Schiffe seien zu groß?«

»Ist doch nicht meine Schuld, wenn du keine kleineren Boote hast«, entgegnete der Tiefsinnige verschnupft.

Wenn je ein Mann auf unsicherem Boden gestanden hatte, dann Njord in diesem Moment. Doch er schien nichts davon zu ahnen, daß sein Kopf gerade sehr lose auf seinen Schultern saß. »Wenn du mich vorher gefragt hättest, hätte ich dir das schon früher sagen können.«

»Gibt es denn noch irgend etwas anderes, das du mir jetzt mitteilen kannst?« fragte der König mit bedrohlich leiser Stimme. Ich spürte schon, wie er seinen Dolch aus der Scheide zog.

Der Fachmann für die Dnjepr-Fälle schob die Unterlippe vor und legte die Stirn in Falten. Man konnte ihm nicht ansehen, was hinter ihr vor sich ging. »Wenn ein Berg zu steil ist, um erklommen zu werden«, erklärte Njord dann unvermittelt, »so muß man um ihn herumlaufen.« Er wandte sich dem

König zu. »Du hast mich um Rat gebeten, und so gebe ich ihn dir: Trag deine Schiffe über Land am Katarakt entlang.«

Harald keuchte und starrte ihn fassungslos an.

»Unmöglich!« schrie Thorkel, der nicht länger an sich halten konnte, und baute sich vor seinem Jarl auf. »Schlag ihm den wertlosen Schädel vom Hals, und wirf seinen Kadaver in die tiefste Schlucht. Wenn du das nicht tun möchtest, so nehme ich dir diese Arbeit gern ab.«

Die Runzeln auf Njords Stirn gruben sich noch tiefer ein. »Wenn du auf diese Weise den besten Rat belohnen willst, den man dir am ganzen Fluß geben kann, dann zahl mir meinen Anteil jetzt gleich aus, und du wirst mich nie wiedersehen.«

»Nein, du bleibst«, verkündete Harald mit fester Stimme. »Die Schiffe sind so weit gekommen, auch wenn dein Verdienst daran sehr gering ist. Nun ist für dich der Zeitpunkt gekommen, etwas für das vereinbarte Silber zu tun. Schaff die Boote sicher über den Katarakt, denn das hast du mit Handschlag versprochen. Wenn du aber scheitern solltest, wirst du dennoch deinen Lohn erhalten, und zwar den, den du verdienst.«

Auf solche Weise vor die Wahl gestellt, schien der verwachsene Steuermann sich endlich zu bequemen, etwas für seinen Lohn zu tun. Schon begann er, die nötigen Vorbereitungen für die Überquerung dieses Hindernisses zu treffen. »Tretet beiseite«, befahl er, »und seht zu, was ich tue.«

Wie zuvor mußten wir die Boote bis auf das letzte Seil ausräumen. Danach bewies Njord seine besonderen Fähigkeiten, für die er weithin gerühmt wurde, von denen wir bislang aber nur so wenig hatten erleben dürfen. Er wies uns an, die Ruder ebenfalls zu entfernen und den Mast umzulegen und herauszunehmen. Dann befahl er, im Wald hohe Fichten zu fällen und von allen Ästen zu befreien. Weitere Stämme wurden geschlagen, um als Hebel genutzt zu werden. Schließlich mußten wir die leeren Schiffe aus dem Dnjepr ziehen. Der

Tiefsinnige hieß uns, die Stämme quer zueinander am Ufer aufzureihen, um dann das Boot mit Seilen über diese Rollen zu ziehen.

Man muß Njord zugute halten, daß er sich hervorragend machte, sobald er seine anscheinend angeborene Trägheit erst einmal überwunden hatte. Der verwachsene Mann schien immer genau die Stelle zu wissen, an der ein Hebel angesetzt werden mußte, und über die Gabe zu verfügen, Schwierigkeiten schon zu erkennen, noch ehe sie aufgetreten waren, und dann auch gleich die geeigneten Gegenmaßnahmen zu ergreifen, auf jeden Fall aber die Folgen abzumindern. Am Ende des ersten Tages hatten wir ein Schiff an den Fällen vorbei und das zweite auf halben Weg dorthin gebracht.

In dieser Nacht lagerten wir am Ufer, und der nächste Morgen erwartete uns mit einem kühlen Dauerregen, der schon in der Dämmerung einsetzte, was uns die Arbeit aus vielerlei Gründen erschwerte. Der Boden weichte auf, die Pfade wurden schlüpfrig, die Männer rutschten immer wieder aus, und die Stangen, Rollen und Hebel wurden so naß, daß man sie viel schwerer greifen konnte. Doch zu unserem Glück waren die verbleibenden Schiffe deutlich kleiner als das Langboot des Königs und ließen sich daher schneller und mit etwas weniger Aufwand bewegen. Am Abend des zweiten Tages hatten wir das dritte und das vierte Schiff ein gutes Stück auf den Weg gebracht.

Im Morgengrauen griffen die Petschenegen an.

Harald spürte als erster, daß etwas in der Luft lag, und sein Stierbrüllen riß die erschöpften Wikinger aus ihrem Schlaf. Wenn der König nicht so wachsam gewesen wäre, hätten die Angreifer uns zweifellos dort erschlagen, wo wir gerade lagen. So aber sprangen alle auf und hielten den Speer schon in der Hand, denn Seewölfe auf großer Fahrt schlafen immer mit den Waffen an ihrer Seite, besonders, wenn sie an Land lagern müssen.

Die Petschenegen waren klein und dunkel, und sie kämpften mit einiger Verschlagenheit. Zuerst stürmten sie mit wildem Geschrei heran, warfen ihre Speere und Äxte und zogen sich dann gleich wieder zurück. Gerade, wenn man glaubte, sie würden sich jetzt zum Kampf Mann gegen Mann stellen, waren sie auch schon fort. Diese ständigen Täuschmanöver und Rückzüge machten es den Dänen natürlich schwer, den Gegner zu fassen zu bekommen. Unsere Verdrossenheit wuchs, ziehen die Wikinger es doch vor, sich mit einem Feind zu schlagen, der brav stehenbleibt und sich wehrt. Aber die Petschenegen schienen früher schon Dänen begegnet zu sein und wußten daher, daß man mit Nadelstichen viel mehr gegen diese Hünen bewirkte, als sich ihnen zum Zweikampf zu stellen.

Harald erkannte, daß die Pfeile, Speere und Äxte der Feinde seinen Männern ebenso schwer zu schaffen machten wie der Umstand, daß die Petschenegen-Krieger sich einfach nicht fassen ließen. Der König spürte auch, daß seine Dänen in ihrer Wut kurz davor standen, einen fatalen Fehler zu begehen. Sie machten nämlich Miene, ungeordnet auf den Feind loszustürmen, und das hätte für die Angreifer leichtes Spiel bedeutet, konnte man dann doch einzelne Wikinger vom Rest absondern und erschlagen.

So befahl Harald den Rückzug zu den Schiffen. Am Ufer sollte eine neue Schlachtlinie errichtet werden. Mit den Bootshüllen im Rücken und einem festen Schildwall zur Abwehr der Wurfgeschosse erwarteten wir nun die trickreichen Petschenegen.

Als die Feinde erkennen mußten, daß die Seewölfe sich nicht länger in eine Falle locken ließen, verloren sie rasch das Interesse daran, diesen festen Wall anzugreifen, wo sie sich doch nur blutige Köpfe geholt hätten. Doch die Schlacht selbst gaben sie noch lange nicht verloren, die Petschenegen änderten nur ihre Taktik. Sie zogen sich ein Stück weit zurück, hielten Rat und schickten dann eine Gesandtschaft aus, die zum Zeichen ihrer friedlichen Verhandlungsabsichten deutlich sichtbar einen Weidenzweig schwang.

Als die Boten sich näherten, winkte der König mich zu sich heran. »Wir beide werden mit ihnen reden«, erklärte er mir, »obwohl ich nicht glaube, daß wir viel Angenehmes zu hören bekommen werden.«

Fünfzig Schritte vor unserer Schlachtreihe blieben die Petschenegen stehen und warteten auf unsere Verhandlungsdelegation. Der König nahm zusätzlich zu mir noch zehn seiner Hauskerle mit. Er betrachtete mit gerunzelter Stirn unsere Gegenüber und verzog verächtlich den Mund.

Der Führer der Gesandtschaft gab nun einen unverständlichen Schwall von Kauderwelsch von sich. Als wir ihn nur anglotzten, versuchte er es in einer anderen Sprache, die uns noch unbekannter war als die vorhergehende. Der Petschenege erkannte, daß er damit bei uns nicht weiterkam, und bemühte jetzt seine recht mäßigen Lateinkenntnisse: »Ich entbiete euch unsere freundlichen Grüße.«

Dies konnte ich nun verstehen und teilte meinem Herrn mit, was der Mann gesagt hatte.

»Wir haben gesehen, daß ihr echte Männer seid und euch vor einem Kampf nicht fürchtet«, fuhr der Bote fort. »Dies hat meinem König so sehr gefallen, daß er euch den unbehelligten Weiterzug durch unser Land erlaubt.«

Auch dies übersetzte ich Harald, und der wußte darauf auch gleich eine Antwort: »Dein König hat eine recht eigenwillige Art, seine Freude zu zeigen«, entgegnete der Dänen-Jarl. »Aber ich bin schon mit schlimmeren Hindernissen fertig geworden. Zum Glück für deinen Herrn und dein Volk habe ich auf meiner Seite keinen Toten zu beklagen, denn in dem Fall würden wir jetzt nicht mit Worten, sondern mit Klingen fechten.«

»Das mag wohl so sein, großmächtiger Fürst. Und auch

dafür kannst du meinem König dankbar sein, der noch nie seine brüderliche Hand denen verweigert hat, die seine Freundschaft suchen.« Der Gesandte, ein schlanker, dunkelhaariger Mann, dem der Großteil des rechten Ohrs fehlte, lächelte wieder süßlich und fügte nach einer kleinen Pause hinzu: »Natürlich kann man ein wenig nachhelfen, diese wunderbare Freundschaft zu festigen.« Er streckte die Rechte aus und rieb mit den Fingern der Linken über die Handfläche.

Als ich dies dem König übersetzt hatte, meinte der: »Mir deucht, dein Fürst scheint es bei brüderlicher Freundschaft allein nicht bewenden lassen zu wollen und nach einem handfesteren Beweis unseres guten Willens zu verlangen.«

Der Petschenege lächelte breit und zuckte mit den Achseln. »In diesen ruhigen Zeiten kann man Freundschaft nicht hoch genug einschätzen. Nun ist sie aber nicht nur ein Nehmen, sondern auch ein Geben, und indem man sie schließt, geht man mancherlei Verpflichtungen ein. Ein Mann von deiner Vornehmheit wird dem sicher zustimmen und wissen, was zu tun ist.«

Als Harald dies aus meinem Munde vernommen hatte, schüttelte er den Kopf und meinte zu mir: »Diese Petschenegen sind ein wahres Diebsgesindel, wenn auch ein fröhliches. Frag ihn, wieviel Silber es bedarf, um das Band der Freundschaft zwischen uns zu schmieden.«

Dies gab ich an den Boten weiter, und der antwortete: »Mir steht es nicht zu, dir eine Summe zu nennen, großzügiger König. Laß doch lieber den Blick über deine Schiffe und deine Männer wandern, und ermeß dann selbst, wieviel dir dein Gefolge wert ist. Da du ein Mann von höchstem Stand bist, wirst du keine Mühe haben, das richtige zu entscheiden.«

Harald dachte lange darüber nach und schickte dann einen der Hauskerle zu seinem Langschiff. Dieser kehrte mit einem

Lederbeutel zurück. Der König griff hinein und zog einen silbernen Armreif heraus.

»Dies soll das Pfand für die Freundschaft zwischen zwei Herrschern sein«, erklärte er dem Boten durch mich und legte ihm das Stück in die wieder ausgestreckte Hand. »Dies soll die Freundschaft anzeigen, die meine Männer für euch hegen.« Er ließ dem Reif einen kleinen gelben Edelstein folgen. »Und dies möge den guten Willen zwischen unseren beiden Völkern sicherstellen für den Fall, daß es uns noch einmal in diese Gegend verschlägt.« Harald legte einen grünen Edelstein dazu und ließ den Lederbeutel dann wieder an Bord schaffen.

Der Bote blickte enttäuscht auf die magere Ausbeute und erklärte: »Ich hätte gedacht, einem König von deinem Ruf und Reichtum sei die Freundschaft zwischen unseren Völkern etwas mehr wert.«

»Nun, mir schwebt eher eine lose Bekanntschaft zwischen euch und uns vor«, entgegnete der Jarl. »Schließlich will ich deinen König oder jemand aus deinem Volk nicht heiraten, auch wenn ihr, dessen bin ich gewiß, mir eine hübsche Braut vorführen könntet.«

Der Petschenege schien sich in seiner Haut nicht wohl zu fühlen. Wahrscheinlich wagte er es nicht, seinem Herrn mit so wenig unter die Augen zu treten. So strich er sich mit der Linken über das Kinn, seufzte, betrachtete das bißchen in seiner Rechten und schüttelte den Kopf, als sei er der Ansicht, der Dänenfürst habe einen großen Fehler begangen.

»Ich kann einfach nicht glauben«, meinte er schließlich und ließ den kümmerlichen Schatz in der Tasche an seiner Seite verschwinden, »daß dir deine neuen Freunde nicht einen höheren Preis wert sind. Ach, es ist ein Jammer. Wenn mein König sieht, wie gering du ihn und sein großzügiges Angebot schätzt, wird er sicher nicht leicht zu beruhigen sein und Wiedergutmachung verlangen.«

»Wie töricht von mir!« rief Harald, nachdem ich ihm diese Klage übersetzt hatte. »Da hätte ich doch beinahe ganz vergessen, daß ich euch zusätzlich zu dem Silber und dem Geschmeide, das du gerade so flink hast verschwinden lassen, noch ein besonderes Geschenk mache: das eures Lebens.«

Der König wartete nun darauf, welche Wirkung diese Worte bei dem Petschenegen auslösen würden, und als dieser darob wütend Klage führte, entgegnete Harald: »Wie? Meßt ihr euren Köpfen so wenig Wert zu?«

Damit nahm er seine Axt wieder an sich und ließ sie langsam über seinen Kopf steigen, wie um seinen Kriegern den Befehl zum Angriff zu geben. Der Bote starrte ihn erschrocken an und erklärte rasch: »Nun, da wir uns kennengelernt haben und ich euch jetzt besser verstehe, bin ich überwältigt von der Ernsthaftigkeit deines Wunsches nach unserer Freundschaft. Deswegen werde ich meinem Herrn gern dein großzügiges Angebot unterbreiten.« Er lächelte wieder. »Doch möchte ich dir ins Gedächtnis zurückrufen, daß ihr auf dem Rückweg nach Hause wieder hier vorbeikommen werdet. Und bei aller gebotenen Höflichkeit muß ich darauf verweisen, daß es an euch liegt, auf welche Weise man euch dann empfängt.«

»Das werden wir ja sehen, wenn es soweit ist«, knurrte der Jarl, der dieses Geplänkels mittlerweile überdrüssig war.

»Dann zieht eures Weges«, sagte der Gesandte. »Ich werde meinen Herrn bitten, euch bei eurer Rückkehr den gebührenden Empfang zu bereiten.«

»Das ist auch mein größter Wunsch«, entgegnete Harald und strich mit dem Daumen über die Axtschneide.

»Gehabt euch wohl.« Der Bote gab seinen Begleitern ein Zeichen, und die ganze Gruppe zog sich rasch und wie ein Mann zurück.

»Das war wohlgetan, Fürst«, lobte einer der Hauskerle. »Glaubst du, sie werden uns noch einmal angreifen?«

»Nein, für dieses Mal haben wir uns eine sichere Passage erkauft«, antwortete der König. »Doch seien wir gewarnt, beim nächstenmal werden wir einen höheren Preis entrichten müssen.«

Wir kehrten zu den anderen zurück und fuhren gleich mit der Arbeit fort. Am Abend dieses Tages befanden sich alle vier Schiffe wieder im Wasser und trieben friedlich den Dnjepr hinunter. Der Mond stand hell am Himmel, und so rasteten wir nicht, sondern setzten auch in der Nacht die Reise fort.

Bei Tagesanbruch hatten wir das Gebiet der Petschenegen hinter uns gelassen, und damit war das letzte Hindernis zwischen König Harald Stierbrüller und der goldenen Stadt überwunden.

Möge der immerwährende Christus
Vor dir herschreiten an all deinen Tagen
Und dich in seine liebenden Arme nehmen.
Gleich, ob du in den stürmischen Westmeeren segelst
Oder Handel treibst in den dunklen Straßen
Und Gefahren der goldenen Städte des Ostens.

26

Das Schwarze Meer war, zumindest soweit ich das beurteilen konnte, auch nicht dunkler als andere Gewässer, die ich befahren habe. Und wenn die Sonne draufschien, glänzte die See wie polierte Jade. Doch der Himmelsstern war uns ein seltener Besucher, und die meisten Tage zeigten sich grau. Der Frühnebel, der dicht auf dem Wasser lag, hielt sich manchmal bis zum Mittag. Dennoch war es hier wärmer, als man das gemeinhin bei solcher Witterung erwarten durfte. Mochte es nachts auch sehr kalt werden, wenn am nächsten Tag die Sonne wieder schien, war es geradezu angenehm.

Allzuviel konnte ich von meinem Platz an der Reling des Langboots nicht erkennen, doch nach meinem Eindruck zogen wir jetzt an einem Land vorbei, das eng mit Hügeln bestanden war. Die Kuppen erhoben sich nicht allzu hoch über den Küstenklippen und waren dicht mit kleinen, krummen Bäumen und stachelbewehrten Büschen bewachsen. Manchmal erspähte ich knochige Schafe, die sich durch die Sträucher schoben und nach Nahrung suchten, aber Menschen erblickte ich dort nie.

Harald war der Ansicht, daß kein Feind es mit seiner Flotte aufnehmen könne, und ließ nun keine Vorsicht mehr walten. Wir segelten offen bei Tag und zogen uns zur Nacht in irgendeine Bucht zurück. Eines Abends kehrten die Holzsammler mit einigen von den Schafen zurück, die ich vorher beobachtet hatte. Hochgewachsene Tiere mit dürren Gliedern, langen Hälsen und grau-braun geflecktem Fell. Wenn man sie aus der Nähe sah, erschienen sie einem eher wie Ziegen. Wir schlachteten die Tiere und brieten sie über dem Feuer. Ihr Fleisch war zäh, und das Fett, das im Feuer verbrannte, trieb uns das Wasser in die Augen. Niemand aß viel von dieser Beute. Selbst Hrothgar gab nach einer Weile auf und bemerkte, da wäre ja sein Gürtel noch leichter zu kauen und schmecke auch noch besser. Nach diesem vollständigen Reinfall haben wir die Schafe tunlichst in Ruhe gelassen.

Dieses Erlebnis rief mir ein Gleichnis unseres Herrn ins Gedächtnis zurück. Keinem fiel es leicht, diese Schafe von Ziegen zu unterscheiden, und es bedurfte schon eines Hirten, der seine Herde genau kannte und jedes Tier beim Namen rufen konnte. Ja, das mußte schon ein besonders guter Hirte sein.

Morgens sahen wir des öfteren Fischerboote, kleine Gefährte, die nur zwei oder drei Männer an Bord hatten. Diese bewegten ihre Kähne mit langen Stangen durch das Wasser und zeigten keinerlei Interesse an den Seewölfen. Und wir segelten an ihnen vorüber, darum bemüht, sie nicht zur Kenntnis zu nehmen. Was gäbe es bei denen auch schon zu holen?

Nach drei Tagen kamen wir in Reichweite der ersten Ortschaft. Der König gab aber strikte Anweisung, niemand solle sich zum Plündern und Rauben dorthin begeben. Da der unvorstellbare Reichtum unseres Ziels jetzt fast zum Greifen nahe war, wollte er seine Kräfte nicht mit solchen Nebensächlichkeiten vergeuden.

»Da findet sich sowieso nichts, was der Mühe wert wäre«, erklärte Harald und verzog den Mund. »Außerdem können wir sie uns auf der Rückreise immer noch einverleiben.«

Danach entdeckten wir immer öfter menschliche Ortschaften, und das sagte uns, daß Miklagård nicht mehr weit sein konnte. Der König hielt es nun doch für geboten, daß wir uns etwas vorsichtiger annäherten. Von jetzt an verbargen wir uns tagsüber in einer Bucht und wagten uns erst des Nachts wieder aufs neblig-dunstige Meer hinaus.

Ich nahm wieder meinen Platz neben Thorkel am Ruder ein und beobachtete den Himmel. Obwohl das Wasser unter einem weißen Mantel lag, der so dicht wie Wolle zu sein schien, zeigte sich der Himmel klar, und man konnte abertausend Sterne an ihm funkeln sehen.

Die ganze Nacht hindurch betrachteten wir das leuchtende Firmament, an dem sich so viele unbekannte Sterne tummelten. Eingedenk dieses Wunders mußte ich an Dugals Worte denken, der mir gesagt hatte, daß im Süden sogar die Sterne anders ausschauten.

Ach, Dugal, was würde ich drum geben, wenn du sie dir mit mir ansehen könntest, dachte ich. Ja, wirklich, es wäre mir sehr viel wert gewesen, ihn in diesem Moment an meiner Seite zu wissen, während er nach oben starrte und das Sternenlicht sein anmutiges Gesicht bestrahlte.

»Wir sind nicht mehr weit entfernt«, machte der Steuermann mich aufmerksam und zeigte nach Westen.

Ich erblickte die Lichter einer ansehnlichen Ortschaft. Das Glühen von Herdstellen, Kerzen und Fackeln. Wohl an die hundert Häuser waren dort zu sehen, die einen direkt am Ufer, und die anderen an den Hügelhängen.

Dennoch vermochte ich nicht zu erkennen, warum ausgerechnet diese zugegeben größere Ansammlung von Häusern unser Ziel darstellen sollte. »Kennst du diese Stadt denn?« fragte ich den Dänen.

Nein, antwortete Thorkel, er sei noch nie hier gewesen. Erst recht verwundert, wollte ich nun erfahren, warum dieser Ort seiner Ansicht nach anzeige, daß wir nahe bei unserem Ziel seien.

»Wenn du ein Seewolf werden willst, mußt du aber noch gehörig viel lernen«, entgegnete der Steuermann. »Menschen lassen sich nur dann so nahe am Wasser nieder, wenn sie sich hinter einer hohen Mauer sicher fühlen.«

Ich spähte ans Ufer, bis mir die Augen tränten. »Du mußt dich irren, Freund, da steht kein Wall.«

Thorkel lächelte. »Miklagård ist der Schutz dieser Menschen.«

Und damit hatte er recht. Schon in der nächsten Nacht segelten wir zwischen zwei nah beieinander liegenden Landzungen hindurch und gelangten in eine Meeresstraße mit hohen Wänden an den Seiten. Und als das Tageslicht sich im dunstigen Osten Bahn brach, breitete sich eine riesige Stadt vor unseren Blicken aus. Wir alle standen jetzt an der Reling und starrten ergriffen auf diesen Anblick. Da draußen erstreckte sich eine ungeheuer große Stadt über sieben Hügel. Gewaltige Palastkuppeln schoben sich über weiße Gebäude hinaus und wirkten wie Berggipfel, die aus der Wolkenschicht ragen. Und in dem Ort funkelte und glänzte alles, als seien die Sterne hier herabgeregnet.

Ein eigenartiges Gefühl bemächtigte sich meiner, während ich den Blick nicht abwenden konnte. Dumpfe Furcht entstand in mir, und mein Herz klopfte schneller.

Ich wandte mich an Thorkel und sagte: »Das ist doch nie und nimmer Miklagård.«

»Warum nicht?« entgegnete er. »Auf der ganzen Welt gibt es keine zweite Stadt wie diese.«

»Aber ich habe von diesem Ort schon erfahren«, beharrte ich, und tatsächlich kam er mir immer bekannter vor.

»Das mag schon sein«, meinte der Steuermann weise, »denn er trägt viele Namen.« Er hob eine Hand und zog mit ihr einen weiten Bogen, als wolle er ganz Miklagård umfassen. »Man nennt ihn Stadt des Goldes oder Stadt des Konstans –«

»Konstantinopel«, verbesserte ich ihn und erstarrte gleichzeitig vom Scheitel bis zur Sohle.

»Ja, genau«, bestätigte Thorkel.

»Byzanz«, flüsterte ich mit ebenso furchtsamen wie ungläubigen Lippen.

»Den Namen habe ich noch nie gehört«, meinte mein Freund. »Bei den Dänen heißt dieser Ort jedenfalls Miklagård.«

Ich fuhr mir mit einer zitternden Hand durchs Gesicht. Nun stand es fest, daß ich verdammt war. Und ein Einfaltspinsel obendrein, hatte ich mir doch eingebildet, der furchtbaren Bedeutung meines Traums entkommen zu können. Statt dessen war ich vom Regen in die Traufe geraten und mitten hinein in mein Unheil gesegelt.

Doch mir blieb keine Zeit, mein Schicksal zu beweinen. Harald hatte die Stadt natürlich ebenfalls erblickt, geriet ob der Nähe unendlicher Reichtümer in begreifliche Erregung und befahl seinen Kriegern, sich zum Kampf bereit zu machen. Mit seiner Stierstimme erteilte er einen ganzen Schwall von Anordnungen, die auf den drei anderen Schiffen wiederholt wurden. Innerhalb weniger Momente rannten die Wikinger auf den vier Decks durcheinander, um sich zu wappnen und ihre Waffen für die Schlacht zurechtzulegen. Das Klappern und Klirren ließ sich mit Worten nicht beschreiben.

Inmitten des Getümmels entdeckte ich Gunnar und rief ihn an.

»Aedan«, brüllte er zurück, »heute füllen wir unsere Truhen mit Schätzen, heja!«

Ja, und ich finde heute den Tod, dachte ich bei mir. In Byzanz wartete schon mein Ende auf mich. Dann wandte ich mich wieder an meinen ehemaligen Herrn: »Aber der König kann doch unmöglich die Stadt am hellichten Tag angreifen. Wäre es nicht besser, damit bis zum Einbruch der Nacht zu warten?«

»Nein«, entgegnete er und zog die Riemen seines Kettenhemds stramm. »In der Dunkelheit würden wir uns in einer so großen Stadt nur verirren. Und wie sollten wir im Finstern die Schatzhäuser finden? Nein, es ist besser, jetzt anzugreifen, da die meisten Bürger noch nicht aufgestanden sind.«

»Aber dann können uns doch die Wachen sehen«, wandte ich mit angstvoll schriller Stimme ein.

»Der Anblick einer so riesigen Schar Seewölfe wird sie vor Angst schlottern lassen, und dann öffnen sie uns freiwillig die Stadttore.«

»Klar, wenn sie Gunnar Streithammer entdecken«, meinte ein Barbar, der neben ihm stand, »werden sie sicher sofort Wagen, beladen mit ihren Schätzen, herausschicken.«

Die beiden gerieten sofort in Streit darüber, wer von ihnen an einem Tag die meiste Beute aus der Stadt tragen könne, wer der einzig wahre Held und wer ein Angsthase sei, wer sich heute unsterblichen Ruhm erwerben und wer Schimpf und Schande über sich bringen werde, und was wohl schwerer sei, ein Helm aus Eisen oder eine Krone aus Gold. Sie blieben natürlich nicht lange damit allein, und bald prahlten alle um die Wette, und jeder versuchte, die anderen mit seinem Gebrüll zu übertönen. Mir fiel auf, daß sie sich mehr und mehr in eine Erregung steigerten, und nach einer Weile wurde mir klar, daß die Wikinger sich auf diese Weise gegenseitig zur Schlacht anstachelten und sich Mut machten. Wenn wir erst die Küste erreicht hatten, würden die Dänen sich in wilde Bestien verwandelt haben.

Ich zog mich an den Mast zurück und hockte mich dort hin; schließlich wußte ich nicht, was ich sonst mit mir anfangen sollte. Selbstredend würde ich nicht an den Kämpfen teilnehmen und mich auch nicht an den Plünderungen beteiligen. Mein bißchen Verstand riet mir dringend, an Bord des Schiffes zu bleiben und mich möglichst unsichtbar zu machen. Vielleicht, möglicherweise und unter Umständen könnte ich meinem Schicksal ja entrinnen, wenn ich keinen Fuß auf byzantinischen Boden setzte.

Doch selbst diese auf äußerst wackligen Beinen stehende Hoffnung wurde mir genommen, als Stierbrüller aus dem Zelt auf der Plattform schritt, prächtig in seiner angelegten Rüstung anzuschauen, und mich am Mast erblickte. »Du da, Aedan!« rief er. »Komm her!«

Ich erhob mich und begab mich gehorsam zu ihm. Oh, Harald sah wahrhaft königlich aus: Auf seinem Haar thronte eine Lederkappe, Eisenbänder zierten seine Arme, und sein Kettenhemd funkelte in der Sonne. An seinem Gürtel trug er ein Schwert und einen langen Dolch, und dort hing auch eine Schlachtaxt herab. In der Rechten hielt er einen kurzen Stoßspeer und in der Linken einen reichgeschmückten Eisenhelm.

»Du bleibst an meiner Seite«, befahl Harald knurrig, »denn wenn der Beherrscher Miklagårds gebunden vor mir liegt, mußt du meine Forderungen an ihn übersetzen.«

Mir sank das Herz in die Hose, und Übelkeit breitete sich in mir aus. Nicht nur mußte ich Byzanz betreten, man zwang mich auch noch, in der ersten Reihe zu stehen. Und schlimmer noch, als einziger von den Angreifern würde ich keine Waffen tragen und noch nicht einmal zu meinem Schutz einen Schild mitführen.

Auf diese Weise werde ich also mein Ende finden, machte ich mir klar. Man würde mich schon gleich beim ersten Zusammenprall der Streitkräfte töten. Wenn die Speere und Pfeile der Verteidiger wie Wolken auf uns niedergingen, würde ich ganz ohne Zweifel getroffen werden, und wahrscheinlich als einer der ersten.

Der König sah in den Himmel. »Ein prachtvoller Tag für eine Schlacht«, stellte er fachmännisch fest und setzte sich den Helm auf. »Auf, Männer!« rief er und trat an den Mast. »Legt euch in die Riemen! An die Ruder! Mögen die Schwachen in ihren Betten zittern und den Tag ihrer Geburt verfluchen!

Mögen die Starken schon damit beginnen, ihre Gräber auszuheben! Und alle gemeinsam sollen unter dem Schlachtruf der Seewölfe erbeben!«

Alle waren nun von der Goldgier befallen. Die Wikinger sprangen auf die Ruderbänke und ruderten, was das Zeug hielt, aufs Ufer zu. Ich hockte mich wieder an den Mast, lehnte mich an das massive Eichenholz, um von ihm Stärke zu beziehen, und betete das Kyrie unablässig vorwärts und rückwärts: »Herr, erbarme Dich meiner, Christus, erbarme Dich meiner, Herr, erbarme Dich meiner, Christus erbarme Dich meiner ...«

Überall um mich herum hingen die wildesten und meiner Ansicht nach unbezwinglichsten Krieger auf Gottes Erdenrund über ihre Ruder gebeugt und trieben ihre Schiffe im Rhythmus unserer schlagenden Herzen voran. Mit jedem Pullen rückten die Hügel von Byzanz näher.

Harald Stierbrüller befand sich jetzt wieder auf seiner Plattform. Breitbeinig stand er da, schwang die Streitaxt über dem Kopf und feuerte die Ruderer im Takt zu ihren Bemühungen an. Seine tiefe Stimme dröhnte wie eine Trommel, erweckte den Mut der Dänen und entflammte ihre Mordlust mit unfaßbaren Übertreibungen:

»Kalte Planken schneiden durch Wellen! Der Axtschwinger schnellt rasch dahin! Runde Hülle schiebt Wogen fort! Schwertschneiden flugs zum Waffengang!«

Seine Brust schwoll noch mehr an, als er weitere grausige Verse hinausdonnerte: »Untergang sind Schädel geweiht! Abgetrennte Glieder zucken! Hunger des Todes wird gestillt!«

Und noch immer fand er kein Ende, die schrecklichen Freuden des Kampfes auszumalen: »Komm, Wolf, komm, Rabe, zum Festschmaus! Leert den roten Kelch mit Genuß! In der Halle des Wurmkönigs!«

Er erschien mir wie ein Wahnsinniger, wie er da sich selbst

und seine Wikinger in Kampfrausch versetzte. Und bald dröhnte er nur noch Grimmiges:

»Goldgeber, Meteinschenker, Silbergewährer, ich bin Jarl Harald Stierbrüller! Bring mir die Leichenmacher, die Menschenschlächter, denn ich will Reichtum in deine Hände legen. Ströme von Gold sollen über die Füße der Helden fließen, und Schauer von Silber soll es von den Himmeln regnen!

Schwertschwinger, Klingenzerbrecher, Witwenmacher, eilt, eilt hin zum Ruhm! Folgt eurem Reichtumgewährer an den Heldenherd, wo kühles Gold den Schlachtendurst stillt. Fliegt dahin, fliegt, fliegt!«

Die Langboote glitten tatsächlich noch schneller dahin, und die Drachenköpfe am Bug schnitten wie scharfe Klingen durch das ruhige Wasser. Ist je ein Mann so rasch seinem Tod entgegengeeilt?

Das noch ahnungslos im Morgennebel daliegende Konstantinopel kam rasend schnell näher, so, als würde die Stadt auf uns zufliegen und nicht umgekehrt. Mir kam es so vor, als würde der Tod mit jedem Atemzug näher kommen, und doch konnte ich den Blick nicht von diesem wundersamen Ort wenden.

Je rascher wir ruderten, desto gewaltiger breitete sich Byzanz vor uns aus – ein wahrer Koloß mit sieben Hügelrücken auf einer riesigen Halbinsel, die weit ins Meer hineinragte. Bald konnte ich schon die dunklen Fäden der Straßen ausmachen, die sich wie ein unentwirrbares Knäuel zwischen den Massen von weißen Gebäuden wanden. Schmutziger Dunst hing über dem Ort. Der Rauch von so vielen Herdfeuern, daß man sie nicht mehr zählen konnte, trieb gen Himmel und ballte sich zu einer dicken braunen Wolkenbank zusammen.

Wir ruderten immer noch wie verrückt und steuerten direkt auf das nächste Landstück zu. Doch selbst aus dieser

Entfernung konnten wir den hohen Wall erkennen, der die Stadt umgab und direkt aus dem Wasser zu wachsen schien.

Der König ließ sich davon nicht entmutigen, sondern lenkte seine Schiffe darauf zu, um sich die Sache aus der Nähe anzusehen. Als die Stadtmauer dann vor uns aufragte, kühlte sich die Kampfeslust der Wikinger aber doch, und es war ihnen, als hätte man ihnen kaltes Wasser ins Gesicht geschüttet.

Wie eine Klippenwand ragte der Wall rot empor und erstreckte sich zu beiden Seiten weiter, als man mit bloßem Auge erkennen konnte. Um die gesamte Stadt schien dieser Steinvorhang aus Ziegeln und Steinbrocken gezogen zu sein, der höher war als zehn aufeinandergestellte Männer. Auf dem Wasser davor kreuzten die Kähne ungerührt hin und her und beförderten alles mögliche an Land oder von dort zu einem Schiff.

Ein Blick auf die Höhe und Ausdehnung von Byzanzens Schutzmauer reichte, um die Seewölfe zum Schweigen zu bringen. Ich spürte geradezu den kalten Schock, der die Männer durchschüttelte, als habe eine große Welle das Schiff getroffen. Harald befahl unwillig den Langbooten, die Sturmfahrt einzustellen, und die Männer zogen rasch die Ruder ein. Geradezu verzweifelt schienen sie plötzlich darum bemüht, die Schiffe zu verlangsamen.

Auf dem letzten Boot hatten sie wohl zu lange ungläubig gestaunt. Jedenfalls bekam man dort Haralds Befehl nicht mit und kam in voller Fahrt dem dritten Schiff zu nahe. Ein Dutzend oder mehr Ruder gingen dabei zu Bruch, und die Männer fluchten, wanden sich vor Schmerzen oder rieben sich die Glieder, die einen derben Stoß empfangen hatten. Die daraus folgende allgemeine Verwirrung rief das mir mittlerweile vertraute Geschrei und Gebrüll hervor.

Der König hielt sich nicht damit auf, sich um diesen Streit zu kümmern. Er stand immer noch beeindruckend auf seiner Plattform und ließ den Blick über den Wall wandern.

Einige der Leichter und Kähne strebten nun auf uns zu, und die Männer an Bord riefen uns auf griechisch an. Ach, wie lange war es her, seit meine Ohren diese Sprache zum letztenmal vernommen hatten? Zuerst klang sie mir fremd, doch dann erkannte ich erste Worte und schließlich ganze Sätze, was gar nicht so einfach war, weil auch die Schiffer alle durcheinanderschrien.

Stierbrüller wandte sich plötzlich wütend an mich: »Was wollen sie?«

»Sie bieten an, unsere Schiffe zu entladen und die Fracht ans Ufer zu bringen«, antwortete ich und stellte mich, um besser verstehen zu können, an die Reling. »Und das für nur fünfzig Nomismi.«

»Die Schiffe entladen? Fracht an Land bringen?« Harald lief rot an und stand kurz vor einem Wutanfall. »Was um alles in der Welt sind Nomismi?«

»Keine Ahnung. Vermutlich Geld.«

»Dann sag den Burschen auf der Stelle, wer wir sind«, befahl mir der König. »Sag ihnen, daß wir gekommen sind, ihre Stadt zu erobern; denn hier erwarten uns große Reichtümer.«

Ich beugte mich über die Reling und wandte mich an das erstbeste Boot, das uns umringte. Zwei Männer mit weißen Wollkappen befanden sich darin und priesen uns lautstark ihre Dienste an. Diesen erklärte ich nun, daß diese vier herrlichen Schiffe dem Fürsten Harald gehörten, der ein weithin gefürchteter Krieger sei. Wir kämen von weit her, genauer aus dem Dänenland, um hier große Reichtümer zu finden.

Darüber mußten die beiden Schiffer laut lachen. Sie drehten sich zu ihren Freunden und Kameraden um, riefen ihnen etwas zu und versetzten auch sie damit in Gelächter. Die Nachricht flog von einem Kahn zum nächsten und löste überall große Heiterkeit aus. Ich verstand nicht viel davon, was die Männer sich mitzuteilen hatten. Nur das Wort Barbari hörte ich mehrmals deutlich heraus. Dann bequemten sich die ersten beiden, mir zu erklären, wie es im Hafen des Kaisers zuginge.

»Was reden sie?« wollte Harald ungeduldig wissen.

»Die Männer sagen, *jeder* komme nach Byzanz, um hier große Reichtümer zu erlangen«, antwortete ich. »Dann meinten sie, im Hafen gäbe es keine freien Liegeplätze mehr, und wir dürften nicht weitersegeln, weil wir es sonst mit den Soldaten des Hafenmeisters zu tun bekämen.«

»Zur Hel mit diesem Hafenmeister«, knurrte der König. Er wandte sich von mir ab und befahl den Wikingern, die Fahrrinne hinauf zum Nordufer zu rudern.

So setzten wir unseren Weg fort, doch jetzt wesentlich langsamer als vorhin. Und nun befanden wir uns auch in Begleitung. Gut zwanzig Leichter und Kähne umgaben uns, und jeder einzelne darauf schrie uns unentwegt an oder versuchte sonstwie, unsere Aufmerksamkeit zu erregen. Doch diese Boote waren noch die kleinere Plage. In dem Kanal wimmelte es von Gefährten verschiedenster Arten und Größen, und Thorkel hatte alle Hände voll damit zu tun, uns durch Lücken zu steuern, ohne mit einem anderen Boot zusammenzustoßen. So kamen wir mit viel Geschrei, Fluchen und Armeschwenken voran, und oft genug mußten wir die Ruder einsetzen, um ein anderes Gefährt aus dem Weg und uns Platz zu schaffen. Daher war unsere Fahrt von einem Getöse umgeben, das seinesgleichen suchte.

Wir waren noch nicht allzuweit gekommen, als wir auf ein enormes Hindernis in Form einer massiven Eisenkette stießen. Diese war an gigantischen Ringen an den Kaimauern befestigt und spannte sich – jedes Glied so groß wie ein Ochse – von einem Ufer des Kanals zum anderen. Kleinere Boote fuhren unter dieser Sperre hinweg, aber alle anderen kamen nicht weiter. So auch unsere Langboote, die im Angesicht vieler prachtvoller Häuser und wunderbarer Paläste ihre große Wikingerfahrt beenden mußten.

Verwirrt und frustriert starrte Harald Stierbrüller, König aller Dänen, mit offenem Mund auf diese unfaßbare Kette. Ihm fiel nichts Besseres ein, als seinen Mannen zu befehlen, dieses Hindernis zu zerschlagen. Die braven Wikinger fingen auch gleich an, sich über das Geländer zu beugen und mit ihren Äxten auf die Eisenglieder einzuhauen. Die Hiebe zeigten an der Barriere nicht die geringste Wirkung, und bald gaben die Männer erschöpft auf. Danach versuchten andere, die Kette mit den Rudern zu heben. Es gelang ihnen nicht einmal, sie zum Schwingen zu bringen.

Dem Jarl blieb nichts anderes übrig, als dem Steuermann zu befehlen, das Schiff zu wenden und Richtung Süden weiterzufahren. Irgendwo mußten die Verteidigungseinrichtungen dieser Stadt doch eine Schwachstelle aufweisen. Die Wikinger legten sich wieder in die Riemen, wenn auch mit noch weniger Begeisterung und Freude. Außerdem tummelten sich immer mehr Schiffe und Boote in dem Gewässer. Sich zwischen diesen Mengen einen Weg zu bahnen, kam nackter Folter gleich, doch den Seewölfen gelang diese Großtat, und schließlich umrundeten wir die Halbinsel und entdeckten dahinter nicht nur einen, sondern gleich drei Häfen. Der größte davon war, wie auch die Stadt, von hohen Wällen umgeben.

Harald befahl Thorkel, den ersten anzulaufen. Bald kam auch schon die Kaimauer in Sicht, aber hier gab es endgültig kein Durchkommen mehr, denn ein wahres Gewirr von Schiffen und Booten verstopfte die Hafeneinfahrt.

Der König rätselte immer noch über eine neue Taktik, als sich uns ein großes, klobiges Boot näherte. Zehn oder mehr Männer in feinen roten Umhängen waren darauf zu erkennen, die Speere und kleine runde Schilde trugen. Reichverzierte, polierte Bronzehelme saßen auf ihren Köpfen, und sie trugen rote Hosen, die über den hohen Lederstiefeln endeten.

Der Mann, der an der Spitze dieser Gruppe stand, war zwar kleiner als die anderen, machte dies aber durch einen hohe Helmzier mit langem Pferdeschwanz wett. Er befand sich am Bug des Schiffes und hielt einen Stab mit einer Bronzekugel am vorderen Ende in der Hand. Damit zeigte er nun auf uns und gab Zeichen. Die anderen begannen daraufhin, uns wütend Befehle zuzurufen.

Einige Seewölfe fingen angesichts der Wichtigtuerei dieser Rotgewandeten an zu lachen und glaubten, diese Männer seien gekommen, um uns zu bekämpfen. »Seid ihr das gewaltige Heer von Miklagård?« riefen sie, und: »Ihr seht aus wie Weiber! Stellt ihr die Ehrenjungfrauen dar, die uns mit Küssen empfangen sollen?«

Harald hingegen beäugte die Truppe mißtrauisch, schob mich unsanft an die Reling und befahl: »Finde heraus, was sie von uns wollen.«

Ich begrüßte den Anführer auf griechisch, und er antwortete ebenso freundlich. Darauf bedankte ich mich bei ihm, und bat, langsam und mit einfachen Worten zu sprechen, denn meine Zunge sei das Griechische nicht mehr gewöhnt. Und ich teilte ihm mit, daß ich alles, was er sagte, meinem König übersetzen würde.

»Ich bin der Quaestor des Hormisdas-Hafens«, erklärte er nun gewichtig und trug mir dann auf, was ich meinem König mitteilen solle.

»Und?« grollte Harald. Schweiß strömte ihm das Gesicht und den Hals herunter, denn mittlerweile hatten wir Vormittag, und die Sonne stand hoch und heiß als schmutziggelbe Scheibe am grauweißen Himmel.

»Dieser Mann sagt, wir müssen Hafengebühren entrichten«, antwortete ich und erklärte ihm, daß es sich bei den Soldaten auf dem Boot um die Hafenwache handele, deren Aufgabe darin bestehe, die Abgaben einzukassieren und die Ordnung aufrechtzuerhalten.

»Aber hast du ihm denn nicht gesagt, wer ich bin?« knurrte der Jarl.

»Doch, aber der Hafenmeister meinte, das spiele keine Rolle. Du müßtest den Zoll ebenso bezahlen wie jeder andere auch.«

»Zur Hel mit ihm und seinen Gebühren!« donnerte Harald und hatte endlich eine Möglichkeit gefunden, seinem Unmut Luft zu machen. »Wir werden einen Belagerungsring um diese Stadt ziehen und sie aushungern, bis ihre Bewohner sich uns reumütig unterwerfen!«

Diese Ankündigung löste bei den Wikingern viel zustimmendes Gemurmel aus. Sie waren genauso frustriert wie ihr König. Die Größe Konstantinopels machte ihnen doch gehörig zu schaffen, und sie suchten dringend nach einem Weg, ihrer Niederlage doch noch einen kleinen Triumph abzutrotzen, und sei es durch eine ebenso kühne wie törichte Tat.

»Natürlich wäre eine richtige Belagerung eine feine Sache«, bemerkte jedoch der besonnene Steuermann. »Nur haben wir es hier mir einer wirklich enorm großen Stadt zu tun, Jarl Harald. Wir sind nur hundertsechzig Krieger. Selbst wenn wir zehnmal so viele bei uns hätten, würde es uns, so fürchte ich, doch einigermaßen schwerfallen, ganz Byzanz mit einem Belagerungsring zu umgeben.«

Der König starrte ihn wütend an und machte Miene, Thorkel über Bord werfen zu lassen, als einer seiner Hauskerle vorsichtig die Stimme erhob: »Vielleicht würden wir besser daran tun, wenn wir erst einmal die Hafensteuer entrichteten und dann nach einer anderen Möglichkeit suchten, in die Schatzhäuser zu gelangen.«

»Ich bin der König!« brüllte Harald. »Ich erhalte Abgaben von den Jarls und freien Männern, aber ich entrichte selbst niemandem Tribut.«

Thorkel nickte heftig und trat zu ihm. »Nein, Jarl, aber ich würde diese Gebühr auch nicht als Tribut bezeichnen. Sehen wir sie doch lieber als etwas zusätzliches Getreide, um die Gans für das Julfest noch fetter werden zu lassen.«

Der König warf einen langen Blick auf die hohen Wälle und betrachtete dann für einen Moment das geschäftige Treiben im und vor dem Hafen. Doch dann ertönte das Geräusch von etwas Schwerem, das an die Schiffswand geschlagen wurde. Ich blickte über die Reling und sah den Hafenmeister, der mit seinem Amtsstab anklopfte.

»Wir haben nicht den ganzen Tag Zeit«, erklärte er. »Bezahlt die Abgaben, oder ich lasse das große Wachschiff kommen.«

Ich antwortete ihm, daß wir noch darüber beratschlagten, auf welche Weise wir ihn am besten bezahlen könnten. Wenn er uns noch ein paar Momente gäbe, würden wir zu einem Schluß finden. Dann drehte ich mich wieder zu Harald um. »Die Wache verlangt eine Entscheidung, Jarl. Was willst du nun tun?«

Der König stand wie erstarrt da und rang heftig mit sich. Immerhin war er der Einkönig aller Dänen. Doch dann fiel sein Blick wieder auf die Mauern, die hoch wie ein Gebirge aufragten und ihn und die Seinen von ihrer Lieblingsbeschäftigung abhielten.

Wieder klopfte der Hafenmeister bei uns an. In Wahrheit hämmerte er jetzt, als wolle er uns ein Leck in die Hülle schlagen. Dabei rief er uns einiges zu, von dem ich nur das Wesentliche wiedergeben will. Wir erzürnten den Kaiser, und wenn wir weiterhin säumten, würden die Abgaben drastisch erhöht. Dies hielt ich für wichtig genug, um es meinem Herrn mitzuteilen.

»Arrgh!« machte Harald in unterdrückter Wut. »Wie soll ein Mann denn bei einem solchen Radau nachdenken können? Also gut, wieviel? Wieviel kostet es mich, ihn endlich loszuwerden?«

Ich beugte mich wieder über die Reling und erkundigte mich, wie hoch die Gebühr denn sei. »Vierhundertundfünfzig Nomismi«, antwortete der Beamte. »Einhundert für jedes der kleineren Schiffe und einhundertfünfzig für das große hier.«

Der König erklärte sich widerwillig einverstanden, zog eine Silbermünze aus dem Gürtel und gab sie mir. »Frag ihn, wieviel die wert ist«, befahl er und schickte einen seiner Hauskerle los, einen Beutel aus der Schatzkiste zu holen.

Ich zeigte dem Hafenmeister das Geldstück. »Wir sind jetzt bereit zu bezahlen«, erklärte ich ihm. »Sag du mir doch, welchen Wert dieses Silberstück bei euch hat.«

Der Quaestor verdrehte erschöpft die Augen und entgegnete: »Ich glaube, es ist wohl besser, ich komme zu euch aufs Schiff.« Damit kletterte er mit zwei anderen über die Reling, ließ sich von den restlichen Soldaten dabei helfen, und stand wenig später vor dem Barbarenkönig.

»Gib mir die Münze«, verlangte der Mann und streckte die Hand aus.

Ich legte sie in seine Handfläche und erklärte: »Der Mann, den du dort siehst, ist Harald, König aller Dänen in Skane. Er ist angereist, um dem Kaiser seinen Respekt zu bezeigen.«

Der Hafenmeister schnaubte, als wolle er etwas aus seine Nase loswerden. »Dem Kaiser mag er bezeigen, was ihm in den Sinn kommt«, entgegnete er, während er die Münze untersuchte, »aber zuerst wird bei mir bezahlt.« Dann hielt er das Silberstück hoch. »Dieser Silberdenar ist zehn Nomismi wert.«

Ich gab ihm die zwanzig Münzen, die Harald mir aus dem Ledersack überlassen hatte, und wandte mich dann an den König. »Herr, das hat nur für zweihundert der geforderten vierhundertfünfzig gereicht. Wir müssen ihm also noch mehr geben.«

Harald verzog das Gesicht, als hätte man ihm sein schönes

Schiff gestohlen, überließ mir dann aber die gewünschten weiteren fünfundzwanzig Silberstücke. Der Lederbeutel hatte sich bereits geleert, ehe die Summe beisammen war, und zu seinem großen Verdruß mußte der König einen zweiten Sack holen lassen. Die Seewölfe verfolgten den Vorgang fassungslos und mit Entsetzen. Wie konnte ihr Herrscher diesem aufgeblasenen Kerl eine solche Menge Silber aushändigen?

Als ich dem Quaestor die Summe abgezählt hatte, erklärte dieser: »Noch zwei Denarii.«

»Zwei weitere?« fragte ich. »Sollte ich mich verzählt haben?«

»Nein, du hast richtig gerechnet.« Er griff in meine Hand, in der sich noch einige Münzen befanden, und nahm sich eine. »Die hier ist dafür, mich so lange warten zu lassen.« Dann bediente er sich noch einmal in dergleichen Weise. »Und die hier dafür, daß ihr den Hafenbetrieb gestört habt.«

»Dafür entschuldige ich mich von Herzen«, entgegnete ich. »Aber leider sind wir mit den hiesigen Sitten und Gebräuchen nicht vertraut.«

»Na, jetzt wißt ihr ja Bescheid.« Er steckte das Geld in eine große Tasche, griff dann in den Beutel, der an seinem Gürtel hing, und zog eine Kupferscheibe hervor. »Nagelt das hier an euren Bug«, erklärte er. »Damit zeigt ihr an, daß ihr die Hafengebühr entrichtet habt.«

Mit diesen Worten drehte er sich um und ließ sich von seinen beiden Begleitern von Bord helfen. Ich starrte auf die beschlagene Scheibe, die ein Schiff unter Segel zeigte, und fragte: »Bitte, ich möchte gern erfahren, wann wir wieder Gebühren entrichten müssen.«

»Bis zum Ende des Jahres dürft ihr, wann immer ihr wollt, in den Hafen einlaufen und ihn wieder verlassen«, antwortete der Quaestor, ohne sich umzudrehen. »Sollte euer Weg euch danach noch einmal nach Konstantinopel führen, müßt ihr erneut bezahlen.«

Nachdem ich den König davon informiert hatte, setzte er eine grimmige Miene auf und schwor vor seinen Kriegern, daß er noch vor Ablauf des Jahres wieder in seiner Halle sitzen und die Reichtümer genießen würde, die er aus Miklagård mitgebracht habe. Die Plünderung der Stadt würde nun ohne weitere Verzögerung in die Wege geleitet.

Dann legte er mir eine Hand auf den Arm, und sein verschwitztes Gesicht kam dem meinen sehr nahe. »Und du, Geschorener«, grollte er mit einer Stimme, bei der einem angst und bange werden konnte, »wirst uns zum nächsten Schatzhaus führen.«

27

Um ein Schatzhaus erobern und ausräumen zu können, ist es nun einmal unabdingbar, in die Stadt zu gehen und eines zu finden. Dieser Umstand verlangte natürlich nach einer umfangreichen Debatte, und die verschiedensten Strategien wurden abgewogen. Am Ende fand allgemein der Vorschlag Anklang, daß nur drei oder vier Krieger an Land gehen sollten, um in der hiesigen Bevölkerung keinen Argwohn aufkommen zu lassen. Dieser Gruppe oblag es, die Örtlichkeiten auszukundschaften und die Häuser zu erkunden, die einen Überfall lohnten.

Des weiteren beschloß man, daß ich unbedingt die Landpartie begleiten solle, sprach ich doch als einziger der ganzen Schar Griechisch, wenn auch nur recht bescheiden, wie einige anmerkten.

Seltsamerweise hat die Vorstellung, Byzanz betreten zu müssen, mir nicht übermäßig den Angstschweiß auf die Stirn getrieben. Der erste Schock darüber, an die Stätte meines Todes gelangt zu sein, war längst verflogen und hatte dem Gefühl Platz gemacht, sich eben ins Unvermeidliche zu ergeben. Auch hatte ich den Eindruck, in einen Strudel von Ereignissen gezogen worden zu sein, die ich nicht verstehen und gegen die ich mich auch nicht zur Wehr setzen konnte. Wie ein Blatt in einem Sturmwind kam ich mir vor, oder wie eine

Feder in einer aufgewühlten See. Ich konnte nichts anderes tun, als das Ende des Unwetters abzuwarten.

So betete ich zum himmlischen Vater, das mit mir zu tun, was er für mich vorgesehen habe, und das, bitte schön, rasch. Auch bat ich ihn, mir zu ersparen, an Haralds verderblichen und verwerflichen Plänen von Plünderung, Brandschatzung, Schändung und was sonst noch teilnehmen zu müssen. Da ich so lange hart darum gerungen hatte, ein guter Mönch zu sein, der sich den Céle Dé würdig erwies, wollte ich jetzt nicht das Leben eines Gewalttäters beginnen. Immerhin sollte ich ja in dieser Stadt mein Ende finden, und so kurz vor dem Jüngsten Gericht wollte ich lieber jede Schandtat vermeiden. In diesem Sinne wäre es sicher günstiger für mich, so dachte ich bei mir, wenn ich dabei stürbe, dem Dänenkönig gegen seine Verbrechen Widerstand zu leisten. Dann brauchte ich wenigstens nicht mit dem Gestank der Sünde behaftet und womöglich noch mit dem Blut Unschuldiger an den Händen vor den Gottesthron zu treten.

Dann kam mir in den Sinn, daß ich höchstwahrscheinlich mit einer Wikingerklinge an der Kehle mein Ende finden würde, weil ich mich hartnäckig und standhaft weigerte, mit der Gruppe an Land zu gehen. Diese Gewißheit, denn es war mehr als eine bloße Vermutung, rief in mir weniger Furcht als vielmehr Verdruß hervor, erschien es mir doch als grausam sinnlos, so vom Leben in den Tod zu treten. Doch Gott sei Dank währte dieser Zustand der Seelenpein nicht lange.

Harald erachtete es als unter seiner Würde, persönlich bei einer solchen Kundschafterunternehmung mitzumachen, und zog es vor, statt dessen auf dem Schiff zu bleiben und unsere Rückkehr abzuwarten. »Drei von meinen Hauskerlen werden an Land gehen«, verkündete der Jarl und suchte in der Truppe seiner engsten Gefolgsleute, wen er wohl am besten für diese Aufgabe auswählte.

Er entschied sich für Hnefi, den Mann, der ihm geraten

hatte, lieber die Hafensteuer zu entrichten, denn damit hatte der doch Klugheit bewiesen. Dann für einen Dänen mit Namen Orm der Rote, der sich sowohl auf den Umgang mit Schwert und Speer verstand, als auch sehr flink und geschickt im Anschleichen war. Während der König noch nach dem dritten Ausschau hielt, trat ich vor ihn und schlug vor, der Gruppe wenigstens einen Kriegsmann mitzugeben, den ich kannte und dem ich vertraute; und sei es auch nur aus dem Grund, daß er beschwichtigend auf die anderen einzureden vermöge, falls sich die Notwendigkeit dazu ergeben sollte.

Der König, der solche Störungen nicht liebte, fragte mich mit erzwungener Geduld, ob ich denn einen solchen Mann kenne. Ich nannte ihm Gunnar. »Sehr gut«, stimmte Harald sofort zu, »dann geht Gunnar Streithammer mit euch.«

Damit war die Erkundungstruppe zusammengestellt, und wir gingen von Bord und stiegen in eines der kleinen Boote, die unsere Schiffe belagerten und einander wegschubsten, um von uns in Dienst genommen zu werden. Als ich darauf einen Platz gefunden hatte, erklärte ich dem Bootsführer, daß wir an Land gebracht zu werden wünschten, möglichst bei einem Stadttor.

»Du hast eine gute Wahl getroffen, mein Freund«, lobte er gleich. »Lehn dich zurück, genieß die Fahrt und sorge dich um nichts. Schon bald wirst du an Land sein. Mein Name lautet Didimus Pisidia, und ich stehe dir in allem zu Diensten. Du hast dir mit scharfem Blick den besten Kahn von ganz Byzanz ausgesucht. Ich werde zu Gott beten, dir deine Weisheit hundertfach zu vergelten.«

»Danke dafür, Freund Didimus«, entgegnete ich, faßte Vertrauen zu ihm und gestand, daß wir noch nie in Konstantinopel gewesen und darum dankbar seien, wenn er uns an seinen vorhandenen Ortskenntnissen teilhaben ließe.

»Oh, du magst dich als den glücklichsten aller Menschen preisen«, strahlte der Bootslenker, »denn du befindest dich in der Gesellschaft des Mannes, der sich in dieser Stadt, die in Wahrheit ein Garten der Freuden ist, wie kein zweiter auskennt. Verlaß dich voll und ganz auf mich, denn von mir sollst du die beste Führung erhalten, die du dir nur vorstellen kannst.«

In diesem Moment kamen Hnefi und Orm ins Boot. Letzterer schien wohl zu glauben, mir zeigen zu müssen, welche Stellung ich in dieser Gruppe einnahm, und stieß mich grob beiseite. Da ich mich nirgends festhalten konnte, prallte ich gegen den Bootsrand. »Wag es jetzt ja nicht, etwas zu sagen«, warnte der Wikinger mich. »Und vergiß nie, daß ich dich die ganze Zeit im Auge behalte.«

Gunnar, der als letzter einstieg, verwandte sich für mich und knurrte: »Laß ihn in Ruhe, Orm. Er ist nicht dein Sklave, sondern der des Königs.«

»Sag dem Mann hier, er soll uns zum nächsten Tor befördern«, erklärte Hnefi und hockte sich auf den Bootsboden.

»Das habe ich gerade getan«, entgegnete ich, »vielmehr wollte ich es gerade sagen, als Orm mich geknufft hat.«

Hnefi nickte knapp. »Ich bin hier der Anführer, und du wirst tun, was ich dir auftrage.« Er zeigte auf Didimus, der interessiert zusah, und meinte: »Und jetzt sag dem zerlumpten Kerl da, er soll endlich abfahren, sonst nehmen wir ihn aus wie einen Fisch.«

An den Bootslenker gewandt erklärte ich: »Wir sind jetzt soweit, wenn du bitte ablegen würdest.«

»Es ist mir ein Vergnügen«, sagte der Grieche und stieß uns und das Boot mit bloßen Händen vom Drachenschiff ab. »Setzt euch, liebe Freunde, und macht es euch bequem, ihr befindet euch im besten Kahn von ganz Byzanz.« Er stellte sich auf die Heckbank, nahm das dort befestigte lange Ruder auf, wackelte mit Leib und Stange einige Male hin und her, und sein Schiffchen setzte sich tatsächlich in Bewegung und entfernte sich von Haralds Flotte.

Die Dänen hatten sich alle an der Reling versammelt und riefen uns hinterher, nicht alle Schätze selbst zu rauben, sondern ihnen noch etwas übrigzulassen. Orm antwortete mit einem unanständigen Geräusch, das er mit Mund, Nase und Hand erzeugte. Hnefi hingegen rief zurück, sie würden besser daran tun, ihre Waffen in Ordnung zu bringen, statt sich wegen uns den Kopf zu zerbrechen.

Gunnar nahm neben mir auf der Bank Platz und fragte: »Warum hast du gerade mich erwählt?«

»Nun, ich dachte mir, es könne hilfreich sein, jemandem an meiner Seite zu wissen, dem ich vertrauen kann.« Als er daraufhin nichts sagte, fragte ich meinerseits: »Warum? Wärst du lieber an Bord geblieben?«

»Nein«, antwortete er mit einem Achselzucken, »das ist mir gleich.« Er warf einen Blick auf die Stadt und sah mich dann von der Seite an. »Aber ich hatte den Eindruck, ein anderer Grund hätte dich dazu bewogen.«

»Klappe halten«, grollte Orm und trat mich.

»Orm, ich bin hier der Anführer«, erklärte Hnefi. »Wenn du das immer wieder vergißt, lasse ich dich gleich im Boot zurück, und wir machen uns ohne dich auf Schatzsuche.«

Der Wikinger murmelte Unverständliches und fing an, die Klinge seines Dolches an den Hosenbeinen zu polieren. Der Anführer wandte sich an mich. »Und du hältst den Mund. Wenn ich etwas von dir hören will, lasse ich es dich früh genug wissen.«

So wandte ich meine Aufmerksamkeit der Stadt zu, die dank Didimus' Stakbemühungen stetig näher kam. Von hier aus ließ sich noch nicht allzuviel von Konstantinopel erkennen. Nur dort war etwas von der Stadt zu erblicken, wo die Hügel über die Mauer hinausragten. Doch selbst der Wall war das Hinschauen durchaus wert. Abwechselnd hatte man Ziegel und behauene Steine aufeinandergeschichtet und so eine ebenso hohe wie feste Mauer geschaffen. Aufgrund des unterschiedlichen Baumaterials wirkte sie rot und gelb gestreift, und solch einen Wall hatte ich noch nie zu Gesicht bekommen. Oben auf der Krone bewegten sich Menschen. Ich vermutete, das seien die Wächter, konnte mir aber nicht sicher sein, weil wir noch zu weit entfernt waren. Hie und da ragten Baumwipfel über den Mauerrand, meist Nadelgewächse, aber auch einige nackte Laubbäume, die bereits ihr Blattwerk abgeworfen hatten.

Das Meer schlug direkt an der Stadtmauer an, und dort zog sich ein Damm entlang, von dem mehrere Kais aus Steinen oder Holz abgingen. Einige waren neu errichtet, anderen sah man ihr Alter an. Und um diese Anlegestellen drängten sich Schiffe wie Ferkel an den Zitzen ihrer Mutter.

Und was für Gefährte man hier zu sehen bekam. Ich erblickte Schiffe mit mehr als einem Mast, und sogar solche, die über ein zweites Deck verfügten! Segel in allen Farben konnte man bestaunen, und ich wußte gar nicht mehr, wo ich hinsehen sollte.

Das alles war aber noch nichts gegen die Bandbreite der Waren, die diese Boote herantrugen. Kisten, Säcke, Kasten, Krüge und Körbe in allen erdenklichen Formen. Bald war ich überzeugt, daß alles, was sich auf einem Schiff befördern ließ, hier in Konstantinopel zu finden sein müsse.

Didimus steuerte behende, wenn auch einem verschlungenen Kurs folgend durch den überfüllten Hormisdas-Hafen. Wir fuhren an dem anscheinend endlosen Damm entlang, wichen größeren Booten aus und suchten nach einer freien Stelle, an der wir anlegen konnten. Je näher wir den Kais kamen, desto unangenehmer wurde mir der Gestank bewußt. Das Hafenwasser glich einer Brühe aus Müll, menschlichen Ausscheidungen und allem möglichen sonstigen Unrat; denn hier pflegte man alles, was man nicht mehr brauchte, einfach über Bord zu kippen. Dieses ekelhafte Gebräu erzeugte einen Geruch, der auch dem Abgebrühtesten die Tränen in die Augen trieb.

Nur unser Bootslenker schien sich daran nicht zu stören. Er bewegte mit beiden Händen die Stange, lachte unentwegt, sang, wenn ihm der Sinn danach stand, und gab uns gelegentlich einen Hinweis auf diese oder jene Sehenswürdigkeit, an der wir gerade vorüberkamen. Orm und Hnefi beäugten ihn die ganze Zeit voll offensichtlichem Mißtrauen und schwiegen darüber hinaus beharrlich, so, als fürchteten sie, schon die harmloseste Äußerung würde den Plan ihres Königs verraten.

Endlich gelangten wir an eine Steintreppe, die hinauf aufs Ufer führte. Dahinter erhob sich ein imposantes Tor. Ich war froh, endlich dem üblen Gestank entrinnen zu können, und wollte mich eben bei Didimus bedanken, erinnerte mich aber rechtzeitig an Hnefis Ermahnung und hielt gehorsam den Mund. Orm verließ als erster das Boot, und Gunnar folgte ihm dichtauf. Beide schienen unseren Fährmann schon vollkommen vergessen zu haben, der mit ausgestreckter Hand dastand und seine Bezahlung einforderte.

Hnefi beachtete Didimus ebenfalls nicht und sagte nur: »Komm schon, Geschorener, du gehst uns voraus. Ich will nicht, daß du irgendwo stehenbleibst, um etwas zu bestaunen, und darüber das Weiterlaufen vergißt.«

»Verzeih mir, Herr«, entgegnete ich, »aber wir müssen den Bootslenker bezahlen.«

Der Anführer warf nur einen abschätzigen Blick auf den Griechen und meinte: »Nein.« Dann stieg er vor mir aus, ohne sich noch einmal umzudrehen. Mir blieb nichts anderes übrig, als ihm hinterherzueilen.

»Bitte! Meine Freunde, bitte!« rief Didimus. »Ich habe alles getan, was ihr verlangt habt, und euch auch sonst treulich gedient. Deswegen müßt ihr mich jetzt auch bezahlen. Nicht so schnell, meine Freunde. Bitte! Hört mich an, ihr müßt bezahlen. Zehn Nomismi. Das ist doch nicht zuviel.«

Ich blieb auf halber Treppe stehen und drehte mich kurz zu

ihm um: »Tut mir leid, Didimus, ich würde dir ja gern etwas geben, aber ich besitze nichts.«

Nun begriff der Bootslenker, daß er leer ausgehen würde, schrie uns die schlimmsten Verwünschungen hinterher und drohte, die Hafenwache zu rufen, auf daß sie uns eine Tracht Prügel verabreiche. Ich eilte die Stufen hinauf, während mich sein »Diebsgesindel! Elende Bande!« verfolgte.

Die drei Dänen warteten oben auf mich. »Das war falsch«, warf ich Hnefi vor, »wir hätten ihn bezahlen sollen.«

Der Anführer drehte sich um und marschierte los.

»Der Mann hätte uns noch hilfreich sein können«, beharrte ich. »Aber jetzt ist er wütend und will die Hafenwache rufen, damit sie uns züchtige. Wir hätten ihm wenigstens etwas geben müssen.«

Ich hatte Orms Hand gar nicht kommen sehen, spürte aber, wie sie meinen Mund traf. »Du hast nur das zu tun, Sklave, was man dir aufträgt«, knurrte er und stieß mich heftig. Ich fiel hin und wäre womöglich über den Rand ins Hafenbecken gestürzt, wenn Gunnar mich nicht am Arm gepackt und festgehalten hätte.

Sofort rappelte ich mich auf und folgte den Wikingern. Sie bewegten sich vorsichtig auf die Mauer zu und hielten ständig die Hand am Schwertknauf. Vor dem Tor blieb Hnefi stehen und befahl mir: »Du gehst als erster. Wir kommen hinter dir.«

Das Tor bestand aus zwei Flügeln aus dickem Holz, das mit Eisenbändern beschlagen war. Menschen strömten in Scharen hindurch. Viele trugen Lasten von der vielfältigsten Art auf dem Rücken, einige zogen Wagen, und wieder andere schoben zweirädrige Karren vor sich her. Über dem Tor hing ein dreieckiges rotes Banner, auf das man ein weißes Symbol genäht hatte. Ich kannte das Zeichen nicht, und es wollte mir auch trotz angestrengten Nachdenkens nicht einfallen

Wir schlossen uns dem Zug an, der in die Stadt hineinströmte, und hatten das Tor gerade erreicht, als ein Mann in einem grünen Umhang, der eine schwarze Wollkappe trug und einen kurzen bronzenen Amtsstab in der Hand hielt, uns aufhielt. »Disca!« rief er uns an und streckte die freie Hand aus.

»Verzeihung, Herr«, erklärte ich ihm, »aber ich weiß nicht, was du von uns willst.«

Er sah mich eigenartig an und warf dann einen wenig begeisterten Blick auf die Dänen. Wenn deren kriegerisches Äußeres ihn erschreckte, so wußte er das gut zu verbergen. Dann bemerkte der Mann mein Sklavenhalsband und fragte: »Wer von diesen ist dein Herr?«

Ich zeigte auf Hnefi. »Der da.«

»Sag deinem Herrn, daß von Barbari verlangt wird, beim Betreten der Stadt eine Erlaubnis vom Präfekten vorzuzeigen.«

»Das will ich gern tun«, entgegnete ich, »aber würdest du wohl zuvor so freundlich sein und mir sagen, wo wir diesen Präfekten finden können?«

Er gähnte hinter vorgehaltener Hand und zeigte mit dem Stab auf einen Kiosk, der im Schatten des Tors stand. »Dort.«

Ich bedankte mich bei dem Beamten und teilte den Seewölfen mit, was ich erfahren hatte. So begaben wir uns also zu dem Kiosk, wo wir einen kleinen, glatzköpfigen Mann antrafen, der auf einem gepolsterten Stuhl hinter einem Tisch saß. Darauf befanden sich eine Waage und ein Berg kleinerer Kupfermünzen. Ich stellte mich vor den Tisch und wartete eine Weile, ohne seine Aufmerksamkeit zu erregen. Der Mann war gerade sehr beschäftigt, versuchte er doch, mit einem langen Fingernagel einen braunen Fleck auf seiner grünen Hose zu entfernen.

»Bitte«, sprach ich ihn schließlich an, »man hat uns gesagt, wir benötigten eine Erlaubnis, um die Stadt betreten zu dürfen.«

»Zehn Nomismi«, brummte er, ohne aufzusehen.

Ich drehte mich zu Hnefi um und erklärte ihm, was der Präfekt verlangte. Der Anführer knurrte nur unwirsch und marschierte wieder fort. Orm und Gunnar zögerten einen Moment und folgten ihm dann achselzuckend. Das versetzte den Präfekten in unerwartete Aktivität.

Er sprang auf und schrie den Barbaren hinterher, die im Begriff waren, in die Stadt zu laufen: »Stehenbleiben!« Als sie nicht anhielten, kam der Beamte aus seiner Bude und rannte zu Hnefi. »Ihr müßt bezahlen!« kreischte der Glatzköpfige. »Zehn Nomismi!« Er wedelte mit einer Kupferscheibe vor dem Gesicht des Dänen herum.

Hnefi, der natürlich kein Wort verstand, nahm dem Beamten die Scheibe einfach ab, schob sie in seinen Gürtel und setzte seinen Marsch fort.

Der Präfekt starrte ihm fassungslos hinterher und schrie dann: »Wache! Wache!«

Die Seewölfe störten sich nicht daran und liefen weiter. Mir blieb nichts anderes übrig, als ihnen zu folgen. Wir waren jedoch noch keine zehn Schritt weit gekommen, als wie aus dem Nichts acht Soldaten mit roten Umhängen vor uns auftauchten. Jeder von ihnen trug einen Bronzehelm und einen dicken, kurzen Speer. Ihr Offizier hielt einen Bronzestab in der Hand, der genauso aussah wie der des Hafenmeisters, nur daß sich an der Spitze keine Kugel, sondern ein Löwenhaupt befand.

»Halt!« rief der erste Wächter, ein Jüngling mit Flaum auf den Wangen, der dennoch bereits eine Aura der Autorität zu verbreiten wußte.

»Sie wollen nicht bezahlen!« kreischte der Präfekt. »Diese Barbaren haben nichts für die Scheibe gegeben.«

Der junge Soldat sah zuerst die Wikinger und dann mich an. Irgend etwas an mir schien ihm zu verraten, daß ich der einzige sei, der ihm Antwort geben könne, und er fragte: »Stimmt das?«

»Ich bitte um Verzeihung«, erklärte ich, »aber wir sind gerade erst in eurer Stadt angelangt und kennen uns mit den hiesigen Vorschriften noch nicht aus. Gut möglich, daß wir durch unser Unwissen unabsichtlich –«

»Bezahlt den Mann«, unterbrach der Soldat meine lange Erklärung.

»Zehn Nomismi«, rief der Glatzköpfige uns ins Gedächtnis zurück und streckte die Hand aus.

Ich wandte mich an Hnefi. »Die Männer hier sagen, wir müssen für die Kupferscheibe bezahlen. Sie stellt unsere Erlaubnis dar, die Stadt betreten zu dürfen. Ohne Scheibe nehmen sie uns gefangen und sperren uns in eine Grube.« Ich wußte nicht, ob die Barbaren überhaupt so etwas wie ein Gefängnis kannten, und ich wußte erst recht nicht, ob uns ein solches Schicksal wirklich blühte, aber ich dachte, daß diese Aussicht die Dänen am ehesten dazu bewegen konnte, die Gebühr zu entrichten.

»Wenn wir bezahlen«, fragte der Anführer, »sind wir dann frei?«

»Ja.«

Er runzelte die Stirn, griff in seinen Beutel und legte mir einen Silberdenarius in die Hand. Den gab ich dem Präfekten, der die Wangen aufblies und schnaufte. »Habt ihr nichts anderes?« fragte er.

»Bitte, ich verstehe nicht«, entgegnete ich, »ist das vielleicht nicht genug?«

Bevor der Beamte etwas sagen konnte, erklärte der junge Soldat: »Das ist viel zuviel.« Er deutete auf die Münze. »Dieser Silberdenarius ist einhundert Nomismi wert.« Damit wandte er sich an den Präfekten: »Sorg dafür, ihnen das Wechselgeld herauszugeben, aber nicht zuwenig!«

Der Glatzköpfige warf dem Wächter einen vernichtenden Blick zu und zog mich am Ärmel mit sich. »Komm hierher.«

Er kehrte mit mir zu seinem Kiosk zurück und machte sich

mit großem Getue daran, die Silbermünze auf die Waage zu legen und deren Gewicht festzustellen. Als er endlich zu seiner Zufriedenheit überprüft hatte, daß der Denarius einen ausreichend hohen Sibergehalt besaß, griff der Beamte unter den Tisch und zog einen Lederbeutel hervor, der Münzen aus Gold, Silber, Kupfer und Bronze enthielt. Umständlich zählte er mir nun Kupfer- und Bronzestücke ab. Die Münzen waren mit griechischen Buchstaben beschlagen. Ich entziffferte E, K, M und I. Mir blieb nur die Vermutung, daß die Lettern verschiedene Werte darstellten, denn der Präfekt legte sie mir so hurtig in die Hand, daß ich kaum mitkam.

Die Seewölfe, die trotz aller Waffenverliebtheit auch gewiefte Händler waren, verfolgten die Wechselgeldübergabe mit großem Interesse. Als der Beamte fertig war, verlangte Hnefi mit einer Geste, ihm die Münzen auszuhändigen, und meinte: »Zuerst entspricht ein Silberstück zehn und dann hundert Nomismi. Anscheinend gewinnt unser Geld hier laufend an Wert. Der Jarl wird sich freuen, davon zu erfahren.«

Ich dachte an den großen Betrag, den wir dem Hafenmeister ausgehändigt hatten, beschloß aber, lieber nichts zu sagen. Orm hingegen kannte derartige Rücksichtnahme nicht. »Und Harald wird daraufhin sicher dem Hafenmeister eine Freude bereiten wollen.«

Der Präfekt händigte uns nun zwei weitere Kupferscheiben aus, die er Orm und Gunnar reichte. Als ich auch eine haben wollte, meinte der Beamte, die sei nur für die Barbari und erlaube ihnen, bis zum Ende des Jahres die Stadt so oft zu betreten, wie sie beliebten. »Aber«, schloß er und hob den Zeigefinger, »sie dürfen nur durch das Magnaura-Tor hinein. Alle anderen Tore sind für sie verboten.«

»Verstehe«, entgegnete ich. »Doch sag mir bitte noch, wo dieses Magnaura-Tor steht.«

Der Beamte starrte mich an, als habe er den allerblödesten

Menschen vor sich. »Das da!« ächzte er und zeigte auf das Bauwerk, durch das wir vorhin hatten schreiten wollen. »Nur dieses Tor dürft ihr benutzen. Und jetzt fort mit euch, ich habe noch anderes zu erledigen.«

Der Präfekt nickte knapp und ließ sich wieder hinter seinem Tisch nieder. Wir traten unseren Weg von neuem an und kamen ungehindert an den Wachen vorbei, die uns allerdings mißtrauisch beäugten. Nachdem die Wikinger nun freien Zutritt nach Byzanz erworben hatten, waren sie ganz begierig darauf zu erfahren, wie frei sie hier sein durften.

28

Kaum waren wir durch das Tor, hatten wir uns nach wenigen Momenten schon verlaufen. Ein Umstand, der uns erst sehr viel später bewußt werden sollte. Wir gingen die engen und gewundenen Gassen hinauf und hinab, traten dorthin, wohin die Neugier uns gerade trieb und hielten unentwegt nach dem Hauptschatzhaus von Byzanz Ausschau. Bis vorhin noch hatten wir diese Aufgabe für ziemlich einfach gehalten, doch wenn wir dann mitten auf einer Straße standen, auf der sich Menschenströme wie die Gezeiten hin und her bewegten, stellte sich die Angelegenheit doch ein wenig schwieriger dar. Unsere ersten Bemühungen, einfach stehenzubleiben und uns zurechtzufinden, riefen wütende und unflätige Beschimpfungen hervor.

»Macht schon! Weitergehen!« forderte uns ein Wächter auf, der gerade des Wegs kam. »Ihr könnt hier nicht einfach anhalten. Immer schön weitergehen.«

»Er sagt, wir sollen uns wieder in Bewegung setzen«, informierte ich die Dänen.

»Wohin denn?« fragte Gunnar.

»Wir folgen einfach dem Burschen dort«, schlug Orm vor und zeigte auf einen dicken Mann mit einem purpurfarbenen Umhang. »Er wird uns sicher zum Schatzhaus führen.«

»Ich bin der Anführer«, erinnerte ihn Hnefi, »und ich sage, daß wir in die andere Richtung laufen.«

Und so wurde es dann auch gemacht. Wir gelangten tiefer und tiefer in die Stadt, bis wir uns schließlich in einer ziemlich breiten Straße wiederfanden. An ihr erhoben sich Häuser von einer Größe und Weitläufigkeit, wie ich sie noch nie gesehen hatte. Das konnten nur Paläste sein.

»Seht ihr«, triumphierte Hnefi, »ich weiß, wo man Schätze findet. Folgt mir, Männer.«

Die goldgierigen Seewölfe schritten ganz ungeniert umher und unterhielten sich in ihrer gewohnten Lautstärke darüber, welcher dieser Paläste als erster ausgeplündert werden sollte und welchen man auf keinen Fall auslassen dürfte. Ich muß ihnen zugestehen, daß diese Entscheidung nicht leicht war, denn jedes neue Gebäude, an dem wir vorbeikamen, wirkte noch prachtvoller als die vorangegangenen.

Die Wikinger blieben vor jedem Anwesen stehen, starrten auf die offensichtlichen Wunder und versicherten sich jedesmal von neuem gegenseitig, daß dies aber nun ganz gewiß das Hauptoberschatzhaus von ganz Konstantinopel sei. Die Zufriedenheit darüber, das Ziel endlich gefunden zu haben, reichte jeweils nur bis zum nächsten Palast.

In der folgenden Straße erblickten wir Häuser, die unfaßbare zwei oder gar drei Stockwerke hoch waren. Das unterste Geschoß bestand bis auf den Eingang ringsum aus Mauerwerk. In den oberen Stockwerken zeigten sich hingegen viele Windlöcher, die man mit Glasscheiben gefüllt hatte. Ich war sprachlos, hatte ich doch noch nie richtige Fenestrae gesehen. Und hier gab es nicht nur eins oder zwei, sondern unvorstellbar viele zu bestaunen. Jedes einzelne Haus besaß solchen unglaublichen Luxus.

Die meisten Häuser verfügten darüber hinaus über verzierte Türen und bemalte Oberschwellen, und neben einigen dieser Fenster hatte man Statuen im Mauerwerk angebracht, die auf Plinthen standen. Die Mehrzahl der Paläste besaß ein schräges Dach, das man mit Schindeln belegt hatte, aber die prächtigsten der prachtvollen wiesen ein flaches Dach auf, über dessen Ränder Grünzeug wuchs. Ich hatte schon davon gehört, daß reiche Römer sich einen Dachgarten anlegten, aber begegnet war ich solchen Wundern noch nie. Und als sei das alles noch nicht genug, war beinahe jedes Haus mit einer weiteren Besonderheit ausgestattet: ein Auswuchs aus dem obersten Geschoß, der in die Straße hineinragte. Diese Anbauten, von denen nicht wenige bemerkenswert stabil errichtet waren, wiesen hölzerne Läden auf. Ich vermute, sie ließen sich öffnen, um abends kühle Luft in die oberen Räumlichkeiten strömen zu lassen.

Daß eine Stadt von der Größe Konstantinopels über einige Prachthäuser verfügte, ließ sich ja erwarten, aber daß man hier Hunderte davon antraf, nein, das hätte ich vorher nie für möglich gehalten. Ich bewegte mich wie im Traum durch die Straßen und konnte soviel Luxus und Reichtum nicht fassen. Auch vermochte ich mir nicht zu erklären, wie jemand in der Lage sein sollte, an soviel Geld zu gelangen, das es kosten mußte, ein solches Haus erbauen zu lassen.

Meine Wikinger waren vor Begeisterung nicht wiederzuerkennen. Sie stritten sich immer noch, welcher Palast die meisten Reichtümer enthielte und welchen sie zuerst ausplündern sollten. Orm wäre am liebsten gleich in jeden hineingestürmt und hätte dort alles zusammengerafft, was ihm des Raubens wert erschien. Hnefi hielt dem entgegen, daß König Harald die Entscheidung darüber wohl sich selbst vorbehalten wolle.

»Aber der Jarl ist nicht hier«, beschwerte sich Orm und brachte damit in der von ihm gewohnten Weise einen unwiderlegbaren Einwand vor.

»Dann warten wir eben, bis er kommt.« Der Anführer bestand darauf, daß wir unter den Bewohnern dieser Stadt keinen Verdacht erregen durften. Er erklärte, wenn wir in jedes Haus eindrängen, an dem wir vorbeikämen, würden die Byzantiner sicher gewarnt sein und damit rechnen, daß wir mit der ganzen Mannschaft zurückkehrten. »Unsere Aufgabe besteht darin, uns hier umzusehen und herauszufinden, wo die meisten Schätze zu finden sind. Morgen kommen wir dann wieder und holen uns alles, was uns gefällt.«

Orm mußte dem widerwillig zustimmen, meinte aber: »Wir sollten trotzdem etwas mitnehmen, um es Harald vorlegen zu können.«

Gunnar gab aber Hnefi recht und erklärte, daß es uns schlecht ergehen würde, wenn wir den Zorn der Menschen hier weckten. Von den dreien schien er der einzige zu sein, der die gewaltige Größe Konstantinopels zumindest erahnte. Mein ehemaliger Herr war überhaupt der ruhigste unter den drei Dänen. Von Straße zu Straße war er schweigsamer geworden, so, als würde er sich viel lieber in den Schatten verkriechen.

Wir stolzierten weiter durch das Villenviertel, betrachteten die Häuser und beobachteten die Menschen. In diesem Stadtteil begegneten wir nicht vielen Einwohnern, und diejenigen, welche uns entgegenkamen, schienen zu irgend etwas Dringendem zu hasten und eilten fort, als sei der Leibhaftige hinter ihnen her. Vielleicht hat sie aber auch nur der Anblick von einigen wilden Barbaren in Schrecken versetzt, aber das kann ich natürlich nicht mit Gewißheit sagen.

Dennoch bekam ich bei unseren Wanderungen genug von diesen Menschen mit, um festzustellen, daß die Byzantiner in jeder Hinsicht ein durchschnittliches Völkchen waren. Sie erschienen in ihrer Mehrheit weder besonders groß noch auffallend klein. Ihre Hautfarbe fiel weder durch Dunkelheit noch durch Helligkeit auf. Und man konnte wirklich nicht sagen, sie seien sehr schön oder aber sehr häßlich. Sie besaßen insgesamt kräftige Körper mit kurzen, starken Gliedern und festen Muskeln, die allerdings mehr auf Ausdauer als überlegene Stärke schließen ließen. Grazie war unter ihnen ein nur seltenes Wesensmerkmal.

Die Frauen trugen das Haar offensichtlich am liebsten lang und hatten die Strähnen zu lockigen Zöpfen geflochten. Die Männer bevorzugten wohl Vollbärte, die sie reichlich einölten und zu Locken zwirbelten. In der Regel trug der Byzantiner einen einfachen Umhang über einem langen Hemd, seltener einer Tunika, und darunter hatten die Männer weite Hosen und die Frauen Röcke an. Helle Stoffe waren viel öfter zu sehen als dunkle, und man trug gern Broschen und anderen Schmuck zur Schau.

Und ein jeder, gleich ob Mann oder Frau, schien verrückt nach einer Kopfbedeckung zu sein.

Ich habe noch nie ein Volk kennengelernt, das so viel auf einen Hut, eine Kappe oder sonst einen Kopfputz gab wie die Bewohner von Konstantinopel. Jedermann, der es sich leisten konnte, trug etwas auf dem Haupt, und sei es nur ein Stück Wollstoff, das zu einem Spitzhut zusammengefaltet war, oder eine Handvoll Strohhalme, die zu einem Sonnenschutz geflochten und mit Stoffetzen im Haar befestigt waren. Einige dieser Kappen schienen auch eine offizielle Bedeutung zu haben und wurden als Amtsinsignien getragen. Wieder andere schienen irgendwelchen Modetorheiten zu folgen, deren Sinn und Bedeutung sich mir jedoch nicht erschließen wollte.

So taumelten wir wie im Rausch weiter, gafften alles an, bis Gunnar plötzlich zischte: »So hört doch!«

Die Wikinger blieben wie ein Mann stehen, hielten den Atem an und lauschten angestrengt. »Was hörst du denn?« wollte Orm dann nach einem Moment wissen.

»Hört sich an wie ein Tier«, flüsterte Hnefi. »Muß ziemlich groß sein.«

»Nein«, widersprach Gunnar, »das stammt von Menschen.«

»Das müssen aber ziemlich viele sein«, brummte Orm.

»Eine Schlacht!« kam dem Anführer die Erkenntnis. »Da drüben. Auf, Kameraden!«

Schon stürmten sie los, umschlossen ihre Waffen und ergaben sich der Hoffnung, doch noch Beute machen zu können. Ich lief ihnen hinterher, weil ich sie ja schließlich nicht verlieren durfte. Vor uns weitete sich die Straße, und ich bemerkte an ihrem Ende viel Bewegung und ein Meer von Farben.

Und dann fand ich mich plötzlich mitten auf einem Marktplatz wieder, dem größten, lärmigsten und geschäftigsten, der mir je untergekommen war. Horden von Menschen bildeten hier dichte Knäuel, und jeder schrie, was seine Lunge hergab. Händler standen unter prächtig bestickten Markisen und brüllten die Vorzüge ihrer Waren jedem entgegen, der sie hören wollte oder auch nicht. Oh, sie verstanden sich auf sechs Sprachen, um mögliche Kunden anzulocken. Die schlenderten langsam vorüber, sahen sich hier oder dort etwas an, und wenn es ihnen gefiel, fingen sie an zu feilschen, als hinge ihr Seelenheil davon ab. Die Heftigkeit, mit der diese Preisverhandlungen von beiden Seiten geführt wurden, erinnerte mich nicht direkt an eine Schlacht, so doch an ein Scharmützel. All dieses Geschrei und Gelärme zusammengenommen erzeugte auch dieses Geräusch, das wir vorhin vernommen und für den Ausbruch eines wilden Tiers gehalten hatten.

Die Dänen ließen sich sofort von diesem Treiben vereinnahmen und stolperten geradezu in den Mahlstrom, vergaßen darüber aber ganz, die Hand vom Schwertgriff zu nehmen. Ich war nur ein halbes Dutzend Schritte weit gekommen, als meine Augen zu brennen begannen und ich niesen mußte. Direkt vor mir befand sich ein Stand, auf dem Gewürze feilgeboten wurden. Viele davon hatte ich mein Lebtag noch nicht zu Gesicht bekommen: dunkelrote und gelbe Pulver, daneben schwarze, orangefarbene, hellgrüne und weiße.

Doch auch als Früchte lagen sie aus, jeweils zu wahren Pyramiden aufgetürmt.

Ein braunes Pulver fiel mir auf, das wie scharfer, nicht süßer Honig roch. Wie ich später erfuhr, handelte es sich dabei um Zimt. Dann kleine schwarze Stengel, die äußerst streng rochen, und das waren Gewürznelken. Daneben konnte man hier verschiedene Arten von Pfeffer, Gelbwurz, Kreuzkümmel, Koriander, kleine Pfefferschoten, die aus Indien stammen sollten und zu einem roten Pulver zermahlen waren, kleingehackte Mandeln und kleine runde Gebilde von heller Farbe erstehen, die Kichererbsen genannt wurden. Die Aromen all dieser Berge und Haufen erzeugten ein so durchdringendes Gemisch, daß ich den Stand fluchtartig verlassen mußte.

Direkt daneben bot ein Händler frisches Gemüse an. Wie ich später feststellen sollte, fand man auf diesem Markt mehrere solcher Stände. Ich blieb verwundert stehen und starrte die Auslage an, in der man in langen Reihen Waren aus allen Ecken des Erdenrunds erblicken konnte: Lauch, Zwiebeln, Knoblauch, Linsen, Pfefferschoten aus Spanien, Gurken, grüne fingerförmige Gebilde, die Okra genannt wurden (sowohl aus einheimischem wie auch aus indischem Anbau, wie der Händler mir versicherte), Kopfsalat und unzählige Arten von Bohnen, Melonen und Kürbissen. Und das waren nur die Früchte, die ich erkannte. Noch viel mehr war mir fremd. Es kam mir so vor, als hätte die ganze Welt ihre Erzeugnisse auf diesen Markt geschickt. Angefangen von Gold und Silber, über Pfeffer und Salz, lebende Tiere, ägyptisches Leder, makedonische Töpferwaren, syrischen Wein und Zaubertränke für jede Gelegenheit bis hin zu heiligen Ikonen, die vom Bischof von Antiochien persönlich gesegnet worden waren, konnte man hier alles kaufen. Kam einem irgend etwas in den Sinn, würde man hier sicher einen Stand entdecken, wo man es fand.

Eine Bude verkaufte nur Oliven, und das in fünfzehn oder zwanzig Sorten. Dieses Angebot erstaunte mich mehr als alles andere. Natürlich hätte ich im Dunkeln nicht eine Olive von der anderen unterscheiden können, was vor allem daran lag, daß ich noch nie eine probiert hatte. Doch während ich an den Schüsseln mit grünen, schwarzen, dunkelroten und anderen Oliven vorbeischritt, kam mir der Gedanke, daß ein Land, in dem man selbst die Arten einer so kleinen und unbedeutenden Frucht auseinanderhalten konnte, über wahrlich unvorstellbare Macht und Kraft verfügen dürfte.

Zwanzig verschiedene Olivensorten, das muß man sich mal vorstellen!

Kein König von Irland, gleich wie reich oder bedeutend, hatte je eine Olive zu Gesicht bekommen. Allein schon der Transport einer Handvoll dieser Früchte hätte sicher alles Gold und Silber verschlungen, das sich in meiner Heimat aufbringen ließ. Aber hier in Byzanz konnten sich selbst Bettler Oliven leisten, wuchsen sie in diesem Reich doch überall. Mir rauchte der Kopf vor lauter Fragen, und vor allem beschäftigte mich, wie man all diese Waren hierherschaffte. Meine Phantasie reichte nicht aus, mir vorzustellen, wie viele Schiffe und Arbeiter notwendig waren, um diesen Transport regelmäßig durchzuführen.

Da ich solche Zurschaustellung von einem überreichen Warenangebot nicht gewohnt war, erschien mir der Markt auch weniger als Stätte, an der man einkaufte und handelte, sondern vielmehr als prunkvolle Offenbarung einer Größe, mit der es kein anderes Reich auf der Welt aufnehmen konnte. Ich hatte den Markt noch längst nicht durchschritten, als mein armes Gehirn sich weigerte, noch weitere Eindrücke aufzunehmen. Dennoch lief ich weiter und ließ den Blick über alle Auslagen wandern, freilich ohne noch zu erfassen, was dort feilgeboten wurde.

Als wir vier an einer Bude vorbeikamen, wo Messingschüsseln, -kelche und andere Gegenstände aus diesem Material aufgetürmt waren, rief uns der Händler unvermittelt in der Sprache der Dänen an: »Heja, heja! Kommt her, meine Freunde!«

Die Wikinger blieben sofort stehen und drehten sich nach dem Mann um. »Dieser dort ist ein Däne!« sagte Orm.

»So einen Dänen habe ich aber noch nie gesehen«, erwiderte Gunnar.

»Doch, er ist ganz bestimmt einer, das kannst du mir glauben«, beharrte Orm, marschierte auf den Händler zu und ließ einen ganzen Wortschwall auf ihn ab. Sein Gegenüber aber breitete nur entschuldigend die Arme aus und lächelte.

»Gunnar hat recht«, erkannte Hnefi. »Der Mann ist kein Däne.«

Angewidert von solch schäbigem Betrugsversuch stapften die Seewölfe weiter. Doch der Messinghändler sollte nicht der einzige bleiben, der die Wikinger in ihrer Sprache anrief. Zuerst ärgerten sie sich darüber, doch dann fühlten sie sich von der häufigen Wiederkehr dieser Worte geschmeichelt. Daß man hier Dänisch sprach, erstaunte sie noch weit mehr als die überreiche Fülle des Warenangebots. Bald blieben sie regelmäßig stehen, wenn ein Händler sie solcherart anlockte, und versuchten, ihn in ein Gespräch zu verwickeln. In der Regel kamen sie jedoch nicht über einen Gruß hinaus, woraufhin der Warenanbieter dann meist im gewohnten Griechisch fortfuhr, manchmal auch in Latein und gelegentlich in einer Sprache, die mir vollkommen unbekannt war.

Wie wir so an den Fleisch-, Brot-, Gemüse- und anderen Ständen mit Köstlichkeiten vorbeischlenderten, bekamen wir natürlich schon vom Hinsehen Hunger. Orm beschwerte sich lautstark, daß ihm vom Anblick so vieler Nahrungsmittel ganz schwummerig im Kopf würde. Gunnar verwies darauf, daß tapfere Krieger wie wir einen gefüllten Bauch benötigten, um bei Kräften und Verstand zu bleiben. Unser Anführer aber hielt dagegen, daß die fremden Speisen uns womöglich schlecht bekämen. Orm und Gunnar aber widersprachen so heftig, daß Hnefi sich schließlich geschlagen geben mußte. Bauchschmerzen zu bekommen, erklärte er, sei immer noch dem ständigen Gejammere der anderen darüber vorzuziehen, daß sie großen Hunger hätten.

Unser weiser Anführer beschloß aber, daß wir nichts Fremdartiges zu uns nehmen würden, höchstens geräucherten Fisch. Die anderen erklärten sich einverstanden, und so suchten wir einen Stand mit Meeresgetier. Unterwegs gelangten wir an eine große Pfanne, in der über glühenden Kohlen lange Fleischstreifen gebraten wurden, die man um Holzstäbchen gewickelt hatte. Die Spieße brutzelten so herrlich, und der Duft, der davon aufstieg, ließ uns das Wasser im Mund zusammenlaufen.

Orm weigerte sich, sich auch nur einen Schritt von dieser Bude zu entfernen. Gunnar blieb ebenfalls stehen und starrte wie gebannt auf die dunkelbraunen Fleischstreifen. Der Koch, dessen Gesicht von der aufsteigenden Hitze glühte, bemerkte natürlich das Interesse der Wikinger, und rief uns »Heja, heja!« zu.

»Wieviel?« fragte Hnefi und zeigte auf die Spieße.

Der Verkäufer zuckte mit den Achseln.

»Wieviel?« verlangte der Anführer lauter zu erfahren.

Der Händler lächelte nur und entgegnete auf griechisch: »Vergebung, mein Freund, aber ich verstehe dich nicht.«

»Er will wissen, wieviel du für eines dieser Stöckchen verlangst, die hier über dem Feuer braten«, erklärte ich dem Mann in seiner Sprache.

»Ah«, er lachte, »ein gebildeter Sklave ist an meinen Stand getreten. Willkommen in der Stadt des großen Konstantin, mein Freund.«

»Woher weißt du, daß wir gerade erst angekommen sind?«

Der Mann lachte wieder und antwortete, daß alle Welt

wisse, wieviel ein Spieß koste, nämlich zwei Nomismi. »Wie viele von diesen Köstlichkeiten hättest du denn gern, mein Freund?«

»Vier«, antwortete ich, und da ich nicht wußte, wieviel zwei Nomismi waren, bat ich Hnefi, mir eine Handvoll der kleineren Kupfermünzen zu geben.

Die hielt ich dem Koch hin. Er suchte sich das Passende heraus und forderte uns auf, uns selbst einen Spieß auszusuchen. Meine Freunde verschlangen das Fleisch schneller, als man hinsehen konnte, und verlangten gleich nach mehr. Der Koch hatte natürlich nichts dagegen, uns noch einmal zugreifen zu lassen, und weil ich gut aufgepaßt hatte, konnte ich nun selbst acht Nomismi heraussuchen und ihm reichen.

Mit den Fleischstöckchen bewaffnet spazierten wir weiter durch das Labyrinth der Marktstände, bissen immer wieder ein Stück ab und betrachteten die Wunder dieser Welt. Die Dänen strahlten, als sei ihnen die höchste Seligkeit zuteil geworden.

Wir bewegten uns gerade durch eine Gasse, in der hauptsächlich Weihrauch und Parfüm angeboten wurden, und blieben plötzlich wie angewurzelt stehen. Eine wahrhaft königlich anzusehende Frau wurde auf einem Stuhl über den Marktplatz getragen. An dem Sitz waren vier Stangen angebracht, und die hielten ebenso viele Sklaven hoch. Ein fünfter schritt hinterher. Er trug einen breiten, stoffbespannten Fächer an einer langen dünnen Stange und wedelte seiner Herrin damit Frischluft zu. Die Frau, bei der es sich unzweifelhaft um eine Königin handelte, trug ein Gewand aus schimmernder blauer Seide und hatte das Haar in elegante Locken gelegt und hoch über ihren vornehmen, angemalten Zügen aufgetürmt. Ihre Miene ließ erkennen, daß das Treiben unter ihr sie nicht im mindesten interessierte.

Die Seewölfe faßten sofort den Plan, ihr zu folgen, um festzustellen, wohin sie sich tragen ließ; denn das müßte unzweifelhaft ein Palast sein. Den Ort wollten sie sich einprägen, um ihn später wiederzufinden und ausplündern zu können.

Also folgten wir der Sänfte über eine der Straßen, die sternförmig von dem Marktplatz abgingen. Der Weg verengte sich bald zu einer Gasse, in der es recht finster war. Die Häuser standen einander so dicht gegenüber, daß man kaum den Himmel erkennen konnte und nur wenig Sonnenlicht auf den Boden drang. Dennoch herrschte auch hier das übliche Gedränge, und an einigen Stellen standen Männer in Gruppen zusammen und unterhielten sich. Einige warfen uns beim Vorüberkommen scheele Blicke zu, doch die meisten schienen uns nicht einmal zu bemerken. Anscheinend war eine Gruppe von Wikingern, die durch die Straßen spazierte, nichts Ungewöhnliches, obwohl uns an diesem Tag hier keine Seewölfe begegneten.

Die Häuser, von denen ich eben gesprochen habe, schienen nicht von Reichen bewohnt zu sein. Schmale Gebäude mit hohen, spitzen Dächern, deren Fassaden längst nicht soviel Schmuck und Kunstwerk besaßen wie die Paläste in den Straßen heute morgen. Kaum eine Statue zierte die Außenwände, und die Windlöcher wiesen nur selten Glas auf. Auch hatte man diese Gasse nicht gepflastert, nur ein schmaler Plattenweg verlief in seiner Mitte. Wir liefen unverdrossen weiter und gelangten schließlich an eine Stelle, wo sich zwei Straßen kreuzten. Karren und Träger drängten hier so dicht an dicht aneinander vorbei, daß wir die Königin auf dem Hochstuhl rasch aus den Augen verloren.

Verwirrt blieben wir stehen und überlegten, in welcher Richtung wir suchen sollten. Hnefi kam auf die Idee, daß die Dame sicher in dem Reichenbezirk zu Hause war, den wir vor Stunden durchwandert hatten. Er glaubte, wir müßten uns nach rechts wenden, und das taten wir dann auch, gelangten aber in eine noch dunklere und schmalere Gasse als zuvor.

Nach einigen Schritten wurde vor uns eine breite Tür aufgeworfen, und heiße Luft strömte uns entgegen, gefolgt von zwei Männern, die einen zweirädrigen Karren schoben. Ihre Oberkörper waren nackt, und sie schwitzten, was das Zeug hielt. Der Wagen war hoch mit frischgebackenem Brot beladen, und der Duft, der uns entgegenwehte, ließ uns alles andere vergessen.

»Bröd!« brüllte Orm und rannte hinter dem Karren her. Er erreichte ihn rasch und griff sich einfach einen Laib. Die beiden Bäckerburschen schrien ihn an, nahmen ihm das Brot wieder ab und setzten ihre Fahrt fort, nicht ohne den Seewolf noch mit einigen Schmähungen zu bedenken.

Nachdem Hnefi verfolgt hatte, wie es Orm ergangen war, wandte er sich an mich. »Besorg uns von diesem Brot«, befahl er mir.

Ich lief hinter dem Wagen her und erreichte die Männer. »Bitte schön«, sprach ich sie an und trabte neben ihnen her, »wir würden euch gern etwas von eurem Brot abkaufen.«

»Nein, nein!« wehrte der eine mich ab. »Diese Ware ist nicht zum Verkauf bestimmt.«

»Aber wir haben Geld«, entgegnete ich.

»Unmöglich«, schnaufte der andere. »Dies ist *Themenbrot.*«

»Verzeiht bitte, was für ein Brot?«

»Themenbrot!« wiederholte der erste. »Für die Soldaten! Wir backen für die Kasernen und dürfen dieses Brot nicht auf der Straße verkaufen. Bitte, geh weg. Du bringst uns nur in Schwierigkeiten.«

»Tut mir leid«, sagte ich, »aber wir haben Hunger. Vielleicht könnt ihr mir ja mitteilen, wo wir so gutriechendes Brot erwerben können.«

»Hau endlich ab«, knurrte der zweite.

Aber der andere Bäcker drehte sich zu mir um und meinte: »Versuch es doch dort drüben.« Er zeigte auf einen offenen Torweg ein Stück die Straße hinauf.

Ich rief den beiden meinen Dank zu und kehrte zu meinen Wikingern zurück, die noch immer vor der offenen Tür warteten. »Sie haben gesagt, ihr Brot sei unverkäuflich, aber vielleicht haben wir dort mehr Glück.« Ich zeigte auf das Haus, das der Bäcker mir bezeichnet hatte. Wir begaben uns also dorthin. Hnefi zog eine Anzahl Münzen aus seinem Beutel, suchte eine kleine heraus, auf der ein K prangte, und reichte sie mir. »Kauf uns Brot«, befahl er.

Ich betrachtete das kleine Geldstück voller Zweifel, entgegnete aber, daß ich mein Bestes tun wolle, und trat dann in den dunklen Torweg. In dem Haus, in das ich gelangte, herrschte große Wärme, die von einem riesigen Ofen stammte, von dem auch das einzige Licht im Innern entsprang. Ein dicker Mann mit einer Lederschürze und ein dürrer Junge schoben Holzscheite in den Ofen. An der Wand erhob sich auf dem Boden ein Berg von Brotlaiben, die gerade herausgezogen worden waren und noch dampften.

Ich grüßte die Bäcker und fragte, ob ich ihnen etwas von ihrem Brot abkaufen könne. Der Dicke wischte sich die Hände an der Schürze ab, nahm meine Kupfermünze und fragte: »Dafür?«

»Ja«, antwortete ich und befürchtete schon das Schlimmste.

Der Bäcker zuckte mit den Achseln, beugte sich über das Brett mit den ofenwarmen Laiben, nahm drei und reichte sie mir. Ich nahm sie entgegen, dankte ihm und wollte schon gehen, als er mir noch drei Brote gab. Ich dankte noch einmal und erhielt drei weitere. Die byzantinischen Laibe sind nicht besonders groß, aber neun davon lassen kaum Platz für mehr, selbst wenn man sie auf ausgebreiteten Armen trägt. Ich dankte dem Mann für seine Großzügigkeit, und es gelang ihm, noch zwei Brote auf den anderen unterzubringen. Erst dann wünschte er mir Lebewohl. Leicht schwankend kehrte ich auf die Straße zurück und trat vor die erstaunten Wikinger.

»So viel für nur eine kleine Kupfermünze?« wunderte sich der Anführer.

»Ja«, antwortete ich, »und wenn ich mehr hätte tragen können, hätte der Bäcker mir wohl noch weitere Brote überlassen.«

»An diesem Ort könnten wir wie Könige leben«, bemerkte Orm. Damit stürzten die Seewölfe sich auf mich. Jeder von ihnen nahm sich drei Laibe, womit für mich zwei übrigblieben, doch die waren mehr als genug. Wir schlenderten glücklich und zufrieden weiter und ließen uns unterwegs das Brot munden.

Die Sonne sank immer tiefer, und die Wärme des Tages ließ deutlich nach. In den engen Gassen wurde es richtig finster, und auch auf den Straßen bildeten sich Schatten, während der Himmel sich purpurn verfärbte.

Hnefi meinte, daß wir uns auf den Rückweg machen sollten, um dem König Bericht zu erstatten. Also wendeten wir und versuchten, auf dem Weg zurückzukehren, den wir gekommen waren. Doch weh und ach, schon bald mußten wir erkennen, daß wir uns verirrt hatten. Wir waren heute so tief in die Stadt eingedrungen und so weit gelaufen, daß wir uns einfach nicht mehr zurechtfanden.

»Du wirst jemanden nach dem Weg zum Hafen fragen«, befahl der Anführer mir. Wir waren auf einem gepflasterten Platz stehengeblieben, wo in mehreren Buden Wollgewänder und gefärbte Stoffe angeboten wurden. Zwei Straßen führten von diesem Platz ab. Die eine verlief in westlicher Richtung einen Hügel hinauf, während die andere hügelabwärts nach Norden abging. Keine von beiden schien im Hafen zu münden; denn wir waren nach eingehender Beratung zu dem Schluß gekommen, daß der im Süden liegen müsse. Gunnar allerdings meinte, der Hafen sei in östlicher Richtung zu suchen, während Orm ihn im Westen vermutete.

»Frag den Mann dort«, befahl Hnefi deshalb und deutete

auf einen Alten, der mit einem Bündel Stöcke auf dem Rücken an uns vorbeilief.

Ich eilte zu ihm und hielt ihn an. »Verzeih, Vater, aber vielleicht kannst du mir den Weg zum Hafen zeigen.«

Der Alte rannte sogleich weiter und meinte nur: »Folg einfach deiner Nase.«

»Was für eine sonderbare Antwort«, meinte der Anführer, als ich ihm das berichtet hatte. »Da wirst du wohl jemand anderen fragen müssen.«

So näherte ich mich dem nächsten Passanten und erfuhr von ihm, daß wir den Weg beschreiten sollten, der hügelaufwärts führte. Wir legten große Eile vor, doch als wir die höchste Stelle erreicht hatten, brach die Nacht herein. Hier oben befand sich ein weiterer Platz, der an zwei Seiten von Häusern bestanden war. Doch nach Süden und Osten hatte man einen weiten Ausblick. »Heja!« rief Orm. »Gunnar hat recht gehabt. Da unten liegt ja der Hafen.«

Doch der Däne reagierte nicht darauf, und als ich mich zu ihm umdrehte, entdeckte ich, daß er wie gebannt auf ein großes weißes Bauwerk hinter uns starrte. »Sieh nur«, sagte er zu mir und deutete aufs Dach.

Ich folgte seinem Fingerzeig, und mir blieb fast das Herz stehen. Ein großes goldenes Kreuz wuchs aus der höchsten Stelle und glänzte im letzten Licht der untergehenden Sonne.

Kaum konnte ich mich davor zurückhalten, in das Gotteshaus zu laufen und vor dem Altar niederzuknien. Ich starrte ebenso ergriffen wie Gunnar, doch mehr auf das Kreuz, und dachte: *Endlich bist du angelangt. So viele Meere hast du gekreuzt, um diesen Ort zu erreichen, und endlich stehst du am Ziel.*

In mir erwachte der Wunsch, jemandem von meiner Pilgerreise zu berichten. Die anderen Priester in Konstantinopel sollten von meiner und meiner Brüder Reise erfahren. Und wer, außer mir, sollte ihnen davon erzählen?

Und dann schritt ich, ohne lange nachzudenken, auf die Kirche zu. Ich kam jedoch kaum drei Schritte weit, da riß Hnefi mich schon hart zurück. »Hiergeblieben!« knurrte er mich an.

Orm mißverstand Gunnars Interesse an dem Bauwerk. »Das ist bestimmt kein echtes Gold«, meinte er.

»Wohl eher Messing«, stimmte der Anführer zu. »Das lohnt nicht die Mühe.«

Aber mein ehemaliger Herr beachtete diese Einwände nicht und sagte zu mir: »Das ist sein Zeichen, so, wie du es uns erzählt hast, nicht wahr, Aedan?«

»Ja, ein Kreuz auf dem Dach weist auf ein Gotteshaus hin«, bestätigte ich ihm. »Einen Ort, an dem man unseren Herrn Jesus verehrt.«

Wir waren noch mitten ins Gespräch vertieft, als die große Doppeltür der Kirche mit einemmal aufgestoßen wurde. Aus dem Innern ertönte der Klang heller Glocken, und dann erschien eine Prozession von Priestern, die Kerzen in den Händen hielten. Vorneweg trug man Stoffbanner an langen Stangen. Die Gottesmänner hatten lange Gewänder an, zogen hinaus auf die Straße und sangen leise und ergreifend ein Lied. Ihre Tonsur entsprach der lateinischen Art und unterschied sich von meiner, doch ihre Kleidung ähnelte stark derjenigen, die von den Mönchen des Westens getragen wurde, auch wenn die hiesigen Gewänder reicher verziert waren. Einige von ihnen hatten sich ein Orarion, einen langen Seidenschal, um den Nacken gelegt, auf den man goldene Kreuze gestickt hatte. Und ihre Ärmel waren länger und kostbarer bestickt als die unseren.

Ein Bischof führte den Zug an und trug einen Krummstab, an dessen Spitze sich ein Adler befand, und auf seinem Haupt saß eine Mitra. Ihm folgte eine Gruppe Mönche in langen Meßgewändern. Einer von ihnen hielt ein großes Holzkreuz, ein anderer ein Bildnis Jesu, das auf ein Holzbrett gemalt war.

Darauf war unser Herr ans Kreuz genagelt zu sehen, wie Er, den Blick himmelwärts gerichtet, für die um Gnade bat, die Ihm dieses Unrecht angetan hatten.

Der Gesang der Priester erfüllte mich mit einer Freude, wie ich sie schon lange nicht mehr erlebt hatte. Ein halbes Menschenalter schien vergangen zu sein, seit ich zum letztenmal einen Psalm vernommen hatte, auch wenn diese Gottesmänner in Griechisch sangen. Dennoch durchzuckte es mich heftig, als ich die vertrauten Worte hören durfte: »Preiset den Herrn in der Höhe, ihr Menschen alle! Alles, was da kreucht und fleucht, preise den Herrn der himmlischen Heerscharen.«

Gunnar beugte sich zu mir. »Ist er das?« flüsterte der Däne. »Ist das der gekreuzigte Gott, von dem du uns erzählt hast? Sag es mir, heja.«

Ich bestätigte ihm, daß es sich um ebendiesen Gott handele und daß das Kreuz zum Symbol unseres Herrn Christus geworden sei.

»Selbst hier in Miklagård verehrt man ihn?« wunderte sich Gunnar. »Wie kann das sein?«

»Er ist eben überall«, antwortete ich, »und wird an allen Orten gleichermaßen gesehen.«

»Dann ist es also wahr«, entfuhr es ihm beeindruckt. »Alles, was du uns erzählt hast, entspricht der Wahrheit!«

Orm, der die letzten Worte mitbekommen hatte, beschloß, uns an seinem gewaltigen Wissen über die religiösen Angelegenheiten dieser Welt teilhaben zu lassen. »Du täuschst dich, Gunnar. Laß dich von dem Geschorenen nicht verwirren. Er hat sicher einen anderen Gott gemeint, denn wie kann es möglich sein, daß ein Gott an zwei Orten gleichzeitig wohnt?«

»Nein, zwei solche Götter kann es nicht geben«, widersprach mein ehemaliger Herr. »Aedan hat gesagt, die Römer hätten ihn ans Kreuz geschlagen. Und da siehst du ihn doch am Kreuz.«

»Papperlapapp, die Römer schlagen haufenweise Männer ans Kreuz«, entgegnete Orm und schien Freude daran zu haben, uns mit seinen überlegenen Kenntnissen zu beeindrucken, »aber nicht jeder von ihnen ist gleich ein Gott geworden.«

Hnefi wurde langsam ungeduldig. »Die Geschorenen ziehen die Hügel hinunter«, unterbrach er uns mit Blick auf die Prozession. »Wir werden ihnen folgen. Vielleicht führen sie uns ja zum Hafen.«

Die Priester bewegten sich langsam, und wir folgten ihnen in nur wenigen Schritten Entfernung. Ihre brennenden Kerzen wiesen uns den Weg. Während ich mit den Wikingern zog, grübelte ich darüber nach, wie ich es vermöchte, mit den Gottesmännern zu sprechen. Wir waren immerhin alle Brüder in Christo, und nachdem ich eine so lange Reise hinter mich gebracht hatte, sollte ich mich doch den Oberhäuptern der hiesigen Kirche erklären. Dann befiel mich die Vorstellung, daß diese Priester vielleicht Nachricht von meinen Brüdern hatten. Bei dieser Idee klopfte mir das Herz ein wenig schneller in der Brust.

Wir zogen den ganzen langen Weg der Prozession hinterher und kamen an vielen Häusern vorbei. Aus den glaslosen Fenstern drang der sanfte Schein von brennenden Kerzen. Dann überquerten wir einen anderen Marktplatz, auf dem sich jetzt aber nur noch ein paar herrenlose Hunde um einige Reste balgten. Einmal liefen wir ein Stück an einem wirklich großen Aquädukt entlang. An dessen Säulen lehnten ein paar elende Hütten, die man aus irgendwelchen Holzteilen und anderem unbrauchbar gewordenem Gerät zusammengefügt hatte. Vor einigen dieser Schuppen hockten Menschen um ein kleines Feuer, das sie mit Zweigen nährten. Sie sahen der Prozession schweigend zu, wie sie vorüberzog.

Als die Priester an ihrem Ziel angekommen waren, standen bereits die Sterne am Himmel. Sie hielten vor einer Kirche, die noch größer war als die erste, ein rundes Dach besaß und hoch oben glasbestückte Windlöcher aufwies. Hinter diesen Fenestrae flackerten Kerzen und schienen mir zuzuwinken, doch einzutreten. Die größte Sehnsucht befiel mich, und ich wollte nichts lieber, als in die Kirche und der Abendmesse lauschen. Nur in der Nähe meiner Brüder zu sein, hätte mir schon den größten Segen bedeutet.

Aber die Seewölfe hatten bereits den Gestank des Hafens in der Nase und wollten nicht für einen Moment innehalten, um mir zu ermöglichen, die Kirche von innen zu sehen.

»Vielleicht sollte ich jemanden nach dem Weg zu den Schiffen fragen«, schlug ich Hnefi listig vor, obwohl auch ich den gräßlichen Gestank deutlich wahrnahm. »Ich könnte rasch in das Gotteshaus und mit einem der Priester sprechen. Möglicherweise erklärt sich sogar einer der Brüder bereit, uns zu führen, damit wir uns nicht noch einmal verirren.«

»Nein«, beschied mich der Anführer und marschierte einfach los. »Ich finde den Hafen jetzt auch allein. Hier entlang.«

»Aber die Nacht ist hereingebrochen, und wir können nichts mehr sehen.«

Er grunzte nur, und Orm trat hinter mich, stieß mich wieder vorwärts und knurrte: »Beweg dich, Sklave.«

»Laß ihn doch endlich in Ruhe«, machte Gunnar sich für mich stark und meinte dann zu mir: »Komm schon, Aedan, verärgere sie nicht. Ich fürchte ohnehin, daß Jarl Harald nicht erfreut sein wird, wenn er erfährt, wie es uns heute ergangen ist.«

Hnefis Nase führte uns auf geradem Weg zum Hafen. Das Stadttor war bereits geschlossen, aber vier Wächter standen vor einer Seitentür, und als wir unsere Kupferscheiben vorzeigten, ließ man uns hinaus. Die Bucht lag dunkel und still da. Das Wasser schimmerte von den Laternen und Kochfeuern auf den Schiffen, die hier vor Anker lagen. Nur von den kleinen Fährschiffen war nichts zu sehen. Wir liefen am

Damm auf und ab und hielten nach einem Kahn Ausschau, der uns zum Langschiff übersetzen konnte, aber nirgends ließ sich einer blicken.

»Wir werden wohl schwimmen müssen«, meinte der Anführer schließlich.

»Aber wir wissen doch gar nicht, wo unser Schiff liegt«, widersprach Orm. »Wir können doch nicht von einem Boot zum anderen schwimmen.«

Wieder fingen sie an zu streiten, diesmal darüber, wie jetzt am besten vorzugehen sei, als Gunnar plötzlich einwarf: »Still! Da ruft uns doch jemand.«

Tatsächlich ertönte vom Wasser eine Stimme. Wir liefen auf die Kaimauer, starrten hinaus auf den Hafen und erblickten einen Kahn, in dem ein Mann am Bug stand und eine Laterne schwenkte. Das Gesicht kam mir gleich bekannt vor.

Als er bemerkte, daß wir ihn entdeckt hatten, rief er wieder, und ich schrie zurück: »Sei gegrüßt, Didimus, erinnerst du dich an uns?«

»Ich vergesse nie jemanden, mein Freund. Besonders nicht diejenigen, welche versäumt haben, mich zu bezahlen.«

»Das war leider eine unglückliche Verkettung von Mißverständnissen«, entgegnete ich, »und die ganze Geschichte tut mir ehrlich leid. Aber vielleicht können wir uns ja jetzt besser verständigen. Bist du gewillt, uns zu unserem Schiff überzusetzen?«

Hnefi schob sich neben mich. »Was will er?«

»Er sagt, er bringe uns gern zurück, aber nur, wenn wir ihn bezahlen.«

»Wieviel?« wollte der Anführer mit argwöhnischer Miene wissen.

»Zwanzig Nomismi«, antwortete der Schiffer auf meine Anfrage.

»Zwei Kupfermünzen«, teilte ich Hnefi mit. »Aber diesmal verlangt er Vorkasse.«

»Immer noch besser als schwimmen«, freute sich Orm.

»Heja«, sagte der Anführer, »sag ihm, daß wir vorab bezahlen. Aber er bekommt eine Münze jetzt und die zweite, wenn wir am Ziel sind.«

»Dann steigt ein«, forderte der Fährmann uns auf, nachdem ich ihm unsere Bedingungen mitgeteilt hatte. Er ruderte das Boot heran, und wir stiegen wieder die Steinstufen hinab. Hnefi zog einige Kupfermünzen aus dem Beutel, suchte die zwei kleinsten heraus und gab sie mir, um den Schiffer zu entlohnen.

»Hier die versprochene vorab«, teilte ich Didimus mit und legte ihm das Kupferstück in die ausgestreckte Rechte. »Die andere bekommst du dann, wenn wir bei unserem Schiff sind.«

Er hielt sie ins Laternenlicht, entdeckte das K darauf und entgegnete: »Aber das ist viel zuviel.«

»Ich bin mir sicher, daß unser Anführer dir genau das geben wollte«, bog ich die Wahrheit zurecht. »Hnefi dankt dir damit für dein langes Warten.«

»Möge Gott dich segnen, Freund«, rief der Fährmann, und etwas sagte mir, daß er meinen Schwindel durchschaut hatte.

Wir stiegen ins Boot und ließen uns wie schon am Morgen auf dem Boden und der Bank nieder. Den Seewölfen war nicht wohl in ihrer Haut, und so schwiegen sie lieber. Nur Didimus war so begeistert von dem fürstlichen Lohn, daß er sich verpflichtet fühlte, uns mit einem Gespräch zu unterhalten. »Ich wußte, daß ich euch wiedersehen würde. Euer erster Tag in der goldenen Stadt, ich hoffe, euch ist es wohl ergangen.«

»Konstantinopel ist wirklich sehr groß«, antwortete ich ausweichend.

»Nun ja, auch in Byzanz ist nicht alles Gold, was glänzt.«

»Kann gut sein«, entgegnete ich. »Doch sag mir, hast du etwa den ganzen Tag auf uns gewartet?«

»Nein, nicht den ganzen«, antwortete er und lächelte, weil seine Pfiffigkeit ihm doch noch den entgangenen Lohn beschert hatte. »Aber ich wußte, daß ihr früher oder später zu eurem Schiff zurückkehren wolltet. Deswegen habe ich mich in der Nähe des Tores aufgehalten und gewartet, bis es geschlossen wurde.«

Wieder schob er das lange Ruder hin und her, und es dauerte nicht lange, bis das Drachenschiff vor uns auftauchte. Hnefi rief die Wachen an Bord an, und schon erschienen ein paar Seewölfe an der Reling und halfen uns, aufs Schiff zu steigen. Während meine drei Wikinger an Bord gingen, gab ich Didimus den Rest seiner Bezahlung mit den Worten: »Möge Gott dir deine Geduld und deine Ausdauer und deine Weitsicht vergelten.«

Er hielt auch diese Münze ins Laternenlicht und grinste von einem Ohr zum anderen. »Keine Sorge«, strahlte der Fährmann, »das hat er bereits getan.«

Ich hob die Arme, wurde hoch- und über die Reling gezogen. »Bis morgen, meine barbarischen Freunde!« hörte ich Didimus rufen, während ich mich vor einem außerordentlich grimmig dreinblickenden König wiederfand.

29

Jarl Harald Stierbrüller, König aller Dänen in Skane, wollte einfach nicht verstehen, warum er den ganzen Tag lang untätig auf seinem Schiff warten mußte, während wir durch die Stadt gezogen seien und frohgemut sein Geld unter die Leute gebracht hätten. Wie schwierig könne es denn für ein paar ausgewachsene Dänen sein, donnerte er, ein Schatzhaus ausfindig zu machen?

Umrahmt vom Zischen und Flackern vieler Fackeln stand er da, hatte die Arme vor der Brust verschränkt und die Stirn in Falten gelegt und verlangte von uns, ihm dieses Rätsel aufzulösen. Gunnar und ich schwiegen unter Haralds loderndem Zorn, während Hnefi und Orm sich um eine Antwort bemühten.

»Das ist gar nicht so einfach, Jarl«, begann der Anführer. »Dieses Miklagård ist nämlich um einiges größer, als wir uns das vorgestellt haben. Und darin muß man lange suchen, bis man ein Schatzhaus gefunden hat.«

»Da war es sicher einfacher, eine Schänke zu entdecken, heja?«

»Wir haben kein Wirtshaus aufgesucht, Jarl«, entgegnete Orm. »Und in der Stadt gibt es auch nur Wein.«

»Aha! Dann habt ihr euch also lieber mit Wein vollaufen lassen!« glaubte der König, uns überführt zu haben.

»Nein, Jarl«, erwiderte Hnefi rasch. »Wir haben nach dem Hauptschatzhaus gesucht, so, wie du es uns aufgetragen hast, und wir haben bei unseren Erkundungen auch eine Menge schöner Dinge entdeckt, darunter etliche Paläste, in denen sich bestimmt viel zu plündern finden läßt.«

Das gefiel Harald sichtlich, und so war Orm klug genug, ihm diese Vorstellung noch auszumalen. »Das stimmt, Jarl. Wir haben mindestens hundert dieser Prachtbauten gesehen, wenn es nicht sogar tausend waren. Darin sind mehr Schätze gelagert, als man mit zehn Schiffen davonschleppen könnte.«

»Habt ihr diese Schätze mit eigenen Augen gesehen?« fragte der König mißtrauisch. »Habt ihr diese Mengen an Gold und Silber selbst erblickt?«

»Das nicht gerade, Jarl«, mußte Orm zugeben, »aber wenn du diese Häuser sehen könntest, würdest du sofort wissen, daß dort nur Könige wohnen können.«

»Könige?« wetterte Harald. »Und dann gleich noch Hunderte oder deren tausend? Verratet mir doch bitte, wie es möglich ist, daß sich so viele Könige in Miklagård niedergelassen haben!«

»Na ja, vielleicht sind nicht alle von ihnen Könige«, wich Hnefi aus, »aber auf jeden Fall handelt es sich bei ihnen um reiche Männer. Denn wer sonst könnte sich solche Paläste errichten?«

Der Dänenkönig starrte seine Kundschafter argwöhnisch an und zupfte dann an den Enden seines Barts, während er darüber nachdachte, wie er jetzt entscheiden sollte. Dann fiel ihm ein, daß er uns beide noch gar nicht befragt hatte. »Nun, Gunnar, und auch du, Sklave, was habt ihr denn dazu zu sagen?«

»Es verhält sich alles so, wie Orm und Hnefi es dir berichtet haben, Jarl«, antwortete mein ehemaliger Herr. »Paläste, mehr, als man mit den Fingern beider Hände zählen kann, haben wir gesehen, und einige davon beherbergen sicher große Schätze.«

»Aha, also einige, heja«, knurrte der König – ein sicheres Anzeichen dafür, daß sein Interesse geweckt war. »Das hört sich schon deutlich wahrscheinlicher an. Und was war noch?«

»Wir haben weder Bier noch Wein getrunken, Jarl«, erklärte Gunnar. »Allerdings haben wir ein wenig Brot und ein paar Stücke gegrilltes Fleisch an Stöckchen gegessen. Und wir waren auf einem Markt, gegen den die in Jomsburg und Kiew wie Schweinesuhlen aussehen.«

»Tatsächlich?« murmelte der König. »Nun, den will ich mir aber anschauen.«

»Miklagård ist wahrlich die größte Stadt der Welt«, begeisterte sich Orm. »Kein Ort auf dieser Erde kann sich mit ihr messen.«

Der König brachte ihn mit einem grimmigen Blick zum Schweigen, weil er lieber Gunnars sachlicheren Bericht hören wollte. So wandte er sich an ihn und sagte: »Selbst ich, der ich nicht durch Byzanz geschlendert bin und mich mit Brot und Fleischspießen vollgestopft habe, kann erkennen, daß es sich um eine große Stadt handelt. Stehen denn viele Soldaten an den Toren?«

»Jarl, in Miklagård laufen Menschen aus mehr Völkerschaften umher, als ich zählen kann, und überall herrscht ein Riesengedränge. Jedes Tor wird von Soldaten bewacht, von mindestens acht, und ich hege keinen Zweifel daran, daß in der Stadt selbst noch viel mehr Bewaffnete stecken.«

»Wie seid ihr dann überhaupt hineingekommen?«

»Wir mußten für den Eintritt eine Gebühr entrichten«, antwortete Gunnar und zeigte Harald die Kupferscheibe, die er für das Geld bekommen hatte. Der König nahm sie und beäugte sie intensiv.

»Sie hat zehn Nomismi gekostet«, fügte mein ehemaliger Herr hinzu.

»Und das solltest du auch erfahren«, fiel Hnefi plötzlich alles wieder ein. »Wie sich herausstellte, sind die Silberdenarii, mit denen wir bezahlen, nicht zehn, sondern *hundert* Nomismi wert.«

Harald starrte kurz Hnefi an und dann Gunnar, um von ihm eine Bestätigung dafür zu erhalten. »Das ist wahr, Jarl«, sagte dieser. »Man hat es uns am Tor so erklärt. Frag den Geschorenen, er hat mit den Wächtern darüber gesprochen.«

Der König bebte am ganzen Körper, als ihm dämmerte, um welch ungeheure Summe man ihn betrogen und bestohlen hatte. »Stimmt das?« krächzte er mit vor aufbrodelnder Wut heiserer Stimme.

»Ja, Herr«, antwortete ich und berichtete ihm, was der Soldat am Tor und der Präfekt mir gesagt hatten.

»Ich nagle den Schädel dieses gemeinen Diebs an den Mast meines Schiffes«, donnerte der Dänenkönig. »Ich, Harald Stierbrüller, schwöre das bei allem, was mir heilig ist!«

Alle Gedanken an Raubzüge und Plünderungen waren vergessen, als die Männer erregt darüber stritten, wie der König am besten Rache an dem unehrlichen Hafenmeister nehmen könne. Entgegen aller Gewohnheit fanden sie rasch zu einem Plan, der zwar nicht durch Eleganz glänzte, aber durchaus erfolgversprechend schien, vor allem, weil er genau dem Wesen der Seewölfe entsprach. Mochte das Vorhaben auch für einen guten Christenmenschen Anlaß zu Abscheu sein, den Wikingern war es Grund genug zum Feiern. Der König spendierte ein Faß Bier, und jeder trank, soviel er mochte. Ich aber wollte daran keinen Anteil haben, verzog mich in den Winkel unter dem Drachenkopf und sah zu, wie die Barbaren ihren Mut stärkten, der mit jedem Becher anwuchs.

Kurz nach Sonnenaufgang kam Leben in den Hormisdas-Hafen, und einer der Seewölfe bestieg den Mast, hockte sich auf den Querbalken des Segels und hielt Ausschau nach

Schiffen, die einlaufen wollten. Aber nichts dergleichen ließ sich ausmachen, und so kletterte er nach einer Weile wieder herunter. Wir warteten. Harald schickte den Mann etwas später wieder nach oben, aber auch diesmal konnte der Ausguck nichts vermelden.

Nachdem der Wikinger ein drittes Mal ohne Erfolg Ausschau gehalten hatte, erklärte der König: »Wir warten nicht länger.« Er gab Befehl, den Anker zu lichten, und die Dänen steuerten per Ruderkraft auf eines der anderen hier liegenden Schiffe zu, das Harald vorher ausgesucht hatte. Die Männer ruderten vorsichtig, so daß ein Unbeteiligter den Eindruck gewinnen könnte, das Boot treibe von selbst dahin. Schließlich wollten die Wikinger nicht vorzeitig Aufmerksamkeit erwecken; denn was sie beabsichtigten, war ebenso hinterhältig wie grausam.

Als wir dem anderen Schiff nahe genug gekommen waren, warfen sie Eisenhaken darauf, um beide Gefährte miteinander zu vertäuen. Dann sprangen sechs Seewölfe an Deck dieses Boots und setzten mit mitgeführten Fackeln dessen Segel in Brand.

Gott sei Dank hielten sich dort nur wenige Seeleute auf. Der Kauffahrer, sein Steuermann und der Großteil der Mannschaft hatten sich am Vortag mit der Ladung an Land begeben. Natürlich konnten die Flammen und der Rauch nicht verborgen bleiben, und die zurückgebliebene Besatzung erwachte aus ihrem Nachtschlaf. Sie mußten entdecken, daß ihr Segel brannte und das Schiff von Barbaren geentert worden war. Da sie sich einer solchen Streitmacht hoffnungslos unterlegen fühlten, verging ihnen rasch die Lust darauf, Widerstand zu leisten. Die Seeleute ließen sich einfach auf dem Deck nieder und ergaben sich in ihr Schicksal.

Das freute Harald, denn er hatte nicht vor, eigene Männer zu verlieren. Der blakende Rauch von dem brennenden Segel stieg hoch in den Himmel, und das begeisterte den König geradezu. »Heja!« rief er. »Da kommen sie schon! Löst die Haken und die Seile.«

Die Wikinger hatten sich nämlich überlegt, daß die Hafenwache sofort herbeieilen würde, wenn sie das Feuer bemerkte. Und tatsächlich trafen die Soldaten in dem Moment ein, in dem die letzten Wikinger an Bord ihres Schiffes sprangen und ablegten. Die Seeleute entdeckten die Wachen ebenfalls, sprangen gleich auf und fingen an zu schreien, die Soldaten sollten die Wikinger festnehmen und ihr Schiff beschlagnahmen.

Der König nun tat umständlich so, als wolle er sein Drachenboot wenden und fliehen, wurde aber erwartungsgemäß rasch von dem Schiff der Hafenwache eingeholt. Sie gingen längsseits, schwangen ihre Speere und erhoben ein Geschrei.

»Geschorener, was wollen die Wachen?« fragte Harald mich.

»Sie befehlen uns, sofort anzuhalten, oder wir würden es mit der gesamten Flotte des Kaisers zu tun bekommen.«

Der König grinste und erklärte: »Nun, dann sollten wir wohl besser tun, was sie sagen.« Er befahl Thorkel, die Ruder einziehen zu lassen, und donnerte seinen Männern entgegen, daß fremde Soldaten an Bord kommen würden. Zu mir aber meinte er leiser: »Teil unserem diebischen Freund mit, daß wir anhalten.«

Ich stellte mich wieder an die Reling und wandte mich an den Hafenmeister, der am Bug seines Schiffes stand. »Wir fahren nicht weiter«, teilte ich ihm mit, »und der König erlaubt dir, an Bord zu kommen.«

»Dann macht euch auf etwas gefaßt«, entgegnete der Quaestor wütend und gab seinen Soldaten ein Zeichen. Sie stiegen an unserer Schiffswand hoch, und als sie oben auf dem Deck standen, folgte er ihnen. Acht Wachen standen nun vor uns, jeder mit einem Speer und einem breiten Kurzschwert bewaffnet.

Der Hafenmeister stolzierte gleich wichtigtuerisch auf den König zu und verlangte von ihm zu erfahren, warum er das andere Boot angegriffen habe. Nachdem ich seine Worte übersetzt hatte, antwortete Harald ganz ruhig, und als sei das tatsächlich ein Grund: »Weil sein Anblick mein Auge beleidigt hat.«

»Weißt du denn nicht, daß es ein großes Verbrechen darstellt, im Hafen des Kaisers ein anderes Schiff anzugreifen oder zu beschädigen?« fuhr der Quaestor fort.

Wieder entgegnete der König nach der Übersetzung ganz gefaßt: »Und gilt es im Hafen des Kaisers auch als Verbrechen, einem Mann sein Silber zu stehlen?«

»Aber natürlich«, entgegnete der Hafenmeister. »Willst du damit sagen, die Männer auf jenem Schiff dort hätten euch bestohlen?«

»Nein«, sagte der Jarl, »die sind ganz harmlos. Vielmehr bist du es gewesen, der mir mein Silber genommen hat.« Kaum hatten diese Worte Haralds Mund verlassen, da warfen sich auch schon die Barbaren mit dem allerfurchterregendsten Kriegsgeschrei auf die Soldaten. Der Kampf währte nur kurz, und es gelang den Seewölfen mit wenig Mühe und ohne Blutvergießen, die Wachen zu entwaffnen und gefangenzunehmen.

Harald stieß nun den Quaestor zu Boden und stellte ihm einen Fuß auf den Hals. Die Wächter wollten ihrem Herrn zu Hilfe eilen, aber der eiserne Griff, in dem die Dänen sie festhielten, hinderte sie erheblich daran, und so stellten sie jeden weiteren Widerstand ein.

Der Hafenmeister kreischte, schlug um sich und verlangte, auf der Stelle freigelassen zu werden. Aber der Jarl blieb ganz ruhig. Er hätte dem Mann ohnehin mit einem einzigen Tritt den Kehlkopf zerschmettern können. Doch danach stand ihm nicht der Sinn, und er verlangte nach seinem Schwert. Einer der Wikinger reichte ihm die Klinge.

»Was soll das?« krächzte der Quaestor angstvoll vom Deckboden. Dann entdeckte er mich und flehte nach Luft schnappend: »Sag ihm … daß er uns sofort freilassen soll … weil ihn sonst der Zorn des Kaisers trifft … sag ihm, daß …«

Harald wollte wissen, was der Wurm von sich gegeben habe. Ich konnte ihn davon überzeugen, den Fuß vom Hals des Mannes zu nehmen, damit er sich deutlicher äußern könne. Dann wiederholte ich dem Jarl, welche Drohung der Hafenmeister ausgestoßen hatte. Der König lachte nur darüber. »Gut. Ich habe schon lange keinen Dieb mehr erschlagen. Und seinem Herrn werde ich gern erklären, warum ich das getan habe.« Und damit hob er sein Schwert.

»Warte!« kreischte der Quaestor und wand sich unter Haralds Fuß.

»Sag ihm, er soll stillhalten«, knurrte der Jarl, »sonst wird es kein sauberer Hieb.«

»Was? Was sagt er?« keuchte der Hafenmeister.

»Er meint, du sollst still liegen, sonst muß er ein zweites Mal zuschlagen.«

»Sag ihm, alles war nur ein Mißverständnis«, rief der Mann mit schriller Stimme. »Und teil ihm mit, daß er alles zurückerhalten soll.«

Natürlich hatte ich genaue Anordnungen erhalten, wie ich mich verhalten sollte. »Zu spät. Der Dänenkönig ist fest entschlossen, sich an dir zu rächen, weil du ihn gestern so betrogen hast. Das Silber spielt für ihn keine Rolle mehr.«

»Aber was will er denn dann?«

»Dir den Kopf abschlagen und ihn an den Mast seines Schiffes nageln«, antwortete ich. »Und ich fürchte, genau damit will er jetzt beginnen.«

Harald nahm den Fuß von seinem Gefangenen und legte die Schneide seines Schwerts auf dessen Kehle, so, als wolle er Maß nehmen. Ob beabsichtigt oder nicht, er drückte etwas zu fest mit der Klinge. Die weiche Haut des Hafenmeisters riß auf, und ein paar dicke Blutstropfen quollen heraus und liefen aufs Deck.

»Weiß er denn nicht, wer ich bin?« ächzte der Quaestor.

»Er hält dich für den Mann, der ihn vor seinen Kriegern zum Narren gehalten und ihm viel Silber gestohlen hat«, erklärte ich.

»Er begeht einen großen Fehler!«

Der König stellte dem Mann den Fuß auf den Kopf und holte mit dem Schwert weit aus.

»Nein! Nein!« kreischte der Hafenmeister. »Warte! Hör mich an! Ich bin ein bedeutender Mann! Ein reicher Mann! Er kann für mich viel Lösegeld bekommen!«

»Was will er denn jetzt schon wieder?« fragte der König in gespieltem Überdruß, während er sich gleichzeitig über den Mann beugte, um festzustellen, wo die Schneide am besten treffen sollte.

»Er meint, er sei ein wichtiger Mann, und du könntest für ihn Lösegeld verlangen.«

Harald zog eine Braue hoch. »Wer würde denn für ihn etwas geben?«

Diese Frage stellte ich dem Quaestor, und der antwortete gleich: »Der Kaiser! Ich bin ein Vertrauter des Kaisers, und er wird für meine Befreiung bezahlen.« Tränen rannen ihm jetzt über das stark gerötete, aufgequollene Gesicht, und der Gestank seiner Angst drang allen Umstehenden in die Nase.

Der Jarl hörte aufmerksam zu, als ich ihm berichtete, welche Stellung der Steuereintreiber bei Hof genoß und welche Möglichkeiten sich daraus ergäben. »Wieviel wird der Kaiser geben?« wollte Harald wissen.

»Der König möchte erfahren, wieviel Lösegeld er erwarten kann«, teilte ich dem Hafenmeister mit, der jetzt so stark schwitzte, daß sich rund um seinen Kopf eine Lache bildete.

»Zweimal soviel, wie ich gestern von ihm verlangt habe«, antwortete der Gefangene.

Nach meiner Übersetzung schüttelte der Jarl heftig den Kopf. »Sag diesem Einfaltspinsel, daß ich Sklaven besitze, die mehr wert sind. Davon abgesehen hole ich mir hier soviel Silber, wie ich nur tragen kann, wenn wir erst einmal damit angefangen haben, die Stadt zu plündern. Nein, ich werde seinen Kopf an den Mast schlagen als Warnung an alle, die glauben, sie könnten das Silber von Harald Stierbrüller stehlen!«

Dies teilte ich dem Hafenmeister mit, der ebenso entsetzt wie fassungslos entgegnete: »Aber das ist unmöglich! Versteh doch, kein Barbar hat jemals diese Stadt überfallen und ausplündern können. Ihr werdet alle tot sein, noch ehe ihr das erste Tor überwinden konntet. Laßt uns sofort frei, dann werde ich den Kaiser um Gnade für euch bitten.«

»Bitte besser um Gnade für deine Männer«, erwiderte ich, »denn wenn der König der Dänen keine besseren Gründe hört als die, welche du bisher vorgebracht hast, werden du und deine Soldaten schon tot sein, bevor die Flotte des Königs das erste Ruder ins Wasser getaucht hat.«

Die Wachen, die diese Worte mitbekommen hatten, wurden unruhig und bedachten ihren Vorgesetzten mit Verwünschungen. Doch ich bemerkte, daß meine Rede noch nicht ganz ausgereicht hatte, den Quaestor zu überzeugen, und so fügte ich hinzu: »Vertrau mir, denn ich spreche die Wahrheit. Ich bin nur ein Sklave, und ich werde in dieser Stadt ohnehin mein Ende finden. Mein Leben liegt in Gottes Hand, Er hat es so entschieden, und ich will es zufrieden sein. Aber bei dir verhält es sich anders, und es liegt in deiner Macht, dein Leben und das deiner Soldaten zu retten.«

Der Hafenmeister schloß die Augen. »Der Kaiser wird bezahlen, gleich, wieviel ihr verlangt. Glaubt mir, aber verschont mich.«

Ich berichtete Harald, was der Gefangene gesagt hatte, und meinte dann: »Bedenk doch nur, Jarl, der Kaiser selbst zahlt

Harald, dem König der Dänen, Tribut. Wenn man das nicht ein Wunder nennen soll!«

Nach einem Moment lächelte er und stimmte zu, daß es wirklich eine wunderbare Sache wäre, wenn der römische Kaiser sich vor ihm verbeugte und ihm das Lösegeld aushändigte. Dann dauerte es nicht mehr lange, bis Harald sich entschieden hatte: »Gut, genau so werden wir es tun.«

Damit zog er den Fuß vom Hals des Mannes, riß ihn hoch, nahm ihm Gürtel und Stiefel ab und zog ihm den Ring vom Finger. Dann befreite er ihn auch noch von dem Helm mit dem Pferdeschwanz an der Helmzier und dem Stab mit der Bronzekugel. Das alles packte er in den roten Umhang des Quaestors und erteilte dann den Dänen den Befehl, wenn er nicht bis Sonnenuntergang zurück sei, sollten sie allen Gefangenen die Kehle durchschneiden, ihre Köpfe an den Mast schlagen und ihre Körper ins Hafenbecken werfen.

Nun bestimmte er zwölf Krieger, die ihn begleiten sollten. Hnefi, Gunnar und Orm waren selbstverständlich dabei, weil sie ja schon über einige Ortskenntnis verfügten, und natürlich ich als Dolmetscher. Als der König von Bord ging, wandte ich mich noch einmal an den Hafenmeister: »Ist es wahr, daß du dem Kaiser selbst rechenschaftspflichtig bist?«

»Ja«, antwortete er leise und verdrossen.

»Dann bete darum, daß der Kaiser dein Leben für wert hält, gerettet zu werden.«

30

Harald sonnte sich in seinem Triumph. Die Vorstellung, den Kaiser zu etwas zu zwingen, verzückte ihn geradezu. Der Ausgang der Unternehmung befriedigte sowohl sein Gerechtigkeitsempfinden, als er auch seiner Eitelkeit schmeichelte. Er glaubte nämlich, indem er einen Beamten des Beherrschers dieses Reiches beim Diebstahl erwischt und gefaßt hatte, würde er damit den Kaiser in seiner Hand haben, müßte der sich doch schon allein aufgrund seiner Ehre verpflichtet fühlen, dieses Unrecht wiedergutzumachen.

Daß Harald aber mit seinen Seewölfen allein zu dem Zweck nach Konstantinopel gekommen war, um den Kaiser und viele seiner Untertanen zu berauben, war ein Umstand von so minderer Bedeutung, daß der Jarl sich auch nicht einen Moment damit aufhielt. Nun muß man aber selbst den Dänen zugestehen, ein starkes, wenn auch eigenwilliges Ehrgefühl zu besitzen. Ich selbst hatte mich einige Male davon überzeugen können. Doch ehrlich gesagt, ich hatte keine Vorstellung, wie dieses Unternehmen ausgehen würde. Wenn damit jedoch Blutvergießen vermieden wurde, schätzte ich mich glücklich, daran teilnehmen zu dürfen.

Der Jarl befahl den anderen drei Schiffen, sich vor sein Drachenboot zu setzen und es für den Fall abzuschirmen, daß jemand mit Gewalt versuchen wollte, die Gefangenen zu befreien. Er holte sogar Krieger von den anderen Schiffen auf sein Boot, um die Geiseln besser bewachen zu können, und befahl seinen Mannen, sich für die Schlacht zu rüsten und bis zu seiner Rückkehr höchste Wachsamkeit an den Tag zu legen.

»Ich gehe nun an Land«, verkündete er seinen Dänen, ehe er endgültig von Bord stieg, »um eine Ehrenschuld einzufordern. Danach werde ich der erste König des Dänenvolks sein, der Tribut vom Kaiser von Miklagård empfangen hat.« Wahrlich, der Mann litt nicht an einer verkümmerten Selbsteinschätzung.

Der Jarl hatte sich in seine besten Gewänder gekleidet, stieg in das Boot des Hafenmeisters, stellte sich wieder an den Bug und befahl seinen Männern loszurudern. Wir brauchten nicht lange, um den überfüllten Hafen hinter uns zu bringen, machten doch viele Boote uns bereitwillig Platz. Dann landeten wir beim Magnaura-Tor und schritten darauf zu.

Unsere Unternehmung hätte beinahe ein vorzeitiges Ende gefunden, noch ehe wir einen Fuß in die Stadt gesetzt hatten, als der Präfekt beim Anblick von einem Dutzend Barbari sofort aus seinem Kiosk gelaufen kam und unsere Scheiben zu sehen verlangte. Harald, der auf dem Weg war, eine Ehrenschuld einzutreiben, befand sich nicht in der Stimmung, für das Betreten der Stadt etwas bezahlen zu wollen.

Als der König unbeeindruckt von dem Geschrei des Beamten weiterlief, rief der Präfekt sofort die Wachen: »Haltet sie auf! Aufhalten!« Und schon tauchte ein Trupp Soldaten mit gesenkten Speeren auf und versperrte uns den Weg. Harald machte Miene, sich den Weg mit Waffengewalt zu erzwingen. Aber da entdeckte ich unter den Griechen den Jüngling, der mich gestern freundlich behandelt und mir weitergeholfen hatte, und ich bat den Jarl, sich zurückzuhalten, während ich die Angelegenheit mit dem Soldaten bereden würde.

»Oh, du schon wieder«, sagte der Jüngling, »und ich

dachte, du hättest gestern gelernt, wie man sich hier zu benehmen hat.«

»Heute ist die Lage aber viel ernster«, entgegnete ich und berichtete ihm rasch von der Gefangennahme des Hafenmeisters und seiner Soldaten, um für sie Lösegeld zu erhalten.

»Kannst du das beweisen?« fragte der Soldat. Ich winkte Gunnar zu, mit dem zusammengebundenen Umhang herzukommen. Unter dem wachsamen Auge Haralds öffnete der Wikinger das Bündel und gestattete dem Wächter, einen Blick hineinzuwerfen. Als der Jüngling die Besitztümer des Quaestors wiedererkannte, meinte er: »Ihr habt ihn also wirklich. Würdest du mir wohl erklären, warum ihr ihn ergriffen habt?«

»Das ist eine Angelegenheit, die nur für das Ohr das Kaisers bestimmt ist«, entgegnete ich, weil ich mir aufgrund meiner Erfahrungen in dieser Stadt sagte, daß wir am ehesten eine Chance besäßen, vor den Herrscher geführt zu werden, wenn wir auf dem Weg zu ihm so wenig wie möglich zu anderen sagten. Alle Menschen, auch die Byzantiner, sind nämlich von Natur aus neugierig und möchten Geheimnisse aufgedeckt bekommen.

»Aedan!« donnerte der König, der, wie ich ihm ansehen konnte, allmählich die Geduld angesichts der kleinlichen Hindernisse verlor, welche diese Stadt ihm in den Weg zu stellen beliebte. Rasch trat ich vor ihn, verbeugte mich und bat um die Möglichkeit, freies Geleit zum Palast des Kaisers aushandeln zu dürfen. Dafür möge er mir aber die Gunst erweisen, mich noch einige wenige Momente mit den Soldaten sprechen zu lassen. Harald grunzte nur, was ich, der ich ihn ja schon einigermaßen gut kannte, als Zeichen seiner Zustimmung deutete. So verbeugte ich mich nochmals vor ihm und eilte dann zu den Wachen zurück.

»Mein Herr wird langsam ungeduldig. Er beabsichtigt, wie schon gesagt, Lösegeld im Tausch für den Quaestor und seine

Soldaten zu erlangen. Und zu diesem Behuf will der König der Dänen sofort vor den Kaiser geführt werden.«

»Das wird euch niemals gelingen«, entgegnete der Jüngling. »Die Palastwachen lassen euch nicht einmal in einen der Vorhöfe durch. Und wenn ihr mit Gewalt einzudringen versucht, wird man euch erschlagen.«

»Dann hilf uns bitte«, sagte ich.

»Ich?« entfuhr es ihm. »Was habe ich denn mit eurem Begehr zu schaffen?«

»Wenn du uns nicht hilfst, wird der Hafenmeister zusammen mit acht seiner Soldaten sterben, bevor die Sonne untergegangen ist. Harald Stierbrüller hat entschieden, seinen Mast mit den Köpfen dieser Männer zu zieren, wenn er nicht mit dem Lösegeld zurückkehrt. Vier seiner Schiffe voll mit Kriegern warten da draußen, um seinen finsteren Plan durchzuführen. Gut möglich, daß die Soldaten dieser Stadt sie bezwingen werden, aber bis dahin wird auf beiden Seiten viel Blut fließen, und für den Quaestor käme dennoch jede Hilfe zu spät.«

»So verhält es sich also«, stellte er fest und betrachtete die Barbaren nachdenklich. Dann überlegte er kurz. »Der Hafenmeister Antonius ist ein aufgeblasener Pfau, der sich selbst zu wichtig nimmt«, meinte der Jüngling. »Ich kann mir gut vorstellen, daß ihr gute Gründe hattet, ihn zu ergreifen. Dennoch sollte ich dir wohl mitteilen, daß der Quaestor über einigen Einfluß an höchsten Stellen verfügt. Wenn ihr euch also nicht geschickt verhaltet, findet ihr euch eher, als euch lieb sein kann, in Ketten wieder. Oder ein noch schlimmeres Schicksal erwartet euch.«

Bevor ich widersprechen und erklären konnte, daß wir sehr gute Gründe für ein solches Vorgehen hätten, hob er abwehrend die Hand. »Sag jetzt nichts mehr; denn, wie du gesagt hast, ist dies wohl eine Angelegenheit allein für das Ohr des Kaisers. Als Freund rate ich dir allerdings, daß ihr dem Herrscher eine Bürgschaft leisten müßt, weil ihr sonst nicht darauf hoffen dürft, sein Ohr zu gewinnen.«

»Ich verstehe nicht, was denn für eine Bürgschaft?«

»Ein Unterpfand eures guten Willens«, antwortete er, »oder ein Zeichen für den hohen Rang deines Herrn, das eurem Anliegen das nötige Gewicht zu verleihen vermag.«

»Warum sollten wir denn so etwas vorlegen?« fragte ich in meiner Ahnungslosigkeit. »Wir haben den Ring, den Amtsstab und den Helm des Antonius dabei, das dürfte doch wohl reichen, um anzuzeigen, wie ernst wir es meinen. Und wie du selbst sehen kannst, ist Harald ein wirklicher König. Niemand könnte ihm seinen Rang absprechen.«

»Was du da vorbringst, ist natürlich alles richtig«, gestand mir der Soldat zu, »aber der Hafenmeister ist bei Hof hoch geachtet und wohlbekannt. Ihr seid weder das eine noch das andere. Solltet ihr wirklich zum Kaiser vorgelassen werden – was ich, ganz ehrlich, stark bezweifle – und dann von Seiner Majestät Lösegeld für einen so hochstehenden Beamten verlangt, wäre es eurer Sache durchaus dienlich, wenn ihr euch als Männer von Reichtum und Macht ausweisen könntet. Und dies gelingt einem am ehesten durch ein Unterpfand, ein Symbol. So geht es nun einmal in dieser Stadt zu.«

»Aber wir halten doch den Hafenmeister und seine Männer als Geiseln«, wandte ich, immer noch nicht überzeugt, ein.

»Ja, richtig, und je weniger ihr darüber verlauten laßt, um so besser für euch«, erklärte der Jüngling mir. »Ihr wollt doch schließlich vor den Kaiser, oder?«

Allmählich verstand ich. »Mit anderen Worten, je größer der Wert unserer ›Bürgschaft‹, desto mehr Gewicht mißt man auch unseren Aussagen zu.«

»Du hast es erfaßt.«

»Und wenn der Kaiser für Antonius kein Lösegeld bezahlen will?« fragte ich naiv.

»Dann gnade euch Gott«, entgegnete der Jüngling. »Und auch dem Hafenmeister.«

Die Schwere unseres Wagnisses wurde mir jetzt erst so richtig bewußt: Wir wollten den Kaiser des Römischen Reiches um Lösegeld angehen. Und um mir die Mißlichkeit unserer Lage noch mehr zu verdeutlichen, fügte der Jüngling hinzu: »Fordert die Geduld des Herrschers nicht zu sehr heraus, mein Freund. Gefängnis ist noch die geringste Bestrafung für jemanden, der ein falsches Zeugnis ablegt.« Er betrachtete mich einen Moment lang zweifelnd. »Ihr geht ein hohes Risiko ein, gewiß, aber du weißt jetzt, wie Angelegenheiten von solcher Natur in dieser Stadt behandelt werden. Und es war mir ein Bedürfnis, dich darauf hinzuweisen.«

Ich sah ihm offen ins Gesicht. »Warum tust du das? Warum hilfst du uns gegen einen deiner eigenen Landsleute?«

Der Wächter senkte die Stimme, wich aber meinem Blick nicht aus. »Sagen wir einmal so, im Gegensatz zu vielen anderen in Byzanz gebe ich noch etwas auf solche Dinge wie Ehrlichkeit und Gerechtigkeit.«

»Freund, wie lautet dein Name?«

»Justinian«, antwortete er, »und ich bin der Hauptmann der Scholarii am Magnaura-Tor. Wenn es euch mit eurem Vorhaben immer noch ernst ist, so will ich euch durch den Hof des Kaisers führen, auch wenn ich immer noch stark bezweifle, daß man euch vorlassen wird.«

»Überlassen wir es einfach dem Willen Gottes«, schlug ich vor.

»So sei es.«

Ich kehrte zum Jarl zurück, der mittlerweile kochte, weil er warten mußte, während zwei Männer, die weit unter ihm standen, einen Schwatz hielten. »Nun?« fuhr er mich gleich an. »Sprich! Was hatte der Soldat zu sagen?«

»Dieser Mann ist der Hauptmann der Wache an diesem Tor, und er will uns zum Hof des Kaisers führen. Doch wir sollten gewarnt sein: Um unsere Sache wird es schlecht bestellt sein, wenn du dem Herrscher nicht einen Beweis für deinen Rang vorlegst. Dieser unterstreicht dann die Bedeutung deines Anliegens und belegt deine Vertrauenswürdigkeit.«

»Einen Beweis? Einen Beleg? Ich werde ihm das Haupt dieses Diebes vor die Füße werfen!« ereiferte sich Harald.

»Nein, Jarl«, widersprach ich, »das dürfte wohl kaum ausreichen.« Und ich begann ihm nach bestem Wissen und Verständnis zu erklären, was Justinian mir über die Wege der Gerechtigkeit in dieser Stadt mitgeteilt hatte. Und ich verschwieg Harald auch nicht, was mit uns geschehen würde, wenn der Kaiser nicht bereit war, das Lösegeld zu bezahlen. Einer plötzlichen Eingebung folgend fügte ich noch hinzu, daß auch, wenn der Kaiser vielleicht nicht geneigt wäre, seinen Beamten mit einer hohen Summe Geldes zu befreien, er sich womöglich doch bereit fände, dem Dänenkönig den entstandenen Schaden wiedergutzumachen und ihm das Silber zu ersetzen.

Der Jarl zog die Stirn in immer tiefere Falten. Die Formalitäten dieser Stadt verwirrten ihn eindeutig, und so war er um so stärker geneigt, die viel einfachere Möglichkeit eines Schadensersatzes in Betracht zu ziehen. »Ich glaube«, versicherte ich ihm, »daß wir wenig zu befürchten haben, steht die Wahrheit doch hinter unseren Worten.«

Harald zögerte. Bis eben hatte er noch geglaubt, die Dinge wie in seiner Heimat regeln und eine einfache Ehrenschuld eintreiben zu können. Doch daraus schien jetzt ein Rechtshändel von Ausmaßen zu erwachsen, die er nicht mehr überblicken konnte.

»Jarl«, meldete sich Gunnar zu Wort, »wäre es dir denn lieber, ein anderer König wäre der erste Däne, der aus der Hand des Kaisers einen Tribut empfinge? Das solltest du wirklich bedenken.« Er schwieg für einen Moment, damit dem König zu Bewußtsein kommen konnte, was er da womöglich aufs Spiel setzte, und fuhr dann fort: »Handele so, wie Aedan es dir rät, und dann wird die Geschichte von deiner Tat in allen Hallen des Dänenlandes erzählt werden. Du wirst berühmter werden als Erich Haarhose. Solcher Ruhm dürfte wertvoller sein als alles Silber Miklagårds!«

»Ich werde es tun!« donnerte Harald überzeugt und wandte sich an Hnefi: »Kehre mit vier Männern zum Schiff zurück und bring die Schatztruhe her.«

Wäre ich in diesem Moment bei klarerem Verstand gewesen, hätte ich ahnen können, was der König beabsichtigte. Doch ich war so damit beschäftigt, unser sorgenbefrachtetes Schiff sicher durch die Klippen zu steuern, die sich vor uns auftaten, daß die Bedeutung von Haralds Worten mir vollkommen entging.

Ich erklärte Justinian nun, daß der Jarl einige Männer zum Schiff zurücksende, um das geforderte Unterpfand zu besorgen, und der Soldat entgegnete: »Dann laßt uns aufbrechen. Ich stelle einige Wachen hier am Tor ab, welche die Barbaren bei ihrer Rückkehr weitergeleiten sollen. Der Palast liegt nicht weit von hier. Dort können wir auf sie warten; doch wir wollen hier nicht länger für Aufsehen sorgen.«

Der Hauptmann der Magnaura-Wache bestimmte einige seiner Männer, den Dänen weiterzuhelfen, und winkte uns anderen, ihm zu folgen. Und so geschah es, daß die Unseren in die Stadt gelangten, ohne daß auch nur eine Kupfermünze den Besitzer gewechselt hätte. Justinian und ich führten den Zug, der aus einer Gruppe stolzer, aber doch ein wenig beeindruckter Barbaren in der Mitte und einigen Soldaten am Schluß bestand. Wie der Hauptmann versprochen hatte, lag der Palast wirklich nicht allzu weit – allerdings in der entgegengesetzten Richtung zu der, in welcher wir uns gestern bewegt hatten, was ich daran erkannte, daß ich unterwegs eben nichts wiedererkannte.

Harald besaß zwar immer noch seine königliche Ausstrahlung, wirkte aber ein wenig verwirrt, hatte er eine so riesige Stadt doch noch nie von innen gesehen, und alles kam ihm groß und gewaltig vor. Dennoch bemühte er sich, wie ein Eroberer durch die Straßen zu schreiten. Zwar wanderten seine Augen hin und her, aber er hielt den Mund fest geschlossen, um sich nicht mit Erstaunens- oder Begeisterungsausrufen eine Blöße zu geben. Ganz im Gegensatz zu seinen tapferen Kriegern, die sich laut über jede neue Sehenswürdigkeit verwunderten. Die mehrstöckigen Häuser lösten bei ihnen die wildesten Spekulationen darüber aus, welche Reichtümer wohl hinter den Mauern lagern mochten. Und als wir dann des Amphitheaters ansichtig wurden, wollten die Entzückenschreie kein Ende nehmen. Sehr zur Belustigung der Einwohner von Byzanz übrigens, die sogar stehenblieben, um darüber zu lachen und unserem wunderlichen Zug hinterherzusehen.

Hätte jemand von ihnen auch nur geahnt, worüber die Wikinger sich unterhielten, ich glaube, das Lachen wäre ihnen rasch vergangen. Die Seewölfe interessierten sich nahezu ausschließlich für die Reichtümer, von denen sie glaubten, die seien hier in unerschöpflicher Menge vorhanden. Und sie erörterten ganz ungeniert die Möglichkeiten, wie man am schnellsten und besten daran kommen könne: Sei es nun besser, in einen solchen Palast einzudringen und jeden auf der Stelle zu erschlagen, der die Dummheit besaß, sich blicken zu lassen, oder sollte man einfach hineinmarschieren, alles unter den Arm nehmen, was des Stehlens wert sei, und nur die umbringen, die so blöde waren, sich ihnen in den Weg zu stellen. Eine dritte Gruppe vertrat sogar die Ansicht, gleich die ganze Stadt in Brand zu stecken, und … Ich wollte lieber nichts mehr hören und dankte meinem Schöpfer dafür, daß die Bürger, die sich so über die staunenden Dänen amüsierten, keinen Schimmer davon hatten, welches Schicksal diese Wilden ihnen angedeihen lassen wollten.

Als wir dann auf die Palastmauern zuhielten, fingen die Seewölfe sofort an zu überlegen, wie man einen so verlockenden Ort einnehmen könne. Aus der Sicht eines Barbaren stellte sich dabei jedoch ein erhebliches Problem: Der Palast bestand nicht nur aus einem Haus, sondern aus etlichen Gebäuden, die über ein weites, von den Wällen umschlossenes Areal verteilt waren und somit eine Stadt innerhalb der Stadt darstellten. Die Mehrheit der Wikinger vertrat die Ansicht, man solle ihn so erobern wie jede x-beliebige Siedlung, will heißen, überall Feuer legen und die Bewohner erschlagen, sobald sie vor den Flammen flohen. Danach könne man die ganze Anlage in aller Ruhe ausplündern und müßte sich nicht so abhetzen. Jemand warf ein, daß es da noch ein Problem gebe: die Soldaten. Die Seewölfe hatten keine Ahnung, wie viele Soldaten dem Befehl des Kaisers unterstanden. Aber wenn die alle so wären wie die Wachen am Tor, dann würden die tapferen Dänen dank ihrer überlegenen Stärke und Statur sicher mit jeder Anzahl dieser kleineren und schlechter gewappneten Verteidiger fertig. Daß diese Wachen mit den roten Umhängen uns freundlich behandelten und uns sogar den Weg zeigten, spielte in diesem Zusammenhang für sie nicht die geringste Rolle.

Mir fiel etwas Eigenartiges auf: Je näher wir dem Palast kamen, desto schäbiger und gewöhnlicher wirkten die Häuser. Die großartigen und prachtvollen Villen der Reichen verschwanden und machten einfacheren Gebäuden Platz, und diese wiederum Hütten, bis wir endlich im Schatten der Palastwälle nur noch Erbärmliches zu Gesicht bekamen: Bretter, die man an die Mauer gelehnt und mit Ästen und Lumpen belegt hatte. Der Wall schien in seiner gesamten Länge und auch in beiden Richtungen solcherart bebaut zu sein, und davor trieb sich eine Horde verdreckter Bettler herum.

Bevor wir wußten, wie uns geschah, hatte uns die Masse dieser Elenden schon umringt, streckte uns die schmutzigen Hände entgegen und bettelte um Almosen. Einige dieser Gestalten reckten uns ihre verwitterten Glieder und Gliedstümpfe entgegen. Andere präsentierten uns schwärende Wunden, aus denen Eiter rann. Die Barbaren, die sonst nichts so leicht umhauen konnte, entsetzten sich über soviel Armut und schlugen nach den stinkenden Bettlern, wenn diese zu nahe drängten. Die Soldaten, die an soviel Not und Krankheit gewohnt waren, übernahmen die Spitze und drängten die Menge mit ihren Schilden und Speerstangen zurück.

Endlich fanden wir uns vor einem Tor wieder, vor dem einige Soldaten in blauen Umhängen postiert standen. Kaum wurden sie der Wikinger ansichtig, da richteten sie sofort die Waffen auf uns.

»Halt, oder ihr seid des Todes!« rief ihr Hauptmann.

Die Dänen sahen die auf sie gerichteten Speerspitzen, zückten augenblicklich ihre Waffen und schienen sich auf den Kampf zu freuen. Als unsere Soldaten dessen ansichtig wurden, stellten sie sich sofort neben ihre Kameraden. Nur Justinian stellte sich zwischen beide Parteien und erhob die Stimme: »Scholarae Titus, laß uns durch. Diese Männer gehören zu mir. Ich geleite sie zu einer Audienz beim Kaiser.«

Der Hauptmann befahl seinen Männern, sich wieder auf ihre Posten zu begeben, und verlangte von Justinian zu erfahren, was dieser Zug zu bedeuten habe.

»Wir befinden uns auf einer ... diplomatischen Mission. Es geht um eine Angelegenheit von allerhöchster Dringlichkeit.«

Titus warf den Wikingern einen argwöhnischen Blick zu. »Ich kann die da nicht durchlassen.«

»Jetzt hör mir mal gut zu«, sagte Justinian und trat zu ihm. »Es geht hier um Leben und Tod. Der Quaestor des Hafens Hormisdas schickt uns, und man muß uns sofort passieren lassen.« Verblüfft stellte ich fest, wie gut der Mann lügen konnte. Er winkte mich heran und bedeutete mir, das Umhangbündel vorzuzeigen. Ich besorgte es mir von Gunnar, und Justinian knotete es auf, damit Titus einen Blick hineinwerfen konnte. »Ich kann nur darum beten, daß es bei der Durchführung dieses Auftrags nicht doch noch zu Blutvergießen kommt.«

Der Hauptmann der Palastwache besah sich die einzelnen Gegenstände. »Aber diese Barbaren führen Waffen mit sich«, erklärte er schließlich, »und ich darf keine Bewaffneten durchlassen. Erst recht keine Barbaren. Denn sonst ist mein Kopf in Gefahr, und *der* hat für mich die allergrößte Wichtigkeit, wie du sicher verstehen wirst.«

Justinian wandte sich an mich. »Dein König muß sich einverstanden erklären, eure Waffen hier zurückzulassen.«

Ich gab Harald ein Zeichen, sich zu uns zu gesellen, und klärte ihn über die Sachlage auf. Er legte die Stirn in tiefe Falten und schüttelte dann heftig den Kopf. »Nein, ich werde diesen Ort nicht waffenlos betreten. Lieber brennen wir ihn nieder. Sag ihnen das.«

So erklärte ich Justinian: »Der König will wissen, welche Sicherheiten ihm gewährt werden, wenn er und seine Männer ihre Waffen ablegen. Schließlich möchten sie im Palast nicht angegriffen werden.«

Der Tor-Hauptmann sah die grimmige Miene des Jarls und trat wieder zu Titus. Die beiden Offiziere redeten eine Weile miteinander, dann gab Justinian mir ein Zeichen, zu ihnen zu kommen. »Mein Freund Titus hier bittet dich, deinem Herrn beizubringen, daß auf dem Palastgelände Unterredung und Verhandlungsgeschick längst die Anwendung von roher Gewalt abgelöst haben. Wir hier in Byzanz sind keine Barbaren. Wenn dein König wirklich mit dem Kaiser reden will, muß er ohnehin die Waffen ablegen, um seine friedlichen Absichten kundzutun.«

Dies teilte ich nun Harald mit, der eine Weile das Für und Wider abwog und dann fragte: »Ist das eine Falle?«

»Bestimmt nicht, Jarl«, antwortete ich. »Davon abgesehen hältst du ja immer noch den Hafenmeister als Geisel. Sein Leben und das seiner Männer bleiben in deiner Hand, ob du nun ein Schwert umgegürtet hast oder nicht. Herr, ich fürchte, dir bleibt gar nichts anderes übrig, als diesen Soldaten zu gehorchen; denn sonst kommst du nicht vor den Kaiser und kannst keine Ehrenschuld einfordern.«

»Gut, dann machen wir es eben so«, sagte Harald, kaum daß ich geendet hatte.

»Sehr schön«, meinte Titus, nachdem ich ihn über den Sinneswandel des Königs in Kenntnis gesetzt hatte. »Dann sollten sie aber auch gleich damit beginnen.«

Harald befahl seinen Kriegern, Äxte, Schwerter und Streitkolben abzulegen und den Soldaten zur Verwahrung zu überlassen. Dieser Aufforderung kamen die Wikinger zwar nach, aber nur mit viel Grummeln und Verwünschungen. Mir entging allerdings nicht, daß sie ihre Dolche bei sich behielten. Jeder Seewolf führt eine solche Klinge mit sich, entweder unter dem Gürtel oder im Stiefel, und gibt sie wohl niemals her. Justinian erklärte dem Palasthauptmann nur, daß noch weitere Barbaren unterwegs seien, um die Bürgschaft zu bringen. Nachdem damit alle Fragen geklärt waren, befahl Titus seinen Soldaten, beiseite zu treten und uns das Tor zu öffnen. Rasch huschten wir hindurch und ließen Gestank und Bettlerschar hinter uns.

Jenseits des Tores fanden wir uns in einem riesigen Garten wieder, durch den eine baumbestandene Straße führte. Hohe Mauern teilten das Gelände in mehrere kleinere Teile auf. Wohin man auch sah, überall hatte man ein Stück Wall im Blickfeld. Über die Mauerkronen ragten an manchen Stellen Baumwipfel oder Kuppeln von Gebäuden hinaus, von denen einige an ihrer Spitze ein Kreuz trugen.

Der Boden stieg leicht an, befand sich der Palast des Kaisers doch auf einem Hügel, der das Marmarameer überblickte. Richtung Süden konnte man das Wasser dunkelblau schimmern sehen.

Geführt von Justinian zog unsere gemischte Gesellschaft – die sich nun aus acht Barbaren, neun Wachen, den beiden Hauptleuten und meiner Wenigkeit zusammensetzte – über die Straße und gelangte schließlich, wie hätte es auch anders sein können, vor eine Mauer. In diese war ein breites Tor eingelassen, durch das vier Reiter bequem nebeneinanderher reiten konnten. Noch wunderbarer erschien mir aber, daß man oben auf den Torbogen ein Haus gebaut hatte, in dem die Wachen lebten.

Dahinter gelangten wir in einen weiteren Garten, durch den sich mehrere baumgesäumte und mit Marmorplatten belegte Wege ausbreiteten. Gebäude standen dort in Gruppen und ohne erkennbare Ordnung auf dem Gelände verteilt: Küchen, Lagerhäuser, Bauten, deren Zweck ich auf den ersten Blick nicht erkennen konnte, und Kapellen. Das meiste davon hatte man aus Stein errichtet – in der Regel bunter und hübsch gemaserter Marmor, den man aus Steinbrüchen aus allen Winkeln des Reiches herangeschafft hatte –, und selbstverständlich waren die Windlöcher mit Glas versehen. Darüber hinaus hatte man die oberen Geschosse mit blauen und grünen Kacheln verschönt. Je nachdem, wie das Sonnenlicht hereinfiel, wirkten die oberen Stockwerke wie eine einzige Ansammlung von funkelndem Geschmeide.

Sechs schöne schwarze Pferde grasten auf den Wiesen. Man hatte sie nicht angepflockt, und niemand schien auf sie aufzupassen. Als ich Justinian von meiner Beobachtung berichtete, erklärte er mir, der Kaiser sei früher Stalljunge gewesen und habe sich ein Herz für Pferde bewahrt.

Der Himmel selbst muß diesen Ort gesegnet haben, dachte ich bei mir. Die Großartigkeit und Pracht dieses Palastes mußte die Bewunderung und den Neid der ganzen Welt auf sich ziehen, und mir war die Gnade beschieden, in ihm zu wandeln.

Innerhalb dieser Mauern fanden sich nicht weniger als vier Paläste und drei Kirchen. Während wir an ihnen vorbeikamen, klärte Justinian mich über die Gebäude auf. »Dort drüben steht das Oktagon«, erklärte er und zeigte auf das Haus, »in dem sich die Privatgemächer des Kaisers befinden. Und hier vorn erhebt sich das Pantheon«, er wies auf einen beeindruckenden Palast, »wohin sich die Kaiserin mit ihren Hofdamen zurückzieht. Da hinten, das ist der Daphne-Palast, und in dem Gebäude daneben erkennst du die St.-Stephans-Kirche.«

»Und was ist das dort für ein beeindruckender Bau?« wollte ich wissen und zeigte auf ein hohes Haus mit drei Kuppeldächern aus roten Brandziegeln, das sich weit über die Bäume erhob.

»Den nennen wir Triconchus-Palast«, antwortete der Hauptmann. »Theophilus, der Vorvorgänger des jetzigen Kaisers, hat ihn als neues Staatshaus errichten lassen. Ein moderner Thronsaal befindet sich dort drin. Aber unser jetziger Herrscher bevorzugt den alten Thronsaal im Chrysotriclinium.« Er zeigte auf ein ebenso imposantes Gebäude aus gelbem Stein. »Dorthin sind wir auch unterwegs.«

»Und was verbirgt sich hinter jener hohen Mauer dort?« wollte ich wissen und deutete auf den Wall hinter dem Thronsaalhaus.

»Das, mein Freund, ist unser Hippodrom«, lächelte Justinian. »Wenn du den heutigen Tag überlebst, erhältst du sicher Gelegenheit, dort ein Rennen zu sehen. Wie ich schon sagte, liegen dem Kaiser Pferde sehr am Herzen, und ebenso liebt er es, sie beim Wettrennen zu sehen.«

Der König fühlte sich wieder ausgeschlossen und fuhr mich knurrig an, ihm entweder alles zu übersetzen oder den

Mund zu halten. Also erklärte ich ihm, daß der Hauptmann mir gerade von der Vorliebe des Kaisers für Pferde- und Wagenrennen berichtet habe. Dazu schnaubte der Jarl nur und meinte: »Pferde kosten zuviel und fressen zuviel.«

Die Ansammlung wunderschöner Gebäude und Gärten in dieser Anlage konnte einem wirklich den Atem nehmen. Der Innenbezirk allein war schon viel größer als die ganze Abtei von Kells, und von so vielen verschiedenen Gebäuden umgeben verlor ich rasch die Orientierung. Weiter und weiter zogen wir, kamen durch viele Tore und Türen – schon bald kam ich mit dem Zählen nicht mehr nach –, und irgendwann fiel mir etwas ins Auge, das vorher meiner Aufmerksamkeit entgangen war: Unter all dieser Pracht und hinter dem allgegenwärtigen Prunk *verfiel* der große Palast.

Trotz allen Reichtums ging von dieser Anlage eine Aura der Erschöpfung oder des Überdrusses aus – so, als seien die Gebäude unter der Patina der Opulenz alt und müde geworden. Das helle Feuer ihrer ersten Großartigkeit war zu einem matten Glühen verblaßt. Wir schritten auf weißen Marmorplatten, doch die waren stumpf geworden und gesprungen. Und zwischen den Ritzen wuchsen kleine Grasbüschel. Die Bronzekreuze auf den Kirchen und Kapellen glänzten nicht mehr golden, sondern hatten Grünspan angesetzt, und in den bunten, fröhlichen Fassaden fehlte so mancher Klinkerstein. Auch waren einige der Bäume in den Gärten sehr krank oder bereits abgestorben.

Doch an einigen Stellen schien man der Altersschwäche zu Leibe zu rücken. Gebäude zeigten sich eingefaßt in Baugerüste, und auf denen arbeiteten Maurer. Sie besserten schadhafte Stellen aus, deckten an anderen Gebäuden Dächer neu oder setzten neue Fliesen in Fassaden ein. Und wenn ich einmal stehenblieb und richtig zuhörte, entdeckte ich, daß man hier vor allem das Klingen von Hammer und Meißel zu hören bekam.

Der Marmorweg endete vor einem großen, viereckigen

Bauwerk aus gelbem Stein. Obendrauf saß eine große Kuppel, umrahmt von zwei kleineren. Auf beiden Seiten des Eingangs wuchs ein Baum, und diese warfen im schwachen Herbstlicht des Gartens blaue Schatten. Unmittelbar vor der Tür befand sich ein steinerner Wassertrog, und hier hielten wir an.

»Sag deinem König, daß er zwei Männer auswählen soll, die ihn begleiten«, befahl Titus und erklärte weiter, daß der Rest des Zuges vor der Tür zu warten habe. »Wenn die anderen mit der Bürgschaft eintreffen, wird man mir Bescheid geben.«

Dies teilte ich dem König mit, und der suchte Hnefi und Gunnar zu seinen Begleitern aus. Dem Rest seiner Männer gab er den Befehl, die Soldaten anzugreifen und den Palast zu verwüsten, sollten sie vom Innern dieses Gebäudes den Schlachtruf der Dänen hören. Dies schworen sie ihm bei ihrem Leben und legten sich dann ins Gras, um die Rückkehr ihres Jarls abzuwarten.

Justinian sah mich ernst an. »Seid ihr euch sicher, daß ihr euren Weg immer noch zu Ende beschreiten wollt? Bedenkt, daß ihr viel zu verlieren habt, wenn ihr jetzt nicht einhaltet.«

Ich warf einen Blick auf Harald, der sein Staunen endlich unter Kontrolle gebracht hatte und jetzt wie ein Herrscher aussah, bei dem es zu Hause mindestens ebenso prachtvoll zuging wie hier. Es würde nicht allzu lange dauern, bis er wieder damit beginnen würde, sich hier alles allein unter dem Gesichtspunkt anzusehen, wieviel Beute sich in diesem Palast machen ließ. »Wir haben aber auch viel zu gewinnen«, antwortete ich dem Hauptmann. »Deswegen gehen wir weiter, wohin uns der Weg auch führen mag.«

»Nun, er führt erst einmal hier hinein«, erklärte Justinian und zeigte auf die schwere Tür unter einem hohen Steinbogen. »Hinter diesem Eingang schlägt das Herz des Reiches.«

31

Titus trat auf die Schwelle und klopfte mit seinem bronzenen Stab an. Wenig später öffnete sich eine kleine, in die größere eingelassene Tür, und ein Torwächter spähte heraus.
»Scholarae Titus, Anführer der Garde des Bucolischen Tores«, stellte sich Titus vor. »Ich bringe Abgesandte zum Kaiser.«

Der Wächter betrachtete kurz die Barbaren, zuckte dann mit den Achseln und öffnete die Tür. Der Hauptmann bedeutete uns, ihm zu folgen, und wir wurden in einen mit Steinplatten belegten Hof geführt, der auf allen vier Seiten von hohen Mauern umschlossen war. Diese Wände waren dicht mit Wein bewachsen, dessen Blätter sich herbstlich verfärbt hatten und zu fallen begannen. Der Wind wirbelte über den Platz und trieb das trockene Laub knisternd über das gepflasterte Geviert. Das Rascheln ließ diesen Ort trostlos und leer erscheinen.

Nachdem der Torwächter die Tür hinter uns verriegelt hatte, führte er uns zu einer weiteren in einer der Mauern. Auch diese Tür bestand aus Holz, doch die Bohlen waren durch dicke Eisenbänder von der Breite einer Männerhand zusammengefügt und dicht mit langen Bronzenägeln besetzt. Zu beiden Seiten standen Wachen mit blauen Umhängen, die Lanzen mit langen Spitzen trugen und uns mit einer Mischung aus Langeweile und Neugierde betrachteten. Der

Pförtner ergriff einen eisernen Ring und schob eines der dicken Bretter zurück. Er trat beiseite und wies uns an, hindurchzugehen.

Titus hatte sein Wort gehalten und überließ uns jetzt unserem Schicksal. »Ich werde zum Tor zurückkehren und das Unterpfand herbringen lassen, sobald es eintrifft«, erklärte er Justinian und entfernte sich.

Der Saal, in den wir traten, erschien uns gewaltig. Das Licht fiel durch vier runde Fenster an der Decke ein und beleuchtete vier großformatige Gemälde, von denen eines den heiligen Petrus abbildete und eines den heiligen Paulus. Die beiden anderen zeigten, nach den purpurnen Gewändern zu urteilen, Personen königlichen Geblüts, einen Mann und eine Frau – einen Kaiser und seine Kaiserin, vermutete ich, obwohl ich nicht hätte sagen können, wer dort dargestellt war. Die Wände waren in einem blassen Rot gehalten, und der Boden bestand aus weißem Marmor.

Außer einigen niedrigen Bänken, die an der nördlichen und südlichen Wand aufgestellt waren, befanden sich keine Möbel in dem Raum. Doch dies hieß nicht, daß er verlassen gewesen wäre. Eine ansehnliche Anzahl von Männern, die auf verschiedenste Weise gekleidet waren, standen hier und da herum. Einige sprachen leise miteinander, andere starrten einfach vor sich hin. Mit scharfem, abweisenden Blick beobachteten sie unser Eintreten. Einige sahen matt und niedergedrückt aus wie Männer, die lange Jahre in Knechtschaft verbracht haben, andere wirkten verschlagen und berechnend und schienen unseren möglichen Handelswert abzuschätzen. Aber der Anblick dreier Barbaren und eines reisemüden Mönches, hinter denen ein Wachsoldat herschritt, reizte die Höflinge und Supplikanten nicht, und bald wandten sie sich wieder ihren eigenen Angelegenheiten zu.

Trotz seiner Weitläufigkeit kam mir der Saal eng vor. Die Luft war stickig und abgestanden und hatte einen säuerlichen

Beigeschmack. Wenn Ehrsucht einen Geruch ausströmt, so dachte ich, dann nehme ich ihn jetzt wahr.

Im Zentrum dieses Vorraums befand sich ein Paar massiver Bronzetüren von doppelter Manneshöhe, die mit Jagdszenen bemalt waren. In der Mitte jeder Tür hing ein riesiger Bronzering, unter dem ein Mann stand, der an einem langen Stab eine Doppelaxt trug. Ihr Heft war mit rotgefärbten Pferdeschweifen geschmückt, und diese Wächter trugen kleine runde Schilde an den Schultern und ärmellose rote Tuniken mit breiten schwarzen Gürteln. Ihre Schädel waren kahlgeschoren bis auf eine einzige Strähne, die über ihre Schläfen hinabhing. Wahrhaftig, sie zeigten der Welt ein grimmiges Gesicht, und jeder, der in diesem Saal ein Gespräch führte, tat dies unter ihren erbarmungslosen, prüfenden Augen.

Justinian, der meinen Blick verfolgt hatte, erklärte: »Dies sind die Farghanesen. Sie gehören zur Leibwache des Kaisers.«

Er hatte kaum ausgesprochen, da näherte sich uns ein Mann, der ein Wachstäfelchen und einen Griffel in Händen hielt. Geringschätzig nahm er mich und die Barbaren in Augenschein, bevor er sich an den Wachhauptmann wandte. »Wer sind diese Männer, und was tun sie hier?«

»Dieser hier ist ein König bei seinem Volk, und er wünscht eine Audienz beim Kaiser.«

»Der Kaiser gewährt heute keine Audienz«, entgegnete der Höfling hochtrabend.

»Bei allem Respekt, Präfekt, im Hafen hat es Unannehmlichkeiten gegeben.«

»Und diese Unannehmlichkeiten«, fragte der Präfekt naserümpfend, »erfordern die Aufmerksamkeit des Kaisers? Ich hätte gedacht, so etwas sei eine Angelegenheit für die kaiserliche Garde.«

»Man hat den Quaestor des Hafens von Hormisdas und seine Männer als Geiseln gefangengesetzt«, gab Justinian zurück. »Ein Eingreifen der Garde würde den Tod aller Beteiligten nach sich ziehen. Ich bin nur ein Scholarae, und mir steht es nicht zu, das Leben des Quaestors zu gefährden. Doch wenn du die Verantwortung übernehmen willst, Präfekt, beuge ich mich gern deiner überlegenen Autorität.«

Der Hofschranze, der eben etwas auf sein Täfelchen hatte kritzeln wollen, hob den Blick und sah Justinian an. Ruckartig wandte er den Blick und betrachtete die Wikinger. Er wog seine Möglichkeiten ab und faßte sogleich einen Entschluß. »Wachen!« kreischte er.

Als sie den Schrei des Präfekten vernahmen, stürzten die beiden Farghanesen herbei. Harald brüllte einen Befehl, und die Seewölfe zogen ihre Messer und schickten sich an, dem Angriff zu begegnen. Die Höflinge in unserer unmittelbaren Umgebung warfen die Hände in die Höhe und liefen unter großem Tumult auseinander.

»Aufhören!« rief Justinian. Er packte mich bei den Schultern und schrie: »Sorg dafür, daß sie aufhören! Sag ihnen, daß ein Irrtum vorliegt!« Den Präfekten fuhr der Hauptmann an: »Wollt Ihr uns alle umbringen? Ruft die Wachen zurück!«

Ich warf mich dem König in den Weg und beschwor ihn: »Warte! Warte! Das ist ein Mißverständnis! Steck deine Klinge weg, Jarl Harald.«

»Ich sagte dir doch, daß sie es ernst meinen«, knurrte Justinian gereizt. »Um Gottes willen, Mann, soll sich doch der Kaiser mit ihnen befassen.«

Der Präfekt schien sein vorschnelles Handeln noch einmal zu überdenken. Er sprach ein Wort, und die Farghanesen zogen sich zurück. Von neuem schulterten sie ihre Äxte, und die Gefahr war vorüber.

Aufgeregt schüttelte der Beamte seine Gewänder und blickte sich giftig um wie ein Hausherr, der seine Diener beim Zanken erwischt hat. »Ich muß dich tadeln, Scholarae. Du bedienst dich ja feiner Methoden«, wies er Justinian scharf zurecht. »Ich brauche dich wohl nicht daran zu erinnern, daß das Hofprotokoll für genau solche Gelegenheiten existiert. Ich rate dir dringend, dich jetzt zu entfernen und deine Barbaren gleich mitzunehmen.«

»Gern, Präfekt. Und was wird dann aus dem Quaestor?«

Der Höfling senkte den Blick auf seine Tafel und drückte den Stylus in das weiche Wachs. »Wie ich dir schon sagte, empfängt der Kaiser niemanden. Er bereitet eine diplomatische Mission nach Trapezunt vor und hat sich für die nächsten paar Tage mit seinen Ratgebern zurückgezogen. Alle Hofangelegenheiten ruhen. Daher rate ich dir, dein Anliegen vor den Magister officiorum zu bringen.«

»Soweit ich weiß, hält der Magister sich in Thrakien auf«, erklärte Justinian. »Ich glaube, vor dem Weihnachtsfest wird er nicht in der Stadt zurückerwartet.«

»Das ist nicht zu ändern«, entgegnete der Präfekt und setzte mit dem Griffel flinke Striche in das Wachs. »Jedenfalls ist dies die beste Vorgehensweise, die ich empfehlen kann.« Mit einem Blick auf mich und die Dänen setzte er hinzu: »Dies verschafft den Barbaren wenigstens Zeit, sich zu säubern und ordentlich zu kleiden.«

Ich übermittelte Harald die Rede des Präfekten, doch dieser knurrte bloß: »Ich werde nicht warten.« Mit diesen Worten trat er vor und zog eine Goldmünze aus dem Gürtel.

Der Jarl nahm die Tafel und drückte das Goldstück in das weiche Wachs. Der Hofschranze warf einen Blick auf das Gold, dann auf Harald, und strich mit seinen langen Fingern über die Münze. Als er die Hand über der Münze schloß, packte der König ihn am Gelenk und drückte fest zu. Der Präfekt stieß einen verblüfften Schrei aus und ließ seinen Griffel fallen. Gelassen wies Harald auf den Eingang.

»Ich glaube, er möchte jetzt den Kaiser sehen«, bemerkte Justinian.

Die Farghanesen-Leibwache wollte dem Präfekten von

neuem beispringen, doch dieser wedelte abwehrend mit der freien Hand. »In Christi Namen, macht einfach die Türen auf!«

Die beiden Axtträger traten beiseite und zogen an den bronzenen Ringen. Die Türen schwangen auf, und Harald ließ die Hand des Höflings fahren. Der Präfekt führte uns in einen kleinen, durch Wandschirme abgetrennten Raum, das Vestibulum, wo uns sogleich ein Mann in einer langen weißen Robe mit einem schmalen Silberstöckchen in der Hand entgegentrat, der Magister sacrum, wie er genannt wurde. Hochgewachsen, grau und hager war er, von pockennarbigem Antlitz, und er nahm uns streng in Augenschein. An den Präfekten gerichtet, fragte er: »Was hat diese ungebührliche Störung zu bedeuten?«

»Im Hafen von Hormisdas sind Schwierigkeiten aufgetreten«, antwortete der Präfekt. »Diese Männer sind dafür verantwortlich. Es ist erforderlich, daß der Kaiser sich damit befaßt.«

Der Magister zog ein Gesicht, als röche er etwas Verdorbenes. »Ihr werdet nicht sprechen, ohne dazu aufgefordert zu sein«, erklärte er an seine ungeschliffenen Besucher gerichtet, »und falls ja, werdet ihr mit so wenigen Worten wie möglich antworten. Wenn ihr den Kaiser ansprecht, könnt ihr ihn mit seinem offiziellen Titel ›Basileus‹ anreden, oder mit ›allergnädigster Herr‹, beides ist annehmbar. Der übliche Brauch gebietet, den Blick vom Kaiser abgewandt zu halten, solange ihr nicht zu ihm sprecht. Habt ihr verstanden?«

Harald sah mich Aufschluß heischend an, und ich übermittelte dem König die Vorschriften des Magisters. Zu meiner äußersten Verblüffung zeigte der Jarl ein breites Grinsen, als er über das byzantinische Protokoll aufgeklärt wurde. Mit einem herzhaften »Heja!« klopfte er dem nichtsahnenden Magister mit seiner riesigen Pranke auf den Rücken

Der Höfling behielt jedoch seine steife Würde bei und ließ

uns ohne ein weiteres Wort in den Thronsaal des Kaisers ein. Aus dem Vestibül traten wir in einen Raum, der in der Welt nicht seinesgleichen hatte: Hoch und weitläufig war er, und der ungeheure Saal unter der Kuppeldecke wurde von dem Licht von zehntausend Kerzen erhellt. Die Wände, Böden und Decken bestanden aus sattfarbigem Marmor, der so glatt poliert war, daß man sich darin spiegelte wie in der Oberfläche eines ruhigen Wassers. Allenthalben fiel der Blick auf schimmerndes Gold: Die Gewänder der Höflinge waren mit Goldfäden durchwirkt, Gold glitzerte in den Wandmosaiken, kurz, sämtliche Gerätschaften und Möbel waren golden oder vergoldet – die Kerzenhalter, Truhen, Stühle und Tische, die Schalen, Wasserkrüge und Kessel und der Thron selbst. Der ganze Raum war in den honigfarbenen Schimmer jenes kostbarsten aller Metalle getaucht.

Wie soll ich die wundersame Pracht dieses Saales und ihres illustren Bewohners beschreiben? In der Mitte des gewaltigen Raumes erhob sich auf einem gestuften Podium ein goldener Thron, über den sich ein Baldachin aus Goldstoff spannte. Drei Stufen – wie man mir sagte, aus Porphyr gehauen und glatt wie Glas poliert – führten zu der Plattform empor, und auf der obersten Stufe stand der Fußschemel des Kaisers. Der Sitz des Herrschers selbst schien mehr ein Diwan als ein Thron zu sein. Mit Lehnen auf beiden Seiten war er so breit, daß zwei große Männer bequem darauf hätten lagern können, und er stand unmittelbar unter der riesenhaften Mittelkuppel. In der Apsis des Gewölbes erblickte ich das größte Bildnis, das ich je gesehen hatte, ein Mosaik, das den auferstandenen Christus in seiner strahlenden Herrlichkeit darstellte. Unter seinen Füßen standen in griechischer Sprache die Worte »König der Könige« geschrieben.

Um den Thron hatte sich in dichtgedrängten Reihen eine wahre Menschenmenge versammelt, die verschiedenen Arten von Höflingen, wie ich annahm. Beinahe alle waren entweder grün, weiß oder schwarz gewandet, ausgenommen die Männer, welche dem Thron am nächsten standen. Diese waren Farghanesen, die wie die Krieger, welche an der Tür Wache standen, mit langstieligen Äxten und Schilden bewaffnet waren.

Als wir die ersten Schritte taten, erhob sich ein Brausen, und im nächsten Augenblick durchzog die allerherrlichste Musik die Luft. Das klang wie Pfeifen und Flöten und Windesrauschen. Und Donner war da, ja, und alles, was sonst noch unter dem Himmelszelt singt. Noch nie hatte ich etwas dergleichen vernommen, noch habe ich seither ähnliches gehört. Ich glaube, dies war der Schall himmlischer Majestät, hörbar gemacht für irdische Ohren, und er schien aus einem großen goldenen Schrein zu dringen, der ein wenig nach hinten versetzt neben dem Thron stand.

Ich hätte mich vielleicht bemühen können, mehr über den Ursprung jener wunderbaren Musik herauszubringen, doch ich hatte nur Augen für den Thron und den Mann, der darauf saß. Denn auf einer Seite des breiten Sitzes thronte, in dunkelstes Purpur gewandet, das im Lichte schimmerte und glänzte, Kaiser Basileios und blickte uns offen entgegen.

Angesichts der Pracht des Saales und all des Reichtums, der uns umgab, wurde mir mit einemmal meine eigene Erscheinung bewußt. Ich blickte an mir hinab und bemerkte zu meiner Beschämung, daß mein einst guter Umhang fleckig und zerrissen war, mein Gewand schmutzig und an den Säumen ausgefranst. Als ich die Hand zum Kopfe hob, fühlte ich, daß mein Haar gewachsen war und meine Tonsur hätte erneuert werden müssen, und mein Bart war verfilzt und ungepflegt. Um meinen Hals hing der eiserne Sklavenreif. Kurz gesagt, ich wirkte eher wie einer der Bettler, die um die Mauern des großen Palastes wimmelten, denn wie ein Abgesandter der Kirche von Irland. Doch trat ich hier nicht als Botschafter auf, fürwahr, ich war genau das, wonach ich aussah: ein Sklave.

So gelangte ich also vor den Kaiser: Nicht in die weiße Kutte und den ebensolchen Mantel der Peregrini gewandet, sondern mit meiner zerlumpten Reisekleidung und meinem Sklavenhalsband; nicht umgeben von meinen Brüdern in Christo, sondern in der Gesellschaft ungeschliffener Barbaren; nicht unter der Führung des seligen Bischofs Cadoc, sondern an der Seite eines heidnischen Dänenkönigs. Kein Geschenk von unschätzbarem Wert brachte ich, sondern ich kam, um über eine Geisel zu schachern.

O Eitelkeit! Gott, der nichts von Stolz hält, hatte dafür gesorgt, daß ich demütig vor seinen Statthalter auf Erden hintrat.

Als ich von neuem den Blick hob, erschaute ich das Antlitz des mächtigsten Mannes der Welt – ein Gesicht wie von einem listigen und weisen Affen. Ehe ich richtig hinsehen konnte, hob der Magister sacrum seinen Amtsstab und pochte laut auf den Boden.

Im selben Moment begann sich der goldene Thron in die Lüfte zu schwingen. Der Erzengel Michael helfe mir, ich sage die Wahrheit! Der Sessel des Kaisers, der aussah wie ein römischer Feldstuhl, nur daß er größer und aus Gold gefertigt war, erhob sich in die Lüfte und schwebte vor uns, als werde er von der herrlichen Musik getragen, die aus jener goldenen Orgel, denn so hieß dieses Instrument, drang.

Ehe ich mir einen Reim darauf machen konnte, wie dieses Wunder bewerkstelligt wurde, klopfte der weißgewandete Magister ein weiteres Mal mit seinem Stab auf den Boden und vollführte eine Geste mit der flachen Hand. Justinian sank auf die Knie und warf sich dann der Länge nach auf den Boden. Ich folgte dem Beispiel des Hauptmanns, aber die Barbaren blieben stehen. Sie waren sich nicht einmal bewußt, daß sie den Kaiser beleidigten. Die Musik schwoll an und brach dann ab. Ich weiß nicht, warum, doch ich hielt den Atem an.

Als nächstes vernahm ich die Stimme des Kaisers selbst.

»Wer stört die Ruhe dieser Beratungen mit so unschicklichem Gepolter?« verlangte er zu wissen. Seine Stimme klang gelassen und tief und kam von einem Ort hoch über uns.

Zu meinem Erschrecken flüsterte Justinian: »Das ist deine Gelegenheit, Aidan. Sag ihm, wer du bist.«

Schnell rappelte ich mich auf, reckte die Schultern, schluckte heftig und antwortete: »Herr und Kaiser, vor Euch steht Jarl Harald Stierbrüller, König der Dänen von Skane, zusammen mit seinem Sklaven und zweien seiner zahlreichen Krieger.«

Bei meiner Begrüßung kam unter den Höflingen leises Lachen auf, doch dies verklang, als der Kaiser murmelte: »Schweigt.«

»Basileus, sie haben sich anscheinend mit einer List Einlaß verschafft«, erklärte der Magister sacrum, bemüht, sich reinzuwaschen, ohne zugleich so dazustehen, als habe er seine Pflichten vernachlässigt.

»Das scheint in der Tat so.« Prüfend betrachtete der Kaiser die Wikinger und sagte dann: »Der König darf näher treten. Wir werden von Angesicht zu Angesicht mit ihm sprechen.«

Der Hofbeamte ließ seinen Stab knallen und bedeutete dem König, der Aufforderung nachzukommen. Ich begab mich zu Harald. »Der Kaiser will mit dir reden«, erklärte ich ihm, und gemeinsam traten wir vor.

Der schwebende Thron sank langsam auf seinen Sockel zurück, und vor uns saß Kaiser Basileios, ein kleiner, kahlköpfiger Mann mit der olivenfarbenen Haut seiner mazedonischen Landsleute. Er besaß die kurzen Gliedmaßen und die kompakte Gestalt eines Reitersoldaten. Sein Blick aus dunklen Augen war flink, und seine Hände, die auf den Lehnen des Thrones ruhten und unter dem Gewicht seiner Patriarchenringe herabhingen, waren klein und gepflegt.

»Im Namen Christi, des himmlischen Herrschers, heißen wir dich willkommen, Herr der Dänen«, begann der Kaiser und reichte Harald, der sich mit königlicher Würde betrug, seine edelsteingeschmückte Hand.

Justinian tippte mir auf die Schulter und bedeutete mir, dem Jarl die Worte des Kaisers zu übersetzen, was ich tat und noch hinzusetzte: »Er möchte, daß du ihm die Hand küßt, zum Zeichen deiner Freundschaft.«

»Nichts da!« erwiderte Harald. »Das werde ich nicht tun.« Dann befahl er mir, den Kaiser zu fragen, ob er jetzt das Leben seines diebischen Dieners auslösen oder lieber zusehen wolle, wie dieser ohne Kopf in das Hafenbecken geworfen würde.

»Was sagt er?« fragte der Kaiser an mich gerichtet. »Du darfst für ihn sprechen.«

»Erhabener Herr und Kaiser«, antwortete ich schnell, »Harald Stierbrüller, Jarl von Dänemark und Skane, bedauert, Euch seine Freundschaft nicht erweisen zu können, ehe er den Grund seiner Vorsprache dargelegt hat.«

»Dann möge er dies tun«, entgegnete Basileios sofort. Er klang freundlich, doch an seinem Gebaren erkannte ich, daß er kein weiteres höfliches Geplänkel an diese ungehobelten Barbaren vergeuden wollte. »Welcher Art ist seine Sorge?«

»Er will wissen, was dein Anliegen an ihn ist«, teilte ich Harald mit.

»Dann sag es ihm«, befahl der König zornig. »Erklär ihm, daß wir ihm Gelegenheit geben, das Leben seines schurkischen Hafenmeisters zu retten.«

»Kaiser und Herr«, begann ich, »der König möchte kundtun, daß er Quaestor Antonius und seine Männer in Geiselhaft genommen hat und nun erwartet, daß Ihr ein Lösegeld für ihr Leben bietet.« Darauf berichtete ich, wie wir unmittelbar nach unserer Ankunft in Konstantinopel durch den Quaestor betrogen worden waren. »Harald, mein Herr, nahm den Hafenmeister gefangen und wollte ihm und seinen Männern den Kopf abschlagen«, erklärte ich, »aber der

Quaestor beschwor uns, der Kaiser werde gewiß eine hohe Belohnung zahlen, wenn der König ihm das Leben lasse. Also ist mein Herr, Harald, Jarl der Dänen von Skane, gekommen, um das Lösegeld des Kaisers einzufordern.«

Basileios gab keine Antwort, und seine Miene verriet nicht, was er dachte. Also bedeutete ich Gunnar, das Bündel noch einmal herbeizubringen. Ich legte es auf den Boden, löste den Knoten und schlug den roten Umhang auseinander. Da lagen vor aller Augen der Helm, der Amtsstab und der Siegelring des Quaestors. Der Kaiser beugte sich ein wenig nach vorn und nahm blinzelnd die vorgelegten Beweise in Augenschein. Erregt stieß er die Luft aus und lehnte sich dann zurück.

»Wo ist Quaestor Antonius?«

»Er befindet sich an Bord von König Haralds Langschiff, Basileus, und seine Männer ebenso.«

Basileios wandte leicht das Haupt und befahl, der Präfekt möge sich an den Verhandlungen beteiligen. Der Magister beeilte sich, den Präfekten zu rufen, der sich dann gleich dem Thron näherte. An mich gerichtet, befahl der Kaiser: »Sag dem König, daß ich diesen Mann schicken werde, um den Quaestor zu holen. Er muß ihm dem Präfekten übergeben, damit wir diese Frage klären können.« Darauf wies er Justinian an, den Präfekten zu begleiten.

Als ich Harald die Worte des Kaisers übersetzte, widersprach der heftig: »Nein!« brüllte er. »Der Kaiser muß das Lösegeld zahlen, wenn er die Freilassung dieses Mannes wünscht. Dieser Brauch ist doch wohl überall in der Welt gleich!«

Also setzte ich dem Basileus auseinander, Haralds Männer würden ihren Gefangenen erst freigeben, wenn sie Nachricht von ihrem Jarl hätten, daß das Lösegeld bezahlt worden sei. Wahrhaftig, ich sprach kühner, als ich mich wirklich fühlte, und dann trat ich zurück, um zu sehen, was als nächstes geschehen würde.

Der Kaiser bekundete keinesfalls sein Mißfallen, sondern nickte nur und befahl dem Präfekten, ihm eine Schale von einem der Tische zu bringen. Dies tat der Hofbeamte und holte eine schöne goldene Schüssel, die er vor den Thron stellte. »Gib sie dem König«, sagte Basileios, worauf der Präfekt dem Anführer der Barbaren die Schale in die Hände legte.

Hochzufrieden mit dem Gewicht und der Handwerksarbeit der Schüssel, gab Harald seine Zustimmung. Er rief Hnefi zu sich und erteilte ihm den Auftrag, mit dem Präfekten zu gehen und den Quaestor zu holen. »Sag dem Hauskerl, daß das Lösegeld bezahlt worden ist«, befahl Harald und flüsterte hinterher: »Aber laß die Begleiter des Diebes nicht frei – *ihr* Leben ist mir dieser Schale nicht erkauft.« Die drei brachen sofort auf, und der Magister führte uns in den Vorraum zurück, um dort zusammen mit den anderen, die der Kaiser nach seinem Belieben warten ließ, auszuharren.

Während wir dort standen, erschien Titus mit den vier Barbaren, die Harald geschickt hatte, um die Bürgschaft zu holen. Die Neuankömmlinge waren voller Bewunderung für den ganzen Reichtum, den sie auf dem Weg gesehen hatten und wollten wissen, wieviel der Kaiser für das Leben des Quaestors geben würde. »Schwer zu sagen«, meinte Harald verlegen. Seinen Goldschatz verbarg er unter dem Mantel. »An diesem Ort ist nichts einfach, glaube ich.«

Schließlich kam der Magister, uns wieder hineinzuführen. Wir betraten erneut den Thronsaal und sahen Justinian und den Hafenmeister vor dem Kaiser stehen. »Quaestor Antonius«, erklärte der Kaiser feierlich, als wir unsere Plätze wieder eingenommen hatten, »wir haben von einigen deiner Umtriebe in letzter Zeit gehört. Hast du dazu etwas zu sagen?«

»Erlauchtester Herr«, sprach Antonius sogleich, und seine Stimme sowie seine Miene drückten beleidigten Trotz aus, »diese Männer haben einen schweren Fehler begangen. Da sie keine Kenntnisse über die Währung in Konstantinopel besitzen, haben sie den Wert ihrer Münzen falsch eingeschätzt und glauben daher, sie seien betrogen worden.«

»Eine einsichtige Erklärung«, antwortete der Kaiser milde. Er schürzte die Lippen, als denke er nach, verschränkte die Finger und legte die Hände ans Kinn. Nach einer kurzen Unterbrechung sprach Basileios weiter und richtete eine Frage an Harald. »Die Hafensteuer wird in Silber entrichtet. Besitzt du noch andere Münzen als die, die du dem Quaestor Antonius gezahlt hast?«

»Das tue ich«, antwortete Harald durch mich. Er zog den Beutel, den er unter seinem Gürtel trug, hervor, öffnete ihn und schüttete ein paar Silberdenarii in seine Handfläche.

Diese reichte er dem Kaiser, der sie kurz untersuchte und dann eine nahm, wobei er bemerkte: »Diese wurden nicht in Konstantinopel geprägt, doch Wir glauben, daß solche Münzen hier und anderswo reichlich im Umlauf sind.« Er zeigte Harald die Münze und fragte: »Wie hoch ist ihr Wert?«

»Einhundert eurer Nomismi«, antwortete der dänische König, nachdem ich ihm die Frage übermittelt hatte.

»Wer hat euch das gesagt?« fragte der Kaiser milde erstaunt.

»Dieser Mann.« Ich übersetzte die Worte des Königs, und Harald deutete auf Justinian. »Wahrhaftig, ich zweifle nicht daran, daß es ohne die Hilfe des Scholarae Blutvergießen gegeben hätte und Tote zu beklagen gewesen wären.« Letzteres setzte ich aus eigenem Antrieb hinzu, denn mir war daran gelegen, den Beitrag des Hauptmanns hervorzuheben.

Der Kaiser nickte nur und fuhr mit seiner Untersuchung fort. Basileios hielt eine Silbermünze in die Höhe und fragte: »Was meinst du, Quaestor Antonius? Sag mir, wieviel diese Münze wert ist.«

»Einhundert Nomismi, Basileus«, gab der Hafenmeister steif zurück.

»Aha«, meinte Basileios lächelnd. »Die Frage des Wertes hätten wir damit geklärt.« Wieder an den Hafenmeister gerichtet, sagte er: »König Harald von Skane hat Anklage gegen dich erhoben, Antonius. Er behauptet, du hättest nur zehn Nomismi auf einen Denarius gerechnet. Stimmt das?«

»Erhabener Basileus«, erwiderte der Quaestor, »dem ist *nicht* so. Ein solcher Fehler ist unmöglich. Gewiß befindet sich der Barbar im Irrtum.«

Basileios verzog den Mund. »Dann liegt die Schuld allein beim König.«

»Herr und Kaiser«, entgegnete der Hafenmeister jetzt in einem zugänglicheren Tonfall, »ich sage nicht, daß jemand schuld hat. Ich meine nur, daß die Gepflogenheiten Konstantinopels vielleicht für jemanden, der erst vor so kurzer Zeit hier angekommen ist, verwirrend sind. Ich habe dies dem König bereits erklärt, doch er zieht es vor, etwas anderes zu glauben.«

»So«, rief der Kaiser und breitete die Hände aus, als sei er zufrieden, endlich zum Kern des Rätsels vorgedrungen zu sein. »Ein einfacher Rechenfehler. Da kein Schaden entstanden ist, freuen wir uns, die Angelegenheit hiermit beizulegen und dich wieder an deine Pflichten zu schicken.« Er unterbrach sich, um die Wirkung seiner Worte zu beobachten. »Wir entschuldigen euer Unwissen und vergeben euch zugleich, daß ihr Unsere Ruhe gestört habt. Gebt die Schale zurück, und wir sprechen nicht mehr über die Sache. Was meinst du dazu?«

Haralds Miene färbte sich purpurn, als ich ihm übersetzte, was der Hafenmeister gesagt hatte und ihm die Worte des Kaisers erklärte. »Bei allem Respekt, Jarl Harald«, meinte ich, »er gibt dir Gelegenheit, deine Klage zurückzunehmen, ohne den Zorn des Imperiums auf dich zu ziehen. Anscheinend ist das Urteil gegen dich ausgefallen.«

»Erzähl ihm von dem Geschenk«, befahl Harald.

»Herr und Gebieter«, sagte ich, und eine Vorahnung beschlich mich, »der König möchte Euch ein Gastgeschenk übergeben, das er im Hinblick auf seine Klage gern vor Euch bringen will.«

Dies ließ das Interesse des Kaisers neu aufleben.

»Im Vorraum warten noch mehr Barbaren, Basileus«, warf der Präfekt ein. »Soll ich sie hereinholen lassen?«

»Selbstverständlich, Präfekt«, sagte der Kaiser. »Mir scheint, wir werden noch von Barbari überrannt, ehe diese Angelegenheit geregelt ist.«

Ein paar Höflinge lachten pflichtschuldig, und der Präfekt eilte davon, um die übrigen Dänen zu rufen. Kurz darauf öffneten sich die Bronzetüren, und vier Seewölfe traten aus dem Vestibulum in die Halle. Zwei von ihnen trugen die Schatztruhe mit dem spitzen Deckel zwischen sich. Als ich die Schatulle sah, schlug mein Herz schneller. Die Dänen traten zu Harald und setzten den Schatz zu seinen Füßen ab.

»Nun?« fragte der Kaiser ungeduldig.

»Basileus«, begann ich. Ich konnte kaum den Blick von der Truhe mit dem Spitzdeckel losreißen. »König Harald versichert Euch hiermit seiner Ehrenhaftigkeit in dieser Sache.«

»Tut er das, ja?« Mit einer kaum wahrnehmbaren Handbewegung gab Basileios dem Magister ein Zeichen. Dieser öffnete den Deckel der Schatzkiste, und ans Licht kam – Jesus steh mir bei! – das silberne Cumtach. Natürlich mußte Harald *ausgerechnet das* als Unterpfand für seine Aufrichtigkeit und Ehre beibringen. Das Buch war fort, doch sein gesegneter Einband hatte trotzdem seinen Weg zum Kaiser gefunden. Aber ach, nicht auf die Weise, auf die ich ihm das Buch gern überbracht hätte.

Der Hofbeamte kniete nieder, nahm den unschätzbar kostbaren Einband von seinem Platz und legte ihn, immer noch mit gebeugtem Knie, dem Kaiser zu Füßen. Basileios beugte sich nach vorn und ließ seinen erhabenen Blick auf dem feinen Silberfiligran und den Edelsteinen des Einbands ruhen. Dann trat Harald vor und setzte die Goldschale des Kaisers neben den silbernen Buchdeckel. »Wir sehen, daß du deinem Wort hohen Wert beimißt, König der Dänen.«

Der Quaestor starrte den Schatz ungläubig an, und ich vermutete, daß er kurz davor stand, seine Darstellung der Ereignisse zu widerrufen. Doch der Augenblick ging vorüber, und der Hafenmeister hüllte sich weiter in Schweigen.

»Magister«, rief der Kaiser und winkte den Beamten zu sich. Er flüsterte ihm etwas ins Ohr, worauf der Höfling nickte und, rückwärts gehend, den Raum verließ. »Nun werden wir die Wahrheit erfahren«, erklärte Basileios und setzte dann hinzu, als sei ihm das gerade erst eingefallen, »wenn Gott will.«

32

Kaiser Basileios befahl, Musik zu spielen, und von neuem erklang die wundersame Orgel, die wir bei unserem Eintreten vernommen hatten. Wir warteten und lauschten dabei den himmlischen Melodien dieses höchst außergewöhnlichen Instrumentes. Die Dänen wurden unruhig. Sie waren es nicht gewöhnt, so lange Zeit zuzubringen, ohne zu schreien, zu trinken oder zu kämpfen, und traten in zunehmender Erregung von einem Fuß auf den anderen. »Wie lange sollen wir denn noch so herumstehen?« verlangte Harald laut zu wissen.

»Friede, Jarl Harald«, beruhigte ich ihn. »Ich glaube, der Kaiser überlegt sich einen Plan.«

Knurrend lenkte der König ein und gab sich damit zufrieden, eingehend das überall zur Schau gestellte Gold zu mustern. Hnefi und Gunnar sprachen ganz offen darüber, wie sehr es sie in den Fingern juckte, daß sie so nahe vor solchen Reichtümern standen und dennoch nicht in der Lage waren, etwas davon für sich zu stehlen. Dies hätte mich vielleicht in Verlegenheit bringen sollen, aber da niemand sonst verstand, was sie sagten, durfte ich die Worte der Wikinger wohl ebenfalls überhören.

Der Kaiser seinerseits ließ sich nicht dazu herab, das ungebührliche Benehmen seiner barbarischen Gäste zu bemerken. Er lehnte sich auf seinem Thron zurück, faltete die Hände über dem Bauch und schloß die Augen. Gerade, als ich glaubte, er sei eingeschlummert, fuhr er hoch und rief: »Komm her, Sklave.«

Soweit ich sehen konnte, befanden sich keine Sklaven in der Umgebung. Daher war ich überrascht, als er die Hand hob und mich heranwinkte. »Vergebt mir, Basileus«, murmelte ich und schob mich zögernd einen Schritt heran.

Der Kaiser bedeutete mir näher zu treten und hielt mir die Hand hin, auf daß ich sie küßte. Dies tat ich und blieb dann mit gesenktem Blick vor ihm stehen, wie ich es bei dem Magister gesehen hatte.

»Wir erkennen, daß du ein gebildeter Mann bist«, meinte Basileios. »Wie bist du als Sklave unter diese Barbaren geraten?«

»Erhabener Kaiser, ich befand mich mit meinen Brüdern in Christo auf einer Pilgerfahrt, als unser Schiff von Seewölfen angegriffen wurde.« Kurz schilderte ich, wie wir den Schiffbruch überlebt und das gallische Dorf entdeckt hatten, und schloß, indem ich sagte: »In derselben Nacht wurde die Siedlung angegriffen, und ich geriet in Gefangenschaft.« Ich wies auf das Cumtach, das in der Schatulle am Fuß des Thrones lag, und erklärte: »Der silberne Bucheinband, den man dir als Unterpfand angeboten hat, gehörte einmal uns.«

»Wahrhaftig?« wunderte sich der Kaiser. »Und deine Mitbrüder? Was ist aus ihnen geworden?«

»Hoher Herr«, sagte ich, »ich wünschte, ich wüßte das.« Tatsächlich hatte ich gehofft, der Kaiser könnte mich darüber aufklären.

Basileios betrachtete mich mit gespieltem Erstaunen. »Du meinst, Wir könnten dir das verraten?« Er lachte. »Das Wissen des Kaisers über das, was in seinem Reich vorgeht, ist zwar umfassend, doch keinesfalls unbegrenzt. Wie kommt ein Mann von deiner Bildung darauf, Wir könnten dir eine Erklärung über ein so unbedeutendes Ereignis liefern?«

»Vergebt mir meine Anmaßung, Basileus«, sagte ich, »doch die Pilgerfahrt, von der ich spreche, ging nach Konstantinopel. Tatsächlich wollten wir um eine Audienz bei Euch, erhabener Herrscher, nachsuchen, und Euch diese einzigartige und kostbare Gabe darbringen.«

»Wirklich?« Der Kaiser gab sich beeindruckt und befahl mir, die Sache weiter auszuführen. »Du hast das Ohr des Kaisers, kühner Priester – zumindest, bis der Magister zurückkehrt. Erzähl Uns mehr von dieser wundersamen Geschichte.«

In all meinen Tagen der Knechtschaft hätte ich nicht einmal im Traum daran zu denken gewagt, ich würde einmal vor dem Kaiser stehen und ihn mit der Erzählung meiner Mißgeschicke ergötzen. Doch ich war begierig, das Schicksal meiner Brüder zu erfahren, daher ergriff ich das Wort und ließ alle Bangigkeit fahren. Ich erzählte dem Basileus von dem Kloster in Kells und der Anfertigung des Buches, berichtete ihm von der Auswahl der dreizehn, die die Pilgerfahrt unternehmen sollten, den Reisevorbereitungen und dem Sturm, der uns über das Meer und den Seewölfen vor die Füße geweht hatte. »Ich nahm an, sie würden die Pilgerreise ohne mich fortsetzen«, schloß ich. »Doch wenn der Kaiser mir sagt, er habe sie nicht gesehen, muß ich schließen, daß meine Freunde entweder umgekehrt sind, oder, wie ich eher befürchte, bei jenem Überfall getötet wurden.«

Kaiser Basileios saß einen Augenblick nachdenklich da und fragte dann: »Wie ist dein Name, Priester?«

»Erhabener Gebieter«, antwortete ich, »ich bin Aidan mac Cainnech.«

»Aidan«, erklärte der Kaiser, »zu Unserem Kummer müssen Wir dir mitteilen, daß deine Mitbrüder nicht in Konstantinopel eingetroffen sind. Sie sind nicht vor Uns getreten. Von Herzen wünschten Wir, es wäre anders, denn allein nach dem Einband zu urteilen, wäre dieses Buch eine bewunderungswürdige Gabe gewesen und ein Zeugnis für die Ergebenheit eures Klosters. Wir bedauern dies aufrichtig.«

Gerade da kehrte der Magister sacrum zurück, und der Kaiser rief ihn zu sich. Ich wollte wegtreten, doch der Kaiser sagte: »Geh noch nicht, Priester.« Daher blieb ich neben dem Thron stehen.

»Basileus«, meldete der Magister, »die Komes sind zurück.«

»Sie dürfen eintreten«, gestattete Basileios, und der Magister zog sich zurück. Das Lächeln des Kaisers nahm einen verschlagenen Ausdruck an, als er sagte: »Nun wollen wir einmal sehen, auf was für ein Schlangennest wir da gestoßen sind.«

Der Magister erschien von neuem. Hinter ihm schritten drei junge Männer, die alle gleich gekleidet waren. Sie trugen lange, enganliegende Tuniken in Gelb und Blau mit weiten Ärmeln und gelbe Hosen, deren Beine in ihre hohen Stiefelschäfte gesteckt waren. An ihren Gürteln hingen Schwerter mit goldenem Heft. Der erste der drei – schlank wie eine Gerte, mit dunklem Haar und feinen, scharfen Zügen – näherte sich rasch dem Thron und warf sich nieder. »Steh auf, Nikos«, erklärte der Kaiser, der den Höfling offensichtlich kannte. »Erhebe dich und erkläre vor dieser hohen Versammlung, was du entdeckt hast.«

»Basileus«, antwortete der mit Nikos angesprochene Mann, als er wieder stand, »mir will scheinen, unser Quaestor ist ein äußerst umtriebiger Mann und in allen seinen Geschäften von Gott gesegnet.«

»Kläre Uns weiter auf.« Der Kaiser wandte seinen Blick von dem Höfling ab und sah den Hafenmeister an, der mit besorgter Miene dastand.

Komes Nikos streckte die Hände aus. Zwei der Höflinge, die mit ihm eingetreten waren, kamen mit einem großen irdenen Krug heran. Nikos nahm das Behältnis und hielt es in die

Höhe. »Gott und diese Männer sind meine Zeugen, daß dieser Krug im Hause des Quaestors Antonius gefunden wurde, Gebieter und Kaiser«, erklärte er mit vor Anstrengung leicht bebender Stimme, denn der Krug schien schwer zu sein. »Mit Eurer Erlaubnis, Basileus.«

Der Kaiser nickte, und Nikos ließ den Krug fallen. Das Tongefäß schlug auf dem Marmor auf, zerbarst in zahlreiche Scherben und entließ eine wahre Kaskade von Gold und Silber. Hunderte goldener Solidi und Silberdenarii klirrten auf den Boden.

Nikos hockte sich nieder, füllte seine Hände mit den Münzen und ließ sie durch seine Finger rinnen. »Mir will scheinen, daß unser geschätzter Hafenmeister entweder äußerst sparsam ist oder zutiefst unlauter. Ich bin fasziniert, Basileus.« Er sah den Quaestor an, dessen Gesicht aschgrau geworden war. »Ich möchte zu gern wissen, wie er zu solchem Reichtum gelangt ist.«

»Quaestor Antonius«, rief der Kaiser, »tritt vor und erkläre, wie du an dieses Vermögen gekommen bist. Denn Wir sind überzeugt, daß ein Beamter mit einem Jahresgehalt von zwei Solidi unmöglich solche Summen anhäufen kann. Vielleicht hast du ja Eigentum verkauft?« meinte Basileios. »Oder beim Rennen gewonnen? Haben dir möglicherweise die Grünen ihr Festtagsgeld in Verwahrung gegeben?«

Antonius starrte die Münzen auf dem Boden verdrossen an. »Dazu hattest du kein Recht«, knurrte er den Höfling an.

»Das Dekret des Kaisers hat mir das Recht gegeben«, entgegnete Nikos lakonisch. Der Beamte gab sich außerordentlich beherrscht, doch mir war offenkundig, daß er diesen Auftritt ungeheuer genoß.

»Wir warten, Hafenmeister Antonius«, meldete sich der Kaiser jetzt lauter zu Wort. »Wie hast du dir dieses Geld erworben? Wir verlangen eine Antwort.«

Antonius wirkte erschüttert und verängstigt, aber dennoch

reckte er den Kopf. »Erhabener Herr, die Münzen, die in meinem Haus gefunden wurden, stellen das Erbe meiner Familie dar. Sie sind beim Tod meines Vaters vor acht Jahren in meinen Besitz übergegangen.«

»Du stammst gewiß aus einer sehr reichen Familie, Quaestor Antonius«, bemerkte Nikos in einem Ton, der zugleich anzüglich und vorwurfsvoll war. »Nach diesem Berg von Geld zu urteilen, muß deinem Vater halb Pera gehört haben.«

»Mein Vater war ein geschickter Geschäftsmann«, räumte Antonius ein. »Das ist überall bekannt. Du kannst jeden fragen, der mit ihm gehandelt hat.«

»Gewitzt war er allerdings«, meinte Nikos, ging noch einmal vor dem Haufen in die Knie und hob eine Handvoll heraus. »Anscheinend hat er gut für die Zukunft vorgesorgt – sogar *über seinen Tod hinaus*. Seht her!« Er hielt eine Goldmünze in die Höhe. »Dieser Solidus wurde erst letztes Jahr geprägt. Und dieser im Jahr davor.« Er schob die Münzen, die er in der Hand hielt, umher und betrachtete sie eingehend. »Tatsächlich kann ich, wenn ich mir die Münzen ansehe, keine finden, die älter ist als drei Jahre. Trotzdem behauptest du, sie vor acht Jahren geerbt zu haben.«

»Ich habe sie eingewechselt, alte in neue«, entgegnete der Hafenmeister selbstzufrieden. »Ich ziehe neuere Münzen vor; denn ihr Gewicht ist einheitlicher.«

Der gerissene Quaestor schien sich aus der Sache herauszuwinden. Seine Erklärung war zwar kaum glaublich, doch zumindest im Bereich des Möglichen und vor allem nicht zu widerlegen. Bestimmt hatte er diesen Tag tausendmal vorhergesehen und sich seine Geschichte gut zurechtgelegt.

Ich betrachtete die Münzen auf dem Boden und sah vor mir diejenigen liegen, die der Hafenmeister dem Dänenkönig abgeknöpft hatte. Das Silber! »Allerhöchster Herr«, sagte ich, selbst verwundert über meinen plötzlichen Mut, »darf ich sprechen?«

Der Kaiser nickte langsam. Sein Blick ruhte auf dem Quaestor.

»Zwischen dem Gold befinden sich auch Silbermünzen. Vielleicht sollte man sie ebenfalls untersuchen.« Mit diesen Worten beugte ich mich herab und streckte die Hand nach den aufgehäuften Münzen aus.

Komes Nikos gebot mir Einhalt. Er faßte mich am Handgelenk und meinte: »Erlaube mir, dir zu helfen, mein Freund.« Obwohl seine Stimme höflich klang, hielt er meine Hand unerbittlich fest, und sein Blick war alles andere als freundlich.

Ich zog mich zurück und überließ es dem Höfling, den Haufen durchzusehen und die Silberdenarii herauszulesen. Binnen kurzem hatte er eine Handvoll beisammen und wandte sich dann an mich. »Die Silbermünzen sind weniger zahlreich vorhanden als die goldenen«, meinte er, »doch ihre Anzahl ist ebenfalls stattlich. Was willst du damit?«

»Nur dies hier«, erklärte ich, ging zu dem König, der schweigend und leicht verwirrt dastand, und streckte ihm die Hand entgegen. »Dein Silber, Jarl Harald«, sagte ich auf dänisch. »Gib mir ein paar Münzen.«

»Was geht hier vor sich?« fragte Harald und zog zugleich den Beutel aus seinem Gürtel. »Was reden diese Leute?«

»Geduld, Herr. Bald ist die Sache erledigt, und dann erkläre ich dir alles.«

Widerstrebend gab der König mir seinen Geldbeutel in die Hand, und ich kehrte an meinen Platz neben dem Thron zurück. Nikos hatte bereits begriffen, was ich vorhatte, und sagte: »Greif in den Beutel und zieh eine Münze heraus. Ich nehme ebenfalls eine. Nun zeig sie dem Kaiser.«

Beide streckten wir die Hände mit den Münzen aus. Einen nach dem anderen untersuchte Kaiser Basileios die Denarii. »Sie sind gleich.«

Nikos nahm noch mehrere Münzen, die er herausgesucht

hatte, und betrachtete jede einzelne. »Sie sind alle gleich, Basileus.«

»Wir möchten wissen, Quaestor Antonius«, sagte der Kaiser, »wie die Münzen dieses dänischen Königs in deinen Besitz gelangt sind. Willst du behaupten, daß sie ebenfalls aus dem Nachlaß deines geschäftstüchtigen Vaters stammen?«

»Herr und Kaiser«, erwiderte der Hafenmeister, »solche Denarii sind, wie jedermann weiß, die geläufigste Münze im ganzen Imperium. Frag lieber diesen Barbarenkönig, wie er zu Münzen gekommen ist, die in Konstantinopel geschlagen wurden.«

»Diese hier sind nicht in Konstantinopel geprägt, Quaestor Antonius«, bemerkte der Komes, »sondern in Rom, und alle zum Gedenken an Theophilus.« Er beugte sich wieder über den Geldhaufen, durchkämmte die Münzen und sortierte die aus Silber heraus, bis er sie alle gefunden hatte. Darauf zählte er sie. »Basileus«, erklärte er, »ich kann dir mitteilen, daß sich hier fünfundvierzig römische Denarii befinden.«

Der König starrte seinen Hafenmeister aufgebracht an. »Uns scheint, daß du hier, bis auf die Münze genau, die Anzahl Denarii hast, deren Diebstahl dich dieser König beschuldigt hat. Und mehr noch, allesamt handelt es sich um römische Münzen mit exakt derselben Prägung – wie die aus dem eigenen Beutel des Barbaren. Wenn du das erklären kannst, dann nur zu.«

Dreist bis zum Schluß, zuckte der Hafenmeister mit den Achseln. »Dies ist nur ein unglücklicher Zufall, Basileus«, entgegnete er, »nichts weiter.«

»Oh, Wir meinen, daß hier mehr als ein Zufall vorliegt«, erklärte Basileios scharf. Mit grausamer Befriedigung betrachtete der Kaiser den unseligen Hafenmeister und fuhr fort: »Wenn du gestattest, möchte ich eine andere, insgesamt logischere Erklärung vorschlagen: Du hast diese Männer um das Silber betrogen und die Münzen in deinen Krug gelegt, in der Absicht, die Denarii später in Solidi umzutauschen – so wie all die anderen Denarii, die du während der Ausübung deiner Pflichten gestohlen hast. Darüber hinaus, Quaestor Antonius, sind Wir nach der beträchtlichen Menge an Beweisstücken, die vor uns liegen, überzeugt, daß du deine Stellung als Hafenmeister von Hormisdas schon seit recht langer Zeit mißbrauchst.« Kaiser Basileios richtete sich auf seinem breiten Thron auf. »Das wird ein Ende haben.«

»Erhabener Herr«, rief Antonius rasch, »das Gold gehört mir, das schwöre ich bei allem, was heilig ist. Ich sage die Wahrheit; dies ist mein Erbe. Mit allem Respekt, du wirst doch diesen Barbari keinen Glauben schenken.«

»Respekt?« versetzte Basileios. »Wir sind verwundert, daß du ein solches Wort in den Mund nimmst. Uns, oder Unserer Stellung, hast du wenig Achtung erwiesen. Allerdings ist noch nicht bewiesen«, sagte der Kaiser, »daß du das Gold gestohlen hast, wenn auch das Silber nicht mehr zur Debatte steht.«

Mit diesen Worten winkte der Kaiser den Magister heran. Der Hofbeamte brachte ihm ein Wachstäfelchen von der Art, wie der Präfekt es mit sich geführt hatte, und reichte es seinem Gebieter. Basileios nahm den Griffel und begann zu schreiben.

»Basileus«, wagte der Quaestor zögernd einzuwenden, »mein Vergehen war geringfügig. Ihr wollt mich doch gewiß nicht ins Gefängnis werfen.«

»Wir stimmen mit dir überein, Quaestor Antonius, daß du nicht ins Gefängnis gehörst. Einen Mann von deinen beeindruckenden Talenten dort hinzustecken, wäre eine entsetzliche Vergeudung und ein Verlust für das Imperium. Uns ist jedoch klar, daß deine gegenwärtige Stellung dich, wie sollen Wir sagen, zu stark einengt.«

Der Kaiser blickte von der Schreibtafel auf und gestattete sich ein verhaltenes Lächeln. »Die kaiserlichen Minen können Menschen wie dich stets gut gebrauchen – Männer mit dem Verlangen nach Reichtum und einem Blick für das Glitzern von Silber. Wir sind uns sicher, daß du die Gesellschaft Gleichgesinnter höchst anregend finden wirst.«

Dem vormaligen Hafenmeister blieb der Mund offenstehen. Er schloß ihn wieder und schluckte heftig. »Nein ... nein ... bitte, heiliger Jesus, nein«, flüsterte er.

Nachdem Basileios zu seiner Zufriedenheit Recht gesprochen hatte, war die Angelegenheit für ihn beendet. »Für deine Reise ist gesorgt. Bis das Schiff segelt, bist du Gast des Kaisers.« Mit der Hand gab er ein Zeichen, und sogleich traten fünf der Farghanesen vor. Basileios reichte dem Magister das Wachstäfelchen und winkte in Richtung Tür. »Bringt ihn von hier fort.«

»Mein Geld!« schrie der Quaestor und versuchte, sich dem Griff der Wachen zu entwinden. »Das gehört mir!«

»Dein Gold bleibt hier«, erwiderte Basileios. »Dort, wo du hingehst, würde ein solches Vermögen dich nur in Gefahr bringen. Wir erweisen dir in dieser Sache mehr Wohlwollen, als du Uns jemals bezeigt hast.«

Die Bronzetüren öffneten sich, und der Gefangene wurde in den Vorraum geschleift. Er unternahm einen letzten Versuch, mit dem Kaiser zu rechten, doch der Anführer der Farghanesen brachte ihn mit einem harten Schlag auf den Mund zum Schweigen, worauf er sich in sein Schicksal ergab und abführen ließ.

Mit einer Handbewegung befahl Kaiser Basileios, das Gold und die Tonscherben fortzuräumen. Komes Nikos trat vor König Harald und reichte ihm die wiedergefundenen Silberstücke. »Deine Denarii, Herr«, fertigte er den König kurz ab.

Harald nahm das Silber, trat an den Fuß des Throns und tat dann etwas, über das ich seither viele Male nachgedacht habe. Er wies mich an, seine Worte zu übersetzen, und begann: »Hoher Kaiser, ich sage Euch die Wahrheit. Ich bin hergekommen, um Eure Schatzkammern zu plündern und alles, was ich würde tragen können, mit mir nach Skane zu nehmen.«

Der Kaiser nahm dieses Geständnis gutmütig auf. »Du bist nicht der erste, der solche Gedanken hegt, König Harald.«

Nachdem ich Basileios' Worte weitergegeben hatte, fuhr der Anführer der Seewölfe fort: »Nun stehe ich vor Euch und schaue mich um«, sagte er und blickte mit staunend aufgerissenen Augen umher. »Und ich sehe eine Pracht, die die Menschen in meinem Lande sich nicht einmal vorstellen können.« Harald wies auf den Haufen Goldmünzen, die am Boden lagen, und fügte hinzu: »Mehr noch, ich sehe, daß Männer, die in Euren Diensten stehen, über alle Maßen reich belohnt werden.«

Der Kaiser nickte befriedigt. »Du hast nur einen winzigen Blick auf den Reichtum und die Macht des Heiligen Römischen Reiches erhascht, und du erkennst, wie sinnlos es ist, gegen diese Macht anzukämpfen. Darin zeigst du dich weise, König Harald.«

»Ihr sprecht wahr«, pflichtete Harald ihm bereitwillig bei, als ich die Worte des Kaisers übersetzt hatte. »Und ich frage mich, wenn ein einfacher Diener solche Reichtümer anhäufen kann, was mag dann erst ein König vollbringen? Ich habe vier Schiffe und einhundertsechzig Männer bei mir. Wir sind gekommen, um Beute zu suchen, doch wir werden bleiben, um in Freundschaft mit Euch, großer Jarl, Reichtum und Ansehen zu gewinnen. Daher, allerhöchster Kaiser, stelle ich mich, meine Männer und meine Schiffe in Euren Dienst.«

Noch während ich diese Rede wiedergab, staunte ich über Haralds Verwegenheit. War er wirklich so sehr von sich überzeugt, so überheblich, daß er glaubte, all seine Männer würden ihm in dieser großen Geste nachfolgen? Oder so einfältig anzunehmen, der Kaiser würde seinen Vorschlag annehmen und ihn auch noch dafür belohnen?

Doch in dieser Sache war ich zu unwissend. Denn, Wunder über Wunder, der heilige Kaiser, der allerhöchste Beherrscher der ganzen Christenheit, nahm Harald Stierbrüller, Barbarenführer und Räuber, eingehend in Augenschein wie ein Mann, der den Wert eines Pferdes abschätzt, und kam sogleich zu einem Entschluß. »Wir nehmen dein Angebot an, König Harald. Du wirst bemerkt haben, daß beherzte Männer in meinen Diensten willkommen sind, und sie werden tatsächlich gut bezahlt. Daß ihr Seefahrer seid, spricht für euch. Gerade jetzt haben wir Bedarf an schnellen Booten; denn die Meere im Süden sind aufgrund der arabischen Überfälle gegenwärtig äußerst unsicher geworden.

Daher wollen wir eure Treue auf die Probe stellen. Wir bereiten eine Gesandtschaft nach Trapezunt vor, für die eine Eskorte benötigt wird. Wenn ihr mir diesen Dienst erweist, werde ich euch in die kaiserliche Flotte aufnehmen. Zufällig erlauben unsere Kriegsbräuche dem Sieger, die Beute, die ihm beim Kampf gegen einen Feind möglicherweise in die Hände fällt, für sich zu behalten. Dieses Privileg würden wir natürlich auch euch gewähren und sogar um gutes Gelingen für euch beten.«

Sobald Harald die Ausführungen des Kaisers vernommen hatte, stimmte er diesem Plan von ganzem Herzen zu. »Wir werden Eure Probe bestehen, Hoher Kaiser«, rief er. »Eure Feinde werden unsere Feinde sein. Unsere Siege sollen Eure Siege werden. Dies gelobe ich, Jarl Harald Stierbrüller, bei meinem Leben und dem meiner Männer.«

Vielleicht war König Harald, selbst ein Mann von Rang, einer Macht begegnet, die weit größer war als seine eigene, und hatte den Weg der Vorsicht eingeschlagen. Er mochte erkannt haben, daß die Macht des Oströmischen Reiches gegen ihn stehen würde, wenn er weiter seine Vorstellung von einem Raubzug verfolgte, und sein gewitzter Barbarenverstand hatte die bestmögliche Lösung gefunden. Vielleicht hatte ja auch Gott, unsichtbar und unmerklich, den fruchtbaren Boden von Haralds unsterblicher Seele gepflügt und die Saat gelegt, die nun so unerwartete Früchte trug. Wie auch immer, das Ergebnis verwirrte und erstaunte mich.

»Wir nehmen deinen Eid an, König Harald«, entgegnete der Kaiser gnädig. »Und wir werden zum himmlischen Vater beten, er möge deine Treue reich belohnen. Kehrt nun auf eure Schiffe zurück und haltet euch bereit.« Der Kaiser gab dem Magister ein Zeichen, und dieser holte wieder seine Wachstafel hervor. Basileios nahm den Griffel und begann zu schreiben. »Morgen werden wir euch den Protosphatharius schicken, damit er für den Proviant sorgt. Der Gesandte segelt in drei Tagen.« Er reichte seinem Magister sacrum die Tafel zurück und streckte dem König die Hand hin, auf daß er sie küsse.

Diesesmal beugte Jarl Harald Stierbrüller das Haupt und besiegelte seinen Treueschwur mit einem Kuß. Der Kaiser erhob sich von seinem Thron, nahm die goldene Schale, die zu seinen Füßen lag, und reichte sie dem listigen Dänen. Darauf stieg er von der Empore, bückte sich und schaufelte höchstselbst eine Handvoll Goldmünzen aus dem Haufen auf dem Boden, die er laut klappernd in Haralds Schale rinnen ließ wie ein reicher Kaufmann, der seinem Lieblingsbettler ein Almosen gibt. Der Barbarenkönig grinste so breit und freudig, daß der Kaiser dasselbe noch einmal wiederholte. Mir entging jedoch nicht, daß von dem silbernen Cumtach, das vergessen auf den Stufen des Thrones lag, keine Rede mehr war.

Darauf entließ Basileios seinen frischgebackenen Lehnsmann, indem er sagte: »Diene Uns gut, König von Skane, dann sollen dir, wenn Gott will, der Ruhm und die Schätze, die du suchst, zuteil werden.«

Harald dankte dem Kaiser und nahm mit der Versicherung Abschied, er werde auf seine Schiffe zurückkehren und dort die Befehle des Kaisers erwarten. Dann folgten wir dem Magister und verließen den Kaiser. Mit abgewandtem Blick entfernten wir uns, rückwärts gehend, langsam vom Thron. An der Tür hielt ich inne, um noch einen letzten langen Blick in den herrlichen Saal zu tun, als der Magister mir dir Hand auf die Schulter legte.

»Der Basileus möchte allein mit dir sprechen«, sagte er, und wies auf den Thron. Ich blickte auf und sah, daß Kaiser Basileios mich zu sich winkte. »Sag deinem König, daß du zu ihm zurückgebracht wirst, wenn der Kaiser mit dir fertig ist.«

Harald, der glücklich über sein Gold war, erteilte mir mit einem barschen Knurren seine Zustimmung, und ich ging auf dem Weg, den ich gekommen war, zum Thron zurück, wobei ich mich fragte, was Gottes Statthalter auf Erden wohl von mir wollte.

33

»Wie du heute gesehen hast, Bruder Aidan«, begann der Kaiser vertraulich und gebieterisch zugleich, »leben Wir in unsicheren Zeiten: Hofbeamte, die das Vertrauen genießen, nutzen ihre Macht, um zu ihrem eigenen Vorteil zu stehlen und zu betrügen, und räuberische Barbaren sprechen für Gerechtigkeit und geloben Uns ihre Treue.«

Der Kaiser hatte bis auf seine Leibwache alle Höflinge aus dem Thronsaal geschickt. Mit ausdruckslosen Mienen umstanden diese Männer den Thron, den Blick weder auf uns gerichtet noch abgewandt. Niemand sonst konnte vernehmen, was der Kaiser zu mir sagte.

Er hob die Hand, wies auf die Farghanesen-Leibwache, die seinen Thron umgab, und meinte: »Sieh dich gut um und sag mir dann, wer dem Kaiser am nächsten steht.«

Basileios schien eine Antwort zu erwarten, daher fragte ich: »Sind das Barbaren, erhabener Herr?«

»Dein Gebieter ist ein Barbar, und wir haben schon viele seinesgleichen gesehen. Wir machen Uns keine Illusionen, Bruder Aidan; denn Wir wissen, daß Wir einem Feind gegenüberstanden, der gekommen war, um zu rauben und zu töten. Darin hat er die Wahrheit gesprochen, ja, aber das war Uns ohnehin klar. Und doch, als er Gelegenheit hatte – und wir wissen sehr wohl, wer ihm diese verschafft hat, scharfsinniger

Priester –, als er jedenfalls in der Lage dazu war, hat dieser rauhe Barbar sich vertrauenswürdiger gezeigt als der Mann, der durch seine Geburt und seine Erziehung auf sein Amt vorbereitet worden war.

Vertrauen, das ist hier der Kern der Sache. Wem kann der Kaiser trauen? Seinen Freunden? Freunden, die krank vor Neid und Bosheit sind und ihm lieber die Kehle aufschlitzen würden, als das Knie vor ihm zu beugen? Vertraut er seinen Beamten? Hunderten namenloser, habgieriger Staatsbediensteter, die seinen Ring küssen, ihm aber zu gern den Wein vergiften würden? Vielleicht schenkt er ja seinen Söhnen Vertrauen? O nein, denn die sind entweder zu jung, um die Bürde des Staates mitzutragen, oder Männer, die selbst ehrgeizig sind und mehr als begierig nach der Krone schielen.«

Basileios hielt inne, um zu sehen, welche Wirkung seine Worte auf mich hatten, und nickte mit grimmiger Zufriedenheit. »Du beginnst die Dinge richtig zu sehen. Für jeden Dienst, dessen das Imperium bedarf, muß der Kaiser die Treue des Mannes, den er mit dieser Arbeit betraut, abwägen. Für die meisten Pflichten ist nicht allzuviel Treue erforderlich, und ein Mann dient uns so gut wie der andere. Für manche Aufgaben jedoch ist ein großes Maß an Loyalität notwendig – und dann gestaltet sich die Wahl weit schwieriger.«

Während er sprach, breitete sich ein eigenartiges Gefühl in meiner Magengrube aus, Angst oder Furcht ähnlich und doch keines von beidem, so, als hätte ich eine ungeheure Wette abgeschlossen und würde nun entdecken, ob ich gewonnen oder verloren hatte.

»Komes Nikos ist, wie du gesehen hast, ein getreuer und vertrauenswürdiger Diener«, fuhr Kaiser Basileios fort. »Er steht dem Thron sehr nahe. Scholarae Justinian kann mit einem raschen Aufstieg rechnen. Sein Diensteifer und seine Ehrlichkeit werden besonders belohnt werden. Derartiger

Männer bedürfen Wir stets, und darum bemächtigen Wir Uns ihrer, wann immer und wo immer Wir sie finden.

Bruder Aidan«, sagte er und schaute mich aus seinen schlauen dunklen Augen an, »Wir sehen jetzt einen solchen Mann vor uns stehen, und Wir möchten ihn ungern wieder aus unserem Gesichtskreis entschwinden lassen.«

»Ihr dürft nicht vergessen, erhabener Herr«, erklärte ich und legte die Hand an den Eisenring, der um meinen Hals hing, »daß ich nur ein Sklave bin.«

Die Antwort des Kaisers fiel scharf und verächtlich aus. »Du enttäuschst Uns, Priester. Wenig begreifst du die Macht eines Kaisers, wenn du glaubst, das wäre ein Hindernis. Erlaube Uns, dir zu versichern, Mönch, daß Wir durchaus über die Möglichkeit verfügen, die Freunde des Imperiums zu belohnen.«

»Verzeiht mir, hoher Herr«, sagte ich. »Ich bin unerfahren in Dingen des Hofes und habe ungebührlich gesprochen.«

Der Kaiser lehnte sich in die Kissen seines Thronsessels zurück. »Keine Sorge, Wir werden nicht gegen deinen Willen über dich verfügen. Uns ist vor allem an deiner Treue gelegen, nicht an deinem Gehorsam.« Der Kaiser strich die purpurfarbene Seide seines Gewandes glatt.

»Deine Pilgerfahrt ist nicht vergeblich gewesen, Bruder Priester. Du bist in der richtigen Position, um Uns zu Diensten zu sein. Mag sein, daß der Auftrag, an den Wir denken, genau die Aufgabe ist, zu der Gott dich berufen hat. Glaube Uns, Bruder Aidan, dein Werk hat eben erst begonnen.«

»Erhabener Herr«, entgegnete ich, während meine Gedanken sich vor Verwirrung überschlugen, »befehlt mir nach Eurem Belieben, ich bin Euer Diener.«

Basileios lächelte kurz und wirkte halbwegs zufrieden. »Gut. Wir sind erfreut, Bruder Mönch.« Er winkte mich näher heran und sagte: »Hör gut zu. Wir möchten, daß du folgendes tust.«

Ich lauschte gespannt, während der Kaiser mir auseinandersetzte, daß sich derzeit seine ganze Aufmerksamkeit auf die Gesandtschaft nach Trapezunt richtete. Diese sei, wie er erklärte, eine äußerst heikle Angelegenheit. »Natürlich hat das Imperium alle Arten von Feinden, deren Ziele nicht immer leicht erkennbar sind. Daher müssen Wir uns zum Besten des Reichs auf jede nur mögliche Weise schützen.« Er sah mich mit entwaffnender Offenheit an und fügte hinzu: »Verschwiegenheit hat manchmal ihren Nutzen, Bruder Priester. Wenn du ein Geheimnis zu wahren weißt, würde Uns deine Anwesenheit in Trapezunt sehr freuen. Mehr noch, Wir würden sie dir lohnen.«

Ich antwortete, Diskretion sei eine Tugend, und zwar eine, die mir im Kloster sehr zustatten gekommen sei. Darauf teilte mir der Kaiser sein geheimes Anliegen mit und bat mich, in der Stadt am Schwarzen Meer sein Auge und sein Ohr zu sein, alles, was vor sich ging, zu beobachten und ihm bei meiner Rückkehr nach Byzanz Bericht zu erstatten. Als er zu Ende gesprochen hatte, fragte er, ob ich alles verstanden habe. Nachdem ich dies bejaht hatte, erhob er sich abrupt. Die Farghanesen wichen alle einen Schritt zurück. Der Kaiser bedeutete mir mit einer Handbewegung, daß ich entlassen sei und sagte: »Komm zu mir, wenn deine Reise vorüber ist.«

»Wie Ihr wünscht, Basileus.« Ich beugte das Haupt und entfernte mich rückwärts, wie ich es bei den anderen gesehen hatte.

Der Kaiser rief den Magister, auf daß er mich aus dem Palast geleitete. »Der Torwächter«, fragte Basileios, »ist der noch bei Uns?«

»Er befindet sich im Vorraum und erwartet Eure Befehle, Basileus«, antwortete der weißgewandete Höfling.

»Sag ihm, er soll diesen Mann zu seinem Schiff zurückbringen«, befahl der Kaiser und setzte dann impulsiv hinzu, »aber dies hat keine Eile, glauben Wir, also teile dem Hauptmann mit, er soll Unserem Diener alles zeigen, was er in Unserer Stadt sehen oder tun will.« Mit einem Blick auf mich meinte er: »Und er soll dem Mann auf jeden Fall etwas zu essen besorgen. Gib ihm zu diesem Zweck einen Solidus, Magister.«

»Wie Ihr befehlt, erhabener Herr«, antwortete der Höfling.

Wieder war ich entlassen und wurde aus dem Saal geführt. Basileios ließ mich bis zur Tür kommen, ehe er rief: »Gott schenke dir eine sichere Reise, Bruder Priester, und eine schnelle Rückkehr. Bis dahin wollen wir uns beide auf das Vergnügen freuen, gemeinsam zu erörtern, was du mit deiner Freiheit anzufangen gedenkst.«

Als ich von meiner Audienz zurückkehrte, fand ich Justinian allein im Vorraum wartend. Alle anderen waren fort. Der Magister winkte ihn zu uns, drückte ihm ein Goldstück in die Hand und übermittelte ihm die Befehle des Kaisers. Darauf wandte der Beamte sich ab und verschwand im Vestibulum, und wir hatten allein aus dem Palast hinauszufinden.

»Also!« rief Justinian aus, als wir endlich nach draußen traten, »den heutigen Tag werde ich wahrhaftig so bald nicht vergessen.«

Ich pflichtete ihm aus tiefstem Herzen bei, daß ich so etwas noch nicht erlebt hätte.

»Du bist ein bemerkenswerter Bursche, mein Freund.« Er betrachtete mich mit aufrichtiger Bewunderung. »Der Quaestor in die Bergwerke geschickt, und der Barbar als Söldner angeheuert – das werden mir meine Scholarii niemals glauben.« Er blieb stehen und blickte auf die Münze, die der Magister ihm gegeben hatte. »Ein ganzer Solidus«, sagte er und holte tief Luft, »und es ist noch fast heller Tag! Nun denn, welche Zerstreuungen ordnest du für den heutigen Abend an? Auf Befehl des Kaisers stehe ich dir zu Diensten.«

»Es ist sehr lange her, daß ich einen Fuß in eine Kapelle gesetzt habe. Falls dies nicht zu schwierig ist, würde ich gern in eine Kirche gehen und beten.«

»Die einzige Schwierigkeit wird darin liegen, zu entscheiden, welche wir mit unserer Gegenwart beehren – in Konstantinopel stehen Hunderte von Kirchen. Wir könnten nach St. Stephan gehen«, er wies auf das nächste Kreuz, das sich jenseits der Mauer erhob, »wo an manchen Tagen der Kaiser und seine Familie beten. Oder ich könnte dich in die Hagia Sophia führen – jeder Besucher in der Stadt möchte sie sehen.«

»Bitte, wenn das nicht zu viele Umstände macht, würde ich gern dorthin gehen, wo du betest.«

»Wo *ich* bete?« wunderte sich Justinian. »Das ist nur eine kleine Kirche in der Nähe meiner Wohnung. Sie ist in keiner Hinsicht bemerkenswert. Du kannst aus ganz Konstantinopel auswählen, mein Freund.« Doch obgleich er widersprach, entdeckte ich, daß mein Wunsch ihm schmeichelte. »Laß dich zur Hagia Sophia bringen.«

»Ich möchte lieber deine Kirche sehen. Wirst du mich dorthin führen?«

»Wenn du durchaus willst, natürlich.« Gemeinsam traten wir aus dem großen Palast, ließen den ummauerten Palastbezirk hinter uns und glitten durch eines der kleinen Tore in der Nähe des Hippodroms hinaus. Wir folgten einer schmalen, gewundenen Gasse, die neben der hohen Mauer jenes gewaltigen Bauwerks verlief, und kamen auf einer breiten, baumbestandenen Allee heraus. »Dies ist die Mese«, erklärte mir Justinian. »Sie ist die längste Straße der Welt und beginnt dort am Milion.« Er wies auf eine hohe, freistehende Säule, die nicht weit entfernt auf einem Platz stand.

»Und wo endet sie?«

»Auf dem Forum in Rom«, antwortete er stolz. »Hier entlang, meine Kirche ist nicht weit.«

Wir wandten uns nach Westen und gingen die breite Straße entlang, die, wie Justinian mir sagte, der wichtigste Weg in der Stadt für Prozessionen und sonstige Umzüge sei. »Alle Kaiser und Armeen marschieren die Mese hinunter und gehen durch das Goldene Tor hinaus, wenn sie in den Krieg ziehen. Und siegreich oder geschlagen, sie kehren auf demselben Weg zurück.«

Der Abend war kühl. Die Mese wimmelte von Menschen, als befinde sich nun, da ihr Tagwerk getan war, die gesamte Bevölkerung der Stadt auf dem Heimweg. Die meisten trugen Zutaten für ein einfaches Abendessen mit sich: einen Laib Brot, ein paar Eier, eine oder zwei Zwiebeln und öldurchtränkte Päckchen mit gewürzten Oliven. Die mehr vom Glück begünstigten jedoch hielten unterwegs an und genossen ein Mahl an einem der unzähligen Orte, wo man aß und trank. Justinian nannte sie Tabernas, und die ganze Mese war von ihnen gesäumt. Man konnte sie an den buntfarbigen Standarten erkennen, auf die Namen gemalt waren wie »Haus des Bacchus«, »Der Grüne Wagenlenker« oder »Zur springenden Lerche«. Vor diesen Tavernen standen Statuen griechischer und römischer Götter neben rauchenden Pfannen auf Dreifüßen.

Für den Fall, daß der Anblick glühender Holzkohle an einem kühlen Abend nicht ausreichte, um Hungrige anzuziehen, hatten sich die Eigentümer der Eßlokale neben ihren Feuerstellen postiert, brieten Fleischspieße und bestürmten die Vorübergehenden, ihre Gastfreundschaft anzunehmen. »Tritt ein, tritt ein«, riefen sie zum Beispiel. »Mein Freund, drinnen ist es warm. Der Wein hier ist gut. Heute abend gibt es gebratenes Schwein und Feigen. Das Essen wird dir schmecken. Komm doch herein, wir haben gerade noch Platz für dich.«

Das Aroma, das von den Kohlepfannen und aus den verborgenen Küchen aufstieg, zog sich zu üppigen, dichten

Duftwolken zusammen, die uns umfluteten, während wir die längste Straße der Welt entlanggingen. Nachdem wir eine Anzahl dieser Tavernen passiert hatten, begann mir das Wasser im Mund zusammenzulaufen, und mein Magen knurrte.

Justinian allerdings schienen weder der Essensduft noch die Rufe der Tavernenwirte zu beeindrucken. Alles außer dem Weg, der vor uns lag, außer acht lassend, eilte er weiter. Wir kamen an einer herrlichen Kirche vorbei – der Kirche der heiligen Märtyrer, wie Justinian mir erklärte –, und dann, auf einmal, begannen die Glocken zu läuten. Zuerst war da nur eine, vielleicht von der Hagia Sophia, doch dann fiel rasch eine von einer weiter entfernten Kirche ein, und dann noch eine und weitere, nah und fern, bis ganz Konstantinopel davon widerhallte. Sogar als jemand, der das tägliche Stundenläuten gewöhnt war, konnte ich über diese Vielzahl von Klängen nur staunen: Da waren Glocken in jeder Klangfarbe, von hohen, klaren Himmelsstimmen bis zu tiefen Tönen, die die Erde erzittern ließen. Aus jedem Winkel der Stadt erschallte der himmlische Klang, ein Geschenk des Friedens zum Ende des Tages.

Wir bogen in eine enge Gasse ab und mischten uns unter die Menge, die der Kirche, die am Ende der Straße aus gestampftem Lehm lag, zuströmte. Die Türen des Gotteshauses standen offen, und Kerzenlicht fiel auf die Straße und auf die Häupter derer, die sich durch den Eingang drängten. »Dies ist die Kirche St. Nikolaus, wo ich die Messe höre. Viele Kirchen sind schöner, doch nur wenige sind voller.«

Wir stürzten uns in das Gewühl an der Tür und schoben uns hindurch, um einen Platz in der Nähe einer der Säulen zu ergattern. In jedem Winkel brannten Kerzen, und von kunstvoll gearbeiteten Eisengestellen, die über den Köpfen der Menge angebracht waren, hingen Lampen herab. Tatsächlich waren hier so viele Menschen so dicht zusammengedrängt, daß ich kaum hören konnte, was die Priester sagten. Auf jeden Fall verstand ich, daß sie zahlreiche Gebete sprachen, und die Lesung erkannte ich als einen Abschnitt aus dem Lukasevangelium.

Darin war diese Messe den Gottesdiensten im Kloster sehr ähnlich, doch das änderte sich, als die Gläubigen zu singen begannen. Ihr Gesang unterschied sich von allem, was ich je gehört hatte. Ich habe keine Vorstellung, wie diese Wirkung erzielt wurde, doch die Musik schien das gesamte Gotteshaus mit einem lebendigen, erhebenden Klang aus vielen Einzelstimmen zu erfüllen, die auf irgendeine Weise zusammenfanden und sich zu einem einzigen Gesang von staunenswerter Kraft vereinten. Ich war tief bewegt und beeindruckt, und in meinem Herzen stieg Sehnsucht nach den Mönchen von Cenannus na Ríg auf. Die Kinder von DeDanaan erfreuen sich der besten Stimmen der Welt, und ich hätte viel darum gegeben zu hören, wie sie diese neue Art zu singen versuchten.

Abgesehen von der Musik gestaltete sich, wie ich schon sagte, der Gottesdienst ziemlich so, wie ich ihn kannte, nur daß die Gläubigen zum Gebet nicht niederknieten oder sich zu Boden warfen, sondern stehen blieben. Und statt die Hände zu falten, hoben sie sie in die Höhe. Außerdem gebrauchten die Priester weit mehr Weihrauch, als wir im Kloster erlaubt hätten. Tatsächlich schienen sie darauf bedacht, die Kirche mit duftenden Rauchwolken vollkommen zu erfüllen.

Am Ende wurde mir alles zuviel. Mag sein, daß die aufrührenden Erlebnisse dieses Tages, zusammen mit dem Licht, den Klängen, dem Rauch und dem Druck der Menge mich schließlich überwältigten. In einem Moment stand ich noch neben Justinian und lauschte dem Priester, der den Segen sprach, und im nächsten war ich am Fuß der Säule niedergesunken, und Justinian hockte mit besorgter Miene neben mir.

»Mir war ein wenig schwindlig«, erklärte ich ihm, sobald

wir wieder auf der Straße standen. Inzwischen war es dunkel, und vom Meer her wehte ein kühler Wind. »Aber jetzt fühle ich mich besser. Die frische Luft hat mir gutgetan.«

»Daß du ohnmächtig geworden bist, wundert mich nicht«, entgegnete Justinian. »Du bist heute durch die halbe Stadt gewandert, und das mit leerem Magen.« Tadelnd runzelte er die Stirn. »Höchste Zeit, etwas zu essen.«

Wieder auf der Mese angekommen, gingen wir ein kurzes Stück Richtung Westen und erreichten dann eine Kreuzung. Justinian bog in die Straße zur Rechten ein, die abschüssig, dunkel und still war, und führte mich ein paar Dutzend Schritte bis zu einem kleinen Haus mit niedriger Tür und hoher Schwelle. Im Näherkommen vernahm ich Gelächter von drinnen. Über dem Türrahmen hing ein hölzernes Schild, auf dem ein gebratener Vogel und eine Weinamphore abgebildet waren.

Justinian polterte mit der flachen Hand an die Tür. »Ich stamme aus Zypern«, erklärte er mir und ließ von seinem Sturmangriff auf die Tür ab. »Auch der Mann, dem dieses Haus gehört, kommt aus Zypern. Das allerbeste Essen stammt von dort. Dem ist wirklich so. Du kannst fragen, wen du willst.«

In diesem Moment öffnete sich die Tür, und wir erblickten einen Mann mit schwarzem Bart und einem Goldring im Ohr. »Justinian!« rief er aus. »Du hast uns also nicht vergessen! Möchtest du essen? Das sollst du haben.« Darauf zeigte Justinian dem Bärtigen die Münze, die der Präfekt ihm gegeben hatte. Der Wirt setzte ein breites Grinsen auf. »Sagte ich essen? Du sollst ein *Festmahl* bekommen! Ich werde euch einen herrlichen Schmaus auftischen.« An mich gewandt erklärte der Grieche: »Willkommen in meinem Haus. Ich kenne dich nicht, mein Freund, aber ich sehe bereits, daß du zweifach vom Glück begünstigt bist.«

»Wie denn das?« fragte ich verwundert, ebenso beeindruckt von seiner überschwenglichen Begrüßung wie von den köstlichen Düften, die aus dem warmen Hausinnern zu uns drangen.

»Ganz einfach. Du hast beschlossen, die beste Taverne in ganz Konstantinopel aufzusuchen, und dies in Gesellschaft des hervorragendsten Soldaten im ganzen Imperium. Oh, die Nacht ist kalt. Tretet ein, meine Freunde!« rief er aus und zog uns fast über die Türschwelle.

Schnell schloß der Wirt die Tür hinter uns und sagte zu mir: »Ich bin Theodorus Zakis, und ich fühle mich geehrt, euch in meinem Hause zu begrüßen. Hier könnt ihr die Mühen des Tages hinter euch lassen. Bitte, folgt mir.«

Der Wirt führte uns über eine schmale Treppe in einen weitläufigen Raum. In der Mitte glühte eine bronzene Kohlenpfanne wie ein Herdfeuer, und rundherum stand eine Anzahl niedriger Diwane verteilt. Auf einigen davon lagerten Männer, die sich zu zweit oder zu dritt über große Platten beugten, die mit verschiedenen Gerichten gefüllt waren. Auch ein paar kleine Tische standen in Nischen, die durch hölzerne Wandschirme abgeteilt waren. Einer stand in dem Teil des Gastraums, der über die Straße hinausragte, und zu diesem geleitete Theodorus uns.

»Du siehst, Justinian, ich habe diesen Platz für dich freigehalten. Ich weiß ja, daß er dir am liebsten ist.« Zu mir gewandt setzte er leise, als verrate er ein Geheimnis, hinzu: »Soldaten ziehen es immer vor, an Tischen zu sitzen. Warum, weiß ich nicht.« Er zog den Tisch von der Wand weg und schob uns die beiden niedrigen dreibeinigen Schemel hin. »Setzt euch! Nehmt Platz. Ich bringe den Wein.«

»Und Brot, Theodorus. Berge von Brot«, sagte Justinian. »Wir haben den ganzen Tag nichts zu essen bekommen.«

Unser Eintreten erregte bei den anderen Speisenden nur wenig Aufmerksamkeit. Sie setzten ihre Mahlzeit fort, als ob wir gar nicht vorhanden wären. Ich fand dies höchst ungewöhnlich, doch dann erklärte mir Justinian, dies sei durchaus üblich und werde nicht als unhöflich betrachtet. »Habt ihr denn in Irland keine Tavernen?« erkundigte er sich.

»Nein. Mir ist so etwas ganz neu. Aber andererseits ist alles in dieser Stadt neu für mich.«

»Als ich vor vier Jahren nach Konstantinopel kam, hatte ich hier noch keine Freunde, daher bin ich häufig hergekommen, obwohl ich mir das eigentlich nicht leisten konnte. Damals war ich bloß Legionär.«

»Hast du Familie?«

»Nur Mutter und Schwester«, antwortete er. »Sie leben noch auf Zypern. Seit sieben Jahren habe ich sie nicht gesehen. Aber ich weiß, daß es ihnen gutgeht. Wir schreiben uns häufig. Das ist einer der großen Vorteile, wenn man in der Armee des Kaisers dient – ein Soldat kann Briefe an jeden Ort der Welt senden und sicher sein, daß sie auch ankommen.«

Theodorus kehrte zurück und brachte einen Krug mit zwei Henkeln von der Form einer Amphore, doch mit flachem Boden. »Für euch, meine Freunde, habe ich das Beste aufgespart. Wein aus Chios!« verkündete er und stellte zwei hölzerne Becher neben den Krug auf den Tisch. »Trinkt das, und vergeßt jeden Wein, den ihr bis heute gekostet habt.«

»Wenn wir das da austrinken«, meinte Justinian grinsend, »vergessen wir auch alles andere.«

»Wäre das so schrecklich?« Lachend zog Theodorus sich zurück, nur um einen Augenblick später mit vier Laiben Brot in einem Flechtkorb zurückzukehren. Das Backwerk war noch warm.

»Sag mir, Aidan«, fragte Justinian, während er Wein in die Holzbecher goß, »was hältst du vom Kaiser?«

»Er ist ein bedeutender Mann«, antwortete ich, nahm einen der Laibe und reichte ihn Justinian.

»Fürwahr, fürwahr«, pflichtete er mir gutmütig bei und

brach das Brot in zwei Teile. »Das versteht sich von selbst. Er hat viel Gutes für die Stadt und das Imperium getan.«

Nach dem Brauch der Bewohner von Konstantinopel betete Justinian vor dem Essen. Sein Gebet war dem, das man vielleicht bei einem Essen im Kloster hätte hören können, nicht unähnlich. Als er fertig war, nahm ich ebenfalls einen Laib und brach ihn entzwei. Ein Hefeduftschwaden stieg auf, der mir das Wasser im Mund zusammenlaufen ließ. Eine Zeitlang aßen und tranken wir, genossen das köstliche Brot und sprachen dem Wein zu.

Nach einer Weile bemerkte Justinian: »Dies mag eine römische Stadt sein, doch in ihr schlägt ein byzantinisches Herz, und ein byzantinisches Herz ist vor allem eines, nämlich argwöhnisch.«

»Warum argwöhnisch?«

»Brauchst du da zu fragen?« meinte Justinian und lächelte geheimnisvoll und listig. »Nichts ist einfach, mein Freund. Hinter jedem Handel lauert Verrat, und in jeder freundlichen Geste verbirgt sich Tücke. Jede Tugend wird bis ins kleinste berechnet und mit dem größtmöglichen Gewinn verschachert. Hüte dich! In Byzanz ist nichts, wie es scheint.«

Dies schien mir kaum glaublich, und das sagte ich ihm auch. Doch Justinian blieb hartnäckig.

»Sieh dich um, Mönch. Wo großer Reichtum und Macht wohnen, ist das Mißtrauen allgegenwärtig. Selbst Rom auf dem Höhepunkt seines Glanzes war nicht mächtiger und wohlhabender als Konstantinopel heute. Argwohn ist in dieser Stadt lebenswichtig, er ist das Messer in deinem Ärmel und der Schild, der deinen Rücken schützt.«

»Aber wir sind Christen«, erklärte ich. »Wir haben solchen weltlichen Eitelkeiten entsagt.«

»Du hast natürlich recht«, gestand mir Justinian zu und leerte zum zweiten- oder drittenmal seinen Becher. »Zweifellos lebe ich schon zu lange in dieser Stadt. Trotzdem hören sogar Christen die Gerüchte.« Er beugte sich über den Tisch und sprach leiser. »Man behauptet, unser vorheriger Kaiser, Basileus Michael, sei an den Folgen eines Sturzes gestorben. Aber … schlägt ein Mann sich beide Hände an den Gelenken ab, wenn er im Bad ausgleitet? Selbst die Freunde des Kaisers sagen, Basileios der Makedonier sei eher mittels einer gutgeführten Klinge denn durch göttliche Berufung auf den Thron gelangt.« Justinian schwieg und zog den Zeigefinger quer über seine Kehle.

Der König der Könige, Christi Auserwählter, Gottes Statthalter auf Erden sollte in ein Mordkomplott verwickelt sein? Wie konnte man so etwas nur denken, geschweige denn laut aussprechen? Verbrachten so die Bürger von Konstantinopel ihre Zeit, mit gehässigen Mutmaßungen und lästerlichen Verunglimpfungen? Aber ach, mein Freund hatte bereits eine beträchtliche Menge starken Weines getrunken, daher vergab ich ihm seine Schmähungen und maß seinem Gerede keine Bedeutung bei.

Der Tavernenwirt kehrte zurück und setzte uns zwei Tonschalen mit einer milchigweißen Suppe und zwei hölzerne Löffel vor. Ohne ein Wort verschwand er wieder und gesellte sich zu einer Dreiergruppe, die auf Diwanen ruhte. Kurz darauf lachten alle vier laut. Ich setzte meine Schüssel an die Lippen, um zu trinken, doch Justinian rührte seine Brühe mit einem Löffel um, und ich wurde daran erinnert, wie sehr ich die Lebensart der Barbaren schon angenommen hatte.

»Jegliche Trauer über Michaels Hinscheiden wurde zusammen mit seiner blutüberströmten Leiche zur Ruhe gebettet, würde ich meinen«, sagte Justinian leichthin, hob den Löffel an die Lippen und blies auf die heiße Suppe. »Er war ein lasterhafter Mensch und ein Hurenbock und Säufer, der die Stadt mit seiner Maßlosigkeit und seiner Verschwendungssucht fast in den Ruin getrieben hätte. Allenthalben war bekannt, daß er Basileios' Frau verführt und ihr beigelegen hatte, nicht einmal, sondern oft, und daß Basileios dies wußte. Tatsächlich behaupten manche Leute, einer der Söhne unseres Kaisers stamme nicht von ihm. Nur, weil die Gattin dieses Hahnreis einen königlichen Bastard geboren hat, habe man dem unglücklichen Basileios erlaubt, den Purpur zu tragen und Mitregent zu werden.«

Rasch blickte ich mich um, um mich zu vergewissern, ob jemand Justinian gehört hatte, doch zu meiner Erleichterung schienen die anderen Speisenden sich nicht für unser Gespräch zu interessieren. »Wie kannst du nur so etwas sagen?« flüsterte ich heiser und erschrocken.

Justinian zuckte die Achseln und schluckte die dicke Suppe hinunter. »Ich meine ja nicht, daß Basileus Michael boshaft war, er war einfach nur schwach.«

»Schwach!« keuchte ich.

Mein Gefährte verzog einen Mundwinkel zu einem grimmigen Lächeln. »Wir haben Päpste und Patriarchen kennengelernt, neben denen der arme geistesschwache Michael wie ein Heiliger dastehen würde. Man sagt, Phocus habe sich zwei abessinische Lustknaben gehalten und Häretiker gefoltert, um seine Essensgäste zu unterhalten. Theophilus, so heißt es, hat zwei seiner Brüder und einen seiner Söhne umgebracht, um den Thron zu besteigen. Basileios hält in diesem Augenblick seinen Sohn Leo im Gefängnis fest.«

Justinian hob die Schale an und löffelte die Suppe hinein. Ich saß mit offenem Mund und ungläubig staunend da. »Du ißt ja nicht, Aidan«, bemerkte mein Freund über den Rand der Schale hinweg. »Schmeckt dir die Suppe nicht?«

»Nicht aus Mangel an Appetit halte ich mich zurück«, erwiderte ich streng. »Ich bin entsetzt über die leichtfertige Weise, in der du den übelsten Tratsch nachplapperst. Auch wenn nur ein Körnchen von dem, was du sagst, wahr wäre, sollte uns das eher dazu bewegen, um Vergebung und Verzeihung für unseren gefallenen Monarchen zu beten, denn dazu, bösartiges Geschwätz weiterzutragen.«

Justinian senkte die Schale. »Ich habe dich gekränkt. Meine Worte waren schlecht gewählt. Verzeih mir, Bruder, so reden wir hier nun einmal. Bei meinem Leben, ich wollte dir nicht zu nahe treten. Es tut mir leid.«

Seine Zerknirschung besänftige meinen Zorn, und ich gab zurück: »Vielleicht habe ja auch ich meine Einwände überzogen. Ich bin schließlich fremd hier. Wenn ich spreche, wo ich doch zuhören sollte, dann ist es an dir, mir zu vergeben.«

»Nein, du bist im Recht, wenn du mich an meinen Mangel an Barmherzigkeit erinnerst«, antwortete Justinian und stellte die Suppenschale beiseite. Er nahm die Becher und reichte mir einen davon. »Komm, laß uns um dieses herrlichen Mahles willen all diese Unstimmigkeiten vergessen und einen Trinkspruch ausbringen.« Er drückte mir meinen Becher in die Hand und rief: »Laß uns auf unsere junge Freundschaft trinken!« Der Hauptmann hob den Becher, und ich tat es ihm nach. »Auf die Freundschaft unter Christen!« sagte er.

»Auf die christliche Freundschaft«, entgegnete ich und setzte den Becher an die Lippen.

Eine Zeitlang aßen wir schweigend weiter, nippten von unserem Wein und tunkten Brot in die goldene Brühe. Ich begann, mich gründlich wiederhergestellt zu fühlen. Justinian füllte eben unsere Becher ein weiteres Mal, als die Ehefrau des Besitzers mit einer Holzplatte an den Tisch trat, auf dem ein gebratenes Hähnchen lag – ich meine, eines für jeden von uns beiden! Der Teller nahm den ganzen Tisch ein, so daß Justinian gezwungen war, die Becher und den Krug auf den Boden zu stellen. Die gute Frau stellte die Platte vor uns hin, blieb dann stehen und bewunderte ihr Werk, bevor sie uns drängte, zu essen und es uns wohl sein zu lassen.

»Und nun«, meinte Justinian heiter, »wollen wir diesen armen Vögeln unseren Respekt erweisen. Es wäre eine Sünde, dieses Essen kalt werden zu lassen.« Justinian zog sein Messer aus dem Gürtel, begann das Huhn, das vor ihm lag, zu zerteilen und bedeutete mir, das gleiche zu tun. Als ich zögerte, meinte er: »Hast du kein Messer?« Ehe ich antworten konnte, setzte er hinzu: »Natürlich nicht. Hier, nimm meines.« Er reichte mir seine Klinge. »Vergib mir, Aidan, ich vergesse immer wieder, daß du ein Sklave bist.«

Die Vögel waren gefüllt mit Mandeln und Zuckerwerk, das mit Kreuzkümmel und Honig gewürzt war, und umlegt mit kleinen, aus Blättern gewickelten Päckchen, in denen sich gehacktes Lammfleisch, Linsen und Gerste befanden. Jeder Bissen, jeder Krümel schienen mir wie ein Wunder. Jeder Mundvoll war eine Köstlichkeit, die ich, wie ich zu meiner Schande gestehen muß, gierig hinunterschlang. Ich schwelgte in unbekannten Aromen. Vergiß nicht, lieber Leser, daß ich nie zuvor Zitronen gekostet hatte, und nun entdeckte ich ihren herrlichen Duft und Geschmack in den meisten Gerichten, sogar an der Suppe. Weinblätter, Anis oder Oliven, ach, die Hälfte der Gewürze, die für dieses Mahl verwendet worden waren, hatte ich noch nie probiert.

Ich bin fest davon überzeugt, daß ich nie wieder eine so reichhaltige, köstliche Mahlzeit zu mir genommen habe, und in Gesellschaft eines anderen Christen zu essen, erschien mir als Segen. Ich dachte zurück an die Mahlzeiten am Tisch des Klosters und tadelte mich für all die Gelegenheiten, bei denen ich Unwillen gegenüber den anderen Mönchen, insbesondere Diarmot, empfunden hatte.

Der Gedanke rief Erinnerungen an Éire wach, und der Kummer um meine Brüder versetzte meinem Herzen einen Stich. Ich vermißte meine Freunde und das beständige, sich langsam drehende Rad der täglichen Pflichten. Mir fehlten die Psalmen und Gebete und die Lesung aus dem Evangelium beim Abendessen. Ich vermißte Abt Fraoch, Ruadh und Cellach, ich entbehrte das Skriptorium und das Gefühl, einen

Griffel in der Hand zu halten. Und mir fehlte Dugal, Gott segne ihn.

Ah, Mo croi, dachte ich, was ist wohl aus dir geworden?

»Seit meiner Abreise aus Kells habe ich nicht mehr so gut gegessen, und nicht in so angenehmer Gesellschaft«, erklärte ich Justinian, als wir den ärgsten Hunger gestillt hatten.

»Da ist eine Sache, die mich verwundert hat«, meinte er. »Wie bist du als Priester aus Hibernia als Sklave unter diese wilden Wikinger geraten?«

So berichtete ich ihm, während wir die besten Bissen von der Platte, die vor uns stand, suchten, von meiner Zeit unter den Seewölfen von Skane. Ich erzählte ihm vom Kloster, von meiner Arbeit dort und darüber, wie ich für die Pilgerfahrt ausgewählt worden war, und auch von dem Buch, das wir für den Kaiser geschaffen hatten und dessen Einband er am heutigen Tag erblickt hatte. »Er wurde von den Mönchen von Hy gefertigt«, sagte ich. »Das Buch selbst haben die Barbaren zerstört.«

»Gehörst du einem besonderen Orden an?«

»Ich bin ein Célé Dé. Das Wort bedeutet ›Diener Gottes‹«, erklärte ich und setzte ihm auseinander, daß wir eine kleine Gemeinschaft von Mönchen waren, die einfach lebten, beständig beteten, mit ihrer Arbeit sich selbst und das Kloster unterhielten und den Menschen in der Umgegend auf verschiedene Arten behilflich waren.

Justinian hörte sich aufmerksam alles, was ich erzählte, an. Gelegentlich stellte er Fragen, doch größtenteils gab er sich damit zufrieden, mir zu lauschen. Der Wein löste meine Zunge, und ich redete den ganzen Rest der Mahlzeit hindurch und noch darüber hinaus, weit mehr, als ich mir je zugetraut hätte. Als die Zeit zum Aufbruch kam, bezahlte Justinian den Tavernenwirt, der uns eine gute Nacht und Lebewohl wünschte und uns noch kleine süße Kuchen mitgab, die wir auf dem Heimweg essen sollten.

»Aber du hast mir immer noch nicht erzählt, wie es kam, daß du Sklave bei Harald geworden bist«, sagte Justinian, als wir wieder auf der Mese waren. »Das ist eine Geschichte, die ich gern hören würde.«

Also berichtete ich ihm auf unserem Weg über die inzwischen fast verlassene Straße von dem gemeinsamen Unternehmen der drei Klöster, der Fertigung des Buches und seines silbernen Einbands, dem unseligen Ende der Pilgerfahrt nach Konstantinopel und schloß mit den Worten: »Ich habe Glück gehabt, denn ich bin zumindest hier angekommen. Was aus den anderen geworden ist, ahne ich nicht, doch ich befürchte das Schlimmste.«

»Was dies angeht«, antwortete Justinian, »so besitze ich Freunde unter den Scholarii an den Stadttoren. Ich werde mit ihnen sprechen. Innerhalb und außerhalb unserer Stadt geht wenig vor, das die Torgarden nicht erführen. Möglicherweise hat jemand aus einer meiner Kohorten etwas von deinen Brüdern gehört.« Er wandte sich um und wies mit erhobener Hand auf das Magnaura-Tor, das sich vor uns erhob. »Wir sind am Ziel. Komm, wir wollen ein Boot für dich finden.«

Justinian sprach mit dem Torwächter, und der Soldat ließ uns durch die Seitentür treten, die auch nachts geöffnet war. Am Fuß der Treppe warteten noch ein paar kleine Boote, und Justinian handelte mit einem der Bootsleute und bezahlte ihn. »Er bringt dich zum Schiff. Gute Nacht, Aidan«, sagte mein Freund und half mir ins Boot.

»Ich danke dir, Justinian«, gab ich zurück. »Hab Dank für alles, was du an diesem Tag für mich getan hast. Ich werde zu Gott beten, er möge dir deine Freundlichkeit tausendfach vergelten.«

»Bitte, sprich nicht weiter«, entgegnete er. »Ich bin schon reicht belohnt: Der Kaiser beschenkt mich mit Gold, ich habe mit einem Bruder Brot gegessen und Wein getrunken ... dies war ein guter Tag für mich.« Der Hauptmann hob zum

Abschied die Hand und sagte: »Denk daran, ich werde Erkundigungen über deine Freunde einziehen. Bis morgen oder übermorgen müßte ich etwas erfahren haben. Komm mich besuchen, sobald du kannst.«

»Wie soll ich dich wiederfinden?« rief ich, als das Boot vom Kai abstieß.

»Ich stehe immer am Tor«, sagte er. »Leb wohl, mein Freund. Gott schütze dich.«

»Und dich auch. Leb wohl, Justinian.«

34

Am nächsten Vormittag schickte König Harald sich an, den Protospatharius an Bord des Langschiffs zu empfangen. Staunend sah ich zu, mit welchem Eifer dieser rotbärtige Plünderer sich den Mantel der Zivilisation umlegte. Ich beobachtete, wie er mit großen Schritten auf dem Deck umherstolzierte, Befehle brüllte und das Schiff auf die Inspektion durch den Oberaufseher der Flotte vorbereitete, und dachte bei mir: Gestern war er noch ein Seeräuber, und heute ist er ein treuer Verteidiger des Imperiums.

Gegen Mittag traf in einem kleinen Boot der erwartete Beamte ein, begleitet von vier Männern in blauen Umhängen. Alle trugen braune Gürtel und flache schwarze Hüte mit breiter Krempe. An der Seite des Protospatharius baumelte an einem Lederriemen, der über seine Schulter führte, ein schwarzer Stoffbeutel. Als kaiserlicher Hofbeamter trug er einen Stab aus Ebenholz mit einem Bronzeknopf an beiden Enden.

Der Aufseher und seine Männer kamen an Bord und überbrachten Grüße des Basileus sowie ein Pergament, das den Jarl und seine Männer als Söldner im Dienste des Kaisers bezeichnete. »Ich bin Jovianus, Protospatharius der imperialen Flotte«, erklärte er uns und überreichte Harald das gesiegelte Pergament, der es aufrichtig dankbar entgegennahm und freudestrahlend dasaß, während ich es ihm vorlas. Darauf setzten die beiden Männer sich zu einem Mahl aus schwarzem Brot, Fisch und Bier nieder. Sie aßen, unterhielten sich höchst angeregt und widmeten sich dann dem anstehenden Geschäft, nämlich den Verhandlungen darüber, wie hoch und auf welche Weise Haralds Dienste entgolten werden sollten.

Der Kaiser, so wurde ruchbar, hatte den Wert von Haralds Dienst mit eintausend Nomismi pro *Monat* festgesetzt. Dies rief allerdings einige Verwirrung hervor, ehe den Barbaren erklärt wurde, daß unter einem Monat der Zeitraum zwischen einem Vollmond und dem nächsten zu verstehen war.

»Das sind einhundert Silberdinare jeden Monat«, sagte ich zum König. »Ich finde, das ist ein sehr guter Preis, Jarl Harald.«

Hnefi und Orm, die in der Nähe saßen, hörten die Zahl und konnten ihr Glück kaum fassen. »Jarl Harald«, riefen sie aus, »das ist mehr, als wir den ganzen letzten Sommer durch Raub und Plünderung gewonnen haben!«

Doch der habgierige Däne war nicht gewohnt, gleich das erste Angebot anzunehmen. »Das reicht vielleicht für mich und als Entschädigung für den Gebrauch meiner Schiffe«, gestand er listig zu. »Aber ich habe einhundertundsechzig Männer auf meinen vier Schiffen. Was soll ich ihnen geben?« Während ich seine Worte übersetzte, starrte der König den Höfling unerbittlich an.

»Daß du so viele Krieger hast, wußte ich nicht«, entgegnete Jovianus. »Vielleicht könnte man für sie noch eine Zulage gewähren.« Nachdem er sich kurz mit seinen Untergebenen besprochen hatte, schlug er vor: »Sollen wir zweitausend Nomismi sagen? Tausend für dich und deine Schiffe, und weitere tausend für deine Männer. Was meinst du dazu?«

»Das heißt weniger als zehn Denarii für jeden Mann«, mäkelte Harald.

»Das ist aber mehr, als jeder einzelne von ihnen je auf einmal in Händen gehalten hat«, mischte sich Hnefi ein.

»Nein«, erklärte Harald und schüttelte langsam und verstockt den Kopf. »Zehn für jeden Mann.« Ich übermittelte dem Protospatharius die Antwort des Königs.

»Acht vielleicht«, meinte der Aufseher vorsichtig. »Und ich werde deinen Männern einen Anteil an dem Themenbrot zugestehen.«

Harald hörte sich das Angebot an, dachte darüber nach und streckte dann nach Art der Wikinger die Rechte aus. Der Protospatharius betrachtete verwirrt die Hand des Königs.

»Das bedeutet, daß er einverstanden ist«, erklärte ich dem Beamten. »Wenn du zustimmst, fasse seine Hand so ...« Ich schüttelte meine Linke mit der Rechten, um ihm zu zeigen, wie dies bewerkstelligt wurde.

Jovianus ergriff die Hand des Seefahrerkönigs und besiegelte damit den Handel. Nachdem dies erledigt war, wandten die beiden sich einer Debatte über die Rechte, Privilegien und Pflichten der Dänen als neu hinzugekommene Untertanen des Reiches zu. Schließlich einigten sie sich darüber, wie, wann und wo Proviant für die Reise aufgenommen werden würde und auf welche Weise die Seewölfe zu den anderen Schiffen der kaiserlichen Flotte, die sich bereits auf dem Weg nach Trapezunt befanden, stoßen sollten. Überflüssig zu sagen, daß ich den Tag damit zubrachte, für die beiden zu übersetzen. Dies war ermüdend, doch auf der anderen Seite erfuhr ich vieles, das mir von Nutzen sein mochte, sowohl über die Flotte des Kaisers als auch über die Art der bevorstehenden Reise.

Ich erkannte, daß uns mehr als eine einfache Handelsfahrt bevorstand, obwohl der Handel auch Bestandteil des Unternehmens sein würde, denn Trapezunt versorgte Byzanz auf Grund seiner Lage am äußersten Zipfel der östlichen Grenze seit langem mit Seide, Edelsteinen und anderen unentbehrlichen Luxusgütern. Diese Waren stammten aus Persien und noch weiter östlich gelegenen Landen, die allesamt von den Arabern beherrscht wurden.

Jedes Jahr brach eine ausgedehnte Flotte von Handelsschiffen nach Trapezunt auf, um an der Messe teilzunehmen, die im Frühling abgehalten wurde. Gesandtschaften aus der ganzen Welt kamen zu diesem Markt.

In letzter Zeit jedoch hatten die byzantinischen Delegationen Schwierigkeiten mit arabischen Piraten gehabt, die Schiffen, welche vom Markt kamen oder dorthin fuhren, auflauerten. Dies hatte die Entsendung einer Eskorte von Kriegsschiffen erforderlich gemacht, um die Händler zu schützen – ein kostspieliges Unterfangen und eines, auf das die kaiserliche Marine gern verzichtet hätte, um so mehr, da die Schiffe dringend andernorts benötigt wurden. Aus diesem Grund nahm der Kaiser die gefahrvolle Seereise im Winter in Kauf, um einen Abgesandten zu schicken, der eine Zusammenkunft mit einem Herrscher, welcher der Kalif von Samarra genannt wurde, arrangieren sollte. Sollten diese Verhandlungen erfolgreich verlaufen und die Überfälle unter Kontrolle gebracht werden, würden dadurch bei dem Markt im folgenden Jahr hohe Kosten und viel Blutvergießen vermieden.

Der Tag war schon weit fortgeschritten, als der Protospatharius seine Gespräche beendete und aufbrach. Ich bat um die Erlaubnis, noch einmal in die Stadt gehen zu dürfen, denn ich dachte, ich könnte wieder in einer der Kirchen von Konstantinopel beten oder vielleicht sogar von Justinian etwas über das Schicksal meiner Brüder erfahren. Aber Jarl Harald mochte dies nicht gestatten. Er verlangte, daß ich ihm berichtete, was am vergangenen Tag zwischen dem Kaiser und mir gesprochen worden war.

Ich hatte gehofft, er werde nicht danach fragen, aber falls

doch, hatte ich bereits beschlossen, ihm die Wahrheit zu sagen – jedenfalls den Teil davon, den ich erzählen konnte, ohne das Vertrauen des Kaisers zu mißbrauchen.

»Du bist erst spätabends zum Schiff zurückgekehrt«, hielt mir der König vor. »Ich frage mich, was der Kaiser wohl mit meinem Sklaven anfangen wollte.«

»Jarl Harald«, gab ich zurück, »es ist wahr, daß ich lange nicht an deiner Seite war. Der Kaiser wünschte mit mir über die Seereise nach Trapezunt zu sprechen.«

»Ich verstehe«, antwortete der König, jedoch in einer Weise, die nahelegte, daß er ganz und gar nicht verstand, warum der Kaiser sich mit mir abgab.

»Ich glaube, er war dir dankbar, daß du den Hafenmeister entlarvt hast«, meinte ich, um ein wenig vom Thema abzulenken.

»Ach ja«, entgegnete Harald, als könne er sich nur mit größter Mühe erinnern, »der Hafenmeister. Sonst nichts?«

»Der Kaiser glaubt, daß er vielen seiner Hofbeamten nicht trauen kann«, brachte ich hervor. »Dies ist der Grund, aus dem er so häufig Söldner anwirbt, Männer, die durch seinen Erfolg zu Wohlstand gelangen können, aber durch sein Ableben nichts zu gewinnen haben. Er ist sehr geneigt, die, welche sich sein Wohlwollen erwerben, zu belohnen.«

»Dieser Basileios ist klug, glaube ich. Er gebraucht die Werkzeuge seiner Macht gut«, meinte Harald. »Hat er nach mir gefragt?«

»Nach dir, Jarl Harald? Nein, der Kaiser wollte nichts über dich oder deine Angelegenheiten wissen. Aber ich kann dir sagen, daß er sehr zufrieden über den Handel zwischen euch beiden schien. Wie dem auch sei, der Basileus hat nichts weiter darüber gesagt, nur daß er solche Bündnisse nützlich finde, weil er anderen kaum vertrauen könne.«

»Heja«, bemerkte Harald abwesend. Offenkundig sagte ich nicht das, was er hören wollte. Einen Moment schwieg er und befahl dann: »Du wirst auf dem Schiff bleiben, bis wir absegeln. Das habe ich beschlossen.«

Darauf entließ er mich, und ich begab mich zum Bug des Schiffs, wo ich mich in dem spitzen Winkel, den der hochgezogene Kiel und die Seiten bildeten, niederließ. Dort, unter dem wilden, buntbemalten Drachenhaupt, wandte ich mein Gesicht den Planken zu, schloß die Augen und versuchte, eine gewisse Ordnung in meine chaotisch umherfliegenden Gedanken zu bringen. Fürwahr, die letzten Tage waren äußerst verwirrend für mich gewesen, und ich spürte die Anstrengung, die es mir bereitete, gegen diesen Strom schnell fließender Ereignisse anzuschwimmen.

Erstens: Ich hatte die Stadt erreicht, in der ich sterben würde. Merkwürdigerweise ängstigte mich der Gedanke nicht mehr. Ich vermute, ich lebte schon so lange mit diesem Wissen, daß Angst und Schrecken nachgelassen hatten. Und nun, da ich hier war, fühlte ich nichts mehr, nur eine zwiespältige Neugierde. Meine prophetischen Träume sagten jedoch nie etwas Falsches voraus. Die Erfahrung hatte mich schon vor langer Zeit gelehrt, daß das, was ich darin sah, unweigerlich eintraf. Dennoch war ich in Konstantinopel angekommen und in der Stadt umhergegangen, und ich lebte noch. Ich wußte nicht, was ich davon halten sollte.

Ebensowenig wußte ich, wie ich Justinians Andeutung einschätzen sollte, er werde vielleicht bald Nachricht von meinen Brüdern erhalten. Denn wenn sie Byzanz erreicht hätten, hätte der Kaiser das bestimmt gewußt. Selbst ohne das Buch als Gabe hätten sie um eine Audienz bei ihm nachgesucht. Die Vernunft sprach dafür, daß die Pilgerfahrt fehlgeschlagen war, doch die Hoffnung sagte mir etwas anderes.

Und dann war da noch das Geheimnis des Kaisers. Wie sollte ich darüber denken?

»Wir haben jetzt die Gelegenheit, Frieden mit den abbasidischen Mohammedanern zu schließen«, hatte der Kaiser mir erklärt, sobald wir allein waren. Der Friede ist immer ein lobenswertes Ziel und würdig, zu jeder Zeit verfolgt zu werden, aber wer oder was diese Mohammedaner waren, wußte ich nicht. Doch dies war der Grund, aus dem der Kaiser wünschte, daß ich an der Gesandtschaft nach Trapezunt teilnahm: »Wir bedürfen eines unparteiischen Zeugen, listiger Priester«, hatte der Kaiser gesagt. »Wir brauchen jemanden, der alles, was dort geschieht, beobachtet und sich merkt, jemanden, den man nicht verdächtigen wird, jemand Unbekannten.«

Weiter hatte der Basileus angedeutet, wenn ich bereit sei, über den Verlauf der Begegnung zwischen seinen Gesandten und denen dieses Kalifen zu berichten, würde er mich aus meiner Knechtschaft bei Harald befreien. Natürlich führte mich das in große Versuchung. Welcher Mensch hätte sich entschieden, auch nur einen Augenblick länger ein Sklave zu bleiben, wenn man ihm die Gelegenheit böte, diesen Zustand mit einem Wort zu beenden?

Oh, aber ich war auch argwöhnisch. So sehr ich mich auch bemühte, kam ich um alles in der Welt nicht darauf, was den Kaiser in dieser Sache bewog. Vielleicht wollte er mir ja nur helfen, mich, sagen wir einmal, mit meiner Freiheit belohnen, weil ich den diebischen Quaestor der Gerechtigkeit zugeführt hatte. Wenn er das allerdings im Sinn hatte, hätte er mich gleich auf der Stelle zum freien Mann machen können.

Ich grübelte über die Worte des Kaisers nach und drehte und wendete sie hin und her. Besonders gab ich daher auf alles acht, das zwischen Harald und dem Flottenaufseher beredet worden war, hoffte ich doch, einen wenn auch noch so kleinen Hinweis darauf zu erhalten, was oder wen der Kaiser so fürchtete, daß er solche geheimen Vorsichtsmaßnahmen traf. Ich hatte viel gelernt und erfahren, aber nichts, das Anlaß zu Befürchtungen hätte geben können, noch etwas, das die Frage, die mich am meisten umtrieb, beantwortet hätte:

Warum hatte der Kaiser gerade mich ausgewählt? Vielleicht konnte der Basileus, wie er angedeutet hatte, keinen seiner Vertrauten für diese Aufgabe entbehren, und da ich als Haralds Sklave ohnehin mit den Schiffen aufbrechen würde, hatte er einfach beschlossen, daß ich ihm einen nützlichen Dienst leisten könnte. Trotzdem fragte ich mich: War es wirklich so schwierig, treue Männer zu finden?

Wahrscheinlich war das Ganze eine impulsive Handlung von ihm gewesen und nichts weiter. Das sagte ich mir, aber ich konnte mich des Gedankens nicht erwehren, daß sich dahinter etwas Schlimmeres verbarg. Zweifellos hatte Justinians bösartiger Klatsch mich über Gebühr beeinflußt. Ich bekenne, daß sein Gerede mich tatsächlich tief beunruhigte. Gewiß war es höchst leichtsinnig von ihm gewesen, so zu sprechen. Wäre ich ein besserer Priester gewesen, hätte ich ihm eine Buße auferlegen müssen, damit er sich enthielt, Gerüchte nachzureden, sollte er zukünftig in diese Versuchung geraten.

Diese Gedanken kreisten in meinem rastlosen Hirn, ohne jemals Ruhe zu geben. Am Ende jedoch lief alles auf das eine hinaus: Der heilige Kaiser selbst hatte mir befohlen, ihm zu dienen. Als Priester war ich durch Eid verpflichtet, ihm zu gehorchen.

Argwohn, hatte Justinian gesagt, *ist das Messer in deinem Ärmel und der Schild, der deinen Rücken schützt.* Ich versuchte, den Gedanken beiseite zu schieben. Doch von neuem vernahm ich die Worte des Hauptmanns: *Wo großer Reichtum und Macht wohnen, ist das Mißtrauen allgegenwärtig.*

Solcherart waren die Gedanken, die wie Wespen durch mein Hirn schwärmten. Schließlich gab ich den Versuch auf, sie zu ordnen, und schüttete einfach Gott mein Herz aus. Ich betete geraume Zeit, doch mir wurde kein Trost zuteil. Daher gab ich irgendwann auf, blieb einfach ruhig sitzen und hörte den Gesprächen der Männer um mich herum zu. Nach einiger Zeit erhob ich mich und beschäftigte mich mit anderen Dingen.

Am nächsten Tag schickte der Flottenaufseher einen Mann mit einer Karte, auf der unser Ziel und die Route, auf der wir es erreichen würden, verzeichnet waren. Der König und der Steuermann studierten die Karte und fragten den Mann über mich als Dolmetscher des langen und des breiten aus. Die Zeichnung enthielt mehr Einzelheiten und war genauer als alles, was Thorkel je gesehen hatte. Sie zeigte einen ganzen Teil der südlichen Meere, die den Dänen bis dahin unbekannt gewesen waren. Als sie alles, was sie wissen wollten, erfahren hatten, entließ Harald den Beamten, und kaum war er von Bord gegangen, da befahl der König mir, für ihn eine Kopie der Karte anzufertigen. Obwohl mir nur die einfachsten Gerätschaften zur Verfügung standen – ich gebrauchte die Feder eines Seevogels als Schreibkiel –, blieb ich bei der Sache und fand sogar Freude an meiner Arbeit. Ich konnte dem Drang, die neue Karte mit einigen Triskelen und einem Schnörkelband an einer der Längsseiten zu verzieren, nicht widerstehen. Der Federkiel war zwar grob, aber durchaus brauchbar, und ich wurde gewahr, wie sehr ich mich an der Ausübung meines früheren Handwerks erfreute, als ich über das leere südliche Meer hinweg eine Wildgans zeichnete, das Symbol des Heiligen Geistes – als Segen für alle, die die Karte in den kommenden Jahren zu Gesicht bekommen würden. Meine Arbeit beschäftigte mich für den Rest des Tages und lenkte mich von meinem Wunsch ab, an Land zu gehen.

Am folgenden Morgen wurden die Schiffe in den Theodosius-Hafen verlegt, der, da er näher an den kaiserlichen Vorratshäusern und Kornkammern lag, von der Reichsflotte genutzt wurde. Den ganzen trüben, regnerischen Vormittag über beobachtete ich, wie die Wagen auf die Landungsbrücke rumpelten und Säcke und Körbe mit Vorräten in die wartenden Schiffe verladen wurden. Ich sah zu und wartete auf jede mögliche Gelegenheit, das Schiff zu verlassen, denn trotz Haralds Befehl hoffte ich immer noch, kurz mit Justinian sprechen zu können. Nach einer Weile hörte der Regen auf, und stumpf und dunstverhangen erschien die Sonne. Möwen zogen ihre Kreise in der Luft und tauchten im Hafenbecken nach Abfällen. Als die Mittagsstunde näher rückte, begann ich zu befürchten, daß Harald bei seiner Meinung bleiben und ich keine weitere Gelegenheit mehr finden würde, in die Stadt zu gehen.

Glücklicherweise kam, als eben die letzten Säcke verstaut wurden, Gunnar auf mich zu. »Heja, Aedan«, begrüßte er mich. »Jarl Harald sagt, Hnefi und ich sollen gehen und unseren Teil Brot holen.« Er reichte mir ein kleines Stück Pergament, auf dem eine Zahl geschrieben stand. Der Zettel trug ein kaiserliches Siegel. »Der König sagt, du sollst mit uns kommen für den Fall, daß wir von denjenigen, die die Brotlaibe verwalten, befragt werden.«

Dies war die Gelegenheit, auf die ich gehofft hatte. Ich steckte das Pergament in meinen Gürtel und meinte: »Wenn der Jarl befiehlt, müssen wir gehorchen. Komm, laßt uns eilen.«

»Heja«, pflichtete Gunnar bei und betrachtete mich mißtrauisch.

Wir riefen zwei von den Dutzenden kleiner Fährboote, die im Hafen unterwegs waren, und brachen mit einer zehnköpfigen Gruppe auf, um Brot für alle vier Schiffe zu holen. Eines der kleinen Privilegien des Dienstes in der kaiserlichen Flotte stellte diese Brotration dar, die man bei einer der zahlreichen kaiserlichen Bäckereien der Stadt einfordern konnte. Haralds vier Schiffe waren zwar sämtlich hoch mit Vorräten beladen, doch der König war darauf bedacht, alles zu bekommen, was ihm zustand. Brot war ein Teil seines Handels mit dem Flottenaufseher gewesen, und wenn der Kaiser verfügte, daß seine

Diener kostenloses Brot erhielten, dann wollte Harald jeden einzelnen Laib davon eintreiben.

Ungeachtet des Umstands, daß wir nun im Sold des Kaisers standen, waren wir immer noch Barbaren und mußten weiterhin das Magnaura-Tor benutzen. Dies bedeutete, daß wir in den Hafen von Hormisdas zurückfahren mußten, doch die Bootsleute hatten nichts dagegen, konnten sie dadurch doch einen höheren Fahrpreis einnehmen. Wir kamen dort an, und ohne Verzug ging ich zum Tor. Ich ließ Gunnar und Hnefi beim Präfekten des Tores zurück, damit sie Eintrittsmarken für die anderen erwarben, und rannte zu den Wachen, die auf ihrem Posten standen. Justinian befand sich nicht unter ihnen, noch war er irgendwo zu sehen.

»Wo ist Scholarae Justinian?« fragte ich, indem ich den nächstbesten Soldaten ansprach.

Der Wachmann warf mir einen wütenden Blick zu und musterte mich verächtlich. »Verschwinde«, knurrte er.

»Bitte«, rief ich, »es ist wichtig. Ich sollte ihn hier treffen. Ich muß wissen, wohin er gegangen ist.«

»Das geht dich nichts an«, versetzte der Soldat und wollte mich schon mit Gewalt vertreiben, als eine der anderen Wachen eingriff.

»Sag ihm, was er wissen will, Lucca«, meinte der andere. »Was kann es schaden?«

»Dann sag du es ihm«, erwiderte der erste. Er schnaubte herablassend und wandte mir den Rücken zu.

»Wenn du weißt, wo er ist«, sagte ich bittend an den zweiten Soldaten gerichtet, »wäre ich dir für deine Hilfe dankbar.«

»Scholarae Justinian ist auf einen anderen Posten versetzt worden«, antwortete der Soldat. Er sah mich genauer an und fragte: »Bist du der Priester namens Aidan?«

»Der bin ich.«

Der Soldat nickte. »Er hat mir aufgetragen, dir mitzuteilen, daß er im großen Palast zu finden sei.«

»Aber wo dort?« Bei der Aussicht, ihn in diesem Fuchsbau aus Mauern, Sälen, Wohnquartieren und Schreibstuben suchen zu müssen – vorausgesetzt, ich würde überhaupt Einlaß finden, – sank mir der Mut. »In welchem Teil des Palastes?«

Der Wachsoldat zuckte die Achseln. »Das hat er nicht gesagt. Wahrscheinlich steht er an einem der Tore.«

Ich dankte dem Wachmann und entfernte mich, wobei ich mich fragte, wie ich es jemals fertigbringen sollte, noch einmal zum großen Palast zu gehen. Und selbst wenn mir dies gelang, wie sollte ich es anstellen, dort Justinian zu finden?

35

Als ich zum Schalter des Präfekten zurückkehrte, warteten Gunnar und Tolar schon auf mich. »So«, meinte Gunnar und blickte die belebte Straße entlang, »jetzt müssen wir ein Haus finden, wo Brot gemacht wird.«

Ich blickte mich um und sah, daß die Menschen in beiden Richtungen durch das Tor gingen. Viele trugen Lasten, und einige von ihnen wurden von anderen geführt, die vorangingen und ihnen den Weg bahnten. Aus einer plötzlichen Eingebung heraus sagte ich: »Leichter gesagt als getan. Wir alle wissen, was das letzte Mal geschehen ist, als wir in dieser Stadt auf Beutezug gegangen sind.«

»Jarl Harald war nicht so zufrieden mit uns, wie ich dachte«, gestand Gunnar zu. Tolar nickte grimmig.

»Nein, das war er nicht«, pflichtete ich ihm bei. »Das beste, um nicht den Zorn des Königs auf uns zu ziehen, wäre, jemanden zu finden, der uns führt.«

»Du hast gute Einfälle, Aedan«, meinte Gunnar. »Aber ich glaube nicht, daß Hnefi uns dies erlauben würde.«

Schnell dachte ich nach und fragte: »Wieviel Silber hast du bei dir?«

Gunnar betrachtete mich mißtrauisch. »Nicht mehr als zehn Münzen«, antwortete er.

»Gut«, sagte ich. »Das sollte ausreichen. Vielleicht werden

wir sie gar nicht brauchen.« Ich warf einen Blick zu den anderen, die in ein paar Schritten Entfernung warteten, und meinte: »Jetzt laßt uns Hnefi fragen.«

Eine kurze Beratung folgte, in deren Verlauf Gunnar und Hnefi über die Idee, einen Führer anzuheuern, stritten. »Dieses Miklagård ist, wie du weißt, eine weitläufige und verwirrende Siedlung«, gab Gunnar zu bedenken. »Ich glaube, wenn der König hier wäre, würde er sich gewiß eines Führers bedienen.«

»Jarl Harald würde niemals einen Führer mieten«, beharrte Hnefi. »Und ich werde auch keinen brauchen. Wir sind Seewölfe, wir finden unseren Weg allein.«

Die umstehenden Dänen nickten zustimmend. Ich sah schon, daß die allgemeine Meinung sich stark in Hnefis Richtung neigte.

»Du irrst dich, Hnefi. An diesem Ort kommen wir viel besser zurecht, wenn wir jemanden haben, der uns den Weg zeigt«, beteuerte ich.

»Allzu gut ist es uns beim letztenmal allein nicht ergangen«, setzte Gunnar hinzu. »Der Jarl war sehr zornig auf uns. Daran sollte man denken, meine ich.«

»Dann nimm *du* dir doch einen Führer«, höhnte Hnefi, als sei dies bereits eine Beleidigung. »Mir würde so etwas Würdeloses nie in den Sinn kommen.«

»Nun gut. Wir werden einen Führer mieten«, erklärte ich, »und das Brot vor euch zu den Schiffen bringen.«

»Du vergißt wohl deine Stellung«, knurrte Hnefi. »Ich höre mir das Gestammel von Sklaven nicht an.«

Ich ergriff die Gelegenheit beim Schopfe und forderte ihn heraus. »Dann laß uns eine Wette abschließen und sehen, wer recht behält.«

»Es war deine Schuld, daß der Jarl sich erzürnt hat«, erwiderte Hnefi unbekümmert. »Ich höre dir gar nicht zu.«

»Das sagst du nur, weil du dich nicht von deinem Silber

trennen willst«, bemerkte ich und fürchtete schon fast, er werde mich schlagen. »Du weißt, daß ich im Recht bin, doch du magst es vor deinen Freunden nicht zugeben.« Ich wies auf die Dänen, die mit wachsender Aufmerksamkeit zuhörten.

Wie erwartet schluckte Hnefi den Köder. »Ich wette nicht mit Sklaven.« Hochmütig richtete er sich zur voller Größe auf. »Außerdem besitzt du gar kein Silber.«

»Das stimmt«, gab ich zu. »Doch Gunnars Börse ist gut gefüllt.«

»Sie ist nicht so voll, daß nicht noch mehr hineinpassen würde«, entgegnete Gunnar großspurig. »Los, Hnefi, laß uns wetten, wenn du keine Angst hast. Drei Silber –«

»*Zehn* Silberstücke«, warf ich schnell ein. »Zehn Denarii für den ersten, der mit der Hälfte der Brotration das Schiff erreicht.«

Gunnar zögerte und warf mir einen zweifelnden Blick zu.

»Ha! Jetzt bist du dir nicht mehr so sicher, was, Gunnar Großprahler?« brüstete sich Hnefi hochfahrend. »Zehn Silbermünzen sind zuviel für dich, heja?«

»Ich habe bloß überlegt, wie ich meinen Gewinn am besten anlege«, antwortete Gunnar gewandt. »Es ist schwer zu entscheiden, was man mit soviel Silber auf einmal anfangen soll. Ein Mann sollte solche Dinge planen. Ich glaube, vielleicht muß ich mir eine größere Geldbörse kaufen.«

Tolar kicherte.

»Dann geh deiner Wege«, höhnte Hnefi. »Wir werden ja sehen, wer zuerst zum Schiff zurückkommt.« Der Anführer wandte sich an die umstehenden Barbaren. »Ihr Männer dürft frei wählen. Wer wird mit Gunnar gehen, und wer kommt mit mir?«

Diese Aufforderung führte zu einer kurzen Debatte über die Verdienste der beiden Gegner. Ein paar der Wikinger waren neugierig geworden und hätten sich vielleicht auf

Gunnars Seite geschlagen, doch sie hielten Hnefis Position bei dieser Wette für sicherer. Die Barbaren trauten anscheinend ihrem Kriegshäuptling mehr zu als einem Sklaven und einem dahergelaufenen Führer.

»Vielleicht solltest du mir dein Silber jetzt schon geben«, spottete Hnefi, »denn mir scheint, du stehst mit deinem Sklavenfreund allein.«

»Tolar hält zu mir«, entgegnete Gunnar.

»Aber die anderen werden mit mir gehen.«

»Wie wollt ihr soviel Brot tragen? Ihr seid bloß zu dritt«, rief einer der Barbaren.

»Keine Sorge«, lachte Hnefi. »Sie werden niemals welches finden!« Er bedeutete dem Landungstrupp, ihm zu folgen, und alle zogen gutgelaunt davon, wobei sie debattierten, wie sie Hnefi helfen könnten, seinen Gewinn auszugeben.

»Er hat recht«, bemerkte Gunnar düster. »Selbst wenn wir das Backhaus zuerst finden, werden wir allein nie soviel Brot tragen können. Eine sehr törichte Wette habe ich da abgeschlossen.«

»Sei guten Mutes, Gunnar«, erwiderte ich unbekümmert. »Sorge dich nicht und hab keine Angst. Gott ist stets bereit, denen zu helfen, die Ihn in der Zeit der Not anrufen.«

»Dann tu dies jetzt, Aedan«, drängte mich Gunnar. »Wir stehen zu dritt gegen zehn.«

Ich stellte mich auf die Straße und betete zu Gott, er möge uns rasch zur nächsten Bäckerei führen und dafür sorgen, daß wir Erfolg hatten. Mein Gebet gefiel Gunnar außerordentlich. Er meinte zu mir, ein Gott, der den Menschen helfe, Wetten zu gewinnen, sei wert, daß man sich näher mit ihm beschäftige.

»Nun denn«, sagte ich, »jetzt brauchen wir nur noch einen Führer zu finden.«

Ich rannte zur Landungsbrücke zurück. Ein Blick über den Hafen bescherte mir rasch das gewünschte Ergebnis.

»Da! Dort ist Didimus«, rief ich. »Schnell, helft mir, ihn herbeizurufen.«

Gunnar, Tolar und ich stellten uns an den Rand des Kais, wedelten mit den Armen und brüllten wie Wahnsinnige, und kurz darauf stand der kleine Fährmann vor uns. »Grüße, Didimus«, begann ich. »Wir benötigen einen Führer. Kannst du so jemanden für uns auftun?«

»Mein Freund«, entgegnete Didimus fröhlich, »du sagst ›such mir einen Führer‹, und ich antworte dir: Du hast ihn schon gefunden. Vor euch steht der beste Fremdenführer von ganz Byzanz. Für Didimus birgt diese Stadt kein Geheimnis. Ihr könnte mir voll und ganz vertrauen, meine barbarischen Freunde. Ich werde euch sogleich führen, wohin ihr möchtet.«

Er huschte die Stufen zu seinem Boot hinunter, vertäute es an einem in die Hafenmauer eingelassenen Eisenring und kehrte sofort zurück, begierig, uns voranzugehen. »Also, wohin wollt ihr? Vielleicht möchtet ihr die Hagia Sophia sehen, ja? Die Kirche der heiligen Weisheit, ja? Ich bringe euch hin. Das Hippodrom? Ich kann euch hinführen. Folgt mir, meine Freunde, ich werde euch alles zeigen, was in dieser Stadt der Aufmerksamkeit wert ist.«

Hätte ich ihm nicht Einhalt geboten, wäre er sogleich aufgebrochen. »Einen Augenblick, bitte, Didimus«, warf ich ein. »Wir haben dringende Geschäfte zu erledigen, bei denen wir deiner Hilfe bedürfen.«

»Ich bin euer Diener. Eure Angelegenheiten sind schon so gut wie erledigt.« Er lächelte und blickte von mir zu Gunnar und wieder zurück. »Wohin soll ich euch bringen?«

»Zur nächsten kaiserlichen Bäckerei.«

»Zur Bäckerei!« Der kleine Bootsmann zog ein langes Gesicht. »Die ganze Stadt liegt vor euch! Ich werde euch zur Hagia Sophia führen! Dies wird euch außerordentlich gefallen.«

»Natürlich gehen wir zur Kirche der heiligen Sophia«, entgegnete ich, »aber zuerst ist es für uns von höchster Wichtigkeit, die Bäckerei aufzusuchen, um die Brotration für unsere Schiffe zu holen.«

Didimus zuckte mit den Achseln. »Wenn dies euer Wunsch ist, so ist er leicht zu erfüllen. Folgt mir.«

Forsch schritt er aus und rief den Vorübergehenden zu, uns den Weg freizumachen. Gunnar schien besorgt. »Keine Angst«, sagte ich zu ihm, als wir aufbrachen. »Wir werden gewinnen. Siehst du? Gott hat unser Gebet bereits erhört.«

Wir folgten unserem ohne Unterlaß schwatzenden Fremdenführer, der anscheinend beschlossen hatte, uns auf dem Wege so viele Sehenswürdigkeiten wie möglich zu zeigen, und schlängelten uns durch schmale, dichtbevölkerte Gassen. Zufällig befand sich die nächste kaiserliche Bäckerei in unmittelbarer Nähe der Kornhäuser, die ihrerseits nicht weit vom Hafen entfernt lagen. Nach einem kurzen Fußmarsch waren wir angelangt. »Hier, meine Freunde, steht die Bäckerei«, sagte Didimus und wies auf das weißgetünchte Gebäude vor uns.

Bis auf die Rauchwolke, die aus dem tönernen Kamin im Dach stieg, hätte das Haus einen Stall darstellen können. Unser Führer trat zu der blaugestrichenen Tür und polterte mit der flachen Hand dagegen. Von drinnen antwortete eine Stimme. »Er sagt, wir sollen warten«, teilte uns der Fährmann mit.

Wir standen auf der Straße und beobachteten die Menschen, die an uns vorbeieilten. Von neuem versetzte die Kleidung und äußere Erscheinung der wohlhabenderen Byzantiner mich in Staunen. Mir schien außerordentlich, wie sie jeder Einzelheit ihrer Kleidung, jeder Haarlocke eingehende Aufmerksamkeit widmeten. Ich sah drei Männer vorübergehen, die tief in eine hitzige Debatte versunken waren. Der vorderste schlug eben mit der Faust in seine Handfläche. Alle drei trugen langen Umhänge über reichbestickten Gewändern in leuchtenden Farben. Die Schultern waren mit Stoff ausgepolstert, um sie breiter aussehen zu lassen, übertrieben breit, wie mir schien. Ihre Haare waren lang, dick eingeölt und zu wohlgeordneten Locken gelegt, ebenso wie ihre Bärte. Im Vorübergehen erblickten die drei Gunnar und Tolar. Sie reckten die Nasen in die Luft, wandten die Gesichter ab und eilten weiter, als nähmen sie einen abstoßenden Geruch wahr. Ich fühlte mich leicht beleidigt, doch Gunnar lachte nur über ihr pompöses Gebaren.

Nach einiger Zeit wurde die blaue Tür geöffnet. »Hier bin ich«, schrie ein fetter Mann in einem engsitzenden braunen Gewand. Sein Haar und seine Kleidung waren so dick mit Mehl bepudert, daß sie fast weiß wirkten. Er warf uns einen Blick zu und brüllte: »Verschwindet! Fort mit euch!« Ehe wir uns rühren oder etwas sagen konnten, zog er den Kopf wieder ein und schlug die Tür hinter sich zu.

»Ein äußerst unfreundlicher Mensch«, bemerkte Didimus. Er wollte noch einmal an die Tür klopfen, doch Gunnar trat vor und winkte ihn beiseite. Er bedeutete Tolar, sich an die Tür zu stellen, und pochte energisch.

Wir warteten, und Gunnar hämmerte weiter, wobei er sich dieses Mal seines Messergriffs bediente und beinahe die Tür aus den Angeln riß. Einen Augenblick später steckte der Mann aufgebracht den Kopf nach draußen. »Du! Hör auf damit! Ich habe euch doch gesagt, ihr sollt verschwinden!« Er wedelte mit der Hand, um uns zum Gehen zu bewegen.

Blitzschnell packte Gunnar den Bäcker an seinem fetten Handgelenk und zerrte ihn aus der Tür auf die Straße. Der Dicke geiferte vor Zorn und fuhr herum, aber Tolar war rasch hinter ihm in die Tür getreten und schnitt ihm den Rückzug ab.

»Mein Freund«, sprach ich ihn an, »wir haben Geschäfte mit dir zu tätigen.«

»Lügner!« knurrte der Mann. »Ich backe nur für den Kaiser. Weder Pagani noch Barbari bekommen mein Brot zu kosten. Jetzt macht euch fort, bevor ich die Scholarae hole!«

»Diese Männer dienen ebenfalls dem Kaiser«, erklärte ich ihm kurz angebunden. »Er hat sie geschickt, um unsere Brotration abzuholen.«

»Ich nenne dich einen Lügner«, höhnte der Bäcker wieder. Sein Gesicht war hochrot angelaufen, und er schien kurz davor zu sein zu platzen. »Ich habe dich noch nie gesehen. Meinst du, es ist so einfach, mir mein Brot zu stehlen? Ich bin nicht wie die anderen, die das Politikoi jedem geben, der danach fragt, und dann dem Staat überhöhte Preise abverlangen. Mein Brot ist anständiges Brot, und ich bin ein ehrlicher Mensch!«

»Du hast von uns nichts zu fürchten«, erklärte ich in dem Versuch, ihn zu beruhigen. »Die Krieger, die du vor dir siehst, dienen bei den Barbaren der Leibwache. Sie sind gekommen, um das Politikoi, wie du es nennst, für die Schiffe zu holen, die die Handelsgesandtschaft nach Trapezunt begleiten.«

Der dicke Bäcker starrte mich an. »Ich bin Constantinus«, sagte er etwas ruhiger. »Wenn ihr vom Kaiser kommt, wo ist dann euer Sakka?« Er streckte mir die flache Hand entgegen.

»Was ist das?« fragte ich.

»Diebe!« kreischte der Bäcker. »Dachte ich es mir doch! Ich wußte es! Macht euch von hinnen, ihr Räuber.«

»Bitte«, wiederholte ich, »was ist dieses Sakka?«

»Ha! Du weißt nicht, was Politikoi ist, du kennst das Sakka nicht! Wenn ihr wirklich Farghanesen wäret«, spottete er, »wüßtet ihr, was das ist. Ich bräuchte es euch nicht zu sagen.«

Gunnar verfolgte diesen Wortwechsel mit verwirrtem Stirnrunzeln. Die Hand kampfbereit ans Messer gelegt, beobachtete er uns genau.

»Wir sind *tatsächlich* Männer des Kaisers«, beharrte ich,

»aber wir haben diesen Auftrag noch nie erledigt. Die Gepflogenheiten von Byzanz sind uns noch unbekannt.«

»Das Sakka gibt euch der Logothete, um mir mitzuteilen, wieviel Brot ich zu liefern habe«, sagte der Bäcker. »Ihr habt keines, also bekommt ihr kein Brot. Nun geht mir aus dem Weg. Ich habe genug Zeit mit euch vergeudet.«

Da verstand ich. Ich griff in meinen Gürtel und zog das kleine Stück Pergament hervor, das Gunnar mir gegeben hatte. »Dies ist das Sakka, das du brauchst, oder?«

Constantinus entriß mir den Zettel, warf einen Blick darauf und drückte ihn mir wieder in die Hand. »Das ist unmöglich. So viel Brot habe ich nicht. Kommt morgen wieder.«

»Wir brauchen es heute«, sagte ich. »Gibt es eine andere Bäckerei, an die wir uns wenden können?«

»Andere Bäcker gibt es schon«, entgegnete Constantinus steif. »Aber das wird euch nichts nützen. Niemand hat soviel Brot fertig, um es sofort mitzunehmen.«

»Kannst du das Brot backen?«

»Natürlich kann ich backen!« rief er. »Aber ich schaffe nicht alles auf einmal. Wenn ihr so viele Laibe wollt, müßt ihr warten.«

»Das macht uns nichts aus«, gab ich zurück.

»Dann wartet eben«, knurrte der Dicke. »Aber bleibt nicht hier stehen. Ich will nicht, daß Barbaren vor meinem Backhaus herumlungern. Das schickt sich nicht.«

»Natürlich«, pflichtete ich ihm bei. »Sag uns, wann wir wiederkommen sollen, und wir kehren zurück, wenn du fertig bist.«

»Ihr vier?« wunderte er sich. »So viel könnt ihr gar nicht tragen.«

Mein Herz wurde schwer. »Warum? Wieviel Brot steht uns zu?«

Der Bäcker warf noch einmal einen Blick auf das Pergament uns sagte: »Dreihundertundvierzig Laibe.«

»Wir bringen noch mehr Barbaren mit, die uns helfen«, gab ich zurück. »Wir werden sie jetzt holen.«

»Ihr sagt, ihr habt Schiffe«, meinte Constantinus. »Wo liegen sie?«

»Im Theodosius-Hafen«, antwortete der Fährmann.

»Das ist nicht weit«, bemerkte der Bäcker. »Ich bringe euch das Brot, wenn ich fertig bin.«

»Das ist nicht notwendig«, erklärte ich. »Wir würden sehr gern selbst …«

»Nein, ich bestehe darauf. Überlaßt das mir«, sagte der Dicke. »So weiß ich wenigstens, daß ihr die Laibe nicht auf dem Rückweg zu euren Schiffen verkauft.«

»Nun gut, ich wollte dir nur Arbeit ersparen. Wir sind dir äußerst dankbar für den Dienst, den du uns erweist. Es handelt sich um dänische Boote – vier Langschiffe.«

»Die müßten leicht zu finden sein.« Er zog den Kopf ein und wandte sich plötzlich um. Tolar schickte sich an, ihm den Weg zu vertreten.

»Laß ihn durch«, sagte ich. »Dieser Mann hat für uns zu arbeiten.« Tolar trat beiseite und ließ den Bäcker vorbei.

Constantinus verschwand wieder in dem Backhaus und rief noch: »Ich bin ein ehrlicher Mann, und ich backe ehrliches Brot. Ihr werdet mich am Hafen sehen – aber erwartet mich nicht vor Sonnenuntergang!« Mit diesen Worte schlug er die Tür hinter sich zu.

»Was hatte das alles zu bedeuten?« fragte Gunnar.

Ich setzte ihm das Ganze auseinander. Kopfschüttelnd hörte er mich an. »Ich hätte nicht soviel Geld verwetten sollen«, meinte er düster. »Bis Sonnenuntergang ist noch viel Zeit. Hnefi und die anderen werden mit Sicherheit vor uns wieder bei den Schiffen sein.«

»Du vergißt, daß wir das Sakka haben.« Darauf erklärte ich ihm den Zweck des kleinen, aber hochwichtigen Stücks Pergament, das er mir gegeben und welches ich eben dem Bäcker weitergereicht hatte. »Ohne das Sakka wird ihnen niemand Brot geben.«

»Heja!« rief Gunnar. Seine finstere Miene wich, und er grinste über das ganze Gesicht. »Ich hätte mehr setzen sollen.«

»Gunnar Großprahler«, lachte Tolar.

»Wenn Hnefi nicht ganz schnell Griechisch lernt«, setzte ich hinzu, »werden sie ihren Irrtum so bald nicht erkennen. Bis sie darauf kommen, nach uns zu suchen, haben wir das Brot schon auf die Schiffe verladen.«

»Sehr geschickt, mein Freund«, bemerkte Didimus. »Du bist ein wahrer Herkules des Geistes. Ich verneige mich vor dir.« In einer groben Nachahmung des kaiserlichen Grußes streckte er die Hand in die Luft. »Nun denn. Da wir hier nicht länger verweilen dürfen, führe ich euch, wohin ihr möchtet.«

»Bitte, könntest du uns zum großen Palast bringen? Ich muß dort jemanden treffen.«

»Ich bringe euch schon hin, keine Sorge«, antwortete Didimus, »und dann führe ich euch zur Hagia Sophia, und ihr werdet eine Kerze für mich anzünden, auf daß Gott, der Allwissende, mir ebensolche Klugheit verleihe wie dir. Folgt mir.«

36

Die Wächter am großen Palast wiesen uns ab. Niemand hatte je von Justinian gehört, aber sie wußten immerhin, daß er nicht zu den Torwachen gehörte, denn sie hatten seit einem Jahr keine Neuzugänge gehabt. Einer der Männer meinte jedoch, er könne zu den Scholarae gehören, die im Inneren des Palastes dienten. »Du könntest dort nach ihm suchen«, erklärte mir der Soldat.

»Wenn du mir freundlicherweise sagst, wohin ich mich wenden soll, werde ich tun, was du mir rätst«, entgegnete ich und erhielt prompt die Antwort, dies sei unmöglich, falls ich keine offiziellen Geschäfte auf der anderen Seite des Tores hätte.

»Aber ich habe ein persönliches Anliegen an den Scholarae«, erklärte ich.

»Niemand, der nicht in aller Form vorgeladen ist, darf den inneren Palastbezirk betreten«, beharrte der Torwächter. Ich dankte ihm für seine Hilfe und fand mich damit ab, die Stadt verlassen zu müssen, ohne Justinian wiederzusehen.

»Nun werden wir zur Kirche der göttlichen Weisheit gehen«, sagte Didimus und führte uns durch die Schwärme von Bettlern zurück, die sich ihren Unterschlupf entlang der Palastmauern errichtet hatten. »Wir werden eine Kerze für deinen Freund entzünden. Vielleicht werden wir viele Kerzen anstecken.«

Gunnar schien durchaus geneigt, noch ein letztes Mal die Sehenswürdigkeiten der Stadt zu betrachten, ehe wir absegelten, und Tolar hatte noch überhaupt nichts von Konstantinopel zu sehen bekommen, so daß er uns gern folgte, wo immer wir hingehen mochten. »Mir ist gleich, wo wir herumlaufen«, sagte Gunnar, »solange ich rechtzeitig zurück bin, um meinen Gewinn von Hnefi einzustreichen.«

»Es ist gar nicht weit«, meinte Didimus. »Ich bringe euch früh genug zu eurem Schiff zurück, keine Angst. Ihr sprecht mit dem besten Fremdenführer in ganz Byzanz. Kommt mit mir, meine Freunde, und ich will euch auf dem Weg das Hippodrom und das Forum des Augustus zeigen.«

Das Hippodrom war eindrucksvoll. Das Forum erwies sich als vertieft angelegter Platz, umgeben von zweihundert Säulen, die, wie Didimus uns erklärte, größtenteils aus griechischen Tempeln stammten, weil heutzutage niemand mehr wüßte, wie sie angefertigt würden. Das glaubte ich nicht, aber die Säulen waren eindeutig weit älter als das Forum, daher lag vielleicht ein Körnchen Wahrheit in seinen Worten. Doch so beeindruckend diese Bauwerke waren, sie schienen winzig und unbedeutend neben der ehrfurchteinflößenden Hagia Sophia.

Gott stehe mir bei, die Kirche der heiligen Weisheit ist eine sichtbar gemachte göttliche Offenbarung, ein Zeugnis des Glaubens in Stein und Mörtel, ein Gebet aus Glas, Kacheln und kostbarem Metall. Sie steht als ein Weltwunder da, das die vielgerühmten Meisterwerke der antiken Baumeister in den Schatten stellt. Gewiß hat Gott selbst diese Kirche inspiriert und jeden einzelnen Arbeiter geleitet, diejenigen, welche die Hand an Kelle und Balken gelegt, nicht weniger als den Mann, der die Baupläne erdacht und gezeichnet hatte.

Gleich hinter dem Forum reihten wir vier uns in die Menge, die in die Kirche strömte, und kamen unmittelbar in den ersten von zwei Sälen. Wie viele andere blieben wir vor dem Stand eines Kerzenmachers stehen, damit Didimus Wachslichte und Weihrauch erwerben konnte, und gingen dann schnell in die zweite, größere Halle, die mit riesigen Platten aus rotem und grünem Marmor ausgelegt war. Die Kuppeldecke war mit Myriaden in Gold eingelegter Sterne und Kreuze geschmückt. Über den hohen Bronzetüren vor uns befand sich ein Mosaik, das die Muttergottes und das Kind darstellte. Gottes Sohn hielt ein kleines Kreuz in der Hand, als wolle Er alle segnen, die unter seinem milden Blick hindurchschritten.

Die Menge riß uns mit, und wir wurden unter dem Mosaik durch das Tor, das man das »Schöne« nennt, in das Hauptschiff der Kirche gespült. Von außen gesehen erscheint die imposante, rötlich gedrungene Gestalt der Hagia Sophia gewichtig, ein wahrhaftes Gebirge aus Ziegel und Stein, dessen massive Hänge sich über die umstehenden Bäume erheben, ein gewaltiger Berg voller Kuppeln und Hügel, umgeben von dicken Mauern und riesigen Stützpfeilern. Aber drinnen ist sie ganz Licht und Luft.

Durch die hohen Bronzetüren tritt man wie in einen Saal des Himmels selbst. Durch tausend Fenster fällt goldenes Licht und läßt jede Oberfläche glitzern und leuchten. Der helle Schein strömt aus einer Kuppel, die so weit und offen wie der Himmel ist, denn, Wunder über Wunder, unter der gewölbten Decke der Hagia Sophia verlaufen keine Dachbalken. Nichts stört das Auge oder hindert den Blick, der sich unendlich weit in die höchsten Höhen schwingt. Majestätisch schwebt die Kuppel hoch über dem Marmorboden, als werde sie von Engelshänden in der Luft gehalten.

Der Boden, der sich weit wie eine Ebene ausdehnt, besteht ganz aus feinem, polierten Marmor. Auch die doppelstöckigen Galerien hoch über dem Grund sind aus sattfarbigem Marmor, der das Auge verblüfft. Marmorne Trennwände und Tafeln sind zu feinsten Reliefs bearbeitet: komplizierte geometrische Muster, Kreuze, Sonnen, Monde, Sterne, Vögel, Blumen, Pflanzen, Tiere und Fische, alles, was im Himmel und auf Erden kreucht und fleucht. Entlang der Galerien erheben sich gewaltige Porphyrsäulen, deren Kapitelle in Form von Pflanzen gestaltet sind. So geschickt haben die Bildhauer ihr Handwerk getan, daß das Ganze wirkt, als trügen die Säulen ein Meer von üppig belaubten Weinranken.

Die Galerien und Korridore schienen endlos, und die auf hohen Säulen ruhenden Gewölbe erhoben sich in nicht enden wollenden Reihen. Darüber lagen Hunderte und Aberhunderte hoher Bogenfenster, die das Licht des Himmels einließen. Obwohl sich Tausende von Menschen im Inneren der Kirche aufhalten mußten, war sie so riesig, daß sie bequem noch zwei- oder dreimal so viele hätte aufnehmen können.

Beinahe jede Decke und jeder Ziergiebel waren mit kunstvoll ausgeführten Mosaiken bedeckt. Die Mönche unseres Skriptoriums verstehen sich wunderbar darauf, die Feinheiten kompliziertester und feinster Muster herauszuarbeiten, doch selbst unser guter Meister in Kells hätte durch ein eingehendes Studium der Decken und Wandtafeln der Hagia Sophia viel zu seinem Vorteil lernen können. Wahrhaftig, die Majestät dieses Gotteshauses raubte uns buchstäblich den Atem. Mit Stummheit geschlagen, vermochten Gunnar, Tolar und ich bloß mit offenem Mund zu starren. Wie benommen vor ehrfürchtigem Staunen stolperten wir von einem Wunder zum nächsten. Mit weit aufgerissenen Augen sogen wir jeden unglaublichen Anblick ein, als sei er das letzte, das wir in diesem Leben zu Gesicht bekämen.

Gunnar war immer stiller geworden, doch keineswegs, weil er sich gelangweilt oder keinen Sinn für diese Schönheit gehabt hätte. Ganz im Gegenteil! Staunend blickte er auf alles, was er sah, und wies mich von Zeit zu Zeit auf handwerkliche Einzelheiten hin, die mir entgangen waren. Doch seine Bemerkungen fielen zunehmend seltener, und obwohl er immer noch begierig alles, was vor ihm lag, aufzusaugen schien, nahm seine Freude immer mehr die Gestalt schwärmerischer Verzückung an. Einmal wandte ich mich um, weil ich mich überzeugen wollte, ob er noch hinter mir ging, und sah ihn vor einer der gewaltigen, aus Stein gehauenen Trennwände stehen. Er hatte die Hand zu einem Kreuz erhoben, das als Teil des Reliefs aus dem Paneel herausgearbeitet war, und zog ein ums andere Mal den Umriß mit dem Finger nach.

Das Kreuz schien Gunnar ganz besonders zu faszinieren. Als wir unter der Kuppelmitte hindurchschritten, spürte ich, wie jemand meine Schulter berührte. Ich drehte mich um und sah den unerschrockenen Barbaren zu einem goldenen Mosaik aufstarren, welches das größte Kreuz darstellte, das ich je gesehen hatte. »Sein Zeichen«, flüsterte Gunnar mit vor Ehrfurcht verhaltener Stimme. »Es ist überall.«

»Ja«, antwortete ich und erklärte, das Kreuz werde sogar im fernen Éire, am äußersten Ende der Christenheit, verehrt. »Das Kreuz der Byzantiner unterscheidet sich zwar um ein weniges von dem Kreuz der Kelten, und dieses wiederum von dem der Römer, doch alle ehren dasselbe Opfer, welches Christus, unser Herr, für alle Menschen gebracht hat.«

»Soviel Gold«, bemerkte Gunnar. Tolar nickte bedächtig.

Didimus führte uns zur linken Seite des Kirchenschiffs, wo ein frei stehendes Paneel errichtet worden war, an dem eine Anzahl großer, auf flache Holzplatten gemalter Gemälde hing. Diese Ikonen stellten Christus sowie verschiedene Apostel und Heilige dar, denen die besondere Verehrung des Volks von Byzanz galt. Vor der Bildwand, die Didimus Iconostasis nannte, erhoben sich eine Reihe treppenförmig angelegter Bretter, auf welche die Gläubigen ihre Kerzen stellten. Didimus holte seine Kerzen hervor, entzündete eine davon an einem bereits brennenden Licht und setzte sie in eine der wenigen freien Vertiefungen im Holz. Einen Augenblick stand er, sich leicht vor- und zurückwiegend, dann nahm er eine Prise Weihrauch und streute ihn über die Flamme, wo er zu einem duftenden Rauchwölkchen aufging.

»So«, meinte er und wandte sich zu uns um, »ich habe zu Elias gebetet, der gesegnete Jesus möge mir deine Klugheit schenken, und zu Barnabas, daß Gott mir die Kraft deines Barbarenfreundes gewährt.«

Ich übersetzte seine Worte für Gunnar, den dieser Vorgang tief zu beeindrucken schien. Er streckte Didimus die Hand hin und ließ sich eine seiner Kerzen geben. Staunend sahen Tolar und ich zu, wie Gunnar das Licht entzündete und sich, den Fährmann nachahmend, leicht vor- und zurückwiegte. Ich fragte mich, was ihn wohl bewogen hatte zu beten und was der Inhalt seines Gebets gewesen sei, doch ich hielt es für unhöflich, zu fragen.

Gunnar und Tolar waren gleichermaßen geblendet von der Erhabenheit dieses Gotteshauses, insbesondere durch den allgegenwärtigen verschwenderischen Gebrauch von Gold und Silber, der nicht aufhörte, sie zu erstaunen. Ich übertreibe nicht, wenn ich sage, daß der Blick überall auf den Glanz und Schimmer dieser edlen Metalle fällt, vor allem, wenn man sich dem Altarraum nähert, wohin Didimus uns jetzt führte. Dort erhebt sich eine kreisrunde Plattform, der Ambo, aus dem Boden, der über zwei breite Treppen mit flachen Stufen zu erreichen ist. Der Ambo wird umgeben von einer Reihe Säulen mit vergoldeten Kapitellen, die einen Absatz stützen, auf dem wiederum eine Vielzahl von Lampen und Kreuzen steht, einige aus Silber, andere aus Gold und viele verziert mit Perlen und Edelsteinen.

»Weiter können wir nicht gehen«, erklärte Didimus, als wir uns bis zum Rand der Plattform durchgedrängt hatten. »Jenseits des Ambo sind nur Kirchenmänner und hohe Beamte zugelassen.«

»In Éire«, meinte ich, »kann jedermann zum Altar treten. Er ist Gottes Tisch, an dem alle Menschen willkommen sind.«

Der kleine Fährmann sah mich neugierig an, als habe er noch nie so etwas Seltsames vernommen. »Der Chorraum liegt dort«, fuhr er fort. »An Festtagen ist immer ein Chor anwesend.« Er deutete hinter den Ambo und wies auf eine Art erhöht angelegten Fußpfad. »Dies ist die Solea«, sagte er zu mir. »Darüber nähern sich die Priester und der Kaiser dem Altar. Der Wandschirm, der den Altarraum einschließt, besteht aus massivem Silber, so sagt man jedenfalls.«

Der Chorraum war auf drei Seiten von einem strahlend hellen Schirm aus durchbrochenem Gitterwerk umgeben, der im Licht all der Lampen und Kerzen leuchtete. Der Altarschirm wies eine Reihe von Säulen auf, die eine niedrige Brüstung stützten. Darauf standen eine Anzahl Priester und Hofbeamter, alle gekleidet in den Farben ihres Amtes: die Priester in weiße Roben und die Höflinge in Rot und Schwarz. Die Säulen und die Brüstung waren mit Silber verkleidet, und das Licht der herabhängenden Kerzen und Lampen gestattete dem Auge, sich an der herrlichen Schmiedearbeit zu erfreuen, die Christus, die Muttergottes, Propheten, Heilige, Engel, Seraphim oder auch die Monogramme von Kaisern zeigte.

Der Chorraum mit dem Wandschirm und der Brüstung bildete das innere Heiligtum für den Altar, der sich unmittelbar dahinter erhob. Die Gläubigen durften nicht weiter vordringen als bis zum Ambo und zu der Solea, doch die Brüstung war recht niedrig und der Altar erhöht angelegt, so daß die versammelte Gemeinde die Zeremonie, die am Altar stattfand, gut verfolgen konnte.

Der Altar bestand aus tiefrosa Marmor und war von einer Art Zelt aus Gold umgeben. »Das ist das Ciborium«, antwortete Didimus auf meine Frage. »Der Stein kommt aus Damaskus«, fuhr er fort, überlegte und setzte dann hinzu: »... oder aus Athen.«

Der Stoff dieses zeltartigen Schutzschirms war mit Goldfäden durchwirkt und mit Edelsteinen – Rubinen, Smaragden, Topasen und Saphiren – übersät, die sich zu Mustern zusammensetzten. Der Schein all der Lampen und Kerzen fiel, zusammen mit dem Sonnenlicht, das von oben durch die Fenster einströmte, auf das Ciborium und tauchte den Altar in himmlischen Glanz. Das ganze Heiligtum schien ein reines, goldenes Licht auszustrahlen, das nicht nur den Altar überflutete und einhüllte, sondern auch die Menschen, die dort zugegen waren.

Denn auf einem goldenen Thron neben dem Altar saß der Basileus. Er hielt eine brennende Kerze in Händen und wirkte gelangweilt und bedrückt. Flankiert wurde er auf beiden Seiten von zwei Jünglingen in langen Purpurroben, neben denen zwei weitere, in priesterliches Weiß gekleidete Männer standen. Gunnar zeigte Tolar den Kaiser, doch dieser schien ein wenig enttäuscht über den Anblick von des Jarls neuem Herrn. Aber er behielt seine Meinung für sich.

Am Altar stand ein Priester, der eine lange, mit Kreuzen bestickte Stola trug und an einer Kette ein Weihrauchgefäß hin- und herschwenkte. Als dies getan war, verneigte er sich vor dem Altar und zog sich zurück. Darauf trat ein anderer Geistlicher – ein älterer Mann, auf dessen weißem Haar eine kleine, flache Haube saß – an den Altar, verbeugte sich dreimal, erhob die Hände und begann, sehr schnell und leise zu sprechen. Immer noch murmelnd, begann er dort irgendeine Zeremonie zu vollziehen. Jedermann schien das Gebaren des Priesters aufmerksam zu verfolgen, aber ich konnte nicht erkennen, was er da tat.

Nach einiger Zeit trat auch dieser Priester zurück, und ein heller Glockenton erklang. »Jetzt sollten wir gehen«, sagte Didimus mit einemmal, »sonst geraten wir mitten in die Menge und kommen nicht mehr rechtzeitig zum Schiff.«

Ich warf einen letzten langen Blick zum Altar und sah, daß der Gottesdienst beendet war und diejenigen, welche den Altar umstanden hatten, sich über die Solea zurückzogen.

Um uns herum strömten die Menschen bereits wieder in das Kirchenschiff. Wir schritten so schnell wie möglich aus, doch die Menge war so dicht, daß wir bald an den Türen, wo sich alles drängte, zum Halten gezwungen waren.

»Ich kenne noch einen anderen Weg«, rief Didimus. »Rasch!«

Er führte uns quer durch das Schiff zu einer der großen Galerien, in die wir einbogen und den langen Korridor entlangrannten, um an einer langen, geneigten Rampe herauszukommen. Wir mischten uns unter die Menschen, die diese Rampe hinabgingen, und stolperten schließlich auf eine schmale Straße hinter der Kirche. Gleich vor uns erhob sich eine hohe Mauer, an der entlang Bäume gepflanzt waren. Soldaten in Doppelreihen hatten sich in der Mitte der Straße zu einer Reihe aufgestellt, die sich nach rechts und links fortsetzte. Ihre bronzebeschlagenen Stäbe quer vor die Brust haltend, sperrten sie die rechte Straßenseite ab, damit die Menge dem Kaiser und seinen Höflingen, die in einer Prozession zurück zum großen Palast zogen, nicht nachsetzte.

Die meisten reckten den Hals, um den Kaiser zu sehen. Viele riefen ihn an und versuchten, zu einer Audienz im Vorübergehen zu kommen. Doch nicht der Kaiser erregte meine Aufmerksamkeit, als die Menge nach vorn drängte. Ich warf einen Blick auf die Reihe der Soldaten und wandte mich Gunnar und Tolar zu. »Bleibt hier, alle beide. Wartet auf mich.« Zu Didimus sagte ich: »Ich habe meinen Freund gefunden. Bleib hier.«

Ich schob mich durch das Gedränge und bahnte mir mit den Ellenbogen einen Weg in die vordere Reihe der Menge, wobei ich viele Püffe und Flüche einsteckte. So eingekeilt ich auch stand, ich brachte es fertig, einen Arm in die Höhe zu recken, und begann zu winken und zu rufen. »Justinian! Ich bin hier!«

Er drehte sich um, erblickte mich und winkte mich zu sich.

Die Menschen, die zwischen uns standen, stieß er mit dem stumpfen Ende seines Speeres aus dem Weg. »Ich habe dich gesucht«, sagte ich, als ich vor ihm stand.

Justinian nahm meinen Arm und zog mich beiseite. »Wir können jetzt nicht reden. Komm morgen zu mir, zum östlichen Tor. Ich werde Ausschau nach dir halten.«

»Aber wir segeln morgen bei Sonnenaufgang«, erklärte ich. »Ich hatte schon Angst, ich würde dich nicht mehr sehen.«

Er nickte und sah sich um, als fürchte er, jemand beobachte ihn. »Tu so, als würdest du mir Widerstand leisten«, raunte er mir zu.

»Was?« Ich verstand nicht. »Warum sollte ich ...«

»Gib vor, du wolltest an mir vorbeikommen«, beschwor er mich, hob seinen Stab und hielt ihn mit beiden Händen quer von sich. »Weg mir dir!« rief er und stieß mich mit dem Holz zurück. »Zurücktreten!«

Ich wich einen oder zwei Schritte zurück, und Justinian folgte mir und trieb mich noch weiter nach hinten. Als er mich fünf oder sechs Schritte rückwärts geschoben hatte, sagte er: »Aidan, hör mir zu: Ich habe Kunde von deinen Freunden.«

Mein Herz zog sich schmerzhaft zusammen. »Was? Sag es mir. Was hast du gehört?«

»Sprich leise. Man darf uns nicht zusammen sehen.« Rasch blickte er sich um und sagte: »Sie sind hiergewesen ...«

»Hier! In Byzanz!«

»Psst!« zischte er. »Schweig still, und hör mich an. Sie waren hier – man hat sie gesehen.«

»Wann?«

»Kurz nach der ersten Ernte, glaube ich. Sie ...«

»Wie viele waren es?«

»Acht oder zehn vielleicht, genau kann ich es nicht sagen. Ihr Anführer war ein Bischof, und nach ihrer Ankunft brachte man sie zum Kloster Christus Pantocrator. Die Mönche dort nahmen sie auf.«

»Aber was ist mit ihnen geschehen?«

»Sie sind wieder abgereist.«

»Ohne den Kaiser zu sehen? Das glaube ich nicht.«

Justinian zuckte die Achseln. »Man hat beobachtet, wie sie aufgebrochen sind.«

»Wer hat sie gesehen? Woher weißt du das?« Ich spürte, wie ich langsam die Fassung verlor.

»Leise!« zischte der Hauptmann und stieß mich mit dem Stab zurück. »Ich besitze gewisse Freunde.«

Einer der Scholarii war auf den Wortwechsel zwischen Justinian und mir aufmerksam geworden und kam auf uns zu. »Gibt es Schwierigkeiten?« rief er.

»Ach, nichts«, antwortete Justinian über die Schulter hinweg. »Dieser Bursche ist betrunken. Ich werde schon mit ihm fertig.« Er versetzte mir einen weiteren Stoß und sagte leise: »Paß auf, Aidan: Der Komes weiß von dieser Sache.«

»Der Komes ... Nikos?«

»Der, welcher geholfen hat, den Quaestor in die Falle zu locken, ja«, gab Justinian zurück. »Mein Freund sagte, Nikos habe deine Brüder zweimal getroffen, das letzte Mal am Tag ihrer Abreise. Das ist alles, was ich herausbringen konnte.« Rasch blickte er sich um. »Ich muß gehen. Wenn ich kann, versuche ich, mehr zu erfahren.«

Von neuem rief der Wachkommandant. Die anderen Soldaten rückten bereits ab. »Traue niemandem, Aidan«, warnte Justinian und entfernte sich rasch von mir. »Hüte dich vor Nikos – er hat sehr mächtige Freunde. Er ist gefährlich. Halte dich von ihm fern.«

Ich wollte ihm danken und Lebewohl sagen, doch er rannte bereits die enge Straße entlang, um die anderen Soldaten einzuholen. Ich drehte mich um und ging zu der Stelle zurück, wo Didimus und die Wikinger auf mich warteten.

Während ich mich durch die Menge drängte, dachte ich: *Sie leben! Meine Freunde sind noch am Leben! Jedenfalls haben sich die meisten von ihnen gerettet, und sie haben Konstantinopel doch noch erreicht.*

»Das war der Krieger vom Stadttor«, meinte Gunnar, als ich zu ihnen trat. »War er der Mann, den du gesucht hast?«

»Ja, das war er.«

»Und er hat dir berichtet, was du wissen wolltest?«

»Ja«, antwortete ich knapp. Mir stand der Sinn nicht danach, weiter darüber zu debattieren – erst recht nicht mit Seewölfen, die an der vereitelten Pilgerfahrt und allen anderen Problemen in meinem Leben schuld waren. Statt dessen wandte ich mich ab und ging mit großen Schritten die Straße entlang. »Kommt«, rief ich, »wir müssen uns beeilen, wenn wir auf dem Kai sein wollen, um das Brot in Empfang zu nehmen.«

»Heja!« pflichtete Gunnar mir bei. »Je eher wir unseren Gewinn einstreichen, desto froher werde ich sein.«

»Didimus«, befahl ich, »führe uns zu den Schiffen zurück, und zwar schnell! Wir wollen Constantinus nicht verpassen.«

»Ihr seid vom Glück auserkoren«, rief der kleine Fährmann fröhlich, »denn ihr befindet euch in der Begleitung eines Mannes, der jeden eurer Wünsche erahnt. Ich habe bereits daran gedacht und mir einen besonderen Weg einfallen lassen, über den ich euch hinbringen will. Dieses Mal fahren wir nicht mit dem Boot, aber keine Angst, wir werden am Hafen sein, ehe die Sonne untergeht.«

Didimus stand zu seinem Wort und brachte uns zum Hafen, als eben die Sonne hinter den Hügeln im Westen versank. »Seht ihr!« sagte er. »Da liegt euer Schiff, hier steht ihr, und die Sonne geht gerade erst unter. Und nun muß ich heim zu meinem Abendessen. Lebt wohl, meine Freunde. Ich verlasse euch jetzt. Ich bin froh, daß ich euch zu Diensten sein konnte. Mehr verlange ich nicht.« Bei dem Gedanken an seinen Lohn lächelte er und fügte hinzu: »Natürlich, wenn sich jemand erkenntlich zeigen möchte ...«

»Du hast uns gute Dienste geleistet, Didimus«, erklärte ich. »Dafür sind wir dir dankbar.«

Ich wandte mich an Gunnar und setzte ihm auseinander, daß wir den Fährmann für seine Hilfe bezahlen mußten. Ohne Didimus, erinnerte ich ihn, hätten wir die Wette nie gewinnen können.

»Sag nichts weiter«, antwortete Gunnar gutgelaunt. »Ich bin großzügig gestimmt.« Er öffnete seinen Lederbeutel, nahm eine Handvoll Nomismi heraus und begann sie abzuzählen.

Didimus zog ein langes Gesicht, als er die Münzen sah. Ich stieß Gunnar an und sagte: »Er ist wirklich eine große Hilfe gewesen.«

Gunnar wählte einen Silberdenarius aus und reichte ihn dem Fährmann. Augenblicklich kehrte das Lächeln des Bootsführers zurück. »Möge Gott euch reich segnen!« stieß er hervor, schnappte sich die Münze und steckte sie schnell weg, so daß Gunnar sie nicht mehr sehen konnte. Er nahm meine Hand, hob sie an die Lippen und küßte sie. Auch Gunnar küßte Didimus die Hand und verabschiedete sich dann, indem er sagte: »Wenn ihr das nächste Mal einen Fremdenführer braucht, wendet euch an Didimus, und ihr bekommt den besten Führer von ganz Byzanz, keine Sorge!«

»Leb wohl«, rief ich. Didimus verschwand schnell zwischen den Arbeitern und Bootsleuten, die auf dem Weg in die Stadt waren, und wir eilten zu der Stelle, wo das Langschiff immer noch am Landungssteg vertäut lag.

Wir waren eben beim Schiff angekommen und wollten an Bord gehen, als wir Hnefi rufen hörten: »Ho! Es hat keinen Sinn, euch zu verstecken. Wir haben euch gesehen.«

»Heja«, entgegnete Gunnar freundlich. »Und ich sehe, daß du zurück zum Schiff gefunden hast. Das ist schon ein Sieg für dich, Hnefi. Du mußt sehr erfreut sein.«

»Wenn ich froh bin«, meinte Hnefi und schlenderte auf uns zu, als gehöre ihm der ganze Hafen, »dann, weil ich sehe, daß ihr mit leeren Händen dasteht. Ihr hättet bei uns bleiben sollen.« Einige der anderen Seewölfe kamen dazu. Sie schwankten leicht und wirkten nach den Erlebnissen des Tages sichtlich mitgenommen.

»Ich sehe, daß ihr eine Bierhalle aufgespürt habt«, bemerkte Gunnar. »Zweifellos hat das Gebräu euch geholfen, eure Niederlage zu verwinden.«

»Wein!« brüllte Hnefi. »Wir haben Wein getrunken, und zwar, um unseren Sieg zu feiern! Ich werde jetzt mein Silber an mich nehmen.«

Einige der Dänen auf dem Schiff hatten sich an der Reling versammelt, um diesem Wortwechsel beizuwohnen. Sie riefen ihre Schiffskameraden auf dem Steg an und erfuhren von der Wette über das Brot, die Gunnar und Hnefi abgeschlossen hatten.

»Ich muß mich über dich wundern, Hnefi«, entgegnete Gunnar und schüttelte betrübt den Kopf. »Du hast wohl den wichtigsten Teil unserer Wette vergessen. Ich schaue mich um, doch ich sehe kein Brot.«

»Bist du blind, Mann?« erwiderte Hnefi. »Mach die Augen auf.«

Mit diesen Worten drehte er sich um und rief den restlichen fünf Seewölfen aus seiner Gruppe, die eben herbeiwankten, etwas zu. Ich sah, daß sie große Stoffsäcke auf dem Rücken trugen. Auf das Zeichen ihres Anführers kamen sie heran und warfen ihre Säcke auf die Landungsbrücke. »Seht doch!« rief Hnefi und öffnete den Beutel, der ihm am nächsten lag. Er steckte die Hand hinein und zog einen kleinen braunen Laib hervor. »Ich bringe euch Brot.«

Gunnar trat zu dem Sack und spähte hinein. Er war tatsächlich voll kleiner brauner Brotlaibe. »Das ist Brot«, bestätigte Gunnar. »Aber ich frage mich, wie ihr daran gekommen seid.«

Die Seewölfe auf dem Kai und an Bord des Schiffes begannen lautstark zu fordern, die Wette solle beglichen werden. Wie ich schon vermutet hatte, waren noch zahlreiche zusätzliche Wetten abgeschlossen worden, und nun verlangten die Gewinner ihren Anteil.

»Das verstehe ich nicht«, meinte Gunnar kopfschüttelnd. »Wie haben sie das fertiggebracht?«

Wir hatten jedoch nicht lange Zeit, uns zu wundern, denn in diesem Augenblick erscholl von der Landungsbrücke her ein Schrei. Ich wandte mich um und erblickte Constantinus, den Bäcker. Er schob einen Karren, der hoch mit großen, runden, duftenden Laiben frischen Brotes beladen war. Hinter ihm kam ein junger Mann mit einem zweiten Wagen, der ebenso bepackt war. »Hier!« rief er. »Da seid ihr ja! Ich habe euch gefunden.«

Er drängte sich mit dem Karren mitten zwischen den Barbaren hindurch und brüllte sie an, ihm Platz zu machen. »Wie versprochen«, verkündete er mit lauter Stimme, »habe ich das Politikoi gebracht. ›Keine Sorge‹, sagte ich, ›ich bin ein Mann, der zu seinem Wort steht.‹ Und nun seht, he? Ich habe die Wahrheit gesagt. Ich bin ein ehrlicher Mann. Hier ist euer Brot.«

Ich dankte ihm und sagte: »Diese Dänen verstehen deine Sprache nicht. Wenn du gestattest, werde ich ihnen deine Rede übersetzen.«

»Das mußt du auf jeden Fall. Auf daß wir uns besser verstehen mögen.«

Zu Hnefi und den anderen sagte ich: »Wie ihr seht, hat Constantinus, der hier steht, die Brotration gebracht, und zwar nicht nur die Hälfte, sondern alles.«

»Heja«, stimme Hnefi mir zuversichtlich zu, »nur schlecht für euch, daß er zu spät gekommen ist.«

»Wie das?« rief Gunnar herausfordernd. »Ihr seht doch das Brot vor euch.«

»Wir haben ebenfalls Brot gebracht, und *wir* sind damit vor euch eingetroffen«, erwiderte Hnefi. »Daher habe ich die Wette gewonnen.«

»Das ist keineswegs sicher«, meinte Gunnar. »Ich weiß nicht, was du da in deinen Säcken hast, aber das ist nicht das Brot, das zu holen wir ausgeschickt wurden.«

»Du weißt, daß es Brot ist!« ging Hnefi auf ihn los. »Du hast es mit eigenen Augen gesehen.«

König Harald trat an die Reling und verlangte zu wissen, warum so viele Männer müßig herumstanden, während der Proviant darauf wartete, aufs Schiff gebracht zu werden. Rasch berichtete Hnefi ihm von der Wette und schloß: »Tatsache ist, daß ich gewonnen habe. Aber dieser nichtswürdige Däne weigert sich, seine Niederlage einzugestehen und mir meinen Gewinn auszuzahlen.«

»Stimmt das?« fragte der König.

»Ich weigere mich, Jarl Harald«, antwortete Gunnar trotzig, »weil ich nicht gewöhnt bin zu bezahlen, wenn ich eine Wette gewinne. Ich zahle nur, wenn ich verliere. Hnefi besteht darauf, daß die Sache umgekehrt sein soll, glaube ich.«

Diese Antwort erfreute die zuschauenden Wikinger, von denen viele lachten und begannen, Gunnar anzufeuern.

»Worum geht es bei diesem Spektakel?« fragte Constantinus verwirrt, der sich mit einemmal von laut brüllenden Barbaren umgeben wiederfand.

Während ich ihm den Streit erklärte, machte der König sich auf den Weg zum Landungssteg, um den Disput selbst beizulegen. »Natürlich könnt ihr nicht beide die Wette gewonnen haben«, meinte Harald bedächtig. »Einer von euch hat gewonnen, und der andere hat verloren. So geht es auf der Welt nun einmal zu.« Der König sah, daß er allgemeine Einigkeit über diesen grundlegenden Punkt hergestellt hatte, und fuhr fort. »Nun, anscheinend ist Hnefi als erster mit dem Brot zurückgekehrt.«

»Hnefi war tatsächlich der erste«, gestand Gunnar zu. »Aber er hat nicht das Brot gebracht, das zu holen er ausgeschickt wurde.«

»Aber trotzdem sehe ich Säcke voller Brot vor mir«, versetzte Harald gleichmütig.

»Nein, Jarl, das stimmt nicht. In diesen Säcken mögen sich Laibe befinden, doch das ist nicht das Brot, das der Kaiser uns schenkt. Nur ich bin mit den richtigen Laiben zurückgekehrt, wie dieser Bäcker gewiß bezeugen wird. Daher habe ich gewonnen, und es ist an Hnefi, mich auszuzahlen.«

»Richtige Laibe?« heulte Hnefi, und sein bereits gerötetes Gesicht lief noch dunkler an. »Brot ist Brot. Ich war als erster zurück, und ich habe gewonnen.«

»Jeder kann altbackene Laibe in einen Sack stecken und hoffen, den Preis einzuheimsen«, beharrte Gunnar mit kühler Verachtung. »Das heißt gar nichts.«

Der König zögerte. Nachdenklich betrachtete er die Karren voller Brote und die Säcke, die auf dem Kai lagen. Die Angelegenheit, die noch kurz zuvor so einfach erschienen war, hatte eine unerwartete Wendung genommen, und er war nicht mehr sicher, was zu tun war.

Constantinus, der neben mir stand, deutete das Zögern des Königs fälschlich als Weigerung, das Brot anzunehmen. Flüsternd unterbreitete er mir einen Vorschlag. Ich hörte ihm zu, und mir kam ein Einfall, wie aus diesem Dilemma vielleicht herauszufinden war.

»Wenn ich sprechen darf, Jarl Harald«, sagte ich und trat vor. »Ich glaube, wir können möglicherweise auf einem einfachen Weg feststellen, wer die Wette gewonnen hat.«

»Dann rede«, forderte der König mich ohne Begeisterung auf.

»Koste das Brot«, riet ich ihm. »Da wir alle viele Tage lang dieses Brot essen werden, erscheint es mir richtig, nur das beste an Bord bringen zu lassen. Es gibt nur einen Weg zu beweisen, welches Brot geeignet ist – probiere es und überzeuge dich.«

Gunnar nahm den Vorschlag beifällig auf. »Das ist ein ausgezeichneter Rat.« Er nahm einen Laib von der Brotpyramide auf dem Karren und reichte ihn dem König. »Bitte, Jarl Harald. Wir werden uns deiner Entscheidung beugen.«

Während Harald sich ein Stück Brot abzupfte, erklärte ich Constantinus, worum es bei dieser Probe ging. »Das hatte ich eigentlich nicht im Sinn«, meinte der Bäcker. »Aber mir soll es recht sein. Ich backe ehrliches Brot, wie jedermann sehen kann.«

Der König zog einen Laib aus Hnefis Sack, brach ihn und riß ein Stück ab, was ihm ein wenig schwerfiel. Er kaute eine Weile darauf herum und schluckte dann – deutlich schwerer, denn das Brot war zäh und alt.

»Nun?« verlangte Hnefi ungeduldig zu wissen. »Welches ist besser?«

»So wahr ich König bin«, erklärte Harald und hielt den braunen Laib aus Hnefis Sack in die Höhe, »dieses Brot ist gut genug für Männer auf See. Tatsächlich habe ich häufig weit schlimmeres gegessen.«

»Heja!« stimmte Hnefi ihm mit stolzgeschwellter Brust zu. »Das sage ich euch doch die ganze …«

»Aber«, unterbrach ihn Harald und fuhr fort, »dieses Brot übertrifft deines auf jede Weise.« Er brach ein weiteres Stück von dem weißen Brot ab, steckte es in den Mund und kaute genüßlich. »Ja, dies ist Speise für Könige und Edelleute. Also frage ich mich, was ich wohl lieber essen möchte.«

An Hnefi gewandt, meinte er: »Die Laibe, die du gebracht hast, können nur die Fische fressen.« Mit diesen Worten warf er die Reste des braunen Laibes ins Wasser. Zu Gunnar sagte er: »Bring deine Laibe auf das Schiff. Das ist das Brot, das wir auf unserer Reise essen werden.«

Rasch wurden die frischgebackenen Laibe von den Karren

geladen, an die Männer an der Reling weitergegeben und verstaut. Andere Seeleute scharten sich um uns, um zuzusehen, wie Gunnar und Hnefi ihre Wette beglichen. »Laß den Kopf nicht hängen«, sagte Gunnar, »du hast dich gut geschlagen. Ich bin überrascht, daß du überhaupt Brot aufgetrieben hast. Das Schicksal war gegen dich.«

»Schicksal, pah!« brummte Hnefi und zog seinen ledernen Geldbeutel hervor. Er begann, Gunnar die Silberdenarii in die ausgestreckte Hand zu zählen. »Nächstes Mal nehme ich den Geschorenen mit«, knurrte er unwirsch, »und dann werden wir ja sehen, wie es *dir* ergeht.« Dies war das erste Mal, daß Hnefi mir irgendeine Art Respekt oder Beachtung zollte, und ich war hoch erfreut.

»Nicht Aedan hat mir geholfen«, entgegnete Gunnar und ließ die Münzen eine nach der anderen in seinen Beutel fallen. »Es war sein Gott. Ich habe eine Kerze für diesen Herrn Jesus angezündet und zu ihm gebetet, er möge mir helfen zu gewinnen. Nun siehst du selbst, wie die Sache ausgegangen ist.«

»Du hast Glück gehabt, das ist alles«, meinte Hnefi. Er und seine Begleiter stampften davon, um sich so gut sie konnten über ihre Niederlage hinwegzutrösten.

»Selbst wenn ich mir kein weiteres Stück Silber verdiene«, bemerkte Gunnar, »ist dies eine äußerst lohnende Reise gewesen. Von dem, was ich jetzt schon besitze, können meine Karin und mein Ulf drei oder vier Jahre leben.«

»Mit soviel Silber in deinem Beutel«, meinte Tolar, »werden wir dich von jetzt an Gunnar Silbersack nennen.«

Als die Karren abgeladen waren, hatte Constantinus es eilig, fortzukommen, denn es wurde dunkel. Ich sagte ihm Lebwohl und dankte ihm für seine Hilfe. Gunnar, um so großzügiger geworden, seit er die Wette gewonnen hatte, gab dem Bäcker zehn Nomismi.

»Sag deinem Freund, er soll sein Geld behalten«, meinte Constantinus. »Der Kaiser bezahlt mich gut für meine Arbeit.«

Ich übersetze dies Gunnar, doch dieser schüttelte den Kopf und drückte dem Bäcker das Geld in die Hand. »Für den Karren und für den Jungen«, sagte Gunnar, und ich übermittelte dem Bäcker seine Worte. »Gönne dir nach deiner schweren Arbeit einen oder zwei Becher Wein. Oder du kannst eine Kerze für deinen Jesus anzünden und dabei an mich denken.«

»Mein Freund«, antwortete Constantinus höflich, »sag ihm, daß ich gewiß beides tun werde.« Er sagte uns Lebwohl und eilte mit dem Jungen schnell davon. Die leeren Karren zogen sie hinter sich her.

Überwältigt von seinem Glück, drückte Gunnar auch mir einen Silberdinar in die Hand. »Ohne dich, Aedan«, meinte er, »hätte ich die Wette nicht gewonnen.«

»Wäre ich nicht gewesen«, verbesserte ich ihn und steckte meinen gesamten irdischen Reichtum in den Saum meines Umhangs, »hättest du die Wette nie abgeschlossen.«

»Heja«, lachte er, »das stimmt ebenfalls.«

Ich kletterte an Bord und sah zu, wie die Sonne als matt glühende rote Scheibe unterging. Violette Schatten senkten sich über die sieben Hügel und entzogen sie dem Blick. Erst dann fiel mir auf, daß ich in der größten Kirche der ganzen Welt gestanden und nicht ein einziges Gebet gesprochen, nicht einen flüchtigen Gedanken an Gott verschwendet hatte. Im Kloster wäre dies niemals geschehen. Was war mit mir los? Der Gedanke ließ mich fast die ganze Nacht nicht schlafen.

Am nächsten Morgen, bei Sonnenaufgang, wurden die Ruder ausgefahren, und die Langschiffe glitten lautlos aus dem Hafen. Ich stand an der Reling und warf einen letzten Blick auf die Stadt, in der ich hätte sterben sollen.

Aber ich lebte noch.

Aidans Abenteuer sind noch lange nicht zu Ende. Kann unser junger Held – Mönch, Sklave und kaiserlicher Geheimgesandter – seine Mission in Trapezunt am Schwarzen Meer erfüllen? Wird er sich seine Loyalität Basileios gegenüber bewahren? In welche fremden Länder wird Gott ihn noch führen, welchen Gefahren und Versuchungen mag er ihn weiter aussetzen? Wird Aidan die goldene Stadt Byzanz je wiedersehen, jemals in seine irische Heimat zurückkehren? Was ist aus dem kostbaren Buch geworden? Und wird sich Aidans Traum eines Tages bewahrheiten?
Die spannende Reise geht weiter …

Glossar

Anamcara	(keltisch) Seelenfreund
Armorica	keltischer Name für die Bretagne
Bán Gwydd	(keltisch) Wildgans; Schiff der Pilgermönche
Basileus	(griechisch) offizielle Anrede des Kaisers
Bulga	(keltisch) lederne Büchertasche
Cambutta	irischer Bischofsstab mit Adler an der Spitze
Céle Dé	vulgärlatinisierte Form von Culdees (keltisch), soviel wie Diener Gottes; Name von Aidans Mönchsorden
Cennanus na Ríg	Aidans Heimatkloster (Irland)
Colum Cille	(keltisch) mit Silber und Edelsteinen geschmückte kostbare Handschrift; steht im Roman für das berühmte Book of Kells
Coracle	keltisches Rundboot, bestehend aus einem Holz- oder Knochengerüst, das mit Leder bespannt ist
Cumtach	(keltisch) Bucheinband des Colum Cille, s. o.
Dána	(keltisch) der Kühne

Denarius — römisch/byzantinische Silbermünze

Farghanesen — Leibwache des Kaisers

Grüne — Fan-Club des Wagenrennen-Teams, das unter dieser Farbe fährt; die Grünen sorgen sich auch um soziale Belange ihrer Mitglieder (Arbeitsplätze/Wohnung) und haben zeitweise solche Menschenmassen an sich binden können, daß der jeweilige Kaiser gezwungen war, sich mit ihnen gut zu stellen; ihre schärfste Konkurrenten sind die Blauen, mit denen die Grünen sich sogar einen Bürgerkrieg geliefert haben

Hauskerle — das waffentragende Gefolge eines Jarls, seine Getreuen oder Elitetruppe; bestehen aus kleineren Fürsten, immer aber freien Bauern; wohnen bei ihm oder halten sich zu seiner Verfügung; auch Huskarls, Huskarlar oder Huskeorle genannt; Ursprung für unseren Vornamen Karl

Hel — die Hölle der germanischen Mythologie

Horen — christliche Stundengebete, die den Tagesablauf regeln – Matutin, Laudes, Prim, Terz, Sext, Non, Vesper, Komplet –; diese Zeiteinteilung ist nicht exakt auf unsere Uhr übertragbar, da sie sich nach dem Tagesbeginn bzw. Sonnenaufgang richtet; danach ist die Non die neunte Stunde des Tages, also je nach Jahreszeit zwischen 14.00 und 16.30 Uhr

Jarl	(germanisch) Fürsten aller Art, aber auch König; aus Jarl entstand der englische Earl
Julfest	Tag der Wintersonnenwende (21. Dezember), die längsten Nacht, die von nichtchristlichen Germanenvölkern gefeiert wurde; die Missionare haben diesen Brauch ins Weihnachtsfest übernommen
Komes	byzantinischer Beamter, unterhalb Ministerebene, einem Abteilungsleiter vergleichbar
Konstantinopel	anderer Name für Byzanz; nach Konstantin dem Großen, der das Fischerdorf Byzanz zur Residenz ausbaute
Leighean	(keltisch) Heiler
Logothete	byzantinischer Finanzbeamter
Magister	byzantinischer Beamter; in mehreren Funktionen gebräuchlich, als Stadtpräfekt oder als Magister officiorum Kanzler des Kaisers
Mese	längste Straße der Welt; führt von Konstantinopel bis nach Rom
Miklagård	dänischer Name für Byzanz; soviel wie große oder prächtige Stadt
Mo croi/Mo anam	keltischer Ausruf: Bei meiner Seele! Meiner Seel'
Muir Manach	(keltisch) seefahrender Mönch
Namnetum	(lateinisch) Nantes (s. Karte)
Nomisma	eigentlich byzantinische Silbermünze (Plural: Nomismi), aber auch als Oberbegriff für alle Geldstücke verwendet
Pagani	(lateinisch) Heiden
Peregrini	(lateinisch) Pilger

Protospatharius	byzantinischer Flottenaufseher
Quaestor	byzantinischer Hafenmeister
Sakka	offizieller Bestellzettel aus Pergament
Scholarae	kaiserliche Wache
Secnab	(keltisch) Stellvertreter des Abtes
Siarc	Kittel aus dickem Webstoff; langes Hemd, das über der Hose getragen wird
Skalde	(germanisch) Wahrsager, Sänger
Skane	Landstrich in Schweden, eines der Stammländer der Wikinger
Solidus	byzantinische Goldmünze
Stylus	Schreibgerät; Griffel oder Federkiel
Themenbrot	Brotverpflegung für Soldaten; benannt nach den Militärbezirken (Themen), in die das byzantinische Reich aufgeteilt war
Thing	germanische Ratsversammlung, an der alle teilnehmen durften, bei der aber nur die freien Männer stimmberechtigt waren
Trédinus	(lateinisch) dreitägiges Fasten
Triskele	aus der Symbolik/Ornamentik: drei gebogene oder gerade Linien, die von einem Zentrum ausgehen
Vigilia	(lateinisch) Nachtwache

LEGENDE:

MITTELMEER = Meer
Düna = Fluß
SKANE = Land oder Volk
Kiew = Stadt
- - - - - - - - - - = ungefährer Grenzverlauf

EUROPA und KLEINASIEN

Hans Krieger – Kunstbrand

Hans Krieger

Kunstbrand

Erzählung

Mit Illustrationen von
Christine Rieck-Sonntag

Literarische Broschur, Band 14

Verlag Sankt Michaelsbund

Der Verlag Sankt Michaelsbund im Internet:
www.st-michaelsbund.de

ISBN 978-3-939905-39-4
Erste Auflage 2009

Umschlagbild von Christine Rieck-Sonntag (www.crs-art.de)
Layout und Satz: Rudolf Kiendl, München
Herstellung: MDV Maristen Druck & Verlag GmbH, 84095 Furth

I

Vielleicht, sagte er und warf seine Kippe in die schwächer werdende Glut.

Vielleicht. Was sonst hätte er sagen sollen?

Das Feuer war heruntergebrannt. Nur vereinzelt züngelten noch dünne Flammen auf. Das tiefrote Glosen war durchädert von Schwärze. Ein Rest von Hitze verlor sich in der Weite der Nacht. Der beizende Gestank von verschmortem Filmmaterial hatte sich eingenistet in der Nasenhöhle. Wie spät es wohl sein mochte?

Vielleicht. Zu wem hatte er das gesagt? Benno blickte sich um. Marcel hockte ein paar Schritte seitwärts auf einer umgekippten Obstkiste und stierte vor sich hin. Sonderbar stumm war der große Diskursschwinger in dieser Nacht geblieben. Keine seiner fremdwörtergespickten Theorietiraden, mit denen er sonst so gern verblüffte, keines seiner rasch hingeworfenen Bonmots, keines seiner spitzzüngigen Wortspiele. Er hatte bedächtig den Rotwein in sich hineingekippt, noch mehr geraucht als sonst und schon seit Stunden kein Wort hervorgebracht. Benno griff nach seinem Glas; es war leer. In weitem Bogen schleuderte er es hinter sich und genoss das helle Klirren, mit dem es in der Dunkelheit am Kies zerschellte.

Gabi hatte sich fest in eine Decke eingerollt; die gleichmäßigen Atemzüge der Schlafenden rhythmisierten die Stille. Alle anderen waren gegangen. Martin war gegangen. Werner und Verena waren gegangen. Polenski war gegangen. Der Professor war gegangen. Die Butterweich war gegangen. Die Butterweich! Ilona Butterweich, die Kunstpäpstin der Bildschirme, das Mundwerk ohne Hirn. Wer hatte die eigentlich hergebeten? Wer verdammt noch mal hatte dieser Feuilletonzicke überhaupt etwas gesagt von seinem kleinen melancholischen Freudenfeuer? Marcel vielleicht? Sähe ihm ähnlich. Aber wahrscheinlich war es doch der Professor, der eitle Sack.

Was ging es die Quatschkastentante an, wenn er, Benno Hochkepp, für sich einen Schlussstrich zog, ein Kapitel Kunstgeschichte ausradierte – das seine natürlich, jawohl, nur das seine – und ins Feuer warf, was noch übrig war von dem lachhaften Plunder, mit dem er jahrelang den sensationsgeilen Markt gefüttert und dem Augurengeschwätz billigen Stoff geliefert hatte? Nichts ging es sie an, die rothaarige Brillenschlampe, einen Dreck ging es sie an. Und wieso hatte er sich nicht drohend vor ihr aufgebaut, als sie mit Handkamera und Notizblock aufkreuzte, wieso hatte er ihr nicht mit einem vernichtenden Blick und einer unmissverständlichen Geste zu verstehen gegeben, dass sie sich zu verpissen hatte, und zwar auf der Stelle, wenn nicht – ja, wenn nicht was?

„Rabiater Starkünstler wird tätlich gegen bekannte Fernsehmoderatorin“ – das wäre eine tolle Schlagzeile gewesen, und die Journalistenmeute hätte sich wochenlang geweidet an dem Vorfall samt unausweichlichem Prozess. Aber in die Schlagzeilen kam er nun so oder so. „Verrückt gewordener Künstler vernichtet das eigene Werk.“ Oder: „Durchgedreht – Werk angezündet.“ Oder: „Raffinierter Reklametrick – mit der geschickt inszenierten Verbrennung eigener Werke versucht der einst erfolgreiche und viel diskutierte, in letzter Zeit aber etwas ins Abseits geratene Aktionskünstler B. H. die Aufmerksamkeit der Öffentlichkeit erneut auf sich zu lenken.“ Oder gar: „Die Tragik des Ruhmes: Zu spät traf der Künstler B. H., von Freunden alarmiert, an der Brandstelle ein. Zu retten war nichts mehr. Unbekannte Täter hatten H.'s Werke zu einem Scheiterhaufen aufgetürmt und angezündet. Die Kriminalpolizei vermutet einen Racheakt von Kollegen, die H. seinen Erfolg auf dem Kunstmarkt und bei der internationalen Kritik neideten. Tränenüberströmt brach der Künstler vor den veraschten Überresten seines Lebenswerkes zusammen.“.

Gottnochmal, was hatte er sich da eingebrockt! Ein Befreiungsschlag hätte es werden sollen, dieses Autodafé – „das Lebend'ge will ich preisen, das nach Flammentod sich sehnet", von wem war das bloß, Nietzsche vielleicht –, ein Aufbruch hätte es werden sollen, eine Neugeburt, aber die Mafia hatte ihn noch immer in der Hand, ein bisschen jedenfalls, sie konnte ihn noch immer verbiegen und zurechtlügen, um das letzte Mark aus ihm zu saugen, bevor sie ihn endgültig ausspuckte wie einen ausgelutschten Zwetschgenkern, und dann war er ein Niemand, eine Null, die absolute Nichtexistenz, so irreal wie die Antimaterie oder die Wurzel aus minus eins, aber dann endlich würde man ihn in Ruhe lassen. Und ob er das aushalten würde: in Ruhe gelassen zu werden?

Ein Künstler gehörte nicht mehr sich selbst, das hatte er früh begriffen. Ein Künstler vielleicht schon, wenn er damit zufrieden war, dass kein Hahn nach ihm krähte. Aber nicht einer, der Erfolg hatte. Nicht einer, der Erfolg haben wollte. Der hatte seine Seele verkauft, der war ein Tanzbär, den man am Nasenring führte, der war bloß noch die Unterschrift auf einem Blankoscheck, und die Nullen hinter der Eins schrieben andere darauf. Der war eine Fahne im Wind, die andere schwenkten, gelb wie Pisse und blau wie Gekotztes. Der war bloß noch ein Kleiderständer, an den die Schickeria ihre Designerklamotten hängt. Der war – Benno verhaspelte sich in seinen Vergleichen, fand nicht das richtige Bild und spuckte verärgert aus.

Doch, doch, ein Künstler gehörte nicht mehr sich selbst. Das war ihm damals klar geworden, als Hansen, der Galerist, ihm den Knebelvertrag anbot. Wie lange war das her? Ganz jung war er gewesen, gerade von der Akademie herunter, die er meistens geschwänzt hatte, weil dort viel gequatscht und wenig gearbeitet wurde, weil dort mehr schwarzer Kaffe in die Kehle floss als Farbe auf die Leinwand, weil man die Zeit mit Diskussionen verplemperte und nicht weiterkam. Naiv war er gewesen, Flausen im Kopf und kein bisschen Erfahrung. Null Ahnung von den Gesetzen des Marktes, von den Börsentricks der Kunstspekulanten, von den Tischsitten im Haifischbecken. Aber er hatte kapiert, er hatte schnell kapiert.

Damals malte er noch, das galt ja noch als erlaubt, schien immer noch Zukunft zu haben. Er glaubte noch an den Impuls seiner Hand, an das Vibrieren des Stiftes auf dem Papier, an das Lodern der Pinselschrift; er ließ sich noch tragen von dem inneren Erregungsstrom, der ihn fortriss und zum Tanz der Farben auf der Leinwand wurde, und sah in hellwacher Trance zu, wie das Rot brodelte und schäumte, wie es flockig ausfranste und sprühend zerstäubte, wie es nach dem Blau schrie und mit magischer Gewalt in entfernten Partien seinen eigenen Widerschein herbeizwang, wie das Schwarz vulkanisch aufbrach, sich eingrub in den Aufruhr der Fläche und zu einer fremdartigen Zeichenschrift verkrustete, wie Gestalten schattenhaft auftauchten aus dem Meer der Farbformen, sich verflüchtigten und neu gruppierten, bis irgendwann das innere Pulsieren sich erschöpfte, und er, halb ermattet und halb gesättigt, auf etwas schwebend Gefügtes blickte, von dem er nicht hätte sagen können, ob das nun er selbst war, gesehen mit der Hellsicht des rauschhaften Traumes, oder so etwas wie eine Vision der Welt von höchster Intensität und Klarheit.

Ja, damals hatte er noch gemalt. Benno schloss die Augen, öffnete sie wieder und schüttelte sich unwillkürlich. Damals hatte er noch nicht begriffen – ach, was heißt schon begriffen! Er hatte sich noch nicht einreden lassen, er hatte sich selbst noch nicht eingeredet, dass das alles passé war, ausgeblutete Tradition, der Schnee von gestern. Dass das Subjekt nichts mehr gilt, das Subjekt als Schnittpunkt von Makrokosmos und Mikrokosmos, als Spiegel der Welt, als Fenster ins All, als Nabel des Universums. Dass alles vernetzt ist im Zufallsgenerator der Virtualität, dass nichts Bedeutung hat, sondern nur einen Stellenwert. Dass nichts einen Sinn hat, sondern alles nur Zeichen ist in einem System von Zeichen, die auf nichts verweisen als auf sich selbst und auf andere Zeichen, die auf sich selbst und auf andere Zeichen verweisen. Dass die Gestalt eine Chimäre ist und real bloß die albernen Teilchen eines Puzzlespiels sind, aus dem nie ein Ganzes wird. Dass das Bild darum ausgedient hatte, ein für allemal. Die Form hatte ausgedient, und der Ausdruck hatte ausgedient. Alles bloß die Ästhetik des bürgerlich-individualistischen Zeitalters von der Renaissance bis 1913. Darauf kam es längst nicht mehr an. Duchamp hatte damit aufgeräumt, aber es hatte noch mehr als ein halbes Jahrhundert gedauert, bis es alle gemerkt haben. Es kam nur noch darauf an, Zeichen zu setzen, einen Anstoß zu geben, Räume zu akzentuieren, Situationen zu verfremden. Und das innovativ. Der Künstler wirkte nicht mehr mit seiner Person, mit der Sensibilität seines ganz eigenen Blicks auf die Welt; er war ein Durchlauferhitzer für den Zeitgeist. Technisch denken, industriell arbeiten und vor allem ein professionelles Marketing, darauf kam es jetzt an. Nicht originell sein als Ausdruck einer gesteigerten Subjektivität, sondern innovativ wie das neue Automodell, das mit rasantem Design und pfiffiger Werbestrategie den Markt umkrempelt. Der Pinsel war nur noch etwas für die Kitsch-Aquarellisten der Weihnachtsmärkte und für die Seniorengruppe der Volkshochschule. Wer mit der Zeit ging, hatte seine Videokamera, arbeitete mit Neonröhren, bastelte Installationen.

Installationen! Benno lachte auf. Als ob wir Gedankenklempner wären! Und das alles hatte er mitgemacht. Wie ein Esel war er mitgetrottet auf der Heerstraße der geblendeten Blender, die sich alle für innovativ hielten. Bloß weil sie als erste ein Auto aus Filz gebaut, als erste eine Reihe von weißgestrichenen Klappstühlen wie wartende Fahrgäste auf einen Bahnhofsperron gestellt, als erste lebende Säue auf die documenta getrieben hatten. Innovativ! Und keiner hatte bemerkt, dass dann, wenn es bloß noch auf die Idee ankam und sonst auf gar nichts, vor allem nicht auf Gestaltung – dass dann die erste Neonröhre in der Kunst auch die letzte hätte sein müssen, nur einmal zu gebrauchen wie die Tröpfelkanne des Jackson Pollock, die ja auch nur darum als bahnbrechend imponierte, weil niemandem aufgefallen war, dass sie bei Max Ernst ausgeliehen war. Schließlich genügte sogar ein bestimmtes Blau – das Pigment war schon die Kunst. Oder das vergossene Blut von Schlachtvieh.

„Quatsch!" sagte Benno. So laut stieß er es hervor, dass Marcel aus seinem Brüten aufschreckte. Er drehte den Kopf zu Benno, hielt ihn schief wie immer, wenn er nicht aussprechen wollte, was er dachte, und sagte mit einem amüsierten Grinsen: „Na, zufrieden?" Gottverdammtes Arschloch, dachte Benno. Warum war dieser Idiot nicht längst gegangen wie die anderen, samt seiner dösenden Gabi, deren braves Schafsgesicht nicht ahnen ließ, wie zielstrebig sie ihn managte, wie buchhalterisch solide sie ihm den Bürokram erledigte, wie einschmeichelnd charmant sie ihm die gesellschaftlichen Kontakte knüpfte. Immerhin, er hatte den Mund gehalten in dieser Nacht, und das wollte etwas heißen bei diesem redeflinken Halbtheologen, der sich nie hatte entscheiden mögen, ob er als Kunsttheoretiker gelten wollte oder als Künstler. Er hatte nicht dauernd von der Kunst als Faktor gefaselt, von ihrer sozialen Vernetzung, von ihrer gleichberechtigten Einbindung in das magische Dreieck aus Politik, Wirtschaft und Kultur, von ihrer grenzüberschreitenden Wegweiserfunktion in regionalpolitischer und transzendental-spiritueller Hinsicht, hatte nicht genüsslich im erweiterten Kunstbegriff gesurft, nicht unentwegt seinen Schutzheiligen Sankt Beuys angerufen, nicht zwischen der sozialen Plastik und der Katakombensymbolik des Frühchristentums seine schwindelerregenden Assoziationsbrücken errichtet.

„Ach, leck mich!“ fauchte Benno. Marcel zuckte mit den Schultern, feixte nun unverhohlen spöttisch und fingerte nach seinen Zigaretten. Benno hörte das Klicken des Feuerzeugs und versank wieder in seiner Erinnerung. Ja, er hatte rasch kapiert damals. Hansen hatte Bennos Mappe ziemlich flink durchblättert, aber seine Pokermiene des abgebrühten Kenners konnte nicht verbergen, dass er beeindruckt war, auch wenn er nur gelegentlich, Benno durch seine randlose Brille mit einem flüchtigen Blick kritisch musternd. ein anerkennendes „Hm“ gebrummelt oder ein beiläufiges „Nicht schlecht“ gemurmelt hatte. Draußen vor dem Fenster auf der Spiegelglätte des Lago Maggiore wirbelten Goldfünkchen, und vor dem Dämmerblau der steilen Berghänge wehte das Licht wie ein hauchdünner Vorhang aus schimmernder Seide.

Ein paar Augenblicke lang war es Benno fast schwindlig geworden vor kühnen Ehrgeizträumen. Hansen, das sah man, kalkulierte scharf und schnell. „Ich bin bereit, auf Sie zu setzen, junger Mann“, hatte er gesagt und sich dabei noch einmal über die Mappe gebeugt, erneut blätternd, hie und da ein wenig mit dem Blick verweilend – war es das Selbstbildnis mit Strickmütze, war es das Mädchen mit rotem Schal, für das Ute schon nicht mehr hatte Modell stehen müssen, weil er sie in- und auswendig kannte? Benno konnte es nicht sehen, versuchte aber, sich auszumalen, welches der Bilder Hansens Aufmerksamkeit fesselte. Doch der sprach schon weiter: „Sie wissen, was das heißt. Ich muss erst mal eine Menge investieren, Katalog und was sonst dazugehört, das ist keine Kleinigkeit. Wenn es gelingt, sind Sie ein gemachter Mann. Aber bis dahin müssen wir Geduld haben – müssen Sie Geduld haben", verbesserte er sich. „Das große Geld ist für Sie noch nicht drin. Das kommt später. Schließlich trage ich das Risiko, wenn ich mich auf Sie einlasse. Vorläufig sind Sie ja noch überhaupt nichts, bloß ein hübsches Versprechen, ich muss erst etwas aus Ihnen machen. Aber nächstes Jahr sind wir in Frankfurt in der Deutschen Bank. In drei Jahren Paris. In fünf Jahren New York."

New York! Benno glaubte auch jetzt wieder die Blutwelle zu spüren, die ihm damals in den Kopf geschossen war. Dieser Hansen kannte sich aus, er wusste, wie es gemacht wird, und Benno versuchte, sich vorzustellen, wie das läuft, was Hansen ihm zu verstehen gab: die Bilder anbieten und dann selber zurückkaufen, über Strohmänner natürlich und zu überhöhten Preisen, das bringt erst mal Verluste, aber es zahlt sich aus, wenn man durchhält. Denn die Preise gehen hoch, der Markt wird hellhörig, es spricht sich herum: da ist ein Neuer, der Zukunft hat, auf den man setzen muss. Die Sammler sind ja meistens blöde und leicht zu manipulieren, bornierte Industrielle oder Zahnärzte, die Kohle haben, aber keinen Kunstverstand, und darum immer nach dem schielen, was die anderen machen. Hält man denen eine neue Aktie unter die Nase, deren Kurswert noch niedrig ist, aber rapide klettert, dann wittern sie die Chance ihres Lebens: das kann ja in ein paar Jahren schon das Zehnfache wert sein, und man steht als gepriesener Kenner da. Hansen galt als ein Mann mit Riecher; wenn der einen neuen Künstler propagierte, tat das Wirkung. Er versetzte die Sammlerbörse in Hypnose. Und exzellente Kontakte zur Presse hatte er auch; er wusste, wie man die Leute bei Laune hält. Benno sah sich schon am Ziel seiner Wünsche. In fünf Jahren New York.

Und was verlangte Hansen dafür? Erst mal 30 bis 40 Leinwände. Das war praktisch alles, was noch im Atelier herumstand. Und dann Jahr für Jahr soundso viele Bilder. Benno würde sich anstrengen müssen, so viel überhaupt zu produzieren, und ihm blieb nichts. Gar nichts blieb ihm, alles kriegte der Hansen. Aber es ist eine Chance, vielleicht die große Chance überhaupt. Und was zahlt Hansen? Er nimmt die Bilder in Kommission. Wird was verkauft, kriegt Benno 500 Mäuse auf die Hand. 500 und keinen Pfennig mehr. Aber die Preise sollen doch steigen, 5000 für ein Bild, 6000, 8000 …? Hansen hatte ihn nur mitleidig angeschaut. „Sie scheinen zu vergessen, junger Mann, dass ich es bin, der in Sie investiert. Oder meinen Sie, ich hätte Lust, mich für ihre Karriere zu ruinieren? Aber Sie können es sich ja überlegen."

500 für ein Bild! 500 für ein Bild, das ein Teil von ihm war, an das er seine ganze Seele hingegeben hatte. 500, und die nicht jetzt, sondern irgendwann einmal. 500

auch dann noch, wenn der Hansen sich schon dumm und dämlich verdient am schlau eingekauften Benno. Und dem Hansen gehört alles, was Benno malt. Das Bild, das er in zwei Jahren malt, gehört jetzt schon dem Hansen. Und ihm, Benno, gehört nichts. Da konnte er sich ja gleich als Rudersklave auf einer Galeere anschmieden lassen.

Der Glanz auf dem Lago Maggiore war erloschen. Stumpf und grau lag das Wasser, von Goldfünkchen keine Spur. Die Bergwand stand nackt und drohend. Benno war aufgesprungen und hatte nach seiner Mappe gegriffen, hatte ein verbissenes „Nein, mit mir nicht!" hervorgeknurrt und war grußlos hinausgetreten in den Nachmittagsschatten der schmalen Gasse. Nein, nein, so hatte er sich das nachträglich zurechtphantasiert. Er hatte nicht mit herrischem Stolz dem Menschenhändler seine Verachtung gezeigt. Wie ein linkischer Schulbub hatte er herumgestammelt, wie dankbar er Herrn Hansen sei für das Interesse an seiner bescheidenen Kunst und wie sehr er das generöse Angebot zu schätzen wisse, ja, wirklich großzügig sei dieses Angebot, und es schmeichle ihm sehr, und ja, er müsse eben noch, und es sei halt doch so gut wie sein ganzes noch schmales Werk, und ob er überhaupt so viel malen könne, wie Hansen erwarte, und das sei eben doch, und er müsse erst mal, und das wolle doch gut überlegt sein, aber er werde ganz gewiss, ja sicher werde er auf das überaus freundliche Anerbieten zurückkommen. Und er hatte Hansen zum Abschied die Hand geschüttelt, die sich anfühlte wie erschlaffte Greisenfinger in einem eisernen Handschuh.

Aber immerhin, er hatte schließlich doch Nein gesagt. Er war nicht auf Hansens Angebot zurückgekommen. „Bist du noch zu retten?“ hatte sein Freund Robert daheim in München geraunzt, als er ihm die Geschichte erzählte. Robert kriegte sich überhaupt nicht wieder ein. „Du bist wohl total bescheuert!“ hatte er gezischt und sich an den Kopf gegriffen. „Bildest dir wohl ein, mit dem bisschen Talent, das du hast, kommt der Erfolg ganz von alleine, und du kannst den Leuten, die dir helfen wollen, in die Hand spucken. Und wovon lebst du, wenn kein Mensch deine Bilder kaufen will? Denkst du, du kannst, wenn es dicke kommt, zum Frühstück deine Ölfarben und Pinsel fressen und dich in deine verkleckstenLeinwände wickeln, damit du nicht frierst?“

Robert hatte einen Vertrag, wie Hansen ihn bot, schon in der Tasche, bei einem anderen Galeristen. Aber das hatte er Benno erst viel später gestanden; damals hatte Benno noch geglaubt, aus Roberts Zorn spreche der blanke Neid. Ein paar Jahre hatte Robert geschuftet und gedarbt, aber dann war der Erfolg tatsächlich gekommen, erst langsam und dann geradezu kometenhaft. Die Strategie war geschickt angelegt. Robert hatte seine Masche entwickelt, die zum Markenzeichen wurde eine besondere Art von minimalistischer Reduktion, die er „experimentelle Dekonstruktion" nannte: ein paar verwaschene schwarze Vertikalen und Horizontalen, mit breitem Pinsel als Strichgitter über einen Fond aus schmuddeligem Weißgrau gesetzt, und irgendwo, meist in der linken oberen Bildhälfte, ein einziger kräftiger Farbakzent, in Kreisgestalt oder nierenförmig, mal in glosendem Bordeauxrot, mal in kobaltdunklem Blau, mal in zitronenschrillem Gelb. Seine Bilder hingen in den Vorstandsetagen der Banken, in den Konferenzräumen der Großkonzerne und bald auch schon in einigen Museen; wer sich einen Robert Weißnich leistete, galt als betucht und obendrein als Connaisseur. Doch dann war es zu dem Eklat gekommen.

Die Öffentlichkeit hatte davon nie erfahren, weil Roberts Galerist den einzigen Journalisten, der Wind davon bekommen hatte, rechtzeitig und ausreichend großzügig bestach; Robert aber war daran zerbrochen. Er hatte plötzlich, weiß der Kuckuck warum, einen neuen Schub von Kreativität in sich verspürt und das als eine Verjüngung, als zweite Jugend empfunden. Er hatte seinem Gitterwerk einen Tritt versetzt, dass es zu tanzen begann; er hatte sein Weißgrau mit mehr Mut zur Farbe zusammengerührt, so dass es nicht mehr wie Schneematsch wirkte, sondern wie Raureif über einer Blumenwiese, und aus dem einsamen Farbfleck hatte er mehrere gemacht, die mit knospenhaften Ausblühungen schon fast wie eine Andeutung von Figuration wirkten. Frohgemut war er mit den neuen Bildern zu seinem Galeristen gegangen, stolz hatte er dort das erste auf die Staffelei gestellt. Aber schon nach einem flüchtigen Blick hatte sich das stoppelbärtige Gesicht des Galeristen hochrot verfärbt, die Zornesader war ihm geschwollen, und ehe Robert sich's versah, hatte der Galerist einen Spachtel in der Hand, und ratsch! war ein Streifen Malschicht herunter.

Und dann war das Donnerwetter losgebrochen. Was er, Robert, sich denn einbilde. Und ob er schon mal was von Vertrag gehört habe. Und ob er wisse, was das ist: ein Vertrag. Und dass man so was, verdammt noch mal, einzuhalten hat. Und ob der Herr Künstler vielleicht glaube, ein Galerist schinde sich für nichts und wieder nichts, bloß so zum Spaß an der Freud, und lasse sich mit kindischem Herumfuhrwerken des ungewaschenen Pinsels die Arbeit vieler Jahre kaputtmachen. Und ob der Herr Künstler schon einmal darüber nachgedacht hat, wie viel Schweiß es kostet, so ein Image aufzubauen, bis jeder den Künstler kennt und ihn sofort wiedererkennt

und genau weiß, was man an ihm hat und was er wert ist. Und für wen tut er das, der Galerist? Jawohl, für den Künstler, dieses undankbare Subjekt, für wen denn sonst. Für sich selber doch wohl dreimal nicht, denn er hat sowieso nichts als Ärger und Scherereien von der ganzen Plackerei. Und dann kommt so ein Künstler daher, tut so, als wäre überhaupt nichts ausgehandelt und abgemacht, will auf eigene Rechnung den Picasso spielen und wirft aus purer nichtsnutziger Laune alles über den Haufen. Aber mit ihm, dem Galeristen, kann man so etwas nicht machen. „Mit mir nicht!" brüllte der Galerist, und Robert riss schnell das Bild von der Staffelei und stellte sich schützend davor, denn der Galerist hatte schon wieder den Spachtel gezückt. Hat der Herr Künstler vielleicht vergessen, wer das Etikett „experimentelle Dekonstruktion" erfunden hat, hat er das? Dabei hat er zu bleiben, denn als das ist er nun mal eingeführt und etabliert auf dem Markt; er hat zu bleiben, wozu der Galerist ihn gemacht hat, und zwar sofort und auf der Stelle.

Robert hatte seine Bilder geschnappt und war hinausgestürmt. Bleich wie ein verschimmelter Käse war er noch, als er Benno den Vorfall erzählte, und seine Stimme zitterte. Drei Wochen danach war er mit dem Auto in die Schlucht gestürzt. Blockierte Bremsen, hatte der Gutachter konstatiert, nachdem er die Wrackteile untersucht hatte. Aber Benno wusste es besser, ihm machte man nichts vor. Es war Selbstmord. Bewusst oder nicht, das spielte keine Rolle. Robert konnte nicht mehr, Robert wollte nicht mehr. Robert hatte sich verkauft, und es war ihm klar geworden, dass es kein Zurück für ihn gab. Er saß in der Falle. Darum ist er in die Schlucht gestürzt.

Nein, ein Künstler gehörte nicht mehr sich selbst. Und hatte er, Benno, sich etwa nicht verkauft? Nein, damals noch nicht, nicht bei Hansen. Aber später.

Später, wann war das gewesen? Die Obstkiste knarrte, Marcel erhob sich mit einem Ruck, schüttelte die Arme, trat von einem Fuß auf den anderen und pumpte mit hörbarem Schnauben die Lungen voll. Dann beugte er sich über die schlafende Gabi, knuffte sie leicht in die Schulter und sagte halblaut: „Komm, Schatz, wir gehen heim." Er wartete, bis Gabi die Augenlider geöffnet und sich schlaftrunken ein wenig geräkelt hatte, dann sagte er laut: „Wir gehen, Benno. Kommst du mit? Du solltest jetzt vielleicht nicht allein bleiben."

„Danke für die Fürsorge", knurrte Benno zurück. „Du bist ja ausgesprochen gesprächig geworden. Aber mach dir keine Sorgen um mich, ich komme schon klar mit mir. Sag mir lieber, wer eigentlich die Butterweich, dieses Miststück, hergelockt hat."

Die Glut war fahler geworden, von den schwarzen

Adern jetzt rasterartig zerlegt zu glimmenden Partikeln. Benno ging ein paar Schritte zur Seite, holte den Wasserkanister, öffnete den Schraubdeckel und goss den gesamten Inhalt bis zum letzten Tropfen in den spärlichen Überrest des Feuers, das vor ein paar Stunden so gewaltig gelodert hatte wie ein Strohbrand. Die Schlacke zischte unter dem Strahl, und Rauch quoll empor. „Ich gehe auch", sagte Benno. „Und zwar allein. Aber eine Antwort auf meine Frage kannst du mir ruhig geben."

Warum nur hatte er vorhin „vielleicht" gesagt? Das war wie von selbst aus ihm herausgesprungen, so überraschend, dass er sich umgeschaut hatte, wem das als Antwort wohl gelten könnte. Aber Marcel war ja schon seit Stunden stumm gewesen wie ein Fisch, ganz gegen seine Gewohnheit, Gabi pennte, und die anderen waren schon weg. Irgendwas rumorte da in ihm, irgendwas arbeitete sich ab in ihm, brütete über Möglichkeiten. Vergangenen? Zukünftigen? Was wusste er schon von sich selbst, immer noch! Jedenfalls war es nicht bloß die Frage, wer die Butterweich geholte hatte, so viel war klar.

„Denk doch selber mal nach!" ließ sich jetzt Marcel vernehmen. Er trat ein paar Schritte näher heran, und seine Stimme hatte wieder den wohlvertrauten federnden Ton von herausforderndem Spott. „Dass ich es war, wirst du hoffentlich nicht annehmen. Obwohl du wahrscheinlich denkst, dass mir das verdammt ähnlich sähe. Stimmt's?"

„Bild dir bloß nicht zu viel ein", gab Benno zurück. „Dass du ein toller Hecht bist, hab ich noch nie bestritten. Aber muss ich dir unbedingt alles zutrauen? Also raus mit der Sprache! Der Professor?"

Marcel kniff die Augen zusammen und spitzte spöttisch den Mund. „Bist ja ein Naturtalent im Spurensichern", sagte er. In der ironischen Bewunderung war Marcel einfach unschlagbar. „Kannst ja, wenn du das Künstlertum jetzt an den Nagel hängst, bei der Kriminalpolizei anheuern als Sonderkommissar für schwierige Fälle. Wer denn sonst? Du weißt doch, der Kerl schreibt an einem neuen Buch, ‚Der Verrat an der Moderne' oder so ähnlich, und ist geil auf Material. Für den ist der Fall Benno Hochkepp ein gefundenes Fressen. Aber natürlich nicht nur der Fall selber, sondern mehr noch die Diskussionen, die das gibt. Die Diskussionen! Stell dir bloß mal vor, wie unser Wiesenfeld da in Fahrt kommt. Da kann er mindestens ein Dutzend mal seine Lieblingswörter ‚Gemengelage' und ‚Akzeptanzkrise' anbringen, er kann nach Herzenslust in den ‚postmaterialistischen Verwerfungsspalten' herumkriechen, er kann die intertextuellen Signifikantenverschiebungen neostrukturalistisch dechiffrieren und die progressive Dekonstruktion der kollektiven Mentalitätsretardierung exemplarisch fokussieren. Und wer kriegt so ein Diskussionsfieber, das wochenlang durch die Feuilletonspalten tobt, besser hin als die Butterweich? Also gibt der Professor ihr einen diskreten Wink, sich in einer bestimmten Nacht an einem bestimmten Ort in den Isarauen einzufinden, wo sich ganz speziell für sie was Hochbrisantes und, hahaha, Brandaktuelles zusammenbraue. Aber wenn du ihn danach fragst, wird er es natürlich abstreiten."

Der Professor also! Komisch, dass Heribert Wiesenfeld von allen bloß „der Professor" genannt wurde. Jedenfalls von denen, die sich für seine Freunde hielten. Er lehrte Kunstgeschichte irgendwo im Rheinland an einer Kunstakademie, reiste eifrig von Rednerpult zu Rednerpult, beglückte hin und wieder das Feuilleton einer um Weltniveau ringenden Zeitung mit einer seiner rhetorisch brillanten „Interventionen" zu aktuellen kunstpolitischen Streitfragen und brachte alle zwei Jahre ein Buch heraus, meist eine Sammlung von Essays, deren Hauptbotschaft stets die war, dass er, Wiesenfeld, sein Metier verstand, aber kein Fachidiot war, sondern ein Zeitgenosse von übermorgen, der auf die Gegenwart schon jetzt den Überschaublick des Historikers zu werfen weiß und seinen phänomenalen Sachverstand mit wohlwollendem Zynismus zu durchsäuern und mit schwindelerregender

Formulierungsakrobatik als intellektuelles Naschwerk zu servieren versteht. Als Vortragsredner imponierte er mit seiner hochgewachsenen Erscheinung, dem hageren Prophetenantlitz und der dunklen Lockenpracht, über deren natürliche oder artifizielle Herkunft umso genüßlicher spekuliert wurde, als zu Wiesenfelds Lieblingsideen die These gehörte, dass es so etwas wie Natur eigentlich gar nicht gebe, zumindest keine natürliche Natur, weil der Mensch sich stets in einer Natur vorfinde, die von ihm umgemodelt und kulturell überformt, als Gesamterscheinung also letztlich von ihm selbst hervorgebracht sei.

Der Professor also! Den einzuladen, war ja nun wirklich nicht zu umgehen gewesen, auch wenn es Zufall war, dass Wiesenfeld gerade jetzt mal wieder im Lande war und ihm, Benno, auch noch im Hofgarten über den Weg lief. Er hatte, wie er es regelmäßig tat, seine uralte Mutter besucht, die irgendwo im Niederbayerischen lebte und offenbar die einzige Frau war, die im Leben dieses umtriebigen Mannes jemals eine mehr als episodische Rolle gespielt hatte, und wie immer hatte er bei dieser Gelegenheit in München Station gemacht, um sich in der Kunstszene umzusehen und sich auf dem Laufenden zu halten. Er kam gerade aus der Max-Ernst-Retrospektive, und sein Theoriekessel stand mächtig unter Dampfdruck.

„Dieser Max Ernst!“ hatte er angefangen. „Dieser Max Ernst ist *der* Künstler unseres Jahrhunderts. Die paradigmatische Gestalt schlechthin! Das Zentralgestirn am Zukunftshimmel. Ja, natürlich Picasso. Urgestein von allererstem Kaliber. Aber ein Findlingsblock, der am Weg liegt, und man geht daran vorbei. Der liegt bloß da, aber er weist nirgends hin. Und Duchamp! Die eine große Geste der Verweigerung, Pissbecken ins Museum und Schluss mit dem Ganzen. Wie ein Steinwurf aus dem Glashaus und dann Abgang von der Bühne. Rückzug ans Schachbrett, die Leute reden lassen und kein Wort mehr. Großartig! Aber dagegen Max Ernst! Pausenlos in Bewegung, nirgendwo Ruhepunkt, immerzu ab ins Neue. Hockt noch bei den rheinischen Expressionisten und hat schon längst den Surrealismus erfunden, bevor dem André Breton auch nur das Wort eingefallen ist. Schabt auf Bretterböden an seinen Frottagen rum und hat den Kopf schon in der Virtualität. Gräbt seine Stollen in die deutsche Romantik und ist dabei ein Postmoderner reinsten Wassers, bevor der Begriff kreiert ist und die meisten auch nur kapiert haben, was Moderne ist. Und hör mal zu: ‚Der Maler, der sich selbst findet, ist verloren. Ich hatte das Glück, mich zeitlebens nie zu finden.‘ So ähnlich jedenfalls, ich hab’s nicht ganz wörtlich parat. Ist das nicht genau das, worauf es ankommt in der Kunst, in der

Kunst heute, meine ich? Nirgendwo festkleben, immer unterwegs und nicht lange gefragt, wohin die Reise geht. Wir stehen alle auf den Schultern von diesem Max Ernst und sehen noch lange nicht so weit wie er. Er ist unser Moses; er hat das gelobte Land gar nicht mehr betreten können, in das wir jetzt hineintappen aber geschaut hat er es klarer als jeder, der seinen Fuß wirklich hineinsetzt."

Ja, so war er, der Professor. Wenn er schrieb, dann wucherten seine weitgespannten Perioden mit kunstvollen Verästelungen über halbe Buchseiten hinweg, aber wenn er im Gespräch spontan drauflos schwadronierte, dann waren seine Sätze wie Frühgeburten, die erst noch in den Brutkasten müßten. Benno hatte ihn einfach reden lassen, denn er wusste, wie zwecklos es war, ihn unterbrechen zu wollen. Aber dann hatte Wiesenfeld plötzlich das Thema gewechselt. „Warst du schon in den Galerie Zeittakt?" Benno musste ihn mit der blöden Verdutztheit eines total Ahnungslosen angeschaut haben, denn der Professor fuhr fort: „Kennst du gar nicht? Mach Witze! Musst du unbedingt hin. Holsteinstraße 17." Und er fing an, von der Videokünstlerin zu erzählen, die dort ausstellte, eine echte Neuentdeckung. Rosalinde Wickel hieß sie, behauptete, noch bei Beuys studiert zu haben, doch dafür war sie eigentlich zu jung. Aber ein Talent und was für eines! Das hatte auch Peter Deckstein in der heutigen

„Morgenpost“ klar erkannt, auch wenn er mal wieder das Wesentliche überhaupt nicht begriffen hatte. „Stell dir also vor“, hatte der Professor gesagt, „die Wickel nimmt eine Frau auf. Keine besondere Schönheit, irgendeine halt, ein Dutzendgesicht. ein Mensch wie du und ich, gewissermaßen der Mensch an sich in seiner weiblichen Erscheinungsform. En face, immer en face. Bloß das Gesicht. Eine einzige Einstellung. Die Frau blickt immer geradeaus, die Kamera rührt sich nicht von der Stelle. Und das über Stunden weg. Wahrscheinlich schon irgendwie mit Pausen, was weiß ich. Aber jedenfalls über Stunden. Da passiert natürlich wenig, und da soll auch gar nichts passieren. Eine meditative Situation, die Ewigkeit des Augenblicks. Die Existenz pur. Ab und zu mal ein Blinzeln, das ist unvermeidlich. Und vielleicht mal ein winziges Zucken der Mundwinkel, kaum merklich. Und jetzt kommt der Clou. Die Kamera ist an einen Zufallsgenerator angeschlossen, und der bestimmt, wann aufgenommen wird und wann nicht. Alles natürlich in ganz kleinen Zeiteinheiten. Sagen wir elf Zehntelsekunden Aufnahme und dann dreieinhalb Sekunden Pause. Undsoweiter in einem völlig unvorhersehbaren Rhythmus. Und beim Abspielen das Gleiche, wieder ein Zufallsgenerator, der das Aufgenommene durch einen kleinteiligen Zeitraster mit völlig unregelmäßiger Struktur siebt.

Natürlich ist das praktisch nicht wahrnehmbar, wenn du den Video ansiehst, dazu ist unser Auge viel zu langsam, und die absolut minimalen Rhythmusstörungen, die man manchmal zu bemerken glaubt, könnten genauso gut ein banaler technischer Defekt sein. Aber wir wissen es: wir sehen ein Kontinuum, das gar keines ist. Die Frau blickt immerzu geradeaus, weiß der Kuckuck, wohin sie blickt, und ab und zu blinzelt sie. Das ist alles. Aber wir wissen, dass das bloßer Schein ist, eine abgefeimte Täuschung. In Wirklichkeit sind lauter Löcher in diesem ruhenden Bild, wie im Schweizer Käse, nur sehr viel kleiner, so dass wir sie nicht wahrnehmen können. Das ist das, was die Inder den Schleier der Maja nennen. Oder denk mal an den Ritt über den Bodensee. Die perfekte visualisierte Chaostheorie! Unter dem Schein von fabelhaft stabiler Ordnung brodelt das Unberechenbare, die reine Willkür. Und nur darum kann die Ordnung überhaupt funktionieren. Die Mystik der modernen Physik: es ist alles nur eine wellenförmige Wahrscheinlichkeitsstruktur. Der Abgrund der Kontingenz unter dem Spiegelparkett der spätkapitalistischen Gemütlichkeit. Diese Frau muss man sich gut merken. In spätestens vier Jahren macht die den deutschen Pavillon auf der Biennale in Venedig."

Wiesenfeld hatte eine Pause gemacht, und Benno hatte sie nutzen wollen, um sich zu verabschieden. Er hatte kaum ein Zehntel von dem begeisterten Redeschwall verstanden und im Augenblick ganz andere Sorgen im Kopf als die Wichtigtuereien einer Videogöre, die in das Karussell einstieg, von dem er gerade abspringen wollte. Aber er war nicht schnell genug gewesen; schon hatte der Professor ihn am Revers gepackt – ein gewohnheitsmäßiger Übergriff, der ihm nicht auszutreiben war – und die Frage gestellt, der Benno unbedingt hatte ausweichen wollen, die Frage nämlich, was er denn jetzt selber so gerade mache, künstlerisch natürlich, denn in seine Privatangelegenheiten und vor allem in seine Frauengeschichten wolle er, Wiesenfeld, sich in keinster Weise einmischen. Benno hatte ein wenig herumgedruckst, und komischerweise hatte der Professor dazu ständig „ach ja" und „weiter so" gebrummelt, obwohl ja noch gar nichts Substanzielles gesagt war. Aber dann war es ihm eben doch herausgerutscht: dass er in einer Krise sei, dass alles ihn ankotze, dass er aussteigen wolle und erst mal ein kleines Feuerchen vorhabe, um dann zu gucken, ob vielleicht ein Phönix aus der Asche steige.

Und da war die Reaktion des Professors erst richtig sonderbar gewesen. Er hatte überhaupt nicht protestiert. Er hatte nicht den kleinsten Versuch gemacht, ihm sein Vorhaben auszureden, hatte nicht an Bennos Erfolge erinnert, die Mut machen müssten zu größeren Erfolgen, hatte auch nicht gesagt, dass Benno doch bisher immer noch den Nervenstrang der Zeit getroffen habe und ihn auch künftig treffen werde – Wiesenfeld hatte den Tick, immer „Nervenstrang“ statt „Nerv“ zu sagen, weil er sich einbildete, damit ein Klischee zu vermeiden. Er hatte auch nicht den Entrüsteten gespielt und vor dem Verrat an der Moderne gewarnt, und dass Wiesenfeld an einem Buch über den Verrat an der Moderne arbeitete, wusste natürlich auch Benno. Sondern er hatte nur bedenklich den Kopf geschüttelt und mit der leisen Insistenz, die ihm eigen sein konnte, lauter unverfänglich scheinende Fragen gestellt, die Benno dazu verführten, immer mehr auszuplaudern.

Das hätte Benno eigentlich stutzig machen müssen; ganz offensichtlich war er für Wiesenfeld im Augenblick nicht der langjährige Freund, nicht einmal der gönnerhaft protegierte Künstler mit großer Zukunft, sondern bloß der Materiallieferant für ehrgeizige Buchpläne. Aber Wiesenfeld gegenüber war Benno die eigentümliche Befangenheit des dankbaren Protégés noch immer nicht ganz losgeworden, und darum übersah er allzu leicht die eindeutigen Signale des kunstwissenschaftlichen und schriftstellerischen Egoismus. Und immerhin verdankte er dem Professor viel; er war ihm echt verpflichtet. Wiesenfeld hatte ein paar Mal über ihn geschrieben und konnte in gewisser Weise als sein Entdecker gelten; zumindest hatte er als erster bemerkt, dass in ihm, dem Benno Hochkepp, wirklich etwas steckte, damals, als er die Malerei über Bord geworfen hatte, sich frech und orientierungslos in die Bodenlosigkeit der Konzeptualität vorwagte und staunend begriff, dass man das Installationshandwerk gar nicht erst zu lernen brauchte. Und glorios hatte Wiesenfeld ihn herausgehauen, als Benno seinen Skandalauftritt hatte, der den ersten Durchbruch brachte, aber leicht auch das absolute Ende hätte sein können.

Das war im Kunstverein gewesen. Bei der Eröffnung einer Ausstellung, die noch nicht mal die seine gewesen ist, war Benno plötzlich nach vorne gestürmt, hatte sich im Nu sämtliche Kleider vom Leib gerissen und mit einem ekstatischen Blick zur Saaldecke geschrieen: „Seht her, Leute, das ist die Kunst!“ Einen Augenblick war es absolut still gewesen, denn niemand hatte mit diesem Akt der Überrumpelung gerechnet. Aber dann war der Tumult losgebrochen. Eine ältere Dame mit hochtoupierter Frisur und elegantem Schneiderkostüm war auf ihn zugeschossen und hatte ihm eine saftige Watschen verpasst, dabei aber mit auffallendem Interesse an seinem blanken Künstlerleib hinuntergeschaut. Und schon hatten starke Männerarme ihn gepackt und abgedrängt

in eine fensterlose Nebenkammer; irgendjemand rief nach der Polizei, die natürlich nicht kam. Und er hatte sich zusammengekrümmt in der Kammer, in die man ihm die Klamotten nachgeschmissen hatte, und sich in Grund und Boden geschämt, wie seit dem ersten Jahr Volksschule nicht mehr, als er zum letzten Mal in die Hose gepinkelt hatte.

Ein lachhafter Auftritt war das gewesen, hirnrissig und total daneben. Die Zeit für solche Entblößungsattacken war längst vorbei; man hatte sich sattgesehen an Künstlerärschen und Künstlerschwänzen. Der „Störfall Kunst" war zwar weiterhin erwünschte Kulturwürze, aber er hatte gefälligst etwas gepflegter aufzutreten: Störung ja, aber bitte so, dass es nicht stört! Welcher Teufel hatte Benno bloß geritten? Für ein paar Ausgeflippte war er natürlich der Held des Tages, aber ansonsten war er das Gespött der Stadt, soweit sie von solchen Kindereien überhaupt Notiz nahm, und überall, wo Benno auftauchte, gab es verlegenes Getuschel und hämisches Feixen.

Deckstein hatte in der „Morgenpost" von des Kaisers neuen Kleidern gefaselt, zitatenreich gewunden und vielsagend schillernd, so dass man es je nach Laune und Geschmack als herablassende Abkanzelung Bennos oder als halbherzige Verteidigung lesen konnte – jene aufgeschlossene Borniertheit eben, mit der Deckstein sich eine treue Leserschaft und den Ruf eines außergewöhnlichen Kenners erworben hatte. Der Stuhl des Kunstvereinsdirektors Hellmut Kohlfried aber hatte bedenklich gewackelt. Kohlfried war im Kultusministerium ohnehin verhasst, denn dort hatte man nicht mitbekommen, dass nicht er, sondern sein Vorgänger es gewesen war, der seinerzeit unter dem Schlachtruf „Die Phantasie an die Macht!" Kunstakademiestudenten in den Vereinsräumen hatte revoluzzern lassen; man hatte darum beschlossen, den Auftritt Bennos für ein abgekartetes Spiel zu halten, hinter dem natürlich die Direktion steckte, und den gezielten Affront gegen die Hüter der öffentlichen Ordnung zum Anlass genommen, die staatlichen Zuschüsse für den Kunstverein zu streichen. Dass ein Kunstvereinsdirektor, der mutwillig oder fahrlässig die unersetzlichen Staatszuschüsse verscherzt hat, seinen Posten verliert, war Kohlfried natürlich klar gewesen; die Forderung nach einer außerordentlichen Mitgliederversammlung war sofort lautgeworden. Nur mit Mühe und Not hatte Kohlfried alles noch abbiegen können, indem er nach Canossa ging, dem zuständigen Ministerialrat persönlich seine Aufwartung machte, das Original des Artikels vorwies, mit dem er damals selbst die anarchistische Verantwortungslosigkeit seines Vorgängers gegeißelt hatte, und unter Aufbietung seiner letzten Glaubwürdigkeitsreserven beteuerte, dass er gegen den Ärgerniserreger unverzüglich Strafanzeige wegen Hausfriedensbruchs erstatten werde.

Aber dann war, unerwartet, in der „Süddeutschen Zeitung“ der Artikel von Heribert Wiesenfeld erschienen, ein Wort zum Sonntag von kämpferischer Sanftmut, geschrieben von einem Friedensapostel mit dem Flammenschwert des Erzengels. Unvergesslich war Benno der dankglühende Enthusiasmus, mit dem er dieses Meisterstück einer irenischen Streitkultur verschlungen und wieder verschlungen hatte; eine Zeitlang hätte er es nahezu auswendig hersagen können, aber nach und nach waren ihm die elegant zugeschliffenen Formulierungen entglitten, und zurückgeblieben war nur ein verschwommener Allgemeineindruck von rhetorischer Bravour und polemischer Samtpfötigkeit und hie und da die Erinnerung an vereinzelte Gedankenfetzen.

Von der franziskanischen Demut, die aus Bennos Entkleidungsgeste spreche, hatte der Professor geschrieben, der damals noch gar kein Professor war; er hatte sich nicht gescheut, ihn, Benno, an die Seite des Poverello zu rücken, des Kaufmannssohnes aus Assisi, der alle Brücken abbricht, den ganzen ererbten Reichtum hinter sich lässt, sein modisches Gewand samt dem feinen Unterzeug aus orientalischer Seide dem zornroten Vater vor die Füße wirft, um nackt und bloß die Brüderlichkeit mit der Kreatur zu suchen und sich schutzlos von der Gnade Gottes auffangen zu lassen. Nein, Gnade Gottes hatte Wiesenfeld sicher nicht geschrieben, schon damals nicht; das war eher eine Wendung, die der Jesuitenzögling Marcel gebrauchen würde, der beuysianische Wolf im Christenpelz; mit ironischen Anführungszeichen würde er es natürlich sagen, die er mit einer winzigen Pause hörbar machte, und nicht ohne den Zusatz, dass das eben eine Metapher sei und dass wir das Unvorstellbare nicht anders als in solchen Bildern denken können. Wiesenfeld hatte wohl eher „Abgrund der Transzendenz" geschrieben. Oder etwas Ähnliches. Aber immerhin Franziskus!

Franziskanische Demut! Das war etwas im damals noch recht klerikalen München. Und natürlich haben einige ihm das übelgenommen, bitter übel. Aber ihm, Benno, hat es geholfen. Dass der nackte Benno der Inbegriff des modernen Menschen sei, den keine Tradition mehr hält und fesselt und der ungesichert ins Offene schreitet, das hatte Wiesenfeld auch noch geschrieben. Und dass man in ihm nicht nur die Ausgesetztheit des Künstlers vor Augen habe, den alle begaffen und kaum einer begreift, sondern auch das Schicksal der Kunst selber, die ungeschützt und grenzenlos verwundbar durch die Eiseskälte der enthumanisierten Gesellschaft wandert und ihre Kostbarkeit in der Jammergestalt des nackten Bettlers verbirgt. „Ecce homo, ecce ars!" – so hatte der Artikel geendet.

Und von da an war es aufwärts gegangen mit Benno. Journalisten wollten ihn interviewen, das lehnte er ab, weil er keine Ahnung hatte, was er denen erzählen sollte; er tat hochmütig, aber in Wirklichkeit hatte er ganz einfach Angst. Aber auch erste Kontakte zu Galerien bahnten sich an; man erkundigte sich nach seinen Plänen, bot Ausstellungsbeteiligungen an, lud ein zu Gastvorträgen, und ein junger Volkshochschuldirektor aus der Provinz fragte an, ob Benno sich mit Kreativitätstraining auskenne und darüber einen Kurs halten könne, einmal wöchentlich zwei Stunden.

Benno war damals zu Wiesenfeld gegangen, um sich zu bedanken, mit einem Blumenstrauß sogar, was eigentlich ziemlich lächerlich war bei einem Mann, auch noch Lilien, ausgerechnet Lilien. Und unterwegs in der Tram, den lächerlichen Lilienstrauß quer über den Knien, hatte er sich ausgemalt, was für ein ungeheures Risiko der aufstrebende Kunstwissenschaftler da einging, indem er für die Hanswurstiaden eines übergeschnappten Künstlers eintrat, welches Opfer er ihm gebracht hatte, ihm, Benno, dem verkrachten Maler, dessen Leinwände im Atelier verstaubten und der als der Aktionist und Installations-künstler, der er werden wollte, noch gar nichts vorzuweisen hatte. Und so befreundet waren sie ja schließlich auch nicht; sie kannten sich schon länger, trafen sich gelegentlich und hatten sich bei einer Vernissage nach dem fünften Glas Sekt das Du angeboten. Und jeder wusste, dass Wiesenfeld nach einer Professur gierte, aber noch keine hatte, und damit konnte es nun erst einmal gründlich vorbei sein.

Als er vor Wiesenfeld stand, hatte Benno also nicht nur etwas von Dank und Verpflichtung gemurmelt, von „unvergesslich“ und „hochherzig“ – ja, das Wort „hochherzig“, das er sonst nie benützte, war ihm ganz von selbst auf die Zunge gekommen –, sondern auch von Opfer, dessen er sich würdig erweisen wolle. Aber Wiesenfeld hatte schallend gelacht, ihn in einen seiner Ledersessel genötigt und ihm ein Glas Whisky in die Hand gedrückt. „Du kannst dir doch wohl denken“, hatte er gesagt, „dass ich mich in der Hochschulszene ein bisschen umgeguckt habe und meine Chancen besser kenne als du. Klar, bei den Unis bin ich erst mal abgemeldet und erledigt, wahrscheinlich sogar endgültig. Die erwarten Seriosität der striktesten Art und lupenreine Gelehrtensteifheit. Da musst du hoch über den Niederungen der Gegenwart schweben; am besten, du bringst das Wort ‚Pop-Art‘ gar nicht über die Lippen, hältst ‚Fluxus' für einen Begriff der Inneren Medizin und denkst bei ‚Installation' an eine defekte Badewanne, die repariert werden muss." Wiesenfeld lachte auf. „Nein, ich meine nicht die von Beuys, sondern eine ganz gewöhnliche Wanne, ohne künstlerischen Überbau für die Putzfrau im Museum. Aber bei den Unis brauche ich mir sowieso keine Hoffnungen zu machen. Da sitzen jetzt überall jüngere Leute, die noch nicht lange im Amt sind und nicht so bald Lust verspüren werden, sich zu verändern. Und zu warten, bis ich fünfzig bin, habe ich nicht die Geduld. Aber an zwei Kunstakademien ist nächstes Jahr ein Lehrstuhl zu besetzen, und da weht ein ganz anderer Wind. Die Kunststudenten wollen kein Gelehrtengepäck auf den Buckel, die brauchen eher mal frischen Durchputz im Gehirn. Für die ist die Kunstgeschichte kein wissenschaftliches Exerzieren, sondern eine andere Art Vorschule für die Selbstverwirklichung: mal schnuppern an der Tradition, damit man sie besser abschütteln kann. Darum will man dort auch ganz andere Lehrer, nicht die braven Kärrner, die die Sekundärliteratur zu Dürers Vier Aposteln rückwärts aufsagen können, sondern kreative Leute, die etwas riskieren, die Kerls mit provokativen Thesen aus der Lethargie aufrütteln und auch mal kräftig hinlangen, um eine verschlafene Diskussion gehörig aufzumischen Da bist du mir mit deiner albernen Eskapade gerade recht gekommen, um mal ordentlich die Pranke zu zeigen. Und natürlich habe ich dafür gesorgt, dass mein Artikel zur rechten Zeit in die richtigen Hände gekommen ist."

Tatsächlich hatte Wiesenfeld im Jahr darauf einen Ruf erhalten, und seitdem war er für seine Freunde der Professor.

Der schnarrende Tenor Marcels riss Benno aus seinen Erinnerungen. „Kannst du mal 'nen Moment mit anfassen?"

Was war denn los mit ihm? Marcel hatte inzwischen seinen Renault näher herangefahren, aber Benno hatte überhaupt nichts wahrgenommen. Ganz geräuschlos konnte das doch nicht abgegangen sein, und es musste auch geklirrt haben, als Marcel die Flaschen und Gläser einsammelte und in die Henkelkörbe schlichtete. Die Heckklappe des Wagens stand offen; Gabi saß auf dem Beifahrersitz und schien schon wieder eingeschlafen zu sein. „Halt mal die Klappstühle fest, damit ich die Körbe reinschieben kann", sagte Marcel. Er warf die Heckklappe zu, und nach dem dumpfen Knall war es einen Augenblick so still, dass Benno das feine Rieseln hörte, mit dem die Isar an der Kiesbank scheuerte. Marcel hatte sich umgedreht, stand breitbeinig da und blickte ihm gerade ins Gesicht. „Mir kannst du ja erzählen, was du willst, aber mach doch dir selber nichts vor! Dass die Butterweich da war, ist doch genau das, was du haben wolltest. Und wenn sie nicht gekommen wäre, möchte ich dein Gemotze nicht hören, dass keiner sie verständigt hat. Oder hat der Herr Duchamp vielleicht erwartet, dass alle weggucken, wenn er sein Pissbecken aus dem Museum holt und in tausend Stücke zerschlägt?"

Benno kickte mit Vehemenz einen Kiesel fort und erschrak über sich selbst, denn beinahe hätte er den Renault getroffen, und der Lack seines Autos war für Marcel fast so sakrosankt wie sein großer Beuys. Benno biss sich auf die Lippen. „Hast wohl in der Lehranalyse nicht aufgepasst", fauchte er. „Wer dem Patienten die Deutung einfach an den Kopf schmeißt, ist ein schlechter Therapeut."

Gut rausgegeben, dachte er. Marcel hatte mal ein bisschen Freud gelesen und bildete sich ein, etwas von Psychoanalyse zu verstehen. Oder war es Jung? Er jedenfalls, Benno, ließ sich nicht imponieren. Gut, dass er damals, als er noch mit Monika zusammen war, ein wenig in den Schriften von Wilhelm Reich gestöbert hatte, die bei ihr überall herumlagen, auf Tisch und Stühlen, auf dem Boden neben dem ungemachten Bett und sogar auf dem Ablagebrett im Klo. Monika war eigentlich ein bisschen frigide gewesen, aber vielleicht schwärmte sie deshalb für die sexuelle Revolution und schwor auf Wilhelm Reich, auf den frühen natürlich, der den Sozialismus der befreiten Lust predigte und den bürgerlichen Charakterpanzer zu sprengen versprach. Im Grunde aber hatte Marcel vielleicht nicht ganz unrecht. Nein, es war totaler Quatsch. Aber irgendwas daran konnte vielleicht stimmen, ein bisschen jedenfalls. Und außerdem war es egal. Es war nun einmal, wie es war, und man konnte es nicht mehr ändern. Die Butterweich war dagewesen und würde irgendetwas machen. Aber was?

„Sag mal…“ Benno zögerte, tastete nach der Zigarettenschachtel in der Hemdtasche, ließ sie aber stecken. „Sag mal, was denkst denn du, dass die Butterweich aus der Geschichte machen wird?“ Marcel klimperte mit dem Autoschlüssel und hatte mal wieder die Miene des sokratischen Didaktikers, der sich überlegt, wie er seine Schüler auf die richtige Fährte bringen kann, damit sie selber herausgefunden zu haben glauben, was er ihnen beibringen will. „Denk mal scharf nach“, sagte er schließlich. „Oder kennst du die Butterweich immer noch nicht?“

Na und ob Benno die Butterweich kannte. Und ziemlich lange schon. Ungefähr fünfzehn Jahre, denn das war ja schon recht bald nach der franziskanischen Demut gewesen. Benno sah sie wieder vor sich, wie sie damals auf ihn zugetorkelt war, ein noch recht junges Ding mit rotblondem Schopf, breitem Mund und viel zu großen Brillengläsern. Eine flotte Person, draufgängerisch und selbstbewusst, aber ein Zug von strenger Verbissenheit, etwas fast Gouvernantenhaftes war ihm schon damals aufgefallen. Das war in der Effner-Villa gewesen, wo er seine erste raumgreifende Installation präsentiert hatte. Quer über den weißen Plafond mit den stuckierten Hohlkehlen hatte er, exakt in der Diagonale, einen breiten roten Teppichläufer befestigt, und aus dem Eichenparkett, das er mühsam kalkweiß angestrichen hatte, wuchs genau in der Mitte ein riesiger Kronleuchter nach oben. Er hatte lange herumgetüftelt, bis er es hinkriegte, dass die unzähligen Kristallplättchen und Klunker solide fixiert waren und starr nach oben standen wie die Kerzen auf einem Christbaum. Aber nun wuchs dieses Lüstergebirge in den großen leeren Raum wie ein mächtiger Stalagmit; der Leuchter war natürlich eingeschaltet und verbreitete eine blendende Helligkeit. Der Clou aber war der lachende Buddha gewesen, den er mit dem Kopf nach unten an die Wand genagelt hatte. „Großer Bahnhof" hatte er seine Installation genannt, und das war ihm sehr vielsagend vorgekommen.

Die Vernissage war ein großer Erfolg gewesen, viel Prominenz war gekommen, und danach hatte es tolle Kritiken gegeben. Deckstein war natürlich da und hatte eifrig in seinen Notizblock gekritzelt. Die Krönung des Abends aber war gewesen, dass die Großherzogin ihn beachtet hatte. Die Großherzogin war natürlich keine Großherzogin und nicht einmal eine Frau; es war ein landesweit renommierter Ausstellungsinszenator, der mit essayistisch verwegenen Themenschauen Furore machte, und den Spitznamen hatte er weg wegen seiner aristokratischen Feingliedrigkeit und effeminierten Eleganz, die er mit seigneuraler Eitelkeit kultivierte. Wahrscheinlich schwul, aber das waren im Kulturbetrieb sowieso die meisten, und Benno war es egal. Die Großherzogin jedenfalls hatte ihn kurz an der Schulter gefasst und ihn bedeutungsvoll angeschaut, und das war wie ein Ritterschlag gewesen, obwohl sich Benno hinterher nicht mehr sicher erinnern konnte, ob die Großherzogin dazu auch nur ein einziges Wort gesagt hatte.

Ganz benommen war er noch dagestanden mit seinem Sektglas in der Hand, als die Butterweich auf ihn zutänzelte und ihn anzwinkerte. „Sie sind also der, der die Welt auf den Kopf stellt und die Füße immer in der Luft hat“, hatte sie geflötet; Benno hatte lachen müssen, und schon waren sie im Gespräch. Sie hatte ihn ein bisschen ausgequetscht, er hatte ein bisschen erzählt, teils Wahres, teils rasch Dahingeflunkertes, sie hatte manchmal etwas eingeworfen von Antischwerkraft, von allgemeiner und spezieller Relativitätstheorie und dass ja schon lange niemand mehr wirklich weiß, wo oben und unten ist, und er hatte sogar einmal laut gewiehert, als sie sagte, dass die Phantasie sich ihren eigenen Kosmos schafft, den sie im Flug erstürmt, und dass der Pegasus, wenn er durchs All taumelt, ja auch manchmal den Kopf nach unten halten und mit dem Schwanz in die Höhe zeigen muss. So war es dahingegangen, wie es dahingeht, wenn man nicht mehr genau weiß, ob man ein Interview führt, Smalltalk macht oder schon beim Flirten ist. Und tatsächlich hatte es damit geendet, dass sie miteinander ins Bett gingen.

Das war ganz von selber gekommen, Benno wusste überhaupt nicht mehr, wie. Vielleicht war sie tatsächlich ein wenig geil gewesen und er auch, vielleicht auch nicht. Berauscht war er jedenfalls gewesen, weniger vom Sekt als von dem sich anbahnenden Erfolg. Und mit der Welt im Ganzen auf eine ungewohnte Art rundum einverstanden. Nein, so etwas wie Liebe war da überhaupt nicht im Spiel gewesen, nicht einmal wirkliches Begehren. Sie waren, benebelt von der angeheiterten Stimmung einer gelungenen Vernissage, in etwas hineingetaumelt, das auch nicht viel anders war als ein weiteres Glas Sekt oder noch ein paar belanglos dahingeschwätzte Geistreicheleien.

Im Grunde hatten sie einander bloß benutzt. Benutzt gar nicht einmal für die echte gewissenlose Wollust, son-

dern für die Befriedigung ihres Ego, für die stumme gegenseitige Versicherung, dass ihre unausgegorenen Träume von der ganz großen Karriere berechtigt waren. Er hatte gerade erst das Tor aufgestoßen, um aus der Anonymität hervorzutreten, und war dankbar für jede Connection, die sich anbot. Und sie war im Fernsehen noch eine ziemlich kleine Nummer. Gesellschaftliches, der gehobene Klatsch – das war ihre Domäne. Aber sie strebte zur Kultur, und sie war ungeheuer ehrgeizig. Vor kurzem hatte sie ihr erstes Künstler-Interview machen dürfen, und das war nicht ganz unbeachtet geblieben, auch wenn es immer noch hauptsächlich Tratsch gewesen war und sie immer wieder mit einem kumpelhaft koketten Lächeln überspielen musste, dass sie sich zwar viel zusammenlas, aber noch herzlich wenig Durchblick hatte. Sie war im Kommen, aber geschafft hatte sie es noch nicht.

Benno war es noch immer, als müsse er etwas von sich wegwischen, wenn er an damals zurückdachte, als brauche er für sich selbst das Kleenextuch, das sie verlangte, als er aufstand und sich eine Zigarette anzündete. War sie ihm darum so zuwider, weil er mit ihr geschlafen hatte, ohne es wirklich zu wollen?

Am Tag nach dem Schnellfick war das Interview mit ihm aufgenommen worden, das dann auch ausgestrahlt wurde und für die Butterweich, wenn er es recht sah, den eigentlichen Durchbruch gebracht hatte, denn von da an war sie unaufhaltsam immer höher gestiegen. Die Ungeniertheit, mit der sie die phallische Qualität des Lüsters angesprochen, ins Spirituelle umgedeutet und mit der eruptiven, ja geradezu ejakulativen Kraft der künstlerischen Inspiration in Beziehung gesetzt hatte, war sofort als Beweis eines genuinen Medientalents erkannt worden; die intellektuellen Wortführer vermerkten beifällig, dass sie zu dem kopfunter hängenden Buddha gleich ein Zen-Koan parat gehabt hatte oder jedenfalls einen Unsinnsvers, der mit einem Zen-Koan eine gewisse Ähnlichkeit hatte. Und ganz besondere Anerkennung hatte es ihr eingetragen, dass sie Benno im Interview aufgefordert hatte, sich einmal anschaulich auszumalen, wie die ganze Vernissagengesellschaft mit dem Kopf nach unten über den roten Läufer an der Decke flaniert und aus ihren Sektkelchen der Moet & Chandon in den Kristallleuchter träufelt und mit der plötzlichen Abkühlung der erhitzten Glühbirnchen einen Kurzschluss auslöst

Vielleicht hasste er die Butterweich, weil ihr Aufstieg mit dem seinen so unauflöslich verkoppelt war? Nein, das war es nicht. Sie war ganz einfach unerträglich. Ja, das war sie. Diese Stimme! Wie schrill die plötzlich werden konnte, wenn sie nicht auf sich aufpasste. Und dieser Zug von gnadenloser Härte, der unversehens in ihr Gesicht treten konnte, wenn sie sich unbeobachtet glaubte. Und diese herausfordernde Selbstbewusstheit des Auftretens. Die musste überall im Mittelpunkt sein, und sie war es. Sie tat zwar charmant, aber sie war zu allem entschlossen. Die Karrierefrau, wie sie im Buche steht. Das reine Machtweib.

Und Macht hatte sie, die Butterweich. Seit sie das Magazin „Kultur am Abend“ moderierte und mit ihren eigenen nassforschen Interviews und frechen Kommentaren mindestens zur Hälfte bestritt, waren die Einschaltquoten auf eine Höhe geklettert, die niemand bei einer Kultursendung für möglich gehalten hatte. Man hörte auf sie, man kopierte sie. An ihr maß sich jeder, auch wenn keiner das zugab. Die Zeitungsschmierer gaben sich alle Mühe, für die Ideen der Butterweich halbwegs eigene Formulierungen zu finden, aber man merkte trotzdem fast immer, woher sie das Zeug hatten. Sie kupferten die Umrisslinien ab und aquarellierten dann in einer anderen Farbe darüber. Und meinten, wunder weiß wie originell sie waren. Die intelligentere Strategie war natürlich, immer das genaue Gegenteil von dem zu behaupten, was die Butterweich sagte; darin versuchten sich die besseren Köpfe. Nur der Deckstein hielt sich abseits. Der hatte die Kunst der Mehrdeutigkeit zu hoher Perfektion entwickelt; man wusste nie genau, was er eigentlich meinte, aber es klang bedeutungsvoll und tiefsinnig. Er redete allen auf einmal nach dem Mund und hatte sich so den Ruf eines weisen und unendlich aufgeschlossenen Weltmannes erworben, der oberhalb des Getümmels stand, und die grammatikalischen Schnitzer, die ihm gelegentlich unterliefen, galten als das Markenzeichen seines eigenwilligen und ganz persönlichen Stils.

Mundwerk ohne Hirn hatte Benno die Butterweich genannt, aber das war ungerecht und stimmte nicht, das nahm er jetzt zurück. Schlau war sie schon, das musste man ihr lassen. Auch wenn sie nichts wirklich begriff, sich bloß eine umfassende Halbbildung angelesen hatte und den Rest mit Schlagfertigkeit und Chuzpe besorgte. Schlau war sie; es gehörte etwas dazu, in diesem Intriganteninferno, wo jeder an den Stuhlbeinen des anderen sägte, so weit nach oben zu kommen und auch oben zu bleiben. Und Woche für Woche immer wieder neu den Eindruck zu erwecken, dass man etwas von der Sache versteht, seinen Foucault und seinen Baudrillard aus dem Effeff kennt (wie gut, dass deren hochtrabenden Jargon eh keiner versteht; dann fällt es auch nicht auf, wenn man falsch zitiert) und aus dem wabernden Wust von haarsträubender Pseudokunst mit sicherem Griff die zwei oder drei echten Genies herausfischt. Aber er hätte nicht mit der Butterweich schlafen sollen. Das war die Masche dieser Schlangenweiber. Man geht mit ihnen ins Bett und weiß nicht wieso und warum, selbst wenn sie gar nicht sonderlich attraktiv sind. Und dann haben sie einen in der Hand, auch wenn es bei diesem einen Mal bleibt und weiter gar nichts mehr passiert. So wie die Butterweich ihn jetzt wieder in der Hand hatte.

Nein, die hatte ihn natürlich nicht darum in der Hand, weil er vor ungefähr fünfzehn Jahren und kurz nach der franziskanischen Demut mal mit ihr geschlafen hatte. Sondern weil sie sich erfolgreich als Intellektuelle aufspielte, weil sie ein flinkes Mundwerk hatte, einen Instinkt für das, was ankommt, und einen einflussreichen Posten. Was die jetzt sagt über Bennos künstlerischen Flammentod – nein, das Wort war nicht von Nietzsche, es war von Goethe –, was die jetzt rausposaunt, das wird Wirkung tun, das wird sich festsetzen in den Köpfen und die Meinung prägen über den armen Idioten Benno Hochkepp.

„Hey, Marcel!“ Der hatte die Heckklappe seines Renault wieder geöffnet und machte sich an der Ladung zu schaffen, man hörte die leeren Weinflaschen in den Körben klirren. Offenbar war etwas vergessen worden, und er verstaute es jetzt. Marcel drehte den Kopf. Sah man es bloß nicht im milchigen Schimmer dieser Spätsommernacht, in die eine tiefhängende Wolkendecke den schwachen Widerschein der Lichter der nahen Großstadt warf, oder grinste er wirklich nicht?

„Im Grunde gibt es nur eine Möglichkeit“, sagte Benno und ging ein paar Schritte auf Marcel zu. „Der Verrat an der Moderne. Das Thema des Professors. Das passt nicht nur dem jetzt in den Kram. Liegt ganz auf der Linie. Kommt allen zupass, die das Sagen haben. Auf einen Verräter deuten zu können, macht stark. Die weißen Schafe fühlen sich noch viel weißer, wenn sie ein schwarzes sehen. Angst vor der eigenen Courage. Mumm verloren, eingeknickt. Schwindlig geworden in der Zugluft des permanenten Aufbruchs. Vielleicht im Zusammenhang mit einer Beziehungskrise. Beziehungskrise, dass ich nicht lache. Ich hab gar keine Beziehung im Augenblick. Jedenfalls schwach geworden und feige. Zurückgekrochen in den wärmenden Mutterschoß der Tradition.“

Marcel sagte nichts, sah Benno nur an. Prüfend? Nein. Spöttisch überlegen? Nein. Auch nicht mitleidig, sondern einfach bass erstaunt, völlig verdutzt. „Sag mal, bist du wirklich so naiv“, sagte er schließlich, „oder tust du nur so?“ Und als Benno nicht reagierte, sondern ebenfalls nur verdutzt guckte, fuhr er fort: „Offenbar kennst du die Butterweich immer noch nicht wirklich. Auch wenn du dir manchmal etwas darauf zugute hältst, dass du eine Sprosse an ihrer Karriereleiter gewesen bist und umgekehrt vielleicht auch. Ist dir noch nie aufgefallen, dass die auf Teufelkommraus originell sein will? Natürlich nicht wirklich originell, denn das mögen die Leute nicht und zahlen es einem heim; sie haben es nicht gern, wenn man ihnen gar zu deutlich überlegen ist. Aber ein bisschen originell eben, gerade so viel, dass die Leute erst mal verblüfft sind und dich groß anstaunen, aber gleich darauf das Gefühl kriegen, da hätten sie auch von selbst drauf kommen können, seien also eigentlich von selbst darauf gekommen und dürften sich selbst für originell halten. Dafür wird man geliebt: dass man sich anstrengt, damit sich die Leute originell fühlen können. Das ist die Erfolgsmasche der Butterweich: irgendetwas Kühnes behaupten, aber mit einer solchen Selbstverständlichkeit, dass die Leute sich einbilden, sie hätten den Einfall selber gehabt. Angewandter Beuys, wenn du so willst: jeder ist ein Künstler. Und jeder freut sich unbändig, wenn er so mit der Nase darauf gestoßen wird, was für ein Künstler er ist. Und dann muss dir doch auch schon aufgefallen sein, dass heute eigentlich alles Kunst ist. Egal was, es ist Kunst. Oder kann jedenfalls als Kunst gelten, wenn man es unter einem bestimmten Blickwinkel anguckt. Du knallst ein paar Kissen in die Ecke und vielleicht noch einen schmuddeligen Slip obendrauf, du lässt einen Eimer rumstehen mit einem Besen drin und 'nem Putzlappen überm Henkel, wenn noch 'ne Trittleiter danebensteht, umso besser, und sofort kommt einer angerannt und erklärt das für Kunst. Du kannst gar nicht schnell genug ‚Moment mal' rufen, da ist das Ding schon im Museum, und irgendein promovierter Hohlkopf hat einen sabbernden Essay darüber geschrieben, dass wir geworfen sind wie schmutzige Wäsche und ausgewrungen wie ein Wischtuch und dass alles schon ziemlich endgültig im Eimer ist und dass wir das alles gar nicht spitzkriegen würden ohne die seismographische Sensibilität der Künstler, die mit banalsten Alltagsdingen solche Erkenntnisblitze zu zünden verstehen."

Benno wurde es schwindlig. Er griff nach Marcels Arm. „Du wirst doch nicht etwa sagen wollen ...", fauchte er mit brechender Stimme. „Doch, genau das will ich sagen", erwiderte Marcel. Seine Stimme war jetzt ohne jede Ironie, aber sie klang unerbittlich fest. Er sprach wie einer, der sich auskennt und genau weiß, was er sagt.

Dieser Mann kannte wirklich kein Erbarmen. Eiskalt wie ein professioneller Killer. Und keine Spur von Mitgefühl. Und so was wollte Bennos Freund sein! Benno hielt sich jetzt lieber am Wagendach fest. Auf den Arm dieses Mannes, den er in totaler Verblendung für seinen Freund gehalten hatte, konnte er sich unmöglich mehr stützen. Der war genauso ein Schwein wie alle anderen auch. Wie hatte er nur auf den hereinfallen können! Eigentlich hätte ihn ja schon die Kunst stutzig machen müssen, die der fabrizierte. Dieses Herumgefummel am Fotokopierer, das Drehen und Verschieben und Übereinanderkopieren. Da entstand dann immer eine „Struktur", und Struktur war so etwas wie der liebe Gott im kleidsam verschmuddelten Inkognito. Sozusagen der Heilige Geist im Landstreicherurlaub. Und erst die Materialbilder mit diesen unsäglichen Unterhosen darin, wer weiß, ob die überhaupt gewaschen waren. Wahrscheinlich nicht, denn das Zeug sah so grauslich vergammelt aus, dass man unwillkürlich das Bedürfnis hatte, sich die Nase zuzuhalten. Und so einer will der Freund von Benno Hochkepp sein! Nein, der ist Bennos Freund noch nie gewesen, überhaupt noch nie, auch wenn es mal so ausgesehen hat. Aber jetzt ist Benno ihm auf die Schliche gekommen, jetzt hat er ihn durchschaut. Hat der Kerl die Dreistigkeit zu behaupten … Hat er aber doch gar nicht, fiel Benno, plötzlich ernüchtert, sich selber ins Wort. Er hat ja nur gesagt, dass die Butterweich … Die Butterweich, diese seifenglatte Hirnschlampe! Ja, der sähe das ähnlich. Dass sie der Geier! Nein, nein, der Marcel ist schon ganz in Ordnung, trotz seiner Scheißkunst; der hat es sicher nur gut gemeint mit ihm, dem Benno, ja ganz gewiss hat er es gut gemeint, er hat ihn warnen wollen, damit es ihn nicht kalt erwischt.

„Du meinst also wirklich?“ fragte Benno und hatte seinen Groll schon wieder fast vergessen.

„Ich meine nicht“, erwiderte Marcel, „ich bin mir da sicher. Du hast den letzten Gipfel erklommen. Ein kühner Schritt über dich selbst hinaus in die reine Gegenwart der Zukunft. Die Selbsttranszendierung in die innovative Ekstase der Vernichtung. Das Werk als Prozess wird im Durchgang durch das Feuer wieder zur Werkhaftigkeit des Prozesses. Die Kreativität erduldet den Scheiterhaufen und erlöst sich von sich selbst zu sich selbst. Die Kunst zerstört sich selbst und wird in diesem Opfergang das, was sie schon immer sein wollte. Sie wird Kunst. Sie wird endlich ganz und gar Kunst. Sie kämpft sich frei aus den Schlacken des Materiellen und erhebt sich in die strahlende Unfassbarkeit des Geistes. Beuys hat das immer gesucht. Aber der Kojote hat ihn eben nicht gefressen. Du aber hast es geschafft. Du hast die Dekonstruktion in die letzte Konsequenz getrieben, in die totale Indifferenz der Differenz. Im Werk der Zerstörung erscheint die Zerstörung selbst als Vollkommenheit des Werkes. Das Werk hebt sich auf und kommt damit erst ganz zu sich selbst; die Aufhebung ist das Werk. Das Häufchen schwärzlicher Asche sollten wir jetzt schon mal einsammeln. Als Reliquie. Das hat zwar überhaupt keine Bedeutung, aber es kriegt bestimmt einen ungeheuren Wert. Als Reliquie eben. Für den Glauben kommt es ja auch nur auf den Glauben an, und trotzdem hat man sich für ein paar Kreuzessplitter oder ein Schnipselchen vom Schlüsselbein die Köpfe eingeschlagen. Aber was zählt, ist natürlich nur das Konzept. Und dieses Konzept ist das Größte, was du jemals geschaffen hast. An der Schwelle zum 21. Jahrhundert hast du das 20. Jahrhundert auf den Punkt gebracht: die Kunst lebt, weil sie stirbt. Sie lebt davon, dass sie zerstört wird."

„Hör auf!" stöhnte Benno. Es kam ihm jetzt vor, als hätte er Fieber, und in seinem Bauch krampfte sich etwas zusammen. Vor Erregung fing er an, so heftig mit den Fingern auf das Autodach zu trommeln, dass Gabi aus dem Schlummer aufschreckte. Sie räkelte sich, kurbelte das Fenster herunter, schob den Kopf heraus und rief: „Was ist los, Marcel, warum kommst du nicht?"

„Moment noch, Schatzi", gab Marcel zurück. „Ich erklär dem Benno gerade, dass er heute Nacht zum größten Künstler der Gegenwart geworden ist. Für ein paar Wochen jedenfalls oder mindestens ein paar Tage."

„Ach, Marcel, der größte Künstler bist doch du!" flötete Gabi, und ihre Stimme hatte dabei wieder diesen schmelzenden Ton von moschusduftender Fleischlichkeit, bei dem es Benno sonst immer wollüstig durchrieselte, so dass er neidisch wurde auf Marcel und sich manchmal fast fähig glaubte, ihn zu betrügen. Diesmal aber fand er den Nymphchenlaut bloß komisch und das tat ihm gut, weil es seinen inneren Aufruhr abkühlte.

„Für mich bist du der größte von allen“, fuhr Gabi fort. „Nichts gegen dich, Benno, ich fand das ganz toll heute Nacht. Hab zwar nicht kapiert, was das mit Kunst zu tun hat, aber ich schau einfach gern zu, wenn die Flammen hüpfen und die Glut knisternd zusammensackt.“ Sie schob sich auf ihrem Sitz zurecht, suchte eine bequemere Position und rief dann schon hörbar ungeduldig: „Also kommst du jetzt endlich, Marcel?“

Diese Weiber! dachte Benno, und die Erinnerung an Johanna schoss so jäh in ihm auf, dass er schlucken musste. Ach, Johanna! Das war wohl wirklich die Frau seines Lebens gewesen, auch wenn sie ein bisschen oberflächlich war, geistig nicht viel drauf hatte, von seiner Malerei nichts verstand, sondern immer nur „Whow!“ sagte oder „Toll, Benno!“ und nie begreifen wollte, warum er noch nicht zufrieden war und worauf es ihm eigentlich ankam. Aber im Bett war sie wundervoll, der reinste Wonnebrocken. Gar nicht mal furchtbar leidenschaftlich, aber unendlich zärtlich, und eine Wärme hatte ihn eingehüllt, wenn er bei ihr lag, wie noch nie in seinem Leben und nie wieder seither. Und dann war sie auf einmal weg gewesen, praktisch von einem Tag auf den anderen, und war zu diesem Kerl gegangen, diesem Fotofatzke, diesem Video-Affen, diesem Mario, der überhaupt nichts konnte als eine Kamera halten und auf den Auslöser drücken, aber als die große Hoffnung der jungen Kunst galt. Bloß weil er seine zufälligen Schnappschüsse auf riesigen Filzfahnen zu labyrinthischen Mäanderwindungen montierte und das Zeug einfach mit Heftzwecken an die Wand tackerte. Und weil einer dieser Onanisten vom Feuilleton herausgefunden hatte, dass Mario ein Archäologe der Identität war, ein Wünschelrutengänger auf den Abraumhalden der kollektiven Erinnerung. Und ausgerechnet der spannt ihm seine Johanna aus.

Benno biss sich auf die Lippen und hielt mit einer äußersten Willensanstrengung seinen rechten Arm zurück, der schon die Faust krachend auf das Wagendach niedersausen lassen wollte. Ja, damit hatte es angefangen, damit hatte sein Verrat begonnen, sein Verrat an sich selbst und an der Kunst. Er hatte es nicht ausgehalten, dass diese Marios ihm die Frau seines Lebens wegnehmen können, er hatte endlich auch einer sein wollen, der mitschwimmt und dazugehört und Erfolg hat. Einer der vornedran ist und angehimmelt wird. Das musste alles noch auseinandersortiert werden, ganz genau auseinandersortiert. Aber nicht jetzt, nein nicht jetzt! Nur jetzt nicht in diesen Vergangenheitsstrudel abtauchen, nur jetzt nicht sentimental werden! Denn jetzt waren sie dabei, ihm sein Allerletztes wegzunehmen, sein Aussteigen, seine Abrechnung mit dem Zeitgeist; sie logen sich ihn einfach um und verleibten sich ihn ein. Durch den Fußtritt, den er ihnen verpasste, sollte er erst recht dazugehören, unwiderruflich, und damit war er verraten und verkauft für immer.

„Quatsch!“ schrie er. „Absoluter Quatsch! Erstunken und erlogen von vorne bis hinten. Das war keine Kunst heute Nacht, das war kein Kunstwerk. Das war meine Absage an den Unfug, den dieses verdammte Idiotenpack für Kunst hält, als Kunst ausgibt, als Kunst anbetet. Meine radikale Absage!“ Seine Stimme überschlug sich fast.

„Ich glaub dir ja“, sagte Marcel begütigend, und in seinem blechernen Tenor schwang jetzt eine Zartheit mit, die Benno selten an ihm wahrgenommen hatte. „Aber du bildest dir doch nicht ein, dass das überhaupt irgendeine Rolle spielt, was du dir bei der Sache gedacht hast! Die Butterweich braucht ihren Auftritt, und den besorgt sie sich. Und das kann für sie nur heißen: was du gemacht hast, ist Kunst. Ist das Nonplusultra der Kunst, ist die Kunst aller Kunst. Pech für den Professor; der hat sich halt verrechnet und muss sich den Stoff für sein Buch woanders zusammenklauben. Wahrscheinlich brütet sie jetzt darüber, wie sie die neue Stufe deines Schaffens stilistisch einordnen kann, und sucht nach einem zündenden Begriff dafür. Zündend, hahaha." Marcel ließ eine meckernde Lachsalve vom Stapel. „Vielleicht blättert sie gerade bei Virilio oder Villem Flusser. Oder Gaston Bachelard. Oder macht eine Anleihe bei sich selbst. Vielleicht ‚ekstatischer Transzendentalpyrismus'. Oder ‚transgressive Ignifikation'. Übrigens geht das Gerücht, dass ein paar ihrer Anhänger wegen einer Professur für sie an der HdK in Berlin oder an der Gesamthochschule Kassel sondieren."

„Die hundsgemeine Brunzfotze, die gottverdammte!" brüllte Benno und ging Marcel fast an die Gurgel. „Ich fahr auf der Stelle ins Studio und hau ihr die Fresse ein."

„Den Teufel wirst du tun", sagte Marcel. Er packte Benno an den Schultern und sah ihm mit ruhiger Festigkeit in die Augen. „Jetzt hör einmal gut zu. Du hältst mich für einen aufgeblasenen Schwätzer und einen ziemlich miesen Künstler. Und manchmal, wenn du am Durchdrehen bist, für einen Schuft. Aber ich bin alles in allem dein Freund. Ein sehr guter Freund sogar, und das will ich auch bleiben, wenn es dir recht ist. Und als dein Freund kann ich nicht zulassen, dass du dich in deiner

Kopflosigkeit total ruinierst. Ärger mit dem Ordnungsamt kriegst du sowieso schon wegen deinem unangemeldeten Sonnwendfeuer, und das reicht. Du hast gut verdient die letzten Jahre und kannst eine Geldbuße verkraften. Aber dich im Knast zu besuchen, habe ich keine Lust. Du kommst jetzt erst mal mit uns, wir trinken noch eine Flasche und versuchen den ganzen Unsinn erst einmal zu vergessen."

Benno machte eine abwehrende Geste und entwand sich aus Marcels Griff. „Der muss ich das Maul stopfen. Diese Schmarotzerpflanze hat uns lange genug ausgesaugt. Die darf jetzt nicht auch noch auf meinem Wiedergeburtsfeuer ihr Süppchen kochen!"

„Moment mal!" rief Marcel. „Das Süppchen hat dir doch all die Jahre gar nicht schlecht geschmeckt. Richtig geil darauf warst du, auch wenn du jedes Mal gemeckert hast. Gut, es war abgeschmackt und überkandidelt, was sie über dich herumtrompetet hat, aber sie hat dich hochgejubelt, du warst im Gespräch, warst der große Maxe im Kunstgeschäft und hast dich feiern lassen. Und das hast du ja schließlich gewollt. Und wenn du jetzt einen Rappel kriegst und willst den ganzen Krempel hinschmeißen, dann ist das dein Privatvergnügen. Aber du kannst von der Butterweich nicht verlangen, dass sie sich ihr Lieblingsspielzeug wegnehmen lässt und sich dir zuliebe selber die Schau vermasselt. Und du kannst nicht sie dafür verantwortlich machen, dass der Herr Paulus gestern noch ein Saulus gewesen ist."

Benno langte nach den Zigaretten, schob das Päckchen aber wieder in die Tasche zurück. Er wollte das Gespräch jetzt nicht in die Länge ziehen, er wollte weg, wollte endlich heim, wollte seine Ruhe haben. Aber nun war Marcel in Fahrt gekommen. Seine Gabi hatte er offenbar vergessen, aber die war schon wieder eingenickt auf dem Beifahrersitz; ihr langes schwarzes Haar hing malerisch aufgelöst über die Kopfstütze.

„Im Grunde kannst du ihr dankbar sein, wenn sie dir einfach noch 'nen Kick nach oben gibt und aus deinem Kirchenaustritt einen Aufstieg ins Bischofsamt macht. Sie schießt dir damit den Rücken frei, auch wenn das gar nicht ihre Absicht ist. Sie legt falsche Fährten, und du kannst die Verfolger abschütteln und unbehelligt nach deinen neuen Ufern suchen. Egal, ob du nun in die Cevennen abhaust und Schafe züchtest, oder ob du wirklich zur Staffelei zurückkehrst und die Malerei neu erfindest – und ich muss dir ehrlich sagen: ich tät's nicht und kann auch nicht begreifen, was du dir davon versprichst, und darum war ich stumm heute Nacht und habe dich reden lassen, wie du von der Sterilität der Kopfgeburten gefaselt hast und von der Rückkehr zur Geistigkeit des

Sinnlichen, und habe keinen Pieps dazu gesagt. Egal also, was du machst, du bist erst einmal abgeschirmt und kannst dich ungestört in deinen Kokon einspinnen zur glorreichen Schmetterlingsgeburt. Alle starren auf den Popanz, den die Butterweich aufrichtet, und der wahre neue Benno Hochkepp macht sich lachend und unerkannt aus dem Staub und wird erst wieder sichtbar, wenn der Text einstudiert ist und die Kostüme geschneidert sind für seine neue Rolle. Vom Professor verbraten zu werden für sein neues Buch, wäre jedenfalls sehr viel schlimmer."

Dieser Marcel würde Benno nie verstehen. Niemals würde er ihn verstehen, da lagen Galaxien dazwischen. Aber ein guter Kerl war er trotzdem; er meinte es offenbar ehrlich. Und ein ganz klein bisschen recht hatte er vielleicht auch.

„Und überhaupt", fuhr Marcel fort, „wie hast du dir das eigentlich vorgestellt mit dem Aussteigen? Du ziehst einen Schlussstrich, verfeuerst deine Entwürfe und Modelle, und alles, was du gemacht hast, ist einfach verschwunden und vergessen, als ob es nie dagewesen wäre? Hast du schon einmal darüber nachgedacht, dass deine Sachen überall noch herumstehen, bei Kienast & Scheurig, beim Kellermann, bei Ostermaier? Von der Staatsgalerie will ich gar nicht reden, da gammelt das Zeug im

Depot. Aber denk mal an Karlsruhe, an Hannover, an Barcelona! Kommst du da jetzt mit dem Tieflader angefahren, sammelst deinen Krimskram ein und hackst ihn zu Kleinholz? Und was ist mit den großen Aufsätzen über dich in ‚Art and Progress', in der ‚Innovatio', im ‚Jahrbuch für neue Visualität'? Und mit der Monographie von Simon Morgentaler, die fast alle großen Blätter enthusiastisch rezensiert haben? Wird das alles eingestampft?"

Benno zuckte zusammen. Daran hatte er überhaupt noch nicht gedacht. Aber letztlich: was ging das alles ihn an? Damit durfte man sich nicht aufhalten, denn sonst konnte man ja nicht den kleinsten Schritt mehr tun. „Ach, lass den Quatsch!" sagte er. „Das ist nicht mein Bier."

„Na gut", erwiderte Marcel. „Aber dann ist es auch nicht dein Bier, was die Butterweich mit deinem Autodafé anstellt. Also, was ist, kommst du mit? Steig ein. ich fahr dich rüber zu deiner Karre. Und dann ab in die Georgenstraße. Du fährst uns einfach nach."

„Lass mal", erwiderte Benno. „Die paar Schritte laufen ist jetzt genau das Richtige für mich. Bin ganz steif geworden vom Rumstehen und Rumsitzen."

„Okay", sagte Marcel. „Ich warte am Parkplatz." Er stieg in seinen Wagen, schlaftrunken ließ Gabi ihren Kopf auf seine Schulter sinken. Der Kies knirschte, als der Renault sich in Bewegung setzte.

Benno rieb sich die Stirn. Sein Schädel brummte. Hundeelend fühlte er sich und zugleich auf sonderbare Weise leicht und frei. Alles abschütteln, dachte er. Einfach alles abschütteln. Er griff nach seinem Rucksack und warf ihn über die rechte Schulter.

Es war fast stockfinster, der Morgen war also noch weit. Der Baumschatten machte die Nacht schwärzer, als sie war. Aber der Kies am Boden schimmerte bleich und wies den Weg. Bennos Schritt gab einen trockenen Hall. Die Luft wehte angenehm kühl um seine Schläfen; es roch nach Totholz, Erde und leicht fauligem Wasser. Zwei rote Lichtpünktchen, eng beieinander stehend, glommen auf wie ferne Leuchtfeuer über dem dunklen Meer: die Rücklichter des Renault.

Benno sperrte seinen Mercedes auf und ließ sich in den Sitz fallen. Der Anlasser ächzte, erst beim dritten Versuch sprang der Motor an. Benno schaltete die Scheinwerfer ein; der Lichtkegel bohrte sich weichrandig ins Undurchdringliche, zerschellte an Baumstämmen, verrieselte ins Gebüsch. Mitten in dem Tunnel aus Helligkeit stand schimmernd der Renault. Langsam setzte er sich in Bewegung. Benno folgte ihm, ohne zu wissen wohin.

II

Sonnenlicht flutete durch den dünnen Vorhang. Benno rieb sich die Augen und blickte sich um. Angekleidet lag er auf seinem Bett, nur die verdreckten Stiefel hatte er in die Ecke geknallt. Er schnupperte: roch es nicht brandig? Nein, das war wohl nur die Erinnerung an die Nacht seines Flammentodes. Goethe war es, nicht Nietzsche. Warum war er noch mitgegangen zu Marcel? Viel geredet hatte der noch, um nur ja nichts sagen zu müssen. Wie meistens. Von einem Hohlbauer oder Hohlmeier hatte er erzählt, der seine Skulpturen jetzt als Puzzles herstellte: zerlegbar und neu zusammensetzbar ganz nach Belieben des – nein, er hatte nicht Betrachter gesagt, sondern Rezipient. Unklar, was Marcel davon hielt. Auch was er von ihm, von Benno hielt, blieb ja immer in der Schwebe. Jetzt hielt er ihn wahrscheinlich für einen armen Spinner.

Benno sprang auf, wollte ans Fenster treten, drehte aber ab und ging ins Bad. Ganz schön zerknittert blickte ihm sein Spiegelbild entgegen. Aber die Augen waren klar. Diese Zahnpastatuben, aus denen man am Ende nichts mehr herauskriegt, obwohl noch etwas drin ist. Figuren waren aus diesem luftgeblähten Plastikzeug nicht mehr zu machen. Armer Brodwolf; er war einer der letzten gewesen, die der Menschenfigur noch nachtrauerten. Benno streifte die verschwitzten Klamotten ab und ging unter die Dusche. Er drehte voll auf und stellte so heiß ein, dass die prasselnden Tropfen schmerzten wie glühende Eisspitzen, reduzierte dann die Hitze und genoss die belebende Wirkung eines lauwarmen Gewitterregens.

Ja, Dusche! Das war seine dümmste Installation gewesen. Jedenfalls die plakativste. Eine Installation im buchstäblichen Sinne: an der Decke des Raumes ein gutes Dutzend einfachster Duschköpfe, der Boden betongrau und durchzogen von Abflussrinnen. Dazu ein ausgeklügeltes System von unsichtbaren Sensoren – man konnte nie wissen, wann und wo und durch welche Bewegung eines anderen Besuchers irgendein Duschkopf zu rieseln begann, so dass nur ein rascher Sprung zur Seite vor dem Durchnässtwerden schützte. Die Ungewissheit des Lebens, die Unvorhersehbarkeit von Attacken, die beim harmlos Lästigen blieben, aber tödliche Bedrohung mitschwingen ließen. Denn natürlich sollten die Duschköpfe auch an Auschwitz erinnern, an die Banalität des Bösen, an das Mörderische, das hinter der Maske biederer Alltäglichkeit lauert.

Deckstein hatte damals, ohne sie zu beantworten, nur mit dem Genuss der Zweideutigkeit sich brüstend, die Frage aufgeworfen, ob dies denn statthaft sei: das lüsterne

Gruseln des Kunstflaneurs vor jähem Benetztwerden derart unbefangen kurzzuschließen mit der Sterbensangst der ermordeten Juden im Konzentrationslager. Der Professor aber hatte enthusiastisch die Diskretion gepriesen, mit der Benno Hochkepp das schlechthin Inkommensurable zur Konvergenz gebracht habe, die Banalsituation im Spielerischen belassend und die Auschwitz-Assoziation so leise und indirekt andeutend, als sei sie eigentlich gar nicht gemeint gewesen, sondern erst durch die Phantasie des Betrachters in das randlos verschwimmende Bedeutungsfeld dieser Arbeit eingeschleust worden. Und nur Polenski hatte mit wortgewaltigem Zorn die anmaßende Verlogenheit gegeißelt, mit der Benno einen Leidensabgrund, vor dem jeder anständige Mensch nur in demütiger Scham verstummen könne, missbraucht habe für seinen pseudokünstlerischen Exhibitionismus – ein Übergriff, mit dem der zynisch alles vernutzende Nihilismus des kulturvergessenen, enthumanisierenden Zeitgeistes auf die peinliche Spitze getrieben worden sei.

Das war das erste Mal gewesen, dass er mit diesem Jan Polenski zusammengestoßen war; irgendjemand musste ihm, gewiss nicht ohne Schadenfreude, den Zeitungsausriss hingeschoben haben, denn natürlich las Benno das Blatt nicht, in dem Polenski schrieb, das Verbandsorgan einer Gewerkschaft, das sich den erstaunlichen Luxus eines kleinen Kulturteils leistete. Benno war damals tief erschrocken, als er las, wie messerscharf dieser ihm noch ganz unbekannte Kritiker ihn abkanzelte, hatte sich aber entschieden, unbeeindruckt zu bleiben und Polenski für einen bornierten Moralisten zu halten, der sich mit rhetorischer Bravour darüber hinwegmogelte, dass er von den Komplexitäten der postmodernen Welt nichts begriff.

Benno angelte nach dem Badetuch und begann sich abzurubbeln. Was für ein sonderbarer Anarchist, dieser Polenski, der sich weder durch die Tradition noch durch Fortschrittsparolen domestizieren ließ und darum weder von den Konservativen noch von den Progressiven als einer der Ihren anerkannt wurde, obwohl er in beiden Lagern, soweit man von ihm wusste, wegen der Opulenz seines Stils und wegen seines analytischen Scharfblicks mit Neugier, intellektuellem Feinschmeckertum und einer kaum verhohlenen, nur mühsam mit Herablassung kaschierten Bewunderung gelesen wurde. Er nannte sich mal einen aufgeklärtem Mystiker, mal einen frommen Skeptiker und ließ gelegentlich durchblicken, dass er, mit Gustav Landauer, Skepsis und Mystik für die beiden Seiten einundderselben Medaille halte, oder besser: für die Phasen eines rhythmischen Organprozesses wie Systole und Diastole des Herzschlags oder Ein- und Ausatmen, die nie für sich allein, sondern nur im Miteinander wirksam sein und Sinnvolles bewegen können, und bestand darum den Rationalisten gegenüber ebenso unerbittlich auf der begrenzten Reichweite der Vernunft und der grundsätzlichen Nichtrationalität elementarer Seinsregionen wie gegenüber mystischen Verschwommenheiten auf der strengen Forderung nach der Klarheit der Begriffe.

Letztlich, das musste Benno zugeben, war es vor allem Polenski gewesen, der ihm langsam die Augen geöffnet hatte für den Irrweg, auf den er sich eingelassen hatte. Er streifte ein T-Shirt über und zwängte sich in eine frische Jeans. Es waren nicht nur die Artikel gewesen, die er anfangs, wenn man sie ihm brachte, zu lesen ablehnte, dann widerwillig überflog und schließlich regelmäßig und mit Eifer verschlang. Es waren vor allem die Gespräche gewesen, nachdem es zu einer ersten Begegnung gekommen war, die es in sich hatte und ebenso gut zu einer lebenslangen Feindschaft hätte führen können.

Polenski war in eine seiner Ausstellungen gekommen, hatte die Installation, die er mit einem kalauernden Übersetzer-Gag „Windauge" nannte, aufmerksam betrachtet und sich dann mit einer harmlos klingenden Frage an Benno gewandt, aus der sich ein längeres und zunehmend spannendes, aber einigermaßen heikles Gespräch entspann. Denn was Polenski entwickelte, bedächtig weiterfragend, immer wieder in Pausen schweigender Nachdenklichkeit versinkend, schließlich zu Thesen übergehend, die er so verhalten formulierte, als seien auch sie nur Fragen, auf die er sich von Benno eine klärende Antwort erhoffe – was er entwickelte, war im Grunde eine fulminante, ja vernichtende Kritik nicht nur an dieser Arbeit, sondern an allem, was Benno gemacht hatte, seit er sich von der Malerei verabschiedet hatte, und an allem, woran er seither glaubte.

„Windauge" – das war natürlich nichts anderes gewesen als die ironisch etymologisierende Übersetzung des englischen Wortes „window". Und ein Fenster war die zentrale Metapher dieser Installation. Eingelassen in die eine Wand des fast quadratischen, weiß gestrichenen und völlig leeren Raumes, war es freilich ein erblindetes Auge. Denn der Ausblick nach draußen war ein scheinbarer, ein vorgetäuschter. Zwar sah man die Fassaden der Häuser auf der gegenüberliegenden Straßenseite und darüber ein Stück Himmel, durch den Schwalben huschten; man sah, wenn drüben ein Fenster geöffnet wurde und zwischen den Geranientöpfen das zerfurchte Gesicht einer alten Frau erschien; man sah Passanten mit Einkaufstaschen und Kinder mit Schulranzen auf dem Trottoir; man sah auf der Fahrbahn Autos und Radler dahingleiten. Aber das war zwar genau so, wie es draußen wirklich geschah, aber dennoch nur ein raffinierter Trug. Denn das Fenster war kein Fenster; es war ein riesengroßer, in den Fensterrahmen einmontierter Video-Screen, und was zwischen den Sprossen als reale Straßenszene erschien, war elektronisch hereingefunkt von einer draußen angebrachten Kamera. Doch diese Fensterblick-Chimäre war nur die eine Hälfte von Bennos Installation gewesen; die andere war ein ebenso fiktiver, technisch vorgegaukelter Spiegel-Blick. Dem Schein-Fenster gegenüber hing ein Schein-Spiegel an der Wand; man sah darin, wenn der Winkel stimmte, sich selbst und die anderen im Raum Anwesenden, man sah gespiegelt auch das Fenster mit allem, was davor zu geschehen schien, aber auch diese Spiegelbilder waren wie der Ausblick aus dem Fenster elektronisch vermittelt: eine versteckt angebrachte Kamera nahm vom Geschehen im Raum auf, was ein Spiegel bestimmter Größe auffangen konnte, und ließ es auf einem flachen Monitor erscheinen, der täuschend den glatten Reflex eines Spiegels imitierte.

Fein hatte er sich das ausgedacht. Benno setzte Kaffee auf und holte Butter und Marmelade aus dem Kühlschrank. Einen treffenden Ausdruck für die Vermitteltheit der nachmodernen Wirklichkeitserfahrung glaubte er gefunden zu haben, für die Indirektheit des Zugangs zur Welt, die schwindende Verlässlichkeit der Sinne, die Macht der Medien über das Bewusstsein und die zunehmende Ununterscheidbarkeit von Bild und Realität, von Erlebniswelt und ihrem technisch simulierten Surrogat. Er hatte, so schien es ihm damals, die Kritik der Perzeption, das Unterlaufen konventioneller Wahrnehmungsmuster auf die Spitze getrieben und in Metaphern verdichtet, die beides in einem waren: spielerisches Aufgreifen der medialen Möglichkeiten des Informationszeitalters und zugleich gesellschaftskritische Warnung vor den damit verbundenen Verführungen und manipulativen Zwängen. Sehr stolz war er auf diese Arbeit gewesen, ja das war er.

Und die Rezensionen waren mehr als positiv gewesen und zeigten ihm an, dass er sich dem Zenit seines Ruhmes näherte. Selbst Deckstein hatte seine Bewunderung fast schon unverhüllt aus seinem noch üppiger als sonst gewirkten Floskelteppich hervorschimmern lassen. Und die Butterweich hatte tief in ihren Sack von unverdauten Derrida-Zitaten gegriffen und sich geradezu überschlagen. „Die suggestive Gegenwart des Anderen schiebt sich permanent zwischen …“ – wie war das doch, irgendwelche Extreme, Innen und Außen wahrscheinlich – „und hervor tritt die Jetzt-Differenz“, hatte sie gesagt. „Gegenwart, als Differenz verstanden, sprengt jeweils jetzt die trügerische Logik von Raum und Begriff und destruiert jede Insinuation von Totalisierungsansprüchen.“

Polenski war lange schweigend im Raum hin und her gegangen, hatte dem Spiegel die Zunge rausgestreckt und war ans Fenster getreten, hatte mit dem Knöchel dagegen geklopft und dann den Drehgriff aus Messing gefasst. Tatsächlich, das Fenster ließ sich öffnen; der Rahmen war so über den Screen gesetzt, dass das Aufgehen der Flügel das Bild nicht veränderte. „Perfekt", hatte Polenski gesagt, „Sie haben an alles gedacht. Lupenreiner Illusionismus, wie bei den Trompe-l'œil-Phantasmen des Dixhuitième. Elektronisches Barock. Aber was passiert mit einem, der den Kopf hinauszustrecken wagt?"

„Na, der holt sich eine Beule", hatte Benno lachend geantwortet. „Aber gleich hier oben und nicht drunten auf dem Trottoir. Also harmlos."

„Harmlos?" hatte Polenski zurückgefragt. „Wissen Sie denn nicht, dass man sich die fatalsten, die gefährlichsten Beulen dort holt, wo man den Kopf nicht mehr herauskriegt aus der selbstgeschaffenen Enge?" Das maliziöse Lächeln dabei war kaum wahrnehmbar gewesen und schien nicht mehr auszudrücken als die stille Erwartung, dass der Angesprochene den anzüglichen Hintersinn der Worte doch wohl verstanden habe.

Die Espressokanne begann zu brodeln; Benno nahm sie von der Herdplatte und goss sich eine Tasse voll, rührte Zucker hinein und begann genießerisch zu schlür-

fen. „Nun mal halblang!“ hatte er damals zurückgegeben und ebenfalls ein zweideutiges Lächeln aufgesetzt. „Den Kopf rausstrecken aus der Enge – genau das ist doch die Botschaft meiner Installation. Heraus aus der Enge unserer Vorstellungen von Wirklichkeit. Heraus aus der Konvention, die uns glauben machen will, mit unseren Sinnen erreichten wir die Welt. Heraus aus dem Wahn, die Wirklichkeit sei einfach schon da und nicht etwas, das wir mit Kunst und Technik erst erschaffen. Heraus aus der Spukkammer des Realismus, der uns die Weiten des Virtuellen versperrt.“

Der Kaffee tat gut. Benno setzte die Tasse ab und strich sich ein Butterbrot. Honig wäre jetzt schön, auch ohne dem Beuys seine Pumpe, ohne den ganzen symbolischen Energiequark. Aber Pflaumenmus tat es auch. Er sah die Augen Polenskis wieder vor sich, wie er ihn damals angeblickt hatte, belustigt und zugleich sehr melancholisch und fast ein wenig erschrocken. „Vielleicht“, hatte er nach kurzem Schweigen gesagt, „vielleicht kommt es ja gar nicht darauf an, ob wir mit unseren Sinnen die Welt erreichen, sondern ob die Welt unsere Sinne erreicht, ob wir uns von ihr erreichen lassen.“ Ja, so fragte Polenski. Er brauchte gar nicht viel zu sagen, und schon hatte sich das Blickfeld auf unerwartete Weise geweitet. Und ganz schön auf den Wecker konnte er einem damit gehen.

„Und welchen Unterschied soll das machen?“ hatte Benno zurückgefragt, etwas gereizt, aber halb schon eingefangen von der sokratischen Aura seines Gesprächspartners und wider Willen ein wenig gespannt auf die Antwort. „Oh, einen ungeheuren“, hatte Polenski erwidert. „Erinnern Sie sich doch einmal daran, wie es ist, wenn Sie in eine Frau verliebt sind. Interessiert es Sie dann, ob Ihr Auge und Ihr Ohr diese Frau erreichen können? Natürlich nicht, denn das ist ja längst passiert. Ihnen geht es nur darum, ob und wie Sie zu dem Auge und Ohr dieser Frau durchdringen können und schließlich auch zu ihrem Herzen. Stimmt's?“

Noch ein Brot, das Pflaumenmus war wirklich nicht übel. Fast so gut wie Honig, mit oder ohne Beuys-Energie. „Soso“, hatte Benno damals geknurrt. „Die Frau in Ihrem hinterhältigen Gleichnis soll wohl für die Welt stehen?“ Jetzt hatte er ihn; Polenski hatte sich in seiner eigenen Falle gefangen und das Gegenteil von dem bewiesen, was er beweisen wollte. Aber der ließ sich nicht irremachen. „Auch so herum sagt mein Vergleich etwas aus. Wenn Sie die Welt so erreichen wollen wie die Frau, die Sie lieben, dann würden Sie das Fenster doch wohl weit aufmachen, statt es mit einem Trugbild unwiderruflich zu verrammeln. Aber ich meinte es anders. Die Frau im Gleichnis – das sind Sie mit Ihren Sinnen. Und Sie selbst im Gleichnis – das ist die Welt, die herandringen will zu den offenen Sinnen und Herzen der Menschen."

Da war es Benno denn doch zu bunt geworden. „Sie werden doch nicht behaupten wollen, dass die Wirklichkeit etwas von mir will und um meine Aufmerksamkeit wirbt wie der verliebte Mann um seine Angebetete!" Polenski war ungerührt geblieben. „Ich behaupte überhaupt nichts, vorderhand. Ich wundere mich nur, wie selbstverständlich Sie dem Aberglauben unserer Zeit folgen, dass das Gegenteil eine erwiesene Tatsache wäre. Woher wollen wir denn wissen, woher sollten wir wissen können, dass nur wir die Subjekte sind und die Welt oder Wirklichkeit das bloße Objekt, verfügbares oder auch widerspenstiges Objekt unseres wie immer blinden Erkennens und unseres wie immer ohnmächtigen oder auch, manchmal, allzu machtvollen Begehrens? Woher denn nehmen wir die Gewissheit, dass wir die Welt nichts angehen, dass sie uns nicht braucht, nichts von uns will und fordert? Dass nicht wirklich die Sonne uns lacht und die Wälder uns etwas zurufen und gehört sein wollen?"

Das Telefon klingelte. Benno ließ es klingeln; den Anrufbeantworter hatte er abgeschaltet. Damals hatte er nur gelacht. Sogar Rilke hatte Polenski zitiert: „dass uns das Hiesige braucht" – Duineser Elegien oder so. Da war er aber an den Falschen geraten. „Jaja, ich weiß schon:

Als ob es tausend Stäbe gäbe und hinter tausend Stäben keine Welt", hatte Benno dagegengehalten. Und dann hatte er richtig losgelegt: „Das ist es doch gerade: nichts als lauter Stäbe. Wir sind gottverlassene Fremdlinge auf diesem dunklen Planeten, allein mit unserer Sprache, die uns zum Narren hält und von keinem Dornbusch und keinem Walfisch verstanden wird, allein mit unseren Gehirnen, mit denen wir uns freilich prächtig unterhalten können, wenn wir selbstkritisch auf der Hut sind vor dem Blendwerk ihrer Schlaufengänge. Damit bin ich vollauf beschäftigt. Mich interessiert nicht, was draußen vor dem Fenster ist, mich interessiert, was in unseren Köpfen ist, wenn wir uns einbilden, dass da draußen etwas ist. Mich interessiert nicht, was Wirklichkeit ist, sondern wie wir Wirklichkeit produzieren und wie wir uns einrichten in dieser selbstproduzierten, dieser selbstbezüglichen Realität."

Sehr zufrieden mit sich war Benno damals gewesen. Endlich hatte er einmal ordentlich herausgegeben und war sogar in die Offensive gegangen. Aber Polenski hatte nur genickt. „Einverstanden", hatte er gesagt, „für irgendetwas muss man sich ja interessieren, und immer noch besser für das Labyrinth unter der Schädeldecke als für Bankkonten oder Automarken. Aber jetzt verstehe ich, warum Sie das Malen aufgegeben haben."

Wieder klingelte das Telefon; es klingelte hartnäckig. Benno griff nach dem Hörer und legte ihn sogleich wieder auf. Man sollte ihn verdammtnochmal in Ruhe lassen! „Gerade Sie sind doch wohl der Allerletzte, der das verstehen würde." Das brüllte er nicht ins Telefon, das hatte er damals zu Polenski gesagt. Und der? „Sagen Sie das nicht!" hatte er mit einem flüchtigen Lächeln erwidert. „Sie haben es mir ja gerade zu erklären versucht. Als Maler haben Sie vermutlich, statt mit Ihrem Pinsel zu malen, immer nur herumgegrübelt, wieso man eigentlich mit einem Pinsel malen kann. Das ist Ihnen mit der Zeit natürlich langweilig geworden. Und jetzt bin ich gespannt, wann ihnen die Installationen langweilig werden. Wenn es nur ums Denken geht – denken kann man schließlich immer noch am besten mit Worten."

Dieses Scheißtelefon! Benno stellte das Läutwerk auf die niedrigste Lautstärke und schob den Apparat unter ein Sofakissen. „Lassen Sie mich mit Ihrem Geschwätz in Ruhe!" hatte er damals gefaucht. Aber da war es noch nicht gewesen, dass er diesen pastörlichen Salbaderer sozusagen hinauswarf; nein, da noch nicht, das kam später. Denn Polenski hatte sofort begütigend eingelenkt. „Ich kenne Ihre Bilder", hatte er gesagt, „und weiß, wie viel Sie als Maler zu sagen hatten. Nur deshalb bin ich heute gekommen. Mit meinem ironischen Vergleich wollte ich

Ihnen nur vor Augen führen, wie absurd es wäre, sich bloß kritisch mit dem Handwerkszeug auseinanderzusetzen, statt großartige Malerei zu schaffen. Ein Messer ist zum Schneiden da und nicht bloß dazu, es zu schleifen."

Auch so eine von Polenskis Binsenweisheiten. „Wenn man es nicht schleift, schneidet es nicht", hatte Benno sofort gekontert. „Stimmt", hatte Polenski erwidert, „aber man muss vom Schleifen kein Aufhebens machen. Die Geige muss gestimmt werden, damit sie gut klingt, aber das Stimmen ist nicht das Konzert, sondern bloß Vorbereitung. Neuerdings ist in der Kunst die Vorübung zur Hauptsache erklärt worden. Da wird nicht mehr gestaltet, sondern hinterfragt, nicht mehr wahrgenommen, sondern problematisiert, und die Sinne dürfen nicht mehr empfinden, sondern müssen strammstehen vor dem Intellekt und die Hände vorweisen und kriegen eins drauf mit dem Rohrstock, wenn diese Hände nicht mit dem richtigen Theoriewasser saubergewaschen sind."

In der Ferne schlug draußen eine Kirchturmuhr. Schon eins – er hatte lange geschlafen. Benno stellte sein Frühstücksgeschirr in die Spüle und schob Butter und Marmelade wieder in den Kühlschrank. Um drei traf sich die Gruppe „Artonauten" im „Weißen Hahn", aber da geht er heute nicht hin. Jetzt bloß keine Diskussionen, kein Grüppchengezänk. Und vor allem keine Fragen. Aber raus will er, sich atmen spüren, die Muskeln und Gelenke spüren beim Laufen.

Sinnlich spüren – ja das war es, worüber sie sich in die Haare geraten waren, aber erst einmal hatte Benno bloß gelacht über Polenskis völlig unpassenden Schulstuben-Vergleich. Und ärgerlich geworden war er erst – ja, worüber eigentlich? Es ging ja noch an, dass Polenski behauptete, das ganze wissenschaftliche Weltbild sei genauso scheinhaft und trügerisch wie die Erlebniswelt der sinnlichen Erfahrung. Das war bloß kauzig und irgendwie verquer. Aber starker Tobak war es, dass er ihn, Benno, einen naiv Gläubigen genannt hatte, als er heftig widersprach und darauf verwies, dass die durch Wissenschaft ermöglichte Technik doch immerhin funktionierte. Konnte man mit Atomen Strom erzeugen, ja oder nein? Und mit den Erkenntnissen der Genforschung einen pestizidresistenten Mais? Ob das etwa nichts beweise?

Aber dem Polenski hatte das überhaupt nicht imponiert. „D'accord“, hatte er gesagt, „die Wissenschaft forscht und konstruiert, und die Technik, die damit arbeitet, funktioniert. Das ist wunderbar und vielleicht wirklich ein Wunder. Aber was beweist es? Unsere Sinne funktionieren ja auch. Sie machen es möglich, dass wir heimisch sein können in der Welt, dass wir uns in ihr bewegen und orientieren können, dass wir kommunizieren und Austausch haben können, nicht nur miteinander, sondern in gewisser Weise auch mit den Dingen. Ich habe ja überhaupt nichts gegen den Schein, im Gegenteil; nichts trügt weniger als der Schein, hat einer Ihrer großen toten Kollegen einmal gesagt. Ich wehre mich nur gegen die Einäugigkeit dieses naiven Wissenschaftsglaubens. Wieso soll denn das, was wir mit dem Elektronenmikroskop oder dem Kernspintomographen beobachten, die pure Wahrheit sein und das matte Schimmern einer Pfirsichhaut oder das Funkeln von Tautropfen im Gras bloß eine schöne Illusion? Beides sind unterschiedliche Weisen, Beziehung aufzunehmen mit dem, was ist; jede hat ihre Möglichkeiten und ihre Grenzen. Sozusagen unterschiedliche Sprachen. Wenn wir ‚bonjour' zur Welt sagen, spricht sie französisch; begrüßen wir sie mit ‚habari', antwortet sie auf Suaheli. Wir können den Klang nicht sehen und das Licht nicht hören, aber keiner käme auf die Idee, zu behaupten, dass nur wirklich ist, was man sieht, oder nur, was man hört."

Benno hatte das reichlich simpel gefunden, aber da war Polenski erst richtig in Fahrt gekommen. „Sehen Sie", hatte er gesagt, „wir treiben Forschung, um die Natur zu beherrschen. Und was bringt uns das? Genau das, was wir suchen, und sonst nichts. Wir finden immer das Osterei, das wir selber versteckt haben: Wissen, das uns Macht verleiht. Sehr viel Macht inzwischen, vielleicht schon zu viel Macht. Aber was wäre die ganze Macht wert, wenn wir uns nicht freuen könnten am Leuchten des Sonnenglanzes in der Laubkrone eines Baumes oder am strahlenden Gesang einer Amsel? Wenn wir aus den Atomen Strom produzieren, dann doch nur, weil wir es hell und warm haben wollen in der Stube, in der wir mit vertrauten Menschen den Wein genießen und uns an der Nähe des Miteinanders erfreuen – die ganze wissenschaftliche Technik ist eigentlich nur ein komplizierter Umweg zu den elementaren Gegebenheiten unserer Leibhaftigkeit. Wir sind nun mal keine Computer, die Informationen verarbeiten, sondern lebendige Wesen; wir sind nicht konstruiert worden, sondern geboren; wir haben Augen und Ohren, mit denen wir nicht nur registrieren, was uns umgibt, sondern es mit Lust und Schmerz erleben."

Das war jetzt eher schon zum Gähnen, hatte Benno gefunden, und recht unwirsch hatte er gefragt, was das alles denn nun mit der Kunst zu tun haben solle. Polenski hatte ihn prüfend angeschaut und dann gesagt: „Nun, die Kunst ist für die Sinne da. Oder sagen wir: für die Kultivierung der Sinne. Im Hinterfragen und Problematisieren ist die Wissenschaft viel besser. Warum es nicht ihr überlassen? Warum in der Kunst noch einmal machen, was uns ohnehin bis zum Überdruss überall umzingelt: die Intellektualisierung des Lebens, die Auflösung der Welt in ein Netzwerk von Daten? Warum das Erstgeburtsrecht der Kunst für ein schäbiges Linsengericht verschachern? Die Kunst wird dabei steril, und der Mensch wird arm, weil er den Kontakt zu seiner Sinnlichkeit als der Quelle seiner Lebendigkeit verliert."

Und da war Benno der Kragen geplatzt. So ein Gemeinplatz! Na klar, es geht um sinnliche Erfahrung. Genau darum ging es doch in seiner Installation. Alles, was sie mitteilte, ging doch durch die Augen, oder etwa nicht? Wollte Polenski das etwa bestreiten? „Wer hinguckt, sieht ein Fenster und einen Spiegel", hatte Benno gesagt, „und wer aufmerksam guckt, sieht auch, dass das Fenster nicht wirklich ein Fenster und der Spiegel nicht wirklich ein Spiegel ist. Die Täuschung und die Desillusionierung, beides wird gesehen. Das müssen Sie doch zugeben: es wird gesehen, mit den Augen gesehen. Ist das nun eine sinnliche Erfahrung oder nicht?"

„Es ist keine", hatte Polenski erwidert; er hatte es leise gesagt und mit einer Beiläufigkeit, als rufe er nur etwas ganz Selbstverständliches in Erinnerung, aber eine Ungeheuerlichkeit war es eben doch. Keine sinnliche Erfahrung! Und das sagte er ihm, dem Künstler, der so viel Phantasie und technisches Kalkül darauf verwendet hat, die Fallstricke der Wahrnehmung ganz unmittelbar sinnlich erfahrbar zu machen! „Ihnen mag es ja Spaß machen, das Offensichtliche zu leugnen“, hatte er fast schon geschrieen, „aber ich habe Besseres zu tun. Ich halte mich an meine Kunst und überlasse die Klugscheißerei Ihnen. Habe die Ehre!“ Und mit einer jähen Kopfbewegung zur Tür deutend, hatte er sich schroff abgewandt und seinen Gesprächspartner einfach stehen lassen. Den aber schien nicht einmal ein Rauswurf aus der Fassung zu bringen. „Schade“, hatte er gesagt, während er die Mütze auf den Kopf schob und sich zur Tür wandte. „Was Sinnlichkeit ist, weiß heute fast niemand mehr. Aber der Maler in Ihnen, den Sie verdrängt haben, kann es nicht ganz und gar vergessen haben.“ Und damit war er hinausgegangen, keineswegs geknickt oder auch nur beschämt, sondern mit einer selbstsicheren Gelassenheit, als ob ihm Sieg oder Niederlage nicht das geringste mehr ausmachten. Benno hatte sich um einen Triumph betrogen gefühlt.

Jetzt aber hinaus! Benno schlüpfte ohne Socken in die Turnschuhe. Die ausgetretenen Dielen knarzten, als er die Haustreppe hinabstieg. Draußen umfing ihn der milde Glanz des Septembernachmittags, und schnell fühlte er sich geborgen im Rhythmus seiner Schritte.

Aber die Erinnerung an die Gespräche mit Polenski ließ ihn nicht los. Wahrscheinlich hatte sein Gedächtnis einiges durcheinandergebracht. Irgendwann, eher zufällig, war der Kontakt neu geknüpft worden. Die Gespräche waren wieder in Gang gekommen und kreisten bald wieder um das gleiche Thema. Aber es hatte eine ganze Weile gedauert, bis Benno wirklich aufgegangen war, was Polenski mit der verlorenen Sinnlichkeit meinte. Da waren sie wieder auf die Fenster-und-Spiegel-Installation zurückgekommen, obwohl sie die jetzt gar nicht vor Augen hatten.

„Kannst du nicht aufpassen, verdammtes Arschloch!" Reifen kreischten; Benno rettete sich mit einem Rückwärtssprung. Diese Autodeppen, die einfach nicht kapieren wollen, dass sie beim Abbiegen dem Fußgänger den Vortritt zu lassen haben! Aber jetzt erinnerte er sich, wo sie sich wiederbegegnet waren, Polenski und er. Benno war zur Vernissage der Kunstpräsentation gegangen, mit der die Stadt ihr neues Messezentrum kulturell zu überwölben suchte, und auch Polenski war dort gewesen. Wieso trieb der sich hier herum und gab sich mit Dingen ab, von denen er weder etwas hielt noch etwas verstand? Benno war irritiert gewesen, hatte sich aber entschlossen, die Chance zu nutzen und diesem Wichtigtuer gehörig heimzuleuchten.

Polenski stand vor der Groß-Installation, die aus dem künstlichen See vor dem Eingangsgebäude aufragte, und machte sich Notizen. Aha, der Truppenaufmarsch für die nächste Offensive, dachte Benno, und sein Ärger wuchs. Er kannte schon die Arbeit des Kollegen, die da zwischen Teichrosen im spiegelglatten Wasser stand: ein fast haushohes Regal mit mehreren Etagen, auf denen weiße Gipsmodelle von Alpengipfeln lagerten wie das Warensortiment in einem Discounter-Laden. Er wusste, was dem Kollegen die Berge bedeuteten als himmelwärts gerichtete Ausknospungen der Erde und als traditionsgeheiligte Stätten der Begegnung mit den Schauern der Transzendenz; er wusste, dass dieser Kollege sich einiges an Religionsgeschichte angelesen hatte, im übrigen aber mit der nüchternen topographischen Treue eines Landvermessers arbeitete und modernste Computertechnik einsetzte, um seine Gipsmodelle bis in die kleinste Zacke zum absolut authentischen Miniatur-Abbild ganz realer, genau identifizierbarer Alpengipfel zu machen. Da stimmte jedes winzigste Detail, alles war mit penibelster Sorgfalt vermessen und berechnet. Das waren nicht nur Chiffren der Berge, sondern Porträts, völlig konkret und ganz und gar individuell. Also, verdammt nochmal, doch wohl sehr sinnlich und kein bisschen gedanklich abstrakt.

„Na, mal wieder auf der Suche nach der verlorenen Sinnlichkeit?“ Benno war herangetreten und feixte sarkastisch. Polenski wirkte nicht im geringsten verblüfft. „Nur ein Dummkopf sucht dort, wo er nichts zu finden hofft“, sagte er. „Aber ich freue mich zu hören, dass Sie mich besser verstanden haben, als Sie damals zugeben wollten. Sie haben recht, ich bin ein Suchender, und das ist es wohl, was uns untergründig verbindet und immer wieder zusammenführt, auch wenn wir vorerst noch eher Geschmack daran zu finden scheinen, einander misszuverstehen.“ Das liegt doch nur an deiner Verbohrtheit, dachte Benno, und er sagte: „Also reden wir mal Tacheles. Sie werden mir doch zugeben, dass diese Berge da auf ihren Regalfächern etwas ganz und gar sinnlich Konkretes sind. Vollkommen individuell in ihrer singulären Erscheinung, sozusagen mit allen Warzen und Leberflecken; man glaubt sie beim Namen rufen zu können. Oder etwa nicht?“

„Ich schlage vor, etwas genauer zu unterscheiden“, hatte Polenski erwidert. „Selbstverständlich erblicken wir diese Bergattrappen mit den Augen und nicht unmittelbar mit dem Intellekt; insofern sind sie etwas den Sinnen Dargebotenes, sinnlich Wahrgenommenes. Aber das heißt noch lange nicht, dass sie auf eine sinnenhafte Weise erlebt werden. Ganz im Gegenteil; die Wirkung, auf die sie angelegt sind, ist so unsinnlich wie nur irgend möglich.“

Er wollte weiter sprechen, aber Benno unterbrach ihn. „Wie denn das? Das Auge kann doch geradezu spazierengehen auf diesen Bergen und jeden Vorsprung, jede Krümmung, jede Spitze abtasten!“

„Zugegeben“, hatte Polenski erwidert. „Aber wozu soll das gut sein? Kein Mensch, der einen Berg mit offenen Sinnen erlebt, kümmert sich um solche Fliegenbeinzählerei. Er sieht die majestätische Gewalt des Berges, die mächtigen Wölbungen seines Rückens, das Gezackte und Hochragende seines Grates, die Ruhe und Kraft seines massigen Dastehens, seine Nähe zum Himmel und zur Sonne, sein Hinausgestelltsein in eine reinere, klarere Luft. Ergriffen schaut er auf eine machtvolle Ganzheit, und nie käme er auf die Idee, die Zacken zu zählen, einzeln abzumessen und auf Millimeterpapier zu rastern; das überlässt er getrost dem Geometer. Der exakt vermessene Berg ist überhaupt nicht mehr der Berg, von dem unsere Sinne uns erzählen; er ist bloß noch ein Konstrukt des toten Faktenwissens, ein Demonstrationsobjekt für die versachlichende Wissenschaft, ein absurdes Präparat im Leichenschauhaus der Naturforschung. Mit dem realen, lebendigen Berg, seinem Wesen und Ausdruck und seiner Botschaft für uns hat er nichts mehr zu tun. Absolut nichts. Übrigens auch absolut nichts mit dem, worauf es in der Kunst ankommt.“

Benno fuhr zusammen und verlangsamte den Schritt. Sein Atem ging heftig, der Puls jagte. Ja, das war sie, das war sie wirklich! Drüben auf der anderen Straßenseite! Die Frau, die ihn so elektrisiert hatte, vorige Woche. Beim Vortrag über Tizian hatte sie zwei Reihen vor ihm gesessen. Und er war so gebannt gewesen von ihrem Anblick, dass er den Vortrag, obwohl er brillant schien, nur ganz bruchstückhaft mitbekommen hatte. Aber danach war sie ganz rasch hinausgegangen; er hatte sie im Gewühl aus den Augen verloren und keine Gelegenheit gefunden, sie anzusprechen. Ob sie auch ihn bemerkt hatte? Ja doch, ganz sicher. In ihren Augen hatte es kurz aufgeblitzt, ehe sie sich wieder abwandte. Er setzte zum Überqueren der Straße an, musste aber erst ein paar Autos vorbeilassen, und inzwischen war die Frau in der Menge der Passanten untergetaucht und nicht mehr auffindbar.

Im verlorenen Profil hatte er sie vor sich gehabt beim Vortrag, und nur zwei- oder dreimal, wenn sie sich umblickte, hatte er ihr voll ins Gesicht schauen können. Was war es, was ihn da so gepackt hatte, dass diese flüchtige Erscheinung seither immer wieder seine Phantasie erfüllte? Auf einem Foto würde er sie vielleicht nicht einmal wiedererkennen, aber wieso eigentlich? Weil das

Foto so etwas war wie diese Gipsberge? Würde er ihr Gesicht zeichnen können? Ganz bestimmt nicht, wenn er sich an Einzelheiten hielt, denn die waren ihm nur sehr ungefähr klar; er hatte Mühe, sich dieses Gesicht ganz deutlich vor Augen zu rufen, aber der Gesamteindruck –, nein, das war das falsche Wort, nicht Eindruck, sondern Ausdruck, Gesamtausdruck, ja, das war es: der Gesamtausdruck war ihm mit so überwältigender Lebendigkeit präsent, dass er schon wieder ganz fiebrig wurde vor Erregung. Konnte denn eine Nackenlinie Intelligenz ausdrücken und unbeirrbare Eigenständigkeit des Denkens? Und ein widerborstiger dunkler Haarschopf so etwas wie melancholische Daseinslust, Gefühlsphantasie und die stolz ertragene Einsamkeit des geistig souveränen Menschen?

Zu dumm, für diesmal war sie wirklich verschwunden. Benno beschleunigte seine Schritte und wurde allmählich ruhiger. Nichts hatte er Polenski damals geantwortet. Er hatte einfach keine Lust gehabt, hatte sich mit ein paar Floskeln aus der Affäre gezogen und war weitergegangen. Keine Lust, das stimmte natürlich nicht. Er hatte nichts zu erwidern gewusst, er war verunsichert gewesen und hatte das nicht zugeben wollen. Diese verdammten Autos! Wenn die nicht dazwischengekommen wären. Wieder eine Chance verpasst. Aber Chancen kom-

men ja manchmal wieder. Dieser Polenski war ihm immer wieder über den Weg gelaufen, wie machte der das bloß? Einfach Zufall? Wie ein Wegweiser war er immer wieder da und wies sehr aufdringlich den Weg. Als ob er, Benno, einen Wegweiser gebraucht hätte! Hatte er aber irgendwie, weil er auf der Suche war, ohne es zu wissen, und immer dort suchte, wo es nichts zu finden gab.

Wie waren sie eigentlich wieder auf das „Windauge" gekommen? Es musste Polenski gewesen sein, der das nochmal aufs Tapet brachte. In irgendeinem der späteren Gespräche sagte er plötzlich: „Stellen Sie sich doch einmal vor, Sie hätten den Blick aus dem Fenster damals gemalt. Ja, ich weiß schon", fuhr er fort, als Benno eine abwehrende Geste machte, „ich weiß schon, das ist für Sie überholt und abgetan, aufgebraucht und ausgereizt. Oder ausgelutscht, wie Sie gern sagen. Aber ausgelutscht und leergesogen ist doch, was jetzt tonangebend ist, diese Neuauflagen dadaistischer Dekonstruktion, dieser angewandte Duchamp, dieses intellektuelle Schamanentum mit der Beuys-Attitüde und dem ästhetischen Niveau der Jeans-Reklame." Da war Benno fast in die Luft gegangen. „Sie haben ja keine Ahnung!" hatte er geknurrt. „Die zeitgenössische Kunst, die wahre Kunst unserer Zeit, wie auch ich sie mache, lebt aus der Frische der Idee, sie schlägt Gedankenverbindungen, sie haut einem Impulse rein, die Sachen neu und anders zu sehen, und das ist etwas ganz Anderes, als wenn man zum hunderttausendsten Mal ein Apfelstillleben malt. Das kann nie überholt sein, vorausgesetzt natürlich, die Idee ist neuartig und innovativ. Aber das werden Sie ja wohl meinen Arbeiten nicht absprechen können."

„Nein, nein, das werde ich nicht", hatte Polenski geantwortet, „aber es ist mir auch ziemlich egal. Auf diese Art von Originalität kommt es überhaupt nicht an. Das Originell-sein-wollen ist ja längst zum Zwang geworden, zur starren Konvention, zur Wiederkäuerei, zum Mitläufertum. Und zum Wettstreit um die größtmögliche Schamlosigkeit. Bloß keine Skrupel haben, weg mit dem letzten Rest von Tabu – das ist dann fast schon alles. Dass er vor nichts zurückschreckt, macht schon den Künstler."

„Und vor was sollte er denn zurückschrecken?" hatte Benno sich ereifert. „Ein Hosenscheißer wird nie Künstler. Als Künstler darf man sich von keinem Tabu imponieren lassen, das war schon immer so. Der Künstler kämpft um die Freiheit. Er schüttelt die Ketten ab, die ihn fesseln. Er rasselt nicht damit, er wirft sie weg. So war das schon bei der Befreiung von den Vorgaben der Kirche, von der bürgerlichen Moral, dann vom Gegenstand und schließlich vom Tafelbild. Grenzüberschreitung ist das Wesen der Kunst. Sie ist Grenzüberschreitung, oder sie ist gar nichts!“

„Na schön“, hatte Polenski erwidert, „nehmen wir mal an, dass das stimmt. Was macht aber dann die Kunst, wenn es gar keine Tabus mehr gibt, die sie einreißen kann, und keine Grenze mehr zum Überschreiten? Offenbar braucht sie Tabus und Grenzen, um sich daran zu reiben. Das ist ziemlich paradox: die Kunst braucht genau das, was sie partout nicht gelten lassen will, sie braucht es unbedingt. Wir kommen keinen Schritt weiter, wenn wir nur auf die Tabuverletzung starren, als hätte sie für sich allein eine Bedeutung. In Wahrheit geht es immer um eine Konfliktsituation. Der Künstler hat den Drang, etwas auszudrücken, und fühlt sich eingeengt durch geltende Regeln, ästhetische wie gesellschaftliche. Verletzt er die Regel, so tut er das nicht, um die Regel zu verletzen, sondern um das auszudrücken, was er ausdrücken will und ohne Regelverstoß nicht unverfälscht ausdrücken könnte. Die Regelverletzung ist also nicht der Zweck; sie ist nicht einmal das Mittel, sondern wird als unvermeidlich in Kauf genommen. Und sie könnte ästhetisch auch gar nicht zur Wirkung kommen, wenn damit die Regel einfach weggesprengt und ein für allemal beseitigt wäre. Die Wirkung kommt zustande, weil wir spüren, dass die Regel da ist und eine relative Gültigkeit hat, hier aber durchbrochen werden musste, damit etwas zum Ausdruck kommen kann. Das alles kippt aus dem Gleichgewicht, wenn die Regelverletzung zum Selbstzweck wird. Da gibt es keine spezifische Wirkung mehr, weil letztlich alles egal ist. Übrig bleibt nur eine kleine Sensation, und weil Sensationen sich rasch abnutzen und fad werden, ist man zu immer härteren, immer brutaleren Sensationen gezwungen. Irgendwann stellt einer dann einen Haufen splitternackter Menschen in den Raum und lässt sie begaffen wie Tiere im Zoo. Der nächste geht dann her und lässt die Nackten kopulieren – was tut man nicht alles für die Kunst. Und irgendwann kommt einer auf die Idee, einen todkranken Menschen in der Galerie aufzubahren, und man genießt es als Kunst-Event, ihm beim Sterben zuzuschauen. Natürlich unter dem edlen Vorwand, die Verdrängung des Todes in unserer Gesellschaft bewusstmachen zu wollen."

„Niemals!" hatte Benno protestiert. „Ausgeschlossen! Niemals wird ein Künstler sich zu einer solchen Sauerei hergeben. Niemals! So einen Zynismus lassen wir uns von Ihnen nicht anhängen!"

„Na, warten wir es ab", hatte Polenski abgewinkt. „Schön wär's, wenn Sie recht hätten. Aber die Logik der gegenwärtigen Entwicklungen spricht gegen Ihren Optimismus. Und es geht mir auch gar nicht so sehr um die moralischen Konsequenzen. Die ästhetischen Verwirrungen sind schon genug. Es ist inzwischen verdammt unoriginell, originell sein zu wollen. Ideen sind nicht dann gut, wenn sie neuartig sind, sondern wenn sie fruchtbar sind, wenn sich etwas daraus entwickeln kann. Und letztlich kommt es auf die Idee überhaupt nicht an. Viele große Kunstwerke sind ganz ohne Idee entstanden, einfach aus der Intuition des Auges und der Hand beim Machen. Die Idee ist allenfalls ein Keim, aber wichtig ist nur die lebendige Gestalt, die daraus erwächst und sich entfaltet. Ihr Windauge, das geht in den Kopf, und der sagt ‚aha!', und damit ist die Sache abgehakt; schon beim zweiten Mal guckt man gar nicht mehr hin. Wenn Sie aber den Fensterblick malen, und nehmen wir mal an, es ist Ihnen malerisch ganz phantastisch gelungen, dann können wir das jahrelang jeden Tag angucken und sehen uns nicht satt. Warum wohl?"

„Schon mal was von Gehweg gehört?" fauchte Benno. Die Radlerin hatte ihn so scharf geschnitten, dass die Lenkstange gegen seinen Arm stieß. „Nur Kinder dürfen auf dem Trottoir …" Die junge Frau war etwas ins Schlingern geraten, setzte einen Fuß auf den Boden, wandte sich um und feixte: „Na und? Ich bin schwanger. Kapiert?" Das war so absurd, dass Benno seinen Zorn vergaß und in schallendes Gelächter ausbrach. Na, und wie man sich sattsehen kann an dem Kram, hatte Benno damals gedacht. Polenski hatte nicht weiter insistiert, aber bei passender Gelegenheit war er darauf zurückgekommen. „Nein wirklich, stellen Sie sich mal vor, Sie malen so einen Fensterblick. Was ist anders? Sie malen nicht einfach ab, was Sie vor sich sehen; das wäre nachgemachte Fotografie und noch langweiliger als Ihr technisch aufwendiges Windauge. Sie malen auch nicht Ihre Vorstellung davon. Also malen Sie vielleicht Ihr Seherlebnis? Schon besser, aber immer noch zu simpel. Sie malen ja nicht mit dem Auge; Sie malen mit der Hand, also mit der Bewegungsenergie Ihres Körpers. Und die Hand, nicht wahr, weiß mehr als der Kopf. Sie folgt ganz unmittelbar den feinsten Schwingungen Ihrer emotionalen Gestimmtheit. Aber sie hat auch Ihre Metier-Erfahrung gespeichert, Ihr intuitives Wissen von Formverläufen und Flächenspannungen. Drum kann sich in der Hand die Geburt des Geistes aus der Materie ereignen. In der malenden Hand verschmilzt die ordnende Kraft Ihres Bewusstseins mit der Gestaltungsenergie und dem sinnlichen Erregungspotential Ihres bewegten Leibes."

„Hört sich ganz schön verstiegen an", hatte Benno gebrummt, aber Polenski ließ sich nicht unterbrechen. „Warten Sie noch einen Moment mit Ihrem Einwand!" hatte er gesagt. „Es kommt noch etwas hinzu. Sie setzen

Farben auf die Leinwand, aber das sind gar nicht genau die Farben, die Sie in der Realität sehen. Denken Sie mal an die Parkettschleifer von Caillebotte aus dem Musée d'Orsay. Sie kennen das sicher. Man meint einen weißlichen Glanz auf dunkelbraunen Dielen zu sehen, aber gemalt ist es mit lauter Zartblau und mattem Ocker. Oder denken Sie an die Spargelbündel von Carl Schuch, Neue Pinakothek. Hat man auf echten Spargeln jemals solche roten und blauen Flecken gesehen? Niemals, und trotzdem hat man vor diesen Bildern das Gefühl, endlich zu sehen, wie Spargeln wirklich sind. Weil wir nicht nur die Oberflächenerscheinung sehen, sondern auch das, was dahinter und darunter ist. Wir sehen die Wirklichkeit auf einmal so, dass sie durchsichtig wird. Sozusagen transfiguriert. Das ist der Schein der Malerei, der nicht trügt, weil er ein Aufscheinen von dem ist, was wir sonst nicht sehen. Da haben Sie schon Ihre ganze Kritik der Wahrnehmung, aber nicht als intellektuelle Nuss, die es zu knacken gilt, sondern als offenbares und unergründliches Geheimnis. Also keine Denksportaufgabe, die langweilig wird, sobald man sie gelöst hat, sondern ein Eintauchen in einen unauslotbaren Abgrund der Möglichkeiten. Daher dieses unglaubliche Freiheitsgefühl, das wir vor großer Malerei manchmal haben können. Wie überwältigend muss dieser Befreiungsrausch dann erst für den Maler sein! Nein, Sie brauchen nicht zu antworten …"

Keine Sorge, ich halt schon den Mund, hatte Benno gedacht. Ich sprech's nicht aus, aber denken tu ich es mir: dass du niemals auch nur den Schatten einer Ahnung von dem Freiheitsrausch haben wirst, den der Künstler in sich spürt.

„Sie brauchen nicht zu antworten. Verweilen wir aber noch einen Augenblick beim Betrachter. Diese Unmittelbarkeit der emotionalen Schwingungen, die der Maler seinen Pinselzügen mitgegeben hat, die spürt auch der Betrachter. In Ihren Installationen kriegt er Ihre Ideen und Vorstellungen mit, er schaut Ihnen bei der Gedankenarbeit zu und sagt entweder ‚aha' oder wendet sich ab. Im gemalten Bild aber sind Sie leibhaft präsent, da begegnen Sie ihm mit Ihrer ganzen Person. Aber das ist noch gar nicht das Entscheidende, denn die Subjektivität des Künstlers ist eine Art Tor, durch das etwas hindurchgeht. Oder vielleicht besser: ein Katalysator, der etwas auslöst, etwas in Gang setzt. Wichtiger ist: wenn der Betrachter sich ganz auf das Bild einlässt, den Gestus des Pinselduktus nachvollzieht, wenn er sich hineinziehen lässt in den Strudel der Farben, mitschwingt mit ihren Abtönungen, ihren Harmonien und Zerwürfnissen, kann er sich selbst ganz anders spüren in seiner sinnenhaften

Leiblichkeit, sich geradezu neu entdecken in naturhaften Seiten seines Wesens, die ihm in unserer verkopften Gegenwart oft ziemlich fremd geworden sind. Aber nötig sind, bitter nötig sind, wenn wir ganze Menschen bleiben und nicht zu Maschinen werden wollen. Den Geist verleiblichen und den Leib vergeistigen – so hat Nietzsche mal die Aufgabe der Kunst definiert. Außer dem Tanz kann das am besten die Malerei."

Amen, hatte Benno gedacht, Ende der Predigt. Oder kommt jetzt noch das Fenster-und-Spiegel-Gleichnis aus dem Cézanne-Evangelium, aus dem langen Artikel neulich über die Dialektik von Stilleben und Selbstporträt? Passen tät's ja jetzt hier: dass das Kunstwerk ein Fenster sein soll, durch das wir weit hinausschauen in den Kosmos, und zugleich ein Spiegel, in dem wir uns selber erkennen, und dass es ziemlich wertlos bleibt, wenn es nicht ein Fenster und ein Spiegel ist. Aber Polenski hatte offenbar keine Lust gehabt, das Gleichnis aus seinem Artikel noch einmal anzubringen; wahrscheinlich wäre ihm das im Zusammenhang mit Bennos Fenster-und-Spiegel-Installation als allzu billige, allzu grobe Ironie vorgekommen. Er hatte nichts mehr gesagt. Und was hatte er, Benno, erwidert? Er konnte sich nicht mehr erinnern. Jedenfalls hatte es noch ein bisschen gedauert, bis er und Polenski einander näher gekommen waren. Und es war egal.

Es war egal, was die Butterweich über ihn sagen würde. Darauf kam es nicht an. Vielleicht hatte Marcel gar nicht so unrecht: wenn sie sein Flammensignal frech zum Kunstwerk erklärte, bot ihm das in gewisser Weise auch Schutz. Eigentlich war es ein bisschen albern, was er getan hatte. Jedenfalls nicht genügend überlegt. Und etwas zu theatralisch. Aber das war nun, wie es war. Diese Frau von vorhin! Seine Unruhe wuchs, die Finger kribbelten. Er musste heim, er musste etwas machen.

Dass er immer wieder vergaß, das Schloss richten zu lassen! Er musste sich mit dem Knie gegen die Tür stemmen, um den Schlüssel umdrehen zu können. Eilig durchschritt er Diele und Wohnzimmer und ging in den hinteren großen Raum, der ihm als Atelier für die Entwurfsarbeit diente. Das erstickte Piepsen unter dem Sofakissen überhörte er. Er schob Papiere und Bücher auf dem großen Arbeitstisch beiseite, suchte im Regal nach Skizzenblöcken, wählte ein DIN A3-Format. Wo waren die Stifte und Kreiden? Ja, dort in den Blechdosen. Er wühlte und prüfte hier und dort, nahm schließlich ein Stück schwarze Kreide, das gut in der Hand lag, drehte es hin und her, verharrte ein paar Augenblicke sinnend und beugte sich dann, mit halbgeschlossenen Augen, über das Papier. Zögernd begann die Hand zu kreisen und setzte die ersten Striche. Er spürte die weiche Nachgiebigkeit des Papiers, spürte, wie leichte Druckschwankungen dem Strich Lebendigkeit gaben, wie winzige Drehbewegungen des Kreidebrockens die kantige Schärfe in ein samtenes Fließen verwandelten. Auch das innere Auge, schien ihm, war geschlossen; er arbeitete mehr aus dem Körpergefühl heraus als aus einer klaren visuellen Vorstellung und blickte nur hin und wieder flüchtig auf das Blatt. Sah denn so ein Auge aus: ein zerquetschter schwarzer Fleck, umschwirrt von Häkchen? Nein, so sah ein Auge nicht aus. Aber es war der Blick, es war der Ausdruck des Blickes; genau so hatte sie geschaut damals, als sie, schräg rechts zwei Stuhlreihen vor ihm, sich kurz zu ihm umgewandt hatte. Seine Hand schien mehr von ihr zu kennen, als er wusste. Immer freier und gelöster eilte die Hand über das Papier, schwärzte hier flächig ein, umspielte dort mit gelockertem Linienschwung, streute Kratzer und Schrammen und ließ zwischen Partien aus loderndem Schattendunkel das matte Weiß des Papiers Leuchtkraft gewinnen. Ein tiefes Glücksgefühl durchströmte ihn, wie er es lange nicht empfunden hatte. Ein paar letzte Fahrer, und jetzt erst schaute er aufmerksam hin.

War sie das? Er hätte noch immer nicht genau beschreiben können, wie stark ihr Kinn war und wie ausgeprägt die Falte abwärts der Nasenwurzel. Aber der Blick, der war es. Ganz und gar ihr Blick, der ihn bis in die

Eingeweide getroffen hatte. Es war ihre – wie sagt man da? Aura vielleicht. Ausstrahlung oder so. Wie jämmerlich dürr waren die Worte. Nein, die Polizei hätte keinen Fahndungserfolg mit so einem Bild. Fotografische Abbildtreue war das nicht. Aber es sprang einen an und ließ einen nicht los. Das war nicht sie, nein. Aber es war sie. Es war mehr als sie. Es war sie und er zugleich. Sein Gefühl von ihr, ja das auch. Aber mehr. Schon sie, irgendwie. Es war ihr Wesensbild, gesteigert zu höchster Klarheit und durchtränkt mit seiner Sehnsucht. Kein Foto konnte je so nahe an sie herankommen, so lebenglühend ihre Gegenwart suggerieren.

Das war schon merkwürdig und irgendwie ein Wunder: du machst ein paar Striche auf einem Blatt Papier, und vor dir entsteht die Welt noch einmal neu, viel wirklicher als in Wirklichkeit und mit einer Klarheit und Eindringlichkeit, die man kaum für möglich hält. Und unwiederholbar. Wenn ich es noch einmal versuche, wird es unweigerlich anders. Ähnlich, aber anders. Wenn ich Glück habe: noch intensiver. Noch eine Spur tiefer eindringend in das unbekannte Wirkliche, noch einen kleinen Schritt weiter darüber hinaus. Benno nahm ein zweites Blatt.

Es war spät in der Nacht, als er vom Tisch aufstand. Er ging hinüber zur Küche, um sich ein Glas Rotwein zu holen. Ein ersticktes Piepsen, ach ja, dort unter dem Kissen. Schon wieder. Oder immer noch. Benno schob das Kissen weg und nahm den Hörer ab.

„Ach, du bist es? – Ja, ja, schon gut. – Was hat sie gesagt? – Ach ja. – Wie bitte? Die höchste Steigerung meiner Konzeptkunst? Die letzte Selbstüberbietung? Na also, du hast recht gehabt. Sei's drum. – Wie? – Ach nein, lass doch! Ich komme klar. – Vielleicht, vielleicht. Oder nein: es wird. Ja, wirklich, es geht, es läuft. Es kommt. – Nein, mach' dir keine Sorgen. Es wird. Also Servus. Bis bald. Es wird."

Benno hängte ein. Er war todmüde, aber glücklich. Gleich morgen würde er ein neues Blatt anfangen.

Anmerkung des Autors:

Bei dem auf den Seiten 92 bis 94 diskutierten Kunstwerk handelt es sich um eine Arbeit des Münchner Bildhauers Stefan Huber.
Alle übrigen Kunstwerke, die in der Erzählung zur Sprache kommen, sind frei erfunden.